古文字詁林編纂委員會編纂

古文字詁林

修訂本

第二册

上海教育出版社

第一版出版工作人員

責任編輯　夏　軍
封面設計　郭偉星
版式設計　侯雪康
特約審校　沈錫倫
出版統籌　王爲松　談德生
出版指導　陳　和
印刷監製　周鎔鋼
總 監 製　包南麟

修訂本出版工作人員

責任編輯　徐川山　毛　浩
封面設計　陸　弦
責任校對　馬　蕾　魯　妤　陳　萍　何懿璐
　　　　　丁志洋　方文琳　任換迎　宋海云
印刷監製　葉　剛
技術支持　楊鉷應

封面題簽　王元化

上海市古籍整理出版規劃重點項目

古文字詁林學術顧問

以姓氏筆劃爲序

朱德熙　李學勤　胡厚宣　馬承源

張政烺　裘錫圭　戴家祥　顧廷龍

古文字詁林編纂委員會

主編　李圃

副主編　汪壽明

編委　以姓氏筆劃爲序，有*號者爲常務編委

*王元鹿　王文耀　*王世偉　王鐵　史舒薇　吳平

吳振武　*李圃　李露蕾　何峭　*汪壽明　徐時儀

*徐莉莉　*傅傑　華學誠　董琨　*詹鄞鑫　*臧克和

*劉志基　*鄭明

資料工作人員

張春華

張友榮

袁根娣

凌玉泰

目録

第二册檢字表

部首表

部首檢字表

【口部】

吸	噓	吹	喟	啍	嚏	噴	唫	噤	名	吾	哲	君	命	咨
吸	嘘	吹	喟	哼	嚏	噴	唫	噤	名	吾	哲	君	命	咨
一八	一九	一九	二〇	二一	二一	二一	二一	二二	二二	二五	二七	二九	三四	三七

召	問	唯	唱	咊	咥	啞	噱	唏	听	呭	嘄	咄	唉	哉
召	問	唯	唱	和	咥	啞	噱	唏	听	呭	嘄	咄	唉	哉
三八	四五	四七	四九	五〇	五三	五三	五三	五三	五三	五四	五四	五五	五五	五五

噂	咠	呷	嘈	嘫	唪	嗔	嘌	嘑	喅	嘯	台	嗂	启	嗿
噂	咠	呷	嘈	嘫	唪	嗔	嘌	嘑	喅	嘯	台	嗂	启	嗿
五七	五八	五八	五九	五九	五九	六〇	六〇	六〇	六一	六一	六三	六四	六四	六五

咸	呈	右	啻	吉	周	唐	𠳋	嘾	噎	嗢	哯	吐	噦	咈
咸	呈	右	啻	吉	周	唐	𠳋	嘾	噎	嗢	哯	吐	噦	咈
六六	七二	七三	七七	八〇	九三	一〇二	一〇八	一〇九	一〇九	一一〇	一一〇	一一〇	一一一	一一一

字	頁
嚘	一一一
吃	一一一
嗜	一一二
啖	一一二
哽	一一三
嘐	一一三
啁	一一三
哇	一一三
咅	一一四
哸	一一六
呧	一一七
呰	一一七
嗻	一一八
唊	一一八
嗑	一一八
嗙	一一八
噧	一一九
台	一一九
嘮	一二〇
呶	一二〇
叱	一二〇
噴	一二〇
吒	一二一
噊	一二一
啐	一二一
唇	一二三
吁	一二三
嘵	一二三
嘖	一二三
嗷	一二四
唸	一二四
叩	一二四
嚴	一二五
呻	一二五
吟	一二五
嗞	一二六
嚨	一二六
叫	一二六
嘅	一二七
唌	一二七
嘆	一二七
喝	一二七
哨	一二八
吪	一二八
噆	一二八
吝	一二八
各	一三〇
否	一三七
唁	一三七
哀	一三七
嗁	一三九
殻	一三九
咼	一三九
啾	一四〇
嘆	一四〇
昏	一四〇
嗾	一四〇
吠	一四一
咆	一四二
嗥	一四二

嗜　嗜　一四二
嘐　哮　一四三
喔　喔　一四三
呝　呝　一四三
咮　咮　一四三
嚶　嚶　一四四
啄　啄　一四四
唬　唬　一四四
呦　呦　一四六
噳　噳　一四六
喁　喁　一四七
局　局　一四七
㕣　㕣　一四八
哦　哦　一四九
嗃　嗃　一五〇

售　售　一五〇
噞　噞　一五〇
唳　唳　一五〇
喫　喫　一五〇
喚　喚　一五一
咍　咍　一五一
嘲　嘲　一五一
呀　呀　一五一

【凵部】

凵　凵　一五一

【吅部】

吅　吅　一五三
⿱吅殳　⿱吅殳　一五三
嚴　嚴　一五六
㖾　咢　一五九

單　單　一六四
喌　喌　一八二

【哭部】

哭　哭　一八三
喪　喪　一八五

【走部】

走　走　一九一
趨　趨　一九六
赴　赴　一九六
趣　趣　一九六
超　超　一九八
趫　趫　一九八
赳　赳　一九九
⿺走支　⿺走支　一九九
趮　趮　一九九

趯　趯　二〇〇
⿺走厥　⿺走厥　二〇〇
越　越　二〇〇
趁　趁　二〇一
⿺走亶　⿺走亶　二〇二
趞　趞　二〇二
趬　趬　二〇二
⿺走兹　⿺走兹　二〇三
趎　趎　二〇三
⿺走票　⿺走票　二〇三
⿺走臤　⿺走臤　二〇三
趥　趥　二〇四
⿺走蜀　⿺走蜀　二〇四
⿺走匠　⿺走匠　二〇四
⿺走敫　⿺走敫　二〇五

⿺走薊 二〇五
⿺走困 二〇五
趖 二〇五
⿺走憲 二〇六
⿺走臱 二〇六
⿺走戠 二〇六
⿺走有 二〇六
⿺走烏 二〇七
⿺走瞿 二〇七
⿱寒走 二〇八
⿺走才 二〇八
⿺走此 二〇八
⿺走勺 二〇八
⿺走與 二〇九
起 二〇九

⿺走里 二一一
⿺走臭 二一二
⿺走全 二一二
趌 二一二
⿺走曷 二一二
⿺走睘 二一三
⿺走乞 二一四
⿺走巽 二一四
赽 二一四
趩 二一四
趆 二一六
趍 二一六
趙 二一七
赾 二一八
⿺走夐 二一八

趠 二一八
⿺走侖 二一九
⿺走畟 二一九
⿺走契 二二〇
⿺走幾 二二〇
⿺走弟 二二〇
⿺走矞 二二〇
⿺走曼 二二〇
趉 二二〇
趜 二二一
趑 二二一
趄 二二一
⿺走虘 二二一
⿺走雚 二二二
趢 二二二

⿺走夋 二二三
趚 二二三
⿺走圭 二二四
⿺走虒 二二五
⿺走咅 二二六
⿺走斥 二二六
⿺走樂 二二七
趡 二二七
⿺走亘 二二八
⿺走眞 二三一
⿺走甬 二三一
⿺走畢 二三一
⿺走斬 二三二
趧 二三二
趒 二三二

遝	三四七
迨	三四八
迮	三四九
遣	三五〇
遄	三五〇
速	三五一
迅	三五二
适	三五三
逆	三五三
迎	三五七
这	三五八
遇	三五八
遭	三五九
遘	三六〇
逢	三六三

遻	三六四
迪	三六五
遞	三六五
通	三六六
徙	三六七
迻	三八三
遷	三八四
運	三八六
遁	三八七
遜	三八八
返	三八八
還	三九二
選	三九三
送	三九三
遣	三九四

邐	三九七
逮	三九八
遲	四〇二
邌	四〇五
遰	四〇五
⿺辶⿵冂川	四〇五
邁	四〇五
逗	四〇六
迟	四〇六
逶	四〇六
迆	四〇七
遹	四〇七
避	四〇八
違	四〇九
遴	四一一

逡	四一一
⿺辶氐	四一二
達	四一二
逯	四一五
迵	四一五
迭	四一五
迷	四一六
連	四一六
逑	四一八
退	四一九
逭	四二〇
遯	四二一
逋	四二三
遺	四二三
遂	四二五

跧	跧	五八六
蹴	蹴	五八七
躡	躡	五八七
跨	跨	五八七
蹋	蹋	五八八
踄	踄	五八八
蹈	蹈	五八八
躔	躔	五八九
踐	踐	五八九
踵	踵	五八九
踔	踔	五九〇
蹛	蹛	五九〇
蹩	蹩	五九〇
踶	踶	五九〇
躛	躛	五九一

⿱埶足	⿱埶足	五九一
⿰足氏	⿰足氏	五九一
蹢	蹢	五九一
躅	躅	五九二
踤	踤	五九二
蹶	蹶	五九二
跳	跳	五九三
⿰足𠂢	⿰足𠂢	五九三
⿰足屠	⿰足屠	五九六
⿰足弗	⿰足弗	五九七
蹠	蹠	五九七
踏	踏	五九七
⿰足䍃	⿰足䍃	五九七
⿰足及	⿰足及	五九七
⿰足員	⿰足員	五九八

蹪	蹪	五九八
跲	跲	五九八
跇	跇	五九九
蹎	蹎	五九九
跋	跋	五九九
蹐	蹐	六〇〇
跌	跌	六〇〇
踼	踼	六〇〇
蹲	蹲	六〇〇
踞	踞	六〇一
⿰足荂	⿰足荂	六〇一
躩	躩	六〇二
踣	踣	六〇二
跛	跛	六〇二
蹇	蹇	六〇三

蹁	蹁	六〇三
⿰足豙	⿰足豙	六〇三
踒	踒	六〇四
跣	跣	六〇四
跔	跔	六〇四
⿰足困	⿰足困	六〇四
距	距	六〇五
躧	躧	六〇五
⿰足叚	⿰足叚	六〇五
⿰足非	⿰足非	六〇六
⿰足月	⿰足月	六〇六
趽	趽	六〇六
趹	趹	六〇六
趼	趼	六〇七
路	路	六〇七

諟

諟 七四三

諦

諦 七四三

筆劃檢字表

字頭	隸定	頁碼
吅	吅	一五三
此	此	二八四
巡	(言巛)	三一六
迅	訊	三五二
迆	訑	四〇七
迂	訏	四四五
迃	訏	四五三
迄	訖	四六八
彶	彶	四八五
廷	廷	五二七
㢟	㢟	五三三
延	延	五三七
行	行	五三八
舌	舌	六五〇
屰	屰	六五八

字頭	隸定	頁碼
丙	丙	六六一
芇	芇	七〇六

【七劃】

字頭	隸定	頁碼
吻	吻	四
吞	吞	五
吮	唲	三
含	含	一四
吸	吸	一八
吹	咲	一九
吾	吾	二五
君	君	二九
咊	和	五〇
听	听	五三
咠	咠	五八
启	启	六四

字頭	隸定	頁碼
呈	呈	七三
吺	吺	一一六
吟	吟	一二五
吪	吪	一二八
吝	吝	一二八
否	否	一三七
𠯑	𠯑	一四〇
吠	吠	一四一
局	局	一四七
呀	呀	一五一
走	走	一九一
癶	癶	二五二
步	步	二六〇
辵	辵	三一〇
述	訹	三一八

字頭	隸定	頁碼
迋	(言王)	三三〇
迎	(言卬)	三五七
返	(言反)	三八八
近	訢	四三五
(辶朱)	誅	四四六
迒	(言亢)	四六二
(辶尾)	(言尾)	四六四
彶	彶	四八五
彴	彴	五一二
延	延	五一九
延	延	五三七
足	足	五七六
𠕋	册	六三〇
谷	谷	六六〇
冏	冏	六六五

丗 世 七〇九
言 音 七一三

【八劃】

呱 八
咀 一一
味 一五
呬 一七
呼 一八
吹 一九
命 二四
和 咊 五〇
呭 五四
咄 五五
呷 五八
㠯 台 六二

周 九二
咈 一一一
呧 一一七
呶 一二〇
呻 一二五
咼 一三九
咆 一四二
呢 一四三
呦 一四六
咍 一五一
歫 二二七
疌 二五〇
些 二八七
征 三一一
𨓈 徂 三三二

述 三三三
迮 三四九
迪 三六五
迟 四〇六
迡 四一二
迭 四一五
迫 四二七
迣 四四四
迦 四四七
迥 四五二
迢 四六九
往 四七八
彼 四八二
𢓊 四九三
延 五五九

建 五二九
拘 六七九
糾 六八二
肸 七〇〇

【九劃】

咽 五
哆 七
咺 八
咷 九
咳 一〇
咦 一七
咨 二七
咥 三三
咄 五五
哉 五五

咠 五八
咸 六六
哇 一一三
咅 一一四
呰 一一七
唌 一二七
哀 一三七
咼 一三九
味 一四三
咢 一五九
赴 一九六
赳 一九九
歫 二三七
前 二三七
疌 二五〇

金 二五〇
癹 二五九
是 三〇二
迹 三一二
迨 三四八
适 三五三
逆 三五三
这 三五八
迻 三八三
送 三九三
迥 四一五
迷 四一六
逃 四二八
追 四二八
迾 四四五

逅 四六七
迸 四六九
徒 四八九
待 四九三
退 四九四
後 五〇一
很 五〇五
律 五二二
衍 五四八
卧 五八三
延 六一四
品 六一五
扁 六四三
咠 七〇五
音 七一二

訂 七四三

【十劃】

咲 九
咳 一〇
哾 一三
哺 一五
哲 二七
命 三四
咨 三七
唏 五三
呭 五四
唉 五五
哉 五五
唐 一〇二
哯 一一〇

嗄	嗄	一一三
唊	唊	一一八
唇	唇	一二三
哤	哤	一二六
哨	哨	一二八
唁	唁	一三七
哮	哮	一四三
啄	啄	一四四
哦	哦	一四九
哭	哭	一八二
趎	趎	二〇三
赳	赳	二〇八
起	起	二〇九
𧺇	𧺇	二一四
赶	赶	二一三

峙	峙	二二六
歬	前	二二七
巡	巡	三一六
徒	徒	三一八
逝	逝	三三〇
造	造	三四一
速	速	三五一
迅	迅	三五二
逢	逢	三六三
通	通	三六六
逗	逗	四〇六
迆	迆	四〇七
逡	逡	四一一
連	連	四一六
逯	逯	四一八

退	退	四一九
逋	逋	四二三
逐	逐	四三一
迺	迺	四三五
迂	迂	四四五
逞	逞	四四七
逖	逖	四五一
迂	迂	四五三
迄	迄	四六八
透	透	四六九
逍	逍	四六九
徑	徑	四七五
徎	徎	四七八
彼	彼	四八二
徐	徐	四八七

徫	徫	四八九
復	退	四九四
很	很	五〇五
跁	跁	五九七
拘	拘	六七九
肹	肹	七〇〇
訓	訓	七三三

【十一劃】

啾	啾	八
啜	啜	一二
啗	啗	一三
啞	啞	一六
啍	啍	二一
唫	唫	二一
問	問	四五

唯	唱	啞	唪	啖	啁	嗙	啐	唸	呻	⿰口叔	啄	唬	喁	售
唯	唱	啞	唪	啖	啁	嗙	啐	唸	呻	⿰口叔	啄	唬	喁	售
四七	四九	五三	五九	一二三	一二三	一一八	一二一	一二四	一二五	一四〇	一四四	一四四	一四七	一五〇

唳	唱	⿺走支	赹	赽	赾	癹	迋	過	進	迮	遣	⿺辵止	返	逮
唳	哈	⿺走支	赹	赽	赾	癹	迋	過	進	迮	遣	徙	返	逮
一五〇	一五一	一九九	二〇八	二一四	二一八	二五九	三三〇	三三七	三四〇	三四九	三五〇	三六七	三八八	三九八

逶	逯	追	近	⿺辵𠂢	違	迒	往	⿰彳夆	⿰彳戔	徬	待	得	徛	術
逶	逯	追	近	⿺辵𠂢	違	迒	往	⿰彳夆	⿰彳戔	徬	待	得	徛	術
四〇六	四一五	四二〇	四三五	四四五	四五二	四六二	四七八	四八九	四九〇	四九〇	四九三	五〇六	五一一	五四四

踽	⿰足氏	趿	距	跀	趽	趹	趼	跂	扁	啇	笱	斟	⿰耳斗	許
踽	⿰足氏	趿	距	跀	趽	趹	趼	跂	扁	啇	笱	斟	⿰耳斗	許
五七五	五九一	五九七	六〇五	六〇六	六〇六	六〇六	六〇七	六〇八	六四三	六六八	六七九	七〇一	七〇五	七二四

訳 迟 四〇六
違 諱 四〇九
詆 迡 四一二
達 譁 四一二
遂 諑 四二五
詯 迫 四三七
遏 謁 四四三
誅 迬 四四六
迦 迦 四四六
誠 越 四四七
詗 迥 四五二
逮 逮 四五三
道 諂 四五五
遑 諻 四六七
逼 諨 四六七

遐 諔 四六八
詔 迢 四六九
復 復 四七五
徠 徠 四七八
循 循 四八三
徥 徥 四八七
徧 徧 四九三
徦 徦 四九四
徸 徸 五〇五
御 御 五一四
街 街 五四五
衙 衙 五四七
踦 踦 五七五
跖 跖 五七九
跋 跋 五八三

蹕 蹕 五九七
跐 跐 五九九
跋 跋 五九九
跌 跌 六〇〇
跛 跛 六〇二
跔 跔 六〇四
距 距 六〇五
跂 跂 六〇八
跎 跎 六〇九
齷 齷 六一三
喦 喦 六一七
喌 喌 六四三
鼽 鼽 六六四
矞 矞 六六七
博 博 七〇一

啻 啻 七三三
詘 訓 七三三
訣 訣 七三七
詖 詖 七三七
訏 訏 七四三

【十三劃】

嗌 嗌 六
喤 喤 八
喑 喑 一〇
嗛 嗛 一一
嗙 嗙 一四
哲 哲 二七
嘄 嘄 五四
嗅 唉 五五
嗔 嗔 六〇

字	頁
嗂	六四
咼	一〇八
嘔	一一〇
嗜	一一三
嗑	一一八
嗙	一一八
嗷	一二四
嗞	一二六
嗁	一三九
嗀	一三九
嗼	一四〇
嘷	一四二
嗃	一五〇
喚	一五一
喪	一八五

字	頁
趣	一九六
趆	二〇四
趙	二〇六
⿺走北	二〇八
趌	二一二
趹	二一四
趍	二一六
趉	二二〇
趑	二二一
趚	二二三
⿺走圭	二二四
⿺走亘	二二八
趒	二三二
⿺走重	二三五
歲	二六六

字	頁
𨑢	三一〇
還	三四七
迨	三四八
逆	三五三
迎	三五七
这	三五八
遘	三六〇
遞	三六五
迻	三八三
遜	三八八
遺	三九四
迵	四一五
迭	四一五
迷	四一六
述	四一八

字	頁
逃	四二八
追	四二八
逐	四三一
逮	四四八
逞	四六四
逅	四六七
透	四六九
遙	四六九
復	四七五
微	四八五
徬	四九〇
徯	四九二
得	五〇六
衙	五四八
衕	五四八

㺄 㺄 五七五
跟 跟 五七九
跪 跪 五八〇
跧 跧 五八六
跨 跨 五八七
跳 跳 五九三
跲 跲 五九八
跌 跌 六〇〇
跣 跣 六〇四
趹 趹 六〇六
趼 趼 六〇七
路 路 六〇七
臬 臬 六二三
嗣 嗣 六三九
商 商 六六八

鉤 鉤 六八〇
詵 詵 七三三
許 許 七二四
詩 詩 七二九
詻 詻 七三九
訪 訪 七四一
詳 詳 七四三

【十四劃】

噣 噣 二
啐 啐 一三
噓 噓 一九
嘈 嘈 五九
嘌 嘌 六〇
嘑 嘑 六〇
噴 噴 六五

嘐 嘐 一一三
嗻 嗻 一一八
嘖 嘖 一二三
嘅 嘅 一二七
嘆 嘆 一二七
嗀 嗀 一三九
嗾 嗾 一四〇
趜 趜 二〇五
䞓 䞓 二〇五
趕 趕 二一一
趙 趙 二一七
趂 趂 二三一
趮 趮 二三三
趄 趄 二三八
𧼮 𧼮 二三一

歷 歷 二四〇
蹬 蹬 二五一
登 登 二五三
遳 遳 三一四
隨 隨 三一八
適 適 三三五
造 造 三四一
速 速 三五一
适 适 三五三
遭 遭 三五九
通 通 三六六
遰 遰 四〇五
逗 逗 四〇六
透 透 四〇六
連 連 四一六

字頭	隸定	頁碼
趙	趙	二〇六
趁	趁	二一二
趠	趠	二一八
趮	趮	二二〇
趜	趜	二二一
逯	逯	二二二
趪	趪	二二六
趡	趡	二二七
邁	邁	二三五
邀	邀	二三八
遵	遵	二三四
遺	遺	二三九
進	進	三四〇
遇	遇	三五八
逢	逢	三六三

字頭	隸定	頁碼
遷	遷	三八四
選	選	三九三
送	送	三九三
逮	逮	三九八
遲	遲	四〇二
適	適	四〇七
遴	遴	四一一
逭	逭	四二〇
遺	遺	四二三
遂	遂	四二五
逵	逵	四三七
迦	迦	四四五
逦	逦	四四五
遼	遼	四四七
逖	逖	四五一

字頭	隸定	頁碼
迸	迸	四六九
德	德	四七〇
徲	徲	五〇三
衝	衝	五〇五
衙	衙	五四八
衛	衛	五四九
齒	齒	五五五
踝	踝	五七九
踦	踦	五八〇
跪	跪	五八〇
跽	跽	五八〇
踧	踧	五八一
踖	踖	五八一
踐	踐	五八九
踔	踔	五九〇

字頭	隸定	頁碼
踤	踤	五九二
踞	踞	六〇一
踣	踣	六〇二
蹃	蹃	六〇三
踒	踒	六〇四
跼	跼	六〇四
跳	跳	六〇六
嗣	嗣	六三九
舌	舌	六五三
談	談	七二〇
諒	諒	七二一
請	請	七二三
諾	諾	七二五
諸	諸	七二七
諄	諄	七三八

諟 諟 七四三
諦 諦 七四三

【十九劃】

啍 啍 二一
嚏 嚏 二一
噴 噴 二一〇
嗼 嗼 一四〇
嚴 嚴 一五六
趫 趫 一九八
[illegible] 二〇〇
趞 趞 二〇二
趬 趬 二〇二
趧 趧 二一四
⿺走幾 ⿺走幾 二三〇
⿺走矞 ⿺走矞 二三〇

邁 邁 三一五
邀 邀 三一八
適 適 三三五
遺 遺 三三九
遣 遣 三五〇
遷 遷 三六四
遲 遲 四〇二
遹 遹 四〇七
遾 遾 四三七
⿺辶象 ⿺辶象 四五四
遽 遽 四六一
⿺辶額 ⿺辶額 四六八
⿰彳巠 ⿰彳巠 四八五
⿰彳壽 ⿰彳壽 四八九
衛 衛 五四九

齗 齗 五六一
齘 齘 五六二
⿰齒巨 ⿰齒巨 五六六
踖 踖 五八一
蹻 蹻 五八三
蹴 蹴 五八七
躡 躡 五八七
蹋 蹋 五八八
踵 踵 五八九
蹢 蹢 五九一
蹶 蹶 五九二
踏 踏 五九七
蹲 蹲 六〇〇
跨 跨 六〇一
蹸 蹸 六〇八

躧 躧 六〇八
蹭 蹭 六〇九
蹬 蹬 六〇九
龠 龠 六二三
請 請 七二三
譔 譔 七三六
⿰言辟 ⿰言辟 七三八
論 論 七四二

【二十劃】

嚨 嚨 四
嚵 嚵 一三
嚘 嚘 一二
嚶 嚶 一四四
嘲 嘲 一五一
嚴 嚴 一五六

蹇 二〇八
⿺走睘 二一四
⿺走侖 二一九
⿺走雚 二二三
遺 三九四
遂 四四四
⿺辶彖 四五四
衢 五四五
齲 五六四
⿰齒差 五六四
齳 五六六
⿰齒咸 五六八
⿸厂齒 五六九
⿰齒咠 五七二
蹇 六〇三

囂 六四六
謂 七二二
膺 七二六
識 七三二

【二十五劃】

⿺走票 二〇三
趯 二〇七
⿰齒兼 五六三
齺 五六三
⿱关齒 五六五
⿰齒豈 五六九
齸 五七二
⿰齒尃 五七二
躍 五八一
躡 五八七

籥 六二六
讎 七二六
諄 七三八
謨 七四一

【二十六劃】

⿺走龠 二一九
⿺走雚 二二三
隨 三一八
⿰齒賣 五六二
⿰齒盧 五六四
⿸厂齒 五六九
邅 五九一
躧 六〇五
龤 六三〇
識 七三二

【二十七劃】

⿺走睘 二一四
⿺走矍 二一九
⿺辶縣 三三一
遭 三五九
邏 四六九
⿰齒兼 五六三
齰 五六七
⿰齒咠 五七二
⿰足夒 六〇二
⿰龠虒 六二六

【二十八劃】

⿺走斲 二〇五
遺 三三九
遷 三八四

甲九四〇 廩辛時貞人名 甲一一八一 甲一一九三 甲一二一五 甲一二七一 甲一二七七 河三九一 簠地·三 粹二二〇 珠五七九 明藏七六〇 小臣口 佚二八六 【甲骨文編】

甲1215 1271 1619 2416 2621 2695 2839 3917 乙443 8713 8820 8854 8855 8889 8892 佚267 徵2·3 録391 粹1386 【續甲骨文編】

口 [弋卩]卣三 王口尊文武帝乙宜 口作父己卣 尊文 戍寅鼎 王口□□馬酒 【金文編】

9·55 口脩 陶文編2·8 獨字 【古陶文字徵】

〔六八〕 〔一八〕 〔三六〕 〔一九〕 〔一〕 〔二〇〕 〔二二〕 〔一九〕 〔六七〕 〔六七〕 〔六七〕 【先秦貨幣文編】

刀弧背右口 冀靈 仝上 左口 仝上 右口 布空大 豫洛 刀弧背 冀滄 仝上 布空大 典五六六 刀弧背 典一〇九九 【古幣文編】

口 語二一 九例 爲三二 日甲八二 【睡虎地秦簡文字編】

0275 0118 【古璽文編】

歷口男典書丞 張口 【漢印文字徵】

禪國山碑 月次陬訾之口 石經無逸不則用厥口詛祝 今本作否則厥口詛祝 【石刻篆文編】

噭

∀口　說文古文偏旁如此【汗簡】

∀ 古孝經　∀ 汗簡【古文四聲韻】

◉許　慎　口人所以言食也。象形。凡口之屬皆从口。苦后切。【說文解字卷二】

◉林義光　說文云。口象形。說文云。Ａ三合也。从入一。象三合之形。按經傳無此字。从Ａ之字。如食龠侖今等字。以三合說之。皆不可通。考其義並有口象。詳見各條。古作Ａ召伯虎敦今字偏旁。作Ａ盂鼎今字偏旁。蓋即口字。口與Ａ文有順逆。皆象口形。惟獨體只作口偏旁閒用Ａ耳。【文源卷一】

◉馬叙倫　孔廣居曰。口之象形當作◇。倫按人所以言食也校語。本訓挩矣。盖本作孔也。以聲訓。今孔也譌入噭下。餘詳噭下。字見急就篇。【說文解字六書疏證卷三】

◉許　慎　噭吼也。从口。敫聲。一曰。噭呼也。古弔切。【說文解字卷二】

◉馬叙倫　顧廣圻曰。說文無吼字。當是口孔二字并成一字之譌也。噭。口孔也者。口之空處名曰噭也。顔師古漢書貨殖傳注。噭。口也。可借證其義。噭爲口孔。故其字在口下噣喙上。朱駿聲曰。當作口也。孔也。章炳麟曰。口旁轉宵。變易爲噭。顔師古說。噭。口也。張楚曰一曰噭呼也者。乃叫字義。本書叫下曰。呼也。疑後人以噭叫聲近。遂誤以叫義附於噭下耳。倫按朱說較長。孔也乃口下訓。口之轉注爲噭。口音溪紐。噭音見紐。同爲舌根破裂音也。一曰噭也者。謷字義。本書。謷。痛呼也。古書借噭爲謷。公羊昭二十五年傳。公於是噭然而哭。是其證。此校語。【說文解字六書疏證卷三】

噣　喙

◉許　慎　噣喙也。从口。蜀聲。陟救切。【說文解字卷二】

乙四五一八　从口从豕唐蘭以爲即喙之本字左傳昭二年深目而豭喙豕喙異於常畜故從豕　按卜辭用爲豕名　甫喙　乙四七三三　㞢喙　乙八七一二　乙八八九三　人名　喙令宅正　乙八八九八　令喙宅正　乙八九四六　續四·一八·八　前五·四六·三　前五·四七·三　菁一一·六　佚三五九　續二·二六·一一　㚔喙　佚三五九　陳五三【甲

骨文編】

[seal glyph] 張喙印 【漢印文字徵】

◉許　慎　喙口也。从口。彖聲。許穢切。【説文解字卷二】

◉强運開　[glyph]⿱𧰨口鼎⿱𧰨口亾且乙寶尊彝。吴愙齋云。説文𧰨𢑚屬。从二𢑚。引虞書𧰨類于上帝。今書作肆。孔傳云。遂也。經典肆肆二字多通用。此从𧰨从口。當即𧰨之緐文。運開按。此⿱𧰨口字人名也。説文所無。口部喙字从口彖聲。此从口从𧰨。疑即古喙字也。【説文古籀三補卷二】

◉高田忠周　[glyph]从口从𧰨。甚明顯者。而字書未收。此古字逸文耳。但銘爲人名。音義無可徵者。爲可惜矣。或云古文𢑚彖形近通用。此𢑚亦用爲彖。而二彖即一彖之重緐。⿱𧰨口即喙字異文。備參。又別有⿰𧰨攵字。葢以⿱𧰨口爲聲也。【古籀篇四十九】

◉唐　蘭　[glyph]字王襄疑吠字。類纂存疑三。商承祚初釋吠。類編二·七。後改釋豚。佚存攷釋四九。按其字從口從豕，釋吠與從豕不合，釋豚又與從口不合，皆非也。余謂㖿當爲喙之本字，左傳昭二年：「深目而豭喙」，豕喙異於常畜，故從豕，而卜辭此字，又特示其喙狀也。説文喙從彖聲，朱駿聲謂當從彖聲，又以彖爲豕之或體。通訓定聲履部。今卜辭㖿字正從豕，可爲朱説之證。喙爲豕喙，引申之則鉅喙之畜或獸，皆得稱喙，易曰：「爲黔喙之屬」是也。本片㞢㖿者，疑是豕之異名。【天壤閣甲骨文存考釋】

◉馬叙倫　鈕樹玉曰。篆當从彖作[glyph]。桂馥曰。彖聲者。一切經音義十一曰。彖音他亂反。馥謂當作彖聲。彖音式視切。王筠曰。玄應謂彖音他亂反。案彖即𢑚字。自當依許讀若弟。乃與喙音協。倫按彖音式視切。在審紐。𢑚音羊至切。在喻四。審與喻四及曉皆摩擦次清音。故喙音許穢切。在曉紐。喙之本音爲審三。噣音知紐。同爲舌面前音。故噣喙轉注也。口蜀聲在侯類。故口亦轉注爲噣。噣音知紐。噭音見紐。見知同爲破裂清音。故噣噭亦轉注字。字見急就篇。【説文解字六書疏證卷三】

◉李孝定　説文喙口也。从口彖聲。絜文从口从豕。會意。本爲豕口。引申以爲凡口之稱。史記越世家范蠡遺文種書「越王爲人長頸鳥喙。」此稱越王之貌。按此謂鳥喙疑狀其鼻漢書地理志「左馮翊谷口莽曰谷喙。」非獨獸畜得稱喙也。唐釋喙於字形爲近。【甲骨文字集釋第二】

吻 吻

吻 吻 封六六 【睡虎地秦簡文字編】

◉許 慎 吻口邊也。从口。勿聲。武粉切。 䀶吻或从肉。从昬。【説文解字卷二】

◉馬叙倫 任大椿曰。文選文賦注洞簫賦注引字林。吻。口邊也。桂馥曰。一切經音義四引蒼頡篇。吻。脣兩邊也。謂口際邊也。倫按吻爲脣之轉注字。吻辰聲同脂類。疑本訓脣也。今捝。所存者字林訓。故此下有䀶字。文選文賦注。玄應一切經音義引倉頡。吻。脣兩邊也。華嚴經音義引作謂脣兩角頭邊也。

䀶王筠曰。當依鍇本作吻或从肉昬。昬自是聲耳。宋保曰。昬勿一聲之轉。猶黽勉𩕢沒一聲之轉也。倫按本書無昬字。昏下曰。一曰。民聲。䀶爲吻之轉注字。昬聲真類。吻聲脂類。脂真對轉也。【説文解字六書疏證卷三】

◉黄錫全 脗 泯出莊子 《莊子·齊物論》「爲其脗合」，釋文「脗，郭音泯。司馬云合也。向音脣，云若兩脣之相合也」。鄭珍認爲「恐皆非是。他書有作脗合者，《韻會》依其體，蓋本吻字。《説文》吻或作䀶。脗與脗乃俗合吻䀶爲之，非古文，亦非泯字。郭此形又書日如甘，皆謬」。曾侯乙墓漆盒上文字匫作匫、匫，所从之曶與此形右旁類同。古文字中从口之偏旁後來每變作甘或日，如曹、朁等字，因此，曶、曶、曶等古當爲一字。吻、曶、脗、泯同屬明母文部，脗蓋吻字别體。吻字或體䀶从昬，昬亦屬文部。郭采脗字，以隸作古。【汗簡古文注釋卷二】

嚨 嚨

嚨 新2445 2492【續甲骨文編】

◉許 慎 嚨喉也。从口。龍聲。盧紅切。【説文解字卷二】

◉李孝定 嚨説文。嚨。喉也。从口。龍聲。此正从口龍聲。金氏收此作嚨。可从。【甲骨文字集釋第二】

◉姚孝遂 嚨嚨 按：从口从龍，與説文訓爲喉之嚨字形體同。金祥恆續甲骨文編列入嚨字。合集四六五九辭云：「……卓比嚨前……」，爲人名或國族名。【甲骨文字詁林】

喉 喉

◉許 慎 喉咽也。从口。侯聲。乎鉤切。【説文解字卷二】

◉馬叙倫 沈濤曰。御覽三百六十八引作喉嚨也。蓋古本如是。上文。嚨。喉也。正許書互訓之例。爾雅釋鳥釋文引蒼頡篇云。喉。咽也。是喉之訓咽。乃蒼頡篇文。倫按龍喉東侯對轉轉注字。字見急就篇。【説文解字六書疏證卷三】

噲

 陳噲之印  莊噲  噲樂成  王噲 【漢印文字徵】

◉許　慎　噲咽也。从口。會聲。讀若快。一曰。嚵噲也。苦夬切。【説文解字卷二】

◉馬叙倫　任大椿曰。一切經音義引字林。噲。咽也。翟云升曰。集韻引嚵下無噲字。是。王筠曰。大徐以訓咽也。故使與嚨喉咽嗌相次。呑字亦然。然小徐自嗛至嗂十八文皆飲啖含咀之意。則噲吞二文説解之咽。乃下咽。非咽喉也。大徐誤迻之。田吳炤曰。大徐之次以類從。小徐次嗛下咀上。雜亂不得其解。尹桐陽曰。噲快疊韻。故噲讀若快。劉秀生曰。从會得聲之字多在見紐。从夬得聲之字亦多在見紐。故噲讀若快。公羊昭二十七年。邾婁快來奔。釋文。快本作噲。莊子齊物論。宗膾胥敖。人間世作叢枝胥敖。枝爲快誤。並其證。倫按咽也者。字林訓。本訓亡矣。或所引字林即説文。誤言字林。蓋所見即字林附於説文本也。一曰嚵噲也者。謂一曰噲。嚵也。或傳寫到譌。噲从會得聲。會音匣紐。其轉注字爲⿱辰會。从辰得聲。詳⿱辰會字下。辰音禪紐。嚵从毚得聲。毚音當在禪紐。詳毚字下。禪匣同爲摩擦次濁音也。漢書五子矦表。襄嚵矦建。晉灼曰。嚵音內。言毚兔。是古讀毚在禪紐。脂類。內會正聲同脂類也。故古或借嚵爲噲。借噲爲嚵。故此曰。一曰嚵也。嚵下一曰噲也。今本作喙也音近而譌。然皆校語。玄應一切經音義引倉頡。噲。此亦快字也。亦引作三倉。【説文解字六書疏證卷三】

吞

 王存乂切韻 【古文四聲韻】

◉許　慎　吞咽也。从口。天聲。土根切。【説文解字卷二】

咽

◉許　慎　咽嗌也。从口。因聲。烏前切。【説文解字卷二】

◉馬叙倫　桂馥曰。莊子庚桑楚。終日嗥而嗌不嗄。釋文。嗌。崔云。喉也。司馬云。咽也。北山經。白鵺食之已嗌痛。注云。嗌。咽也。今吳人呼咽爲嗌。戰國策。頓子曰。韓。天下之咽喉。字見急就篇顔師古本。然疑譌字。【説文解字六書疏證卷三】

嗌 嗌

□〔一三〕□〔七二〕□〔六八〕□〔七四〕□〔三六〕□〔六〕□〔四四〕□〔一九〕□〔七四〕

□〔一九〕【先秦貨幣文編】

□ 布空大 豫伊 □ 布空大 典八二九 □ 仝上 典八二八 □ 仝上 典八三〇 □ 布空大 亞二・一〇八 □ 仝上 亞一〇九 【古幣文編】

□ 一九四：二 二例 宗盟類參盟人名嗌 嗌系 □ 八五：七 二例 【侯馬盟書字表】

□ 1551 與説文古文同，益字重見。【古璽文編】

□ 品式石經咎繇謨説文嗌籀文作□此借嗌爲益益字重文 【石刻篆文編】

◉許 慎 嗌咽也。从口。益聲。伊昔切。□籀文嗌。上象口。下象頸脈理也。【説文解字卷二】

◉林義光 古作□牧叔敦。作□曶鼎。□象頸脈理。○記其嗌處。【文源卷七】

◉王國維 漢書百官公卿表□作朕。虞假爲益字。【史籀篇疏證 王國維遺書第六册】

◉楊樹達 ∀象口與嗌，□象頸脈理，口與頸皆示所在之他形也。【文字形義學】

◉馬叙倫 段玉裁曰。咽嗌雙聲。倫按嗌以雙聲轉注爲咽。咽以疊韻轉注爲吞。吞音禪紐。禪匣同爲摩擦次濁音。故轉匣紐爲喉。喉以東矦對轉爲嚨。吞以脂真對轉爲噲。噲喉同舌根音。故噲與喉亦轉注字。

□鈕樹玉曰。韵會作□。沈濤曰。玉篇重文作□。云。籀文。本亦作□。是六朝舊本作□。今作□者乃别本也。漢書百官公卿表。□作朕。虞。顔注。□古益字。則□爲益之古文。嗌之籀文當如玉篇作□。桂馥曰。鐘鼎文作□。本書䦡下云。□。籀文隘字。隘乃嗌之譌。馥疑□有缺筆。單作□。則是益非嗌矣。倫按本部君之古文作□。唐之古文作□。㕣之古文作□。其口旁皆作▽。十篇吳之古文作□。其口旁作∀。倫謂∀本作□。爲口之初文象形。變而爲∀爲ㅂ爲▽。則不象形矣。當爲∀之譌。□从∀象頸脈。似爲指事字。然重文下例無説解。有之或校者所加。□象頸脈。則□乃頸字矣。況即从口象頸脈爲□。亦決不得嗌義。疑□爲□之異文。或从口。冄聲。冄音日紐。古讀歸泥。爲舌尖前邊音。舌尖前邊音每轉入影紐。委从女得聲。而音在影紐。是其例證也。曶鼎有□字。舊釋益。【說文解字六書疏證卷三】

◉戴家祥　宋時出土一鼎其銘云「□乍寶鼎」薛尚功歷代鐘鼎彝器款識法帖卷七第九十四葉釋□爲益。按說文二篇口部「嗌，咽也。从口，益聲。□籀文嗌。上象口，下象頸脈理也。」三體石經皋陶謨殘石，古文益作□。漢書百官公卿表述書「益作朕虞。」益字作□。應劭曰「□，伯益也。」顏師古集注「□古益字也。」古圜泉有「□化」，即鎰貨之簡書。是□之爲嗌，不但古籀同作，且爲漢人常用字。薛氏釋益，正確無譌。然就字形考之，說文十篇吳，古文作□。偏旁口作□，與廿近似。說文九篇「冄，毛冄冄也。」余冄鉦作□。又須部「𩑶，頰須也。从須、冄，冄亦聲。」形符更旁，字或作髥。漢書高帝本紀「美須髯。」師古曰：「在頰曰髯。」□爲咽之初文，从口从冄，殆指人之咽喉當頰須之口。同聲通假，則讀爲益。說文五篇皿部「益，饒也。从水皿，皿益之意也。」廣雅·釋詁二「益，加也。」簋銘「□貝十朋。」亦猶易益之六二「或益之十朋之龜」云。楊樹達讀益爲錫積微居金文說卷二𣪘叔簋跋第七十葉恐非是。唐韻咽讀「烏前切」影母真部。噎讀「烏結切」影母至部。真、至陰陽對轉，方言云：「嗌，噎也。」嗌讀「伊昔切」影母魚部，聲同韻異。□本象形，變而爲咽、爲嗌，爲噎則爲形聲，而又聲符更旁，後又假借爲益，離造字之初宜遠矣。【金文大字典上】

喗

◉許　慎　喗大口也。从口。軍聲。牛殞切。【說文解字卷二】

◉馬叙倫　四篇。暉。大目出也。翬。大飛也。凡大義之字从軍得聲者。語原然也。【說文解字六書疏證卷三】

哆

哆 籀韻　【古文四聲韻】

◉許　慎　哆張口也。从口。多聲。丁可切。【說文解字卷二】

◉馬叙倫　段玉裁曰。玄應兩引說文殆可切。此本音隱。丁福保曰。慧琳音義六十引張口也。从口。从侈省聲。此與趍字引說文作移省聲同例。倫按玄應一切經音義引字林。哆。丑加丑亞二反。詩巷伯。哆兮侈兮。傳曰。哆。大皃。本書奢。从大。者聲。重文作奓。⿰多阝。有大度也。㢊。廣也。廣。殿之大屋也。是从多得聲之字有大義。疑哆亦大口也。哆从多得聲。音在端紐。喗从軍得聲。音在見紐。見端皆破裂清音。多爲閏月之閏本字。閏音古在泥紐。軍从勻得聲。勻音喻四。古讀歸定。定泥端皆舌尖前音。是哆爲嘽之轉注字。辵部迻運亦轉注字。是其例也。奢之異文作奓。亦从多得聲。奢訓張也。則大口謂張大也。故孔子弟子漆雕哆。字子斂。【說文解字六書疏證卷三】

呱 

●許　慎　呱小兒嗁聲。从口。瓜聲。詩曰。后稷呱矣。古乎切。【說文解字卷二】

●馬叙倫　任大椿曰。文選幽通賦注引字林。呱。子啼聲。倫按自呱至喑七字。以音求之。實皆轉注字。咣下曰。秦晉謂兒泣不止曰咣。然方言。自關而西秦晉之間。凡大人少兒泣而不止謂之咣。然則呱啾喤咺咷喑亦非獨小兒然也。此言小兒嗁聲者。以詩。后稷呱矣。書。啟呱呱而泣。皆小兒也。許以呱次嘽哆之下。亦以小兒之嗁即爲其意思之表示。而爲口之作用之最初發見也。然以選注引字林作子啼聲。則此作小兒嗁聲。乃合本訓與字林訓而一之。又有挩文。【說文解字六書疏證卷三】

啾 

●許　慎　啾小兒聲也。从口。秋聲。即由切。【說文解字卷二】

●馬叙倫　下文。喤。小兒聲。詩曰。其泣喤喤。是喤亦小兒嗁聲。此訓小兒聲也。蓋亦小兒嗁聲。故次呱下。喤咺咣上。玄應一切經音義引倉頡。啾啾。衆聲也。文選羽獵賦注引三倉云。郭璞解詁。【說文解字六書疏證卷三】

喤 

●許　慎　喤小兒聲。从口。皇聲。詩曰。其泣喤喤。乎光切。【說文解字卷二】

●馬叙倫　桂馥曰。玉篇。喤。小兒啼聲。倫按呱喤皆舌根音。又爲魚陽對轉。轉注字也。喤咣聲同陽類。轉注字。小兒聲或非本訓。【說文解字六書疏證卷三】

●商承祚　諻。說文所無。口部喤小兒聲。引詩曰其泣喤喤。揚子方言十二。諻諻音也。左思吳都賦。諠譁喤呷。注喤與諻通。案言口古文不別。如詠碁金文皆从口。謀暮信說文之古文亦从口。【邵王之諻毁　十二家吉金圖録】

咺 

 咺 石經僖公　衛元咺出奔晉　古文借垣爲咺【石刻篆文編】

●許　慎　咺朝鮮謂兒泣不止曰咺。从口。宣省聲。況晚切。【說文解字卷二】

唴

◉馬叙倫　鈕樹玉曰。繫傳咺作喧。俗。韵會引宣省聲作亘聲。錢坫曰。漢武帝李夫人賦。悲愁於邑喧不可止兮。从宣不省。王煦曰。宣省二字後人所竄也。説文二部。亘。求亘也。須緣切角部。觛。宀部宣皆从亘聲。自隸體溷殽。誤以亘爲亙。因與咺音不近。遂改爲宣省。不辨而知其誣也。當云。从口。亘聲。倫按亘垣宣一字。呱咺喤唴皆舌根音轉注字。喤咺又皆舌根摩擦音也。説解脱本訓。朝鮮九字校語。【説文解字六書疏證卷三】

◉商承祚　魏三體石經《春秋・僖公》:「衛元咺出奔晉」,古文作。按此乃咺字之古文,借作咺。《説文》垣之籀文作,《玉篇》同。又城字金文城虢遣生簋作,散氏盤作;坒字作,坯字作;堵字邵鐘作,堣字史頌簋作(亦有从土作者,如城、坯),而《説文》之籀文城堵陴(與埤同)及《玉篇》之籀文莫不从𩫏。《玉篇》墉之古文亦作𩫏,《説文》以爲籀文而《玉篇》及此以爲古文者,古籀文每有相同之字也。陳侯因資錞䞠字从,此則省去上下兩筆。《隸釋》所載石經「葬蔡桓公」,桓字作亦从,垣咺同聲,故此假垣爲咺。【「石刻篆文編」字説　古文字研究第五輯】

◉許慎　唴秦晉謂兒泣不止曰唴。从口。羌聲。丘尚切【説文解字卷二】

◉馬叙倫　鈕樹玉曰。繫傳泣下有下字。非。沈濤曰。玉篇引兒上有小字。蓋古本如此。呱下曰。小兒嗁聲。啾下曰。小兒聲。喤下曰。小兒聲。嶷下曰。小兒有知也。咳下曰。小兒笑也。以此推之。喤咺唴咷喑下説解兒上皆當有小字。倫按方言。一。自關而西秦晉之間凡大人少兒泣而不止謂之唴。是兒上當有小字。然説解捝本訓。秦晉九字校語。鍇本泣下有下字。乃不字之誤重而又誤者也。咷下同。【説文解字六書疏證卷三】

咷

並籀韻　並籀韻【古文四聲韻】

◉許慎　咷楚謂兒泣不止曰嗷咷。从口。兆聲。徒刀切【説文解字卷二】

◉馬叙倫　鈕樹玉曰。繫傳泣下有下字。非。倫按啾聲幽類。咷聲宵類。呱聲魚類。魚幽宵聲近通轉。轉注字也。楚謂九字校語。本訓捝矣。【説文解字六書疏證卷三】

喑

◉許　慎　宋齊謂兒泣不止曰喑。从口。音聲。於今切。【説文解字卷二】

◉馬叙倫　任大椿曰。一切經音義引字林。喑。唶也。朱駿聲曰。李登聲類。喑唶。大叱也。倫按字林訓義多本聲類。此亦其證也。喑聲侵類。幽侵對轉。啾喑爲轉注字。宋齊九字校語。本訓捝矣。【説文解字六書疏證卷三】

嶷

◉許　慎　小兒有知也。从口。疑聲。詩曰。克岐克嶷。魚力切。【説文解字卷二】

◉馬叙倫　嶷當是咳之轉注字。同舌根音也。又聲同脂類。小兒有知也非本訓。【説文解字六書疏證卷三】

咳

孩竝説文【汗簡】

天台經幢　説文　同上【古文四聲韻】

◉許　慎　小兒笑也。从口。亥聲。户來切。古文咳。从子。【説文解字卷二】

◉商承祚　説文「古文咳从子。」案禮記内則。「孩而名之。」孟子。「孩提之童。」皆作孩。此亥篆文也。應从古文亥作。【説文中之古文攷】

◉馬叙倫　鈕樹玉曰。玉篇引笑作笑。韻會引笑下有聲字。非。沈濤曰。玉篇引作小兒笑也。禮曰。父執子右手。咳而名之。蓋古本如此。禮曰十一字乃許氏引禮原文。非顧自引也。一切經音義九及十一兩引小兒笑也。下皆引禮文。較玉篇引多子生三月四字。右手作之手。雖與顧引詳略不同。然可證古本自有引禮之文。翟云升曰。莊子天運釋文疏並引無小兒二字。倫按當從韻會引作小兒笑聲。然咳者小兒爲人所引逗而最初回答之聲。不定因笑而發。疑此非本訓。引經乃校者所加。

孩从子無笑義。詩角弓釋文。孩。本又作咳。禮記内則。咳而名之。釋文。孩。又作咳。疑咳孩異字。今謂小兒曰孩。小兒笑曰咳。玄應一切經音義引古文官書。咳孩同。又引字林。孩。古才反。然則此是吕忱據官書加之。【説文解字六書疏證卷三】

◉戴家祥　咳、孩古本一字。説文二篇「咳，小兒笑也。从口亥聲。」「古文咳从子，作孩。」一切經音義九咳，古文同孩，詩角弓「而童孩慢之」，釋文：「孩本作咳。」禮記内則「孩而名之」，釋文：「孩本作咳。」許慎所釋可信。郘公牼鐘「辰才乙咳」，咳借作亥。【金文大字典上】

嗛 嗛　　咀 咀　　啜 啜　　𠯗 𠯗　　嚌 嚌

嗛 嗛涼私印【漢印文字徵】

◉許　慎　嗛口有所銜也。从口。兼聲。户監切。【説文解字卷二】

◉馬叙倫　朱駿聲曰。誼與含略同。倫按含下曰。嗛也。即嗛之轉注字。音同匣紐。亦甘之轉注字。聲同談類。本作銜也以聲訓。今挩。口有所銜也校語。【説文解字六書疏證卷三】

◉許　慎　咀含味也。从口。且聲。慈吕切。【説文解字卷二】

◉馬叙倫　任大椿曰。一切經音義引字林。咀。齰也。倫按含味也當作含也味也。一訓校者加之。或含也乃上文嗛字之訓。文選思玄賦注引蒼頡篇。咀。噍也。下文。哺。咀也。爲聲同魚類轉注字。哺噂一字。噂噍也。噍𠯗一字。𠯗嚼則轉注字也。【説文解字六書疏證卷三】

◉許　慎　啜嘗也。从口。叕聲。一曰。喙也。昌説切。【説文解字卷二】

◉馬叙倫　啜與歠部歠一字。彼下曰。歠也。是也。啜音穿三。啐音審三。嚵音禪紐。皆舌面前音轉注字也。一曰喙也者。古或借啜爲喙。喙从彖得聲。彖讀若弟。弟叕聲同脂類。又舌面前音也。此校語。【説文解字六書疏證卷三】

◉許　慎　𠯗噍也。从口。集聲。讀若集。子入切。【説文解字卷二】

◉馬叙倫　嚴可均曰。讀若集。疑校者所加。沈濤曰。一切經音義引作噍皃也。王筠曰。玄應以𠯗爲唼呞之古文。子盇反。引字林。唼。血也。【説文解字六書疏證卷三】

嚌 嚌竝尚書　嚌 嚌亦濟字【汗簡】

嚌 古尚書　嚌 古尚書【古文四聲韻】

◉許　慎　嚌嘗也。从口。齊聲。周書曰。大保受同祭嚌。在詣切。【説文解字卷二】

◉馬叙倫 嚌啐聲同脂類。轉注字也。引經校者加之。古鉩有[古鉩字]字。【説文解字六書疏證卷三】

噍

[古文]嚼裴光遠集字【汗簡】

[古文]石經【古文四聲韻】

◉許 慎 [篆文]齧也。从口。焦聲。才肖切。[篆文]噍或从爵。又才爵切。【説文解字卷二】

◉馬叙倫 翟云升曰。一切經音義一引作嚼也。倫按噍㗱實一字。此上下文皆嘗飲之義。而此獨訓齧。疑非本訓。禮記郊特牲。壹與之齊。注。齊或爲醮。以之相例。則噍蓋嚌之轉注字。玄應一切經音義引蒼頡。噍。咀嚼也。

[篆文]鈕樹玉曰。玉篇。嚼。疾略切。噬嚼也。不爲噍之重文。沈濤曰。一切經音義一引。噍。嚼也。疑古本噍嚼爲二字。然爾雅釋獸釋文云。嚼。字若反。廣雅云。茹也。字書云。咀也。説文以爲噍字。是元朗所見本與今本同。且歷引廣雅諸書。明他書以噍嚼爲二字。説文則爲一字。玉篇亦云。噍。嚼也。或玄應本引玉篇。誤爲説文耳。任大椿曰。一切經音義引字林。嚼。咀也。倫按本書重文例不爲音切。此下有又才爵切四字。檢部末記曰。文一百八十。重二十一。然鍇本作文一百八十二。重二十。然則今鉉本文減而重增。豈許書原本固噍嚼異列乎。玄應引字林。嚼。咀也。釋文引作字書。蓋通謂字林等也。玄應音義引通俗文。咀齧曰嚼。則字林或本服虔也。字本不與噍同。蓋本有説解作咀齧也。或咀也齧也。今傳寫譌爲噍之重文。而齧也之訓又譌入噍下。然陸德明所見本已如此。噍或體自可从爵。段玉裁謂古焦爵同部同音。宋保謂猶譙讀若嚼也。噍从焦得聲。嚼从爵得聲。焦爵音同精紐轉注字。【説文解字六書疏證卷三】

吮

◉許 慎 [篆文]欶也。从口。允聲。徂沇切。【説文解字卷二】

◉馬叙倫 鈕樹玉曰。繫傳欶作嗽。俗。沈濤曰。文選洞簫賦注。一切經音義十八。十九。二十。二十二引作嗽也。嗽即欶之別體。卷二十一引正作欶。倫按徂允切音在從紐。倫疑古音當在心紐。本書从允得聲之字凡廿三。而其九在心紐。四在喻四。心與喻四同爲摩擦次清音。可證。今杭縣讀此字音近遜。此訓欶也。欶下曰。吮也。欶音審紐。心審同爲摩擦次清音。轉注字也。亦可證古音當在心紐。玄應又引倉頡。吮。似兖反。【説文解字六書疏證卷三】

啐 **啐**

◉許 慎 啐小歓也。从口。卒聲。讀若叡。所劣切。【說文解字卷二】

◉馬叙倫 鈕樹玉曰。玉篇作小飲也。歓飲字同。劉秀生曰。啐从卒得聲。卒叡古皆心紐。故啐得讀若叡。詩噫嘻。率時農夫。文選東都賦注引韓詩。率作帥。釋名釋首飾。叡。帥也。可以爲證。倫按今杭縣謂小兒吮乳曰啐奶。小歓也疑校語。或字林訓。本訓捝矣。啐音審二。啜音穿三。古讀皆歸於透。轉注字也。吮音從紐。啐从卒得聲。卒音心紐。從心同爲舌尖前音。亦轉注字也。【說文解字六書疏證卷三】

嚵 **嚵**

◉許 慎 嚵小啐也。从口。毚聲。一曰。喙也。士咸切。【說文解字卷二】

◉馬叙倫 徐灝曰。上文。噲。一曰。嚵也。此一曰喙也。是喙噲字異而義同。倫按集韵引廣雅。嚵。嘗也。嚵爲嘗之轉注字。嚵从毚得聲。毚音當在禪紐。詳毚字下。嘗音亦禪紐也。此訓小啐。正謂嘗之。然小啐也疑非本訓。一曰。喙也。當作噲也。借嚵爲噲也。廣雅。毚。獪也。正其例證。此校語。【說文解字六書疏證卷三】

噬 **噬**

◉許 慎 噬啗也。喙也。从口。筮聲。時制切。【說文解字卷二】

◉馬叙倫 鈕樹玉曰。筮聲當作簭省聲。段玉裁曰。喙也上當有一曰二字。任大椿曰。一切經音義引三倉。噬。嚙也。嚙爲齧誤。字林。噬。啗也。王廷鼎曰。水部。澨。亦从筮聲。而正篆無筮。案簭爲籀文。小篆仍之。而从簭聲之字。小篆悉省爲筮。倫按本書从筮得聲者。僅噬澨二字。而此訓啗也。乃字林訓。然則噬澨二字盖出字林。然如祭从𡗜。而正文作幵。不作𡗜。咼从冎。而正文作冂。盖古之作書或繁或省。隨其方便。倉頡已然。許從而録之。不能異也。若此字許書本有。則本訓亡矣。啜嚵噬三字下皆有喙也一義。嚵噬相聯。並有此訓。則必有一爲傳寫譌衍者。此無一曰。當是誤衍。【說文解字六書疏證卷三】

啗 **啗**

◉許 慎 啗食也。从口。臽聲。讀與含同。徒濫切。【說文解字卷二】

◉馬叙倫 沈濤曰。爾雅釋文引作噍也。又別引廣雅。食也。是元朗所見本作噍。不作食。桂馥曰。本書。啖。噍啖也。釋文所引當是啖字。文選風賦注引同此。劉秀生曰。啗从臽得聲。臽聲含聲並在匣紐。故啗得讀與含同。欠部。欿。讀若貪。與此同。倫按上文。噬。啗也。噬音禪紐。古讀歸定。是噬爲啗之轉注字。然倫疑啗與欿一字。【說文解字六書疏證卷

三】

嘰

◉許　慎　嘰小食也。从口。幾聲。居衣切。【説文解字卷二】

◉馬叙倫　錢坫曰。既訓小食。是二字通。倫按既爲旡之後起字。詳既旡二字下。小食也即嘰字義。詳既字下。然小食也疑非本訓。【説文解字六書疏證卷三】

噂

◉許　慎　噂噍皃。从口。專聲。補各切。【説文解字卷二】

◉馬叙倫　沈濤曰。一切經音義四引作噂嚛一專也。味口也。十五及十六引作噍皃也。十六又引作噂嚛噍聲也。十九引作噂嚛噍嚼聲皃也。古本當如十五十六所引。倫按今杭縣形容嚼物正曰。嚛噂嚛噂。【説文解字六書疏證卷三】

含

含涯宰之印　靳含印　【漢印文字徵】

　石經無逸不啻不敢含怒　【石刻篆文編】

古老子　籀韻　【古文四聲韻】

◉許　慎　含嗛也。从口。今聲。胡男切。【説文解字卷二】

◉馬叙倫　鈕樹玉曰。廣韵韵會引並作銜也。【説文解字六書疏證卷三】

◉戴家祥　中山王譽鼎　含，中山王譽鼎用作今，疑爲今之繁。金文每加口旁而字義不變。如豊之作豐，旛字作旛等。【金文大字典上】

◉劉樂賢　《漢印文字徵》附録第十頁有字，印文爲「冶成」、「冶中孫」。此不識字的結構可以析爲上下口，顯然就是含字。含字漢印作（參見《漢印文字徵》卷二含字），小篆作，此作略有變異。【漢印複姓雜考　于省吾教授百年誕辰紀念文集】

哺 味 嚛

◉許慎 哺咀也。从口。甫聲。薄故切。【説文解字卷二】

◉馬叙倫 嚴章福曰。釋鳥釋文引作口中嚼食也。但此哺咀二字必非無本。疑許原文作哺咀。口中嚼食也。沈濤曰。古本盖作口中嚼食也。一切經音義一及十三引許注淮南作口中嚼食也。十四引作嚼食也。可證。玉篇亦云。口中嚼食也。當本許書。任大椿曰。一切經音義引字林。哺咀。食也。倫按哺咀疊韵轉注字。哺咀也。哺字乃隸書複舉字也。咀下捝食字。咀食也乃字林訓。許訓亡矣。嚼食也乃校者據淮南許注加之。傳寫又有捝耳。哺嚼實一字。【説文解字六書疏證卷三】

 味 日甲三三背 【睡虎地秦簡文字編】

 古老子  同上 【古文四聲韻】

◉許慎 滋味也。从口。未聲。無沸切。【説文解字卷二】

◉馬叙倫 滋味之義由含哺而引申。味音微紐。哺从甫得聲。甫音非紐。非微同爲脣齒音。盖轉注字。説解疑本作未也。以聲訓。滋味也校語。禮記檀弓。必有艸木之滋焉。注。增以香味。是滋即味。或本作滋也。味乃複舉字之譌乙者。滋也校語。本訓捝矣。以前後六字説解並有譌捝。可證此亦然也。【説文解字六書疏證卷三】

◉許慎 食辛嚛也。从口。樂聲。火沃切。【説文解字卷二】

◉馬叙倫 沈濤曰。一切經音義十二引作食辛也。盖古本如是。火部引周書。味辛而不熮。吕氏春秋本味篇。味辛而不烈。熮烈皆嚛之借字。食辛罕有不嚛者。言食辛不必更言嚛矣。倫按似有嚛字是。然非本訓。且字亦失次。玉篇訓大啜曰嚛。於字次爲得。然大啜又似此下文⿱穴⿱叕口字説解。今⿱穴⿱叕口訓滿口食。亦合大啜之義。而⿱穴⿱叕口啜同从叕得聲。盖本一字也。嚛从樂得聲。樂音疑紐。哀樂字則在來紐。古讀歸泥。微泥疑同爲鼻音次濁音。而嚛次味下。豈本爲味之轉注字耶。【説文解字六書疏證卷三】

◉戴家祥  ⿰言樂季獻盨 ⿰言樂字从言从樂，説文所無。廣韻集韻入聲十九鐸「⿰言樂謊狂言」，从表義更旁例之，殆即嚛之別體，从言與从口同義。説文二篇口部「嚛，食辛嚛也。从口，樂聲。」段玉裁曰，火部引周書「味辛而不熮」，吕覽本味篇「味辛而不烈」，嚛與熮烈同義。玉篇云「伊尹曰：酸而不嚛。」此古伊尹書之僅存者説文解字注。按唐韻樂讀「五角切」，喻母侯部，嚛讀「洛蕭切」，來母宵

部，宵侯韻近。廣韻譺讀「下各切」，匣母魚部，侯魚韻近。【金文大字典下】

窡 窡

◉許　慎　窡口滿食。从口。窡聲。丁滑切。【説文解字卷二】

◉馬叙倫　口滿食或非本訓。【説文解字六書疏證卷三】

噫 噫

噫【汗簡】

古尚書　同上【古文四聲韻】

◉許　慎　噫飽食息也。从口。意聲。於介切。【説文解字卷二】

◉馬叙倫　沈濤曰。一切經音義十一十八引。噫。出息也。十四十五引。噫。飽出息也。二十引。噫。飽者出息也。玉篇亦云。噫。飽出息也。是今本食爲出字之誤。任大椿曰。文選長門賦注引字林。噫。飽出息也。龔橙曰。噫。既俗。倫按噫爲既之後起字。既音見紐。噫音影紐。皆破裂清音也。此説解盖捝本訓。食字乃涉上文噱下窡下説解而譌衍。轉捝出字。此字林訓也。【説文解字六書疏證卷三】

嘽 嘽

◉許　慎　嘽喘息也。一曰。喜也。从口。單聲。詩曰。嘽嘽駱馬。他干切。【説文解字卷二】

◉馬叙倫　鈕樹玉曰。韵會引一曰喜也在單聲下。倫按喘息也。當曰。喘也。息也。一訓校者加之。嘽爲喘之轉注字。喘音穿紐。古讀歸透。又聲同元類也。一曰喜也者。疑以疊韵借爲歡。本書。歡。喜樂也。詩崧高。徒御嘽嘽。傳曰。嘽嘽。喜樂也。此校語。故韵會引在單聲下。【説文解字六書疏證卷三】

唾 唾

汗簡【古文四聲韻】

◉許　慎　唾口液也。从口。𠂹聲。湯卧切。涶唾或从水。【説文解字卷二】

◉馬叙倫　此丨之後起字。丨今音知庾切。在知紐。然其轉注字爲杏。與唾音同在透紐。是轉注字。丨音轉入知紐耳。古讀知歸端。端透同爲舌尖前破裂音也。

𣳣鈕樹玉曰。廣韵有此重文。玉篇無。按水部有涶。似不應重出。字林有涶即唾也之説。見楊雄傳蕭該注引。或後人本此增。倫按此亦重文出字林之證也。【説文解字六書疏證卷三】

◉許慎 咦南陽謂大呼曰咦。从口。夷聲。以之切。【説文解字卷二】

◉馬叙倫 咦音喻四。呼音曉紐。同爲摩擦次清音。故南陽謂大呼曰咦。然此校語。本訓捝矣。【説文解字六書疏證卷三】

◉許慎 呬東夷謂息爲呬。从口。四聲。詩曰。犬夷呬矣。虚器切。【説文解字卷二】

◉馬叙倫 段玉裁曰。方言。呬。息也。東齊曰呬。釋詁郭注亦云。今東齊謂息爲呬。疑許襲方言。東夷當作東齊。字之誤也。倫按呬音曉紐。息音心紐。同爲摩擦次清音。轉注字也。息之轉注字作𪖐。𪖐讀若虺故詩犬夷呬矣。今詩大雅作混夷駾矣。維其喙矣。字作喙者借也。然東夷六字校語。本訓捝矣。引詩乃校者所加。故不徒並兩句爲一句。而混字亦作犬矣。馬部引作昆夷駾矣。諸家以爲此引詩。蓋三家。未必然。【説文解字六書疏證卷三】

◉楊樹達 爾雅釋詁云：「呬，息也。」方言二云：「呬，息也，東齊曰呬。」説文二篇上口部云：「東齊謂息爲呬，齊字从段説改从口，四聲。詩曰：犬夷呬矣。」虚器切。按呬訓息而字从四者，四之爲言自也。四與自古音同在没部説文四篇上自部云：「自，鼻也，象鼻形。」按人喘息以鼻，故鼾𪖐訓卧息，字皆从鼻。其不从鼻者，則皆从自：如息从心，从自，𡰯訓卧息，字从尸从自，是也。呬訓息而从四，从四猶之从自也。詩陳風澤陂云：「涕泗滂沱。」毛傳云：「自目曰涕，自鼻曰泗。」按泗爲鼻涕字，从水四，亦假四爲自，謂液之從鼻出者也。

右所云，以字形言者也。若就聲觀之，卧息謂之鼾，寒部字也。轉没部，則卧息謂之𪖐，又謂之𡰯，息謂之呬，三字義同而音亦相近。三文同義，𪖐字从鼻，𡰯字从自，呬字不从鼻，不从自，而从四，四自音近，四爲自字之假明矣。【釋呬 積微居小學述林卷一】

喘

0444 【古璽文編】

◉許　慎　疾息也。从口。耑聲。昌沇切。【説文解字卷二】

◉馬叙倫　周雲青曰。唐寫本文選殘本聖主得賢臣頌注引作疾皃也。又喘。喘气也。倫按選注所引疾皃也。皃爲息譌。十篇息。喘也。可證。其引喘喘气也蓋校語。此曰疾息也。十一篇湍。疾瀨也。語原同也。然許本訓息也。疾息也疑字林訓。下文。呼。外息也。亦字林訓。可證字林每於許訓加以詮釋也。【説文解字六書疏證卷三】

呼

呼　不从口與評通　頌鼎　乎字重見【金文編】

呼佗塞尉　漢匈奴呼律居訾成羣　呼膽　呼豊印信　呼吉私印　呼吉　【漢印文字徵】

竝汗簡　竝王存乂切韻　【古文四聲韻】

◉許　慎　外息也。从口。乎聲。荒烏切。【説文解字卷二】

◉馬叙倫　錢坫曰。此呼吸字。啼嘑作嘑。評召作評。哮虖作虖。謼咄作謼。五字不同。任大椿曰。一切經音義引字林。呼。外息也。倫按許訓蓋本作息也。故字林作外息也。諸字皆从乎得聲者。乎爲語原也。字見急就篇。【説文解字六書疏證卷三】

吸

桓吸　傅吸　【漢印文字徵】

吸　【汗簡】

王惟恭黄庭經　同上　【古文四聲韻】

◉許　慎　内息也。从口。及聲。許及切。【説文解字卷二】

◉馬叙倫　沈濤曰。一切經音義五引。吸。内息也。謂引氣息入也。又九引。吸。内息也。謂氣息入也。亦引也。引氣息入。乃説文注語。據玄應所引。則古本當有一曰引也四字。今奪。文選羽獵賦注引作喘息也。恐傳寫有誤。丁福保曰。慧琳音

嘘　吹

義卅八引作內息也。引也。謂氣息引入也。考韵會引小徐本。有氣息入也。亦引也。八字。與音義所引合。是韵會所據小徐本尚是古本。今二徐本奪。倫按尸部。眉。臥息也。音在曉紐。聲在脂類。呼呬吸音皆曉紐。咦音喻四。同爲摩擦次清音。是語原同也。呼聲魚類。喘聲歌類。歌魚近轉。是亦語原同也。下文。嘘吹轉注字。嘘音曉紐。聲在魚類。吹音穿紐。聲在歌類。吹嘘皆爲出气。是語原亦同矣。本訓息也。內息也盖字林訓。玄應慧琳所引引也謂气息引入也。皆校語。【説文解字六書疏證卷三】

◉黄錫全　吸　及字本作(前6.62.7)、(粹665),又作(保卣)、(沇兒鐘),變作(𤲞弔盨)、(《説文》古文)、(三體石經)等。此及形同石經。鄭珍以爲「更篆,从石經及」。【汗簡注釋卷一】

◉許　慎　吹也。从口。虛聲。朽居切。【説文解字卷二】

◉馬叙倫　沈濤曰。文選七命注引作嘘。吹嘘。盖古本吹下尚有嘘字。玉篇亦云。吹嘘。鈕樹玉曰。玉篇引聲類曰。出氣急曰吹。緩曰嘘。【説文解字六書疏證卷三】

甲二九七四　人名　吹入　乙三四　乙一二七八反　後二·二四·一四　【甲骨文編】

甲2974　佚939　【續甲骨文編】

吹　【汗簡】

道德經　王存乂切韻　道德經　【古文四聲韻】

◉許　慎　嘘也。从口。从欠。昌垂切。【説文解字卷二】

◉孫海波　後編卷下二十四葉十四版有字,按當爲吹。説文:「吹,嘘也,从口从欠。」此从,即欠字,卜辭次作,金文王子嬰次盧作;又欽魚鼎匕作,所从欠字偏旁,均與此同可證。加口象人側立吹嘘之形,其意益顯。金文虞司寇白壺,郭沫若氏兩周金文辭大系釋吹,證之卜辭益信。【卜辭文字小記　考古學社社刊第三期】

◉馬叙倫　鈕樹玉曰。韻會引同。繫傳欠上無从字。倫按欠部有吹字。訓出气也。从欠。从口。又有歖字。訓欷也。从欠。

虛聲。一曰。出气也。欷下曰。歔也。是歔欷爲雙聲轉注字。歔之義當爲出气。是與噓一字。吹字則徐鉉以爲欠部者重出。倫謂吹歔同部互訓。老子以吹韵剉墮。詩蘀兮以炊韵和。故言韵者以炊入歌類。倫謂吹。从欠。口聲。吹从口得聲而音在穿紐者。口音溪紐。古讀穿歸透。透溪同爲破裂次清音也。由此言之。吹噓皆以欠部者爲正。噓爲歔之或體。口部之吹則重出也。或爲後人所增。吹噓轉注字。吹从口得聲。口虛同爲舌根音也。【說文解字六書疏證卷三】

◉李孝定　說文「吹噓也从口从欠」此正从口从欠，釋吹可从。甲編二九七四辭云「吹入」爲甲尾刻辭，吹爲人名或地名。佚九三九辭云「☐卜王在吹丁☐」，爲地名，後下一辭殘存吹字，不詳其義。【甲骨文字集釋卷二】

◉姚孝遂　說文口部訓吹爲「噓」，欠部訓吹爲「出气」，兩吹字重出。字正象噓气之形。从口从欠會意。庫一五〇六兩吹字一作[illegible]，一作[illegible]，是[illegible]、[illegible]無别，説文歧爲欠、旡二字。【甲骨文字詁林】

◉黃錫全　[illegible]吹　《說文》「吹，噓也。从口，从欠」。「炊，爨也。从火，吹省聲」。「龡，龡音律管壎之樂也。从龠，炊聲」。龡乃龡省，如《周禮・春官・籥師》「掌教國子舞羽龡籥」，《籥章》「中春龡豳詩以逆暑」。後來吹噓、龡樂字均用「吹」。吹、炊古韻同屬昌母歌部，音同義近，典籍每混通。如《荀子・仲尼》「可炊而僓也」，注：「炊與吹同。」《莊子・在宥》「而萬物炊累焉」，釋文「炊，本或作吹同」。故《義雲章》以龡爲吹，下文以龡爲炊。夏韻支韻又並龡、龡二文爲「炊」。【汗簡注釋卷四】

◉戴家祥　許氏所訓欠妥。吹乃龡之別構。正字通「龡，吹本字。」集韻「吹亦作龡」，周禮春官籥師「掌教國子舞羽龡籥」，龡从龠从欠，象人吹龠七孔笛之形。吹字以口換龠，口即龠之孔，[illegible]欠送氣入孔，便能發出悅耳的樂音。廣韻「吹，鼓吹也」；詩小雅「鼓瑟吹笙」；禮月令「上丁命樂正入學習吹」，正同吹之本義。彝器吹榯妊鼎等用作人名，疑吹是擅長音樂的人或氏族。【金文大字典上】

喟 [illegible]

[illegible] 與喟　【漢印文字徵】

◉許　慎　[illegible]大息也。从口。胃聲。丘貴切。[illegible]喟或从貴。【說文解字卷二】

◉馬叙倫　鈕樹玉曰。韵會引作太息。玉篇引作太息也。王筠曰。玄應引有謂歎聲也。盖庾注。倫按呬之同舌根音兼疊韵轉注字。

嘳任大椿曰。集韵類篇五音集韵並引字林。嘳。喟息也。憐也。案爾雅釋詁釋文云。字林以欳爲喟。宋保曰。貴聲。

胃聲。同部相近。倫按喟嘳疊韵轉注字。據集韵等引字林。則此字明是字林加之。且喟下猶有憐也一訓。即字林訓也。其息也則許書本訓。亦可證字林以異義附於許訓之下矣。今喟下訓大息也。盖校語。或亦字林中語。陸謂字林以歔爲喟者。盖字林歔下又喟也一訓。非字林無嘳字。【説文解字六書疏證卷三】

啍

◉許　慎　啍口气也。从口。𦎫聲。詩曰。大車啍啍。他昆切。【説文解字卷二】

◉馬叙倫　桂馥曰。口气也者。當作口出气也。五音集韵。啍。气出皃。王筠曰。似當作口气出也。倫按口气也不可通。气出皃何必从口。倫謂啍爲喟之轉注字。喟音溪紐。啍音透紐。同爲破裂次清音。喟聲脂類。啍聲真類。脂真對轉也。口气也盖校語。或字林訓之與本訓譌合。又有捝譌也。【説文解字六書疏證卷三】

嚏

◉許　慎　嚏悟解气也。从口。疐聲。詩曰。願言則嚏。都計切。【説文解字卷二】

◉馬叙倫　姚文田曰。悟當作寤。段玉裁曰。許解嚏義非是。寤解气也者。欠字義。内則云。不敢欠。不敢嚏。明爲二事。素問説五气所病。腎爲欠爲嚏。亦分二事。嚏當訓歕鼻也。口與鼻同時气出。故字从口。引詩是後人增。毛本作疐。傳云。疐。跲也。鄭本作嚏。許在鄭前。安得從鄭易。毛詩曰六字。汪龍以爲後人妄增者。是也。鈕樹玉曰。玉篇訓噴鼻也。下引詩同。倫按段説是也。然疑此非本訓。玄應一切經音義引倉頡。噴鼻也。【説文解字六書疏證卷三】

⿰口質

◉許　慎　⿰口質野人言之。从口。質聲。之日切。【説文解字卷二】

◉馬叙倫　錢坫曰。凡文質字應作此。倫按⿰口質次嚏唫之閒。義宜相近。疑野人之言非本義。亦非本訓。詩豳風。載疐其尾。本書躓下引疐作躓。疐躓爲轉注字。詳疐字下。則⿰口質亦嚏之轉注字耳。嚏音端紐。⿰口質音照紐。古讀歸端也。嚏聲脂類。⿰口質聲真類。脂真對轉也。【説文解字六書疏證卷三】

唫

◉許　慎　唫口急也。从口。金聲。巨錦切。又牛音切。【説文解字卷二】

◉馬叙倫　沈濤曰。玉篇引。口急也。亦古吟字。廣韵二十一侵云。唫。亦古吟字。説文是古本以唫爲吟之古文。當列於吟篆下。云。古文吟。一曰口急也。桂馥曰。口急也者。俗言牙關緊也。素問呿唫之微。注。呿。開口。唫。閉口。倫按玄

噤 

應一切經音義引古文官書。噤唫同渠飲反。呂氏春秋重言。君去而不唫。注。唫。閉也。史記淮陰侯傳。雖有舜禹之智。吟而不言。吟亦謂口閉。後漢書梁冀傳。口吟舌言。桂馥謂吟當爲唫。謂口緊語吃。倫謂唫噤音同羣紐。聲同侵類。是轉注字也。疑此字本爲噤之重文。口急也乃噤下之字林訓也。【說文解字六書疏證卷三】

◉許　慎　噤口閉也。从口。禁聲。巨禁切。【說文解字卷二】

◉馬叙倫　丁福保曰。慧琳音義七十三引同此。三十一引作口急也。此爲今本說文唫字之訓。然慧琳所引皆有或作唫三字。豈古本以唫字爲噤字之重文乎。翟云升曰。韵會引無口字。倫按本書重文本出字林。字林補許書所未備也。據慧琳引唫字爲此重文。本作噤。或从金。而噤下口閉也下有口急也一訓。今爲傳寫譌移。玉篇廣韵言唫亦古吟字者。蓋謂字書或古人文字中亦以唫爲吟字也。【說文解字六書疏證卷三】

名 

 甲三四八八  乙二四六一  乙三二九〇 地名  乙七八〇八  前六・一・四 【甲骨文編】

 甲3488  乙2461  3289 【續甲骨文編】

 名 召伯簋  南宮乎鐘  吉日壬午劍 【金文編】

 3・89 繇衢杏匋里名 【古陶文字徵】

 32  249反 【包山楚簡文字編】

 名 秦一〇二 二十四例  封九一 五例  爲四四 【睡虎地秦簡文字編】

 李名  周便名印  脩躬德以俟賢世興顯令名存 【漢印文字徵】

 鄭季宣碑陰領  蘭臺令史殘碑 【石刻篆文編】

□名出華嶽碑 □名 □名【汗簡】

□古孝經 □華嶽碑 □義雲章 □華嶽碑【古文四聲韻】

◉許　慎　□自命也。从口。从夕。夕者。冥也。冥不相見。故以口自名。武并切。【説文解字卷二】

◉林義光　名非爲夕而設。□即口之變。象物形。見品字多字各條。口對物稱名之象。古作□。召伯虎敦。【文源卷六】

◉高田忠周　朱駿聲云。字亦作詺。字略。詺。相詺目也。儀禮士昏禮。請問名。又周禮大行人。諭書名。儀禮聘禮。百名以上書于策。論語。必也正名乎。鄭注。謂正書字也。古曰名。今世曰字。又莊子天運。名。公器也。禮記中庸。必得其名。注。令聞也。又周禮大司馬。辨號名之用。注。號名者。徽識所以相别也。轉義。儀禮士喪禮。今文爲名。字今作銘。禮記檀弓。銘。明旌也。又祭統。銘者。自名也。自名以稱。揚其先祖之美。而明著之後世者也。字林。銘。題勒也。考工㚖氏。其銘曰。注。刻之也。此説至詳。【古籀篇四十八】

◉郭沫若　「昚爲之名」者謂慎爲此銘，名字作□从月，與上正月字同，舊或釋爲聽，非是。【邾公華鐘　兩周金文辭大系圖録考釋】

◉唐桂馨　此字當从人。从口。□乃人字。説文誤認爲夕者夥矣。凡物不能自名均由人命之。故名出於人口。【説文識小録　古學叢刊五期】

◉馬叙倫　鈕樹玉曰。韵會無夕上从字。翟云升曰。儀禮聘禮疏。鄭注論語云。古者曰名。今世名字。許氏説文亦然。案古者曰名别義。龔橙曰。篆誤。古文當爲□。此誤説从口从夕。當並月部。倫按自命也者。陶方琦謂許本淮南説。然黄生方以智王煦張文虎李慈銘謝彦華皆疑此字。倫謂夕月一字。月夕二部之字。惟夢有不明之訓。盖即朦之本字。謂有月而朦朧耳。夫有月則能相見。今曰。夕者。冥也。冥不相見。故以口自名。義不得成。故張文虎疑非許文。復檢許書。無从名得義或得聲之字。金文中亦罕見。唯自叙中有銘字。儀禮士喪禮。爲銘。今文作名。既夕。取銘置于重。今文銘作名。周禮禮記國語詩定之方中毛傳。皆有銘字。則銘字獨見於古文經傳。然周禮司勳注及釋名皆以名訓銘。而禮記祭統注。銘謂書之刻之以識事者也。然文選東京賦注引字林。銘。題勒也。不引本書者。本書無其字。許不録者。以倉頡訓纂二篇無其字。自叙用之。則漢時行其字而見之古文經傳也。亦或許書本作名。傳寫加金旁。然从名得聲之字。經傳亦僅見。銘字。則知周季始行此字。而以刻識加金旁耳。甲文有□字。羅振玉釋爲名。倫謂□乃明字。而名明實一字也。明从月囧。本書朙下古文作明。甲文亦有名字。然囧者窗牖。向訓北出牖。从宀中有□。□即牖也。□囧徒爲雕樸之殊耳。向甲文作向。𠙵非口舌之口。則名之口亦非口舌字。蓋囧日口其形雖殊。皆象窗牖。初以囧爲光明字。所謂假借也。後加月爲專字。名姓之名即命字。廣雅釋詁。命者。名也。易繫辭。焉而命之。釋文。命。孟本作明。左襄十一年傳。或閒茲命。釋文。命。本作盟。書呂刑。乃命三后。墨子尚賢引命作名。借明爲命。猶借名爲命。孟子。其閒必有名世者。史記作命世之士。是其證。夕者以下及儀禮疏引校語。字見急就篇。召伯虎毁作名。【說文解字六書疏證卷三】

◉馬叙倫　名是月向窗子裏進來了，名和明是一個字。【中國文字之原流與研究方法之新傾向】

◉李孝定　說文「名自命也。从口从夕。夕者。冥也。冥不相見。故以口自名。」栔文从夕从口。馬氏謂與明同說。非。栔文从「𠙵」者。或爲口。或爲筊盧之象。唐蘭說可从。不能解爲窗形。栔文明字作明明明。與此有別。許君說从夕之故。謂冥不相見。故以口自名。說者或疑其迂曲。謂从夕蓋从卪之誤。卪者信也。名者人之所以爲信也。張文虎舒藝室隨筆李慈銘越縵堂日記均有此說。栔文金文名字均分明从夕。非从卪也。名命古多通用。故許君引以爲解。夕不相見。故以口自命。當是名之本義。戴侗曰。「周官『中夏教茇舍。辨號名之用。以辨軍之夜事。』莫夜則旌旗徽識不可辨。故必謹其號名以相壹。名之文所以從夕也。」按此即今軍中莫夜所用之口令。戴氏引此以說从夕之義。可與許說相發明。【甲骨文字集釋第二】

◉商承祚　明，即名，从口，从月，此指名譽。《禮記·中庸》：「故大德，必得其位，必得其祿，必得其名，必得其壽。」注：「名，令聞也。」《國語·周語》：「勤百姓，以爲己名」。注：「名，功也。」言教育目的在于令子弟成名。【信陽長臺關一號楚墓竹簡第一組文章考釋　戰國楚竹簡匯編】

◉黄錫全　名名出華岳碑　名字本作名(召伯毁)、名(吉日壬午劍)，此形口横作，類似周字本作周(牆盤)，譌作周(說文古文)；吳字本作吳(師酉毁)、吳(中山王鼎)，變作吳吳(璽文10.6)、吳(說文古文)等。虞寅墓誌「銘」字作銘，右旁「名」形與此同。此脱一畫。夏韻清韻録此文作名是。郘公華鐘名作名，从月，下形與此類似。【汗簡注釋卷三】

名名　信陽楚簡名作名，夏韻清韻録《古孝經》作名，録《義雲章》作名。口形横書。唐陽華巖銘古文作名，郘公華鐘名作名，从月，與此名形合。【汗簡注釋卷六】

◉戴家祥　許、林之説均屬牽附。馬説近是，但未必是月進窗之意。𠙵非窗，更非口，乃器物之統謂，概括地表示一切事物。月光照物則明，名初意當爲明。釋名釋言語「名，明也。明實事使分明也」。周禮大司馬「辨號名之用。」注：「號名者徽識所以相别也。」明辨事物則名之，事物不明則難以稱名。後世便衍化爲事物名稱的意思。

吾

金文用法有二：一作爲名稱的意思，如南宮乎鐘，或作量詞，如召伯虎𣪘。【金文大字典上】

吾 商尊　沈子它簋　毛公㾓鼎　以乃族干吾王身　吳大澂以爲古敔字經典通作捍禦　四年相邦戟　【金文編】

3·251　蒦圆匋里人䇢　毛公鼎吾字作石鼓文作衙皆從雙五與此近似　【古陶文字徵】

〔四五〕　〔三六〕　【先秦貨幣文編】

248　190　【包山楚簡文字編】

吾　日甲二三背　日甲一五九背　【睡虎地秦簡文字編】

4010　【古璽文編】

蠡國吾相　朱尉右吾　吾符大尹章　周免吾印　賈夷吾　楊吾私印　吾Ｅ延季　相里潘

吾　吾毋忘　劉弟吾　任潘吾印　【漢印文字徵】

禪國山碑　執金吾脩　石碣遊車　遊車既好　詛楚文　逑取𢔁邊城新郢　延光殘碑　【石刻篆文編】

吾出義雲章　【汗簡】

古孝經　竝道德經　唐韻　王存乂切韻　【古文四聲韻】

◉許　慎　吾我自稱也。从口。五聲。五乎切。【說文解字卷二】

◉强運開　薛尚功趙古則楊升庵均釋作我。張德容金石聚引嚴可均說云即吾字。說文悟古文作𢘫。當是𢘫爲古文籀文緐重增作𢔁。小篆从古文又省作吾耳。趙烈文吳窓齋亦釋爲吾。運開按。毛公鼎以乃族干吾王身。叚干吾爲斁敔。秦詛楚文吾字作𢔁。从彳與从辵同意。且六七兩鼓別有我字作。正不必以此四語與車攻之詩相同遂讀此篆爲我也。【石鼓釋文】

◉高田忠周　説文。𠮷。我自偁也。从口。五聲。經傳吾余予我並用。愚謂自稱義字。唯以我爲本字。吾余予皆爲我字段借也。吾實語字古文。凡言部字。古文多皆从口。而後人或亦加言。其例甚多。古詁同詷咸諴周調皆是也。吾語亦當此一例。説文。語。論也。从言。吾聲。言下曰。直言曰言。論難曰語。論下曰議也。議下曰語也。此語者。交互錯綜之言也。然字元作𠮷。从口。㐅。㐅亦聲。明矣。㐅五古今字。故𠮷吾古今字。而借吾爲我。漸恐混同。又作从言語字。以爲言語專字。於是乎吾語分別。吾字本義隱矣。然則吾字叚借爲我。爾雅釋詁。吾。我也。左桓六年傳。我張吾三軍。而被吾甲兵。是也。【古籀篇四十八】

◉金祖同　張天放古器物品圖證説曰『「我」象絲線坊的紡架,「吾」是個紡縛,作[glyph]形上是紡縛,平的是紡輪,下是尖錘,同[glyph]字一式一樣。紡的時候發聲爲五,可切爲『ou』爲『㐅』,从口从五的是後起字……甲骨文還有一個[glyph]字,象兩手搓紡縛的形狀。」【殷墟卜辭講話】

◉馬叙倫　王筠曰。説文以偁爲偁道。稱爲稱量。此則通用。許瀚曰。或是後人改。龔橙曰。我自稱非本形。張政烺曰。疑吾即語之古文。倫按我自稱也校語。或字林文。本訓捝矣。張説可從。楚余鐘語字作[glyph]。从言。與从口同也。可證。汝他若借字。則吾我亦然也。字見急就篇。毛公鼎作[glyph]。石鼓文[glyph]字所从之吾同。【説文解字六書疏證卷三】

◉朱歧祥　[glyph]　从口午聲,隸作吾,即吾字,我自偁也。卜辭習言:「不吾蛛」,即「不吾誅」,今言「不我害」,乃記述兆璺之術語。屬借義。字本義爲止樂之樂器,即《説文》敔字。

[glyph]　从口午聲,隸作吾。即吾字;借爲禦。《續漢書·百官志》:「執金吾」注:「猶禦也。」《説文》:「禦,祀也。」

[glyph]　从司吾聲,隸作[glyph],爲吾字繁體。晚期卜辭字與卯字對文,屬動詞,仍宜讀如禦,祀也。有舉牲以祭祀之意。【殷墟甲骨文字通釋稿】

◉戴家祥　説文二篇「吾,我自稱也,从口五聲。」爾雅釋詁「吾者,我也。」儀禮·士冠禮「願吾子之教之也。」鄭注「吾,我也。」金文吾作[glyph],用作第一人稱我。毛公鼎作[glyph]。

徐同柏曰:禦,古文作敔。此作[glyph],敔之省。從古堂款識學卷十六第廿八葉周毛公鼎 吴大澂曰:[glyph],敔省文。禁也。古敦敔字,經典通作捍禦,敔與圉通,又通禦。漢碑多以衙爲禦。説文古籀補卷三第十七葉 按「捍禦」古成語,左傳襄公廿六年「捍禦北狄,通吴于晉」是其證。禦从午聲,午、吾聲同。左傳桓公十四年「鄭伯使其弟語來盟」,穀梁語作禦。説文十四篇金部鋤,或體作鋙。釋名·釋言語「御,語也。」一切經音義一「禦,古文敔同」,徐釋郚塢,吳釋亦無可議,皆貫穿聲義而立説也。【金文大字

哲

典上】

哲　説文知也重文作悊又心部悊敬也王引之以伯虔字子析證之則心部乃悊字非悊字蓋傳寫之譌　曾伯霥匠　師望鼎　弔家父匜　克鼎　盄哲氒德　克鼎又云　天子明哲　牆盤　淵哲康王　王孫鐘　井人妄鐘　克哲氒德　从貝　番生簋　克哲氒德　从言　與誓爲一字　中山王嚳鼎　哲哉社稷其庶乎　【金文編】

4901　4942　4944　4947　4928　4932　4284　4933　4934　4931　4936　4969　4937　4301　4309　4285　4938　4963　4966　4959　4957　4952　4968　4950　4958　4956　4953　4954　4948　4296　4306　4970　4962　4967　4282　4283　4945　4971　4303　4322　4326　4320　4318　4313　4315　【古璽文編】

哲　哲　【汗簡】

古尚書　王庶子碑　竝古文　【古文四聲韻】

◉許　慎　知也。从口。折聲。陟列切。哲或从心。古文哲。从三吉。【説文解字卷二】

◉阮　元　悊同哲。讀爲哲。漢書五行志云。悊。智也。【曾伯霥簠　積古齋鐘鼎彝器款識】

◉方濬益　悊作㤁。與曾伯霥簠同。説文口部哲訓知。重文作悊。而心部又有悊。訓敬。此由二徐本誤以心部悊爲悊。段注遂謂口部悊爲淺人妄增。王伯申尚書以伯虔字子析證之。知心部是悊字。非悊也。【叔家父簠　綴遺齋彝器款識考釋卷八】

◉吳大澂　智也。从所从心。小篆从折口。或从心。曾伯霥簠。【説文古籀補】

●丁佛言　□番生敢克誓乃德。案古文从口之字。亦或从心从言。或謂祈哲誓古通。【説文古籀補補卷二】

●丁佛言　□王孫鐘疑从□从言。或是哲。通祈誓。【説文古籀補補附録】

●高田忠周　□元釋爲對。妄殊甚矣。此□即□之省變。以爲悊字顯然矣。況他器銘有悊聖元武語。亦與此合。可證。説文。□。敬也。从心。折聲。爾雅釋言。誓。謹也。以誓爲之。如此。即是非銘意也。口部。□。知也。書臯陶謨。知人則哲。詩下武。世有哲王。此義與銘意合。即借悊爲哲也。説文哲下重文有□。云或體。从心。葢據許書分別。如此而已。然沉思細考。實非是。悊與哲元同字。而並皆誓字異文。凡古文。言心兩部通用。誖悖同字可證。又言部字。古文多从口。謀作⿱母口。諆作⿱其口可證。而聖哲字。作哲爲正。哲哲古音通用也。然則爾雅誓悊以爲同義。可證古字古義也。又如下文多以自代屮。疑从哲省聲也。【古籀篇四十三】

●商承祚　説文。「嚞。古文哲。从三吉。」案詩抑。「靡喆不愚」。从二吉。與三吉同義。古文複體之字。从二者或从三。从三者或从四。如甲骨文豩𧰼彝𢑱其例也。【説文中之古文攷】

●馬叙倫　爾雅釋言。哲。智也。方言。哲。知也。齊宋之閒謂之哲。書臯陶謨。知人則哲。史記五帝紀哲作智。是哲爲知之轉注字。知。从口。矢聲。詳知字下矢音審三。與哲音知紐。同爲舌面前音。矢折則聲同脂類也。此今應人言曰是之是本字。

□　嚴章福曰。與心部重出。宜刪。段玉裁曰。韵會引説文。古以此爲哲字。按心部云。悊。敬也。疑敬是本義。以爲哲是假借。容庚曰。王引之以伯虔字子析證之。則心部乃悊字。倫按據韵會引。則此字明是後人加之。許書所無。玄應一切經音義引古文官書。喆悊二形。今作哲。同知列反。則此與下文嚞篆。皆呂忱依官書加之。而嚞字亦本作喆。與詩合。毛詩固古文也。克鼎作□。叔家父簠作□。明折不从二屮也。

□　鈕樹玉曰。凡古文∇。繫傳及韻會引皆作□。桂馥曰。詩抑。靡喆不愚。从二吉。葢省从二吉也。商承祚曰。嚞詩作喆者。猶甲文豩或作𧰼。彝或作𢑱之例。古文複體之字其數不拘也。倫按吉下曰。善也。从士口。章敦彝謂从口。士聲。倫疑吉爲哲之疊韵轉注字。嚞爲吉之重文。古經傳以嚞爲哲字。从三吉校語。【説文解字六書疏證卷三】

●李學勤　⿱折悳，即哲，大克鼎「天子明哲」的哲字寫作從悳。【論史牆盤及其意義　考古學報一九七八年第二期】

●徐中舒　⿱折悳，《説文》從心作悊，金文悊多從心，惟大克鼎從悳，與此形同。《説文》以悊爲哲之或體，哲不見于金文，蓋後起之字，今則哲行而悊廢。【西周牆盤銘文箋釋　考古學報一九七八年第二期】

君

◉李　零　悊，即悊（古哲字），古璽文悊多作悊，這里讀爲折。【戰國帛書箴銘帶鉤考釋　古文字研究第八輯】

◉戴家祥　字根據形義應隸定爲悊，說文所無，銘文讀作悊，應劭云：悊，明也。書呂刑馬注：悊，智也，說文二篇「哲，知也。从口折聲。悊，哲或从心。」悊爲哲之或體。書臯陶謨「知人則哲」，詩下武「世有哲王」，此義與銘文同。

史牆盤悊作悊，大克鼎作悊，皆从德省。金文悊字常與德連言，如大克鼎、師望鼎、叔家父簠等，从德可能是出于上下文的形類化，而且德也有明義，折德又古韻相同，故悊字或从德。【金文大字典上】

後二・一三・二　官名　多君　後二・二七・一三　存一五〇七　多君弗言　七Ｐ一〇八　燕二八【甲骨文編】

後下13・2　續存1507【續甲骨文編】

君　天君鼎　朿鼎　小子省卣　矢方彝　矢尊　召卣　諶鼎　縣妃簋　豆閉簋　君夫簋　召伯簋　牧師父簋　弔咢父簋　穆公鼎　散盤　史頌鼎　史頌簋　禹鼎　交君匜　喬君鉦　邾公釛鐘　哀成弔鼎　番君召鼎　番君匜　白者君盤　君鼎　欒君匜　卬君壺　邵鐘　智君子鑑　緻匽君鉼　夜君鼎　鄘侯簋　者旨型盤　鄂君啟舟節　中山王嚳鼎　君夫人鼎　弔單鼎　番君鬲　樊君鬲　樊君夔盆【金文編】

齊魯　亥年師公君老【古陶文字徵】

〔六八〕〔四七〕〔一四〕〔三六〕〔二〇〕〔三六〕〔二二〕〔三六〕〔七四〕〔三六〕〔一九〕〔五〇〕〔六二〕〔六二〕〔六〕〔二五〕【先秦貨幣文編】

布空大 豫孟 布空大 典六七〇 仝上 典六七一 仝上 典六三七 布空大 典六三六 幣文羣字作上
部所从同此 見本編羣字條 布空大 亞二·九五 仝上 亞二·九六 仝上 銅貝 展肆叁 仝上 亞二·
七九【古幣文編】

一五六：一 三百一十二例 宗盟類序篇 皇君晉公 宗盟類虘君 其明亟覘之 委質類自質于君所 新君弟 皇君之所 一：四
○ 一五六：八 十例 一六：三 二例【侯馬盟書字表】

4【包山楚簡文字編】

君 雜四〇 十例 雜三四 十例 爲三八 四例【睡虎地秦簡文字編】

4841 4843 0008 1598 4734 4733 3482 0327 0003 4731
4732 0006 1721 0004 3642 3263 0074 4663 2734 1962
0007 0104 4667 4664 4666 4668 3620 0009 0005【古璽文編】

新越餘壇君 張君憲印 王長君 袁君孟印 杜都君 陳稺君 張少君 趙中君
王貞君印 大利公元君 陈長君印 張少君 君孺信印【漢印文字徵】

漢唐公房碑領 尚君殘碑領 漢孔彪碑領 開母廟石闕 相宥我君 石碣遊車君子鼎邋 鄭固碑領
石經文公 楚世子商臣弑其君頵 漢李君都尉碑領 魏范式碑領 少室石闕 漢孔君墓碣領 漢樊敏碑
領 漢朱龜碑領 祀三公山碑 馮君到官 蘇君神道闕 漢景君碑領 漢張表碑領 陽識 白石神君

碑領 陽識 漢夏承碑領陽識 漢張遷碑領 石經君奭我聞在昔 說文君古文作 汗簡引尚書同 孔宙碑領 漢魏元丕碑領 譙敏碑領 漢魯王墓石人題字 謝君神道闕陽識 王君神道闕 【石刻篆文編】

君 君 君 君 君孔子題季札墓文 君出王庶子碑 【汗簡】

竝古孝經 古尚書 同上 季札墓銘 孫彊集 同上 王庶子碑

商 竝籀韻 王存乂切韻 【古文四聲韻】

◉許　慎　尊也。从尹。發號。故从口。舉云切。古文。象君坐形。【說文解字卷二】

◉林義光　說文云。。尊也。从尹口。口以發號。按。尹。治也。从口尹。古作。史頌彝。作召伯虎敦。作爲君匜。【文源卷十】

◉高田忠周　說文。。尊也。从尹。發號。故从口。古文作。又下曰。治也。从又丿。握事者也。古文作。今依此篆。尹最古文。元當作。从丨者。指事也。訓竦手也。从。兩手捧承。敬慎之意自存焉。故吏尹字从之。後省作。略左也。故君亦元作。後省作。又或作。變易之迹。歷然可見矣。春秋緐露。君也者。掌令者也。荀子禮論篇。君者。治辨主也。此爲本義。【古籀篇四十八】

◉商承祚　說文「。古文象君坐形。」案徐鍇本作。非是。石經古文作。金文或與篆文同。【說文中之古文攷】

◉強運開　說文。君。尊也。从尹口。口以發號。古文。象君坐形。按天君鼎作。夜君鼎作。白者君盤作。郘公鐘作。君夫敢作。皆古文君字。說文作疑傳寫有誤處。他如毛公鼎作。史頌敢虡㚇君錫鼎等作。與鼓文同。【甲鼓　石鼓釋文】

◉唐　蘭　考殷虛卜辭。君字之義。與尹字同。周初猶承用此義。易師之九二曰。王三錫命。而上六曰。大君有命。明大君非王也。金文習見天君。即大君。而天尹鈴及作冊大鼎。並作天尹。即大尹也。春秋時。宋尚有大尹。當是其遺制矣。作冊大鼎曰。鑄(鑄)武王成王異鼎。當在康王時器。而曰。揚皇天尹大保室。此天尹而兼大保者。必爲召公奭。然則周書君奭君陳君牙諸篇之稱君。亦即尹也。其後有尹氏。見詩及春秋。隱三年尹氏卒。左傳本作君氏。附會爲隱公母聲子。非也。曲禮云。君大夫之子。不敢自稱曰余小子。鄭玄曰。辟天子之子未除喪之名。君大夫天子大夫有土地者。按曲禮下文云。大夫士之子。則此君大夫爲天子之大夫可知。是君本王臣之稱也。若君臣之對稱。殆別有所起。虞夏書及商書俱未見君字。而周書頗習見。如邦君冢君君子之屬是。康誥曰。亦惟君惟長。顧命曰。昔君文王武王。似爲元首之通稱。或周民族之故言與。春秋之季。諸侯之大夫強盛擅權。僭竊名位。或不稱子而稱主。如晉趙莊子之爲莊主西元前六百年左右。是也。其臣子之稱之。或曰主君。然猶未見稱爲君也。至於戰國。則大夫可封其宗族爲君。如趙襄子封兄子爲代成君是也。西元前四七六年後。及三晉田齊相繼受命。更自稱爲王。則孟嘗平原之流不可勝計。而昔之稱公若侯者。反多自貶而稱君矣。然則大夫之稱爲君。當即在春秋戰國之交。其爲襄王臣之稱。或由國君之稱所推衍雖不可知。而由主爲君爲進一步之僭竊。固無可疑也。【智君子鑑考　輔仁學誌七卷一、二期】

◉馬叙倫　鈕樹玉曰。韵會引作从尹。从口。口以發號。宋保曰。从口。尹聲。王筠曰。尊也。从尹此釋尹字也。又云。發號故从口。此釋口字也。君字尹口二義不甚聯貫。故許説兩對立文。今見其字上尹下口。即曰。从尹口。亦曾念及二字之不相附屬乎。倫按王説蓋致疑於君之从尹口不相聯屬。不可會意。不悟其爲从口。尹聲。爲形聲字也。倫謂君臣之字皆不可以象形指事會意之法造也。故臣從人縛其身。本與女一字。以被征服之人爲奴。奴即臣也。以發號之人爲君。猶以被征服之人爲臣也。借以爲君臣之臣。詳臣字下。則君尊也者。以聲爲訓。非其本義。君爲命之聲同真類轉注字。自爲君臣之借義所專。而本義幾亡矣。説解从尹本作从口尹聲。捝譌後校者加口以發號。或又改爲發號故从口。君亦爲尊卑之尊本字。發命者爲尊。執事者爲卑。卑爲婢之省借。字見急就篇。邵鐘作□。散盤作□。番君鬲作□。

□　鈕樹玉曰。繫傳作□譌。通論及錯綜篇作□。廣韵玉篇並無。隸釋載石經三體有此字。王筠曰。朱筠本繫傳作□。似譌。宋保曰。古文尹作□。則古文君字亦當从古文尹省聲。朱孔彰曰。汗簡有□字。宋君夫人鼎作□。中合爲□。中分爲□。參差則爲□。倫按本作古文君象坐形。象坐形校語。魏石經古文作□。庸夜君鼎作□。石經所本也。【説文解字六書疏證卷三】

◉葉玉森　□　□象秉圭。▽象發號。與説文君下所出古文作□□者同。【殷契鉤沈】

◉李孝定　説文。「君。尊也。从尹。發號故從口。□古文。象君坐形。」尹。治也。口以發號。會意。尹亦聲。後下十三・二辭云。「丁酉卜。疑貞。多君曰『來叔氏馭。』王曰。『余其□』。」二七、十三辭云。「辛未王卜。□曰。『余告多君曰「般有祟」。』」多君殆殷官名。與偁多尹多臣多公同。釋詁。「天帝皇王后辟公矦君也。」君之偁不限於帝王。謚法。「從之成羣曰君。」則小部落之酋長亦可稱君也。金文作□天君鼎。□𪒠鼎。□君夫簋。□番君鬲。□番君簠。□邾公釛鐘。□白者君盤。爲□史頌簋鼎文同。□散盤。當以作□形者爲正體。與卜辭小篆並同。漸變爲□散盤。其左側直畫漸趨彎曲。遂變作□。爲許書古文所由譌變。【甲骨文字集釋第二】

◉鄭家相　□此貝文應釋「君」，即群字省，刀布文常見，是群聚的意思。【古代的貝化　文物一九五九年第三期】

◉李孝定　君字以作□从尹从口者爲正，漸變作□作□，遂爲許書古文□所自昉。高田氏虛構一□字，以説君字衍變之迹，非是，契文可證也。卜辭稱多君，與多尹多臣多公同意，爲人臣之稱，唐氏之説是也。【金文詁林讀後記】

◉朱歧祥　□　□　从雙手，隸作君。《説文》：「尊也。从尹口。口以發號。」古文作□。卜辭用爲第一期的年輕貞人，隨爭、㱿、賓等貞人共卜。

《粹1424》癸未卜，爭、□貞：旬亡禍。

《簠貞30》⊠卯卜，㱿、□貞：⊠亡禍。

《林1.26.10》癸亥卜，賓、□貞：旬⊠。

此與文獻共卜之例可互證。《尚書・洛誥》：「公既定宅，伻來來，視予卜休，恆吉。我二人共貞。」《洪範》：「三人占，則從二人之言。」《白虎通・蓍龜篇》：「或曰：天子占卜九人。」唯近世學者以不見貞人□刻録於爭、賓諸貞人之前的例子，遂懷疑□並非貞人名。唐蘭復提出「□貞」即「再貞」之説《天釋1.2.3》。然而，根據我們的觀察。

(一)卜辭已有合貞之例，如冉、爭二人同貞一事。

《前2.37.7》丁丑卜，□、爭貞：令大致子羽臣商甾于⊠。

(二)卜辭「□貞」的辭例，其字體有屬第一期的，亦有見於第二期稍後的。唯並不見於三至五期的卜辭。可見□在第一期从事卜官，時必甚年輕。當二人合卜時，自宜書列其名於前輩貞人：㱿、爭、賓等之後，方合禮數。

(三)古音君屬文部，再屬之部字。二者在形構上、音韻上並無混同的痕跡。釋□爲再，在結體上亦似有未安。

(四)由文辭觀察，卜旬卜辭一版中重卜「貞：旬亡禍」之例多見，均屬分書。但卜旬卜辭特冠以「□貞」之例卻罕有，可見「貞」上的一字仍宜以貞人名的常例視之較合。

(五)且由□字下所隨之詞性觀察，㞢(侑)、求、用等祭儀之前一字多屬主祭者之通例。更可證□當釋爲人名。

《前7.32.4》⊠戌卜貞：翌乙亥□㞢干祖，宰㞢一⊠。

命

《卜653》癸☐爭貞：屮祊于☐。

《佚32》甲申卜，亘貞：求于大甲。

《龜29》☐用于大甲。【殷虛甲骨文字通釋稿】

◉黄錫全 君 鄭珍云：「薛本作冏，一作商，此多一。君从冏無義。」白者君盤君作，中山王鼎作，三體石經古文作。夏韻文韻録此文作。郭見本當作冏，以隸作古。此多一横。

君孔子題季札墓文 馮本作「君見孔子題季札墓文字」，前列「七十一家事蹟」作「孔子題吳季札墓文字」。夏韻作「季札墓銘」。今存翻刻碑文摹本作，形體有誤。

君 侯馬盟書君作，《説文》古文作。《隸續》録石經古文作，並與此形類同。乃尹字譌變。其演變關係爲：(存1507)→(召卣)→(散盤)→(鄦侯𣪘)→(侯馬盟書)→(説文古文)。

君 古璽君有作、、(璽文2.5)者，三體石經古文作。此形乃上列諸形稍變，前列蓋由此又譌。【汗簡注釋卷一】

◉黄錫全 君出王庶子碑 夏韻文韻録此碑作，上部似从宀或大，下从，寫誤。【汗簡注釋卷四】

◉徐中舒 《説文》：「君，尊也，从尹發號故从口。」尹爲古代部落酋長之稱。甲骨文從尹從口同。【甲骨文字典卷二】

◉戴家祥 君，文部見母，尹，文部喻母。古深淺喉不分。尹亦聲。唐蘭君尹古同之説是也。金文多作官名人名，也有作君王之君，如中山王嚳方壺「述定君臣之謂。」【金文大字典上】

鐵一二·四 卜辭用令為命重見令下【甲骨文編】

令之重文【續甲骨文編】

命 不从口 免盤 令字重見 鱗簋 競卣 命簋 命甗 賸虎簋 師望鼎 師

奎父鼎 豆閉簋 師酉簋 夆伯甗 君夫簋 康鼎 伯康簋 𦵯簋 伯晨鼎

趩簋 同簋 𢨋伯簋 諫簋 賢簋 伊簋 元年師旋簋 駒父盨 善夫克鼎 毛公層鼎 禹鼎 不𡢁簋 秦公鎛 秦公簋 歸父盤 𦉢鎛 洹子孟姜壺 陳猷釜 子禾子釜 鄲孝子鼎 命瓜君壺 郭沫若謂即令狐 魚顛匕 王子午鼎 命尹即令尹 蔡侯𪒠尊 秦王鐘 中山王譽鼎 中山王譽兆域圖 龍節 鄂君啟舟節 蔡侯𪒠殘鐘 者旨𧌳盤 从攴敂尹 即令尹 鄂尹啟舟節 裁敂 即緘令 鄂君啟車節 从殳 裁殺 新弨戟 新弨自殺弗戟 【金文編】

5·384 瓦書「四年周天子使卿大夫……」共一百十八字 【古陶文字徵】

一五六：一 二百三十三例 宗盟類定宮平時之命 一：八七 一：六六 二例 九二：四五 二例 八五：一〇 九二：五 四例 令 【侯馬盟書字表】

2 7 135反 20 243 250 【包山楚簡文字編】

命 法一九六 五例 秦一八三 十例 日乙一二五 六例 【睡虎地秦簡文字編】

乃—山川四𣅀(乙3—10)炎帝乃—祝融吕四神降(乙6—4) 【長沙子彈庫帛書文字編】

4282 4283 4227 4225 0261 4229 4228 【古璽文編】

禪國山碑 紀勒天命 天璽紀功碑 上天宣命 石經多士有命曰割殷 【石刻篆文編】

命 命見石經 【汗簡】

命[古文字形]古孝經又石經 [古文字形][古文字形][古文字形]竝古老子 [古文字形]王庶子碑【古文四聲韻】

◉許　愼　命使也。从口。从令。眉病切。【説文解字卷二】

◉林義光　説文云。命。使也。从口令。按諸彝器令命通用。蓋本同字。古作[古文字形]毛公鼎。△下復有口。應命者也。【文源卷六】

◉高田忠周　説文。命。使也。从口。从令。令亦聲。會意而實包形聲也。朱駿聲云。在事爲令。在言爲命。散文則通。對文則別。令當訓使也。命當訓發號也。於六書乃合。爾雅釋詁。命。告也。此説似是矣。但愚竊謂令命古元一字。初有令。後有命。而兩字音義皆同。故金文尚互通用也。【古籀篇四十八】

◉商承祚　説文。令。「發號也。从亼卪。」此象人跽于蓬帳之下。有聽命之意。故令與命爲一字。漢人將古文从跽人之字皆寫平直之。而訓亦隨誤。遂不可通矣。【甲骨文字研究下編】

◉顧廷龍　[古文字形]命。周命鉊[古文字形]。【古匋文孴録】

◉郭沫若　康鼎銘,第二命字范損呈[古文字形]形,然固皎然命字也。大系中誤釋爲錫。命令字含錫予義者於典籍中罕見,余曾以叩諸唐蘭,比得來書云「王令確是賜義。易師卦云『王三錫命』。錫命義畧相等,舊解多誤。書序『周公既得命禾此命字與上文「王命唐叔」不同。旅天子之命作嘉禾』,命禾卽賜禾也。禮記『一命緼韍幽衡,再命赤韍幽衡,三命赤韍葱衡。』與燮𣪘之『王令燮在市旂』正合。」今案命禾一例至確,卽「旅天子之命」亦嘉天子之賜也。又中庸「天命之謂性」,天命猶言天賦,亦錫予義。【康鼎　金文叢考】

◉馬叙倫　鈕樹玉曰。韵會作从口令。宋保曰。令亦聲。朱駿聲曰。在事爲令。在言爲命。令當訓使也。命當訓發號也。吴大澂曰。古文命令爲一字。倫按使也當作發號也。从口,令聲。鍇本作从口令。蓋傳寫奪聲字。令無使命義。詳令字下。字見急就篇。秦公𣪘作[古文字形]。師酉𣪘作[古文字形]。【説文解字六書疏證卷三】

◉周名煇　糸部[古文字形]齊侯鎛⿰糸命保其身。説文所無。強氏以爲説文所無。今考定當是命字孳乳文。

名煇案。説文糸部云。終。絿絲也。从糸冬聲。[古文字形]。古文終。不从糸。以冬終例命⿰糸命。則⿰糸命爲命之孳乳字。可以無疑。【新定説文古籀考卷下】

◉劉彬徽等　命,簡文作[古文字形],簡18命字作[古文字形],省口部。【包山楚簡】

◉戴家祥　説文二篇「命,使也。从口从令。」按命爲令之加旁字,从口从令,令亦聲。會意兼形聲,故命亦同令。秋官·司儀「將

咨 

會諸侯，則令爲壇三成。」鄭玄儀禮·覲禮注引作「則命爲壇三成。」國語楚語「王言以出令也。」韋昭注「令，命也。」左傳僖公九年「令不及魯。」釋文「令，力政反，本又作命。」莊子·田子方篇「先君之令。」釋文「令，本或作命。」青銅器欵識大盂鼎大克鼎師嫠𣪘師酉𣪘「勿灋朕令」即大雅韓奕。左傳襄公十四年之「無廢朕命。」番生𣪘銘云「朱旂旜金枋柄二鈴，」毛公鼎銘則作「朱旂二鈴」，變从令爲命。是命爲令之表義加旁，固昭昭然無遺義矣。唐韻令讀「力正切」來母耕部，命讀「眉病切」明母陽部，陽耕韻近，古多通協。古字得聲唇音明母者，每有讀爲舌音來母。如文。讀「無分切」聲在明母。吝，从文聲，吝讀「良刃切」，變爲來母。卯，讀「莫飽切」，聲在明母，聊，从卯聲，聊讀「洛簫切，」聲在來母。䜌，讀「呂員切」，聲在來母，蠻，从䜌聲，蠻讀「莫還切」，聲在明母。令之與命，其聲紐變化之例亦猶是也。

[命殳]字説文不載，後世字書亦不見。疑爲命之繁，金文用作動詞命令之命。【金文大字典上】

〔六八〕 〔三六〕 〔六二〕 〔一六〕 〔三六〕 〔三六〕 〔一九〕【先秦貨幣文編】

 李咨 【漢印文字徵】

 咨  咨 王庶子碑 【汗簡】

 王存乂切韻  同上 【古文四聲韻】

◉許　愼  謀事曰咨。从口。次聲。即夷切。【説文解字卷二】

◉馬叙倫　俞樾曰。謀事曰咨。非本義也。書堯典。帝曰。咨。枚傳曰。咨。嗟也。此其本義。許君不知咨之本義爲嗟。而以咨謀説之。失之矣。倫按爾雅釋詁。咨。嗟也。書堯典。咨四岳。史記五帝紀咨作嗟。本書三篇。嗟。咨也。俞先生説是。咨嗟雙聲轉注字。咨爲次之後起字。唐寫本切韻殘卷六脂引作謀事也。謀事曰咨者。借咨爲諏也。此捝本訓。但存校語耳。【説文解字六書疏證卷三】

◉黄錫全 咨　上从即朿省，讀爲次，説見前小部次。从朿从口即呲，蓋爲咨字古體。鄭珍認爲「更篆，从王庶字碑次省，見部末」。

咨　王庶子碑　鄭珍云：「如此形是古文剛，據夏亦以此爲咨，則釋咨不誤。蓋本作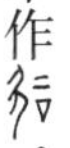，从次，左右互易，傳寫誤之。此

召

左旁猶不盡是人字。夏則直作⺈。」前已出《王庶子碑》，此與上文依夏韻當注《王存乂切韻》。鄭說當是。【汗簡注釋卷一】

甲八一〇地名　召方　甲二九五八　乙五二七二　河四七四　前四・三六・二　後二・二四・一三　簠人・二九　佚五二〇　佚八六五　粹一一二四伐　召方　粹一一二五　粹一一二六　粹一一二七　掇一・四五〇　寧滬一・四二三　寧滬一・四二四　寧滬一・四二五　寧滬一・四二六　京津四二五三　京津四三八七　明藏一七四　明藏六一六　摭續一四四　安七・九　前二・二〇・三　不知偏旁所从與金文同　前二・二二・五　前二・二二・三　前二・二二・六　前二・二三・四　後一・一二・二　林一　一六・八　續三・二一・二　續三・二一・七　續三・二一・一〇　續三・二二・四　前二・二二・一　前二・二二・四　前二・二三・六　前二・二四・一　河九　河六八八　佚三四五　福九　燕四七　【甲骨文編】

珠132　136　411　珠413　續3・10・5　徵10・45　珠1122　1122　1124　1125　1126　福8　9　佚185　345　續3・20・6　3・21・1　續3・21・2　徵10・46　續3・21・4　徵10・47　續3・21・5　3・21・7　3・21・8　3・21・9　3・21・10　續3・22・1　徵10・49　續3・22・2　3・22・3　3・22・4　3・22・5　徵10・48　京2・4・2　2・6・3　2・7・2　2・7・3　2・7・4　2・10・1　2・11・3　2・12・2　2・13・1　2・14・1　録9　誠332　鄴41・12　龜卜10　11　19　摭續160　新5332　【續甲骨文編】

召　地名周初爲康公奭采邑經傳作召春秋時有召伯　鄦爵　邶卣三　伯害盉　害鼎　召卣

大史友甗　召尊　召卣　召卣二　召伯簋二　召伯毛鬲　禹鼎　番君召鼎　盠

駒尊　克鐘　師害簋　召仲鬲　召樂父匜　伯公父匩　用召卿事　辟王用召者考者兄　大簋

【金文編】

2·3　令乍韶塤　韶金文作經典作召此假爲韶　2·5　圂乍韶塤　【古陶文字徵】

召　封九二　六例　通招　—臿　日甲一三九背　通詔　鬼恒—人曰　日甲二五背　日甲一三九背　【睡虎地秦簡文字編】

召亭之印　召仁　召異之印　召彭私印　召瓌印信　召侵私印　召子孫　召口私印

召明之印　【漢印文字徵】

袁安碑　袁安召公　【石刻篆文編】

古老子　汗簡　【古文四聲韻】

◉許　慎　召評也。从口。刀聲。直少切。【説文解字卷二】

◉薛尚功　召夫鼎

亞形中　召夫子辛月　廼

召夫者於經傳無所攷。商冊命鼎亦著此名。同時所作。然校其款識。無室字而作亞內著召夫，是亦廟器也。

冊命鼎

亞形中　召夫室父癸家刊刂　　冊命

昔周穆王命畢公而曰作冊畢。則冊命者。爲冊書以命之也。亞形中作召夫而繼以室家。則爲廟器也抑又明矣。【歷代鐘鼎彝器款識法帖卷二】

◉薛尚功　中鼎皆云先召南國。召字作□。此尊言大召公族。而召字作□。字體亦同。蓋前人釋□此爲召。然古尚書乃召六卿。而召作出。恐此字音直笑切。乃召命之召。非周召之召也。【歷代鐘鼎彝器款識法帖卷十一】

◉孫詒讓　召當讀爲昭。書。文侯之命。亦惟先正克左右。昭事厥辟。偽孔傳云。能左右明事其君。又汝肇刑文武。用會紹乃辟。紹。魏三體石經亦作昭。見隸續。偽傳云。合會繼汝君以善。皆望文生訓。迂曲難通。實則書兩昭字並當訓相。爾雅釋詁。詔亮左右相導也。詔相導。左右助勴也。詔昭召並同聲字。古通用。書云克左右昭事厥辟。左右昭同義。言能相厥君也。用會昭乃辟。言用共相乃君也。此敨云目召其辟。言目相其君也。【周麐生敨　古籀拾遺】

◉吳大澂　福山王廉生編修所得古埧文曰。□□□□□□。吾師潘伯寅大司寇亦得數埧。皆同文。又一器文曰。□□□。南皮張孝達制軍釋作韶埧。大澂嘗謂古文召紹韶招侶昭爲一字。韶之从音即□之變體也。盂鼎作□字。最古而文最緐。亦作□。上作又手形。下作竦手形。與□字同意。受从一手。此从兩手。受从舟。爲承尊之器。此从□。當亦盛酒之器。古者主賓相見。有紹介相佑助。尊俎之間。有授受之禮。故紹字从召从□从□。此紹字之本義也。引伸之爲紹繼。爲紹承。義亦相近。或作□。見召伯鼎文。或作□。見匽侯作召伯鼎文。或又作□。見召伯虎敨文。知召伯封邑。與紹繼之紹同。後別作□。又省作□。皆晚周文字。積古齋款識載招觚□字。與埧文正同。阮氏釋作招。故經典韶招二字通用。其實皆紹之變文。省从爲入。再變从手。省□爲□。再變爲音。合諸器文而互證之。知韶本从酉。不从音也。論語子謂韶疏。韶。紹也。禮記樂記注。韶之言紹也。周禮大司樂注。大磬。舜樂也。言其德能紹堯之道也。此韶紹一字之證。漢書禮樂志注。招讀曰韶。周禮大司徒注。大招大夏。釋文招本亦作韶。呂覽古樂修九招六列六英注。招。樂名也。此招韶一字之證。許氏説文解字。佋廟佋穆。父爲佋。南面。子爲穆。北面。家語正論祭公謀父作祁昭。左氏傳作祁招。史記李斯傳昭虞舞象者。索隱曰。昭一作韶。據此則佋昭爲一字。昭與韶招亦相通矣。蓋古文屢變而漸失其本。至六國時去古愈遠。古文之本義亦漸晦。漢隸之所從出。又因六國之變體而增損之。偏旁之訛以傳訛者。益不少矣。【韶字説 字説】

◉吳大澂 □古文召。上从□。作𠬞手形。下从酉。酒尊也。□爲承尊之器。此即介紹之紹。古召字與紹招並通。【穌鼎 愙齋集古録】

◉方濬益 吳清卿中丞曰。古文召紹韶招佋昭爲一字。盂鼎作□字。最古而文最緐。上作𠬞手形。下作竦手形。與受字同。受从舟。爲承彝之器。此从□。當亦盛酒之器。設酒醴而召之。有授受之意。此古紹字之本義也。或作□。見召伯鼎。或作□。見匽侯作召伯鼎。或又作□。見召伯虎敦。濬益按。召伯虎敦前作□後作□。此引稍誤。或㳄作□。見父戊觚。積古齋款識載此器。與塤文□字正同。阮氏釋作招。經典韶招二字通用。其實皆紹之變文。㳄从爲入。再變从手。㳄酉爲□。再變爲音。合諸器而互證之。知韶本从酉。不从音也。論語子謂韶疏。韶。紹也。禮記樂記注。韶之言紹也。周禮大司樂注。大磬。舜樂也。言其德能紹堯之道也。此韶紹一字之證。漢書禮樂志注。招讀曰韶。呂覽古樂修九招列六英注。招樂名也。此招韶一字之證。□从人。許書佋廟佋穆。父爲佋。南面。子爲穆。北面。令經典通作昭。家語正論祭公謀父作祁昭。左氏傳作祁招。史記李斯傳昭虞舞象者。索隱曰昭作韶。據此則佋昭爲一字。昭與韶亦相通矣。【綴遺齋彝器款識考釋卷二十八】

◉劉心源 召吳本作□【奇觚室吉金文述卷四】

◉孫詒讓 金文从召得聲字甚多，如召邵从卩，與邵異諸字，皆與小篆同。唯召國字，獨緐重詭異，爲字書所無，説文邑部「邵，晉邑也。」與召公國異。而彝器文恆見，異體尤夥。大抵皆从「臼」从「酉」，而下有从田者。如召伯虎敦作□，作□，又別器作□□，召伯父辛鼎作□，匽侯鼎作□，留君簠作□，是也。又有从□者，如大史友甗作□，伯害盉作□，召伯彝作□是也。又有从□者，如盂鼎作□□，是也。唯父戊觚作□，不从田□，番君鼎作□，从「酉」从「田」，則又不从「臼」「召」，於形爲最簡。

諸字攷釋家咸不能得其形聲，但以「召公」「召伯」諸文推定，知其爲國名。然所从偏旁，形義終莫能究也。舊釋爲招未塙。近有僞作古埍文，韶樂字與觚文同，尤不足信。今綜合攷之，葢从爵省曩省，曩詳前象形原始。召聲。匽侯鼎召伯彝又从月，亦其别體也。雖偏旁互有增省，大致不出是數形，其从□者，卽爵之省。其从□从□者，卽畢曩之省也。□卽畢上田网形，其从□从□者，皆無田，而其从田者，則又皆無□。足證古畢字本不从田，「田」或卽□之省變。詳前。而□左右有兩耳，正與甲文「畢」字同。下無柄，又與陳肪敢「曩」字同。並詳前。可證畢之本有耳，而柄可省，其或旁注□□□□□□諸形者，疑亦卽兩耳之變形。故唯从田者，乃有此形，从□者，咸無之，皆其字例之可推繹者。但从「爵」从「畢」，其義終難知，然非甲文有□字，金文有曩字，則「召」之奇字，幾不可辨識。古文放失，非博稽精校，固無從求其形例爾。薛氏款識亦有奇字「召」篆畫略同，唯橅本多誤，今不詳論。

說文从「召」得聲之字凡廿，金文奇字「召」，唯知爲國名。其从爵从畢，必自有本義，今無可攷。盂鼎此字三見，云：「今余隹唯令女盂召燮 勞芍敬雝邕。」又云：「王曰盂卣召夾死尸嗣治戎，敏諫速罰訟，夙夕召我一人，烝三方。」玩繹詞義，似皆勤勉襄贊之語。說文力部云：「劭，勉也。」爾雅釋詁云：「詔亮左右相導也。」詔相導，左右助勴也。盂鼎之召，當與劭、詔二字義通。書文侯之命云：「亦唯先正克左右，昭事厥辟。」又云：「汝克昭乃顯祖，汝肇刑文武，用會紹乃辟。」薛氏款識晉姜鼎「用召所事辟」，「召」亦奇字，文義與書略同。毛公鼎云：「卬邵天命。」師害敢云：「以召其辟。」「昭」「紹」「邵」「召」，義並相近。若然，或當兼有「曩鄭畏忌」之義，鼄鐘及齊侯鎛鐘皆有此文，曩疑與忌通。故召字亦从曩省與？【名原】

◉羅振玉 此地名。亦見己酉方彝。博古圖卷十。字作□。【殷虛書契考釋】

◉林義光 說文云。□。呼也。从口。刀聲。按與招字義略同。古作□。觚尊彝辛。从口。轉注。从月酉貝。□持之。刀聲。酉即酒字。月者物也。酒食財物。皆所以招人也。或作□伯憲尊彝辛。作□盂鼎。變作□□召伯虎敦。作□番君匜。省作□大敦。【文源卷六】

◉高田忠周 說文。□。評也。从口。刀聲。朱氏駿聲云。以言曰召。以手曰招。此攷爲是。後世字亦作詔。義與誥同。抑亦召字轉義。誥亦最古文作告。【古籀篇四十八】

◉高田忠周 銘意用爲邵字。然審篆形。从召从□从酉从□。□與下文从□同。亦與从手同意也。酉即尊。□即彝。此古招字會意。周禮男巫。春招弭。注。招。福也。左傳昭十二年。祭公謀父作祈招之詩。說文。□。手評也。从手。召聲。詩邶風。招招舟子。傳。招招。號召之皃。疏。號召。必手招之。王逸云。以手曰招。以口曰召也。然則招元乎評之偁。而轉爲析招之義。凡祈祭有所供。當用尊彝。故字亦變作从召□尊彝合形。周禮司尊。彝掌六尊六彝之位。詔其酌。

辨其用。與其實。春祠。夏禴。祼用雞。彝鳥彝。皆有舟。其朝踐用兩獻尊。其再獻用兩象尊。皆有罍。諸臣之所昨也。秋嘗。冬烝。祼用斝。彝黄彝。皆有舟。其朝獻用兩著尊。其饋獻用兩壺尊。皆有罍。諸臣之所昨也。夫祠禴嘗烝。並皆祈福之祭。而皆有尊彝之供。此招字所以从尊彝象形之意可識矣。【古籀篇五十四】

◉郭沫若　此字前人釋之者實奇異至不可思議。此分明爲一人形奉酒甕欲飲而呈喜悦之狀，人形之首乃釋爲「格上三矢形」，人形之身，手又釋爲「父」字。此種奇釋自宋以來相沿八九百年，直至近人始有能稍稍得其髣髴者。容庚云：「象人奠酒於盤之形」寶蘊樓八十四葉。，此已近是矣。然余謂酒甕下一器乃酒甕之座而非「盤形」。知其然者，㜏鐸有此字作，酒甕正陷置於座中。（觀此可知古人釀酒之法正如今之鄉人之釀造甜酒。）

此字亦必爲氏族名，於卜辭有二證：

（一）其遷，至于攸，若。王乩曰大吉。（前編卷五，三十葉一片。）

（二）辛卯王……小臣□其于東對。王乩曰吉。（林泰輔：龜甲獸骨文字，卷二，二十五葉十片。）

讀第一例可知其必爲人名或國族名，第二例雖殘闕，而字在「小臣」之下則其爲人名或氏族名尤爲顯著，此與「冀」、「天黿」等可以參證。

復次，余以爲此與卜辭及金文所常見之鬯字當同係一字，蓋省人形而爲臼，而附之以音符召字也。卜辭亦或作，並無音符。或省酉作，又或省皿作，與今行之召字甚相接近。金文召王鼎召王𣪘召字作，從卩正此形之省變。

案説文「奭」字下注云：「此燕召公名，讀若郝。史篇名醜。」醜與奭無相通之理。余疑醜字殆即此字之譌，因召公召字古或有作此者，後人不識，故誤以爲召公名醜也。

又此在彝銘中每以形爲之範，自宋以來對此亞字形復多作神秘之解釋。或以爲象宗廟之形，或以爲兩相背，或以爲兩弓相背。今知亞形中字大抵乃氏族稱號或人名，則此亞形者不過如後人之刻印章加以花邊耳。此由亞形之可有可無已可證，又如父已𣪘之，於亞形中範以「箕侯」二字，其爲單純之文飾毫無疑義。【殷彝中圖形文字一解　殷周青銅器銘文研究卷一】

◉于省吾　孫云。爾雅釋詁詔亮左右相導也。詔相導。左右助勴也。詔昭召並同聲字。古通用。書云克左右昭事厥辟。左右昭同義。言能相厥君也。用會昭乃辟。言用共相乃君也。此敔云以召其辟。言以相其君也。俞蔭甫云。以召其辟證昭事厥辟。會紹乃辟之誤。【師害𣪘　雙劍誃吉金文選】

◉孫海波 [glyph]，粹五一八，从曰从酉，説文所無，卜辭召字从此。【甲骨文編】

◉葉玉森 [glyph]此字異體作[glyph][glyph][glyph][glyph][glyph]等形。象兩手持尊。羅振玉氏曰。古文召字从此。或即召之異體。羅氏待問編九葉。【鐵雲藏龜拾遺】

◉郭沫若 㽖乃𩰫之省，後世省作召。「召𢊁」二字亦同見己酉方彝，彼銘云「己酉戍𤔲隮𡈼于𩰫𣎾，𢊁[glyph]九律。[glyph]商賞貝朋。方□用宧丁宗彝，在九月。隹王十祀，𠤏日。五隹來東。」「薛氏款識」二與此疑是同時事。【殷契粹編】

◉馬叙倫 鈕樹玉曰。繫傳作嘑也。恐非。韵會引作呼也。倫按召爲評叫之叫本字。召仲鬲作[glyph]。大𣪘作[glyph]。【説文解字六書疏證卷三】

◉丁福保 召刀，洪文安云，春秋之世，下迨戰國，以鑄錢立幣，各擅其利，惟齊刀見諸管子，故暴白於後世，諸刀無所稽考，遂致湮没不傳云云。案此刀即湮没不傳，無所稽考之一種耳。故或以爲莒刀，或以明刀，皆非也。莒刀之説，因通考有齊莒謂刀之語，故以大者屬諸齊，小者屬之莒，然此刀多出於燕市，無一出於山東之莒縣者，故莒刀之説，久已不成立。惟近人以刀面之刀或(○，讀作明字，此乃大謬不然，因(非月字，乃刀字，○非日字，乃口字也。刀口二字，合之則爲召，余見此種刀不下二千餘種，從無一柄作⊙者，考召字乃國名，詩序，甘棠，美召伯也，箋，召伯姬姓，名奭，食邑於召，案，召采邑，初在今陝西鳳翔縣東南，後徙山西垣曲縣東，此即召刀之所産地也。【古泉學綱要 説文月刊二卷一期】

◉徐中舒 召、銘文作𩰫，周召之召，金文作𩰫，不从収，經典皆省作召，或增邑旁作邵。夾召連文，亦見他器。師訇簋「用夾召厥辟(君)奠大命」，與此語例全同。召當讀如紹或詔，爾雅釋詁：「詔、相、亮、左右，相導也」，史記魯仲連傳集解引郭璞云：「紹介、相佑助者也」，詔、紹並有輔導佑助之意。左傳昭公二十年「夾輔周室」，夾輔即夾召也。夾召金文或倒互言之：大盂鼎「盂迺召夾死(主)司戎」，晉姜鼎「用召匹辝(台同，我也)辟」，召夾、召匹並爲夾召、夾輔之倒文，匹爲匹配，與夾從二人同意。又大盂鼎「夙夕召我一人」，「令女盂召榮敬雍德」，此單言召，召亦應作輔導佑助解，舊注多釋紹爲繼，如詩「弗念厥紹」，尋繹文義似未叶洽。【禹鼎的年代及其相關問題 考古學報一九五九年第三期】

◉饒宗頤 辛亥卜，㱿貞：㞢(侑)于𢦏(蔑)。召(招)……犬，𠭯五牛。(續編二・二四・五)

召讀爲「招」。周禮男巫「招弭」，女祝「招梗」。亦作袑。莊子天運：「巫咸袑曰。」楚辭招魂：「巫陽焉乃下招曰。」「招」「祝」可通。鄭注：「招，招福也。」他辭云：「貞：召河，𡆥于蚰，㞢雨。」謂袑于河。此云「于蔑召」，言侑于蔑以招福也。【殷代貞卜人物通考卷三】

問 問

◉李孝定　說文「召評也。从口。刀聲。」契文之召均爲地名。徐氏訓爲輔助。乃就金文言之。郭氏謂□即□。似有可商。□當即許當奭下說解所云。召。「史篇名醜」之醜。許訓醜爲惡。應是後起之義。其始應是族名或人名。郭言是也。金文召作□觥尊。□伯害盉。□召卣。□害鼎。□召伯虎簋。□召卣。□克鐘。□師害毀。□召仲鬲。□召樂父匜。□大簋。繁體與契文同。其下所从田□□契文。□□□□金文。諸形。並疑盧形之譌變。金文盧字作□嬰次盧。从□。與此近。【甲骨文字集釋第二】

◉李孝定　吳大澂氏說字形，可从；孫詒讓氏說爲从釁省聶省，殊支離無義，惟釋其義爲輔爲助則是；吳氏謂□爲盛酒之器，竊疑□爲盧省也。高田氏以析招說召字从尊彝之意，殊迂曲。馬叙倫氏謂是「配」字，乃从弜即鬻字，即酓之偏旁云云，於字形絕遠。楊樹達氏釋酌，謂召聲勺聲古同豪韵，聲亦相近；固亦言之成理，惟於从「召」之字，何以不得爲「召」，則未置議，殊未足以饜人意，矧於辭義求之，釋「酌」亦未見洽適乎。卜辭召爲地名，與金文召公合，金文又用爲召評輔助義。【金文詁林讀後記卷二】

◉徐中舒　□爲匕柶之匕，匕下從口或從酉，酉象酒尊之形，□，所以薦尊，後譌爲□，從□，象雙手，以手持匕挹取酒醴，表示主賓相見，相互紹介，侑於尊俎之間，當爲紹介之紹初文。金文形同，作□召卣，後簡化爲□克鐘，是即小篆所本。【甲骨文字典卷二】

□ 後二・九・一〇　□ 明八一三　【甲骨文編】

□ 後下9・10　【續甲骨文編】

□ 問　汗簡作□　陳侯因資錞　朝問諸侯　【金文編】

□ 3・679　王問貽衢臧里□郡　【古陶文字徵】

□ 問　法一二二　三十例　通聞　有—邦　日乙二三九　□ 法一五八　□ 法二〇三　□ 日乙二三九　十例　【睡虎地秦簡文字編】

問 0558　問 3187　【古璽文編】

問 張不問　問 程問仁印　【漢印文字徵】

【汗簡】

立古孝經又義雲章　【古文四聲韻】

◉許　慎　問訊也。从口。門聲。亡運切。【説文解字卷二】

◉徐中舒　古問字。汗簡問作，誤作米，與魏三字石經君奭篇聞古文誤作同。聞問字古均從昏聲（説文聞古文從昏作䎽）。銅器昏作

此正昏之省形（從斗者銅器斗作與此形近）。儀禮聘禮云：「小聘曰問」；周禮春官大宗伯云：「時聘曰問」；又秋官大行人云：「凡諸侯之邦交，歲相問也」；此云：「朝問諸侯」，義亦甚協。【陳侯四器考釋　歷史語言研究所集刊第三本四分】

◉馬叙倫　三篇。訊。問也。訊問疊韵轉注字。玄應一切經音義引倉頡。問。求也。又見急就篇。甲文作。【説文解字六書疏證卷三】

◉黄錫全　問　婚、䎽、聞古同字，作（餘9.1）、（盂鼎）、（彔伯殷）、（毛公鼎）、（侯盟）、（王孫誥鐘），省作（陳侯因資敦「朝問諸侯」之問）、（璽彙1073）。夏韻問韻録此文作，上部形乃由、、譌變，下部變化是由↓↓↓↓，，形同古「斗」，故此變从小篆。三體石經聞字古文作，乃是形省去左下。鄭珍以爲此形上部是門譌，下是耳譌，殊誤。以聞爲問，與陳侯因資敦同。【汗簡注釋卷三】

前四·二七·二 前五·三九·八 京津四八六〇 明藏五七六 明六八二 河六六六 甲一五四

○甲四卜辭用隹為唯重見隹下【甲骨文編】

隹之重文【續甲骨文編】

唯 不从口 宰椃角 唯王廿祀 隹字重見 旂鼎 沈子它簋 矢方彝 獻侯鼎 大作大仲簋 萳簋 小臣逋簋 賢簋 師旂鼎 楉侯壺 伯楉簋 師楉鼎 䖒簋 昜鼎 明公尊 呂鼎 君夫簋 段簋 封簋 剌鼎 貉子卣 豆閉簋 師嫠簋 舀鼎 遹簋 宴簋 善鼎 咢侯鼎 禹鼎 召卣二 毛公厝鼎 不𡢁簋 伯其父匿 曾伯文簋 蔡侯龖鐘 禽卣 衛宋𤖯尊 趞簋 散盤 公父宅匜 番仲戈匜 弔單鼎 㴱伯友鼎【金文編】

3·525唯 䶒圖 考古1974：1【古陶文字徵】

91【包山楚簡文字編】

唯 秦一七一 十例 通雖 它日—有不吉之名 日乙一三七【睡虎地秦簡文字編】

木里唯印 丁氏長幸唯印 樂成唯 户陽唯印 房里唯印 唯印 壽唯印 東里唯【漢印文字徵】

詛楚文 唯是秦邦之羸衆敝賦【石刻篆文編】

◉許　慎　唯諾也。从口。隹聲。以水切。【説文解字卷二】

◉羅振玉　卜辭中語詞之惟。唯諾之唯。與短尾鳥之隹同爲一字。古金文亦然。卜辭中已有从口之唯。亦僅一見耳。【增訂殷虚書契考釋】

◉高田忠周　唯誰古今字也。凡言部字。古文从口爲通例。説文誰下曰。何也。从言。隹聲。此當叚借義。攴部𢾺下曰。怒也。詆也。誰何也。从攴。𦎧聲。古音𦎧隹轉通也。誰訶即怒詆之轉義耳。後世唯諾字作唯。誰何字作誰。誰字爲叚借義所奪。而誰唯分別也。朱氏駿聲云。𢾺字本訓擿也。故从攴。詩北門。王事敦我。箋。猶投擲也。朱説非是。顧氏原本玉篇言部誰。蒼頡篇讁也。詩云。王事誰我。是也。野王按。毛詩箋云。誰擿猶投也。今並爲敦字。蓋野王所據爲三家詩。而誰即誰異文。从土者。从堆聲也。由之即知古誰敦通用字。讁者。責也。與怒也詆也誰訶也相同。鄭云。投也。謂爲𢾺字叚借。説文。𢾺。棄也。从攴。𠷎聲。此爲本字。𠷎敦古音相通。𠷎執古音同部。故經傳借執爲誰。實爲敦。論語。執不可忍也。注。誰也。朱氏又云。執訓誰者。叚借爲𠷎也。此攷似是而未矣。説文𠷎下曰。誰也。从口。𠷎又聲。此許氏有誤。𠷎當𢾺異文。説文攴部字。鐘鼎古文往往从又。𠷎𢾺同字無疑。許訓𢾺爲誰也。鄭訓敦爲投也。敦亦或作誰。此誰敦𢾺三字互通用可證矣。【古籀篇四十八】

◉馬叙倫　沈濤曰。一切經音義三引。唯。諾也。謂膺之敬辭也。謂膺以下注語。倫按三篇。諾。應也。應即唯或唉之同音叚借字。諾爲若之後起字。若。从口。叒聲。叒爲桑之初文。叒音心紐。唯音喻四。同爲摩擦次清音。轉注字。唯雖一字。雖音禪紐。古讀歸定。喻四古亦歸定也。散盤作[illegible]。君夫𣪘作[illegible]。伯其父簠作[illegible]。【説文解字六書疏證卷三】

◉李孝定　説文「唯。諾也。从口。隹聲。」契文語辭之惟通作隹。亦有从口作唯者。前四・二七・二辭云「弜弗改其唯小臣[illegible]令王弗每。」前五・三九・八辭云「☐利令其唯太史寮令。」均語詞也。金文亦然。【甲骨文字集釋第二】

◉李孝定　高田氏謂古文从言之字多从口，按二部在偏旁中固多通用之例，然不必皆相通；誰唯用爲語詞古皆假借，卜辭中語辭之唯多作隹，不从口，金文始多从口，以爲唯諾本字。【金文詁林讀後記卷二】

◉戴家祥　説文二篇「唯，諾也。从口隹聲。」按許釋是也。彝器作爲發語詞用。亦多用隹代之。隹爲假借，加口之唯爲正字，高田忠周謂「唯誰古今字也。凡言部字古文从口爲通例」。古籀篇四十八第十九頁雖論述至詳，似亦有據，而金文唯獨作發語詞用，並無作爲人稱疑問詞誰用的例子，且誰亦無作唯用的例子，故此説與實際不合。【金文大字典上】

唱

[glyph] 林罕集 【古文四聲韻】

◉許　慎　唱導也。从口。昌聲。尺亮切。【説文解字卷二】

◉馬叙倫　唱爲昌之後起字。詳昌字下。疑此字不出説文。【説文解字六書疏證卷三】

◉裘錫圭　歌唱之「唱」，經傳多作「倡」，文字學者或以爲古當作「昌」(詳下)。《説文·七上·日部》：「昌，美言也。从日，从曰。一曰：日光也。《詩》曰『東方昌矣』。[glyph]，籀文昌。」《繫傳》本籀文作[glyph]，从「口」。《汗簡》引《説文》「昌」字也从「口」(卷中之一34頁上)。甲骨文「昌」字作[glyph](《甲編》185。《甲骨文編》誤收入288頁「旦」字下)。六國文字和漢代金石篆文「昌」字的下部作[glyph]、[glyph]、[glyph]等形(《古璽文編》166—167頁、《古陶文香録》7·1上、《漢印文字徵》7·3上、《金文續編》7·2)。可見「昌」字本來確是从「口」的，《説文》篆文从「曰」，是後起訛形(參看拙文《甲骨文字考釋·釋「沓」》，《古文字研究》第4輯158頁)。俞樾《兒笘録》説：「今按：『昌』者，『唱』之古文也。《口部》(指《説文·口部》)：『唱，導也。从口，昌聲。』夫『昌』之籀文本从『口』……而『唱』又从『口』，此必後出字而非古字矣。其古字蓋止作『[glyph]』，从『日』从『口』會意。蓋夜則羣動俱息，寂然無聲，至日出而人聲作矣。故其字从『日』从『口』而其義則爲『導』也。」俞氏認爲「昌」是古「唱」字很有道理，對「昌」字形義的解釋則不完全妥當。

王獻唐在《周昌鉨考》一文中批評俞氏説：「俞氏以『昌』爲『唱』，在諸家説中，最有條理，惟謂『口』爲人聲，意少周折。人聲俱作，與『導』義亦乏關連。蓋爲《説文》『唱導』之訓所拘，致阻窒難通」。(《那延羅室稽古文字》92頁)所言頗爲中肯。王氏自己對「昌」字的解釋的確比俞氏合理。他説：「歌唱以口，故『昌』字从『口』，其上作『日』者，原始人羣，衣褐難給，多取暖于日，黑夜伏處，苦乏燈燭，曉起見日初升，陽和被體，出幽暗之中，頓啟光明，不覺鼓舞歡呼，引其呼聲，而歌唱生焉。……原人曉起見日而喜，喜而發唱，同類聞聲知曉，相率興作。習久成俗，遂以人司之，當曉日初出，即唱而報曉，呼醒衆人。其制沿爲周代鷄人，《周禮·春官·鷄人》『夜呼旦以嘂百官』，是也。……唱時天光初明，人豫知爲明發呼號，循聲而起，若由唱以引之。……故引申字有導意。」(同上93—95頁)王氏所言，除「原人曉起見日而喜，喜而發唱」之説稍有可疑外，大體似可信(王氏又以爲「昌明」「昌盛」亦爲「昌」字之引申義，是否可信尚待研究)。《説文·二上·口部》：「名，自命也。从口，从夕。夕者冥也。冥不相見，故以口自名。」「昌」字从「口」从「日」，造字方法正與「名」字相類。由此看來，「唱」最初很可能指日方出時呼喚大家起身干事的叫聲。這種叫聲大概多數有一定的調子，是歌唱的一個源頭。

不少研究藝術史的人認爲藝術的產生與勞動有關。上文所論如果符合實際，可以爲此說提供一個證據。【說字小記 北京師院學報一九八八年第二期】

咊 咊

和 盉壺 从木 陳肪簋 假借爲盉 史孔盉 【金文編】

香録2·1 獨字 3·1116 同上 【古陶文字徵】

169 【包山楚簡文字編】

和 法九四 法一四八 三例 【睡虎地秦簡文字編】

4730 4494 5107 5111 4692 5110 1874 2292 4623 1876

1043 1875 3179 1878 1877 5108 0177 或从木，與陳肪殷史孔盉和字同。 0189

3039 0122 4000 【古璽文編】

六師軍壘壁前和門丞 和福 【漢印文字徵】

袁安碑 元和三年 祀三公山碑 和氣不臻 【石刻篆文編】

和 和出太華岳頌文 【汗簡】

古孝經 古老子 古老子 古尚書 籀韻 華嶽碑 籀韻 【古文四聲韻】

◉許 慎 咊相譍也。从口。禾聲。户戈切。【說文解字卷二】

◉馬 昂 齊地貨刀

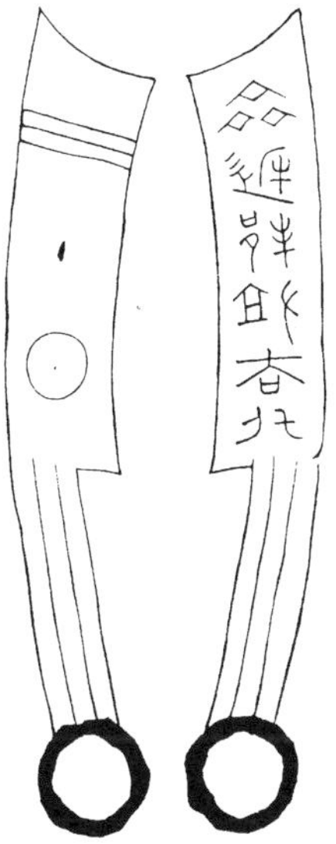

右貨面文六字。曰齊通邦咊合貨。背文一字。曰日。按右貨形制質重。與匽昜貨同。

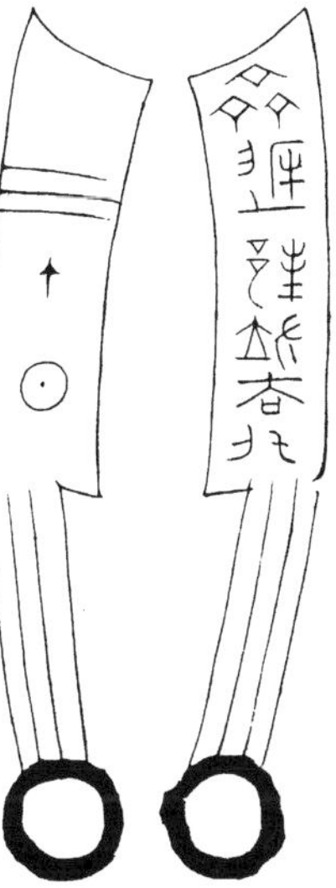

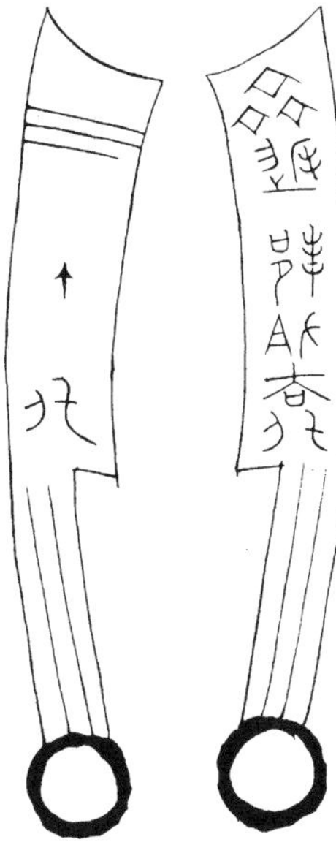

又二種。背文一曰日。一曰貨。

按右三種。文同迹異。弟一字作亝。即古齊字。弟二字作𨓜。从辵从丯得聲。爲通字之殊體。弟三即邦字。反笵。弟四一作[glyph]。或作[glyph][glyph]。是古省文龢字。通作咊。从龠。或从口。此从龠而省。右旁从又。或从寸。校款識康祿鐘龢字从[glyph]。即又。又古通寸。其爲龢字甚明。【貨布文字考卷一】

◉孫詒讓　又別有「咊」字，云：「卜方[glyph]」，一之三。此當爲「咊」字。《說文·口部》：「和，相應也。从口，禾聲。」此右从禾，與

「穭」偏旁略同，可以互證。【栔文舉例卷下】

◉方濬益 盉作和。通用字也。按説文。盉。調味也。董廣川書跋引作調味器也。是今本説文脱器字。朱豐芑曰。詩烈祖亦有和羹七發肥狗之和。經傳皆以和爲之。【史孔盉 綴遺齋彝器款識考釋卷十四】

◉顧廷龍 □和。史孔盉和字作□。从口从木。又通作盉潘。【古匋文孴録卷二】

◉馬叙倫 本書無穭字。當依鍇本作應。疑此訓出字林。字見急就篇。古鉨作□。陳肪毁作□。史孔盉作□。蓋仍从禾非从木也。甲文□或作□。其例證也。【説文解字六書疏證卷三】

◉温少峰 袁庭棟 卜辭有「□月」，「□」字从口，禾声，當即「和」字之異構。卜辭云：

(116) 今秉月□，又史。(菁一一・二〇)

(117) 今秉月〔又〕史。(續六・二六・七)

(118) 庚申……今秉又史。(戬三六・一三)

(119) 庚申卜：我今秉又史。(拾七・六)

「又史」即「有事」。以上列諸辭與「今五月，我又史」(乙三三五〇)、「于七月又史」(乙一四七四)等辭相比照，可知「秉月」即「和月」，是月名，當即「禾月」。战國時代齊國銅器銘文也有月之专名，如陳逆簠有「冰月」，晏子春秋亦有之，以爲十一月。子禾子釜有「稷月」，「稷月」与卜辭之「禾月」可以比照，當是與种禾、穫禾或祀禾有關之月。【科學技術篇 殷墟卜辞研究】

◉戴家祥 和之本義疑是一種樂器名。爾雅釋樂「大笙謂之巢，小者謂之和。」孫炎云：「巢，高也。言其聲高，和，應和於笙。」郭璞注引鄉射記曰「三笙一和而成聲者」邢昺疏：「彼鄭注云：三人吹笙，一人吹和是也。」集韻和亦作龢，文選洞簫賦「與謳謡乎相龢」，注：「龢，古和字。」和从口，禾聲。原當是从龠禾聲。龠象吹奏樂器形。和改从口，猶如龡之改作吹。ロ爲龠之省。由和吹奏的音色特征，引伸出和諧的意思，國語周語「樂以和」，韋注：「和，八音克，諧也。」廣雅釋詁三「和，諧也。」説文訓和爲「相應也。」也爲引伸義。

□余贎逨兒編鐘 ⿰音禾字从音禾聲，爲和之異體字，古字从口表義者，亦或更旁从音。説文口部「吟，呻也。从口，今聲。」或體作訡，从音。十四篇金部「鍠，鍠，鐘聲也。詩曰：鐘鼓鍠鍠。」今毛詩周頌執競鍠作喤。孔穎達正義引「舍人曰喤喤，鐘之樂也。」爾雅釋訓「諻諻，樂也。」郭璞注「鐘鼓音。」諻爲喤之表義更旁字，知⿰音禾亦和之更旁字也。【金文大字典下】

咥

◉許　慎　咥大笑也。从口。至聲。詩曰。咥其笑矣。許既切。又直結切。【說文解字卷二】

◉馬叙倫　朱駿聲曰。當爲笑聲。與唏略同。倫按咥啞噱唏听皆爲笑聲。下文啞。字林訓笑聲也。啞噱爲聲同魚類轉注字。噱咥爲同破裂濁音轉注字。然則初無笑與大笑之别。且許訓每不詳别。而字林之訓每爲分別。則此及噱大笑也之訓。皆出字林。【說文解字六書疏證卷三】

啞

◉許　慎　啞笑也。从口。亞聲。易曰。笑言啞啞。於革切。【說文解字卷二】

◉馬叙倫　任大椿曰。一切經音義引字林。啞。笑聲也。倫按當有聲字。然則此字林訓。【說文解字六書疏證卷三】

噱

◉許　慎　噱大笑也。从口。豦聲。其虐切。【說文解字卷二】

◉楊樹達　豦聲去聲古多通假。十四篇上且部云：「䣜，且往也。从且，豦聲。」按豦假爲去，故䣜訓且往。莊子秋水篇云：「口呿而不合。」呂氏春秋重言篇云：「君呿而不唫。」釋文引司馬注及高注並云：「呿，開也。」廣雅釋詁三云：「祛，開也。」莊子胠篋篇釋文引司馬注云：「從旁開爲胠。」去聲字多有開義，噱從豦聲，豦亦假爲去，蓋謂口開，故訓大笑矣。【增訂積微居小學金石論叢卷第一】

唏

◉許　慎　唏笑也。从口。稀省聲。一曰哀痛不泣曰唏。虚豈切。【說文解字卷二】

◉馬叙倫　王筠曰。笑也。篇海引作笑聲。鈕樹玉曰。稀省聲。韵會作希聲。錢坫曰。小徐希聲。凡希聲大徐並改爲稀省聲。非是。倫按今杭縣語曰笑唏唏。唏咥疊韵轉注。今咥亦音許既切。則亦雙聲也。唏音曉紐。古讀歸影。則與啞轉注字。一曰哀痛不泣曰唏者。㤸字義本書。㤸。痛聲也。唏㤸疊韵。故唏得借爲㤸。然此校語。【說文解字六書疏證卷三】

听

◉許　慎　听笑皃。从口。斤聲。宜引切。【說文解字卷二】

◉楊樹達　說文二篇上口部云：「听，笑貌也。从口，斤聲。」按听爲笑貌，前人未有言其故者。以愚考之，蓋謂張口之狀也。何以明之？十篇下心部云：「忻，闓也。从心，斤聲。」引司馬法曰：「善者忻民之善，閉民之惡。」按十二篇上門部云：「闓，開也。」闓與開音義並同，闓乃開之形聲字。許君分闓開爲二文，非也。尋司馬法忻與閉對言，實開與閉對言也。忻字从心，切言之當云心開。秦漢間人恆言心開。漢書酷吏傳云：「王温舒居他，惛惛不辦，至於中尉則心開。」此心開謂明慧。後漢書王常傳云：「聞陛下即位河北，心開目明」，此謂喜樂。心開則喜，故言部訢訓喜，欠部欣訓笑喜，今通語謂取樂爲開心，蓋古之遺語矣。忻爲心開，听文从口，當爲口開，笑者口必開，故听爲笑貌矣。莊子盜跖篇云：「人除病瘐死喪憂患，其中開口而笑者，一月之中，不過四五日而已矣。」此古人謂笑爲開口之證也。

獸之吠必開口，故犬吠聲謂之犷，虎聲謂之虓。犬鬥則必吠，故犬鬥聲謂之狠。又齧物者必開張其齒，故齧謂之齗，豕齧謂之豤，兩犬相齧謂之犾，與齗豤音亦同。此皆意義相因之字也。至斤艮二文古同音，土部垠或作圻，是其明證，不煩覼縷矣。或問曰：人開口笑則齒本見，故齒部齗爲齒本肉，宜亦得義於忻听，今子不及，何也？曰：是説固可通，然以字形精求之，則齗蓋受義於根，非自忻听來也。説文六篇上木部云：「根，木株也。」二篇下足部云：「跟，足踵也。」釋名釋形體云：「足後曰跟，在下方著地，一體任之，象木根也。」齗文从齒从斤，斤艮同音，謂齒之根也。况倉頡篇明訓齗爲齒根，許亦以齒本肉爲説，則齗受義於根甚明，故不與忻听爲類矣。【增訂積微居小學金石論叢卷第一】

◉馬叙倫　听欣一字。八篇。欣。笑喜也。听唏同舌根音。又脂真對轉。轉注字也。本書昕讀若希。漢書古今人表曹剎時。顔師古曰。即曹欣時。是其例證。【説文解字六書疏證卷三】

咄

◉許　慎　咄多言也。从口。世聲。詩曰。無然咄咄。余制切。【説文解字卷二】

◉馬叙倫　沙木曰。咄詍聲義並同。是一字。【説文解字六書疏證卷三】

嘄

◉許　慎　嘄聲嘄嘄也。从口。梟聲。古堯切。【説文解字卷二】

◉馬叙倫　嚴可均曰。篆體當作嘄。説解放此。木部。梟字無足。故云。从鳥頭在木上。邑部。鄡。从梟。亦無足。如其不然。説解當作樢聲。艸部。蔦或作樢。即此偏傍矣。段玉裁曰。玉篇有[口県]無嘄。[口県]以倒首之県爲聲。即嘄字也。廣韵引漢刑法志。県首。今志作梟首。地理志。鉅鹿郻縣。今説文作鄡縣。疑鄡與嘄皆淺人改作。非許書本字。鈕樹玉曰。廣韵亦無嘄篆。王筠曰。説文韵譜五音韵譜此字皆作嘄。唐韵古堯切。則似與嘵聲義皆近。錢坫曰。東方朔曰。聲謷謷。即此字。倫按聲嘄嘄也不似本訓。此字盖後人加之。梟字亦後人加之也。詳梟字下。王筠據鍇本作嘄。【説文解字六書疏證卷三】

咄 咄

◉許　愼　咄相謂也。从口。出聲。當没切。【説文解字卷二】

◉馬叙倫　沈濤曰。文選張協詠史詩注引與今本同。而曹植贈白馬王彪詩注引作叱也。蓋古本有一曰叱也四字。玉篇亦曰。咄。叱也。韻會有一曰呵也。是小徐本尚有此四字。惟誤叱爲訶耳。錢坫曰。意同歖。字林。相呵也。王筠曰。玄應引字林同。又引字林作相訶也。盖字誤。玄應又引字書。咄叱。是知文選注引説文咄叱也。乃誤以字書當説文也。丁福保曰慧琳音義七十八及九十四引作相謂也。七十二引作舉言相謂也。倫按相謂也疑當依字林作相呵也。呵本書作訶。因譌爲謂。然審諸引。知相訶也者字林訓。文選左太沖詠史詩注引倉頡。咄。啐也。啐疑當作咅。或書爲咵。因誤爲啐也。本書咅下曰。語相訶歫也。讀若櫱。本書。聉讀若孽。是咄即咅之疊韻轉注字。論衡論死。病困之時。仇在其旁。不能咄叱。正謂相訶歫。故玉篇訓叱也。廣韻訓呵也。【説文解字六書疏證卷三】

唉 唉

◉許　愼　唉譍也。从口。矣聲。讀若埃。烏開切。【説文解字卷二】

◉馬叙倫　鈕樹玉曰。韵會作磨也。俗。沈濤曰。一切經音義十二引作譍聲也。是古本尚有聲字。今奪。玉篇亦云。譍聲也。蓋本説文。倫按本書無譍。當作應也。今杭縣應聲正如此。唉應音同影紐。此應聲之應本字。故古書多借應爲唉。唉从矣得聲。矣音喻三。諸音日紐。同爲舌前音。轉注字。字失次。玄應一切經音義引倉頡。唉。吟也。【説文解字六書疏證卷三】

哉 哉

哉　不从口　禹鼎　𢦏字重見　　邾公華鐘　　僜兒鐘　　者沪鐘　　郾侯庫簋　【金文編】

敬之—（甲9—34）【長沙子彈庫帛書文字編】

哉出碧落文　【汗簡】

碧落文　【古文四聲韻】

◉許　愼　哉言之閒也。从口。𢦏聲。祖才切。【説文解字卷二】

◉劉心源　㦸。吳書作𢧐。釋戴。此拓明从𠯑。乃言字。又从𢦏。爲㦸。不載字書。惟字彙補有䛊字。音芰。謀也。非此銘所用義。當是哉之異文。說文哉作𢦔。云言之閒也。从口𢦏聲。此从言即口也。說文中口言二部爲重文者。如嘖讀吟訡口部謀𢒥謨暮信㑊詠咏譜嘒言部皆可取證也。【奇觚室吉金文述卷四】

◉高田忠周　說文。𢦔。言之閒也。从口。𢦏聲。𢦏哉同聲。故多叚𢦏爲哉。𢦏从才爲聲。𢦏才亦同聲。故或借才爲哉。而才古文多作十。故凡𢦏字之才多省作十。今隸作哉。不作𢦔。葢亦有所原矣。【古籀篇四十八】

◉馬叙倫　爾雅釋詁。孔魄哉延虛無之言閒也。諸家謂許訓本之。王引之謂凡語詞皆言之閒。何獨於哉而言閒也。疑閒當作廁。桂馥曰。今本爾雅誤作之言閒也。王筠曰。郭據本爾雅倒作之言。而逐字讀爲一句。許獨於哉訓言之閒者。他字自有本義。惟哉字以此爲本義也。倫謂郭讀雅文不誤。知者。古書以言字之字爲語詞者。固多可證也。倫謂哉本訓詞也。今捝。校者據雅文補此訓。郳公華鐘作𢦔。禱祀𣪘作𢦔。【說文解字六書疏證卷三】

◉饒宗頤　戊寅卜，㱿〔貞〕：今𢦏，王……。（庫方二一一二）

□丑卜，㱿貞：〔今〕𢦏，王……（屯乙二八〇九）

按「今𢦏」爲記時成語，卜辭習見。其字至今紛紜，尚未有定論。考𢦏字上从屮，以𢦏之作𢦏例之，明爲从才。故「今𢦏」亦省作「今屮」（鐵一五一・二）。此字从才从口，當釋「哉」。「哉」與「栽」、「茲」古並通。詩下武：「昭茲來許」，續漢志注引作「昭哉來御」。中庸：「栽者培之」，鄭注：「栽或爲茲」。離騷：「滋蘭九畹」，楚辭集注：「滋一作茲」。斯并「哉」「茲」通用之證。故卜辭之「今𢦏」「來𢦏」，猶言「今茲」「來茲」，決非「春」字。楊樹達讀爲「載」，義猶未達。【殷代貞卜人物考卷四】

◉嚴一萍　哉　甲骨金文多不从口，惟郳公華鐘从口作𢦔，余義鐘作𢦔，皆與繒書同。【楚繒書新考　中國文字第二十六册】

◉商承祚　第二五簡　簡首

·　𦍌翻王於𢦔郢之戢，𠟭𡱝之月，癸未之日，鄍〼有編組刻口。

𢦔，有的作𦲷，同字異形，皆讀如哉。《爾雅・釋詁》：初、哉、首，「始也」。《書・康誥》：「惟三月，哉生魄」。𢦔郢，即始郢、初郢、首郢之意。據古史及地誌記載，楚國無論建都何地，皆稱該地爲郢。春秋初期，文王都郢於紀山之南（今江陵縣城北五公里有故楚都紀南城遺址），以後楚平王更城郢。吳入郢，楚昭王出奔，遷郢於鄀，翌年吳兵退，昭王復回郢。秦將白起率兵拔郢，楚頃襄王徙都於陳，楚考烈王東徙都壽春，命曰郢，見《史記・楚世家》。從春秋初期至戰國中期，楚都雖數遷，但政治、經濟、文化活動中心仍在江漢平原。平王城郢，可能指紀南城之外城，王宮和祖祀所在的內城則稱爲𢦔郢。【江陵望山一號墓竹簡雜事札

記考釋　戰國楚竹簡匯編】

◉劉　雨　「𢦏」字凡四見。

1—08：「章舉即𢦏，□不難・女果……」；

1—014：「虛𢦏，不智也。夫周……」；

1—025：「天下有𢦏，久□……」；

1—074：「……𢦏。周公曰……」。

从文義上看，這幾條簡文都應該在「𢦏」字後斷句，亦當爲表示語氣的句末虛字。我們認爲就是「哉」字。

在金文中「哉」通常作「𢦏」，如禹鼎「烏乎哀𢦏」、魚鼎匕「欽𢦏」等。西漢末年王莽時一件「大泉五十」錢範上有「好𢦏」二字，「𢦏」即「哉」字，爲我們十分珍貴地保存了戰國時期「哉」字作「𢦏」的形體。【信陽楚簡釋文與考釋　信陽楚墓】

◉黄錫全　𢦏哉出碧落文　《説文》𢦏，「傷也，从戈，才聲」。今存碑文作𢦏，此木形同。三體石經《無逸》才字古文木，當是郭氏變改。禹鼎「烏虖哀𢦏」之𢦏即哉，此亦假𢦏爲哉。【汗簡注釋卷五】

◉戴家祥　⿺𢦏言孟⿺𢦏言父壺　⿺𢦏言从言𢦏聲，説文所無，古字从言从口每無別，如詠作咏等，疑此乃哉字異文，説文二篇口部「哉，言之閒也。从口，𢦏聲。」唐韻「祖才切」，精母之部。經傳哉載互通。大雅・文王「陳錫哉周」，國語・周語、左傳宣公十五年、昭公十年引詩作「載周」。哉載裁皆从𢦏聲。故𢦏亦通栽。爾雅・釋詁「𢦏，始也」。釋文「本或作裁」。【金文大字典下】

噂　噂

◉許　慎　噂聚語也。从口。尊聲。詩曰。噂沓背憎。子損切。【説文解字卷二】

◉馬叙倫　段玉裁曰。詩十月之交釋文曰。噂。説文作僔。五經文字亦云。僔。詩小雅作噂。陸張皆不云説文有噂。則知此字由淺人依詩增也。王筠曰。僔下曰。聚也。亦引詩十月。左僖十八年傳引詩亦作僔。詩釋文引説文作僔。此似爲後人不知僔下已引詩而據今詩作噂。遂增此篆。而引詩作噂也。僔祇訓聚。詩傳云。噂猶噂噂。沓猶沓沓。箋申之曰。噂噂沓沓。相對談語。以相對説噂噂。即許所謂聚也。以談語説沓沓。即曰部沓下説解之語多沓沓也。今云聚語。乃由增篆者不達詩詁。因噂从口而生此義也。艸部。蕁。叢艸也。亦聚義。邵瑛曰。説文引詩固有異者。不必定作僔也。其他經典有作僔者。周禮朝士職鄭注。錯立族談。違其位僔語也。是五經文字云僔。詩小雅作噂。其所謂僔。蓋即指周禮言之。倫按段説是也。此字蓋出字林。然噂實哉之音同精紐轉注字。此訓聚語者。由僔下訓聚也。而鄭注有僔語。故附會而爲此訓。【説文解字

咠 咠

呷 呷

六書疏證卷三】

◉許　慎　咠聶語也。从口。从耳。詩曰。咠咠幡幡。七入切。【説文解字卷二】

◉林義光　説文云。咠聶語也。从口耳。按象口附耳形。【文源卷六】

◉馬叙倫　翟云升曰。詩巷伯釋文引作咼語也。謕。倫按本書。聶。附耳私語也。此咠字義。聶爲聅之轉注字也。詳聶字下。咠聶聲同談類。故其義謕入聶下。聶从三耳。三耳無私語義也。此當訓私語。附耳乃後人以字从口从耳而妄加之。其實咠从耳得聲。耳聲而入談類。猶爾从爾得聲亦入談類矣。或本作从口。耳聲。校者以耳聲不近而改之。因改私語爲聶語。使聶即爲附耳私語。聶語於詞不可通也。或本作从口。聶省聲。或从口。聑聲。傳寫爲耳。校者因删聲字。或聶字乃校者注以釋咠字之音者。語上挩私字。引詩校者所加。今詩巷伯三章作緝緝翩翩。四章作捷捷幡幡。古鉩有咠字。丁佛言釋咠。倫謂咠蓋聽之初文。非咠字也。【説文解字六書疏證卷三】

◉楊樹達　耳部云：「聶，附耳私小語也。」私語者以口附耳，故字从口，从耳。口爲發言，耳爲聽受。故爲二名相承。【文字形義學】

◉朱歧祥　132　咠—咠—咠、咠

咠，从耳就口，示專注聆聽，隸作聑。即《説文》咠字：「聶語也。从口耳。」「聶，附耳私小語也。」郭沫若《卜辭通纂》137頁釋作聽，意亦可通。字有从口、或增从二口作咠。由辭例「王咠」互較可證。

〈乙3424〉　貞：☐酘賁☐上甲☐王咠☐？

〈戩45.10〉　丁卯卜，王咠唯虫壱？

〈合197〉　王咠唯虫壱？【甲骨文一字異形研究　甲骨學論叢】

◉許　慎　呷吸呷也。从口。甲聲。呼甲切。【説文解字卷二】

◉馬叙倫　沈濤曰。文選吳都賦注。一切經音義十七。二十皆引作吸也。倫按今廣州謂飲歠曰呷。杭州曰欱。欠部。欱。歠也。欱呷同爲舌根音。聲同談類。故欱轉注爲呷。呷字爲隸書複舉字之誤乙於下者也。然以字次求之。飲啜義不當廁此。豈呷爲吸之聲同談類轉注字。飲歠曰呷。即欱字義乎。【説文解字六書疏證卷三】

嘒

◉許　慎　嘒小聲也。从口。彗聲。詩曰。嘒彼小星。呼惠切。嚖或从慧。【説文解字卷二】

◉馬叙倫　鈕樹玉曰。廣韻但引小聲也。韻會引詩。鳴蜩嘒嘒。與玉篇引詩同。則韻會引當不誤。王筠曰。言部。譿。聲也。引詩有譿其聲。王伯厚詩考謂即雲漢有嘒其星。然則嘒譿一字也。倫按詩小弁。鳴蜩嘒嘒。傳曰。嘒嘒。聲也。嘒譿雙聲兼疊韻轉注字。引經校者加之。

嚖王筠曰。繫傳作彗或从慧。彗當作嘒。【説文解字六書疏證卷三】

嘫

◉許　慎　嘫語聲也。从口。然聲。如延切。【説文解字卷二】

◉馬叙倫　桂馥曰。語疑當爲諾。釋言。俞。盒。然也。廣雅。然。譍也。倫按嘫爲諾之音同日紐轉注字。語聲也疑校語。【説文解字六書疏證卷三】

◉唐　蘭　[glyph]爲卜辭奇字。徐中舒釋麗，按麗實从鹿，金文自有其字，與此從犬形者廻異，其説非也。郭沫若寫爲⿱林犬，今無其字。余按此當是猒及肰之本字。卜辭字或作[glyph](粹五五)，從一犬。金文或作[glyph](沇尊)，從三犬，或作[glyph](秦公鐘)，亦從三犬而變[glyph]作[glyph]，或作[glyph](者瀘鐘)，變[glyph]作[glyph]，或作[glyph](夷鎛)，則從言[glyph]聲。考[glyph]雖末形，其字易與肉混，金文或作[glyph][glyph]，與從肉無異，[glyph]形如更省[glyph]爲[glyph]，則爲[glyph]，即後世之肰字，説文訓肰爲犬肉，則已不知其本義而望文生訓矣。卜辭又有[glyph]字(鐵遺十四、十五)，當即金文[glyph][glyph]等形所從出，其作[glyph]形如省爲[glyph](如[glyph]又爲[glyph])，則有似於從甘從肉，金文作[glyph]形者亦然，此皆[glyph]字之形所從出，説文以爲從甘從肰者也。至常見之[glyph][glyph][glyph]則有似於從[glyph]從肉，[glyph]爲㠯字，故説文猒字重文作[glyph]，从㠯从肰矣。凡古文繁縟者，後世恆變爲簡易，[glyph]篆析爲二，則爲肰，爲猒爲猒，金文之作[glyph]者，省之當爲説文肰字，古文之[glyph]、[glyph]蓋[glyph]形之譌，[glyph]則[glyph]之變也。秦公鐘云：「[glyph]龢萬民」，[glyph]即肰字，亦即猒字，猒讀如厭，合也，安也，猒協聲相近，是[glyph]龢猶協和也。尸鎛云：「[glyph]龢而九事」，[glyph]爲從言肰聲，當爲説文嘫之本字，其讀亦同。尸鎛又有猒字，則春秋以後，已不知[glyph]猒之爲一字矣。【天壤閣甲骨文存】

唪

◉許　慎　唪大笑也。从口。奉聲。讀若詩曰瓜瓞菶菶。方蠓切。【説文解字卷二】

◉馬叙倫　鈕樹玉曰。玉篇。大聲也。疑本説文。蓋説文訓笑等字。並在前。與此不類也。倫按若如此訓。則爲㖓之轉注字。㖓音羣紐。唪从奉得聲。奉音奉紐。古讀歸並。並羣同爲破裂濁音也。失次。或此字出字林。【説文解字六書疏證卷三】

嗔 嗔

◉許　慎　嗔盛气也。从口。眞聲。詩曰。振旅嗔嗔。待年切。【説文解字卷二】

◉馬叙倫　此在嗹下嘌上。當亦謂聲也。孟子。嗔然鼓之。趙岐曰。嗔。伐鼓聲。本書。轃。車轃軩聲也。是古謂聲之盛者曰嗔。玉篇正作盛聲也。盛气盖盛聲之誤。或本作盛气聲也。傳寫奪聲字。嗔盖謓之異文。盛气聲與恚聲義近也。【説文解字六書疏證卷三】

嘌 嘌

◉許　慎　嘌疾也。从口。㬪聲。詩曰。匪車嘌兮。撫招切。【説文解字卷二】

◉馬叙倫　鈕樹玉曰。韵會引疾也下有聲也二字。疑本作疾聲也。桂馥曰。廣韵。嘌。疾吹之皃。【説文解字六書疏證卷三】

嘑 嘑

九八：四　宗盟委質類群嘑盟者　九八：一七　一：三三　三：一〇　一百二十一例　虖　一五六：一　八十九例　七七：二　三例　二〇〇：三九　探八㊁：一　一九八：八　二〇三：一　九二：四　九二：三三　一五六：二六　一九八：一二　三例　一七九：一　九二：二三　[彳虖]　【侯馬盟書字表】

籀韻　【古文四聲韻】

◉許　慎　嘑唬也。从口。虖聲。荒烏切。【説文解字卷二】

◉高田忠周　此篆阮氏釋虖。稍近而實未精。今細審。即虍。兮即乎。合爲虖即顯矣。唯下从口。此明説文嘑字。許氏云。嘑號也。从口虖聲。又廣雅。嘑。鳴也。周禮雞人。夜嘑旦以嘂百官是也。其實嘑亦虖異文無疑。虖下曰。哮虖也。从虍乎聲。虍即虎省。或號省。哮虖者哮唬之謂也。轉爲號虖義。字或借呼借謼爲之。詩蕩式號式呼。漢書敘傳。式號式謼是也。呼謼亦同乎。乎爲語之餘。轉爲外息義。然从乎。已爲虖號意足矣。又从口爲複。虖之或作嘑。猶乎或作呼。其義一轉。而字形亦變者也。又詳乎下。又嘑字與呼通。孟子。嘑爾而與之。注猶呼爾。咄啐之皃也。此亦虖與乎通用之理也。乎虖音義相近。故互通用。以乎爲虖。省文叚借。以虖爲乎。緐文叚借也。【古籀篇四十八】

◉馬叙倫　鈕樹玉曰。五音韵譜作嚯也。顧廣圻曰。小徐唬也作號也。是也。宋本作唬。字壞。韵譜肊作嚯。誤。王筠曰。

呼吸之呼謼召之謼多與此相亂。号部。號。呼也。當作嘑也。與此轉注。田吳炤曰。号部。號。呼也。呼嘑通。嘑號轉注也。詩。式號式呼。號呼連用。可證。倫按嘑音曉紐。號音匣紐。同从虍得聲。實一字。當依鍇本作號也。【說文解字六書疏證卷三】

◉戴家祥 𪉦儀兒鐘 烏嘑 嘑乃呼之異文,金文又作虖、乎。均義同字異。【金文大字典上】

◉許　慎 唈音聲唈唈然。从口。昱聲。余六切。【說文解字卷二】

◉馬叙倫 此今杭縣言阿唈唈之唈字。今作唷。玉篇。唷。出聲也。此說解捝本訓。所存者校語耳。【說文解字六書疏證卷三】

 嘯竝出裴光遠集綴【汗簡】

 裴光遠集綴  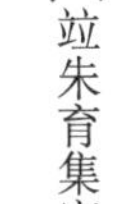 竝朱育集字【古文四聲韻】

◉許　慎 嘯吹聲也。从口。肅聲。穌弔切。歗籒文嘯。从欠。【說文解字卷二】

◉王國維 說文解字口部。嘯。吹聲也。从口。肅聲。歗。籒文嘯。从欠。又欠部歗。吟也。从欠。肅聲。詩曰。其歗也歌。是籒文篆文均有歗字。案今詩召南其嘯也歌作嘯。从口。與歌爲類。箋云。嘯。蹙口而作聲。即許所謂吹聲也。王風條其歗矣作歗。从欠。與嘆泣爲類。即許所謂吟口部吟。呻也。也。於歗下反引詩其歗也歌。葢出誤憶或誤筆也。史篇假歗爲嘯。故於嘯下重籒文歗。若篆文則嘯爲吹聲。歗爲呻吟。二字異義。故於欠部復出歗字也。【史籒篇疏證　王國維遺書第六册】

◉馬叙倫 沈濤曰。御覽三百九十二引。嘯。吹也。詩召南箋。嘯。蹙口而出聲也。即吹聲之義。當有聲字。明刊本御覽引作吟也。或古本有此一解。倫按玄應一切經音義引三倉。嘯。吹聲也。

歗沈濤曰。文選嘯賦注。籒文爲歗。在欠部。似古本口部無重文。桂馥曰。詩中谷有蓷。條其歗兮。釋文。歗。籒文嘯字。王筠曰。唐初所有字書。不過說文字林。李氏云然。恐人檢之口部不得也。說文盖經何人迻并而欠部未删。故重出。余知許君列重文於兩部。本由此悟入也。⊘倫按據選注。足明本書無歗。李云。籒文爲歗。在欠部者。盖謂籒文作歗。字从欠。而説文在欠部也。然賦無歗字。何必云然。且歗在欠部。亦是篆文。李何由知是籀文。盖本詩釋文説。而李據本説文嘯下無籀文。故言在欠部也。然則今本欠部之歗本在此。乃吕忱所增。而後人迻之欠部。餘詳欠部歗下。【説文解字六書疏證卷三】

◉邵笠農　説文口部嘯。吹聲也。从口。肅聲。籀文歗。从欠。欠部又重出歗字。注。吟也。从欠。肅聲。詩曰。其歗也謌。但無轉注之字轉其音而注其義。訓釋殊難曉暢。細思吟歗之義。當楬櫫若歌非歌四字以解之。凡言行歌坐嘯。龍吟猩啼猿虎嘯。可從而想象也。詩其嘯也歌。箋。嘯。蹙口而出聲。嘯。蘇弔切。轉入聲。與蹙音近。故以蹙口爲訓。集韻。嘯。音肅。吹氣若歌。令蹙口出聲。吹氣若歌二語而聯屬之。曰蹙口吹氣。出聲若歌。則其義瞭然矣。電。俗謂嘯。爲呼風。呼出氣也。風。諷也。俗語流傳自古。可證古義。外人不曉方言。聞之不以爲呼嘯之呼吟諷之風。而以爲呼喚之呼風雨之風。譏我方言斯語詞意晦澀。過矣。又攷嘯歗二字雖通。但細別之亦分二義。一爲長歗。則屬於吟歗之歗。一爲短嘯。則屬於吹聲之嘯。吹聲之嘯。世俗濫用哨字代。凡防盜者循徼謂之放哨。蓋吹聲爲暗示。以呼召徒衆。所謂命儔嘯侶亦卽呼嘯也。其屯戍處名曰營哨。其統率者謂之哨長。習因音近而誤。且圖省筆而濫借也。哨之本義。口不容也。又口不正也。皆同人形。非指人聲。與嘯之義無涉。又多言也。亦不能傅會嘯義。又使犬聲也。與嘯意義畧相類。然皆非嘯之正詁。蓋自後人用哨代嘯。相沿習誤已久。遂不識嘯之真面目矣。【一圜闇字説卷二　文風學報二、三合刊】

台 不从口 毛公𦉢鼎 㠯字重見　王孫鐘 用匽台喜　趙孟壺　其台鐘　𠑇兒鐘　歸父盤　邾公華鐘　邾公牼鐘　哀成弔鼎　鄲孝子鼎　郾侯庫簋　陳侯午錞　陳侯因脊錞　林氏壺　上官登　陳喜壺　者沪鐘　鄂君啟舟節　鄂君啟車節　酓肯鼎　蔡侯驪殘鐘　申鼎　其次句鑃　楚王酓章戈　酓肯盤　【金文編】

台 日甲一一二 二例 通始 毋以楚九月己未—被新衣 日甲二六 【睡虎地秦簡文字編】

盱台丞印　白台翁叔　台奴　贍台虞印　【漢印文字徵】

□王存乂切韻【古文四聲韻】

◉許　慎　□説也。从口。㠯聲。與之切。【説文解字卷二】

◉阮　元　古銘以多作台者。二字義通。爾雅釋詁訓台爲我。又訓爲予。廣雅釋詁云。以。予也。【周公𢍰鐘　積古齋鐘鼎彝器款識卷三】

◉孫詒讓　「甲□其伐□□」。二百十二之二。「伐□□貝立」，二百六十五之四。「□」即「□」之省，字書並未見。又有云：「□□□于」、卌四之四。「一六七」「立□于二帝弗」，百九十一之四。與此似同字。攷龜文「盒」字作「□」。詳《釋鬼神篇》。此與彼偏旁「台」相類，疑亦即「台」字。《説文·邑部》：「邰，炎帝之後，姜姓所封，周棄外家國，从邑，台聲，在扶風斄縣是也。《詩》曰：『有邰家室』。」此「台」或即「邰」之省文。但「下台」經典無見文，不知何義耳。【栔文舉例】

◉強運開　□。王孫鐘用匽台喜叚乍以。□齊侯鎛是台余爲大攻。古文台以爲一字。吴窓齋説是也。□。齊𩍂氏鐘。用亯以孝于□皇且文考。爾雅釋詁云。台我也。□从以从口。是台以爲一字之塙證也。□鄧公敦。□余𣏟鉦。□□㚅伯敦。舊釋邰。蓋叚台爲邰。□口以鼎省口即以字也。【説文古籀三補卷二】

◉强運開　□。陳侯因資敦。□□屎□。丁書以爲竘字。未塙。運開按。□爲古以字。亦即古台字。此篆从立从□。即从□與从□同。定爲古竢字可以無疑。【説文古籀三補卷十】

◉强運開　□。齊𩍂氏鐘。用亯以孝于□皇且文考。説文有㠯無以。秦刻石乍□。此篆从□从口。與从㠯从口同。即古台字。古㠯台爲一字。爾雅釋詁台我也。此□字正當乍我字讀。【説文古籀三補卷十四】

◉徐中舒　竘。從立從䛇。䛇即台或以之繁文。台以均有嗣意。尚書堯典舜讓於德不台之台。王莽傳引作嗣。易明夷文王以之之以。荀諝向秀本正作似。似續也嗣也(見詩傳及箋)。此云倈竘趄文。蓋欲續趄文之事業。【陳侯四器考釋　歷史語言研究所集刊第三本四分】

◉陳夢家　台即以字。金文台字去口即以字。台者以之孳乳字也。東周金文始增口爲台。若王孫鐘歸父盤陳侯因資敦郙公華鐘其䢅句鑃簷大史申鼎等。皆以台爲以。此器亦然。【禺邗王壺考釋　金文論文選】

◉戴家祥　「台」字初義不明。説文二篇「台，説也。从口㠯聲。」金文、文獻均無此用法。不知許慎所據。金文大多數用作介詞，相當于以或借用作怡。如蔡侯尊、郙公䃷鐘。【金文大字典上】

嗂 嗂

嗂 貝丘長碑 【古文四聲韻】

◉許　慎　嗂喜也。从口。䍃聲。余招切。【説文解字卷二】

◉馬叙倫　台嗂雙聲轉注。疑與歆一字。【説文解字六書疏證卷三】

◉黄錫全　夏韻宵韻作嗂。與《説文》嗂字正篆嗂同。嗂訓喜，與歌謡字音近義别。此假嗂爲謡，如同雲夢秦簡、馬王堆漢墓帛書《戰國縱横家書》假榣爲摇。《爾雅·釋訓》傜，釋文「本又作摇，樊本作滛」。【汗簡注釋卷一】

启 启

前五·二一·三　乙八二五　甲九九七　京都一八六 【甲骨文編】

甲997　1859　乙825　4693　6826　7674　鄴三34·11 【續甲骨文編】

◉許　慎　启開也。从户。从口。康禮切。【説文解字卷二】

◉林義光　説文云。启開也。从户口。按从口謂户開如張口。古作启叔氏鐘啟字偏旁。【文源卷十】

◉羅振玉　启或从又。象有自名以評門者往以又启之也。【增訂殷虚書契考釋】

◉商承祚　⿸户又爲開⿸户又之本字。以手启户爲初意。或增口作啓。或省又作启。羅師叔言謂「自名以評門者往以又启之」是也。類篇卷二第六頁。其後借以爲雨而晝姓之䆠。觀其上从日作　。象晝姓启户見日。从月作　。象夜姓启户見月。亦可以知其遭變之迹矣。【殷契佚存】

◉馬叙倫　鈕樹玉曰。韻會作从户口。翟云升曰。當入户部。謝彦華曰。从户。口聲。倫按謝説是也。鍇本作从户口。捝聲字耳。启爲開之轉注字。開启音同溪紐也。當入户部。甲文作启。又有作⿸户又、啓者。【説文解字六書疏證卷三】

◉楊樹達　説文二篇上口部云：「启，開也，从户，从口。」三篇下攴部云：「啟，教也，从攴，启聲。」今以甲文考之，疑許君説此二字之形皆誤也。甲文有⿸户又字，从户从又。甲骨文編三卷十五葉載四十二字，殷契卜辭文編十八葉載九字。又有⿸户攴字，从户从攴。甲骨文編三卷十五葉一字，附録二十八葉四字，殷契卜辭文編一字。甲文从又从攴多不分，此二文爲一字，皆示以手開户之形。愚謂訓開者當爲此字，以手闢户，故爲開也。訓教之啟，許解爲从攴启聲，愚謂當解爲从口⿸户攴聲。蓋教者必以言，故字从口，教者發人之蒙，開人之智，與啟户事相類，故字从⿸户攴聲，兼受⿸户攴字義也。

嗿 嗿

説文全書字之从𢻫者，四篇上目部有䁮，六篇上木部有棨，七篇上日部有晵，十三篇上糸部有綮，許皆説爲从啟省聲。余謂此四字从𢻫，乃𢻫字獨爲一字之證。又此四字實皆從𢻫聲，與啓从口𢻫聲者爲例正同。因許君不知有𢻫字，故解四字皆爲从啓省聲，蓋既誤解啓字，而並誤説此四字也。

甲文别有启字，甲骨文編二卷十葉一字乃啓字之省體。夫𢻫攴之字既屢見於甲文，而訓開之字，説其形爲从户从口，不如説其形爲从又或从攴从户之切也。訓教之字，説其形爲从攴从启，不如説其形爲从口从𢻫之切也。䁮棨晵綮四字，與其説爲从啟省聲，不如説其爲从𢻫聲之直截也，此余之所據也。如或欲據甲文亦有启字以申許説，殆非精於事理者矣。

羅振玉殷商貞卜文字考云：「𢻫从手開户，又作啓，增从口，象有呼門者而手開户以應之也。」按羅氏謂𢻫象手開户，是也，謂啓从口象有呼門者，則非是。蓋羅氏誤混𢻫啓爲一字，故誤説爾。此與彼之誤認屰逆爲一字正同也。

𢻫爲以手開户而訓爲開，故𢻫聲之字多具開義。日部云：「晵，雨而晝晴也。」按今語謂雨後放晴爲開天，此晵从𢻫聲之義也。崔豹古今注云：「棨戟，殳之遺象也。詩所謂伯也執殳，爲王前驅，殳，前驅之器也，以木爲之，公王以下通用之以前驅。」續漢書輿服志云：「公以下至二千石，騎吏四人，皆帶劍，持棨戟，爲前列。」按棨戟爲前驅前列者，所以開道也。此棨从𢻫聲之義也。説文訓棨爲傳信，殆失之矣。

金文有遂𢻫諆鼎，𢻫字从户从支，知不獨甲文之形體爲然矣。【釋启啓　積微居小學述林卷三】

◉李孝定　説文。「启。開也。从户。从口。」卜辭用启或與啟同意。均爲晴。辭云「□□卜狄圓乙未又启囙戈。」甲編一八五八説文。「啟。教也。」桂馥義證。「玉篇『啟。開發也。』莊子『欵啟寡聞之夫。』注家訓啟爲開。馥謂『啟。開教也。』論語『不憤不啟』者疏云。『啟。開也。』」桂説是也。卜辭作啓。从启。从又。開誼益顯。卜辭用爲晴説者謂並假爲晵。竊謂晵當爲後起字。启啟訓開。引申之即有晴意。蓋晴者雲開日見也。今吾鄉湘省謂晴猶曰「開天」。蓋古語之遺也。作晵者。則天晴之媾字。【甲骨文字集釋第二】

◉許　慎　嗿聲也。从口。貪聲。詩曰。有嗿其饁。他感切。【説文解字卷二】

◉馬叙倫　承培元曰。詩周頌載芟傳曰。嗿。衆皃。許以字从口。故釋爲聲。然止言聲。於義未足。詩連饁言。當云衆食聲。鄭知同曰。詩毛傳訓衆皃。許本毛者。不應與之相背。疑本訓衆聲。故與咸右啻字爲伍。倫按未詳。【説文解字六書疏證卷三】

咸 咸

甲二六四人名咸戊 甲二九〇七 甲三七一〇 乙七五三 乙一九八四反 乙一九八八 乙二四五
五 乙二五七三 前一・四・三 前一・四三・五 前五・四・六 後二・一五・五 後二・一八・九
粹四二五 佚三八三 佚八一五 京津六八三 掇二・一九八 明藏五〇八 【甲骨文編】
甲264 280 3710 乙753 1984 1988 2573 2737 3152 3307
3693 6664 7192 7509 7562 7766 佚383 815 849 891
續1・9・9 4・44・3 掇201 京2・24・4 天43 鄴三39・9 誠171 371 六中36
粹426 新2938 【續甲骨文編】

咸 咸父乙簋 咸𣪘鼎 帚女簋 般甗 德方鼎 何尊 我鼎 史獸鼎 矢方彝
史懋壺 班簋 盂鼎二 趩簋 咢侯鼎 秦公鎛 晉公盦 秦公簋 作册䰧卣
國差𦉜 國差立事歲咸丁亥 【金文編】

5・94 咸蒲里奇 5・117 咸少原龍 5・119 咸芮里喜 5・120 同上 5・121 咸□沙壯 5・128
咸□陸牛 5・130 咸□平夤 5・136 咸邑如頊 5・141 咸衣 5・149 咸慮 5・150 咸行 5・
154 咸虔 5・24 咸鄏里玢 5・29 咸鄏里趌 5・31 咸鄏里□ 5・34 咸鄏里夸 5・36 咸鄏里𡰪
5・44 咸鄏里□ 5・61 咸鄏里䚈 5・62 咸鄏里𥝌 5・63 咸鄏里舉 5・86 咸里高昌 5・76
咸鄏里信 5・89 咸郘里欣 5・156 咸野 秦317 咸陽 秦318 同上 秦322 咸敬 5・407 獨字

秦1432 同上 秦1412 咸亭☐☐ 秦370 獨字 【古陶文字徵】

咸 法五八 五例 秦二八 三例 【睡虎地秦簡文字編】

5492 0182 【古璽文編】

寒咸之印 褚咸 張咸 左咸印 徐咸 弓咸 石咸 尹咸 【漢印文字徵】

開母廟石闕 咸來王而會朝 天璽紀功碑 章咸 石經君奭 弦咸奔 詛楚文 告于不顯大神巫咸 【石刻篆文編】

咸竝出王庶子碑 【汗簡】

王庶子碑 【古文四聲韻】

◉許 慎 咸，皆也。悉也。从口。从戌。戌。悉也。胡監切。【説文解字卷二】

◉孫詒讓 咸謂其事有成。説文口部云。咸。皆也。悉也。詩魯頌閟宮。敦商之旅。克咸厥功。鄭箋云。咸。同也。皆悉同並與成事之義相近。前王宜人甗當作王且尸方甗云。王☐方圅當爲且。即徂之借字。☐當爲尸。讀爲夷。無敄咸句。王商作册般貝用作父己尊。（攈古）二之二言。王徂夷方無敄事咸。故賞以貝而作器也。又後齊國差立事歲咸。句。丁亥攻師佖鑄鹵郭寶瓶。本卷亦謂國差竦事及歲而事成。【史懋壺 古籀餘論卷三】

◉孫詒讓 「☐☐☐立。」九十二之一。「酉卜立☐☐」，二百五之四。此當是「咸」字。《説文·口部》：「咸，皆也，悉也。从☐、从戌，戌，悉也。」此戌作☐與日名正合。詳《釋月日篇》。金文貉子卣作☐、父甲鼎作☐，亦與此相類。【契文舉例卷上】

◉羅振玉 伊尹咸戊之名。或但舉一字。曰伊。曰咸。又白虎通姓名篇。「臣名亦得甲乙生日名子。殷有巫咸有祖己也。」王氏經義述聞云。「巫咸今文作巫戊。白虎通用今文尚書。故與古文不同。後人但知古文之作咸。而不知今文之作戊。故戊爲咸耳。」今卜辭有咸戊。殆即巫咸矣。【增訂殷虚書契考釋上】

◉羅振玉 説文解字。咸。皆也。悉也。从口。从戌。戌。悉也。卜辭與古金文盂鼎及貉子卣。皆从戌。【增訂殷虚書契考釋

中】

◉柯昌濟　咸字从戈从口。古誼取人畏戈而號也。即今俗喊字。【咸父甲鼎　韡華閣集古録跋尾】

◉林義光　説文云。咸。皆也。从口。从戌。戌。悉也。按从口與僉皆同意。戌。悉之聲借。古作咸趩尊彝。【文源卷十】

◉高田忠周　按説文。咸。皆也。悉也。从口。从戌。戌。悉也。朱氏駿聲云。此字許意以戌爲悉。謂造字之叚借。愚按造字有省文之叚借。無聲近之叚借。如會之曾即增。皀之匕即比。望之壬即廷。制之未即味。皆省文也。造字不得有聲近之叚借。竊謂咸者。鹹字之古文。齧也。从口从戌。會意。戌。傷也。戊戌皆爲干支借義所專。遂昧本訓。而咸又爲僉同借義所奪。莫識何从。當深思而釐正之矣。此攷非無理也。然謂咸即鹹古文。非是。愚亦竊謂咸字从戌。即从成省也。成者。就也。集也。衆也。衆口同和。謂之咸也。故訓皆也。悉也。又按咸誠同字。猶古詁同字。若諾同字也。許氏誠下曰。和也。與皆也亦一義之轉耳。字亦作喊。方言十二。喊。聲也。亦衆口同和之聲也。喊是俗體。【古籀篇四十八】

◉吳其昌

1　2　3　4　5　6　7　8

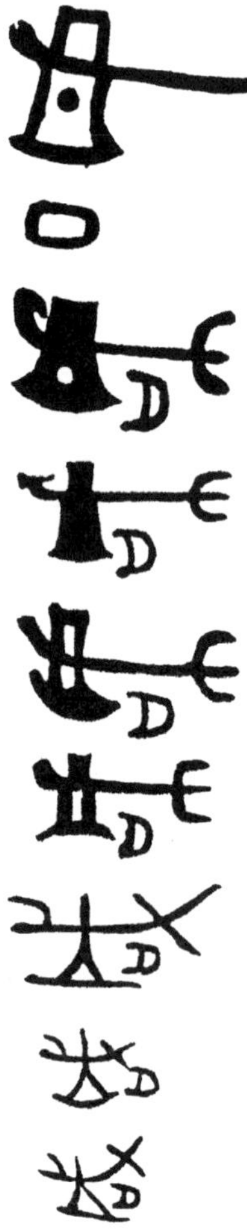

1 子負戉形𣪘　愙齋册七頁十四
2 父癸尊　嘯堂卷一頁二十三
3 咸口鼎　貞松卷二頁四十
4 父癸尊　薛氏卷二頁三
5 父甲鼎　攈古卷一之二頁五十

6 彝敄甗　攈古卷二之二頁八十六
7 史獸鼎　周金册六補遺卷二頁三
8 矢彝　貞松卷四頁五十

此「咸」字也。從第一字觀之,始知「咸」之本義,乃爲一戉一碪相連之形。其後碪形之□,衍變成□,於是戉形雖顯,而碪義遂湮。由今考之,「咸」爲一戉一碪相連之形,正猶奢𣪘之「吉」作□,亦象一斧一碪相連之形耳。一戉一碪相連,是可以殺也。故「咸」之本義爲殺。書君奭「咸劉厥敵。」又佚周書克殷解:「則咸劉商王紂。」(孔晁注,「咸」無説。惠氏云:「咸,讀爲㦰,㦰,絶也。」説迂曲附會,不可從。)「咸劉」連文,其義皆殺也。(爾雅釋詁:「劉,殺也。」説文:「鎦,殺也。」左氏傳成公十三年呂相絶秦文「虔劉我邊陲」,杜注「劉,殺也。」皆可證。)考工記輈人:國馬之車,軹崇三尺有三寸。田車,軹崇三尺一寸半。駑馬之車,軹崇三尺。是遞殺一寸半也。而玄注云:「輪軹大小之咸,率寸半也。」此云「大小之咸」,卽「大小之殺」。此咸義爲殺之明證二也。「咸」又與「減」爲一字,考工記輈人注之「咸」,釋文云:「本又作減。」又㮚氏爲量鄭注「消凍之精,不復減也。」釋文「減」作「咸」而云「咸,本亦作減。」又史記萬石君列傳「九卿咸宣」集解引服虔云「咸,音減省之減。」是其證也。「咸」「減」既同,故「減」之義亦得爲殺。春秋文公十七年左氏傳:「克減侯宣多。」正爲殺侯宣多之記載,是其堅證也。

「咸」與「成」爲一字,已如上述,故「咸王」即爲「成王」。彝敄甗「咸王賞作册般貝。」又毛公班彝(西清古鑑卷十三頁十二,全上古三代文卷十三頁六)作「咸成王」,又作「咸王」;下文云「后,文王王姒聞孫」,又云「文王孫罔弗褱井。」是「咸王」卽「成王」之堅證也。(詳金文王號表,金文世族譜,金文厤朔疏證,駁郭氏毛公鼎之年代等文。)亦「咸」與「成」爲一字之堅證也。

由石斧□一形,縱之則爲工爲士爲壬爲王,橫之則爲戊爲戉爲戌爲成爲咸。倒之爲辛。【名器篇　金文名象疏證　武漢大學文哲季刊五卷三期】

◉唐桂馨　許釋咸爲皆爲悉。乃後起義。而所以从口之意未詳。戌有不用義。有鎮壓義。从戌。从口。謂人之言出於口者皆受節制統一。所謂肅括是也。故有皆義。又此字即緘本字。緘其口即咸其口。俚語謂包括也。【説文識小録　古學叢刊第一期】

◉馬叙倫　王筠曰。小徐無戌悉也一句。咸。皆也。見釋詁。悉義不異。不當再出。恐句本在从戌下。小徐誤移於上。大徐兩存之。宋保曰。戌與悉不相合。戌下曰。滅也。戌。悉也。當是戌滅也之譌。繫傳作皆也。悉也。从口。戌聲。無戌悉也三字。咸从戌得聲者。咸戌一聲之轉。咸亦厲有威義。尚書君奭篇。咸劉厥敵。保謂咸劉猶虔劉。説文。㦰。絶也。讀若咸。此其證。王引之經義述聞解咸劉與鄗見合。王煦曰。㦰讀若咸。則咸从口戌聲。戌緩讀之如㦰也。朱駿聲曰。此字許意戌爲悉。謂造字之假借。愚按造字有省文之假借。無聲近之假借。疑咸者鹹之古文。翻也。从口戌會意。戌。傷也。戊戌皆爲干支義所專。遂昧本訓。而咸又爲僉同義所奪。遂莫識其何從矣。承培元曰。繫傳臣鍇曰下盖本有戌悉也三字。鉉羼入許書。倫按朱謂咸爲鹹之古文。宋王謂咸从戌得聲。是也。易損卦。咸其拇。咸其腓。咸其股。咸其輔頰舌。皆損傷之義。可證。本書。㦰讀若咸。是咸㦰古同聲。㦰音精紐。戌音心紐。同爲舌尖前音。則咸从戌得聲無疑。皆也者皆字義。古書借咸爲皆。咸从戌得聲。皆从比得聲。比戌聲同脂類也。悉也者。亦借咸爲悉。悉戌音同心紐也。悉也戌悉也皆校語。餘詳僉下。字見急就篇。顔師古本作鹹。甲文作□。盂鼎作□。晉公盦作□。豁子卣作□。【説文解字六書疏證卷三】

◉張秉權　至於咸，則又像上帝一樣可以讓大甲和下乙「賓干咸」，可見咸在殷人心目中的地位，似乎次於帝而又比大甲和下乙更高一層，譬如乙編二九七七：

父乙穷于祖乙?

父乙不穷于祖乙?

在世系上，祖乙的地位比父乙爲高，這是大家都知道的事情。从前，人們總以爲咸就是殷代的賢臣巫咸，只有胡厚宣氏曾經認爲他是殷代的「先公先王」，但在同一篇文章裏，又認爲他是「先臣」，前後異説，未免自相矛盾。及至最近，有人認爲咸就是成湯，但是却把卜辭中的「咸」字，分解爲从丁的「成」和从口的「咸」字，以爲「咸」是巫咸，「成」是成湯，這種説法，雖則新異，但只是根據一些零星碎片而立論的。不能解釋所有的卜辭。譬如，在這一版上，咸是从口的，但是如果把他當作巫咸，那就錯了，他的地位應該是相當於一個先王，世次則在下乙和大甲之前的大乙(成湯)。説詳圖版叁捌考釋。我們知道卜辭中如霝、霰等字所从的「ㅂ」，有時就作「口(丁)」形，ㅂ口二形相近，原就容易相混，而且在卜辭中，一個字有好幾種不同的寫法，亦是常事，譬如這一版上的賓字，就有二種不同的寫法，圖版叁壹至叁伍那一套腹甲中的賓字，又有另二種的寫法，這四種不同的形體，在意義上，没有兩樣，都是「賓」字，所以無須也不必將它們分解爲四個字的。明乎此，則咸字的不必強分从口與从丁，也説無須多加説明的了。【殷虚文字丙編考釋】

◉李孝定　説文「咸。皆也。悉也。从口。从戌。戌。悉也。」栔文正从口从戌。羅氏謂爲从戉。非是。卜辭之咸亦稱咸戊。前一・四三・五辭云。「貞㞢于咸戊。」甲編・二六四・云。「丁未卜大㞢咸戊」是也。即經籍所見之巫咸亦稱巫戊者。盖咸戊稱咸。自亦得單稱戊。巫則其職官之稱。巫咸巫戊非今古文之異也。咸戊爲殷之元臣。故其祀典與先王比隆。前・一・

四・三辭云。「㞢于咸㞢于大丁㞢于大甲㞢于且乙」可證。又後・下・十八・九・辭。「貞咸大甲〼」。亦咸與先王並舉。可與酒誥相發明。卜辭又有[古文字]字。从戌从丁。當釋成。辭云。「乙亥卜爭貞求于成十牛。」前・一・四四・二。「癸酉卜㞢于成六月。」前・一・四四・一。「□貞㞢〼□成□宰。」後・上・九・九。「□酒于成。」甲・一・十三・十七。「貞㞢于成。」甲・二・三・一。當即殷之先王成湯。卜辭稱唐亦稱成也。友人張秉權兄見告丙編四一片辭云。「翌乙酉㞢伐于五示上甲成([古文字])大丁大甲且乙。」成之位置在上甲之後大丁之前。自非成湯莫屬也。咸之與成。一从口。栔文作「ㅂ」。一从丁。栔文作「口」。篆文之别甚著。而卜辭之别甚微。宜加明辨也。【甲骨文字集釋第二】

◉李孝定　吴其昌氏以殺爲咸之本義，較他説爲優；惟謂咸成一字則非，説詳拙編集釋二卷口部咸字條下，三七三頁。又吴氏所引諸「咸王」，未見原器銘，疑本即「成王」也。楊氏謂國差鑰[古文字]字爲月名，當即戌字，是也，非「咸」字。【金文詁林讀後記卷二】

◉朱歧祥　李孝定《甲骨文字集釋》頁三七二引陳邦懷所舉《尚書・酒誥》：「自成湯咸至於帝乙成王畏相」以爲咸與先王並舉，復引《前1.4.3》辭：「㞢于咸㞢于大丁㞢于大甲㞢于且乙」《後下18.9》辭：「貞：咸大甲〼」謂可互相發明。然而，細審《尚書・酒誥》篇所言咸，實非人名，屈萬里氏《尚書釋義》注：「咸，偏也。」文意謂自成湯以迄帝乙的每一位帝王，舉凡足以成就王業的，都能尊敬輔相之臣。又所引二辭：《前1.4.3》的[古文字]字从丁，實爲成，乃指成湯；《後下18.9》所列雖爲咸字，但辭例孤證殘缺，仍宜以上文《丙36》例比核觀之，相當「太甲賓迎於咸」之意。

字復用爲地名，曰：「咸麓」。

《合200》貞：𡴘于[古文字]麓。

或用爲動詞，皆也。

《甲3710》貞：我[古文字]𢦔。

「我咸災」，即我方一一受禍害之意。【殷墟甲骨文字通釋稿】

◉黄錫全　[古文字]咸並王庶子碑　杜从古録作[古文字]，釋爲諴。此形原當作[古文字]。《説文》「諴，和也。从言，咸聲。」碑文假諴爲咸。《書・大禹謨》「至誠感神」，疏：「正義曰，諴亦咸也。」【汗簡注釋卷六】

呈 呈

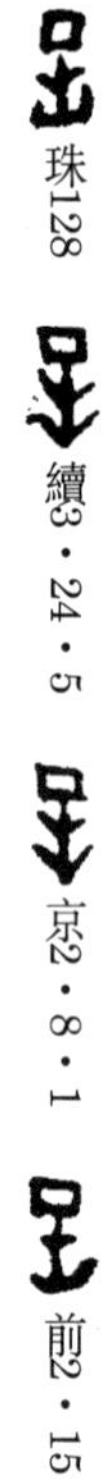
珠128　續3·24·5　京2·8·1　前2·15·1【續甲骨文編】

4523　4519　4520　4517【古璽文編】

戚呈意印【漢印文字徵】

◉許　慎　呈平也。从口。壬聲。直貞切。【説文解字卷二】

◉柯昌濟　卜詞常有呂方之稱。孫仲容先生讀爲昌方。非也。其字當从𤴓从口。卜詞中別有𤴓字。即其所从。説文呈字。从口。壬聲。疑即此字。卜詞又有呈呈等字。案古呈字當从口从土。卜詞省之作𤴓耳。其下从口乃羡文。如劦字卜詞中亦下从口。呈方疑古畢程氏。見逸周書。説文之从口壬聲。當非古誼。古誼當由卜詞𤴓字求之。【殷墟書契補釋】

◉馬叙倫　王筠曰。古書無呈訓平者。朱駿聲曰。平當作𡈼。堯典。𡈼秩。史記皆作便程。便程即𡈼呈也。倫按如朱説。則𡈼當爲辯。此逞口舌之逞本字。【説文解字六書疏證卷三】

◉于省吾　卜辭晚期地名有呈字。亦作呈。前二·十五·一。才呈貞。王田衣。逐。亡𡿧。二·十七·三。王卜。才濼餗貞。今日步于呈。亡𡿧。二·三四·六。田呈。往來亡𡿧。三·二六·一。王田呈。往來亡𡿧。後上十一·七。才呈□。貞□王田衣。□往□來亡𡿧。甲二·二三·三。田呈。續三·二四·四。田呈。往來亡𡿧。明一九三零。才呈。呈字舊不識。甲骨文編入於坿録。按呈即後世呈字。吳季子之子劍。逞字从呈作呈。又郢字郢爰作呈。□郢鐸作呈。古璽文字徵六·四作呈。丁氏説文古籀補補二·四。引古鉨呈志二見。呈一作呈。一作呈。又古璽文字徵十一·二。浧作浧。又作呈。是均作呈作呈同字之證。呈字之演變。由呈而呈而呈而呈。説文。呈。平也。从口。壬聲。按説文謂呈从壬聲。失其朔矣。惟以呈爲程平之程是也。漢樊安碑。作呈作式。冀州從事郭君碑。先民有呈。均以呈爲程。詩常武。王謂尹氏。命程伯休父。續漢書郡國志。雒陽有上程聚。劉昭注。古程國。史記曰。重黎之後。伯休甫之國也。關中更有程地。帝王世紀曰。文王居程。徙都豐。故此加爲上程。按卜辭言才呈貞。步于呈。田呈。呈去衣甚近。衣即殷。呈地當非雒陽之上程聚。未知所指。存以待考。【雙劍誃殷契駢枝續編】

右

鐵七・四　卜辭用又為右重見又下　【甲骨文編】

右　矢方彝　盂鼎二　班簋　師旂鼎　彔伯簋　右鼎　趞曹鼎　伯康簋　師坴父鼎　師酉簋　師虎簋　休盤　晉壺　免卣　師嫠簋　十三年瘋壺　揚簋　同簋　善夫克鼎　克鼎　頌鼎　頌簋　頌壺　無叀鼎　[glyph]季鼎　伯俗父右[glyph]季　又云用[glyph]俗文　以[glyph]為[glyph]　散盤　毛公厝鼎　番生簋　師寰簋　元年師兑簋　多友鼎　多友右折首執噝　右走馬嘉壺　右宮矛　秦公鎛　中山王嚳鼎　右㞑君壺　楚簋　不从口　仲倗父内右楚立中廷　【金文編】

3・754☐右　3・31　陳圆右稟亳釜　3・673右敀[glyph]衢尚畢里季龎　3・807公☐右　3・729右[glyph]　4・54右宮[glyph]　4・55右宮馬伐　4・40右宮司馬　4・43右宮毒　4・47右宮㒸　4・38右宮豊　4・113右匋攻徒　5・233右司空☐　5・226右宮　5・296右段　5・292右甫　5・283右□　5・290右齊　5・282右校　5・443獨字　6・177獨字　【古陶文字徵】

〔四五〕〔五〇〕〔四二〕〔四〕〔二二〕〔三六〕〔三九〕〔五五〕〔二〇〕

〔四五〕〔二二〕〔二二〕〔二二〕〔二五〕〔二五〕〔二〕〔二五〕〔五五〕〔二二〕

〔二二〕〔三七〕〔三七〕〔三五〕〔四七〕〔二二〕〔四二〕〔三七〕〔二二〕

〔七〕〔四二〕〔三六〕〔三七〕〔一九〕〔一九〕〔五〇〕〔三五〕〔四五〕

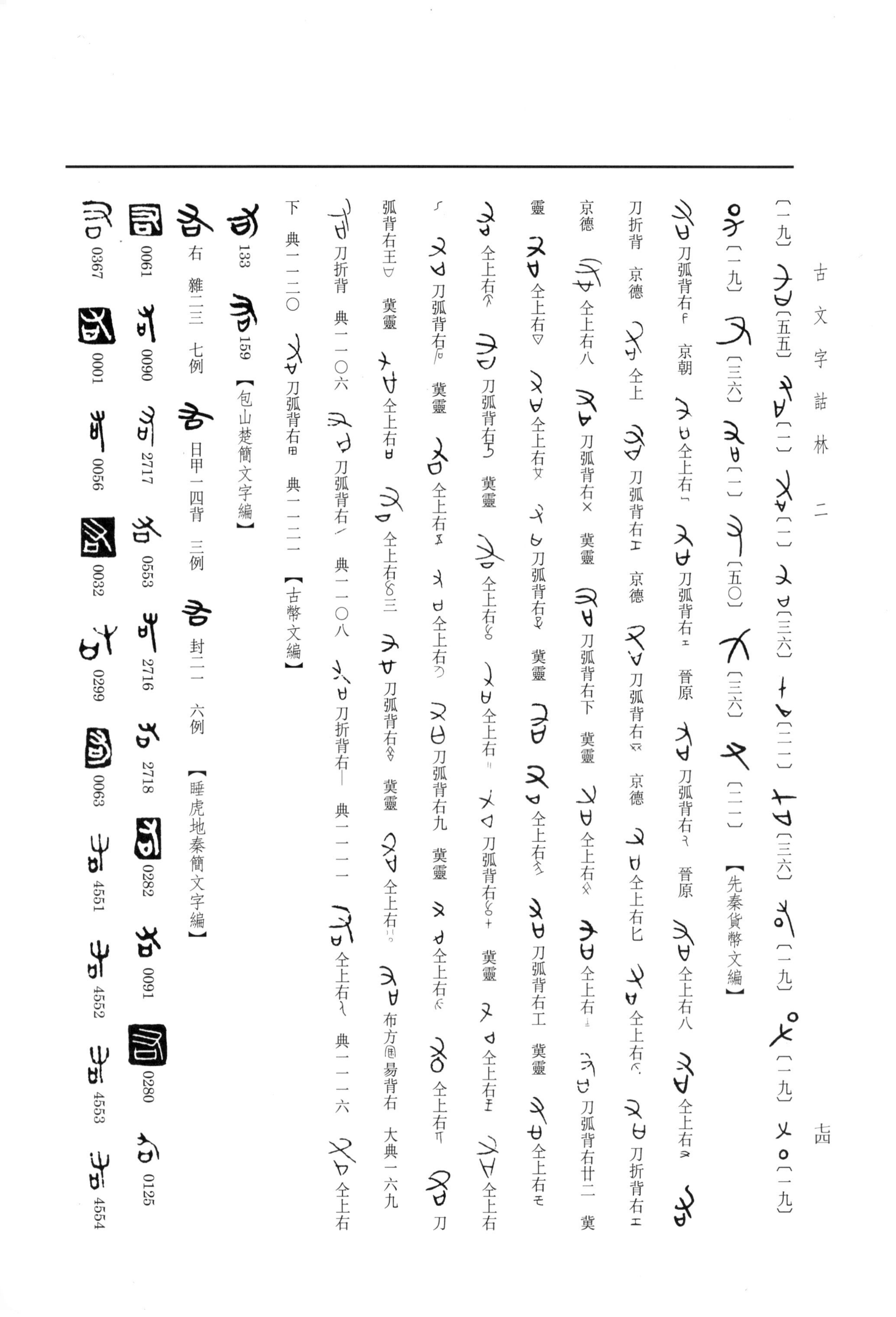

〔一九〕〔五五〕〔二〕〔二〕〔三六〕〔二二〕〔三六〕〔一九〕〔一九〕〔一九〕

〔一九〕〔三六〕〔二〕〔五〇〕〔三六〕〔二二〕【先秦貨幣文編】

刀弧背右 京朝 仝上右 刀弧背右 晉原 刀弧背右 晉原 仝上右八 仝上右

刀折背 京德 仝上 刀弧背右工 京德 刀弧背右 京德 仝上右匕 仝上右 刀折背右工

京德 仝上右八 刀弧背右 冀靈 刀弧背右下 冀靈 仝上右 仝上右 刀弧背右廿二 冀

靈 仝上右 仝上右 刀弧背右 冀靈 仝上右 刀弧背右工 冀靈 仝上右

仝上右 刀弧背右 冀靈 仝上右 仝上右 刀弧背右 冀靈 仝上右王 仝上右

刀弧背右 冀靈 仝上右 仝上右 刀弧背右九 冀靈 仝上右 仝上右 刀

弧背右王 冀靈 仝上右 仝上右 三 刀弧背右 冀靈 仝上右 布方周易背右 大典一六九

刀折背 典一一〇六 刀弧背右 典一一〇八 刀折背右— 典一一一一 仝上右 典一一一六 仝上右

下 典一一二〇 刀弧背右田 典一一二一 【古幣文編】

133 159 【包山楚簡文字編】

右 雜二三 七例 日甲一四背 三例 封二一 六例 【睡虎地秦簡文字編】

0061 0090 2717 0553 2716 2718 0282 0091 0280 0125

0367 0001 0056 0032 0299 0063 4551 4552 4553 4554

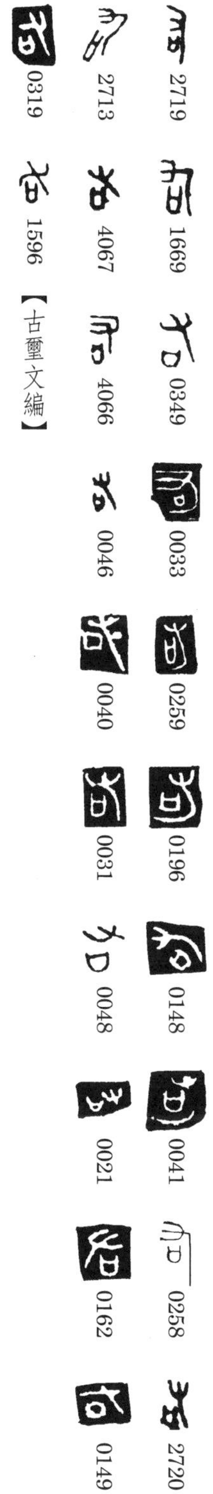

2719 1669 0349 0033 0259 0196 0148 0041 0258 2720
2713 4067 4066 0046 0040 0031 0048 0021 0162 0149
0319 1596

【古璽文編】

勮右尉印　長壽單右廚護【漢印文字徵】

石碣田車右驂騝二　石經君奭天惟純右命【石刻篆文編】

竝古老子　雲臺碑【古文四聲韻】

◉許　慎　右助也。从口。从又。徐鍇曰。言不足以左復手助之。于救切。【說文解字卷二】

◉薛尚功　主父己足跡彝

盉

亞形中足主父己

器

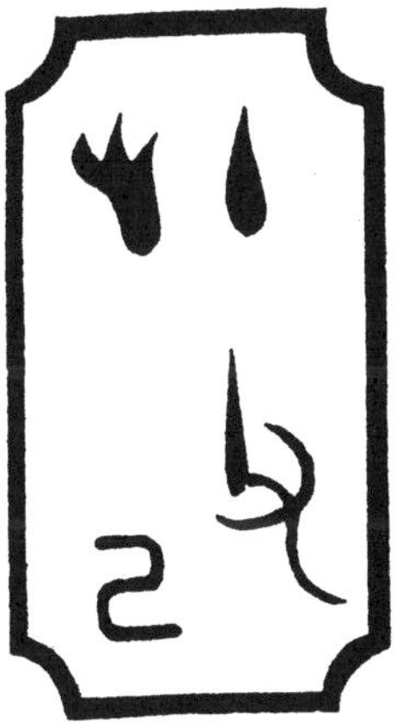

同前上

攷古云。若足跡者。如左右手之形。此右足也。李伯時又有一罍爲左足。疑古之左右字如此。【歷代鐘鼎彝器款識法帖卷二】

◉林義光　說文云。右。助也。从口又。按義取手口相助並作也。古作右師兌敦。【文源卷六】

◉高田忠周　說文。右。手口相助也。从又。从口。蓋又亦聲也。說文又部口部重出。此許氏書非成本之證。又許氏建左爲部首。左右轉注。同時所制。右亦不可不建首。今以爲一部云。易繫辭傳。右者。助也。周禮士師。以左右刑罰。注。左右。助也。左襄十年傳。王右伯輿。注。助也。詩嘉樂。保右命之。皆本字本義也。叚借爲又。易豐。折其右肱。禮記内則。凡女拜尚右手。儀禮特牲禮。在門内之右。注。凡鄉内。以入爲左右。鄉外。以出爲左右。鄉射禮記。東方謂之右个。皆是也。已以左右爲𠂇又。左右專行而𠂇又字廢矣。而後左右義別加人旁作佐佑。以分別。漢人俗作耳。【古籀篇五十七】

◉容　庚　右。爾雅釋詁。導也。即儀禮覲禮。大史是右。侯氏升。西面立之右。乃鄭氏注以右斷句。謂右讀如周公右王之右。是右者始隨入於升東面。乃居其右。而右遂失其解矣。【六頌壺　武英殿彝器圖録】

◉強運開　説文。助也。从口又。張德容云。亦引申之義。運開按。段注云。□者手也。手不足。以口助之。故曰助也。今人以左右爲𠂇又字。則又製佐佑爲左右字。是右實爲佑之本字矣。又按師兑敢嗣左右走馬作□。與鼓文同。是右叚爲又固已久也。【丙鼓　石鼓釋文】

◉馬叙倫　朱駿聲曰。又亦聲。倫按又部亦有右字。義同。鈕樹玉據玉篇又部引説文。口部不引。謂此重出。段玉裁錢坫謂又部重出。倫謂又部右下曰。手口相助也。度之事理。初民口語之不足者。則以手助而形容之。今小兒猶然。是助之義得於手。益以玉篇之左譣。此重出無疑矣。以手助口。故聲即得於又也。會意。師虎毁作□。晉公盦作□。【説文解字六書疏證卷三】

◉周法高　鼎銘所謂「厥右」、「中史」、「質」都和古代的約劑有關。關於古代約劑的情形，在這兒討論一下。

散氏盤：「乎左執綏(要)史正中農。」郭氏云：「乃下款，謂其左執券乃史正之官名仲農者所書也。舊説此八字上泐去半行，非是。綏叚爲契要之要。」(大系頁一三一)

㽙从盨：「乎右㽙从，譱夫克。」郭氏云：「與散盤末行『乎左執綏史正仲農』頗相似，蓋謂券契之右側歸㽙从存執，唯突出善夫克之名爲異，或者其猶後世之證人耶？」(大系頁一二五)

案古時的契券，分爲左右兩片，兩方面的當事人各執其一，以資徵信。上舉金文的例子，是記録約劑之事的，所以有「乎左」「乎右」的記載。古代以右爲上，所以右邊的一半便往往爲地位較高的一方所存執。古代的符信也是如此。參王國維觀堂集林卷十八頁十四隋銅虎符跋。

秦新郪虎符：「甲兵之符，右在王，左在新郪。」

秦陽陵虎符：「甲兵之符，右在皇帝，左在陽陵。」

韓非子外儲説右下：「田嬰令官具押券斗石參升之計。」

孫詒讓札迻云：「商子定分篇：『主法令之吏，謹其右券木押，以室藏之。』此押券即右券。」

戰國策韓策三：「是韓重而主尊矣。安成君東重於魏而西貴於秦，操右契而爲公責德於秦魏之主。」

史記田敬仲世家：「蘇代謂田軫曰：『……公常執左券以責於秦韓。』」

索隱：「券，要也。左，不正也。言我以右執其左而責之。」

正義：「左券下，右券上也。蘇代説陳軫以上券令秦韓不用兵得地，而以券責秦韓却韓馮張儀以徇服魏，故秦韓善陳軫，而惡張儀多取矣。」

史記平原君列傳：「且虞卿操其兩權，事成操右券以責。」

索隱：「言虞卿論平原君取封事成，則操其右券以責其報德也。」

案右券由地位較高(或勢力較大)的一方存執，所以帝王官府執右券。鼎銘：「叡氒不從氒右征。」「右」指地位較高的一方，用的也是約劑上的術語。【師旂鼎考釋　金文零釋】

◉李孝定　契文𠂇又、有無、佑助均作又，無从口作右者，金文始有此體，諸家説其義是也。【金文詁林讀後記卷二】

◉莊淑慧　簡文「右」字不从「口」而从「工」，「工」旁作「工」形，中間豎畫改用勾廓法寫出。戰國印文「瓉」字「玉」旁作「玉」形，書寫方式與簡文「右」字相類。【曾侯乙墓出土竹簡考　臺灣師範大學國學研究所集刊第四十號】

◉戴家祥　右从又从口。説文三篇「又，手也，象形。三指者，手之列多，略不過三也。」又象手形，與𠂇相反，本義爲右手，引義爲右。後又假作副詞再義，爲保持本義，加口旁作右。右又假作幫助之義。説文三篇「右，手口相助也。」爲又表示聲假意義，人助之右加人旁作佑。神助之右加示旁作祐。金文右字有佑、祐和左右之右三種用法。【金文大字典上】

啻　孳乳爲適　師酉簋　嗣乃且適官

趞簋

訇簋

師虎簋

孳乳爲敵　或簋　俾克氒敵

壼鼎　攻戰無敵

刺鼎　啻邵王　經典作禘

大作大仲簋　用啻于乃考

買簋　皇祖啻考　經典作帝

陳侯因資錞　高祖黃啻

即黄帝　【金文編】

〔二二〕〔七四〕〔三六〕〔二二〕〔二〇〕〔四〕〔五七〕〔二〇〕〔四六〕

〔二〕〔二二〕〔二〕〔三六〕〔二八〕〔三六〕〔二二〕〔三六〕〔三六〕

〔四六〕〔三六〕〔五八〕〔四六〕〔二八〕〔二〇〕〔五八〕〔二五〕〔三六〕

〔五〇〕〔二〕〔二〕〔一六〕〔三六〕〔四六〕〔四六〕〔三六〕〔三六〕

〔三六〕〔三六〕〔五〇〕〔三五〕〔二〕〔一九〕〔七四〕〔六八〕〔三六〕〔七四〕

〔六六〕〔三六〕〔三六〕〔二〇〕〔三六〕〔三六〕〔五三〕　【先秦貨幣文編】

布空大　豫孟　全上　布空大　歷博　全上　亞二・九一　全上　布空大　亞二・九一　全上

典七七九　全上　典七八一　布空大　典七七八　【古幣文編】

154　【包山楚簡文字編】

啻　日乙一三六　二例　通帝　—以殺巫減　日甲二七　日甲一五三　九例　【睡虎地秦簡文字編】

3198　【古璽文編】

石經無逸　不啻不敢含怒　【石刻篆文編】

◉許　慎　啻語時不啻也。从口。帝聲。一曰。啻諟也。讀若鞮。施智切。【説文解字卷二】

◉阮　元　敵作啻。古敵字從啻而𠁁通於啻也。【寰鼎　積古齋鐘鼎彝器款識】

◉方濬益　啻即禘。説文。禘。諦祭也。禘以諦爲諟。古从言从口字互通。此啻从甘。甘从口含一。故疑啻爲禘之古文。【盂

鼎　綴遺齋彝器款識考釋】

◉高田忠周　說文。啻。語時不啻也。从口。帝聲。一曰諟也。讀若鞮。隸省作商。吳氏古籀補說。啻適古通之也。詩曰。王事適我。師酉敦。嗣乃且適官。是也。按適商通用。與敵商通用亦同例耳。又說文。諦訓審也。从言。帝聲。字或作謕。廣雅釋詁。謕。諟也。愚謂啻諦元一字也。猶謀呣譽𠾂誓哲元同字。許氏啻下云。一曰諟也。此爲本義。語時不啻也。爲本義之轉。蒼頡篇。不啻多也。朱氏駿聲云。按適相敵之詞曰啻。不啻猶言不但。書多士。爾不啻不有爾土。左傳。吾謀適不用也。以適爲之。詩祇攪我心。以緹爲之。孟子。奚翅食重。以翅爲之。葢啻字用爲語詞者。專一審定之意也。諟爲理也正也是也。啻下曰諟也。與諦下曰審也。亦同義耳。又按。凡形聲字而已从口又加言者。概皆元同字。如合詥各詻周調之類是也。然則啻讁亦當同字。說文。讁。罰也。从言。啻聲。左昭七年傳。以自取讁于日月之災。注。譴也。又轉義。廣雅。讁。責也。字亦作謫。方言。謫。過也。南楚凡相非議人謂之謫。葢亦皆言之審諦者。即啻諟也是也。但罰罪義。或云。諫字叚借義。說文。諫。數諫也。从言。朿聲。經傳以刺爲之。所謂風刺是也。以刀爲刺。以言爲諫。朿亦刺也。猶以言爲詈。以刀爲劃。其理一也。亦通。然諫从言朿聲。與帝从二朿聲同。諫諦亦或元同字。未可知矣。諟也審也罰也諫也。皆一義轉通耳。又依迹字或作速。或作蹟。嘖字亦元同諫。諫訓大言也。或作讀。叚借爲啨也。廣雅。讀。讓也。此爲本義耳。【古籀篇四十九】

◉高田忠周　元用爲啻官字。或云啻與適通也。然審字形。此或爲讁字異文。啻从帝聲。帝从二朿爲形。此乃从辛从朿。辛者。罪也。與上帝義正相反。而說文。讁。罰也。从言。啻聲。經傳或借適爲之。字亦作謫。通俗文。罰罪曰謫。亦以法言責也。事關罪辛。故此借帝上形。合以爲辛字。从辛啻聲。會意也。因謂古商讁爲同字。亦猶古詁告誥元皆同字之例。啻爲語時不啻也。不啻者。謂多也。啻字本義即純正單一也。故許云。一曰諟也。此當本義。語時不啻者。爲轉義之叚借也。諦下曰。審也。从言。帝聲。諦啻實同意。亦當同字。造字之始。唯有帝字。爲上帝帝王之帝。帝者之德。審諦也。因轉爲凡審諦義。審諦者藉于言。故从口作啻。又變作諦。凡言部字古文从口是也。其後借諦爲罰罪之謂。字亦作謫以分別。謫从言又从口。形殊複矣。【古籀篇五十三】

◉徐中舒　啻帝同。買𣪘銘云∶「用追孝於朕皇祖啻考」；亦借啻爲帝。【陳侯四器考釋　歷史語言研究所集刊三本四分】

◉丁　山　𠶷本啻字。小盂鼎銘，「用牲𠶷周王□王成王」，剌鼎銘，「丁卯，王𠶷，用牲於大室，𠶷昭王」，啻並假爲禘字。舊唐書引禮記盧注，「禘，帝也，事尊明帝，故曰禘」。呂氏春秋下賢，「帝也者，天下之所適也」。適，以啻得聲，古當作啻。是啻禘皆

帝字所孳乳，後人言禘言啻，於古但作帝。【由陳侯因資錞銘黃帝論五帝 歷史語言研究所集刊三本四分】

◉周名煇 口部啻師酉𣪕。𩰫乃祖啻官。叚啻爲適庶字。今字作嫡。非古也。強氏定爲嫡之古文假字。今考定爲適字古文。名煇案。吳書口部録此𣪕文，及師虎𣪕文。謂啻適古通。是也。詩曰。王事適我。今檢師酉𣪕銘云。𩰫乃且祖啻適官。師虎𣪕銘云。先王既命乃且祖考吏使啻適官。其訓讀依吳説可通。若依強説。以啻官爲嫡官。則不通甚矣。且強氏于辵部亦録此文。謂師酉𣪕𩰫乃且祖啻官邑人。假啻爲適。不但與此相違。其鼠首兩端。豪無真見。【新定説文古籀考】

◉馬叙倫 鈕樹玉曰。一切經音義十三引作語時也。韵會引作一曰諟也。沈濤曰。音義引者傳寫奪不啻二字耳。段玉裁曰。讀若鞮者。疑此爲後一義之讀。徐灝曰。時當爲詞。字之誤也。張楚曰。一曰啻諟也者。乃諦字義。本書。諟。理也。因諟理之義。故亦嘗用爲審諦字。方言。諦。諟也。本書。諦。審也。劉秀生曰。啻从帝聲。鞮从是聲。帝是聲皆端紐。齊部。故啻得讀若鞮。詩麟之定傳曰。定。題也。周禮春官。瞽矇。奠世系。杜子春云。帝讀爲定。其字爲奠。是帝之古音如定。則啻鞮同音矣。書多士。爾不啻不有爾土。釋文。啻。徐本作翅。本書羽部。翄。从羽。支聲。或从羽。氏聲作𦐊。糸部。緹。从糸。是聲。或从衣氏聲作衹。啻聲如支。支聲如氏。氏聲如是。亦其證。倫按本訓諟也。啻諦盖一字。傳寫捝本訓。校者不明其義而加語詞也不啻也。後之校者據一本未捝者注一曰諟也。玄應一切經音義引倉頡有不啻。師虎𣪕作啻。師酉𣪕作啻。【説文解字六書疏證卷三】

◉戴家祥 戰國策「疑臣者不適三人」，注：「適啻同」。説文二篇適之篆體，作𨗿。「从辵啻聲。」啻是適的聲源，疑啻字形體變化，有可能産生商字，爲形近而譌。古啻適通用。周氏可備一説。又帝乃蒂之初文詳見帝字條，金文帝、啻相同。譬如不之同否。𠷎叔買𣪕「其用追孝於朕皇祖啻考」，即借「啻」爲「帝」。【金文大字典上】

吉 吉

鐵一五九·一 戩四〇·一四 前六·二三·一 前六·四〇·三 前六·四三·六 前七·四·四 前七·一六·四 林一·二·六 乙三三八〇反朱書 佚四八 佚三五八 佚五三七 甲二四·四八 戩一三·九 戩一六·一 戩二三·一三 前二·二〇·五 前五二一·五 前五·三二·五 前八·七·二 後一·一八·九 佚八三 佚一六六 佚三一〇 佚二四七

佚六八 天一六 前二・四六 前二・二二・二 前二・三三・四 前五・一六・二 前五・一七

三 甲一八〇〇 甲二六七一 粹一〇三三 佚五四五 珠一二〇 珠一二一 簠游五一

簠游七〇 簠帝一一五 續一・五・一 京津三一四六 柬藏一 乙七八一九反 【甲骨文編】

甲378 618 846 857 1042 1083 1130 1921 2249

2260 3010 3565 3913 乙843 1048 1950 4508 5987

6582 6699 6726 6776 6880 7094 7153 7164 7731 7736

7765 7782 7956 7976 8523 8526 珠243 1041 佚28

48 64 385 428 435 537 545 640 894 續1・9・10

徵3・39 續1・14・6 續1・23・5 徵3・115 續1・25・9 1・44・7 1・50・5 1・

50・5 1・51・2 3・16・1 3・18・3 3・29・1 續3・29・2 徵10・50 續3・36・

7 4・11・5 4・32・5 5・10・5 徵1・11 2・8 2・56 3・150 4・

111 8・100 8・101 8・103 8・105 8・106 10・15 10・51 10・70

10・90 11・21 11・131 京2・8・2 3・11・2 3・31・4 4・10・1

4・23・1 凡10・1 11・3 録200 875 鄴24・1 天10 16 誠

384 438 龜卜58 續存1475 1716 外144 摭續137 粹907

1144 新3146 3727 【續甲骨文編】

吉 旂鼎　敔簋　敔簋二　矢方彝　㚖簋　師獻鼎　命簋　敷簋　巨尊

格伯作晉姬簋　格伯簋　賢簋　師奎父鼎　師趛鼎　吕壺　師嫠簋　鬲攸比鼎　史頌簋

無㠱簋　師寰簋　毛公厝鼎　虘鐘　虢季子白盤　元年師兑簋　兮甲盤　不䪢簋

曾伯陭壺　曾伯霥匿　沇兒鐘　子璋鐘　王孫鐘　郘𪒠尹鉦　姑□句鑃　攻吳王監

𥎦鎛　邾公華鐘　鄦侯簋　陳侯因資錞　邵鐘　欒書缶　吉日壬午劍　王子午鼎

禽志鼎　申鼎　仲枏父簋　仲枏父鬲　楚嬴匜　黃韋俞父盤　中子化盤　王孫壽甗

陳侯鼎　鄧伯氏鼎　庚兒鼎　考吊𢕺父匿　者旨𣪘盤　光伯簋　伯吉父鼎　初

吉伯吉父　均省口　番𠂤匜吉金　𦤎公劍　【金文編】

3·329 繇衢上𣏟里郤吉　5·13 咸亭陽安吉器　【古陶文字徵】

〔二五〕〔二六〕〔一八〕〔二五〕〔一八〕〔三七〕〔一六〕〔二三〕〔一九〕

〔三六〕〔三六〕〔三七〕〔三六〕〔二二〕〔六八〕〔五〇〕〔三六〕〔二二〕

〔三六〕【先秦貨幣文編】

刀大齊厺化背⊦吉　魯掖　仝上　仝上　魯濟　刀大齊厺化背|吉　魯濟　仝上　仝上　刀弧背

ε吉　冀靈　仝上右吉　刀大齊厺化背·吉　典九一三　仝上背|吉　典九一四　仝上背⊦吉　典九一六　刀

大節𦥑之𠅱化背吉　典一〇〇〇　刀折背∞吉　典一一四〇　刀尖　亞五・二九　【古幣文編】

三〇三：一　卜筮類卜以吉　【侯馬盟書字表】

206　238　【包山楚簡文字編】

吉　日甲四　一百二十四例　日乙一六　六十四例　日乙一八九　三例　【睡虎地秦簡文字編】

重文　李學勤(1959)嚴一萍釋吉　月—☒□又電雲(甲3—1)　【長沙子彈庫帛書文字編】

5054　4495　3097　4867　5055　5056　5057　5050　5052　【古璽文編】

單吉私印　日吉　行吉　大吉日　到吉　吉兒印　桓元吉印　呼吉私印　吉國　呼吉　【漢印文字徵】

祀三公山碑　卜擇吉土　詛楚文　敢用吉玉宣璧　【石刻篆文編】

古老子　【古文四聲韻】

◉許　慎　吉善也。从士口。居質切。　【説文解字卷二】

◉馬　昂

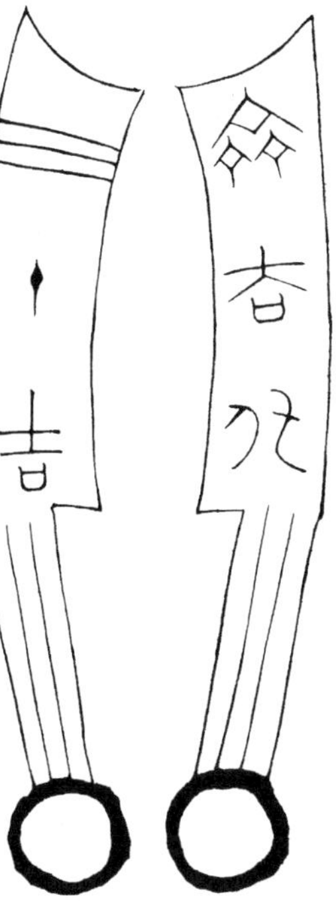

又背文一字曰吉。按説文。吉。善也。逸雅曰。吉。實也。有善實也。此識曰。吉與作日字者同意。【貨布文字考卷一】

◉劉心源　風俗通云。殷時侯國。一作吉。案集韵。郜。地名。即此也。【奇觚室吉金文述卷十二】

◉羅振玉　説文解字吉从士口。卜辭中吉字異狀最多。惟弟一字與許書合。作[glyph]者。與空首幣文合。又卜辭多以大吉弘吉二字合爲一字書之。大吉二字合書者作[glyph]。弘吉二字合書者作[glyph]。偶有分二字書之作[glyph]者。編中僅一見耳。【增訂殷虛書契考釋】

◉王國維　[glyph]。方國名。孫比部釋爲吕方。然吕字無作[glyph]之理。惟卜辭吉字或作[glyph](前七·二二、七·二七)或作[glyph](前七·一〇)相似。然無由證[glyph]之爲一字也。卜辭云。土方征于我東鄙□二邑。[glyph]方亦牧我西鄙田(菁第一葉)。則其國在殷之西矣。【戩壽堂所藏殷墟文字考釋】

◉王國維　[glyph]皆吉之異文,除公所舉葉數外,如《前編》卷七第二十二及二十七葉,均有此字,以文義求之,皆爲吉也。《考釋》所舉吉字重文[glyph]二形,亦與此略同。【觀堂集札　中國歷史文獻研究集刊第一集】

◉林義光　説文云。吉。善也。从士口。按士口爲吉。非義。吉由古同音。吉字古或作[glyph]陳侯鼎。與由形近。實即一字。古又作[glyph]叉彝。作[glyph]叉彝。作[glyph]旂尊彝乙。作[glyph]奢彝乙。【文源卷二】

◉葉玉森　説文「吉。善也。从士口。」按栔文吉字變態極多。疑[glyph]爲初文。从甲从日。爲十干之首。古或以甲日爲吉日。遂製吉字。至變十爲⊥爲[glyph]爲士。復由[glyph]譌變爲[glyph]。與告字溷。由[glyph]譌變从[glyph]。象矢鋒形。朔誼乃益隱晦。【説契】

◉高田忠周　説文。吉。善也。从士口。會意。又善本字作譱。从誩。从羊。訓吉也。吉善互訓也。誩者。競言也。競者。彊語也。羊爲祥省。善者謂言之健彊質實也。善言之體。即吉也。士者。君子也。口即言也。君子之言即吉也。吉之用即善也。統言善吉皆同。説文士字解曰。推十合一。論語。多聞闕疑。慎言其餘。此義是也。又曰。君子欲訥於言而敏於行。又曰。夫人不言。言必有中。君子固不多言。而其所言即吉也。又曰。夫子循循然善誘人。所謂善也。吉也。本義如此。【古籀篇五十一】

◉吴其昌　至于「吉」,則其最初之義若何?初民必以日用服御之器之名,名天象中之似此服御器者;如斗,箕,畢,井……是。初生之月,彎鬟如初民所用之斧鉞。竊謂「吉」字原初,當是斧鉞之名。彝器中有杳敔者,其吉字作[glyph];正上象斧下象礎之形。

又如旂鼎作吉，其爲斧形，尚未盡脱。又□𠯑伯𣪕作吉，上從干，下象碪；干亦斧也。疑「吉」者，原始爲一斧一碪之總名。斧與碪不能分離，離則不能切割，猶「咸」字咸□鼎作咸，亦象一鉞一碪，不能分離也。「咸」亦訓「殺」，佚周書克殷解「咸劉商王紂」可證。鉞離碪，亦不能割矣。一斧一碪之總名爲「吉」，而初月如斧形，故遂以「吉」名之。古讀「月」字即若「吉」，今日本文「月」音「ゲツ」，可證也。是初月名「吉」，義取狀斧，斯其顯證矣。（甲骨文中「大吉」「弘吉」，乃「吉凶」之「吉」，與「月吉」之「吉」初爲二字，後爲篆文誤合。）【矢彝考釋　燕京學報一九三一年第九期】

◉丁　山　甲骨文所常見的吉方，近來頗多異釋，我認爲王國維嘗疑是吉字，較爲近理。吉，从口，从𡈼，𡈼即涅所从𡈼也。漢書地理志上黨郡有涅氏縣。貨幣文字考卷三所著晚周的「涅金」，字作：

涅　涅　涅

涅正許書所謂「黑土在水中者也。从水从土，日聲」。从土日聲，當是𡈼之形譌。方言六：「埕，墊，下也。凡柱而下埕，屋而下曰墊」。郭璞注云：「埕音涅。」山謂，𡈼象柱而下形，蓋即枘字初文。莊子在宥「仁義之不爲桎梏鑿枘也」。釋文引三蒼：「枘，柱頭枘也。」以柱頭置於礎上，必若鑿枘之相合始爲安吉。吉固象柱枘合於礎鑿，安全之象，亦吉字不誼矣。⊘甲骨文所見吉方，決爲南燕故名。【商周史料考證】

◉陳邦福　卜辭吉吉吉吉。邦福案。从口。从屮或个。皆荆也。或上又从𠆢士諸形。則更具荆焞卜龜上炎得兆之象。蓋上吉宏吉大吉小吉。或驗于兆傳于口矣。易坤卦云「安貞吉」。亦可參證。【殷契瑣言】

◉馬叙倫　沈濤曰。玉篇引作善也。周書曰。吉人爲善。此與咳下引禮記同例。亦許氏引周書。非希馮自引也。凡類此者。皆古本有。而後人妄加删削。莊有可曰。當从土。从口。古者，築室始於纍土。而所纍之土。必以木爲匡。以土和水實之。脱而乾之。其形平方。謂之吉。作墼者俗字。苗夔曰。士亦聲。徐灝曰。吉。善言也。引申爲凡善之稱。龔橙曰。善也非本形。張敦彝曰。从口。士聲。林義光曰。士口爲吉非義。吉由古同字。吉字古或作吉陳侯鼎。與由形近。實即一字。葉玉森曰。契文吉字變態極多。疑吉吉爲初文。从甲。从日。甲爲十干之首。或古以甲日爲吉日。遂製吉字。郭沫若曰。士字卜辭未見从士之字。如吉於作吉形之外。多作吉吉吉吉諸形。是士字古亦作士士士。若𠆢矣。金文吉字有作吉旂鼎吉𠃬鼎者。與卜辭之从大者同。此由形而言。士與土且同爲牡器之象形。衛聚賢曰。甲骨文有吉方。其字作吉。又吉凶字作吉。其口字乃是穴字。於穴外置大木。上畫圖騰。吉方之人以有圖騰之神爲吉祥。吉方者即姞姓之燕。今松花江高里特家門前之神桿爲（下圖）形。即殷時吉方門前之大木牌。吉即木牌也。

倫按金文吉字多與本書同。惟上似从土。不从士。旂僕鼎。隹八月初吉。公姞毁隹十月初吉。皆其例也。□𠂤伯毁作吉。其干形似到土。甲文吉字異狀最多。惟一作吉。與此略同。然亦似从土。又一作吉。則與此同。其他形所从似以𠆢吕為原則。𠆢之變為㐭吕為𠆢㐭為个吉為十吉為个吉為土吉為个吉。其作吉𠙵者。疑亦變體。然𠆢不知何字。以衛説言之。則或碑碣之象形字。𠙵則或為碣柎。豈吉為碣之初文。或𠆢為碣之初文。而吉从𠆢口聲。為𠆢之轉注字耶。或从口𠆢聲。其義如徐説耶。碣口固同為舌根音也。今依本書。似張説為長。倫疑為故之初文。善也者當為喜也。八篇。故。喜也。故易以為吉凶字。或曰。吉凶之吉字當作故。經傳借吉為之。吉為哲之轉注字。格伯毁作吉。陳侯鼎作吉。𢆶毁作吉。□𠂤伯毁作吉。【説文解字六書疏證卷三】

◉于省吾　説文以吉為从士口。乃就已譌之篆文為説。非朔義也。栔文吉字上从𠆢𠆢𠆢。象句兵形。下从𠙵為笭盧。𠆢形横之則作𠙵。近世出土之商代句兵多矣。其未納柲者作𠙵形。左象其援。右象其内。其有胡下垂者。均後起之制。吉字所从之𠆢。均縱而不横者。必係當時安置句兵之成法。且未納柲之戎器每作縱形。如金文斧形。亯父乙毁作[glyph]。父癸鼎作[glyph]。是其例。吉形本象置句兵於笭盧之中。凡納物於器中者。為防其毁壞。所以堅實之寶愛之。故引伸有吉利之義。釋名釋言語。吉實也。有善實也。从吉之字。義多為堅實。詩六月。四牡既佶箋。佶壯健之貌。書立政。其克詰爾戎兵。馬注。詰實也。國策秦策。不足以結秦注。結固。爾雅釋詁。劼固也。釋言。硈鞏也。説文。頡直項也。是佶詰結劼硈頡均含有強固之義。古者戎器恆置諸笭盧之中。栔文習見之字。如[glyph]象置弓於𠙵上。[glyph]象置中於𠙵上。中即毌。本象盾形。前四・一・七有[glyph]字。象置刀於𠙵上。弓毌刀並為戎器。下以笭盧盛之。與句兵之盛於笭盧作吉者義同。前六・一六・二有[glyph]字象人兩手奉句兵之形。佚七四六有[glyph]字。象以火冶鍊句兵之形，舊釋㚖。不可據。要之。吉之初文。象置句兵於笭盧之上。本有保護堅實之義。故引伸之為吉善吉利也。【雙劍誃殷栔駢枝三編】

◉朱芳圃　説文口部：「吉，善也。从士口。」吴其昌曰：「□形本象置句兵於笑盧之中。凡納物於器中者，爲防其毁壞，所以堅實之，寶愛之，故引伸有吉利之義。」金文名象疏證五〇八于省吾曰：「□形本象置句兵於笑盧之中。凡納物於器中者，爲防其毁壞，所以堅實之，寶愛之，故引伸有吉利之義。」殷契駢枝三·二八按吴于二説非也。當爲䂞字从□，□□等皆其省形。从□。□，兵器也。象形。黄濬鄴中片羽初集下四有銅器作□形，題曰「蟠夔古兵」，蓋即此物。當爲䂞之初文。説文矛部：「䂞，矛屬。从矛，害聲。」廣雅釋器：「䂞，鈹也。」考説文金部「鈹，大鍼也。一曰，劍如刀裝者。从金，皮聲。」凡形似之物，古人即賦以同一之名。鈹爲大鍼，即廣雅釋器「鑱謂之鈹」之鈹，古代醫家用以破腫潰癰之具也。劍如刀裝者，即文選左思吴都賦「羽族以觜距爲刀鈹」之鈹，劉淵林注「鈹，兩刃小刀也。」蓋謂兩刃如劍而形制如刀，故許君曰「劍如刀裝」，即説文所謂矛屬之䂞也。從聲類求之，古从吉从曷从害得聲之字例相通用，如楚辭遠遊「意恣睢以拮矯」，拮矯今本誤作担撟，兹依射雉賦注引改。文選潘岳射雉賦「眄箱籠以揭驕」，拮矯即揭驕；尚書泰誓「予曷敢有越厥志」，敦煌本曷作害，是□之爲䂞，猶拮之爲揭，曷之爲害矣。从□乃附加之形符。古文通例，凡引伸本義或假作他義之字，常加□以別之。□爲利器，故引伸有善實堅固之義。【殷周文字釋叢卷上】

◉勞　榦　説文：「吉善也，从士口」。士口何以爲善，許氏未詳爲解釋。段注亦無説。徐灝説文段注箋云：「吉善也，引申爲凡善之稱。从士口所以異於野人之言也。小雅都人士：『彼都人士，出言有章。』」其言雖可自圓其説，但比附於甲骨金文，則殊不合。是故羅振玉在説契釋之曰：

説文解字，吉从士口，卜辭中吉字，異狀甚多。惟第一字與許書合作□□者，與空首幣文合。

雖指出問題，亦無相當解答。至葉玉森始指出箭頭形爲吉字解釋困難之點所在，但其以爲吉字「从甲从日，爲十干之首，古或以甲日爲吉日，遂制吉字。至變□爲□爲□，……由□譌變从□、□、□，象矢鋒形，朔誼乃益隱晦。」則揣測之辭，蓋月朔爲初吉，旬首並非初吉，以甲爲釋，於義未合。至於指明矢鋒形由於譌變，則事當正相反者，矢鋒形不見於後來文字，正爲朔義而□□□等反屬簡寫也。其後于省吾在殷契駢枝三编別有新説，云：

説文以吉爲士口，乃就已譌之篆文爲説，非朔誼也。契文吉字上从□□□象句兵形，下从□爲笑盧形，(句兵)横之則作□近代出土之商代句兵多矣。其未納柲者，作□形，左象其援，右象其内，其有胡下垂者，均後起之制。吉字所從之□均縱而不横者，必係當時安置句兵之成法。……□形本象置句兵於笑盧之中，凡納物於器中者，爲防其毁壞，所以堅實之，寶愛之，故引申有吉利之義。

今按遺址發見之句兵，誠多無柲，其無柲者，非謂納柲也。柲爲木質，久已朽壞，不得證其無也。句兵質本堅貞，非易朽壞者，原不必納於笄盧始安寧弘吉也。以此釋吉，亦誠可備一說。但無古制爲之證實，終覺無徵不信矣。故仍宜於他義求之。

今指甲骨中之吉字，多數皆作□形，但亦或有變體作□，作□，作□作□等等，至於金文，則作□者較多，亦有作□作□者。是其形象誠如于氏所指，類似句兵，但句兵之外，何以尚有他形，則必當求一解答，不得置而不言也。

據周禮春官典瑞云：

王晉大圭，執鎮圭，繅藉五采五就以朝日。……四圭有邸，以祀天旅上帝；兩圭有邸，以祀地旅四望。

此邸爲何物，據爾雅説：「邸本也」，鄭玄引鄭衆説謂四圭有邸，言四圭連於一本而四出者。此自漢人解經，不免肊斷。蓋四圭連於一本而四出，則當別有命名，不得云四圭，今既云「四圭有邸」，必是四圭分別各有其邸，若四圭各有其邸，則每圭之形，正如句兵，圭之體爲援，而圭之邸爲內。以之薦祀天地，祈求福佑，正所以稱爲吉也。其下口形則薦玉之藉，或薦玉之器，若謂藏之於櫝而謂之吉，則鑿矣。

圭之形制正由石器轉變而來。故與斧形有關，金文之吉或作斧形，非如吴其昌所謂一斧一碪謂之吉也。夫一斧一碪，何吉之有？金文中之吉，誠有類斧者在其上，但決不可率然以斧碪釋之。按上世石斧石刀製作匪易，而其用甚廣，故石斧石刀可以代表權威，可以代表貴重，亦可以代表吉祥。從其形制而變者，在玉則有圭璋，在金則有句兵，則有矛鋋，則有斧戚。雖其用不同，而形制相關，仍一貫也。其在吉字上部所从，在甲骨者自以類似句兵之圭而有邸者爲主，再就各種變化及省略者言之，實亦兼具有圭之親屬中各種形制之器物。但若溯其命意，自不外兩事，一爲增祥，一爲除祟。而此二者，自皆吉之表徵，不得謂爲他事矣。

吉之表徵溯源於上世，不僅龜玉，而兵器亦在其列。迄於秦漢之世，則自乘輿以至私學弟子皆佩剛卯。其見於續漢書輿服志者，剛卯之文爲：

正月剛卯既決，靈殳四方，赤者白黄，四色是當。帝令祝融，以教夔龍，庶疫剛癉，莫我敢當。

此其所謂殳者，原本矛屬，爲兵器之表。故秦書八體，其以銘兵器者曰殳書。則殳之用亦以除災遠害辟不祥也。自秦禁天下兵器，不復能佩兵。於是剛卯之文以代兵器之用。雖乘輿自可佩劍，亦終移於俗，猶佩卯焉。然從此亦可見兵器亦有增吉之義，固不獨圭玉爲然矣。【古文字試釋　歷史語言研究所集刊四十本】

◉裘錫圭　甲骨文「吉」字較原始的寫法是□。于省吾先生認爲□象豎起來的勾兵之形。⊘朱芳圃則認爲「吉」字所从的□是「秸」的初文，古音與「吉」相近。

今按二家之説都有可取和可商之處，下面結合于文提到的□、□二字加以説明。

甲骨文□字(《甲骨文編》93—94頁)就是早期金文中的□字(《金文編》1071頁)。唐蘭先生釋爲「古」(《古文字學導論》，齊魯書社1981年版212頁)，十分正確。但他認爲「古」本是「从口毌聲」的形字，恐怕不可信，因爲「古」跟「毌」(音同「貫」)的韻母相去甚遠。丁山認爲「古」是「固」的初文。他在《殷商氏族方國志》中説：「……□即四塞爲固之本字，象一盾守關塞之口形，此會意字也。」(《甲骨文所見氏族及其制度》146—147頁)他通過「固」字來考慮「古」字的本義，很有啟發性；但是對「古」字字形的解釋卻十分牽強，難以信从。

甲骨文□字也可以寫作□或□(《甲骨文編》47—48頁)。後一形也見于金文，舊或釋「弘」，今人多不敢信(《金文編》以此字爲「《説文》所無」，附于「弓」部之後，見850頁)。我們曾在題爲《釋「弘」「強」》的一篇待刊稿里指出，把古文字里的「□」釋爲「弘」，是有道理的。同時又指出，六國文字里屢見的「□」是強弱之「強」的本字，此字也可以寫作「□」，《説文》把「強」字分析爲「从虫，弘聲」，其實「強」就是以強弱之「強」的本字「□」爲聲旁的。所以□可能是一形兩用的，既用作「弘」字，又用作強弱之「強」的本字。

在上引這篇待刊稿里，我們還結合「古」的字形，對□這一字形爲什麼可以用來表示強弱之「強」這個詞的原因作了推測。我們認爲「古」是堅固之「固」的古字。「古」所从的「毌」象盾牌。盾牌具有堅固的特點，所以古人在「毌」字上加區别性意符「口」(跟「吠」「鳴」等字所从的有具體意義的「口」旁不同)，造成「古」字來表示堅固之「固」這個詞。拉弓需要很強的力量，所以古人在「弓」字上加區别性意符「口」，造成「□」(□)字來表示強弱之「強」這個詞。現在所討論的「吉」字的形義，也應該用類似的方式來解釋。

于、朱二氏都認爲「吉」所从的□象兵器，「吉」有堅實之義，這兩點是可取的。至于□所象兵器的具體種類，當从于説定爲勾兵。勾兵是上古最常用的一種兵器。朱氏爲了遷就「吉」字之音，以□爲「秸」之初文，恐不可信。但是于文解釋「吉」字的形與義的關係説：「□形本象置句兵于笑盧之中。凡納物于器中者，爲防其毁壞，所以堅實之寶愛之，故引伸有吉利之義。」這卻不免有些迂曲，不如朱氏「□爲利器，故引伸有善實堅固之義」的説法合理。祇不過我們既不承認□是古音與「吉」相近的「秸」字的初文，對朱氏所説的「引伸」就不能从語義引伸的角度去理解了。這就是説，不能像朱氏那樣把「吉」字的善實堅固之義看作「秸」的引伸義，而只能認爲古人是在具有質地堅實這一特點的勾兵的象形符號上加上區别性意符「口」，造成「吉」字來表示當堅實講的「吉」這個詞的。這種造字方法跟「古」字、「□」字是一致的。由此可知「吉」字的本義就是堅實。吉利之義究竟是「吉」字的引申義還是假借義有待研究。

最後談談銅器銘文中屢見的「吉金」一語的含義。吉金之「吉」用的正是堅實這一本義。朱劍心《金石學》解釋「吉金」時說：「吉，堅結之意也。」(3頁)這是正確的。70年代扶風出土的伯公父瑚的銘文有「其金孔吉」之語(《陝西出土青銅器(二)》94)，意思就是鑄器之銅非常堅實。《歷代鐘鼎彝器款識》卷八著録的周代石磬銘文有「擇其吉石」之語，吉石也就是堅實的石頭(這個「吉」字也許應該讀爲《説文》訓「石堅」的「硈」字)。近人往往認爲吉金之「吉」取吉祥、吉利之義，這是不正確的。《辭海》説「吉金猶言善金」，也不夠確切。【説字小記　北京師院學報一九八八年第二期】

◉谷霽光　「吉」字可以从王或从士，單獨的「士」字，卻不能同于「王」(但後來士字亦偶爾寫成杢，仍本于此)。斧與矛均係堅利的兵器，王與士均表示着極大的權威，但斧與矛不同，王與士即分别代表着大小不同的權威。「士」字立意造形，採取最通用的兵器的典型線條，以示「士」的特殊社會地位，此與君王之作「𡈼」，實相類似。同樣甲兵之作「十」，亦可作「田」，對兜甲外型典型線條，與對矛頭外形典型線條，取捨有異，而造字的基本原則，固無不同。

吉从士从口，士从利器之象形而來，士有常法、典型之意，而吉字則會意爲堅久、吉利、吉祥諸義，其對士的美稱，則爲「吉士」。「吉」、「士」聯詞，這是非常普遍而又非常原始的。士字造形，與兵器相連屬，因而吉、金聯詞，成爲祭器、禮器用金的一種美稱。《韓城鼎》：「堅久吉金，用作寶樽鼎」。而「硈」字从石从吉，《説文解字》謂爲「石堅也」。兵器堅利、堅久的特點，吉字原始意義爲堅利、堅久，在古代尚持續保留下來，後世才由堅利、吉利轉而以吉祥之意爲主，那祇不過原始意義的一個方面。【有關軍事的若干古文字釋例(一)　江西大學學報一九八八年三期】

◉許進雄　金文的吉字非常的常見，往往使用「吉金」一詞代表銅鑄器的主要材料，似乎也還没有人以爲它的造意與金字有關。从𠙵演變到全，歸納古文字演化的過程，中間可能有一階段作類似仚形者。也許這樣的字形與甲骨文的祖字太接近，故没有以之代表金屬而直接變化成全、全等形。似𠙵之形見于甲骨文吉字，早期作吉、吉、吉等形，後來演化成吉、吉等形，金文則成从士从口，而小篆更成从士从口，遠離本形。以士之言爲善的説法自不合古代字形，不用多辯。其根據早期字形推論者，約有：

一、與兵器之形有關。

(1)上部爲矢鏃形。(葉玉森，《甲骨集釋》頁378引)

(2)上部爲未納柄之勾兵形，下爲盧筐。兵器置其中以防毁壞，故有善實之意。(于省吾，《甲骨集釋》頁379引)

(3)一斧一砧之形。(吴其昌，《甲骨集釋》頁381引)

(4)上部爲利器,引申爲善實堅固之意。(朱芳圃,《金文詁林》頁656引)

(5)上爲鉞,以兵器蓋藏祝告之器,保全祝告機能。(白川静,《金文詁林補》頁315引)

(6)置兵于盧筐不用,不動武故有吉善之義。(李孝定,《甲骨集釋》頁381)

二、圭璋一類器物

(7)上部爲圭璋一類器物形,用意不外增祥與除祟,皆吉之表徵。(勞榦,《金文詁林》頁653引)

三、龜卜

(8)具荆卜龜,上炎得兆之象(陳邦福,《甲骨集釋》頁380引)

四、牡性器形

(9)上半爲士字,牡器之象形。(郭沫若,《甲骨集釋》頁292~293引)

五、圖騰柱

(10)穴上豎木圖騰柱。(衛聚賢,《金文詁林》頁653~654馬叙倫説引)

六、碑碣

(11)上爲碣之象形,下爲碣拊。吉金的意義爲堅硬之金。(馬叙倫,《金文詁林》頁654~655引)

吉字的上部確是像某種端部尖鋭的器物形。但武器没上柄時一向是平放的,不應畫成豎立之狀,武器爲殺敵或顯示威儀而造,應持在手中或帶柄豎立某處,不應收藏箱櫃之中。圭璋之説雖甚合理,但圭璋之形絶大多數頭部不大于基部,如果是取自戈形,也是應平放的。所以還不是最理想的解説。龜卜之説,因甲骨文中口的形象没有表現龜或骨版的,其形象也相差太遠,故不可取。至于像受崇拜的性器、圖騰、碑碣等説,似乎在形象方面都有可能,但總覺不很貼切。

如果⌂是∩演變到全之間的過渡字形,是表現範與模已套合的形象,而凵在甲骨文最常表達的是容器或坑陷,則吉字可能表達盛裝于容器的金屬粗料,或把已套合的範與模放在坑中之意。但从以下論述,它最可能表現在坑中的型範,因爲它有鑄造上的必要。

型範半埋于地下澆鑄是古代鑄器最常見的景象。容受銅熔液的坩鍋一般只30餘釐米高,連同盛裝的銅液,重量起碼在20公斤以上(石璋如1955:122),爲了易于傾倒燙熱的銅液,坩鍋設計成上寬重而下窄輕的尖底形式。傾倒時尖底接觸地面,不太用力就可以把坩鍋傾斜而澆灌銅液。故型範的高度要低于30釐米纔容易進行澆灌的工作。套合的型範一定要高于鑄器,很容易較30釐米爲高。因此不但中型以上的要把型範埋在土中澆灌，就是小型的器物，有時也要如此。不但如此，連澆鑄後也要把型範放入坑中。以下引用石璋如先生在安陽發掘的實際觀察，證明把鑄型埋在土中有其必要，而且與良善的意思有關。

「殷墟第十三次發掘的時候，發現了一個很有趣的現象，這個現象是中間一條溝，兩端各有一個竇。西端的一個竇，叫H076，竇口面積，南北長4.5公尺，東西寬2.00公尺，呈南北橢圓形，于薄薄的一層夯土下，露出了它的上口，深度是現地面下1.01公尺，本身的深度是1.35公尺，即底距現地面爲2.36公尺。其中爲色調很濃的深灰土，並有許多木炭、陶片、獸骨、煉渣、銅範等。東方的一個竇，叫H043，上口的深度爲現地面下1.20公尺，口部面積，南北長3.10公尺，東西寬3.98公尺，呈東西向的橢圓形，本身的深度爲1.84公尺，即底距現地面爲3.04公尺。但竇的東壁陡立，西壁呈坡狀而下，其中所填的也是色調很濃的黑灰土，遺物除陶片、獸骨外，並出有銅範木炭與煉渣。溝通這兩竇中間的那條溝，長約8.3公尺，呈東寬西窄的狀態，東端寬約0.80公尺，以與H043向西突出之咀相接；西端寬約0.20公尺，以與H076向東突出之咀相接。溝的深度，西淺東深，西端約深1.80公尺，東端約深2.40公尺，其中煉渣、木炭、銅範、紅燒土等爲最多。這個現象很值得研究。

「如果把它復原起來，由H076竇中設置熔爐，熔化礦砂；把接合牢固的銅模與銅範埋在東端的H043竇中，以承西端的熔汁。在中間的溝中，下部鋪滿木炭。上部用紅土作成長槽，以放入木炭中。等設備完全裝置好了，再由西端燒火，待礦砂行將充分熔化時，槽下的木炭亦將燃起，東端的竇中亦稍加火。等西端的礦砂十分熔化後，即開槽口，熔汁順着槽溝流入模範的空腔中，器即可完成。鑄造完成後，熄滅炭火，即將鑄好之器扔入附近竇窖中，等十分冷卻後再剥去外面的範，掏出內裏的心，把這些殘範與廢模，完全堆入其所在的竇窖中，因此H083窖中的銅範特別的多。（原注：郭葆章先生告訴我說，銅汁是重的沉在下面，渣滓是輕的漂在上面，鑄造時把渣滓除開。現在還用木炭與礦砂攪在一起，因木炭容易引火。鑄成之器，不露天的剥去外皮，鑄成後扔入井中，讓它慢慢地冷，他說他在旅順工業實習時，見日人鑄造火車輪子，鑄一個扔于井中，在井中將其外範打脱，其輪子異常光滑，若露天的打脱外皮則不光滑。因此推測，在這一帶之竇窖中存有許多範塊者，可能爲銅器鑄成後而扔入其中，在其中剥脱其範模）」（石璋如1955:124～125。）

以上不嫌麻煩地引述石璋如對遺址情況的解說以及復原的推論，就是爲了表明型範置于土中的必要和合理性。它不但減輕型範爆裂的危險，防止走範的缺點，而且還可以使鑄件更爲美善。它就是創造「美善」意思的真正造意，祇有型範還不一定能鑄造完善的器物。所以套合的型範用以表達金屬的意義，而置之坑中則用以還表達善美的意思。吉字表現了商代工匠意識到如何使鑄器更爲完善的可貴經驗。【談與金有關的字　殷都學刊一九九二年第二期】

周 周

◉戴家祥　吉之初義仍待再考。金文吉字用作曆象用語：如𢦏毁、即毁等「初吉」，拍尊、宜桐盂等「吉日」，曾伯鼎等「既吉」。或用作吉祥意，如邾君鐘、白歸𡍜鼎等「吉金」，井人安鐘等「永終于吉」，郤譜尹鉦等「吉人」，師器父鼎等「吉康」。或用作人名：如兮甲盤、白吉父毁等。【金文大字典上】

甲四一九　卜辭周不从口　甲四三六　令周侯　甲三五三六　乙七一六一　周弗其𢀛　乙七三一二　周氏嫀　乙七四六一　周𢀛犬　乙八八九四　婦周　乙八八九六　河六三五　河六三六　鐵三六・一　鐵一二八・二　令周　鐵二六・一　冊弗戋周　前四・三二・一　令旅族周　前五・三六・五　前五・七・七與六・五一・七綴合　令多子族眔犬侯周　前六・六三・一　前六・六三・二　前七・三一・四　令𣄰从侯周　後二・三七・四　续五・二・二　续五・二二・三　令上絴侯□周　燕六四一　佚六三　佚一二九　鄴初下・四六・一五　京津一二六九　京津一二七四　庫九八九　林一・二六・一八　令周从永正　乙二一七〇　周方

【甲骨文編】

甲419　436　3536　乙3408　4063　5329　5452　6015　6349　7161　7312　7801　8810　8854　8889　8894　8896　珠90　珠602　續5・16・6　佚63　129　660　續3・28・3　徵10・22　續5・2・2　續5・22・3　徵4・31　續5・31・6　6・7・11　徵12・34　12・35　録635　636　六清64　外243　藏128・2　續存607　摭續184　186　新1269　乙2170　3081　3536　7921　8041　【續甲骨文編】

周 朝代名姬姓武王克商而有天下傳至赧王爲秦所滅王都所在如豐如鎬如洛邑皆號曰宗周周公往營洛陽曰成周 不从口說文从用非 玨簋 公仲在宗周 德方鼎 王在成周 免簋二 王在周 周𠂤旁尊 義仲鼎 周季 成周戈 萬鼎 匽侯令萬饌大保于宗周 無叀鼎 周廟 何尊 唯王初遷宅于成周 成周鈴 保卣 祓于周 臣辰卣 唯王大禴于宗周 令甲盤 作册魖卣 虢簋 昜鼎 𦉢壺 格伯簋 元年師兌簋 矢尊 成周 矢方彝 成周 睘卣 成周 獻侯鼎 宗周 匽侯鼎 宗周 井侯簋 周公彝 免簋 王在周 散盤 善夫克鼎 王在宗周王命善夫克舍令于成周 延盤 盂鼎 盂爵 沈子它簋 史獸鼎 鄘伯馭簋 周𡨦鼎 彔伯簋 趞曹鼎 師嫠簋 同簋 善鼎 𦉢鼎 敔簋 休盤 鬲攸比鼎 㝬鐘 史頌簋 頌鼎 克鐘 克鼎 毛公㣇鼎 虢季子白盤 【金文編】

2·9 獨字 成周戈作田萬鼎 作田與此近似 2·11 獨字 2·8 同上 2·10 獨字 5·384 瓦書「四年周天子使卿大夫……」共一百十八字 秦1102 獨字 5·466 獨字 5·467 同上 5·468 同上 【古陶文字徵】

〔六八〕〔六八〕〔五〇〕〔二五〕〔七八〕〔一三〕〔三六〕〔一六〕〔五八〕〔四〕〔四〕〔三〕〔一三〕〔七八〕〔五〇〕〔五三〕〔一九〕〔一三〕〔一九〕〔三六〕〔三六〕〔三八〕〔四六〕〔五七〕〔一九〕〔四六〕〔一一〕〔一九〕〔四七〕〔四六〕〔一一〕〔六二〕〔三六〕〔三六〕〔四六〕〔一三〕〔三六〕

〔二〇〕 〔四六〕 〔三八〕 〔三六〕 〔二〕 〔三六〕 〔二二〕 〔四二〕 〔三九〕 〔七四〕 〔二五〕 〔三六〕 〔二八〕 〔四〕 〔五八〕 〔二五〕 〔三六〕 〔四二〕 〔三六〕 〔三六〕 〔三六〕 〔二〕 〔五〇〕 〔四七〕 〔五〇〕 〔四二〕 〔四六〕 〔三六〕 〔一九〕 〔四二〕 〔四七〕 〔三八〕 〔三六〕 〔四六〕 〔三七〕 〔二〕 〔三六〕 〔五四〕 〔四二〕 〔五四〕 〔四二〕 〔四二〕 〔二〇〕 【先秦貨幣文編】

布空小 東周 豫洛 仝上 布空大 豫孟 布空小 安周 豫洛 仝上 仝上 布方 東周 晉高 布空小 安周 歷博 布空大 典六七七 仝上 典六七八 布空大 典六八〇 此字以幣面中、右兩道直弦紋爲左右邊旁 仝上 典六八二 布空小 東周 典六八九 仝上 典六九〇 仝上 典六九一 圜 東周 展肆壹12 圜 東周 仝上11 圜 西周 仝上10 布空大 亞二・九二 【古幣文編】

45 141 169 206 【包山楚簡文字編】

周 日甲二一背 六例 【睡虎地秦簡文字編】

1197 0423 3028 1186 1195 1196 1187 3022 3026 3027 1194 1198 1201 0207 【古璽文編】

陽周僕印 周衍 顏周 周昌之印 周奴 周去病印 周子張印 周篤印信 臣段周 【漢印文字徵】

周 禪國山碑 周易實箸 周 周 石經僖公 天王使宰周公來聘 說文周之古文作周从乁乃口形寫挩 【石刻篆文編】

周 周 周出郭顯卿字指 【汗簡】

周 古孝經 周 古老子 周 郭昭卿字指 周 宋育集字 周 說文 賙 崔希裕纂古 【古文四聲韻】

◉許　慎　周密也。从用口。職留切。周古文周字。从古文及。【說文解字卷二】

◉孫詒讓　「田」即「周」之省。金文宂敢周字作周，周文旁尊省作田，周公作文王鼎周字作田，公中鼎宗周字作田。舊釋魯並誤。此省口與彼同。「周」即周國，疑在太王肇基以後云。「令周宂𡚁」，蓋周君朝聘于商，以國賓之禮待之。「若」，猶言順命也。「弗戋周」者，《說文·戈部》：「戋，傷也。」言不伐周也。龜文云「弗貝戋」者甚多，義蓋並如是。【栔文舉例】

◉方濬益　周字上从田。與古文田同意。說文部首鹵。西方鹹地也。从西省。象鹽形。安定有鹵縣。東方謂之㡿。西方謂之鹵。漢書鄭當時鑿涇水爲渠以溉瀉鹵。宣帝微時嘗困蓮勺鹵中。是雍州地有鹹鹵之證。按周之爲字。本取象於關中之地形四圍周密。河山四塞之固也。从口則并崤函之險而象之。篆文變从用。失古意矣。【綴遺齋彝器款識考釋卷四】

◉林義光　說文云。周。密也。从用口。按用口非義。古作周克鐘。作周宂敦。从口轉注。口象物形。見品字條。田田象周帀形。省作田周公尊彝。亦作周周季姜彝。譌从用。【文源卷三】

◉商承祚　知田即周者。金文公伐郤鼎周作周。又省口作田。免簠王在周亦作田。是以知之【殷虚文字類編第二】

◉高田忠周　此田即周省文。⊘以何周字从田。又直以田爲周耶。蓋其地多㡿鹵者。故以鹵爲義。以周爲聲。用田形近。故合田用爲形作周。後人唯以周爲之耳。【古籀篇二十一】

◉高田忠周　周之訓密。即謂用語慎密也。論語。君子周而不比。孔注忠信。魯語。忠信爲周。左襄十二年傳。盟所以周信也。注。固也。皆近本義。轉爲凡緻密義。又爲親密義。又說文。調。和也。从言。周聲。周調元當同字。周密。故克和合也。賈子道術。合得周密謂之調。密也和也一轉義耳。周已从口爲言意。又从言作調。即複也。調之轉義。又爲荀子臣道。調。和樂也。周禮調人注。猶和合也。又詩車攻。弓矢既調。禮記月令。調竽笙竾簧。呂覽察今。一鼎之調。漢書食貨志。㠯調盈虛。注。平均也。之類。然離騷。雖不周於今之人兮。注。合也。淮南原道。貴其周于數而合于時也。注。調也。皆作周。即正字之存者也。又說文。啁。啁嘐也。从口周聲。如此。二口重複。啁亦周異文耳。其訓嘐也。嘐者。誇語也。虛誇言也。啁字亦作嘲作謿。漢書東方朔傳。詠啁而已。注。與謿同。揚雄傳有解嘲。凡此等義皆當綢字轉義。

綢繆設言也。又或叚借爲譸。書云譸張爲言是也。夫啁亦調即周字。故廣雅。調。啁也。譀也。欺也。又廣雅。周。調也。可證矣。【古籀篇四十九】

◉郭沫若　田字亦屢見於金文，前人多釋爲鹵，叚爲魯。吴大澂始釋周。孫詒讓栔文舉例、商承祚之殷字類編、容庚之金文編均釋周。然所舉讦敨之「公仲在宗田」及免簠之「王在田」，均非究極之證明，因魯亦可稱宗魯也。孟滕文公篇有「吾宗國魯先君」，余謂字固周字。其證有二：一爲無惠鼎之「王各于周廟」作用。乃周之省。則知田乃周之省。近出矢令彝兩周公字，一作田，一作田。此田爲周字之鐵證。一爲畫字，古金文畫字从周，如「畫轉畫輯」之畫字，毛公鼎作畫，師兑敨作畫，番生敨作畫，从周省，與無惠鼎周字同。彔伯敨作畫，蓋琱字之省。琱亦通周。圅皇父作周媍匜之周媍，圅皇父敨作琱媍，即其明證。而宅敨則作畫，从周省，是田爲周之明證矣。至畫字何以從周？觀其字形，殆謂以規畫圖也。圓周之周，説文本作匔，然經典中未見此字，古器物亦未見此字。【釋寇　甲骨文字研究】

◉葉玉森　田之異體作田田田田等形。予往者徧檢卜辭。未見金字。因疑金文中之金字即由卜辭之田田譌變。田田田田象古代盛金粒之器。有界格。⁚⁚⁚象所得之金粒。厥後變田田田田爲全。譌||爲𠆢。仍注⁚⁚⁚于界格中。造字精意已失其半。卜辭屢令某鑿金。或言令某族从某侯鑿金。是鑿金固殷代之要政也。説栔。新獲卜辭寫本二四八版省「田田」二字。金文魯公伐郐鼎冕作田。疑田古面字。叚作冕。田乃田之別構。卜辭云冕金也。又按鉢文之偏旁有作田者。金文周貉簋之田周棘生敨之田。並爲田之譌變。周人已不詳其誼。僅用爲器銘末行之末補空飾文。據郭氏説必釋爲周。然本辭田上之鬼如無人證明爲寇爲非鑿。則予之臆説仍當存在。殷代文字流傳至周。往往厥形尚存而音訓迥異。如好爲殷文之俘。而周則爲好。魄爲殷文之祝。而周則爲鬼。似不能持鼎彝文字强釋卜辞。田爲殷代金字。殆至周始譌變爲金。乃無人識田爲金者。古文凡增小點均有精意。至周或作爲繁飾。惟求古致。並無精意内函。周之正字固當爲周。省作田。又變作田。小點之增徒作繁飾而已。與卜辭之田絶非一字。主卜之田爲國名者並應釋金。金蓋厌國。殷人或賓之。或章之。或執其俘爲伍。又卜辭有从金之字。如田後下十五·二。如田藏二一四·一。一作田藏二六二·四。田拾·十三·十四。孫詒讓氏釋惠舉例下十八。未塙。並附于此。以供參考。【殷墟書契前編集釋四卷】

◉商承祚　説文「周。古文周。从古文及。」案甲骨文作田。金文免簠義仲鼎同。皆省口。又作周周周周。善夫克鼎。散氏盤。虢季子白盤。彔伯敨。石經古文作周。此从乁。乃ᗄ形之寫闕。段氏謂「及之者。周至之意。」文説可笑。【説文中之古文攷】

◉郭沫若　田即周字，矢令彝器文「周公子明僳」周字正如是作。【免簠　兩周金文辭大系攷釋】

◉強運開　周薛尚功趙古則均作用。楊升庵作雩。吳玉搢云。案雩箸録家並作用。今驗石本。从用爲是。張德容云。按用作周。乃古文字。諦案下半尚有筆跡。疑是古文周字。説文古文周作𠁳。下从古文及。運開按。此篆上半並非从雨。釋作雩誤。張氏疑爲古文周字是也。與詩周道倭遲踧踧周道合。是周道二字連文之證。【壬鼓　石鼓釋文】

◉馬叙倫　徐灝曰。用口未詳。疑□之誤。龔橙曰。密非本形。謝彦華曰。古讀周如朱。口如古。周當从用。口聲。用即墉古文。故周字从之而訓密也。倫按謝説是也。管子入國。説主周曰。寂乎其無端也。外内不通。安知所怨。關閉不開。善否無原。荀子王制。周閉而不竭。此皆知周之从用而爲之説者。左襄十二年傳。盟所以周信也。杜注。周。固也。文三年傳。舉人之周也。杜注。周。備也。以固備釋周。亦合从用之義。口聲矦類。幽矦近轉。故周从口得聲入幽類。周音照紐。堵音端紐。古讀照歸端。堵从者得聲者音亦照紐。是周爲堵之轉注字。或曰。金文以𤰇爲周。𤰇即用字。是从口用聲也。倫謂周从口得聲。口聲矦類。用聲東類。東矦對轉。是周正用之轉注字。故可以用爲周也。當入用部。字見急就篇。善夫克鼎作周。格伯𣪘作周。

𠁳鈕樹玉曰。玉篇廣韵並無此字。商承祚曰。甲骨文周字作𤰇。金文免簠義仲鼎同。皆省口。又作周周周。石經古文作𠁳。此从𠃌。乃口之爛闕。倫按商説是也。後人妄以爲與及字上方同。而古文及作𠄎。故改𠃌爲𠄎。而增从古文及四字。玉篇引説文。密也。無古文。蓋玉篇例。古文隸體書之若與篆文同者。不録。則古文周从口更可知矣。或據叀仲鐘周戈攸勒。周戈即琱戈。是周即周字。而形作周。即古文周字所本。倫謂鐘之周从𠆢。蓋倜之異文。而借爲琱耳。汗簡引雜字指。周字作周。尋字指蓋本衛恆古文官書。則周即古文周。此字吕忱依官書加之。形又譌耳。【説文解字六書疏證卷三】

◉朱芳圃　説文口部：「周，密也。从用，口。𠁳，古文周字，从古文及。」桉𤰇象方格纵横，刻畫文采之形，當爲彫之初文。説文彡部：「彫，琢以成文也。从彡，周聲。」廣雅釋詁：「彫，畫也。」又釋言：「彫，鏤也。」或假雕爲之，禮記少儀：「車不雕幾。」鄭注：「雕，畫也。」國語晉語：「穆公衡雕戈。出見使者。」韋注：「雕，鏤也。」聲轉爲敦，詩大雅行葦：「敦弓既堅。」毛傳：「敦弓，畫弓也。」孔疏：「敦與彫，古今之異。彫是畫飾之義，故云敦弓畫弓也。」或从口，附加之形符也。【殷周文字釋叢卷下】

◉李孝定　説文「周。密也。从用口。𠁳古文周字。从古文及。」契文作𤰇。正象密致周帀之形。許君説字之本誼是也。從口乃後增。金文周字或作𤰇田。或增口作周周。至篆文則無不从口者矣。各家釋周至碻。在卜辭爲國名。即後世殷之周。

葉氏於金文之𤰔則釋周。謂小點爲繁飾無義。於卜辭之𤰔則釋金。謂小點象金粒均有精意。且謂文字流傳往往徒存其形而音訓迥異。在古爲彼字。在後世則爲另一字。文字衍變寧有是理。是真瞽説也。且卜辭𤰔字唐蘭釋璞。讀爲戭。以讀栔文諸辭。無不暢適。其説已無可疑。然則葉氏之自謙爲臆説者。殆亦可以少息矣。金文作𤰔拜簋。𤰔免簠。𤰔義仲鼎。𤰔周𡚟旁尊。𤰔無叀鼎。𤰔成周戈。𤰔免簋。𤰔周公簋。𤰔善夫克鼎。𤰔散盤。𤰔盂鼎。𤰔虢季子白盤。𤰔毛公鼎。所見甚多。大抵不出以上諸形。小篆从用者。當由無叀鼎作𤰔而譌。鼎文疑有鏽蝕。古文不从用也。【甲骨文字集釋第二】

◉張光裕　空首布、尖足布、方足布和圜幣的錢文，都曾出現過「周」字。從下面的簡表，可以看出「周」字在不同形制的錢幣上，有着明顯的兩種不同寫法，空首布與圜幣的錢文是一類，尖足布和方足布的錢文又是一類。

品類		錢文
空首布	周	
	東周	
	安周	
尖足布	平周	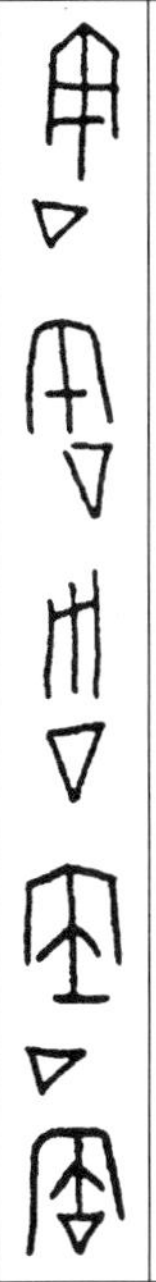

品類		錢文
方足布	平周	
	東周	
圜幣	東周	
	西周	

周，説文云：密也，从用口，𠕁古文周字，从古文及。契文作⊞，到了金文才添增口形。如

獻侯鼎　免簋

又或減省小點作

盂鼎　頌鼎

从用的周字僅無叀鼎一見，甲骨文字集釋卷二周字條下按語云：

小篆从用者，當由無叀鼎作用而譌（鼎文疑有鏽蝕），古文不从用也。

由於所有金文周字都不从用的現象看來，無叀鼎的周字，的確很可能只是鏽蝕的緣故；現在我們看到古璽的「周」字作周，古陶文「彫」字作

加上空首布和圜幣「周」的寫法，足以證實了許慎所録的古文「周」字是有根據的，同時也説明了「周」字从「用」，是始於春秋戰國年間的訛變。至於小篆的周字，則恐怕不是由無叀鼎而譌，而只是沿襲古文之舊而已。汗簡所收周字作𠕁則更是淵源有自了。

空首布的錢文「周」字，其中有一很特別的寫法

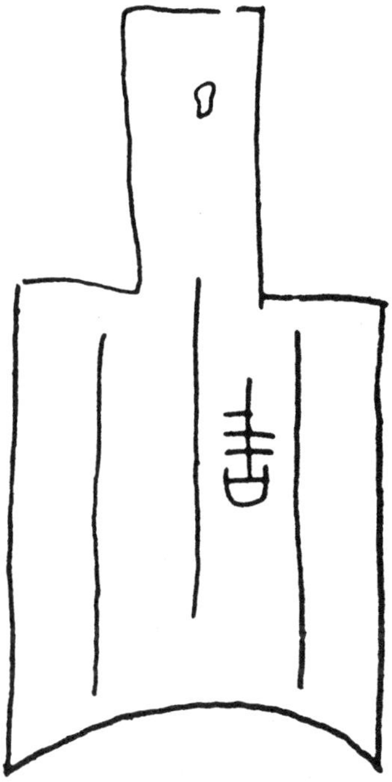

由同類錢文的比較，可以看出是它利用了布面上兩條直線，作爲本身的字畫，而並不是周的省文。這種獨具匠心的作法，正是泉幣文字特色之一。

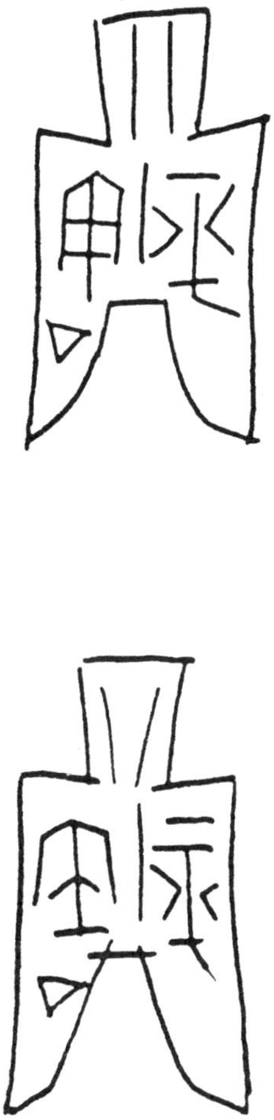

「平周」方足布和尖足布的「周」字，多作尖首之形（見上表），它們都是字畫變易的結果，其中有一周字，从同類錢文——平周的互證，可以肯定它又是周字的另一種變體。【先秦泉幣文字辨疑　中國文字第四十册】

◉周法高　田蓋即詩經大雅緜「周原膴膴」毛傳。「周原。沮漆之間也。膴膴。美也。」鄭箋。「廣平曰原。周之原地在岐山之南。膴膴然肥美。」之本字。因周爲農業社會。以后稷爲祖。故造字象田中有種植之物以表之。縱横者。阡陌之象也。其兩端或伸出作田。所從非田字也。畫字從之。亦取界畫之義也。加口者。孳生字也。此説不知已見他人著作否。書以備考。【金文詁林】

◉李孝定　周作田田諸形，予曩謂乃密致周帀之象；朱氏謂是彫之初文，説似較長。周氏謂周爲農業社會，以后稷爲祖，故象田中有種植之物以表之，恐未必然；中國農業起源甚早，卜辭中卜歲祈年之辭亦屢見，非獨周始重農也。【金文詁林讀後記卷二】

唐

二】

◉蔡運章 余扶危 □南小匕 「□」是周字的別體。平首布錢文中「平周」的周字，與此字構形相同，是其佐證。【空首布初探 中國錢幣論文集】

◉黄錫全 周 馬王堆漢墓帛書《老子》甲本、乙本、銀雀山漢墓竹簡《孫子兵法》周字並作「舟」。《説文》蜩字或體作蚒。舟周古音同屬章母幽部，此假匔爲周。《説文》「匔，帀徧也。从勹、舟聲」。鄭珍云：匔「乃周帀本文，故朱育以爲古周。……《廣川書跋》云《朱鮪集字》舟爲古文周字。即指此文。董逌所見《集字》匔譌作舟，知其書南宋時尚存，其名育作鮪，則與前載異。」【汗簡注釋卷三】

甲九三二 地名 在唐 甲一一三二 甲一五五六 甲二九二四 乙五七〇 唐邑 乙七〇〇 乙七二二反 唐入十 乙七五三 殷先王成湯 河二六六 河七〇五 林二・三・一八 林一・一一・一七 餘一〇・二 前四・二九・六 後一・二九・三 後二・五五 續一・七・六 殷人又稱成湯為武唐 簠帝二七 簠帝二八 佚五〇九 福一五 京津六六〇 京津六六一 【甲骨文編】

甲10 1094 1132 1556 2095 2102 2924 3057 3219 3345 乙118 498 570 700 722 753 981 1188 2002 2236 2922 3021 3172 3317 3336 3400 3664 3815 5184 6402 6723 6932 7206 7376 珠2 4 5 401 656 841 卜256 福15 佚42 佚870 續1・6・7 佚873 續1・10・8 徵3・26 續1・6・6

續1·6·7　徵3·27　續1·7·1　徵3·30　續1·7·2　徵3·28　續1·7·3　1·7·4　1·7·5　1·7·6　2·20·6　4·27·1　4·35·4　徵3·29　録250　265　266　705　922　天44　61　66　東方S·14　1295　1739　六清51　六清75　外366　續存240　241　242　1489　1490　外31　粹167　168　新452　660　661　1065　4373　【續甲骨文編】

唐　國名　唐子且乙爵　唐子且乙觶　【金文編】

秦1275　唐□　【古陶文字徵】

〔三七〕〔四七〕〔三六〕〔一〕〔二二〕〔二八〕〔二八〕〔四二〕〔五〇〕

〔三五〕〔一〕〔二〇〕〔二〇〕〔三六〕〔四七〕〔二〇〕〔三六〕〔二五〕

〔一九〕　【先秦貨幣文編】

布方　唐　冀灵　仝上　晉高　仝上　布方唐　晉高　仝上　布方唐　典一五七　布方唐　典一五八　布方唐　典一五六　布方唐　典二四六　布方唐　亞四·四五　布方唐　仝上　布方唐　亞四·四五　【古幣文編】

0147　3142　與說文古文同。【古璽文編】

高唐丞印　作唐令印　唐外　唐臭　【漢印文字徵】

唐公房碑頟【石刻篆文編】

唐　唐出碧落文【汗簡】

碧落文　林罕集　崔希裕纂古【古文四聲韻】

◉許　慎　啺大言也。从口。庚聲。徒郎切。啺古文唐。从口昜。【說文解字卷二】

◉孫詒讓　成唐當卽成湯。唐从庚聲。湯从昜聲。古音同部。故藉唐爲湯。說文口部。唐古文作啺。从口昜。是其證也。【齊侯鎛鐘　古籀拾遺上】

◉孫詒讓　貝其㞢辛□三之四。□㞢□十三之二。癸□卜㞢□二百廿五之一，印本誤到。又二版亦有此字。□卜□㞢大丁大□二百十四之四。癸酉卜出貝之于㞢二百廿九之二。戊申卜㞢貝㞢二百四十一之三。《說文・口部》：「啺，大言也。从口，庚聲。」此庚皆作屮，故「唐」亦从屮爲聲也。【栔文舉例卷下】

◉王國維　唐卽湯也。此辭中唐與大甲大丁並告。又有連言唐大丁大□者。藏二一四・四。則爲湯可知矣。說文口部。「啺。古文唐。从口昜。」與湯字形形聲俱近。博古圖所載齊侯鎛鐘銘曰。「虩虩成唐。有嚴在帝所。尃受天命。」又曰。「奄有九州。處禹之都。」夫受天命有九州。非成湯其孰能當之。又太平御覽八十二及九百十二引歸藏曰。「昔者桀筮伐唐。而枚占熒惑曰。『不吉』。」博物志亦有此文。夫夏桀之時有湯無唐。則唐必湯之本字。後轉作啺。復轉作湯。而其本名廢矣。然卜辭於湯之正祭必曰王賓大乙。惟告祭等乃稱唐。未審何故。【戩壽堂所藏甲骨文字考釋】

◉王國維　卜辭又屢見唐字。亦人名。其一條有唐大丁大甲三人相連。而下文不具。鐵雲藏龜第二百十四葉。又一骨上有卜辭三。一曰貞于唐告𠙵方。二曰貞于大甲告。三曰貞于大丁告𠙵。書契後編卷上第二十九葉。三辭在一骨上。自係一時所卜。據此則唐與大丁大甲連文。而又居其首。疑卽湯也。說文口部。啺古文唐。从口昜。與湯字形相近。博古圖所載齊侯鎛鐘銘曰。虩虩成唐。有嚴在帝所。尃受天命。又曰，奄有九州。處禹之都。夫受天命。有九州。非成湯其孰能當之。太平御覽八十二及九百一十二引歸藏曰。昔者桀筮伐唐。而枚占熒惑曰不吉。博物志六亦云。案唐亦卽湯也。卜辭之唐。必湯之本字。後轉作啺。遂通作湯。然卜辭於湯之專祭必曰王賓大乙惟告祭等乃稱唐。未知其故。【殷卜辭中所見先公先王考　觀堂集林】

◉羅振玉　王氏國維曰。卜辭屢見唐字。其一條有唐太丁太甲三人相連。而下文不具。唐與太甲太丁連文而又居其首。疑卽湯也。案王説是也。唐殆太乙之謚。史記商本紀集解引謚法曰。「除暴去殘曰湯」。風俗通王霸篇。「湯者。攘也。昌也。言其攘除不軌」。蓋讀湯如蕩。玉案。唐訓大。説文。「唐。大言也。」以其字从口故曰大言。玉篇。「堯稱唐者。蕩蕩道德。至大之皃。」論語。「蕩蕩乎民無能名焉。」注。「蕩。大也。」古唐湯蕩相通。義皆訓大。攘除之訓。殆不然也。【增訂殷虚書契考釋】

◉葉玉森　唐湯啺古通。許書。啺。古文唐。从口。疑从日之譌。即暘。經傳中未見暘字。卜辭从日之字亦作从口。故暘譌爲啺。楚辭。委兩館于咸唐。注。咸唐。咸池也。又飲予馬于咸池兮。注。咸池。日浴處也。文選蜀都賦。汩若湯谷之揚濤。注。湯谷。日所出也。史記五帝紀曰暘谷。索隱。暘谷本作湯谷。是咸唐湯谷暘谷竝爲一地。則唐湯暘之通叚可以無疑。【殷墟書契前編集釋卷一】

◉吴其昌　「唐」者。即太乙成湯也。王先生曰：「唐，即湯也。」⊘按：先師之説，定論不移。先師又曾引卜辭兩片以爲証，其一：以唐、大甲、大丁爲次。戩・二・一二・重見後・一・二九・三・重見續・一・六・五・其二，以⊞、唐、太丁、太甲爲次。銕・二一四・四・先師所引遺落上甲。按：先師所徵引之史料，則頗爲未盡也。卜辭中一片上同時記數代先公先王者至夥，擇其有關于「唐」者舉之，則又有以唐、大甲、大丁、且乙爲次者。續・一・一〇・七・重見佚・八七三・又有以龢、⊞、唐爲次者・前・二・四五・二・龢與羹，皆殷上世之先公也。詳先公先王三續考。次上甲之下、大甲之上，非成湯其誰當之矣。又：卜辭一片之中，以⊞、唐爲次者凡三見，一見于前・一・四七・五・再見于續・一・二・五・三見于新獲・一九。其一片之中，以⊞、大乙爲次者，亦凡三見，一見于佚・一三一・再見于佚・五五七・三見于佚・九〇六。此尤「唐」與「大乙」即爲一人之銕證矣。【殷虚書契解詁】

◉商承祚　𠷶説文「啺。古文唐。从口昜。」案此啺之本字也。古文言口不分用。唐啺同聲叚借。商湯。甲骨文作唐。後復誤啺爲湯。【説文中之古文考】

◉孫海波　卜辭祭唐之文甚夥。王國維先生釋湯。云。説文口部。啺。古文唐。从口。唐即湯。卜辭之唐。必湯之本字。後轉作啺。遂通作湯矣。殷人祭成湯。專祭則稱大乙。告祭稱唐。然亦有稱武唐者。藏龜第六十七頁四版云。卜出。今日𩵋。武唐。唐下口字漱泐。余前釋爲武庚。殆誤。今審確是唐字。殷虚書契續編卷一第七頁六版。貞武唐用，王受又。與此文同。可證。武湯亦即成湯。與詩商頌「古帝命武湯」之文正同。【讀王靜安古史新證書後】

◉馬叙倫　徐鍇曰。鼓聲盛爲鼞。與此同意。鈕樹玉曰。繫傳作𠳮。凡从庚者放此。倫按唐盖大音也。音言一字。今杭縣謂人行急聲大正曰唐。鼓聲盛爲鼞。語原然也。字見急就篇。唐子且乙爵作𠳮。甲文作[illegible]。

陽 沈濤曰。廣韻唐古文啺字下尚有𠱥字。云。並古文。是陸據本有二古文也。宋保曰。古讀庚如岡。故唐康皆从其聲。與昜聲同部相近。故古文作啺。昜聲。商承祚曰。此啺之本字也。古文言口不分。倫按唐啺聲同陽類。轉注字也。从口昜校語。依大例古文籀文及重文之爲篆文者。不解其冓造法也。且或體字例字同从某而所从得聲之字不同或聲同而所从得義之字不同。止言某或从某。如葪之或作稂。其下曰。葪或从禾。榪下曰。蔦或从木。禩下曰。祀或从異。璚下曰。瓊或从矞。以此知之。玄應一切經音義引古今字詁。古文鍚啺二形。同徒當反。則唐下自有二古文。乃呂忱據字詁加之。後人删鍚耳。【説文解字六書疏證卷三】

◉胡厚宣 「唐」字余最初疑爲祭名，言唐祭于下乙。後縝索所有卜辭，「唐」字僅有三義：一爲人名，即大乙唐之唐，如言「貞于唐告圖方」，「甲寅卜，𡧊，貞㞢于唐，一牛」者是也；二爲地名，如言「貞田于唐」，「口口卜，㗊貞，王獸(狩)唐，若」，「貞勿〼才(在)唐」者是也；三爲唐地之長侯唐，如言「口巳卜，王〼不隹侯唐」，「□□卜，穷，貞〼隹侯唐」者是也，絶無用爲祭名者，乃悟此「唐」者必爲大乙唐之唐。「于」讀爲「與」，言唐與下乙也。【卜辭下乙説 國立北京大學四十周年紀念論文集乙編上】

◉陳夢家 卜辭：

……卜……上甲，唐……大丁……大甲　鐵214.4

于唐告邛方——于大丁告邛——于大甲告　上29.3

于河告——告邛方于上甲——于唐告　庫1601

告邛方于上甲——于唐告　前1.47.5

勹邛方于上甲——于唐勹　庫1896

御自唐，大甲，大丁，且乙百羌百牢　續1.10.7

王國維根據前兩條説「唐與大丁、大甲連文而又居其首，疑即湯也。……然卜辭於湯之專祭必曰王賓大乙，惟告祭等乃稱唐，未知其故」(觀堂9.9—10)。王氏於第一條失録上甲，於第二條次大甲于大丁前，今一一補正。我們補充的諸例，足以證明「上甲——唐——大丁——大甲」的連續的順序，則唐必定是大乙湯。【廟號上 殷虚卜辭綜述】

◉饒宗頤 「唐」即「湯」。王静安舉唐字古文从口昜以證之，并引古歸藏：「桀筮伐唐。」(御覽八十三引)叔尸鎛稱：「虩虩成唐。」謂唐即湯。考佚周書史記解兩言「唐氏」。云：「唐氏伐之，共工以亡。」「唐氏伐之，西夏以亡。」此「唐」當非「唐堯」，即湯也。又王會：「北唐以閭。」殷本紀贊：契爲子姓，其後分封有北殷氏，則北唐應爲北殷。秦本紀：「寧公二年伐蕩社」，又十二年

「伐蕩氏取之。」索隱：「西戎之君，號曰亳王，蓋成湯之胤。徐廣云：一作湯杜。」「蕩」即「湯」，亦即「唐」。「蕩氏」即「唐氏」矣。此可補王氏之説。唐之廟號亦稱大乙。又曰「唐宗」（後編上一八·五）殷本紀、世本、荀子成相篇作「天乙」。王静安云：「卜辭於湯之専祭，必曰大乙，惟告祭等乃稱唐。」右録殻卜之辭，則並稱唐，無稱大乙者。【貞卜人物事輯一　殷代貞卜人物通考卷三】

◉李孝定　説文。「唐。大言也。从口。庚聲。[glyph]。古文唐。从口易。」契文之唐。即爲大乙。王説是也。羅葉二氏説唐湯暘通叚之故，説亦可从。惟葉氏説暘爲暘之譌。則未必然。唐之古文作暘者。只緣庚易聲近。例得相通。非暘之譌也。契文唐或作[glyph]。商承祚云。「案卜辭庚字亦作[glyph]。例之則[glyph]亦是唐字。」類編二卷七頁。又作[glyph]。此偶漏刻横畫者。非唐字有此異構也。卜辭大乙稱唐亦稱成。左襄十四年傳。「成國不過半天子之軍。」注。「大國也。」公羊莊八年傳。「成者何盛也。」朱駿聲曰。「其實茂盛當爲成之本訓。成就當爲成之轉注。」成既訓大。訓盛。訓茂盛。與唐湯義同。故稱唐亦稱成。後世且併偁成湯也。金文作[glyph]唐子祖乙爵。[glyph]齊侯鎛「虩虩成唐」。亦从口。庚聲。【甲骨文字集釋】

◉張　頷　「[glyph]」方足布迄今所見者大致有二十餘枚。《古錢大辭典》以及其他譜録中所著録者六、七枚。一九六三年山西陽高縣出土若干枚。河北靈壽也有出土者。見于《古錢大辭典》者（上編一三頁，圖號一五六——一五八），其文字有順讀、逆讀兩種，字形有繁有簡，在該書下編相應的文字解釋，引《錢匯》釋爲「周是」。並説「是即隄省，地名未詳」。我認爲釋「[glyph]」爲「是」並作爲「隄」字的省形是正確的，但[glyph]、[glyph]絶非「周」字。該辭典上編第一一頁也著録有同樣一枚方足布（圖號二四六），形狀、文字與同書一三頁相同，因著録是摹本非原拓片，把「是」字摹作「[glyph]」形。在同書下編的文字解釋中援引《貨幣文字考》説：「面文三字曰『涅營布』，自右環讀。[glyph]即涅之反范……[glyph]即呂之省，爲營字。[glyph]乃[glyph]之省，爲布字，見《攈古遺文》」。我在編寫《古幣文編》時收録了「[glyph]」字十二形，「[glyph]」字八形，分别歸入「唐」、「是」兩字條。商代銅器「父乙爵」唐字作「[glyph]」，甲骨文「唐」字作「[glyph]」。「唐」字上部从「[glyph]」即「庚」字（見《庚姬鬲》），足可與幣文「[glyph]」字相爲印證。而[glyph]、[glyph]、[glyph]諸形可與方足布「同是」（銅鞮）之[glyph]、[glyph]、相爲印證，可見釋「唐是」是不會錯的。釋「唐是」《東亞錢志》中早有此説，非余首發，惜該書未舉確證，故其説晦然未顯。【古幣文三釋　張頷學術文集】

𠷎　𠷎

𠷎 𠷎不从又　豆閉簋　用錫𠷎壽　𠷎不𠷎簋　𠷎𠷎簋　𠷎九年衛鼎　𠷎𡥥乳爲𢆶　彔伯簋　𠦪𢆶較　𠷎窒弔簋　𠷎
亦𠷎人【金文編】

◉許　慎　𠷎。誰也。从口。𠃬又聲。𠃬。古文疇。直由切。【説文解字卷二】

◉高田忠周　説文。𢑏。詞也。从白。𠃬聲。𠃬與疇同。虞書曰。帝曰。𢑏咨。柳榮宗云。今書作疇。史記堯本紀云。堯曰。誰可順此事者。訓𢑏為誰。許書口部有𠷎字。注云。誰也。从口。𠃬又聲。而廣韻所據説文。則作𠃬。以𠷎為或作字。許訓𢑏為詞。訓𠃬為誰。史記則𢑏亦訓誰。疑説文詞也為誰也之誤。蓋𢑏𠃬本一字。白从自省。口从白省耳。从白从口一也。今文尚書則作訓。後漢書崔篆傳。慰志賦云。思輔弼以婾存兮。亦號咷以訓咨。劉寛碑云。開學稽古。訓咨儒林。魏元丕碑云。訓咨羣僚。是也。古州𠃬字互通。許書西部醻下曰。主人獻客也。从西。𠃬聲。又酬云。𨠔或从州。春秋。晉矦州滿。史記晉世家作壽曼。是其證也。則訓即𠃬。鄭祈父詩箋引書曰。若𠃬圻父。是尚書古文字皆作𠃬。今經典以田疇字為之。蓋始於改古文為正書之時。失六書之義矣。此説詳矣。𢑏𠃬同字。固為定論。唯説文舊本若以𠃬同𠷎。此許氏之大謬矣。且注云。从口𠃬又聲。𠃬又皆聲。殆為緐複。从口。𠃬聲。正足矣。若夫𠷎字。从又。𠃬聲。此為𢭃字古文。凡手部字。古文皆从又也。然若以𠷎為𠷎或體。即此借𢭃為𠷎耳。但其訓誰也者。亦實屬于叚借。愚謂誰唯元同字。誰訓何也。即為何誰義。而何誰本字元當訶敦。敦誰古音轉通也。又或以孰為之亦同。而孰𠃬古音同部。𠃬誰可通。𠃬敦可通。𠃬義與𢑏同。元當訓詞也。【古籀篇四十七】

◉强運開　𠷎豆閉敔段𠷎爲壽。丁書云。借乍眉字。非是。當讀爲用錫壽壽萬年。𠷎彔伯戎敔段乍𢆶。【説文古籀三補卷二】

◉馬叙倫　説文疑曰。字應从口。𠃬聲。加又謬。鈕樹玉曰。繫傳無𠃬。古文疇四字。盖後人語。𠃬乃疇之省。不當云古文也。沈濤曰。廣韻十八尤。𠷎。説文。誰也。又作𠷎。是古本説文作𠷎。不作𠷎。𠷎乃𠷎之或體耳。段先生謂其字从口𠃬聲足矣。不當兼从又聲。又在一部。非聲也。老部壽西部醻巾部幬皆从𠷎聲。竹部籌火部燾邑部鄯皆从壽聲。絶無从𠷎聲之字。可知此正當作𠷎。為壽之聲。桂馥曰。疑此从口。𠃬聲。寫者加又字。易否。疇離祉。釋文。鄭作古𠷎字。列子釋文。𠷎。古疇字。翟云升曰。从口。𠃬聲。六書故引作𠃬是。許云。从口𠃬又聲。言又以𠃬為聲也。後人誤讀又聲。為以又為聲而加又於𠷎耳。王筠曰。穆天子傳。𠷎之人居慮。郭注。古疇字。案𠷎下引虞書。𠷎咨。今本作疇。玉篇有嚋無𠷎。

嚋下曰。誰也。與説文𠷎誰也正同。徐灝曰。白部。𠷎。詞也。疑本一字。倫按三篇。誰。何也。何為訶譎。此訓誰者。𠷎誰雙聲。𠷎即今北方問人曰誰之本字。徐謂𠷎𠷎一字。是也。从口。𠬪聲。𠬪為𢷔之異文。傳寫誤分𠷎字為𠯑又二字耳。又或此从又。𠷎聲。為𢷔之異文。此篆非許書本有。盖出字林。或謂本書多从𠷎之字。是可無𠷎。不可無𠷎也。倫謂以金文證之。𠷎即𠷎也。許據蒼頡及訓纂二篇。彼从𠷎之字作𠷎。許不得改也。許無複字。自不得有𠷎也。知此是後增者。以誰也之訓本諸爾雅釋詁。𠷎下止訓詞也為正也。金文有𠷎字。豆閉毁作。彔伯毁作。【説文解字六書疏證卷三】

◉戴家祥　説文二篇「，誰也。从口又聲。，古文嚋。」按集韻嚋古文作𠷎、𠷎。𠷎即𠷎，𠷎即𠷎。古文字、、𠷎都應是嚋之古文，嚋并非許慎所釋「耕治之田也。」甲骨、金文已有「田」字，方方正正，象「耕治之田」形。嚋之初字，本義當是田界，左右二象田，象中間的地埂，為田地的分界處。尚書·洪範「天乃錫禹九嚋」，杜預曰：「並畔為嚋」，畔，説文十三篇訓「田界也。」左傳子産曰：「一夫百畝，則畔為百畝之界也。」「九嚋」之嚋，亦為田界，轉用為比畝更大的田畝單位。文選魏都賦「均田畫嚋」，蜀都賦「瓜嚋芋區」，劉注：「嚋者，界也。埒畔際也。」加，成見豆閉毁、彔伯𢦚毁等。並非口字，衹是田塊的形符重複，加成，又為聲符，初義不變，後世嚋字加田旁，使初義更明確。金文用作人名，如壽父戊彝、衛鼎等；或借用作嚋，如彔伯𢦚毁等；或借用作壽，如子丌舌盨等。【金文大字典下】

嘾　噎

◉許　慎　嘾含深也。从口。覃聲。徒感切。【説文解字卷二】

◉馬叙倫　此含之轉注字。聲同侵類。含深也當作含也深也。深也以聲訓。一訓校者加之。【説文解字六書疏證卷三】

噎【汗簡】

裴光遠集綴【古文四聲韻】

◉許　慎　噎飯窒也。从口。壹聲。烏結切。【説文解字卷二】

◉郭沫若　歅王即恭王之子懿王也。懿字彝銘多作歅，單伯鐘禾毁𦉜仲壺等皆是，而本器與沈子毁班毁𤔲父鼎則均省心作歅。字殆噎之古文，叚借爲懿也。【兩周金文辭大系考釋】

◉馬叙倫　鈕樹玉曰。玉篇韵會引同。繫傳飯作飲。譌。倫按飯窒為噎者。謂咽中息不利也。與欭爲音同影紐聲同脂類轉注

嗢 [glyph]　哯 [glyph]　吐 [glyph]

字。【説文解字六書疏證卷三】

◉黄錫全 [glyph]噎 鄭珍云：「籀文嗌，非噎字，今《説文》作[glyph]，《玉篇》多口旁如此。」侯馬盟書嗌作[glyph]、[glyph]，天星觀楚簡作[glyph]，三體石經古文作[glyph]，《説文》籀文作[glyph]。从[glyph]之字如古璽賹作[glyph]（璽彙1068）、古貨文作[glyph]（貨文編6·32）、天星觀楚簡膉作[glyph]等，古蓋有从口之嗌，《玉篇》作[glyph]。《方言》六：「秦晉或曰嗌，或曰噎。」《莊子·庚桑楚》釋文引李注：「嗌，謂噎也。」【汗簡注釋卷一】

◉許　慎　嗢咽也。从口。𥁑聲。烏没切。【説文解字卷二】

◉馬叙倫　段玉裁曰。咽當作噎。聲之誤也。倫按嗢噎雙聲轉注字。咽以雙聲借爲噎。或借爲欭。欭噎亦音同影紐。聲則脂真對轉也。【説文解字六書疏證卷三】

◉許　慎　哯不歐而吐也。从口。見聲。胡典切。【説文解字卷二】

◉馬叙倫　桂馥曰。一切經音義十四引歐作嘔。倫按本訓捝矣。存者校語也。【説文解字六書疏證卷三】

[glyph] 吐患□利□邪【漢印文字徵】

◉許　慎　吐寫也。从口。土聲。他魯切。【説文解字卷二】

◉高田忠周　劉（心源）云。呈从日。阮釋吐非。集韵。呈埕省。下也塞也。即此義。按口亦有作[glyph]者。此[glyph]與甘同意。口中含物。故可吐也。阮釋為長。此字一點。即六書之指事也。説文。吐。寫也。从口土聲。寫俗作瀉。或謂古文日尼聲通。又土丘義近。坦或當為㖢字異文。丘或作垩。故省爲土。恐過於穿。【古籀篇四十九】

◉馬叙倫　鈕樹玉曰。繫傳寫作瀉。俗。徐灝曰。吐寫疊韵。倫按寫也以聲訓。或寫以雙聲借爲渫。十一篇。渫。除去也。今通用泄字。莊子秋水。尾閭泄之。周禮稻人掌稼。下地以澮寫水。即借寫爲渫。是其證。玄應一切經音義引倉頡。吐。棄也。亦寫也。然寫也疑非本訓。【説文解字六書疏證卷三】

◉戴家祥　説文二篇「吐，寫也。从口土聲。」釋名釋疾病「吐，瀉也。故揚豫以東謂瀉爲吐也。」金文拍尊吐字作人名，口旁在

右。【金文大字典上】

 噦【汗簡】

 林罕集【古文四聲韻】

◉許　慎　噦气悟也。从口。歲聲。於月切。【説文解字卷二】

◉馬叙倫　翟云升曰。文選笙賦注引作氣嘔也。非。倫按六臣注文選琴賦注。李善引作氣悟也。十一篇。濊。礙流也。是古謂有所礙者曰歲。瘚之轉注字。噦音影紐。瘚音見紐。同爲破裂清音。又聲同脂類也。【説文解字六書疏證卷三】

◉許　慎　咈違也。从口。弗聲。周書曰。咈其耇長。符弗切。【説文解字卷二】

◉馬叙倫　桂馥曰。咈其耇長。商書微子文。本書退下引。我興受其退。亦稱周書。翟灝曰。微子篇爲其歸周張本。稱曰周書。或當時師説。然梁玉繩曰。足部引余顛躋。仍是商書。倫按違也非本義。亦非本訓。咈从弗得聲。弗音非紐。古讀歸封。噦音影紐。封影同爲破裂清音。轉注字也。周商形近而譌且是校者所加。【説文解字六書疏證卷三】

◉許　慎　嚘語未定皃。从口。憂聲。於求切。【説文解字卷二】

◉馬叙倫　王筠曰。欠部歐。嚘也。別自一義。朱駿聲曰。嚘當爲气逆也。倫按嚘爲歐之轉注字。音同影紐。歐爲噎之音同影紐轉注字。詳歐字下。故歐次歆下欬上。此次噦下吒上。語未定者。許本東方朔語。朔固多謬爲解釋也。或挩本訓存校語耳。集韵五支欰下引倉頡。嚘。欰也。【説文解字六書疏證卷三】

 3·1034　獨字【古陶文字徵】

◉許　慎　吃言蹇難也。从口。气聲。居乙切。【説文解字卷二】

◉馬叙倫　鈕樹玉曰。一切經音義十五引作言難也。玉篇訓語難也。錢坫曰。欠部有欯。義同。倫按本作蹇也。言難也。蹇也以雙聲爲訓。言難也校語。傳寫捝也字。後之校者又乙蹇於下耳。或蹇字是哽下説解。詳哽字下。若然則言難也亦非本訓。或此字出字林。【説文解字六書疏證卷三】

嗜 嗜

[seal] 古尚書 [seal] 同上 【古文四聲韻】

●許 慎 嗜嗜欲。喜之也。从口。耆聲。常利切。【説文解字卷二】

●馬叙倫 鈕樹玉曰。韵會引作喜欲之也。一切經音義廿二引作嗜欲意也。盖並有譌。沈濤曰。盖古本作意。今本喜字乃傳寫之誤。後人又加之字。複舉嗜字。皆誤。徐灝曰。韵會四寘引作喜欲之也。義稍長。倫按嗜爲旨之後起字。詳旨字下。説解盖本作欲也。校者注喜之也。今捝一也字。玄應引作欲意也者。意字乃喜之二字譌合。嗜字則隸書複舉者也。【説文解字六書疏證卷三】

●戴家祥 ⿰言示字从言、从示，字書所無，前人缺釋，以形聲更旁求之，殆即嗜之異文。玉篇五十六「嗜，食利切，嗜欲也。書曰酣酒嗜音。呩，古文。」集韻去聲六至嗜呩同字。耆讀「渠脂切」，群母脂部。示讀「巨支切」，群母支部，支脂韻近，从言與从口義同。嗜啟人名。【金文大字典下】

啖 啖

[seal] 啖 牆盤 啖明亞祖 【金文編】

●許 慎 啖噍啖也。从口。炎聲。一曰噉。徒敢切。【説文解字卷二】

●馬叙倫 鈕樹玉曰。韵會引一曰噉作或作噉。説文無噉。沈濤曰。爾雅釋艸釋文引作噍也。一切經音義廿引噍也。亦啖與也。盖古本如是。今本衍啖字。又玉篇廣韵皆列噉字為啖字重文。然則古本亦當有噉篆在下。後人轉寫捝此篆。反誤入一曰下爲訓辭。古本當作一曰啖與也。玄應所引後一説是也。韵會亦云或作噉。是小徐本尚不誤。王筠曰。説文無噉字。此校者謂啖篆一本作噉也。玉篇廣韵皆噉爲正文。啖爲重文。或即本之説文。丁福保曰。慧琳音義七及五十七引。噍也。从口。敢聲。或作啖。疑古本啖爲噉之或體。爲傳寫者所誤倒耳。倫按噍啖宵談對轉轉注字。説解噍啖也當作噍也。啖字乃隸書複舉字誤乙在下者。一曰噉校者所記。然諸家説是。【説文解字六書疏證卷三】

●戴家祥 説文二篇「啖，噍啖也。」字當讀炎。説文「炎，火光上也。」倬、炎、明均人名，爲「勇惠乙祖」之衆子，故取名，義相近

似。【金文大字典上】

哽

◉許　愼　哽語爲舌所介也。从口。更聲。讀若井級綆。古杏切。【説文解字卷二】

◉馬叙倫　鈕樹玉曰。華嚴經音義引哽爲食肉亭骨在喉內也。是誤以他書爲説文。王筠曰。玉篇。哽。語爲人所忿疑也。雖字有誤。證知介下當有礙字。讀若井汲綆者。綆下曰。汲井綆也。然則此以綆之本義定其音也。雖考工記鄭注讀綆爲餅。許不如此讀。丁福保曰。慧琳音義十八引。語塞爲舌所介礙也。倫按本作蹇也。哽蹇音同見紐。以聲訓也。語爲舌所介也。校語。礙字又後之校者注以釋介字者也。吃哽音同見紐轉注字。今為嗜啖二字所介。盖本部次叙之亂者多矣。【説文解字六書疏證卷三】

嘐

◉許　愼　嘐誇語也。从口。翏聲。古肴切。【説文解字卷二】

◉馬叙倫　誇語也不似本訓。不然。訓誇也可矣。【説文解字六書疏證卷三】

啁

◉許　愼　啁啁嘐也。从口。周聲。陟交切。【説文解字卷二】

◉馬叙倫　沈濤曰。御覽四百六十六引。嘲。相調戲相弄也。嘲即啁之別體。是古本此注尚有一曰相調戲相弄也八字。今奪。一切經音義引蒼頡篇曰。啁。調也。謂相戲調也。可證。啁爲嘲戲正字。倫按嘐音見紐。啁音知紐。同爲破裂清音。又聲同幽類。轉注字也。説解當作嘐也。啁字乃隸書複擧字也。【説文解字六書疏證卷三】

哇

◉許　愼　哇諂聲也。从口。圭聲。讀若醫。於佳切。【説文解字卷二】

◉馬叙倫　顧廣圻曰。繫傳韵會諂作謟。劉秀生曰。圭聲之字。多在影紐。醫。从酉。殹聲。亦在影紐。故哇从圭聲得讀若醫。詩天保。吉蠲爲饎。周禮秋官蜡氏注作吉圭爲喜。書舜典。益。史記秦本紀作翳。盖翳益聲相近也。是其證。倫按諂聲疑非本義。亦非本訓。文選七命注引蒼頡篇。哇。謳也。讀若醫者。哇从圭得聲。圭音見紐。醫音影紐。同爲破裂清音。心部恚音亦影紐。可證也。【説文解字六書疏證卷三】

㖕 𠵅

乙三〇六五　乙八八一〇反　戩二六・七　戩三四・五　前四・二八・五　前四・四六・一　前五・二一・二　前六・二九・七　前六・三四・六　後二・八・一　後二・一〇・五　方名令作啇　續五・四・六令追啇　掇二・一四三　啇方　存二〇　明一六四　佚六二八背【甲骨文編】

乙1910　3065　8810　8815　佚628　965　續5・9・6　新4490【續甲骨文編】

◉許　慎　𠵅語相訶歫也。从口歫辛。辛。惡聲也。讀若櫱。五葛切。【説文解字卷二】

◉林義光　説文云。𠵅語相訶歫也。从口辛。辛惡聲也。讀若櫱。按屰上爲辛。見辛字條。从口屰逆上。【文源卷十】

◉王國維　㖕，卜辭作，即辛字。説文：「㖕，語相訶歫也，从口歫辛，辛，惡聲也。」案古文辛並作𢆉，説文作辛之字亦然。惟㖕字所从之𢆉形尚未失耳。【戩壽堂所藏殷墟文字考釋】

◉王國維　殷虚卜辭有字殷虚書契前編卷五第二十一葉及卷六第二十九葉。即説文𠵅字。説文。𠵅。語相訶歫也。从口辛。是篆文之辛亦或作𢆉。蓋辛𢆉一字。卜辭辥字作亦其一證。兮田盤王命田政成周四方責。即委積之積。从𤔲㖕。即篆文从𤔲辛之辭。政辭乃政𤔔之假借。知乃𢆉之繁文。𢆉㖕又一字矣。𢆉字當从説文㖕字讀。讀如櫱。即天作孽之孽之本字。【釋辥　觀堂集林卷六】

◉丁　山　殷契佚存箸有二片：

。90片〇似甲翼。

自。628片〇甲裏。

當是一字，而見于卜辭者，甚衆，略如下列

丙寅卜，穷貞，子𧈪䀘□十月。後・下・8・1。

貞，令䀘……。前・4・28・5。

貞，勿令𤰔。前・6・34・6。

貞，乎于西。戩・26・7。

禾卜，〇㽸卜，〇。戩・34・5。

丙□卜，㕞貞，令作𠵭。後·下·10·5。

乙酉卜，王貞，余𠵭，朕〼工，征北。莫貞，允獲，余受馬方又。前·4·46·1。

凡此𠵭字，或爲事類，或爲動作，不盡氏族之名也。其字當即𠵭字。説文口部：「𠵭，語相訶歫也，从口辛。辛，惡聲也。讀若櫱。」又，米部云：「櫱，芽米也，从米，辥聲。」辛部云：「辥，辠也，从辛，𠂤聲。」𠂤部云：「𠂤，危高也，从𠂤，屮聲。讀若臬。」按，櫱臬音讀，今尚相同，則謂「𠵭讀若臬」，固無不可；即謂，夸辥古今字，亦無不可。辥，卜辭或作⿰𠂤夸云：

叀王又作⿰𠂤夸。粹編·487。

貞，王瘳婦好，不隹⿰𠂤夸。鐵·113·4，〇佚·92。

貞，不隹⿰𠂤夸。林·1·25·19。

貞，兹雨，隹⿰𠂤夸。林·1·25·16。

貞，隹⿰𠂤夸。徵·游田·32。

庚戌卜貞，王貝，若、舞，其隹⿰𠂤夸。拾遺·9·11。

□卯卜，□貞，戠囚⿰𠂤夸。佚·455。

粹編所見⿰𠂤夸，與毛公鼎「襄⿰𠂤夸厥辟」，⿰𠂤夸之作辥者，爲形尤近，如王國維釋⿰𠂤夸説，是⿱辟乂字也。詳觀堂集林卷六。然辭云「叀王又作⿰𠂤夸」，與「貞，令作𠵭」，同其辭類，使⿰𠂤夸果爲⿱辟乂字，則𠵭宜有乂音。不寧惟是。

貞，曰其⿰𠂤夸。林·1·26·3。

貞，勿⿰𠂤夸。林·1·26·2。

王固曰，己其㞢⿰𠂤夸。徵·游田·31。

己未卜貞，王瘳⿰𠂤夸，不隹囚。鄴羽·三·下·35·2。

……王⿰𠂤夸……戠再……。前·5·21·4。

……大貞，作⿰𠂤夸小刳。前·7·28·1。

作⿰𠂤夸，與所謂「作⿰𠂤夸」「作𠵭」，辭類又同。⿰𠂤夸，直接演爲金文⿰𠂤夸胯侯鼎，王國維所定爲滕薛之薛者也。釋胯見集林六。然則，胯之與⿰𠂤夸，⿰𠂤夸之與𠵭，在甲骨文雖有从月，从𠂤，从口之異，而同从夸聲，可能仍是一字。孟子離婁公孫丑屢引大甲曰：「天作孽，猶可違；自作孽，不可活。」禮記緇衣亦引曰：「天作孽，可違也；自作孽，不可以逭。」此大甲逸文，證以卜辭習見「作𠵭」

吺

之辭，益可信爲商書；而啇、辥、胮，俱讀爲櫱，不必强別辥爲孼字，亦于焉得堅證。【殷商氏族方國志】

◉馬叙倫　鈕樹玉曰。韵會作从口辛。廣韵引歫作距。翟云升曰。繫傳作語相訶相歫也。从口辛。歫也。上有相字。是。从口下無歫字。是。劉秀生曰。辛部。辛。辠也。讀若愆。愆从衍得聲。在寒部。櫱从辥聲。在曷部。寒曷對轉。故啇从辛聲得讀若櫱。詩皇矣。崇墉言言。箋。言言猶孼孼。又櫱即本書櫱之或體。瓦部。甗。从瓦。鬳聲。讀若言。言亦从辛聲。是其證。倫按鍇本作語相訶相歫也。蓋二訓。一訓校者加之。語字亦當作謂。此亦校語。或許本作叱聲也。今捝矣。从口。辛聲。莊子秋水。仰而視之曰。嚇。釋文曰。嚇。本亦作呼。詩桑柔。反予來赫。釋文。赫本作嚇。漢書外戚傳注引鄧居曰。赫音兄弟鬩牆之鬩。詩桑柔箋曰。以口拒人曰嚇。倫謂呼嚇雖雙聲。然疑爲啇之譌字。嚇者。啇之俗字。故鄭玄釋爲以口拒人。鍇本作从口辛。無歫字。蓋許書原作从口辛聲。後人以辛啇聲不相近。又説解有語相訶歫之語。辛又訓辠也。因改如鍇本。今文。鉉以从口辛會意不明。復改爲从口歫辛。然从口辛終無歫意。故知非會意矣。此與言字同爲从口辛聲。此篆作𠷎者。辛从[illegible]二。或从[illegible]一。故甲文辛字多作[illegible]。[illegible]爲倒大。[illegible]則倒矢也。辛惡聲也校語。甲文有[illegible]。【説文解字六書疏證卷三】

◉饒宗頤　丙……争……令作[illegible]。（後編下一〇·五）

按啇，説文語相訶歫也。讀若櫱。卜辭亦稱「作胮」，（如前編七·二八·一）與「乍啇」同，即所謂「作孼」矣。孟子離婁引書太甲：「天作孼，猶可違；自作孼，不可活。」知「作孼」一語，實肇于殷。【殷代貞卜人物通考卷六】

◉張政烺　啇从口，㫄聲。即《説文》之啇字。《説文》口部「啇，語相訶歫也，从口歫辛，辛惡聲也，讀若櫱。」啇舟不知何義，疑是舟之特殊形狀或特殊用途者。《淮南子·本經》「龍舟鷁首，浮吹以娱。」司馬相如《子虛賦》「浮文鷁」，《文選注》「鷁，水鳥也，畫其象于船頭。」《方言九》「舟，首謂之閤閭，或謂之艗艏。」郭璞注「鷁，鳥名也，今江東貴人船前作青雀，是其象也。音亦。」啇舟或即鷁舟？【伯唐父鼎、孟員鼎、甗銘文釋文　考古一九八九年第六期】

◉許　慎　[illegible]攝吺。多言也。从口。投省聲。當矦切。【説文解字卷二】

◉馬叙倫　鈕樹玉曰。韻會作从口。殳聲。王念孫曰。鍇本作殳聲。鉉以爲殳吺聲不相近。故改爲投省聲。今考吺字古音儒。即囁嚅之嚅。玉篇。嚅。汝俱切。引埤蒼云。囁嚅。多言也。集韵囁嚅。言也。或作吺。吺音儒。故與殳相近。今改爲投省聲。不知投字亦从殳聲也。沈濤曰。六書故云。汝朱切。唐本殳聲。余謂即讀當矦切。亦當爲殳聲。投亦度矦切。獨非从殳聲乎。王筠曰。小徐作與人篆作疑似。不可從。倫按詹之轉注字。詹音照紐。古讀歸端。吺音亦端紐也。譌吺二字疑校者加之。或此字林訓。字亦出字林也。【說文解字六書疏證卷三】

◉李孝定　字从。乃殳字。从與說文从口者古籀多从同。疑吺字古文。惟契文口字多見。無作者。則此字亦未可遽釋爲吺。釋報釋毀釋設均未安。字在卜辭多含凶咎意。辭云。「貞不隹出」。藏・二七・一。「壬辰卜貞司室。」前・四・二七・八。「辛未卜其」。前・五・二八・四。「出有虹于西□吉其□。」前・七・一七・一。「□王固曰出其隹庚吉其隹□王固曰其于寅尹告。」前・七・三二・三。「□允有明有各云□昃亦有有出虹自□□于河在十一月。」前・七・四三・二。「吉。」甲・一・五・十一。「壬申卜大貞六人。」甲・一・二六・六。「庚其有吉受又其隹壬不吉。」簠徵・典禮・一〇五。末辭「有」與吉連文。又似爲吉辭。其義終未能明也。【甲骨文字集釋】

◉許　慎　呧苛也。从口。氏聲。都礼切。【說文解字卷二】

◉馬叙倫　嚴可均曰。苛當作訶。一切經音義十二引作呵也。呵即俗訶字。倫按咄呧音同端紐聲同脂類。疑轉注字。玄應一切經音義引倉頡。呧。欺也。【說文解字六書疏證卷三】

呰【汗簡】

汗簡【古文四聲韻】

◉許　慎　呰苛也。从口。此聲。將此切。【說文解字卷二】

◉馬叙倫　鈕樹玉曰。繫傳作。沈濤曰。一切經音義六及廿二華嚴經音義上引。苛皆作訶。一切經音義二及十四廿三廿四又引作呵。蓋古本作訶。呵即訶之別體。丁福保曰。慧琳音義十一及廿五及五十九引作呵也。四十八引作訶也。倫按呧聲脂類。呰从此得聲。此从匕得聲。匕聲亦脂類。轉注字也。苛也當作訶也。或呧也。【說文解字六書疏證卷三】

◉黄錫全　呰　夏韻支韻録《汗簡》呰作。此誤爲。《說文》「呰，苛也。从口此聲。」「呰，窳也。闕。」其實，呰呰音義可通。如《史記・貨殖傳》「呰窳偷生無積聚」，《漢書・地理志》作「呰窳媮生無積聚」。此當是假呰爲呰。【汗簡注釋卷一】

嗻

◉許　慎　嗻遮也。从口。庶聲。之夜切。【說文解字卷二】

◉馬叙倫　遮也者疊韵為訓。或非本訓。此字次呧呰之下唊嗑之上。亦多言或訶責義也。廣韵嗻多語之皃。則嗻亦吺之轉注字。吺音端紐。嗻音照紐。古讀照歸端也。與呭亦轉注字。猶迣遮之轉注矣。【說文解字六書疏證卷三】

唊

◉許　慎　唊妄語也。从口。夾聲。讀若莢。古叶切。【說文解字卷二】

◉馬叙倫　桂馥曰。廣韵。唊唊。多言也。或作䛟。韓非姦劫篇。世之愚學。皆不知治亂之情。讘䛟多誦先古之書。以亂當世之治。倫按如韓非説。䛟是多語也。與吺嗻同為破裂清音轉注字。唊音見紐也。妄語也或非本訓。【說文解字六書疏證卷三】

嗑

◉許　慎　嗑多言也。从口。盍聲。讀若甲。候榼切。【說文解字卷二】

◉馬叙倫　劉秀生曰。盍聲甲聲皆在匣紐。故嗑得讀若甲。釋名釋形體。甲。闔也。是其例證。倫按嗑唊轉注。嗑讀若甲。盍夾甲同為舌根音。又聲同談類也。【說文解字六書疏證卷三】

嗙

◉許　慎　嗙謌聲。嗙喻也。从口。旁聲。司馬相如説。淮南宋蔡舞嗙喻也。補盲切。【說文解字卷二】

◉馬叙倫　嚴可均曰。説文無喻字。當作諭。淮南宋蔡舞嗙喻。此凡將篇之一句。蓺文類聚四十四引凡將云。鐘磬竽笙筑坎侯。文選蜀都賦舊注引凡將云。黄潤纖美宜製襌。皆七字句。小徐本舞上有謌字。非。顧廣圻曰。謌聲當作訶聲。玉篇。嗙。訶聲也。盖本説文。司馬相如説以下別爲一義。嗙喻二字玉篇無之。非誤必衍。桂馥曰。嗙喻也者。後人所加。以訶聲爲正義。下引相如説別爲一義。後人亂之。王筠曰。自詆至吒十一篆皆訶叱類。校者以相如説改此爲謌。因增嗙喻。錢坫曰。當是凡將篇文。本書無喻字。疑上林賦之巴俞。即此嗙喻也。其字巴俞。誤爲嗙喻耳。又丞相孔光奏郊祭樂人。有淮南鼓員四人。巴俞鼓員三十六人。蔡謳員三人。商樂鼓員十四人。倫按桂顧之説是也。訶譌爲謌。校者以與凡將篇淮南宋蔡舞嗙喻合。因增嗙喻二字。並引凡將篇證之。以本書無引蒼頡等書成句之例。乃作司馬相如説耳。錢説亦可從。校者所據凡將作嗙喻。故引之也。【說文解字六書疏證卷三】

噧 

◉許　慎　高气多言也。从口。蠆省聲。春秋傳曰。噧言。訶介切。【説文解字卷二】

◉馬叙倫　鈕樹玉曰。蠆當是蠇。嚴章福曰。當作萬聲。虫部作蠆不作蠆。此言省不可通。虫部有蠇。訓蚌屬。蠆者蠆之俗。非即蠇字。噧即定四年嘖有煩言之煩。桂馥曰。集韵。噧。气聲。一曰。多言。馥按當爲高气聲。經典借厲字。王筠曰。小徐作蠆省聲。譌。虫部有蠇。蚌屬也。非蜂蠆字。蠇从萬聲而讀若賴。則蠆从萬聲亦未嘗不諧也。然玉篇有蠆蠤。無蠆蠤。集韵十八夬蠆蠤下引説文。廣韵。亦收蠆而無蠆。然則説文之蠆直是壞字耳。辵部邁下曰。蠆省聲。邁下曰。邁或不省。苟無蠆字。則邁下直云萬聲可矣。何以云省。且何以有不省之邁。山部𡾋下曰。蠆讀若厲。愚意萬蠆直是一字。徐灝曰。蠆即萬字。此篆固當作𧕿。即作蠇。亦直从萬聲。不必省聲也。萬。古重脣音讀若曼。聲轉爲邁。故蠆音丑芥切。倫按金文萬字多作頌鼎静𣪘之形。甲文作。明象毒蟲之形。通俗文所謂長尾爲蠆也。然則萬之从厹。蠆之从虫。均傳寫致譌耳。金文邁字多作叔多父𣪘。是从蠆也。均可證蠆萬一字。本書邁从蠆省聲。蠆又蠆萬二字合并之俗字。章炳麟亦謂萬爲蠆之或字。蠆音泰類。對轉入寒爲萬。故萬聲之厲癘。猶在泰。是皆可明蠆萬由於音變而非異字。甕牖閒評曰。萬者。蠍也。是猶知萬蠆之爲一字者矣。萬煩聲同元類。則嚴説是。説解高氣多言也當作高气聲也多言也二義。廣韵高聲皃。又多言。可證也。此當訓多言也。今杭縣猶謂多言曰煩。高气者涉下叴字説解而譌羨。噧爲呭之聲同脂類轉注字。或曰。多言者譪字義。今譪下訓譀也者誕字義。此高气下挩聲字。是本義。桂所謂經傳作厲者是也。多言也校語。【説文解字六書疏證卷三】

叴 

38 60【包山楚簡文字編】

—出睹(丙5:目1)、—(丙5:1—2)【長沙子彈庫帛書文字編】

3860 4109 3505【古璽文編】

◉許　慎　高气也。从口。九聲。臨淮有叴猶縣。巨鳩切。【説文解字卷二】

◉馬叙倫　桂馥曰。高气也者。詩正月。執我仇仇。傳云。仇仇猶謷謷也。馥謂仇即叴也。倫按當作高气聲也。然似非本訓。叴為嘮之轉注字。嘮聲宵類。古讀歸幽。叴聲幽類也。【説文解字六書疏證卷三】

◉劉彬徽等 鉊，讀如㕣，《說文》：「高氣也」。鐈，甗字異體。㕣甗即用於蒸食物之器，與出土實物相符。【包山楚簡】

◉曾憲通 欯出睹 丙五·一 曰欯 丙五·二 此字不見于字書，選堂先生首釋爲欯，謂从欠㕣聲。《說文》：「欠，象气从人上出之形。」又訓㕣爲「高氣也，从口九聲。」《集韻》或書作叽。故知欯當即㕣或叽之繁形，㕣訓高氣，增益欠旁以足義。帛文之欯是月名，《爾雅·釋天》「五月爲皋。」故欯、皋古音極近，皋亦訓高，二者聲訓兼同，故得通用。【長沙楚帛書文字編】

嘮

◉許 慎 嘮呶。讙也。从口。勞聲。勑交切。【說文解字卷二】

◉馬叙倫 嚴章福曰。依許書大例。讙下當補聲字。下文。呶。讙聲也。盖嘮下訓。徐灝曰。嘮呶雙聲。依全書通例。下文呶篆當云。嘮呶也。田吳炤曰。大徐嘮次㕣下呶上。小徐次嗃啐之閒。當依大徐以類從。倫按嘮呶二字疑校者加之。讙也是。【說文解字六書疏證卷三】

呶

◉許 慎 讙聲也。从口。奴聲。詩曰。載號載呶。女交切。【說文解字卷二】

◉馬叙倫 呶音娘紐。嘮从勞得聲。勞音來紐。古讀歸泥。並鼻音次濁音。尚書大傳。謗然作大唐之歌。謗即嘮之別體。詩賓之初筵。載號載呶。嘮呶可以單舉。是嘮呶爲轉注字。說解當曰。嘮也。【說文解字六書疏證卷三】

叱

◉許 慎 訶也。从口。七聲。昌栗切。【說文解字卷二】

◉馬叙倫 訶聲也。玄應一切經音義九引倉頡。叱。呵也。【說文解字六書疏證卷三】

噴

◉許 慎 吒也。从口。賁聲。一曰鼓鼻。普魂切。【說文解字卷二】

◉馬叙倫 王筠曰。衆經音義十三引。噴。鼓鼻也。別引蒼頡篇。噴。吒也。似吒也之訓不出說文。翟云升曰。文選江賦注引作叱也。案吒也是。張楚曰。一曰鼓鼻即歕字義。本書。歕。吹气也。吹气與鼓鼻意合。倫按叱音穿三。與吒音知紐。同爲舌面前音轉注。噴音滂紐。古讀穿歸透。滂透同爲破裂次清音。叱自得轉注爲噴。故蜀書諸葛亮奏彭羕。舉頭視屋。噴吒作聲。然論之實際。今人指斥事物有叱咤之聲。無作噴者。倫謂噴本訓鼓鼻。與欠部歕訓吹气是一義。今上海謂嚏曰噴嚏。盖嚏時鼻亦鼓動出气也。惟噴不限於嚏時。故噴以吹气爲正義。今此作吒也。乃校者以倉頡篇改之。而將鼓鼻退爲

別義耳。本部字多失次。此或爲校者所移也。【説文解字六書疏證卷三】

吒【汗簡】

◉許　慎　噴也。叱怒也。从口。乇聲。陟駕切。【説文解字卷二】

◉馬叙倫　王筠曰。叱。怒也上當增一曰。與叱噴轉注義異。倫按蓋本作噴也。叱也。怒也。倫謂叱吒皆憤聲。故莊子達生。孫休踵門而詫子扁慶子。詫亦吒之別體。詳其語意。是憤而相謂也。蓋與郭璞遊仙詩撫心獨悲吒之吒同意。吒蓋即書空咄咄之咄本字。咄音端紐。吒音知紐。同爲破裂清音。故借咄爲吒也。説解當曰。叱也。噴也怒也皆校語。或曰噴也叱怒也本作叱吒憤聲也。傳寫奪譌。怒也則校語耳。【説文解字六書疏證卷三】

◉黄錫全　吒　鄭珍云：「篆作吒，隸別从宅作咤。此用隸體，从古文宅作[illegible]而又誤。」中山王鼎宅作[illegible]，望山楚簡作[illegible]，三體石經古文作[illegible]。古蓋有从厇之咤。《漢書·王吉傳》「口倦乎叱咤」。注：「咤亦吒字」。【汗簡注釋卷一】

◉許　慎　危也。从口。矞聲。余律切。【説文解字卷二】

◉馬叙倫　朱駿聲曰。爾雅釋詁。噊。危也。然字从口。當曰危言也。倫按噊譎一字。危爲詭省。疑此字出字林。【説文解字六書疏證卷三】

申啐【漢印文字徵】

◉許　慎　驚也。从口。卒聲。七外切。【説文解字卷二】

◉馬叙倫　朱駿聲曰。驚聲也。倫按啐聲脂類。唇聲真類。脂真對轉。轉注字也。或謂今人相斥有此聲。與誶蓋一字。【説文解字六書疏證卷三】

唇 

◉許慎 唇驚也。从口。辰聲。側鄰切。【説文解字卷二】

◉馬叙倫 桂馥曰。經典借震字。僖九年公羊傳。桓公震而驚之。倫按亦當曰驚聲也。謂驚曰唇。亦語原也。唇啐聲同脂類轉注字。叀中鐘。唇在庚寅。強運開釋。【説文解字六書疏證卷三】

吁 

 吁 吳王光鑑 【金文編】

 5280  5279  0269  4019 【古璽文編】

 吁 【汗簡】

 古尚書  竝籀韻 【古文四聲韻】

◉許慎 吁驚也。从口。于聲。況于切。【説文解字卷二】

◉趙烈文 亍〔慘〕亐水一方 首一字孫薛鄭均作户。阮橅本篆作亍。烈按非户也。吁之古文也。説文。亏。象氣之舒。本部别出吁字。蓋後人增加口旁以别隸變之于。觀雩爲吁嗟求雨之祭。其字从雨从亏可證亏即吁之正字。自變隸作于而亍篆亡。今證之此鼓。與下亏篆大異。足補許書之闕矣。【石鼓文纂釋】

◉強運開 肝薛趙楊俱釋作肝。誤。鄭作肝。運開按。肝字不見字書。吕刑。王曰吁來。孔傳云。吁。歎也。又云。馬作于。于。於也。竊疑鼓言肝來。亦即吁來也。【庚鼓 石鼓釋文】

◉馬叙倫 徐鍇曰。于部復有吁字。云。驚語也。从口。从于。于亦聲。鍇以爲在于部。當言从于从口。今既與口部之吁同形同義。疑一處誤多之。鈕樹玉曰。于部有吁。訓驚語。口部不應重出。疑後人增。玉篇。口部有吁。亦訓驚語。沈濤曰。一切經音義三引。吁。驚語也。徐灝曰。吁。驚歎之詞。當屬口部。于部乃重出耳。周雲青曰。段玉裁嚴可均王筠皆同鈕説。案非也。唐寫本玉篇于部引説文凡六字。文四。重二。其叙次皆同今本。而粤下平上引無吁字。今本部末作文五重一。足證今本于部吁字爲淺人妄增。口部吁訓驚語也。大廣益會玉篇口部慧琳一切經音義九引。皆有語字。合有語字。倫按段玉裁王筠皆以芋下曰大葉實根駭人。故謂之芋。證知吁从于會意。當存于部之吁。倫謂于下曰。語之舒也。無驚義。本書八篇。𣄨。屰惡驚詞也。从欠。咼聲。咼于音並出舌根。然則古初凡可驚駭則呼于。或咼。此是語原致然。故芋以駭人而从于得聲。由此轉可證知芋吁皆从于得聲。不關會意。則于部吁字說解雖詳而實重出。倫又疑此下本作驚詞也。今本奪詞字耳。口部。吁下及玉篇訓驚語也。語或爲詞之譌。【說文解字六書疏證卷三】

◉戴家祥　說文三篇「吁，驚也。从口于聲。」按疑「驚也」非吁之本義。尚書呂刑「王曰：吁」，注：「吁，嘆也。」法言・君子「吁！是何言歟。」注：「吁者，駭歎之聲。」禮記檀弓「曾子聞之曰：吁！」釋文謂「吁，吹氣聲也。」乃「吁」爲嘆氣之聲。【金文大字典上】

◉許　慎　曉懼也。从口。堯聲。詩曰。唯予音之曉曉。許幺切。【說文解字卷二】

◉馬叙倫　鈕樹玉曰。韻會無之字。蓋因今詩删。桂馥曰。釋訓釋文。嘵。本又作曉字。字林云。懼也。承培元曰。引詩豳風文也。傳曰。曉曉。懼聲也。許不言聲。以字从口。則聲自見也。翟云升曰。韻會引懼下有聲字。倫按懼聲也。引詩蓋校者據玉篇增。又有乙耳。然倫疑曉譊一字。此字則出字林也。【說文解字六書疏證卷三】

◉許　慎　嘖大呼也。从口。責聲。士革切。謮嘖或从言。【說文解字卷二】

◉馬叙倫　段玉裁曰。呼當作嘑。沈濤曰。爾雅釋鳥釋文引。嘖。呼也。蓋古本無大字。左氏定四年傳。嘖有煩言。荀子正名篇注曰。嘖。争言也。朱駿聲曰。大嘑者。唶字之訓。此當訓争言也。徐灝曰。繫辭曰。聖人有以見天下之賾。而擬諸其形容。象其物宜。嘖謂事物之微也。故引申為嘖有煩言。正義本作賾。从臣。與从口同。孔沖遠曰。賾謂幽深難見。杜元凱訓賾為至。皆細微義。戴氏侗曰。嘖嘖之聲細微。大呼之説非也。倫按左傳嘖有煩言者。嘖猶嘖然。以形容煩言也。必非微至義。争言之訓出於唐人。亦未足據。管子桓公問名。嘖室之議。此嘖字實與左傳同義。疑嘖當訓衆聲也。故次嗷上。三篇。㗊。衆口也。讀若戢。今音阻立切。在照二。嘖音牀二。同舌尖後破裂摩擦音。疑嘖為㗊之轉注字。易言有以見夫天下之嘖。又曰。至嘖而不可亂。皆謂衆多。廣韻。嘖。叫也。叫當為嘂。均可證也。正義本作賾。蓋本作嘖。仍从口也。古文暂字可證也。【說文解字六書疏證卷三】

◉戴家祥　𧫷小臣𧫷段　𧫷字从言从速，說文所無，以形聲審之，殆即嘖之别體形聲更旁字也。說文二篇口部「嘖，大呼也。从口，責聲，謮，嘖或从言。」集韻入聲二十麥謮，怒也，讓也，通作嘖。嘖謮皆責之加旁字，古止作責。說文六篇貝部「責，求也。」孟子公孫丑下「有言責者，不得其言則去。」趙岐注「言責，獻言之責，諫諍之官也。」言从口出，故加旁从口或从言。左傳定公四年「嘖有煩言。」經典釋文嘖音責。責速聲同。二篇辵部「迹，步處也。从辵，亦聲。蹟，或从足責。速，籀文迹从朿。」是責速聲同字通之證，同聲同叚，字亦同賾，易繫辭上「言天下之賾」，釋文京本作嘖。荀子・正名篇「嘖然而不類」，楊倞注「嘖與賾同」。唐韻嘖音「士革切」，牀母之部。【金文大字典下】

嗷 嗷

◉許　慎　嗷衆口愁也。从口。敖聲。詩曰。哀鳴嗷嗷。五牢切。【説文解字卷二】

◉馬叙倫　沈濤曰。一切經音義引作嗷嗷衆口愁也。五經文字經典釋文玉篇廣韻皆下口上敖。蓋古本篆體作嗸。倫按衆口愁也非許文。漢書陳湯傳顏注。敖敖。衆愁聲。董仲舒傳注。嗸嗸。衆怨愁聲。顏注多據本書。此二注但依文為釋。非本書本無嗸字。即顏本説解已捝失也。玄應引多一嗷字者。隸書複舉字也。此字盖出字林。字林亦於篆下出隸字也。嗷亦囂之聲同幽類轉注字。【説文解字六書疏證卷三】

唸 唸

◉許　慎　唸㕧也。从口。念聲。詩曰。民之方唸㕧。都見切。【説文解字卷二】

◉馬叙倫　嚴可均曰。㕧也當作吚也。板釋文。屎。引説文作吚。釋訓釋文。殿屎。引説文作唸吚。五經文字上屎引説文作吚。呻吟也。則六朝唐本作吚也。引詩作民之方唸吚。下文㕧篆當作吚。嚴章福曰。依許書大例。當作唸吚。呻吟也。下文。唸。㕧呻也。此唸下説解。又脱誤耳。徐承慶曰。詩。詵詵兮。釋文云。詵。説文作兟。今説文無兟字。曾不容刀。釋文云。説文作𦨶。今説文有舠無𦨶。此吚字亦説文所無。玉篇本許氏作唸吚。承培元曰。今詩作殿屎。以屎从尸例之。似作㕧為是。倫按㕧吚形近。釋文引本書作吚。疑吚下有此重文。或本書傳寫有異本。故詵或作兟。舠或作𦨶也。唸為吟之後起字。【説文解字六書疏證卷三】

㕧 㕧

◉許　慎　㕧唸㕧。呻也。从口。尸聲。馨伊切。【説文解字卷二】

◉馬叙倫　嚴章福曰。當作唸㕧也。鈕樹玉曰。詩爾雅釋文並引作吚。五經文字云。屎。説文作吚。則疑後人改。翟云升曰。詩板釋文五經文字引並作呻吟也。倫按唸音端紐。㕧从尸得聲。尸音審紐。古讀歸透。是同為舌尖前破裂音轉注字。唸㕧二字校者加之。又疑㕧下有重文作吚。今失之。又疑唸㕧二字出字林。【説文解字六書疏證卷三】

◉許　慎　囒呻也。从口。嚴聲。五銜切。【說文解字卷二】

◉馬叙倫　呻也當作吟也。囒吟雙聲。釋名。吟。嚴也。嚴即囒字。囒爲唸之轉注字。唸从念得聲。念音娘紐。娘疑同爲鼻音次濁音也。【說文解字六書疏證卷三】

◉許　慎　呻吟也。从口。申聲。失人切。【說文解字卷二】

◉馬叙倫　呻音審紐。吚音曉紐。審曉同爲摩擦次清音。吚从尸得聲。尸音亦審紐也。故吚呻爲轉注字。【說文解字六書疏證卷三】

 134【包山楚簡文字編】

 吟【汗簡】

 古尚書　竝崔希裕纂古【古文四聲韻】

◉許　慎　吟呻也。从口。今聲。魚音切。𩐞吟或从音。訡或从言。【說文解字卷二】

◉馬叙倫　沈濤曰。藝文類聚十九。御覽三百九十二。一切經音義十八皆引。吟。歎也。廣韵二十一侵引。吟。呻吟也。合四書訂之。古本當是吟。呻吟也。一曰歎也。今本乃淺人妄删耳。倫按吟囒音同疑紐轉注字。吟又唸之初文。歎也校語。歎也見文選蘇武古詩注及玄應一切經音義引倉頡。

𩐞　嚴可均曰。古文今作□。則𩐞即韵字。韵吟同體而訓爲歎。長言之永歎之也。王紹蘭曰。商鐘有□字。曾侯鐘有□字。皆即今之韵字。嚴說有徵矣。倫按八篇㱃下有二古文。一作□。一作□。嚴謂古文今作□者。蓋據此。王所據金文蓋是□字。沇兒鐘㱃字作□。僕兒鐘作□。余義鐘。㱃酒訶舞。㱃字作□。可證。此从音今聲。言音一字。

訡　王念孫曰。舊本繫傳無此篆。張次立增。【說文解字六書疏證卷三】

◉黄錫全　□吟　夏韻侵韻注出《古尚書》。《尚書》無吟字，當是「史書」之誤。《漢書·息夫躬傳》「秋風為我唫」。注「唫，古吟字」。金、今音近，可以通作。如信陽、望山、仰天湖楚簡紟字均作綸，《說文》紟字古文也。从金作䋭。𨽎伯𤕌陰作□，屬羌鐘

作□,上宮鼎作□,古璽作□、□、□等(璽文14·4)。郭採唫字,以隸作古。【汗簡注釋卷一】

◉劉彬徽等 吟,讀作今。中山王嚳鼎銘今字作□。與簡文同。【包山楚簡】

嗞 □

◉許 慎 □嗟也。从口。兹聲。子之切。【説文解字卷二】

◉馬叙倫 嚴可均曰。嗟當作䖸。本書無嗟。倫按嗞爲咨之雙聲轉注字。當次咨下。【説文解字六書疏證卷三】

哤 □

◉許 慎 □哤異之言。从口。尨聲。一曰。雜語。讀若尨。莫江切。【説文解字卷二】

◉馬叙倫 張楚曰。一曰雜語。與尨異之言非兩義。國語齊語。四民者勿使雜處。雜處則其言哤。可證也。倫按張説是也。此校者記異本耳。然哤異之言與雜語均非原文。小爾雅廣訓。雜言曰哤。【説文解字六書疏證卷三】

叫 □

□ 叫出林罕集字 □ 叫出林罕集字 【汗簡】

□ □ □ 竝籀韻 【古文四聲韻】

◉許 慎 □嘑也。从口。丩聲。古弔切。【説文解字卷二】

◉馬叙倫 鈕樹玉曰。韵會作呼也。倫按詳訆字下。【説文解字六書疏證卷三】

◉饒宗頤 丙申卜,亘貞:河丩(叫)。……貞:河丩,不其狄(𢊁)。(殷缀三二四——屯乙五八一二+五六四三)

按丩讀爲叫。爾雅釋言:「祈,叫也。」郭注:「祈,祭者叫呼而請事。」左襄三十年傳:「或叫于宋太廟。」叫,嘑也。此言河丩者,卜辭慣例賓詞先行,即叫于河,有所祈也。【殷代貞卜人物通考】

◉黄錫全 □叫出林罕集字 鄭珍云:「《説文》叫、嘂音義一同。」

□叫出林罕集字 鄭珍認為此是氛字,右形乃分字譌誤,左是气。氛字典籍多訓氣,疑叫乃吣(叱)之誤。【汗简注釋卷二】

嘅

◉許　慎　嘆也。从口。既聲。詩曰。嘅其嘆矣。苦蓋切。【説文解字卷二】

◉馬叙倫　嘅音溪紐。嘆音透紐。同爲破裂次清音轉注字。猶墐塈之轉注矣。【説文解字六書疏證卷三】

唌

◉許　慎　語唌嘆也。从口。延聲。夕連切。【説文解字卷二】

◉馬叙倫　沈濤曰。文選江賦注引作沫也。是古本尚有一曰沫也。倫按嘅唌聲同脂類。轉注字。嘅唌與嘆。脂真對轉轉注字。語唌嘆也。當作語詞。嘆也校者增之。唌字則隸書複舉字譌乙之也。選注引沫也者。涎字義。本書有次。無涎。此校語也。【説文解字六書疏證卷三】

嘆

◉許　慎　吞歎也。从口。歎省聲。一曰太息也。他案切。【説文解字卷二】

◉馬叙倫　沈濤曰。九經字様作吞聲也。蓋古本如是。嘆歎二字声義皆近。經典每互用。不得以歎訓嘆也。翟云升曰。當作堇聲。王筠曰。歎。吟也。吞歎則不敢吟也。所謂飲恨吞聲也。張楚曰。一曰太息者。歎字義。檀弓。戚斯歎。注。嘆。吟息。本書。歎。吟也。疑吟下奪息字。倫按史記刺客傳。豫讓漆身爲厲。吞炭爲啞。啞借爲喝。此下文曰。喝。㵣也。段玉裁謂㵣下當有音字。是也。吞炭爲啞者。吞。咽也。炭借爲嘆。水經注。江水又東經歎父山。亦曰炭步矣。是其例證。吞歎者。咽息不出如㵣音然也。然則此當作歎也。歎爲借字。然吞歎也非本義。校者加之。一曰太息也是本義。故次嘅下。然非本訓。【説文解字六書疏證卷三】

喝

◉許　慎　㵣也。从口。曷聲。於介切。【説文解字卷二】

◉馬叙倫　段玉裁曰。㵣也疑當作㵣音也。鈕樹玉曰。一切經音義十一引作渴也。王筠曰。説文之渴與今竭字同。水部。渴。盡也。説文之㵣與今渴字同。欠部。㵣。欲飲。此作渴爲是。倫按蓋古凡畢盡之意。字皆从曷得聲。故微止曰遏。臣盡力之美曰藹。水盡曰渴。腹中水盡欲飲曰㵣。曷爲語原也。喝者。咽聲嘶渴。當如段説訓渴音也。嘆之脂真對轉轉注字。【説文解字六書疏證卷三】

哨　哨

◉許　慎　哨不容也。从口。肖聲。才肖切。【説文解字卷二】

◉馬叙倫　嚴可均曰。韻會十八嘯引作口不容也。宜補口字。倫按口不容也。意亦不明。疑有奪譌。哨或爲噍之轉注字。三篇譙下。誚。古文譙。从言。此又誚之别體。史記朝鮮傳索隱引説文。譙。讓也。是譙爲責讓義。故曰不容。此校語也。【説文解字六書疏證卷三】

吪　吪

◉許　慎　吪動也。从口。化聲。詩曰。尚寐無吪。五禾切。【説文解字卷二】

◉馬叙倫　動也者。詩無羊傳文。彼文作訛然動也。非本義。或非本訓。【説文解字六書疏證卷三】

噆　噆

◉許　慎　噆嗛也。从口。朁聲。子荅切。【説文解字卷二】

◉馬叙倫　鈕樹玉曰。小徐作從也。從當是銜之譌。一切經音義十二十七並引作銜也。韵會作潛省聲。倫按嗛。口中有所銜也。然此字不次嗛下。莊子天運。蚊虻噆膚。司馬彪注。噆。齧也。淮南修務。齕咋足以噆肌碎骨。然則與含味字别。淮南覽冥。噆味含甘。蓋借爲嗛。埤蒼。噆。齧脣也。通俗文作呥。云。入口也。今北方謂爲蟲所齧。猶是子荅切之音。此云嗛也。以侵談聲近爲訓。或爲憯之别體。十篇。憯。痛也。蓋痛聲也。【説文解字六書疏證卷三】

吝　吝

後二・一三・一五　佚七二五【甲骨文編】

後下13・15【續甲骨文編】

吝　日甲一三〇　二例【睡虎地秦簡文字編】

西畾又—(甲4—23)、東畾又—(甲5—1)【長沙子彈庫帛書文字編】

吝【汗簡】

◉許　慎　吝恨惜也。从口。文聲。易曰。以往吝。臣鉉等曰。今俗别作悋。非是。良刃切。𠫱古文吝。从彣。【説文解字卷

二】

◉林義光　説文云。恨惜也。从口。文聲。按文吝不同音。段氏玉裁云。凡吝惜多以口文之。从口文。【文源卷十】

◉商承祚　説文「吣。古文吝。从彣。」案甲骨文作。與篆文同。古文从彣彰之彣。【説文中之古文攷四卷】

◉馬叙倫　惠棟曰。遴下引易以往遴。此引後人增。鈕樹玉曰。玉篇不引易。引論語改過弗吝。嚴可均曰。文選稽康琴賦注引作貪惜也。貪字義長。丁福保曰。慧琳音義七引作恨也。今二徐本作恨惜也。盖古本有恨也惜也二義。爲後人删去一也字耳。倫按文選琴賦注引吝亦貪惜也。五經文字。吝。恨也。惜也。可爲丁説左證。廣雅。吝。恨也。方言。㤠。貪也。荆汝江湘之閒凡貪而不施或謂之㤠。㤠。恨也。倫謂恨也者。以疊韵爲訓。或非本訓。選注引作貪者。亦挩也字。此校語。惜也者憐字義。吝憐聲同真類。故古書或借吝爲憐。易蒙。以往吝。本書遴下引作以往遴。漢書吝字皆作遴。是其證。此校者加之。吝當訓口才也。即便佞字。詳佞字下。又疑此字出字林。甲文有字。

　倫按从彣得聲也。从彣二字校者加之。【説文解字六書疏證卷三】

◉李孝定　説文。「吝。恨惜也。从口。文聲。易曰。『以往吝。』古文吝。从彣。」卜辭正从文从口。與小篆同。辭云。「□□卜大〼歲于〼于吝〼。」其義不詳。【甲骨文字集釋第二】

◉陳邦懷　商云：「吝爲吝嗇字，意同澀，嗇則不滑。此用爲不利的代詞。」非是。

　案：「吝」，意爲悔吝。《易經》中常見「無吝」一詞，帛書「有吝」即「無吝」之反義詞，《易經・繫傳》：「悔吝者，憂虞之象也。」【戰國楚帛書文字攷證　古文字研究第五輯】

◉黄錫全　吝　《説文》「遴，行難也，从辵，粦聲。《易》曰『以往遴』」。「吝，恨惜也，从口，文聲。《易》曰『以往吝』」。是許慎引文兼存異本。「以往遴」之「遴」，今本作「吝」。鄭珍云：「《漢書・高惠呂后功臣年表》『遴拺』，《地理志》『貪遴』，師古並曰遴與吝同，是此書所采。」夏韻震韻録《古史記》遴作，多从攴。【汗簡注釋卷一】

◉曾憲通　西郪又吝　乙四・二三　東郪又吝　乙五・一　此字諸家皆釋吝，惟嚴一萍氏據「高馬宣璽」之高作而釋爲高，然帛文此處爲占驗家言，當釋吝爲是。【長沙楚帛書文字編】

各

甲二五六 經典作格書堯典格于上下傳格至也 佚六六五 乙一二各雲自北 乙四七八 乙四七九 甲四〇四 甲六三九 甲六六三 甲七三〇 甲二五八九 前五・二四・四 菁四・一 輔仁九二 燕六九一 或从彳說文無此字經典中有之方言洛至也 粹一〇六二 輔仁九二 福八 【甲骨文編】

甲404 6・39 663 2589 乙478 8459 續2・2・4 古2・7 續存1935 2014 佚665 六清191 外411 粹838 1061 1278 新4236 4838 【續甲骨文編】

各 孳乳爲洛爲格方言洛至也洛說文所無經典通用格書堯典格于上下傳格至也 宰椃角 王各 乙亥鼎 亘尊 貉子卣 榮簋 趞鼎 㪤尊 吳方彝 趩簋 趞曹鼎 免簋 豆閉簋 揚簋 師奎父鼎 休盤 師嫠簋 師酉簋 䍙壺 同簋 𢾊鐘 頌鼎 頌壺 頌簋 敔簋 𨘊盂 弭弔簋 克鼎 㝬簋 虢季子白盤 元年師兑簋 寧簋 善鼎 無叀鼎 雁侯鐘 沈子它簋 从彳 師虎簋 庚嬴卣 从辵 𠑇匜 从走 【金文編】

206 227 【包山楚簡文字編】

各 雜二〇 二十九例 秦一三二 三十一例 【睡虎地秦簡文字編】

讀爲格 神則—之(甲10—11)、是—參柰(乙2—20) 【長沙子彈庫帛書文字編】

3355 【古璽文編】

魏 屠各率善佰長 晉 屠各率善佰長 各息私印 【漢印文字徵】

石碣田車□出各亞【石刻篆文編】

古孝經 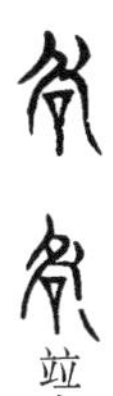竝古老子【古文四聲韻】

◉許　慎　異辭也。从口夂。夂者。有行而止之。不相聽也。古洛切。【説文解字卷二】

◉吳式芬　翁祖庚説銘中有各伐玁狁語。或疑各伐不辭。案各乃畧字。左傳。天子經畧。又曰。吾將畧地焉。又曰。晉侯治兵于稷。以畧狄土。即此義也。【攈古録金文卷三之二】

◉劉心源　各伐翁祖庚讀略伐。今從吳子苾讀各爲格。案。荀子議兵。格者不舍。注。格謂相拒捍者。後漢書陳寵傳篣格注引説文。格。擊也。今説文格下無此解。惟挌下有之。知格殺格鬥字。本作挌。今皆用格矣。【奇觚室吉金文述卷八】

◉孫詒讓　「」或爲「夂」,《説文·夂部》:「夂,从後至也,象人兩脛後有致之者。」如云:「□□□其亘貝才辛家或古且丙鼠□」二百五十四之一。「甲戌卜亘貝其之」六十二之二。「貝彡乎弓羊」百六十二之二。此當皆是「各」字。《説文·口部》:「各,異詞也。从口夂,夂者,有行而止之不相聽意。」金文格伯敦格作,此前一字反書作「」字,與彼實同。後二字到書从、者,亦文之變。【契文舉例】

◉羅振玉　説文解字。各。異辭也。从口夂。夂者。有行而止之。不相聽也。案各从。象足形。自外至。从口。自名也。此爲來格之本字。【殷虚書契考釋】

◉林義光　象物形。倒之爲。形變爲。象二物相齟齬形。古作師嫠敦作師俞敦或作周客鼎客字偏旁。象四物不合形。【文源卷六】

◉高田忠周　段氏注云。夂部曰。從後至也。象人兩脛。後有致之者。致之止之。義相反而相成也。蓋然矣。字元當作而省略。言相背反。猶兩足相背。即反行也。此从夂者。爲叚借義。詩載驅疏云。亦各不一之辭。即異詞也。又説文。詻。論訟也。从言。各聲。集韻。咯同詻。訟言也。論訟者。其言相反。亦異詞也。即一義之轉。各詻咯同字。猶喬譑嶠同字之類也。銘義叚借爲佫。佫亦作逧。同。詳見佫下。經傳此義皆以格爲之。爾雅釋詁。格。至也。又陞也。釋言。格。來也。皆是也。唯方言一。佫。至也。又佫。登也。二。佫。來也。此爲正文。許氏脱之。【古籀篇四十九】

◉強運開　説文。各。異詞也。从口夂。夂者。有行而止之。不相聽意。趙古則作谷。非是。楊升庵作洛字。彙補引沈括筆談云。又借作洛。石鼓文。大車出洛。運開按。舊釋車字既不塙。則各應否讀爲洛。自亦未可妄定也。【丙鼓　石鼓釋

文】

◉馬叙倫　鈕樹玉曰。繫傳辭作辝。廣韻引作詞。韻會也作意。桂馥曰。六書略引聽作繼。倫按説解迂回。疑非本文。王煦謂从口。夊聲。苗夔謂从口夊。口亦聲。謝彦華謂从夊。口聲。即道路之路本字。石鼓文。大車出各。是也。席世昌羅振玉謂即來格之格本字。王謝二説較爲可據。然謝引石鼓文爲證。而鼓文。其□奔大□出各亞。大爲走之初文。非小大之大字。大下亦非車字。各亞借爲格两。詳倫著石鼓文疏記。則謝説非也。羅以甲文作各各。謂从夊爲象足形自外至。从口自名也。倫謂來格字本書作假。方言作佫。甲文所从之夊夊即五篇麥字所从得聲之夊。爲來之初文。則席羅説爲假佫之初文。可從也。以出从止。从初文之履字口爲履之初文。詳履字下例之。則各或亦从夊。从初文之履字。而非口舌之口字也。夊即𣥠之初文。而夊之後起字。初止以足指内向。表自我之對方而來之義。指事。後以嫌於他字。乃加口以别之。甲文或作各。凵亦履字。古入則脱履。出則納履。足有履而内向。明其爲來也。从各得聲之路賂音皆來紐。麥从夊得聲。而音在明紐。古讀來歸泥。明泥皆鼻音次濁音。尤可證各爲逨之初文。古洛切乃其音轉耳。異辭也者。辭當作詞。蓋咢字義。吅部。咢。譁訟也。四篇劉之重文作䜭。䜭从㓞各聲也。爾雅釋天。太歲在酉曰作噩。漢書天文志作作詻。周禮卜夢。噩夢。本書㝱下引作咢夢。是咢各聲通之證。夊者以下校語。餘詳咢下。字見急就篇。虢季子白盤作各。宰椃角作各。善鼎作各。敔毁作各。石鼓作各。【説文解字六書疏證卷三】

◉周名煇　彳部𢓜尹𢓜卣。説文無𢓜字。揚子方言。假佫。至也。邠唐冀兖之間曰假。或曰佫。又曰。佫。來也。集韻或作佫路。通作格。强氏定此文入彳部。今考定爲各字孳乳。

名煇案。格訓至。假借字也。古文當作各。𢓜則各之或體。何以言之。説文口部云。各。異詞也。从口从夊。然夊部云。夊。行遅曳夊夊。象人兩脛有所躧。今審其形。各字从口。乃象足踵。與殷虚卜辭出字作出或作出所从之口凵同。而許君誤爲口字。故訓其字爲異詞也。其實从夊从口。取象人之脛踵自外而至。故周金文中。凡王格于大室。王格于某廟。字多作各。即用其本字也。孳乳爲𢓜。从彳。則于意形已複。于古文中當爲俗字。亦猶㞷之作往或作逞。來之作徠或作逨。萬之作傿或作邁。悳之作德或作㥁之類矣。是故師虎毁銘之𢓜。庚嬴卣銘之𢓜。吴氏定入各篆下。是也。强氏獨立此篆。于形義兩疏矣。【新定説文古籀考卷下】

◉楊樹達　許君説各字爲口夊會意。然二字義不相會，故不免强説。甲文各字或作各，羅振玉説之云：「各从夊，象足形自外至；从口，自名也。此爲來格之本字。」殷虚文字類編貳之柒下樹達按羅氏説各爲來格之本字，是矣。然謂从足形自外至，从口爲自名，則皆非也。甲文字或作□，知字非从口也。余謂ㅂ凵並象區域之形，而足抵之，故其義爲來，爲至。出字甲文作□，象人在坎陷中足欲上出之形，與各字形正相反，而其義則可以互證也。

金文師奎父鼎云：「王各于大室。」敔𣪘云：「王各于成周大廟。」元年師兌𣪘云：「王在周，各康廟。」善鼎云：「王各大師宮。」厚趠鼎云：「隹王來各于成周年。」宰椃角云：「王在東門，夕，王各。」他器銘用各字者至多，皆用各字本義者也。經傳作格，同音借字也；方言作佫，後起加形旁字也；説文作假，後起之形聲字也。此字之孳乳，與鬲甂歷及匕妣比之孳乳同。釋金文者不知各爲本字，往往以借字之格讀之，可謂適得其反矣。

甲文作區域之形如凵者，金文皆作ㅂ字，此許君誤訓之所由來也。今據甲文之字形，金文之用義，糾許君之謬訓，訂羅氏之誤解，俟世之精於考文者論定之。【釋各 積微居小學述林卷二】

◉陳夢家 卜辭有三次説「大采，各云自北𩁹」，是朝時雲氣成𩁹(霞)。朝𩁹爲下雨的徵兆，所以詩云「崇朝其雨」，卜辭有「𩁹不雨」「壬申𩁹，辛巳雨。」但卜辭的「𩁹」乃是動詞，所以下1.12所卜爲「雨？𩁹？」𩁹因各云自北而升起，「各云」一義應加探索。

尚書西伯戡黎「格人元龜」，史記殷本紀引作假；堯典「格於上下」，説文引作假。「各」「叚」古音同，惟「各」收入聲。方言一「佫，登也」，爾雅釋詁「假，陞也」；方言二「假，佫，至也」，説文「假，至也」。凡此可證「佫」「假」(假)同訓。「佫」「假」訓登訓陞，而説文「躋，登也」，爾雅釋詁「躋，陞也」。凡此可證躋、𩁹與佫、假同義，卜辭的「各云」應讀作「霞雲」，霞雲自北猶鄭箋「朝有升氣於西方」。霞與𩁹出現於朝時，霞指雲的本身，𩁹指霞的升騰。【曆法天象 殷虛卜辭綜述第七章】

◉高鴻縉 各字初意爲行到。經典多叚格爲之。字原象□(足向内)在門口。向内行之狀。由文□生意。故託足内行之形。以寄行到之意。動詞。金文有作□作□者。加彳或辵。於行到字增意符。於構造之旨不異。各與格非一字。經典作格者。同音通叚也。至説解謂異辭也。乃後世借用之意。非其朔也。【中國字例二篇】

◉屈萬里 甲骨文格字作□。示有足降臨而騰口説。意謂神憑尸以傳語也。【詩三百篇成語零釋 書傭論學集】

◉屈萬里 □當是各之異體。辭云。「貞其兄允卑乙王其□ㄨ冢吉。」於此乃格鬥之義。【殷虛文字甲編考釋】

◉李孝定 「各云」。陳釋「霞雲」。固亦可通。然霞雲同類之物連言。究嫌重疊。疑各假爲雺。亦即落字。雺云者。下垂之雲。猶言落日也。【甲骨文字集釋第二】

◉勞 榦 説文口部：「各，異辭也。从口夂，夂者有行而止之，不相聽也。」又木部：「格，木長皃，从木各聲。」凡經典中之格字在金文中俱作「各」。然經典中格字，其義訓實亦多歧。徐灝段注箋云：

木長謂之格，古傳注未見此訓。惟上林賦注引埤蒼曰：「木長貌」，即許所本也。緇衣曰：「言有物而行有格。」鄭注曰：「格，舊法也。」蓋古者法式謂之格，从木，取揆度平準之意，故有格正之訓。方言曰：「格，正也」。論語曰：「有恥且格」，孟子曰：「惟大人能格君心之非」是也。因之格訓爲至，而感格之義生焉。堯典曰：「格于上下」，君奭曰：「格于皇天」是也。格爲至而又爲來，爾雅曰：「格，至也」，又曰：「格，來也」，湯誓曰：「格汝衆」，月令曰：「暴風來格」是也。字又作佫，爾雅釋文曰：「格本又作佫」，方言曰：「佫來也」。至有來至之禁，有甚至之至，故凡審度事理，以求通乎萬物之情者謂之格，而後格物之義生焉。又執格以徇物，有不合者，是謂扞格。學記曰：「則扞格而不勝是也」。扞格者，感格之反猶亂又爲治，但又爲存也。引申之則相拒格鬥亦謂之格矣。又度閣之格，疏窗之格，皆格式之引申，因之量度謂之格。文選蕪城賦：「格高五嶽」，注引蒼頡篇：「格，量度也」。

此言許氏雖以「木長皃」爲格之本義，徐氏則引經據典，以爲格之本義當以揆度平準之「法式」爲格之本義更爲近似。本於「法式」之義而引申爲來，爲至，爲感，而「格物」之義遂從之以出。但「格」與「各」之相涉，尚未道及也。

又王玉樹説文拈字云：

尚書二十八篇格字凡十九見。而假之本字則廢而不用。然古字音相類者亦可通用。爾雅釋詁：「格至也」，釋言：「格來也」，大雅「神之格思」，毛云「至」；大學「格物」，鄭云「來」。薛尚功鐘鼎款識，趠鼎銘云：「惟王來格于成周年鎬」，伯姬鼎銘云：「王格大室」，戠敦銘按此敦字原作𣪘，實當爲簋字，而敦字則應原作錞。古器物中簋多而敦少，宋人及清代釋古文字者，遂以簋爲敦矣。此晚近已成常識，但此引據宋人之考釋，應正其誤，又王玉樹實在徐灝之前，因其據金文以釋經，故引之次於徐灝，俾易於論證。云：「王格于大室」，又郱郭銘云：「王格于宣射」，牧敦銘云：「王在周在師保父宮，格大室」，敔敦銘云：「王格于成周」，據此知古固有以格爲至者。

按此處所引金文之「格」，原文並作「各」，但亦有異文，如師虎𣪘作，而庚嬴卣作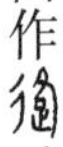，从彳者於本義外更加形，示行來之義，而作者則實由甲骨文字變來，再加一彳以爲形意。從此一彳形之義符觀之，各字在彝器中含義，具有來或至之解釋者，更爲顯著。因此从木之格雖本義或爲法式之意，而詩書中之「格」字若以金文證之，實本皆作各（金文書作，甲骨文書作或），來或至爲本義，其釋正，釋感，釋扞，皆其一再引申之義也。

卜辭每言各雲，陳夢家卜辭綜述云：

卜辭以「各雲」應當讀作「霞雲」。

今按各，叚與霞在音讀上雖可通轉，但凡本義可通者不必再求引申義，本字可通者不必再索假借字，從各而轉爲假，再從假而轉爲霞，迂曲已甚。況霞本實字，言霞則即霞可耳，何必再言霞雲，甲骨辭簡，不當煩贅也。蓋「各霞」猶言「來雲」，「各雲自北」亦即「來雲自北」。來雲亦即「興雲」今本多作「興雨」，誤。見阮元校刊記，藝文十三經注疏，詩經477葉。詩小雅大田：「有渰萋萋，興雲祈祈，雨我公田，遂及我私」是也。固不必廣爲徵引，反滋疑義矣。

說文「各」字从口从夂，謂「有行而止之，不相聽也」，其意甚晦，故羅振玉於其增訂殷虛書契考釋解之曰：

案各从[glyph]，象足形，自外至；从口，自名也。此爲來格之本字。

此爲來格之本字，不誤，象足形，自外至，亦無疑。但「从口，自名也」一義，則仍難成定論。蓋此解釋自「名」字之解釋而來。說文曰：「名，自命也。从口从夕，夕者冥也。冥不相見，故以口自名。」甲骨作[glyph]，確亦从口从夕。而「名」與「冥」確亦同音，但如此解釋，終嫌牽強。竊頗疑名亦是一假借字，而「名」爲「鳴」字之別構。鳴字代表鳥鳴，而名則代表月下蟲鳴。姑無論如何，名之从口，自無疑義。而各字則未必从口。从口者，口字小而方，各字所从則其形大而扁，且有作凵不爲口形者。如殷虛文字乙編8459作[glyph]，博古別録二集27作[glyph]皆第一期甲骨文字，皆窺見並非从口。察其原意爲來，爲至，引申之義爲準則，爲法式，爲校正，皆與口說無關。是其从口者，由於甲骨轉寫至吉金以後，下部之扁平形變爲方形與口無異。故許氏不得不以从口釋之。若認爲从口，則不得不爲曲說，雖至羅氏，亦無如何也。若捨从口之設想，則其命意，自較易於理解。蓋依金文所述，「各」字除來與至而外，尚有就位之意。則其下部所从，當是席位。古者一般席位，多非專席。如漢代尚書令、御史中丞及司隸校尉在朝爲三獨坐，以及管寧華歆割席故事，皆可證明一般皆共席而坐。天子諸侯當然獨坐，不過造字就一般情況言，只得半席耳。此口形乃就坐位之區畫而言者。因其代表席位，故除訓來，訓至，訓準則，訓校正而外，且含有各別之義。若以口爲釋，則各別之義將無所依據矣。【釋格 古文字試釋 歷史語言研究所集刊四十本】

◉于省吾 甲骨文各字初形作[glyph]或[glyph]，後來作[glyph]或[glyph]，最後變作[glyph]或[glyph]。最後之形，周代金文因之。[glyph]字上从[glyph]，象倒趾形，下从凵，即說文的凵字（口犯切）。典籍通作坎（詳釋[illegible]）。[glyph]字象人之足趾向下陷入坑坎，故各字有停止不前之義。典籍各字通作格，小爾雅廣詁訓格爲止。此外，典籍每訓格爲至爲拒，均與止之義訓相因。又甲骨文出字作[glyph]也作[glyph]，這和各字只是所从之止有向上向下之別。或謂出字「从止象足自坎出」（柏考一〇頁）。各字之形象足陷入坎，故其本義爲停止；出字之形象足自坎出，故其本義爲上出。各與出的形與義相反而相成，可以互驗而知其造字的由來。【釋各 甲骨文字釋林下卷】

◉陳邦懷 「各」，當讀恪。《爾雅·釋詁》、《詩·商頌》毛傳皆訓恪爲敬。帛書「恪敬」爲同義連文，《魯峻碑》：「敬恪（格）恭儉」，亦

以「敬恪」連文【戰國楚帛書文字攷證 古文字研究第五輯】

◉李孝定 各字金文習見，多用來至之義，其字从夂以示行來，从凵若口以示居處，古人多穴居。與𠕋字出字可以參證，勞氏謂爲席位似未安；卜辭言「各雲」，予曩謂當讀爲「零」，下垂之雲也，勞氏釋爲來至之雲，於義爲長。來至之義，當以各洛爲本字，而格爲通假，諸家之言亦是。【金文詁林讀後記】

◉徐中舒 各（佚六六五）：此字象脚趾踏於獨輪車上。口爲○之譌變，因甲骨文用刀刻，不易刻成圓形，故譌爲口。獨輪車是無輻的椎輪，如今日四川的鷄公車。在遥遠的原始的社會，中國衹有獨輪車而没有兩輪大車。這在中國古文字中，有着明顯的例證。如偏旁從各之字：客，是乘獨輪車到人家作客。路、絡，是獨輪車行於路上。略，是乘獨輪車經略土田。從各之原義去解釋，俱可通。甲骨文車字作車（存七四三）、車（合集二七六八二），金文作車（盂鼎），後簡化爲車（子禾子釜）。這是雙輪高車的象形字，説明殷商晚期，高車已經由西方傳入中土。後起的輅字，是高車与獨輪車並存的新造字。從这些字的關係，可以了解到文字之原義及其發展情況。【怎樣研究中國古代文字 古文字研究第十五輯】

◉戴家祥 兮甲盤銘有「各伐玁狁」語。翁祖庚云：或疑「各伐」不辭，案各乃畧字。左傳「天子經略」，又曰：「吾將略地焉。」又晉侯「治兵于稷以略狄土」，即此義也。攈古録三之二第六十九葉 按左傳襄公四年「匠慶請木，季孫曰：略。」杜預注「不以道取曰略。」孔穎達疏：「今律『略人略賣人』是也。」方言二「略，強取也。」俗書作掠。説文新坿「掠，奪也。从手京聲。」考玁狁寇周，殘暴特甚，詩人疾而歌之曰「靡室靡家，玁狁之故」，又曰「豈不日戒，玁狁孔棘」。周室迫于危亡，乃命方叔南仲等拒戰於涇洛之間，安得振旅奏凱之日，返而自稱「不以道取」者哉，翁氏之誤不攻自破。竊謂「各伐」當與小雅六月「薄伐玁狁」、虢季子白盤「博伐玁狁」、不嬰毀蓋「宕伐玁狁」同義，亦與宗周鐘「𢦔伐厥都」之𢦔同義，殆一語之轉耳。「各」當爲挌，挌爲各之表義加旁字，説文十二篇手部「挌，擊也。从手各聲。」魏書，任城王傳「手格猛獸」是其義也。格爲挌之表義更旁字，説文「抗」之或體作杭，「𢪏」之或體作桊。挌之更旁从木表義者，意謂擊之者以木爲武器也。廣韻挌讀「古伯切」，集韻「各額切」並音格，知挌格本一語也。管子地員篇「乾而不挌」，尹知章注「挌，謂堅禦也。」从手與从攴同義，説文「攴，小擊也，从又，卜聲。」又即手之側視形。故古文扶作𢻫，揚作敭，播作𢾍。廣雅釋詁三「敋，擊也。」敋即挌之更旁字。厥後戰鬬猛烈，徒手不足以禦敵，於是干戈應運而生，故形聲字中表義从手者，亦或更旁从戈。一切經音義九「格，古文𢦒同。」宗周鐘「撲伐」作𢦔伐，不嬰毀蓋「敦搏」作辜戟，虢季子白盤作博伐。是其證。格、挌、敋、𢦒，並从各聲，見母魚部。搏从尃聲，幫母魚部。撲从菐聲，滂母侯部。聲韻俱近。故撲亦通搏。宕，讀「徒浪切」，定母陽部。聲雖不同，韻則陰陽對轉，故「宕伐」亦即挌伐。若讀爲畧，則以上諸語，皆扞格不可

否

通矣。【金文大字典上】

◉許　慎　否不也。从口。从不。方九切。【説文解字卷二】

◉郭沫若　㕻是否之緐文。「裸周師。不否。」猶遹敃言「遹御亡遣。」㕻既爲否。足証㔻實是不。許瀚釋彝銘之「不㔻」連文者爲「丕丕」。今得其証矣。但此銘之「不否」。當讀如字。【兩周金文辭大系考釋】

◉馬叙倫　鈕樹玉曰。不部有否。訓不。口部者疑後人增。嚴章福曰。不部。否。不也。不亦聲。不爲部首。故言亦聲。此言从不無聲字。故知此重出也。錢坫曰。繫傳作不聲。不部重出。王念孫曰。繫傳作从口。不聲。否與不古皆讀鄙。説文不部亦有否字。注曰。从口。不。不亦聲。是其證。今削去聲字。非是。倫按當依鍇本作从口。不聲。不部重出。毛公鼎作否。【説文解字六書疏證卷三】

◉高鴻縉　説文「否不也。从口从不，不亦聲。徐鍇曰：『不可之意見於言，故从口。』方久切。」按此字繫作从口不聲是也。孟子有「孟子曰：『否，不然也。』」知否者緩詞，不然者決詞，否輕於不然，不然重於否。後世亦或用否同音通假以代不。【中國字例五篇】

唁

◉許　慎　唁弔生也。从口。言聲。詩曰。歸唁衛侯。魚變切。【説文解字卷二】

◉馬叙倫　弔生也疑非本訓。內籐本篆作唁。無也字。从作從。下同。【説文解字六書疏證卷三】

哀

哀　沈子它簋

禹鼎

哀成弔鼎

哀成弔鉀

般殷鼎　哀〻利錐　【金文編】

145【包山楚簡文字編】

哀　日甲二九背　四例　【睡虎地秦簡文字編】

齊哀寑印

齊哀寑印

王哀私印　【漢印文字徵】

哀【汗簡】

 立古孝經 天台經幢又貝丘長碑　【古文四聲韻】

◉許　慎　哀閔也。从口。衣聲。烏開切。【説文解字卷二】

◉馬叙倫　內藤本篆作哀。十一篇。閔。弔者在門也。然實依篆爲説。从門。文聲。何以知是弔者。盖弔閔字即唁也。唁音疑紐。閔音微紐。同爲鼻音次濁音。故古書或借閔爲唁。禮記曲禮。知生者弔。韓詩章句。弔生曰唁。此閔亦借爲唁。哀訓唁也。則哀爲唁之轉注字。曲禮。知死者傷。而論語八佾。哀而不傷。是哀唁謂致愍惜。祭統所謂非有喪之位。哭泣之事。但嗟歎以言。故謂之唁。今所謂表同情也。哀音影紐。唁从言得聲。言音一字。音音亦影紐也。䛪从言得聲。音入曉紐。古讀曉歸影亦可證。字見急就篇。【説文解字六書疏證卷三】

◉郭沫若　「用𩱧卿饗己公，用洛格多公，其丮哀乃沈子也唯福。」樂記「愛者宜歌商」，鄭注「愛或爲哀。」呂覽報恩「人主胡可不務哀士」，高注「哀，愛也。」是哀愛古可通用。【沈子簋銘考釋　器銘考釋　金文叢考】

◉郭沫若　詠字古書所無，舊或釋誶。案誶字無義，當是哀之異文，古字从言从口每無別，如哉或作㦲(陳侯因資鐘)，詠則作咏(季咏父毁)是也。哀愛古字通，此讀爲愛。【寡子卣　韻讀補遺　金文叢考】

◉高鴻縉　哀字本動詞。古亦用爲狀詞。其音由衣變爲哀。謂 i 韻變爲 ai 韻也。【中國字例五篇】

◉朱德熙　裘錫圭　「㤢」字从「心」「衣」聲，當釋作「哀」。古文字「口」旁和「心」旁往往通用。兆域圖中既有王后堂，又有哀后堂。《周書・謚法》：「蚤孤短折曰哀，恭仁短折曰哀」，「哀」當是后的謚號。「哀后」是早先死去的一位后，「王后」則指今后。【平山中山王墓銅器銘文的初步研究　文物一九七九年一期】

◉戴家祥　説文二篇「哀，閔也，从口，衣聲。」按周書大誥「允蠢鰥寡，哀哉！」孟子離婁下「舍正路而不由，哀哉！」是其義也。周書謚法解「早孤短折曰哀」。師𩛥鼎銘「錫女汝玄哀」，哀當讀衣。伯姬鼎云：「王呼史減册錫衰玄衣黹屯」薛尚功歷代鐘鼎彝器款識法帖卷十，其他金文言「玄衣黹屯」者不知多少。唐韻哀讀「烏開切」影母脂部，衣讀「於希切」，不但同母，而且同部。故孝經喪親章「哭不偯，禮無容」，説文十篇心部引作「哭不㥋」。哀衣聲同。【金文大字典上】

嗁【汗簡】

◉許慎　嗁號也。从口。虒聲。杜兮切。【説文解字卷二】

◉馬叙倫　嗁从虒聲。虒从厂聲。厂音喻四。是嗁之本音在喻四。號从虎得聲。詳號字下。虎音曉紐。曉與喻四同爲摩擦次清音。是嗁號爲轉注字。荀子禮論。哭泣諦號。漢書嚴助傳。孤子諦號。皆以嗁號連文。彼但用借字耳。今音入定紐。古音喻四入定也。内籐本失此字。【説文解字六書疏證卷三】

㱿　通㱿　㝬侯鼎　王窺錫馭方玉五㱿【金文編】

◉許慎　㱿歐皃。从口。㱿聲。春秋傳曰。君將㱿之。許角切。【説文解字卷二】

◉丁佛言　㱿馭方鼎。疑㱿字。説文珏或从㱿。鼎文曰。王窺錫馭方玉五㱿。【説文古籀補補附録】

◉馬叙倫　桂馥曰。歐皃者。類篇引作歐聲。徐灝曰。象歐聲也。倫按内籐本作歐皃也。【説文解字六書疏證卷三】

咼　日甲二七背　二例　通過　其所不可—也　日甲二七背　【睡虎地秦簡文字編】

3009【古璽文編】

汗簡【古文四聲韻】

◉許慎　咼口戾不正也。从口。冎聲。苦媧切。【説文解字卷二】

◉林義光　説文云。咼口不正也。从口。冎聲。按古作咼伯就父敦𢿏字偏旁作咼格伯敦過字偏旁。象形上象人首。説文云。冎剔人肉置其骨也。象形。頭隆骨也。按説文以咼字从此得聲。古咼作咼。不从冎。當無冎字。【文源卷四】

◉馬叙倫　沈濤曰。一切經音義六引作口戾也。玉篇廣韻亦云。口戾也。皆無不正二字。言戾。於義已瞭。何煩言不正乎。淺人妄加顯然。王筠曰。不正似是庾注。倫按内籐本篆作咼。無不正二字。咼次㱿下。是歐聲。㱿之轉注字。㱿从𣪊得聲。咼𣪊音皆溪紐也。口戾不正也者。是𤸐字義。不正二字校者加之。文選辨命論注引通俗文。㖃。口不正也。㖃爲𤸐之

呶　嗼　𠯑　嗾

異文。可證也。【說文解字六書疏證卷三】

◉許　慎　呶嗼也。从口。叔聲。前歷切。【說文解字卷二】

◉馬叙倫　鈕樹玉曰。廣韵引作嗼也。譌。倫按內藤本無此字。【說文解字六書疏證卷三】

◉許　慎　嗼淑嗼也。从口。莫聲。莫各切。【說文解字卷二】

◉馬叙倫　內藤本作宗也。呶嗼轉注字。呶从叔得聲。叔音審三。而⿰山叔俶淑从叔得聲。音皆穿三。鬻戚皆从尗得聲。音在清紐。清穿同爲摩擦破裂次清音也。嗼从莫得聲。莫从茻得聲。古讀茻如創見茻字下。創音穿二。是知古音呶非前歷切。嗼亦非莫各切。又呶聲幽類。嗼聲魚類。幽魚旁轉也。【說文解字六書疏證卷三】

𠯑 姑□句鑃【金文編】

◉許　慎　𠯑塞口也。从口。氒省聲。氒音厥。古活切。𠯑古文。从甘。【說文解字卷二】

◉馬叙倫　沈濤曰。玉篇引無口字。蓋古本如此。廣雅釋詁亦云。𠯑。塞也。嚴可均曰。小徐有氒。古文厥字。校語。倫按未詳。據汗簡疑此及重文皆出字林。內藤本氒作氐。聲下有氐古文厥四字。蓋即徐鍇所據本也。

𠯑鈕樹玉曰。玉篇廣韵並無。玉篇。𠯑。引說文。不應遺古文。疑後人增。戴震曰。古文𠯑从氐不省。誤爲从甘。段玉裁曰。汗簡古文四聲韵曰。𠯑𠯑皆同厥。出古尚書。𠯑即𠯑字。不省者也。王筠曰。如戴說。說當云古文不省。篆當作𠯑。然甘部。甚从甘。古文从口。蓋古文多隨筆之變。不須執泥。高田忠周曰。古文从曰。塞口者。不使言也。倫按曰亦口字。口爲象形字。或作。象張口形。或作。象閉口形。此字後人加之。故曰从甘。內藤本失此字。【說文解字六書疏證卷三】

嗾 籀韻【古文四聲韻】

◉許　慎　使犬聲。从口。族聲。春秋傳曰。公嗾夫獒。穌奏切。【説文解字卷二】

◉馬叙倫　沈濤曰。左宣二年傳釋文引作使犬也。方言。秦晉冀隴謂使犬曰嗾。倫按內籐本篆作。使犬聲作使犬也。獒作敖。下有焉字。嗾盖使犬聲也。然疑校語。本訓捝矣。【説文解字六書疏證卷三】

吠

乙2381　4518　4733　6404　7445　8712　8893　8897　8898　8946　佚359　續2·26·11　京3·26·4　天34　【續甲骨文編】

◉許　慎　犬鳴也。从犬口。符廢切。【説文解字卷二】

◉孫海波　吠二　前五·四六·三　説文云：「犬鳴也，从口犬。」【甲骨金文研究】

◉馬叙倫　鈕樹玉曰。韵會作犬鳴。从犬。从口。沈濤曰。五經文字云。吠。㕹犬聲也。上説文。下字林。是古本作聲。不作鳴。段玉裁曰。字林作㕹。則爲形聲。太玄曰。鴟鳩在林。㕹彼衆經。文選注引戰國策作哦。亦是形聲字。王筠曰。篆當依字林作㕹。从口。犮聲。繫傳曰。或云。从大。大即犮之譌也。蓋經典皆作吠。因改説文。而別本之从犮聲。僅有存者。小徐姑從其説也。倫按內藤本篆作。犬鳴下無也字。从犬口作从口。犬聲。犬鳴爲吠義。主於犬。當入犬部。然犬馬牛羊之名。其聲即似其鳴。則吠从口犬。特後增字耳。然馬鳴不作嗎字。而羊鳴作咩者。乃後增字。吠豈其類耶。倫謂鍇本作从口犬聲。王筠以爲从口犮聲之譌。證以內藤本。其爲捝聲字無疑。上文。嗾。使犬聲。內藤本及左宣二年傳釋文引皆無聲字。豈此下所捝。譌入彼下耶。字林實本許書。蓋此篆本如五經文字引字林作㕹。別本許書爲校者以訓犬鳴而經傳字作吠。因去一筆。故五經文字引與此同。又犮本从犬。二形近似。易譌。繫傳引郭璞江賦。鴝鵞鷗䲸。文選䲸作鴃。即其例證。然則或由傳寫譌去一筆。或謂古書言鷄鳴犬吠。盖以雞司晨犬守夜。從其特徵造字。故鳴从鳥口。而吠从犬口。倫謂甲文鳴字作。从鳥張口。指事。今譌爲鳴。或今篆从鳥𠙵聲。𠙵爲囧之異文。囧即明之初文也。此由圖畫性之象形文變爲篆文故也。若然。則犬吠不得有專字。有之亦當如甲文鳴字也。況犬鳴之字。犬部多有。此次呴上。嗾下。嗾爲人使犬聲。呴嗥亦主人言。是字當从口犮聲。爲呴之轉注字。犬鳴也盖本作鳴也。犬聲也。今爲校者并之耳。鳴也亦未必是本訓。犬聲則字林訓也。張時許書已失本訓。所存即字林訓。廣雅釋詁玉篇亦止訓鳴也。【説文解字六書疏證卷三】

◉李孝定　説文。「吠。犬鳴也。从犬口。」絜文犬豕二文每不易辨。於偏旁尤然。大抵細腹拳尾或着爪形者爲犬。碩腹短尾者爲豕。佚三五九有文作[glyph]者。前已从唐蘭之説收爲喙。此數文孫海波甲骨文編朱芳圃文字編均收爲吠。金祥恆續文編亦收乙編及他書所見與此相類者數文爲吠。姑从其意收此爲吠。然不敢必也。辭云「在吠。」前五・四六・三。爲地名。「□于王十吠。」前五・四七・三「貞賓□羊三犬三吠。」乙二三・八一「叀吠卯犙。勿㞢吠。」乙四五一八「賓于蚰叀羊㞢吠。賓于土叀羊㞢吠。賓于蚰一吠。」乙四七三三則均爲牲名。言「㞢吠」者。以吠佐祭也。不詳其義。【甲骨文字集釋第二】

◉李學勤　「犻」，即「吠」字。《字林》作「吠」，《文选》注引《戰國策》作「吠」，均爲形聲字，見段玉裁《説文解字注》。此字从「市」聲，音近得通。【放馬灘簡中的志怪故事　文物一九九〇年第四期】

咆

◉許　慎　嗥也。从口。包聲。薄交切。【説文解字卷二】

◉馬叙倫　内藤本失此字。咆音並紐。吠音奉紐。古讀歸並。是轉注字也。【説文解字六書疏證卷三】

嘷

◉許　慎　咆也。从口。皋聲。乎刀切。譚長説。嘷从犬。【説文解字卷二】

◉馬叙倫　咆嘷疊韵轉注字。内藤本篆作。皋作皐。字見急就篇。宋太宗本。

桂馥曰。困學紀聞。鄿。國也。俗作譚。非。説文注有譚長説。疑後人傳寫之誤。倫按譚長説者。譚長説經中嘷字當从犬也。此篆校者本譚長説加之。内藤本篆作。嘷作嘷。急就篇。瘨痛保辜謕呼獋。顔師古本獋作號。一作嘷。【説文解字六書疏證卷三】

喈

◉許　慎　鳥鳴聲。从口。皆聲。一曰鳳皇鳴聲喈喈。古諧切。【説文解字卷二】

◉馬叙倫　鈕樹玉曰。韵會引作鳥鳴也。段玉裁曰。一曰以下八字盖後人所增。鳳皇亦鳥耳。王筠曰。集韻作一曰。喈喈和聲。段氏以爲後增。是也。倫按喈非專屬鳥鳴。爾雅釋訓。噰噰喈喈。民協服也。則噰喈是狀聲之詞耳。故詩鼓鐘。鼓鐘喈喈。北風。北風其喈。皆以爲狀聲之詞。此後人以詩卷阿傳。鳳皇鳴也而加之。一曰之義與鳥鳴義無殊。蓋説解本作和也。喈喈。鳴也。鳥聲也。一曰鳳皇鳴聲。重喈字者。隸書複舉字也。和也非本義。亦非本訓。鳥聲也以吠下字林作犬聲也。則此亦字林訓。一曰鳳皇鳴聲。則一本鳥聲作鳳皇鳴聲。校者記異本耳。傳寫如今文。【説文解字六書疏證卷三】

[seal] 王庶子碑 【古文四聲韻】

◉許　慎　[seal]豕驚聲也。从口。孝聲。許交切。【説文解字卷二】

◉馬叙倫　沈濤曰。一切經音義十二引作驚也。亦大怒也。廿三引作古文虓。虎鳴也。大怒聲。據此。則古本哮虓爲一字。哮乃虓之重文。詩。闞如哮虎。風俗通正失篇引作虓。文選七啟注亦云。哮與虓同。豕驚聲之訓不見他傳。注。此處當爲二徐所改竄。宜於本部删哮篆。於虎部虓下增重文。則與古本合矣。丁福保曰。慧琳音義七十七引作豕驚散聲。今二徐本無散字。存疑。倫按內藤本篆作[seal]。無聲字。哮爲嗥之同舌根摩擦音。又聲同幽類轉注字。詩蕩。女炰烋于中國。炰烋即咆哮。魏都賦。呑滅咆烋。亦借烋爲哮。古人言咆嗥。今人則言咆哮。是其證。咆哮通獸言。虓則專於虎。孝九雙聲兼疊韵也。此訓豕驚聲。或豕驚散聲。皆非本義。亦非本訓。蓋校詞也。玄應引亦大怒也。非許文。倫疑喈哮二字皆出字林。【説文解字六書疏證卷三】

◉許　慎　[seal]雞聲也。从口。屋聲。於角切。【説文解字卷二】

◉馬叙倫　鈕樹玉曰。韵會引同此。繫傳及玉篇注作鷄鳴也。王念孫曰。繫傳作雞鳴。當從之。王筠曰。聲一作鳴。倫按喔呝亦狀聲之詞。韓詩外傳。鳳皇之初起也。翾翾十步之雀。喔咿而笑之。潘岳射雉賦。良遊呃喔。明非刻定爲雞聲。此非本訓。蓋校語耳。或喔呝二字皆出字林。【説文解字六書疏證卷三】

◉許　慎　[seal]喔也。从口。戹聲。烏格切。【説文解字卷二】

◉馬叙倫　鄧廷楨曰。呝喔雙聲。倫按呝喔轉注字。【説文解字六書疏證卷三】

◉許　慎　[seal]鳥口也。从口。朱聲。章俱切。【説文解字卷二】

◉馬叙倫　鈕樹玉曰。玉篇。咮爲噣之重文。桂馥曰。文選射雉賦徐爰注。字書曰。咮。鳥口也。倫按咮音照三。噣音知紐。同爲舌面前音。朱口聲同矦類。是咮亦口噣之轉注字。詩候人。不濡其咮。玉篇引咮作噣。爾雅釋天。咮謂之柳。釋文。咮。本作喙。上文。噣。喙也。喙。口也。是其證。此字蓋出字林。故次於此。選注不引本書。明本書無此字。【説文解

字六書疏證卷三】

◉楊樹達　卜辭云：「丙申，卜，𡧊貞：來乙巳，酒下乙。王占曰：酒隹㞢希，其㞢𥁕。乙巳，酒。明，雨，伐，既雨，咸伐，亦雨，𢦏卯星。」據胡厚宣商史論叢引。舊通釋為鳥，謂卽堯典「日中星鳥」之鳥。余按字形如鳥而口形特顯，與甲文其他鳥字不同，竊疑其爲咮字也。說文二篇上口部云：「咮，鳥口也，从口，朱聲。」甲文字爲象形，咮則後起之形聲字也。甲文云咮星者，左傳襄公九年云：「咮爲鶉火。」爾雅釋天云：「咮謂之柳，柳，鶉火也。」郭注云：「咮，朱鳥之口。」咮字又作噣：詩召南小星云：「三五在東。」毛傳云：「三，心；五，噣。」字又作注：史記律書云：「西至于注。」索隱云：「注，柳星也。」咮注古音同，轉入聲則爲噣，故字可通作矣。【釋　積微居甲文說】

嚶

◉許　慎　鳥鳴也。从口。嬰聲。烏莖切。【說文解字卷二】

◉馬叙倫　文選琴賦李注引蒼頡篇。嚶嚶。鳥聲也。許書本蒼頡。則自有嚶字。然蒼頡篇體製無重言。則李引作嚶嚶可疑。蓋鳥聲也者。本蒼頡訓纂或蒼頡故文。注釋之體。不妨重字。蒼頡訓纂或蒼頡故中訓嚶嚶爲鳥聲者。盖本詩伐木之鳥鳴嚶嚶。然嚶嚶不必刻定爲鳥鳴。故毛傳曰。驚懼也。謂鳥以驚懼而作此聲。若如毛說。則嚶嚶將訓爲鳥驚懼聲矣。嚶之本義本非如此。故鄭箋止曰。兩鳥聲也。然亦順經爲釋。而非嚶義本爲鳥聲也。廣雅釋訓。譻譻。聲也。實音之轉注字。然則嚶盖譻之異文。【說文解字六書疏證卷三】

啄

◉許　慎　鳥食也。从口。豖聲。竹角切。【說文解字卷二】

◉馬叙倫　沈濤曰。一切經音義廿二引尚有啄𪌤也。盖一曰以下文。王筠曰。鳥食也字林同。倫按啄盖咮之音同知紐轉注字。不然。亦是狀聲之詞。疑本訓口聲也。今捝一字。鳥食也者。字林義。又疑此字出字林也。𪌤也者。後校者據廣雅釋詁加之。【說文解字六書疏證卷三】

唬

唬　善鼎　唯用妥福唬前文人

伯𢦚簋　从甘　唯用妥神褱唬前文人【金文編】

◉許　慎　唬聲也。一曰。虎聲。从口。从虎。讀若暠。呼許切。【說文解字卷二】

◉馬叙倫　嚴章福曰。小徐作唬聲也。一曰四字在从口虎下。按字从虎。疑當作虎聲也。如上文吠从犬則爲犬鳴。或曰。从口。虎聲。故小徐一曰虎聲在从口虎下。沈濤曰。一切經音義五引作虎怒聲也。是古本有怒字也。今奪。王筠曰。玉篇廣韻皆曰虎聲也。玄應引作虎怒聲也。小徐本作唬聲也。蓋初譌之本。故校者記他本之異而云一曰虎聲也。大徐覺唬聲不通。而改爲嗁聲。嚴可均曰。説文無暠字。求其形近。當作⿱罒高。宋保曰。説文謔號唬三字皆从虎聲。古音魚虞模部內字。多由藥鐸轉入蕭宵豪韻中。楚詞大招。招逃遥與遽爲韵。足爲唬从虎聲之證。戚學標曰。虎暠音近。小徐本可從。龔橙曰。唬即號。王廷鼎曰。本書無暠。即皓之俗字。劉秀生曰。宋説是也。虎聲在曉紐。日部。無暠。漢書司馬相如傳。暠然白首。師古曰。暠字或作⿱罒高。鈕樹玉謂暠即⿱罒高之異體。⿱罒高从高聲。在匣紐。曉匣二紐皆喉音。故唬从虎聲得讀若暠。玉部。琥。从玉。號聲。讀若鎬。號。从虎聲。鎬从高聲。是其證。倫按玉篇亦作虎聲。通俗文。虎聲謂之哮唬。蓋即此訓所本。然虎聲字乃虎部之虓。此字从口。虎聲。不從虎得義。鍇本从口虎下挩聲字。一曰虎聲。校者記異本。虎下有聲字也。玉篇訓虎聲。蓋此字後加。或本篆亦非原有。唬字本出字林。字林訓虎聲。玉篇據字林也。嗁聲鍇本作唬聲者。唬是隸書複舉字。字林有隸書複舉字。見江式乞書吏表。聲上挩虎字耳。讀若暠者。暠爲晧或皞之別體从日。高聲。此校者加之。若唬出字林。則讀若亦字林本有也。唬蓋號之異文。从口。虎聲。通俗文借爲虓字。字林因訓虎聲。【説文解字六書疏證卷三】

◉楊樹達　唬字吳式芬釋爲从日从虎，吳闓生從之。文録叁卷廿玖葉下劉體智釋爲从甘从虎，小校經閣捌卷叁拾弍葉下于思泊從之而讀爲虔。文選上叁卷拾弍葉下余謂此字實从口，从口之字甲文往往作㠯，如吉字害字皆是，見甲骨學文字篇弍之肆下又陸上非日字，亦非甘字也。善鼎云：「唯用易福，唬前文人秉德共屯」，唬字从口，其明證也。説文二篇上口部云：「唬，虎聲也，从口虎，讀若暠。」玉篇云：「唬，呼交切。」字在此蓋假爲效。郭沫若又以爲字本从口，攈古録誤摹从甘者，大系考釋上册陸伍葉上亦非也。毁鼎二銘唬前人秉德共屯，並謂效法前文人秉德共純也。叔毛鼎云：「叔毛作朕文考釐伯釐姬尊鼎，用朝夕亯孝于Δ，唯Δ學前文人秉德」，學亦效也。唬與效並古韻豪部字，故唬字得假爲效也。【伯戜毁跋　積微居金文説】

◉郭沫若　唬字均用爲前置介詞，揆其音當讀如乎，唐韵作呼訝切，得之，玉篇作呼交切者非是。説文唬下曰「讀若暠」者乃後人所增，説文並無暠字也。又本銘唬字攈古刊作，左旁似从甘作，證以鼎文，蓋是誤摹也。鼎文唬字右旁之虎復不明晰，攈古誤釋爲唯；二器各得其半，契合之方能成一整文。【伯戜毁　兩周金文辭大系圖録考釋】

◉朱芳圃　善鼎　伯戜毁

説文口部：「唬，虎聲。从口，虎聲。讀若暠。」轉幽，孳乳爲虓，虎部：「虓，虎鳴也。从虎，九聲。一曰，師子大怒聲也。」轉宵爲號，号部：「號，嘑也。从号，从虎。」爲謔，言部：「謔，號也。从言，虎聲。」

金文又有作左揭形者：

丙申角　戊寅鼎

从吅，虎聲。當爲唬之繁文。考古文从口之字或从吅作，如詩小雅北山：「或不知叫號」，釋文：「叫本又作嘂。」爾雅釋樂：「大塤謂之嘂」，釋文：「嘂或作叫。」唬之爲𠼞，猶叫之爲嘂矣。或增攴，示手持卜以擊之，因而叫號也。【殷周文字釋叢】

◉張日昇　説文云。「唬。嗁聲也。一曰虎聲。从口从虎。讀若暠。」伯㦰毁唬字作[字形]。容庚謂从甘。楊樹達謂偏旁非日非甘。乃口字之變。楊説是也。郭沫若謂字當讀如乎。楊氏謂叚爲效。兩者並誤。竊以爲字當讀作于。古韵于唬同部。聲紐亦同。于ɣiwag唬ɣag。蔡姞毁云。「尹弔用妥多福于皇考德尹叀姬。」與善鼎之「唯用妥福唬前文人」文例正同。是唬讀作于當無可疑。【金文詁林二】

呦

◉許　慎　呦鹿鳴聲也。从口。幼聲。伊虬切。𣢾呦或从欠。【説文解字卷二】

◉馬叙倫　鹿鳴聲疑非本訓。疑爲喁之轉注字。呦聲幽類。喁聲矦類。通轉也。又疑此字出字林。

𣢾王筠曰。已見欠部。此重出。玉篇呦下云。或作𣢭。似𣢾之譌。又似从幼省。而欠部不收𣢾𣢭二字。倫按本書嘘字欠部重出。从欠作歔。則呦字或體得从欠作𣢾。然此是後人增。若呦字出字林。則字林本收或體也。見江式乞書吏表。

【説文解字六書疏證卷三】

噳

◉許　慎　噳麌鹿羣口相聚皃。从口。虞聲。詩曰。麀鹿噳噳。魚矩切。【説文解字卷二】

◉馬叙倫　鈕樹玉曰。詩吉日釋文引皃作也。韵會亦作也。而脱口字。倫按鹿口相聚而爲制字。則獸之羣口相聚者不止鹿也。詩韓奕。麀鹿噳噳。毛傳。噳噳然衆也。吉日傳。噳噳。衆多也。但以衆多爲訓。此盖以詩言麀鹿。故生此訓。俞先生謂噳爲吳之後起字。吳爲口相就也。倫謂噳爲喁之轉注字。詳喁字下。又疑此字出字林。【説文解字六書疏證卷三】

[glyph] 禪國山碑　副尉天下喁喁之望焉【石刻篆文編】

◉許　慎　喁魚口上見。从口。禺聲。魚容切。【說文解字卷二】

◉馬叙倫　桂馥曰。晉書音義引字林。喁。衆口上見。集韵引字林。噞喁。魚口出水皃。倫按玄應一切經音義十二十三引。並作衆口上見也。沈濤嚴可均桂馥皆欲據以改魚爲衆。桂謂喁喁衆口。噞喁魚口。是兩義。鈕樹玉顧廣圻嚴章福任大椿皆依本文。謂淮南子水濁則魚喁。言魚在濁水。不得安潛而上見其口。且此字次鳥獸之後。魚在水中。其口上見。倫謂本部部末四字。其說解皆可疑。喁訓魚口上見者。上見蓋出水皃之譌。而捝水字者也。此字林訓。亦因淮南水濁則魚喁而生解。如噳之因詩麀鹿噳噳而有麌鹿羣口相聚皃之說也。或後人補綴如此。漢書司馬相如傳王莽傳注後漢書隗囂傳注皆曰。衆口向上也。然不言說文。則疑唐時本書已捝此字說解矣。或此字出字林。非許書原有。故晉書音義不引本書也。喁从禺得聲。音在疑紐。即噳之雙聲轉注字。漢書司馬相如傳。延頸舉踵。喁喁然。王莽傳。天下喁喁。引領而歎。後漢書隗囂傳。天下喁喁。謂之太平。韓詩。萬人顒顒。仰天告訢。顒即喁之借字。詳其義皆謂仰呼。魚不鳴而在濁水則亦仰其口而呼吸。故曰。水濁則魚喁也。尚書呼喁字皆以顲爲之。頁部。顲。呼也。頁部諸文無涉口義者。盖呼也即喁字義。莊子齊物論。前者唱于而後者唱喁。于喁皆呼聲也。【說文解字六書疏證卷三】

◉唐　蘭　[glyph]前二·八·七

右[glyph]字，舊不識，余謂當從㗊禺聲。從㗊至顯。從禺者，小篆作[glyph]。金文，寓鼎、寓卣寓字偏旁作[glyph]，小臣謎段鬴字偏旁作[glyph][glyph]等形，要皆[glyph]形之變也。盖古文下有横畫者往往變爲[glyph]，如[glyph]之爲[glyph]，[glyph]之爲[glyph]，皆是，則禺字之演變當如左：

[glyph]—[glyph]—[glyph]

則此字當從禺，無疑也。[glyph]字說文所無，疑與喁字同。說文「喁，魚口上見，從口禺聲。」劉逵注吳都賦曰：「噞喁，魚在水中羣出動口皃」。喁喁爲衆口之皃，自可從㗊作[glyph]也。卜辭用爲地名。【殷虛文字記】

[glyph] 局　爲一　【睡虎地秦簡文字編】

◉許　慎　局促也。从口在尺下。復局之。一曰。博所以行棊。象形。渠緑切。【說文解字卷二】

◉林義光　說文云。局促也。从口在尺下。復局之。按[glyph]象物形。見品字條。[glyph]屋下迫狹局促之象。[glyph]爲屋。故[glyph]象屋下迫狹。【文源】

卷七】

◉馬叙倫 桂馥曰。局當爲勹。博當爲簙。王筠曰。復當爲覆。丁福保曰。慧琳音義五十引作促也。从口在尸下。復句之。句當爲勹一百引作勹可證一曰。博局。所以行棊。象形。今本有誤奪。倫按局促以疊韻爲訓。然此字不知所从。从口在尺下復局之。亦不似許文。諸家説亦不安。疑局與三篇之句爲一字。句。曲也。从丩。口聲。詩正月。不敢不局。傳曰。局。曲也。采緑。予髮曲局。傳曰。局。卷也。是毛以局爲句也。本書。跔。天寒足跔也。周書太子解。天寒足跼。則跔跼一字。本書無从局得義之字。其从局得聲者。惟一挶字。挶下曰。戟持也。段玉裁謂曲其時如戟而持之。無據。戟借爲丮。丮持即拘字義。是與拘爲一字。局篆文作局。句篆文作句。形近而誤。又金文句字姑馮句鑃作句。其㲻句鑃作句。甲文有句字。商承祚釋句。皆可爲局爲句譌之證。一曰博局者。博局有方卦。其形與句篆相似。故以名之歟。倫疑局字出字林。急就篇。棊局博戲相易輕。字盖本作句。棊局無本字。欲造字亦惟从木而附以語聲相近之字。爲形聲字耳。句譌爲局。字林收之。【説文解字六書疏證卷三】

㕣 㕣

 後下28·11【續甲骨文編】

◉許 慎 㕣山間陷泥地。从口。从水敗皃。讀若沇州之沇。九州之渥地也。故以沇名焉。以轉切。𠕁古文㕣。【説文解字卷二】

◉林義光 説文云。㕣山閒陷泥地。从口。从水敗皃。按从口窪陷之象。説文云。𠕁古文㕣。按从歺省从谷。疑與睿同字。容睿雙聲旁轉。【文源卷十】

◉商承祚 𠕁 説文㕣。「山間陷泥地。从口。从水敗皃。讀若沇州之沇。容。古文㕣。」案古隸皆作兖。葢合㕣容二字增減爲之。【説文中之古文攷】

◉馬叙倫 鈕樹玉曰。玉篇引閒作澗。段玉裁曰。陷當作淊。水部。淊。泥水淊淊也。劉秀生曰。㕣聲之字如沿鉛。古音皆在影紐。沇从允聲。古音亦在影紐。故㕣得讀若沇。漢書地理志。金城郡允吾。應劭曰。允吾音鉛牙。又允街。孟康曰。允音鉛。釋名釋船。船。循也。釋飲食。吮。循也。是古讀㕣聲允聲並如循。均其證。倫按山閒陷泥地不似本訓。且字亦不當从口。八爲水敗皃則非字。不當言从。九州之渥地也故以沇名焉以釋讀若沇州之沇。已非許書之例。而又似説沇字

哦 哦

義。其爲有竄補明甚。九州之下明是校語也。疑此篆及重文皆出字林。字盖从谷省。古文㕣作𠔌。則从谷不省。可證。古隸兖字作兖。亦可證也。敻省聲。敻省聲從孫儆説孫謂古文作容上从𠂉轉寫譌爲卜敻㕣聲同十四部。今篆作㕣者。蓋𧮫之省。即容字。猶皮之與𠬛矣。或曰。从谷者。胤省聲。故㕣音在喻四也。谷下曰。泉出通川爲谷。泉出水所經則泥㕣㕣。故从谷。當入谷部。甲文有㕣字。爲國名。葉玉森釋㕣謂古兖國。路史國名紀引輿地廣記。兖國。少昊之裔。

𠔌鈕樹玉曰。玉篇廣韵並無。谷部有𠔌。訓深通川。不應重出。疑後人增。倫按孫儆謂从敻省聲。是也。此篆文㕣讀若沇州之沇。沇从允得聲。詩十月之交。仲允膳夫。漢書古今人表作仲術。本書㚟讀若䬕。敻从㚟得聲。㚟敻音皆曉紐。曉與喻四同爲摩擦次清音。故㕣音以轉切。【説文解字六書疏證卷三】

◉蔡運章 余扶危 㕣釿 此銘合書作𨥧、𨥧、𨥧諸形。我們過去把它釋爲「公釿」二字的合文，若从此銘的構形來看，這種釋法似無不當。但从它的辭例來看，前一字當是地名，先秦時期以「公」爲地名的，在古文獻中無从覓尋，故將其釋爲「公」字猶感未安。現在，我們認爲它當是㕣字。此字作㕣形，其下部所从之▽，可隸定爲口字。如，「陽邑」平首布之「邑」字、印文單字，它們上部所从之口旁，均與此相近，可以爲證。此字从八从口，當隸定爲㕣。《説文·口部》㕣字篆文作㕣形，與此字的構形相似，是其佳證。由此可見，空首布中公、㕣二字的構形完全相同。這種異字同形的現象，在古文字中屢見不鮮。例如，甲骨文入、下二字都可作∧形，山、火二字都可作山形，工、壬二字都可作工形。金文永與𠂢、以與台、攸與修皆同字。因此，我們認爲，把此銘中的「㕣」釋爲㕣字，是較爲妥當的。【空首布文字淺釋 空首布初探】

◉曾憲通 𦦔發四與𦦔 乙八·二九 此字稍殘，各家多釋作興。李學勤先生説：「四興是有道德意義的名詞，但不詳所指。」選堂先生以爲此字字根是㕣而非日，故不是興字，而是从㕣益以舁旁，爲㕣之繁形。帛文四與即四沿或四埏，猶言四際。「發四與𦦔」言發四際之荒。【長沙楚帛書文字編】

◉徐中舒 㕣粹五三八 八象溪水流出山澗之貌，爲㕣谷所從之八省；𠙵與凵同，即坎陷低下之地。

𣲒粹九九六 從㕣𠂇允聲，疑爲㕣之形聲字。【甲骨文字典卷二】

哦 説文新附 哦簋 【金文編】

◉徐 鉉 哦吟也。从口。我聲。五何切。【説文解字卷二新附】

嗃　售　噞　唳　喫

◉戴家祥　𢦏父辛毁　說文我古文作，金文作等形，與此銘文所从之相近。从从口，疑即哦字，說文「哦，吟也」。集韻哦或作誐。金文用作人名。【金文大字典上】

◉徐　鉉　嗃嗃。嚴酷皃。从口。高聲。呼各切。【說文解字卷二新附】

◉徐　鉉　賣去手也。从口。雔省聲。詩曰。賈用不售。承臭切。【說文解字卷二新附】

◉朱歧祥　从隹口；口，示盧穴。隸作售。卜辭用爲地名。

《京3922》☐小食☐告高☐告入，廼唯大乙☐。

「告入售」，謂祈某先祖降臨售地。【殷墟甲骨文字通釋稿】

◉戴家祥　說文新附「售，賣去手也。从口省雔聲。詩曰：『賈用不售。』」按：售本無賣義。疑售、讎古本一字。詩·抑「無言不讎」。鄭箋：「教令之出如賣物，物善則其售賈貴，物惡則其售賈賤。」釋文「售本作讎」。史記高祖紀「高祖每酤留飲酒讎數倍」。如淳注：「讎亦售也。」集韻售與讎同。正韻「讎，售也」。金文从言之字多可改从口，售即讎無疑。玉篇「讎，對也」。毛詩正義「相對謂之讎，讎者相與用言語」。讎之初義當爲相對談洽，買賣雙方須言語達成交易，引伸出賣出的意思。【金文大字典上】

◉徐　鉉　噞喁。魚口上見也。从口。僉聲。魚檢切。【說文解字卷二新附】

◉徐　鉉　鶴鳴也。从口。戾聲。郎計切。【說文解字卷二新附】

◉徐　鉉　食也。从口。契聲。苦擊切。【說文解字卷二新附】

◉徐　鉉　□呼也。从口。奐聲。古通用奐。呼貫切。【説文解字卷二新附】

◉徐　鉉　□蚩笑也。从口。从台。呼來切。【説文解字卷二新附】

□　嘲見尚書【汗簡】

□　古尚書【古文四聲韻】

◉徐　鉉　□謔也。从口。朝聲。漢書通用周。陟交切。【説文解字卷二新附】

◉徐　鉉　□張口皃。从口。牙聲。許加切。【説文解字卷二新附】

□　271【包山楚簡文字編】

□　凵【汗簡】

◉許　慎　凵張口也。象形。凡凵之屬皆从凵。口犯切。【説文解字卷二】

◉馬叙倫　王筠曰。凵止是口之變體。古文齒作□。从凵。明白。篆文亦从凵。□象齒形。一則上下齒中閒之虛縫。不能上齒在上脣上也。積古齋所收禽彝。□。釋爲周。清愛堂所收兮中鐘。喜作□。皆凵爲口之證。吳錦章曰。疑有別解。未完。凶凷字皆从凵。當作一曰地有穿陷。象阬坎之形。饒炯曰。凵即古文口字。今讀口犯切。可疑。按其音則凵又爲坎之古文。象地穿形。以與人口之凵無別。合二爲一。後人不知。竄亂説解。存人口之説形。附地坎之本音。倫按古文齒字从凵。莊子達生。而口闕然。闕爲凵之借字。似古自有凵字。然齒之初文甲文作□。本書从口者亦或从□。□非含之初文。从口含一者。乃本作□。象口閉形。然則凵即象口張之形。凵口音同溪紐。則是一字。形小異耳。饒説亦通。倫又疑此篆非許書本有。蓋張口乃指事也。□已象張口。而凵缺其上脣。并不能象張口形也。蓋後人見古文齒作□。金文周字有作□格伯𣪘者而加之。凶字所从之凵。自爲初文坎字。或此即其字。凷則从凵得聲也。【説文解字六書疏證卷三】

◉楊樹達 説文二篇上凵部云：「凵，張口也。象形。」口犯切。按張口非凵之初義。知者，七篇上凶部云：「凶，惡也，象地穿交陷其中也。」地穿謂凶所从之凵，交陷謂凶所从之乂，凵爲地穿，知非張口也。又臼部云：「臼，舂臼也。古者掘地爲臼，其後穿木石，象形，中象米也。」按掘地謂臼所從之凵，米謂臼所從之∷，凵爲掘地，又知非張口也。以聲求之，凵當爲坎之初文。十三篇土部云：「坎，陷也，从土，欠聲。」苦感切欠凵同是添部溪母字，音相同。凵象坎陷，凵坎一音，坎爲凵之後起字明矣。今坎陷之義專屬於坎，無知凵之爲坎者矣。【積微居小學述林卷五】

◉高淞荃 凵。説文以爲張口象形。非也。凵蓋坎之本字。象地下陷而成塹也。故凶字从之。凶者。穿地而交陷其中以阻行者。如行軍之環營。塹地而置鹿角者然。古人蓋有此法。陷獸以爲獵。陷人以爲防。以其物之惡也。故引申爲凶惡凶咎之誼。凷字从之。象凵中有墣塊也。臼字从之。象凵中有米也。加𦥑象兩手持杵則爲舂矣。加人於臼上則爲臽矣。臽即陷也。篆文作坎。從土欠聲而爲形聲字。凵自象形。何必別取聲乎。顧坎必取欠聲者。因欠有張口之象。人口開張則有似阬坎。誼正相通。故説文遂以張口解凵。乃張口象凵形。不可以凵爲張口也。今从凵之字皆有阬塹之意。隸書凹凸等字亦皆从口。而不見以口容爲解者。此其碻證也。易坎卦之名即應作凵。凵於行則爲險阻。故有險意。於用則爲舂擣。故有勞意。於體則爲陷下。故象乎水。於性則爲凶惡。故象訟獄也。由此可知凵爲坎卦之本字。昭然若發蒙矣。【説文別釋 古學叢刊第一期】

◉艾蔭範 凵（音kǎn或qiān）是一個重要的漢字部件，由它充作義符，孳乳了一批漢字。但是，由于凵的形、義從許慎《説文》開始即遭曲解，在漢字整體演化中它又變化出幾種形態，致使與其相關的許多字至今得不到科學説明，殊爲憾事。

《説文》：「凵，張口也。象形。」朱駿聲《説文通訓定聲》：「一説坎也，塹也，象地穿。凶字从此。」楊樹達《積微居小學述林》卷二：「凵象坎陷之形，乃坎之初義。」蔭範按：朱、楊之説近之，然仍略差一間。凵乃遠古房坑之形。大量考古發掘證實，遠古人類居室，多于平地挖數尺淺坑，夯實、置柱，再沿周邊壘短牆，然後苫蓋。凵即象此淺坑（考古學稱房坑）之縱剖面形。

大約如今日格式塔心理學家所論，人類知覺在綜合客觀物象時有一種本能的「完形壓強」，即不僅努力簡化原物象，而且必使之對稱、和諧、統一，達到簡約合宜。凵字形體是不完滿的。因此，當它與其它漢字部件配合組建新字時，除非其它部件可以嵌入其開張的上口（如「凶」），否則就要它增筆劃使之達到圓足。因此，從甲骨文時起，凵就有凵形變體，隸化成口，乃與口舌之口混淆；後又在口中加短橫繁化爲曰，與表言談之曰和日、月之日混淆。它也有簡化之變體，如在「正」字中即以一短横的形式出現。

唯因凵象房坑之形，故而它的本義即不是一般穿地而成之坑塹，而是人類居室之符號，由此引申而爲人類居住區域和古代邦國的表義符號。【説凵　遼寧大學學報一九九四年第五期】

吅 吅

 乙1425  5823  8700【續甲骨文編】

 吅【汗簡】

◉許　慎　吅驚嘑也。从二口。凡吅之屬皆从吅。讀若讙。臣鉉等曰。或通用讙。今俗别作喧。非是。况袁切。【説文解字卷二】

◉馬叙倫　王筠曰。朱筠本繫傳嘑作呼。朱駿聲曰。字亦作喧。饒炯曰。吅即讙譁本字。謂其聲多而譁亂。故嚴咢等字从之。其以後出字爲讀若。與示讀若算同。劉秀生曰。讙从雚聲。雚即从吅聲。倫按饒説是。驚呼也疑非本訓。玉篇。囂也。驚呼也。御覽九百十八引風俗通引本書吅字。二口爲讙。則盖本訓讙也。會意。【説文解字六書疏證卷三】

𡁜 𢍜

 𡁜　籀文作𢍜　辥侯盤　 辥侯匜　 散盤【金文編】

 3·609　豆里畗𡁜疦卩【古陶文字徵】

 5294　辥侯盤作與此同。  0309  1251  1459【古璽文編】

◉許　慎　𡁜亂也。从爻工交吅。一曰。窒𡁜。讀若禳。徐鍇曰。二口噂沓也。爻物相交質也。工人所作也。己象交構形。女庚切。

𢍜籀文𡁜。【説文解字卷二】

◉林義光　爾雅。襄。除也。此爲𡁜之本義。公羊傳攘夷狄僖四。以攘爲之。古作穌甫人匜襄字偏旁作辥侯盤。即之變。象人戴二口。叫囂之象。在土上。攴象手持物以驅除之。或省攴作伐郤鐘。煩擾者當𡁜去之。故引伸爲煩擾。凡言搶攘擾攘。多以攘爲之。𡁜爲使人退卻。故引伸爲退卻。猶辟字爲使人避。孟子行辟人可也。亦可訓爲避人。曲禮左右攘辟。此攘字爲使人退讓。史記小子何敢攘焉。禮經三揖三讓。則擾讓爲避人。【文源卷六】

◉王國維　𢍜　説文解字吅部。𡁜。亂也。从爻工交吅。一曰窒𡁜。讀若禳。𢍜籀文𡁜。案。毛公鼎之。克鼎之。器

作妣爵之□。不𡫂敦之□。皆从□作□字。殆亦从□从爻工。【史籀篇疏證　王國維遺書第六册】

◉丁佛言　□原書以爲古克字。案當是𤔔。許氏説亂也。从爻工交吅。一曰窒𤔔。讀若穰。案。窒𤔔即今所謂擾攘。許説从交吅。是矣。曰从爻工。則徵之以下諸字。更證以古襄字。無一从爻从工者。可知爻爲□或□之誤。工蓋土之譌耳。散氏槃𤔔之有𤔲。意即以有司治之。説文亂。固訓治也。□𤔔作寶尊彝此竟从𤔲。與虞司寇壺𤔲字左半□略同。可知諸字之作□□□皆爲□之變。而籀文之作□。與許説之訓亂及从交其來蓋有所自矣。□叔妊槃。□古鉢黄𤔔。□古匋。【説文古籀補補】

◉馬叙倫　甲文有□□□□□□□□□□□□諸文。羅振玉釋爲噩。是也。羅謂噩即咢。非是。本書無噩。𤔔即噩也。𤔔讀若穰。噩讀若鄂。□侯作王姞𣪘。沈樹鏞釋鄂。穰音娘紐。鄂音疑紐。皆鼻音。穰聲陽類。鄂聲魚類。魚陽對轉也。𤔔爲□譌。□从吅。桑聲。故得讀若穰。穰从襄得聲。襄亦从𤔔得聲也。故甲文以□爲穰。此即今北京謂叫呼曰嚷之嚷本字。亂也者引申之義。或孃字義。女部。孃。煩擾也。吅㗊一字。詳㗊字下。㗊爲嘮之初文。嘮之轉注字爲呶。呶聲魚類。𤔔聲陽類。魚陽對轉。轉注字也。一曰窒𤔔者。段玉裁謂充塞之意。張楚謂如段説則𦣝字義。𦣝下曰。益州鄙言盛諱其肥謂之𦣝。方言。𦣝。盛也。倫謂此校語。讀若穰者鍇本作穰。衛恆古文官書曰。𤔔即穰字。咢侯鼎作□。師咢父鼎作□。叔咢父𣪘作□。

□　沈濤曰。玉篇云。㲎古文。是古本尚有重文㲎篆。郭沫若曰。散盤□字。劉心源釋𤔔。辥侯盤作□。穌甫人匜有□。即襄字。此乃由□譌爲□。□譌爲工。支譌爲爻。倫按郭説是也。八篇襄下曰。漢律。解衣耕謂之襄。然从衣𤔔聲。不見解衣耕之義。孔廣居謂襄當以褱襄爲本義。是也。書堯典。浩浩褱山襄陵。襄陵謂包陵也。今其義誤入五篇𥳑字下。詳𥳑字下。漢律。解衣耕謂之襄者。必無爲此特造之字。蓋方言有其音。借襄爲之耳。謚法。辟土有德曰襄。甲胄有勞曰襄。解衣耕謂致力於田。體煖不能衣。蓋由闢土之義所引申也。倫疑散盤之□。辥侯盤之□。穌甫人匜之□。皆攘夷狄之攘字。从支或从又。从□或从□得聲。□□从土从□或□得聲。即壤之異文。□从人。从衰之初文作□者得聲。□□爲□之異文也。衰音心紐。□音如襄。亦在心紐。可證也。鍇本𤔔篆亦从土。玉篇引此作㲎。亦从土。然則此正重二文皆攘夷狄之攘本字與。【説文解字六書疏證卷三】

◉郭沫若　□乃𤔔之異。从女亡聲。此讀爲讓。【大克鼎　兩周金文辭大系考釋】

◉郭沫若 𤕦原作□。即説文「□籀文𤕦」所从出。漢鉨蘇襄作□。吕穰作□，所从𤕦字雖已變攴爲殳；然猶从土，形未盡失。【薛侯盤 兩周金文辭大系考釋】

◉郭沫若 𤕦字原作□。余初釋爲虔，因叔夷鐘虔字作□也。或釋爲畢，均不類。諦宲與薛侯盤之□實是一字，卽𤕦字所从出，故今改釋爲𤕦字。【陳貺𣪘 兩周金文辭大系考釋】

◉郭沫若 □舊釋爲克，王國維竝謂卽善夫克，不確，當是𤕦字。【兩周金文辭大系考釋】

◉高鴻縉 □ 吴清卿釋克。王静安從之。以爲即膳夫克。近人多知其不確。劉幼丹釋襄。謂説文襄作□。云漢令解衣耕謂之襄。又謂穌甫人匜襄作□。从衣□。象人側身伸兩手解衣之形。从土。从屮。屮即□之變。致力於土。耕意也。丁佛言釋□爲𤕦。大系考釋從之。今按釋襄釋𤕦皆是也。原意爲解衣耕。本銘□字正象之。譌變爲𤕦。説文載籀文□作□。譌變之跡顯然。原意爲解衣耕。故匜文可加衣以足其意。作□。篆書變爲□。即襄字。原意爲解衣耕。故引伸而有奮勇致果之意。凡攘臂攘夷狄之攘。古只借襄字爲之。如詩玁狁于襄之襄是也。至攘。本揖攘字。讓本責讓字。兩字因通叚習用而移易其意。其本則咎在説文已失□字之本意。而解之曰。□。亂也。後人遂不知□與襄爲一字矣。【散盤集釋】

◉于省吾 甲骨文習見的□字也作□，甲骨文編和續甲骨文編均入于附録。按這個字乃説文𤕦字的初文。説文：「𤕦，亂也，从爻工交吅。一曰，窒(一本作窔)𤕦，讀若穰。□，籀文𤕦。」又説文：「漢令，解衣而耕謂之𧟄(襄)，从衣𤕦聲。」

吴大澂説文古籀補誤疑散氏盤的□爲古𡨦字。但釋穌甫人匜的□字爲襄，則是對的。丁佛言説文古籀補補：「𥨊𤕦即今所謂擾攘，許説从交吅是矣。……古襄字無一从爻从工者，可知爻爲□或□之誤，工蓋土之譌耳。」按丁氏以許説从交吅爲是，殊誤。其餘的分析是對的。林義光文源：𤕦字「古作□作□，□即□之變，象人戴二口，叫囂之象，在土上，攴象手持物以驅除之。」按林説字形，本末倒置。又自象人戴二口以下，完全出于猜測。

𤕦字的初文，甲骨文作□(𡕒字所从，𡕒即瀼)。□字，商器祖辛爵作□，象人赤足之形，上从□，不知所象，待考。□字春秋時器𣪘(辥)侯盤孳化作□。這和周初金文的敬字，盂鼎作□，大保簋作□，後來孳乳爲敬，其例相仿。□形，西周金文變作□(散氏盤)，春秋時器變作□(穌甫人匜襄字所从)或□(弓鎛以爲襄公之襄)。列國時陶文又省化作□，漢印作□，説文作𤕦。以上所列，就是□字從甲骨文至漢代千餘年間孳乳遞嬗的源委。

甲骨文言「才□」、「田□」、「王其田于□」，□字均作地名用。春秋地名考畧襄牛條引顔師古説：「襄邑宋地，本承匡襄陵鄉也，宋襄公所葬，故曰襄陵。」按宋地原爲商之領域，在宋之前，甲骨文已以爲地名，只是秦代才開始稱縣而已。

綜上所述，由于已經尋出字的發生發展和變化的規律，從而判定它是嚴字的初文。它和从衣的襄字古通用，隸變作襄。自來學者不知嚴字的初文本作，故其解説多有不符，這是由于「不揣其本而齊其末」所致。【釋卂　甲骨文字釋林中卷】

嚴　嚴

嚴　不从吅　士父鐘　厰字重見　　詩六月有嚴有翼傳嚴威也孳乳爲儼荀子正論今子宋子嚴然而好説注讀爲儼虢弔鐘　嚴在上異在下　説文古文从三口　井人妄鐘　𤞷狄鐘　番生簋　㝬鐘　秦公簋　楚王酓章戈　中山王譽壺　王孫弄鐘　詩采薇玁狁號季子白盤作厰𤞷孳乳爲玁　多友鼎　嚴[illegible]　【金文編】

嚴　爲四　爲八　【睡虎地秦簡文字編】

漢昌陽刻石　　少室石闕　開母廟石闕　將作掾嚴壽　【石刻篆文編】

嚴見尚書　【汗簡】

竝古孝經　古尚書　【古文四聲韻】

◉許　慎　嚴教命急也。从吅。厰聲。語杴切。古文。【説文解字卷二】

◉高田忠周　説文。嚴。教命急也。从吅厰聲。古文作。敢下本文作。籀文作。古文作。然厰作亦籀文。嚴小篆从籀文明矣。但形轉寫有誤。朱駿聲云。荀子正論。今子宋子。嚴然而好説。注。讀爲儼。非是。段借爲儼。書無逸。嚴恭寅畏。馬本正作儼。詩六月。有嚴有翼。傳。威嚴也。然與此銘可互證矣。【古籀篇五十】

◉商承祚　説文。「嚴。古文嚴。」案金文𤞷狄鐘作。惠叔鐘作。从吅與篆文同。从㗊與古文同。【説文中之古文考】

◉馬叙倫　鈕樹玉曰。韻會引同。繫傳無也字。廣韻引作嚴令急也。龔橙曰。古文當爲。後加敢聲。篆誤。誤説从吅厰聲。又誤出厰於厂部。教命急非本形。倫按教命急也者。當作教也。命急也。皆非本義。命急也者譽之引申義。嚴巖一字。金文叔氏鐘作。虢叔鐘作。井人鐘作。𤞷狄鐘作。宗周鐘作。皆之省。厂亦其省也。㗊爲讙之初文。故从兩口。教命之急何須兩口。此古文作□。即金文之□□。則知嚴爲厰之異文無疑矣。蓋□之字圖畫之爲□。□。或可作□作□。固無嫌也。嚴譽同爲舌根音。故古借嚴爲譽。餘詳酷下。字見急就篇。然顔師古本作莊。則諱明帝名改也。

李杲曰。敢古文作□。此□宜改作□。倫按古文下捝嚴字。【説文解字六書疏證卷三】

◉郭沫若　大豐毁「文王監在上」。

宗周鐘「昆邵各昭格不顯祖考先王，其嚴在上」。

虢叔旅鐘「皇考嚴在上，翼在下」。

番生毁「不顯皇祖考穆穆克誓哲氒德，嚴在上」。

叔向父毁「其嚴在上」。

井尸妄鐘「前文人其嚴在上」。

士父鐘「用喜侃皇考，其嚴在上」。周金文存卷一册二「叔氏鐘」。

死後其靈不滅曰嚴。

例見上，多以「數數纍纍」爲嚴之形頌。案此乃靈魂不滅之觀念也。孝經聖治章「孝莫大於嚴父，嚴父莫大於配天，則周公其人也：昔者周公郊祀后稷以配天，宗祀文王於明堂以配上帝」，邢昺注嚴父爲「尊嚴其父」。今案嚴儼古字通。金文嚴或作敢，亦同音通用之例。釋名釋言語「嚴，儼也，儼然人憚之也。」靈魂不滅，儼然如在，故謂之嚴。嚴父者神其父也。【傳統思想考金文叢考】

◉周名煇　文王□嚴□在＝上。

吳大澂云。即詩所謂文王在上。於昭于天也。郭沫若云。第三字殘闕過甚不可識。依金文通例。每曰。嚴在上。虢叔旅鐘。皇考嚴在上。異翼在下。叔氏鐘。皇考其嚴在上。井妄鐘。其嚴在上。數數纍纍(原文作熊。此當讀郝。凡諸家誤者。一律彈正。詳説見後疏。及新定説文古籀考)。番生毁蓋。不顯朕皇考……嚴在上。廣啟厥孫子于下。又齊侯鎛。虩虩成唐。又嚴在帝所。戰狄鐘。用侃喜先王。其嚴在帝左右。然嚴字不从目。此器顯然猶目形。余恐或是監之殘文也。名煇案。郭氏疑□字殘文。于形略近。然聲讀仍當作嚴。于省吾氏。以爲德字。則與金文成語不合。(于説見雙劍誃吉金文選上之三。)説文云。嚴从吅厰。而厰又从厂敢聲。敢字。古金文作□。或作□。北流馮君振心。謂詳察字形。乃象兩手進奪甘脂之狀。□□

即甘旨字也。是其字疑从甘得聲。（王氏筠説文釋例。已疑敢爲从甘聲字。非馮君剏異。）而許君謂敢从𠬪从古聲者。未諦也。余謂馮君之説是也。敢爲饕餮不肖之文。故周代稱北虜爲玁狁。字亦作厰允。或作敢允。（見虢季子白盤。不嬰簋蓋兩銘。詳後疏。）乃擬其貪婪無猒之狀。而从吅作嚴者。説文云。教命急也。蓋吅爲驚呼。故嚴字从吅。實具監臨戒飭之意。猶今日言戒嚴之比。詩殷武篇云。天命降監。下民有嚴。監嚴二字同用。而毛傳云。嚴。敬也。鄭箋云。天乃下視下民有嚴明之君。皆於詞義不甚協。此銘上文稱祀天。下文稱祀丕顯考文王。事熹上帝。文王嚴在上。則與殷武篇文法相同。惟詩文整齊協律。此銘直紀武王祀典耳。然依毛鄭舊説。譯此銘。文王嚴在上。爲敬在上。則殊難通。王國維氏有云。有嚴一語。古人多以之飭神祇祖考。齊侯鎛鐘云。虩虩成唐。有嚴在帝所。宗周鐘云。先王其嚴在上。𩏂𩏂數數。降余多福。虢叔旅鐘云。皇考嚴在上。翼在下。番生𣪘云。不顯皇祖考。嚴在上。廣啟厥子孫于下。是天命降監。下民有嚴者。亦謂天命有嚴。降監下民也。句或倒者。以就韻耳。案王説是也。嚴有監臨戒飭之意。則由馮説敢字證之而合矣。嚴監二字。古音同在談部。詩烝民篇云。天監有周。鄭箋云。監視也。禮記大學篇云曾子曰。十目所視。十手所指。其嚴乎。是嚴乎之嚴。由視指而嚴。亦即監臨之義。此銘文王嚴在上。與詩文王篇。文王在上。語法相同。而詩序。以爲文王作周也。故箋以在上爲在民上。然以詩下文云文王降陟。在帝左右。證之。序箋之説。恐非塙義。【大豐簋銘考釋　學原】

◉李孝定　嚴，説文以爲厰聲，厰从敢，許訓「進取也，从𠬪，古聲」。而金文敢作[glyph]，从[glyph]，疑爭字，非从𠬪。爭，故有進取之義；从甘，乃甘字，以之爲聲也。【金文詁林讀後記】

◉連劭名　甲骨文中的[glyph]字僅見于記事刻辭，例如：

己酉，[glyph]示十屯，[glyph]。　《續》5.25.6

……廿屯，　[glyph]示，　犬。　《前》7.25.2

……[glyph]示……。　《京津》313

[glyph]示。　《南・南》2.30

卜辭中又見有[glyph]字，舊釋爲嵒。[glyph]字應是[glyph]字的簡體：

……乞自[glyph]廿屯，小臣中示𢆶。　《前》7.7.2

辛丑乞自[glyph]廿……　《粹》1493

辛丑乞自[glyph]廿……　《庫》1635

……乞自廿……《京津》305

……廿屯小……《六曾》18

與都是人名，依字形分析，此字可釋爲嚴，金文中的嚴字有：

《𫓧鐘》　《楚王酓璋戈》　《虢叔鐘》

其字皆从，从敢。字的寫法與甲骨文相比，稍有訛變，敢當爲聲符。《説文解字》：「嚴，从吅，厰聲。」《説文解字》：「厰，从厂，敢聲。」【甲骨文字考釋　考古與文物一九八八年第四期】

甲381　537　580　737　765　809　837　893　907　1099　1369

1511　乙393　3693　6149　7927　7955　8647　珠122　128　263

412　419　574　594　珠671 佚87　珠676　679　900　佚102　254

434　487　519　523　549　606　639　901　續3·16·7　3·17·1

3·17·2　3·17·3　3·17·4　3·17·5　3·18·1　3·18·6　3·28·5　3·45·3

5·23·7　掇460　徵2·5　10·82　10·83　10·84　京2·15·1　2·21·2

2·21·3　鄴33·1　天77　78　摭68　六清145　續存1013　1346　1969

外74　書1·16·C　摭續168　粹119　470　967　968　969　973　974

975　976　978　1013　1014　1016　1018　1020　1027　1028

新1408　4152　4421　4585　5284【續甲骨文編】

咢 从吅从屰吅㗊同意喪毛公厝鼎作嚚囂說文或作䚂爾雅釋天太歲在酉曰作噩釋文噩本或作咢史記歷書作鄂是噩即咢又孳乳爲鄂也傳寫少譌 噩侯簋 噩侯即鄂侯 噩侯鼎 噩弔簋 噩季奞父簋 師噩父鼎 弔噩父簋 禹鼎 屖季卣 【金文編】

76 193 【包山楚簡文字編】

噩出王庶子碑 【汗簡】

●許　慎 㖾譁訟也。从吅。屰聲。五各切。【說文解字卷二】

●吳大澂 噩即噩。與㖾鄂爲一字。噩侯作王姞敦。沈韵初舍人樹鏞釋作鄂。周禮占夢二曰噩夢注。噩當爲驚愕之愕。謂驚愕而夢。說文無噩字。㝱字下引周禮二曰㖾㝱。則噩與咢同。爾雅在酉曰作噩。釋文噩本作咢。史記歷書作作鄂。索隱引李巡注亦作作鄂。則噩與咢鄂竝同。盖噩爲咢鄂之古字。故僅見于周禮爾雅也。【敡方鼎 愙齋集古録五册】

●吳大澂 諤按疑說字之誤文㖾譁訟也。周禮占夢二曰。噩夢。注。噩當爲驚愕之愕。謂驚愕而夢。爾雅釋天。在酉曰作噩。釋文。噩本作咢。疑噩咢古通。器即噩之古文也。【姚敢 愙齋集古録七册】

●劉心源 非器。說文器作噐。从犬。古刻作邾公望鐘師晉鼎函皇父敢亦从犬。此从十。乃噩字。古文小篆犬字皆不作十。周禮占夢二曰噩夢。說文未收。而吅部作㖾。周禮多古文。如噩戲等字見於古刻。許皆未收。失之。案。爾雅釋天。太歲在酉曰作噩。史記歷書作作鄂。知噩侯即鄂侯也。【奇觚室吉金文述】

●羅振玉 許書無噩字而有㖾。注譁訟也。从吅屰聲。集韻㖾或从噩。以是例之。知噩即許書之㖾矣。噩字見於周官。以卜辭諸文考之。知从王者乃由傳寫而譌。傳世古器有噩侯鼎噩侯敢。鼎文噩字作。敦文作。沈氏樹鏞釋作噩。前人釋器。非也。又古金文中喪字从噩从亾。量侯敢喪作。从。齊侯壺作作。从。均與卜辭同文。考鼎作。从。則與噩侯鼎文合。喪爲可驚㖾之事。故从噩亾。據此知卜辭諸字與噩侯兩器之文確爲噩字。噩侯史記殷本紀作鄂侯。漢書韋賢傳。咢咢黃髮。文選諷諫詩作諤諤黃髮。綏民校尉熊君碑臨朝謇鄂。諤又作鄂。是㖾諤鄂古通用。爾雅釋天之作噩。史記歷書作作鄂。集解引徐廣曰噩一作鄂。知史記之鄂侯。即金文之噩侯。卜辭中噩爲地名。殆即噩侯國。許書之㖾。蓋後起

之字。此其初字矣。【增訂殷虚書契考釋】

◉強運開 　噩侯敵。運開按。此叚古文哭爲噩也。説文。哭。哀聲也。从吅。从獄省聲。又按。喪。篆乍。許氏説亡也。从哭亡。亡亦聲。但曰从哭而移吅於犬之中部。與哭之吅在犬上者敚異。攷金文中喪字。余鉦乍。毛公鼎乍。皆从㗊。是即古文哭字。可知哭从獄得聲。獄噩咢鄂同音。故哭得與噩咢鄂相通叚也。容庚金文編以等篆定爲咢之古文。義固不悖。其實皆叚借古文哭爲噩咢鄂等字也。今特訂正於此。【説文古籀三補】

◉高田忠周 　漢人説文作噩者。咢字古文。周禮占夢二曰噩夢。鄭司農注。當爲驚愕之愕。愕亦俗咢字也。然咢噩實别字而同音通用耳。今按。噩即花蕚正字。古或借鄂爲之。詩小雅常棣篇。鄂不韡韡。傳。鄂猶鄂。鄂然言外發也。韡韡光明也。段氏詩經小學云。鄂字从卩咢聲。今詩作从邑地名之鄂者誤也。馬融長笛賦。不占成節鄂。李善注。鄂直也。从邑者乃地名。非此所施。又引字林。鄂直言也。从卩咢聲之字。與从邑咢聲迥别。坊記注。子於父母。尚和順。不用鄂鄂。郊特牲注。沂鄂。典瑞注。鄭司農云。圻鄂瑑起者。皆取廉隅節制意。今字書遺鄂字。説文無蕚字。韡下引蕚不韡韡。鄂之誤也。又段注説文云。各本作蕚。俗字也。今詩作鄂亦非。毛云。咢猶咢咢然。言外發也。鄭注。承華者曰咢。皆取咢布之意。承珙按。二説以後説爲是。鄂蕚皆俗借之字。但藝文類聚及文選注引詩皆作蕚。與今本説文同。葢詩本作咢。後人加草。説文諸書皆由後改耳。以上毛詩後箋説。余謂詩元借䛩爲噩。亦或借咢字。皆同聲通用故也。爾雅釋天。太歲在酉曰作噩。郝氏義疏云。酉者。説文就也。釋名秀也。作噩者。釋文云。噩本或作咢。史記索隱引李巡云。作鄂。皆物芒枝起之皃。物芒枝起。即與噩不韡韡一義之轉。要同意耳。爾雅古本作噩。正字僅存者也。如此篆與噩甚近。金文喪字皆从噩。而其體作作作作。皆隸楷噩字。即韡韡噩布之象形也。而从㗊者。疑罨字省文。亦用爲字聲。是噩罨同聲通用之理也。漢人不識。謂咢噩爲同字。故許氏不收噩字。亦甚扁矣。

　按此字舊釋作器作咢。然爲咢爲長。説文咢譁訟也。从吅屰聲。俗字作諤。又作愕。三國名臣序贊。豈徒蹇諤而已哉。注引史記千人之諾諾。不如一士之愕愕是也。今審此篆从三口。葢㗊之省也。説文。吅。驚嘑也。㗊。衆口也。咢字訓譁訟。从㗊爲至當。小篆从吅。爲省文也。罨字从㗊。與嚻囂从㗊同意。嚻字或省作買。亦與罨省作咢同例耳。此篆又从×。×即古文五字。五者侌昜交午也。亦爲啎屰之意。而古音五屰兩字同部。咢字从屰與从×。形聲會意之恉無異矣。即知器爲古文咢字。【古籀篇五十】

◉郭沫若 　噩同鄂，殷末有鄂侯，史記殷本紀「以西伯昌、九侯、鄂侯爲三公。」徐廣曰「鄂一作邘，音于，野王縣有邘城。」左傳僖廿四年「邗晉應韓，武之穆也」，杜注「河內野王縣西北有邗城。」蓋邗地屬鄂，殷人之鄂，周人改稱爲邗也。地在今河南沁陽縣西北，與垣曲相隔不遠。下弟六二五片言「辛丑卜貞王徙于噩」，又言「壬寅卜貞王徙于盟」。相距僅一日，其近可知。足證殷人之噩非春秋時晉地之鄂見左傳隱六年，今山西鄉寧縣南里許有鄂侯故壘，亦非江夏之鄂矣。【卜辭通纂】

◉馬叙倫　噩字从㗊。屰聲。篆當作𡀔。今作噩者。其屰字曲畫。隸皆變作直畫。又省而爲王耳。古文四聲韵曰。𧅌。王庶子碑作𡀔。蓋省屰作干。故無下畫。亦猶咢之省作罒也。然則噩即咢之或體。羅振玉曰。許書無噩字。而有咢。集韵。蕚或从噩。以此例之。知噩即許書之咢矣。噩字見於周禮。以卜辭諸文考之。知从王者乃由𣎴傳寫而譌。卜辭中噩爲地名。殆即金文之噩侯國。史記之鄂侯。即金文之噩侯。許書之咢蓋後起。噩其初文矣。倫按徐以噩爲咢之變形。似亦有據。以金甲文證之。則羅說爲長。然羅以噩爲咢之初文。非是。穰音日紐。古讀歸泥。咢音疑紐。同爲鼻音。故𡀔轉注爲咢。譁訟也當作譁也訟也。一訓校者加之。譁即咢之轉注字。吅㗊一字。㗊爲嘮之初文。嘮之轉注字爲呶。呶音娘紐。亦鼻音。則咢呶亦轉注字。吅咢同爲舌根音。亦轉注字。爾雅釋樂釋文。咢。字林或作咢。疑此字出字林。邵瑛謂字林原本說文。不悟字林有增字。不皆本說文。【說文解字六書疏證卷三】

◉朱芳圃　藏一八五·三　拾六·二　前二·二〇·五　前二·二一·五　前二·四一·三　前四·四七·一　滬三·四三　前七·二八·一　後下三五·一　林二·一八·二〇　戩一〇·五　戩一〇·六　粹九七四　噩侯𣪘　噩侯鼎　師噩父鼎　弔噩父𣪘　弔喿父𣪘

上揭奇字，羅振玉釋噩，謂「許書無噩字而有咢，注『譁訟也。从吅，屰聲。』集韻『蕚或作噩。』以是例之，知噩即許書之咢矣。噩字見於周官，以卜辭諸文考之，知从王者，乃由𣎴傳寫而譌。」殷虛書契考釋中七五葉玉森釋喿，謂「疑从木，从三口或四口，並爲喿字。說文：『喿，鳥群鳴也。从品在木上。』卜辭文字凡表衆多之意者，往往較篆增繁，如彝之作𢑚，囂之作嚣，是其例也。」殷契鉤沈五桉羅、葉二說是也。喿與噩實一字，象群鳥棲於木上，衆口爭鳴之形。古音讀sâumgâu或sâkmgâk，肖其聒譟之聲也。孳乳爲卒愕，宋玉高唐賦：「卒愕異物，不知所出」；爲錯愕，後漢書寒朗傳：「而二人錯愕不能對」，皆以狀驚慌失聲之容。倒之則爲嚄唶，史記信陵君傳：「晉鄙嚄唶宿將」，正義引聲類云：「嚄，大喚；唶，大呼。」爲啞咋，太玄樂次三：「嘄呱啞咋，號咷倚户。」

喿孳乳爲譟，說文言部：「譟，擾聒也。从言，喿聲。」爲諎，言部：「諎，大聲也。从言，昔聲。讀若笮。」爲詛，言部：「詛，詶也。从言，且聲。」爲䇌，立部：「䇌，驚皃。从立，昔聲。」爲怍，心部：「怍，慙也。从心，乍聲。」爲詐，言部：「詐，慙語也。

从言，作聲。」爲詐，言部：「詐，欺也。从言，乍聲。」

噩孳乳爲咢，説文吅部：「咢，譁訟也。从吅，从屰，屰亦聲。」爲諤，言部：「諤，論訟也。傳曰『諤諤孔子容。』从言，咢聲。」爲語，言部：「語，論也。从言，吾聲。」【喿噩　殷周文字釋叢卷下】

◉聞一多　噩侯𣪘　噩侯鼎

右二字舊釋噩。容庚依説文釋咢，云「从吅从屰。吅㗊同意。喪毛公鼎作𠷎，𩰢説文或作𥄕。爾雅釋天「太歲在酉曰作噩」，釋文「噩本作咢」，史記作鄂，是噩卽咢，又孳乳爲鄂也。傳寫少譌。」案容説是也，而未盡。此與卜辭桑爲同字而異義異讀。小篆省，卽木形之譌變。桓子孟姜壺喪字偏旁作，其間之極易譌變成。至噩侯鼎字與旂鼎喪字偏旁形之近似，尤顯而易見。要之桑噩初係一形從木會意者，讀息郎切，則爲桑字。從㗊會意者讀五角切，則爲噩字。聲義既異，形亦隨之漸歧而爲二，逮至小篆以下，形聲義三者皆異，而桑噩同源之跡乃杳不可尋矣。

前説桑噩二音各異，雖然異則異矣，非謂二者之間絶無聯繫也。以聲言之，説文咢從屰聲，讀五各切，疑母。然朔從屰聲，又讀所角切，心母。心母則與桑息郎切爲雙聲。以韻言之，噩在魚部，桑在陽部，魚陽爲對轉。説文顙頟互訓，方言十「中夏謂之頟，東齊謂之顙。」廣韻頟五陌切，與噩同音。玉篇「頞，面醜也」，集韻頞同顎，玉篇顎一作顱。廣雅釋詁二「頪，醜也。」桑變爲噩，蓋猶顙變爲頟，頪變爲頞歟？

或問桑噩音讀之連繫，既聞命矣，其轉變之過程可得聞乎？曰：番音之學，非所究心，不敢妄測，雖然，請嘗試言之。桑心母，噩疑母，其去固甚遠，然若以泥母爲介，未嘗不可以溝通之。説文桑從叒聲，「叒，日初出東方暘谷所登榑桑，叒木也。」書傳皆作若，而灼切，泥母。桑變爲噩，蓋由桑轉爲叒，又由叒變爲噩也。【釋噩　中國文字四十九】

◉張日昇　説文云。「咢。譁訟也。从吅屰聲。」咢噩一字。劉心源吳大澂羅振玉容庚等諸家皆已言之。而於字形則無説。葉玉森釋喿。朱芳圃兼取二説。謂喿噩一字。象群鳥棲於木上。众口爭鳴之形。然古音咢在魚部ngâk。喿在宵部sâg。聲韻俱異。其説恐難成立。強運開釋哭。謂哭从獄。與咢噩同音相通叚。實則哭獄並在古音侯部k'ùk（哭）ngiuk（獄）。與咢之在魚部不同。高鴻縉釋穰。甲文此字象禾黍穗纍纍之形。其後分化轉變爲噩。叚作驚愕。而另造形聲字穰以替原字。按甲骨文及金文此字所从並作。恐非禾黍穗纍纍之形。聞一多謂金文乃篆文譌爲咢之本。桑噩初係一形。其所論及此二字音韵上之關係。最爲中肯。惜謂桑字从木會意。噩字从㗊會意一説。則不如于省吾李孝定之論。于氏謂𠾂爲喪之初文。喪从亾聲乃後起字。並舉卜辭爲證。其説不可易。甲骨文集釋四三七頁引。李氏云。「除从口形由二至五無定數以示其讙呶嗷嘈之

意可不具論外。其另一旁从作　諸形爲一樹木之象形字。揆其字形與卜辭桑字全同。蓋桑之爲用以葉爲主。故先哲造字特狀其葉而他木則僅著枝幹。此形與字義無涉。字實从吅桑聲。桑喪音讀全同。此聲　之作桑。其歷程當如下表。　↓　↓　」。甲骨文字集釋四三九至四四〇頁。甲骨文中噩字用法有二。一爲地名。一爲喪亡之喪。金文則别爲二字。用爲地名者仍其舊。用作亡失者則加更从亡聲。許訓咢爲譁訟。正是字从口形。示讙呶嗷嘈之本意也。【金文詁林】

◉戴家祥　鷩噩之噩，喪亡之喪，均桑之假借，説文六篇叒部「桑，蠶所食葉木，从叒木。」唐韻「息郎切」，心母陽部。陰陽對轉，則讀魚部，噩讀五各切。噩侯之名，見于商末紂王之世。左傳隱公五年「曲沃莊伯以鄭人、邢人伐翼，王使尹氏、武氏助之，翼侯奔隨。」六年「翼九宗、五正、頃父之子嘉父，逆晉侯于隨，納諸鄂，晉人謂之鄂侯。」杜預注「隨，晉地。」【金文大字典下】

單　單

乙一〇四九單大　乙三七八七地名南單　乙四六八〇反　前七·二六·四　後二·一二·七　菁五·一　簠人一四　粹七三南單　京津一四二四　存下一六六西單　存下九一七東單　京都二〇五六　【甲骨文編】

乙3787　珠107　續4·44·3　粹73　【續甲骨文編】

單　非从吅　小臣單觶　單氏姬姓伯爵成王封幼子于單　春秋时有單伯　單伯鐘　單伯鬲　野尊　單子伯盨　揚簋　單異簋　弔單鼎　王盉　蔡侯匜　單靖訧戈　單盉　𧽊鼎　孳乳爲戰　攻戰無敵　戰字重見【金文編】

1·113西□單　陶文編1·9　陶文編1·9　【古陶文字徵】

單　編五〇　通鄲　邯—　通戰　利—伐　日乙六二　日乙六二　【睡虎地秦簡文字編】

4099　0297　3633　0361　3632　【古璽文編】

◉許慎 單大也。从吅甲。吅亦聲。闕。都寒切。【說文解字卷二】

◉林義光 古作□伐郤鐘。作□散氏器。不从吅。當爲蟬之古文。象形。○○象雙目。下象腹尾也。單爲蟬。故有薄義。言如蟬翼單薄也。又有變蛻之義。爾雅在卯曰單閼釋天。孫炎本作蟬焉。言如蟬蛻蟬嫣不絶也。禪讓之禪。賈誼鵩鳥賦變化而嬗之嬗。古皆與單同音。亦並有變蛻義。【文源卷一】

◉陳邦福 單从吅从甲。或从中。疑初从□得誼。□爲㫃象。∀爲㫃飾。□則爲㫃象。皆靳之省變。展轉假爲訓大之單。後人復以吅爲聲。而古誼遂泯矣。【殷契瑣言】

◉羅振玉 作□與伯昊生鐘同。卜辭中獸字从此。獸即狩之本字。征戰之戰从單。蓋與獸同意。【增訂殷虛書契考釋】

◉柯昌濟 卜辭所載王賓率其先王先公單。疑爲河亶甲。單亶古通。左傳亶伯。史記作單伯。是惟殷先王率以干支繫名。此獨曰單。不稱甲者。疑單即其名。以名稱。若唐若土云。【殷虛書契補釋】

◉高田忠周 馮氏云。考款識及博古圖。載單癸卣云。單□乍父癸卣。疑即此人。愚竊謂□與作□者同。□爲星名。爾雅釋天。大歲在卯曰單閼是也。□。以象木星。∴以象從星。作□亦然。近得王氏廷鼎說。曰單从∴干聲爲古旂字。鐘鼎單父尊彝。屢見皆作□。或作□。且有省作∴。古畫三辰於旂。从∴者日月星也。从干。旂之竿也。古从∴者。亦通作□。如□亦作□之類可證云云。詳見旂字注。愚又謂□字義元謂星辰。故字亦象形。與星字作□作□同意也。凡字。初先象形。後變爲形聲者。多多不遑枚舉。□之變作□亦如此。∴即∴倒文。从∴干爲聲。此明單字。後出古文。王氏說極佳。唯合單旂爲一字非是。又單引伸叚借爲大也。說文。單。大也。是也。或謂單下大也。蓋繟字義也。單繟亦通用耳。但□字形與旂旗義不直相涉。王氏謂。單旂同字斷非。而單字偶用爲旂者。實爲旜之省。䡲字異文从單耳。許氏云單从吅甲。吅亦聲。闕。闕者謂甲形未詳也。其淺妄甚矣。繹山碑戰字所从單亦作單。李迹尚未誤如此。單豈得謂从吅聲乎。又此銘義。蓋如馮說。所謂叚借託名幖識字也。又下見諸器文。有單白某云。莊元年左傳。單伯送王姬。注天子卿也。單采地。公穀皆以爲魯大夫。則當是魯邑。單父今山東曹州府單縣。朱氏駿聲說也。此亦當與金文互證。【古籒篇二十四】

◉朱芳圃 余謂單實罼之初文。試分形音義證之：爾雅釋器：「繴謂之罿；罿，罬也。罬謂之罦；罦，覆車也。」孫注：「覆車是兩轅網」禮記月令孔疏引，又「覆車網可以掩兔者也。」詩王風兔爰孔疏引。郭注：「今之翻車也。有兩轅，中施罥以捕鳥。展轉相解，廣異語。」桉∀象兩轅，⊕象罥網，丨象長柄，此形之相合也。古音單讀端聲元韻，罬讀定聲術韻。旁紐雙聲，陽入對轉。此音之相合也。罿讀定聲東韻，亦單若罬之轉音。卜辭云：「其單，亡戈。」遺六・三。蓋卜問用覆車以掩捕鳥兔。此義之相合也。形音義三者皆合，單爲罬之初文，昭然若揭矣。

章炳麟曰：「單訓大者，于今字當爲繟哆之借，或爲誕之借，據最初古文但爲大之借。」文始一・二〇。桉章說是也。古音大讀定聲術韻，與單爲旁紐雙聲，陽入對轉。【殷周文字釋叢卷上】

◉丁山　單。大也。从吅甲。吅亦聲。闕。

二徐本竝云闕。清儒補此闕義者不下十餘人。其得失則往往相衡。段云甲形未聞。桂云不知甲義。此闕其所闕者一也。嚴氏校議曰。凡云闕者。皆後人校語。單字當從車省。鼎彝銘有□□□數形。旂字有□□□數形。詩其軍三單。亦以車起算。王筠申之曰。蘄所從之單。或從全車。或省上。或省下。或上下俱省。説文所收單字。第省其上者耳。單字見于春秋者姓也。見于詩者蓋兵車也。穆天子傳天子乃周姑繇之水。以圍喪車。是曰囧單。囧者明也。指水而言。單者車也。指喪車言。此殆呼車爲單之明證。此謂單下所從之甲爲車之省形。二也。辛紹業許槤謂𠅘部𦤎𦤎字注皆作覃。則知此單字卽𠆻之隸體作甲者。三也。詳古韻閣讀説文記。朱駿聲謂單從吅華省聲。淮南天文單閼注。陽氣推萬物而起。高謂字從華。故以推爲説。四也。徐灝謂姬單匜單作□。散氏盤作□。餘多作□。是甲者隸變之譌體。疑此卽古簞字象形。五也。孔廣居疑□卽觶之古文。□象兩柱。□象腹與足。觶乃爵之大者。故單訓大。六也。詳説文疑疑。按孔君之説實祖趙宧光説文長箋。章太炎據毛傳三單相襲也。謂襲爲單之本義。其字象蟬聯相續。故作□。于六書爲指事。文始。林義光據散氏盤□形。更謂單不從吅。當爲蟬之古文。□象雙目。下象腹尾。文源。七也。王廷鼎字義新鏡謂□從□干聲。爲古旂字。古畫三辰于旂。從□者日月星也。從干。旂之竿。此説之較新而誼亦較允者。八也。考之左傳。三辰旂旗。昭其明也。杜鄭注竝以三辰爲日月星。日實月缺而星繁。非□所可見意也。畫□于㫃。揭㫃于竿以爲旂旗。竿亦無從着三辰也。新鏡之説。似是而非矣。散氏盤□形未易識。而王復齋積古齋所録卣文。□形之上。皆聯于□王復齋徵異。□之全形未可知。則章林之説自有待于推詳。單之見鼎彝銘識者不作□。卽作□。其下從甲不自隸變始。亦未見有作□形者。則孔君所謂單爲大爵。辛徐謂隸變之譌者。似皆影響之談。凡説文所偁省形省聲者。譌以傳譌。許君未得其解者十八九。甲從華省。殷周古文固未之聞。徵之兩漢金石。亦尠合契。且華亦無推義。説詳羅振玉殷虛書契考釋畢字下。則朱氏推起之義。於何足徵。而嚴王從車省之説。亦不能無疑。且司馬法。兵車一乘。甲兵三人。士卒七十二人。合七十五人。古之兵賦。皆出于鄉。家有丁壯。必供戰役。如嚴王説詩。則公劉在邰。地方不過數里。户籍不過數百。國將不國。安見其既溥且長乎。以此説經。經意茲舛。

以此解字。字義乖互。執碎簡爛文以窺五牛之全者。揆諸本文而立室。不徒嚴王爲然也。二百年間言單字者。何莫非單文孤證以害形義耶。

單之形見于殷契者與金文不甚遠。而其流變也往往似干。干與盾同實而異名。盾單雙聲而單干疊韻。審其聲音遞轉。竊疑古謂之單。後世謂之干。單干蓋古今字也。何以證之。

嘼部。獸。守備者。从嘼。从犬。徵之金文。先獸鼎作□。宰邦敵作□。父甲鼎作□。率從犬。從單。不從嘼。更上徵之卜辭。其左亦無不從單作□前編六第卅九葉□後編下十二葉。羅振玉所謂古者以田狩習戰陣。故字從戰省。以犬助田狩故字從犬。是也。然獸之見卜辭者則不盡從□之全形。或省爲□前編六第卅九葉。爲□藏龜卅九葉。爲□前編六第廿六葉。或省□爲□前編一第卅四葉。爲□前編一第廿九葉。□左之□將謂單乎。將謂干乎。獸本從單。時或省而爲干。此單干古本不別之證一。卣文□。王復齋釋爲鷄單。阮元釋爲旗爵單。依王釋□形不著。依阮釋旗形不倫。細繹其形。上蓋從网。□王國維以爲西字。云。象鳥巢。説文注所謂日在西方而鳥棲。象鳥在巢上者也。夫□象巢形。則鳥應棲其上。今鳥形退居其下。理不可解。如云象鳥由巢中捕出之形。捕鳥者固不必于巢也。山按。藏龜百八三葉□上所從之网作□。前編七第十六葉□字所從之网作□。皆與□形相近。知□亦象网形。中從鳥。下象捕鳥之器。捕鳥之器或曰畢。或曰罕。畢古通作華。其見于卜辭者形或作□前編一之廿九葉。或作□藏龜百八三葉。金文或益鳥形作□。鼎文舊釋執干。非是。其上從□。象飛鳥。中從□。□之省形。以又執□而掩飛鳥。與蔡邕月令章句所謂掩飛禽曰畢之意合。故知爲畢字。下雖似□。而上不見网。其綴网于□上。絶肖後來罕字者。惟父丙爵□形□者。□之省文也。□者。罕之古象也。网部罕网也。從网干聲。後之以干爲聲者。古或繁形作□。虚□之點而輪廓之爲□。則無異□傍之單。省□上二點。則無異虡敢干戈之□。此單干古不甚別之證二。戈部戰盾也。從戈。旱聲。釋名。盾遯也。跪其後以隱遯也。盾許君則云瞂也。所以扞身蔽目。象形。夫拔林木以爲兵。戰盾之興遠矣。今説文盾云象形而形不肖。戰云形聲。而字不習聞。戰之見于先秦典籍金石古文者無不作干。則六書故引蜀本説文以□爲盾者猶爲近古。爾雅釋言郭璞方言注皆曰。干。扞也。何休公羊解詁謂能爲人扞難而不使害人。則干與盾固同實而異名也。方言曰。盾自關而東謂之瞂。或謂之干。關西謂之盾。干盾之用。所以扞矢石。障戈戟也。故先秦典籍每以干戈隱括一切兵器之名與戰伐之義。其變也則或謂之戈盾。周禮夏官。旅賁氏掌執戈盾夾王車而趨。又曰。司戈盾。掌戈盾之物而頒之。戈盾之戈干之變文也。考之父辛彝銘。

見積古齋鐘鼎彝器款識及懷米山房吉金圖

立戈之下。從二人隱遯于丫後。以丫形言。應釋爲單。以其義言。釋盾爲宜。合而觀之。適符周官之司戈盾。另詳拙作殷禮考。周人以戈盾括干戈。殷人以戈單名戈盾。盾單本一聲之轉。而單干則韻部不殊。亦可見單之與盾。盾之與干。後世歧爲數名。在昔本爲一體。此單干古不甚別之證三。儀禮大射。干五十。鄭玄注。干讀爲豻。許君云。豻。胡地野狗也。从豸干聲。又曰貚。貙屬也。从豸單聲。而司馬相如子虛賦則曰蟃蜒貙豻。鄭衆周禮注則曰獸有貙豻。貙貚之貚。本從單聲。漢儒間從干聲作豻。是兩京之際單干之音尚無大別也。越絶書。單者堵也。說文。堵者垣也。釋名。垣援也。人所依阻以爲援衛也。無所援衛。亦謂之單。逸周書。墮城湮溪。老弱單處。孔晁注。單處謂無保障。詩云三單。馬瑞辰亦謂無城郭保障之固。代城郭以兵。馬氏毛詩傳箋通釋云。其軍三單。承上相其陰陽觀其流泉言之。謂分其軍。或居山之陰。或居山之陽。或居流泉之旁。故爲三。公劉遷豳之始。無城郭保障之固。故謂軍爲單耳。是單有衛義。兵以衛民。民以單障難衛險。是單有障蔽之義。障蔽字今從𠂤章聲。古惟作章大敵而已。其上從辛。義未詳。下從申。說文謂章从音从十。按之金文不一合。林義光就金文章形云。從辛從口。辛罪人。謂以口束罪人以法。爲章之本義。亦近附會。所以障蔽戈戟者也。龍魚河圖。盾名自障。則單下從申。猶章之申。所以自障矣。春秋左氏襄十年傳。狄虎彌建大車之輪而蒙之以甲。左執之以爲櫓。杜注。櫓大楯。禮記儒行。以禮義爲干櫓。鄭注。干櫓小楯大楯也。車輪可以爲櫓。干之制必肖車輪。單章古文下竝從申與車中之輪形相似。自古音古義古名物制度言。亦可知單象盾櫓。即象干矣。此單干古不甚別之證四。不特此也。旌旗之竿。古通從干也。詩孑孑干旄。在浚之郊。傳。孑孑干旄之貌。注。旄于干首。大夫之旃也。正義引李巡注亦曰。旄牛尾著干首。然旂之見于卜辭者。大抵作旂戩壽堂殷虛文字四十七葉之九。見于金文者作旂追敦旂伯侯父盤。其注首之旄。顯如毛傳。而竿則作單不作干。單干本爲古今字也。此其鐵證矣。

然則單干之別。何自昉乎。按殷契尚未見干名。單則數見不鮮。其文或曰。果姳丂自北西單闕前編七第廿六葉。或曰。辛未𠂤單後編下十二葉。或曰。癸丑卜㱿貞旬亡𡆥三日乙卯闕之媗單邑豐勹于闕菁華五葉。或曰。其單方亡戈簠室殷契類纂卷二。文闕有間。不知諸單義爲扞爲獸抑借爲戰。金文攻戰無敵。戰字作單公伐邻鐘。一作單公伐邻鐘及𧯧鼎。則殷契曰。乙午卜貞王賓單亡𡆥前編五之十九葉。曰。闕子卜貞王賓單亡𡆥同上葉。曰。戊辰卜旅貞王賓大丁單農亡尤在十一月。戩壽堂殷虛文字二葉之九。諸單字皆單之別體。由王賓單。王賓大丁單考之。單皆人名。亦不能由全文繹單之古義。而金文皆借單爲戰。可無疑也。戰爭之事。攻守而已。披堅執鋭以破敵人兵衛者謂之攻。嚴其壁壘。以扞敵人戈戟者之謂守。攻守之間。固寓有扞衛之義。戰之從單。不徒取其聲。亦且因其義矣。自周人借單爲戰。而別省其上爲干。以爲兵器專名。春秋戰國承之。兩漢經師述之。後之言文字者遂罕知單干古本一字。自□衍爲□。復變爲單秦嶧山碑戰字偏傍。漢世省而爲單。十鐘山房印舉十周秦古印中之王單印單字如是。岩崎藏北宋刊大徐本説文篆亦如是。後更轉寫譌而作單。今通行本説文皆如是作。去干之形愈遠。而誼亦愈晦矣。今爲之正曰。□。盾也。所以扞身蔽目。象形。【説文闕義箋】

◉馬叙倫

倫按舊釋□爲子。實二人耳。金甲文向背罔不拘也。□字舊釋爲單。嚴可均謂單當從車省。詩。其軍三單。亦以車起算。王筠據穆天子傳。天子乃周姑繇之水。以圜喪車。是曰囧單。疑單有車義。其他説者多家。均無足取。宋人釋單爲車。倫從其説。單之形由□車且丁爵□車卣□中叔尊而省變。説文之嘼。亦與車爲一字。知者。邵鐘之□。師寰毁之□。前人皆釋爲嘼。邵鐘之文曰。余□甚武。此與公伐郐鼎之攻□無敵詞例相同。攻□即攻戰。公伐郐鐘作□。説文戰字從戈從單。則嘼爲單之異文可證。散盤作□□二形。猶可見其爲尚未盡失圖畫性之車形。蓋□須對面視之。若車向我而立者。其□即□之□。□之□。□之□。乃輹與銜軏軥也。形省變耳。⊖爲車箱。即輿也。一即軸也。丷者伏兔。即轐也。∞者兩輪。□則其爲輗者更簡。而與後之軸直者而曲之矣。由□之變。則爲交毁之□。冂而反之。遂似於口。故盂鼎作□。ㅂ而圓之。則爲説文之嘼。兩輪由〇者而ㅂ之。ㅂ而吅之。譌而爲㗊矣。若王母鬲之□。盂鼎之□。則爲連字。從辵之字金甲文亦或作ㅂ。非口舌字。乃履之初文也。車音穿三。古讀如舍。則在審三。嘼音曉紐。審曉同爲次清摩擦音。單讀或如善。或如蟬。音皆禪紐。禪與穿三審三。同爲舌面前音。冋其聲轉之跡。亦可證車單嘼之爲一字矣。今單音入端紐者。蓋由穿轉知而入端也。此作□者。爲□之省變。單伯編鐘單子伯簋揚敦皆作□也。此與羙史尊之□白貞甗之□。蓋屬一事。則此□即□也。此或旅行之旅本字與。或此爲乘之異文。若如前説。則器作此文。與旅彝史羙尊白貞甗皆同意。【讀金器刻詞】

◉姜亮夫 説文：「單。大也。从吅甲，吅亦聲。闕。」按許于形義皆未得，甲爲後人誤字，王菉友已言之，而吅不能爲聲，朱駿聲已言之，皆是也。許訓爲大，義亦非朔，徐灝註箋，以爲簞之本字，王菉友朱駿聲以爲穆天子傳之囧單，爲車名，疑單有車義，王鳴盛娥術編以爲觶之古文，林義光以爲蟬之古文，餘杭先生以爲卽蟬聯本字，其于形義，皆各有當而皆未必爲朔義，蓋古文至小篆而劃一形體，皆以一形定之，一義一音説之，多不可通，後之學者，各以其所感受當時煞那之象，而各立新説，皆于義有所依歸，之一形，亦似簞，亦似車，亦似觶，而尤似蟬，然皆未必其本也，單蓋卽干之孳乳而繁變者也，此何以説？按以形而定，則干罕㫃單畢皆爲一系之衍，而干罕㫃又爲一系之繁簡，畢則如形以成別義者也，今請得略論之。

按説文：「干。犯也，從反入，從一」，許氏蓋以爲指事字，其實非也，按阮氏款識虘彝之「干戈」字作，已非入一之象，又窓齋集古録有豆形父丁敵，形作，又殷文存有異形爵作，其中之兩形，與薛氏款識中之雞單彝、貞松集古之畢饒，皆全象以物取鳥之象，則爲同意，其形亦必爲繁省之差，而非有別形矣。推之，則窓齋集古之𡬾形爵、薛氏款識之單卣從單尊、單卣、嘯堂集古之從尊、殷文存之𩑸，蓋皆一形之變矣，從而變爲攈古録單異彝，松貞集古之小臣單觶，金石索之周單癸罍，繁變而不可詰矣！

攈古録　貞松集古　金石索

凡此諸文，或以書體之有繁簡，或以事變之有今古，稍有差池，而其胎元，皆本之于丫，則無稍變，丫者蓋又干戈最初之形，古者銅鐵之利未興，民皆斬木以搏禽獸，山地大野，近以禦獸者，多歧兩頭，所以爲糾絞，使獸不易近身也，水岸狹谷，遠以取獸者，多用矛刺，所以爲追擊，便隱慝自全也，此古今不易之勢，故狩之字，卽從單（詳後，又干戈意近，故古製字或相異，如不嬰敨之「女及戎大辜戟」，卽虢季子白盤之「薄伐玁狁」之搏也），故干有取之義，引申之爲求爲進爲犯，及後犯意專行，則干戈本義之字，別作戢，取求之義別作迁，以所施爲指陳之異，而加偏旁以別之，如訐竿扞奸稈骭及諸干聲之字，莫不以此爲引申，其聲義之衍，則爲干吾，毛公鼎師克敦之「干吾王身」，今作扞禦扞捂攼敔，皆後起分別文。

干之形所以扞禦野獸也，以之网取，則于岐端施网羅，作書者簡繪之，則干已可以明，如上陳亞形父丁敵畢形爵也，必欲肖之，則爲畢饒𡬾形爵之所圖可也，甲骨文或作，則妙肖神似之圖矣，後世卽依其形而爲罕字，説文：「罕，网也，小網似畢，長柄」，後世或假罕爲之，史記天官書「畢曰罕車，主弋獵」是也，其專以網取隹鳥者，則別加聲符以定之，曰畢，畢者其初文當如前舉之雞單彝，顯然爲羅鳥之象，上從者，卽説文「或曰從華甶聲」之甶，徐鉉音弗，古無輕脣，則畢者故罕之讀爲甶聲而純以網鳥者也，故西方宿八星之罕車，卽詩大東之天畢也，形變則省鳥作

窓齋　旂形單字父丙爵　　貞松集古　　單

形愈變則爲

窓齋　畢仲孫子敨　　殷文存　𩰲伯彝　　周金文存　畢蓋敨蓋

至小篆整齊劃一作畢，其形幾不可識矣，畢與干既同字，故儀禮特牲「宗人執畢先入」注狀如叉，蓋用其引申之義矣，干有禁止取求之義，故從畢之字，亦有禁止取求之義，如趕止行也，斁盡也，縪止也。

古初之民，以猛摯善獵漁者爲雄爲魁，故干矛之長且大者，示其人之爲大酋，大酋之所在，則立其兵于門，而載之以其宗族徽志，如者，是謂之㫃，㫃者說文以爲旌旗之游㫃蹇之貌者，重在斿而不在干，蓋干不足以爲一族一氏之差別，人人得而執之，其差惟在斿，故自斿立說，其聲亦不殊也，繁體則爲軋，說文又作䡊，㫃之作軋䡊，亦猶干作之單矣（詳後），由㫃系之孳乳，則與相涉。別詳中字下。

上舉干罕畢㫃諸文，皆原干丫，而各衍爲體系，其事已至繁頤，不易輳理，然繁頤之最甚而義蘊最大者，則莫如單字，今請爲詳辯之如次。

按金文捃古録父辛鼎有下一形，即松貞堂卷二父辛鼎一形之變圖二，圖二一形亦即小校卷二父辛鼎一形之簡繪圖三，第二三兩圖全相同，而第一圖即二三兩圖之變，亦無可疑，窓齋集古録宰甾毁有下一形，獸形雖省一旁，而中之所建，故可斷爲與圖一不殊也，此即甲文之，皆即最初之獸字也，史獸鼎作，猶存其真，獸即狩獵之本字，詳下。

小篆以後獸字所從之單，可作若，則干單爲一字審矣，獸之從干單者，蓋獵者得禽，則委之于軍器之前，所以節進止，定坐作，視威武，此本狩獵民族日常生活之現象，周禮所謂「田之日，司馬建旗于後表之中」是也，其從犬者，即周禮「獻獸以祭社」「獻禽以享灼」「致會以祀祊」，亦即詩所謂「獻豣于公，言私其豵」及周禮所謂「大獸公也」，周禮獸人又云：「令禽注于虞中」，注云：「令得禽者置虞人所立虞旗之中」，此蓋社會常態，而夷爲政治功令，文飾華采之文矣（餘義詳後）。然單之形，非不能以簟車鞹蟬說之也，奚必定爲兵械？此更有說，按從單之字，如獸如戰如蘄，皆有兵械之義，此可證也，獸字獸爵作，盂鼎「錫乃祖南旂，用遷」，作，從，即小篆所從之嘼也，故可省作嘼，見邵鐘，師寰敨「歔厥邦獸」作，散盤作，交從彝作皆即王鬲之，其下之日若，皆即柄下之尊也，而方鼎之，更加兩手以象建立于座之形，製尤爲顯豁，亦即爲後世嘼字之所出。

今說文別出嘼字，訓云「犍也，象耳頭足厹地之形，古文嘼下从厹，凡嘼之屬皆从嘼」，其實此嘼即獸之借字，獸本狩獵，而借爲禽獸耳，武成序「歸獸」，釋文作嘼，楚辭大招之「宜擾獸只」，嘼亦獸耳，許分爲二字，實未得其鰓理。又凡古兵器之座多作形，如金文婦聿庚卣（見綴遺齋十一卷）之庚作□，庚亦陳兵之象，別詳，其下亦架座之形也。又如立戈尊（綴遺齋十七卷）作□，此類極繁，不勝枚舉。

狩獵可用單，則單必與狩有關，此可爲單之確可作兵器解之一證也，抑又不僅此也，金文或以單爲戰字，公伐郐鼎「攻單無敵」，卽「攻戰無敵也」，而䡍鼎作「□□□」，殷虚書契前編卷五十九頁有□□□三形，後編上四頁有□形者，與䡍鼎同，則戰不從戈，而□之與□，當爲繁簡與正側之分，又得自文字繁衍變化之例而定者，以兩兵以上表争戰，亦如今小篆之從戈矣，又不僅此也，古之將有事于狩獵征戰者，必陳兵而禱于社（詳周禮大司馬），詩車攻曰：「建旐設旄，搏獸于敖」是也，故禱于軍曰祈，祈卽旂字，皇本記旂年宮卽祈年宮可證也，字在甲文金文皆作□（戬四七九）□（頌鼎）□（伯侯父盤）皆象陳兵于公社之前，與旂旗同列，而爲祭之象（詳祈字下），而旂之字歸父盤作□沓君簠之□皆架座俱全之象，而伯旂敢之□大師虘豆之「用多福」之旂□，形變似隸定之言字者，實架座俱全之單形省體，則單之爲兵器，又得自旂而定之矣，古本有借旂字爲單者，莊子讓王：「單以反一日之無故而不可得也」，釋文「單本作旂」是也，又説文有倝字，籀文作□（段玉裁説），倝部收朝字古文四聲韻引貝丘長碑作□，又翰字四聲韻引古爾雅作□，諸偏傍實皆卽旂字所從之偏傍，而小篆小異者也（金文仲殷父敢朝字作□猶存古真）。

諸此之□，亦卽單之變，故音相近（倝單同在寒韻而見端二母爲同位，發音方法全同，同得相變，古見端相變之跡極多，詳余古音考一書，卽簞字而論，書序「咎單」作明居亦可證），許訓倝爲日始出光倝倝者，乃引伸之義，古人定日時以旌旗，如日周于旗爲朝，日出爲昜（卽㫃之變，㫃從之勿，説文以勿爲之，周禮借物爲之），日中則曰□，則日始出曰倝，蓋作意相類矣（別詳字下），□則倝又爲單之形變，得展轉而定之矣，亶之變則爲旜，交龍爲旂，儀禮有龍旜，旜從亶，蓋亶之形省變已不明，而以亶著其音也（説文以旃旜爲一字，是也，旃爲通帛之旗，卽純赤帛無飾之旗也，周禮司常九旗有常旂旜物旗旟旐旞旌，不言旃者，旃卽旜也，説又言旃爲旗曲柄，引周禮此旜爲旃，曲柄之旃，禮無明文，不足據，又孫詒讓周禮正義，九旗之内，正旗實止有五，常旗旟旗旐分象五色，其旜物二者，則爲縿斿純駁之異，凡旜縿斿同色爲純，物縿斿異色爲駁，常旂爲天子諸侯所建，疑唯有旜而無物，自旗以下則貴賤通建，旜擅物兼有，經著旜物于常旂之後，旗旟旐之前，文例最精」云云，則旜非旗旂專名，且爲天子諸侯所建之常旂矣，若更以古音定之，則常與單爲雙聲，一在陽韻，一爲寒韻，同爲陽弇聲，故得相轉，而旂與旂爲一字，則單旜常旂爲同語根同族系之字，則雖視爲一字之殊體，亦非向壁虛造之辭矣，又周禮以繪日月者爲常，當卽左氏傳所謂三辰旂旗，或春秋時確有此製，而單字在金文中作□者，或當時人已不知爲干等之譌變，遂其字爲常爲單，而又以旜冒單者與。聊發肊妄，以待明者！）

以上所陳，皆自形之類比爲説，以定其義，單爲兵器，蓋已無疑，更徵之于載籍，則詩大雅公劉之篇云：「相其陰陽，觀其流泉，其軍三單，度其隰原。」毛傳：「三單相襲也。」義不甚明，鄭箋云：「大國之制三軍，以其餘爲羨單者，無羨卒也。」正義仲之曰：「羨謂家之副丁也，今言其軍三單，是單而無副」，是則鄭以單爲單純單一之義，蓋極牽强之至，按「三單」猶言三陳，以軍器表旅衆，如言三旂三旗之義矣（尉繚子「大國之軍三旂，中軍黄旂，左軍青旂，右軍白旂」，旗言軍旅之證）。古初族各有軍，此蓋公劉遷豳，以其族爲三軍，而詩人美之也，其義簡直，無事侜張，其證一也。

又郊特牲云：「唯爲社事單出里，唯爲社田國人畢作，唯社丘乘共粢盛，所以報本反始也。」注云：「單出里，皆往祭社于都鄙，二十五家爲里，畢作人則盡行，非徒羨也。」正義云：「社事祭社事也，單盡也，里居也，……此唯每家出一人，不人人出也。」按正義每家出一人之説，卽小司徒：「凡起徒役毋過家一人，以其餘爲羨」之義，則所謂單者，實指在軍之人而言，此單出里之單，當讀爲其軍三單之單矣。則單出里，猶言軍役出于里，以下文國人畢作對文，蓋祭社所以重威儀，振軍旅，故但在軍者行之，而田獵則需傾國爲之也。又禮器云：「鬼神之祭單席。」此言禮有以少爲貴者，故舊疏以「神道異人，不假多重自温，故單席也」言之。其實鬼神之祭，其席紛繁，不得言單此單度，猶言陳席而祭，祭後而人各致其胙福，故曰陳席也。

單爲陳兵，陳兵者，所以徇陳取信也（周禮大司馬羣吏聽誓于陳前，斬牲以左右，徇陳曰，不用命者斬之云云，蓋司馬以旗致民别陳，如戰之陳，而平正之，故陳以平正之義見于民，使信如戰陳也），故單有正平誠信之意，卽盤庚「誕告用單」之義，注「誠也」。又魯語：「堯能單均刑法」，單均猶言平均也，鄭語：「夏禹能單平水土」，猶言能正平水土也。書洛誥「乃單文祖德。」馬注：「信也。」君奭：「丕單稱德。」言大正偁德也。後世更别造擅字爲之，亦如蘄之别作旝，皆以聲同字注之也。

單作陳兵器，兵亦以典刑，故得引申爲别，爲盡。左傳襄二十七年「單斃其死。」列子黄帝：「單憊于戲笑。」莊子列禦寇「單千金之家。」禮記祭義：「歲云單矣。」皆是。後更分爲殫字，孳乳爲幝，車弊貌，小雅杕杜：「擅車幝幝。」又周禮大司馬：「暴內陵外且壇之。」與上文「賊賢害民則伐之」同義，壇卽單之借也。又詩桑柔：「逢天僤怒。」僤疾也，則由盡之引申，墠字金縢同，傳「除地也。」詩東門之墠，傳：「除田町者。」則陳兵二義之引申，凡此等字，皆由一義而各爲分别，各立專字，總其歸皆單之嗣續矣。説文：「敒，理也」，申矢古同聲通轉。爾雅釋詁：「矢户及雉」，誼皆訓陳，隱五年「公矢魚于棠。」傳作：「陳魚而觀。」詩大雅：「矢于牧野。」傳：「亦訓陳。」陳敶假例，與户陳互用同，故卽借雉爲敒（夷陳互用，古籍甚多），爾詁神治，廣詁申理，皆當作敒，又信南山：「維禹甸之」，毛傳「甸爲治」，周禮稍人注引作「敶」，敶亦敒借。【釋單　學藝雜誌第十八卷九、十一號】

◉郭沫若　「單𠬝」：單當是作器者之國族。周有單伯，爲王朝卿士。春秋莊元年「單伯送王姬」，注云「單伯，天子卿也，單，采地」，當卽此。本器出土地，據攷古圖云「得於河南河清」，又云「初河濱岸崩，聞得十數物。今所存者，此彝外尚有五物一方鑑、一觚、一𣪘、一盉、一甗，皆曰『單作從彝。』……又有□字」。河清在今河南孟縣西南五十里，離洛陽不遠。是則單乃成周畿內采邑也。□殆花押於銘末題此二字者，猶今人落欵，既簽名復畫押也。吳大澂說祖日庚𣪘銘末之□字，亦謂「猶後世用押之義」，今觀與壴卣同出之器，大率有「單□」二字，可爲此説之一確證。

攷與壴卣同出之器，有十數物，攷古圖僅揭其五，並壴卣而六。然通觀宋人所著録，有爲攷古所遺，或已爲所揭載而未及覺者，今並揭其器名，與箸録出處如次：

單□鼎　博三・五，嘯上一五・薛九・五　銘凡五字，曰「單□作從彝。」

單□甗　攷四・一三，薛一二・三。　銘同。

單□𣪘　攷四・一一，薛一二・三。　銘同。

單□盉　攷四・一二，博十九・卅六，薛十五・十二。　蓋銘同。器少一作字。

單□觚　攷四・一〇，薛一二・三。　銘同。

單□鑑　攷四・九，薛一二・四。　銘同。器如方鼎而無足，案乃鑑也。

□從彝　薛一二・三。　銘四字，曰「□作從彝。」僅見薛書，不識何器。

單　尊　攷四・十四，博六・廿，嘯廿三，薛二・二。　銘三字，曰「作從單。」

單　爵　攷五・七，薛四・三。　銘一字作單，攷古云「得於洛陽」，殆亦□器之出于市鬻者。

以上並壴卣共得其十，卣銘特長，其它大抵皆有「從彝」字，蓋以卣爲主尊，而它皆陪器也。此外尚有它器。

右單□父乙鼎博二・卅七，嘯上一二，薛九・四。其花紋形制與上單□鼎相似，銘亦有□形文，則□者乃單之花文也。壴卣有父癸而此鼎又有父乙，與臣辰盉有父癸而爵復有父乙者同，此可爲壴卣「沇子」卽猶子之一旁證。

知爲單之花文，則左列二器銘亦當是單字。

單毁 博八・廿三，嘯上・一五，薛九・五。

單卣 復齋第十八葉。積古擵古奇觚均據此覆刻。

此二文較形僅多一手執鳥形，其爲一字無疑。器則同屬于單氏，又同見宋人書中，蓋與壴卣同時出土者也。更有進者，此等奇文，于古文字上頗多啟迪。王國維解説單卣文云「象鳥在巢下而以畢掩取之，又箕單父丙爵有字擵一之二・六二，窓廿二册・一七，則省鳥存巢，手執干鼎之陶續一卷一三。則省巢存鳥。」《觀堂集林》卷六「釋西」。王氏之意在證明若卽西字，乃象巢形，其説無可易。舊説爲旗形而釋爲旗，非也。然此等字尚有一妙用，在足以揭發單字之字源。

單字之見于單諸器者均作，單尊文作。今存世古器銘中之單字及从單之字如獸金文獸字從單如戰如㢡等，大抵均如是作。

單 單伯鐘 單子白盨 揚毁 叔單鼎 蔡侯匜 單伯鬲 㽞尊

獸 宰峀毁 員鼎 史獸鼎 先獸鼎

戰 沈子毁

㢡 頌鼎 追毁 蔡大師鼎 此字金文至多，不備舉。

此字一見卽可知其爲象形文，説文謂「單大也，从吅甲，吅亦聲」者，乃沿譌字以爲説。然單所象者究爲何形耶？觀若文知單乃捕鳥之器，王國維説之以畢，形制與用途則然矣。今更以聲類求之，則單乃罕之初文也。手執干鼎之，所從形正是罕字。舊説爲干形，非是。説文「罕，网也，从网干聲」，乃由形譌變而爲形聲字者也。段玉裁注云「吳都賦注『畢罕皆鳥網也。』按罕之制蓋似畢，小网長柄，故天官書畢曰罕車。」段説罕字，與古文正合。罕復名罕車者，蓋罕之柄上有輪，以綰綱綱之收縱。字中腰之⊕形，卽輪象也。故單爲罕之初文毫無可疑。

獸字古金文从單，亦單爲罕之一證。獸本古狩字，从單从犬者，均狩獵時所必用之物。甲骨文獸字亦从單作，有前編六・四九同上前一・廿九前四・八等形。羅振玉説「从戰省」自較从獸之説爲長。然今知單卽古罕字，則羅説亦不免迂迴矣。羅説見「殷虚書契攷釋」卷中・六十九。【壴卣 金文叢考】

◉柯昌濟 卜詞曰。乙丑卜貞王賓亡囚。又一文作。與公伐郘鼎攻單無敵單字作同。積古齋款識䡊鼎。戰作。亦與此同。當卽爲單字。【殷虛書契補釋】

◉馬叙倫　沙木曰。从嘼省。取嘼損勢孤之意。嚴可均曰。凡云闕者。皆後人校語。此當是从吅闕。吅亦聲。校者復乙轉耳。單字當是車省。鼎彝器銘有□□□數形。詩。其軍三單。亦以車起筭。許槤曰辛紹業云此从甲卽𠀠之隸體。𩫖部𩫖字注。皆作覃。則知此甲卽𠀠之隸體。作甲者也。愚謂𩫖厚也於訓大義尤切。孔廣居曰。甲不成字。鐘鼎作□□□。繹山碑偏傍及古印皆作單。無有从吅者。疑□卽䩐之古文。䩐乃爵之大者。故單訓大也。陳立曰。吅聲。王筠曰。甲非字。故云闕。然甲乃後人誤增。甲既非字。安得言从。鐘鼎文偏旁作□。穆天子傳天子乃周姑䌛之水。以圜喪車。是曰囧單。疑單有車義。从車省。吅聲。則詩。其軍三單。或非殫盡之意。朱駿聲曰。大也當作大言也。从吅。𠦒省聲。淮南天文訓。單閼。注。陽氣推萬物而起。高謂單字从𠦒。故以推爲說。吳錦章曰。疑从吅从𠦒省。或爲古器物之名。吳楚曰。止當訓獨也。从車省。車以兩輪爲備。甲則省其一。一輪則單矣。徐灝曰。阮氏鐘鼎款識姬單匜單作□。散氏盤作□。餘多作□。是甲者隸變之譌。款識又作□。然則必非从吅也。疑此卽古箄字。象形。王棻曰。从𠕁。象獨輪車之後。左右兩軫木各出數尺。備御者兩手之所持也。从車少一輪。王廷鼎曰。單爲古旂字。詩。其軍三單。謂三旂也。鐘鼎單字有作□者。似从∷从干。∷爲象三辰。干爲旂干。謝彥華曰。單卽鼉之古文。字當作□。轉變爲□□。又變爲□單。誤爲从吅。其說莫達矣。□似蜥易。見於鼉字說解。□正象其形也。章炳麟曰。詩。其軍三單。傳云。三單。相襲也。襲爲單之本義。其字象蟬聯相續。故金文作三單。猶史記言三嬗。謂更番徵調。前者退伍。後者承襲之也。林義光曰。蟬之古文象形。□象目。甲象腹尾也。丁山曰。金文獸字偏傍多作□。甲文多作□。明不从嘼。蓋从單。單卽干也。倫按嚴氏以下諸說。丁山有辨矣見說文闕義箋。然丁自著其說。謂單即干戈之干。不悟干爲倒大。與屰一字。而干戈字本書作戟也。詳干字屰字戟字下。楊南仲說單卽車字。倫從其說。單之形由□車且丁爵□車卣實當名戰卣□中叔尊而省變。又甲文車字有作□者。骨文亦有作□者。最易變爲單。金文旗字每作□白百父𣪘。事尊則作□。本書𣃔从斷得聲。斷卽斬字。詳𣃔字斬字下。然則單之形由□而變。單卽車字。於形無疑。其義則穆天子傳固是塙證。又史記孔子弟子傳。鄡單字子家。王引之謂單借爲廛。廛一家之居。倫謂單卽車字。車所以居人。故字子家。本書。家。居也。車古讀如居。與家又同部。其可證於聲者。釋名。古者車聲如居。今曰車。車。舍也。韋昭辨釋名曰。古惟尺遮反。自漢以來始有居音。段玉裁謂車古音讀如祛。老子音義。去於反。三國時尚有歌無麻。韋說未愜也。倫檢戰國策趙策。故拘之於牖里之車。史記周本紀車作庫。陳詩庭據後漢書竇融傳有金城太守庫鈞。注。引前書音義。今羌中有姓庫。音舍。云。鈞之後。證庫从車得聲。倫證以釋名車舍也之說。則庫之音舍。實得聲於車也。舍音審三。韋謂尺遮反。音在穿三。審三穿三皆舌面前音。古讀並歸於透。透溪同爲破裂次清音。故老子音義去於反。而庫亦苦故切。溪見同爲舌根破裂音。故車音又轉如居。居音見紐也。單音端紐。端見同爲破裂清音。端透則同爲舌尖前破裂音。是又單車一字之可證於聲者也。此字説解無可訂。然有闕字。則知本不如此耳。甲文有□□□。羅振玉釋戰。葉玉森謂魯公伐郐鼎。攻□克啻。疐鼎文同。唯□作□。諸家並釋爲戰。按單伯昊生鐘單作□。姬單匜作□。卜辭與鐘文同。□□並非單之變體。且省戈戰誼不顯。散氏盤褱作□。从衣。从□。是□卽是嚴。攻嚴卽攻攘也。倫謂嚴爲甲文作□□□者之譌省。□□之形豈相似乎。散盤之字。一作□。一作□。一作□。似从龠之初文作□者也。若从□□。則或爲□之變體。故或作□也。攻□卽攻服。義亦可通。若是單字。則爲説文之禪。葉舉卜辭中□爲祭名。正是禪字也。戰从車得聲。故金文卽用爲戰字。陳邦福釋龠。於祭名可通。然不可以釋鼎文。陳舉易萃釋文。瀹。蜀才作躍。謂攻龠卽攻躍。終非塙當。或鼎文是單。甲文是龠。篆固有真草。體亦有正譌。書者非一時一人。固不以爲異也。字見急就篇。【説文解字六書疏證卷三】

◉李孝定　説文。「單。大也。从吅甲。吅亦聲。闕。」鈕樹玉説文校録云。「説文無甲。故云闕。」姚嚴二氏説文校議云。「凡言闕者。皆後人校語。此當是『从吅闕。吅亦聲。』校者復乙轉耳。」按鈕説是也。許君盖不知單字本義。故云「闕」。其下説解第就篆體言之耳。據許説單爲會意兼聲字。據卜辭金文言之單實象形字。徐灝段注箋以爲象箄形。孔廣居説文疑疑以爲「觶之古文。觶爵之大者。故單訓大也。」説雖未是。然較他家解説文者爲近於朔誼。丁氏以干解單。更以獸字从□或从丫證之。於形音義三者俱合。説盖可從。金文作□單伯編鐘□單子伯盨□小臣單觶□野尊□單伯鬲□蔡侯匜□叔單鼎。與卜辭同非从吅也。【甲骨文字集釋第二】

◉晏炎吾　愚謂單卽旃之初文。旃从丹聲，丹、單同音。旃之重文有旜，从亶聲。亶、單亦同音，故《書・盤庚中》「誕告用亶」，陸德明《釋文》卽謂「亶，馬本作單。」以此知旃、旜之古音必近于單，其讀諸延切者，今變音也。

旃于《説文》屬㫃部，故旃从之，似先有㫃字而後有旃。斯又不然。《説文》立㫃以爲部首，舉凡旌旗之屬皆从之。此就篆書以立説耳，非朔誼也。㫃本「旌旗之游，㫃蹇之皃」，不應先有旌旗之游，而後有旌旗，此理之至昭者也。厥初維何？其爲旃乎！《周禮》司常九旗，箸旜、物于常、旂之後，旗、旟、旐之前，孫詒讓《正義》嘆爲「文例最精」，以「旃、物爲諸旗之通制，不入正旗之數」。是旗之爲制未有先乎旃、物者。而揆之事理，旃又古于物。何則？孫詒讓曰：「凡旜，縿斿同色，爲純；物，縿斿異色，爲駁。」續事後素，旃必居先。考《禮記》目録正義引《世本》曰：「黄帝造火食、旃、冕。」《太平御覽》卷三百四十亦引《世本》曰：「黄帝作旃」。雖出于傳説，然有開必先，有由然矣。

《説文》：「㫃，旗曲柄也，所以旚表士衆。」孫詒讓曰：「曲柄之㫃，禮經無見文。」故疑其「恐非古法」（見《周禮正義》）其言是也。然許君謂㫃「所以旚表士衆」，則塙乎不易之言也，故戰从之。獸獵之事，載纘武功，故獸亦从之。均所以旚表士衆也。考之契文，其制初蓋祇作□、□，□、甲爲㫃之身與柄，□則㫃飾也。或作丫者，是其省文。其後益之以旌旗之游，制乃彌繁。故蘄之見于契文，初只作□（粹一〇〇）、□（後下二二·一八），洎乎《頌鼎》，乃作□，《善夫鼎》則作□，㫃上遂加游矣。周人尚文，斯之謂與？

知單爲㫃之初文，然後《詩·公劉》「其軍三單」之文乃可讀。蓋單（㫃）既「所以旚表士衆」，因卽以爲部衆之稱。「其軍三單」者，三分其軍爲左、中、右，使相句伍以制敵。《尉繚子·經卒令》：「經卒者，以經令分之爲三分焉：左軍蒼旗，卒戴蒼羽；右軍白旗，卒戴白羽；中軍黄旗，卒戴黄羽。」斯其遺制與？詩毛傳曰：「三單，相襲也。」《小爾雅·廣詁》：「襲，因也。」正謂其軍三單相因以爲用，立義至爲精覈。惜乎鄭氏不了，乃破單爲殫，援羨卒以爲説，辭義俱隔。孔穎達正義乃讀襲爲重襲，至謂「三單」爲「三行皆單而相重爲軍。」名爲申毛，厚誣毛矣。【釋單　華中師院學報一九八三年第一期】

◉于省吾　水經淇水注：「今城（朝歌）內有殷鹿臺，紂昔自投于火處也。竹書紀年曰，武王親禽帝受辛于南單之臺，遂分天之明。南單之臺，盖鹿臺之異名也。」史記殷本紀的「紂走入，登鹿臺」，集解引徐廣謂「鹿一作廪」。按水經注謂南單之臺盖鹿臺之異名，其言盖者，並非決定之辭。我認爲四單的單字應讀作臺，單、臺雙聲故通用。臺乃後起字。古本竹書紀年稱「南單之臺」，是由于東周以來已出現了臺字，而紀年作者不知商人以單爲臺，遂于南單之下誤加「之臺」二字。

爾雅釋宫謂「四方而高曰臺」。吕氏春秋仲夏紀的「可以處臺榭」，高注謂「積土四方而高曰臺」。國語楚語的「夫爲臺、榭將以教利民也」，韋注謂「臺所以望氛祥而備災害」。

總之，商之四單卽四臺，是在以商邑爲中心的四外遠郊。以前引第六條的南單與三門、𨑳（楚）並列驗之，其非近郊可知。

【釋四單　甲骨文字釋林】

◉曾憲通　□二曰朱四單　甲四·二〇　按戰字楚王酓忑鼎作□，中山王圓壺作□，三體石經古文作□，所从單旁及令瓜壺之□，與帛文最近。可見帛文之□實即單字。《古文四聲韻》引王存乂切韻單字正作□，與帛書同。選堂先生讀單爲檀，謂朱四單即朱檕檀，爲四神以木爲名之佳證。【長沙楚帛書文字編】

◉伍仕謙　此字原像古代狩獵而用的武器。□，竿上有杈，杈端縛石刀，□下的□，表示縛杈的繩索。由于甲骨文不好刻圓形，故變爲□、□等形。在甲骨文很多例句中，□字爲地名……甲骨文之□、□即□字簡化。□是武器又是獵具，可以打仗，可以狩獵……手持丫，正是作事之意。所謂叶王事，即作好王的大事，以後作使臣的使，官吏的吏，皆引申的意義。

至於此字字形之演變，最初作丫，依次爲□、□、□，口像以干插於地上。以後作□，像干插於墩上之形，以後變成□，像干插於墩，墩置地上之形。篆文□、□即由此演變而來。

甲文作□或□从丫从□。例：

一、貞燎於□（乙五五〇四）

二、貞㞢于□（前一・四七・六）

三、……步于□（後下二）

四、……干□（鐵九）

以上四例爲地名。

金文此字多用爲祈求之祈。字形有：

□（頌鼎）　□（邾公鐘）　□（欒書缶）

□（太師虘豆）　皆作祈求之祈。

上面□像旗竿之形。□、□皆爲兵器。有从言者。言，告也。在旗下禀告，即祈求之意。從前出兵要向祖先及神祈求勝利。爲什麼以□、斤等武器祈求呢？書・牧誓「稱爾戈，比爾干，立而矛，余其誓」，這是戰争前的誓師形式。左傳成十六年傳，鄢陵之戰，楚王登巢車以觀晉軍，伯州犂對王曰：「張幕，虔卜於先君也，徹幕，將發命也。……左右執兵而下，聽誓也。乘而左右皆下，戰禱也」。可見戰前舉武器以誓以禱，以祈勝利是應有的禮節。祈字當即此意。【甲骨文考釋六則　古文字研究論文集　四川大學學報叢刊第十輯】

◉俞偉超　……「某單」當既是地名，又是一種社會組織及聚落之名，也是氏族之名。卜辭中可明確看到的「單」有「東單」、「南單」、「西單」和「北單」。「南單」正在安陽殷墟之南，可知整個四「單」，當各在殷墟的四方而距離不會太遠。記録到這四個「單」的情况的卜辭是：

1、庚辰王卜，才□貞，今日其逆旅从執于東單，亡災。（甲骨續存下九一七）

2、奚于南單。奚于三門。奚于楚。（殷契粹編七三）

3、庚辰卜，争貞，爰南單。（小屯殷墟文字乙編三七八七）

4、☐南單☐。（庫方二氏藏甲骨文字四九一）

5、庚辰卜，口貞：翌癸未，𢀛西單田，受㞢年。十三月。（甲骨續存下一六六）

6、☐采絡云自北，西單雷。（殷墟書契前編七・二六・三）

7、☐竹☐北單。（殷墟書契後編上一三・五）

其中，第3——7條皆爲一期甲骨，第2條屬三期，第1條屬五期，説明這種「單」在武丁時已經存在，並一直延續到商末。

……胡厚宣釋「單」爲墠，以爲是郊野的平地。于省吾釋「單」爲臺，以爲是積土而成的高臺。丁山釋「單」爲壇，類似于釋爲臺。陳夢家則籠統指爲地名，但亦曾釋爲臺、墠。

先秦時所謂的墠，指一種經過平整的空曠場地，即詩鄭風東門之墠毛傳所云「除地町町者」，周禮夏官大司馬鄭注引王霸記所云「空墠之地」。在郊野的這種空曠場地上，常常修築祭壇，當然還會植有樹木，書金縢中的「三壇同墠」、禮記祭法中的「一壇一墠」和論語顔淵苞氏注所説「舞雩之處有壇墠樹木」，講的都是這種情況。壇、墠既同在一片地段上，祭壇又一定高起一些，所以説文段注即謂「三壇同墠」爲「壇高墠下之證也。」按照這種情況來設想，這種墠内當無農田，也不見得有由壇、墠專門管轄的農田，故上列第5條所云「𢀛西單田」，正可從「西單」轄有農田這個方面，否定把「單」釋爲墠、壇、臺諸説。

關于第2——4條的「南單」，大家都據水經注淇水所引古本竹書紀年，指爲即武王擒紂王處。淇水注的這段文字是：

「今城内有殷鹿臺，紂昔自投于火處也。竹書紀年曰：『武王親禽帝受辛于南單之臺，遂分天之明。』南單之臺，蓋鹿臺之異名也。」（初學記卷二十四、御覽卷一七八、太平寰宇記衛州衛縣條所引紀年略同。）

于省吾以爲「單、臺雙聲故通用。臺乃後起字。古本竹書紀年稱『南單之臺』，是由于東周以來已出現了臺字，而紀年作者不知商人以單爲臺，遂于『南單』下誤加『之臺』二字」。其實，正因爲鹿臺（當爲「廩臺」之誤，詳下）是在「南單」之中，紀年才稱之爲「南單之臺」。這種文句，恰恰可以説明釋「單」爲臺，便使文義重複，自然是不妥當的。

所謂「鹿臺」，原名實爲「廩臺」。今四部叢刊初編影印繆荃蓀藝風堂舊藏明嘉靖章檗刊本周書克殷，正作「廩臺」。孫詒讓周書斠補卷二：「商紂奔内，登于廩臺之上」句下曰：「盧本作鹿臺云：『鹿舊作廩，今據史記及御覽定作鹿。』（朱同）案史記殷本紀集解引徐廣云：『鹿一作廩』。是晉時史記別本作廩。與今本周書同，則不必改鹿也。」按，廩字古有别體作廘，廣雅釋宫便並存廩、廘二體，廘、鹿形近，後世就把廩臺訛爲鹿臺。古籍中同樣的訛誤還有多處，因而王念孫在廣雅疏證中甚至説：「廘通作鹿。吳語『囷鹿空虚』，韋昭注云『員曰囷，方曰鹿』。廣韻引賈逵注云：『鹿，庾也。』」其實，這都是形近之訛。

把鹿臺訂正爲廩臺，就能真正明白這個建築的性質。歷來都只説鹿臺是商紂的離宮，現在知道它本應叫做廩臺後，顧名思義，就可以從這個名稱來考慮它的用途。

在一九七三——一九七四年，黄盛璋曾發現，戰國時的府、庫、倉、廩，也是制作兵器、禮器、車器以及田器的場所。商紂王時的廩臺，是否也全是這樣呢？

大家熟知，武王克商後曾有「散鹿臺之錢」的舉動。這件事表明，廩臺至少是庫藏大量田器的重地，而不僅是專供戲樂的苑囿離宮。

史記殷本紀曾曰：紂王「實鹿臺之錢而盈鉅橋之粟。」周書克殷又曰：武王克商，「乃命南宫忽振（按：即「賑」，水經注濁漳水正作「賑」）鹿臺之錢，散鉅橋之粟。」今書武成和史記周本紀「錢」作「財」，但武成的孔疏引周本紀亦作「錢」，王念孫讀書雜志卷三之一曾以十證確斷其應爲「錢」字。「錢」是一種農具，如詩周頌臣工「庤乃錢鎛」，毛傳：「錢，銚」；説文金部：「錢，銚也，古田器。」把農具叫做「錢器」這種稱呼，還至少可延續到漢末。……這種「錢器」究竟是什麽農具，後世有二解。一如詩臣工孔疏引世本宋衷注：「銚，刈也」，認爲是收割穀物的農具。二如齊民要術耕田第一引纂文：「養苗之道，鋤不如耨，耨不如剗。剗柄長二尺，刃廣二寸，以剗地除草」，認爲是鏟地之器。不管哪種解釋準確，具有這兩種性能的農具，遠遠早于商代就已發生，所以那時是可以具備的；而金屬鑄幣的流通，却要晚到春秋，商紂之時是没有的。這就可知所謂「鹿臺之錢」，只能是田器。【中國古代公社組織的考察——論先秦兩漢的單—僤—彈】

◉梁東漢　「單」字《説文》以爲从吅甲，吅亦聲。此説不可從。「單」是一個整體象形字，象鼉龍（揚子鰐）之形。吅是它的兩只大眼睛，黽是它的身子和大肚子，「單」「鼉」本來是一個字，上古音在定母歌部。「單」是簡體，「鼉」是繁體，後來兩字分流，「鼉」字保持原來的音義。「單」字春秋時代有兩讀，一在定母元部，一在禪母元部。从「單」得聲的字分屬定、端、禪、昌、章諸母，韻部都在元部，只有「觶」在「支」部例外，支元旁對轉，語音相近。在中古音系裏，「單」字在寒、仙、線三韻，从單得聲的字則分屬于寒、仙、線、翰、獮、支諸韻。這是語言發展和語音分化的結果。

單鼉兩字分工之後，「單」字單獨使用時都用簡體，例如《小臣單觶》等器；用作聲旁時，則用簡體或它的變體，前者如《盗壺》「戰」字，後者如《酓忎鼎》《魏三體石經》「戰」字等。

「單」字晚出的異體亦作「鱓」。《呂氏春秋·古樂》：「鱓乃偃浸，以其尾鼓其腹。」《文選·上書秦始皇》：「樹靈鱓之鼓。」

《史記・李斯列傳》「鱓」作「鼉」。鄭玄注《禮記》：「鱓皮可以冒鼓。」這個「鱓」字中古音讀徒河切，和《廣韻》獮韻讀常演切的「鱓」同形異音異義，它們是表達兩個不同的詞的同形字。

《廣韻》歌韻有「⿱單土」字，這是「單」字的變體，借爲「驅疫」之「儺」。「儺」讀諾何切，在泥母歌韻，「⿱單土」在定母歌韻，泥定都是舌頭音，韻母相同，音近得假借。又有「⿱單䖵」字，从䖵單聲，讀徒河切。「驒」字从馬單聲，有徒河、丁年二切。它們都可以作爲「單」「鼉」本來是一個字的佐證。

丁山没辨認出𤰈是揚子鱷的身子和大肚子，却濫用雙聲疊韻來解説「單」字，説「單」「盾」雙聲，「單」「干」疊韻，硬把「單」「干」當成古今字，並且引出一個錯誤的結論：單就是盾牌。【説「章」「黄」「單」「獸」　汕頭大學學報一九九〇年三期】

喌

◉許　慎　喌呼雞重言之。从吅。州聲。讀若祝。之六切。【説文解字卷二】

◉馬叙倫　鈕樹玉曰。繫傳雞作鷄。沈濤曰。御覽九百十八引風俗通。呼雞朱朱。俗説。雞本朱公化而爲之。今呼雞者呼朱朱也。謹按説文解字。喌。二口爲讙。州其聲也。讀若祝。應所引説文聲讀與今本同。而訓解似不相同。古本當云。喌喌。呼雞聲也。淺人删去一喌字。又增重言之三字。許書無此例。段玉裁曰。按應似當引小正爲原本。桂馥曰。呼當作評。讀若祝者。喌祝聲相近。春秋衛州吁。穀梁作祝吁。劉秀生曰。州聲祝聲古皆在端紐。故喌从州聲。得讀若祝。春秋桓五年。城祝。丘。洪範五行傳。興州丘之役。州丘即祝丘。亦其證。尹桐陽曰。祝州疊韵。倫按應引本書喌字。謂朱朱。本字當作喌喌。讀若祝耳。非所引即本書説解本文也。夫喌字豈爲呼雞而造耶。疑有本義而今失之。呼雞重言之。校語也。【説文解字六書疏證卷三】

哭

4・7　左匋君鍹疋哭鍴　9・103　☐哭【古陶文字徵】

哭　日甲二九背　日乙一九一　日甲一五五背【睡虎地秦簡文字編】

哭　哭見石經【汗簡】

竝石經　汗簡　同上　崔希裕纂古【古文四聲韻】

◉許　慎　□哀聲也。从吅。獄省聲。凡哭之屬皆从哭。苦屋切。【說文解字卷二】

◉林義光　說文云。□哀聲也。从吅。从獄省聲。按犬爲獄省。不顯。古作□洹子器喪字偏旁。从四口。从□。□即求字。夭矯也。見求字條。哭則體夭屈。與笑从夭同意。變作□毛公鼎作□喪支賓鉼作□旂尊彝戊並喪字偏旁。【文源卷四】

◉葉玉森　□　說文。哭。哀聲也。从吅。从獄省聲。先哲造字。哭必先于獄。許君謂从獄省聲。殊難徵信。此从□。象一人擗踴形。从吅。表號評意。當卽古文哭字。辭云「衣哭」。蓋臨衣祭而哭也。殷契鉤沈。【殷虛書契前編集釋卷五】

◉邵子風　哭卽噩字。說文無噩，而有咢字；哭、噩、咢古實一字也。茲就形體、聲韻、義故三者證之。

說文第二篇上哭部，喪字注云：「喪，亾也，从哭从亾會意，亾亦聲。」（此大徐本。繫傳作从哭，亡聲。禮記奔喪釋文引小徐韻會作从哭亡，亡亦聲也。）許言喪从哭亾，古金文皆从噩亾。毛公鼎喪作□，齊侯壺作□，量侯敦作□，容氏金文編復輯旂作父戊鼎喪字作□，形義皆綦明顯。其上部□實卽噩字，噩卽咢，故咢侯鼎咢作□，甲文作□（殷前卷二頁二十一）作□（同上頁四十一）。使許書哭亾之說不誤，則哭亡卽是噩亡，哭之與噩，實一字也。林義光文源徑以喪字上部爲哭字，不爲無見，惟云「哭則體夭屈，與笑从夭同意」則與从夭从吅之說並犯拘泥點畫之失耳。上虞羅氏殷虛書契考釋云：「噩字見於周官，以卜辭諸文考之，知从王者，乃由朿傳寫而譌」，其說甚允，非謂朿有夭屈之意。至許氏以□爲哭，義本精當，惟據小篆爲說，遂以朿若□諸形爲犬，又不得其解，故謂从獄省聲，其失益遠。今以甲文金文證之，形義始瞭然矣。此其一。

又哭與噩咢古音通。哭，苦屋切，屋韻，古音在幽部；咢，五各切，藥韻，古音在魚部。依歙江氏之說，以屋、覺、錫三分之一配幽，以屋覺之半配侯，則魚與侯爲旁轉。而魚與幽爲次旁轉，如餘杭章氏云：「甫聲字爲牖，大雅以怮韻休逑憂，是也」，蓋古音魚幽，陰侈聲相轉，其音甚近，故哭之與噩咢，古音相通。以韻值言之，屋之-uk與-ĭuk，苟與藥之-ĭak若-ĭwak者相較，其間相去，未得一間，揆諸上古，二者釐別，尤不至若是之嚴。此哭咢二字韻部，所以有相通之故也。若就聲紐言，咢爲疑母一等字，哭爲溪母一等，均牙音，而見溪疑三紐，古聲皆自古濁聲羣母演變而得。（愛特金中國在語言學上之地位頁三二六，早已創述此義，高本漢及我國人之言古聲者，大都推本其說。余向爲曉匣古音證，亦以淺喉音與見溪疑同出於羣母古濁破裂聲g-。）是疑之與溪，古聲同源。故哭噩二字聲首，古皆屬g-，其後始別爲k'-　yg-二聲。然則自聲韻言之，哭噩二字，皆有相通之故矣。此其二。

夫聲同義通，聲義之恆理也。（沈兼士先生右文說及其在訓詁學上之沿革及其推闡，闡發此義，最爲明澈。）哭噩二字，古音既近，其義亦有相通者。許釋喪爲哭亡，而喪之古義，實爲噩亡；噩亡卽哭亡也。何以明之？喪之朔義爲「失」，詩皇矣：「受禄無喪」，傳云：「喪，亡。」繫傳，徐鍇引淮南子曰：「羿妻姮娥竊不死藥，闕然有喪」，云：「凡物失則爲喪。」此喪之本義，故字从噩亡會意。噩，驚也（玉篇咢訓驚咢。許訓咢爲譁訟，非朔義，周禮春官占夢：「二曰噩夢」，杜子春云：「噩當爲驚愕之愕，謂驚愕而夢」；爾雅釋樂：「徒繫鼓謂之咢」，孫炎云：「聲驚咢也」，皆可證），物有亡失而驚，故得喪義。其假借爲死喪之喪，乃後起之義。白虎通崩薨篇：「喪者何謂也？喪者亡也。人死謂之喪何？言其喪亡不可復得見也。」説文段注喪字下云：「凶禮謂之喪者，鄭禮經目録云，不忍言死而言喪，喪者棄亡之辭。」又云：「凡喪失字，本皆平聲，俗讀去聲，以别於死喪平聲，非古也。」是喪失死喪，本皆一字，許氏以哭亡爲喪，殆從後起之義。故曰哭亡卽噩亡也。（林義光文源喪字下，言古喪爽通用，其義亦精，可證喪之朔義。）【哭噩同源考 考古社刊第三期】

◉馬叙倫 段玉裁曰。許書言省聲多有可疑者。取其偏傍。不載全字。指爲某字之省。若家之爲豭省。哭之爲獄省。皆不可信。獄固从㹜。非从犬而取獄之半。然則何不取殺獨倏狢之省乎。王筠曰。从犬何以知爲獄省。凡此皆字形失傳而許強爲之解。孔昭孔曰。犬。苦泫切。哭當是同母諧犬聲。倫按本書省聲有二類。一爲从某字得聲而省其形旁。如祲从侵省聲。是。其實本是㬜聲。㬜爲帚之後起字。而本書不録。帚聲幽類。幽侵對轉。故祲讀入侵耳。讀者不得其聲。且以本書無㬜字。則以爲侵省聲。而蔓駸綅埐諸文皆侵省聲矣。齋之本从亝聲。今作齊省聲。以本書無亝字也。若櫝之从賣聲。韻會猶然。而今鉉本作瀆省聲。由讀者以瀆聲爲近而改之。此類皆非許書原本必然。一爲从某字得聲。而省其字之聲。存其字之形。若段所舉家字及此字是。使讀者驟不解其得何聲也。倫謂此類初亦未嘗如是作也。乃傳寫省作如此。寫者不必明文字之茾造。或其時人人明此字爲某聲。故信筆而書。誤省其聲旁而存其形旁。相沿成習。皆如此作。故非明其爲某省聲不可也。然如哭字。又本非獄省聲。孔謂犬聲似之而非也。倫謂从吅。夭聲。吅从二口。表聲之重複。非二人之口。故嚣㗊諸文从之。而哭亦所以从吅也。夭爲走之初文。走哭聲同侯類也。觀以走次哭。則許書原本或猶未譌。傳寫成犬。校者求其聲不得。改爲獄省耳。字見急就篇。【説文解字六書疏證卷三】

◉李孝定 獄省聲之説。前人已多疑之。段氏辨之審矣。段氏謂本謂犬嗥而移以言人。説較許解爲長。卜辭此字葉釋爲哭。宜若可从。惟單辭孤證不能確指。□之與犬形亦略近。故篆體轉寫譌變耳。魯氏謂是每之繁文。非是「方名而从重口乃卜辭通例」。其説未聞。【甲骨文字集釋第二】

佚六〇五　此字異構甚繁有从一口者有从二口者有从三口者有从四口者有从五口者其在卜辭中用法有二一為地名一曰衆羅振玉釋罗以為金文喪字从此于省吾釋噩謂即喪字初文引盂鼎古噩師噩作為證其說較羅釋為勝今改釋喪　佚五四九　此从二口　喪衆　林一・一八・一七　存下八二四　前六・五三・七　鐵一八五・三　甲一〇九九　噩人　甲一三六九　地名耤喪萑其受有年　明藏一九一　甲一五一一　粹一〇二五　允喪師　誠明八四　此从三口　地名　存下八二八　佚六〇六　前四・四六・三　甲三八一　其喪衆　甲五三七　从喪　粹九七四　粹一〇二七　佚四八七　河三七二　丁未喪　前六・二・五　林二・一八・二　庫一五〇六　甲七三七　此从四口其喪衆　甲七六五　甲八〇九　粹四七〇　人名其爽于喪有大牢　前八・一一・四　不隹喪羊　佚八七　前七・二八・一　喪小刳　前二・二七八　存一九九一　前二・三二・四　戩一〇・五　京都二〇六二　甲九〇七　此从五口地名于喪亡𢦔　佚二五四　後二・三五・一　【甲骨文編】

喪　从㗊　旂作父戊鼎　弗敢喪　毛公厝鼎　洹子孟姜壺　量侯簋　喪叏賓鉼　南彊鉦　昜鼎　从甦　弗敢喪　井人妄鐘　妄害=聖趪　于省吾謂即喪之緐文猶古文越之省作戉也　牆盤　文考乙公遽趪得屯無諫　𤼈鐘　𤼈趄夙夕聖趪追孝于高祖　【金文編】

喪　日甲一〇五　三例　日甲一三六背　日乙五七　【睡虎地秦簡文字編】

石經多士　降若茲大喪　汗簡引林罕集字作古文四聲韻作　【石刻篆文編】

喪林罕集字　喪　喪竝林罕集字　【汗簡】

古孝經 竝古老子 林罕集 張揖集 竝林罕集

竝同上 汗簡 古孝經 【古文四聲韻】

◉許 慎 亡也。从哭。从亡。會意。亡亦聲。息郎切。【説文解字卷二】

◉劉心源 阮元釋喪( )爲咢。非。吳云漢印有宣曲喪。史漢甎有甯喪史三字。定爲喪字。心源攷説文喪从哭亾。作 。毛公鼎作 。迺惟是喪我國。齊矦壺作 。喪其人民都邑。成鼎作 。天降灾喪于上國。量矦敔作 。永寶設勿喪。並與此合。【喪史鈚 奇觚室吉金文述】

◉強運開 井人鐘𧻚疐處。按當卽喪之緐文。喪之本義訓亡。故或从走。【説文古籀三補卷二】

◉林義光 古作 毛公鼎。作 洹子器。作 使曾鼎。説文云。 。明也。从㚘大。按㚘字説文訓爲麗爾。未可據。見爾字條。㚘大亦非義。古喪爽通用。井人鐘顯聖爽惠。爽作喪。爽卽喪之省變。 省爲大。四口省爲四×。又省亡。與哭字相混。古作 散氏器。爽訓差忒卽喪義所引伸。昧爽之爽訓爲明。古作 尢敦。从日。喪省聲。【文源卷十】

◉高田忠周 説文。 亾也。从哭亾。亾亦聲也。此説於理似是。古必當作 者。但今存金文則不然。蓋此等諸文皆从噩不从哭。或云。喪元从噩从亾。 皆木有枝之形。从吅以象噩柎。噩字作 可證。而噩亦省作 。與哭稍近。小篆誤噩爲哭也。然則喪字从噩亾亦聲。本義當謂華噩之散亾。凡亾喪失喪爲轉義也。其實亾失義者。作亾爲正字。喪爲叚借也。若不然。此噩与咢通。亾而驚咢咢然。與从哭亾同。易坤。東北喪朋。馬注。失也。詩皇矣。受禄無喪。禮記檀弓。聞喪於夫子乎。又喪人可無以爲寶。周語。宣王既喪南國之師。漢書五行志。皆喪心也。皆汎義也。又白虎通。人死謂之喪何言。其喪亡不可復見也。不直言死偁喪者何爲。孝子之心不忍言也。儀禮目録。喪者棄亡之辭。周禮喪祝。掌喪祭祝號。注。虞袝也。左文十五年傳。喪親之終也。此皆謂死亡。本義之一轉耳。由是觀之。喪爲从哭者。稍似迂遠矣。

按積古齋引云。此鄂字與蕚同。汗簡王庶子碑蕚作 。此作 。俱从吅从木形。阮此説誤甚矣。此篆从 。卽 之省。下明从亡。此非咢字而何乎。然氏姓未聞有喪者。但攈古録引云。今所見漢印有宣曲喪吏印。又呂堯僊所藏漢甎。有寧喪吏三字。翁祖庚説。此器爲桑吏賨所作。桑字借爲喪。士喪禮注。桑之爲言喪也。公羊傳。虞主用桑。注。猶喪也。有方音同部之字，皆得相借。曰桑吏者。穆天子傳云。天子命桑虞。注。主桑者也。桑吏猶言桑虞矣。漢印有宣曲。喪吏亦當是桑字之借。此字阮氏爲噩。子必前輩吏之。而子爲引申之。此説或是。附記備參云。【古籀篇五十】

◉葉玉森　□　羅振玉氏曰。許書無噩字而有咢。注譁訟也。从吅。屰聲。集韻噩或从噩。以是例之。知噩卽許書之咢矣。噩字見于周官。以卜辭諸文考之。知从王者乃由□傳寫而譌。傳世古器有噩侯鼎。噩侯敦。又古金文中喪字从噩。喪爲可驚咢之事。故从噩亡。噩侯。史記殷本紀作鄂侯。增訂書契考釋中七十五葉。王襄氏釋喪。類纂。森曩疑从木从三口或四口。竝爲喿字。説文。喿。鳥羣鳴也。从品在木上。卜辭文字凡表衆多之意者往往較篆增繁。如彝之作彝。嚚之作嚚。是其例也。喿或鄂之古文。路史國名紀引盟會圖疏云。鄂侯國在慈州。殷契鉤沈。容庚氏曰。羅氏釋噩。有噩侯鼎敦可證。若釋喿。則喪之从喿从亡不可通。甲骨文字之發現及其考釋。予桉。喿譟古今字。評譟亡者。卽喪之塙詁。藏龜拾遺考釋。惟欲求从喿之證仍應索之金文。羅氏擇□之一形謂噩之从王卽由从□而譌。□似不能譌寫爲王。姑不具論。金文編中録噩字凡五。如□□□□□。除竝从四口外。則从□□□□□。又録喪字凡六。如□□□□□□。除从四口从亡外。則从□□□□□□□。與噩字所从之五形無一相似者。則喪字所从斷非羅氏所認之噩字已不可撿。又諦察噩字第一體似从大之變態。象人形。第二第五兩體似从千。或仍象人形。第三四兩體則象犬之簡形。犬之食具曰器。人之食具亦曰器。故邾公華鐘器字亦从□人。頗疑羅氏所謂噩者竝器之譌變。舊釋器較可信也。至周代有無器侯。則不遑深考矣。卜辭喿字異體孔多。如□□□□□□□□□等形象木多枝。鳥羣鳴于上下。金文喪字偏从作□□者。仍象木多枝形。卽□□□□亦从木省變。則喪字从喿似可無疑矣。【殷虚書契前編集釋卷二】

◉馬叙倫　鈕樹玉曰。韻會作从哭。亡聲。嚴章福曰。言會意。無此例也。沈濤曰。禮記奔喪釋文引作从哭亡。亡亦聲也。蓋古本無會意二字。王筠曰。小徐本作从哭。亡聲。凡説解中兩言从三言从者皆會意。此會意二字。蓋後人偶箋於側。大徐不察而依之。且説解先云。亡也。从亡之義已明。故下但云。从哭。亡聲。小徐蓋古本也。倫按當從鍇本作从哭。亡聲。然毛公鼎喪字作□。齊侯壺作□。量侯敢作□。均不从哭。蓋从㗊。亡聲。玉篇有䙲字。云。古文喪。是亦其證也。亡也以聲訓。喪乃㗊之轉注字。當立㗊部而屬之。會意以下五字校者加之。哭宜入吅部。哭部可删也。井人鐘□字。強運開以爲喪之緐文。倫謂此出亡逃亡之亡本字。从走。喪聲。亦可證喪之从亡得聲矣。【説文解字六書疏證卷三】

◉聞一多　金文喪字從㗊桑從亡。乃桑之孳乳字。喪字從㗊而讀與桑同。古禮復以桑象徵喪事。此亦卜辭桒口叢聚木間之文卽桑字之佳證。【釋桑　聞一多全集二】

◉于省吾　井人鐘。妄害=聖趬。郭沫若云。以字例求之。喪當是聲。讀爲高尚之尚或黨善之黨均可大系攷釋一五零。按郭謂喪當是聲允矣。讀尚讀黨均不可據。趬字後世字書所無。當卽喪之繁構。猶古文越之省作戉也。趬應讀爲爽。免毁王才周昧馨。馨卽嘳。味嘳卽味爽。詩皇矣。受祿無喪。卽受祿無爽。書偽古文仲虺之誥用爽厥師。墨子非命上作龔喪厥師。國語周語晉侯爽二注。爽當爲喪。字之誤也。是均喪爽音近相叚之證。【釋聖趯　雙劍誃古文雜釋】

◉于省吾　栔文䨻字異構甚繁。兹略舉其形。以見梗概。其从二口者作□。其从三口者作□□。其从四口者作□□□□□。其从五口者作□。⊘按葉説誤。羅謂喪字从噩亦未允。余謂䨻字卽喪之初文。盂鼎。古䨻𠂤。卽故喪師。䨻作□。免毁。味䨻。叚䨻爲爽。䨻字从喪作□。味䨻就時閒言之。故从日。井人鐘。妄富=聖趯。聖趯卽聖爽。趯从喪作□。毛公鼎。喪作□。説文。□从哭亡聲。按許以爲从哭失之。謂从亡聲是也。盂鼎䨻字與免毁䨻字所从之䨻。均不从亡聲。其演變之迹。與栔文相符。是䨻爲喪之初文。喪从亡聲乃後起字。栔文䨻字用法有二。一䨻爲地名習見。未詳所在。惟䨻與盂每並舉。知其地當與盂相近。二䨻爲喪亡之喪。如其䨻衆。卽其喪衆。其䨻衆人。卽其喪衆人。當謂征伐之事。喪失衆人。斯例習見。不備舉。前六·五三·七。不䨻衆。後下三五·一。不䨻衆。謂不喪衆人也。林二·一八·二十。戉其䨻人。䨻人卽喪人。前八·一一·四。□不隹䨻羊。甾若。䨻羊卽喪羊。當指芻牧之事言。易大壯六五。喪羊于易。粹一二五三。允䨻𠂤。與盂鼎之古䨻𠂤詞例同。要之。栔文䨻字。以盂鼎䨻字及免毁䨻字證之。知䨻爲喪之初文。加亡爲聲符作喪者爲後起字。説文从哭乃形之譌。栔文以䨻爲地名。地望未詳。其以爲喪亡之喪者。於文例詞意均脗合無閒矣。【釋䨻　雙劍誃殷栔駢枝三編】

◉陳夢家　我其喪衆人。　佚487　武丁卜辭

其喪衆——其𡣕。　佚519

[不]喪衆，受方又。　前6.39.6

不喪衆。　前6.53.7

鬥不喪衆——其喪衆。　存1.1013.2.337

𠂤其喪衆　佚549

並亾□，不喪衆　下35.1

弜不喪衆　師友2.103(北大)

戉其喪人

其喪人　甲1099，誠318

方于滴喪人　前6.2.5

不喪衆——其喪衆　甲381　武乙卜辭

不喪衆　甲809

喪斀衆　粹119　文丁卜辭

以上的喪字，羅振玉釋噩(考釋中75)，王襄釋喪(鈎沈5引)，于省吾以爲喪之初文(駢枝Ⅲ:24)，聞一多釋桑(聞一多全集1.565—572)。字於卜辭或爲名詞，乃田獵所至之地；或爲動詞，如武丁卜辭云

戊戌卜鼎，今日旦王疾目，不喪明——其喪明　乙64

凡不隹喪羊　前8.11.4

其喪豕　佚594

其喪工　乙7927、7955

允喪自　粹1253　武乙卜辭

此與西周金文大盂鼎「喪自」相同，字形亦同；免毁昧爽之爽從此從日。後世的喪字，增加「亾」的形符。說文「喪，亾也」，「亾，逃也」，喪之初義當爲逃亾、亾失。卜辭的喪羊同於易大壯「喪羊於易」；卜辭金文的喪自卽喪師，周語上「宣王既喪南國之師」，韋注云「喪，亾也」。喪師指師旅的喪失，並不一定指人員的死亡。有此理解，則卜辭的「喪衆」「喪人」乃指逃亡而言，就自此逃彼而言謂之喪，就自彼逃至謂之「俘」「獲」「執」「氐」等。費誓「臣妾逋逃」，卽卜辭的「喪衆」。【身分　殷虛卜辭綜述第十八章】

◉李學勤　關於「喪衆」：卜辭中有「喪衆」、「喪羊」、「喪明」等，「喪」均應解爲亡失。前6.39.6有「……不喪衆，授方祐」，可見「喪」是動詞，「衆」是賓詞，「喪衆」是在戰争中亡失人衆。如依陳夢家以「喪」爲衆的主動逃亡，那麽卜辭依文法須乙作「衆喪」和「衆不喪」，這是不對的。【評陳夢家殷虛卜辭綜述　考古學報一九五七年第三期】

◉李孝定　契文喪字異體甚多。然其别大抵在所从偏旁多少筆畫曲直横斜之間。其本形要無大異。諸家釋噩。非是。葉玉森釋桒。於字形爲近。而於辭意難通。惟于氏釋喪於諸辭辭意豁然。貫通其說。誠不可易。而於字形無說。陳氏於此字作動詞用者從于氏說。作名詞用者則仍讀噩。喪噩二字音讀懸遠。訓解古文殆無是理也。按契文諸形以作佚五四九佚五二三者爲正構。繁之則爲甲編八九三後下三五・一，簡之則爲戩十・六佚六三九。除从口形由二至五無定數以示其讙呶

嘈之意可不具論外。其另一旁从作 、 諸形。爲一樹木之象形字。揆其字形與卜辭桑字全同。蓋桑之爲用以葉爲主。故先哲造字特狀其葉。而他木則僅著枝幹。此形與字義無涉。字實从吅桑聲。桑喪音讀全同。此 之作 。其歷程當如下表。

→ → →

王筠説文釋例叒字條下云。叒字不足象形。石鼓文有 字。蓋叒本作 。師寰敦器蓋若字皆作 。象木𠦒孛形。若字蓋亦作 。即 之重文。(中畧)是以玉篇叒下有籀文𤕧。若下亦有籀文𦲿。足知叒若之爲一字。而𤕧作 之非誣。而叒作 之非皮傳也。蓋漢人猶多作 。是以八分桑字作桒。隸辨引二文無作桑者。集韻類篇桑古作𣛙。並足徵也。 變爲卉者。猶艸變艹。𠦒變卉。曲者直之也。(下畧)」按王氏説桑字字形之衍變甚是。今栔文正作 後上・一・十一 前一・六・六諸形可證也。喪字聲符之桑詭變至多。至金文已變爲 。無後桑字之形。蓋不得不更从亡字為聲。而喪之本字从吅桑聲之字至篆文乃更譌而爲哭。許君乃以會意説之耳。今更舉卜辭喪字作動詞用者數例。以證于説。壬戌卜不喪衆其喪衆。甲編五八一。喪衆。甲編七三七。不喪衆。甲編八〇九。其喪囚人。甲編一〇九九。其喪圂勿逐。珠五九四。貞我其喪衆人。佚四八七。貞其喪衆。佚五一九。疾目不喪明其喪明。乙編六四。凡此諸辭喪字如讀爲噩或㮤。則無一可通。最後一辭辭意尤爲顯豁。可證于説之不誣也。金文作 旂作父戊鼎 毛公鼎 齊侯壺 喪史賓鈚 量侯殷 南彊鉦 易鼎。南彊鉦喪字已與小篆形近。易鼎一文譌變更甚。無義可説矣。【甲骨文字集釋第二】

◉朱芳圃 旂作父戊鼎 毛公鼎 齊侯壺 喪史賓鈚 量侯殷 南彊鉦 説文哭部:「喪,亡也。从哭,亡,亡亦聲。」羅振玉曰:「喪爲可驚咢之事,故从噩亡。」殷虛書契考釋中七五。于省吾曰:「㗊爲噩之初文,加亡爲聲符作噩者,爲後起字。」殷栔駢枝三・二四桉羅誤形聲爲會意,于混二字爲一字,説雖不同,其失一也。余謂喪从亡,噩聲。取sàk mgàk第一音。考形聲之字有取對轉之音爲聲者,如昕从斤聲讀若希,獷从黃聲讀若郭。喪从噩聲而讀爲sàng,例與此同。【殷周文字釋叢卷下】

◉張日昇 説文云。「喪。亡也。从哭从亡。會意。亡亦聲。」卜辭作𠷎。金文始从亾聲乃後起字。从哭之説非是。⊘朱芳圃謂字从亡噩聲。然其釋噩則謂㮤噩一字。未知噩當在古韻宵部抑在魚部。噩聲之説大有可疑。又井人鐘云。「妄害害聖趣。」于省吾謂卽喪之緐文。其説是也。【金文詁林卷二】

◉白玉崢 ,又作 ,从吅,从 ; 卽桑字。于氏釋喪,是也。喪,蓋甲文中之形聲字也。許書於喪字之説解,非是。羅氏釋噩,亦是。若衡之於聲韻,噩爲疑母字,在段氏古韻第五部。喪爲心母字,在段氏古韻第十部。噩、喪二音,蓋陰陽對轉也;按釋噩釋喪,均無不是。若再衡之於辭性,其爲名詞或狀詞者,似以釋噩或鄂,卽羅釋是也。他如爲動詞等,似以釋喪,卽于釋

走

是也；然亦可釋愕，故曰喪噩之釋皆是，要以詞性定之也。【契文舉例校讀中國文字第八卷第三十四册】

◉李孝定　㖊下所收諸文，在原器銘中皆爲方國之名或人名，無以證其音義，然其字形與下出「喪」字，構字之法略同，惟後者多着二「亡」爲聲符爲小異；竊謂此二形本屬一字，契文作、、諸形，其義有二：一爲地名，卽金文侯之；一爲動詞喪亡字，乃从吅、桑聲之形聲字，未見更从亡聲者，蓋契文中所从「桑」聲字形未譌，不煩更着「亡」聲耳；及金文所从桑聲之桑，字形寖譌，無以見形聲之迹，乃更增「亡」爲聲符，文字聲化過程中，固多此例，非本爲二字也。本篆當删，改隸下文喪字條，以爲一字之異體，高氏釋穰，誤以所从「口」形爲禾黍纍纍之狀，而不言「襄」聲之所自來，説非。聞一多氏謂『㖊』與『桑』爲同字，而異義異讀……聲義既異，形亦隨之漸歧爲二，逮自小篆以下，形聲義三者皆異，而桑噩同源之跡，乃杳不可尋矣」。其意蓋主調和兩家，而其説則大詩文字衍變之常理，言雖甚辯而實不可從也。【金文詁林讀後記】

◉湯餘惠　92　桑·喪　甲骨文「喪衆」之「喪」寫作、，金文或作（𤼷鐘「趞」字所从），簡文寫法殆由其形訛變。此種變化和甲骨文桑榆之桑寫作、，而小篆析形作十分相類。92簡：「以其～其子丹，而得之于鱛之室。」釋爲喪失之喪與文意正合。167簡：「𡛟人～䢅」，用爲桑氏之桑。【包山楚簡讀後記　考古與文物一九九三年第二期】

◉戴家祥　昜鼎　字从㖊从十亾聲，當爲喪之異體。金文用作動詞。【金文大字典下】

走　盂鼎　令鼎　休盤　訇簋　成周走亞　元年師兌簋　中山王譽鼎　井侯簋　从辵　召卣　延盨　效卣　魯司徒仲齊簋　薛仲赤匿　走馬　右走馬　嘉壺　走鐘　从彳　大鼎　伯中父簋　夙夜事走考　从二夭　【金文編】

100　122　【包山楚簡文字編】

走　日甲一三背　【睡虎地秦簡文字編】

石碣馬薦　【石刻篆文編】

□走【汗簡】

□古老子 □汗簡 □□□□□□□ 竝崔希裕纂古 【古文四聲韻】

◉許　慎　□趨也。从夭止。夭止者。屈也。凡走之屬皆从走。徐鍇曰。走則足屈。故从夭。子苟切。【說文解字卷二】

◉劉心源　考古圖有走鐘。走當人名。然左襄三十年傳。吏走問諸朝。釋文。走使之人也。文選報任少卿書。太史公牛馬走。注。走猶僕也。小爾疋廣言。走我也。合證知此爲作器者自偁之䛐。【奇觚室吉金文述卷五】

◉林義光　說文云。□趨也。从夭止。夭者屈也。按古作□師兑敦。象人走搖兩手形。从止。止象其足。【文源卷四】

◉高田忠周　說文。□趨也。从夭止。夭止者屈也。凡趨則趾多屈。與奔同義。夭字古文作□作□。故走亦作□作□。元不異也。顧藹吉隸辨。訂从犬非。詩緜。來夙走馬。儀禮士相見禮。某將走見。注猶往也。

□按此走字最古文也。說文。□小步也。象人脛三屬相連也。□步止也。从反彳。亍爲隸形。彳亍古躑躅字也。故合往彳來亍之意爲行字。訓人之步趨也。凡爲往來總名。又□乍行乍止也。从彳止。卽取義于踏步前進也。惟□訓趨也。从夭止。夭者屈也。□古文或作□。段氏云。从夭止者。安步則足胻較直。趨則屈多。葢从夭意。段說爲是。而止實辵之省。走卽辵之疾也。故从辵从夭。會意之恉。殊顯然矣。然則銘云奔走。用字正形正義者也。【古籀篇六十三】

◉強運開　□此篆據安氏十鼓齋所藏弟一本橅拓如上。與薛本同。阮橅天乙閣本作□。誤。運開按。鼓文凡偏旁从走之字如趩趚趞趣等字俱作□。从□。說文走字作□。从□。與鼓文異。蓋小篆从□。古文則从□耳。羅振玉云。古金文从走諸字皆从□。不作□。□象人疾走時揚臂疾趨。□則象人側首。二形截然不同。許書殆傳繕失之。其說甚爲精塙。又按嶧山碑兵不復起。會稽刻石遂起禍殃。兩起字均作□。是小篆亦不从□。羅氏之說洵足正許書之失矣。【石鼓釋文】

◉馬叙倫　鈕樹玉曰。韻會作□。从夭止。夭者，屈也。繫傳凡走皆作□。王筠曰。鮑本前目作□。後目作□。正文皆作□。走部繼哭部。則字當从犬。犬。善走也。然則夭止者屈也五字。乃篆文既譌之後人加之也。龔橙曰。古文作□。後加止爲別。羅振玉曰。古金文从走諸字皆从□。不作□。倫按王謂夭止五字後人加之。是也。謂當从犬。非也。从犬非聲非義。盖哭篆本作□。故以□次之。所謂據形系聯也。則□篆之譌在其上作□。盂鼎走作□。師兑段作□。令鼎作□。其从走之字亦然。從無从夭者。明夭是譌文也。初文但作□或□。故趞曹鼎趞字作□。父辛尊之□。卽本書之匱字。而从匚。遺聲。但其遺字作□。从□嵛聲耳。从□卽从走。也是其證。周公□奔走作□。□字从辵从□。又一趞曹鼎趞字作䟃。其走字作㣥。从彳。从夭。乃異文增彳。明夭於道中也。其作𨑒。則古之俗字。增足爲複矣。倫謂走𨑒實一字。初文爲夭。从大象走時左右平前後抑揚。指事。後以嫌與奔走之奔初文作𠩺者形近。易亂。乃增止以别之。𠩺即奔字所从之大。𠩺从大而象趨奔時曲肱如拱形。論語鄉黨。趨進。翼如也。正其狀也。亦吾人於趨走可諭得也。石鼓文奔趨字作夭。與大小字無異者。實即𠩺之省。師兑毁之𧺆。其所从之夭。猶可見其遺蹟。盖𧺆爲𠩺之後起字。猶走爲夭之後起字也。皆由形與大近。故增止以别之。抑或古初皆止以止表前進。後爲分别之詞。則於止上各增象形之文也。夭夭之别甚微。故譌𧺆爲走。而以𨑒爲行走字。如今篆爲从止。夭聲。本部屬字有當从夭者。有當从𠩺者。當隨其義别之。餘詳本下往下。【説文解字六書疏證卷三】

◉馬叙倫

𨑒乃走之異文。説文走字作走。金文皆作𨑒。其所從之夭實走之初文。後以形近於大及夭。故加止字。此後增彳。即行字也。趣爲走之轉注字。聲同矦類。走馬官名。【讀金器刻詞卷下】

◉韓耀隆　小爾雅廣言：「走，我也。」走爲第一身稱代詞，古書中不常見。司馬遷報任少卿書：「太史公牛馬走。」李善注：「走，謂僕也。」張衡東京賦：「走雖不敏。」薛綜注：「走，公子自稱，走使之人，如今之言僕矣……公子言我雖不敏於不道……。」金文中，走用爲第一身稱代詞，祇有一種用法：

（一）用爲詞組之領屬性加詞：

成曰：不顯走皇祖穆公，夾豐(召)先王。成鼎

伯中父夙夜事赱(走)考，用乍厥寶毁。伯中父毁

第二例走字作赱，吳闓生云：「成鼎有丕顯走皇祖穆公之文……此赱亦走字也」(吉金文録三頁三二)。以上二例，走用爲領屬性加詞。【金文中稱代詞用法之研究 中國文字廿二册】

◉楊樹達 說文二篇上走部云：「走，趨也，从夭止，夭者，屈也。」按走从夭止會意，自來治說文者皆不能明言其義：故有謂从夭爲从犬之誤者，顧靄吉鈕樹玉王筠徐灝諸人是也；有謂人疾走則足屈者，徐鍇段玉裁是也。按走與奔同義，奔字亦从夭，知走之从夭非誤也。人長跽則足屈而不伸，趨走之時，惟恐足之不伸，焉有屈足之理，知足屈之説尤非也。尋釋名釋姿容云：「徐行曰步，疾行曰趨，疾趨曰走，」此走字之義也。今學校會合競賽有競走之事，此用走字恰與本義相符，若通語云走路，實步字之義，非古走字義也。字从夭者，說文云：「夭，屈也，从大，象形。」尋大象人形，則夭亦謂人，蓋謂屈身之人也。凡人疾走時，必少屈其身向前以取勢，決無胸腰直挺者，此奔走二字从夭之説也。走又从止者，止謂人足，趨走以足，故从止。走从夭止會意，與見从人目，企从人止，印从匕卩，眉从尸自，吠从犬口，狊从犬目，臭从犬自，狧从犬舌，唬从虎口，鳴从鳥口，瞿从隹䀠，般从舟殳，字之構造全同，意謂屈身之人以足疾走耳。夭爲屈身向前，而篆文夭字向右屈者，王筠謂字無前後，故向右屈之，其説至當，無可易矣。【積微居小學述林卷三】

◉龍宇純 甲骨文有一辭云：

庚申貞，其令亞夭馬□(甲編二八一〇)

夭馬二字相連，或釋爲走馬，似乎更是走省作夭的明證，即使退一步説，走并不能作夭，然而由奔走二字仍可知「夭」代表奔走的意思，走字金文作□，奔字金文作□，表示奔走之意的主要是夭。尤其大鼎走馬字作□，象人奔跑於路中，并不以从止來表示奔走的意思；夭表示奔走之意便更無可疑。復就字形言，夭象人上下其手，也正是奔走的樣子。【甲骨文金文□字及其相關問題 歷史語言研究所集刊第三十四本下册】

◉姚孝遂 夭當釋走，諸家釋夭皆非是。其形體與「矢」、「夭」均有關。須加以詳辨。

一、與矢字之關係

金甲文矢字作□，亦作□，不分左右。篆文則矢作□，夭作□。容庚釋夭爲夭，謂「矢象頭之動作，夭象手之動作」；陳夢家釋□爲夭，謂矢、夭皆「象人頭傾側之貌」。容氏強調其異，陳氏強調其同，皆得其偏，而未得其全，所釋均誤。

就金甲文而言，□、□均爲「夨」字。小篆分化爲「夨」、「夭」二字。「夭」字晚出。就小篆而言，其形體來源於夨，而分化作「夭」。其源與流之關係，必須嚴格加以區分。否則各執一偏，誤入歧途。

二、與夭字之關係

小篆「走」字从「夭」，乃形體之譌變，亦爲形體之混淆。

說文：「走，趨也。从夭止」；又：「奔，走也，从夭，賁省聲」。金文「走」字作□，亦或作□；「奔」作□，或又作□。然則顯而易見，「夭」乃□之形譌。

其形體既經譌變，則與金甲文夨字相混，而又造成「走」、「奔」所从與「夭」字相混。清代學者由於「走」、「奔」从「夭」不可解，鈕樹玉、王筠、孔廣居、徐灝等皆以爲「走」、「奔」當从「犬」，取犬善走之意以曲解之。

三、與走字之關係

契文□即「走」之初形，商代玉罄銘亦作□（見雙劍誃古器物圖録）。金文「走」及从「走」之字作□，或亦作□，增「止」或「彳」爲文字演化中所習見。篆文作□，譌變爲从「夭」从「止」。徐鍇繫傳謂「走則足屈，故从夭止會意」，支離牽傅。清代學者不知其形譌，又以从「犬」取犬善走說之。實則「走」本象人趨走時手臂搖曳之形，與「犬」無涉。

其形體演化之過程如下：

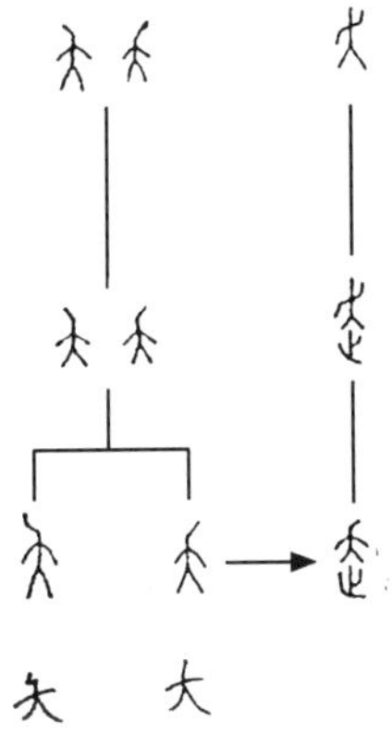

其源流有別，釋□爲「夭」非是。

甲二八一〇辭云：「其令亞走馬」，「走」乃趨馳之義，與詩緜：「來朝走馬」之用法同。大鼎之「走馬雁」，「走馬」則爲職官名，猶周禮之「趣馬」。讀「走馬」爲「趣馬」，義亦可通。屈萬里將另一段刻辭混入讀之，釋□爲「夭」，謂夭乃亞之私名，李孝定集釋亦同此說，殊誤。【甲骨文字詁林】

◉戴家祥 徙效解 徙，乃走之繁。金文走作□盂鼎，徙作□，僅多彳，彳象道路，走加彳旁，形符重複，字義不變。【金文大字典下】

趨 趨

□ 趨武男印章 【漢印文字徵】

□ 王存乂切韻 【古文四聲韻】

◉許 慎 趨走也。从走。芻聲。七逾切。【說文解字卷二】

◉馬叙倫 沈濤曰。御覽三百九十四引趨。低頭疾行也。低頭疾行乃本部趛字之訓。頁部。顉。低頭也。故趛从金得聲。亦有低頭之義。一切經音義十四引同今本。則御覽趨字乃趛字傳寫之譌。倫按趨爲走之轉注字。趨音清紐。走音精紐。皆舌尖前摩擦破裂音。亦聲同侯類也。字見急就篇宋太宗本。皇象顔師古並作趣。又有隨趨。【說文解字六書疏證卷三】

◉唐 蘭 □叔卣 犓牛 犓即趨字，通犓字。《說文》「以芻莖養牛也。」犓牛當是御車的牛。《說文》「騶廄御也」，御車的馬叫騶，掌馬的人也可以叫騶。【論周昭王時代的青銅器銘刻 古文字研究第二輯】

赴 赴

◉許 慎 赴趨也。从走。仆省聲。臣鉉等曰。春秋傳赴告用此字。今俗作訃。非是。芳遇切。【說文解字卷二】

◉馬叙倫 翟云升曰。太平御覽三百九十四引作直行也。案趨也是。孔廣居曰。仆从卜聲。赴亦卜聲。可也。倫按赴亦趨走之疊韻轉注字。御覽引誤。或校語。【說文解字六書疏證卷三】

趣 趣

□ 趣 鄘侯簋 【金文編】

□ 趣 法一九九 二例 通趨 —出 日甲二六背 【睡虎地秦簡文字編】

◉許 慎 趣疾也。从走。取聲。七句切。【說文解字卷二】

◉劉心源 首一字(□趣尊)从走。从□。即耳。从□。即反又字。合之爲趣。作器者名也。【奇觚室吉金文述卷五】

◉馬叙倫 釋名釋姿容。徐行曰步。疾行曰趨。蓋走之初文作□。本象疾行。此訓疾者。具當曰疾行也。即走字本義。然疑非本訓。趣與趨亦雙聲兼疊韻轉注。詩緜。來朝走馬。玉篇引走作趣。莊子達生。高門縣薄無不走也。文選幽通賦注引作趣。呂氏春秋必已淮南人閒亦皆作趣。是趣走亦轉注字。猶走轉注爲趨也。趣赴亦疊韻轉注字。見急就篇。鄦侯殷作𨑨。

【說文解字六書疏證卷三】

◉高田忠周　說文。𧼈疾也。从走取聲。朱駿聲云。字亦作𨒋。作趗。聲類。𨒋音局促促長。周禮縣正。趣其稼事。禮記月令。趣民收斂。叚借爲趨。詩棫樸。左右趣之。緜。來朝趣馬。又列子湯問。汝先觀吾趣。注行也。又爲取。莊子齊物論。趣舍不同。又爲騶。周禮趣馬。書立政趣馬。詩十月之交。箋中士也。掌王馬之政。此攷至當。此銘云。龕趣。亦當讀爲合取。卽與莊子相合。【古籀篇六十三】

◉戴家祥　走趨趣驟騶，古本一字也，說文二篇「趣，疾也，从走取聲。」走取聲同，趣爲走之注音加旁字，夏官趣馬「掌贊正良馬」金文皆作「走馬」。大雅緜「來朝走馬」玉篇百廿六作「來朝趣馬」。同聲通叚，趣亦讀取。釋名釋言語「取，趣也」。韓非子·顯學篇「取舍不同」。莊子·天地篇「趣舍滑心，使性飛揚」。又曰「且夫趣舍聲色，以柴其內」。成玄英疏「趣，取也」。唐韻取讀七庾切，清母侯部，芻謂側愚切，穿母侯部，取芻同部，故字之从取得聲者，亦或更旁从芻。儀禮·既夕記「御以蒲菆」，鄭玄云「古文菆作騶」，騶从芻得聲字也。左傳昭公二十年「賓將掫」，春官鎛師「凡軍之夜三鼜」。杜子春云「一夜三擊，備守鼜也。春秋傳所謂賓將趨者。」夏官掌固杜子春注引春秋傳作「賓將趣」。釋文趨音莊九反。史記·孔子世家「孔子生魯昌平鄉陬邑。」集解引徐廣曰「陬音騶。」說文三篇「鬻，敖也。从䰜芻聲」。方言七「敖、聚、煎、聱，火乾也」。郭璞注「聚卽鬻字也。」又七篇麻部「麤，麻藍也，从麻取聲。」玉篇一八五麤，古文作麤。釋玄應一切經音義一云「古文鬻、𩱧、聚、𤎅四形」，漢書古今人表有軋子聚子。錢大昕曰「疑卽治春秋之夾氏鄒氏也，軋夾聚鄒音近」。取芻聲同，故趣趨同字。說文八篇乑部「聚，會也，从乑取聲」，故字之从取得聲者或更旁从聚。从聚得聲者亦可更旁从芻。論語·八佾「孰謂鄹人之子知禮乎」，鄹人卽鄒人，聲符更旁字也。荀子禮論「趨中韶護」。史記禮書作「驟中韶濩。」左傳哀公廿七年「召顏涿聚之子晉」，漢書古今人表作顏濁鄒。顏師古云：「卽顏涿聚子也。」說文十篇馬部「驟，馬疾步也。从馬聚聲。」驟爲趣之引申義。趣，疾也。漢書考文紀「材官騶發」，晁錯傳作「材官騶發」，蘇林曰「騶音馬聚之驟」。禮記曲禮上「車驅而騶。」釋文騶音仕救反，是騶有驟音也。明乎取芻同音之理，則知趣趨驟騶皆走之展轉孳生字和引申義聲符加旁字或聲符更旁字也。【金文大字典下】

超 超

徐超印信 劉超印信 趙超 【漢印文字徵】

超 【汗簡】

古老子 義雲章 雲臺碑 【古文四聲韻】

◉許 慎 超跳也。从走。召聲。敕宵切。【説文解字卷二】

◉馬叙倫 跳也當作越也。跳。从足。兆聲。故訓蹷也。今篆誤爲从兆。致與越字不別。詳蹷字下。越也者以疊韻爲訓。孟子梁惠王。挾泰山以超北海。即借超爲越也。超次趫上。爲趫之轉注字。超趫聲同宵類。字見急就篇。【説文解字六書疏證卷三】

◉黄錫全 超 鄭珍云:「夏作是,蓋例古紹从邵作。」按,夏韻配鈔本録《義雲章》作,羅振玉所據汪本作,原形應如配鈔本。召字本作(克鐘),也从邑作(中山王壺内紹邵公之業)。紹作(璽彙1835),也作(畬忎盤)、(三體石經)、(説文古文)者,此類同。走、辵偏旁可互作,詳前记(起)字。《陶文編·附録》應是超字省作。迢字見於《文選》吴都賦、魯靈光殿賦,訓高、訓遠,徐鉉列入《説文》新附字。【汗簡注釋卷一】

趫 趫

鮮于趫 趫合成印 【漢印文字徵】

◉許 慎 趫善緣木走之才。从走。喬聲。讀若王子蹻。去嚻切。【説文解字卷二】

◉馬叙倫 沈濤曰。文選西京賦注一切經音義十一皆引。趫。善緣木之士也。蓋古本如此。今本傳寫士誤爲才。又衍走字。玉篇云。善緣木之工也。工亦士之譌。徐承慶曰。吴都賦云。趫材善壯。成公綏洛禊賦曰。趫才逸態。李善西京賦注引太康地志曰。都盧國其人善緣高。則作善緣木走之才不誤。惟李善玄應引説文皆無走字。才作士。亦通。惠棟曰。讀若王子蹻。當作讀若王子歌蹻。歌蹻曲名。見周書。今作嶠。倫按諸引本書及玉篇皆無走字。玉篇廣韵皆有善走也一義。王筠疑本書或有一曰善走也。倫謂廣雅釋訓。趏趏趫趫行也。此下文趏訓緣大木也。一曰行皃。緣大木也而从走。則與此訓善緣木者無以異。疑趫本訓善走也。爲趏之轉注字。猶屐屩之轉注矣。因趏有緣大木之訓。而趏趫同爲舌根破裂音。或有以趫爲趏者。今有踹高趫之戲即謂趏爲趫。遂有一曰緣大木。傳寫并爲一訓。而大又譌爲士。復譌爲才。輾轉如今文耳。篆當作

趫。【説文解字六書疏證卷三】

赳 赳

◉許　慎　赳輕勁有才力也。从走。丩聲。讀若鐈。居黝切。【説文解字卷二】

◉馬叙倫　鈕樹玉曰。韵會才作材。沈濤曰。爾雅釋訓釋文引無力字。劉秀生曰小徐無讀若句。丩聲喬聲皆在見紐。故赳从丩聲。得讀若鐈。詩周南兔罝。赳赳武夫。傳。武皃。魯頌泮水。矯矯虎臣。箋。武皃。是矯矯即赳赳之借。可爲例證。倫按赳盖趫之同舌根破裂音。亦幽宵近轉轉注字。爾雅釋木。下句曰朻。上句曰喬。本書。朻。喬木也。輕勁有才力者非本義。亦非本訓。盖趫赳𧺢三字下説解皆挩本訓。但存校語耳。輕勁有才力也。盖本作勁也有力也。輕字爲勁之譌衍。才字涉趫下説解而誤衍。讀若鐈。盖上文趫下校語。今蹻下作讀若王子蹻。又先校語挩後校者所加耳。【説文解字六書疏證卷三】

𧺢 𧺢

◉許　慎　𧺢緣大木也。一曰。行皃。从走。支聲。巨之切。【説文解字卷二】

◉馬叙倫　承培元曰。𧺢即詩小弁鹿之斯奔維足伎伎之伎。玉篇引詩正作𧺢。倫按一曰行皃。乃𧺢之本義。下文。趞。行皃。莊子庚桑楚。人見其跂猶之魁然。跂猶盖即𧺢趞借字。則𧺢趞並是行皃。緣大木當作緣木。大木形近而譌衍。唐寫本切韵殘卷五支引作緣木只行皃也。盖是緣木皃行皃二義。只爲皃譌。然無大字可證也。緣木者蚑字義。漢書東方朔傳。跂跂脈脈善緣壁。跂跂即蚑蚑之借。可證也。廣雅釋訓。𧺢𧺢。行也。是𧺢以行皃爲本義。行皃謂走也。是𧺢爲趫之轉注字。皆爲舌根破裂音也。趫赳𧺢三字次超趮之閒。知其義同矣。【説文解字六書疏證卷三】

趮 趮

◉許　慎　趮疾也。从走。喿聲。臣鉉等曰。今俗别作躁。非是。則到切。【説文解字卷二】

◉馬叙倫　疾也謂疾行也。疑非本訓。趮趨趣爲雙聲轉注字。今杭縣令人疾行曰毫燥。倫謂當作趫趮。【説文解字六書疏證卷三】

趯

 趯【汗簡】

◉許　慎　趯踊也。从走。翟聲。以灼切。【說文解字卷二】

◉馬叙倫　王念孫曰。小徐作躍也。按古趯皆訓躍。詩草蟲傳。趯趯。躍也。後漢書班固傳。南趯朱垠。注。趯。躍也。蓋趯躍同部。故詩傳及說文並云。趯躍也。今本作踊。失之矣。王筠曰。趯。踊也。小徐作躍也。此以重文之在兩部者爲訓。詩巧言。躍躍毚兔。史記春申君傳引作趯趯。倫按趯躍一字。足部。躍。卂也。卂。疾飛也。飛者離地而起。趒者似之。足部。踊。趒也。故此作踊也。鍇本作躍也者。躍字乃校者注以釋趯字之音者也。捝踊字耳。踊趯雙聲轉注。【說文解字六書疏證卷三】

◉黄錫全　趯　侯馬盟書狄作，三體石經古文作，古璽狄(翟)作、(類編439)。此字右旁應是譌，原當作。狄翟可通。如《荀子·非十二子》「狄狄然」，注「狄讀爲趯」。《周禮·内司服》「揄狄，闕狄」，鄭玄注「狄當爲翟」。《史記·殷本記》「簡狄」，《淮南·墬形》作「簡翟」。此脱注。【汗簡注釋卷一】

𧾍

◉許　慎　𧾍蹠也。从走。厥聲。居月切。【說文解字卷二】

◉馬叙倫　王筠曰。與足部蹶同字。倫按王說非也。足部蹶爲跳从足兆聲之轉注字。其義爲僵仆。此訓蹠者。足部。蹠。楚人謂跳躍曰蹠。蹠音照紐。古讀歸端。蹶音見紐。見端皆破裂清音。故相轉注也。【說文解字六書疏證卷三】

越

 越　國名姒姓子爵夏少康庶子之後武王封之會稽以奉禹祀戰國中爲楚所滅　不从走　碧落碑作　者沪鐘戉字重見　 越王劍　从邑

 越王句踐劍　  曾侯邸戈　【金文編】

 秦449　獨字　 秦448　同上　 秦451　同上　【古陶文字徵】

 越　雜二五　 法一八六　【睡虎地秦簡文字編】

 越青邑君　 黄神越印　 新越餘壇君　 楊越私印　 張越　【漢印文字徵】

趁

□越出碧落文【汗簡】

□碧落文【古文四聲韻】

◉許　慎　越度也。从走。戉聲。王伐切。【説文解字卷二】

◉馬叙倫　沈濤曰。文選陸機赴洛詩注引作渡也。乃傳寫之譌。沙木曰。越𨒅聲義並同。當是一字。倫按辵部。𨒅。踰也。足部。踰。越也。又䟠。輕也。倫謂越𨒅䟠一字也。此訓度也者。辵部。過。度也。度也即過也。然非本訓。章炳麟謂過爲牛之後起字。牛近轉泰則爲越。越音喻三。踰音喻四。然越从戉得聲。而戉戌一字。詳戌字下。戌音心紐。心與喻四同爲摩擦次清音。故𨒅踰轉注字也。踰又作逾。逾下曰。𨒅也。𨒅有輕行義。故䟠訓輕行也。字見急就篇。顏師古本作絨。【説文解字六書疏證卷三】

◉郭沫若　𢓜字羅釋𢓜。謂从辵从戈。案其字多作□若□，確是从辵从戉聲之字。並不从戈(或从弋乃戉省)。説文辵部「𨒅。踰也。从辵戉聲。易曰『雜而不𨒅。』」後世以越為之，凡卜辭言𨒅，乃遠逝之意。左傳襄十四年「越在他竟」。杜注云「遠也」，即此𨒅字義。【卜辭通纂】

◉商承祚　第八簡　一𨚕鐈鐱，生絇縚組罷䑡一教解。促羅之緙，促羅縫巳之緆。

有句號。有編組刻口。

𨚕，地名，踰越之越从走，爲後起之字，漢人以之代替國名，越行而𨚕廢。望山一號墓越王句踐劍越字作□，與此同。【長沙仰天湖二五號楚墓竹簡遣策考釋　戰國楚竹簡匯編】

◉許　慎　□𧽢也。从走。㐱聲。讀若塵。丑刃切。【説文解字卷二】

◉馬叙倫　薛傳均曰。馬部。駗驙。馬載重難行也。在人爲趁𧽢。在馬爲駗驙。其義一也。易屯六二。屯如邅如。趁即屯如之屯。劉秀生曰。彡部。㐱。或从真聲作鬒。真聲在先部。塵聲亦在先部。故趁从㐱聲得讀若塵。周禮春官典瑞。珍圭以徵守。杜子春云。珍當爲鎮。書亦或爲鎮。論語鄉黨。袗絺綌。皇本袗作縝。詩豳風東山箋。古者聲寘填塵同也。是其證。周兆沅曰。㐱聲照紐。塵聲禪紐。聲近别轉。倫按㐱音照三。照三與禪同爲舌面前音。故趁讀若塵。【説文解字六書疏證卷三】

䞼 䞼

◉許　慎　䞼趁也。从走。亶聲。張連切。【説文解字卷二】

◉馬叙倫　鈕樹玉曰。小徐本脱聲字。倫按趁䞼雙聲轉注字。王筠謂趁䞼如駗驙爲連緜詞。非轉注字。非也。易屯。乘馬邅如。本書驙下引作驙如。不與駗連文。楚辭九諫。蹇邅回而不能行。湘君。邅吾道以洞庭。亦不與趁連文。莊子田子方。儃儃然不趨。儃卽䞼之借字。亦不與趁連文。可證。【説文解字六書疏證卷三】

趞 趞

趞　趞曹鼎

趞曹鼎二　【金文編】

6【包山楚簡文字編】

◉許　慎　趞趞趞也。一曰行皃。从走。昔聲。七雀切。【説文解字卷二】

◉高田忠周　説文。趞趬趞也。一曰行皃。从走昔聲。依辵起古今字之例。卽知遣趞亦古今字也。其訓行皃。迹遣而行皃也。趬趞雙聲連語。此爲叚借義耳。【古籀篇六十三】

◉馬叙倫　顧廣圻曰。廣雅趞趞。行也。疑趞趞不譌。或下有脱耳。嚴章福曰。趞趞也當依鍇本作趬趞也。然據許書大例。當先趬後趞。趬下當作趬趞。行輕皃。趞下當作趬。趞也。今此誤倒。趞下衍一曰行皃四字。趬下脱趬趞二字。王筠曰。趬趞雙聲。趬下行輕皃。卽趬趞之訓。此行皃者。脱輕字。讀説文者或愛趬趞字新而删行皃。或又以不恒用而删趬趞。校者見兩本不同。故加一曰。倫按趞趞也當作趬也。今作趞趞也一曰行皃者。廣雅。趞趞。行也。盖校者據廣雅加趞趞行也。傳寫脱本訓。復有脱譌。後之校者校記之如此耳。餘詳趬下。趞曹鼎作。【説文解字六書疏證卷三】

趬 趬

◉許　慎　趬行輕皃。一曰。趬。舉足也。从走。堯聲。牽遥切。【説文解字卷二】

◉馬叙倫　鈕樹玉曰。一切經音義十三引作健也。十五十九引作捷健也。十六引作行輕皃也。一曰。舉也。沈濤曰。一切經音義十三及二十勦字共三處。皆云。説文作趬。十五十九引作捷健也。謂勁速勦健也。廿一引作便捷也。嚴可均曰。史記衛將軍驃騎傳。索隱。引作行疾皃。宋本。一本引作行遮皃。云。遮。一作疾。後漢書馬融傳注一切經音義十六引作行輕皃。疾亦輕也。兩通。王筠曰。一曰。趬。舉足也。則與足部蹻字同。張楚曰。一曰舉足乃蹻字義。蹻下曰。舉足小高也。倫按段玉裁謂趬趞雙聲。然但同爲次清音耳。趞音清紐。趬音溪紐。不得爲雙聲也。倫謂燒从堯得聲而音入審紐。疑古讀趬如燒。趞从昔得聲。昔音心紐。心審同爲摩擦次清音。故趞趬爲轉注字。本訓行皃。此非本訓。一曰六字校語。玄應所引皆非趬字義也。【說文解字六書疏證卷三】

⿺走弦

◉許慎 ⿺走弦急走也。从走。弦聲。胡田切。【說文解字卷二】

◉馬叙倫 段玉裁曰。形聲包會意。从弦有急意也。倫按十一篇。慈。急也。是古言急曰弦。弦急雙聲。語原然也。非會意。後凡如此者不具說也。急走也非本訓。【說文解字六書疏證卷三】

趀

◉許慎 趀蒼卒也。从走。𠂔聲。讀若資。取私切。【說文解字卷二】

◉馬叙倫 鈕樹玉曰。廣韻引作倉卒也。嚴可均曰。易夬釋文引作倉卒也。足部又作蒼䟶。倫按唐寫本切韻殘卷六脂趀下曰。倉卒也。錢大昕謂次卽趀之借字。然則趀亦急走義。趞之音同清紐轉注字。與⿺走弦亦爲轉注字。⿺走弦从弦得聲。弦从玄得聲。按說文倉卒。趀卽趀之譌。蒼䟶雙聲。趀訓蒼䟶。猶疾黎爲薺也。論語里仁。造次必於是。馬融曰。造次急遽也。鄭玄曰。倉卒也。錢大昕謂次卽趀之借字。然則趀亦急走義。趞之音同清紐轉注字。與⿺走弦亦爲轉注字。⿺走弦从弦得聲。弦从玄得聲。詳弦字下。玄聲真類。趀聲脂類。脂真對轉也。然蒼卒也非本訓。讀若資者。劉秀生曰。𠂔聲次聲皆在精紐。灰部。故趀从𠂔聲得讀若資。易夬九四。其行次且。釋文。次且鄭作趀趄。儀禮既夕記。設牀第。注。古文第爲茨。並其證。【說文解字六書疏證卷三】

⿺走𤐫

◉許慎 ⿺走𤐫輕行也。从走。票聲。撫招切。【說文解字卷二】

◉馬叙倫 八篇。僄。輕也。是古謂輕曰票。⿺走𤐫爲趬之轉注字。疊韻也。趞从昔得聲。昔音心紐。⿺走𤐫音敷紐。心敷同爲摩擦次清音。則⿺走𤐫趞亦轉注字。輕行也蓋本作行皃。此校語。或字林訓也。【說文解字六書疏證卷三】

⿺走臤

◉許慎 ⿺走臤行皃。从走。臤聲。讀若菣。弃忍切。【說文解字卷二】

◉馬叙倫 行本來往所由之地。引申爲行走之偁。本部字皆从走。下文多言走皃。與部首義合。此及下趥⿺走蜀趆三字皆訓行皃。字林訓耶。抑許例固不醇也。【說文解字六書疏證卷三】

趥　趥

◉許　慎　趥行皃。从走。酋聲。千牛切。【説文解字卷二】

◉馬叙倫　莊子庚桑楚。人見其跂猶之魁然。張楚謂跂猶卽趑趥。倫檢趑从支得聲。支音照紐。趥从酋得聲。酋酒一字。詳酋字下。酒音精紐。精照同爲摩擦破裂清音。是趥趑爲轉注字也。【説文解字六書疏證卷三】

⿺走蜀　⿺走蜀

 ⿺走蜀指玉切　 ⿺走蜀之辱切楊氏阡銘【汗簡】

 楊氏阡銘　 荀邕集字【古文四聲韻】

◉許　慎　⿺走蜀行皃。从走。蜀聲。讀若燭。之欲切。【説文解字卷二】

◉馬叙倫　錢坫曰。玉篇。⿺走蜀。小兒行。徐灝曰。足部躅與此義近。倫按躅。蹢躅也。蹢。住足也。或曰。蹢躑。王筠曰。三年問之蹢躅。姤初之蹢躅。鄭王並無注。案姤下巽。初爲巽主。巽爲進退。爲不果。故知玉篇蹢躅行不進者是也。行而不進。非逗止足也之比。倫謂本部。趆。趍也。趍。夊也。⿺辶氐。不進也。⿰足氐。跱也。跱卽蹰之借字。本書無蹰。躇卽蹰也。峙躇。不前也。峙。躇也。侍。竢也。竢。待也。⿰足出。迷也。迷。前頓也。遺。媟遺也。朱駿聲謂前頓之皃。而今杭縣謂徐行不進曰媟遺。本書。牧。牛徐行也。讀若滔。而⿰馬舀爲馬行皃。亦馬徐行也。蹢爲住足。躅爲踣躅。踣躅與媟遺聲亦近。而趆⿺辶氐音皆端紐。⿰足氐峙蹢躅躇趍音皆澄紐。待音定紐。端定皆舌尖前破裂音。定澄同爲破裂濁音。古讀澄歸定也。遺音亦定紐。⿰足出趆⿺辶氐則聲同脂類。竢峙待聲同之類。蹢聲支類。之支脂固得通轉。然則此諸文者。語原蓋同。其義亦近。約而分之。前頓者前止也。不前不進亦止也。止卽住足也。此一義也。徐行卽夊也。此一義也。而⿺辶氐趆皆从氐得聲。以行而不進所以爲徐也。此訓行皃。自爲行而不進之狀。則躅爲住足⿺走蜀爲徐行。猶趆爲趍趙而⿺辶氐爲不進矣。小兒行正如此。故玉篇訓小兒行。【説文解字六書疏證卷三】

⿺走匠　⿺走匠

◉許　慎　⿺走匠行皃。从走。匠聲。讀若匠。疾亮切。【説文解字卷二】

◉馬叙倫　鈕樹玉曰。鍇本行下無皃字。非。嚴可均曰。讀若匠疑校者所加。錢坫曰。張守節曰。古本史記凡匠皆作⿺走匠。讀爲匠者。如今俗讀蹌同也。倫按足部。蹚。行皃。字次踽下。踽訓疏行。則蹚訓行皃。義相類也。蹚蓋⿺走匠之聲同陽類轉注字。行皃者。如今言蹌踉也。【説文解字六書疏證卷三】

⿺走叡 ⿺走叡

◉許　慎　⿺走叡走皃。从走。叡聲。讀若紃。臣鉉等以為叡聲遠。疑从睿。祥遵切。【說文解字卷二】

◉馬叙倫　徐鉉曰。叡聲遠。疑从睿。王念孫曰。篆當依鍇本作⿺走睿。从走。叡聲。盖叡⿺走叡字聲不相近。鈕樹玉曰。廣韵十八諄。⿺走叡。引說文曰。走皃也。玉篇亦作⿺走叡。則說文本作⿺走叡。劉秀生曰。叡。古文作睿。璿从之得聲。璿古音在心紐。紃聲古亦在心紐。故⿺走叡从叡聲得讀若紃。大戴記五帝德。幼而叡齊。史記五帝紀作徇齊。史記楚世家。熊徇。漢書古今人表作熊紃。是叡聲紃聲皆如徇。是其證。倫按⿺走叡聲脂類。紃聲真類。脂真對轉。故⿺走叡讀若紃。【說文解字六書疏證卷三】

⿺走薊 ⿺走薊

◉許　慎　⿺走薊走意。从走。薊聲。讀若髽結之結。古屑切。【說文解字卷二】

◉馬叙倫　葉德輝曰。⿺走薊有契音。本書邑部。⿰契阝。周封黄帝之後于⿰契阝。从邑。契聲。讀若薊。契吉又同聲。詩小雅天保。吉⿺走薊惟饎。盧辯大戴禮諸侯遷廟篇注。作絜⿺走薊惟饎。故⿺走薊有結音。劉秀生曰。薊聲結聲並在見紐。故⿺走薊从薊聲得讀若結。倫按薊叡聲同脂類。⿺走叡讀若紃。⿺走薊讀若結。則脂真對轉。⿺走薊⿺走叡轉注。本部及欠部說解中多言意不可通。疑譌。或非本訓。此及⿺走困下走意廣韻作走皃。趖下⿺走豦下走意。玉篇作走皃。【說文解字六書疏證卷三】

⿺走困 ⿺走困

◉許　慎　⿺走困走意。从走。困聲。丘忿切。【說文解字卷二】

◉馬叙倫　⿺走困从困聲。困聲真類。則⿺走困與⿺走叡⿺走薊亦轉注字。⿺走困⿺走薊又同舌根破裂音轉注字。【說文解字六書疏證卷三】

趖 趖

◉許　慎　趖走意。从走。坐聲。蘇和切。【說文解字卷二】

◉馬叙倫　趖爲⿺走叡之同舌尖前摩擦音轉注字。趖音心紐。⿺走叡音邪紐也。玉篇。走皃。【說文解字六書疏證卷三】

◉張亞初　□、□、□（綜類一〇頁、三二四頁、甲骨文編八八〇頁）第一字从人从土，象人坐于土堆之形，以單雙無別例之，應即坐字。第二、第三字从彳、从行、从坐，可隸定為⿰彳坐、⿴行坐。古文字彳、行、走表示行動的偏旁常相通用，所以⿰彳坐、⿴行坐都可隸定爲趖。說文：「趖，走意。」廣韵、集韵音莎，訓走疾。【古文字分類考釋論稿　古文字研究第十七輯】

⿺走憲

◉許　慎　⿺走憲走意。从走。憲聲。許建切。【說文解字卷二】

◉強運開　⿺走憲　薛尚功鄭漁仲趙古則均釋作⿺走憲。楊升庵作德。誤。運開按。說文。⿺走憲。走意。从走。憲聲。當有重文。今石本已半泐。但从走。从憲。尚可辨認。【石鼓釋文】

◉馬叙倫　桂馥曰。石鼓文。其來趩⿺走憲。倫按趣音心紐。⿺走憲音曉紐。同爲摩擦次清音。又爲歌元對轉。轉注字也。⿺走厲⿺走憲又爲同舌根音。轉注字也。石鼓此字已漫。然安國本有𡿪字。可辨。【說文解字六書疏證卷三】

⿺走臱

◉許　慎　⿺走臱走意。从走。臱聲。布賢切。【說文解字卷二】

◉馬叙倫　田吳炤曰。鍇本作𦤎省聲。小徐舊本當不作𦤎。故云。省聲。倫按趌⿺走臱歌元對轉轉注字。⿺走憲⿺走臱聲同元類轉注字。⿺走厲⿺走臱又同爲破裂清音轉注字。【說文解字六書疏證卷三】

⿺走戜

◉許　慎　⿺走戜走也。从走。戜聲。讀若詩威儀秩秩。直質切。【說文解字卷二】

◉馬叙倫　段玉裁曰。此稱詩假樂。威儀抑抑。德音秩秩。誤合二句爲一。如東方昌矣昆夷呬矣亦然也。少牢饋食禮。勿替引之。注曰。古文替爲秩。秩或爲戜。與⿺走戜讀如秩相似。桂馥曰。戜秩聲相近。詩。秩秩大猷。本書引作戜戜。劉秀生曰。戜从戥聲。戥从呈聲。古在定紐。秩从失聲。古亦在定紐。故⿺走戜从戜聲得讀若秩。詩邶柏舟。胡迭而微。釋文。迭。韓詩作戜。書堯典。平秩東作平秩南訛平秩西成。史記五帝紀皆作便程。並其證。倫按走也當作走皃。廣韵。走皃。讀若六字校者加之。【說文解字六書疏證卷三】

◉尹盛平　「乃⿺走戜追至于楊冢，公車折首百又十又五人，執訊三人。」⿺走戜字当为⿺走戜字的異寫。音秩，《說文》謂「走也。」走，疾趨也。則⿺走戜追應是急追的意思。【西周的強國與太伯、仲雍奔「荆蛮」　陝西省文博考古科研成果彙報會論文選集】

⿺走有

◉許　慎　⿺走有走也。从走。有聲。讀若又。子救切。【說文解字卷二】

◉馬叙倫　劉秀生曰。王引之曰。有又古同聲。易繫辭傳。又以尚賢也。鄭虞本又並作有。儀禮鄉射禮。唯君有射於國中。注。古文有作又。按有从又得聲。此讀本字原所从得之本聲也。倫按走也當作走皃。玉篇。走皃。【說文解字六書疏證卷三】

◉戴家祥 [glyph]季□父設 字从徒从又，徒古文走，説文「走趨也。从夭止。夭止者，屈也。」石鼓文作[glyph]，从[glyph]，[glyph]象人正立形。金文作[glyph]，从[glyph]。止或作辵。此字作[glyph]，與周公設右走馬嘉壺走字同。又聲讀同有。彔伯㦰設「[glyph]于周邦」，齊子中姜鎛「䢅叔又成[glyph]于齊邦」，秦公設「高弘又慶」，皆以又爲有。儀禮鄉射「唯君有射于國中。」鄭玄注「古文有作又。」冬官考工記弓人「量其力有三均。」鄭玄注「有三，讀爲又參。」禮記内則「三王有乞言。」鄭玄注「有，讀爲又。」又聲同有，故趙字亦可更旁作赵。説文「趙走也。从走，有聲，讀若又。」即其字也。【金文大字典下】

◉許　慎　[glyph]走輕也。从走。烏聲。讀若鄔。安古切。【説文解字卷二】

◉馬叙倫　此憂之音同影紐轉注字。走輕也疑本作走皃。此校語。或字林訓。也。當作皃。【説文解字六書疏證卷三】

[glyph]趯　毛公㕗鼎【金文編】

◉許　慎　[glyph]走顧皃。从走。瞿聲。讀若劬。其俱切。【説文解字卷二】

◉徐同柏　（趯）讀如懼。義與懼近。【從古堂款識學卷十六】

◉吳大澂　説文。趯。走顧皃。讀若劬。此趯字當讀如恐懼之懼。【毛公鼎　愙齋集古録】

◉高田忠周　説文。[glyph]走顧皃。从走瞿聲。讀若劬。葢謂瞿爲鷹隼之視也。从隹䀠聲。䀠爲左右視也。从二目。瞿讀若章句之句。䀠讀若拘。即知䀠瞿趯三字。音義相近。心有所恐懼矣。故左右視也。心有怒者亦同。故鷹隼有所疾視謂之瞿。瞿視。自有所警戒也。夫有所儆戒也。故走且顧。謂之趯也。趯懼亦音義相近矣。又按此篆瞿下有[glyph]形。實是矍省文。説文。又有趯字。訓大步也。从走矍聲。然矍从瞿聲。且據攫攫當爲同字。钁鑺𨏤爲同字。懼愳爲同字又或作愯趯亦趯異文無疑矣。其訓大步者。即躩字叚借義也。又或謂。古足彳走辵諸部皆通用。同部有同聲字。概元同字。説文。衢行皃。从彳瞿聲。又躣行皃。从足瞿聲。又躩足躩如也。从足矍聲。元皆同字。行皃者字之通義。走行且顧眄。於䀠瞿字見其義。趯躣衢。當其原形耳。【古籀篇六十三】

◉馬叙倫　鈕樹玉曰。説文無劬。疑古但作句。葉德輝曰。瞿讀若章句之句。左昭二十年經有鸜鵒來巢。本書鳥部作鴝鵒。瞿句古同音。劉秀生曰。瞿从䀠得聲。在見紐。句聲亦在見紐。故趯从瞿聲得讀若劬。劬盖勮之或體。从力。句聲。倫按

讀若劬後人加之。走顧皃校語。或字林訓。本訓走皃。毛公鼎作趯。【説文解字六書疏證卷三】

◉戴家祥　趯毛公鼎　字从走从彳从翟，翟象鳥張目注視之形。即瞿之省。説文「瞿，鷹隼之視也。」从走與从彳，表示路上行走之義。趯字包括走與視兩個含義。説文「趯，走顧皃，从走瞿聲。」趯即躍字。説文中根據躍字，或形義稍作省略，或形聲偏旁略作變動的字很多，如「躍，行皃，从彳瞿聲。」「躍，行皃，从足瞿聲。」「趯，大步也，从走矍聲。」又「躩，足躩如也。」躍躍趯躩皆爲躍的孳乳字。【金文大字典下】

𧾒

◉許　慎　𧾒走皃。从走。蹇省聲。九輦切。【説文解字卷二】

◉馬叙倫　翟云升曰。寒省聲。蹇亦寒省聲。徐灝曰。足部。蹇。音義略同。皆謂行蹇難也。【説文解字六書疏證卷三】

𧺆

◉許　慎　𧺆疑之。等赾而去也。从走。才聲。倉才切。【説文解字卷二】

◉馬叙倫　段玉裁曰。等讀若䶣。等赾疊韻。濡滯之皃。疑之。故等赾而去。江沅曰。疑之等赾而去。甚不可解。錢坫曰。此猜疑字。倫按此待之轉注字。然説解疑有校語糝譌。廣韵。赾。起去也。【説文解字六書疏證卷三】

𧼯

◉許　慎　𧼯淺渡也。从走。此聲。雌氏切。【説文解字卷二】

◉馬叙倫　𧼯即濟渡之濟本字。淺渡也非本訓。或此字出字林。【説文解字六書疏證卷三】

赹

◉許　慎　赹獨行也。从走。勻聲。讀若煢。渠營切。【説文解字卷二】

◉馬叙倫　孔廣居曰。勻聲疑是同母諧。劉秀生曰。勻聲古在影紐。煢从熒省聲。熒聲之字多在影紐。故赹从勻聲得讀若煢。詩信南山。畇畇原隰。周禮地官均人。豐年則公旬用三日焉。注。旬。均也。讀如畇畇原隰之畇。是其例證。倫按旬从日。勻省聲。詳旬字下。眴从旬得聲。惸从眴得聲。詩正月。哀此惸獨。孟子梁惠王作煢獨。憂心惸惸。釋文。本又作煢煢。亦其證。獨行也玉篇也作皃。然非本訓。【説文解字六書疏證卷三】

趨 从辵走辵二部相通 曾子遷臣 【金文編】

◉許 慎 安行也。从走。與聲。余吕切。【説文解字卷二】

◉馬叙倫 八篇。歟。安气也。十篇。懇。趣步懇懇也。鸒。馬行徐而疾也。盖皆有徐義。是古謂徐亦曰與。此徐之轉注字。故皆訓安行也。然疑非本訓。曾子簠作。【説文解字六書疏證卷三】

◉戴家祥 曾子遷簠 容庚釋趨金文編。按説文起，古文作迟，更旁从辵。金文居簠迁作赶，更旁从走。叔多父㱿趯字蓋銘作讙更旁从辵。遣小子㱿公鼎遣字作䢋更旁从走。集韻入聲五質趫遹同字，知遷即趨之更旁字也。説文「趨，安行也。从走，與聲」。段玉裁云：按欠部「歟，安气也。」心部「懇，趣步懇懇也。」馬部「鸒，馬行徐而疾也。」論語曰：「與與如也。」漢書「長倩懊懊。」説文解字注。考唐韻與、懇、趨皆讀「余吕切」，歟讀「以諸切」，均喻母魚部字。鸒讀「於角切」，影母侯部。侯魚韻近，喻影母皆爲喉音，故鸒亦有安義，段説是也。作器者名子遷，亦猶堯典之有伯與者。【金文大字典下】

陶文編2·9 左宫起 【古陶文字徵】

起 日乙一一三 十一例 日乙九四 六例 日甲一三八背 四例 日甲一四〇背 六例 【睡虎地秦簡文字編】

高起之印 司校起印 馬起 陳起私印 趙起印 【漢印文字徵】

祀三公山碑 起堂立壇 【石刻篆文編】

起 【汗簡】

古老子 古尚書 竝籀韻 崔希裕纂古 【古文四聲韻】

◉許 慎 能立也。从走。已聲。墟里切。古文起。从辵。【説文解字卷二】

◉商承祚 説文。「迟。古文起。从辵。」案説文。彳。「小步也。」辵。「乍行乍止也。」走。「趨也。」皆行動意。故能通用。如説文返或作彶。辻或作征。退或作徂。延或作征。甲骨文金文此例最多。石經古文凡从辵者。皆作彳。【説文中之

古文考】

◉馬叙倫　己音邪紐。已目一字。而目音喻四。喻四與曉同爲摩擦次清音。故起从己得聲。而音墟里切入溪紐。由曉轉溪。同爲舌根次清音。然亦疑起本虚里切。墟本虚之後起字。後世別其音。能立也疑非本訓。字見急就篇。

□　倫按辵爲行走之走本字。詳辵字下。故从走者亦可从辵也。从辵校語。【説文解字六書疏證卷三】

◉饒宗頤　㞒从己从止，或釋跽。(文編)按説文起，古文作迡，从辵；故㞒殆即起字，卜人㞒與大同時。「癸巳卜，㞒貞：旬亡𡆥。」(七集衛二九)同版有卜人大之名，「癸巳卜，㞒貞：旬亡𡆥。六月。」(續存上一六七三)……胡厚宣南北甲骨録摹本誤作「足」，陳氏綜述據之，並於卜人總表别出「昰」一人，殊誤，應删。……㞒之卜辭除上舉卜旬外，金璋七〇僅一見。【殷代貞卜人物通考】

◉于豪亮　《居延漢簡甲編·永元器物簿》第9簡：

赤弩一張，力四石五，木破，□繳往往絶。

第25、40、56、70諸簡，簡文均與第9簡相同，□字也均如此作。《甲編》根據馬衡的釋文，釋□字爲切，勞榦的《居延漢簡·考釋之部》則釋爲故。不論釋爲切，或是釋爲故，都没有什麽根據；而且從文義來看，也無法講通。

□字亦見下列兩簡，一簡在《甲編》中列在《永元器物簿》的後面，簡文是：

入南書二封　居延都尉九年十二月廿七日、廿八日□詣府，封完。

此字《甲編》又釋謹，亦非是。因爲漢簡中章草的謹字常見，均不如此作。

另一簡見《居延漢簡·圖版之部》第496頁130·8簡：

入南書二封　皆居延都尉章，九月十日癸亥□，一詣敦煌，一詣張掖府。

這兩簡内容相同，□字的用法和涵義也相同。與這兩簡内容相同而不用章草書寫的簡也還不少，把它同這兩簡相對照，就可以認識□字了。《流沙墜簡》卷二《簡牘遺文》69：

入西蒲書一，吏馬行　魚澤尉印，十三日起詣府。

此簡同上兩簡内容相同，互相對照，與□字相對應的乃是起字。由此可知□字並不是切字、故字，更不是謹字，而是起字。

此字既是起字，那麽，「起繳往往絶」的起字是什麽意思呢？我以爲起以音近讀爲絯。起从己得聲，絯从亥得聲，古从己、从其、从亥得聲之字常相通假。《左傳·襄公二十七年》和《韓詩外傳》二引《詩·羔裘》、《左傳·僖公二十四年》和《國語·晉語十》引《詩·候人》的「彼己之子」，今本毛詩並作「彼其之子」；《周易·明夷之六五》「箕子之明夷」，《漢書·儒林傳·趙賓傳》、

□

《釋文》引劉向「箕」並作「荄」;《孟子·萬章下》的「亥唐」,《抱朴子·逸民》作「期唐」。凡此皆从己、从其、从亥得聲之字互相通假之例,因此起得讀爲絯。絯爲纏束之義,《莊子·天地篇》「方且爲絯」,《釋文》引《廣雅》:「絯,束也。」因此起字義爲纏束。故「起繳往往絶」,意思是弩上纏繞的生絲帶已經斷了多處。【居延漢簡釋叢 文史十二輯】

◉施謝捷 甲骨文有字作□、□形,《甲骨文編》隸爲「□」,並説「从止从子,《説文》所無」。將字附録于「止部」後;《甲骨文字集釋》隸定爲「□」,謂「从辶从子,《説文》所無」,附録于「辵部」之後,都以爲不識字。卜辭曰:

☐□衆☐三月 《京津》三〇四五

己亥卜永貞□循 《後》二·一四·一四

貞不其□循 《京津》二三二〇

乎取□□ 《合》一六五

按□(□)字从止,从□即巳字,甲骨文裏干支字「辰巳午」之「巳」作□,是其例。因此我們認爲此字當隸定爲「昰」,舊以爲「□」或「□」,失之。又《殷周金文集録》一書中收有「□要鼎」,「□」作□,同銘中有「子孫」字,子或从子作□,□與□小異,亦當是爲了不使「子」、「巳」相混而如是作,「□」亦當即「昰」字,于銘文中「昰要」爲人名。「昰」字即今之「起」字。《説文》:「起,能立也。从走,巳聲。□古文起从辵。」古文字中从止从辵每無别,如甲骨文中遷字作□、□,遘字作□、□,逆字作□,□,込字作□、□,追字作□、□等,均是其徵。且在金文中从辵从走也可通用,如趄字或作逗,趨字或作遇,趯字或作瀧,遣字或作趞,迂字或作赶,並是其例。因此,我們認爲釋「昰」爲「□」即「起」字,是合符古文字的結構規律的,從字形上來看是有道理的。

總之,□从止巳聲,即「□(起)」字初文,從字形上來看是可通的。在卜辭用爲動詞,或訓立,或訓興作,或如奮。金文「起要」爲人名,待考。【甲骨文字考釋二則 考古與文物一九八九年四期】

◉許 慎 □留意也。从走。里聲。讀若小兒孩。戶來切。【説文解字卷二】

◉馬叙倫 劉秀生曰。口部。咳。小兒笑也。从口。亥聲。孩。古文咳。从子。里聲亥聲並在咍部。故□从里聲得讀若孩。周禮考工記匠人。里爲式。注。里讀爲㠯。聲之誤也。本書木部。梠。从木。㠯聲。讀若駭。或从里聲作梩。是其證。倫按留意也疑有捝譌。今廣州輿人呼行人小待曰凱埋。即此字。疑爲赲之聲同之類轉注字。【説文解字六書疏證卷三】

⿺走臭　趛

◉許　慎　⿺走臭行也。从走。臭聲。香仲切。【說文解字卷二】

◉馬叙倫　廣韵。疲行皃。此本訓行皃。【説文解字六書疏證卷三】

趛　師趛鼎　伯趛父簋　克盨　姬趛母鬲　師趛盨　【金文編】

◉許　慎　趛低頭疾行也。从走。金聲。牛錦切。【說文解字卷二】

◉徐同柏　从⿱大止。从⿱彡止。古文越亦作越。起亦作起。當㠯从⿱大止爲正。說文。趛。低頭疾行也。廣韻牛錦切。音傑。【周師趛鼎　從古堂款識學】

◉馬叙倫　嚴可均曰。說文無低字。倫按九篇。頣。低頭也。是其語原同也。然疑本作行皃。今存校語耳。本書無低字。克簋作[glyph]。師趛鼎作[glyph]。【說文解字六書疏證卷三】

趌

◉許　慎　趌趌⿺走曷。怒走也。从走。吉聲。去吉切。【說文解字卷二】

◉馬叙倫　與⿺走乞爲同舌根音兼聲同脂類轉注字。怒走也盖校語。本訓行皃。廣韵訓直行。直行猶今謂徑去也。【說文解字六書疏證卷三】

⿺走曷

◉許　慎　⿺走曷趌⿺走曷也。从走。曷聲。居謁切。【說文解字卷二】

◉孫詒讓　[glyph]秦公簋　薛釋爲彬。呂無釋。翟釋爲⿺走盍。此字形甚明晳。然說文玉篇竝無其字。翟謂即玉篇之跲。然跲訓跛義。亦無取。竊疑此字當从蓋省聲。即說文⿺走曷字之異文。蓋聲與曷聲古音同部。【盄龢鐘　古籀拾遺卷上】

◉于省吾　秦公鐘秦公毁並有⿺走盍⿺走盍文武之語。孫詒讓云。[glyph]文丞。[glyph]薛釋爲彬。翟釋爲⿺走盍。翟謂即玉篇之跲。然跲訓跛義亦無取。竊疑此字當从蓋省聲。即說文⿺走曷字之異文。蓋聲與曷聲古音同部。拾遺上五。郭沫若云。余意當是盄字。又云。此⿺走盍字當从皿⿺走去聲。⿺走去則从走去聲。去聲與疋聲同魚部也。⿺走盍⿺走盍者當叚爲祛祛。魯頌駉。以車祛祛。毛傳云。强健也。大系考釋二四八。按孫謂⿺走盍即說文⿺走曷字之異文是也。郭說殊誤。⿺走盍字作⿺走盍者。亦猶智君子鑑鑑之作鑑。古文偏旁之部位。惟施所宜。非如今隸之固定不移。⿺走盍从盍聲。與⿺走曷从曷聲一也。爾雅釋言。曷盍也。惟說文⿺走曷趌⿺走曷也。又趌⿺走曷怒走也。於此義亦

⿺走睘

不適。⿺走曷：應讀爲藹藹。說文。藹臣盡力之美。从言葛聲。詩曰。藹藹王多吉士。按藹从葛聲。葛从曷聲。與⿺走曷从曷聲聲母同。詩卷阿。藹藹王多吉士傳。藹藹猶濟濟也。爾雅釋訓。藹藹萋萋。臣盡力也。又藹藹濟濟止也注。皆賢士盛多之容止。孫炎注。濟濟多士之容止也。按詩文王。濟濟多士傳。濟濟多威儀也。是藹藹與濟濟義相若。說文以藹爲臣盡力之美。美字係就威儀之盛言之。上云。咸畜百辟胤士。此云藹藹文武。文武指百辟胤士之文士武士言之。是藹藹正形容文武多士容止之盛也。【釋⿺走盍：雙劍誃古文雜釋】

◉朱芳圃　⿺走盍秦公段　孫詒讓說近是。爾雅釋言：「曷，盍也。」古音曷與盍爲匣紐雙聲，韻亦術盍相近，例可通用。說文走部：「⿺走曷，趌⿺走曷也。从走，曷聲。」又「趌，趌⿺走曷，怒走也。从走，吉聲」。考秦公鐘、秦公段兩銘並云「⿺走盍⿺走盍文武」，如釋爲⿺走曷，義不相適。余謂⿺走盍當讀爲朅，詩衛風伯兮：「伯兮朅兮」，毛傳：「朅，武貌」；又碩人：「庶士有朅」，毛傳：「朅，武壯貌」。古人以武勇爲美德，故以⿺走盍⿺走盍形容之。朅對轉元，變易爲桓，書牧誓：「尚桓桓」，鄭注：「桓桓，威武也」；詩周頌桓：「桓桓武王」，鄭箋：「桓桓有威武之武王」；魯頌泮水：「桓桓于征」，毛傳：「桓桓，威武貌」。是秦公鐘、秦公段兩銘之⿺走盍⿺走盍，猶書牧誓、詩周頌魯頌之桓桓矣。

虢季子白盤銘云：「⿺走亘⿺走亘子白」，與秦公鐘、秦公段兩銘之「⿺走盍⿺走盍文武」語意全同。其字皆从走作。走含行動之義，蓋威武由行動以表現也。說文訓趌⿺走曷爲怒走，怒走與威武義相因，廣雅釋詁：「嘞，怒也」，又「偈，怒健也」，是其證。【殷周文字釋叢卷下】

◉許　慎　⿺走睘疾也。从走。睘聲。讀若讙。况袁切。【說文解字卷二】

◉馬叙倫　徐灝曰。犬部。獧。疾跳也。心部。懁。急也。音義皆相近。劉秀生曰睘聲雚聲皆在寒部。故⿺走睘从睘聲得讀若讙。詩齊風。揖我謂我儇兮。釋文。儇。韓詩作婘。盧令。盧重環。其人美且鬈。環與鬈韵。箋。鬈讀當爲權。本書齒部。齤。从齒。季聲。讀若權。睘聲雚聲古並如季。是其證。广部。戾。从广。戈聲。讀若環。左襄四年傳。斟灌。史記夏本紀作斟戈。睘聲雚聲古並通戈。亦其證。倫按疾下當有走字。玉篇。⿺走睘。疾行也。然非本訓。疑⿺走睘爲赴之轉注字。赴音敷紐。⿺走睘音曉紐。同爲摩擦次清音也。失次。【說文解字六書疏證卷三】

䞟

◉許　慎　䞟直行也。从走。气聲。魚訖切。【説文解字卷二】

◉馬叙倫　䞟爲趌趨之同舌根音聲同脂類轉注字。玉篇。行皃。此本訓亦然。直行也蓋校語。【説文解字六書疏證卷三】

𧾎

◉許　慎　𧾎趨進𧾎如也。从走。翼聲。與職切。【説文解字卷二】

◉馬叙倫　段玉裁曰。有但引經文不釋字義者。如此及詷之䚯矣。絬衣長短右袂。是也。又色艴如也足躩如也。王筠曰。趩字本在此。或改从翼。而以論語附會之。後有校得趩字者。故附部末。承培元曰。許意蓋趨進皃。吳錦章曰。此字妄人所增。論語云。翼如者。形容之語。若从走作𧾎。則直訓行如鳥翼。不得云如矣。二字文理不貫。許書必無此字。倫按𧾎趩一字。詳趩字下。【説文解字六書疏證卷三】

趹

◉許　慎　趹踶也。从走。決省聲。古穴切。【説文解字卷二】

◉馬叙倫　嚴可均曰。當作叏聲。倫按足部。踶。躛也。躛。衛也。嚴可均段玉裁桂馥皆謂衛也當作躗也。躗下曰。牛踶躗也。朱駿聲謂躛躗一字。躗爲牛反足踶人也。然字次不倫。疑趹爲趹之重文。【説文解字六書疏證卷三】

趩

趩　趩簋　王孫鐘　數𣪘趩：　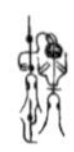王子午鼎　數𣪘趩：【金文編】

石碣遊車　其來趩：【石刻篆文編】

◉許　慎　趩行聲也。一曰。不行皃。从走。異聲。讀若敕。丑亦切。【説文解字卷二】

◉趙烈文　趩。薛作趩。烈按。石本知薛説譌也。施云丑亦反。説文。行聲也。潘云。有重文。【石鼓文纂釋】

◉方濬益　説文。趩。行聲也。一曰不行皃。按。石鼓文云。其來趩趩。與不行之訓殊不合。當以行聲爲古義。【綴遺齋彝器款識考釋卷十八】

◉高田忠周　説文。趩行聲也。从走異聲。讀若敕。一曰。不行皃。又。𧾎。趨進𧾎如也。从走翼聲。段氏趩下云。石鼓詩。其來趩趩。按趩字鍇本在部末。疑𧾎趩本一字而二之。如水部之潩瀷也。古華山農石鼓文章句注疏云。許説趨進𧾎如也。今論語作翼。釋詁。翼敬也。釋訓。肅肅翼翼恭也。詩文王傳云。翼翼恭敬。兼用詁訓二文也。義疏翼通作𧾎。銘意卽與釋訓同。而趩爲正字。翼爲借字。⿺走翼卽翼字異文。今本説文先脱趩字。後人以⿺走翼補之。小徐又補趩于部末。遂使二字分別。蓋疑舊本作趩行聲也。从走異聲。讀敕。論語曰。趨進趩如也。一曰不行皃。又按。凡經傳翼字。金文皆作異。趩亦从異爲是。⿺走翼斷非古字也。【古籀篇六十三】

◉馬叙倫　桂馥曰。行聲也者。石鼓文。其來趩䢪。一曰。不行皃。疑才行皃。玉篇。趩。走皃。段玉裁曰。趩字鍇本在部末。疑⿺走翼趩本一字而二之。如水部之淉瀷也。王筠曰。趩字鍇本在部末。玉篇在後增字中。引説文。蓋説文本無。後人增之。故顧氏不收。孫強輩乃收之也。葉德輝曰。趩。敕聲轉同部。趩讀如敕。如水經淯水注。淉水時人謂之敕水。瀷敕音相類。劉秀生曰。淮南本經訓。淌游瀷減。高注。瀷讀燕人強春言敕之敕。亦其證也。倫按字見石鼓。讀若敕者。以淮南高注證知是漢時音讀。則趩字或非後人增入。一曰不行皃者。疑衍不字。行皃卽⿺走翼字義。蓋⿺走翼本爲趩之重文。傳寫譌爲正文。後乙在前。後人因增説解。而但以論語辭爲説也。趩尊作。石鼓作。【説文解字六書疏證卷三】

◉楊樹達　趩字説文訓行聲，又訓不行貌，與此文義皆不合。余疑當讀爲⿺走翼，説文二篇上走部云：「⿺走翼，趨進⿺走翼如也，从走，翼聲。」【王孫遺諸鐘跋　積微居金文説】

◉李孝定　王筠繫傳校録云。趩。大徐在趆下。玉篇趩在後增字中。引説文。蓋説文本無。後人增之。故顧氏不收。孫強輩乃收之也。定按。王氏此説與其句讀⿺走翼字下之説互異。句讀説是也。大徐移於前。泯其隙矣。⿺走翼與趩相似。玉篇亦在後收字中。云。趨進皃。不引説文。且論語趨進翼如也如作⿺走翼。反不明了。殆亦後世分別字羼入説文者乎。

按。王氏謂論語趨進翼如也。如作⿺走翼。反不明了。説有可商。盖混言之。凡敬皆得曰翼。析言之。趨進敬慎曰趩。曰趨進翼如則可。曰有嚴有趩則不可者。混言析言之別也。王孫鐘云。畏㜎趩趩。窓齋一卷二至五葉。

石鼓文云其來趩趩。

鐘銘疑當讀爲異。訓敬。非趨進敬慎之義。知者。銘云。……用旂眉壽。余⿴囗弓龔㝬辟。畏㜎趩趩。肅悊哲聖武。惠于政德。惄于威義儀。誨猷猷不飤飭。……

辭中固無趨進之意也。鼓文則與論語趨進翼如之意相合。金石文已有之。知説文之趩。非後人妄增也。當解云。趩。趨進敬慎皃。論語。趨進趩如也。从走。从異。異亦聲。一曰。行聲也。一曰。不行皃。趩。字或从翼。【説異　中央研究院歷史語言研究所集刊第三十四本下册】

䟡

◉許　慎　䟡趨也。从走。氐聲。都礼切。【説文解字卷二】

◉馬叙倫　鈕樹玉曰。宋本作氐。餘多从氐。顧廣圻曰。趨當作趍。此及趍下趙下相次者凡有三趍字。宋本皆誤作趨。毛本改正下二字。而䟡下仍其舊。以次求之。若是趨也。則當與上走趨赴等相承矣。王筠曰。廣韵十二齊同。十二霽則云。趍。走皃。知趨當作趍。下文即趍字。倫按䟡音端紐。趍趙音並澄紐。古讀澄歸定。端定皆舌尖前破裂音。轉注字也。下文。趍趙。夊也。夊即退之初文。亦趨之轉注字。趨音照紐。古讀歸端。【説文解字六書疏證卷三】

趍

◉許　慎　趨趙。夊也。从走。多聲。直离切。【説文解字卷二】

石碣鑾車趍ニ走馬　趍爲趨之本字經典及漢碑趨多作趍【石刻篆文編】

◉強運開　薛尚功趙古則均作赽。云與徐同。誤。楊升庵作趍。是也。説文。趍趙。夊也。夊下云。夊。行遲曳夊夊也。有重文。運開按。阮橅本及安藏宋拓本作趍。甚明。趍亦通趨。詩齊風。巧趨蹌兮。釋文。趨本亦作趍。可證。【石鼓釋文】

◉馬叙倫　鈕樹玉曰。玉篇引作趍趙。夊也。沈濤曰。廣韵五支引。趍趙。久也。盖古本無趨字。許書大例以篆文連注讀。二徐不知。於説解中妄增一趍。傳寫又誤爲趨耳。下文。趙。趨趙也。亦當作趍趙。又陳奂曰。久疑夊之字譌。本書。夊。行遲曳夊夊。象人兩脛有所躧。正是趍趙之訓。濤按廣韵引正作夊字。玉篇亦作夊。王筠曰。久也當从玉篇作夂也。夂者。夂部云。從後至也。竹几切。非遲曳夊夊之夊。錢坫曰。廣雅。趙。及也。疑及字是。淮南子。跌蹏而趍千里。義作馳。穆天子傳。天子北征趙行。郭注。趙猶超騰也。翟云升曰。趍趙是。玉篇引同。倫按趍趙次於䟡下趀上。故以作遲行夊夊之夊爲是。説解本作趙也。夊也者趙字下訓。嚴可均引宋本趙下作趨趙夊也。可證。故廣雅。趙。及也。及即夊之譌也。趍爲隸書複舉字。傳寫以夊也譌入此下。以字林趙下訓趍也可證。趍趙爲音同澄紐轉注字。淮南趍字疑借爲馳。穆傳趙字。疑借爲超。或借爲逴。【説文解字六書疏證卷三】

◉商承祚　石碣(即石鼓文)鑾車：「趍趍走馬」。郭沫若《石鼓文研究》謂即《詩・四牡》之「嘽嘽駱馬」，「《説文》痑下引作痑痑駱馬，趍乃正字，痑从多得聲，借字。多聲歌部，嘽聲元部，歌元對轉，故或借嘽爲趍。」案《詩・猗嗟》「巧趨蹌兮」，釋文：「趨本作趍」。《爾雅・釋地》郭注「趨則頓」釋文「趨本作趍」。《淮南子・修務訓》：「夫墨子跌蹏而趍千里以存楚宋」(王引之云，跌當作

趙

「趹」是也)。《抱朴子・論仙》「趍捨所當」，漢耿勛碑「功課趍時」，西狹頌「屬縣趍教」，唐寫本《論語・鄉黨》「趍進翼如也」，趨皆用趍。又與蹡同，字亦作跢。《大戴禮・保傅》「跢行不得」注：「故書蹡作跢，鄭司農云：『跢當爲蹡，書亦或爲趍』。」則趍乃趨之初字(《廣韻》以趍爲趨之俗，非)，从走多會意，亦如奔从三走也。《玉篇》趍，走也，越也，與趨義同。敦煌本《書・盤庚下》多字作[illegible]，增一則爲[illegible]，見漢隸鄐、䮾；橫筆上出則爲[illegible]，見漢匋文䮾，卽小篆所本。此辭讀爲「趍：走馬」，文義協洽。《說文》引作瘮，又趍之借字也。

【《石刻篆文編》字說　中山大學學報一九八〇年第一期】

趙　趙孟壺　趙孟庎大夫名鞅　不从走　大梁鼎　肖字重見　【金文編】

9・84　趙讓　【古陶文字徵】

一五六：四　一百一十八例　宗盟委質類姓氏　一五六：一　一百一十三例　二〇〇：一〇　一五二：二　一九五：一

九八：一一　一五六：一九　十八例　肖　一五六：一九　三十例　一九五：八　二例　一六：三六　八八：一

鄁　【侯馬盟書字表】

趙　編二五　【睡虎地秦簡文字編】

趙太子丞　趙遂之印　趙殷私印　趙不圍　趙婺　趙竟　趙聖之印　趙湯　趙宣　趙宣私印　趙奉　趙黑　趙□之印　趙護綬　趙蓋　趙受　趙遂　趙狨　趙之德印　趙侁

趙奴　趙胡臣印　趙松印信　歸趙侯印　【漢印文字徵】

少室石闕　廷掾趙穆　開母廟石闕　廷掾趙穆　羣臣上醻題字　石經文公　公子遂會晉趙盾盟于衡雍　汗簡引滑州趙氏碑作　趙寬碑額　【石刻篆文編】

赾　⿺走夐　趠

趙臣忠恕嘗覽滑州趙氏碑是唐衢題額尚如此作【汗簡】

義雲章【古文四聲韻】

◉許　慎　趙趨也。从走。肖聲。治小切。【説文解字卷二】

◉馬叙倫　鈕樹玉曰。玉篇引作趍趙也。繫傳作趙趨也。韵會引作趨也。盖並挩誤。王筠曰。廣韵引字林。趍也。則趍趙兩字轉注。倫按鍇本趙字乃隸書複舉字誤乙者。趨則趍之譌也。字見急就篇。【説文解字六書疏證卷三】

◉許　慎　赾行難也。从走。斤聲。讀若堇。丘堇切。【説文解字卷二】

◉馬叙倫　劉秀生曰。斤聲堇聲同在痕部。故赾从斤聲得讀若堇。釋名釋用器。斤。謹也。斤謹亦以聲訓。謹亦从堇得聲。是其證。倫按赾疑與趁爲聲同真類轉注字。【説文解字六書疏證卷三】

◉許　慎　⿺走夐走意也。从走。夐聲。讀若繘。居聿切。【説文解字卷二】

◉馬叙倫　劉秀生曰。夐聲在寒部。繘从矞聲。矞从冏聲。冏从口。內聲。依小徐本。本音在没部。没寒對轉。故⿺走夐从夐聲得讀若繘。玉部。瓊。从玉。夐聲。或从矞作璚。角部。觼。从角。夐聲。或从金。矞聲。作鐍。皆其證。倫按矞音喻四。夐音曉紐。皆摩擦次清音也。⿺走夐音見紐。又訓走意。當爲⿺走劇⿺走慮等字之轉注。今失其次。或與⿺走劇爲一字。廣韵。⿺走夐。行走之皃。則此盖本訓行皃。【説文解字六書疏證卷三】

趠　趠鼎【金文編】

一五六：一　宗盟類參盟人名【侯馬盟書字表】

汗簡【古文四聲韻】

◉許　慎　趠遠也。从走。卓聲。敕角切。【説文解字卷二】

趛 趛

𧾱 𧾱

◉徐同柏 趠。一作逴。同踔。【周厚趠鼎 從古堂款識學】

◉吳大澂 說文。趠。遠也。小篆𠦝从甲。古文从𠂔。不从甲。石鼓文丞彼淖淵之淖。亦从𠦝。【趠鼎 愙齋集古録】

◉高田忠周 說文。趠遠也。从走卓聲。按趠與逴本同字無疑。但與足部踔不同。【古籀篇六十三】

◉馬叙倫 任大椿曰。晉書音義引字林。趠。走也。嚴章福曰。遠也上當補趠趛二字。下卽趛篆。云。趠趛也。此其證。俞先生樾曰。逴趠一字。倫按上林賦。趠希閒。吳都賦。騰趠飛超。皆不連趛字。方言。踚。行也。踚卽趛之異文。亦不連趠字。則趠趛爲疊韻轉注字。非連緜詞。遠也上不必補趠趛二字。遠也引申義。趠鼎作趠。【說文解字六書疏證卷三】

◉于省吾 粹一一六零。其曰𢓊人𠬝。其曰毋安𠬝。伐隹□執𠬝。郭沫若釋𢓊人爲遊尸。並云。遊尸殆卽猶與猶豫。母安卽毋擾。三𠬝字均著于辭末。當是虛詞。卽典籍中所常見之已若矣。按郭謂𠬝卽已若矣是也。釋𢓊人爲遊尸失之。𢓊字从彳卓聲。卓卽卓。金文卓林父鼎。卓作𠦝。蔡姞簋。䵵字从卓作𠦝。石鼓文。淖字从卓作𠦝。已稍譌變。說文。𠦝高也。早匕爲𠦝。𠦝古文𠦝。按卓字初文。下从子。上象子之頭頂有某種標識之形。故有高義。說文以早匕爲𠦝失之。𢓊當卽金文趠鼎之趠字。从彳从走一也。說文。趠。遠也。其曰𢓊人𠬝。卽其曰遠人已。意謂其去人遠已。【雙劍誃殷契駢枝續編】

◉李孝定 說文「趠。遠也。从走。卓聲。」于氏釋此爲趠。可从。古文从彳从止从辵从走在偏旁中每得相通。尤以彳止辵三文爲然。蓋其事類相同。義例自亦相通也。許書辵部「逴。遠也」音義相同。而从走从辵有別。蓋一字之異構。此篆文从走从辵猶得相通之證。【甲骨文字集釋第二】

◉許慎 趛逴趛也。从走。侖聲。以灼切。【說文解字卷二】

◉馬叙倫 翟云升曰。侖聲。鄧廷楨曰。趠趛疊韻。田吳炤曰。侖。樂之竹管三孔以和衆聲也。不合會意之指。小徐作从侖。侖亦聲。非是。當從大徐。倫按趠趛也當作趠也。趛蓋隸書複舉字之誤乙者也。【說文解字六書疏證卷三】

◉許慎 𧾱大步也。从走。矍聲。丘縛切。【說文解字卷二】

◉馬叙倫 莊子田子方。蹇裳躩步而逐之。躩步卽大步也。足部。躩。足躩如也。引論語爲義。疑躩𧾱一字。大步也非本訓。【說文解字六書疏證卷三】

⿺走契

◉許　慎　⿺走契超特也。从走。契聲。丑例切。【說文解字卷二】

◉馬叙倫　段玉裁曰。廣韵⿺走契同跇。按足部。跇。迣也。迣。踰也。漢書禮樂志。迣萬里。史記樂書作跇。吳都賦。跇踰竹柏。李善注引如淳曰。跇。超踰也。恥曳切。⿺走契與跇音義同。王筠曰。特似當作踰。倫按足部。跇。迣也。史記借跇爲⿺走契。聲同脂類也。此超特也當作超也特也。特借爲趠。猶特立即犆立也。一訓校者加之。⿺走契趠音同徹紐轉注字。【說文解字六書疏證卷三】

⿺走幾

◉許　慎　⿺走幾走也。从走。幾聲。居衣切。【說文解字卷二】

◉馬叙倫　走上下疑有奪字。或也為皃譌。⿺走弗下趉下走也同。【說文解字六書疏證卷三】

⿺走弗

◉許　慎　⿺走弗走也。从走。弗聲。敷勿切。【說文解字卷二】

◉馬叙倫　玉篇作⿺走弗。走皃。疑與⿰足弗一字。【說文解字六書疏證卷三】

⿺走矞

◉許　慎　⿺走矞狂走也。从走。矞聲。余律切。【說文解字卷二】

◉馬叙倫　徐灝曰。東京賦。捎魑魅斮獝狂相對爲文。此狂字疑後人據賦增之。廣韻⿺走矞與⿺走敻同。倫按⿺走敻讀若繘。瓊或作璚。廣韻。⿺走矞與⿺走敻同。疑⿺走矞為⿺走敻之重文。實轉注字。猶瓊之與璚矣。狂走也盖校語。【說文解字六書疏證卷三】

⿺走曼

◉許　慎　⿺走曼行遲也。从走。曼聲。莫還切。【說文解字卷二】

趉

◉許　慎　趉走也。从走。出聲。讀若無尾之屈。瞿勿切。【說文解字卷二】

◉馬叙倫　鈕樹玉曰。小徐脱走也二字。玉篇訓卒起走也。桂馥曰。屈當爲⿸尾出。段玉裁曰。屈。無尾也。淮南高注曰。屈讀如秋雞無尾屈之屈。倫按當依玉篇訓卒起走也。故次⿺走矞⿺走曼之下。廣雅釋言。趉。衝也。然本訓走皃。【說文解字六書疏證卷三】

趜

◉許慎　趜窮也。从走。匊聲。居六切。【說文解字卷二】

◉馬叙倫　鄧廷楨曰。趜窮雙聲。倫按趜窮以雙聲爲訓。非本義也。玉篇作窮困也。王筠以爲不合从走之意。廣韵。趜趧。體不伸。集韵作足不伸。倫謂當是曲身行也。九篇。匊。在手曰匊。乃丮字義。匊之本義乃曲身手行也。詳匊字下。此从走匊聲。爲匊之後起字。【說文解字六書疏證卷三】

趑

◉許慎　趑趑趄。行不進也。从走。次聲。取私切。【說文解字卷二】

◉馬叙倫　鈕樹玉曰。趄字爲徐鉉增修十九文之一。古通作且。據易釋文云。次。說文及鄭作趑。似趑亦非說文所有。然趑訓倉卒。又不引易。疑釋文誤。嚴可均曰。此篆疑校者所加。邵瑛曰。恐陸誤引說文也。倫按廣雅。次睢。難行也。然則古無趑字。易本作次且。本亦作趑趄。或作跌跙。釋文引馬融曰。次。却行不前也。且。語助也。則漢末本始作趑趄。後人加走或足耳。新序雜事引易亦作趑趄者。盖亦後人改之。行不進義。本書爲峙躇蹢躅也。此字盖出字林。【說文解字六書疏證卷三】

趄

◉許慎　趄趑趄也。从走。且聲。七余切。【說文解字卷二】

䞴

◉許慎　䞴蹇行䞴䞴也。从走。虔聲。讀若愆。去虔切。【說文解字卷二】

◉馬叙倫　葉德輝曰。虔愆音同。蹇虔亦音同。心部。愆。過也。从心。衍聲。𡨦或从寒省。劉秀生曰。虔讀若矜。在見紐。愆从衍聲。在谿紐。見谿皆牙音。故䞴从虔聲得讀若愆。尹桐陽曰。䞴愆疊韻。倫按與蹇轉注。同舌根破裂音也。玄應一切經音義引古文官書。謇蹇二形。今作蹇。是其證也。又疑與赾爲音同谿紐聲同真類轉注字。蹇行䞴䞴也者。玉篇訓蹇行。倫疑本作行皃。此校語。或曰。蹇字乃校者注以釋音者。䞴字爲隷書複舉之譌乙者。後人又重之耳。或曰。蹇下捝也字。此本訓行䞴䞴也。校語。【說文解字六書疏證卷三】

趯 趯

 趯　弔趯父卣  弔多父簋  又蓋文从辵　【金文編】

◉許　慎　趯行趯趗也。一曰。行曲脊皃。从走。雚聲。巨員切。　【説文解字卷二】

◉強運開　叔多父敨。叔多父敨蓋文。从辵與从走同意。吳書謂遳當卽逭之古文糶。誤。　【説文古籀三補卷二】

◉馬叙倫　王筠曰。一曰行曲脊皃者。玉篇無行字。廣韵。趯。曲走皃。衆經音義二十三。踡。説文作趯。又引埤蒼。踡跼。不申也。然則行曲脊皃即趯趗之義。後人分爲二義也。張楚曰。一曰乃踡字義。楚辭。踡跼兮寒局數。注。踡跼。傴僂也。淮南精神訓。踡跼而諦。一切經音義引埤蒼。踡跼。不伸也。與曲脊意合。玉篇作曲脊也。此衍行字。疑本書亡踡字。後人以踡趯聲近。遂坿其義於趯字下耳。倫按一曰行曲脊。或趜字義。趜音見紐。趯音羣紐。古讀羣歸見也。又疑趯趗即趜之長言。叔多父𣪘作。盖文作。　【説文解字六書疏證卷三】

◉吳鎮烽　1956年陝西省隴縣東南鄉板橋溝出土一件高陵君鼎，甚爲重要，現藏陝西歷史博物館。它是目前發現的第一件秦國紀年紀名銅容器，對於研究秦器斷代、秦國職官和度量衡制度都有重要價值。現考證如下：

歍文第八字原篆作「」，應爲「趯」字，《説文・走部》：「趯，行趯趗也，一曰行曲脊貌，从走雚聲。」或釋爲「遳」，《玉篇》：「遳，古文逭字。迭也，易也，步也，行也。」遳與趯實爲一字，古文字形體中从辵與从走意義相同，故可互相通用。如：《漢書・孝文紀》：「延壽，北地人也，本爲羽林士，超逾羽林亭樓，以材力進」；《文選・傅毅舞賦》：「超逾鳥集」，李註：「言舞勢超逾，如鳥疾速飛集也。」逾與踰互用。《説文・走部》：「起，能立也，从走巳聲。」又云：「迟，古文起，从辵。」金文中更有直接證據，叔多父簋銘有人名「師遳父」，而盖銘則从走作「師趯父」。「趯」在高陵君鼎題歍中作人名解，是高陵君丞的私名。　【高陵君鼎考　第二屆國際中國文字學研討會論文集】

趢 趢

◉許　慎　趢趢趗也。从走。录聲。力玉切。　【説文解字卷二】

◉馬叙倫　辵部逯下曰。行謹逯逯也。趢逯一字。故趯趢次趚下趍上。然今紹興杭縣謂小兒卧地。令之起曰。一過鹿杷起來。音與此同。玉篇。趢趗。小兒。　【説文解字六書疏證卷三】

𧼯 𧼯

◉許　慎　𧼯行趚𧼯也。从走。夋聲。七倫切。【説文解字卷二】

◉馬叙倫　鈕樹玉曰。韵會作行速𧼯𧼯也。顧廣圻曰。宋本行趚𧼯也。五音韵譜同。毛本改趚爲趚。此因𧼯篆適與趚篆相次故耳。趚實速𧼯二字之譌。繫傳韵會可考也。王筠曰。𧼯趚與上文𧾣趢同意。謂行皃也。小徐本趚作速。誤。徐灝曰。趚𧼯雙聲。即次且之聲轉。故曹憲有子綏反之音。倫按以許書大例言。連緜詞多於甲字下即以本字及與本字爲連緜詞之字連緜訓之。乙字下。或亦然。或别爲訓義。以明其意。今𧼯訓行趚𧼯也。或如小徐作行速𧼯𧼯。皆與大例不合。是趚𧼯似非同義。然趚𧼯相次。又同爲舌尖前摩擦破裂音。似爲轉注字。爾雅釋詁。駿。速也。詩噫嘻。駿發爾私。箋。駿。疾也。廣雅釋宮。𧼯。犇也。疾速犇三義相同。是爾雅詩之駿字。皆𧼯之借。非由馬之良材引申也。則小徐作行速𧼯𧼯爲得。然以字次言之。不與趑趚爲伍。而居䞣趢趚趌之間。䞣趢皆非速義。趚訓側行。趌訓小步。亦非速行。𧼯爲逡之異體。徐灝説亦如此。辵部。逡。復也。義爲相類。盖本作行逡逡也。字在趚前。音又雙聲。讀者因加趚字。校者又以趚𧼯義異。又改趚爲速。復習見本書大例雙聲疊韻轉注或連緜字皆以甲乙二字連緜爲説解。故復去一𧼯字。又疑䞣下言。蹇行䞣䞣也。本作蹇也。行䞣䞣也。行䞣䞣校語。𧾣下行𧾣趢也。此下行𧼯𧼯也。亦皆校語。盖本訓傳寫皆挩失矣。𧼯趚音皆清紐。轉注字也。【説文解字六書疏證卷三】

趚 趚

石碣遻車　麀鹿趚二　【石刻篆文編】

趚【汗簡】

◉許　慎　趚側行也。从走。朿聲。詩曰。謂地蓋厚。不敢不趚。資昔切。【説文解字卷二】

◉趙烈文　麀鹿趚二𢍜來大。趚。孫作趍。薛作趚。潘作越。烈按石本知均譌也。説文。趚。側行也。从走。朿聲。潘云。有重文。【石鼓文纂釋】

◉強運開　趙古則釋作趚。楊升庵釋作速。均誤。張德容云。有重文。舊釋作䞯。誤。説文。側行也。運開按。詩謂地蓋厚不敢不趚。今詩作蹐。是趚蹐同字矣。【石鼓釋文】

◉羅振玉　説文趚。側行也。又迹。籀文从朿作速。案古文从辵从辵多不别。如遣字从辵。㝅鼎及遣小子𣪘城虢𣪘均从辵。趚與速殆同字。師寰𣪘盖有速字。殆與趚同。【石鼓文考釋】

趌 跬

趌 5·29 咸鄙里趌 【古陶文字徵】

趌 九二：一 宗盟類參盟人名□趌 【侯馬盟書字表】

趌 跬 【汗簡】

◉許　慎　趌半步也。从走。圭聲。讀若跬同。丘弭切。【説文解字卷二】

◉馬叙倫　嚴可均曰。讀若跬同。疑校者所加。説文無跬字。趌即跬也。鈕樹玉曰。韵會引無此句。後人所加也。倫按半步也者。司馬法。一舉足曰跬。跬三尺。兩舉足曰步。步六尺。小爾雅廣度。跬。一舉足也。倍跬曰步。然疑此乃校者於本訓脱失後所加。彼乃爲度言。此當明本義。則半步爲不可通矣。或此字出字林也。【説文解字六書疏證卷三】

◉詹鄞鑫　「跬」或作「蹞」(見《荀子·勸學》)，其實兩者都是後起的形聲字。「跬」音「丘弭切」(《廣韻》)，又音「空媧切」(見《類篇》)，而《説文》中音「苦瓦切」的「㐄」字義爲「跨步也」。這説明「跬」、「㐄」、「跨」三字的讀音和意義都極相近。從字形看，「步」字古文象一左一右兩個腳印，「㐄」是「止」的倒書，也是「步」的一半，是一只腳印的形象，看來它正是「跬」的初文。根據形音義三方面的比較，可以推定「跬」的語源是「跨」(苦化切，又音苦瓦切)，原是動詞，表示跨一腳。

在長汀客家方言中，「跬」讀爲[tʃʰia˩]，既是動詞表示跨一步，又是度量單位表示跨一步的距離。有趣的是，這個音同時又表示張指量度的動作兼度量單位。盡管《長汀方言志》分别把這兩種含義寫作「拃」和「跬」，這不過是對照文獻用字而作的擬況而已。就方言本身來説，兩者實在是同一個詞的不同用法，很難看成是兩個詞。在古代韻書中，「尺」和「跬」的讀音似乎並不相近，在客家方言中却完全同音，這種現象是令人深思的。希望古音學家能解釋這個問題。【近取諸身，遠取諸物——長度單位探源　華東師大學報一九九四年第六期】

◉陳偉武　包山簡137反：「陰之正既為之⿱罒示(盟)詽，慶逃，⿸㫃呈⿺辶圭⿱宀佝，亓余⿱埶女(執)⿰爿酉(將)至旹而剸之。」簡137：「夆(舒)⿸㫃呈⿱埶女(執)，未又(有)剸，⿺辶圭⿱宀佝而逃。」整理者注：「⿺辶圭，讀如圭。《禮記·儒行》：「篳門圭窬」，注：「穿牆為之如圭矣。」⿱宀佝，讀作拘，意為牢房。」

今按，《説文》無⿺辶圭字，而有趌字，《走部》云：「趌，半步也，舉一足也。與跬同。」⿺辶圭當是趌、跬、蹞之初文，但楚簡不用跬步義。包山簡整理者讀⿺辶圭為圭亦非是。同墓所出120簡云：「昜城公羕睪命倞邦解句。」整理者注：「句，借作拘。」此注近是，

⿺走虒

而更準確的解釋應是：句，讀為枸。睡虎地秦簡《秦律十八種·司空律》：「毋赤其衣，勿枸櫝欙杕。」又：「皆赤其衣，枸櫝欙杕。」整理小組注云：「枸櫝欙杕，均為刑具。枸櫝應為木械，如枷或桎梏之類。……」可謂的詁。「枸」指用以拘執罪犯的木製刑具，當是專用字。包山楚簡「解句」就是打開桎梏的意思，簡144稱「小人(合文)取愴之刀以解小人(合文)之桎」可證。筆者以為前文所引包山簡137反、137兩例「⿺辶圭⿱宀佝」均宜讀作「解枸」，⿺辶圭(趌)，古音為溪紐支部；解，見紐支部。兩字旁紐同部，例可通假。《説文》：「解，判也。从刀判牛角。一曰解廌，罾也。」解廌即獬豸。《集韵·蟹韵》：「獬，獬豸，罾名。或作觟。」《論衡·是應》：「觟䚦者，一角之羊也，性知有罪。」亦省稱「觟」。望山二號墓所出遣策有「二觟完(冠)」語，整理者指出「觟冠」亦即「獬冠」。《太平御覽》卷684引《淮南子》：「楚莊王好觟冠，楚效之也。」今本《淮南子·主術》作「獬冠」。高誘注：「獬豸之冠，如今御史冠。」包山簡259稱「一桂完」，整理者謂「桂，疑讀為獬」，是。从圭得聲之字可與「解」字或从「解」得聲之字相通，甚至「觟」字就是「解」之異構，為後起的形聲字。由此可知包山簡「⿺辶圭⿱宀佝」之「⿺辶圭」讀為「解」在語音上當無問題。上引包山簡137是説舒⿸尸圭被抓獲，還未判決，就(私自)打開枷鎖逃跑。簡137反「⿸尸圭⿺辶圭⿱宀佝」是對簡137的復述簡縮。「⿱宀佝」字从宀佝聲，與簡123「⿱宀句」字从宀句聲異體同字，當是牢房義的專字，衹是簡123稱「死於⿱宀句」，字用本義，而簡137、137反須讀為「枸」罷了。

江陵九店五十六號東周墓所出竹簡28：「巳、午、未、申、栖(酉)、戌、亥、子、丑、寅、卯、辰，是胃(謂)□日，利㠯(以)⿺辶圭兇，叙(除)不羊(祥)。」李家浩先生釋文於「⿺辶圭」字未加括注，劉樂賢先生釋「⿺辶圭」為「趌」，括注「蠲」字。根据前文分析，「⿺辶圭」讀為「解」訓「解除」於此亦頗合適，簡文「利⿺辶圭兇，叙不羊」是説利於解脱凶患，除去不祥。睡虎地秦簡《日書》甲種《除》篇：「害日，利㠯除凶厲，兑(説)不羊(祥)。」又《馬禖祝辭》：「毆(驅)其央(殃)，去其不羊(祥)。」楚、秦簡文的語意及句式均甚脗合。【戰國楚簡考釋斠議　第三届國際中國古文字學研討會論文集】

◉許　慎　⿺走虒䮸。輕薄也。从走。虒聲。讀若池。直离切。【説文解字卷二】

◉馬叙倫　鈕樹玉曰。本書無池字。當作沱。後仿此。田吴炤曰。小徐作讀若地。凡从虒聲之字皆讀同池。廣韵皆入五支。地非所讀。當是譌字。劉秀生曰。虒聲之字皆在定紐。池即沱之變體。古亦在定紐。故⿺走虒从虒聲得讀若池。弓部。弛。从弓。也聲。依小徐本。或从虒聲作號。淮南時則訓。調竽箎。注。箎讀池澤之池。皆其證。衣部。褫。从衣。虒聲。讀若池。與此同。倫按⿺走虒䮸同舌面前音連緜詞。段玉裁謂是周漢人語。然訓輕薄不見从走之意。盖是走皃。本訓挩失矣。所存乃校語也。亦疑此字出字林。【説文解字六書疏證卷三】

⿺走音

◉許　慎　⿺走音僵也。从走。音聲。讀若匐。朋北切。【説文解字卷二】

◉馬叙倫　嚴可均曰。足部。踣。僵也。音義與此同。集韻二十五德引踣或从走。亦以爲踣之重文。劉秀生曰。音聲之字皆在並紐。匐从畐聲。亦在並紐。故⿺走音从音聲得讀若匐。呂氏春秋過理篇。帶益三副矣。注。副或作倍。行論篇。副之以吳刀。梁玉繩曰。海内經郭注引啟筮副作剖。並其證。倫按諸家皆謂⿺走音踣一字。⿺走音爲迹之音同封紐轉注字。讀若匐校者加之。【説文解字六書疏證卷三】

⿺走斥

⿺走斥　雜八　【睡虎地秦簡文字編】

◉許　慎　⿺走斥距也。从走。庍省聲。漢令曰。⿺走斥張百人。車者切。【説文解字卷二】

◉馬叙倫　鈕樹玉曰。繫傳作从走。厈聲。按當从庍作⿺走庍。厈爲厂之籀文。聲不近。王念孫曰。此字作⿺走斥。則是从走斥聲。非从厈聲。傳寫誤也。斥字篆文作庍。隸作斥。⿺走斥字篆本作⿺走欮。後人不知此注厈聲厈爲斥之譌。故又改篆文作⿺走斥。徐鉉以爲斥本作庍。⿺走斥字當从庍聲。而篆文作⿺走斥。則是从庍省聲。不知篆文本作⿺走欮不作⿺走斥也。姚文田曰。⿺走斥當作⿺走欮。从走。厥省聲。讀若蹶。漢書申屠嘉傳。以材官蹶張。遷爲隊帥。率。如淳注。律有蹶張。後漢書光武紀注引漢官儀曰。高祖命天下郡國選能引關蹶張材力武猛者。以爲輕車騎士。材官樓船。説解⿺走欮張即蹶張。玉篇廣韵⿺走厥⿺走欮併爲一字。知⿺走欮⿺走厥乃古今字耳。至斥乃庍之隸變。若篆文不當有从斥之字。許書傳寫有譌。當因以厥省之屰爲廣庍之庍。後人遂從隸變妄改⿺走斥字。玉篇廣韵又別出⿺走斥字。實皆誤也。嚴可均曰。篆當作⿺走庍。説解當作庍聲。漢申屠嘉傳。材官蹶張。當本作此⿺走欮字。讀如跅弛之跅。師古蹶音厥。望文耳。如姚説當爲⿺走厥之重文。段玉裁曰。史漢申屠嘉傳。材官蹶張。如淳曰。材官之多力能腳蹋強弩張之。故曰蹶張。律有蹶張士。孟康曰。主張強弩。蹶音其月切。漢令。蹶張士百人。考許書⿺走厥⿺走斥二字並出。⿺走厥云。蹠也。⿺走斥云。距也。引漢令。⿺走斥張百人。與如孟引作蹶張不合。尋繹字義。⿺走厥者。跳起也。⿺走斥者。距也。蹠弩主於堂歫。故曰⿺走斥張。如孟二家作蹶張。皆由認⿺走厥蹶⿺走欮爲一字耳。倫按漢律之⿺走斥張。史記漢書漢官儀漢令皆作蹶者。疑當作厥。九篇。厥。發石也。惠棟謂漢律有厥張士。厥。發石也。張。挽強也。然則蹶借字。漢令作⿺走欮亦借字。然可證知如孟引字作蹶音其月反者。不誤。此引漢令於⿺走欮下。則此字从厥省聲。姚説亦通。倫則謂厥从欮聲。欮。从欠。屰聲。庍。从广。屰聲。然則小徐本作庍聲亦通。許⿺走厥⿺走欮並列於走部。而此字篆譌。距也當作歫也。本書無距。歫也亦非本義。此字或爲後人所加矣。

漢令亦校者引加。【説文解字六書疏證卷三】

趯 趯

石碣田車　多庶趯=【石刻篆文編】

◉許　慎　趯動也。从走。樂聲。讀若春秋傳曰輔趯。郎擊切。【説文解字卷二】

◉強運開　説文。動也。从走。樂聲。讀若春秋傳曰輔趯。段注云。見襄廿四年。今傳作躒。又有荀躒。又曰。篇韵云。躒。同大戴禮。騏驥一躒。不能千步。皆趯躒同字之證。張德容云。諸書多借躒。此蓋古籀本字。【石鼓釋文】

◉馬叙倫　惠棟曰。今春秋傳作輔躒。石鼓文。多庶趯趯。嚴可均曰。趯讀若趯。非例。鄭君高誘等破字則有之。疑當作春秋傳有輔趯。衍讀若二字。嚴章福曰。疑當作輔躒。此校者依篆改。今傳作躒。許書無躒。引經不拘。葉德輝曰此以本字讀本字。如櫜讀若春麥爲櫜之櫜之例。倫按趯字見石鼓文。詳其辭義。乃行皃也。荀子勸學。騏驥一躍。不能十步。大戴禮記作一躒。然則趯蓋躍之聲同宵類轉注字。讀若以下校者加之。石鼓文作。【説文解字六書疏證卷三】

趡 趡

趡　趡罍【金文編】

◉許　慎　趡動也。从走。隹聲。春秋傳曰。盟于趡。趡。地名。千水切。【説文解字卷二】

◉馬叙倫　嚴可均曰。桓十七年經也。傳字宜刪。漢書音義引字林。趡。音才召反。倫按廣雅釋宮。趡。犇也。玉篇作趭。史記司馬相如傳。蔑蒙踊躍。騰而狂趭。漢書作趭。似以趭韵躍。則趡當从焦省聲。禮記曲禮。庶人僬僬。注。僬僬。行容止之皃。朱珔謂義與趭同。是亦可爲趡从焦得聲之證。而趡之本義可知矣。趡趯聲同宵類。轉注。故同訓動也。春秋以下後人加之。趡字盖出字林。趡罍作。【説文解字六書疏證卷三】

◉戴家祥　集韻「音唯，走貌，與踓同」。史記司馬相如傳「蔑蒙踊躍騰而狂趡」，注「趡，走貌」。金文用作人名。【金文大字典下】

河一二九 前二・八・七 前四・三七・三 菁九・一二 師友一・七五 貞人名 續三・三一・二

【甲骨文編】

前2・8・7 録129 【續甲骨文編】

䞉 䞉征鼎 䞉征簋 父丁鼎 瘐鐘 虢季子白盤 䞉〻子白與書牧誓尚桓〻同義傳武貌説文引作狟 禹鼎不顯䞉〻皇祖 秦公簋剌〻䞉〻 封仲簋 曾姬無卹壺 陳侯因資錞 皇考孝武䞉公即史記田敬仲完世家桓公午

中山王礨鼎 中山王礨壺 者沪鐘 鱩盤 从辵猶起之古文从辵作记 史䞉簋 吳王光䞉戈 盄男鼎

【金文編】

135 【包山楚簡文字編】

◉許　慎　䞉䞉田。易居也。从走。亘聲。羽元切。【説文解字卷二】

◉吳式芬　陳壽卿説……䞉同桓。書牧誓疏釋訓云。桓桓。威也。詩序云。桓武志也。桓又作狟。説文。狟。从犬。亘聲。周書曰。尚狟狟。【虢季子盤　攈古録金文卷三】

◉劉心源　桓作䞉。説文。䞉田。易居也。左僖十五年作爰田。注。爰。易也。漢書地理志作轅。此銘㠯䞉爲桓。【奇觚室吉金文述卷四】

◉羅振玉　説文解字。䞉䞉田易居也。从辵亘聲。此从止从亘。殆即許書之䞉矣。此當爲盤桓之本字。後世作桓者。借字也。【增訂殷虚書契考釋中】

◉馬叙倫　王玉樹曰。惠棟曰。秦和鐘銘云。剌剌䞉䞉。今人以爲爰田字。可謂謬妄。然則非許氏原訓矣。未知其審。商承祚曰。甲文有。字殆即許書之䞉。此當爲盤桓之本字。今作桓。借字。倫按字从走而訓田易居。決非本義。亦非本訓。虢季子白盤。先行䞉䞉。蓋是用䞉字本義者也。甲文作。从。或从。爲本書之干字。則爲超越義也。虢季子白盤作。封仲段作。阿之戈作。从辵。此字或非許書本有。【説文解字六書疏證卷三】

◉楊樹達　説文二篇上走部云：「趄，趄田易居也，从走，亘聲。」今按義爲趄田而字从走，形義不相傅合，此當爲盤桓之桓本字。易卦屯初九云：「磐桓，利居貞。」釋文引馬融云：「磐桓，旋也。」書禹貢云：「西傾因桓是來。」水經桓水注引鄭注云：「桓是隴阪名，其道盤桓旋曲而上，故名曰桓。」尋地之盤曲旋回者，行人不易前進，故盤桓有不進之義，義涉行止，故其字从走也。

甲文有趄字，羅振玉釋爲趄字，是也，其字从止，而指或向右，或向左。尋甲文止字之方向皆有義寓其間。一止或二止向□爲正，爲征行之征之本字；二止背□爲韋，爲違離之違之本字；陟則二止皆向上，降則二止皆向下：並其例也。趄字所从之止左右向者，正表盤桓旋曲不遽前進之義也。甲文它字作壱，所从之止字大抵作左右向，甲骨文編載壱字八十餘字，所从之止字左右向者八十一字，向上者僅二字。蛇本無足，而字特从止者，制字者欲以旁向之止表蛇行時左右屈曲向前之義耳。以壱趄二字互證，其事至明，而趄趄爲盤桓之桓之本字愈益顯矣。【釋亘　積微居小學述林卷二】

◉李孝定　此字羅釋趄。可从。偏旁从止从走得通。猶上文从彳从走得通之例也。辭云「丙戌卜在趄貞今回王步于□亡𡿧。」前二・八・七。趄爲地名。「中宗趄。」前四・三七・五。疑當讀爲還。「庚申〼至于〼雨昰〼。」辭殘不完。疑亦叚爲還。許君訓爲趄田易居。段注引周禮大司徒「不易之地家百畝。一易之地家二百畝。再易之地家三百畝」之説解之。此後起之義亦由回互之義所引申者也。丁氏以爲卽轘轅氏。與郭某釋金文□爲轘轅者説異。郭説見青銅上册二至三頁。待考。金文作□趄衎鼎□號季子白盤□秦公簋□陳矦因資錞□封仲簋□者沪鐘□曾姬無卹壺□史趄簋□吴王戈。趄衎鼎與契文同。史趄簋从辵。可證从止从辵从走無別。號季子白盤云「趄趄子白」。秦公簋銘「剌剌趄趄」。趄趄。武也。與經訓合。【甲骨文字集釋第二】

◉李孝定　楊氏説趄字从走或从止之意甚是，又引征韋陟降，以説止之向背，亦可从；惟□僅从一止，無以見盤旋之義，其説壱字从止之意亦可商。【金文詁林讀後記】

◉丁　山　中氏。□。前4・37・3・骨面。

□字，從止，亘聲，當是趄字初文。説文：「趄，趄田，易居也，从走，亘聲。」亘，甲骨文作□，正是回字，象回互之紋；因此，我認爲趄即還字本字，許君釋爲「趄田」，非也。趄田，僖公十五年左傳作「爰田」，漢書地理志作「轅田」；因此，我認爲骨面刻辭所見的趄氏，應卽左氏春秋所謂「轘轅」。襄公二十一年左傳：「晉欒盈過于周，王使候出諸轘轅。」杜注：「轘轅關，在緱氏縣東南。」顧棟高春秋大事表：「轘轅，山名，在今河南府鞏縣西南七十里；其坂有十二曲，將去復還，故名。關在山上。」這種「將去復還」的形勢，正是趄字的正解。趄字見于卜辭者，曰：

□□卜，趄貞，今夕亡□。菁華・9・12

丙戌卜，在豈貞，今日，王步于婚，亡𢦔。　前・2・8・7

庚申……至于……雨，豈。　文録・129

毁、絜齋、9.

豈爲地名，可證「中氏，豈」正是「中氏入夕，在豈」的省文。豈氏，金文自稱「亞豈」，箸録于十二家吉金圖録的番禺商氏絜齋藏器中者有鼎、觚、爵、各二器，毁、甗、尊、卣、斝，各一器，共十一器，銘文皆作「亞豈銜」。商承祚先生知爲同坑出土，而不言其地。以愚管測，此十一器，宜出于河南鞏縣西南，轘轅關附近，不然，則必安陽所出。武丁時代豈氏遺物，完全發現了。銜字从止行，與遠字的古文𢓊甚爲形近。豈銜，應即轘轅的本字，左傳作轘轅者，乃漢以後俗字也。【甲骨文所見氏族及其制度】

◉湖北省文物考古研究所　北京大學中文系　八八號、一一〇號、一一一號諸簡皆有「聖王、恖王」之文，一〇九號簡又稱「聖逗王、恖王」。此簡「聖」下一字僅存頂端殘畫，不似「王」字，可能是「逗」字。聖逗王當是聖王的全稱。柬大王、聖王、恖王當為先後相次的三個楚王。《史記・楚世家》：「惠王卒，子簡王中立。……簡王卒，子聲王當立。聲王六年，盜殺聲王，子悼王熊疑立。」「柬」、「簡」二字古通。柬擇之「柬」（《説文》「柬，分別擇之也」），古書多作「簡」。「聲」、「聖」二字古亦通，如《左傳》文公十七年《經》「聲姜」，《公羊》作「聖姜」；《史記・衛世家》「聲公訓」，索隱引《世本》作「聖公馳」；《史記・管蔡世家》蔡聲侯，《戰國策・楚策四》作「蔡聖侯」。「恖」字从「心」「卲」聲，不見字書。「卲」本从「刀」得聲，古音與「悼」極近，「恖」當即「悼」字異體（參看考釋〔六〕）。所以簡文柬大王、聖王、恖王即《楚世家》的簡王、聲王、悼王，是無可懷疑的。壽縣楚王墓所出曾姬壺稱「聖趄之夫人曾姬無卹」，「趄」、「逗」應為一字異體。劉節以為「聖趄夫人即聲桓夫人」（《古史考存》一三三頁），蓋以為「聖」指聲王，所見甚是。柬大王亦稱簡王，與聖逗王亦稱聖王同例。古書中，楚頃襄王亦稱襄王。《墨子・貴義》：「子墨子南游於楚，見楚獻惠王，獻惠王以老辭。」蘇時學謂「獻惠王即楚惠王也。蓋當時已有兩字之謚」。《文選》注引《墨子》及《渚宮舊事》皆作「獻書惠王」，蓋後人因不知惠王本稱獻惠王而臆改。【望山楚簡一号墓竹簡考釋】

◉戴家祥　説文：「趄，田易居也。从走，亘聲。」字之从走表義者亦或更旁从辵，説文起，或體作「𨑃」，曾子簠趣作𨗈，居簠訏作赶，是其證。唐韻趄讀「羽元切」喻母元部，桓讀「胡官切」匣母元部，匣喻聲近，故趄通桓。周頌・桓「桓桓武王」，魯頌・泮水

「桓桓于征」，周書・牧誓「尚桓桓」，虢季子白盤作「⿺走亘⿺走亘子白」，陳侯因資敦「孝武桓公」，卽史記・齊世家之齊桓公午。秦公殷「剌剌⿺走亘⿺走亘」，卽爾雅釋訓「桓桓烈烈，威也」。【金文大字典下】

⿺走真

◉許　慎　⿺走真走頓也。从走。真聲。讀若顛。都年切。【説文解字卷二】

◉馬叙倫　段玉裁曰。足部。蹎。跋也。此與音義同。朱駿聲曰。疑與蹎同字。倫按趨音封紐。蹎音端紐。同爲破裂清音。轉注字也。【説文解字六書疏證卷三】

⿺走甬

⿺走甬三：一　九十八例　宗盟委質類被誅討人姓氏　⿺走甬一五六：二三　三例　⿺走甬探八㊁：一　⿺走甬九二：一一　二例　⿺走甬三：七　十二例　⿺走甬一五六：一九　六例　⿺走甬九八：二六　⿺走甬九二：二八　⿺走甬一六：二二　二例　⿺走甬九六：九　⿺走甬一七九：二〇　通　甬一五六：一四　二例　甬【侯馬盟書字表】

◉許　慎　⿺走甬喪辟⿺走甬。从走。甬聲。余隴切。【説文解字卷二】

◉馬叙倫　王筠曰。⿺走甬與足部踊玉篇以爲同。喪之踊亦是跳。但足不離地耳。倫按⿺走甬踊一字。此疑後人增。故有此訓。【説文解字六書疏證卷三】

⿺走畢

◉許　慎　⿺走畢止行也。一曰。竈上祭名。从走。畢聲。卑吉切。【説文解字卷二】

◉馬叙倫　鈕樹玉曰。韵會引作止行人也。一曰句在畢聲下。徐松曰。一曰竈上祭名者。段玉裁謂篇韵皆有禆字。云。竈上祭。按示部祠祀司命。禆卽祀字。王筠曰。名字衍。周雲青曰。唐寫本唐韻引作竈上祭也。玉篇引同。倫按清代儀制。官吏出行。有二牌前導。一曰肅静。一曰迴避。卽史言警蹕也。然則蹕止行人者。令其迴避。蹕卽避也。此或避之轉注字。皆雙脣音也。疑出字林。字林多言名。【説文解字六書疏證卷三】

趝　趧　趒　赶　止

◉許　慎　進也。从走。斬聲。藏監切。【説文解字卷二】

◉許　慎　趧婁。四夷之舞。各自有曲。从走。是聲。都兮切。【説文解字卷二】

◉馬叙倫　周禮叙官鞮鞻氏。掌四夷之樂與其聲歌。然則鞮鞻爲官名。掌四夷之樂之官名曰鞮鞻。其故不可知。鄭玄讀鞻爲屨。謂鞮屨四夷舞者扉也。今時倡蹋鼓沓行者自有扉。以此説鞮鞻。義不剴切。且如鄭説。則鞮鞻猶革屨耳。與此説解義亦不屬。王筠疑趧婁以下有闕文。倫謂趧字盖失本訓。所存者校語耳。足部有踶字。或趧爲踶之重文。盖出字林。【説文解字六書疏證卷三】

王存乂切韻　【古文四聲韻】

◉許　慎　雀行也。从走。兆聲。徒遼切。【説文解字卷二】

◉馬叙倫　雀行卽躍也。此字不訓躍。而列於赶前。赶訓亦俗。疑凡此皆後人增也。或傳寫挩失。後人拾補。故其説解如此。【説文解字六書疏證卷三】

◉許　慎　舉尾走也。从走。干聲。巨言切。【説文解字卷二】

◉馬叙倫　段玉裁曰。此後人所增。衆經音義曰。通俗文曰。舉尾走曰揵。律文作赶馬走也。然則唐初説文無赶。卽有赶亦不訓舉尾走。鈕樹玉曰。玉篇與此同。廣韵曰。獸舉尾走。朱駿聲曰。管子君臣。心道進退而刑道滔赶。周書謚法解。思慮果敢曰趕。趕卽赶字。倫按字盖出字林。字林多取通俗文聲類等書也。【説文解字六書疏證卷三】

甲六〇〇　甲一四四〇地名于止若　甲一五三二于止戋　甲一八九七　甲一九七八　甲二四八六　甲二四八九　甲二七四四　甲三七　甲六三四　戩四九·六　後二·二五·九人名　燕五三五　燕六三九　庫九二　佚八二六與之通用止日魚　乙一二〇六卯止　乙三七九七　【甲骨文編】

甲243 600 1219 1978 2486 2595 2787 乙9070 珠340 佚759

續3·12·6 徵2·35 京3·11·2 【續甲骨文編】

止 召伯簋二 余考止公 【金文編】

1·5獨字 1·6同上 3·769□止 4·127契止 【古陶文字徵】

〔六八〕 〔三六〕 〔一二〕 〔一二〕 〔一九〕 【先秦貨幣文編】

刀弧背 左止 晉原 布空大 豫伊 刀弧背 左止 晉原 布空大 典五八五 仝上 典五八六 【古幣文編】

止 法一五四 十九例 爲二三 法一 二例 日甲一四背 十二例 秦四六 六例 【睡虎地秦簡文字編】

0327 0895 2522 1715 【古璽文編】

臣止 臣止 蘇止 馮止之印 䜌止 【漢印文字徵】

石碣田車遊戎止陕 遊水 遊□既止 霝雨勿□□止 【石刻篆文編】

止 【汗簡】

汗簡 【古文四聲韻】

◉許　慎　止下基也。象艸木出有址。故以止爲足。凡止之屬皆从止。諸市切。【説文解字卷二】

◉孫詒讓　説文止部「止，下基也。象艸木出有阯，故以止爲足。」依許説則「止」本象草木之有阯，而叚借爲足止。金文有足跡形，如母卣作，害夫鼎作，皆無文義可推，或卽與止同字。龜甲文則凡止皆作，如云：「□□其雨，庚」，又云：「占曰雨，隹多□」，又云：「雨克□反文」，是也。因之从止字偏旁，亦皆如是作，如𢓊庚「𢓊」字作□，「步」字作□，「陟」字作□是也。

金文足跡形可識者，如糾彝□字，子父丁鼎□字，疑竝「衛」之省。足跡父丙鼎□字，疑是「正」字。兕觥□字从四火，則疑「遴」「蹸」之異文。子執旂句兵子執旂形下箸□形。又亞形立旂彝亦有子執旂形，下箸□形。兩器疑皆爲遊字，未能定也。又有重彖者如足跡觶□字，疑卽徙之古文，祖辛尊□字，足跡父癸爵□字，疑皆步字。其最明塙者，大保敢降征字作□，皆爲足跡形，䣄敢降字則作□，龜甲文又作□，與䣄敢略同。攷說文𠂤部「降，从夅聲。」又夊部云「夅，服也。从夊午，相承不敢竝也。」「夊，从後至也，象人兩脛後有致之者。」讀若黹。依許說夊午不爲足跡，而爲足脛。依甲文則夊从到止，卽象足止。大保敢从□，正象其本形，此皆古止□同字之明證也。蓋原始象形字，當作□，省變作□，後定爲□，乃與足止形不相侶，遂有夊象兩脛之說，實非造字之初恉也。

綜攷金文甲文，疑古文□爲足止，本象足跡而有三指，猶說文又部□字注云「手之列多略不過三」是也。金文足跡則實繪其形，甲文爲□，則粗具匡郭，猶□之爲□，其原本同。由是反正傎到，從横彖列，則成異字。「止」到之爲□、爲□，「□」直彖之爲夅，横列之爲㚘，「夅」横列之爲舛，爲𡕒，直彖之爲韋，形皆相似，要竝象足止形也。倉沮造字之初，簡易畫一，大氏如是。甲文出於商代，蓋猶知此例，自後人增益分析，各自成爲數形，而「止」之爲足，轉成叚借。又或變从止爲从屮从出，迺成艸木之形，於原始造字之恉益遠矣。【名原】

◉林義光　說文云。□下基也。象艸木出有阯。故以止爲足。按古作□虢季子伯盤正字偏旁。作□太保彝征字偏旁。非艸木形。象人足。卽趾之本字。儀禮北止士昏禮。注。足也。禮記奉席請何止內則。漢書四之日舉止食貨志。止皆爲足。漢書刑法志當斬左止。則爲足之指。止本爲足。引伸爲止息之義。足所至也。說文云。□蹈也。从反止。讀若撻。經傳未見。疑卽止之反文。不爲字。【文源卷一】

◉胡光煒　□象人足。於今文爲止。其見於古經傳者。如詩草蟲曰。「亦既見止」。「亦既覯止。」毛傳曰。「止。辭也。」在卜辭則以□爲代詞。其用當於尔疋之子。猶言是子也。之子古經傳皆以之爲代詞。之於說文爲□。求之卜辭。則有□與□。形近。然考卜辭用□之例或以爲又。如「□」菁六。卽俘人十又六人也。或以爲有。如「□」菁一。卽允有來媗也。或以爲告之省。如「□」前一・十二・四卽貞告於且丁也。其用與□絕異。殷虛卜辭二九一八片文曰。「□」。足徵□□之非一字矣。【甲骨文例卷下】

歱

◉柯昌濟　卜詞有𣥂字。當即止之異文。案。卜詞㞷字或作。上从之止。與此字同。可證。卜詞中字屢有从水點形者。不知何誼。或以上古洪水。凡百物事胥不離水。故字从之。殷代去古未遠。尚仍之也。【殷虚書契補釋】

◉馬叙倫　鈕樹玉曰。韵會引無基字。沈濤曰。文選西征賦注引。趾。基也。許書無趾字。趾即止字之別體。蓋古本無下字。言基即在下。不必更言下矣。小徐本作下。無基字。更誤。席世昌曰。易噬嗑。初九。屨校滅止。釋文。止。本亦作趾。士昏禮。皆有枕。北止。注。止。足也。古文作趾。漢書刑法志。斬左止。師古曰。足也。又食貨志引詩。四之日舉止。按止趾本字。後人別之。莊有守曰。象足跟踹地之形。於艸木無涉。許説非也。王筠曰。𨸏部。阯。基也。或作址。此訓下基。是許以止爲阯之古文也。然止者。趾之古文也。上象足指。下象足跟。故部中字皆从足趾之止也。徐灝曰。从止之字。其義皆爲足趾。許以爲象艸木出有址。殆非也。阮氏鐘鼎欵識父丁卣有足跡文作。正象足趾之形。惟止爲足趾。故反止爲屮。相並爲艸。相承爲步。而足字从之。無可疑也。龔橙曰。下基是假借。止象足。誤説象艸木出有址。倫按楊桓周伯琦以來，説止爲趾之本字者多矣。倫謂止者。甲文之變。或作。象形。與矣及文足字作同。十二篇。。止也。實即齊矦㲃之字。末距作。象足形。故訓止也。之變爲足爲止。實一字也。説解當作足也。象形。今訓下基也者。當依選注引作基也。此字義。字見甲文。从一。聲。即址之本字。或以爲字。胡光煒據甲文有干之詞。明其不同字。是也。今本書無字。有阯而無址。象艸木出有址。故以止爲足。校語。凡校者所加每以今字入之。此其一也。亞形尊作。石鼓文作。【説文解字六書疏證卷三】

◉馬叙倫　　倫按舊釋爲足跡形。實乃説文之止字。止爲足之異文。足連腓爲形耳。爵文作此者。蓋作器者之姓也。戰國策有足強。其以足爲姓者。疑以善走故也。日本有足利氏。日本氏族多出於中國。或足氏之後也。【讀金器刻詞卷上】

歱　从止从童經典通作踵考工記輈人五分其頸圍去一以爲踵圍注踵後承軫者也　毛公𢉅鼎　金歱金豙　【金文編】

◉許　慎　歱跟也。从止。重聲。之隴切。【説文解字卷二】

◉吳大澂　歱即踵。輈末也。周禮考工記。輈人五分其頸圍。去一以爲踵圍。注。踵。後承軫者也。説文。歱。跟也。踵。追也。一曰往來皃。是輈末之歱。當从止不當从足也。【愙齋集古録四冊】

𣥺　歭

◉高田忠周　古童重通用。例見動字。又董董衝衝同字。皆其一例也。說文。歱跟也。从止重聲。廣雅。歱迹也。又足部。踵追也。从足重聲。一曰往來也。蓋追迹。即跟義一轉。歱踵元當同字耳。⊘孫詒讓欲讀爲䡖。亦通。劉氏奇觚室文述从吳氏。爲妥當矣。【古籀篇六十二】

◉馬叙倫　沈濤曰。玉篇一切經音義十二引作足跟也，蓋古本如是。足部曰。跟。足歱也。正合互訓之例。今本爲淺人所删。王筠曰。聲類。歱。足跟也。徐灝曰。足部。踵。追也。與此義異。竊謂歱踵一字。足部。跟或作𧿹。即其例也。倫按歱爲跟之轉注字。歱音照紐。古讀歸端。跟音見紐。見端皆破裂清音也。今杭縣謂足跟猶與撞同音。疑此字吕忱本聲類加之。毛公鼎作歱。【說文解字六書疏證卷三】

◉高鴻縉　吳清卿曰。𣦡即踵。輈末也。周禮考工記注。踵。後承軫者也。縉按。輈與轅同用。單曰輈。雙曰轅。輈前細而曲。輈後粗而直。故名其後末曰踵。【毛公鼎集釋】

◉楊樹達　原書辭八云：「隹(唯)㞢有疾耳，□囚。」胡君云：「□字不識。」樹達按□象足跟，余向釋爲歱字。說文二篇上止部云：「歱，跟也，从止，重聲。」甲文此字蓋以音同假爲腫。說文四篇下肉部云：「腫，癰也，从肉，重聲。」【積微居甲文說卷下】

𣥺　𣥺弘之印　【漢印文字徵】

◉許　慎　𣥺歫也。从止。尚聲。丑庚切。【說文解字卷二】

◉馬叙倫　歫下曰。止也。即雞寒上歫之歫。歫𣥺爲魚陽對轉轉注字。倫謂手中曰掌。𣥺蓋足中也。甲文作□。歱音照三。𣥺音徹紐。同爲舌面前音。亦轉注字。【說文解字六書疏證卷三】

◉許　慎　歭躇也。从止。寺聲。直离切。【說文解字卷二】

◉馬叙倫　翟云升曰。一切經音義九引歭作跱。躇也。作躇也。王筠曰。玄應别引字詁。古文歭。今作跱。是知歭躇也之譌。然鸜鵒賦李注引作立也。則躇也又似當作止也。廣雅。歭。止也。玄應引又有謂歭止不前也一句。蓋庾注。正合纂說而解之也。倫按歭躇音同澄紐轉注字。如王說則許蓋本訓止也。爲歱𣥺之轉注字。歭立澄紐。亦舌面前音也。躇也者。即躇字

義。古借峙爲躍。或連緜用之。【説文解字六書疏證卷三】

秦478　東武缘贛榆歫【古陶文字徵】

歫　封八〇【睡虎地秦簡文字編】

◉許　慎　歫止也。从止。巨聲。一曰。搶也。一曰。超歫。其呂切。【説文解字卷二】

◉馬叙倫　嚴可均曰。説文無搶字。當作槍。桂馥曰。搶當爲槍。本書。槍。歫也。張楚曰。一曰超歫者。乃拒字義。超歫當作拔拒。史記王翦傳。投石超距。超一作拔。漢書甘延壽傳。投石拔拒。絶於等倫。張晏曰。拔拒。超距也。吴都賦。拔拒投石之部。劉逵注。拔拒謂兩人以手相按。能拔引之也。廣韻。拒。捍也。論語。其不可者拒之。荀子君道篇。內以固城。外以拒難。皆與拔拒義合。今説文亡拒字。疑後人因拒歫聲同。遂坿其義於此耳。倫按峙歫相次。並訓止也。則歫爲峙之轉注字。歫音羣紐。羣澄同爲破裂濁音也。一曰槍也者。堂字義也。堂槍聲同陽類。故槍得借爲堂。堂也即歫本義。堂歫魚陽對轉轉注。六篇。槍。歫也。蓋其本義亡。而以堂字之義訓之。或槍爲樘之重文。樘訓衺柱。今北平大木坊或長桅。其下皆以木斜柱之。俗謂之槍木。音正同也。槍以止其傾側。故槍訓歫歟。一曰超歫者。拒止字當作拘。三篇。拘。止也。一曰以下皆校語。急就篇作歫。蓋傳寫易之。【説文解字六書疏證卷三】

掇330　佚698 六清127　録500　832　粹382　新800【續甲骨文編】

前　歬説文从止在舟上　後人以前爲歬　兮仲鐘　追簋　善鼎　井人妄鐘　㝬簋　師𩛥鼎【金文編】

秦下表31【古陶文字徵】

122【包山楚簡文字編】

前　法一二　二例　爲四三　法一五　九例　日乙五一　二例【睡虎地秦簡文字編】

[glyph]　三畏私記　宜身至前　迫事不閒　願君自發　封完印信　【漢印文字徵】

[glyph]　[glyph]　石經君奭　嗣歬人恭明德　汗簡引同　【石刻篆文編】

[glyph]　前　【汗簡】

[glyph]　古老子　[glyph]　石經　【古文四聲韻】

◉許　慎　歬不行而進謂之歬。从止在舟上。昨先切。【説文解字卷二】

◉羅振玉　説文解字。歬。不行而進謂之歬。从止在舟上。此从歬。从行。或省从彳。誼益顯矣。【增訂殷虛書契考釋中】

◉林義光　説文云。歬不行而進謂之前。从止在舟上。按古作[glyph]兮仲鐘。象人足在舟上。前進之義。經傳假前字爲之。【文源卷六】

◉陳邦懷　从止者。人足也。从舟者。謂人足歬進。如舟之歬進也。足與舟皆行而不已。歬誼昭然。考金文歬字。已不从行。許書因之。許君曰。不行而進謂之歬。从止在舟上。竊恐未諦。衛歬从舟。蓋與履顫古文履从舟同意。履顫从舟。謂履行若舟之行。許君説舟象履形。殆不然也。【鐵雲藏龜拾遺釋文】

◉葉玉森　[glyph]之異體作[glyph][glyph][glyph]等形。本辭曰。「歬兄戊。」猶他辭言「先祖辛」殷虛卜辭第七十八版也。【殷虛書契前編集釋卷一】

◉高田忠周　説文。歬不行而進謂之歬。从止在舟上。蓋止者人也。人不行而舟進行。會意甚顯。經傳皆以前爲之。前即剪本字。【古籀篇六十二】

◉馬叙倫　鈕樹玉曰。韵會引及玉篇注作不行而進也。龔橙曰。象止出履外。非从舟。羅振玉曰。卜辭作[glyph][glyph]。从止在舟上。从彳或从行。會意益明矣。倫按舟在水中。[glyph]是四達之道。乃謂陸地。安得从舟而復从行會意。若謂水亦有四達。水道與陸同。則強爲之説。或謂行之引申義。則行即謂辵。既从舟。亦不必復从行。況造字無用引申之義者。大例固未嘗或異也。倫謂歬字所从之[glyph]。非舟車之舟。乃履之初文。甲文作[glyph][glyph]。金文亦有作[glyph]者。皆初文履之變形詳履字下。古出則納履。故[glyph]爲出入之出本字。詳出字下。出聲脂類。對轉真類。聲變爲先。故从[glyph]。人聲。轉注爲先。先以同舌尖前音變爲歬。以聲同真類轉注从辵隹聲爲進。隹聲脂類。[glyph]亦以聲同脂類。轉注爲進。然最初止以止爲進爲往。其後作[glyph]从凡。明外出爲前進。甲文作歬者。更增行。明出則行於道上也。此説解本作進也。校者加不行而進謂之歬。附會从舟而爲之詞耳。今挩本訓。會意。追𣪘作歬。善鼎作歬。兮仲鐘作歬。急就篇作前。蓋傳寫易之。【説文解字六書疏證卷三】

◉楊樹達　晉稀又嘗説歬字，謂許説止在舟上，舟非舟船之舟，説文履下謂舟象履形，歬字謂止在履上耳。古人入室則脱屨，止在履上，故爲歬也。【釋歬　積微居小學述林卷三】

◉李孝定　説文。「歬不行而進謂之歬。从止在舟上。」契文作上出諸形。从行。从歬。或省行从彳。或並彳而省之。祇作歬。與小篆作歬者形近。當是一字。篆文之月即卜辭之凡所譌變字。非从舟也。凡乃般之古文。亦即今之盤字象形。歬字从止在盤中。乃洗足之意。會意字也。歬若歬乃从行或从彳。歬聲。其但作歬者。乃叚洗足字爲前進字。非前進字本作此形也。下逮小篆歬字反爲借義所專。乃别出从水歬聲之湔字以爲洗足之專字。説文。「湔。水出蜀郡緜虒玉壘山東南入江。从水前聲。一曰。手瀚之。」鈕樹玉説文校録「手瀚之」下云。「集韵引之作也。當不誤。韻會六書故引亦作也。而瀚作澣。俗。水經注江水條下引吕忱云。湔水。一曰半浣水也。」蓋手譌爲半。遂誤以爲水名。玉篇「子田切。水名。又浣也。又子濺切。水湔也。」廣韵收去平二聲。」段注改「手瀚之」作「湔半瀚也。」下注云「各本作手瀚之。今依水經注引字林。手作半。依集韻玉篇之作也。此别一義半瀚者。澣衣不全濯之。僅濯其垢處曰湔。今俗語猶如此。此相沿古語。如云湔裙是也。廣韻。湔。洗也。一曰水名。」此用説文而互易其先後耳。字林蓋全襲説文語而酈書於「湔水出緜虒玉壘山」下引吕忱云。「一曰半浣水也。下注江。」此妄增「水」字。謂半浣爲湔水别名。亦其涉獵者博不無抵牾。濯者瀚也。湔者半瀚也。説文屬辭之法。」王紹蘭段注訂云。「桉半即手之譌。玉篇云。『又浣也』。其非半可知。集韻引之作也。是也。六書故。韻會引亦作也。並不作半。各本一曰下無湔字。」桉王氏所訂是也。今據契文歬字字形及諸書湔下説解證之許書湔下説解當云。「一曰洒或作瀚足也。」轉寫到誤遂爲「一曰手瀚之。」「足」誤爲「手」。「也」譌爲「之」。「瀚」字復到著「手」下。至「半」字分明是「手」字之誤。王説是也。廣韵湔下解云。「洗也。一曰水名。」猶不誤。可證自湔下説解沿譌日久。其所存瀚足之古義亦晦。乃不得不别出洗字以爲洒足專字。説文。「洗。洒足也。从水先聲。」今許書湔下云。「一曰手瀚也。」後另出洗字以爲洒足專字。似不誤。此種情形可有兩種解釋。其一。許君已昧歬爲洒足本字。湔爲歬之後起字之義。而湔有瀚洒之義猶相承未失。於是乃於湔下出「一曰瀚手也」之訓。而於水部别出洗字以爲洒足專字。其一則爲許君猶未失湔爲洒足之義。乃於湔下别出一解云「一曰瀚足也。」然經轉寫到誤爲「手瀚之。」古義遂晦。後人乃不得不於水部增一「洗」字以爲洒足專字耳。此又湔之後起字也。要之。歬當訓洒足。其用爲前進之意者。假借字也。前進之

歷

本字當作徛。或衛。或𨓏。𨓏字未見於古文。衛之古文偏旁相通之義。此字當有。契文可證也。金文作□兮仲鐘□追簋□善鼎。弟一形猶與契文相近。二三兩形所从已漸與舟字相類矣。【甲骨文字集釋第二】

◉于省吾　說文：「歬，不行而進謂之歬，从止在舟上。」徐灝說文段注箋：「人不行而能進者，唯居於舟爲然，故从止舟。止者人所止也。」林義光文源：「象人足在舟上，前進之義。」按許說乖舛不通，徐林二氏又加以阿附。歬爲前後之前的本字，典籍作前，乃歬字的隸變，歬爲俗字剪的本字。甲骨文歬字作□或□、□。其从止，乃足趾之趾。其从□，即古凡字，甲骨文般字本从凡聲，般字後世孳乳爲盤。甲骨文般庚合文之般多省作□。凡與盤同屬脣音，又爲疊韻，二字初本同文，後來分化爲二。又古文字凡、般(般)與舟有時混同，但音讀有別。商器般甗的般字从□。西周金文从□者多譌變爲舟，故般字皆从□。金文歬字作□或□，爲說文歬字所本。本諸上述，歬字的初文自應以甲骨文爲準。古文字从止从彳从征之字每互作，均表示行動之義。甲骨文□字从止，止有行動向前之義。其所从的□即古般字，歬般疊韻。因此可知，□爲从止□聲的形聲字，說文誤認爲會意。【釋歬　甲骨文字釋林】

◉姚孝遂　甲骨文「歬」、「湔」同字，續甲骨文編分列爲二字，非是。本象洒足於盤之形，从止、从水、从凡(盤)會意。字或省水，或增彳、行爲形符，其實一也。小篆譌爲从舟，又別出从水之湔字。釋湔爲「一曰手澣之」。手蓋誤字。禮內則：「衣裳垢，和灰請澣」，鄭注：「足曰澣」。澣足當爲「湔」之初義。漢書武五子傳顏注釋湔爲澣，猶存古訓。引伸爲一切洗濯之義。廣韻、廣雅釋爲洒或洗。在卜辭均用作人名或地名。葉玉森所引前一・四〇・二當爲「……兄戊钔衛」，猶它辭言「于兄己钔徛」(前六・二一・八)、「于匕癸钔衛」(粹三八二合集三二〇八)，均爲人名。或稱子衛。葉釋爲「歬兄戊」，讀歬爲先，殊誤。【甲骨文字詁林】

◉劉樂賢　《秦代陶文》之《秦陶文字録》31頁收秦陵二號俑坑俑上一刻文「□」，釋爲肯。按此字上从止(□)，下从舟(□)，實爲前字，三體石經《君奭》篇古文作□可證。前，《說文》云「不行而進謂之歬，从止在舟上。」袁釋非是。【秦漢文字釋叢　考古與文物一九九一年第六期】

□甲五四四說文歷過也从止厤聲　卜辭从秝得聲　貞人名　□甲五五六　□前一・三三・一　□後二・一一・三　□後二・一一・四　□後二・一一・五　□後二・一一・六　□戩四〇・三　□京津四三八七　□京津四七〇九　□京津四七一

○存二二〇二　坊間二·二〇〇　　寧滬一·四四六貞人名　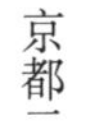京都二六四　【甲骨文編】

歷　不从止　毛公㬃鼎　厤字重見　禹鼎　至于歷內　【金文編】

歷口男典書丞　歷陽左尉　【漢印文字徵】

　石經君奭　多歷年所　說文鬲下出䰛云漢令䰛从瓦厤聲　開母廟石闕　永歷載而保之　天璽紀功碑　湥甄歷□　【石刻篆文編】

李商隱字略　【古文四聲韻】

◉許　慎　歷過也。从止。厤聲。郎擊切。【說文解字卷二】

◉羅振玉　　此从止。从秝。足行所至皆禾也。以象經歷之意。或从林。足所經皆木。亦得示歷意矣。【增訂殷虛書契考釋中】

◉葉玉森　之異體作。許書訓歷爲過。予疑爲足跡。足跡在禾邊林下。即知有人過。即歷之初誼。若謂足行所止。固不必皆禾皆木。即皆禾皆木而歷意仍不顯也。【殷虛書契前編集釋卷一】

◉高田忠周　說文。歷過也。从止厤聲。止者足也。字義元謂行步經歷。厤訓治也。不得謂有會意者。此厤。疑爲秝叚借。秝者稀疏適秝也。禾植於田。横縱齊列也。然歷元當作秝。足迹所經。秝秝然可見之意。形聲而兼會意。从厤者以取於茂美。此例極多。歷義如此。轉爲凡經歷義也。【古籀篇六十二】

◉陳定民　說文厂部厤字曰：「治也，从厂秝聲。」又秝部秝字下曰：「稀疏適秝也。」按甲骨卜辭及鐘鼎文字均不見此二字，（金文毛公鼎有厤字，文曰：「厤自今出入尃命於外。」按係歷字之省文也。）段玉裁於厤字下注曰：「厤者調也，按調和卽治之義也。」殊不可通。林義光文源謂：「按从厂無治義，古作厤，當即歷之古文過也。歷爲經歷之義，故从二禾；二禾者，禾再熟也。（秊、稔、稘皆从禾，亦取熟義。）厂，推移之。」依林氏的解釋，以爲厤字就是歷字；而又言：「从二禾，禾再熟也。」亦甚晦澀不可解。我以爲林氏説从厂無治義，甚是。厤字解爲「治也」，實在很牽強。我疑厤字就是秝字：秝字在説文裏解作：「稀疏適秝也。」也就是玉篇所謂：「稀疏厤厤然。」按廣雅亦曰：「秝，疏也。」廣韻：「秝，稀疏滴歷。」集韻：「秝，艸木疏貌。」亦作穛。又登徒子好色賦：「皾脣厤齒。」李善注云：「厤，猶疏也。」王筠亦曰：「二禾離立，取其疏也。」（見王氏所著說文句讀），據以上諸說，可以知道秝字是象二禾離立，取其稀疏之義。今人言清楚明白猶常云：「厤厤可數」「厤厤可辨」，均書作歷，實乃借字也。按秝字爲稀疏適厤之本字，亦可書作厤；厤、秝，實爲一字。觀說文中常有二字之形體略差，意義相同，本係一字，而許氏強分爲二字者；蓋因文字本因傳寫之故，間有增省一二筆者，或其形體略有不同。今觀金文及卜辭中，一字具數形者，不知凡幾；而甲骨刻辭中，一字竟有多至四十餘種之書法者。而許氏編說文，往往見有一字兩體之字，即妄分爲二（或因有他字从之，強爲立一部首）。此於許書中常見，茲不枚舉。因之我亦疑厤、秝即係一字，均可作：「稀疏適秝」講。許氏因見二字形體略異，故分爲二字；而釋厤字爲治，尤不可通。實在秝字从厂作厤，或省厂作秝，均爲一字，我們再看甲骨文中的歷字亦省去厂，寫作[illegible]，可以知道加厂與省厂，只是書寫的不同，並非兩字了。

又大徐於日部新附曆字曰：「厤象也，从日厤聲。史記通用歷。」我對於這字很懷疑，現在用兩方面來證明曆字決非歷法，歷象的本字。

第一：人們往往以爲曆字从日，所以遇到寫什麼歷法、歷書，必定寫作曆字，以爲曆字是从日會意，表示歷法的意義。但我們須知歷法的起源，必始於農業之進步；因爲農業有了相當的進步，人類方才曉得四季的遞變與農業是有密切關係，以後才開始漸漸的對於歷法的注意，所以歷法之起源，我們決不能夠根據古籍中所載的一些什麼：

「庖犧氏之王天下也，仰則觀象於天。」續漢書·天文志

「神農以前尚矣，蓋黄帝考定星歷正閏餘。」史記·歷書

「容成造歷隸首作數。」淮南子·修務訓注引世本

「顓頊作歷以孟春爲之。」晉書·律歷志

就假定黄帝時，或神農以前已有歷法。歷法之起源決非如此單簡，後人因見古籍中所載關於歷法起源的傳說，又見古書中每言：「歷者，日月星辰也。」於是就以爲最古就已爲歷法、歷象造好一個專用的「曆」字。這實在是錯誤了，而我們就看甲骨文及金文中從未看見過一個从日的曆字，而从止的歷字亦只是當作「經」「過」「行」講，尚未作爲歷法的用法。就到許慎編說文的時候，尚未見到曆字，可知曆字之不古矣。

第二：說文甘部有曆字曰：「和也，从甘，从厤；厤，調也，甘亦聲。」說文解字校録謂：「繫傳作和也，厤調也，从甘厤。」鍇曰：『厤音歷，稀疏勻調也。』據此當从厤作曆。」段玉裁亦曰：「各本及篇韵集韵類篇字體皆譌，今正。」所以這字應當从厤作

厤。而王篆友依阮説以爲从厤聲，宜讀作歷。更可知此字所从非厤，爲厤。

甲骨文中未見曆字，金文作曆(彔敦)曆(曆鼎)曆(敔敦)曆(競卣)，形體不一，下或从甘，或从口，亦或有从田者(曆封敦，以上均據容庚金文編)。从甘與从口在古文字僅相差一小横(甘 日)，二字古往往相通，从甘之字可从口，从口之字亦可从甘。(詳見拙作：古甘、口二字相通説，文載中法大學月刊第一卷第四期。)故曆字間亦从口作曆；从田者亦係書法之不同，隨意增一直卽成田字。因此我亦疑大徐新附之曆字，亦係由曆字之訛變。甘與日兩字在金文及小篆裏，形體非常近似。舉一個顯明的例來説：晉字在金文中寫作晉(晉公盦)晉(晉陽幣)(據吴大澂之説文古籀補)。按此字所从之日字與曆之作曆、作曆，所从之甘字，其形體豈不甚爲相似。雖然我們明明曉得日字決不會與甘字相通，但因爲形體相近而訛變，這是可能的。

而且我們看阮元積古齋鐘鼎彝器欵識卷五所録㪤尊中亦有曆字，原文云：「唯十有三月既生霸丁卯㪤从師滑父戍于公𠂤之年㪤蔑曆仲業父賜口金㪤拜稽首對揚業父休用作父二寶旅車彝其子子孫孫永用。」阮元釋曰：「銘每言蔑歷，按其文皆勉力之義，是蔑歷卽爾雅所謂蠠没，後轉爲密勿，又轉爲黽勉也。」又孫詒讓之古籀拾遺云：「凡古書雙聲疊韻連語之字，並以兩字聯屬爲文，不以他字參廁其間。如云：「黽勉」，不云：「黽某勉」；云「蠠没」，不云：「蠠某没」；……竊謂此二字當各有本義，不必以連語釋之。蔑，勞也；曆卽歷之藉字，歷，行也。(廣雅釋詁)凡云某蔑曆者，猶言某勞于行也。云王蔑某曆者，猶言王勞某之行也」，孫氏所釋甚是，可知曆字在古金文中已假爲歷行之歷。按曆字本義，今已無從考得，姑以説文解説爲曆之古義：然此字古籍中甚少見，卽鐘鼎文字中，間有用曆字者，亦非作曆字之古義用，而係歷之叚字。可知曆字之用處甚少，後人卽訛爲曆字，以爲曆法、曆象之本字矣。

依據以上二方面之研究，可知曆字決非曆法、曆象之本字；乃後人之附會，或因曆字之訛變。在最古的時候，尚不知曆法、曆象爲何物，怎麽知道造一個从日會意的曆字呢？我以爲歷字的本義爲經、過，漸漸的用作「行」，直到人類有了曆象的智識以後，——但這至少是在曆法已有了相當的進步——才曉得四時是變動的；日、月、地球都是行動的，所以引伸經歷之歷爲曆象、曆法等等的用處。【釋歷　中法大學月刊二卷三、四期】

◉馬叙倫　歷爲𣥂之後起字。亦過之轉注字。猶歷之轉爲㪅也。歷从厤得聲。厤从秝得聲。秝禾一字。禾與午過聲同歌類。亦越之轉注字。歷聲支類。越聲脂類。支脂近轉也。鍇本有傳也二字。校語。甲文作𣥂。又有作𣥂者。盖林聲。字見急就篇。或林非叢木字。乃秝之異文。【説文解字六書疏證卷三】

◉李孝定　羅氏釋此爲歷。可从。其説則葉氏爲長。然竊謂此字祇是形聲。非會意也。許説不誤。説文。厤从秝聲。秝下云。

「稀疏適秝也。从二禾。讀若歷。」足證歷秝音同。卜辭正从秝聲。其作林者則秝字之譌。據文編及續文編所收歷字。九十一文。只一文从林。倘以爲會意。則足之所經何莫非歷。又何必林下禾邊乎。金文作厤毛公鼎不从止。厤字重文。歷戊鼎。【甲骨文字集釋第二】

◉朱歧祥 ⿱林止 ⿱林止

从秝(或从林)，从止，从止過林，象人越經野地。隸作歷字。《説文》：「過也，从止厤聲。」卜辭歷字用林地意，言「歷异」、「歷⿰酉彡」、「歷狩」。「歷异」與「徃异」相類：殷王於田狩之野地舉祭，與在外祭祀之意正同。

《後下11.4》〼其⿱林止异。

弜⿱林止异。

《京4025》弜徃异。

《人264》戊〼⿱林止狩〼三日庚辰〼[illegible]罘隺〼獲豖〼二豖〼。

殷人於林地狩獵，有以燒田(焚)方式驅逐野獸。

《前1.33.1》〼貞：⿱林止〼焚。【殷墟甲骨文字通釋稿】

⿰山叔 ⿰山叔

◉許　慎　⿰山叔至也。从止。叔聲。昌六切。【説文解字卷二】

◉馬叙倫　章炳麟曰。辵部。⿺辶弔。至也。彝器以弔爲叔。詩書以不弔爲不淑。則⿰山叔⿺辶弔一字。小篆已分。許君無由合之耳。倫按疑⿺辶弔本作⿺辶尗。以弔尗形近。故譌爲⿺辶弔。⿺辶尗⿰山叔異文耳。【説文解字六書疏證卷三】

⿱辟止 ⿱辟止

◉許　慎　⿱辟止人不能行也。从止。辟聲。必益切。【説文解字卷二】

◉馬叙倫　沈濤曰。一切經音義十六引無人字。蓋古本如是。六書故引亦同。翟云升曰。音義引作从止。从辟。非。倫按。人字疑爲足之爛譌。⿱辟止爲跛之音同封紐轉注字。史記平原君傳之躄者。即公羊傳之跛者也。足不能行也似校語。本以同聲之字爲訓。今捝矣。【説文解字六書疏證卷三】

歸 歸

後二·三三·四 後二·四二·二 河六〇四 此不从止 甲四二七 甲七六一 甲二一二九 甲三三四二 甲三四七九 乙七三四二 乙七三九三 乙七八〇九 乙八七一二 鐵八一·三 鐵一五二·一 前四·六·八 前八·一·六 前八·六·三 後一·三〇·五 後二·八·一七 林一·六·一四 粹一二一 伐歸 粹一一八〇 伐歸伯 摭一八 鄴二下三八·七 佚四〇〇 文管九四 燕四〇五 【甲骨文編】

甲427 761 1090 2129 2814 3222 3342 乙1560 1834 3015 3324 3965 4057 4502 4508 4531 5744 6239 6397 7342 7393 7586 7809 7961 8712 8810 珠455 佚400 續3·13·2 3·13·3 3·13·6 3·16·6 3·38·6 3·39·1 3·45·9 4·35·1 5·34·1 徵4·49 4·50 4·84 4·92 1065 10·66 10·67 京2·6·1 3·11·1 3·32·4 4·15·4 録650 889 摭18 東方82 外85 摭續185 187 341 粹221 1065 1066 1067 1180 1568 新2177 3037 【續甲骨文編】

歸 不从止自 女帚卣 帚字重見 不从止 毓且丁卣 矢方彝 矢尊 令鼎 小臣逋簋 芇伯簋 貉子卣 萳簋 雁侯鐘 不𣪘簋 不𣪘簋二 郭沫若云从帚遂聲 歸父盤 曾侯乙鐘 【金文編】

一：五一 宗盟類參盟人名歸父 【侯馬盟書字表】

歸 雜三五 八例 秦一五五 七例 編五 二例 日乙一一九 秦四六 【睡虎地秦簡文字編】

歸德尉印 漢歸義夷仟長 晉烏丸歸義侯 歸阜 李歸 鞏歸之印 鞏俱歸 董歸印 周歸 楊旂歸書 趙歸 李歸 韓歸 歸趙侯印 歸義長印 【漢印文字徵】

石經僖公 晉人執衛侯歸之于京師 天璽紀功碑 永歸大吳 【石刻篆文編】

歸 【汗簡】

竝道德經 石經 王存乂切韻 【古文四聲韻】

●許 慎 女嫁也。从止。从婦省。𠂤聲。舉韋切。籀文省。【説文解字卷二】

●劉心源 歸通饋。見儀礼聘礼注。史記周本紀集解。論語先進陽貨微子釋文。此从米从皿。與饋同意。又从帚。合歸字爲之也。【大鼎 奇觚室吉金文述卷十六】

●孫詒讓 「癸亥卜其之□」二之三。「貝參襄或」廿三之三。「貝訪其乍或」八十一之三。「壬□于之豕□」百四十之二。「□申卜貝参□立参鬮七月」百五十二之一。「□貝令□商」一百六十之一。《説文·止部》：「歸。女嫁也。从止。婦省。𠂤聲。」此文與小篆同，惟省止小異。金文諆田鼎歸作，與此同。【契文舉例】

●羅振玉 説文解字。歸。女嫁也。从止。从婦省。𠂤聲。籀文作。此省止與諆田鼎、歸夆敢同。或又省𠂤。【增訂殷虛書契考釋】

●王國維 説文解字止部。歸。女嫁也。从止从婦省。𠂤聲。帰籀文省。案。殷虛卜辭及諆田鼎益公敦皆作歸。存𠂤省止。此存止省𠂤。【史籀篇疏證 王國維遺書第六册】

●王國維 此歸字，《後編》「翌日壬歸有大雨」，一作歸，一作。疑即歸之重文，以文義求之亦合。【觀堂書札 中國歷史文獻研究集刊第一集】

◉林義光 說文云。歸女嫁也。从止。婦省。𠂤聲。按古作歸不娶敦。亦作𨑩歸父盤。从婦省。从辵。𠂤聲。省作歸諆田鼎。【文源卷十】

◉葉玉森 說文。歸。女嫁也。从婦省。𠂤聲。籀文作婦。契文作𠂤帚𠂤帚。省作帚帚。卜辭中帚媟。帚妌。帚妹。帚嫀。帚姪。帚方。諸帚字，均假作歸。予甚疑之。因帚無歸義。𠂤帚从𠂤从帚。亦無歸義。先哲究何所取。乃考𠂤編卷下第三十三葉。「其𣏟鷹」。又第四十二葉「□翼曰王𣏟有大雨」。兩辭中之𣏟。竝从𣏟从止。予曩疑𣏟从束。象植兵于架。表師次不用兵意(詳見說契)。茲更从止。蓋謂師已歸止。故植兵于架。表師還意。當即初文歸字。小篆从𠂤从止。猶協古義。𣏟形與帚近。𠂤乃譌𣏟爲帚。復誤省作帚。殷乃通假爲歸。𣏟字轉罕見。故帚取義于歸屋。婦取義于女歸。均應从𣏟。乃帚省。契文並譌从帚。【研契枝譚】

◉郭沫若 遻是歸之異文。歸从帚𠂤追聲。此从帚遂聲也。【兩周金文辭大系圖録考釋】

◉馬叙倫 林罕曰。从追。鈕樹玉曰。韵會無婦上从字。吳大澂曰。彝器有女帚字者皆媵器也。女歸卣作帚。倫按甲文作𠂤帚𠂤帚𠂤帚𠂤帚𠂤帚諸形。金文令鼎作歸。茾伯段作歸。貉子卣作歸。不娶段作𨑩。齊侯壺作𨑩。歸父段作𨑩。就諸文分析之。蓋有五類。从𠂤从帚者一類也。从止从歸者一類也。从㱿从𠂤者一類也。从辵从歸者一類也。从辵从帚者一類也。此下籀文作婦。从止。从帚。又一類也。都六類無不从帚者。甲文以帚爲歸。如帚妝帚好。是也。則歸字當从帚得聲。惟从帚得聲。故諸文雖異而無不从帚。且甲文得徑以帚爲歸也。帚音照紐。古讀歸端。端見皆破裂清音。故歸从帚得聲而入見紐。然則从𠂤者何也。檢婦鼎有𠂤帚字。从𠂤。自𠂤固一字也。詳𠂤字𠂤字下。帚者。高田忠周以爲王彗。則爲本書之𥻵。倫謂實帚之初文也。𠂤帚。从𠂤。帚聲。今失其義。本書亦無其字。然則作歸者。借歸爲婦。作𣏟𨑩者。从辵歸聲也。此从止。歸聲。籀文从止。帚聲。女嫁也附會之子于歸及从婦省而爲之說。其實不从婦省。而歸不僅爲女嫁義也。歸爲還之轉注字。同爲舌根音也。字見急就篇。

婦鈕樹玉曰。繫傳作籀文歸从止。王國維曰。卜辭及諆田鼎益公段歸皆作歸。存𠂤省止。此存止省𠂤。倫按从止。帚聲。說文當作籀文歸。鍇本爲校者增從止二字。此則改之。【說文解字六書疏證卷三】

◉屈萬里 卜辭：「乙亥卜，永貞：今戉來歸，三月。」甲編三三四二此時戉人蓋謀叛，故有是卜。歸，歸附也。【殷虛文字甲編考釋】

◉于省吾 說文歸「从止，从婦省，𠂤聲」，籀文作婦。按契文及早期金文歸均作歸。漢楊旂歸書印作歸。又按晚期金文齊侯壺歸

作逼，正字通謂逼同歸，俗書符於古文矣。【論俗書每合于古文 中國語文研究第五期】

◉郭沫若 「……伐歸白伯……受又。」 歸當卽後之夔國。其故地在今湖北秭歸縣境。【殷契粹編】

◉李孝定 說文。「歸。女嫁也。从止。从婦省。𠂤聲。。籀文省。」契文婦作。則是从婦不省。以𠂤爲聲。許訓殆其古誼。葉說失之。本訓女嫁。假以爲歸還字。契文歸或訓還。或爲方國之名。金文作令鼎莍伯簋矢尊貉子卣不嬰簋𦅫簋齊侯壺歸父盤。大抵从婦𠂤聲。與契文同。貉子卣从𡕥。當是繁變。或从辵。或从彳。無單从止者。辵彳止本通用無別。是小篆所本。歸父盤从。乃譌變也。【甲骨文字集釋】

◉白玉峥 籀廎先生釋歸，是也。故羅氏从之，並益之以說文之籀文，及諆田鼎與歸夆敢之諸歸字，以證成其說。惟謂「省止」、「或又省𠂤」則非。葉氏雖亦从之釋歸，然所論造字之初誼，及字形之衍變，無異淆混是非，徒逞筆鋒之快也。葉氏之才之學，好爲詭異不誕之說，大率若此。考其所舉諸字，作者見於後下三三・四，作者亦見於後下四二・一二，均屬第四期文武丁時之書法。此乃一時之頹風，非爲萬世之師法者，葉氏不之審，且據以爲說，實不足采信也。迺朱芳圃氏作甲骨學文字篇，竟仍襲其謬誤。除引録葉說二卷七頁外，並又增前八・一・六，前八・一・八，後上三〇・五三字，然亦皆爲文武丁時之書法。殊爲非是。考字之構形，除書法之神韵外，於五期之卜辭中，其形式甚少變化。大較作者，多見於第一及二期之卜辭。至第三期時，書風突變，不僅增多修飾性之筆畫，且喜作倒書，如文六三九，甲二八二七版。文武丁時，雖號稱復古，然歸字之書法，仍襲第三期之舊，惟不作倒書耳。此後，字漸定形，而歸於之一尊。至兩周之金文，或有增作，滿簋者，更或增作不嬰簋者，亦或增作貉子卣者，頗不整一。逮及小篆，殆定爲歸矣。就字之構形言，似爲从聲。乃婦之本字。說文解字：「从止，从婦省」，蓋就後起之字爲說也。然「女嫁也」之說，實爲字之本誼也。至其在卜辭中之爲用，除動詞外，大率均屬名詞，或爲地名，或爲方國名。其說地名或方國名者，或以夔之故國當之者，然乏確證，尚待論定。【契文舉例校讀十二 中國文字第四十三册】

◉林清源 299▥𠂤帚戈(邱集8237、嚴集7390)

此戈銘在內末，行款如下：

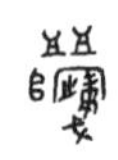

首字从二皿，當隸定爲「𥁕」，不識。此下之文，劉心源隸定爲「歸」字（奇觚10.13.1.），方濬益隸定爲「𠂤寑」二字（綴遺30.12.），鄒安隸定爲「𠂤歸」二字（周金6.32.1），孫稚雛（孫目6737.）隸定爲「𠂤寑」二字。筆者疑此當爲二字，因「⿰止帚」中間兩偏旁之筆畫疏密懸殊，若其左側之「𠂤」與之合爲一字，則當作「歸」形，始與合體字要求結體方正之原則相符參龍師宇純：中國文字學「論位置的經營」一節，頁196—220。若此二文確係合爲一字，則其寬幅將數倍於其下之「戈」字，高周金文未見此例。既確認爲二字，而此二字平列，插置於直行之行款中，故其識讀順序亦當略加說明。欲確認此二字之識讀順序，須視與其上、下二字之相對位置而定，戈銘首字偏左，末字偏右，則二字亦當先左後右。「𠂤」爲戈銘第二字，當隸定爲「𠂤」。「⿰止帚」爲戈銘第三字，所从之「帚」，疑爲「帚」字異文，則此字乃从宀、从止、从帚，可隸定爲「⿱宀⿰止帚」。籀文歸字作「⿰止帚」，此从宀殆表歸止之義，疑爲「歸」字繁文，惟「歸戈」一詞典籍無徵，詞義亦晦，姑存疑。

◉戴家祥 [glyph]字左上从[glyph]。與金文𠂤或作[glyph]形近，應隸定爲𨗻。即歸之繁縟字。从辵者有往還之義。廣雅釋詁「歸往也。」釋言「歸返也。」歸父人名。左傳僖公二十八年有齊國歸父，僖公三十三年齊析文子名歸父，字子家，未知孰是。唐韻歸讀「擧韋切」，見母脂部。金文歸之異文有繁作𨖍𨗻，增彳旁。疑𨗻𨖍爲歸之初文，省彳爲歸。此省止爲帰，亦歸之異體。㪟𣪘「王命㪟眔叔緐父歸吳姬飴器」與歸父盤齊大宰𨗻父𥫗爲忌己盥盤」辭例相同，歸均假作饋。【金文大字典中】

疌 [seal]

◉許慎 [seal]疾也。从止。从又。又。手也。屮聲。疾葉切。【説文解字卷二】

◉林義光 説文云。[seal]疾也。从又。又手也。从止。屮聲。按屮非聲。古[glyph]或作[glyph]。見友字條。屮即又。亦象手形。兩手及足並作。故爲疾。今字以捷爲之。説文云。[seal]機下足所履者。从止从又。入聲。按入非聲。⿱亼疌疌形近。疑即疌之誤體。【文源卷六】

◉馬叙倫 此便捷字。倢之初文。从止。妻省聲。妻音清紐。疌音從紐。皆舌尖前破裂摩擦音也。説解爲校者所改矣。【説文解字六書疏證卷三】

◉楊樹達 説文二篇上止部云：「疌，疾也。从止，从又，又，手也。屮聲。」按止者足也。【增訂積微居小學金石論叢卷第一】

⿱亼疌 [seal]

◉許慎 [seal]機下足所履者。从止。从又。入聲。尼輒切。【説文解字卷二】

◉馬叙倫 徐鍇曰。今人作[糸聶]也。戴侗曰。疌⿱亼疌實一字。織者足躡於下。手應於上。務於敏疌。因謂之疌。屮於聲不諧。乃入之譌。鈕樹玉曰。一切經音義五引者作也。王念孫曰。疌⿱亼疌並从止。从又。則並有疾意。任大椿曰。太平御覽八百二十五引字林。⿱亼疌。機下所履。苗夔曰。詩。一月三捷及鄭風不寁故也。俱是从入之⿱亼疌。無从屮聲之疌也。蓋入在侵覃。屮在支齊。侵覃部中有捷寁。而支齊部中無倢捷也。且許書説解每以正義在前。借義在後。機下足所履者。此正義也。疾借義也。疾接與女懾二反。併是入聲。⿱亼疌之反切。非屮聲疌之反切也。當删从屮聲之疌字。⿱亼疌字説解足所履者下。當作又疾也。翟云升曰。繫傳疾字衍。倫按本書無从⿱亼疌得聲之字。蓋疌⿱亼疌實一字。故玉篇作⿱亼疌不作疌。疌聲當在談類。故今字借躡爲之。疌音遂爲尼輒切。字形亦傳寫之譌。或曰。疌⿱亼疌一字。機下足所履者。是正義。疾也是引申義。鍇本⿱亼疌下作足所履者疾。蓋本作一曰疾。今有奪闕耳。字从止。从又。↑象機下足所履者。非入字。亦非屮字。故形或作↑。或作↓。當爲指事。倫謂機下足所履者此器物之名。誠當有其字。然不得爲指事字。豈↑是初文。以其形疑於丁。加疌省爲聲耶。然↑又不能

得其形也。且機下足所履者亦不似許語。御覽引字林訓機下所履。或𨑡爲疌譌。呂忱因收入疌下耳。【說文解字六書疏證卷三】

𣥂 𣥂

𣥂 灌氏𣥂印 【漢印文字徵】

◉許　慎　𣥂蹈也。从反止。讀若撻。他達切。【說文解字卷二】

◉王國維　𣥂亦止也。實則古文字形反正相同。不因是而音義異。據龜板金文中考之。無不如此。【劉盼遂記說文練習筆記　國學論叢第二卷第二號】

◉馬叙倫　莊有可曰。即古踏字。文似反止。乃脛跟左右之別。龔橙曰。𣥂即止。章炳麟曰。𣥂讀若撻。對轉寒。變易爲躔。踐也。躔舒作齒音。變易爲踐。履也。爲跧。躡也。𣥂又以雙聲轉盍。變易爲蹋。踐也。蹋旁轉緝爲𨇨。𨇨。足也。足部。蹋。踐也。又作踏。則隸俗字。劉秀生曰。𣥂从反止。金甲文反正每無別。止象足形。則𣥂亦象足形。訓蹈者。王國維曰。𣥂亦止也。實則古文字形反正相同。不因是而音義異。據龜板金文中考之。無不如此。葉德輝曰。此蹋之本字。蓋止之引申義。讀若撻。則音隨義變矣。足部。蹋。踐也。蹈。踐也。蹋蹈又皆𣥂之孳乳字。撻从達聲在透紐。蹋蹈並在定紐。皆舌音也。倫按實與止一字。未作蹈蹋以前。借爲蹈蹋字。故此訓蹈也。讀若撻。然廣韵引文字音義。𣥂。蹈也。从反止。則此字或出字林。或校者加之。【說文解字六書疏證卷三】

歰 歰

 粹1326 【續甲骨文編】

◉許　慎　歰不滑也。从四止。色立切。【說文解字卷二】

◉唐　蘭　歮 歮字，說文所無，舊不識。余按歮即說文之歰字也。說文：「歰不滑也，从四止。」四疊之字，或从三疊，故卜辭彝或作彝，則歰當即歮也。漢楊君石門頌：「䓄路歮難」，隸釋云：「以歮爲澀」，是歮字漢時尚存。今書澀字多作澁，昔人多詆爲俗，實則別有所自也。歮象三足，歰象四足，本有周帀之意，韋字本从四足圍之。說文訓不滑者，實後起之義也。【殷虛文字記】

◉馬叙倫　嚴可均曰。濇歰皆訓不滑也。當以歰爲濇之重文。倫按十一篇。濇。不滑也。歰濇音同色立切。是不滑也。乃濇字義。歰从四止。順逆相抵。蓋有不能行義。而本訓則亡矣。今所存者校語也。然疑此即甲文字所从之。傳寫爲歰。

癶 

妄立音切耳。止部當止於屮。此字疑後人加之。本書从𣥠之字亦然。【説文解字六書疏證卷三】

◉李孝定　説文。「𣥠不滑也。从四止。」篆文四止兩兩相向會意。則許訓當爲字之初誼。唐釋此爲𣥠可从□。从二止。古文偏旁多寡每無別。則从二止當與从三止同。甲一・二九・十一及二十兩片原文辭義不明。栔文𣥠字不審何義。粹一三二六郭氏考釋隸定作𣥠。與山字連文爲地名。諦察原拓。此字左下方作「□」。非如金氏所録作「□」。實仍「□」形之殘泐者。其中作「□」當爲「□」形下半之殘文。左上方及上方均漫漶不明。然左上方猶有一「□」形痕跡約畧可辨。郭氏隸定作𣥠。可从。故此不録入。【甲骨文字集釋第二】

〔一九〕　〔一九〕　〔三一〕【先秦貨幣文編】

癶【汗簡】

汗簡【古文四聲韻】

◉許　慎　癶足刺癶也。从止𣥂。凡癶之屬皆从癶。讀若撥。北末切。【説文解字卷二】

◉馬叙倫　沈濤曰。五經文字作象足有所刺癶也。蓋古本如是。今本删節。文義不完。玉篇曰。癶。説文作癶。足有所刺也。奪象癶二字。尚較今本爲勝。嚴章福曰。从止𣥂。當作从止𣥂相背。桂馥曰。足刺癶者。本書。犮。走犬皃。从犬而丿之。曳其足。則刺犮也。王筠曰。刺癶疊韵。人曰刺癶。犬曰刺犮。劉秀生曰。撥从發聲。發从癹聲。癹當从癶聲。此以从本字得聲之字爲讀。犬部。犮。走犬皃。从犬而丿之。曳其足則刺犮也。刺犮即刺癶。鳥部。䳊。从鳥。犮聲。讀若撥。巾部。帗。从巾。犮聲。讀若撥。癶聲如犮。犮聲如發。是其證。倫按足部。跙。步行獵跋也。獵跋刺癶皆雙聲。似癶即跙之初文。然獵跋即狼狽。今言狼狽者。走不成步。十篇。犮。从犬而丿之。曳其足則刺犮也。刺犮亦即狼狽。人走爲跙。犬走爲犮。若癶从兩足相並。似非跙義。且獵跋刺癶刺犮皆形容詞。其音雖同。而被形容之内容。不必盡同。因各有其語原也。今人言狼狽爲奸。狼狽乃相從之意。此言刺癶。或非蹎跋之義。而爲相從之意也。則此字蓋爲步之異文。人自坐立以外。豈有並足者。行則足必有先後矣。癶乃爲便書寫。如登婺之从此作耳。或謂□爲步之異文。足刺癶者乃蹬字義。鍇本足部跋字之地位。本作蹬。説解作蹎蹬也。从足。發聲。跋字乃在路下蹐上。説解作蹎跋也。从足。犮聲。蹬跋蓋轉注字。或本蹵爲正文。䟱爲重文也。然倫又疑癶即蹈之初文。本書。𣥂。蹈也。讀若撻。今字作踏。癶踏聲同脂類也。蹈者。謂足箸地。人自坐或卧而起。足先箸地而後行。故今江浙謂自卧而起曰跁起來。即癶字也。始以𣥂爲蹈。後以並兩𣥂作癶。會兩足皆箸地意。亦即步履之步本字。今言起步。或言開步。均謂由足箸地者而使動作向前也。今以陟之異文作步者爲癶矣。步𣥠二字音亦當互易。象足有所刺癶也校語。本訓捝矣。【説文解字六書疏證卷三】

◉陳夢家　卜辭征伐方國亦曰𤼷，字與「正」不同。説文𤼷讀若撥，𤼷當是撥亂之撥。乎𤼷舞或是帗舞。【殷墟卜辭綜述】

◉楊樹達　癶部云：「癶，足刺癶也，从止𣥂，讀若撥。」北末切按癶象左右二足分張之形。許君但云从止𣥂，亦非也。今長沙謂左右兩足分張爲癶開，讀癶爲平音，與字形字義皆相合。足部又云：「䟱，步行獵䟱也，从足，貝聲。」博蓋切此與癶爲一字。異者，癶爲象形字，䟱爲形聲字耳。余謂象形指事會意三書字多變爲形聲，此其一事也。解云步行獵䟱，獵䟱即刺癶也。癶貝古音同月部。刺癶或作刺犮。十篇上犬部云：「犮，走犬貌，从犬而丿之，曳其足則刺犮也。」按人兩足分張而行爲刺癶，犬曳足而行爲刺犮，皆言其行之不正也。癶讀如撥，刺癶倒言之則爲撥刺。新語懷慮篇云：「撥刺難匡。」淮南子修務篇云：「琴或撥刺枉撓，闊解漏越。」高注云：「撥刺，不正也。」癶義本爲行步不正，引申爲凡不正也。後漢書張衡傳云：「彎威弧之撥刺兮。」李注云：「撥刺，張弓貌也。」癶義本爲兩足分張，引申爲弓張也。今長沙尚稱足行不正者爲刺犮矣。詩豳風狼跋篇云：「狼䟱其胡。」毛傳云：「䟱，躐也。」毛公以躐釋䟱，猶許君以獵䟱爲連文也。【積微居小學述林卷三】

摭一·三八五　燕六六四　甲一一六或从𠭥　前五·二·一　續四·三四·二　師友二·七三　燕五八二　林一·二九·一五　庫一三三四　下部殘泐　七·S七三　七七四【甲骨文編】

甲1169　續4·34·2　京3·30·4【續甲骨文編】

登　□父丁觶　亞中登簋　卯父簋　孳乳爲鄧　國名曼姓侯爵見經傳者有鄧侯左莊十六年記楚滅鄧　鄧孟壺　鄧　伯氏鼎　鄧公簋　説文籀文从𠦃　登鼎　芇侯簋　五年師旋簋　散盤　鄭鄧弔盨　鄧公簋　鄧

伯吉射盤　復公子簋　陳侯午錞　以登以嘗禮記月令農乃登麥注進也經典以烝爲之爾雅釋詁烝進也詩信南山是烝是享傳烝進也春秋繁露四祭冬曰烝烝者以十月進初稻也皆與登同訓　十年陳侯午錞　陳侯因資錞　从米姬鼎　用登用嘗　从自　班簋　登于大服　登伯盨　登弔盨　孟爵　鄧伯二字合文　【金文編】

3·1125獨字　5·286左登　【古陶文字徵】

15　26　129　175　【包山楚簡文字編】

登　日甲一二　【睡虎地秦簡文字編】

1930　1932　4090　3722　此與鄭鄧弔𣪘書法同，𡥏乳爲鄧，鄧字重見。　【古璽文編】

任登　翟登　王登之印　李登　【漢印文字徵】

泰山刻石登茲泰山　品式石經堯典舜生三十登庸今本作徵　【石刻篆文編】

登王庶子碑　登裴光遠集綴　登見古爾雅　【汗簡】

古爾雅　裴光遠集綴　王庶子碑　雲臺碑　崔希裕纂古　【古文四聲韻】

◉許　慎　𤼷上車也。从癶豆。象登車形。都滕切。　籀文登从𠬞。　【説文解字卷二】

◉阮　元　登字从𠬞。籀文。見説文。薛氏款識齊侯鐘齊侯鎛鐘登字皆如此。此登公子當是鄧國之公子。鄧。曼姓。爲楚所滅。見左氏傳。　【鄧公子敦　積古齋鐘鼎彝器款識卷六】

◉劉心源　𤼾。籀文登。見説文。古刻烝嘗字作　。籀文登字从之。故目𤼾爲烝。　【陳侯因資敦　奇觚室吉金文述卷四】

◉孫詒讓　「丁酉卜𡧊貝㕙　人三千」二百五十八之一。「　」即「登」之省，《説文·癶部》：「登，从癶豆，象登車形。籀文作　，从𠬞。」此即「𤼾」字之省。又《豆部》：「𧯠，禮器也。从𠬞，持肉在豆上。讀若鐙同。」「𤼾」字金文散氏盤、鄧公子敦、陳侯敦、登尗簋、𤼾侯敨並有之。下半亦从豆、从𠬞。此□即豆，《説文》豆古文作□，此其省變也。

又云：「□貝其□□且甲□卯一牛」四十八之四。「□」亦「豋」之變體。□即□形小異。金文盂爵𢍏作□，亦省𣥠，與此形同。【栔文舉例】

◉羅振玉　説文解字。登。上車也。籒文从廾作𢍏。與此合。散盤亦作□。此字从𣥠。𢍏聲。𢍏卽瓦豆謂之登之登。【增訂殷虛書契考釋】

◉王國維　説文解字𣥠部。登。上車也。从𣥠豆。象登車形。䇫籒文登。从廾。案。此字从𣥠。𢍏省聲。𢍏字盂鼎作□。从米在豆中廾以進之。此用古字。殷虛卜辭作□。加从木。周時之豆不盛稷黍而盛菹醢。故𢍏字从肉在豆中。然从廾則同。又有省作𢍏者。殷虛書契卷五第二三葉及盂爵。𢍏字即以此爲聲。殷虛卜辭與散氏盤登字皆與籒文同。【史籒篇疏證　王國維遺書第六册】

◉林義光　説文云。豋上車也。从癶豆。象登車形。按豆非登車形。古作□散氏器。作□陳侯因𬱟敦。作□登器丁。从兩止。兩足形也。𢍏聲。𢍏見𢍏字條。説文云。𣥠。足剌𣥠也。从止𣥳。讀若撥。按即登之偏旁。不爲字。【文源卷六】

◉高田忠周　説文。豋上車也。从𣥠。豆。象登車形。籒文作□。从𠬞。此解恐有誤。今依此文。登字元从𣥠。𢍏省聲。許氏𢍏下云。讀若鐙。是𢍏登音近之證也。或省作𢍏。實借𢍏爲之。又或省作登。許氏謂豆爲登車形。於物理遠矣。若强牽援許説。當云周禮隸僕洗乘石司農注。王所登上車之石也。豆以象石。此爲象形叚借也。然殷商卜辭既如此作。又盛周金文亦如左。絶不作登。許説遂不可信矣。【古籒篇六十二】

◉葉玉森　□　孫氏認□即□省。羅氏則認□爲登。□爲𢍏。文增訂考釋中第三十九葉。予謂孫釋近是。□人之□固登進誼。非烝祀誼。豋乃□之繁文。卜辭亦用□爲烝祀字。【殷虛書契前編集釋卷五】

◉商承祚　金文作□（散盤）□（陳矦午𣪘）。皆从廾奉豆。𣥠以進之。乃烝之初字也。陳矦因𬱟𣪘「以𢍏从嘗」。作□。姬鼎「用𢍏用嘗。」从米作□。春秋繁露四祭冬曰烝。「烝者以十月進初稻也。」其説與此字誼皆合。説文「上車」之訓乃引申之誼也。其籒文作□，與此同。【甲骨文字研究下編】

◉陳夢家　𢍏爲登之初字，象雙手奉豆，豆所以盛薦祭之物者，故其誼爲進，登豚登牛者進豚進牛也。又有登米登來登黍之祭，登米二字合書而爲䉜，爲進初稻之專字。説文豆部「𢍏，禮器也，从𠬞持肉在豆上，讀與鐙同。」則爲登肉之專字，卜辭未見，當係登肉二字之合書。卜辭䉜或从禾，或从米。後代叚烝爲之。又月令「孟夏之月，農乃登麥，天子乃以彘嘗麥，先薦寢廟。」卜辭登

米登來即其制。來卽麥也。【古文字中之商周祭祀　燕京學報第十九期】

◉馬叙倫　徐鍇曰。豆非俎豆字象形耳。鈕樹玉曰。繫傳韵會象作爲。蓋譌。倫按況祥麟如小徐説。段玉裁鄧廷楨謂籀文作□。省𢍏之肉。小篆並収省之。錢大昕桂馥謂登𢍏皆从豆。豆登聲相近。孔廣居陳詩庭朱駿聲皆謂𢍏省聲。席世昌謂篆當作登。不从癶。从収。倫謂五篇。𢍏。禮器也。从収持肉在豆上。甲文作□□□。羅振玉謂从兩手奉豆。即爾雅瓦豆謂之登之登。而甲文登字作□□。金文散氏盤作□。登鼎作□。均與此籀文同。皆从癶从𢍏。則陳孔之説爲長。登爲陟之轉注字。登音端紐。陟音知紐。同爲破裂清音也。字當从步。豆聲。以便於書而改□爲□耳。甲文有□□□即□字。而□从□甚明。可證也。亦步之轉注字。步音當在封紐。封亦破裂清音也。豆象登車形者本作豆聲。校者不明音而改之。字見急就篇。子孫鼎作□。登鼎作□。

□鈕樹玉曰。玉篇作𤼷。注云。古文。王國維曰。从癶。𢍏省聲。倫按从癶。𢍏聲。从収校語。餘詳豋下。【説文解字六書疏證卷三】

◉楊樹達　説文二篇上癶部云：「登，上車也，从癶豆。」或从収作𤼷，云：「籀文登从収。」甲文有此字，作□，見書契前編卷伍貳葉壹版。又作□，見龜甲獸骨文字卷壹廿玖葉拾伍版，形與説文所記籀文同。省癶形則作□，或作□。舊釋分□□爲二文，別釋□作𢍏，非也。

殷虛書契續編壹卷叁柒葉壹版云：「登人伐下□，受㞢又祐？」殷虛書契前編伍卷貳拾葉柒版云：「貞勿登人乎墾土方？」續編壹卷拾葉叁版云：「貞登人三千，乎伐𢀛方，受㞢又？」前編柒卷貳葉叁版云：「庚子卜，㝑貞：勿登人三千乎△伐𢀛方，弗△其受㞢又？」龜甲獸骨文字貳卷貳柒葉陸版云：「戊寅卜，㱿貞：勿登人三伐乎代𢀛方？」庫方二氏卜辭叁壹零片云：「辛巳卜，貞登婦好三千，登旅萬，乎伐艿？」王襄云：「登人疑卽周禮大司馬比軍衆之事，將有征伐，故先聚衆。」樹達按：王氏明登字之意，是矣，而未能言其本字當爲何字。余以聲類求之，登蓋當讀爲徵。説文八篇上𡈼部云：「徵，召也。」登徵古音同在登部，又同是端母字，聲亦相同，故得相通假也。如余説而是，則殷時兵制殆由於臨時之召募矣。

卜辭又恆云収人，與登人用法同。如殷虛書契後編上卷拾柒葉壹版云：「癸巳卜，㱿貞：収人乎伐𢀛？」又叁壹葉伍版云：「丁酉卜，㱿貞：今載王収人五千正土方，受㞢又？」是其例也。以辭例觀之，此與前記諸登人之例相同。然収字無徵召之義，音與登字亦遠，頗爲難解，余疑甲文登字多从収作，此卽登字之省寫也。

殷契佚存叁柒捌片戊云：「甲午，卜，亘貞，収馬乎伐△。」又陸陸玖片云：「貞，乎□収牛。」収並爲𤼷之省，謂徵馬徵牛也。余於一九四五年四月撰此文，是年九月十二日，董彦堂贈余以所著殷曆譜寄到辰谿，其書下編九卷三十九葉云：「殷代征伐必隨時登人，亦作収人，殆即徵兵之義。」與余所説正同。惟董君未及登徵音同通假之説，故余仍存此文云。【釋登 積微居甲文説】

◉李孝定 説文。「登。上車也。从癶豆。象登車形。𤼷籀文登从収。」繫傳云。「臣鍇曰。登車亦剌癶難也。豆非俎豆字。象形耳。籀文登从収。臣鍇曰。兩手捧登車之物也。登車之物王謂之乘石。」鄒伯奇讀段注札記云。「癶部登字注云。定按指段注。『籀文省𢍜之肉。小篆並肉収省之。』是謂登因𢍜而作矣。乃又於豆部注云。『籀登作𤼷。又或益之肉。』則又似謂𢍜因登而作。前後不相照應。按。説文𢍜解云。『禮器也。从廾持肉在豆上。』不云从登聲。登解云。『上車也。从癶豆。象登車形。𤼷籀文登从収』。俱不云『从癶从𢍜省聲。』是兩不相蒙。蓋云癶豆象登車形。則登下之豆非从俎豆之豆。但字相似耳。」徐鄒兩氏之説是也。許解云。「癶豆象登車之形」者。謂癶立豆上。乃象「登車」之一動作。豆者象乘石之形。今吾湘甲第大門兩側常見兩圓形石鼓分置作八字形。石鼓横置下有座。側視之正作豆形。俗謂之圓鼓登或謂之上馬石。即此物也。許書登入癶部。𢍜入豆部。各从其類也。卜辭𤼷𢍜舊分釋爲登𢍜。不誤。𢍜或作𢍜。象豆中食物豐盈之形。从癶之字則絶無作𤼷形者。古人造字皆有精誼。不可亂也。楊氏謂兩形并當釋𤼷。説非。𢍜𤼷兩字在卜辭之用法惟𢍜字辭義較明。𤼷字有一片爲人名。其他則辭不明。然兩字辭例無相同者。已足證楊説之誤。辭云。「喜貞其𢍜且辛于卯一牛。」歲四八・四「□子卜貞□𢍜豚□□正。」前五・二・乙「戊午卜貞𢍜□自上甲大示眢隹牛小示亩□。」前五・二・四。□䎘穧定按此二字漫漶不明姑隸定之如此其□兄辛。」後・上・七・十。「□貞𢍜王亥羌□。」後上・二六・五。此皆𢍜進之義。爲𢍜之本義。又云。「□𤼷□隹□」前五・二・一，「貞𤼷□。」甲一・二九・十五殘泐辭義不明。「貞犬𤼷其㞢不若□」。續四・三四・二「庚寅卜爭貞令𤼷眔「丁酉卜㱿貞勿𢍜人三千。」藏二五八・一。「貞勿𢍜人乎皇圍伐□方。」前五・二十・七此則如楊氏説。叚爲徵𤼷字。辭云。「□𣪘斦工衛㞢㚔。」甲編一一六七「犬𤼷」辭義不明。疑爲犬登某處之省文。若然。則與今語登樓登車之義同。「令登眔𣪘」。登𣪘均爲人名。凡此均與用𢍜之辭例不類。可證兩者之非一字。又楊氏謂卜辭言「収人」亦𤼷人之省。竊疑収當讀爲供。言與之衆使伐某方也。豋字金文作𤼷登鼎𤼷散盤𤼷芇侯簋𤼷鄭鄧叔盨𤼷鄧公簋𤼷陳侯因資錞𤼷𤼷陳侯午錞𤼷姬鼎。與栔文籀文並同。陳侯因資錞銘云。「以𤼷以嘗。」姬鼎銘云。「用𤼷用嘗。」則與卜辭用𢍜之例同。經典以烝爲之。詩信南山。「是烝是享。」傳。「烝。進也。」爾雅釋詁。「烝。進也。」春秋繁露。「四祭冬曰烝。烝者。以十月進初稻也。」皆與卜辭之𢍜金文之𤼷義同。【甲骨文字集釋第二】

◉張日昇　說文云：「登。上車也。从癶豆。象登車形。𤼷。籀文登。从収。」又「豋。禮器也。从廾持肉在豆上。讀若鐙同。」金文編登字下容庚並收𢍏𤼷兩形。楊樹達甲文說亦謂舊釋分□、□爲二文。別釋□作豋。非是。甲骨文字集釋四六五頁引。然李孝定謂「□□兩字在卜辭之用法惟豋字辭義較明。𤼷字有一片爲人名。其他則辭不明。然兩字辭例無相同。已足證楊說之誤。」甲骨文字集釋四六八頁李氏據卜辭辭例證明兩字有別。而𢍏之字義乃爲薦新之祭。經典以烝爲之。烝當讀爲𢍏。篆體當作豋。今隸當作登。與訓上車之登異。登車字所从豆乃象乘石之形。非俎豆之豆。李氏區分登豋。其言至塙。圉于繫傳乘石之說。而曲解字形。則殊爲可惜。若豆爲乘石，則字當如篆隸作登，不从収。蓋乘石置地則可。若使人以手奉之則登車反難。而卜辭及金文登字必从収。故疑字實从癶聂聲。甲骨文𢍏𤼷兩字分用。至周代則漸混。如鄧伯氏鼎鄧作𢍏，而鄧公簋則作𤼷。薦新祭之𢍏遂添肉旁作豋以別於从癶之登也。【金文詁林】

◉李孝定　登下收□、□兩形者各若干文，卯父簋銘：「卯父乍車𢍏」。此乘石也；陳侯因資錞銘云：「以登以嘗」。此豋進字也；散盤銘云：「𤼷于厂湶」。此又登高義也；登豋本二字，契文有别，金文則已混用，說文又分爲二字，一在癶部，一在豆部，是也，請參看拙編集釋二卷四六七頁登字條。□爲兩手奉乘石，□此字金文未見爲兩足在乘石上，均得有登車義，合之則爲□，乃文字衍變之類化現象，非以兩手奉乘石，並登車者而舉之，古文字偏旁之增損變易，未必悉可从常理繩之也。其用爲烝嘗義者，則爲豋之借字。【金文詁林讀後記】

◉徐中舒　□一期　卜六六四　□一期　續四·三四·二　从癶从豆豆，或又从□𠬞，會捧豆升階以敬神祇之義。《說文》：「登，上車也。」當非本義。又《說文》說登之形，以爲「从癶豆象登車形」，李孝定更以豆爲登車之石，皆不確。金文作□散氏盤□鄧公簋，用作蒸嘗之蒸，與甲骨文形義皆有淵源關係。【甲骨文字典卷二】

◉戴家祥　登字金文作□、□、□等形，第一字从○爲豆之省，从廾持豆表示祭祀之義。豆上从□或□爲祭祀之物，如說文訓豋爲「廾持肉在豆上。」陳侯午錞「以□以嘗」即表示祭名。金文登又借作方國名，通鄧。如□白盨、鄧公𣪘等等。

登字甲骨文作□，金文作□或□，此銘𨻰乃𢍏字繁體，即登加阜旁與尊或作𨻰同例。容庚曰：登，進也。經典以烝爲之。詩信南山「是烝是享。」傳「烝，進也。」寶蘊樓彝器圖録七五葉周陳侯午簋。【金文大字典中】

鐵二二六・一 从址从殳說文所無 前五・二四・八 前六・五五・六 佚六一三 【甲骨文編】

甲142 佚613 粹1318 【續甲骨文編】

0115 璽文借為發弩的發，發字重見。 0114 0116 0113 【古璽文編】

◉許慎 癹以足蹋夷艸。从癶。从殳。春秋傳曰。癹夷蘊崇之。普活切。【説文解字卷二】

◉商承祚 書契卷五第二十四葉 卷六第五十五葉 此字从癶从殳。卜辭文殳攴諸偏旁多不分。觀其誼之所在而不能以形斷。【殷虛文字考 國學叢刊第二卷四期】

◉馬叙倫 段玉裁曰。癶亦聲。倫按癶爲踏之本字殳爲打之本字。癹从癶从殳。不得訓以足蹋夷艸。音普活切。則是从癶得聲也。甲文有。从癶从攴。攴即本書之攴。攴殳一字。詳殳字下。故金文从殳之字。每从攴。則即癹字。然左隱六年傳。芟夷蘊崇之。字作芟。不作癹。一篇。芟。刈艸也。从艸。殳聲。夷則刈之聲同脂類借字。亦薙之借字。則傳自作芟夷。此引作癹夷。校者加之。依此以改傳也。倫謂以足蹋夷艸者。以依文從癶而又雜以芟字之義爲之詞耳。刈艸之器。十四篇有鏺。實刈之轉注字。或夷艸之義乃鏺之訓。或本訓捝失。今所存校語也。校者誤認癹爲芟夷字。又引傳文爲證。本書引經每有與經文異者。昔人以爲許所據皆真古文。其實校者引之。依篆改經。以爲當如是作耳。其證見於後者頗多。嚴章福類能言之。癹或从癶。攴聲。爲癶之轉注字。【説文解字六書疏證卷三】

◉李孝定 說文。「癹。以足蹋夷艸。从癶。从殳。春秋傳曰。『癹夷蘊崇之』。」商氏釋此爲癹。可从。卜辭癹似爲人名。辭云。「□辰卜其先癹。」前五・二四・八「□王乎癹。」前六・五五・六「戊子卜今癹往雀戊□自。」藏二二六・一其義不詳。粹一三一八之。郭某隸定爲浚。蓋以爲水形也。然水形何可把握。此字下从又持之。仍當以釋支爲是。金氏續文編收此作癹。是也。【甲骨文字集釋第二】

◉楊樹達 艸部云：「芟，刈艸也。从艸，从殳。」知殳爲刈艸之物。癹字从殳者。癶爲左右兩足，人以二足蹋夷艸，與殳之刈艸，效用相同也。癶爲本名，殳爲喻名。【文字形義學】

◉曾憲通 山陵亓癹 乙二・二二 癹四興 乙八・二七 此字錫永先生摹作，隸寫作癹，謂从即癶字，將止寫朝一個方向，乃筆勢之變，癹同趮，讀縮音，義爲不伸。按此字實从四止从支，四止作，上下相同，左右相背，乃癶之繁形。从支从殳義亦相通，故帛文□可隸寫作□即癹，讀爲發。《禮記·月令》：「時雨不降，山陵不收。」疏：「山陵不收，地災也。」發即不收之義，是指地災。又楚文字每見有同形重複之例，如信陽楚簡簦字作□，江陵楚簡芰字作□（《古文字類編》誤隸於「華」下），亦可佐證。【長沙楚帛書文字編】

◉唐健垣 甲篇二行 山陵其□

第四字商氏云：「發，从□，即癶字。將兩止寫朝一個方向，乃筆勢之變。癹同趍。廣韻：趍趟趍，體不伸也。讀縮音。不伸，即不收而成灾。禮記月令：『時雨不降，山陵不收。』疏：『山陵不收，地灾也。』」嚴先生云：「今姑从商釋。」

我以爲此字从四止从支，乃癹之繁體，於此句中借作發字，山陵其發即月令之山陵不收。淮南子時則訓：「時雨不降，山陵不登。」登當是發之誤，若淮南子本文作山陵不登，亦須借作發。說文：「發，从弓癹聲。」讀方伐切，癹則讀普活切，二音不同，但今世从發聲之字仍讀癹音，例如潑讀普活切，醱讀北末切，可見發之古音同癹。古代形聲字常借聲符作整個字用，例如繒書「十日四寺」、「是惟四寺」、「寺雨進退」，皆借寺作時字用，以時字从日寺聲故也；準此例，則發从癹聲，亦可借癹爲發字矣。

說文：「癹，以足蹋夷草。从癶从殳。」古文字繁簡不定，甲骨文喪字作□又作□，从二口从四口一也，癹从癶即二止亦即二脚形，斯可變成爲从四止矣。古文从支从殳从支亦通用，然則繒書之□即癹之繁文，甲骨文作□，繒書變二止爲四止，變殳爲支耳。

商氏讀此爲趍，在此句中尚可講通，然在繒書另一句「□四興□」則不能讀趍矣。我將此字釋癹，讀作發。字形有根據，一也；繒書另句有此字者亦由是通讀，二也；古書中有近似之文句，三也；故敢斷言此乃發字。所謂古書中有近似之文句，除月令篇山陵不收及淮南子山陵不登，堪作比較外，國語周語亦有資料。【楚繒書文字拾遺 中國文字三十册】

◉徐中舒 □一期 前五·二四·八 □一期 合三五 □四期 粹一三一八 從□從□支，或又從□彳。甲骨文殳支每不別，故或以此字即《説文》之癹字。【甲骨文字典卷二】

□ 步

□ 鐵二二·二　□ 甲三八八　□ 甲四七五　□ 甲六八四　□ 甲三〇〇三　□ 乙一五四　□ 乙八一一　□ 河六五八

□ 拾七·一三　□ 前一二九·四　□ 前一·四四·五　□　□ 前二·七·四　□ 前二·一五·二　□ 前四·一

八・一 前五・二四・二 後一・一三・四 佚三八 佚四三〇 京津一五二一 燕六一二 摭續一六四 存六〇〇 續三・二八・二 續三・二八・五 師友一・七二 鐵一二八・二或从行 甲三六 甲三〇七二 乙一五九五 河五八〇 福一 燕七二二 拾九一二 前六・二一・八 鐵一四・一二止相背 乙一〇一六 河一二〇 前四・一七・一 林一・七・九 佚三八一 京津三八四 金六九六 後二・一一・九或从四止 甲四三六 前八・四・七 後二・二四・一〇 宁滬三・七九 陳四四 前六・二二・四或从彳 宁滬三・八六 存七八 戩三九・一一 後二・四三・二 【甲骨文編】

甲36 207 388 446 475 684 786 806 955 2277 2416 3003 3364 乙782 1595 2324 4549 4692 5350 6310 6709 6750 6770 7055 7190 7381 7387 7818 8406 8680 9089 珠414 417 644 648 珠678 佚38 珠913 福1 零25 佚148 271 430 611 697 852 續1・16・1 3・5・3 3・28・2 3・37・1 3・38・5 5・31・1 6・10・4 掇100 331 448 徵129 3・33 10・36 10・37 10・38 10・41 10・42 京26・2 2・15・1 凡19・1 19・2 録580 657 659 665 703 704 728 古2・9 鄴三48・2 東方13 六中123 六清41 110 續存665 外37

44 摭續164 粹144 600 624 1036 1037 1038 1041 新5347 甲3072

【續甲骨文編】

步 子且辛尊 父癸爵 爵文 中山王譽兆域圖 【金文編】

3·90 蒦衢杏匋里步 3·266 杏蒦圆匋者步 3·319 蒦圆魚里分步 木季2·25 說文陟古文作𨺅所从步字與此同

【古陶文字徵】

25 116 194 【包山楚簡文字編】

步 日乙一〇六 三例 法一〇一 為六 封七九 四例 【睡虎地秦簡文字編】

襄咎天—(乙2—35)乃—日爲戢(乙4—4)共攻☒—十日四寺(乙7—8) 【長沙子彈庫帛書文字編】

1643 0906 2472 【古璽文編】

步昌祭酒 敦德步廣曲候 虎步挫鋒司馬 李步客 牛步可之印 李步昌 董步安 步桀

召步賢印 東埜步廣 廣步安印 趙步印 趙步□之印 趙步可 焦步昌 步子山 【漢印文字徵】

袁敞碑 捧步兵校尉 天璽紀功碑 下步于日月 禪國山碑 推步圖緯 【石刻篆文編】

步出碧落文 步 【汗簡】

碧落文 汗簡 【古文四聲韻】

◉許　慎　步行也。从止𡳾相背。凡步之屬皆从步。薄故切。【説文解字卷二】

◉劉心源　兩足迹……近人謂足迹取繩武之義。又謂兩足迹即世世二字。余案古刻止字多爲足迹。詳叒癸鼎。而世作[glyph]。[glyph]與止作[glyph]形同。至伯嗣敲世作[glyph]。直目反足爲之。竝詳師遽敲。故知足跡爲世之説不爲無據。攷古者博涉互參。自不河漢斯言。【祖辛尊　奇觚室吉金文述卷五】

◉孫詒讓　「止」「𡳾」反正重絫則爲「步」，如云：「[glyph]，庚申貝于」廿二之二。「壬辰立□□易日□[glyph]」六十之二。「步」下又有一[glyph]字，諦案在畫綫外，與此不相屬也。「壬辰卜立貝令侯氏馬申[glyph]」六十二之一。「出□[glyph]貝航其牢」六十五之二。「乙卯[glyph]」百十四之二兩見。「乙未卜㱿貝今日[glyph]」百廿九之一。「□[glyph]日乙立[glyph]□」百八十之二。「□辰□己子[glyph]□」百九十五之二。「貝立自[glyph]□」二百四十三之二。「貝令令我敏[glyph]」二百五十之一。此並是「步」字。《説文·步部》：「步，行也，从止𡳾相背。」此文正同。其作「[glyph]」从兩止不相背，又或作「[glyph]」者，並文偶變易，不爲義例。

其从步之字則如「歲」作「[glyph]」詳《釋月日篇》，是也。【契文舉例】

◉羅振玉　説文解字。步。行也。从止少相背。案步象前進時左右足一前一後形。或增[glyph]。古金文涉字从此。从水省。乃涉字。然卷五卜辭有曰。甲午王涉歸。王無徒涉之理。殆借涉爲步字也。乃借涉爲步。或又增行。【增訂殷虚書契考釋】

◉林義光　説文云。步行也。从止少相背。按。从兩止。象兩足形。【文源卷六】

◉王　襄　説文解字。步。行也。从止𡳾相背。段注云。步。相隨者。行步之象。相背猶相隨也。按。止訓下基也。象艸木之有阯。故以止爲足。又𣥠訓刺𣥠也。左右足並舉之形。王菉友謂是箕踞。步象左右隨進之形。許訓相背。就步之形言之。一止向左。一𡳾向右。故曰相背。契文步象二[glyph]相隨之形。一向左。一向右。異文變爲二[glyph]皆向左。已失步之形誼。或一[glyph]向前。一[glyph]向後。爲相反之形。更失步之形誼。並从反[glyph]。爲孳乳之繁文。或从非。與从反[glyph]同誼。更衍爲从[glyph]。[glyph]爲四止相反。足相反于人行步之實事不合。與字誼亦相迕。可證其時貞史契書之率忽。而僞字由斯出矣。[glyph]或釋韋。[glyph]或釋衛。【古文流變臆説】

◉王　襄　[glyph]。从行。即步之繁文。【簠室殷契徵文考釋】

◉吳其昌　「步」字之義，在卜辭中，亦偶得用以爲祭名。其例證，即本片及同文之片前·六八·三是。此二片外復有云：「庚辰，步于母庚。」前·一·二九·四。復有云：「丁未，酒衮于丁，十小牢，卯十勿物牛。八月。貞衮告衆，步于丁。」後·一·二四·三。一片之文，以「酒衮于丁」與「步于丁」前後儷照對舉，則步義之即等於「酒衮」之祭，尤明白可無疑矣。故「今日命䛐步」者，謂今日

行酒奠之步祭于祉戯，而有所告祝之也。【殷虚書契解詁】

◉馬叙倫　嚴可均曰。相背當作相承。據舛从彳亍相背。韋从彳亍相承。明此亦相承。云相背則爲癶矣。王筠曰。止象足形。本不分左右。若以兩足取象。則必分左右矣。故癶步所从之𣥂。不取蹈也本義。而以𣥂象左足。止象右足。癶之足平分而兩向是剌癶也。步之足前後相隨。是行步也。羅振玉曰。甲文有[glyph]形。即步字也。象前進時左右足一前一後形。或又增行作[glyph]。倫按王羅二説似皆成理。然倫以降之或作夅。則[glyph]亦當是陟之異文。況歲爲踰越之越異文。登爲升高之義。涉爲越水之義。而皆从步。今从屮屮譌。可證也。倫以爲本書步[glyph]二字音切當互易。步當音北末切。陟音知紐。北末切音入封紐。封知皆破裂清音。可證一也。涉从步得聲。語原同也。可證者二。北末切聲當在脂類。歲或从步戉聲。爲步之轉注字。戉聲亦脂類。陟聲今屬談類。夏敬觀謂談類所收皆各類之短聲。陟亦脂類之短聲耳。其證三也。[glyph]當音薄故切。音入並紐。正與蹋踏蹈爲同破裂濁音轉注字。步音封紐。過音見紐。封見同爲破裂清音。轉注字也。甲文之[glyph]。或乃衎之異文。衎字見石鼓文。蓋行走之行本字。从人。行聲。衜當从癶。行聲。或爲遈之初文。會意。字見急就篇。甲文或作[glyph]。古鉨文亦有作[glyph]者。【説文解字六書疏證卷三】

◉楊樹達　説文二篇上步部云：「步，行也，从止𣥂相背。」薄故切。按止𣥂皆象足趾，左右異向者，一象左足，一象右足也。步字止在上，𣥂在下，象左右二足前後相承之形。許君云从止𣥂相背，非也。禮記祭義篇云：「故君子頃步而弗敢忘孝也。」釋文云：「頃讀爲跬，一舉足爲跬，再舉足爲步。」小爾雅廣度云：「跬，一舉足也，倍跬謂之步。」倍跬亦謂再舉足也。以再舉足釋步，較許君泛訓爲行者，其於字形尤爲密合也。二篇下足部云：「踄，蹈也，从足，步聲。」旁各切。按蹈行同義，踄與步當爲一字。異者，步爲象形字，踄別加義旁足字爾。許君云从足步聲，不知步踄爲一文而析爲二字，又非也。步象二足，踄又从足，象形字加義旁者，必有複疊之形也。【釋步癶　積微居小學述林卷三】

◉沙孟海　[glyph]為足跡形不誤。但此即止字。吳録一因舊説。未名何文。古之止。即今之趾。其訓足也。反止為𣥂。兩足前後相隨為步。此文作[glyph]。十趾俱全。最不易得。子且辛爵作[glyph]。趾數已減。由是而[glyph]。而[glyph]。而今隸之步字成矣。趾數減省至三而止者。三可以代表多數。二不可以代表多數也（此説本汪中釋三九）。甲文步作[glyph]。在上列[glyph]與[glyph]之間。虛實並用。亦古文常例。猶如降字通作[glyph]。而太保敦乃作[glyph]也（關於足跡向背正倒之説。詳見吳大澂之正反字説）。

足跡觶以外。觚文又有[glyph]。尊文壺文又有[glyph]。[glyph]。皆為徏字。窓齋集古録中標題作半析木形足迹形壺。名雖未愜。殆已煞費苦心。日人高田忠周强作解人。於其所著古籒篇中乃釋為街字。殊堪閔笑。徏字見於集韻。以為是陟之或體。不知此乃步之繁文。止舟為前。甲文或從行作□。或從彳作□。止屮相隨為步。甲文亦從行作□。此則從彳耳。其例一也。

【擄古録釋文訂　中山大學語言歷史研究所周刊第五册】

●饒宗頤　□申卜，行〔貞：〕其□，亩……申……今日步。（文録五四五）

丙申卜，行貞：王室，伐十人，在𠂤祫步。丁酉卜，行貞：王室，禰，亡囚。〔在〕𠂤祫〔步〕。（鄴初下三三・八，雙劍一二八，京津三三二六及續存下六六三重。）

按此步乃祭名，續存摹失「步」字。大戴禮誥志：「主祭于天曰天子，天子崩，步于四川，伐于四山。」孔氏補注：「步者，禜説之祭名。周禮春秋祭酺，故書爲步。漢祀有人鬼之步，蝝螟之步。」【殷代貞卜人物通考】

●李孝定　説文「步。行也。从止屮相背。凡步之屬皆从步。」栔文步字多與小篆同。亦或从重止或从止夊相違爲其異構。或又增行爲繁文。許釋从行者爲道。非是。朱芳圃文字編步下兼收□□二形。孫海波文編步下亦收作□形者。並誤。□當釋衛。□當釋延。説見下。金文步字已見前止字條下引。羅氏謂卜辭或假涉爲步。説非。□仍當釋涉。其意爲渡。未必爲徒涉也。【甲骨文字集釋第二】

●黄錫全　中山王壺有□字，諸家隸定□爲步。□與□僅从田與从日之別。楚簡已出現此字。

唐陽華巖銘步字古文作□，同此。

今存碑文作□，夏韻暮韻作□，此形有異。鄭珍認爲「以俗楷步下作少爲篆，謬」。此字原應作□。

□步出碧落文

【汗簡注釋卷一】

●曾憲通　□ 咎而步□　甲二・三五　□ 步吕爲戢　甲四・四　□ 共攻夸步　甲七・九

帛書步字凡三見。上三文从□（即帛文之），與涉字帛文作□，天星觀楚簡作□同例。古璽文□字从止作□，又从之作□亦屬同類現象。【長沙楚帛書文字編】

●温少峰　袁庭棟　卜辭中未見輦字，于省吾先生在《殷代的交通工具和馹傳制度》中力證卜辭中有以「步」爲乘輦之義的詞例，其説甚精，大意謂：

殷代銅器銘文有輦字，輦卣一作□（《簋》十九・九），輦卣二作□（故宫博物館藏器），象二人舉臂承挽以挽車。《説文》：「輦，挽車也，从車从㚘，㚘在車前引之。」段注：「謂人挽以行之車也」。

古籍中稱「步」，並非均指徒步，亦有指步輦者，如《書・召誥》：「惟二月既望，越六日乙未，王朝步自周，則至於豐。」《書・

武成》：「惟王迺朝步自周，于征伐紂。」《逸周書・世俘解》：「王乃步自周，征伐商王紂。」毛奇齡釋之曰：『王朝步自周』，《召誥》、《武成》、《畢命》皆有之，孔《傳》謂步即步行，則自周至商，自周至豐，皆多道里，自無步行之理。按字書：「輦行曰步」，謂以人行車，故字从二夫行車爲形，而義即因之」（《皇清經解》一六九，《經問》十）。

卜辭中「步」爲乘輦之詞。例如：

(16)庚寅卜，賓貞：今𣎆(者)王其步伐尸？

庚寅卜，賓貞：今𣎆(者)王弓(勿)步伐尸？(《乙》七八一八)

(17)壬戌卜，㱿貞：乞令我史步伐𢀛方……(《殷古》一三・一)

(18)壬子卜，賓貞：𢆶(畢)乞步伐𢀛方，受㞢(有)又(祐)？十二月。(《粹》一〇七二)

(19)……叀(惟)商方步，立(莅)於大乙，𢦏(捷)羌方？(《粹》一四四)

(20)甲午，王卜，貞：非余酌……余步从侯喜正(征)人方……(《明》一五四)

以上諸辭，上言步，下言征伐，與《書・武成》：「惟王迺朝步自周，于征伐紂」語例正同。「步」明顯當爲步輦，即「輦行曰步」，決非步行。【科學技術篇　殷墟卜辭研究】

歲　歲

餘一・一　明二二三五　鐵八〇・四　象戉形　甲九六　甲一〇三　甲三九一五　甲六六八

甲二六五七　河二六〇　河二七五　河三一七　前一・三〇・一　前五・四・七　前五・三五・三

前七・八三・二　前八・一五・一　後一・一九・七　後二・一五・六　後二・四二・一六　京津一〇四三

林二・二九・一一　戩二〇・一　佚七九　佚二一一　佚四一五　粹一五四　粹一八八

宁滬三・六一　明藏四三八　明藏四七九　坊間二・八二　燕三三三　摭續八一　續一・三〇・二

乙四五四九　歲牛見合文二三　鐵一七六・二　甲四三〇　甲六三五　甲六五八　甲六八九　甲八

七五　甲二九六一　甲三二九八　乙九七三　乙八〇四　乙九七九　河六八七　佚二二九

佚三〇九　佚五四一　粹一七　庫四四一　坊間二・七八　燕四九三　【甲骨文編】

甲27　96　103　430　556　608　628　636　658　689　732　1493

1902　1941　2101　2124　2215　2386　2489　2502　2667　2813　2869

2875　2961　3915　乙1464　1470　4567　4745　5898　9075　珠33　38

43　355　365　393　621　622　623　624　625　626　631　636

815　851　848　858　1065　1077　1079　1080　1082　1083　1085

1087　乚43　79　零5　佚78　79　131　132　166　176　186　255

309　395　401　407　415　541　554　560　569　878　880　883

887　893　897　924　續1・3・4　1・14・8　1・15・5　1・20・1　1・26・11

1・30・2　1・30・3　1・30・5　1・31・3　1・40・3　1・42・2　1・44・2　2・1・4

2・1・5　2・1・8　2・2・5　2・2・7　2・3・3　2・3・9　4・12・4　5・1・1　掇

172　413　422　徵3・158　3・161　3・165　3・166　3・168　3・169　3・170

3・171　5・9　7・6　京2・4・3　3・3・1　3・30・3　凡2・2　6・3　6・4

7・3　28・3　録265　275　309　320　336　348　438　439　443　444

445 451 455 458 467 547 687 鄴32·4 39·6 鄴39·11 掇148

鄴三39·5 50·8 天27 28 誠181 摭5 8 9 11 103 龜卜37

38 40 續存258 1504 1592 外147 粹13 58 80 106 157

163 167 174 185 188 235 266 300 301 305 306 308

309 394 407 507 12·2 新4004 4200 5095 5096 5131 5132

5141 【續甲骨文編】

歲 利簋 㫚鼎 毛公㢑鼎 爲甫人盨 國差鐈 國差立事歲 公子土斧壺 公孫𥨍立事歲 陳章壺 陳得再立事歲 陳猷釜 陳猷立事歲 子禾子釜 □□立事歲 鄂君啟舟節 大司馬邵陽敗晉師於襄陲(陵)之歲 鄂君啟車節 大賡鎬 酓肯鼎 以共歲嘗 酓肯盤 酓忎鼎 酓忎盤 【金文編】

3·1 陳補三立事 歲右廩釜 3·2 陳閸立事 歲安邑釜 3·5 陳向立事歲 𦣻之王釜 3·13 王孫陳棱立事歲左里敀亳區 【古陶文字徵】

歲 效二〇 一百一十二例 秦一一一 十二例 效二一 六例 日乙五五 七例 效三〇 法一二七 二例 【睡虎地秦簡文字編】

0289 4425 4426 4493 0205 0248 長沙楚帛書歲字作，與此同，鄂君啟節作，亦與此形近。

4428 4427 【古璽文編】

萬歲單三老　任萬歲　陳萬歲　尹歲　朱萬歲印　雎歲私印　張樂歲　【漢印文字徵】

歲　歲　【汗簡】

古尚書　同上　崔希裕纂古　同上　【古文四聲韻】

◉許　慎　歲木星也。越歷二十八宿。宣徧陰陽。十二月一次。从步。戌聲。律歷書名五星爲五步。相銳切。【説文解字卷二】

◉羅振玉　（歲）。从步。戉聲。説文解字作戌聲。卜辭中又有字。亦作。以歲字例之。當爲歲月之月本字。作月者。日月之本字。然卜辭中凡某月已借用日月之月。而罕用本字之𡿪矣。【殷虚書契考釋】

◉林義光　説文云。歲。木星也。越歷二十八宿。宣徧陰陽。十二月一次。从步戌聲。按古作毛公鼎。从二止。戉聲。歲聲之字。如噦翽等。皆與戉雙聲。曶鼎來歲弗償。借跋爲歲。毛公鼎用鉞用征。復借歲爲鉞。歲越同音。即越之古文。二止足跡象踰越形。變作曶鼎。或作大敦。从走从辵。月聲。【文源卷六】

◉王　襄　。歲之緖文。【簠室殷契類纂】

◉王　襄　説文解字：「歲，木星也，越歷二十八宿，宣徧陰陽，十二月一次。从步戌聲。律歷書名五星爲五步。」歲星，有太歲蒼龍之異稱。契文之歲作，與小篆同，或从，从，或作，爲歲之異文、省文，或作、，爲歲之變體。歲从步，爲二止，止古文作，太保敦降之偏旁夅作，之：殆即形。止，許訓「下基也」，象草木出有阯，故以止爲足。古文之止，實象人之足跡形，：爲足跡形之簡體，即之異文，所从，爲戈二之合文，二即：之變，子禾子釜歲作，陳猷釜作，古陶作，均與契文同。惟从之歲，僅見於殷世，後則不傳耳。【古文流變臆説】

◉高田忠周　字義明爲歲。而字形不然。此从匚。从歲。字書無之。古逸文也。但从歲聲。故得叚借爲歲也。其義無可徵矣。愚竊謂从匚與凵同意。凵即笶字。正文象形。笶盧。飯器。以柳作之。食在器中。傷熱也。从匚歲聲。與从食歲聲之饖同。饖歲固當通用矣。【古籀篇二十一】

◉郭沫若　古音歲戉本同部，凡同部之字均可通用，則歲戉通用固無足異。然余之意更有進者，則歲與戉古本一字也。許謂歲字从步，羅亦因之，然如歲果从步者則當作戚若蛾，不應置左右二足形於戉之上下而隔裂之，古人造字無是例也。依余所見，與實本同意。戉之圓孔以備掛置，故其左右透通之孔，以人喻之，恰如左右二足。是則二點與左右二足形(止)之異，僅由象形文變爲會意字而已。故从步之説有語病，許書以五星爲五步之説解之，尤非其朔也。要之，歲戉古本一字，因後用歲以爲年歲或歲星字，故二者遂致分化也。

然則年歲字與歲星字孰先？曰，既知歲本戉之別體，則必先有歲星而後始有年歲字，因用戉以表示歲星之意有説，如無歲星之階段，則用戉爲年歲字之意無説。

年歲字之使用，爾雅謂始於夏代，曰「夏曰歲，商曰祀，周曰年，唐虞曰載」，唐、虞，夏，本屬神話傳説時代，其時文字之有無尚屬疑問。此説殊不足信。特歲字之使用爲時頗古，則由此可以約畧窺知也。殷彝中未見歲字，卜辭雖有歲字，而辭殘泐不明。然有从點作之戉字用爲祭名者，其例多至不可勝數。今摘録其字形之特異者若干例如左：

「□□卜貞王〔賓〕戉亡尤。」林二卷廿九葉十一片。

「辛未卜貞王賓戉亡尤。」同卷三葉五片。

「丙申卜貞王賓夕戉亡尤。」明一四一三片。

「丁酉卜逐貞王賓父丁戉五宰敹亡尤。」戩十八葉十三片。

「癸亥〔卜〕貞兄庚戉眔兄己叀。」後上七葉七片。

「癸酉卜行貞王賓賓字原奪父丁戉三牛(下畧)。後上十九葉十四片。

「壬申卜行貞王賓戉二牛敹亡尤。」戩廿葉二片。

「辛酉卜貞王〔賓〕祖辛戉宰亡尤。」同四葉十片。

「庚寅卜行貞兄庚戉先日。」同八葉八片。

「丙午卜父丁福夕戉一牢。」同廿三葉七片。

「□申卜出卜戉于妣辛，豼。」遺二葉七片。

凡此均是戉字，以子禾子釜戉字案之亦均卽歲字。墨子明鬼篇引古云「吉日丁卯，周代祝社方。孫詒讓云『當爲用代祀社方，周用祀祝並形近而誤』。余案代亦伐之誤，卜辭於祭每稱伐若干人。羅振玉云：『伐，舞也。』歲于祖若考若本作者，據孫校改。以延年壽。」殆所謂歲祭也。卜祭言伐若干人均系殺人以祭。見卜辭通纂第十九片考釋之眉批。洛誥有一事，與此等文例全同：

「戊辰王在新邑烝祭歲，文王騂牛一，武王騂牛一。」

此與卜辭可爲互證者也。祭名曰歲者，殆因一歲舉行一次而然。五經異義古春秋左氏説。「古者日祭於祖考，月薦於高曾，時享及二祧。歲祫及壇墠，終禘及郊宗石室」。據藝文類聚、初學記、太平御覽所引。此以日、月、時、歲對言，則祫當歲行。「終」疑是十二歲。禮家謂三年一祫，五年一禘，制殆後起。又祫本合祭，卜辭言歲者雖亦有合祭之例，然大抵皆特祭也。

綜上所述，余之所見可得數端：一、歲戉古本一字。二、古人尊視歲星，以戉爲之符徵以表示其威靈，故歲星名歲。三、由歲星之歲始孳乳爲年歲字。四、入後歲與戉始分化而爲二。【釋歲　甲骨文字研究】

◉郭沫若　周金文存有丁卯斧（第一圖，原題「鑄侯斧」），器藏吳興周氏。銘凡六字，鄒安釋爲「歲丁卯鑄侯□」，云：「末一字疑作之變文」，又云：「是器以干支紀歲與齊國佐𦉜同例，古器希見。」

今案此讀非也，此說亦非也。漢以前無以干支紀歲之事。古器銘文有疑似者，如阮元以宋政和禮器之甲午簋爲秦器，孫詒讓已辨之（古籀拾遺附政和禮器考）。國差𦉜之「國差立事歲，咸丁亥」，以陳猷釜之「陳猷立事歲，[?]月戊寅」，子禾子釜之「□□立事歲，禝月丙午」例之，自當以歲爲句，咸乃月名，丁亥乃紀日之干支。許瀚誤讀「歲咸丁亥」爲句，故有干支紀歲之謬說流傳，王國維亦已辨之（觀堂別集齊國差𦉜跋。）不意鄒安之誤，與許瀚乃同出一轍。

此銘實當由左至右讀之，即是「[?]鑄歲，丁卯」。[?]即鑄器者之名（首字疑医，非侯字也；第二字不可識），歲乃所鑄之器，丁卯乃紀日之干支也。歲即是戉。古音歲戉同部，金文中且有相互通假之例。如毛公鼎之「錫女兹兵，用歲用政」，歲字徐同柏釋鉞（從古堂卷十六，二十九葉），此以虢季子白盤「錫用戉用政緣方」例之，其說是也。歲讀爲戉，政即是征。

（第一图）

又國差𦉜等三歲字，𦉜文作[?]，陳猷釜作[?]，均與此器同，子禾子釜則作[?]。案此乃戉之象形文也，古兵器凡斧鉞之類，每於器心設一圓孔，此字中之二點卽圓孔之象形也，左右透視，故成爲二耳。至於斧鉞器心之設圓孔者，夷考其意，殆於不用時以便懸掛於壁。蓋器身乃重心之所在，於此設孔以備掛置，則不至有飄搖墜落之患。如是則器身之孔乃當於吾人之兩足。歲字之從步者蓋卽左右二足之意。許書以歲爲木星，並以漢書天文志以五星爲五步解從步之意。余曩於甲骨文字研究釋歲篇中申其說，並謂從點作者卽星之象形。今案此說不確。是則歲乃戉之繁文，後以歲專用於星曆，以戉專用於兵器，故至分化耶？

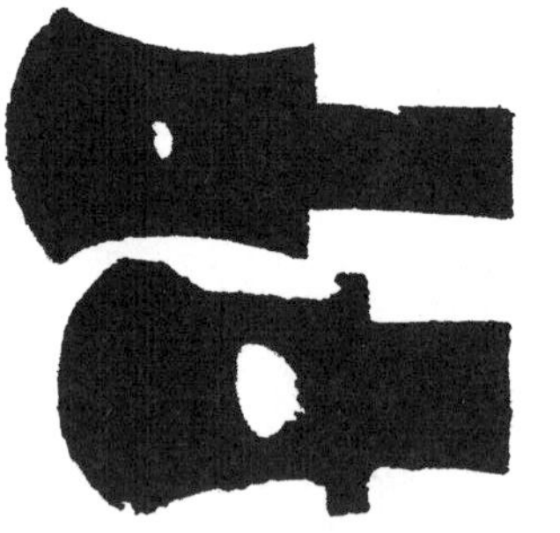

（第二图）

要之，歲戉二字古可通用，衛風「施罛濊濊」，許書（宋刊本）大部引作「泧泧」；又魯頌「鑾聲噦噦」，金部鉞字下引作「鉞鉞」，徐鉉等謂宋時俗本作「鐬」。此用爲聲符而歲戉不拘。其在古時或逕爲一字，今有此器本斧屬也而銘之以歲，銘得其讀則又歲戉通用或歲戉一字之鐵證矣。【跋丁卯斧　殷商青銅器銘文研究卷二】

◉郭沫若　歲字，説文以爲「木星也，……从步戌聲」，然卜辭及金文歲字並不从戌作。卜辭有兩歲字，其一作「鐵雲藏龜之餘」弟一片，又其一作明子宜「殷虛卜辭」二二三五片，均从戉从二止。金文諸歲字，就余所見者彔之如下：

　毛公鼎：「錫女丝，用歲用政。」

　曶鼎：「昔饉歲」；又「來歲弗賞」字稍泐，似與毛公鼎文相近。

　甫人盨：「萬歲用尚」；此文从戈，僅見貞松堂摹本，恐稍有泐損。

　氏壺：「氏福歲賢鮮于」；此文亦僅見貞松堂摹本。

　丁卯斧：「鑄歲，丁卯」；釋詳「殷周青銅器銘文研究」中之跋丁卯斧。

　國差罎：「國差立事歲，咸，丁亥。」

陳猷釜：「陳猷立事歲，𩰫月，戊寅。」

子和子釜：「□□立事歲，禝月，丙午。」

以上諸例，就字形言，無一从戉作者，就字義言，則曶鼎余證爲孝王時器，詳見大系甫人盨此器字頗古，不得在東遷以後及齊國三器均用爲年歲字。毛公鼎之歲字，以虢季子白盤余定此爲夷王時器，詳見「大系」例之，確用爲戉。丁卯斧歲字乃器名，器爲斧而銘以歲，正歲戉通用之鐵證。氏壺文意不明。卜辭二例均損碎過甚，亦不知用爲何義。余嘗攷之，歲之爲義本甚複雜，或爲木星之名，或爲年歲之名，古又通作戉，此外尚有用爲祭名者，墨子明鬼篇引古曰「歲于祖若考以延年壽」，卽其例。此當以何者爲本義，何者爲孳乳之義耶？說文謂字从步，故以爲木星，引漢書天文志以五星爲五步爲證。然漢志乃後來之文獻，且歲字从步之說亦尚有可議也。統觀古文歲字實於戉或戈之上下作左右二止形，止古文趾字也，曾無一例作㳅若㳄者，於字例有異。再就子和子釜歲字以覘之，寔乃戉之象形文。古斧戉之傳世者，每於斧葉之中央設一穿孔，說者謂爲環狀石斧之孑遺，揆其意蓋以該處爲重心所在，不用時可備縣掛而無飄墜之虞。穿孔透視則成形矣。戉之有穿以備縣掛，其用恰如人之有足，故左右二圓點之象形文變而爲左右二止形之會意字，而歲字以成。是故歲本戉之異文。其用爲木星之名者乃第二段之演進。洪範五紀「一曰歲」，與月日星辰並列而在曆數之外，用知歲乃歲星。蓋木星至明，而運行有異，原人未明其理，頗神異視之，故歲星每居天界之最上位，如巴比侖之視歲星爲至上神，而以矛頭爲之符徵者，其例也。以矛頭爲之符徵者，乃示其威稜可畏，中國則以戉形表示之也。故歲遂孳乳爲歲星字。由歲星更孳乳爲年歲字。由年歲字更孳乳爲歲祫字之祭名。經諸演進而歲與戉分化，歲失其本義遂爲形聲字矣。參看拙著「甲骨文字研究」中之「釋歲篇」。

故歲字以形而言，本不从步，亦不从戌作，所謂「由戌月至戌月一步」云者，肊說也。以義而言，則本古戉字之異，徐同柏讀本鼎歲字爲鉞，得之（其釋爲朕則誤），作爲年歲字解者乃望文生訓，至謂歲字當作於春秋中葉以後，則不攷之甚矣。【毛公鼎之年代　器銘考釋　金文叢考】

◉郭沫若　「用歲用政」政讀爲征無可疑。歲字舊多異說。近時吳闓生解爲祭歲，最爲得之。吳云「歲，祭歲也。洛誥有『烝祭歲』之文，周書作雒解『王既歸，乃歲，十二月崩鎬。』此可見祭歲爲古人大政，所謂『國之大事在祀與戎』也。」「吉金文選」上二・十一引。今案歲祭之名卜辭多見，墨子明鬼篇引古語云「吉日丁卯，用伐祀社方，歲于祖若考，以延年壽。」原文「用伐祀」誤爲「周代祝」，「若」誤爲「者」，除伐外，均依孫詒讓所校改。歲字正用爲動詞。且本銘自「錫汝秬鬯一卣」至「用歲用政」，其文例與令彝「明公錫亢師鬯金小牛曰用禘，錫令鬯金小牛曰用禘」正相同，用歲亦猶用禘矣。用歲者承卣鬯圭瓚言，用征者承車馬旂芾言。【兩周金文

辭大系圖録考釋】

◉明義士　☐説文解字二上二九步部二字「歲木星也。越歷二十八宿宣徧陰陽十二月一次，从步戌聲。律歷書名五星爲五步。」按☐非从步戌聲，實爲兵器中斧鉞之象形。與☐同爲戈屬而☐有穿。☐爲戉，☐爲歲。後☐假爲年歲字而本義遂晦。金文子禾子釜「□□立事歲」作☐，已爲年歲之義，而虢季子白盤「賜用戉用政征蠻方」，與毛公鼎「用☐用政」句法正同，知☐與歲爲一字，而非戉字，歲實爲兵器之本名也。☐字在卜辭上爲祭名，用之爲刑牲，或爲伐舞，則不可知矣。【柏根氏舊藏甲骨文字考釋】

◉孫海波　爾雅釋天：「載，歲也。夏曰歲，商曰祀，周曰年，唐虞曰載。」卜辭紀年之法用祀，與爾雅之説同。然亦有稱歲者，劉氏所藏有一版文云：「癸丑卜貞今歲受年弘吉在八月隹王八祀。」則此歲字確爲年歲之歲無疑。既定殷人紀年亦稱歲，則另一有缺文之刻辭亦可予以新釋。今録其文于左：

己巳王卜貞
歲商受
王☐曰吉

東土受
年吉

南土受
年吉

西土受
年吉

北土受
年吉

此版第一辭下有缺文，依上有「貞今歲年」之例，則其所缺之字，可以意補足之於次：

己巳王卜貞☐
歲商受☐
王☐曰吉

知此辭乃殷王在商邑所卜，第一卜問今歲商邑之年豐收若何，既得吉兆，然後再問商邑之四野，所以此版第二辭云「東土受年」，第三四五各辭云「南土受年」「西土受年」「北土受年」也。歲字卜辭習見，舊無釋者，郭沫若甲骨文字研究始定爲歲字，謂象戉之形，後因其象歲星之形，遂以爲歲星字。卜辭歲多爲歲祭之名，至用以紀年者此爲僅見。因撮而彔之，以告世之擘治殷曆者。【卜辭文字小記續　考古社刊卷五】

◉唐　蘭　戉者戉之異文，其字本當作☐，鐵百七六·二。云：乎雀罒兄丁十牛，戉用。象戉之形。虢季子白盤云：錫用戉，戉字作☐，即☐之變體也。字或作☐，甲骨文録六八七云「今戉」。即十日名之戊字。者沪鐘越字作☐，則戉戊本一字也。由☐形而小變則爲☐，增點則爲☐，子禾子釜作☐，明卜辭變點爲横畫也。古文字往往增點爲彣飾，無意義。

王宑□戉者，戉當讀爲劌，卜辭以今戉爲今歲。割也，謂割牲以祭也。墨子明鬼引逸古書曰：「吉日丁卯，用伐祀社方，用伐祀本誤作周代祝，孫詒讓改爲用代祀，郭沫若又改代爲伐，今從之。郭説見甲骨文字研究釋歲。歲於祖若考，以延年壽。」祖若本作社者，依孫説正。此謂伐人以祭於社若方，歲牲以祭於祖若考也。洛誥云：「戊辰，王在新邑，烝，祭，歲，文王騂牛一，武王騂牛一。」烝爲登新米之祭也。祭即卜辭之夕，以肉祭也。歲文王騂牛一，武王騂牛一者。歲用騂牛於文王武王各一也。此亦王宑之禮，烝即卜辭之王宑𦎫，祭即王宑夕，歲即王宑戉，下文又言王賓殺禋，辭有詳畧耳。舊以祭歲連讀者誤。鄭玄曰：「歲，成王元年正月朔日也。」詩烈文正義。蓋以烝祭上屬，然其解歲字亦誤。蓋商周舊典，漢儒已多不能知矣。【天壤閣甲骨文存考釋】

◉馬叙倫　翟云升曰。此篆蓋秦所造。秦以建亥爲歲首。至戌而終。从戌。戌亦聲。羅振玉曰。甲文有[illegible]字。即歲字也。从步。戉聲。又有[illegible]字。亦作[illegible]。以歲字例之。當爲歲月之月專字。月乃日月星之專字。然卜辭中書某月皆作月。殆因筆畫簡易易作故耶。林義光曰。从步。戉聲。毛公鼎作[illegible]。从二止。戉聲。歲聲之字如噦翽等皆與戉雙聲。曶鼎。來歲勿償。借戢爲歲。毛公鼎。用鉞用征。復借歲爲鉞。歲越同音。即越之古文。倫按以推步言天文。已在叔世。然歲爲木星。亦亦非本義。亦非本訓。釋名釋天。歲。越也。即歲越一字之證。戌戉一字。羅林並謂戉聲。是也。春秋元命苞。歲之爲言遂也。是古歲遂音同。遂音邪紐。歲音心紐。心邪皆舌尖摩擦音也。歲从戉得聲。戉音喻三。喻三與邪同爲摩擦次濁音。故歲音亦如遂矣。歲即越踰之越本字。亦即閱歷之閱本字。亦步之轉注字。見步字下。木星以下十八字挩本訓後。校者所加耳。律曆書以下亦校語。字見急就篇。國差鐘作[illegible]。陳猷釜作[illegible]。【説文解字六書疏證卷三】

◉于省吾　卜辭戉字作[illegible]等形。孫詒讓釋戉。舉例下十九。容庚謂子禾子釜[illegible]字當釋歲。卜辭正同。國學季刊一卷四號甲骨文字之發見及其考釋。葉玉森疑即古象形戚字。：即二小穿之識。以幼衣戚二小穿爲證鈎沈乙。郭沫若謂斧身中央每設一圓孔。以便懸掛於壁。點而二者。蓋左右透視之甲研釋歲。唐蘭謂增點爲彣飾。無意義天壤閣考釋三十。按戉爲歲之初文。歲字應从戉聲。説文以爲从戌聲誤矣。古文戉戊有別。揆厥名始。戉戊二字。均象斧之納柲形。後以用各有當。因而歧化矣。容説是也。葉説似是而實非。幼衣戚見周金文存卷六·一一六葉。幼衣二字在納柲處。係僞刻。其近於納柲處有二孔。所以縛繩。去斧刃甚遠。且既已納柲。無以見孔。葉説之失。自不待言。郭説尤誤。斧身中央之孔。非爲懸掛。斧與柲倨句中矩。其重心不應在斧身中央。且自側面視之。安能一孔上下並見邪。是不得其解者也。唐謂增點爲彣飾。亦不可據。要之。諸家之説。均無相當實物爲之證明。今春余由商人黄濬處索一斧形景本。其内之納柲處已殘。陝西西安出土。爲周初器。黄之徒焦萬興又給余以斧之拓本所攝景片。其内未殘。且有華文。就以上二斧形諭之。其闊刃處均作弧形。有類於近世武術家所用之月牙斧。上下刃尾卷曲迴抱。由是可知戉字上下二點。即表示斧刃尾端迴曲中所餘之透空處也。其無點者省文也。然則古文字有賴於古器物形制之佐證而後可明塙無疑者。此即其一也。【雙劍誃殷栔駢枝續編】

◉陳夢家　以歲爲一年，當是較晚之事，它最初當是季。淮南子時則篇記春夏冬三季「迎歲」，秋「迎秋」，然則歲與秋皆指一季。這裏的歲和卜辭的歲雖不全同，然而是近似的。至於卜辭之「歲」究應是三個月或六個月，則限於材料，未能一定。【殷墟卜辭綜述】

◉殷滌非　羅長銘　□□　戠瞴，雙聲連語，長銘初讀爲載倅，解爲裝載隨从的人們，但下文另有「毋載馬牛羊」的載字，寫法與此不同，可能仍是蒸祭的意思。滌非疑戠字或爲歲字別體，因字形與甲骨文歲形相近似。其下一字不識，疑爲罷字繁文。「歲罷」或有歲暮之意。首句「之戠」或即「之歲」。【壽縣出土的「鄂君啟金節」　文物一九五八年四期】

◉章鴻釗　卜辭中所得認爲「歲」字大體有三：

(一)□鐵雲藏龜之餘第一頁或□明子宜殷虛卜辭二二三五片

(二)□或□

(三)□

(二)(三)尤爲習見，本篇所擧「歲」字皆是；(一)頗少見，其爲「歲」字則無疑。羅氏謂「歲從步戉聲」殷虛文字類編第二徐同柏氏釋毛公鼎「用歲用政」爲「用鉞用征」，郭沫若氏曾據虢季子白盤有「錫用戉用政蠻方」以證之甲骨文字研究釋歲，皆明「歲」字古从「戉」，又通「鉞」。乃許氏説文曰：「歲，从步戌聲」，此當爲後起字，羅氏疑「戌」與「戉」殆是一字增訂書契考釋卷中，非是。詳月建法與求日至法之源流沿革。然則「歲」从「步戉」，其義果安所取乎？爾雅釋天曰：「夏曰歲」，是以一年名歲自夏始矣。夏小正曰：「正月，初昏，參中」，驗之天象，參星附近正象斧鉞之形，故義取諸「伐」，而參亦名伐；此本新城新藏氏説，見天文學概觀第一章及東洋天文學史研究第八篇。夏時既以從昏參中至參再中爲一歲，因制从「步戉」之「歲」字以象之；金文「歲」與「戉」或「鉞」通用，正明示此義也。及殷人推步木星，知十二年一周天，年行一次，因謂之歲星，而「歲」字即从(一)衍變至(二)與(三)，則已非歲字之初誼矣。然則(二)(三)兩體義又安在？孫詒讓氏釋「□」爲「戉」契文擧例，實卽「歲」字也。子禾子釜作「□」亦同容庚氏甲骨文之發明及其考釋。卜辭中「戉」與「歲」每異字者，蓋既曰歲，亦不能不兼示其義也。其字作二點者，郭沫若氏謂古戉之存世者，斧身中央每設一圓孔，其意殆不用時以便懸掛於壁，點而二者，蓋左右透視之，故成「二」也。按「歲」字作二點者已非其朔矣，似不如從斧身以外推證之爲當。「□」字羅氏列入待問篇，王國維氏亦云未詳，其意則爲祭名戩壽堂殷虛文字考釋三，葉氏仍泥「□」

或「[glyph]」爲祭名而無碻釋見前，王襄氏釋「[glyph]」爲「歲」考釋第五編一，而「[glyph]」或「[glyph]」則列之存疑篇，郭董二氏均釋爲「歲」，而解作祭名則與王氏同。然歲非祭名，前已具辨之，其作二點者必隱示一年之意，且必示星象，蓋歲之初字从「步戉」者，步之義爲星漢書律曆志「五星」名「五步」；則易步爲點，點亦必示星也。釋言曰：「歲，越也，越故限也」；「歲、越」，疊韵，又皆从「戉」，故義通。所謂「越故限」者，蓋歲星常以行盡二宿爲歲限，即越歲限爲一歲之意也。如漢人言，四仲歲星行三宿，則十二年中亦止四次，實爲少數；且驗諸天象亦未必準行三宿，故不爲常例。卜辭中歲字亦偶有作三點之「[glyph]」字簠室殷契徵文第三編一五八，抑或不加點而折作三横畫之「[glyph]」字及作三點之「[glyph]」字，即表示歲行三宿之意，亦未可知。要之卜辭「歲」字三體，一从「步戉」及取義於參星斧鉞之形，當是初字；二三兩體明非其朔，而亦从「戉」者，示越歷二十八宿之義，但不可無表示一年之意，故或加二點，或折作三横畫，亦或偶作三點，以明歲星行二宿或三宿而成一年，其意蓋顯然矣。【殷人祀歲星考　中國古曆析疑】

◉李孝定　說文「歲。木星也。越歷二十八宿。宣徧陰陽。十二月一次。从步。戌聲。律歷書名五星爲五步。」孫詒讓釋[glyph]爲戉。已明其字形。諸家謂卜辭之戉[glyph]或[glyph]。當釋歲。復通其辭例。說皆是也。郭某詳論戉歲之關係及歲星名歲之故。說極精當。惟說[glyph]之字形則小誤。于氏之說是也。按于氏文內所附圖二作[glyph]形。正與卜辭作[glyph]金文作[glyph]者相似。其說不可易也。葉氏舉卜辭有「[glyph]」或「[glyph]」連文。因疑[glyph]不當釋歲。實則[glyph]或[glyph]當釋夕。言某夕舉行歲祭也。即釋爲月亦不當解爲月祭。仍爲某月之月。郭氏文中所舉除十二月外。每月均有歲祭之例可證。卜辭有作[glyph]者。辭例已見郭文所引。僅二見。其爲歲字自無可疑。惜兩辭均殘泐過甚。不詳其義。郭疑爲紀歲星之變。謂同辭「[glyph]」爲月蝕。按[glyph]字以于省吾釋昷較爲可信。詳十四卷昷字條下。是則郭氏此說無徵。孫氏文編收作[glyph][glyph]者三文於歲字條下。[glyph]从戉从月。非歲字。當删。其辭云「☐勿[glyph]☐西易☐[glyph]。」前四・十・二。「爯册王[glyph]☐易白[glyph][glyph]。」前五・十一・六。辭例與諸[glyph][glyph]字不同。非一字也。羅氏以此爲歲月之月之專字。卜辭歲月字與日月字無別。羅說不足信也。金文作[glyph]毛公鼎[glyph]爲甫人盨[glyph]曶鼎[glyph]國差𦉜[glyph]陳猷釜[glyph]子禾子釜，前四形與餘・一・一作[glyph]者同。後一形與卜辭習見之[glyph]全同。【甲骨文字集釋第二】

◉勞　榦　金文歲字多从戈、从戉而不从戌，已可見許君戌聲之説未確。而甲骨中歲字，則絕多數作[glyph]或[glyph]，偶有作[glyph]或[glyph]形者。其作[glyph]者與小篆及金文歲字最爲相近，但内部乃象兩足形，非步字，而其外則僅能釋爲戊字，非戌字也。其有别體[glyph]或[glyph]，楚帛書有作[glyph]字者，上部口形爲止字所變，下部月字即從[glyph]形而來，商承祚及嚴一萍釋歲，是。此亦歲字，蓋由歲爲積月而成，羅振玉氏釋爲月，非。

甲骨文之及其異體之當釋爲歲，已成定論，無人爲之爭辯者。今所論者，即何爲从戉之問題，以及何爲其中有二小點之問題。

先論何爲从戉。郭沫若曰：

「既知歲本戉之別體，則必先有歲星而後始有年歲。⊘」見甲骨文字研究第一卷。

按郭氏論據，蒼帝靈威仰在漢時爲緯書五方帝之一，但五方帝非即五星，與歲星無干。洪範之歲釋爲歲星，確爲懸解，但歲星與王並非以戉爲表徵，證據不足，仍不足以爲徵信也。

至於唐蘭在天壤閣甲骨文存考釋中所論則以爲：

「者戉之異文，……字或作。」

今案墨子閒詁，孫詒讓校語曾引儀禮少牢饋食禮：「用薦歲事於皇祖伯某」，「歲事」言一歲之事，不作劌解。郭唐兩氏均不徵引，尤其唐氏當道及而不曾道及，更有埋没反面證據之嫌。至於洛誥一章已成單文孤證，鄭玄所解並非全不可通，唐氏於此不作疑解，而曰「蓋商周舊典，漢儒已多不能知矣」，亦不免有率爾命辭，過於自信之嫌。今案唐氏釋歲爲劌，訓割截之義，誠屬非常有用。但墨子及洛誥兩段，皆當訓「歲年之歲」而不當訓「劌割之劌」。而況甲骨以迄篆書，从兩足形之字，若依照唐氏殺牲爲祭之說更不可通。尚不如郭氏歲星之説猶有故訓爲據也。

今再論甲骨歲字中之兩小點。此亦爲甚難解答之問題。除葉玉森根據幼衣戚之二小點爲僞刻，已由于省吾證明，不當計入外。郭沫若謂斧身中央，每設一圓孔，以便懸掛，點而二之蓋由左右透視之故。唐蘭則謂增點爲文飾，原無意義。于省吾則以爲其曾買得一古斧，其形爲，其上下刃曲廻，甲骨歲字中之二小點正類此。今按郭氏所説者實爲一孔，指爲兩孔不可通，已如于說，唐氏謂增點文飾可有可無，但甲骨文中歲字甚多；其中多數皆有兩點，不得僅以文飾爲解，唐說不可信。于氏之說，誠然有據，但此項銅斧，僅有一枚，且爲周初器而非商器。究竟屬於不十分洽當之孤證，不能解釋甲骨文中非常普偏之字也。

今所提出之解釋，即據中央研究院史語所在安陽發掘到之成千成百之石鐮刀，其形爲上有兩孔，將鐮刀繫於柄上可成爲下列形狀。

現在就已發現之石器及銅器而言，只有此種石鐮刀具有兩孔。因此歲字上之二小點，只有此種石鐮刀，堪供表示。如此歲字係指此種石鐮刀，則一切問題，皆當就石鐮刀爲中心，提供解答。

石鐮刀之應用，僅能割草，不能殺牲。故殺牲祭神之事，不能發生意義。因此歲字誠可以同時釋爲劌字，但此劌字係專指收割禾麥而言。從比較方面而言，歲字之命意正與年字有關。年字指禾之成熟，歲字指禾之收割，二者固同時之事也。若甲骨文[glyph]形之歲字爲以石鐮刀爲主所組成，而用於刈割禾黍者，則[glyph]形之歲字亦易於詮釋，蓋兩足形正表示刈割時行偏田野，此亦歷來解釋難通之處也。【古文字試釋　歷史語言研究所集刊四十本】

◉于省吾　戢字从月之證，戢字也見車節，郭殷(郭沫若殷滌非)釋歲。按釋歲是對的，惜無佐證。晚周繒書有百戢和戢季之稱，此外，古文字和小篆的歲字均不从月，惟漢瓦當文歲字偶有从月作[glyph]者，此也漢篆時存古文之一證。【鄂君啟節考釋　考古一九六三第八期】

◉金祥恆　[glyph]字見於金文玉節，以及民國三十年出土之楚繒書，[glyph]字見於甲骨卜辭。自可見[glyph]字早出，[glyph]乃後起。但[glyph]字非原於[glyph]字，質言之，[glyph]字並非由[glyph]字演變而來。

[glyph]字見於甲骨卜辭者如：

貞：王叀昜白蔟[glyph]？明二三二七

□申卜，爭□：叀昜□□[glyph]？新一三三五

☐衣[glyph]？摭佚二四

☐勿衣，□叀昜□蔟[glyph]？前四・一〇・二

☐昜白蔟[glyph]？

☐爯册，王[glyph]？前五・一一・六

己巳卜，㱿貞：王叀昜白蔟[glyph]？

□□卜，㱿貞：矦告爯册，王[glyph]？庫一六二七

己巳卜，爭貞：矦告爯册，王衣[glyph]？

庚午卜，爭貞：王[glyph]？

戊申卜，㱿貞：王[glyph][glyph]？

戊申卜，㱿貞：王勿□□□？徵雜五六

羅振玉釋爲歲月之月字云：

□从步戉聲，説文解字作戉聲。卜辭中又有□字亦作□，以歲字例之，當爲歲月之月本字，作月者日月之本字，然卜辭中凡某月已借用日月之月，而罕用本字之𣅀矣(見增訂殷墟書契考釋中第六頁)。

而商承祚从之云：

□，从步戉聲，説文解字作戉聲，卜辭中又有□字，亦作□。以歲字例之，當爲歲月專用字。月乃日月星之專字，然卜辭中書某月皆作月，殆因筆畫簡易，易作故耶？(見殷虛文字類編卷二第十一頁)

商羅二氏均以□爲歲月之月之本字。而商氏於鄂君啓節考云：

从「敗晉師於襄陵之散(歲)」及「散龍(能)返」兩散字確讀爲散(歲)字以後，可糾正楚王酓肯鼎和酓肯盤「以共(供)散(蔵)棠(嘗)」之「散」爲歲，而過去釋「蔵」之非；又知其字从月，與甲骨文歲之作𣅀，有其共同之點和源流所自。

商氏正自己前説之非則是，而釋□與甲骨文之□爲同源則非。甲骨卜辭之歲，如殷虛書契續編卷五第一頁第一片：

幺(丝)□

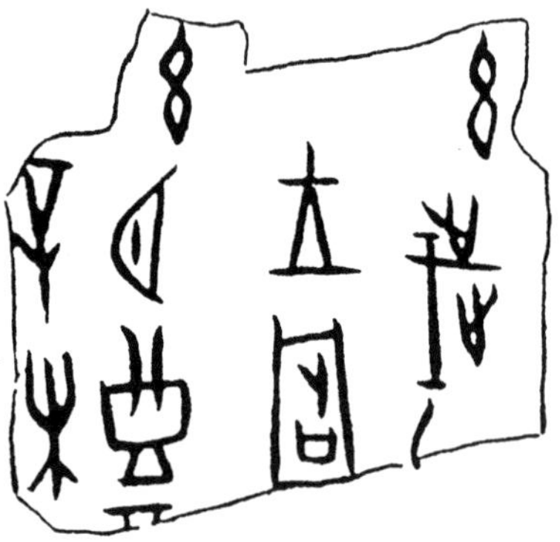

誠齋殷契文字第二三九片：

☒穷貞：☒□

明義士殷虛卜辭第二二三五片：

其字从戉从步，與許氏説文解字「歲，木星也。越歷二十八宿，宣徧陰陽，十二月一次。从步戌聲。律歷書名五星爲五步」之説合。惟許氏从戌聲，而甲骨文从戉聲。戌與戉本爲兵器，其形或微有差異，後或相混。故甲骨文戊、戌、戉之形有時難分。如：

庚申卜，出貞：今戉龝，不至𢆶商，二月。文六八七

今戉之戉與天干之戌，簡直無異，然「今戉」即「今戉」，如「癸卯卜，爭貞：今戉商受年」（卜四九三）等例，卜辭甚夥。不擬贅述。戉即歲也（説詳于省吾殷契駢枝續編一至二頁），即説文歲从戌之字。以文字之演進而言，歲爲戉之累增字，乃是一脈相

承。而甲骨卜辭之□字，从夕从□與从步从□之□並非同原。故余以卜辭文例考之，疑爲夕歲之合文（說見大陸雜誌二十九卷十·十一期合刊）。商氏以金文玉節及楚繒書之□，與甲骨文歲之作□（脊），有其共同之點和源流所自，乃商氏誤□爲□，誤□爲月。□或戌作□者，甲骨文金文斷無此例，故商氏將□隸書作戕。□形在金文可釋爲肉字，如有𪒠趙脽、肎、脰等字所从之月，亦可釋爲月字，如日月之月字。蓋字形譌變偶同之故。然□亦偶然譌變爲□者，如金文衛字，穌衛妃鼎、鬲攸比鼎、賢簋作□，其韋之从□譌成□，與月夕字難分。由此推知，□所從□乃由□譌變而來。而□仍如許氏說文所謂从步，與甲骨文作□、金文作□、說文作歲同原。作□者，字形部分有所譌變而已。【□非□之字原辨　中國文字二十七册】

◉吴孟復　「歲」字，郭沫若同志謂『歲』與『戉』，古本一字」（《甲骨文字研究·釋歲》）。《說文》：「戉，大斧也」。（葉玉森謂「戉」爲「戚」之本字，《詩》「干戈戚揚」，《毛傳》亦訓「戚」爲「斧」）。《尚書·牧誓》：武「王左杖黄鉞，右秉白旄以麾」，《釋文》「鉞」一作「戉」。「歲」爲「黄鉞」之「鉞」，徵之經籍，正相符合。但就銘文語句解，此處不得爲兵器之名。故應爲引申義。按劉師培在《古書疑義舉例補》中說：「古人以器物之名爲用器之名」，準之「劉」爲鑱斧（《書·顧命》注），而《爾雅》訓爲「殺」，「鏝」與「杇」是「塗工作具」（李巡注），而「塗」亦謂「漫」或「汙」（《吕氏春秋·離俗》注）；推之「艾」「刈」爲田器，而訓爲「割」爲「治」，則斧鉞爲戰爭之具，自可用指戰事之名。《釋名》：「戉，豁也。所向莫敢當前，豁然破散也」，亦其佐證。林義光謂：「戉」「殺」古同音。「戉」即「殺」之古文。「殺」與「殪戎殷」之「殪」義同，其説與上解亦義可相成；又「剪商」之「剪」，本亦器名，而用爲「剪除」之義，詞例亦與此相似，皆可用爲旁證。故「歲」指「剪商」或「殪戎殷」之戰，殆無疑義。【利簋釋文商榷　安徽大學學報一九八〇年第二期】

◉丁　驌　戈下有人爲戍。守望之卒也。戊下有一（□）亦爲戌。戌而加□，我也（□），古文「我」猶具契文之形構（□），其偏旁手古文□也。乃捶擊之器。

契之□或□，與□三文，今隸爲歲，余以爲在殷世，當分别爲二文，前者□或□皆爲收獲之義。卜辭用□，多指年歲，如曰「今歲」、「來歲」。一、二期已如此。惟其月份起點似以農事季節爲準，並非如今日由正月起算者。卜辭用□字時則以之爲祭事之稱，乃近年益壽之祭也。月月皆有，亡人先祖妣舊臣無别，有升、萑、莫、夕、征等歲稱。或亦偶作□者。周以來似無此歲祭，非無此禮，只不如是稱之而已。故歲字之義只餘其一，爲年歲之歲，沿用至今。

□字从步。説文歲，木星也，从步，戌聲。郝懿行謂夏之稱歲乃爲占星紀事。故殷世之用此字，必爲歲星之稱。惟契文中此字罕見。僅續五·一·一，一辭稍全，亦不明其確義，辭曰：

「㞢午歲……王固回……㞢午夕㞢……辛未……」（總一三四七五圖一）

他辭誠二三九有「穷貞……歲」三字，明二二三五僅餘二「歲」字而已。契文其他歲字，不見説文。

説文釋歲字，从步之由，曰律曆書名五星爲五步，故字从之。實則他四星並不皆从步。勞説：「步伍於田間」，睽情生義未必爲是。此从步之星必是歲星，由殷而今，均如此稱之。又因歲星運行，幾與年齊，以歲爲年，乃借義而已。其用作收成，純係通假。

按□、□二契文，實本爲一字。作祭事之稱，乃是借用。以字之結構言□字當从戌。□乃从戌省。説文戌：威也。九月萬物畢成。五行生于戊，盛于戌。意即今之所謂「生長期」，故作歲收之歲。同理説文戊部有成字，从戊丁聲，又謂「古文成从午」，實則當同爲从戌，因午字象矢形，於義無取，於聲則遠。而原成字象刃器割禾之形，與收成之義合。一爲季之始，一爲季之終，皆讀爲歲，戌聲。如此説則本字爲□可知也。

卜辭言今歲者有一、二、七月見續二·二九之二至五。有八月，見粹八九六，有十二月見文五四七及乙七八一一。言來歲之卜在六月（鄴三·三九·五）及八月（簠歲九）。亦有所謂「今來歲」「下歲」者（陳綜述二二五頁引）。故知殷之言歲包括春秋兩季。或當起先一年之亥月終本年之戌月。即陳所謂作物之季節。惟陳以禾當殷十二月至三月，即余之春，而麥當九、十、十一月亦即余之秋。分一年爲兩歲。惟起點後余説之，春秋二季一個月或半個月。一年兩歲則我二人之觀點相同。【釋歲　中國文字新十八期】

◉商承祚　戠爲歲之異文，習見於戰國器，過去以爲不識之字。鄂君啟節「敗晉師於襄陵之戠」，江陵望山一號墓雜事札記簡「於栽郢之□」，歲皆如此作，爲戰國通行文字。【信陽長臺關一號楚墓竹簡第一組文章考釋　戰國楚竹簡匯編】

◉商承祚　歲，从日作戠，與从月作戠者同意。☐敓之戠，當亦特殊紀年之名，因上段斷離，意未能曉。【江陵望山二號楚墓竹簡遣策考釋　戰國楚竹簡匯編】

◉許學仁　金氏闡明歲戠一系，允稱詳贍，但亦有不可信據者，如謂□諡爲□，以形近之故，誠屬可能。然楚系文字：□繒書乙2.24□舟節7.1□蔡侯盤，足形甚爲固定。謂□爲□之譌變，求諸楚文字，本乏實例，求之彝銘，復不可得，其説殆有疑焉。且漢瓦當歲字从月作□，□字横寫作□，準此，知戠字古文小篆均不从月，而楚文字之□字从月者，蓋源自卜辭歲字别體□□，而所从之□則來自□□形，漢瓦當□，又其流衍之僅存者也。卜辭歲字作□□，取象於刈割禾麥，此甲骨以迄篆書，从兩足形之□字所从出，而□□則取譬於積月成歲。又□□字之濫觴。二者取意既殊，義遂不同也。【楚文字考釋　中國文字新七期】

此

甲一四九六 甲一五〇三 餘四・二 拾八・二 拾一〇・一三 戬一七・四 粹三八〇 明藏四二四 明藏四二五 京津三九九五 庫一七一七 【甲骨文編】

甲1496 粹380 【續甲骨文編】

此 此牛尊 此盉 此鼎 此簋 居簋 南疆鉦 簷平鐘 中山王譽鼎 【金文編】

6・20 此綢䁋 【古陶文字徵】

六七:一 三十例 內室類敢不逵從此盟質之言 六七:六 【侯馬盟書字表】

159反 204 【包山楚簡文字編】

此 日乙一三九 七例 通觜 —觿 日甲四七 封八三 十六例 語一二 法二 四例 【睡虎地秦簡文字編】

嚴一萍釋此 女—武(丙2:目2) 【長沙子彈庫帛書文字編】

羣臣上醻 題字 【石刻篆文編】

此 此張揖集古文 此竝出王庶子碑 【汗簡】

古孝經 汗簡 古老子 張揖集 汗簡 崔希裕纂古 【古文四聲韻】

◉許　慎　止也。从止从匕。匕。相比次也。凡此之屬皆从此。雌氏切。【說文解字卷二】

◉柯昌濟　此字與小篆字體相類。說文。此。止也。从止从匕。匕相比次也。此說甚古。即古文亦可以此說釋之矣。蓋古文匕即彼字。象人背形。卜詞之妣字多作匕可證。从匕从止。取因彼證此之誼也。止此音近。疑古文有叚止爲此者。止之音

形亦近。古文往往假之爲此。即从此音假借也。【韓華閣集古録跋尾】

◉林義光　説文云。止也。从止匕。匕相比次也。按古作此字器。即人之反文。从人止。此者近處之稱。近處即其人所止之處也。【文源卷十】

◉高田忠周　説文。止也。从止从匕。匕相比次也。蓋匕亦聲。其从止。猶正从止。定止也。左昭二十八年傳。擇善而從之曰比。比匕音義略同。故通用也。此字本義可知矣。段氏云。爾雅釋詁已此也。正互相發明。於物爲止之處。於文爲止之詞。【古籀篇六十二】

◉陳邦福　鐵雲藏龜拾遺第八葉云。「烄有雨。」邦福案。當釋此。柴之媘。説文示部云。「祡。燒柴尞祭天地。」古文作𥛚。从隋媘。段注。「柴與祡同此聲。故燒柴祭曰祡。釋天。『祭天曰燔柴。』祭法曰。『燔柴於泰壇。祭天也。』孝經説曰。『封乎泰山。考績祡尞。』郊特牲曰。『天子適四方。先祡。』注。『所到必先燔柴。有事於上帝。』」是卜辭烄祡之禮。足與古經籍相參證者。【殷契説存】

◉馬叙倫　鈕樹玉曰。韵會引作从止匕。能相比次也。朱駿聲曰。匕聲。徐灝曰。止者。所止之處。匕當爲聲。王國維曰。古金文不見有此。始見於戰國。倫按甲文有。王襄釋此。此爲止住之止。本字从止匕聲。雌字从此得聲。而雌即牝之異文。可證也。形聲傳寫奪聲字。校者改爲从匕。增匕相比次也以釋之。或曰。从匕。止聲。爲匕之轉注字。匕也一字。也爲女陰。故雌字从此得聲。余冉鉦作。居段作。【説文解字六書疏證卷三】

◉于省吾　父丁鼎有字。金文編入於坿录。按从止从匕。即此字。上象足趾。或三或四或五。金文習見。此字此尊作。此盉作。可互證。至偏旁之部位。左右無別也。【釋此　雙劍誃古文雜釋】

◉于豪亮　19A簡：「……病苦此腹支滿」；37簡：「……候官即日疾此腹四節，不幸。」按：「此腹」之此字，以釋此爲是。陳直先生以爲當釋爲比，並且引《廣雅》：「毗，藼也」爲解，以爲比與毗通，非是。因爲：第一、漢隸此字均與這兩簡上的此字相同，如武氏祠石刻「造作此闕」的此字即如此作，所以這個字應釋爲此。此應爲骴之假借字。《周禮注疏》卷36《蜡氏》説：「蜡氏，掌除骴」，鄭注：「《曲禮》，四足死者曰漬。故書骴作脊。」則是骴與脊通。又《漢書·婁敬傳》：「徒見羸胔老弱」，《史記》作「羸瘠」，則是胔與瘠通。因此，此字應與脊字通。《説文》：「脊，背吕也」，又「背，脊也」。則此應作背脊之脊解。簡文所云：「病苦此腹支滿」及「即日疾此腹四節」，乃是指背脊及四肢生病。滿即脹偪，《方言》6：「腹滿曰偪」；又《素問大奇論》：「肝滿、腎滿、肺滿，皆實即爲腫。」注：「謂脈氣滿實也。」故「此腹支滿」即背、腹、四肢漲偪。【《居延漢簡甲編》補釋　考古一九六一年第八

𠯑 □

期】

◉屈萬里 □，又見萃編三八〇片，萃釋釋「此」而無説。按：余姆鉦「此」字作□，小篆作□，並與□同，釋「此」是也，拾釋疑其非「此」字者，實不然矣。惟本辭「此」字。似是祭名，俟考。【殷虛文字甲編考釋】

◉黄錫全 □此張揖集古文 古璽疵作□（璽彙5654），所从之□與此形同。唐宗聖觀碑此作□（碑别P28），匕形亦在止下。【汗簡注釋卷一】

◉黄錫全 □此並出王庶碑 此鼎作□，南疆鉦作□，中山王鼎作□。此□形移至左，與□形移至止下作□類似，參見前此部。【汗簡注釋卷三】

◉徐在國 《古陶文字徵》附録342頁著録下揭齊陶文：

□《陶彙》3.1110

舊不識。按此字从「止」从「匕」，應釋爲「此」。

□是「匕」是没有問題的。關鍵是□旁，實際上□乃是「止」的譌變。在古文字中，「中」「止」常常相混，例如：「族」字，番生簋作□，陳喜壺作□；「旂」字，邾旂士鐘作□，邾公釛鐘則作□；「道」字，散盤既作□，又作□。凡此均是「中」、「止」相混之例。更有一個確證，簷平鐘「其受此眉壽」的「此」字作□、□，與上揭陶文非常相似，故「□」應釋爲「此」。【釋莿、此、郚、鄎 山東古文字研究一九九三年六月】

◉戴家祥 人所止表示動詞的終結，義同已，故爾雅釋詁「已，此也。」金文此用作人名，或用作代詞，如南疆鉦「余冉鑄此鉦鐸」。【金文大字典上】

◉許 慎 𠯑窳也。闕。將此切。【説文解字卷二】

◉馬叙倫 嚴可均曰。疑闕从此吅聲。吅𠯑聲之轉。嚴章福曰。疑闕从此。从吅。此亦聲。桂馥曰。闕者。不詳从吅之義。王筠曰。惟詩大雅。皐皐訿訿。傳。訿訿。窳不供事也。單言窳字。他如史記貨殖傳漢書地理志皆連言𠯑窳。應劭曰。𠯑。弱也。晉灼曰。𠯑。病也。窳。惰也。皆𠯑窳分訓。穴部。窳。汙窬也。不以𠯑釋窳。則此亦不當訓窳。雖言部訾下引詩與毛傳同義。訾𠯑皆从此。似可以爲一字。書亦有作呰窳者。似尤可信。然以窳説之。則必不可入此部也。張文虎曰。𠯑窳連語。疑窳上捝𠯑字。非以窳釋𠯑也。朱駿聲曰。此字實即呰之異體。从吅。此聲。徐灝曰。𠯑蓋呰之重文。類篇以爲一字。是也。口部曰。呰。苛也。是呰以呰毀苛責爲義。故又从二口與嚴咢等字同意。呰窳蓋秦漢閒人語。許君未詳其本恉。故但曰。窳也。此與胻䊵。濆羹。麗爾規蒦同例。其或詳或闕不同。而其渾舉時語以釋字義。則一也。倫按朱徐之說是也。玉篇訿下曰。說文或爲此。以字。在此部。則顧據本作訿。未詳。然訿當从言。此聲。漢書地理志。呰窳媮生而亡積聚。如淳曰。呰。或作㩼。音紫。本書。㩼。从魚。此聲。詩大雅傳以窳不供事釋訿訿。是訿呰音同。本書。訾。从言。此聲。皆可證呰之从吅此聲矣。當入吅部。窳也非本訓。疑字出字林。【說文解字六書疏證卷三】

𣦶

◉許　慎　𣦶識也。从此。朿聲。一曰藏也。遵誄切。【說文解字卷二】

◉馬叙倫　朱駿聲曰。識詞也。經傳以此爲之。又以斯或是爲之。一曰藏也者。假借爲積。張楚曰。識也者。玉篇。陳。識也。疑今說文亡陳字。後人因附其義於此耳。一曰藏也者。乃積字義。本書。積聚也。積聚即有藏意。漢書刑法志。完者使守積。守積即守藏也。後人以積𣦶聲近。遂誤以積義附於𣦶下矣。倫按此字可疑。經傳無用之者。廣雅釋詁四。𣦶拳也。似从朿。此聲。又釋親曰。𣦶。口也。則即今之嘴字。此音遵誄切。音正同也。嘴从觜得聲。觜从此得聲。亦可證也。玉篇。[口朿]。或作觜。𣦶則又似从朿得聲也。此訓識也。玉篇作陳。金甲文有餗字。羅振玉釋爲師次于某之次。則亦从𠂤朿聲也。然則又以朿聲爲是。此朿聲同支類。音同清紐。故易亂也。疑𣦶即師次于某之次本字。次𣦶音同清紐。故春秋作次。金文作餗。皆同音相假。𣦶从此得義者。此爲止住之止本字也。左莊三年傳。一宿爲舍。再宿爲信。過信爲次。次正止住之義。故穀梁傳曰。次。止也。𣦶爲此之轉注字。識也者只字義。亦非本訓。一曰藏也校語。本書有臧無藏。【說文解字六書疏證卷三】

些

◉徐　鉉　些語辭也。見楚辭。从此。从二。其義未詳。蘇箇切。【說文解字卷二新附】

正

甲一九三　甲四〇四　甲一三三六　甲二二四七正月　甲二四一六　卜辭正用為征　征盂方伯　甲三〇〇四　甲三三五五　征人方　甲三六五二　甲三九四〇　鹿頭骨刻辭　乙八三四　乙一〇五四　乙二〇三六

乙七七七三　乙八八九三　河一七四　河六六〇　鐵一二七·二　鐵一七五·四　拾五·七　前二·五·二　前二·三八·三　前七·三九·二　後一·一六·一一　後二·二·一　戩六·五　林一·二六·一八　佚三七四　佚六九三　福一四　粹一〇八四　師友一·一九　河七五正月見合文二七

【甲骨文編】

甲193　404　572　1180　1336　1916　2392　2416　2877　3592　3660

乙3767　5989　6951　7310　7359　7773　7921　8392　8712　8812　8893　8898　珠4　454　458　481　珠625　佚166　珠790　856　857　卜360

佚18　323　430　440　693　722　佚116　續3·3·2　續3·8·9　3·18·4　3·29·8　5·30·11　徵2·28　9·15　9·16　9·31　9·39　9·42　京3·14·2

4·13·1　凡18·3　録660　誠146　160　354　摭87　龜卜67　六清188　外405

續存526　572　591　1860　2295　2354　外106　摭續6　146　153　粹13

191　1084　1102　1131　1185　1186　1189　1190　新2212　2989　4231

5069　5495　5552　甲44　476　2934　3104　3346　乙106　121　7751

8497　珠276　281　珠648　佚97　珠933　956　1070　1182　佚148　191

234　520　695　983　續4·32·2　徵4·110　續5·18·8　徵2·31　4·33　9·41

古2·6 録592 鄴29·2 天75 六中97 六清3 六束73 續存525 550 650
651 657 外30 116 粹1079 1146 1170 新2986 4399 【續甲骨文編】

正 卯卣二 大保爵 乙亥鼎 方鼎 睘卣 盂鼎 師𠭁鼎 師遽簋 伯𣄰鼎
貉子卣 彔伯簋 𣪕簋 衛簋 楙父賞御正衛馬匹 駒父盨 仲叀父簋 休盤 𧻓盂
虢簋 君夫簋 虘鐘 㽙壺 散盤 伯正父匜 無㠱簋 毛公厝鼎 作册𩵦卣 格伯簋
大師虘簋 師寰簋 師酉簋 王中嬀匿 善夫克鼎 公父宅匜 虢季子白盤 殷穀盤
晉公𥂴 邵鐘 鄘侯簋 陳侯鼎 申鼎 匽伯匜 𪻐兒鐘 沇兒鐘 王孫鐘 説文古文正从二二古上字 陳子𠀠匜 𦅫子匿 鐘伯鼎 欒書缶 拍敦蓋 子璋鐘 郤王義楚耑 禾簋 庚兒鼎 蔡侯𪒠盤 姑□句鑃 邾公華鐘 邾公釛鐘 邾大宰匿 正昜鼎
會志鼎 𠨘鼎 𡩜兒鼎 王子午鼎 中山王嚳兆域圖正奎宮 説文春秋傳曰反正爲乏金文仍以爲正字 中子化盤 用正柤 楚嬴匜 其次句鑃 【金文編】

3·40 陳☒□邦淮□正區☒ 3·570 豆里正 4·1 廿二年正月左匋君 4·122 匋乙二昏正 香録2·2 獨字 【古陶文字徵】

〔五〇〕〔二〇〕〔七〕〔二五〕〔一八〕〔二〕〔六七〕〔一九〕〔五四〕
〔三六〕〔二三〕〔五四〕【先秦貨幣文編】

布方㓥正尚全倚孚 鄂天 布方㓥正尚全倚孚 典二一八 仝上 典二一九 仝上 典二二〇 刀大 齊夻化背

典九六二 布圜㓥正尚全倚孚 典四九五 布空大少匕市南背 亞二·一一八 【古幣文編】

141 161 271 【包山楚簡文字編】

正 秦一三 八十六例 通征 出— 日甲七 通政 立— 日甲三二 效三 四例 日甲一三八背 日乙八九 三例

日乙二三八 【睡虎地秦簡文字編】

是月㠯數曆爲之—(甲6—31)、羣神五—(甲9—4)、五—乃明(甲9—14) 【長沙子彈庫帛書文字編】

3940 3490 4893 4529 1397 4531 5094 4881 4364 4791

4790 4770 4768 4764 4766 4785 4786 4771 4773 4775

4765 4856 4759 0299 0295 5095 0092 0343 2065 3749

0557 4368 4370 4371 4373 4780 4779 4778 4784 4782

4781 4777 4776 4852 4855 4860 4864 4854 【古璽文編】

正鄉 正行里附城 安民正印 莊正賜印 正離平 【漢印文字徵】

開母廟石闕 皇極正而降休 說文正古文作 石經文公 元年春王正月 禪國山碑 月正革元

袁安碑 五年四月正字之譌誤 【石刻篆文編】

正 正古文 正 【汗簡】

□□竝汗簡 □□□竝崔希裕纂古 □古文 □說文 □□竝汗簡 □□竝籀韻

【古文四聲韻】

◉許　慎　正是也。从止。一以止。凡正之屬皆从正。徐鍇曰。守一以止也。之盛切。正古文正。从二。二。古上字。正古文正。从一足。足者亦止也。【說文解字卷二】

◉吳大澂　□古正字。从止从●。止爲足跡。上象其履。行必以正也。盂鼎。【說文古籀補】

◉劉心源　正。征省。【奇觚室吉金文述卷四】

◉羅振玉　說文解字。正从止一以止。古文从二作正。又从一足作正。此从口。古金文作●。此但作匡郭者。猶丁之作口。就刀筆之便也。許君云从一足。殆由□而譌。正月字征伐字同。又作□。从□。知□即正者。卜辭曰。貞我弗獲正□口。又曰。昔甲辰方正于□。又曰。告曰。土方正我東啚。以其文觀之。皆爲正矣。【增訂殷虛書契考釋】

◉林義光　說文云。正是也。从一。一以止。按。一止無正字意。古作□毛公鼎。本義當爲正鵠。●象正鵠形。从止。轉注。矢所止也。或作□邵鐘。變●爲一。或作□邾公華鐘。作□陳侯因資敦。即□之變。或作□冘敦。與足相混。【文源卷二】

◉高田忠周　說文。正是也。从止一。古文作正从二。二古文上字。又古文作正。从一足。足亦止也。江沅云。一所以止之也。如乍之止亡。毋之止姦。皆以一止之。似是而非。江氏唯知小篆而已。今依下見最古文。上一筆指事也。作●作□。皆亦同意無異。又依或从上會意者。●一實指上意明矣。又或作正□亦正字。正與作正同意。許云。足止同。非是。又按是正義近。是下云。直也。直正亦義相近矣。書洪範。一曰正直。左襄七年傳。正直爲正。蓋正者直之意。而是者直之形也。其从二即上。果何意耶。曰上者天也明也。可以取直也。其从止。果何意耶。止者。下丌也。地也。地者靜也。可以爲直也。易繫辭傳曰。天尊地卑。乾坤定矣。爾雅釋詁。定。止也。管子法法篇。正者。所以正定萬物之命也。由是觀之。正字从上止而會意。其指顯然矣。正字本義如此。【古籀篇六十二】

◉王國維　當爲古征字。故从止。古語以征以行。【劉盼遂記說文練習筆記　國學論叢第二卷第二號】

◉商承祚　說文。正。「是也。从一。一以止。正古文正。从二；二。古文上字。正古文正。从一足。足，亦止也。」□一在止上示得其正。从二止作□誼益顯。金文師兑毁免毁作□。盂鼎師遽毁作□。郘王義楚耑作□。邵鐘作□。簷鼎作

□。田尊作□。【甲骨文字研究下編】

◉郭沫若　卜辭正足二字頗相混，上二片之□字，不知是正是足。正則當讀爲征也。【卜辭通纂】

◉吳其昌　「正」之原始本義爲征，爲行。但象□向□預懸鵠的之方域進行，故「征」之義其初本未嘗固定爲軍旅討伐，或巡省邦國，或縱狩郊畿，因皆可通稱爲「征」也。意者「正月」之得名，即因其爲新歲之首月，殷末之俗，有於此時舉行或巡或狩之禮。蔚爲一歲之盛節，故遂以「征」名其月歟？意者「正月」之義即等於「征月」，而「征月」之稱，又有類近于後世「燈宵」之比歟？此亦非盡出于肊測，亦具有甚明之根據。窓齋集古録卷六頁八有鼎鼎者，即直書正月爲「征月」。其文曰，「唯征月，既望癸酉，王獸狩于昏敝。王命鼎執犬休善，用作父甲𩰫彝。□。」是其最切之證矣。蓋是鼎銘文，不特書一月爲「征月」，且記王於是月有狩事也。是鼎乃爲殷末周初之器。是其遺風厤傳至周而未改也。【殷虛書契解詁】

◉郭沫若　「叀翌庚……　辛……又正。」（右行）

正字離析爲□，儼若丁止二字。【殷契粹編】

◉聞一多　甲金文正作□□。或省作□。疑古有□字。象人正立之形。□即□之省。猶□之省作□也。以許書之例言之。正當云从止□聲。□古丁字也。【璞堂雜識　中國文字第四十九册】

◉馬叙倫　鄭樵曰。正象射的形。黄生曰。正當訓射的。射者必以步揣其遠近之準而施的焉。故从止一。爲指事。鈕樹玉曰。韻會作从一。从止。朱駿聲曰。正當訓矦中也。象形。受矢者曰正。拒矢者曰乏。故文反正爲乏。小爾雅廣器。鵠中者謂之正。正方二尺。周禮司裘司農注。方十尺曰矦。四尺曰鵠。二尺曰正。四寸曰質。毛詩猗嗟傳同。後鄭謂鵠與正乃皮布之異名。皆居矦三分之一。其制同四尺。故周禮射人注不從舊説。按後鄭是也。張行孚曰。正壔蓋古今字。假借字又作質。質正雙聲也。詩。終日射矦。不出正兮。則知正者矦中受矢之處也。謝彦華曰。金文正作□。从止。丁聲。即征古文。羅振玉曰。甲文有□□□諸文。即正字。从□。古金文作□。此就刀筆之便也。許君云。从一足。殆由□而譌。正月征伐字同。田吳炤曰。一以止與銽説守一以止也合。疑因銽説改之。倫按禮記中庸注。畫布曰正。則正象畫布从横爲界。衺正正直之義皆自射的引申。金甲文之□□。則征行也之征初文。□。从止。丁聲。丁音端紐。正音照紐。古讀歸端。是正以雙聲借爲征也。今二字不別矣。説解當作是也。象形。正爲標準之準本字。假借爲反正之正。字見急就篇。

□朱孔彰曰。齊矦鎛鐘凡政字作□。皆如此。開母廟石闕銘□杞繒如此作。商承祚曰。陳子子匜作□。與此同。倫按从二以下六字校語。禾𣪘作□。

□商承祚曰。甲文正作□。金文免毁作□。與此近似。倫按此二古文皆征之初文。作□者。非射的之正也。□之爲□。猶□之爲□矣。□者又由□而加一。□即毛公鼎之□。金甲文無□□□□上更加一者。當入足部。从一足以下校語。【説文解字六書疏證卷四】

◉楊樹達　説文二篇下正部云：「正，是也，从止，一以止。」或作㱏，云：「古文正从二，二，古上字。」又作㞷，云：「古文正从一足。足者亦止也。」今按許君釋正从一止，以爲會意字，説不剴切。今考之甲文，字作□鐵雲藏龜三十一葉三版，或作□同三十五葉一版，字或从二止，或从一止，而皆从□，以足趾向之。據形求義，此卽延延之初文也。二篇下辵部云：「延，行也，从辵，正聲。」或从彳作征。又辵部云：「延，行也，从辵，正聲。」字从□者，説文五篇下冂部冋下云：「从□，象國邑。」字从□而足趾向之，謂人向國邑而行，故其義爲行也。出字甲文作□，象人在坎陷中足向上出之形；逐字作□，象豕在前而人逐之之形；陟字甲文作□，象人足上登山阜；降字作□。象人從山阜下降：此止形向背上下皆有義之證也。正爲初文，延征延皆加義旁之後起字。正已从止，延征延復从辵从彳从辵，於形義爲複贅。自从□之形變爲从二或从一，字形不顯，遂有从古文上及一以止之臆説矣。【釋正韋　積微居小學述林卷二】

◉饒宗頤　甲戌卜，內：羽丁丑，雀毋其幸。甲戌卜，內：臣正㞢𢓊，執陟。十月。乙亥卜，內：翌庚辰，雀弗……（綴合編一五九——遺珠五五九＋珠四五九）

按此二片綴合後，僅存左甲橋大部分，右方辭悉缺。臣正指官職。爾雅釋詁「正，長也。」郭注：「謂官長。」左傳隱六年：「五正」，杜注：「五官之長。」【殷代貞卜人物通考】

◉金祥恆　羅氏釋□與□爲正爲征是也。然正所从□或●何義，未加説明。余謂□者即城郭所从之牆圍，甲文郭作□衛作□與□，□及□之省，羅叔言云：象衆足守衛□內之形，而□、□正象人足巡行攻城之形。衛爲自衛，征爲伐人，其意相承，其義則相反。鄭樵六書略「正象射的形。」黄生曰：「正當訓射的，射者必以步揣其遠近之準而施的焉。故从止一。」朱駿聲説文通訓定聲「正當訓侯中也。受矢者曰正，拒矢者曰乏。」皆非也。甲文如甲三三四六：

貞，弗其隻（獲）□土方

貞隻（獲）□，土□

珠一一七。續三・三二一：

癸丑卜，㱿貞：勿隹王□□方，下上弗若，不我其受又。

癸丑卜，㱿貞：勿隹王〔字形〕〔字形〕方，下上若，不我其□□。

〔字形〕與〔字形〕正同，〔字形〕乃〔字形〕之省。說文：「㱏，正行也。从辵，正聲。征㱏或从彳。」丁福保說文詁林云：「慧琳音義九十六引行也，考爾雅釋言、詩毛傳、鄭箋皆與慧琳音義所引同。徐本作正，行也，正行非連文。考經典多用㱏，或體作征，如書序作成王政，馬本政作征，注云：征，正也。孟子征之爲言正也。核各說證之，古本當作㱏，正也行也，今本奪也字，宜據補，而小徐謂从正，道行也，未免穿鑿矣。」丁氏據孟子征之爲言正也，正可証正、征通用，其實征㱏正原爲一字，何以言之？說文从彳之征，乃从辵之㱏之省。金文同征簋之征作〔字形〕，簷鼎作〔字形〕，㱏簋作〔字形〕，與汗簡古文尚書作〔字形〕，乃从彳（行之省）从〔字形〕，說文謂从辵非。〔字形〕者甲文〔字形〕也，而征者从正乃〔字形〕之省，猶〔字形〕爲〔字形〕之省，如太保敦作〔字形〕，虢仲簋作〔字形〕，無㠱敦作〔字形〕，所从〔字形〕者彳之譌誤，正爲㱏（征）之省，然㱏不見於甲骨文而得之金文，蓋金文常常書寫古文。正、㱏、征古原爲一字，其本義當爲征伐之義。孟子盡心章：「征者上伐下也。」左傳莊公二十三年：「征伐以討其不然。」書胤征：「胤后承命徂征。」傳：「奉辭伐罪。」周禮太卜「以邦事作龜之八命，一曰征」司農注云：「征謂征伐人也。」即其義也。引申爲正，正者正也，如論語顔淵：「子帥以正，孰敢不正」。祖甲改制，年終閏，改爲無節之閏，改一月爲正月。月上加「在」。（見殷曆譜日譜五）如戩二九・三

癸亥卜，即貞：旬亡囚，在正月。

又假借爲足。說文古文一作〔字形〕，从一足，蓋由古文疋之譌，疋乃〔字形〕之譌，猶〔字形〕之爲〔字形〕。而說文「〔字形〕，人之足也，在體下，从口止」之足，正是正字。足从口止，不詞。

昔年孫詒讓撰契文舉例，征下云：「□申貝（貞）㞢于父乙牛〔字形〕（龜卅五之一）諸字皆著文末，其義難通，未知其爲正爲征，抑或別爲足字，皆無由決定矣。」今以卜辭比較研究。釋爲有足，乃可定之矣。

正之音讀：說文之盛切，注入十一部。足即五切，入三部，今山東等地讀足若沮，沮子余切。正爲照紐，足爲精紐，中古音雖不相同，但上古則相通，殆爲雙聲，故得假借。【釋又〔字形〕〔字形〕〔字形〕 中國文字第二卷第七册】

◉李孝定 說文。「正。是也。从一。一以止。凡正之屬皆从正。〔字形〕古文正。从二。二古文上字。〔字形〕古文正。从一足。足者。亦止也。」絜文作〔字形〕亦猶〔字形〕之作〔字形〕或又作〔字形〕也。正又作〔字形〕。正月與征伐爲一字。羅說是也。菁二辭云。「沚職告曰『土方〔字形〕征于我東啚鄙𢦏二邑〔字形〕方亦侵我西啚田。』」菁五辭云。「子𩐁告曰。『昔甲辰方𡿧于蚁俘人十又五人五日戊申方亦𡿧俘人十又六人六月在□。』」前辭𡿧侵對舉。自以釋征爲是。葉釋韋假爲圍。非也。卜辭韋作〔字形〕。與此有別。正人方亦當讀爲征。董彥堂先生殷曆譜下編卷九日譜三帝辛日譜紀帝辛征人方之日程。自帝辛十祀九月至十一祀七月。先後凡十一月。

倘謂爲往正其經界。則歷時不應若是之久也。【甲骨文字集釋第二】

◉于省吾　甲骨文以正爲祭名，也以正與𢓊爲征伐某方之征。第一期甲骨文又于獸獵言正或𢓊，例如：「獸正□(擒)，隻鹿百六十二……」(後下一・四)，「我弗其𢓊邑」(林二・一四・一〇)，「雀隹𢓊豕，弗其□」(藏一八一・三)，是其證。此外，第四期甲骨文屢見□字，舊釋爲圍，以爲「圍獵之義」，或以爲「圍衛古當是一字」，并誤。此字甲骨文編入于附録，續甲骨文編附于止部。此字又屢見于商代金文，作□也省作□，金文編入于附録。甲骨文稱：「叀今日辛𩰫，□〇于𥈦日壬𩰫，□。」(甲六三八)又：「于㡿𩰫，□。」(寧滬一・四〇九)以上兩條之言𩰫，均指狩獵言之。但爲什麼狩獵言𩰫？需要加以説明。𩰫爲正與𢓊的繁構，典籍通作征。詩泮水的「桓桓于征」，鄭箋謂「征，征伐也」。孟子梁惠王的「上下交征利」，趙注訓征爲取。征字既然訓爲伐爲取，故甲骨文用作獵取野獸之義。總之，獵取野獸謂之征，猶之乎甲骨文殺人以祭叫作伐，殺牛羊以祭叫作卯，都是典籍所不見的。

【釋𩰫　甲骨文字釋林中卷】

◉陳邦懷　「正」，即政之假借。《管子・禁藏》：「發五正」，張佩綸云：「正，政通。『五正』與『五德』、『五刑』、『五藏』相次，非『五官正』也。」「五正乃明」之「明」，與《淮南子・時則訓》：「天地乃明」用法相同，蓋謂政明不失其道也。【戰國楚帛書文字考證　古文字研究第五輯】

◉陳煒湛　正和足，小篆、金文都有明顯區别，不相混淆。但在甲骨文里，正和足都可寫成□，二字完全同形，頗易弄錯。如《鐵》一二七・二片云：「戊寅卜，𡆥貞：□□。」末二字孫詒讓即釋爲定足，又説「未知爲正爲征，或别爲足字，皆無由決定。」案此二字當釋爲㝎正，《甲骨文編》將此□收在正字下是對的。此書卷二將正足分列兩字，並於足下註道：「卜辭足與正字同形，從文義上可以别之。」其説是也。

足字所從的口，也並不是口，它本是脛骨的俯視形，原當與□相聯像小篆的𧾷字一樣的。《甲骨文編》附録(上)第十七頁録有如下數文：

□《甲》二八七八

□《珠》五四二

□《佚》三九二

恐怕就是足的初文，□代表腳趾，亦即止，□□代表膝盖以下的小腿骨。(金祥恒《續甲骨文編》即將此數文及《乙》一一八七之□、《甲》三〇六七之□、《乙》六四七之□等均釋爲足，可供參考)把這些字整齊規範化，也就是□或□字了。

如此說成立，則正與足本不同形，只是由於各自簡省而變得同形的。這兩個字的淵源關係略如下圖：

【甲骨文異字同形例　古文字研究第六輯】

◉丁　驌　𤴔，隸正。𤴔：釋圍。𤴔之以爲正，契「正月」之正卽可爲證。又𤴔，𤴔金釋又足，謂其假爲足也。說文足从口止。金說大意爲正，說文之盛切，足卽玉切，上古音相通，雙聲假借也。按契文𤴔之从止，足卽止之意。■則爲聲。■：知更切，丁字，讀音亦如錚。詩「伐木丁丁」，說文作朾，宅耕切十一部，與正之音讀同部。可知𤴔上之■乃丁字讀正爲本。■字後與一橫所代，許就一解之，遂有「一以止」之說。

𤴔字與𤴔字之上所从同。嚴從孫詒讓釋此字爲圍，以■當說文之囗（同聲）。惟在契刻之字上「正」「圍」所从之囗，並無區別。故不明何以一讀正，一讀圍。【讀契記　中國文字新十期】

◉戴家祥　說文二篇「正，是也。从止，一以止。古文从二，二，古文上字。亦从一足，足亦止也。」按正與是名異而實同。古代爲天子諸侯學射而設之箭靶。止乃基址。●象受矢點，猶是之上文从⊙也。卜辭金文或體从■作𤴔，其形似足，實非足字。小篆作正，變■●爲一畫，一爲指示性符號，將以使人記其注意之位置，猶古文天天說文天巔也之寫作天天曲禮鄭注元頭也之寫作兀，蒂之或體作𣎴，此蓋六書之指事字也。字亦作𤴓，从二从止。二，古文上，址上爲正，亦猶天之作𠀘，兀之作元，在六書爲會意，會意者，會合兩字以見意也。由象形而指事，由指事而會意，亦商周文字六書隸屬變動之常例也。

正政征不但同部而且同母，故正亦同政。說文「政，正也。从攴从正，正亦聲。」商書湯誓「舍我穡事而割正夏。」史記殷本紀作割政。微子「殷其弗或亂正四方。」史記宋微子世家作「殷不有治政不治四方。」小雅節南山「不自爲政。」禮記緇衣作「不自爲正。」是正政互通之證。

說文二篇「延，正行也。从辵，正聲。征，延或从彳。」左傳襄公十三年「先王卜征五年。」杜預注「征，謂巡狩征行。」征行，即正行。地官司門「正其貨賄。」鄭玄注「正讀爲征。」夏官司勳「惟加田無國正。」釋文「正，本亦作征。」禮記王制「譏而不征。」釋文征本又作正，是又正征互通之證。【金文大字典中】

◉朱歧祥　岐山周原甲骨的正字共有六見，都作正。其内容分別如下：

1.〈H11:1〉癸子(巳)，彝文武帝乙宗。貞：王其邵(邵)祭成唐(湯)鼎，禦(禦)艮(奴)二女，其彝血(盟)羊三、豚三，⊕(叀)又正？

2.〈H11:82〉才(在)文武囗王其邵(邵)帝(禘)天(大)戊(？)典(典)冊周方白(伯)囗叀正，亡ナ(左)囗王受又(有)又(祐)？

3.〈H11:84〉貞：王其桒又(侑)大甲，冊周方白(伯)盡，叀正，不ナ(左)于受又(有)又(祐)？

4.〈H11:144〉弜巳(祀)，其若艮(奴)，叀正？

5.〈H11:130〉囗叀正，受又(有)又(祐)？

6.〈H11:189〉囗曰吉囗其五囗正，王受囗？

徐錫台先生《周原甲骨文綜述》13頁注〈H11:1〉一版，釋⊕爲西，謂：「西有正，即惟有正。見《周書・立政》：『惟正是又之』，孔安國傳謂『正，惟以正是之道也。』」57頁注〈H11:82〉一版，謂「西正，即惟正道。」74頁注〈H11:114〉：「弜巳，其若艮西(隹)正，大意是說：不要祭祀，他已順從歸服正道。」

陳全方先生《周原與周文化》124頁隸定〈H11:1〉末句爲「叀(惟)又(有)足」，復比附古代神話傳說，謂：「《詩・大雅・生民》：『履帝武敏歆』，毛傳曰：『帝，高辛氏之帝也。』鄭箋：『帝，上帝也；敏，拇也。……祀郊禖之時，時則有大神之跡，姜嫄履之，足不能滿，履其拇指之處，心體歆之然，其左右所止住，如有人道感己者也，于是遂有身，而肅不復御，後則生子而養長之，名曰棄。』……由此祀典看，周人和商人均祭祀『大神』，而后稷之生恰因姜嫄踩了『大神』之跡所致。這雖然是傳說，但也反映了周人祭祀殷人之祖的因緣。」

徐中舒先生《周原甲骨初論》釋此句爲「西又正」，謂：「西又正，指周大臣。此言文王在文武帝乙宗祠祀成唐及其兩個配偶，殺牲爲盟，在殷王祖先神明監臨下與周大臣同吃血酒，共效忠誠。」

王宇信先生《西周甲骨探論》41頁釋此句爲「叀又(有)足」並在50頁引陝西周原考古隊《陝西岐山鳳雛村發現周初甲骨文》和陳全方《陝西岐山鳳雛村西周甲骨文概論》二文，謂「叀又(有)足，指祭祀所用之牲頭足齊全。」

李學勤先生《周原卜辭選釋》釋此句爲「囟又正」，對於正字的理解是：「按殷墟第五期卜辭也常於辭末卜問「正」或「又正」，與此辭辭例相同，如前1.20.7、前4.38.5、續2.7.1、京人2951等等，多與祭祀有關。」

以上諸家説解，可説是衆説紛紜。其中除了李學勤先生的意見是就地下材料歸納印証，所以比較客觀中肯外，諸家的説法，都免不了流于主觀的過分想像。然而，李學勤先生雖然提出正字「多與祭祀有關」，但可惜没有進一步推論正字的意思。過去首先提出殷卜辭中的正字可以爲祭名用法的應是于省吾先生。于先生在《甲骨文字釋林》154頁《釋生、正》一文中，提出卜辭的正字相當於文獻的禜：

「甲骨文祭名之正，應讀作禜，正禜疊韻，故通用。《楚辭・遠遊》：「魂煢煢而至曙」的「煢煢」，和《哀時命》：「魂眐眐以寄獨兮」的「眐眐」，音近相假。……這是从𤇾从正字通之証。再就義訓來説，甲骨文多以正爲征伐，而禜則是攘除殃患之祭，兩者義也相涵。《説文》：「禜，設綿蕝爲營，以禳風雨雪霜水旱癘疫於日月星辰山川也，从示从營省聲。一曰禜衛，使灾不生。」……又《左傳》哀公六年的「若禜之，可移於令尹司馬」，杜注：「禜，禳祭。」這和許説以禳風雨云云，都是以禜爲禳祭之一種。」

于先生釋正爲禜，作爲止旱的祭名，主要是透過文中卜辭的正字與亡雨、有大雨見於同辭（粹13），而同韻部的禜字在文獻中恰有禳除風雨水旱的用意。因此才把正、禜二字系聯起來。這説法相對看來似乎是較合理的，可是對於若干特殊的辭例卻仍未能通讀。因此吾人有必要再重新核對正字的用法。

殷卜辭中正字除了普通用爲征伐的征字外，有用作祭祀類的「祭牲有正」、「祭儀有正」、「先王正」和氣象類的「正雨」、「雨正」、「雨不正」等辭例。于先生把這兩類正字的用法合爲同一類來處理，所以才會有禳旱的説法。其實，氣象類的「正雨」、「雨正」、「雨不正」的正字若作爲祭名用是不好解釋的。因爲如依于先生文156頁所言：「禳祭爲的是攘除旱災，其非霪雨爲災以求晴」，則卜辭貞問「正雨」「雨不正」的文意就没法通讀了。反觀郭沫若先生在《卜辭通纂》363片釋正爲足，陳夢家先生在《卜辭綜述》524頁亦以正爲足：「殷人不但求雨，並且要求雨量充足。」徐中舒先生《甲骨文字典》146頁分别舉丙54：「貞：正唐？」（合278）：「貞：正祖乙？」釋爲祭名，舉（合229）：「辛未卜，𡆥貞：黍年，有正（足）雨？」釋爲充足之足。按卜辭中有求豐年而問「正雨」，正字隸作足，作爲足夠的意思顯然是文從意順的。如：

〈集10136〉　己亥卜，爭貞：在娟田，㞢正雨？

〈集10167〉　貞：黍年，㞢正雨。

〈英818〉　☐卜，穧年，㞢正雨？

由此可見，諸家對於「正雨」「雨正」一類正字釋爲足，都有比較一致的看法。如此，祭祀類的「先王正」等的「正」字字義是否須要和止旱的禜字掛鉤，就失去了一必然的關係。

細審殷卜辭中正字用作祭祀類的辭例，可區分以下七類：

（一）祭祀某先公先王，然後問「正」「又(有)正」。如：

〈遺4〉 貞：翌乙酉酌唐，正？

〈集900〉 㞢(侑)於祖乙：宰，正？

〈集1140〉 壬子卜，賓：□于示壬，正？

〈集27503〉 其𠷎妣甲、祖辛爽，有正？

（二）舉行某祭儀，然後問「正」「又(有)正」。如：

〈合179〉 今日夕用，正？

〈集2273〉 己未卜，爭貞：來甲子酌，正？

〈集30815〉 叀辛丑酌，又正？

〈合176〉 己未卜，爭貞：來甲子酌彡，正？十月。

貞：來甲子酌彡，弗其正？

〈屯613〉 于祖丁歲又正，王受祐？

〈集27589〉 王賓母戊，歲又正？

〈集31003〉 叀林舞，又正？

〈集28209〉 叀祖丁秝𦏲用，又正？

（三）用祭牲若干，然後問「正」「又(有)正」。如：

〈前1.48.6〉 貞：賁五牛，正？

〈集29504〉 白牛叀二，又正？

〈集30710〉 叀牢，又正？

〈集30815〉 十𠧞，又正？

鬯五卣，又正？

〈集424〉 貞：用羌于祖乙，正？

(四)直接問「正某先王」否。如：

〈丙54〉 貞：正唐？

弗其正唐？

〈合278〉 貞：正祖乙？

(五)有先言「某先王正」，然後追問「王受祐」否。如：

〈存1.2295〉 ☑帝宗正，王受有祐？

〈屯1055〉 叀父庚庸用，隹父甲正，王受祐？

〈集35356〉 乙丑卜貞：王其有[illegible]于文武帝必，其以羌五人正，王受有祐？

〈集36123〉 癸酉卜貞：翌日乙亥王其[illegible]于武乙必，正，王受有祐？

〈集36168〉 丙戌卜貞：翌日丁亥王其[illegible]于文武帝，正，王受有祐？

〈集36315〉 ☑貞：翌日癸卯王其☑妣癸必，正，王受有祐？

(六)有祭祀先王先妣，然後問當日或晚上「正」「又正」否。如：

〈集27561〉 ☑王賓妣辛，日又正？

〈合179〉 今日夕用，正？

(七)有冀求先王免禍去疾，然後問「正」否。如：

〈摭續300〉 貞：乍告疾於祖辛，正？

歸納以上祭祀類卜辭正字的用例，我們能掌握以下幾點正字的認識：(1)正否與王受佑有關。(2)正否是由先公先王所賜。(3)先公先王賜正是在當日或當晚。(4)殷人提供不同的祭儀和祭牲來問正否。(5)正否與除禍去疾有關。由此可見，正字應該有吉祥的正面意思，它與旱雨很明顯是沒有必然關係的。

這與祭祀有關的一類正字都應讀爲禎。正，上古音屬章母耕部，擬音爲ȶǐeŋ；禎，屬端母耕部，擬音爲tǐeŋ（據北京大學郭錫良先生《漢字古音手册》擬音）。端、章二類聲母同爲塞音，發音只有舌面和舌尖的差別。章母屬照系三等字，由錢大昕以來均已論證古歸舌頭音。因此,「正」借爲「禎」在讀音上是没有問題的。《漢書·宣帝紀》注「禎,正也。」正是二字通用的證據。《説文》:「禎,祥也。从示貞聲。」《爾雅·釋言》舍人注:「禎,福之祥。」《字林》:「禎,福也。」《詩·維清》傳:「禎,祥也。」《文選·魏都賦》注引《蒼頡篇》:「禎,善也。」由字義看,禎字有祈求來福降祥兆的意思。以上諸類祭祀卜辭的正字用作禎祥的禎,在上下文都能通讀無礙。如第一類言祭祀某先公先妣,然後卜問會否降禎祥;第二類言舉行某祭儀,然後卜問會否降禎祥;第三類言用祭牲若干,然後卜問會否降禎祥;第四類言求禎祥於某先祖;第五類言某先王降禎祥,然後追問時王會否受佑;第六類言祭祀先王先妣,然後問是日或是夕會否降禎祥;第七類言祈求先公先王免禍除疾,然後問禎祥否。特别是最後一類的〈摭續300〉一版辭例,由陳述告疾於先祖一事而問正,正字自當有去疾而求吉祥的用意,更是呼之欲出。總括上述,殷墟祭祀類卜辭中的正字讀爲禎,在音義上都是可以相驗證的。

檢視上引周原甲骨的六條正字句,根據上下文意,都全屬於祭祀類。正字在此作爲禎字的用法,也是完全可以通讀無訛。在辭例「叀正」、「叀又正」的前面,有承接祭祀先公先王的句式,如「王其卲祭成唐鼎」、「王其卲禘大戊」、「王其𠦪又大甲」;在「正」字的後面,則下開「王受有祐」、「受有祐」等求降佑於時王的句式。這和上文第五類祭祀卜辭先言某先王正,然後追問「王受祐」的句式是完全吻合的。而上述第五類祭祀卜辭的句例,除〈屯1055〉爲第三期外,其他都屬於殷商第五期帝辛卜辭。因此,由「正」字的用法,可推知周原甲骨的材料,其時代有與晚商甲骨相合。【周原甲骨研究】

乏 金文反正仍爲正以正字傾首爲乏 中山王譽壺 乏其先王之祭祀  中山王譽兆域圖 王命賈爲逃乏假作窆 【金文編】

乏 秦一一五 法一六四 法一六四 【睡虎地秦簡文字編】

◉許慎 春秋傳曰。反正爲乏。房法切。【説文解字卷二】

◉林義光 説文云。春秋傳曰。反正爲乏。按此伯宗論酆舒之言。乃設辭取譬。非造字本意。正古或作𠁥敦。與足相混。乏。不足也。蓋當作。反足爲乏。變o爲●。亦書作耳。【文源卷九】

◉馬叙倫 王筠曰。無説解而祇引左氏者。蓋説義説形説音之詞盡失之矣。與輔字説解正同。正以射鵠爲本義。全體象形。乏以拒矢。與正之受矢相反。故反之以見義。倫按儀禮大射儀。凡乏用革。鄉射禮。乏參矦道。鄭注。容謂之乏。所以爲獲者御矢也。爾雅釋宫曰。容謂之防。郭注。形如今牀頭小曲屏風。唱射者所以自防隱。倫謂防即乏之雙聲借用字。然則乏爲拒矢者而正爲受矢者益塙矣。然正玉實一字。正字中子化盤作。邾太宰簠作。可證也。正是一字。是音禪紐。乏音奉紐。同爲摩擦次濁音。又可證也。拒矢爲乏者。矢止正則不進也。亦假借爲反正之反字。見急就篇。【說文解字六書疏證卷四】

◉唐蘭 卜辭習見字或作。前人不識。我以爲从止。从中。中即毌字。象盾形。而「乏」字本義是「持獲者所蔽」的革盾。見儀禮和周官。可見就是乏。「正」字作。「乏」字作。形體相近。後人就改做「反正爲乏」了。【古文字學導論】

◉湯餘惠 《古璽文編》附録第67頁收有

(3175) (3177)

(3173) (3178)

等四例前所未識的字，按之於戰國文字資料，很可能就是乏字的變體，中山王墓兆域圖版乏字兩見均作，中山方壺一見作，璽文衹不過把字上的斜劃和止旁中直連成一筆罷了。《說文》在乏字下引《左傳》「反正爲乏」爲解，段玉裁注云：

此說字形而義在其中矣。不正則爲匱乏，二字相嚮背也。

其實從上引古文資料看，正、乏二字形體上的差别僅在字上的一筆：正字作横劃而乏字作斜劃，大概是取非正即乏之義，跟嚮背了不相涉。戰國文字的「正」有時寫作、，有時又寫成、，便是明證。【略論戰國文字形體研究中的幾個問題 古文字研究十五期】

是 是

是 毛公旅鼎 是□簋 是要簋 虢季子白盤 毛公㫃鼎 秦公簋 陳公子甗 邾公華鐘 邾公牼鐘 鈴鎛 喪史賓鈃 郘王鼎 申鼎 殳季良父壺 王子午鼎 哀成弔鼎 林氏壺 徵兒鐘 郘黛尹鉦 欒書缶 伯亞臣鐳 永寶是尚 減孫鐘 永保是從 【金文編】

5·384 瓦書「四年周天子使卿大夫……」共一百十八字 【古陶文字徵】

〔二〇〕 〔三六〕 〔三六〕 〔七四〕 〔一八〕 〔一九〕 〔四二〕 〔二五〕 〔三六〕

〔二八〕 〔三六〕 〔六八〕 〔六六〕 〔二二〕 〔三六〕 〔七〕 〔二〇〕 〔一九〕
〔三六〕 〔三六〕 〔三八〕 〔三六〕 〔三六〕 〔一〕 〔三九〕 〔二〇〕 〔二〇〕
〔二二〕 〔一九〕 〔一〕 〔二二〕 〔四七〕 〔三九〕 〔一八〕 〔三七〕 〔五〇〕
〔三五〕 〔四七〕 〔一九〕 【先秦貨幣文編】

布空大 豫孟 布方同是 按鈅齂字 晉襄 布方 同是 晉洪 仝上 布方 同是 晉高 布方 同是 晉高 仝上 仝上 晉祁 布方 同是 晉祁 仝上 仝上 布方 同是 晉祁 仝上 仝上 布方 同是 晉祁 仝上 仝上 布方 同是 冀靈 仝上 晉高 布方 唐是 反書 晉高 布方 唐是 晉高 仝上 仝上 反書 布方 唐是 晉高 仝上 反書 布空大 典七四七 布方 同是 典一三四 仝上 典一三五 布方 同是 亞四・四四 仝上 是同 反書 布方 同是 亞四・四四 布方 同是 亞四・四五 布方 唐是 亞四・四五 仝上 是唐 反書 布方 是唐 反書 亞四・四五 【古幣文編】

一九五：一 一百五十七例 宗盟委質內室类麻臺非是 一五六：一九 九十五例 三四〇：一 一九四：一二 二例 一六：九 三：一〇 九六：八 六例 氏 八五：一九 【侯馬盟書字表】

4 89 【包山楚簡文字編】

是 效三〇 九十一例 法一八八 十三例 日甲一三九背 四例 秦一七一 二例 秦一六八 二例 【睡虎地秦簡文字編】

—胃孛(甲2—27)、—遊月閏之勿行(甲3—18)、—胃遊終亡(甲3—30)、—胃曑絽亡(甲4—10)、三寺、—行(甲6—8)、—月旨曑厝爲之正(甲6—24)、百神—亯(甲9—19)、—胃悳匿(甲9—21)、天像—惻(甲10—27)、—則鼠至(甲12—13)、—於乃取虞☐☐子之子(乙1—33)、—生子四☐(乙2—10)、—襄天埅(乙2—15)、—各參柴(乙2—19)、—隹四寺(乙4—8)【長沙子彈庫帛書文字編】

1635【古璽文編】

是嚴私印 劉是千万 萬是唯印【漢印文字徵】

祀三公山碑 由是之來 禪國山碑 於是丞相沇 天璽紀功碑 延光殘碑 石碣而師 詛楚文 唯是秦邦之羸衆敝賦【石刻篆文編】

是 是碧落文【汗簡】

古孝經 又汗簡 古老子 碧落文 雲臺碑 同上 天台經幢【古文四聲韻】

◉許慎 是直也。从日正。凡是之屬皆从是。承旨切。籀文是。从古文正。【說文解字卷二】

◉王國維 說文解字是部。是。直也。从日正。昰籀文是。从古文正。案是字毛公鼎作。石鼓文作。皆从止。與篆籀均異。【史籀篇疏證 王國維遺書第六册】

◉林義光 說文云。是直也。从日正。按日正無是字意。古作毛公鼎。作陳公子甗。作叀史賓鉼。皆从。是實徥之古文。跛不能行也。象人首。兒字之白。皃字之白。畟字之田。皆象人首。此亦然。象手足跛倚弛緩不行之形。荀子難進曰偍。脩身。注謂弛緩也。行貌謂之徥徥。說文。詩好人提提。葛屨。以提爲之。並當作。跛人須提挈。故提字从是得聲。象行弛緩。其引伸義爲安諦。故說文媞諦也。廣雅媞安也。釋詁一。說文禔安福也。皆以是爲聲。是非之是。亦由安諦之義引伸。省作邾公華鐘。作儀兒鐘。【文源卷四】

◉高田忠周 說文。是直也。从日正。籀文作。从古文正。此篆从止。止爲正省。又或以止旁一點爲指事乎。又說文。

正爲是也。直爲正見也。正是直三字。義皆相近。但許氏解正字形云。从一。一以止。此一非紀數字。即指事也。謂正道也。然古文或作正。从二。二古文上字。又金文作。即●以指上意。正字蓋取止與上也。禮記曲禮。太上貴德。左傳太上有立德。又止爲人下基。全身所依。自有鎮定之意。故爾雅以止字訓定也。管子法法篇。正者所以正定萬物之命也。會意之指可識矣。又是字从正从日。正者正定也。周禮大司徒。以土圭之法。正日景求地中。是字會意之指。亦可識矣。要正之義。無形可見。周語。正德之道也是也。是之義。稍有形可見。曲禮。明是非也。疏得禮爲是。失禮爲非是也。故爾雅。是則也。有則，即可以象也。但轉義正是兩字互相近似。易未濟。有孚失是。虞注正也。楚語。王弗是。注理也。之類是也。

【古籀篇六十二】

◉郭沫若　是小篆作，説文「直也，从日正。籀文是，从古文正。」今案古金文是字與此異。兹亦就金文編所輯者移録之。

是 毛公鼎 虢季盤 邾公華鐘 陳公子甗 邾公牼鐘 簷鼎 紷鎛 秦公毁 僑兒鐘 是𪗇毁 殳季良父壺 壴攴賓鈚 毛公旅鼎 郳䣄尹鉦

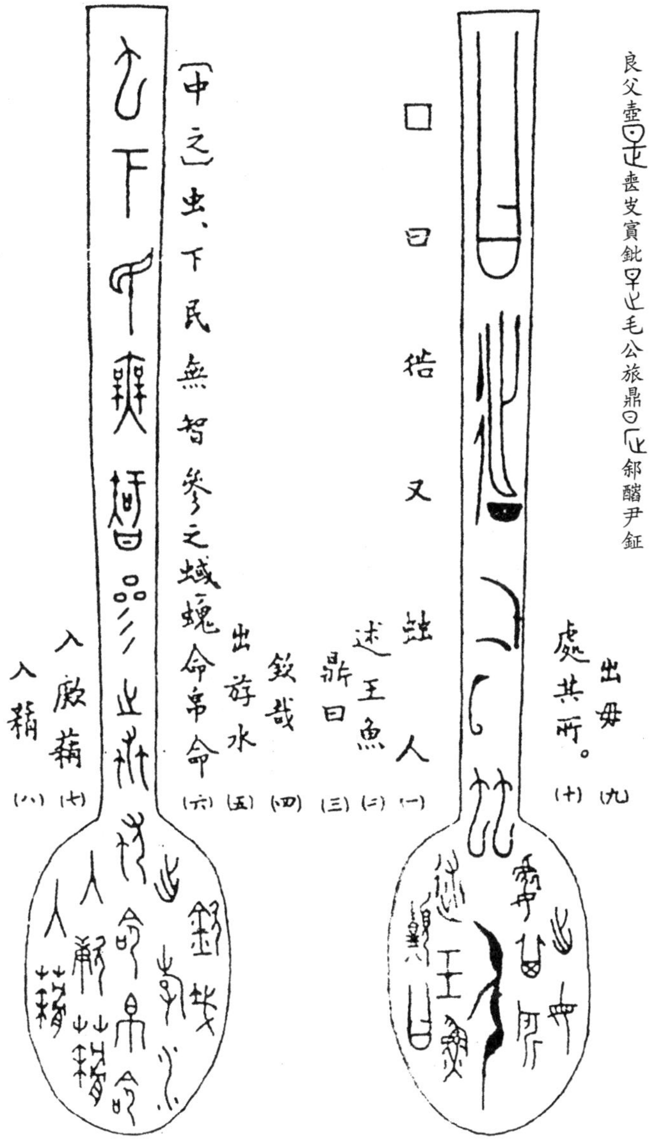

魚鼎匕較原大縮小六分之一，柄端尚折去寸許云。詳考見「金文韵讀補遺」。行下括弧中數字示行次，當由「曰」字讀起，第二面末「蕍」字迴接「出」字。

僅儔兒鐘是字與小篆同，乃字形之譌變者。是，不从日正也。余謂是亦卽匙，象匙形，从或一以示其柄，手所執之處也。从止，止乃趾之初文，言匙柄之端掛於鼎脣者乃匙之趾。故是與匙實古今字，是叚爲是非若彼是字，而本義廢矣。

由是之字形與魚鼎匕之實物瞻之，古匙頭圓而柄直，與匕之首鋭而柄曲者異。詩大東「有捄棘匕」，王國維云「捄，曲也。」見「觀堂集林」卷三·十三葉。毛傳訓爲長皃，失之。故是引伸爲正直也。惜魚鼎匕之端適折，無由知其全形耳。

知是爲匙，尤知氏之卽匙。古是氏字常相通用。儀禮覲禮「大史是右」注「古文是爲氏也。」曲禮下「五官之長曰伯是」注「是或爲氏。」儀禮士昏禮「惟是三族之不虞。」白虎通宗族是作氏。韓勑後碑「於氏憤慉之思」，於氏卽於是。而姓氏字漢器中復多作是，兹僅就集古遺文所箸彔者而言，如柴是鼎卷十三弟四葉趙是鈁卷十四弟七葉劉是洗卷十四弟九葉。嚴是洗卷十四弟十六葉又弟廿六葉。蜀郡董是洗卷十四廿七葉。等皆是。漢鈚中亦多見，兹不備舉。凡此不僅音同相通，蓋其實一字也。

卜辭無是字，亦無从是之字。是字之見於周彝者亦不甚古。毛公鼎乃宣王時器。蓋古匙字本作氏，逮叚爲氏姓字，乃有是字出而代之。是又叚爲是非彼是字，乃又有匙字出而代之。氏是之本義其失久矣。【釋氒氏　金文餘釋之餘　金文叢考】

◉馬叙倫　是即周禮司裘鄭司農注四寸曰質之質。是正一字。易未濟。上九。有孚。失是。虞翻注。是猶正也。位不正故失是也。此是正義同之證。禮記檀弓。是月禫。徙月樂。是月實月也。戰國策西周策。是攻用兵。注。是。實也。大戴禮記衛將軍文子篇。子貢以其質告。注。質。實也。是質同訓爲實。是質皆舌音也。是本字。質借字。毛公鼎是字作。陳公子甗作。皆象有矢箸之。魏石經作。小譌。然皆後作字。以篆形近足。故增矢以明之。猶中本作。因疑於口而增矢也。日爲正中之幖幟。射者以爲準的者也。目諭清代武試時。射的中以朱爲規識者。即是中之⊙。儀禮鄉射禮所謂丹質也。是音禪紐。正音照三。同爲舌面前音。聲轉耳。或曰。从正。日聲。日爲舌前音。是之轉注字爲韙。韙音喻三。日與喻三同爲舌前音。日聲脂類。是聲支類。支脂近轉。則是自从日得聲也。是爲正之轉注字。直也者引申義。或以聲訓。或非本訓。郄□句鑃作。蓋从厂。厂即矦字所从之厂。爲射矦之矦初文。本於厂晝是也。

金文無如是作者。上文乏爲古文正。則此疑當是古文是也。从古文正校語。【説文解字六書疏證卷四】

◉高鴻縉　是古文从(手)遮日光。从止。止爲腳。有行走意。是之本意當爲審諦安行。説文諟。理也。荀子難進曰偍。注。謂弛緩也。説文徥。行貌。又媞。諦也。廣雅媞。安也。説文禔。安福也。皆以是爲聲。由右文之意推之。則是之本意爲審行可知也。是非之是當由審諦之義引申。積久是字爲引申義所專。乃別造徥字。故是實徥之初字。□字从日下一垂。表光之通象。若光之實象則不只一垂矣。故□爲指事字。動詞。【中國字例三篇】

◉饒宗頤　辛未卜，𡆥貞：黍年，㞢足（是）雨。貞：黍年㞢足雨。貞：王飲㞢它。飲，亡它。（殷綴二二九——屯乙三二八五+三三一九整龜。）

按背左橋云「帚□。爭。」「王固曰：吉，不隹丁未。」則兼記祈年事，有爭署名。足卽是字。說文：「是，从日正。」又正字下云：「是也。」此云「正雨」卽「是雨」。他辭所見字亦从日作者。如：「庚辰卜，大貞：雨不𣅀，辰不隹年。」（林一・一六・一七前編七・三〇・一重。）「是」與「時」古音義俱通，爾雅釋詁：「時，是也。」（參郝疏）故「是雨」卽時雨。洪範「肅時雨若。」禮記：「天降時雨，山川出雲。」月令：「季春之月，時雨將降，下水上騰。」時雨卽謂順時降雨。卜辭又言「足年」。「帝令雨，足年。貞：帝令雨，弗其足年。」（前編一・五〇・一）卽時年也。時年應如洪範「時暘」「時燠」「時寒」「時風」之時。墨子七患篇亦見「時年」一詞。卜辭蓋用「是」爲「時」字。「是雨」舊讀作「足雨」，未確。戰國長沙繒書每言「寺雨」，亦卽時雨，惟借「寺」爲時耳。

【殷代貞卜人物通考】

◉李孝定　是字本義，說者亦殊，張氏引古文萬字爲說，謂二文下均从□，遂謂「是」本蟲類，證據殊嫌薄弱，卜辭□字或作□，降及小篆，遂爲□字，正可爲□乃□形衍變之佳證，寧得以□爲蟲類乎？諦審各說，仍當以郭說爲長，是氏古同字通用，是爲匙正面象形，氏作□爲匙之側面象形，柶與匙則爲後起形聲字也。【金文詁林讀後記】

◉葉保民　《考古》一九七四年第一期有西安市文物管理處《陝西長安新旺村、馬王村出土的西周青銅器》一篇文章，文章中記馬王村9、10號兩簋的蓋與底銘文相同，共計十六字，銘文如下：「隹十月□□作文寶毁，其子孫永寶用。」其中□□兩字，原來的文章把它們隸定爲「□嬰」，而未加以考釋。

今考定此乃是「是婁」兩字。

金文「日」字大都作□，但也有省去其中一點而直作○形的（可參考《金文編》第361頁），另外如从日的「晉」字金文也作□（同上第362頁）、「昔」字金文也作□（同上第363頁）、「朝」字金文也作□（同上第365頁），都把所从偏旁的「日」字中的一點省去了。甲骨文中這種情況也不勝枚舉，如大家都很熟悉的「日」下三人形的「衆」（众）字，很多便寫作□形（可參考《甲骨文編》第353頁）。甲骨文中有□字，唐蘭老先生就釋作「是」。由此可見馬王村9、10號兩簋的銘文中的□字乃□的省寫形，實即是「是」字，西安文管處隸爲「□」，似是而非。

馬王村9、10號兩簋銘文中[glyph][glyph]即「是婁」，是「鞮鞻」一詞的初文，鞻又作屨，就是鞋子。《説文》革部「鞮，革履也；胡人履連脛。」孫詒讓《周禮正義》云：「鞻字當是本作婁，而从鞮加革旁，《説文》走部作趧婁，是古本也。」那末所謂「是婁」(鞮鞻)，就是現在的長統皮靴或高幫皮鞋一類的東西了。《周礼春官・鞮鞻氏》「掌四夷之樂與其聲調，祭祀則龡而調之。」鄭注云：「鞮鞻，四夷舞者屝」(依段玉裁孫詒讓把鄭注在「屝」前原有的「所」字删去)。孫詒讓《周禮正義》云：「四夷舞屝尤殊異，故以命也。」从而可知所謂「是婁」(鞮鞻)，是「掌四夷之樂與其聲調」的官職名，而以「是婁」(鞮鞻)命官的原因，是居此官職的人所穿的或所管理的那種名叫「鞮鞻」的鞋子特别的「殊異」，就乾脆以「鞮鞻」命其官了。

西周青銅器銘文中，作器者在銘文中自己的官職下，大多數是録下自己的私名的，但也有只稱自己的官職而不録自己的私名的，如「徒(走)馬作彝」爵(見《三代吉金文存》16.32上)、「小臣乍(作)隮彝」鼎(同上2.51下)、「小臣乍父乙寶彝」卣(見《文物》63年12期)等器，器主也都只自稱其職爲「走馬」、「小臣」而未録私名。馬王村9、10號兩簋應名之爲「是婁簋」，也是一個只稱官職而未録私名的例子。【商周文字考 復旦大學學報一九八〇年增刊】

◉裘錫圭 《倉律》：

嗇夫免，效者發，見雜封者，以隄(題)效之，而復雜封之，勿度縣，唯倉自封印者是度縣。出禾，非入者是出之，令度之，度之當堤(題)，令出之。……入禾未盈萬石而欲增積焉，其前入者是增積，可毁(也)；其它人是增積，積者必先度故積，當堤(題)，乃入焉。(36頁)

注釋在「唯倉自封印者是度縣」下加注説：「是，在此用法同『之』字，參看裴學海《古書虚字集釋》卷九。是度，即度之。下文『非入者是出之』，即非入之者之出之。」(37頁)

今按：上引律文中的「是」字應是起複指作用的代詞。「唯倉自封印者是度縣」句的結構(「縣」字姑且據注釋解作動詞，連上爲句)，與「唯你是問」一類句子相同。按照一般的説法，「是」字在這裏是用來複指提前的賓語的。「非入者是出之」、「其前入者是增積」、「其它人是增積」等句裏的「是」字，也是起複指作用的，祇不過「唯倉自封印者是度縣」句的「是」字所複指的，對於「是」字後面的動詞來説是受事者；這幾句「是」字所複指的，對於「是」字後面的動詞來説是主事者。王引之《經傳釋詞》認爲這種用於複指的「是」字「猶『寔』也」，可以參考。上引律文注釋認爲「是」在句中的用法同「之」，是不確切的。【《睡虎地秦墓竹簡》注釋商榷 文史第十三輯】

◉銀雀山漢墓竹簡整理小組 「是」、「氏」古通。姓氏之「氏」，漢人往往寫作「是」，金石文字中屢見。【銀雀山漢墓竹簡壹】

韙 韙

◉戴家祥　說文二篇「是，直也。从日正。」是，籀文是从古文正。按毛公鼎、陳公子甗皆象有矢箸之，知⊙非日月之日，殆象射鵠形。天官司裘「王大射，則共虎侯、熊侯、豹侯，設其鵠。諸侯則共熊侯、豹侯，卿大夫則共麋侯，皆設其鵠。」鄭玄注「鵠者。取名於鳱鵠。鳱鵠小鳥而難中，是以中之爲雋，亦取鵠之言較，較者，直也。射所以直己志，用虎熊豹麋之皮，示服猛討迷惑者。」射欲其中鵠，故不中者爲失是。易・未濟上九「有孚失是。」虞翻注「是，猶正也。位不正，故失是也。」禮記・大學引「太甲曰顧諟天之明命。」鄭玄云「諟猶正。」是諟聲義並同。爾雅釋言「是，則也。」廣雅釋言「諟，是也。」諟爲是之加旁字。諸家不知⊙爲習射之鵠的，誤以日月之日釋之，故牽強附會，皆無當於造字之初義矣。【金文大字典中】

 韙王先生誅【汗簡】

 韙王先生誅【古文四聲韻】

◉許　慎　韙是也。从是。韋聲。春秋傳曰。犯五不韙。于鬼切。愇籀文韙。从心。【說文解字卷二】

◉王國維　說文解字是部。韙是也。从是韋聲。春秋傳曰。犯五不韙。愇籀文韙。从心。張衡思元賦。愇。關雎之戒女用此字。【史籀篇疏證　王國維遺書第六册】

◉馬叙倫　韙音喻三。是音禪紐。同爲摩擦次濁音。韙爲是之轉注字。史記宋世家。五是來備。後漢書荀爽傳注引作五韙。是其證。

愇王筠曰。玉篇愇在心部。注曰。怨恨也。廣雅。怨愇很。恨也。皆不以爲籀文韙。弟音不異耳。集韵七尾韙下繼收愇字。兩字各義。然則宋時説文尚無此重文也。俞先生樾曰。韙从是。故其義爲是。若从心則非其義矣。女部。媁。不説皃。廣雅釋詁曰。愇。恨也。文選幽通賦。違世德之可懷。曹大家注曰。違或作愇。亦恨也。恨即不説之意。然則媁愇同字可知矣。媁从女而愇从心者。猶女部媿或體作愧。心部惰或體作媠耳。詩鼓鐘篇。憂心且妯。許君於怞下引作憂心且怞。怞之爲妯與媁之爲愇。正可互證。女部。嬬。弱也。心部。懦。駑弱者也。女部。嫌。一曰。疑也。心部。慊。疑也。是从心从女。義得相通。今定愇爲媁之或體。而是部韙篆重文當删。倫按廣韵引字書。恨也。此字吕忱加之。籀篇以愇爲韙也。王筠據鍇本篆與此同。【説文解字六書疏證卷四】

尟　尟

◉許　慎　尟是少也。尟俱存也。从是少。賈侍中說。酥典切。【說文解字卷二】

◉林義光　說文云。尟是少也。尟俱存也。从是少。賈侍中說。按是少非義。尟。少也。當从少是聲。是蟹韻尟今讀寒韻雙聲次對轉。尟經傳多以鮮爲之。鮮古音或如斯。鮮支鮮卑鮮規皆疊韻字。則與是古同音。【文源卷十一】

◉馬叙倫　鈕樹玉曰。玉篇引同。韵會引止作少也。桂馥曰。汗簡尟下云。見顏黃門說文。徐灝曰。尟。俱存也。疑有譌。林義光曰。是少非義。尟。少也。从少。是聲。是蟹韵。尟今讀寒韵。雙聲次對轉。尟。經傳多以鮮爲之。鮮古音或如斯。則與是古同音。倫按尟音心紐。故經傳多以鮮字爲之。鮮以雙聲借爲小也。小少一字。小音心紐。則此似从少得聲也。然少音審三。是音禪紐。同爲舌面前摩擦音。爾雅釋詁。鮮。善也。釋文。鮮。郭音義云。本或作尠。尠尟形近。故段玉裁以爲尟俗字。倫謂尠爲尟之異文。或譌字。非俗字。蓋是甚音同禪紐也。以此言之。尟。从少。是聲。故義爲少。若从是。少聲。義當生於是。是爲射的。無少義也。今說解作是少也者。是少二字爲尟之誤分者。乃隸書複舉字。而也上轉寫捝少字。或譌爲是少少也。校者删一少字。而注以是少俱存也。賈侍中說者。賈逵經說中說。校者加之。此字據郭忠恕引見顏黃門說文。似謂見於顏之推所據說文。郭本及當時諸本尚無此字。郭後校者據郭增之。玉篇引者。出陳彭年輩後增也。或謂郭言見家訓及說文。則既見說文。不必引家訓。況不當先家訓於說文。若郭據顏。則顏引說文實字林。此呂忱據易加之。賈侍中說當亦見於賈易說也。【說文解字六書疏證卷四】

辵　辵

後二・一四・一八　佚二九〇　甲二二一一　乙三〇〇二【甲骨文編】

甲2211　乙3002　佚290　乙3287【續甲骨文編】

辵【汗簡】

汗簡【古文四声韻】

◉許　慎　辵乍行乍止也。从彳。从止。凡辵之屬皆从辵。讀若春秋公羊傳曰。辵階而走。丑略切。【說文解字卷二】

◉羅振玉　此殆即許書之辵。古文从彳者亦从行。【增訂殷虛書契考釋】

◉林義光　說文云。辵乍行乍止也。从彳止。讀若春秋公羊傳曰辵階而走。按从行省。見彳字條。从止。【文源卷十】

◉馬叙倫　鈕樹玉曰。宋本及影鈔繫傳篆作□。通部同。廣韵引作从彳。止聲。非。桂馥曰。讀若二字衍文。王筠曰。許以字形有止。遂説以乍止。非也。部中字皆行義。饒炯曰。玉篇。辵。走也。廣雅曰。辵。犇也。皆以奔走通名訓之。明辵無止住義。本部所屬字皆無止住義。亦可證。乍行乍止者。止當爲步。王國維曰。辵當訓行也。从止在道中。沈乾一曰。龍龕手鑑引作从彳止聲。二徐以爲會意而删聲字。倫按讀若公羊傳辵階而走。今傳辵字作躇。釋文曰。躇。一作辵。音同。是校者所見傳文作辵也。本書無躇字。當作踖。足部。踖。長脛行也。何休曰。躇猶超遽。不暇以次也。與儀禮公食大夫禮鄭注不拾級而下曰辵義同。倫檢公食大夫禮曰。賓栗階升。注曰。栗。實栗也。不拾級連步。趨主國君之命。不拾級而下曰辵。倫謂栗階者。栗借爲歷。音同來紐。史記孔子世家。孔子趨而進。歷階而登。可爲例證也。本書。歷。過也。過。度也。過爲跨之轉注字。足部。跨。渡也。跨階正與不拾級義合。公羊釋文。躇。一作辵。亦作踱。本書無踱。踱即跨也。亦其證也。蓋辵音本如踖。故轉注字作迹也。辵之義無超遽意。蓋迹之初文。辵从彳。从止。彳爲行省。行者。道路之名。足在道路之中爲迹者。古無足衣。出户則足著土而有迹也。玉篇作走也者。走音精紐。辵爲迹之初文。迹音亦精紐。足在道上明爲行走。所經爲迹耳。蓋走辵初實異文。後乃以辵爲步處之義矣。走爲趨也。見走字下。乍行乍止者。蓋躇字義。峙躇不前。正謂乍行乍止也。由辵音徹紐。躇音澄紐。同爲舌面前音。故躇之訓譌爲辵義矣。然非本訓。甲文有□。羅振玉謂即辵字。从止在行上。會意。餘詳走下。【説文解字六書疏證卷四】

◉馬叙倫　□舊釋足跡形二。立矩形二。倫謂□即説文之彳。實爲行之異文。行金文率作□。甲文作□。象通衢之形。此於□旁箸步。與步字同形。而不得讀爲步。蓋步爲陟之異文。猶夅爲降之異文。初止象形。後以易與他形相混。乃各增阜字以明降陟之義。行爲通衢。乃是平道。平道無須登陟。故知非步字。而實表左足先行右足從之。則此實説文之辵字。辵爲行走之走本字。而走之初文作□。乃象急走之形。所謂趨也。故其轉注字作趨。而奔字所以從之也。詳疏證。知非説文之徙字者。徙從辵止聲也。器文作此。未詳其義。【讀金器刻詞卷中】

◉李孝定　古文从行从彳每無别。辵與□在卜辭當是一字。二字在小篆僅形體小别。甲編二三二一辭云。「卜狄□□雨。」與他辭言□雨者當是同字。□字實應當於小篆之辵。惟其義則與許書□同。故本書仍分收□作辵。□作延。其實一字也。金文辵字偏旁均作□。亦與卜辭延之作□者同。乙三三一八七之□當是□之殘文。【甲骨文字集釋第二】

◉徐中舒　□一期　後下一四·一八　□一期　合一三九反

從□行從□止，《説文》：「辵，乍行乍止也，从彳从止。」甲骨文從行從彳每無别。今釋□爲辵，而延部釋從彳從止之□

迹 迹

爲延，辵延古本一字。【甲骨文字典卷二】

迹 說文籒文从束作𨒪 五年師旋簋 敉母敢速義如績三體石經績古文作𨒪 師袁簋【金文編】

迹 封七一 封六七 五例 封七六 六例 封六六【睡虎地秦簡文字編】

泰山刻石 悉臣思速 詛楚文將欲復其䟽速 石經僖公績字重文 說文迹籒文作𨒪金文師袁毁作𨒪汗簡引尚書作𨒪誤爲遂字【石刻篆文編】

◉許　慎　迹步處也。从辵。亦聲。資昔切。蹟或从足責。𨒪籒文迹。从朿。【說文解字卷二】

◉張燕昌　𨒪說文籒文迹从朿。鄭作迻。潘作迣。俱非。石本有重文。又麀鹿速下。施氏章氏本與石本不合。蓋施武子章升道所據或臨模傳寫本。故不免錯訛。【石鼓文釋存】

◉吳式芬　速籒文跡字。或作蹟。詩小雅。念彼不蹟。傳曰。不循道也。【攈古録金文卷三】

◉劉心源　速蓋文从朿。說文迹籒文作𨒪即此。或作蹟。小疋。念彼不蹟。傳。不循道也。【奇觚室吉金文述卷四】

◉王國維　說文解字辵部。迹。步處也。从辵亦聲。䢢籒文迹。从朿。段注云。釋獸。鹿其迹速。釋文本又作𨘋。素卜反。引字林。鹿跡也。案速正速字之誤。周時古本云。其速速。速之名不嫌專繫鹿也。廣雅。躔踈解亢。跡也。即爾雅麋跡躔。鹿跡速。麕跡解。兔跡迒也。曹憲踈音匹跡反。集韻云。迹或作踈。然則字林从鹿速聲素卜反之字。紕繆實甚。案段說是也。然速速二字自古相亂。師寰敦弗速我東䤋。弗速即小雅念彼不蹟之不蹟。而蓋文作速。器文作速。石鼓文兩云麀鹿速速。即爾雅之所謂鹿跡速。而一鼓之中。前作速速。後作速速。蓋古速疾之字或如籒文作遬。故不妨書速爲速。然速正速誤不待論也。又秦會稽刻石據申屠駉本本原事速字尚作速。不作迹。然則李陽冰謂李丞相持朿作亦。或不然與。【史籒篇疏證　王國維遺書第六册】

◉高田忠周　劉心源云。迹舊釋作速。即說文籒文迹字。此段言淮夷詐誘我廣收租税反其工事。是不使我之迹行于東國也。周之淮夷最強。南自漢以下。東抵徐魯。故云東國也。此說可从也。說文。迹步処也。从辵亦聲。或作蹟。从足責聲。籒文作𨒪。从辵朿聲。漢人俗字。合迹蹟亦作跡。後人跡字專行矣。釋名釋言語。跡積也。積累而前也。字亦誤作踈。愚謂速疑同趚。籀文叚借爲迹也。周禮迹人注。迹之言跡。知禽獸之處以俗字釋正字也。詩沔水。念彼不蹟。傳不蹟不道也。論語。不踐迹。皆本字也。賚亦朿聲。故同。【古籀篇六十五】

◉馬叙倫　步處也即辵字義。辵是足在道上。足在道上爲走。所經爲迹。步處即其引申義。然非本訓。迹爲辵之轉注字。辵讀若公羊傳辵階而走。今傳作躇。躇迹聲皆魚類。今北方謂走音尚近躇字見急就篇。顔師古本皇象作積。

　宋保曰。从足。責聲。籀文作速。朿聲。古音在支佳部內。亦古音在魚模部內。猶皰从昔省聲。讀若鼏。鑿或作鑿。處聲。鵙。司馬相如作鳺。赤聲。狄从赤省聲。索从系聲。皆其類也。苗夔曰。速蹟皆从朿聲。當爲走部趚之重文。不得爲辵部迹之重文也。亦在魚虞。朿在支齊。不同部也。倫按迹在精紐。蹟从責得聲。責音照紐。皆破裂摩擦清音也。故迹轉注爲蹟。左哀元年傳。復禹之績。釋文。績本作迹。借績爲蹟。

　桂馥曰。文見石鼓。倫按楊統碑。勳速藐矣。从朿二字校者加之。石鼓無速。秦公毁作。【説文解字六書疏證卷四】

◉強運開　　師寰敨二器弗趚我東䧴。吳書釋趚爲速。誤。詩念彼不蹟。毛傳不蹟。不循道也。弗趚不蹟。文義正相同。【説文古籀三補卷二】

◉戴家祥　

速(績)匹(配也)氒(厥)辟(君也)

第一字洪家義釋「逑」,張政烺釋「逵」,假爲「弼」,唐蘭、李仲操並釋「逨」,皆誤,字當釋「迹」。《單伯鐘》:「不(丕)顯,皇且(祖)刺(烈)考,」。孫詒讓云:「『速』爲『迹』之古文,『』當爲『匹』,『』疑『先』壞字,『速匹先王』謂順循貳佐先王」(《古籀餘論》卷二,30頁)。按《説文》「迹」,籀文作「速」,《曶鼎》「秭」作「」,偏旁作「」;孫説得之,惜未能詳其義。「迹」「績」聲同義通。《左傳·哀公元年》「復禹之績」,《釋文》「績,本作迹」,《三體石經·僖公》:「楚師敗績」,古文以「速」爲「績」。《泰山刻石》:「从臣思速」,「思速」即「思績」。《國語·齊語》:「世法文武遠績以成名」,韋昭注:「績,功也」。《左傳·昭公元年》:「遠績禹功」,孔穎達《正義》亦云:「績」,「功也」。【墻盤銘文通釋　上海師範大學學報一九七九年第二期】

◉何琳儀　黄錫全　迹于本銘當讀速或迹,册,楚革切,初紐,古讀清紐,朿,七賜切,清紐,金文中習見的「册命」,典籍多作「策命」。書金縢「史乃册祝」,史記魯世家引册作策,左傳定公四年「備物典册」,釋文:「策本又作册,或作筴」,王念孫謂册「通作策」。故遡可讀速,又據説文「跡,步處也」;从辵,亦聲,蹟或从足責,速籀文迹从朿。知迹本應作速。師寰毁「弗速我東國」,速正讀迹或蹟，是其明證，迹的本義爲足迹，乃名詞，引申爲動詞則可訓循詩小雅沔水「念彼不蹟」，傳「不蹟」，不循道也，訓叴小爾雅廣雅，訓尋漢書季布傳「迹且至臣家」注「謂尋其踪迹也」，後漢書儒林傳注「迹猶尋也」。啟卣「迹山谷，至于上侯」，與漢書「迹且至臣家」，語例相近，然則「迹山谷」猶言「循山谷」。【啟卣啟尊銘文考釋　古文字研究第九輯】

◉王貴元　《春秋事語》80行：「邦治適亂，兵之所迹也。」迹即迹之變體，迹，西周金文、詛楚文、《説文》籀文、三體石經皆从辵朿聲。帛書之迹即速之變，隸書「朿」常寫作「夾」，如策作筴等。又，早期隸書夾、亦(大)常不分，如《老子》甲本「夾」作夫，因疑《説文》小篆从亦，爲《説文》據隸書而定。【馬王堆帛書文字考釋　古漢語研究一九九五年第三期】

𨘏　𨘏

◉許　慎　𨘏無違也。从辵。𡴀聲。讀若害。胡蓋切。【説文解字卷二】

◉馬叙倫　鈕樹玉曰。玉篇訓遠也。此無字衍。段玉裁曰。廣韵音會。葉德輝曰。詩小雅車𡴀左昭二十五年傳。昭子賦車轄。是𡴀害古音同。劉秀生曰。𡴀从𦍒省聲。𦍒爲禼古文。禼讀與偰同。偰从契聲。契从㓞聲。㓞害並从丰聲。故𨘏从𡴀聲得讀若害。詩邶風泉水。載脂載𡴀。文選潘正叔贈陸機出爲吴王郎中令詩作載脂載轄。小雅車𡴀左昭二十五年傳昭子賦車轄。並其證。倫按違。離也。此訓如去無字。亦不當側此。疑無違也有奪譌。違本作𨘏。乃隸書複舉字。傳寫譌爲違耳。玉篇訓遠也。則爲邁之聲同脂類轉注字。【説文解字六書疏證卷四】

𨓆　𨓆

逹　不从辵　盂鼎　率字重見　小臣謰簋　或方鼎　或簋　師寰簋　永盂　禹鼎　多友鼎　庚壺　□郘鐸　上官鼎　厲羌鐘　中山王䰜鼎　亡不逹仁　螸壺　逹師征鄾

【金文編】

◉許　慎　𨓆先道也。从辵。率聲。疏密切。【説文解字卷二】

◉吴大澂　𨓆疑古率字。十三年上官鼎。【説文古籀補】

◉高田忠周　説文。𨓆先導也。从辵率聲。銘意即是也。經傳此義皆借率帥爲之。又説文行部。衛。將衛也。从行率聲。衛逹疑同字。將衛。司先導之事者。一轉耳。【古籀篇六十五】

邁 

◉郭沫若　䢦乃虛辭。無實義。厵芍鐘亦言。䢦征秦迮齊。尚書多用率字。【小臣謎毀　兩周金文辭大系圖録考釋】

◉馬叙倫　先道也當作先也道也。先爲前行。即導率義。䢦音審二。先音心紐。同爲摩擦次清音轉注字。道借爲䢔。此校者加之。儀禮士昏禮。祝帥婦以入。注。帥。道也。古書多借帥爲䢦。是帥道也即䢦道也。春秋元命苞。律之爲言率也。宋均注。率猶導也。此率之後起字。師寰毀作□。上官鼎作□。【説文解字六書疏證卷四】

◉陳鐵凡　□——説文。先道也。从辵。率聲。師寰敨作□。上官鼎作□。魏石經古文作□。併與此略同。玉篇。䢦。古文帥。今案䢦由⿴行率孳乳。亦率之譌變也。古文从行之字。多孳乳从辵。説文行部諸字重文。多从辵。辵部諸字重文。多从行。皆其證也。

漢末率字。殆有率⿴行率䢦三體。經傳又通叚帥字。許氏著説文。乃分别部居而各繫以異訓。顧氏著玉篇。又緣附爲帥之古文。輾轉譌傳。莫知其極。實則帥爲率之通叚。率爲䢦之本字。錢坫曰。率循率遵率從率由等字。皆應用此(䢦)。是亦據許書爲説。經傳率循等字。皆用率而無作䢦者。䢦實率之譌變也。【率與亂　中國文字廿六册】

◉戴家祥　説文「䢦，先導也。从辵率聲。」又行部「⿴行率，將⿴行率也。从行，率聲。」卜辭有彸字，偏旁辵或作彳。䢦⿴行率不但聲同義同，其形亦大致同也。將⿴行率之⿴行率經傳皆借率帥爲之。率帥俱讀「所律切」審母脂部。故呂氏春秋辯土篇「帥爲泠風」。高誘注「帥，率也」。大雅緜「率西水滸」。文選・干寶晉紀總論作「帥西水滸」。公羊傳隱公五年「君將不言率師，書其重者也。」何休注「分别之者，責元率。」釋文「本又作帥。」儀禮大射禮「帥衆介夕。」聘禮「帥大夫以入。」古文帥皆作率。覲禮「伯父帥乃初事。」今文作「率乃初事。」説文四篇肉部「膟，从肉，帥聲。」或體作脺，率聲。爾雅釋蟲「蟋蟀」。釋文「蟀本或作螄。」螄，説文十三篇虫部「悉螄也。」同聲必然同義，知將⿴行率即將帥之或作也。【金文大字典上】

邁　金文以爲萬字　弔向簋　萬字重見【金文編】

孫邁猷印　【漢印文字徵】

◉許　愼　□遠行也。从辵。蠆省聲。莫話切。□邁或不省。【説文解字卷二】

◉吳大澂　□。往也。小篆作邁。古文以邁爲萬字。邁與勱通。周書曰。用勱相我國家。許氏説。勱讀若萬。盂鼎。遇相先王。【説文古籀補】

◉潘祖蔭　萬邁古本一字。彝器萬年之萬有从彳者。此當作邁字。與上萬年同字異訓。邁至猶言邁往。莊八年左傳引書皋陶邁種德。杜注併皋陶能勉種德。邁勉也。與勱相之勱意同。【攀古樓彝器款識二册】

◉馬叙倫　鈕樹玉曰。韵會引同。繫傳作萬聲。王念孫曰。鍇本作萬聲。鉉以爲邁字不當从萬聲。故改爲蠆省聲。不知萬邁乃聲之轉。説文勱亦从萬聲也。王筠曰。小徐作萬聲。是也。積古齋鐘鼎欵識萬年字。甲午簋作。天錫簋同。从辵明白。至如寰盤周壺司敦陳侯敦亦皆借邁爲萬。聲苟不同。何以借用。以下文巡遐等字推之。則遠行是一義。然廣韵。邁行也。遠也。則二義。行也義見毛詩傳箋。倫按一訓校者加之。叔向段作。

王念孫曰。鍇本作邁或从蠆。蓋鉉既改上文邁字注作蠆省聲。故又改此注爲或不省也。徐灝曰。蠆萬疑本一字。因假萬爲數名而譌从禸。俗書又增虫作蠆。此篆乃俗書羼入。【説文解字六書疏證卷四】

◉戴家祥　説文二篇「邁，遠行也。从辵蠆省聲，𨘻，邁或不省。」小徐繫傳「从辵，萬聲。重文邁或从蠆。」按詩王風黍離「行道邁邁」。唐風蟋蟀「日月其邁」。陳風東門之枌「越以鬷邁」。毛傳並云「行也。」小雅小宛「我日斯邁。」大雅棫樸「周王于邁」。又崧高「申伯信邁。」鄭箋，邁並訓「行」，爾雅釋言亦云「行也」。此皆許書之所本，世無異義。按大徐邁讀「莫話切」，小徐「謀敗切」明母祭部。萬讀「無販切」明母元部，蠆讀「丑芥切」透母祭部。祭元陰陽對轉，故从萬从蠆皆得其韻。同聲必然同義，金文「萬年」作邁年者不下數十字。段懋堂説文注云「虫部萬字上不从萬，而疒部厂部蠆皆从萬从虫，未聞其詳」，何其蔽也。

伯㪤父段　㒖乃邁之省體。金文辵作，彳作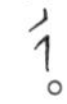。彳實乃是辵之省，故从辵字。金文常作彳。如追之作㣠，還之作𢔁等。邁亦可作㒖。詳見辵部「邁」字。金文皆假作萬。

萛白筍父鬲　字从萬从止，説文所無。金文从辵字常从止，如過或作𨑳，走或作徒，從或作䢖等，故疑𨑊即邁字省形。金文仍用作萬。【金文大字典下】

0806　0997　4022　1082　4083　1899　1938　1454　0505　【古璽文編】

鄭巡印信　【漢印文字徵】

泰山刻石　窺輈遠黎　輈字重文　【石刻篆文编】

巡亦循　【汗簡】

說文　【古文四聲韻】

◉許　慎　䢊延行皃。从辵。川聲。詳遵切。【說文解字卷二】

◉郭沫若　⿰巛步乃䢊(巡)之古文，从步川聲，此叚爲順。舊釋爲涉，義不可通。云「公易氒⿰巛步子效王休貝廿朋」者，謂東宮錫其孝順之子效以王所錫公之貝廿朋也。【效卣　兩周金文辭大系圖録考釋】

◉郭沫若　彸者巡之異，从川省辵省。或釋爲衍，非是。前八・三・五已出。【殷契粹編】

◉馬叙倫　鈕樹玉曰。韵會引作視行皃。宋本作延行皃。恐非。桂馥曰。小字徐鍇本作延行皃。延當作㢟。本書。㢟。安步㢟㢟也。沈濤曰。玉篇引作視行也。蓋古本如是。今本延字不可通。田吳炤曰。小徐本作視行皃。廣韵引作視行也。書大傳。維元祀巡守。注。巡。行視所守也。書舜典。歲二月。東巡守。鄭注。巡守者。視所守也。周禮土訓。王巡守。注。同。是視行與經義合。倫按如桂說。巡爲逡巡之義。然逡巡雙聲連緜詞。逡巡即逡也。倫謂延行皃當作延也，行也。延也校者加之。篇韵引作視行也。鍇本作視行皃。此字決非形容詞。不當作皃。本書皃也二字多互譌。此亦然。視行蓋爲後人所改。从辵無視義。視行亦不可通。本部諸文亦無兼視義者。蓋後人以古書言巡。每爲視察之義。故加視字。又删延也一義。其實巡爲彴之雙聲轉注字。管子入國。入國四旬。旬即徇省。徇爲彴之今字。注曰。旬即巡也。廣雅釋言。徇。巡也。是皆以轉注字爲釋也。爾雅釋言釋文引張揖字詁曰。徇。今巡。則張且以巡彴爲古今字。書泰誓。王乃徇師。而誓。孔傳曰。徇。循也。玄應一切經音義引徇作彴。白虎通巡狩風俗通山澤廣雅釋言公羊隱八年傳注皆曰。巡。循也。是彴巡爲轉注字無疑也。巡彴又皆爲徧之轉注字。徧爲周行。故言巡狩徇師。皆謂周歷其地或師中。或謂彴下引司馬法曰。斬以彴。史記司馬穰苴傳。於是遂斬莊賈以彴三軍。漢書陳勝傳。車裂留以徇。劉屈氂傳載屈氂廚車以徇。要斬東市。左僖二十八年傳。司馬殺之以徇於諸侯。國語吳語。斬有罪者以徇。是皆合於周禮司市中刑徇罰之義。徇爲行示刑戮者專義。倫謂左桓六年傳。以木鐸徇於路。漢書高帝紀。時張良徇韓地。此皆巡視義而字用徇。益知徇之本義爲徧歷而已。既不專於刑戮。而視察亦引申之義。延爲長行。實長道也。後人讀行字爲動詞。因以延訓巡。又延聲脂類。巡聲真類。脂真對轉。此以聲訓。【說文解字六書疏證卷四】

◉黃錫全　巡亦循　鄭珍云：「从古文舜聲，今《說文》無此字，脱去，已收入《逸字》。」夏韻諄韻録此，文作，此與馮本均脱

一筆。【汗簡注釋】

◉戴家祥 説文「巡，延行皃。从辵，巛聲。」秦始皇泰山刻石「親巡遠黎」，作䡅䡅，更旁从車，孟子梁惠王下引晏子對齊景公曰「天子適諸侯曰巡守，巡守者。巡所守也。」禮記祭義「天子巡守，諸侯待于竟。」孔穎達正義云「天子巡守者，謂巡行守土。」集韻去聲二十二稕順。古作愼、巡、㑽。按「巡」「順」皆从川聲，唐韻巡讀「詳遵切」，邪母文部。順讀「食閏切」，牀母真部，「真」「文」韻近，古本通用。劍銘「巡則生」，猶易咸象曰：「順不害也。」孟子離婁下云：「順天者存。」【金文大字典下】

𨗨

◉許 慎 𨗨恭謹行也。从辵。𣪘聲。讀若九。居又切。【説文解字卷二】

◉馬叙倫 劉秀生曰。𣪘聲。在見紐蕭部。九聲亦在見紐蕭部。故𨗨从𣪘聲得讀若九。广部。廄。从广。𣪘聲。古文作㢚。九聲。釋名釋宮室。廄。勼也。勼亦从九聲。並其證。倫按恭謹行也非本訓。蓋此與上文巡字説解並有捝譌矣。玉篇也作皃。或本作恭敬皃。行也。二訓。恭敬皃蓋字林訓。【説文解字六書疏證卷四】

辻

乙4926

5582

7799

佚374
【續甲骨文編】

辻 不从辵 盠方尊 土字重見

辻隸變作徒 揚簋

師寰簋

禹鼎

子仲匜

魯元匜

厚氏匜

虢大子元戈

元戟

仕斤戈

南疆鉦

無叀鼎

从彳永盂

魯司徒仲齊簋

鄂君啟車節

魯司徒仲齊盤 【金文編】

3·718 曰司徒

4·113 右匋功徒

4·130 湯都司徒鉢

9·17徐徒得 【古陶文字徵】

一：八四 宗盟委質類參盟人名徒 郰徒

九八：二〇

一五六：二二 【侯馬盟書字表】

226

228 【包山楚簡文字編】

徒 秦一〇一 五例

法一八〇 六例

雜一二 九例 【睡虎地秦簡文字編】

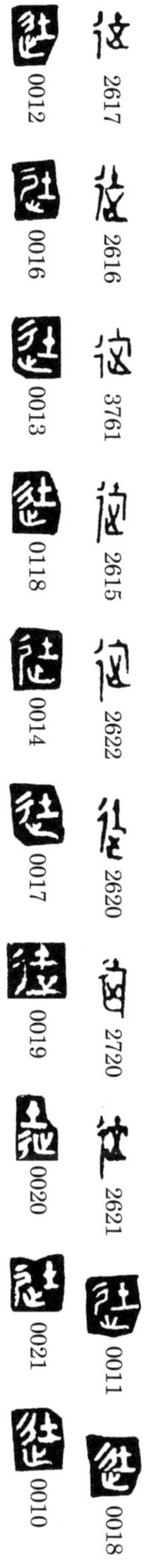

【古璽文編】

徒 寘徒丞印　徒 故且蘭徒丞　徒 申徒朗　徒 徒府　徒 武徒府　徒 申徒裦印　【漢印文字徵】

□ □ 袁安碑　司徒公　搴司徒　□ 禪國山碑　大司徒燮　□ 石碣鑾車　辻驛孔　庹　【石刻篆文編】

□ 徒竝碧落文　□ 徒　【汗簡】

□ 道德經　□ □ 竝碧落文　□ 李商隱字略　□ □ 竝王存乂切韻　【古文四聲韻】

◉許　慎　辻步行也。从辵。土聲。同都切。【說文解字卷二】

◉劉心源　徒从⊥。古文土字。盂鼎受疆⊥是也。从□爲辵。【奇觚室吉金文述卷二】

◉高田忠周　說文。辻步行也。從辵土聲。夫徒者。足以蹈土也。形聲兼會意。又古文从辵字。往往析彳止。而止在右下。故辻亦延字。隸亦作徒從徙。必不可認爲俗體也。禮記王制。君子耆老不徒行。又爾雅。溯河。徒涉也。皆字本義。【古籀篇六十五】

◉葉玉森　□从□即土。从□乃歪省。即辻字。說文「辻。步行也。」【殷契鉤沈】

◉郭沫若　遶字原作□，从辵尭聲，叔夷鐘有戜，亦从尭聲。彼讀如都，則此正當爲徒，大徒者大司徒也。【兩周金文辭大系圖録考釋】

◉強運開　□說文。步行也。从辵。土聲。段注云。賁初九。舍車而徒。引申爲徒搏。徒涉。徒歌。徒擊鼓。攼揚敀作□。余□鉦作□。與鼓文同。【石鼓釋文】

◉馬叙倫　步行猶步道。即今所謂人行道也。或步也行也二訓。傳寫捝一也字。一訓蓋出字林。行也者。字當如甲文作□。葉玉森釋土。倫以本書率字盂鼎作□。毛公鼎則作□。證知□即行之省變。□蓋从行。土聲。即道塗之塗本字。爲□之轉注字。音同定紐也。老子。生之徒十有三。死之徒十有三。徒即道也。以徒爲行同从土得聲也。甲文有[glyph]。葉玉森釋徒。倫謂从行。土聲。行字見父癸鼎。行。从止。行聲。爲行走之行本字。辻其省也。徒爲道之轉注字。餘見道下。揚毁作[glyph]。子仲匜作[glyph]。玄應一切經音義引三倉。徒。跣。【說文解字六書疏證卷四】

◉饒宗頤　甲戌卜，㱿貞：雀及子[illegible]𣳡𡈽方，克。（屯乙五五八二）

按𣳡即「辻」。說文：「辻，步行也。」廣韻，辻古徒字。徒通涂。列子天瑞：「食于道徒者」，道徒即道涂。故知𣳡與𡋯同。𣳡某方即𡋯某方也。𡋯，集韻訓止，卜辭多用爲祓除之「除」。如「𡋯若兹鬼」（叕存二八），謂有鬼祓除之，曰：「𡋯首」，即除道（說見上）。又爲「誅」。考工記玉人：「以除慝。」鄭注訓除爲誅。卜辭言𡋯某方若𡋯𡈽方、𡋯虎方（佚存九四五）「，𡋯」字並讀爲誅。于省吾謂借爲屠（駢枝三編），義亦通，不如釋「除」較當。【殷代貞卜人物通考】

◉李孝定　說文：「赴，步行也。从辵，土聲。」栔文偏旁止彳辵行每無別，葉釋可从。辭云「癸未☐辻☐」拾十四・十八、「貞于庚午令辻☐」後上十・六・二、「己未卜徒𦥎眔☐」後下八・十三、「甲戌卜㱿貞雀☐子[illegible]徒基克」乙五五八二，除後上十六・二之徒似爲人名外，另二辭辭意不明。佚三七四辭云「于徒京北」又似爲地名，金文作[glyph]揚簋[glyph]師寰簋[glyph]子仲匜[glyph]南彊鉦，从辵，與篆文同。【甲骨文字集釋第二】

◉晁福林　甲骨文[glyph]字，歷來混同于動詞「往」。《合集》將有關[glyph]字的材料編在第一期奴隸和平民類，表明編者認爲這個字不是動詞往字，而是一個表明奴婢身分的名詞。這種編排是完全正確的。我認爲它是徒字之異。甲骨文徒字作[glyph]，上部从土，下部从止。而[glyph]亦是从土从止，衹是上下位置不同而已。甲骨文同一字的偏旁屢見位置不同之例，所以這個字亦當爲徒字。它在卜辭中除表示步行和用作語氣詞外，還同于《小雅・車攻》「徒御不驚」的徒，指挽車和從事其它事務的奴僕。卜辭中的「侯虎徒」（合集3297）「子徠徒」（合集6）指侯虎、子徠擁有的徒；「王奎徒」（合集10372）「臭奎徒」（合集846、847）指王、名臭者捕獲徒；「洲舟出徒」（合集849）指名洲者擁有的臣和徒；「☐徒」（合集861）指對徒施用斷腿的酷刑。這些材料對于研究殷代下層勞動羣衆的情況無疑是十分重要的。【評《甲骨文合集》　中國史研究一九八五年二期】

◉戴家祥　徒从土聲，唐韻「同都切」，定母魚部。土讀「它魯切」，透母，魚部。透定皆舌音字，故金文司徒或作司土。徒義爲步，故步卒亦稱徒。

[彳土]魯司徒仲齊盨　[彳土]即徒之省。徒金文寫作[glyph]辻，从辵，土聲。金文辵作[glyph]，[glyph]乃辵之省。故从辵字金文往往省作从彳。如追之作[彳𠂤]、還之作[彳睘]等等，皆屬此例。【金文大字典下】

邎　邎

延　延

◉許　慎　邎行邎徑也。从辵。繇聲。以周切。【説文解字卷二】

◉馬叙倫　王筠曰。疑當作行也。一曰。邎。徑也。廣韵曰。行也。是行爲邎之義也。釋詁。宮路場猷行。道也。此道路之道而字作猷。疑當作邎。仲尼弟子列傳。仲由字子路。倫按邎爲道徒之轉注字。道徒音同定紐。邎音喻四。古音喻四歸定也。邎道又聲同幽類。本訓挩矣。行邎徑也校語。或字林文。疑本作邎行徑也。邎乃隸書複舉字。又疑此字出字林。【説文解字六書疏證卷四】

續一・三・二　説文延正行也或从彳作征　此與説文或體征字同　征系　存下八四八　甲三三五五　不从彳卜辭用正爲征【甲骨文編】

正之重文【續甲骨文編】

延　延盨　㠱伯盨　申鼎　説文或从彳作征　利簋　大保簋　麥鼎　天君鼎　盂鼎　𢦏馭簋　小臣遽簋　班簋　啟卣　孟簋　師旂鼎　芇伯簋　無㠱簋　鄂侯鼎　史免匡　翏生盨　翏生盨二　爲甫人盨　曾伯匿　陳公子甗　喪史賓鉼　曾伯文鐳用征行　啟尊　庚兒鼎　郘𪒠尹鉦　自作征城通鉦鐃也　屭羌鐘【金文編】

5・418　獨字　9・46　陽征之鉢【古陶文字徵】

乍☐北—(丙1:3—3)【長沙子彈庫帛書文字編】

征羌國丞【漢印文字徵】

征　征　征　説文【汗簡】

古尚書 石經 說文 【古文四聲韻】

◉許慎　𨒪正行也。从辵。正聲。諸盈切。征延或从彳。【說文解字卷二】

◉劉心源　征从辵从正。說文目爲篆文征字。【奇觚室吉金文述卷五】

◉孫詒讓　攷《周禮・春官・大卜》云：「以邦事作龜之八命：一曰征，二曰象，三曰與，四曰謀，五曰果，六曰至，七曰雨，八曰瘳。」注：鄭司農云「征謂征伐人也。」

八命一曰征，龜文云「征」者有二：一爲征行之征，如云：「貝□月不征雨」卅一之一。「庚□□卜貝羊豕征才我」七十六之二。「壬申卜殸貝立叄征□□貝」八十八之三。「貝不其征雨」。又云「貝今月征雨」九十八之二。「八月征□」百四十五之四。「丁子𡆥貝今月征雨」二百四十六之一。此與後鄭義合者也。一爲征伐之征，如云：「貝征受」百三之四。「月戉癸子征戉」百十二之三。「貝不其征凡」百廿之二。「□申卜乎雀出于伐征□五月」百七十六之二。「申卜出□□日征益」二百廿三之四。又或叚「正」爲之，如云：「貝□立正昌方」百十八之二。「丁酉卜甶立正昌方（二　二）㝵□□又」。又云：「貝叄正昌方（二　二）弗㝵不我其受又」二百四十四之二，此與先鄭義合者也。

「征」皆作「」，如云：「□申卜乎雀出于伐□五月」百七十六之二。「貝不其雨」又云「貝今月雨」九十八之二，是也。文中「征」字甚多，略詳《釋卜事篇》，茲不悉舉。《說文・辵部》：「𨒪，正行也，从辵，正聲。或作征，从彳。」又：延，从辵，止聲。或作征，今隸變作徙・征與此形同而征伐義不合，故不據釋也。此與《說文》或體同，但以爲正，字畫散省耳。

又或借「疋」爲「征」，「𤴓」，正之古文。詳前。如云：「貝甶立昌方」，又云「丁酉卜甶立昌方（二　二）㝵□□又」又云「貝叄昌方（二　二）弗㝵不我其受又。」並詳《釋地篇》。以文義推之，蓋疋之省，當讀爲征伐之征，又云：「□申貝之父乙牛」卅五之一。「□□殸貝」六十之三。「戊寅卜𡆥貝窋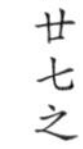」百廿七之二。「卜立貝求大甲三羊一牛求」百七十五之四。「貝又弗」百九十四之一。「丙辰卜㗊貝于人□」百九十九之一。諸字皆箸文末，其義難通，未知其爲「正」爲「征」抑或別爲「疋」字，皆無由決定矣。【栔文舉例】

◉高田忠周　說文。𨒪正行也。从辵正聲。正與此篆合。又或从彳作征。與下諸文相合。經傳皆作征。延字少見。疑征爲古文。延爲籀文。易大壯壯于趾征凶。詩小宛。而月斯征。皇皇者華。駪駪征夫。左襄十三年傳。先王卜征。五年注謂巡狩征行。轉義。孟子。征者上伐下也。書允征傳。奉辭伐罪曰征。【古籀篇六十五】

◉郭沫若　器之形制與句鑃同而自名爲征城，可知征城即是句鑃。征城有南彊鉦复作鉦鍼，是則征城即是鉦矣。鉦古亦名丁寧，國語晉語「戰以錞于丁寧」。又吳語「鳴鐘鼓丁寧淳于」，左傳宣四年「著于丁寧」，韋昭杜預均以丁寧爲鉦。丁寧征城均耕部之疊韵字：蓋鉦聲丁寧，故以爲名，器用於戰陣，故書作征城，以金爲之，故又作鉦鍼，省之則爲鉦矣。其別名句鑃者，合音則爲鐲爲鐸，均一物之異名。後世器改，名各有所賓，遂至判離耳。器小，口向上，執其柄，別以物扣而鳴之。柄之中央有𠃋横穿者如南彊鉦是，以備扣之之物之貫繫也。【郘䜌尹鉦　兩周金文辭大系圖録考釋】

◉郭沫若　此片雖殘。然其文必左行。全辭當爲「〔癸□卜□。貞旬亡囚。王固曰㞢希。其㞢來𡆥。□(數目字)日□□(干支)允㞢來〕鼓自西。〔□告曰〕𢀛方𨒅我……(所缺當僅三四字爲某某若干邑)覓亦𢦏𨸏……」。𨒅字以辭意推之殆征之繁文。它辭有作𨒅若𨑞者。羅振玉釋征。此右旁从𠂤二。文更繁矣。亦有作𨑞者。言「𢀛方𨑞」(前七·四·二)上下文均缺。自是一字。【卜辭通纂】

◉馬叙倫　丁福保曰。慧琳音義九十六引。行也。考爾雅釋言詩毛傳鄭箋皆與慧琳音義所引同。今二徐本作正行也。正行非連文。經傳多用延。或體作征。如書序作成王政。馬本政作征。注云。征。正也。孟子。征之爲言正也。核各説證之。古本當作正也。行也。今本奪也字。倫按玉篇亦止作行也。延與延一字。廴部。延。行也。音義並同。此正字衍文。或校者注以釋延字之音者也。延延皆𤴓之後起字。此字疑出字林。

征惠棟曰。漢征和。年表作延和。倫按金文多作此征。魏石經尚書有征字。郘□句鑃作𢓊。【説文解字六書疏證卷四】

◉楊樹達　書契前編柒卷肆葉貳版云：

(一)△牛家△亦有來△，𢀛方𨒅△。

𨒅字又作𨑞，前編柒卷拾柒葉壹版云：

(二)△自西，𢀛方𨒅我△𢦏亦𢦏△。

葉玉森釋(𨒅)爲圍之古文集釋柒卷叄葉下，其説無據，非是。余謂字从𠂤，𠂤下从二，或从一，又或从三，此與册或作𠕁同通纂三〇〇、三〇一、三〇二叄片均有𠕁字，繁文無義。𠂤古文與師同，从正，殆征伐之征本字也。征伐必以軍旅，故字从𠂤，正則其聲符也。前記二辭，一云「𢀛方𨒅」，一云「𢀛方𨑞我」，文雖殘缺不具，然𢀛方爲屢次寇殷之敵，治甲文所習知。尤有可證者：書契菁華壹葉云：

「癸巳，卜，㱿貞，旬亡囚？王固曰：有希，其有來嬄𡟰。乞至五日丁酉，允有來嬄，自西。沚𢧢告曰：土方正于我東啚，𢦏二邑，𢀛方亦⿰牜𠬶我西啚田。

以此辭與前記兩辭相校，句例多同。菁華爲卜旬之辭，知此兩辭亦卜旬之辭也。試以二辭與菁華所記之辭對照，表之如左：

一辭	亦有來		𢀛方⿰𠂤正……	
二辭		……自西	𢀛方⿰𠂤正我……	臾人亦𢦏……
菁華	其有來媗	允有來媗自西	土方正于我東啚	𢀛方亦⿰牜𠬶我西啚田

由此可知一辭之「亦有來」者，「亦有來媗」之缺文也。二辭之「自西」者，「允有來媗自西」之缺文也。一辭之「𢀛方⿰𠂤正」，二辭之「𢀛方⿰𠂤正我」，當與菁華之「土方正于我東啚」相當。二辭之「臾人亦𢦏」，當與菁華之「𢀛方亦⿰牜𠬶我西啚田」相當。兩辭「⿰𠂤正」字本皆从正，今知其相當於菁華之「正」字，則音讀如正，其爲字之聲符甚明。征伐必以師，故字从𠂤，此猶軍之所止謂之𠂤，軍門謂之𠂤(詳余釋𠂤篇)，其字皆从𠂤矣。兩辭作⿰𠂤正，皆用本字，菁華作正，用同音假字，其義固無異也。【釋⿰𠂤正 積微居甲文説】

◉金祥恆 丁氏據孟子征之爲言正也。正可證正征通用。其實征延正原爲一字。何以言之。説文从彳之征。乃从辵之延之省。金文同。征篹之征作□。簷鼎作□。延篹作□。與汗簡古文尚書作□乃从彳(行之省)。从□。説文謂从辵非。□者甲文□也。而征者从正乃□之省。猶□爲□之省。如太保敦作□。虢仲篹作□。無㠱敦作□。所从□者彳之譌誤。正爲延(征)之省。然延不見於甲骨文。而得之金文。蓋金文常常書寫古文。正延征古原爲一字。其本義當爲征伐之義。孟子盡心章。征者上伐下也。左傳莊公二十三年。征伐以討其不然。書胤征。胤后承命徂征。傳。奉辭伐罪。周禮太卜。以邦事作龜之八命。一曰征。司農注云。征謂征伐人也。即其義也。引申爲正。正者正也。如論語顏淵。子帥以正。孰敢不正。祖甲改制，年終閏改爲無節之閏。改一月爲正月。月上加在。見殷曆譜日譜五。如戩二九三。

癸亥卜即貞旬亾囚在正月。

又假借爲足。説文古文一作□。从一足。蓋由古文□之譌。𤴓乃□之譌。猶□之爲□。而説文。□人之足也。在體下。从口止之足。正是正字。足从口止。不詞。故馬氏六書疏證云。人之足也。在體下。从止口。疑非許文。而説□爲足之本字。説文云。足也。上象腓腸。下从止。高田忠周曰。足之初文作□。後變作足。甲骨文□(甲二八七八)金文商周金文録遺五五父癸疋冊鼎作□。正象足。戴侗曰自股脛而下通謂之足也。如乙二一八七。

貞疾足愓。

正象足形。而腿旁ㄅ者。指疾之所在也。金文編收足作□。如免簋册令免曰。令女□周師𤔲鄙之足作□。師兑簋王乎內史尹册令師兑。余既令女□師。商周金文録遺二七八・一一多正作多□。容氏以正爲足。謬於說文之足也。【釋又□中國文字七册】

◉李孝定　說文「𨒅。正行也。从辵正聲。□征𨒅或从彳。」卜辭之□郭釋爲征之繁文。是也。正月字未見从㠯作者。故收之於此以爲征伐征行之專字。卜辭征伐征行字通作□或□。與「正」同。不从辵若彳。正字重文。陳讀□爲撥。非是。□所从之□乃意符。非从之爲聲也。陳讀爲帗。無據。正舞殆雅舞之意。呂覽「古樂有正有淫」注。「雅也」。樂有正淫之別。舞亦猶然耳。餘詳見前正字條。金文作□甲鼎□延簋□大保簋□天君鼎。或从辵。或从彳。與小篆同。【甲骨文字集釋】

◉于省吾　甲骨文以正爲祭名，也以正與𤴓爲征伐某方之征。第一期甲骨文又于獸獵言正或𤴓，例如：「獸正𢀛（擒），隻鹿百六十二……」（後下一・四），「我弗其𤴓𥃲」（林二・一四・一〇），「雀圭𤴓豕，弗其𢀛」（藏一八一・三），是其證。此外，第四期甲骨文屢見□字，舊釋爲圍，以爲「圍獵之義」，或以爲「圍衛古當是一字」，並誤。……此字又屢見于商代金文，作□，也省作□，金文編入于附録。甲骨文稱：「叀今日辛□，𢀛〇于𣆪日壬□，𢀛。」（甲六三八）又：「于斿□，𢀛。」（寧滬一・四〇九）以上兩條之言□，均指狩獵言之。但爲什麽狩獵言□？需要加以說明。□爲正與𤴓的繁構，典籍通作征。詩泮水的「桓桓于征」，鄭箋謂「征，征伐也。」孟子梁惠王的「上下交征利」，趙注訓征爲取。征字既然訓爲伐爲取，故甲骨文用作獵取野獸之義。總之，獵取野獸謂之征，猶之乎甲骨文殺人以祭叫作伐，殺牛羊以祭叫作卯，都是典籍所不見的。【甲骨文字釋林】

◉黄錫全　□延　鄭珍云：「□，正之誤，魏孝昌二年元瑬造像記有延字从正从辵作𨒅，是六朝俗字。」《說文》延、𨒅二字音義同，而與延字義近音別。此形本是𨒅字，注「延」當是因後來𨒅、延、延三字混通之故。如延光三年洗之延作□。桐柏廟碑「延熹六年」之延作𨒅、孔廟碑作□等。以𨒅爲延也可能是受隸變影響，誤正爲正。

□征　鄭珍云：「征之正篆本从辵，石經《尚書》正同，傳本誤多一横，即成重正。薛本僞《尚書》征字亦有如此者，郭因誤認从彳。」辵部録《尚書》作□。《隸續》録石經古文作□。鄭說是。【汗簡注釋卷一】

◉戴家祥　征字說文十二篇謂𨒅之或體。「𨒅，正行也，从辵正聲。」爾雅釋言「征，行也。」知征之初義爲一種特殊的行走方式，類似軍隊方方正正的隊列行走，詩・小雅「之子于征」，易離卦「王用出征」等，又引伸爲征討、征伐之征。金文均用作此義。

說文「𨒅，正行也。从辵，正聲。征，𨒅或从彳。」經傳皆作征，𨒅字少見。易大壯初九「壯于趾，征凶有孚。」虞翻注「征，

行也。」國語・周語「穆王將征犬戎。」韋昭注「征，正也。上討下之稱。」唐韻征讀諸盈切，照母耕部。【金文大字典上】

◉裘錫圭　一九六五至一九六六年間，湖北省考古工作者在江陵馬山區發掘了三座規模較大的戰國楚墓。其中的望山二號墓的部分椁板上烙有印文。印文有兩種，分别烙在不同的椁板上。我們要討論的，是下頁附圖所示的那種烙印文字。據報道，該墓「内椁與外棺的空隙處，還各蓋一木板，南邊和北邊的木板上」各烙有這種印文六方(湖北省文化局文物工作隊《湖北江陵三座楚墓出土大批重要文物》，《文物》一九六六年五期三十四頁。烙印拓本見三十六頁)。

上引烙印文字，何琳儀《戰國文字通論》釋爲「左(佐)王毁(柩)正」(一四六頁)，湯餘惠《「於王既正」烙印文考——兼論望山二號楚墓年代》釋爲「於王既正」(《文物研究》第七輯三五四頁，一九九一)。此印文左上角一字與楚簡的有些「既」字同形(看《楚簡帛文字編》一二七頁「既」字B二二四、B二二一、B八〇等例)。右上角一字，湯文已指出其寫法與長沙楚帛書和某些楚金文的「於」字相類。在楚簡上也可以看到這種寫法的「於」字(看上引書九十八頁「於」字X一・七・B七、B六一等例)。可見湯釋是可信的。

但是湯文讀「於王既正」爲「越王既征」，認爲印文是以事紀年，當指楚懷王二十二年滅越之事(三五四——三五五頁)，則有問題，因爲這種文例從未見於其他古印。齊國陶器上所見的印文，有提到某某立事歲的。但是這類印文都還有其他内容，主要用途並不在以事紀年。湯文認爲「于、於古書通用」，而从「于」聲的「雩」又通「越」，所以「於王」可以讀爲「越王」。其實古書中用爲介詞的「于」和「於」互爲異文，是由於二者用法相似，與一般的音近相通有别。「於」是影母字，「于」「雩」「越」則都是匣母字。所以讀「於」爲「越」也是缺乏根據的。

爲了弄清「於王既正」的涵義，需要先談一下另一枚楚印。傳世楚印中有「勿正關鉨」(《古璽彙編》二九五號，文物出版社，一九八一。此印「闢」字寫法是楚國特有的，已有多人指出）。石志廉先生在《戰國古璽考釋十種》中，讀此印「正」字爲征稅之「征」，十分正確。

他解釋印文意義說：

勿正（征）關鉨乃戰國時關卡免除征收關稅所用之官印。用此印打在貨物上作爲標記，運輸時路過關卡即可免征關稅……楚鄂君啟節銘，文中的「見其金節則勿征，不見其金節則征」（引者按：原文「勿」作「毋」，即「毋」，「征」作「政」；「毋征」下尚有一句）可爲其明證。（《中國歷史博物館館刊》總二期一〇九頁，文物出版社，一九八〇）

湯餘惠先生在《楚璽兩考》中對此印文的意義有進一步的解釋。他說：

……據《周禮·地官》記載：「司關掌國貨之節以聯門、市。」鄭玄解釋說：貨節商本所發司市之璽節也。自外來者則按其節而書其貨之多少，通之國門，國門通之司市；自內出者，司市爲之璽節，通之國門。國門通之關門，參相聯以檢猾商。由此可見。門、關、市三者乃是一個統一的整體，共同職掌商稅征收事宜。如果再參照《管子·問篇》「征於關者勿征於市，征於市者勿征於關」的記載，我們似有理由認爲，周秦之際所實行的乃是一種不重複的商稅制，而門、關、市彼此溝通聯繫的主要憑據便是璽節。……

傳世還有「勿正關鉨」，現藏天津藝術博物館。从文字風格看，亦屬戰國楚璽。「勿正關」當即「勿征於關」之省語。有人認爲此璽的「勿征」與鄂君啟節的「見其金節勿征」屬於同種性質，這種意見是值得商榷的。……此璽的「勿征關」恐怕還是取「征於市者勿征於關」之義。（《江漢考古》一九八四年二期五十一頁）

此說可從。

「於王既正」印的「正」也應該讀爲「征」。「正」字的這種用法也見於古籍。《周禮》屢次把征稅之「征」寫作「正」。《國語·齊語》「使關市幾而不征」的「征」，《管子·小匡》也作「正」（參看高亨、董治安《古字通假會典》五十九頁，齊魯書社，一九八九）。「勿正關鉨」的行款是由左往右的。我們討論的這方烙印的文字，大概也應該自左至右地讀爲「既征於王」，意思就是已經在王那裏征過稅。當然，即使把印文讀爲「於王既征」，也可以表示出同樣的意思。介賓詞組置於謂語之前，在古漢語裏也是允許的。按照上引湯文對「勿征關鉨」的解釋，烙有「既正於王」印文的木材，在進入市場或通過門關時，大概就不再征稅了。【戰國文字釋讀二則　于省吾教授百年誕辰紀念文集】

隨 隨

隨 語一〇 通惰 綸—疾事【睡虎地秦簡文字編】

隨賀印 王隨 司馬隨 隨□淪印 隨壽光印 隨毋害印 隨廣印 隨彭 隋

申生印【漢印文字徵】

立華嶽碑 碧落文 王存乂切韻【古文四聲韻】

◉許 慎 隨从也。从辵。𡐦省聲。旬爲切。【説文解字卷二】

◉馬叙倫 鈕樹玉曰。韵會作从辵。隋聲。嚴可均曰。韵會引作從也。王念孫曰。鍇本作隋聲。按隋音他果切。鉉以爲隨字不當从隋聲。故改爲𡐦省聲也。不知隋字古音徒禾反。與隨聲相近。鉉改非是。倫按从音從紐。隨音邪紐。皆舌尖前音。故从轉注爲隨。字見急就篇。顔師古本作桓又有隨趨。【説文解字六書疏證卷四】

𨑨 𨑨

鮑本4・7 3・1069 獨字 説文作迊古彳與辵通作 3・1137 同上【古陶文字徵】

◉許 慎 𨑨行皃。从辵。市聲。蒲撥切。【説文解字卷二】

◉馬叙倫 此篆毛刻初印本亦作𨑨。刓改作𨑨。解曰。从乇。市聲。後文訓前頓者。篆亦作𨑨。毛刻則作𨑨。解同此。是篆則此同作𨑨。毛本同作𨑨。解則行皃與前頓者同爲从辵市聲。是前後重出也。鍇本則前篆作𨑨。解曰。从辵。朩聲。後篆作𨑨。解曰。从辵。朩聲。段玉裁嚴可均桂馥諸家皆言。此當作𨑨。从辵。朩聲。朱駿聲則謂訓前頓者。篆當作𨑨。从辵。朩聲。音北末切。字或作跡作𨑨。論語。顛沛必於是。當作𨑨迊。今以顛沛爲之。倫謂論語馬融注。顛沛。偃仆。本書。仆。頓也。是前頓爲顛沛之沛字義無疑也。迊即顛沛之沛本字。朱説是也。字从辵。朩聲。杜林以朩爲朱市字。則朩市音同。故朩讀若輩。而今字朩與朱市之市形亦同矣。前頓爲迊。則篆當作𨑨。不當作𨑨。解當曰市聲。或依篆作朩聲。鍇本作朩聲者譌。走部。𨑨。段玉裁以爲即造次必於是之次本字。迊即𨑨之或體。訓行皃者。蓋謂倉卒之皃。則篆當作迊。不當作𨑨。以字次言之。則前迷後迊。前迊後迷。皆無不可。今依訓義定之。則此篆作𨑨。後篆作𨑨爲順耳。朩亦从朩。故二篆形體小異。傳寫易誤。音讀亦隨之而誤。今一音蒲撥切。一音北末切。其實二音即迷一字之音。廣雅。𨑨。

猝也。曹憲音七咨反。是朩聲之音也。又音步末反。則市聲之音也。是由當時趚亦有誤作趚者耳。則本書亦然可知也。今依得聲之字定之。此篆當作䞢。从朩。得聲。當音七咨切。或依走部趚字音取資切。惟玉篇無迹。而倫證實無朩字。本書有趚。則迹字或出字林。【説文解字六書疏證卷四】

◉蔡運章　甲骨文中的條字,作

《合集》八七九一

《合集》四一九四

《合集》三五二三九

諸形。此字葉玉森釋爲條,《甲骨文編》卷二隸定爲條,謂「从彳从条,説文所無」。然其下所从的朩旁與木字的構形判然有别,故葉説未確。我們認爲,它當是迹字的初文。

此字从朩、从彳、从夊。夊與止同,或在上、或在下,或正、或反,均無别。如甲骨文趠字作(《菁》九・一二)、(《師友》一・七五),與其構形相類,可以爲證。故此字當是从辵、朩聲的會意兼形聲字。

迹,《集韻》:「或作跡、趚」。《説文・辵部》:「迹,行貌。从辵,朩聲」。段玉裁注:「《廣韻》:迹,北末切,急走也。跡,蒲拔切,行貌。趚上同。此三字實一字,二音實一音也」。這就是此字的構形與跡字相近的根本原因。《玉篇・辵部》:「迹,急走也」。因此,迹字的本義與跋字相同,當是在草叢中奔走急行之義。

現將此字在甲骨文中的用法,舉例説明如下:

1　貞,其迹有囚?　《合集》四一九四

2　貞,其迹?　《合集》三五二三九

3　癸……貞,……迹……土?　《合集》八七九一

4　貞,野……迹?　《前》四・三三六

這裏的「迹」均可通用跋,爲跋涉山林之義。這幾條都是占問在山林中跋涉行走有無禍憂的卜辭。

由上所述,我們認爲,甲骨文中的條字,當爲从辵、朩聲的迹字初文,是可以肯定的。【甲骨金文與古史研究】

◉裘錫圭　「⿰彳⿱癶友」字……,見甲骨文編八〇頁。文編將此字隸定爲「⿰彳⿱癶友」,似不確。此字疑即「迹」或「跋」的古體。【釋「勿」「發」　中國語文研究第二期】

◉許　慎　迋往也。从辵。王聲。春秋傳曰。子無我迋。于放切。【説文解字卷二】

◉阮　元　元謂楚公鐘[glyph]字不可識。朱右甫云。上體古文王。下體古文辵。説文。迋。往也。春秋左氏傳。往勞之往。皆作迋字。亦作迬。漢書楊雄傳注。迬。古往字。往與狂通。書微子。我其發出狂。史記作發出往。是也。史記楚世家。鬻熊之子曰熊麗。熊麗生熊狂。熊狂生熊繹。左氏傳言。熊繹事康王。熊狂當在成王時。鐘其所作。然史記言熊繹始封于楚。此已稱楚公者。按大戴記。陸終氏六子。其六曰季連。季連者。楚氏也。則楚固舊封。至熊繹乃加地耳。【宋王復齋鐘鼎款識】

◉劉心源　逛。印林云與揚字將字近。余向目爲迎字。今疑是迋迬二字。説文迋往也。从辵王聲。春秌傳曰。子毋我迋。往古文作[glyph]。从[glyph]聲。匡作[glyph]。从匚[glyph]聲。匚籀文作[glyph]。此銘从辵从[glyph]从羊聲。與王[glyph]同義。則往迎也。【史頌敦奇觚室吉金文述卷四】

◉高田忠周　史頌敦。器蓋並云。頌其萬年無疆。[glyph]天子顯命。筠清館。按吳榮光缺釋。吳大澂云。疑臧異文。古文審引史頌鼎銘。亦作[glyph]天子顯命。合二字爲一字。劉氏心源釋爲迎云。與日字合篆。敦文分篆此字从辵从籀文匚从羊。匚羊皆聲。疑迎之奇字。井矦尊。出入[glyph]命。井矦彝。[glyph]天子休。與此鼎文義皆是迎字。蓋二家説。妄斷不稽非是。此篆字形明皙作逛。是必別一字。而今失讀耳。然愚竊謂。逛是爲往之異文也。説文徃古文作[glyph]从辵。與此篆同。又从匡。匡即匡。見卜辭。匡从[glyph]聲。而[glyph]羊古音相通。故匡亦从羊聲耳。然則此篆从辵匡聲也。因謂鼎文作暹者爲暀字。説文。暀光美也。从日往聲。又爾雅釋詁。暀暀美也是也。卽知敦文分書。亦當合讀爲暀。如令鼎。學字分書作[glyph]二形。亦與此同。金文之一例也。但如下文井矦尊。銘文元無日形。逛卽往字無疑。而尚叚借爲暀。詩泮水。烝烝皇皇。其箋暀暀猶往往也。古往暀兩字通用可知。今人省變。暀亦作旺。暀字已隱。暹字全失。【古籀篇六十四】

◉唐　蘭　逛天子休　逛就是《説文》的迋字。在這裏讀如皇和暀。《説文》:「皇，大也。」又「暀，光美也。」【唐蘭先生金文論集】

[glyph]古老子　[glyph]同上　【古文四聲韻】

◉許　慎　逝往也。从辵。折聲。讀若誓。時制切。【説文解字卷二】

◉馬叙倫　翟云升曰。一切經音義六引作行也。行也是。見詩杕杜傳。倫按方言。逝。往也。秦晉語。往音喻三。逝音禪紐。皆摩擦次濁音。逝爲迋之轉注字。亦遰之轉注字。詳遰字下。玄應引行也。校者據詩傳加之。【説文解字六書疏證卷四】

◉徐在國　曾侯乙墓竹簡中有一字作□(簡一五一)、□(簡一四六),舊不識。

今按:此字似應釋爲折字。「折」字甲骨文作□《前》四・八・六,象以斤斷木形。金文或作□兮甲盤、□洹子孟姜壺,形體有所變化。戰國文字中「折」字或作□(《璽彙》三九四・四二九九),「掀」字或作□(《璽文》三八一・二二二七)吴振武先生疑是折字異體,甚是。參《〈古璽文編〉校訂》四四一條,吉林大學博士論文(油印本),一九八四年。□(《陶彙》六・一四八)湯餘惠先生釋。參《略論戰國文字形體研究中的幾個問題》,《古文字研究》十五輯十三頁,中華書局,一九八六年六月一版。掀字所從的「折」均省掉了斤旁。□字的左邊(□)或右邊(□)與上引「掀」字所從「折」完全相同,所以,「□」字可以看作是省掉了「斤」旁,形體又重疊了的「折」字。在古文字中,尤其是在戰國文字中,有些字常常重疊形體或重疊偏旁而加以繁化。參何琳儀先生《戰國文字通論》一九四——一九五頁,中華書局,一九八九年四月一版。例如:

堯:□長沙帛書　□《璽文》三二九・〇二六二

室:□詛楚文　□盦忎鼎

朏:□《陶彙》三・二三六　□《璽文》九六・二六四六

涓:□《璽文》二七四・二五八八　□同上二五四四

如上所述,則此字可釋爲「折」。字在簡文中用作人名。

釋出了「折」字,下面一個屢見於包山簡中的□(簡二一九)字也就可以辨識了。此字或作:□(簡一三五反)、□(簡二〇〇)、□(簡二二〇)、□(簡二四七)。原書隸定爲遳,讀爲「兼」。參《包山楚簡》五五頁注369。周鳳五先生隸作逮,讀爲「急」。《包山楚簡文字初考》,《王叔岷先生八十壽慶論文集》,一九九三年六月。曾憲通先生疑此字是「速」字的訛體。《包山卜筮簡考釋》,《第二屆國際中國古文字學研討會論文集》四二二頁,一九九三年版。

原書將此字隸定爲「遳」,明顯與字形不合,周文已辨之甚詳。周文引《説文》「及」字古文□和《汗簡》「逮」字古文□,以論證這兩個古文形體來源於簡文□字。實際上,兩者形體相差很遠,不能等同。我們倒傾向于《説文》「及」字古文及《汗簡》「逮」字古文形體應來源於簡文□簡一二二,湯餘惠先生釋爲「及」。《包山楚簡讀後記》,中國古文字研究會九屆學術討論會論文(油印本)。又見《考古與文物》一九九三年第二期七二頁字,只是《説文》古文與《汗簡》的形體略有訛變。釋「逮」,于義可通,于形則有滯礙。總之,上述諸家的考釋，于形于義均有可商之處。

我們認爲此字所從的𣏟，與上釋曾侯乙墓竹簡中的「折」字相同。衹是包山簡中的𣏟從雙木而已。這與王孫誥甬鐘中的「折」字作斱（《淅川》圖一二二）、斱（同上圖一一八）相同。中山王𰯲鼎「折」字作𣂔，《集韻·薛韻》「折」字籀文作𣃚，亦爲佐證。包山簡此字所從或作𣏟，與王孫誥甬鐘「折」字或作斱（《淅川》圖一二八）同。有的寫作𣏟，下部好象是「竹」，實際上是在下半木的豎筆上加了一飾點，與𣏟是一字無疑。有的作𣏟，左右析書不相連，完全可以看作𣎵的繁化。

如上所述，則此字應釋爲「逝」。【包山楚簡文字考釋四則】

𨑡

 漢安殘碑 說文或作同 【石刻篆文編】

 徂 【汗簡】

 汗簡  古尚書 【古文四聲韻】

◉許　慎　𨑡往也。从辵。且聲。𨑡。齊語。全徒切。徂𨑡或从彳。𨓈籀文。从虘。【説文解字卷二】

◉馬叙倫　鈕樹玉曰。韵會引作齊語曰𨑡。在从辵上。倫按方言。𨑡。往也。齊語也。迋𨑡爲魚陽對轉轉注字。𨑡齊語校語。

𨓈　當作籀文𨑡。蓋捝𨑡字後。校者加从虘。下逑字説解亦然。【説文解字六書疏證卷四】

◉夏　渌　徂、阻，表示足趾行走或停步在行道上，也兼有動、静相反的對立含義。《詩·邠風》：「我徂東山」，《大雅》：「自西徂東」，《爾雅·釋詁》：「徂，往也。」卜辭文例有：「王往徂魚若？王勿徂魚不若？」（乙6751）「其振旅徂于盂，往來亡災？」（佚971）「盧伯漅其徂乎鄉？」（鄴3.36.9）「王其徂至于之，亡災？」（粹1013）

訓「止」的「徂」，文獻多以「阻」爲之，《康熙字典》：「又止也。《讀書通》：『通作沮』。《禮·儒行》：『沮之以兵』。」卜辭文例有：「王腹不安，亡徂？」（續5.6.1）「王病首，亡徂？」（后2.7.13）「今日丁巳，允雨不徂。」（六元43）「貞：曰師毋在兹徂（止）？」（前1.9.7）

徂，還有始和終、存和亡（殂）的對立含義。《爾雅·釋詁》：「徂，存也。」《書·舜典》：「帝乃徂落。」徂，同殂，訓死亡。訓「始」的《詩·小雅》：「六月徂暑。」箋：「徂，猶始也。」卜辭文例：「今日方其掠，不掠？徂（始）雨自西北，小。」（乙366）「貞：徂

(始)多雨，玆巡？」(續4.20.3)「貞：玆旬祖(始)雨？」(掇2.445)卜辭从行从止的「祖」字，內容很豐富，還有作祭名「祖」和咒祝的「詛」，以及作人名用的，皆從略。【古文字的一字對偶義 武漢大學學報一九八八年三期】

述

述 日甲一三〇 通術 直—吉 【睡虎地秦簡文字編】

0333 2629 【古璽文編】

少室石闕 監廟掾辛述 【石刻篆文編】

雲臺碑 李商隱字略 【古文四聲韻】

◉許　慎　述循也。从辵。术聲。食聿切。籀文。从秫。【說文解字卷二】

◉吳大澂　疑古文借述爲遂。酒誥。今惟殷墜命。召誥。今時既墜厥命。說文無墜字。當乍遂。【愙齋集古録四册】

◉王國維　說文解字辵部。述。循也。从辵。术聲。䢶籀文。从秫。案禾部秫下云。术或不从禾作。是籀从正字。篆从或字也。【史籀篇疏證　王國維遺書第六册】

◉丁佛言　盂鼎我戠殷遂命。徐籀莊曰。遂讀如墜。案當釋述。【說文古籀補補卷二】

◉高田忠周　吳大澂云。疑古文借爲遂。⊘按墜正字作隊。作遂者已屬叚借。然銘意即从吳說爲妥當矣。說文。循也。从辵术聲。籀文作。儀禮少牢禮。遂述命曰云云。盖亦同意耳。【古籀篇六十五】

◉郭沫若　述字徐中舒釋遂，云「盂鼎作，無叀鼎作，均與魏三字石經君奭隧字古文字形近。君奭『乃其隧墜命』又與盂鼎『我聞殷遂命』之語相合。無叀鼎『王各于周廟，遂于圖室』，言王至于周廟達于圖室也。此云『遂東』，往東也。」「集刊」三・二今案釋遂甚是，然字實是述，述與遂同在脂部也。說文辵部遂之古文作，舊苦不知其所从，實亦述字之稍稍譌變者。閔寓五六書通引籀文家作，則是术字。古术述家遂音同字通，許閔均不免誤以叚字爲本文矣。石經亦係假述爲隧。【兩周金文辭大系圖録考釋】

◉馬叙倫　述爲循之脂真對轉轉注字。盂鼎作。【說文解字六書疏證卷四】

◉朱芳圃　說文辵部：「述，循也。从辵，术聲。䢶，籀文从秫。」桉禾部：「秫，稷之黏者。从禾，术象形。术，秫或省。」考术爲初文，秫爲後起字。金文作𣐈，象稷黏手之形。

説文辵部：「遂，亡也。从辵，㒸聲。𨕥，古文遂。」按𨕥即述字。魏三字石經尚書君奭「乃其隧命」隧今本作墜，古文作述；春秋僖公三十一年「公子遂如晉」，古文作述，並述之譌誤。孟鼎銘云：「我聞殷述令」，即君奭之「隧命」，是其證也。

术與㒸同音，故凡从术从㒸得聲之字，例相通用。左傳僖公三十三年「西乞術」，文公十二年經「秦伯使術來聘」，公羊傳皆作遂。禮記月令：「審端經術」，鄭注：「術，周禮作遂」，並其例證。從義言之，漢書刑法志：「園囿術路」，如淳曰：「術，大道也。」遂亦訓道，春秋演孔圖：「使開階立遂」，宋均注「遂，道也。」一作隧，國語魯語：「具舟除隧」，韋注「隧，道也。」許君訓述爲循，意謂順道而行，引伸之義也。【殷周文字釋叢卷下】

◉曾憲通 述 祭祀則述 乙一二·二八 述字盂鼎作述，小臣𧾴毁作述，中山王方壺作述，俱與帛文近。以上器銘均借述爲遂，帛書此處宜讀作遂，「祭祀則遂」文意通達無礙。三體石經古文隧字作述，與中山王壺銘同。《説文》遂古文作𨕥，乃述字之訛，可見古文亦借述爲遂。【長沙楚帛書文字編】

◉戴家祥 唐韻遂讀「食醉切」，牀母脂部，術讀「食律切」廣韻述讀食律切，不但同部而且同母，同聲必然同義，春秋經僖公三十年「公子遂如京師」，魏三體石經遂，古文作述。史記魯周公世家東門遂索隱曰：「遂，世本作述。」古字行作𠔊，象四通道，辵字从彳从止，象人趾走在通道一旁形。金文辵亦作𠔊。从行从止，辵行都有走義。故𧗳亦作術。邶風日月「報我不述」，釋文「述，本亦作術。」儀禮士喪禮「筮人許諾不述命。」鄭玄曰：「古文述皆術。」術述同字，故術亦通遂。公羊傳文公十二年「秦伯使遂來聘，遂者何？秦大夫也」，左氏春秋經作秦伯使術來聘，禮記月令孟春之月審端經術，鄭玄注「周禮作遂。」加旁作隧，淮南子説山訓「有時而隧」，高誘注「隧，墮也。」廣韻隧讀「徐醉切」，邪母脂部。説文「地」之籀文作墬，从土㒸聲。讀「徒對切。」定母脂部。經傳借爲墮失。亦有更旁作䃍者，穀梁傳「隕石于宋五」，「隕而後石也」。漢書天文志云：「星䃍至地，則石也。」顔師古集注引如淳曰：「䃍亦墜也」。皆後起字。【金文大字典下】

遵

遵 陳遵之印　遵 兒遵私印　遵 祝遵印信　【漢印文字徵】

遵 泰山刻石 遵奉遺詔　遵 漢安殘碑　【石刻篆文編】

適

遵【汗簡】

郭昭卿字指　竝義雲章　竝王存乂切韻【古文四聲韻】

◉許　慎　遵循也。从辵。尊聲。將倫切。【説文解字卷二】

◉馬叙倫　遵爲述之脂真對轉轉注字。亦與循疊韵轉注。慧苑華嚴經音義引三倉。遵。習也。【説文解字六書疏證卷四】

適　不从辵　師酉簋　啻字重見【金文編】

適　秦一五一　通敵　譽—　法五一　通讁　非—罪毆而欲為冗邊五歲　秦一五一　法五一【睡虎地秦簡文字編】

4079　4080　4088　4085【古璽文編】

漢匈奴惡適尸逐王　馬適高　馬適昭印　馬適僑印　馬適定印　禽適將軍章　馬適福　適禄私印　孫適部印　馬適裦印　馬適恢印　馬適壽　馬適平印【漢印文字徵】

石經多士　惟爾王家我適【石刻篆文編】

適【汗簡】

義雲章【古文四聲韻】

◉許　慎　適之也。从辵。啻聲。適。宋魯語。施隻切。【説文解字卷二】

◉馬叙倫　方言。適。宋魯語也。往。凡語也。適音審三。與逝音禪紐同爲舌面前摩擦音轉注字。之也者。以同舌面前音爲訓。依次當在述上。適宋魯語校語。玄應一切經音義引三倉。適謂近也。始也。悦也。往也。【説文解字六書疏證卷四】

◉周名煇　口部啻師酉𣪘嗣乃祖啻官。叚啻爲適庶字。今字作嫡。非古也。強氏定爲嫡之古文假字。今考定爲適字古文。名煇案。吳書。口部録此𣪘文。及師虎𣪘文。謂啻適古通。是也。詩曰。王事適我。今檢師酉𣪘銘云。嗣乃且祖啻適官。師虎𣪘銘云。先王既命乃且祖考吏使啻適官。其訓讀依吳說可通。若依強說。以啻官爲嫡官。則不通甚矣。且強氏于辵部亦録此文。謂師酉𣪘嗣乃且祖啻官邑人。假啻爲適。不但與此相違。其鼠首兩端。豪無真見。其以邑人二字屬嗣乃祖適官爲句。尤爲不通。邑人與下虎臣等爲類。兩字聯緜爲句。易比云。邑人不誡。又無妄云。邑人之災。可證。【新定說文古籀考】

◉李均明　居延漢簡中屢見「適」字，字義不盡相同。283・45,283・56號簡：「却適燧長長壽六石具弩傷左淵一所。」其中的「適」字，通「敵」作敵人解。「却敵」烽燧名。231・32號簡：「……中時，黨當適城北燧」中的「適」字，作到達解。還有多處「適」字，是指當時的一種行政處罰，例如：

（一）第十候史楊平　罷卒居延，月四日到部，私留一日。適運茭五百束致候官，會八日旦。　285・10

（二）萬歲候長田宗　坐發省治大司農茭，不以時遣吏將詣官，失期。適爲驛馬載三堠茭五石致止害。　61・3,194・12

（三）第十候長秦忠　坐部十二月甲午留蓬。適載純赤堇三百丈致〼。　262・31

（四）〼坐移正月盡三月四時吏名籍誤十事。適運……　185・32

（五）馬不護善令病死。適爲卅井南界……　188・17

（六）私歸當道田舍壹宿，今適福如牒，檄到遣……　217・16

適，責罰。《漢書・食貨志》：「故吏皆適令伐棘上林，作昆明池。」師古曰：「適讀曰讁。讁，責罰也，以其久爲姦利。」以適發勞作，古籍中屢見，除上例外，如《漢書・五行志》：「天漢元年，發適民。」《漢書・薛宣傳》：「宣獨移書顯責之曰：告櫟陽令：吏民言令治行煩苛，適罰作使千人以上，賊取錢財。」《後漢書・楊震傳》：「讁震諸子代郵行書。」居延漢簡所見，展示了有關適的文書的具體格式、適的具體原因與內容。

例（一）、（二）內容完整，簡文分上下兩段。上段爲被適人的職官與姓名；下段爲適的具體原因與內容。兩段之間空二至三字位置。例（三）末尾僅缺數字，格式與例（一）、（二）同。例（四）所見爲簡文下半段，殘長14釐米，格式與例（一）至（三）下半段同。例（五）的情形與例（四）相似。以上五例屬適名籍一類。例（六）自稱爲「檄」，是關於適的檄文。檄文云「今適福如牒」，此處牒是指檄文的附件，可能即上述所見適名籍一類。

關於適的原因，有滯留烽火信號；送戍卒復員不按時返回，私自在外逗留一天；不及時派遣官吏率隊伐大司農所需草料，往上呈送的季度報告有十處差錯；馬匹因管理不善而致死；私自離開崗位回家住宿等。所見均爲行政過失。例（一）至

過

例(三)，從簡文本身可知過失人爲官吏。例(四)至例(六)，據所犯過失，當事人也可能是官吏。關於適的內容，簡文所見均爲過失人爲有關機構運輸物品如草料等。一般注明所運物品的名稱、數量、起迄地點，有的還注明完成期限。可見，漢簡所見適是一種對官吏所犯行政過失的處罰，所犯過失通常是未達到犯罪程度，但它也影響官吏政績的好壞。這種情形，亦見於古籍，《漢書·游俠傳》：「……曹事數廢。西曹以故事適之，侍曹輒詣寺舍白遵曰：『陳卿今日以某事適。』遵曰：『滿百乃相聞。』故事，有百適者斥，滿百，西曹白請斥。」漢簡雖然未見適滿百免除官職的規定，但累犯不改大概也會受到更嚴厲的懲罰。

【居延漢簡「適」解　文史三十二輯】

過　省口左傳襄四年杜注過國名東萊掖縣北有過鄉　過伯簋　又省彳　過伯爵　【金文編】

過　效九　七例　通禍　—去福存　為五　法一八一　八例　效八　五例　秦七八　四例　日甲一二四　三例

法一　四例　秦一一五　九例　【睡虎地秦簡文字編】

2004　3431　【古璽文編】

桐過左尉信印　賁過　臣過倫　過平　定過　過順　李過之印　王過　過少孺　過湯　朱過　王過之印　師過　王過　馬過私印　董過期　聶過期　【漢印文字徵】

古孝經　古老子　竝籀韻　籀韻　【古文四聲韻】

◉許　慎　過度也。从辵。咼聲。古禾切。　【說文解字卷二】

◉郭沫若　過字原作。唐蘭釋如是。卜辭有字。日本京大藏片。辭殘。似爲地名。辭又有从之字。如。殷契佚存八六頁九五〇片。亦地名(疑是骫之古文。小篆作禍。形正相近)。羅振玉所藏魚鼎匕有兩字集古遺文十一·一〇。亦從此作。依唐釋。則當是骨字矣。古有過國。左傳襄四年。寒浞處澆于過。杜注。過。國名。東萊掖縣北有過鄉。　【兩周金文辭大系圖録考釋】

◉馬叙倫　過爲跨之轉注字。同舌根破裂音也。度也者。跨下作渡也。十一篇。渡。濟也。濟借爲越。越。淺度也。以渡訓過者。渡爲越水而過。其音亦受於跨。聲同魚類也。跨爲語原耳。或非本訓。爾雅釋蟲釋文引字林。過。古禾反。字見急就篇。【説文解字六書疏證卷四】

◉楊樹達　甲文有戉字，字作□見前編貳卷叁葉伍片。或作彶，字作□龜甲壹卷廿捌之拾陸。羅振玉云：「説文：彶，迹也，从彳，戔聲。彶與踐同，踐訓行，訓往，此从辵，从戔，或省止，與許書之彶同，但戈戔殊耳。」商承祚謂字从彳从武，謂即步武之武。樹達按：二説皆求之於形而不求諸聲，故皆失之。余疑此字从辵或从彳，以戈爲聲，即過字也。書契前編卷弍捌之叁云：「癸巳，卜，在長，貞，王戉于射，往來亾巛？」龜甲獸骨文字卷貳廿叁之拾壹云：「△巳，卜，貞，王戉于召，往來亾巛？在五月。」甲編玖百柒片云：「辛卯，卜，翊日壬，其戉于𩫖，亾𢦏？」按王戉于召，猶言王往于召也。呂氏春秋異寶篇云：「五員過於吳」，與甲文句例同，高注云：「過猶至也。」

戉伐字又作衘，字从行，與从辵从彳者義無異。卜辭云：「癸卯，卜，㱿貞，乎雀衘伐亘，𢦏？十二月。勿乎雀衘伐亘，弗其𢦏？」衘伐亘，謂往伐亘也。【釋戉　積微居甲文説】

◉陳夢家　卜辭冎或从丂作咼。戩壽堂(四六・八)「子又咼甫今……」疑即㱙之別構。説文「㱙，腐也，从歺丂聲」，而歺「从半冎」，是歺冎同爲骨類；又習見一術語曰「今冎□九嵒(前三・廿八・一及四・三七・五)从止冎，疑即過字，卜辭趞作豈，與此同例。【釋冎　考古學社社刊第五期】

◉李孝定　説文。「過。度也。从辵。咼聲。」契文作上出諸形。羅釋彶謂从辵从戈。或省止。與許書之彶同。但戈戔殊耳。按許書戔訓賊。从二戈會意。戈則象形。所以既有戈戔之殊。自不能仞爲一字。且契文此字無慮數十百見。竟無一字从戔者。可證羅説之誣。商氏以爲步武之武之專字。董先生謂。商氏以爲步之專字。殆偶疏耳。以字形言固無可議。然按之辭義則扞格難通。可見商説之非。郭沫若釋爲逃。較之羅商二氏之説已進一境。惟字所从或作□作□作□。於中畫上增○●▬。乃文字衍變通例。詳見唐蘭古文字學導論。其字仍爲戈字。與戊字作□者迥殊。卜辭戊字作□。其形製與戉相近。與戈亦迥異。明乎此則郭説之誤立見。惟楊氏釋過。謂乃从辵戈聲。於字形辭義兩皆協洽。其説可从。蓋戈咼過古音皆在十七部。過字自得以戈爲聲也。【甲骨文字集釋第二】

◉許　慎　遦習也。从辵。貫聲。工患切。【説文解字卷二】

◉馬叙倫　朱駿聲曰。習也謂行之習也。廣雅釋詁一。貫。行也。以貫爲之。倫按四篇。習。數飛也。然疑遦爲過之音同見紐轉注字。習也者摜字義。本訓捝矣。校者以摜義記於此下耳。【説文解字六書疏證卷四】

◉許　慎　𨗿媟𨗿也。从辵。賣聲。徒谷切。【説文解字卷二】

◉羅振玉　𨗿。箋曰。説文𨗿。媟𨗿也。从辵。賣聲。案媟𨗿字自應作女部之嬻。此从辵賣聲。殆訓行相續。或是行聲。許訓媟𨗿。非本義也。又篆文賣作𧶠。今隸作賣。此作賣。與今隸同。予嘗謂今隸中頗存古文。此亦其證。【石鼓文考釋】

𨗿 石碣遊車　其來𨗿二　【石刻篆文編】

◉郭沫若　𠑹字頗詭異，疑是从辵𡪞聲之字，又乃止形之譌，古文止又字形每互變，𡪞古文睦，君夫𣪘儥字作儥、㝬鼎𧶠字作𧶠，石鼓文𨗿字作𨗿，所从𡪞字均與此同，而與小篆微異。此疑卽是𨗿字之異，叚爲覿。覿謂省視承問也。【史頌𣪘　兩周金文辭大系圖録考釋】

◉强運開　𨗿　潘云。徒鹿反。有重文。運開按。説文媟。𨗿也。从辵。賣聲。女部有嬻字。亦曰媟嬻也。似𨗿嬻爲一字矣。段注云。女部作媟嬻。黑部作黷。今經典作瀆。皆同音相假也。𨗿从辵當有行意。𨗿篆次遵適過遺之後。進造逾遝之前。以類相从。其本義自當訓行。惟媟𨗿之媟疑爲蹀字之誤。今俗語狀人行步之聲尚有稱爲蹀𨗿者。鼓文曰其來𨗿𨗿。正狀樸牛之行聲也。【石鼓釋文】

◉馬叙倫　鈕樹玉曰。玉篇。遺也。易也。數也亦爲媟嬻字。按媟嬻字並从女。此注疑後人改。朱駿聲曰。从辵。當訓遝𨗿也。走前頓之皃。倫按石鼓文。其來𨗿𨗿。𨗿當是走皃。或走聲也。媟𨗿也非本訓。餘見𧼫下。石鼓文作𨗿。【説文解字六書疏證卷四】

◉黄錫全　𨗿遊　此應是𨗿字，夏、杜亦釋遊和游，杜録作𨗿。石鼓文𨗿作𨗿。《説文》正篆作𨗿，此寫誤。遊屬喻母幽部，𨗿屬定母屋部。遊、𨗿均从辵，有「行走」之義。此蓋假𨗿爲遊。【汗簡注釋卷一】

進

新4001 【續甲骨文編】

進 召卣 兮甲盤 中山王譽壺 進賢散能 中山王譽兆域圖 進退 从𦘒省 【金文編】

秦966 宮進 秦968 同上 【古陶文字徵】

寺雨—退(甲8—5) 【長沙子彈庫帛書文字編】

進睦子印章 武進長印 聊進私印 【漢印文字徵】

進 【汗簡】

古孝經 竝古老子 【古文四聲韻】

◉許　慎　進登也。从辵。閵省聲。即刃切。【說文解字卷二】

◉林義光　說文云。進登也。从辵。閵省聲。按隹爲閵省。不顯。當从隹聲。隹微韻進臻韻雙聲對轉。古作兮田盤。【文源卷十一】

◉高田忠周　說文。進登也。从辵。閵省聲。易說卦。巽爲進退。詩常武。進厥虎臣。箋。前也。此云進人。或如進士之類乎。【古籀篇六十五】

◉余永梁　(書契卷六三十四葉)(同上卷五九葉)(同上卷四二十六葉)疑進字。說文近字古文作岓。卜辭文曰：「貞于□南進奠。」又曰：「乎進。」【殷虛文字考　國學論叢】

◉葉玉森　。从隹从止。乃進字。進駁即獻駁也。【殷虛書契前編集釋】

◉馬叙倫　王筠曰。玉篇有古文⿺辶藺。从藺聲。即刃切。徐灝曰。閵省聲疑後人所改。古者水準同聲。則進自可以隹爲聲。林義光曰。當从隹聲。隹進雙聲對轉。余永梁曰。甲文有、、。疑進字。倫按漢書高帝紀。主進。顔師古曰。字本作賮。又作贐。是進盡古同音也。本書。津。水渡也。从水。𦘒聲。古文津从舟从淮。倫謂古文津从水𦩎聲。𦩎爲進之異體。从初文履字。隹聲。猶造之古文作艁也。隹音照紐。進音精紐。精照皆破裂摩擦清音。此進所以从隹得聲也。字見急就篇。

兮甲盤作。【說文解字六書疏證卷四】

造 說文古文作 从舟 頌鼎 監司新造貯用宮御 復从宀 頌簋 頌壺 郜造鼎 羊子戈 滕侯耆戈 淳于戟 郗大司馬戟 申鼎 敔戈 元戟 秦子戈 从戈 高密戈 从金 曹公子戈 从貝 宋公欒戈 宋公得戈 不昜戈 【金文編】

3·197 蒦圆匋里人造 5·384 瓦書「四年周天子使卿大夫…」共一百十八字 秦492 嫡上造☐ 秦479 東武居貲 上造 慶忌 3·895 獨字 說文造古文作从舟告聲此从貝告聲與不昜戈賠字同 3·897 同上 3·896 獨字 【古陶文字徵】

刀大 齊造邦張夻化 魯海 按金文造字有䢔、艁諸形，此文乃造字省體作逪者 刀大 齊造邦張夻化 魯臨 刀大 齊造邦張夻化 典八五八 仝上 魯博 仝上 刀大 齊造邦張夻化 魯博 仝上 典八三八 仝上 典八三九 刀大 齊造邦張夻化 典八四〇 仝上 典八四二 仝上 典八四三 刀大 齊造邦張夻化 典八四五 仝上 典八四六 仝上 典八四八 刀大 齊造邦張夻化 典八五〇 仝上 典八五一 仝上 典八五二 刀大 齊造邦張夻化 典八五三 仝上 典八五四 仝上 典八五五 刀大 齊造邦張夻化 典八五六 仝上 典八五七 仝上 典八五八 刀大 齊造邦張夻化 典八五九 仝上 典八六〇 仝上 典八六二 刀大 齊造邦張夻化 典八六三 仝上 典八六五 仝上 典八六七 刀大 齊造邦張化典八六八 仝上 展啚版叁拾 仝上 展啚版叁壹 刀大 齊造邦張夻化 亞六·二 仝上 仝上 亞六·三 刀大齊造邦張夻化 亞六·三 仝上 亞六·四

仝上 刀大 齊造邦張㕣化 亞六·五 【古幣文編】

137反 【包山楚簡文字編】

造 法五〇 法一一三 五例 日甲一六三 二例 【睡虎地秦簡文字編】

宜造鄉 孟造 張造 【漢印文字徵】

上谷府卿墳壇題字 漢祝其卿墳壇題字 【石刻篆文編】

造見古爾雅 造 【汗簡】

竝籒韻 古爾雅 朱育集字 籒韻 同上 【古文四聲韻】

◉許慎 造就也。从辵。告聲。譚長說。造。上士也。七到切。艁古文造。从舟。【說文解字卷二】

◉吳大澂 □古造字。說文古文造作艁。頌鼎作□。頌壺作□。此从□从□。與叔向父敦□字同。詩。閔予小子。遭家不造。箋云。造。成也。纘造。謂纘成。天命也。

在乃服造。□即上文纘造之造。服事也。服造。事之有所成就者。在乃服造。猶詩言曾是在服也。【毛公鼎釋文】

◉劉心源 說文造。古文作艁。从舟。此又从宀。蓋宮室之義。敨文作□。兼造字爲之。陳吴器如此。阮書敨文作□。【奇觚室吉金文述卷二】

◉林義光 說文云。艁造古文。从舟。按古作□羊子戈。舟告皆聲也。舟告古同音。【文源卷十二】

◉高田忠周 說文。造就也。从辵告聲。譚長說。造上士也。古文作艁。今審篆形。右不从牛口之告。其作□□□者。與牛字迥別。與告字作□明从牛者不同也。因謂小爾雅廣詁。造進也。書盤庚。咸造勿褻。在王庭。傳至也。此造字本義。从辵往進之意。又从㞢。㞢亦往也進也。或从屮。㞢之省。或从□。生之省。生㞢屮皆進出之意也。其从口者。从周省聲。造周古音同部。詩鹿鳴。示我周行。傳至也。周到亦與往進義近。从周省者。形聲兼會意可識矣。然古文不必一體。□形與□字似。告造同音。故造或从告聲作造。此例亦多矣。朱駿聲云。造字本訓當爲至。周禮司門。凡四方之賓客造焉。儀禮士喪禮。造于西階下。傳注皆訓至。宋策。而造大國之城下。注詣也。孟子。深造之以道。注致也。此説與余合矣。【古籀篇六十五】

◉郭沫若　[glyph]亦造字，知者，令𣪘「用卿饗王逆造」，同例語見麥尊，曰「用㝬侯逆[glyph]」，亦見[glyph]𣪘「[glyph]作寶𣪘，用卿王逆[glyph]事」貞五・十四，亦見仲再𣪘「仲再作又偁寶彝，用卿王徉[glyph]」貞四卅五，用知[glyph]若[glyph]亦造字矣。[glyph]从出省，出，古作[glyph]，舟聲，[glyph]从从，彤省聲。卜辭及殷彝彤即作彡。彤與造，冬幽陰陽對轉也。知㐭爲造，則知[glyph]亦爲造矣。古造字多異文。許書有造艁二形，金文多从宀作造「頌𣪘」文若窖亦「頌𣪘」文若艁「頌鼎」「頌壺」，㐭之作[glyph]，正同此例。本銘[glyph]字，意言授也。【周公𣪘釋文器銘考釋　金文叢考】

◉商承祚　説文「艁。古文造。从舟。」案金文羊子戈作[glyph]。與此同。爾疋釋水。「天子造舟」。故从舟。告而後造。故从告。頌𣪘作[glyph]。頌鼎作[glyph]。造舟于宀广下也。【説文中之古文攷】

◉郭沫若　造即周禮大祝「六祈：二曰造」之造，又「大師，宜于社，造于祖。……大會同，造于廟，宜于社」，均本銘造字義。其正字當作祰，説文「祰，祭也。」

𨗻爲造之異文。从辵𡟰聲也。𡟰即匋字，其从女者猶婁字妥字等之从女，實當从夊，乃人形文之脚，因形近而譌者也。

遷，亦造之緐文，鎓鎛「厌氏，从𢓊之」，彼省从彳，讀爲告，字復以缶爲聲也，此乃後起之複聲字。造有作[glyph]若[glyph]者亦是複聲，盖既从告聲，復从舟聲也。舟缶匋告同部。【兩周金文辭大系圖録考釋】

◉馬叙倫　臧禮堂曰。譚長説蓋釋禮記王制造士之文。李澤蘭曰。王制鄭注。造。成也。或云。譚長所説秦爵之大上造也。倫按就也者。以聲訓。或非本訓。造當依小爾雅廣詁訓進也。周禮司門。凡四方之賓客造焉。儀禮士喪禮。造于西堦。孟子。君子深造之以道。皆謂進也。上文。進。登也。造進同爲舌尖前破裂摩擦音轉注字。譚長説造上士也者。王制升于學者不征于司徒曰造士。造士猶清代之進士也。非別義。此校者增之。字見急就篇。簷鼎作[glyph]。

艁　鈕樹玉曰。韻會作[glyph]。桂馥曰。从舟者。詩。造舟爲梁。釋水。天子造舟。釋文。造。廣雅作艁。案説文艁。古文造也。昭元年左傳。造舟於河。杜云。造舟爲梁。商承祚曰。金文羊子戈[glyph]字。與此同。頌𣪘有[glyph]。亦从艁。倫按舟所以行於水者也。从辵之字似亦可以从舟。然甲文有[glyph]。即遺字。又有[glyph]字。即蹞字。其从ㅂ非口舌字。乃履字也。然則古文造作艁非爲天子造舟而造此名。乃从履之初文耳。周明公彝有[glyph]字。唐蘭釋造。是也。从舟二字校者加之。

【説文解字六書疏證卷四】

◉陳夢家　[glyph]今釋爲造。廣雅釋言。造。詣也。説文。造。就也。造公猶詣公。此器之造从㵣从止。上文第19・21等器令方

彝士上盉之㸿均應釋爲造。造居造同卿事寮造令。則假造爲就。【𪓐𣪕　西周銅器斷代　金文論文選】

◉高鴻縉　艁，制造之本字。亦作艁。从宀，从舟，告聲。言屋或舟均人所製造也。後世通以造訪之造代之，久而成習，而艁與艁均廢。【頌器考釋】

◉齊文濤　公孫窹即齊景公時代的公孫竈。□即造。金文「造」字多異體。有从辵舟戈貝金等例。本銘「造」从火。从穴。从穴者尚見于傳世陳麗造戈簠齋藏古目十二陳余造戈陶齋吉金録卷三43頁。造與竈音同可通假。公孫窹即公孫竈。亦即子雅。左傳襄公二十八年「子雅子尾怒。」杜注。二子皆惠公孫。高誘呂覽注「子雅。惠公之孫。公子欒堅之子竈也。」公孫竈于齊景公三年(公元前545年)參與了倒慶氏的政變。此後即上臺執政。死于齊景公九年(公元前539年)。當權的時間總共六年。【概述近年來山東出土的商周青銅器　文物一九七二年第五期】

◉蔡全法　「造」字陶瓮：

一件，泥質磨光黑陶，戰國時器，1984年11月東城T19井14出土。「造」陰文，豎向刻寫于瓮肩部。甲骨文造作「□」、金文作「□」，與此相近，故隸作寕。陳漢平同志認爲：「此字从宀从舟，而古文字从宀復从舟者，僅艁字可以當之……甲骨文、金文、陶文寕字即艁字之省。《説文》：造，就也。从辵告聲。……知寕當釋艁，即後世造字」。疑是陶工私名。【近年來「鄭韓故城」出土陶文簡釋　中原文物一九八六年一期】

◉陳偉武　「造」有多種通用字，前文作過分析，其中有一異體作鋥，尚須補充説釋。鋥字見於韓鍾劍，原銘五字：「韓鍾之□劍。」張頷先生有詳考，指出「中山王譽鼎銘文中有『䆐棄寡人』之句，第一字恰與『韓鍾之鋥劍』『鋥』字右旁所从之『早』字相同，朱德熙、裘錫圭釋爲『早』字是正確的。」中山王譽鼎銘本作「䆐棄羣臣」，第一字从日，棗聲，比韓鍾劍鋥字所从的早少一個日符。可將䆐、早目爲一字異體，但並非完全相同。而且張先生認爲「『早』字的本身衹是『早』字的音假字，从前面所談及的『鋥』『鐠』二字爲例，『日』字亦當爲附飾。……『棗』有『刺』之義。……『韓鍾劍』銘之以『棗』當非音假『早』(或『造』)之義，實乃鋒刃鋭利和壯於殺傷的意思。」其實，早當即「早」的異體，从二日，棗聲，張先生視「日」爲無義附飾部件，不確。銲則从金，早(早)聲，同造，與前文所舉「造」字大量文例合觀即可明白，不宜解爲「鋒刃鋭利和壯於殺傷的意思」。【軍器及其題銘與簡帛兵學文獻　華學第二輯】

◉郝本性　見于新鄭兵器銘文中的𢿧字有四種：

Ⅰ 𧶠124號、178號；

Ⅱ 𢿧72–79號、81–88號、41號、69號；𢿧111號𢿧122號、𢿧119號；

Ⅲ 𢿧46號、52號、66號、90號、93–96號、99號、102號、110號、129號、131號、136號、137號、138號、147號、155號、157號，𢿧101號、97號、112號、116號、123號、132號、144號、146號；

Ⅳ 𢿧115號；𢿧117號、118號；𢿧(湖南出土十八年冢子戈)；

Ⅴ 𢿧145號、149號、105號；𢿧151號、153號、106號；

Ⅵ 𢿧152號。

上列第一種爲𧶠，宋公䜌戈銘云：「宋公䜌(欒)之𧶠戈」(《雙劍誃古器物圖録》上34)；宋公得戈銘云：「宋公𢔶(得)之𧶠戈」(《書道全集》一：一〇三，新版，圖二十七)，以上二𧶠字，容庚先生於《鳥書考》釋造是正確的(見中山大學學報，哲學社會科學版，1964年，第1期)。𧶠與造同从告聲，至于告上一豎筆未直通下來，乃是爲鐫刻的簡便，137號、101號等器的豎筆便延伸下來，新鄭兵器告上所从的牛未能與金文或楷書一直通下來，乃是其特點之一。

上述第二種隸定爲𢿧，比𧶠增加攴，仍爲造字，如同齊侯敦的𩫖即陳猷釜的𣪘字，造字所从的辵，有時與攴相通，《玉篇》卷十·辵部云：「逷，蒲邁切，懷也，敗走也。」《周書》曰：「我興受其逷」，而《尚書·微子篇》今作「我興受其敗」。敗與逷音義相通，𢿧與造，均从告聲，也得相通。至于𢿧所从的告，上下分離成𢿧，仍爲一字。

上述第三種𢿧或𢿧，乃是省去口字，甚至省去牛下一橫筆，乃是簡筆。

上述第四種乃是由𢿧字譌變，有時所从的告字譌成𣅀，而所从的貝字在其他國家文字中往往譌成从目，但在韓國則譌成𠕋或⊕，甚至進而譌變成Ⅵ式的字體，在田之下再加貝實則仍爲造字。Ⅴ式雖然與曹字古璽文接近，但非曹字，因爲從演變與對比中可以看出，它乃是「造」字的一個別體。

從周代金文，尤其是兵器上造字的異體很多，如郙大司徒戟、滕侯耆戈、淳于戟以及《説文》「造」字古文均作「艁」，而頌鼎、頌壺、頌簋作艁，郜造鼎作遳，秦子戈作窖，申鼎、敔戈作造，曹公子戈、陳卯戈又作鋯，滕侯戟作䞩。以上諸例説明造字異體雖多，但均从告聲，至於象152號這樣隨意創「造」，即便在一個國家内的異體字也很多，連所从告字也看不出來，可見當時「文字異形」的現象很嚴重。

文字異形雖然會給釋文增加困難，但是認真比較，從中可以看出一些規律，隨時間、地點、書寫人的習慣不同，同一字的字體便有所不同，以上述𢿱（造）字爲例，在鄭縣縣令督造兵器的韓桓惠王三十三年至韓王安三年期間，造字均作Ⅱ式，而從韓王安四年至八年，造字則省口作Ⅲ式。從大官兵器來看，無作Ⅱ式者，或作Ⅲ式，或作Ⅳ式，或作Ⅴ式。如果將所有從前出土或傳世的兵器上的造字，加以綜合比較，從中也一定會找出時代標記、地方特點或某些習慣寫法的規律來。【新鄭出土戰國銅兵器部分銘文考釋　古文字研究第十九輯】

◉戴家祥　䢵 𦉜鎛　𢓜，疑造之省體。金文辵作⻍，彳作⺅。彳實乃辵之省。故金文从辵字往往可省作从彳。如追之作䢁，還之作徻等，皆屬此例。

　高密戈　𢦩字从戈告聲，从上下文義看，當爲造的異體字。改从戈旁顯然是爲了使偏旁和下文戈字類化。陳卯鋯戈「陳卯鋯戟」，鋯與下文戟字類化，改从金旁，爾雅釋水「天子造舟」，詩・大雅・大明「造舟爲梁」，造與舟連用，故説文二篇造字古文作艁，改从舟旁。鋯艁的更换偏旁與𢦩字完全相同。

説文二篇「造，就也。」就與至義近，故造字从辵。金文造或作動詞，曹右定戈「敨戈」，高密戈作「𢦩戈」，曹公子戈作「鋯戈」，造字作敨、𢦩、鋯，从攴表示製造的動作，从戈表示製造的對象，从金表示製造的材料，皆爲形符更换字。

　頌毁　説文二篇「艁，古文造，从舟。」戴家祥曰：許氏之説非也。艁造各有形義，本非一字。方言九「艁舟謂之浮梁。」爾雅釋水「天子造舟。」邢昺正義引李巡注「比其舟而渡曰造。」造、艁同聲通假。孫炎曰「造舟，比舟爲梁也。」蓋即今浮橋。浮橋由舟組成，字故从舟。艁，从宀艁聲，窖，从宀造聲，或寣，从宀造省聲，乃製造器物的造字，有別于造舟爲梁的艁和訓作至、詣、就的造。金文則諸字通用。

　陳𡙇子戈　薛尚功歷代鐘鼎彝器款識中有窖石磬，銘曰「自作窖磬」。左傳昭公十一年杜注云「簉，副倅也。」郭沫若認爲磬之所以名爲窖者，即爲鐘之副簉也。兩周金文辭大系考釋二三三葉邵鐘。此銘「寣戟」之寣當爲簉之借字。

　𨾊戈　字从艸从𢓜，𢓜疑即造之省，戈類兵器銘文多有「造戈」，此䒛字當讀作造。

　滕侯昊戟　説文二篇造古文作艁，金文恆言造戈，此銘从艁从酉，當亦讀作造。

逾 逾

郜造遣鼎　艁，即𦨶之異體。【金文大字典下】

逾　鄂君啟車節　【金文編】

王存乂切韻　【古文四聲韻】

◉許　慎　越進也。从辵。俞聲。周書曰。無敢昬逾。羊朱切。【説文解字卷二】

◉馬叙倫　王筠曰。越字爲句。逾踰一字。翟云升曰。集韵引越作越。丁福保曰。慧琳音義十又廿九又八十二引進也。韵會引作越也進也。是古本有二訓。大徐本傳寫越下奪也字。淺人又據以改小徐本。遂混越進爲一義。倫按玉篇訓越也遠也進也。是丁説爲有徵矣。足部踰與此一字。亦止訓越也。則逾下當從韵會引小徐本作越也進也。進也蓋後人加之。此字失次。逾爲跨之轉注字。逾聲矦類。跨聲魚類。魚矦近轉也。【説文解字六書疏證卷四】

遝 遝

前五·二一·三　遝或从止　【甲骨文編】

前5·21·3　【續甲骨文編】

遝　不从辵　𨚕方彝　眔字重見　【金文編】

遝　秦一〇五　二例　法一四三　三例　【睡虎地秦簡文字編】

◉許　慎　迨也。从辵。眔聲。徒合切。【説文解字卷二】

◉丁　山　字从止，眔聲，當是遝之本字。説文：「遝，合也，从辵，眔聲。」漢熹平石經本公羊傳六：「祖之所遝」，又漢劉寬碑「未遝誅討」，今皆以逮字爲之，遝逮音同字通，……遝氏故址，意當在河北南皮以東至于鹽山縣境乎！【甲骨文所見氏族及其制度】

◉馬叙倫　鈕樹玉曰。玉篇迨在遝上。訓迨遝行相及。遝訓迨遝。王筠曰。凡轉注之法。必有一習見。字乃可用。迨遝互訓。終不可解。況係疊韵連語。後人以不常用妄分之也。眔下曰。目相及也。足徵行相及之説。言部誻下曰。譅。誻也。譅下曰。語相及譅也。玉篇譅下曰。譅誻。語相及。然則遝爲行相及。朱芳圃曰。甲文作。倫按爾雅釋言。逮。遝也。公羊哀十四年傳。祖之所逮聞也。漢石經逮作遝。方言。迨遝及也。東齊曰迨。關之東西曰遝。或曰及。是迨遝非連緜詞。實轉注字也。蓋遝爲逮之雙聲轉注字。古謂相連及曰及。聲轉爲隶。爲眔。爲沓。故行相及爲逮。目相及爲眔。言語相及爲沓爲謎爲諸。語原然也。字見急就篇。顔師古本作逮。於義長。【説文解字六書疏證卷四】

迨 迨

粹一〇三七　鄴初下・三三・八　地名　自迨　林二・二五・六　河六七五或从彳與説文會字古文同疑古迨會同字

【甲骨文編】

珠193　録675　鄴33・8　粹1037　新3326　3479　【續甲骨文編】

迨　戍甬鼎　王命宜子迨西方于省　迨當讀作會説文會古文作佮从彳與从辵同義　保卣　遘于　四方　迨王大祀　廧盤　迨受萬邦　【金文編】

石經文公　【石刻篆文編】

◉許　慎　迨還也。从辵。合聲。侯閤切。【説文解字卷二】

◉高田忠周　劉心源云。舊釋作追。按迨从台。不得从合。此實迨字。説文。迨還也。从辵合聲。還迨謂行相及。即會合之意。且子鼎。迨西方于相。與此同。亦可讀作會。説文會古文。从彳合會意。此从辵與彳同。辵原从彳也。按劉説爲是。吳大澂以且子鼎之迨爲會字。从説文會作佮也。愚謂佮迨元同字。古文或借迨即佮爲會也。許氏云佮古文會。知壁中古文如此。【古籀篇六十五】

◉吳闓生　迨。古文會字。三體石經會皆作合。【吉金文録卷一】

◉強運開　且子鼎。王命且子迨西方于相。説文。迨。遝也。从辵。合聲。迨遝爲疊韵字。容庚云。迨當讀作會。説文。會。古文作佮。从彳與从辵同意。運開按。容説甚是。蓋古迨佮本爲一字。與古文謀悔爲一字同例。【説文古籀三補卷二】

◉馬叙倫　朱芳圃曰。甲文作迨。倫按此迨遝互訓。木部。楷。楷遝木。讀若遝。言部。謎。語相及。諸。謎諸也。合沓聲

迮 迮

皆談類。語原爲及。聲亦談類。眔本不从隶省聲。詳眔字下。則眔聲本如沓。當在談類。故迨還爲轉注字。樒讀爲還也。迨。俎子鼎作[glyph]。【説文解字六書疏證卷四】

◉李孝定　説文。「迨。遝也。从辵。合聲」。絜文正从辵合聲。或从彳。揆之它文。从辵从彳相通。當是一字。三體石經會之古文作佮。不作迨。金氏引誤。説文會古文作佮。與石經同。迨會疑是一字。金文作[glyph]。宜子鼎辭云。「王命宜子迨西方于相」。容庚云「迨當讀作會。説文會古文作佮。」甲二·二五·六辭云。「乙巳王貞啟乎兄曰『盂方収人其出伐↓㠯高其令東迨于□高弗每不𢦔𢦏』王乩曰㘝」似亦當讀爲會。益可證迨會二者爲一字。許君之訓殆係後起。然亦與會義相近也。【甲骨文字集釋第二】

[glyph] 迮　申鼎　用征以迮　[glyph] 厵羌鐘　【金文編】

[glyph] 荊山文　【古文四聲韻】

◉許　慎　迮迮。起也。从辵。作省聲。阻革切。【説文解字卷二】

◉容　庚　齊侯鎛鐘。女台戒戎⿰乍攴。用⿰乍攴鑄其寶鎛。姞氏簋姞氏自⿰乍攴爲寶尊毁。⿰乍攴皆乍之異文。則此⿺辶⿰乍攴字亦即迮之異文。簷鼎用征以迮。猶曾伯霥簠用征用行也。此亦征迮對文。【善齋彝器圖録】

◉馬叙倫　王筠曰。作省聲。作字。小徐乍聲。大徐不知。改爲从乍。鐘鼎文皆以乍爲作。可知作爲形聲字。乃迮下作省聲。小徐本亦同。蓋前乎二徐者所改。倫按玉篇止訓起也。此迮迮二字蓋由隸書複舉字删而未盡。校者又加一迮字耳。此起作本字。簷鼎作[glyph]。【説文解字六書疏證卷四】

◉劉　節　⿺辶⿰乍攴即説文迮字。簷鼎亦有用征以迮之文。仲姞敦乍字从攴。仲鑠簋亦然。文選歎逝賦註引聲類曰。迮。迫也。玉篇。迫。迮也。【厵氏編鐘考　古史攷存】

◉徐中舒　⿺辶⿰乍攴從乍從攴從辵。仍與作同。齊侯鎛鐘云女台以戒戎⿰乍攴。又云用⿰乍攴鑄其寶鎛。皆以⿰乍攴爲作。簷鼎云。乍造鼎十。用征以迮。以御賓客。子孫是若。迮客若爲韻。仍讀迮爲作。作行也。曾伯藜簠云。用征用行。文義正與此用征以迮同。(詩常武王舒保作箋云。作行也。)此鐘征⿺辶⿰乍攴並用。征爲征伐。⿺辶⿰乍攴亦征伐。詩無衣云。與子偕作。傳云。作起也。左氏襄二十三年傳云。今君聞晉亂而後作焉。寧將事之。杜注作起兵也。曰起。曰起兵。皆征伐之事。【厵氏編鐘圖釋】

逪　逪

逪 經典通作錯詩韓奕采芑之錯衡傳錯文衡也　番生簋　逪衡　毛公𢉦鼎　金甬逪衡　【金文編】

◉許　慎　逪迹逪也。从辵。昔聲。倉各切。【說文解字卷二】

◉劉心源　逪衡即錯衡。說文逪。这逪也。即交錯之本字。詩韓奕傳。錯衡文衡也。衡者。車前横木縛軛者也。【奇觚室吉金文述卷二】

◉高田忠周　毛公鼎。金甬逪衡。借逪爲錯。經傳即借錯爲逪。此互通用也。……按說文。逪。这逪也。从辵昔聲。詩所謂獻酬交錯。即此字義。【古籀篇六十五】

◉馬叙倫　嚴可均曰。迹當作这。玉篇廣韵十九鐸引作这逪也。按即交錯。下文。这。會也。即交會。鈕樹玉曰。繫傳逪作道。譌。田吳炤曰。小徐迹逪也。作迹道也。迹當作这。道亦逪之誤字。倫按字次迮下。疑迮之轉注字。猶齰齚作借之轉注矣。番生𣪘作。毛公鼎作。【說文解字六書疏證卷四】

遄　遄

遄　楚簋　取遄五寽　洹子孟姜壺　【金文編】

◉許　慎　遄往來數也。从辵。耑聲。易曰。吕事遄往。市緣切。【說文解字卷二】

◉丁佛言　齊侯壺原書入附録。徐籀莊以爲歸字。案。當是遄。【說文古籀補補卷二】

◉高田忠周　說文。遄往來數也。从辵耑聲。易損。以事遄往。爾雅釋詁。遄速也。又疾也。詩相鼠。胡不遄死。泉水。遄臻于衛。巧言。亂庶遄沮。烝民。式遄其歸。義皆同矣。【古籀篇六十五】

◉強運開　薛尚功釋徒。非是。鄭漁仲趙古則楊升庵均作遄。運開按。說文。遄。往來數也。从辵。耑聲。又按。耑部云。耑。物初生之題也。上象生形。下象根也。段注云。以才屯韭等字例之。一。地也。象初生。一則象其根也。又人部𢼸篆下云。眇也。从人。从攴。豈省聲。鉉等曰。豈字从𢼸省。𢼸字不應从豈省。耑。物初生之題尚𢼸也。以證此篆蓋亦从耑省也。【石鼓釋文】

◉馬叙倫　爾雅釋詁。遄。速也。下文。速。疾也。此言往來數也者。數借爲速。同摩擦次清音也。考工記。不微至無以爲戚速也。鄭注。速。書或作數。是其證。然此是校語。本訓蓋本作速也。故次速上。大克鼎作。齊侯壺作。【說文解字六書疏證卷四】

速　詩伐木以速諸父　弔家父匡　用速先𡨦諸兄【金文編】

5·450　獨字　說文速籀文作遬　秦398　小遬　秦399　□遬　5·159　咸□成𢔶　此从彳亦遬字【古陶文字徵】

潘速　李高速　臣速　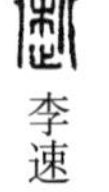李速　諸速已　有速【漢印文字徵】

避車麀鹿速〓【石刻篆文編】

速　速　速出朱育集字【汗簡】

古史記　朱育集字　義雲章【古文四聲韻】

◉許　慎　速疾也。从辵。束聲。桑谷切。遬籀文。从欶。𧩨古文。从欶。从言。【說文解字卷二】

◉羅振玉　箋曰。說文。速。疾也。籀文从欶。作遬。今此文不作遬。蓋小篆與籀古同也。篆文本於古籀合者十九。其許書別出古籀者。半爲古文異體也。【石鼓文考釋】

◉商承祚　說文「𧩨。古文速。从欶从言。」速字依例補。案此當是徵召之專字。故从言。爾疋釋言。速。徵也。易。「不速之客。」禮鄉飲酒。「主人速賓。」皆當作𧩨。作速者借字也。汗簡引作𧩨。寫誤。下从言則是。【說文中之古文攷】

◉強運開　速　潘迪云。速速疾行皃。有重文或曰鹿之足迹。張德容云。按。說文籀文迹作𨒪。速作遬。如作迹訓。則當作𨒪。若作速訓。則是古文也。運開按。此篆作速。塙係速字。與籀文迹字作𨒪不同。爾雅釋鹿其迹速。釋文本又作⿱鹿速。素卜反。引字林。鹿迹也。按。此云麀鹿速速。正爾雅鹿其迹速之謂也。說文𨒪籀文迹从朿。段注引釋獸鹿其迹速而云速。正速字之誤。並謂周時古本其速。速速之名不嫌專繫鹿也。廣雅躔踈解迒跡也。即爾雅麋跡躔。鹿跡速。麕跡解。兔跡迒也。曹憲踈。音匹迹反。集韵云。迹或作踈。然則字林从鹿。速聲。素卜反之字。紕繆實甚。或以鼠入爾雅。又或以羼入鹿部麤麛之間。其誤可不辯自明矣等語。運開竊謂不然。蓋周時古本所云其速速。上速字係从籀文𨒪。下速字當是速字之誤。若俱作速。則費解實甚。即廣雅躔踈之踈。恐亦爲速字之誤。踈速二字篆楷形俱相近。傳寫易訛。且說文足部並無踈字。集韻雖有迹或作踈之說。殊不足據。段氏乃據以刪許書⿱鹿速篆。未免武斷過甚。特坿正於此。吳愙齋謂彝器中古字見於釋文者甚多。偁陸德明爲古籀功臣。歷引徐本作郤。來本作徠。又作逨。來鳩之來本作鵣。畱與獸通。畱本作報。

迅 迅

虞本作吳。無无亾三字通。驅毆爲一字以證之。是廛爲速之古文。亦其例也。【石鼓釋文】

◉馬叙倫　方言。速。疾也。東齊海岱之閒曰速。速爲遄之轉注字。今音速在心紐。然从束得聲。束音審三。心審同爲摩擦次清音也。遄音禪紐。審三與禪同爲舌面前音。疾也當爲行疾也。疑非本訓。石鼓作□。叔家父簠作□。

□王筠曰。言部凡古文皆作□。惟誚字與小篆同。汗簡作□。此爲古文。而从□。不今不古。恐係傳譌。宋保曰。速。籀文作遬。古文作□。皆欶聲。朱駿聲曰。□當爲諫之古文。古書或借諫爲速耳。倫按欶亦束聲也。古文下捝速字。从欶从言校語。汗簡引雜字指。雝字作□。獄字作□。又引庾儼默字書攣字作□。魏三體石經訓字作□。其言字皆與此同。疑郭庾皆本古文官書。官書中字多與石經同。或相似。其速字如此作。而呂忱依官書加於此也。【説文解字六書疏證卷四】

◉曾憲通　卜筮簡屢見□□二字，《包山楚簡》隸定作□臄，考釋云：「□，讀爲兼，《説文》：『兼，並也。』《廣雅・釋詁四》：『兼，同也。』」(見該書考釋369.428)周鳳五於前者改隸爲逮字，讀爲急；於後者考定爲痓字。(見上引周文一・四節)使相關簡文略可通讀。本節試在周文的基礎上做點補充，就正於周先生和各位方家。

關於第一個字，周文認爲並不从兼，並指出：「簡文上半所从似艸，下半又似从竹，缺乏禾穗飽滿下垂的基本特徵。」因據《汗簡》逮之古文作□而改隸定爲逮，讀爲急。然細審原簡，此字在簡文中出現不下十次，其聲符約有一半以上分書作□、□，左右二體並不相連，因頗疑此字是「速」字的訛體。戰國文字變單爲複，變斷爲聯的現象十分普遍，此亦訛變之一例。究其過程，當先是□字簡化爲□，猶鉨文□之作□，陶文□之作□；繼而□上下離析成□；再變複爲□，連寫作□；復稍裝飾並益辵旁，便成爲簡文的□字。望山簡此字作□，上下並未斷離，似从並列的朱字。朱、束古音爲侯屋對轉，古可通假，然則此字無論从束从朱得聲，皆爲速字無疑。□之爲速，不但「尚速瘥」、「疾速瘥」、「志事速得，皆速賽之」等簡文變得明白如話，其它相關簡文亦均可暢達無礙。【包山卜筮簡考釋　第二屆國際中國文字學研討會論文集】

 194  265【包山楚簡文字編】

◉許　慎　迅疾也。从辵。卂聲。息進切。【説文解字卷二】

◉馬叙倫　朱駿聲曰。从卂會意。卂亦聲。倫按。十一篇。卂。疾飛也。卂象鳥之飛。而與飛非實皆一字。音轉耳。蓋古謂

𨓈

速爲卂。故鳥飛爲卂。人疾走爲迅。此語原然也。音轉則轉注爲速。心紐雙聲。疾也當爲行疾也。然非本訓。【説文解字六書疏證卷四】

◉許　慎　𨓈疾也。从辵。𠯑聲。讀與括同。古活切。【説文解字卷二】

◉方濬益　𢓴𢓴解釋适。字有闕畫。當是𢓴。从彳从𠯑。為𨓈之消文。【召适觶　綴遺齋彝器款識考釋】

◉馬叙倫　周雲青曰。唐寫本唐韵十三末引。疾走也。蓋古本如是。今二徐本奪走字。倫按𨓈爲遄之轉注字。遄从耑得聲。耑音端紐。适音見紐。端見皆破裂清音也。𨓈迅脂真對轉轉注字。讀與括同校語。或此字出字林也。【説文解字六書疏證卷四】

逆

甲八九六　三辭　貞王其逆羌　王于宗門逆羌　于滴王逆羌　甲二〇一一　甲二四九一　前四・二四・一　後一・一六・一二　後一・一七・三　後二・一二・一　後二・一二・二　林一・二九・一〇　戩一一・一三　續一・三六・五　續三・六・六　續三・四二・六　珠一八〇　珠六一二　掇二・一一四　佚七六六　燕七一　燕七三　京津一二八四　明藏七三〇　王于南門逆羌　簠人五六　師友二・九九　金五〇八　貞𠭁方其來王逆伐　京都一〇八B　甲一〇四六　或从彳　掇一・一二二　前五・二六・四　後二・一一・一六　佚七二五　鐵二〇・二　乙二七四七　或从止　乙四八六五反　人名　逆入十　乙八七六二　京津三〇四五　存六五八　佚四八一　鄴三下・四四・一〇　弜逆𢀛亡若　師友一・一八八　【甲骨文編】

甲896　2011　2491　乙8762　8896　珠180　610　佚234　481　725　766　續3・5・1　3・6・6　續3・24・6徵4・56　掇212　京2・24・3　鄴34・9　鄴三44・9

續存658　1198【續甲骨文編】

逆　令簋　伯□父鼎　逆尊　九年衛鼎　同簋　三年𤼈壺　鬲比盨　隮侯匜　㝬鐘

鄂君啟舟節　鄂君啟車節　中山王礜壺　駒父盨　伯者父簋　𠂤簋　舀鼎　弔趯父卣

陳逆簋　从口　多友鼎　从彳　仲爯簋【金文編】

3·1322　獨字　曶鼎逆作□與此同【古陶文字徵】

一五六：二　二例　宗盟類參盟人名【侯馬盟書字表】

71　75【包山楚簡文字編】

逆　雜三八　二例　日甲四四　二例　日甲五一背　三例【睡虎地秦簡文字編】

5281【古璽文編】

□逆里附城　掃逆將軍司馬　臣逆　齊逆　扁逆　竇逆【漢印文字徵】

魏古篆兩體安允殘石【石刻篆文編】

逆　逆　逆【汗簡】

義雲章　古孝經【古文四聲韻】

◉許　慎　逆迎也。从辵。屰聲。關東曰逆。關西曰迎。宜戟切。【説文解字卷二】

◉方濬益　吳清卿中丞説文古籀補以迂爲古文逆。濬益按。説文辵部。迂。進也。从辵。干聲。讀若干。即此文逆字。見陳逆敢簠二銘。其文迴殊。未宜相混。段若膺大令曰。干求字當作迂。干犯字當作奸。按。段説是矣。然古人字少。故干禄

等字經典多作干。用古文也。【迂父丁尊　綴遺齋彝器款識考釋】

◉孫詒讓　楚世家。熊徇卒。子熊咢立。十二諸矦年表作鄂。索隱本作噩。此楚公逆即熊咢也。咢逆一聲孳生之字。古多通用。釋名釋言語。逆。遻也。遻不从其理則生殿。殿不順也。說文鶚即鴞字。蜉即鰐字。故史記㠯逆爲咢。【古籀拾遺】

◉劉心源　此拓兩逆字。一作□。一作□。攷說文。逆从屰。屰从干千。下凵。汗簡干部引古尚書逆作□。繹山刻石作□。討伐亂逆。陳逆簠作□。宗周鐘作□。廼遣閒來逆。或釋造。非。筆畫皆相侣。互校知从屰从□从□从□左畫殘从□乃筆畫小變耳。舊㠯爲楚公名丵。不惟不合篆形。且未得文意。此銘先云楚公逆。後止云公逆。是公逆爲人名。係㠯楚乃楚人。非楚國之君名逆也。舊說付會。殊未細審。【奇觚室吉金文述卷二】

◉羅振玉　說文解字。逆。迎也。从辵。屰聲。案。从辵从□者說見下象人自外入而辵以迎之。或省彳或省止。【增訂殷虛書契考釋】

◉丁佛言　□留鼎。□古匋。許氏說曰。迎也。从辵。屰聲。關東曰逆。關西曰迎。案。逆謂不順。有牴觸意。故从牛。【說文古籀補補卷二】

◉商承祚　□即徉。亦即逆。逆从到人。此从側人。其意同也。【殷契佚存】

◉商承祚　金文作□□（蹟矦盉宗周鐘）。說文逆。「迎也。从辵屰聲。」此象到人。而辵迎之也。甲骨文或省止。或省彳。但其誼則已具矣。此與屰爲一字。【甲骨文字研究下編】

◉顧廷龍　□迸。說文所無。疑即逆。【古匋文孴録】

◉馬叙倫　段玉裁曰。逆迎雙聲。席世昌曰。漢書溝洫志引禹貢同爲逆河。作同爲迎河。◎倫按方言。逢逆迎也。自關而東曰逆。自關而西曰迎。此當從金甲文作□宗周鐘作□□矦簠作□□甲文。與迎一字異形。迎之初文爲卬。卬篆作□。象一人來。一人匍而迎之。迎爲東西相對形。□爲南北相對形。□非倒大。爲屰之屰。乃象人自外來。其首内向也。□則足趾外向。明自内出迎之也。後乃增彳以會自道來之意。今逆音宜戟切。迎音語京切。乃由時地遷異而變。然仍爲疑紐雙聲。關東以下校語。字見急就篇。【說文解字六書疏證卷四】

◉馬叙倫　□　舊釋迁。依形釋是。然即說文之逆字也。說文干部所屬羊屰二字。其實干羊屰一字也。吳夌雲謂干從大。象人倒立形。倫檢甲文作□□。是其證也。人足向下乃生之常理。今以足向上則逆矣。故辛字從二從□。而義爲辠。甲文辛字多作□。從一從□。一爲天地之天本字。而天乃顛之初文也。初民畏天之威。故以足向天爲得辠於天。辠辟所以皆從辛也。甲文逆字作□□□諸形。有徑作屰者。則干屰爲一字明矣。金甲文夫字作夫夫。而甲文逆字又有作□者。其爲從夫甚明。則知大夫本是一字。大夫皆人之異文。曶鼎。賫兹五夫用百孚。言贖此五人也。古偁大夫猶今言大人。□字𡰥而視之。則與□同。所從爲𡰥夫也。干屰之爲一字又明矣。夫者。由大本作□而譌變。屰又譌變爲□爲□。因殊爲三字矣。干屰音紐雖有見疑之異。而皆爲舌根音。屰音今在日紐。古讀日歸泥。泥疑同爲鼻音次濁音。則又於音可明其爲一字也。然逆字當依金甲文作□。逆迎爲音同疑紐轉注字。而迎之初文爲□。說文譌爲從卪。表一人向此而來。此人伏而迎之。實從人從𠣜之初文作□者。說文誤與包裹之包本字作□者混而爲一。會意。□則以屰表來自道上者。□以表向道上迎之者也。此本古文圖語。說文誤爲從辵逆聲之形聲字。由不悟逆不從辵。亦不從𡰥大之屰。其形與𡰥大之屰同。而此實以屰表自外而至。其首向內非向地。若純以圖畫表之。自然見其不同耳。逆卬實一字異形。今讀與屰音同者。由迎而轉。迎之初文爲□。即說文㝑字所從之丏。㝑爲賓客之賓本字。賓乃頒賜之頒本字。今說文㝑下說解從宀丏聲者誤。詳疏證。㝑爲□之異文。增宀者猶□之增彳耳。從彳表賓自外至。從宀表主迎以入室也。㝑音明紐。逆音疑紐。同爲鼻音次濁音也。此銘逆字蓋作器者之名。不然。則是掌訝者之族徽也。【讀金器刻詞卷中】

◉楊樹達　于思泊吉金文選上叁卷九葉下釋𤕌逆至于玄水云：「言逆大河西至于玄水」。吳闓生吉金文録叁卷十三葉下云：「逆，逆行也」。郭沫若兩周金文辭大系考釋八七葉云：「逆當讀爲朔」。余謂逆字當讀爲㴽今字作泝。說文十一篇上水部云：「㴽，逆流而上曰㴽洄，㴽，向也，水欲下，違之而上也，从水，㡿聲。」或作遡，一切經音義引三倉云：「逆流行水曰㴽」。左傳哀公四年云：「吳將遡江入郢」，杜注云：「逆流曰遡。」國語吳語云：「率師沿海泝淮」，韋注云：「逆流而上曰泝」。𤕌逆至于玄水者，𤕌爲語詞，言自涉東至于河，又遡河而上至于玄水也，㴽字从㡿聲，㡿字从屰聲，㴽逆古音同，故銘文假逆爲㴽也。不嬰𣪕云「馭方玁允廣伐西俞」，以馭方爲朔方。此銘以逆爲㴽，其比正同。朔遡二字古皆讀疑母，今讀朔爲所角切，讀㴽爲桑故切者，非古音也。【同𣪕跋　積微居金文餘說卷一】

◉饒宗頤　逆讀爲迎，禹貢「逆河」，今文尚書作迎河。說文：「逆，迎也。」逆伐即迎伐。【殷代貞卜人物通考卷四】

◉屈萬里　逆，謂迎之也。戰國策齊策：「故專兵一志以逆秦。」高注：「逆，拒。」拒，即迎擊之義矣。【殷虛文字甲編考釋】

◉李孝定　說文：「逆迎也。从辵屰聲。關東曰逆。關西曰迎。」羅氏釋此爲逆。是也。卜辭用此有三義。其一爲迎。辭云「辛丑卜𡩜貞𢀛方其來逆伐。」前四・二四・二「辛丑卜𡩜貞𢀛方其來王勿逆伐。」後上・十六・十二「辛未卜𡩜貞王勿逆伐𢀛方下上弗若不我其受又」後上・十七・三「癸酉卜争貞王勿逆伐𢀛方下上弗若不我其受又」戩十一・十五。四辭所卜殆係一事。以後數辭徵之。知第一辭應讀爲方其來句絶。逆伐句絶。言呂方其來。王其往迎擊乎。它辭言呂方其來。王勿往迎擊。蓋下上不順。我其不受祐也。其一爲地名。辭云「甲戌卜囗曾角取𦍒芻」前四・五三・二。言曾角往取𦍒地之芻秣也。其一爲人名。辭云「庚子卜𢓜貞翌辛丑丙」前五・二六・五「貞𢓜其囚」後下十一・十六「癸亥卜逆貞旬亡囚」甲編二〇二从辵从彳从止得通。金文作[glyph]宗周鐘[glyph]矢作丁公簋[glyph]鬲比盨[glyph]仲爯簋。从辵。或从彳。無但从止作者。【甲骨文字集釋】

◉李零　亂逆，亂字寫法同于《正始石經》古文；逆字帛書從辵從㫃，商承祚釋達，解釋為「日月星辰不應達而先達」，饒宗頤(1968)從之，據《説文》釋為「行不相遇」。今按帛書文例，此字在帛書中凡四見：(1)即此句，是與「亂」字連用；(2)作「絽絀遊亂(?)」；(3)作「是遊月閏之勿行」；(4)作「遊終亡」，與「亂紀亡」對文。巴納德曾猜測此字與亂字連讀，是同義的合成詞，我則認為它應當就是「逆」字，其所從羊，當係屰之訛變(參《漢印文字徵》2・12逆字)，這段的意思大約是説，置閏若有誤失(?)會造成星辰躔度的進退失當，四季的變常，以及日月星辰運行紊亂(應當説是觀測系統的紊亂)。【長沙子彈庫戰國楚帛書研究】

◉黄錫全　[glyph]逆　巖、雲本逆作逆、逆，即逆字譌變。薛本作屰。屰即古逆字，本作[glyph](乙6948)[glyph](父癸爵)，象倒人形。《説文》正篆變作[glyph]。侯馬盟書逆作[glyph]，所从之屰與此形類同。【汗簡注釋卷六】

◉戴家祥　説文「逆，迎也。从辵屰聲，關西曰逆，關東曰迎。」唐韻逆讀「魚戟切」疑母魚部，迎讀「語京切」疑母陽部。魚陽陰陽對轉，故逆亦讀迎。順逆之逆，古字作[glyph]，像人體倒位形，許氏所謂「从干下中，屰之也。」三篇干部。非是。同聲通假，逆亦通屰，賈誼新書道術篇「行歸而過謂之順，反順爲逆。」是其證。同毁「氒逆至于玄水」，逆讀如禹貢「同爲逆河」之逆。漢書溝洫志作「同爲迎河。」鄭玄云：「下尾合，名爲逆河，言相向迎受也。」仲爯毁「用鄉王逆作」當讀「用饗王迎酢」。禮記少儀「介爵、酢爵、僎爵皆居右。」鄭注「酢或爲作。」郤王義楚耑「自酢祭耑」以酢爲作。大雅行葦「或獻或酢」，鄭箋「進酒于客曰獻，客答之曰酢。」逆作，猶言酬酢。

[glyph]鄂君啓節　𢓜，即逆之省體，金文辵作[glyph]，彳作[glyph]。彳實乃辵之省。故金文从辵字往往可以省作彳。如追之作𢓊，逸之作㑥，皆屬此例。【金文大字典下】

[glyph]臣迎　[glyph]李迎　[glyph]王迎　[glyph]王迎　[glyph]臣迎　[glyph]韓迎　【漢印文字徵】

[glyph]古老子　【古文四聲韻】

䢒 䢒 遇 遇

◉許慎 迎逢也。从辵。卬聲。語京切。【説文解字卷二】

◉馬叙倫 迎爲卬之後起字。字見急就篇。【説文解字六書疏證卷四】

◉許慎 䢒會也。从辵。交聲。古肴切。【説文解字卷二】

◉馬叙倫 會也疑非本訓。或此字出字林也。【説文解字六書疏證卷四】

遇 从寓 子𨗿鼎 不从辵 趙孟壺 禺邗王于黄池 禺字重見【金文編】

一八五：一 委質類遇之行道 三：二五 禺 七九：一 二例 一五六：二〇 寓【侯馬盟書字表】

遇 日乙一七 通寓 而—人 日乙一三五【睡虎地秦簡文字編】

3071 2118【古璽文編】

令其遇 李遇 田道遇 程遇【漢印文字徵】

石經莊公 公及齊侯遇于魯濟 古文不从辵【石刻篆文編】

道德經【古文四聲韻】

◉許慎 遇逢也。从辵。禺聲。牛具切。【説文解字卷二】

◉高田忠周 子𨗿鼎 元釋寓。非。今審篆形。寓與辵各爲形勢。此合寓與辵爲字之證。若爲寓字。當合宀與遇爲形作𨗿也。寓从禺聲。遇从寓聲亦同。此爲緐文。且爾雅。遇見也遻也。左傳隱四年。公及宋公遇于清。此爲本義。字若从禺無意。而从寓自有意。遇見者猶寄寓也。𨗿或是本形。遇是省形乎。但𨗿寓同聲。固當互通用也。【古籀篇六十五】

◉馬叙倫 遇爲逆迎之雙聲轉注字。子𨗿鼎作。古鉨作。【説文解字六書疏證卷四】

◉楊樹達 説文二篇下辵部云：「遇，逢也。从辵，禺聲。」按爾雅釋言云：「遇，偶也。」郭璞注云：「偶爾相值遇。」周禮春官大

遭

宗伯云：「冬見曰遇。」鄭注云：「遇，偶也，欲其若不期而俱至。」愚謂爾雅鄭君皆以偶明遇之語源，其説是矣。然鄭云不期，郭云偶爾，皆讀偶爲偶然之偶，則非也。今謂偶之爲言耦也。説文四篇下耒部云：「耕廣五寸爲伐，二伐爲耦。从耒，禺聲。」耦本訓二伐，引申爲二人。左傳莊公二十八年云：「晉人謂之二五耦。」又襄公二十九年云：「射者三耦。」皆其證也。字或作偶。史記秦始皇紀云：「偶語詩書者棄市」是也。更引申爲匹敵之名。左傳桓公六年云：「齊大，非吾耦也。」儀禮大射儀云：「揖以耦左還。」莊子齊物論云：「嗒焉似喪其耦」是也。人與人相逢則得其偶，故謂之遇矣。辵部又云：「遭，遇也。从辵，曹聲。」按五篇上曰部云：「曹，獄兩曹也。」兩曹經傳言兩造，書呂刑云：「兩造具備。」周禮大司寇云：「以兩造禁民訟」是也。引申之，有輩偶羣衆之義。左傳昭公十二年云：「原伯絞虐其輿臣，使曹逃。」國語周語下云：「且民所曹好，鮮其不濟也；其所曹惡，鮮其不廢也。」楚辭招魂云：「分曹竝進。」史記平準書云：「於是遣博士褚大徐偃等分曹循行郡國。」又云：「乃分遣御史廷尉正監分曹往，即治郡國緡錢。」漢書劉向傳云：「分曹爲黨，往往朋羣。」是其證也。按曹有兩義，引申爲羣輩，與耦有二義引申爲匹敵之名者正同。耦與曹同義，故古書恆連言曹耦，或言曹偶。漢書黥布傳云：「率其曹耦亾之江中，爲羣盜。」史記作曹偶。史記倉公傳云：「曹偶四人」是也。蓋行而得其偶謂之遇，行而得其曹謂之遭。舉其名爲曹偶，言其行爲遭遇，其義一也。

辵部又云：「遘，遇也。从辵，冓聲。」按四篇下冓部云：「冓，交積材也。象對交之形。」冓象對交，相遇者必相對，故遇又爲遘，而冓亦有二字之義，與耦曹二字同。冓部再下云：「一舉而二也。从一，冓省。」按再从一，故云一舉；从冓，故云二也。爯下云：「并舉也。从爪，冓省。」按爯从爪，故云舉；从冓省，故云并。八篇下从部云：「从持二干爲并」，是也。【增訂積微居小學金石論叢卷第一】

◉戴家祥　古音寓遇不但同母而且同部。子遹爲作器者名，無義可見，存以待考。【金文大字典下】

 開母廟石闕　又遭亂秦　 祀三公山碑　遭離羌寇　【石刻篆文編】

◉許　慎　遭遇也。从辵。曹聲。一曰邐行。作曹切。【説文解字卷二】

◉馬叙倫　遭爲逄之疊韵轉注字。一曰邐行者。邐當爲丽。爲伉儷本字。亦即伴侶之侶初文。丽行謂二人同行。此儔字義。古或借遭爲儔。與借曹爲儔同。然校語也。【説文解字六書疏證卷四】

講 講

甲五二三 甲七〇六 甲八七一 甲一四一五 甲二一九三 甲二四一六 甲二四九一 甲二六〇一 拾六・一四 拾七・九 前一・二・六 前二・二八・八 前二・二九六 前二・三〇・六 前二・三五・二 後一・一八・二 後二・六・七 佚七一 佚九〇一 粹一〇八 粹八三一 寧滬一・九九 師友一・一三二 師友二・二三六 珠一一五 鄴三下・三七・九 誠四九八 明藏五一九 京都一九五〇 甲一二五八或从彳 甲二一八七 鐵四八・二 京津四八一〇 京津四八一一 甲一六〇四 粹七一二 存一九四四 甲一一九〇或从止 甲二四〇九 後一・一四・八 粹一〇一 師友一・一七〇 粹七一八 卜辭用冓為遘重見冓下 【甲骨文編】

甲522 706 1258 1415 1497 1630 1688 1701 1992 2409 2416 2655 2939 3913 3919 珠115 441 442 1167 佚72 901 徵3・24 誠56 81 111 498 六束146 外59 摭續193 199 粹108 664 712 831 989 1006 新5311 【續甲骨文編】

遘 𠨍卣二 保卣 又从彳 肆簋 構伯簋 蠤鼎 假借爲媾 芇伯簋 婚遘 克盨 唯用獻于師尹朋友婚遘 【金文編】

遘 【古文四聲韻】

◉許 慎 講遇也。从辵。冓聲。古候切。【說文解字卷二】

◉羅振玉 說文解字。遘。遇也。从辵。冓聲。此與許書同。或省辵。【增訂殷虛書契考釋】

◉高田忠周　説文。遘遇也。从辵冓聲。按冓有對形有對意。此形聲包會意明矣。古文。辵彳兩部通用。故亦作𢓜。朱氏駿聲云。字亦作逅。易卦名。以媾爲之。字作姤。鄭本正作遘。詩野有蔓艸。邂遘相遇。釋文本作逅。【古籀篇六十五】

◉葉玉森　遘。祭名。殷人于上甲大乙小甲亦致遘祭。如他辭云。「遘上甲□隹十祀。」卷三第二十七葉。「☐東遘上甲☐。」後上第十一葉。「☐遘上甲豕五牛☐。」又第十八葉之上。「☐月遘大乙肜☐。」徵文帝系第廿四版。「☐不奴在正月遘小甲肜日隹九祀。」殷虛卜辭第六十一版。是也。金文戊辰彝亦有「遘于妣戊武乙夾」之文。【殷墟書契前編集釋】

◉馬叙倫　遘爲这之雙聲轉注字。亦遇之疊韵轉注字。戊辰彝作𢓜。大保鼎作𢓜。【説文解字六書疏證卷四】

◉馬叙倫

吳式芬曰。許印林説。第一字阮釋予。辥書伯姬鼎冓釋恭。阮書寰盤冓釋共。共亦恭也。然皆非是。辥書乙酉父乙彝有𢓜字。釋遘。與此特筆畫小異。當即一字。倫按許説是也。遘從辵冓聲。説文從辵之字亦或從彳。如後古文作逡。延或從彳作征。是其證也。金甲文此例猶多。冓爲房屋間架之架本字。其初文蓋本作冓。變爲篆文作冓。不能象形矣。此文作冓。校他器文作冓者。猶未盡先故形。蓋分之爲二冓。即室之兩架也。【讀金器刻詞卷中】

◉李孝定　説文。「遘。遇也。从辵。冓聲。」羅氏釋此爲遘。是也。卜辭遘除用爲祭名。亦用爲遇辭。云「☐其遘小風」拾・七・九、「戊寅卜貞今日王其田濜不遘大雨」前二・二八・八是也。金文作𢓜構伯簋𢓜戊辰簋𢓜苶伯簋「婚媾」字段此爲之𢓜克盨。【甲骨文字集釋第二】

◉于省吾　甲骨文以冓字爲初文，孳乳爲𦾔構或遘。爾雅釋詁謂「遘，遇也」。國策秦策的「因退爲逢澤之遇」，高注謂「遇，會也。」又爾雅釋詁謂「遘，見也」，後世分化爲覯。甲骨文朢字（後世通作望）作𦣠，象舉目遠望；見字作𥃩，象横目以視。望見遘三字義雖相近而有别，例如甲骨文關于其他方國的貞卜，常見的「乎朢呂方」和「弓乎朢呂方」，是就能否遠望呂方言之；屢見的「其見方」和「不見方」，是就能否見到方國言之；屢見的「其備方」和「不備方」，是就能否遇到方國言之。甲骨文的「其見方，弗冓」（乙一八七），是説雖然見到其他方國，而不能與之相遇；甲骨文的「冓方不隻」（前八・一二・五），是説雖然遇到其他方國，而不能擒獲。又甲骨文的「其逐麑，冓」（乙四八〇八），是説田獵追逐麑（麋）獸而與之相遇，意謂容易擒獲。

甲骨文關于祭祀之言遘，或以爲祭名，殊誤。今將甲骨文祭祀之言遘者畧加選録如下，然後加以説明。

一、癸酉卜，□貞，翌甲戌，气酘咎于上甲，其冓，又𠄎伐……（粹四三八）。

二、乙未貞，大邻，其冓翌日〇乙未貞，大邻，弜冓翌日（後上二六・六）。

三、祭于且乙，其冓，又伐，王受□（京都一七九〇）。

四、□□卜，咎日酘于上甲，王其冓，又𠄎（鄴三下四一・四）。

五、其又𠄎伐，自甲冓翌日（南北明五二二）。

六、丙申卜，又伐于大丁，不冓（粹一七四）。

七、……遘大丁爽匕戊翌日……（續一・四・四）。

八、乙子貞，𠄎𢦔，叀咎冓〇丁未貞，𠄎伐，于祭冓。（南北明六八五）

九、癸丑卜，王曰貞，翌甲寅气酘咎，自上甲衣至毓，余一人亡囚，兹一品祀。才九月，冓示癸，𧶠彘。（金一二四）

十、……才九月，遘上甲，𧶠，隹十祀（綴合編一八六）。

甲骨文于祭祀每言某即宗，如「頊即宗」「河即宗」（粹四），是其例。這是説被祭者的神靈就饗于宗廟。又甲骨文的「隹大乙眔且乙即鄉」（甲二六〇九），是説被祭者大乙和祖乙的神靈降臨就饗。正因爲鬼神降臨就饗，所以主祭者才能夠與之相遇。這就是甲骨文于祭祀言遘而遘訓遇的由來。

總之，甲骨文于祭祀言遘，開始于第二期。前引第一條，先言气酘咎于上甲，酘咎均是祭名。既已祭祀，鬼神降臨，再言其冓，是説應該與之相遇。最後又𠄎伐，指祭法用牲言之。但甲骨文文法變化無常，也有先言祭法，而後言遘者，前引第五、六兩條是其例。商代金文也有于祭祀言遘的記載，例如：𨙵其卣的「遘于妣丙彡日大乙爽，隹王二祀」，𩰫簋的「唯王廿祀咎日，遘于妣戊武乙爽」，可以和甲骨文相印證。【甲骨文字釋林】

◉戴家祥　説文「冓，遇也。从辵，冓聲。」字亦作逅，鄭風野有蔓草「邂逅相遇。」毛傳「邂逅，不期而會。」釋文「逅，本亦作遘。」又借姤字，易姤卦彖「姤遇也。」釋文「薛云姤，古文作遘。」同聲通假，字亦讀覯。説文八篇「覯，遇見也。从見，冓聲。」爾雅釋詁「遘，見也。」字亦同冓。鄘風牆有茨「中冓之言。」釋文「冓本作遘」。字亦讀媾。説文十二篇「媾，重婚也。从女，冓聲。」易曰：匪寇婚媾。」釋文「媾本作冓，或作構。」左傳昭公廿五年「爲父子、兄弟、姑姊、甥舅昏媾姻亞。」杜注「重昏曰媾。」

逢 

說文「冓，交積材也。象對交之形。」媾、構、冓一語之轉，構、媾皆冓之加旁字也。【金文大字典下】

 續3·31·9徵2·5【續甲骨文編】

 逢　盗壺　逢郾亡道【金文編】

 三：二六　委質類逢之行道【侯馬盟書字表】

 逢　日甲七六　 日甲五二背【睡虎地秦簡文字編】

 董逢　 逢衰私印　 逢元之印　 逢尊　 逢士　 王逢私印　 董逢爵　 逢成　 臣逢時　 段逢憙印　 雍逢　 逢丑完印　 逢侈私印　 逢延之印　 逢成　 良逢私印　 逢濕之印【漢印文字徵】

 石碣吳人□□䢵寓逢【石刻篆文編】

 王存乂切韻【古文四聲韻】

◉許　慎　遇也。从辵。夆省聲。符容切。【說文解字卷二】

◉羅振玉　說文解字。逢遇也。从辵。夆聲。此从彳。古文从辵者或从彳。許書所載篆文亦然。如退或从彳作徂是矣。【增訂殷虛書契考釋】

◉柯昌濟　卜詞字當即古逢字。逢叔匜字作。从夂从羊。與此同。可證。【殷虛書契補釋】

◉強運開　。說文。逢遇也。从辵。夆聲。段注云。夆牾也。牾逆也。此形聲包會意字。運開按。遇篆下云。逢也。是二字爲轉注矣。寓遇同音。可證上文寓字即遇之叚借也。【石鼓釋文】

◉馬叙倫　鈕樹玉曰。韵會引峯作夆。說文無峯。王筠曰。說文無峯字。即有之亦當从夆聲。羅振玉曰。甲文有字。即逢

遻　遻

字也。从彳。夆聲。倫按逢爲遇遘之轉注字。遇遘聲同侯類。逢音東類。東侯對轉也。字見急就篇。石鼓文作□。甲文亦作□。【説文解字六書疏證卷四】

◉金祥恆　逢，从辵夆聲。居延漢簡「纍舉逢鹿盧」之逢同，與「蓬炎治所」之蓬作□，所从之逢異，其所从之辵，一作□，一作□，一隸一草，至爲顯然。簡文逢叚爲蓬，説文「蓬，蒿也，从艸逢聲，□籀文蓬省」。爾雅釋草蘩、菣、蒿皆通呼爲蒿。詩召南采蘩「于以采蘩」，傳「孫炎云『白蒿』」。豳風七月「采蘩祁祁」。傳「蘩，白蒿也」。左傳隱公三年「風有采蘩采蘋」。正義引陸璣疏云「凡艾白色爲皤蒿，今白蒿也。春始生，及秋，香美可生食，又可蒸，一名游胡，北海人謂之旁勃。」本草經「白蒿味甘平，主五藏雅氣，風寒濕痺，補中益氣，長毛髮令黑，療心懸，少食常飢，久服輕身，耳目聰明」。又詩小雅鹿鳴「呦呦鹿鳴，食野之蒿」，傳「蒿菣也」。正義「釋草文，孫炎曰，荆楚之間謂蒿爲菣。郭璞曰，今人呼爲青蒿，香中炙啖者菣。陸璣云，蒿，青蒿也，荆豫之間，汝南汝陰皆云菣也」，説文「菣，香蒿也」，字或从堅作藍。除蔚、菣外，又有所謂同蒿。植物名實圖考長編「救荒本草『茼蒿處處有之，人家園中多種，苗高一二尺，葉類胡蘿蔔葉而肥大，開黄花，似菊花。味辛性平。採兼葉煠熟，水浸淘淨，油鹽調食。不可多食，熏人心，令人氣滿。』」又農桑通訣「茼蒿春二月種，可爲常食。秋社前十日種，可爲秋菜」。蓋蒿種類繁多，名亦不同，然可爲食用則一。或爲菹，或爲羹。或生食。或煮食。簡文「蓬」，疑爲茼蒿之屬。「牛逢羹」者，以牛肉、蓬蒿爲羹也。與儀禮「羊苦、牛藿、豕微」之説異。【長沙漢簡零釋(四)　中國文字五十二】

◉朱德熙　裘錫圭　遣策所記有「牛逢羹」、「牛封羹」、「豕逢羹」各一鼎。我們過去懷疑「逢」和「封」都應該讀爲「葑」，「考釋」采用了(133頁)。三號墓遣策也有這三種羹。從「牛逢羹」、「牛封羹」兩次並見的現象來看，「逢」和「封」還是解釋成兩種菜爲妥。「逢」也許應該讀爲「蓬」，《説文》：「蓬，蒿也。」【馬王堆一號漢墓遣策考釋補正　文史第十輯】

◉許　慎　遻相遇驚也。从辵。从咢。咢亦聲。五各切。【説文解字卷二】

◉馬叙倫　鈕樹玉曰。韵會作从辵咢。倫按从辵。咢聲也。爾雅釋詁。遇。遻也。遻。見也。釋名。遻。逆也。莊子達生。是故遻物而不慴。楚詞九章。重華不可遻。是遻無驚義。相遇驚也當作相遇也。驚也。驚也者。愕字義。本書無愕。相遇也者。字林之訓。字林訓每有相字也。遻从咢得聲。咢从屰得聲。則遻爲逆之異文。本書咢字疑出字林。而本書从咢之字僅此及譻鄂三字。譻有重文作㓵。明爲字林所有。疑咢遻譻鄂四字並出字林。凡迒至遻諸文。實皆从迎逆省。而非从辵。當立逆爲部首。而諸文屬之。惟迎爲印之異文。當爲印之重文。【説文解字六書疏證卷四】

 石經君奭　我迪惟寧王德　今本作道　【石刻篆文編】

 迪　【汗簡】

 崔希裕纂古　【古文四聲韻】

◉許　慎　廸道也。从辵。由聲。徒歷切。【説文解字卷二】

◉馬叙倫　鄧廷楨曰迪道雙聲兼疊韻。倫按迪蓋邎之轉注字。爾雅釋詁。迪。繇。道也。繇當作繇。即邎之省。史記仲尼弟子列傳。仲由字子路。顏無邎字路。史記伯夷傳許由。秦本紀由余。漢書古今人表作許繇繇余。皆邎由一義之證。迪从由得聲。本書甹油皆从由得聲。音在喻紐。是繇由雙聲也。迪聲轉爲徒歷切。入定紐者。古音喻四入定紐而與道爲雙聲轉注矣。此字失次。【説文解字六書疏證卷四】

◉屈萬里　字卜辭習見。《殷代貞卜人物通考》五〇葉謂是叶字之繁文，未的。按：《汗簡》及《古文四聲韻》廸字均如此作，此當是廸字，然於本辭則未詳何義。【殷虚文字甲編考釋】

 240　 243　【包山楚簡文字編】

 遞出牧子文　【汗簡】

◉許　慎　遞更易也。从辵。虒聲。特計切。【説文解字卷二】

◉馬叙倫　朱駿聲曰。遞之本義當爲遽也。如今言驛遞。故从辵。遞必按程更替。故有迭代之義。倫按如朱説。則爲遽驛之轉注字。遽音羣紐。遞音定紐。同爲破裂濁音也。驛音喻四。古讀歸定。古文尚書以弟爲圛。弟音亦定紐。可爲例證。但以字次求之恐不然。遞爲由此之彼之義。故次通徙之上也。更易也當作更也易也。此迭字義。本義當作徙也。或迻也。遞徙爲轉注字。遞从虒得聲。虒音心紐徙音亦心紐也。【説文解字六書疏證卷四】

通 通

京津三一三六卜辭通字从用 庫一〇五一 京津三一三五或从彳 佚六六一 甲七〇九 甲三三七四

粹一一九二 粹一一九三 京津四三二三 摭續一四六 七七三 京都一八五七 京都三〇

五四 京都三一三二 【甲骨文編】

通 頌鼎 頌簋 頌壺 𤼈鐘 从彳 九年衛鼎 【金文編】

3·634 丘齊匋里王通 5·50 咸鄙里通 【古陶文字徵】

通 封六四 法一八一 四例 封六九 【睡虎地秦簡文字編】

1713 【古璽文編】

通恥里附城 郅通私印 姚通 田通私印 劉通世 通信牙門 司馬通 陈通印 趙通

之印 範通私印 衛通 戴通 王通之印 茀通 【漢印文字徵】

古孝經 道德經 【古文四聲韻】

◉許　慎　通達也。从辵。甬聲。他紅切。【説文解字卷二】

◉高田忠周　説文。通達也。从辵。甬聲。易繫辭。往來不窮謂之通。此爲本義也。轉爲凡通達通貫之義。晉語。道遠難通。注至也。尚近本義。而禮記儒行。上通而不困。注謂仕道達於君也。又莊子齊物論。通也者得也。論衡超奇。博覽古今者爲通人。皆轉義也。【古籀篇六十五】

◉王　襄　當釋通。【簠室殷契徵文】

◉商承祚　字从彳从用。疑通字也。【殷契佚存】

◉孫海波　説文：「通達也，从辵甬聲。」佚存六六一版：「□卜王丁酉□夕□士。」商先生疑通，是也。彳即辵之省，衍用之聲。用，説文訓「可施行也。」引申爲行，方言六：「用行也。」爲役，漢書賈誼傳：「彭越用梁則又反」，注引晉灼曰：「用，役用之也。」爲通，莊子齊物論：「用也者通也」，故通亦有行達之訓。易繫辭上傳「往來不窮謂之通」，又云「推而行之謂之通」，與用義相近，是知通乃受用之誼。金文頌鼎作，所从與甬形相近，小篆則以爲从辵甬聲矣。【卜辭文字小記　考古社刊第三期】

◉郭沫若　以上三片均有徜字，乃國族名，字當是通之異。【殷契粹編】

◉馬叙倫　此字失次。字見急就篇。頌𣪘作。【說文解字六書疏證卷四】

◉李孝定　說文。「通。達也。从辵。甬聲。」又。「甬从马用聲。」是甬用聲同之證。此从彳或辵。用聲。諸家釋通是也。金文作頌鼎頌簋頌壺。从辵从用。與卜辭同。又从⊙非从日也。乃鐘柄旋蟲之象。徐灝段注箋甬下云。「此當以鐘甬爲本義。考工記『鳧氏爲鐘。舞上謂之甬。』鄭云『鐘柄』。灝按。甬古篆或作。兩旁象欒銑。中象篆帶。上出者象鐘柄。小圓象旋蟲。以字形與記文互證。其義瞭然。小篆从马者。形近之譌耳。用本古鏞字。象形。甬即用之異體。阮氏鐘鼎欵識。漢陽武劍用字作是其證。因甬篆上有小圜。與用微異。遂專以爲鐘甬字耳。凡器之圜者如筩桶之類皆从甬。又爲斗甬蠶甬之稱。花之蓓蕾橢圓。因亦謂之甬。」徐氏說甬用得通。皆象鐘形。其說是也。是甬用非特同音。抑亦同義矣。【甲骨文字集釋第二】

◉戴家祥　衛鼎　徜，即通之省體。辵，金文作，彳，金文作。彳實乃辵之省。故金文从辵字往往可以省作彳。如追之作㣇，還之作㣴等，皆屬此例。字彙補亦謂「徜爲古文通字」。詳見通字條。唐蘭謂衛鼎「舄徜皮」的徜「原作『踊』，是筩形鞋。左傳昭公十三年『屨賤踊貴』注『刖足者屨也。』刖足者無足，所以穿踊。這裏說舄踊皮，疑是鞋筩的皮。」文物一九七六年五期第五十八葉。按此釋可備一說。【金文大字典下】

𨑨　𨑨

後下43·2【續甲骨文編】

徙　徙觚　徙觶　徙尊　徙遽𢆶盉【金文編】

徙　日乙二三一　十八例　秦一六二　八例【睡虎地秦簡文字編】

2183　2486【古璽文編】

（篆）范徙【漢印文字徵】

（篆）徙 （篆）徙 （篆）徙【汗簡】

（篆）古老子 （篆）義雲章 （篆）説文 （篆）崔希裕纂古【古文四聲韻】

◉許　慎　𨑳迻也。从辵。止聲。斯氏切。𢓊徙或从彳。𡲾古文徙。【説文解字卷二】

◉劉心源　（篆）大敨　徙舊釋作然。云既从口从止。又从小篆説之大火。此東周文字之紹。籀文而益蔓者。非古文也。案此字从口止从大止。即𨑳。實徙字。説文徙古文作𡲾。碧落文。徙居側盼之規作（篆）。知此口即𠂊之省文。𨑳即辵。又从止。則合徙𡲾二字爲之。娟季盤徙尒居作（篆）可證。【古文審八卷】

◉劉心源　（篆）師遽敨　𢓊舊釋延。案文義當是徙。説文徙重文作𢓊即此。【奇觚室吉金文述卷四】

◉羅振玉　（篆）　説文解字。𨑳从辵止聲。或从彳作𢓊。古文作𡲾。此與篆文同。【增訂殷虚書契考釋】

◉林義光　説文云。𨑳迻也。从辵止聲。𢓊或从彳止聲。按徙古屬歌韻。止非聲。从辵止。或从行彳行省止。古作（篆）伐商彝辛。【文源卷十】

◉商承祚　説文「𡲾。古文𨑳。」案金文陳矦因資鐘作（篆）。口部唸。「吚呻也。詩曰。『民之方唸吚。』」今詩作殿屎。則屎爲本字。吚借字。此乃屎之古文。借爲徙。段據詩爾疋音義五經文字云。「屎。説文作吚。」改篆爲吚。謂作吚者。俗人妄改。今以屎證。段説非。【説文中之古文考】

◉郭沫若　此𢓊字當讀爲公羊宣二年「躇階而走」之躇，何休云「躇猶超遽，不暇以次。」【呂齋　兩周金文辭大系圖録考釋】

◉馬叙倫　鈕樹玉曰。韵會引作移也。非。倫按慧苑華嚴經音義引倉頡。移也。甲文作（篆）。

𢓊　呂鼎作（篆）。師遽毁作（篆）。王孫鐘作（篆）。

𡲾　段玉裁曰。韵會云。説文古作𢓊。集韵作（篆）。然則此字不見説文也。鈕樹玉曰。玉篇廣韵無此字。疑殿屎字。桂馥曰。詩民之方殿屎。屎即𡲾之省文。借徙字也。宋保曰。徙。重文作𢓊。皆止聲。古文作𡲾。米聲。止米同部。⊘倫按本書有𡲾無屎。屎即𡲾之省。𡲾蓋（篆）屎之誤合而又譌者。或𡲾之譌也。【説文解字六書疏證卷四】

◉楊樹達　續編卷肆壹伍之壹云：「己酉，卜，貞，今日𢓊雨？」前編卷貳玖之叁云：「乙未，卜，穷貞，今日其𢓊雨？」又卷叁貳拾之叁云：「貞今丙午𢓊雨？今丙午不其𢓊雨？」又卷壹肆玖之伍云：「△子，卜，亘貞，今夕不𢓊雨？」續編卷肆廿之肆云：「貞今夕不其雨征？」又廿之叁云：「貞征多雨，兹御？」前編卷叁壹捌之陸云：「辛亥，卜，貞，征雨，不多雨？」此皆貞征雨者也。龜甲獸骨文字卷壹柒之廿壹云：「貞征彗雪出△？」前編卷叁壹玖之伍云：「辛卯，卜貞今日征雪？妹昧，征雪。」此皆貞征雪者也。鐵雲藏龜百貳拾之貳云：「貞不其征凡風？」此貞征風者也。又壹零叁之肆云：「貞征叚？」又壹壹貳之叁云：「夕叚？癸巳，征叚。」此貞征叚者也。按説文征爲徙字之或體，然徙雨徙雪徙風徙叚，文義難通，疑征字从止聲，征蓋假爲止也。卜辭多云其雨其雪其風其攺者，未雨未雪未風未攺時貞卜之辭也；云止雨止雪止風止攺者，已雨已雪已風已攺時貞卜之辭也。上舉辭云：「貞征多雨？」又云：「貞征雨，不多雨？」足爲吾説文徵。鐵雲藏龜伍伍之叁。云：「鳳風止。」殷契佚存柒伍零云：「酉晝，止雨。」字皆作止，不作征，尤征當讀爲止之確證矣。夫風雨爲人所不樂，而晴啓則人所願樂也。卜辭於征雨征風之外復貞征攺，知殷人此等之占，意蓋在天象之紀録，不關人情之願望與否也。

或謂卜辭有貞攺者，攺即説文之啓字，此即止雨之貞，不勞别貞止雨。然説文云：「啓，雨而晝姓也。」字本从日攺聲，説文謂从啓省聲者，誤也。詳釋启啟篇。攺字从又从户，象人手開户。引申之，訓爲開。今語通謂雨後晴霽爲天開，正啓字之義也。雨而晝晴爲啓，然徵之天象，有雨止不必即晴者，故卜辭於貞啓之外别有止雨之貞，不得合二事爲一事也。

如謂吾説爲不然乎？其風其雨其攺等皆有貞，而止風止雨止啓等無貞，於事理爲不可通矣。

甲文征字从彳从止，事至顯明。此字明見於説文二篇下辵部謂是徙之或字，是也。乃羅振玉讀説文未熟，不知其書本有此字，而强以訓安步延延之延字當之，此已覺離奇矣。何者？甲文之征與徙之或體征形體全同，而與延則相異也。自羅氏爲此釋，諸甲骨學者大都從之，不知其捨同形之字不用而别求他字之誤也。然安步延延之訓不能適用於甲文之征雨也，於是又别求一从延之延字説之，説文説延从延丿聲。謂征雨爲延雨，謂爲雨之連綿。然古書謂雨之繼續不止者爲淫雨，爲久雨，不聞有延雨之文也。且甲文於「征雨」之外，尚有「征風」「征攺」「征雪」之貞，如説爲「延風」「延晴」「延雪」，文不可通也！余讀征爲止，核之於文字之征从止聲，稽之於事理之貞風雨必貞止風雨，證之於甲文本身之有「止雨」「鳳止」，似皆較羅釋爲長，而世人不肯輕信者，殆以有先入之言爲主也。故余不得已，明羅氏之説爲根本錯誤，非好施駁詰也。

殷人注意天象，無風雨則貞其將有與否，有風雨則貞其將止與否，此事理之宜也。余爲此説，世或疑之。今試據甲文一證之。殷契粹編六六五片包含七辭，皆貞雨者也。惟第五辭云：「辛丑卜，不征雨？」余謂此辛丑日已降雨，故有此貞也。知者，同片第三辭云：「丁酉卜，辛丑至癸卯，雨？」下文記其應云：「允雨。」辛丑至癸卯允雨，故辛丑日貞止雨也。【釋征　積微居甲文説】

◉楊樹達　原書辭二云：「甲辰，卜，出貞，王疒首，亾祉？」胡君云：祉即延，言殷王武丁患頭病，勿延纏也。按祉字自羅振玉釋爲説文訓安步延延之延見書契考釋中六七葉下，近人皆從之。見商承祚殷虚文字類編、孫海波甲骨文編。胡君又似以延延爲一字，故釋甲文之亾祉爲勿延纏。然説文辵部徙或作祉，則甲文亾祉即無徙也。疒首占無徙者，古有患病遷地之俗。漢書原涉傳記涉所知母病避疾在里舍，後漢書來歷傳記皇太子驚病不安，避幸乳母王聖舍，魯丕傳記趙王商欲避疾，移住學官，皆其事也。今俗人迷信，尚有其事。殷人尚鬼，蓋已早有此風，故占徙否也。辭三一、四二至四六並同，不復出。

又按祉字从止，蓋即假爲止。殷栔卜辭六三九背云：「疒止？」殷契佚存九八片乙辭云：「辛亥卜，㱿貞，王疒𡳿舌，隹止？」正用止字，可以證也。經傳恆言疾已，止已義同。又按甲文雨祉風祉之文常見，亦以祉爲止，與此文可以互證。【亾祉

積微居甲文説】

◉平　心　甲骨文金文屢見祉字，或作繁體徣。此字關係古文字和古代典籍的理解甚大，若能得到確釋，可以解決許多問題。

自清代以來，考釋祉字的有好多家，兹列舉有代表性的解説如下：

孫詒讓説：「説文辵部延行也，從辵正聲或作征從彳。」此與説文或體同，但以ㄓ爲正字，「畫微省耳。」見《契文釋例》。

羅振玉説：「説文解字延，安步延延也，從廴從止，『師遽敦』及『盂鼎』作延與卜辭同。」見《殷虚書契增訂考釋》。

郭沫若先生説：「祉字屢見，卜辭中亦多見此字，均無義可説，案即《詩》、《書》中所習見之虚詞『誕』字也。《説文》中與此形近之字凡三見。一爲辵字，云、乍行乍止也，從彳止，讀若《春秋傳》公羊宣二曰『躇字誤作辵從傳文改正階而走』。一爲徙之重文。又一爲延字，篆作𢓊從廴。廴謂『從彳引之』，以廷建諸字隸焉。然金文廷字多見，廴旁均作乚、『石鼓文』有𨑥作𨑥，廴字亦作乚，則是『從彳引之』之字，古實無此字，辵與延是一非二也。延讀丑連，辵讀丑略，亦一音之轉。徙即金文所習見之圖形文[illegible]解文若[illegible]尊文乃會意字，示人足在街頭徙倚，並非從辵止聲，《説文》各本如此。亦非從辵止，段注本删去聲字。斷無作祉之理，許蓋誤會也。」見《兩周金文辭大系考釋》。

楊樹達先生説：「彝器銘文，恆見祉字，説文謂祉爲徙之或體，然與銘文所用字義不合。余於三十年二月跋『呂鼎』，讀祉爲侍，以鼎銘云：『唯五月既死霸辰在壬戌，王饔於大室，呂祉於大室，王錫呂鬯三卣，貝州世』云云。釋祉爲侍，尋金文及『小盂鼎』，其文殘泐過甚，幾不能屬讀，然祉字三見，文皆可曉。銘首云：『惟八月既望辰在甲申，昧爽，三左三右多君入服酒，王格周廟，□□□(鬲王邦)賓，祉邦賓尊其旅服，東鄉。』又云：『三□入服酒，王格廟，祝祉……』。銘末又云：『粵若翊乙酉，□三事□□□□入服酒，三格廟，鬲王邦賓祉，王令(命)商(賞)盂□□□□□□(弓)一矢百』云云。吴式芬於第二字釋祉，第三字釋延，同

字異釋，殊爲可怪，方濬益並釋爲《説文》訓安步延延之延。然經傳絶無此文例。吴闓生亦或釋祉，或釋延。郭沫若釋爲語首助詞之誕。余按此三祉字並釋爲侍，文皆適合，否則義殊不可通。余前跋『吕鼎』所説今得一確證矣。」

胡光煒先生説：「許書訓乍行乍止之辵與延辵之或體祉爲一字，與安步延延之延亦爲一字，作辵者重形無謂，予意古文延實止作祉，卜辭屢言祉雚風、祉雨，又『丁未伐商角』文曰『伐商祉貝』，與祉雨文例正同類。《吴語》：『祉其大舟』，注：取也，《説文》：『㝵取也』，是祉、取、㝵三誼竝通，則祉風、祉雨、祉貝猶言得風、得雨、得貝矣。」見《積微居金文説》。

此外，王襄先生、葉玉森、董作賓等均釋祉爲延，最近楊樹達先生改釋爲止，而在別處又釋爲徙。見「積微居甲骨文考釋」。

我以前疑此字當讀降各，苦無確證。最近經過了各方面的比勘和證驗，深信祉釋降各是正確的。

古各(佫、格)降二字常通作，如陟降又作陟各、陟格，是其明證。各降一聲之轉，祉實降各字之古體。

祉從彳從止，止訓至，見《積微居甲骨文考釋》。與降各(佫、格)的古義相合。《方言》：「佫，至也」，《詩經》：「神之格斯」，《傳》：「格，至也」；格又訓來，來與至義相通。金文和古書的降字恆有至義，凡言降、言各(佫、格)，都有到臨的意思。《小爾雅》《廣詁》訓格爲止，正與祉從止相合。彳《説文》訓小步，實即步履之意。古字從彳與從辵無別，《説文》：「辵，乍行乍止。」祉有行止之意，所以從彳從止，讀爲降各，是毫無窒礙的。

降的本義與陟(登、升)相對，應訓落下，但落下與到臨在意義上是相通的。凡人物自上而下謂之降，自彼及此亦得謂之降。《詩經》、《楚辭》言降館、降觀，都有税駕而息之意。反之，自彼及此謂之各(佫、格)，自上而下亦得謂之各。故落從各聲，而訓爲降，陟降亦作陟各(佫、格)。就近緣的旁系字比證，也可明此理。降、落均訓隊，《説文》：「隊，落也」，而與侈同從多聲的迻、移，均訓遷徙。墮、陊、栘與隊古音同在透母歌部，並訓落，而與墮、陊、栘同聲之隨、也(迤)並訓行，也、施等字又訓迻。《説文》以祉爲徙之或體，徙迻與降各義本相通。可見各降與徙在字義上並無本質的差別，它們正同出一源。不過，字孳乳愈繁，分化愈烈，其後下降之義爲落、陊、墮等字所專，遷移之義爲徙、迻等字所專，而降與各也義各有偏，但在甲骨文金文和周代古典中，它們仍兼攝到臨與下行二義。

徙移、到臨、往來、行止與下降均屬位置移動，所以降各(佫、格)與徙在語源上是相同的，《説文》祉徙不分，並非無故。

再就聲理推考，止與降、各古音皆在見母，從止聲之字每與從茝聲之字相通。《禮記・内則》：「婦或賜之茝蘭」，《釋文》本茝又作芷；《名醫別録》：「白芷一名白茝」；《爾雅・釋草》：「茝，蘄」虃蕪，樊光本茝作芷；《詩・公劉》：「止基乃理」，「止旅乃密」，止均當讀姬，漢碑姬或作姃，從正與止無別，是止姬得相通。「止基乃理」，是説姬族的根據地由此大治，「止旅乃密(宓)」

是説姬族的民衆由此安寧(止旅猶「詩」言徂旅，《楚辭》言易旅)，故與「芮鞫之即」(芮人訟于公劉之所)爲對文。這樣訓釋，勝於經師們的迂曲舊説。

從以上舉例，可知征與降各(格、佫)互訓，在聲理上也是有根據的。

就形、聲、義三方面綜合考析，釋征爲降各都是没有問題的。

或許有人説，甲骨文、金文自有降各(格、佫)等字，爲什麼要用征字來代替呢？這問題不難回答。第一，甲骨文、金文都是比較發達的文字，重文與或體甚多，不獨征、降、各等字爲然。第二，在甲骨文、金文中，降各已成爲專義字，而征的意義卻較爲廣泛，它可以概括降各之義，而降各二字却不能代替征字。就我所見到的甲骨文、金文征字，實包含到臨、降落、行止、賞賜、命令、輟息諸義，這些意義都是從同一語根孳乳出來的。也正因爲征字意義太廣泛，等到降、各、佫、格、至、止等字的分工作用越來越大，它就漸漸退隱。所以征字在商代和周初甲骨文、金文中用得很頻繁，在春秋戰國彝器中，就極少出現。按照文字學的規律，凡字不常用，意義就會萎縮。到了漢代，征字只剩下徙迻一個意義。

讀征爲降、各，在甲骨文金文中是無往而不通的。試取含有征徣字的卜辭與彝銘分類考證。

一、訓落下(自天下降)者

征雨、征雪，即是降雨、降雪；征風、征霉、征𢼄，即是降風、降霧、降啓。商人迷信神權，認爲風、雪、晴、雨、晦、霧等皆由上天或神明所降，故氣象變化降臨下土，皆蒙以征。《墨子・尚同》：故「當若天降寒熱不節」，亦謂寒暑由上天所降，與殷人想法相同。

「佚存」二七六片載壬戌卜雨之辭，其下即接「今日小采，允大雨征」之驗辭，可見大雨征即降大雨。又「後」上十二之五云：「貞今日不雨，其征？」顯然是卜問降雨與否。楊樹達先生釋征雨爲止雨，不知卜辭屢言征多雨，止雨何用言多少。又卜辭有「征𢼄」之文，如辭爲止啓，也不可通。

二、與雚、餐連言專訓税駕獻祼者

雚與餐當讀館或觀，征雚(館)征餐當讀降館或降觀，卜辭和金文有單言雚或餐者，如：「其往雚于𣪊？」(佚六八〇)，「唯五月，既死霸，辰才(在)壬戌，王餐(館)于大室，吕征于大室。」(吕齋銘)「隹四月初吉甲午，王雚于嘗。」(效卣銘)《詩・定之方中》：「降館于桑」，《楚辭・天問》：「帝乃降觀」，降館、降觀即税駕而息居。帝王諸侯館于某地，大約要行灌(祼)禮，故館餐均從食，雚與灌相通。

三、與令連言專訓下命令者

征(徃)令就是降命，「毓且丁尊銘」：「辛亥王在廙，降令曰……」「大保銘𣪘」：「王降征令于大保」，《書・多士》：「予大降爾四國命」，「多方」：「我惟大降爾命。」均可與以上銘文互證。

四、與步連言訓命駕者

征步即是命駕，與《尚書》的朝步意義完全一樣。

《書・召誥》：「惟二月既望，越六日乙未，王朝步自周，則至于豐。」

《書・武成》：「惟一月壬辰旁死霸，若翌日癸巳，武王迺朝步自周，于征伐紂。」見《漢書・律歷志》，按僞書霸作魄，翌作翼，若作越，紂作商。

「召誥」、「武成」的朝步自來失解，如訓朝爲「君子舉事貴早朝」或「舉事上朝」，訓步爲行。鄭玄云：「步行也，堂下謂之步，豐鎬異邑，而言步者，告武王廟，即行出廟入廟，不以遠爲父恭也。」這一類的訓解顯然非常迂曲。

宋黃公紹釋「武成」王朝步之文說：「輦，行也，後世稱輦曰步輦，謂人荷而行，不駕馬。」見《在軒集》。清毛奇齡說：「王朝步自周，『召』、『武成』、『畢命』皆有之，『孔傳』謂步即是行，則自周至商，自周至豐，皆多道里，自無步行之理。按自書『輦行曰步』，謂以人行車，故字以二夫行車爲行，而義即因之。……自漢後輿服之制，車輦並行，故天子所行，即名輦道。」見《經問》。

黃直翁、毛西河訓步爲步輦是對的。最近于省吾先生作「殷代的交通工具與驛傳制度」一文，其中論及古代的車制非常精闢，於步輦更有具體的考證。惟思泊先生列卜辭「征步」於徒步類，似可商。征步與朝步的意思完全一樣，征即降，有命令之意。命令就是召喚(吩咐)。「天亡𣪘銘」：「征天亡又王」，即是命(或召)天亡侑王。故征與朝都當訓召或乎，今人謂招呼，招呼即導源于召乎。

《楚辭・九歎・遠遊》：「馳六龍於三危兮，朝四靈於九濱」，注：「朝，召也，濱，水厓也，言乃馳六龍過于三危之山，召西方之神會于大海九曲之厓也。」《春秋繁露・諸侯》：「朝者，召而問之也。」朝與召不但聲音相通，而且意義相同。古語施受同辭，覲見謂之朝，召見亦謂之朝。引申爲召問、召喚等義。「因資敦銘」：「朝問諸侯」，意即受諸侯朝問，或召問諸侯。故卜辭的征步與《尚書》之朝步都是召駕或命駕的意思。卜辭的征步正好啟發我們讀通古書的朝步。

五、與至、往、𢓊連言訓命臨、命往者

征至與朝至意思完全一樣。

《尚書・牧誓》：「王朝至于商郊牧野，乃誓。」《召誥》：「太保朝至于洛。」《逸周書・世俘》：「越五日甲子，朝至接于商。」《世俘》：「越六日庚戌，朝至燎于周。」「矢令殷銘」：「明公朝至于成周。」朝至即召至，有下令到達的意思，有時被召往亦稱朝至。卜辭的「王……征至于之」與《牧誓》的「王朝至于商郊牧野」語例完全一樣。

征往即是命往，戋依楊樹達先生説讀過，過亦可訓往，征戋也是命往的意思。

六、直接訓臨訓往者

「征于太室」，即是降(或各)于太室，與彝器銘文中屢見之「各(格、客)于大室」語例一致。「粹」一〇一三片「征至于之」，一〇六三片「弜格于之」，之爲地名，征正相當於格。「征城衛父身」即往城保衛毛伯班(降城讀爲降誠亦通)，降、各與至、往、徂義相近，「舀鼎銘」言征贖，當訓往贖。

七、直接訓命令者

征與征步、征至之征均讀降，訓命令，「天亡殷銘」：「降天亡又王」，即是命令天亡侑王；《周語》：「王降翟師以伐鄭」，即是命翟師伐鄭，與「小盂鼎銘」「征邦賓障其旅服」語例相似。卜辭征執也當訓命執，徣伐即命伐。

八、訓賞賜施予者

古降字兼有命令與賞賜二義，猶命字兼令賜二義。征貝讀爲降貝，即是錫貝；「天亡殷銘」：「降亡助爵復囊」，是説賞賜天亡以嘉爵聲囊。《堯典》：「釐降二女于潙汭」，釐、降皆有賜義。「師遽殷銘」云征正，當讀降(訓授或畀)政，征正師氏，猶《論語》言「授之以政」，《墨子》言「授之政」，《莊子》言「文王欲舉而授之政」，「秦穆公忘其(百里奚)賤而與之政」，《左傳》言周人將畀虢公政」，「鄭子皮授子産政」。征釐當讀降釐，即是匄釐或賜福的意思。《詩經》：「福禄攸降」、「降福穰穰」、「降福簡簡」、「降福孔皆」、「降福孔夷」……《左傳》：「神降之福」，正與卜辭言「征𠧞」同。𠧞即是福(説詳「釋蔑曆」)，征疾當讀降疾，即上天或鬼神以災咎施予某人的意思。《書・盤庚》：「高后丕降與女罪疾」，《微子》：「天毒降災荒殷邦」，《詩》：「天降喪亂」、「降此大厲」、「天篤降喪」，《墨子・尚同》：「此天之降罰也」，《節葬》：「則惟上帝鬼神降之罪厲之禍罰而棄之。」《左傳》：「天降之災」、「上天之災」、「上天降災」，「師遽殷銘」：「今日疾畏降喪」，「成鼎銘」：「用天降亦喪于下國」。凡此均足徵殷周人認爲災難降自上天神祇。卜辭中所説的疾不一定指疾病，凡災患均得稱疾。《管子・小問》：「凡牧民者必知其疾」。尹注：「疾，患苦也」，《荀子・大略》：「湯禱旱曰：『使民疾與』」，楊注：「疾，苦也」。疾與病《廣雅・釋詁》均釋苦，《玉篇》：「誒，毒苦也」，誒與疾相通，是疾得訓爲苦難憂患。

九、訓輟息者

「甲辰卜，出貞：王疾首，亡𢓊」？（後下七一二）

帚（婦）攼疾疋，不𢓊」？（盧）

「□□卜，其疾，其𢓊」？（庫九八六）

這裏的𢓊也讀降（各），訓止。《左傳》昭公元年：「中聲以降」，注：「罷退也」，罷退與輟止義相近。《漢書·梁孝王武傳》：「太后議格」，集註引張晏說：「格，止也」，《小爾雅·廣詁》正釋格爲止，止與至義相同。《詩》《皇矣》、《生民》都有「載路」二字，自來傳箋注疏均望文生訓，迂戾不通。其實載當訓始（即才、纔），路當讀格，訓止。《皇矣》云：「帝遷明德，串夷載路」，是說上帝獎勵文王之明德，犬夷才被遏止；《生民》云：「實覃實訏，厥聲載路」，是說后稷大聲哭了許久，啼聲才停。與《左傳》「中聲以降」意義正相彷彿。卜辭貞「疾其𢓊」，就是卜問疾病是否痊愈，痊愈正是病止的意思。

十、用于祭祀訓孝享感召者

這些𢓊字也讀降或各（洛、格）。「沈子𣪘銘」：「洛于多公」，「寧𣪘銘」：「其用各百神」，「毛叔鼎銘」：「格于宗室」，《書·堯典》：「格于文祖」，《君奭》：「格于上帝」，與卜辭𢓊于某某語例完全一樣。《書·洛誥》：「王賓殺禋咸格」，賓殺格正相當于卜辭的賓歲𢓊。古人認爲上天神祇與下土之人互相感召，互相往來，祖先與後人也是一樣，故詩書和彝器銘文恆見昭格、昭假、邵洛之類的辭彙，或釋昭格爲昭告，不確（說詳《釋昭格昭假》）。昭格也單稱昭、邵或各、洛、格，卜辭的𢓊用于祭祀，正有孝享歆饗之意。

除了以上所舉諸例外，𢓊也用作專名，金文有𢓊作彝器，卜辭有犬𢓊，皆是人名。【甲骨文金文劄記（一）　華東師範大學學報一九五八年第一期】

◉馬承源　𢓊，甲骨刻辭作⿰彳少，除人名外，都用作動詞，字从彳从止，像足踐于道上，指示一種行動。此字在金文中頗不乏例，學者中多將此字釋作延，假爲誕，當作虛字，按《說文解字》以爲𢓊字是徙字的或體。徙移，是這個意義的引伸。此字在甲骨刻辭中亦常見，其與祭祀有關的有以下諸例子：

辛亥卜，貞，其衣，翌日，其𢓊隫于室（戩壽26·3）；

貞，翌癸未，𢓊酌，卅牛，八月（戩壽22·4）；

貞，翌丁酉，𢓊㞢于大丁（小屯乙2508）；

翌癸亥，其征于示癸(殷虛書契前編1·1·7)；

貞，其征邻于大戊，卿(小屯甲2689)；

武丁歲，征至于上甲(殷契佚存176)；

辛丑卜，大貞，中子歲，其征酌(明義士117)；

戊辰卜，壴貞，有來執自戰，今日其征于祖丁(小屯甲2772)。

又征字金文中直接用于祭祀的有我鼎銘：

……禦宗祖乙妣乙祖己妣癸，征䙫上母。咸，尋遺福二，貝五朋……(三代吉金文存，4卷21)。

由以上辭例看，征隮、征酌、征㞢、征御及征䙫等等都是舉行特定的祭祀，如果征字解作等候之義，則不容易說得通。由第一例，如辛亥日用衣祀，翌日壬子改用隮祭于室；第七例亦卜中子用歲祭及改用酌祭事。征下之某祭名，就是表明不同次第的祭祀。凡云征祭大都爲卜問翌日的，可見征祭也可以是指次日改行的祭祀。祭祀對象的改變亦云征，如第六例對武丁用歲祭，下文接着云「征至于上甲」，即祭祀對象由武丁至于上甲；我鼎銘上文云「禦宗祖乙妣乙祖己妣癸」，下文云「征䙫上母」，可見上文四人全用同一的祭祀，下文「上母」用䙫祭，祭祀的種類和對象都有改變，故曰「征䙫」。也有卜當日征祭的，如第八例之「今日其征于祖丁」。

由我鼎銘知征䙫是改用或另用䙫祭，後面接着就云「咸，尋遺福二」，可見征、遺是不同的，征福不是等候其致福或遺福。德方鼎銘文辭意較簡單，所云「征武王福」，就是對于武王改用福祭的意思，則可推知在此以前業已祭過了文王。【德方鼎銘文管見　文物一九六三年十一期】

◉平　心　「征兄六品，蔑曆于保，易賓。」征音義與造、詔、祝、奏相通，聲轉爲胙、作、初，有賜、命、降、祝諸義(有說別詳)。《周公簋》：「拜稽首魯天子寍厥瀕福」，寍即造，亦即征，謂稽首叩謝天子賞其大臣(瀕讀賓，與主對稱)之福胙。兄讀貺，指賞賜之物，征兄六品，即王賞賜物品六種。《庈父鼎》云：「征令曰：『有女多兄』」，征令與《易·師》云「王三錫命」之錫命同意，有讀賄或晦，多兄讀多貺，謂賜爾物品多種，與《保卣》「征兄(貺)六品」之文正可互證。【《保卣》銘略釋　中華文史論叢一九六三年第四輯】

◉嚴一萍　　商氏釋迭。或釋徰。案當是徙字。【楚繒書新考　中國文字第二十六册】

◉平　心　征字卜辭金文習見，各家考釋紛紜。我曾釋降(降有下、落、賜、命、召、格諸義)，義訓雖近，而音讀不切。按此字在殷周古文中除少數爲人地名外，均用作動辭。分析大量辭例，征的引申義和假借義雖然繁複，溯其本源，實爲到的初文。到與走、造、導聲義均通，故征除讀本字外，在卜辭金文中常讀作造（訓贈賜，亦用作祭名）、導，有時讀爲走（《左傳》假爲禱），征孳乳爲吊、摵、周（皆訓到、至），引申爲篤、竺、毒、祝、誘（五字均訓降），假借爲召、朝、詔（詔有命令與導相二義，朝羣書假爲召）爲攴、摷（訓取），爲戚，慅（訓憂），爲肇（訓初）。轉入魚部，讀爲徂、迮、胙、作、初。由于它的引申假借，用法多端，使我們不易掌握它的音訓。但只要把地下材料與羣書文字互相比證，經過相當綿密的辨析，仍然可以考見它的源流。

征字从彳从止。《説文》：「彳，小步也，象人脛三屬相連也」，這個解釋很不妥。彳（亅㇕）並不象人脛三連，而實與亍（㇗㇗）爲道之本字。行字卜辭金文作□，象四通八達的衢道，訓宮中道的壼作□，亦从行會意。行字既从亅㇕㇗㇗作，二字正象《爾雅·釋宮》所説的「一達謂之道路」，草變爲彳亍。古文正反音義往往無别，亍讀若畜，與道同聲諧韻，彳必有道音，讀躑若躕，是後世的音變。躑躅、蹢躅一作蹢躅（《史記·淮陰侯傳》：「騏驥之蹢躅，不如駑馬之安步」，蹢躅二字雙聲疊韻，孳乳爲束躅、躊束、躊躅，尤足征彳亍音義符同。彳亍初義爲行道，轉爲動詞，訓行走，彳與走道二字音義均通，征當以彳爲聲，與辵實本一字，《六書正僞》謂辵从彳从止會意是對的。辵《説文》大徐本音丑略切，《公羊傳》宣六年躇階而走註：「躇一作辵」，明辵與征到音近。甲骨文有卜人名衜，當爲道的初文。《玉篇》古文道作衜，與《汗簡》同，均與衜字从行同意。征孳乳爲徣，即詔（説詳後），再孳乳爲徣，即道。凡此並可證征的讀音屬透定母宵幽部。古音宵幽二部最近，常相通叶，音韻學家或以爲本屬一部；透定紐雖有濁清之分，皆屬舌頭音。征釋爲到，合乎音理。《説文》：「到，至也，从至刀聲。」造亦訓至，至字卜辭作□，于省吾先生謂「象矢有所抵，引申爲凡至之義」。而征象行有所止，止亦訓至，依《説文》《廣韻》，至到爲互訓之字。是征釋爲到，義亦相切。以六書義例求之，征實从彳止會意，彳亦聲（彳亍均爲道的初文）。

征讀到，在甲骨文中不乏其例。如「癸巳卜在意，征于壘？」（《前》二·八·七）。「盧伯藻（藻）其征乎鄉」？（《鄴》三·一三六之九）「征乎壘」即到（造）于壘（地名），「征乎鄉」，乎與于通，即到（造）于鄉（地名）。征于（乎）連文，與《論語·憲問》「民到于今受其賜」、《季氏》「民到于今稱之」同例，惟一就空間言，一就時間言，古文時空起訖字義無殊。《詩·韓奕》：「靡國不到」，此到字即就空間言，與卜辭同，到吊聲通。《爾雅·釋詁》：「吊，至也。」《詩·天保》：「神之吊也」猶言神之格兮。訓至之吊《廣韻》音都歷切，《集韻》音丁歷切，是六朝以後之音變。到、吊引申有往義。故征亦讀造。《小爾雅·廣詁》：「造，適也。」適訓往，與造、到義既相近，音亦相轉，適古聲在舌頭，音如敵，與造、到、吊皆屬端紐，適之通造，猶蹢之通蹢（見前）。征轉入魚部，衍變爲徂，《班毁銘》：「徣城衛父身」，城即郕，謂往郕地保衛毛父。

征除讀如字外，尚有以下假借義與引申義。

征讀朝，實爲召，召、到同从刀聲。如「王其征至于劈。」(《粹》一〇〇三片)「其征至于之？」(《粹》一〇一三片)「王征步？」(《戩》三·九〇)「征至」、「征步」即《尚書》《逸周書》的「朝至」與「朝步」。至讀還，即馹(傳車)，步即輦。訓步爲輦，始見于宋黄公紹《在軒集》，其後清毛奇齡《經解》承襲其説。于省吾先生作《殷代交通工具與馹傳制度》一文，論證更精闢。朝讀召，二字古通，不煩舉例。于訓往，「朝至」「朝步」猶言命駕。《令彝銘》云：「公令⿰彳告同卿事寮」，即周公命召集卿事寮。《顧命》：「乃同太保奭、芮伯、彤伯、畢公、衛侯、毛公、師氏、虎臣、百尹御事。」同亦謂召集。

⿰彳告讀造、肇，《廣雅·釋詁》：「造，姡也」，《爾雅·釋詁》：「肇，始也。」《臣辰盉銘》云：「隹王大龠于宗周，征饔葊京年」，與《尹卣銘》云「王初饔旁」同例。古初或讀肇。

征、⿰彳告讀造，在卜辭中常用作祭名，當即《周禮·肆師》「類造上帝」與《大祝》「一曰類，二曰造」之「造」，《禮記·王制》「造乎禰」，造讀爲祰。如「貞弜(舊釋彈誤——心)人征于丁宗熹？」(《前》八之五)「王其征父甲？」(《佚》四三八甲)「王賓武乙歲征，至于上甲？」(《佚》二十之一七六)征皆謂造祭。

征可讀造，亦可讀走，走、造皆祭名。《左傳》昭公二十六年：「諸侯莫不並走其望，以祈王身」，走即是禱。走、禱與造同音，故三字通作。

征讀造或戚、蹙，與慅、愮聲義相近，造、戚、慅、愮皆有憂危不安之意。《孟子·萬章》：「舜見瞽瞍，其容有蹙」，《韓非子·忠孝》作「其容造焉」。造然、戚然、蹙然諸詞在古書互通，是造與戚、蹙相通之明證。如「王疾首，亡征？」(《後下》七一二)戚「亡征即亡；亦即亡憂」。「其疾其征？」(《庫》九八六)即貞問將有憂患到臨否？古疾憂于義相因。

征讀造、摵，《廣雅·釋詁》：「造、摵、周，至也。」(周訓至，蓋本于《逸周書·謚法篇》)《釋言》：「造，詣也」，詣至同義。至與來義相比附。《詩·采薇》：「我行不來」，《毛傳》：「來，至也。」甲骨文凡言「征雨」、「征凡」、「征雪」均謂來雨、來風、來雪。卜辭又言「雨征」，猶他辭言「雨來」，後世言「雨至」，言「凡征」，即古籍所謂「風來」，後世言「風至」。來、至與降于義相因，自彼到此爲至，亦爲來，自上而下爲降，亦爲來。从各得聲之洛(金文或作洛)與落，一訓至，一訓降，从㒸得聲之遂與墜，一訓達，一訓落，與此相類。故征訓至，讀造、摵、周、到，又訓降，讀篤、祝、毒。《詩·召旻》：「天篤降喪」，《書·微子》：「天毒降災荒殷邦」，《墨子·非命下》引《泰誓》：「祝降時喪」，禰衡《魯夫子碑》：「煌煌上天，篤降若人」，篤降、毒降、祝降都是等義複詞，篤、毒、祝也是降。《詩·大明》：「篤生武王，保右命爾」，篤舊訓厚，不通，篤生即降生。《公劉》「篤公劉」，猶言天生公劉，與「篤生武王」文例相同，惟遺辭有單複之别，篤亦作竺，二字同聲。《天問》：「稷爲元子，帝何竺之？」意即后稷爲帝告的長子，帝告爲何下降他于人間？《離騷》：「攝提貞于孟娵兮，惟庚寅吾以降，皇覽揆余初度兮，肇錫余以嘉名」，皇即相當于上文之帝，降與度即相當于上文之竺，竺、篤、祝、毒與度爲一聲之轉，度古或讀殳、投，侯幽二部最近，正與造（征）通，度與篤、竺，皆謂下降人間。屈原自以爲「帝高陽之苗裔」，他的初生，實即自天下降人間，猶後世所謂「謫仙」（説詳拙作《皇覽揆于初度兮新解》）；《離騷》與《天問》之文義可互證。後世篤、竺、祝、毒都不訓降，是古訓亡佚之一例。但篤、竺等字的音義，至今仍保留于倒、掉二字。二字均與征（造、到、吊）同音。今謂屋坍垮爲倒下，謂人顚仆爲跌倒，倒征均有自上而下之意。謂物體下落爲掉下，謂落淚爲掉淚，掉與篤、竺、祝降墜也，音義亦無殊。卜辭言「征雨」「征凡」「征雪」「征啓」訓爲降雨、降風、降雪、降晴亦通。

征讀篤，竺、毒、祝訓降，在古書中可以找到有力證據。《左傳》「天誘其衷」一語凡五見，注疏家舊訓誘爲啟，訓衷爲中，大謬。今案誘即征之假借字，古讀誘略如透，與征、篤、竺、祝、毒同音。誘訓降，衷訓善。「天誘其衷」即天降恩惠之謂。《國語·吳語》：「天舍其衷」，舍有施義，與降義相通；又云「今天降衷于吳」，尤爲誘訓降之確證。誘既有降義，則卜辭征（到、倒，讀篤、竺、祝、毒）雨、征啓、征雪之辭自不難解。

古屬見紐東、冬、陽三部之字，每讀歸定紐宵幽二部。如巩、恐、鞏，均从工聲，而巩、筑、築等字从巩《説文》謂筑从竹聲，築从筑聲，均不確；又謂巩从筑省聲，更謬。實則諸字皆从巩聲。並讀篤，鞏亦與幽侯部協韵，必有巩音，《詩·瞻卬》鞏與后叶，音韻學家皆不明其故，其實鞏有筑音，侯幽二部音最相近。《毛公鼎》《師釐簋》等器銘文之巩亦當讀筑音，有説別詳余《毛公鼎銘試釋》（待刊）。兄古音曠，而柷、祝二字均从兄作，卜辭金文或以兄爲祝《説文》謂柷爲祝省聲，其實兄本有祝音。同例，篤降、祝降、毒降連文，暗示篤（祝、毒）降二字音義必相連綴。古文一字二音之例甚多，頗疑征既讀到，亦可讀降我舊釋征爲降，訓落、賜、命、召，或許得其別音。

征造轉入魚部爲作，造作與興、起通訓。卜辭凡言「征雨」「雨征」「征凡」「征雪」等，與《易傳》的「雷雨作」、《孟子·梁惠王》的「作云」、《詩·大田》的「興雨」、《楚辭·天問》的「起雨」、《史記》的「大風起」義皆相近。

征加口孳乳爲誥，當即詔之初文，古文从言从口無別。詔、召古本一字古代詔爲告命通釋，以誥爲皇帝敕命始于秦，召訓評，詔訓告，評告義通，造从告聲，亦有召詔之義；到訓至，至與致亦訓召，征衍爲衜，即古道字。《荀子·榮辱》：「君子道其常，而小人道其怪」，道訓言，言與告、詔于義相因。《矢令彝銘》：「誥令舍三事令」，「誥令」即詔命。《康侯𣪘銘》：「王朿伐商邑，征令康侯啚于衛。」《䧹父鼎銘》：「征令曰」「征」與「誥」同讀詔。《小盂鼎銘》：「王各（格）廟，𦫳王邦賓征王令商盂」，𦫳郭沫若先生以爲即虜的象形字，至確。此處當讀贊，謂贊王之庶邦冢君（爲儐）傳王命賞盂。《禮記·少儀》：「贊幣自左，詔辭自右。」鄭注：「詔辭謂爲君傳辭也。君辭貴重，若傳辭于人時，則由君之左也。」「征王命令」即「詔辭」，傳王命，也就是「爲君傳辭」。《庸伯𣪘銘》：「王伐迷魚，徣伐淖黑」，「徣(詔)伐」即命伐。卜辭屢見「王往征魚」或「王征魚」之文，「征魚」即《遹殷銘》之「乎漁」，亦即《呂氏春秋》與《月令》之「命漁師始漁」，征(肇)、呼與命義訓無別。

又古初字本爲从衣刀亦聲之字，屬宵部，後變入魚部。初與造、肇皆訓始，復可用作動詞。初訓裁，裁、哉同音，哉訓初引伸有斷制之義，斷制與命令于義相因，故初亦讀詔。《離騷》「詔西皇使涉予」，詔訓命。《西京賦》：「命荊州使起鳥，詔梁野而驅嘼」，詔命爲互詞。《兮甲盤》：「王初各伐厰允(玁狁)于嚣魚」，初訓始不切，實讀爲詔，訓命。「初各伐」猶《盥鼎》及《武成》(《漢書·律歷志》引真古文)之「于征伐」，于讀呼，與召、詔、初同訓令。

征讀導，導即詔(釗)，訓相。《小盂鼎銘》：「王各廟，祝征」，與《逸周書·嘗麥》「少祝導王」義同。《周禮·大宰》：「以八柄詔王馭羣臣」，詔王、導王、征王，聲義無殊，與《國語·周語》「太史贊王」「膳夫贊王」義旨符合。《呂齍銘》：「王饔于大室，呂征于大室」，饔即裹(有説别詳)，亦謂呂在太室相(導)王行禋禮。

征又讀造，訓賜、贈、予、授。造、授同音，到訓至，至致相通，致訓送詣，造亦訓詣，贈予；致送實造、到一義之引申。《周禮·典瑞》：「瑋邸射，以祀山川，以造贈賓客」，造字鄭注無釋。孫詒讓疏謂「造至賓館而致禮」，蓋訓造爲往。不知造贈同義，造从告聲，告有賜予義。《國語·晉語》：「告我權」，謂予我權。《書·君奭》：「考造德不降」，造德即賜德，謂文王所賜之德不能施及于民。《周公殷銘》：「拜稽首魯天子寍厥瀕福」，寍與艁同，即征若造之别構。福讀服，瀕讀賓，與君對言，謂叩謝天子賜其臣工以禄位。《德方鼎銘》：「隹三月王才(在)成周，征武王福自蒿，咸」，「征福」與《周禮·膳夫》之「致福」、《國語·晉語》之「歸福」、《左傳》之「歸脤」義近，謂分賜來自鎬京祭武王之福胙。《中齍銘》：「王易中馬自隱屖四瑪」，即以來自隱屖之馬賜中。《愸父賞御正衛殷銘》：「愸父賞御正衛馬匹自王」，即以來自王城之馬匹賞衛，文例與《德方鼎銘》大致相同，金文恆見「征貝」或「商征貝」之文，征(造)貝即錫貝，商(賞)征連文，猶「易休」「攸易」連文。征造轉入魚部爲胙，也訓賜。

古文施受同詞，征造有授予義，亦有受取義。征字《説文》以爲徙之别構，而徙或訓取。《國語·吳語》：「徙其大舟」，韋注：「徙，取也」，徙迻與造到、贈迻義本相因，故引申爲取，訓取之支擽與征音正同。徙征古本一字，後分化爲二音。卜辭屢見「征嫠」之文，「征嫠」即受釐，猶金文云「易賚」，後世云納福，易(錫)與征皆訓受或納。

其在卣銘，征與《周禮》的「造(贈)」、《周公殷》之「寍」音義無别。「征兄六品」，兄讀貺，謂王賞賜物品六種。《盦父鼎》：「征令曰：有女多兄。」有讀賄，與征同訓賜，征命之征訓降，降賜于義相因。多兄讀多貺，謂賜爾物品多種，與「征兄六品」之文正可互證。【《保卣銘》新釋 中華文史論叢一九七九年第一輯】

◉戴家祥　徙即延字。説文二篇「延，迻也。从辵止聲。」徙觶爲徙之最初象形。从道路、雙腳止，遷徙之意明矣。字又屬會意。玉篇「徙，遷也，避也。」潘岳閒居賦「孟母所以三徙也。」均用徙之本意。多友鼎「迺徙于獻宮」，亦遷徙之用。【金文大字典上】

◉曾憲通　古文字从尸从尾往往不別，如鑽字牆盤作[glyph]，《汗簡》引林罕《集字》作[glyph]，《集韵》作屧，尾亦訛作[glyph]，與《説文》古文同。大概許慎所見之古文形體已産生訛混，且多借爲徙字，因據其借義而置於徙字之下，致使後人疑莫能明。而清人宋書升則據以考證璽文之[glyph]爲徙字。宋氏在《續齊魯古印攈・序》中寫道：

[glyph]乃徙字，徙屎二字古通，毛《詩》「民之方殿屎」，即借屎爲徙。屎尸從尾省，《説文》徙之古文作𡱁亦即屎字，中從火者，尾篆倒毛與火近，文字流傳趣變使然。篆書加辵與碧落碑所書徙篆正同。

按《説文》徙之古文作𡱁，《汗簡》引碧落碑文作[glyph]，現存碑文作[glyph]，下或從米。璽文之𡱁若遲即爲古文之所本，可見宋氏釋璽文爲徙字是可信的。然宋氏以「徙屎二字古通」則大有可商。徙字《詩經》未入韻，後人或入支部，或入歌部。《佚周書・周祝解》：「時之行也勤以徙，不知道者福爲禍。」以徙、禍爲韻；《荀子・成相篇》：「世之禍，惡賢士，子胥見殺百里徙，穆公任之，強配五伯六卿施。」以禍、徙、施爲韻。禍、施在歌部，則徙亦當在歌部。《韓非子・揚權》云：「名正物定，名倚物徙。」楊慎《丹鉛續録》卷五謂：「正挃定，倚挃徙。」倚在歌部，則徙亦在歌部無疑。可見徙在先秦當屬歌部爲是。而屎乃脂部字，《詩・大雅・板》云「民之方殿屎」，乃形容百姓愁苦呻吟。「殿屎」《説文》引作「唸吚」，《五經字様》作「唸咿」，吚、咿亦皆脂部字。古脂、歌韻部懸隔，宋氏云「徙屎二字古通」是不足爲據的。

最近新出包山楚簡爲我們提供了可貴的綫索。包山簡250借長遲(沙)之遲爲徙字(詳下文)。沙、徙均屬心母歌部，《文選・長門賦》李善注：「蹝與躧音義同。」《戰國策・燕策一》：「猶釋弊躧。」馬王堆本躧作沙。可證沙、徙古音相同，可以通假。因知徙之古文作𡱁者乃借沙爲徙。而地名之長遲，字又作屖，與璽文之遲又作𡱁情形十分相似。然則古文之𡱁、[glyph]，簡文之作[glyph]、[glyph]，與璽文之[glyph]、[glyph]乃一字之異寫。換言之，璽文之𡱁當是簡文屖字的異體。其源可追溯到更早的殷商時代。

甲骨文中常見有「[glyph]田」的記載，[glyph](《存》2.166)字或作[glyph](《前》4.28.7)[glyph](《存》1.77)等形，胡厚宣先生認爲就是後來的屎字，卜辭裏的「屎田」，當是施糞於田的意思。裘錫圭同志把此字隸寫作𡰥。他認爲卜辭裏的「𡰥田」似可讀爲「選田」，又引李家浩同志説，「把𡰥跟《説文》徙看作一個字，則卜辭裏的『𡰥田』，就應該讀爲『徙田』，可能跟古書裏所説的『爰田』意近。」古有爰田之制，又稱轅田，是一種安排耕地與荒地輪换種作的制度，故又可稱爲選田。選、轅、爰古屬心、匣母元部，𡰥、徙爲心母歌部，心母字有部分來自上古的匣母，歌、元對轉，古音十分接近。從形體分析，、、皆從人下數點，點狀既象微細之沙粒，可隸作⿸尸少，亦象碎米之形，故又可隸寫作屎，後來進一步衍化爲屖、屎，而分別爲上述簡文、璽文之所本。但無論作屎或屎，皆是屖字的異構，與糞便之屎或屎無關，或者僅僅是異字同形而已。要之，由古文一系之徙字作屎、，包山楚簡之徙字作、，可以證知璽文之、亦當是屖、遅之異體，讀同長沙之沙。在璽文中當讀爲誓。誓屬禪母月部，心、禪鄰紐，歌、月對轉，可以通假。值得注意的是，在保留古音成份較多的潮州方言中，沙讀爲[sua]（陰平），徙讀爲[sua]（陰上），而誓字白讀爲[tsua]（陽去），讀音十分接近，可資佐證。【論齊國「遟盟之璽」及其相關問題　華學卷一】

◉曾憲通　長沙五里牌406號墓出土殘簡37枚，經拼復爲18枚。簡文內容是記載隨葬器物的清單。其制在簡之上半記以名物及數量，下半記存放處所。其中八簡有「在匿臧」的記號。匿臧當讀爲胠篋。《説文》訓胠爲「亦（腋）下也」，引申而有旁、邊之義。篋爲箱篋。可見簡文的「匿臧」當指考古學上所謂的邊箱。簡文標記「在匿臧」者，是指該隨葬品置放于椁室的邊箱。另三簡下段標有「在長□」的記號，長下一字分別作：

（簡13）　（簡14）　（簡18）

過去因此字不識，難以確知簡文的真正意義。最近新出包山楚簡屢見此字，形體分別作：

（簡61）　（簡78）　（簡78）

簡文云：

十月辛未之日，不行代易廄尹郙之人或找于長屖公之軍。（簡61）

𡚬月己亥之日，長鄢之旦陽倚受期，甲辰之日，不逆長遅正差鄭思以廷。（簡78）

將包山簡的屖、鄢和鄢與五里牌簡的「長」下一字比較，即可判斷其爲「屖」字。據包山簡簡文，長屖乃邑名，簡78一文从邑其義尤顯。而五里牌簡之「長屖」則決非地名。簡文「在長屖」應與「在匿臧」相當。其具體涵義由下面一簡可以得到啟示：

相遅之器所以行。（簡256）

上文是包山遣策簡簡首的第一句。「相」假爲箱，簡文「箱遅」當指椁室尾部的腳箱。整句的意思是：用于出行的隨葬物品放置在椁室尾部的腳箱。準此，五里牌楚簡的「在長屖」，應與包山的「相遅」相當，是指該簡所記的器物，放置于椁室尾部的腳箱，以與置于椁室兩「亦（腋）」邊箱的「匿臧」相區別。

長沙楚帛書丙篇「玄」月內也有此字，我們在《楚帛書》附釋文臨寫本中據紅外線照片摹作而釋爲遅。饒宗頤先生《楚帛

書新證》因此字上下文殘缺太甚故未作解釋。李零此字原釋爲遖，後改釋作遅，並據以隸定甲篇虡下殘文爲遅字。李解釋説：「此字當是徙的古文，《説文》徙古文作𡲝，叔夷鐘、鎛和陳肪簋廏字從之，皆作𡳐。」今按李釋遅爲徙可從。然楚系文字與齊系文字略有差別。據楚簡遅字，知楚帛書作遅者乃从辵从㞙省聲。《説文》古文則借㞙爲徙，古文作𡲝者乃齊系𡳐字之訛變。

齊系文字除上面提到的陳肪簋作□，叔夷鐘作□之外，還有著名的「昜都邑」璽。璽文「昜都邑聖□盟之璽」，「聖」下一字他璽或作□、□，歷來爭議最多，有隸定爲遫或遬的，均有未安。今以楚簡之㞙及遅證之，當釋爲𡳐及遷字。清宋書升爲《續齊魯古印攈》作序時，已釋此字爲徙。宋氏云：「□乃徙字，徙屎二字古通。毛詩『民之方殿屎』，即借屎爲徙。屎尸从尾省，《説文》徙之古文作𡳐亦即屎字，中从火者，尾篆从到毛與火近，文字流傳趨變使然。篆書加辵與碧落碑所書徙篆正同。」宋氏所引見毛《詩·大雅·板》篇：「民之方殿屎」。「殿屎」訓爲呻吟。《説文》引《詩》作「民之方唸吚」（依《五經文字》引當作「唸呎」，呎从口伊省聲），可見毛《詩》之「殿屎」乃「唸呎」之借字。《説文》徙古文作𡳐，《汗簡》引碧落碑文作□（今碑文作□），下俱从米，與齊文尤近。然屎、呎皆脂部字，徙乃歌部字，聲韻遠隔。而㞙徙則同屬歌部。頗疑齊璽文之𡳐是㞙之變體，流行于齊地，《説文》古文既來源于「壁中書」，故以流行于齊魯之𡳐作爲徙的古文，自是情理中事。從現有的材料看，它們都源自西周金文的□字。

現將㞙、𡳐，以及作爲徙之古文的𡲝等相關形體録出，按其嬗變關系列表如下：

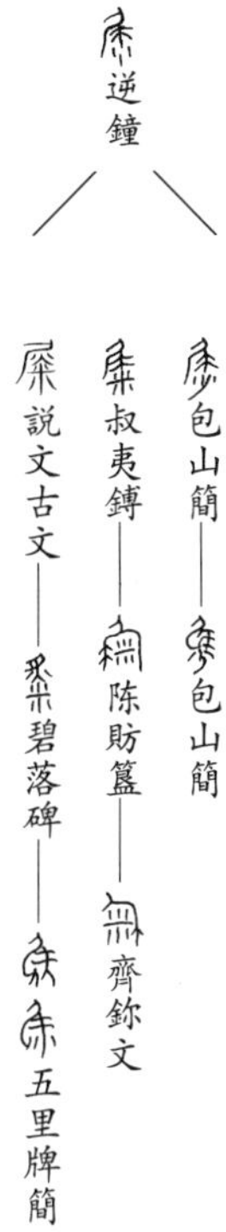

以上第一列爲楚系㞙字。形體雖略有訛變，然其結構與西周逆鐘、師㲃簋之㞙字基本相同。第二列爲齊系㞙字的變體，其中尾的形體雖左右向背不同，但其共同特點均以米代少（沙），爲下列古文之所本。第三列爲傳鈔古文𡳐字，其中□訛爲□或□，下从米同齊系文字，《説文》古文借用爲徙。【楚文字釋叢　中山大學學報一九九六年第三期】

□ 173【包山楚簡文字編】

◉許　慎　誃遷徙也。从辵。多聲。弋支切。【説文解字卷二】

◉馬叙倫　沈濤曰。廣韵五支引作遷也。無徙字。然上文。徙。迻也。則迻徙正互相訓。玉篇亦云徙也。遷也。疑古本止作

遷 𨘗

徙也。無遷字。玉篇上一訓正用許書。下一訓別有所本。今本乃據玉篇妄增遷字。廣韵又誤徙爲遷。觀下文遷解訓登。遁解訓遷。知遂解不得有遷字。桂馥曰。本書謏下引論語。跢予之足。變辵从足。倫按遂爲徙之轉注字。遂音喻四。辿音心紐。皆摩擦次清音也。遷徙也當作遷也徙也。一訓校者加之。鄭㪅父鼎作𨖠。【說文解字六書疏證卷四】

周遷印 吕遷 宗遷 馮遷時 杜遷 劉遷私印 畏遷 衛遷之印 趙遷 訾遷

孫遷私印 聊遷印 范遷私印 麗遷之印 【漢印文字徵】

袁安碑 遷東海陰平長 石經僖公 衛遷于帝丘 古文不从辵與遷古今字汗簡引尚書作䙴 【石刻篆文編】

遷出尚書 遷見尚書 【汗簡】

說文又雲臺碑 古尚書 並籀韻 古尚書 說文 【古文四聲韻】

◉許 慎 𨘗登也。从辵。䙴聲。七然切。拪古文遷。从手西。【說文解字卷二】

◉馬叙倫 任大椿曰。五音篇海引字林。遷。登也。倫按爾雅釋詁。遷。徙也。廣雅釋言。遷。移也。詩巷伯。既其女遷。傳。去也。漢書律歷志。周人䙴其行序。䙴即遷省。鄧展曰。䙴。去也。禮記大傳。有百世不遷之宗。鄭注。遷猶變易也。周禮小司寇。詢國遷。鄭注。徙都。改邑也。是遷皆爲移徙之義。此訓登者。蓋附會長生僊去及僊人變形登天之義。遷爲徙之同舌尖前音轉注字。當訓徙也。今捝。登也。字林之訓。字見急就篇。古鉨作𨘗。

拪嚴可均曰。小徐韵會一先引作拪。从古文西。是。惠棟曰。西有遷音。宋保曰。卥古讀如鮮。與遷字音相近。李杲曰。此从篆文西。必後人妄加。倫按䙴西同舌尖前音。然字从手。疑非遷之轉注字。古文經傳以爲遷耳。从手西校者加之。【說文解字六書疏證卷四】

◉唐 蘭 𢿱字从攴垔聲，垔是《說文》煙字古文，从亜聲，亜从西聲。古文字从攴的，後代都改从手，那末，𢿱就是拪字，《說文》，遷古文拪。《禮記·大傳》說：「別子爲祖，繼別爲宗，繼禰者爲小宗。有百世不遷之宗，有五世則遷之宗。」此銘說：「遷育子孫」當是立新宗。【略論西周微史家族窖藏銅器羣的重要意義 文物一九七八年三期】

◉李　民　「⿰䙴阝」字，有人釋作「⿰罨阝」，認爲此字既从罨，而「罨」則是《左傳》襄公六年：「堙之環城」之堙的本字，所以「⿰罨阝」在這裏指的是堆土造城。有人釋此字爲「⿰罟阝」，認爲此字既从罨，而「罨」與「省」聲音相近，可通假，故「⿰罟阝」字有相視之義。近來又有人提出，「⿰䙴阝」字的右側並不从邑，據説新近又剔出了一些筆劃，于字的左側則無疑義，因而認爲此字由其所从之「罨」，可讀爲祭名之「禋」字。

按以上諸家之所釋皆失實，惟唐蘭釋此字爲「遷」較確，然則他又將「遷宅」釋讀爲「遷都」，其與史實不合，蓋因周初並未有遷都之舉。

細審之，「⿰䙴阝」字確實从邑、䙴聲。《説文》卷三「䙴」字下曰：「升高也，从舁囟聲。□䙴或从卩。」是知，此字所从之「䙴」可作「罨」，亦即「罨」。（按《説文解字詁林》曰：「罨，今作罨。」）

罨（罨）的本義爲升高，字又可假借爲「遷」。《漢書·郊祀志》：「湯伐桀，欲罨夏社，不可，作《夏社》。」又《漢書·地理志》：「《春秋經》曰：『衛罨于帝丘。』」皆其證。

⿰䙴阝字之右側，細審之，仍應爲邑。在銘文中凡从邑的字往往以其所依之聲而得義，如「或」字，《師袁簋》作「弗速（蹟迹）我東⿰或阝。」這裏的「⿰或阝」仍是「或」字。

以上，⿰䙴阝之爲遷，其義已明，「⿰䙴阝宅」之義自當了然。按，「遷」，《爾雅·釋詁》曰：「徙也。」《廣雅·釋言》曰「移也。」「宅」，《爾雅·釋言》曰：「居也。」以此可知，「⿰䙴阝宅」就是徙居，並非遷都。查諸史實也正如此，當周人克殷之後，爲削弱殷人的反抗而大規模地遷徙了殷人，其中有相當大的一部分殷人被遷居到洛邑。如《尚書·多士》載：「（王曰）猷告爾多士，予惟時其遷居西爾。」（楊筠如：《尚書覈詁》曰：「猶言遷而居西。」）又《史記·周本紀》云：「成王既遷殷遺民。」都是指的這件事。而何尊銘文的「惟王初遷宅于成周」也正是説的這件事，其義與「予惟時其遷居西爾」相協。是知，「惟王初遷宅于成周」譯成今語，當爲：周王既遷居殷人于成周。這一解釋與銘文的上下文義是貫通不悖的。【何尊銘文補釋　中州學刊一九八二年一期】

◉黄錫全　甲骨文中有一個舊所不識之字作□（乙104）、□（乙363），《甲骨文編》列入正編由部末，隸作畓，認爲「从爪从由，《説文》所無，疑卽畏字古文□」。

按卜辭中畏字作□（乙669）、□（鐵146.2）等形；金文盂鼎作□，毛公鼎作□，王孫鐘作□。《説文》古文□乃是由□（駒父盨蓋）、□（詛楚文）、□（三體石經）譌變，與甲骨文的□、□不能混爲一談。甲骨文中的西字作□（續4.24.5）、□（續4.32.2）、□（佚200），也作□（甲740）、□（後1.23.4）、□（甲1603）等；从西的洒字作□（前2.10.3），也作□（後1.11.8）；與从由之字多作田有別。上列二形从⊕、不从田。、即手，如印作（乙111）、也作（乙143），㒼作（庫605）、也作（前6.28.7）等。从手从西即拪字。

《汗簡》西部所録古尚書的遷字作，即仿折字作（齊侯壺）、（中山王鼎）、（《説文》籀文）爲之，誤以當手。右形即西，如古璽作（《彙編》三九六六）、（《彙編》〇〇七九）、（《彙編》三九九七），石鼓文作，三體石經作等，實即拪字。又，《汗簡》西部録義雲章棲作，《古文四聲韻·齊韻》作，也是拪字，假爲棲（如《説文》西字或體作棲）。、與《説文》遷字古文形體基本相同，但《説文》古文已由譌爲，不如《汗簡》古樸。甲骨文、應是《汗簡》、《説文》之古體，可隸作拪，釋讀爲遷。

遷即遷移、遷徙之義。《禮·曲禮》：「先生書策，琴瑟在前，坐而遷之。」孔疏：「諸物或當己前，則跪而遷移之。」《尚書·盤庚》：「盤庚作，惟涉河以民遷」，即盤庚帶了人民渡河遷居。《爾雅·釋詁》：「遷，徙也」。

丙寅卜又（有）涉三羌其至𠂤　（合380）

□寅卜……羌其涉河不

即印，象以手抑人而使之跪跽之形。古印印一字，印訓按、訓屈、訓枉、訓止。這兩條卜辭與上引《盤庚》辭例相似。大義是：①丙寅那天貞卜，有三個羌人（企圖）涉河而逃，該不該將他們遷至軍隊中加以制裁？②該不該遷徙（移）羌人，還是過河後治服他們？占卜結果是「不遷」。

因此，我們把、隸爲拪，即《汗簡》、《説文》的遷字古文，於字形、文義是相符的。【利用《汗簡》考釋古文字　古文字研究一九八五年第六期】

運

運何私印【漢印文字徵】

泰山刻石　治道運行　禪國山碑　與運會者二【石刻篆文編】

運　運【汗簡】

古老子　碧落文【古文四聲韻】

◉許　慎　𨔶迻徙也。从辵。軍聲。王問切。【説文解字卷二】

◉馬叙倫　迻音喻四。運从軍得聲。軍从勻得聲。勻音亦喻四。亦轉注字。説解迻徙也當作迻也。徙也。徙也後人加之。【説文解字六書疏證卷四】

◉黄錫全　□運　夏韻文韻録《古老子》軍作□，問韻録《古老子》運作□，此當注「軍」，與冖部《王庶子碑》軍作□應屬一體。文韻又録《華嶽碑》軍作□，即下人部軍，與出土之金虞寅墓誌□(文物1982.1)形同，則□所从之冂乃勹譌。軍字古作□(庚壺)、□(郾右軍矛)、□(中山王鼎)，从車从勹，與此不同。甲骨文有□(拾14.13)、□(粹1047)等字，从火从勹，應隸作灼或㔀，是一個从火勻聲之字，與《碧落文》□字所从之□、夏韻微韻録《雲臺碑》輝字作□類同。□乃勹譌，故此字應該釋爲灼，當爲煇(輝)字古體。火、光義近，□當□字別體，因音近假爲軍、運。如方足布「土勻」即「土均」，亦即典籍之「土軍」。《周禮・大運》「其經運十」，注：「運或爲緷，當爲輝。」《周禮・保章氏注》：「日有簿食運珥」，釋文「運，本作暈，又作煇」。《淮南子・覽冥訓》「畫隨灰而月運闕」，注：「運者，軍也。有運事相圍守則月運出也。」【汗簡注釋卷三】

□遁或如此作【汗簡】

□牧子文　□古尚書【古文四聲韻】

◉許　慎　遁遷也。一曰逃也。从辵。盾聲。徒困切。【説文解字卷二】

◉馬叙倫　沈濤曰。一切經音義十三引作遷也。亦退還也。逃也。廿引亦同。惟逃字作隱。玉篇亦云。逃也。退還也。隱也。蓋古本尚有退還也一訓。玄應書卷十三逃字乃後人據今本改。玉篇逃爲遷之譌。桂馥曰。孟子。遁辭知其所窮。馥謂王顧左右而言他。遷而之他也。倫按下文。遯。逃也。遯遁疊韻轉注。春秋莊元年。夫人孫于齊。公羊何注曰。孫猶遁也。蓋孫爲遜省。穀梁傳曰。孫之爲言猶孫也。諱奔也。猶孫謂猶遜也。諱奔而言遜。遜義蓋與奔同。以此證之。一曰逃也者。遁之本義。遁逃雙聲轉注字也。孟子遁辭。義亦爲逃。遷也者。逃之引申義。或字譌。或爲運字本訓。而誤入此下。校者因據異本注之。曰。一曰逃也。【説文解字六書疏證卷四】

遜

曹遜文遜　【漢印文字徵】

閔公夫人姜氏遜于邾　今本作孫　【石刻篆文編】

遜出古周易　【汗簡】

古周易又説文　【古文四聲韻】

◉許　慎　遜遁也。从辵。孫聲。蘇困切。　【説文解字卷二】

返

返　酓章作曾侯乙鎛　鄂君啟舟節　説文春秋傳返从彳　中山王譽壺　盗壺　【金文編】

122　122　【包山楚簡文字編】

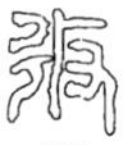開母廟石闕　福禄來彶　説文返春秋傳作彶　【石刻篆文編】

古老子　同上　古老子　【古文四聲韻】

◉許　慎　返還也。从辵。从反。反亦聲。商書曰。祖甲返。扶版切。彶春秋傳返从彳。　【説文解字卷二】

◉馬叙倫　嚴可均曰。集韻廿五潛引作祖伊返。甲字誤。倫按反正字當作𠬝。則此自从辵反聲。鍇本作从辵反反亦聲。明反亦二字由後人以反爲反正復字而加之也。全書亦聲皆然。

彶王鳴盛曰。今春秋傳無彶字。段玉裁曰。春秋傳謂左氏傳也。漢書曰。左氏多古字。許亦言左丘明述春秋傳以古文。今左氏無彶字。轉寫改易盡矣。倫按此與蠙下曰。夏書玭从虫賓同。蓋本止作古文返。校者改之。或此類皆後校者補之。故例不一也。　【説文解字六書疏證卷四】

◉雷從雲　該墓出土的一件鎛鐘，銘文曰：「隹王五十又六祀，返自西旚，楚王酓章作曾侯乙宗彝，奠之于西旚，其永時用享。」宋代在安陸得到一件與此銘文完全相同的楚王酓章鐘。祇是銘文中「自」字前一字，宋人摹作「这」，釋爲徙。郭沫若依原文定爲「这」字，訓爲避，「是这亦遷徙矣。」這次所出鎛鐘銘文，該字一般均釋作「返」。但對「返」字之解釋不一。或認爲「返」，指報喪，因此「五十又六祀」是曾侯乙下葬的年代；或認爲「返」可能指惠王自己從西膓返回楚都，當時曾侯乙不一定死去。

查諸侯之禮中，有「臨喪」禮。《左傳》襄公十二年：「秋，吴子壽夢卒。臨于周廟，禮也。凡諸侯之喪，異姓臨于外，同姓于宗廟，同宗于祖廟，同族于禰廟。是故魯爲諸姬，臨于周廟。爲邢、凡、蔣、茅、胙、祭臨于周公之廟。」據此，把前述鑄鐘銘文意譯爲楚惠王五十六年，曾侯乙卒，惠王臨喪，從西膓返回楚都之後，鑄鎛鐘送至西膓，供奠祭曾侯乙之用，是比較合情理的。在這裏，「返」當指返回，非報喪（銘文只講「返」而略去前由「臨」，是可通的）；但既然是臨喪而後返，那麼當時曾侯乙一定是已經死去了。【筆談《湖北隨縣曾侯乙墓出土文物展覽》　中國歷史博物館館刊一九八〇年二期】

◉何琳儀　齊國是刀形貨幣的發祥地和主要流布地區。刀銘面文計有「齊返邦鋹杏化」、「節墨之杏化」、「安陽之杏化」、「齊之化」等。其中以「齊返邦鋹杏化」文字最多，有較高的史料價值。對這類齊刀銘文內容和鑄造時間的研究，言人人殊，至今尚無定論。本文擬就這方面有關問題提出自己一些不成熟的意見，以供研究先秦貨幣文字者參考。

「返邦刀」的「返」字，古錢學家舊有釋「通」、釋「徙」、釋「趆」、釋「進」、釋「途」、釋「遲」等說丁福保《古錢大辭典》下編51～52頁。本文征引部分書目簡稱如下：《辭典》　丁福保《古錢大辭典》；《文編》　商承祚、王貴忱、譚棣華《先秦貨幣文編》；《匯編》　羅福頤《古璽匯編》；《古璽》　羅福頤《古璽文編》；《叠録》　顧廷龍《古陶文叠録》，均不着邊際。還有李佐賢釋「建」李佐賢《古泉匯》、劉心源釋「造」劉心源《奇觚室吉金文述》兩説，在貨幣著作中頗有影響。其實無論釋「建」，抑或釋「造」，以字形而言都有不可踰越的障礙。此字異體甚多，大致可分爲七式：

A　《辭典》857　《辭典》848
B　《辭典》869
C　《文編》291.51　《文編》291.36
D　《辭典》838　《辭典》840
E　《辭典》852　《辭典》853
F　《辭典》863　《辭典》845
G　《辭典》860　《辭典》851

釋「建」的根據似乎是F式。然而晚周文字「建」作「□」（蔡侯鎛）、「□」（石鼓文「騝」偏旁）等形，與F式相距懸殊。釋「造」的根據是G、D二式。二式所从的偏旁「□」、「□」等形，驟視之的確很似「牛」字。劉心源據此遂有「从造省」之説。然而省「口」存

「牛」的「告」，迄今爲止在古文字中尚未見其例。陶文「□」《香録》2.3釋「逆」。跳山造冢石刻「□」、《隸篇》2.23釋「造」，乃漢代文字，且與齊刀「返」字所从有别。退一步説，C、D二式勉強釋爲「造」，其他五式亦無法圓滿解釋。因此，將A—G諸式釋爲「建」或「造」，均不可信。

今案，此字當以A式爲正體，从「辵」从「反」。「反」，貨幣文字或作「□」、「□」等形。其「又」旁下方或右方所著小豎或小横均爲贅筆，可有可無。這類「又」和「寸」形相通的現象，參見下列貨幣文字：

反　□　□　《文編》34

尃　□　□　《文編》35～36

孚　□　□　□　《文編》53

鄂　□　□　□　□　《文編》97～98

值得注意的是B式「□」與上表「□」所从的「□」形若合符契。凡此均可證A、B二式應釋作「返」。

A式「又」上加一圓點即成C式，圓點延伸爲一横則成D式，遂使「又」與「牛」形難于甄别。這類古文字點劃演變的規律，在晚周文字中也屢見不鮮，兹不備述。至于《説文》古文「友」作「□」，从二「又」；三體石經《僖公》「父」作「□」，亦从「又」，均晚周文字「又」可作「□」形的確證。

E式是A式的異構。衆所周知，「又」和「手」是一字之分化，其形、音、義均有關涉。E式从「□」和「□」，爲「手」字。與A式所从「又」，實乃一字之分化。

F式「又」作「□」形，乃是D式「□」的草率寫法。晚周貨幣和璽印文字中「又」或作「□」形。如

右　□　《文編》19　　戒　□　《古璽》60

鄂　□　《文編》97　　兵　□　《古璽》60

布　□　《文編》117　　興　□　《古璽》62

轂　□　《文編》132　　奠　□　《古璽》354

「十」豎劃上加一贅筆，自然就是「□」形。它與「□」形並無本質差别。如果把「返」與「庸」兩相比較，也不難看出A式與F式的演變關係：

返　□　□

庸　□哀成叔鼎「鄭」偏旁　　□曾侯六庸鐘

返 [古文字形]

邦 [古文字形]《文編》88.51　[古文字形]《文編》88.37

至于G式則可以从「返邦刀」的「邦」字異構中得到啟示：固然，「又」和「丰」在殷周文字中並不相混。然而二者在貨幣文字中的演變途徑則可謂「殊途同歸」。另外，貨幣文字「邦」或作「[古文字形]」(《文編》87.50)，其偏旁「丰」與「手」的古文「丰」同形(「拜」，《說文》引揚雄說「从雙手」作「[古文字形]」，三體石經《皋陶謨》作「[古文字形]」)，也可資參證。

總之，A式釋作「返」，不但形體吻合無間，而且B—C諸式的演變關係均可得到合理解釋。「返」字的確認是打開「齊返邦張夻化」刀幣鑄造時間——這一疑難問題的鑰匙。

《說文》「返，還也。」典籍多以「反」爲「返」。《公羊傳》隱公元年「公將平國而返之桓」，注「反還之」。典籍「邦」與「國」每可通用。《說文》「邦，國也。」「國，邦也。」《周禮・天官・大宰》「以佐王治邦國」，注「大曰邦，小曰國」。案，「邦」與「國」對文則異，散文則通。刀銘「返邦」即典籍之「反國」。《莊子・讓王篇》「楚昭王失國，屠羊說走而從昭王。昭王反國，將賞从者，及屠羊說。屠羊說曰，『大王失國，說失屠羊；大王反國，說亦反屠羊。臣之爵祿已復矣，又何賞之有！』」值得注意的是「反國」與「失國」爲反義詞組，「反」與「復」爲同義詞。然則《莊子》所謂「反國」應指楚昭王收復失地，重返故國而言。

參照戰國典籍《莊子》中「反國」這一辭例的具體內含，使我們很自然地聯想到刀銘「返邦張(長)」這一「復國之君」，應是「破燕軍，復齊國」的齊襄王。據《史記・田敬仲完世家》記載「燕將樂毅遂入臨淄，盡取齊之寶藏器。湣王之衛……。遂走莒……。淖齒遂殺湣王……。襄王在莒五年，田單以即墨攻破燕軍，迎襄王于莒入臨淄。」戰國田齊之「返邦刀」銘文「返邦」應與《史記》「入臨淄」有關。又《戰國策・齊策》六「安平君以惴惴之即墨，三里之城，五里之郭，敝足七千，禽其司馬，而反千里之齊。安平君之功也。」田單(安平君)「反齊」與刀銘「返邦」可以互證。臣盡其力，君獲其名，故「返邦張」自應是齊襄王。總之，「齊返邦張夻化」乃田齊襄王復國所造貨幣。　【返邦刀幣考　中國錢幣一九八六年三期】

◉戴家祥　說文「返，還也」。从辵、从反，反亦聲。商書曰：「祖甲返」。⿰彳反，春秋傳「返，从彳」。唐韻「扶版切」並母，元部，返反聲同字通。今商書・西伯戡黎作「祖伊反」。

[古文字形]中山王嚳方壺　⿰彳反，即返之省。金文辵作[古文字形]，彳作[古文字形]。彳實乃辵之省。故从辵字金文往往省作从彳。如追之作⿰彳𠂤、還之作⿰彳睘等，皆屬此例。說文二篇「返，還也。从辵从反，反亦聲。商書曰：「祖甲返」。⿰彳反，春秋傳返从彳。與金文同。【金文大字典下】

還

還　免簋二　散盤　从彳　睘侯鼎　遽伯簋　穌還鼎　元年師旋簋　不从辵　駒父盨　【金文編】

還　【汗簡】

還　日甲五七背　【睡虎地秦簡文字編】

10　192　180　【包山楚簡文字編】

立古老子　義雲章　林罕集　王惟恭黃庭經　王存乂切韻　【古文四聲韻】

◉許　慎　還復也。从辵。睘聲。户關切。【説文解字卷二】

◉阮　元　還通寰。寰古縣字。穀梁隱元年傳。寰內諸侯。釋文。寰音縣。寰內。圻內也。【積古齋鐘鼎彝器款識】

◉高田忠周　説文。還復也。从辵睘聲。詩何人斯。還而不入。箋行反也。爾雅釋言。還返也。轉義爲凡。旋轉之偁。【古籀篇六十五】

◉唐　蘭　舊不識，余謂是還之本字，卜辭曰「貞，吕方，衜，弓告于且乙」者後上二九・二，貞吕方還勿告于祖乙也。「貞吕方□衜」者簠文十四，貞吕方其還也。此云「貞方不□衜」者，貞方不其還也。字從行從方從西，從方與囗同，卜辭以爲衛可證。衛袁古一字，卜辭或省作，師遽尊環字偏旁作，當即之省變。衜從與目同，伯睘卣睘作可證，然則即古瞏字，亦即還字也。【天壤閣甲骨文存考釋】

◉馬叙倫　復爲夏之後增字。五篇。夏。行故道也。彶復雙聲轉注字。返復還亦轉注字。彶復音同奉紐。還音匣紐。同爲摩擦次濁音也。字見急就篇。散盤作。遽伯毁作。鄂侯鼎作。【説文解字六書疏證卷四】

◉李孝定　説文。「還。復也。从辵。睘聲。」唐氏釋此爲還。於字形辭義兩均洽適。其説是也。金文作免簠散盤鄂侯鼎遽伯簋穌還鼎與栔文略同。金文編還字下又收作一文。見乙亥鼎。諦審乙亥鼎見窓齋第六頁下銘文。字實作。其上半漫漶不明。大致如此。疑當釋邐。決非還字。【甲骨文字集釋第二】

◉戴家祥　噩侯鼎　唯儇自征　儇即還之省體。辵，金文作。彳，金文作。彳實乃辵之省。故金文从辵字往往可省作从

彳。如追之作徝、遺之作徻等，皆屬此例。【金文大字典上】

◉戴家祥　説文「還，復也。从辵瞏聲。」小雅·何人斯「還而不入」，箋「行反也」。爾雅釋言「還，返也」。廣雅釋詁二「還，歸也」。同聲通假，字亦同環，今人還繞字用環，古經傳祇用還字。【金文大字典下】

選 汗簡【古文四聲韻】

◉許　慎　選遣也。从辵巽。巽遣之。巽亦聲。一曰選擇也。思沇切。【説文解字卷二】

◉馬叙倫　鈕樹玉曰。韻會引作从辵巽。巽遣之也。亦聲。徐曰。亦選擇也。錢坫曰。韻會以選擇也句爲徐鍇語。今鍇本亦有之者。後人以鉉本轉加入也。倫按五篇。顨。具也。从丌。𢀳聲。則此曰巽遣之者。蓋有一本奪聲字。讀者不明从巽之義。旁注爲釋。傳寫誤爲正文。校者復以未奪者校之。未敢删除。遂加亦字。成今文矣。選。从辵。顨聲。與送爲音同心紐轉注字。一曰選擇也者。徐鍇語。疑灖字義也。十一篇。灖。淅也。淅。汰米也。選灖聲同元類。或曰。古書訓選爲擇者。蓋撰字義。本書不録撰字耳。玄應一切經音義引字林。選。簡擇也。【説文解字六書疏證卷四】

送 送　盜壺　隹送先王【金文編】

送 送　日甲九〇　送 秦一五九　送 雜三八　二例【睡虎地秦簡文字編】

送 古孝經【古文四聲韻】

◉許　慎　送遣也。从辵。倂省。蘇弄切。𨘢籒文不省。【説文解字卷二】

◉馬叙倫　桂馥曰。一切經音義十五引作去也。玉篇。遣。送也。去也。吳協心曰。送本作𨘢。从辵。灷聲。灷古印字。石鼓𨘢禽。即送禽。知灷即关者。以朕字鐘鼎文知之。王廷鼎曰。灷。从丨。从廾。丨爲今之主字。亦爲炷之古字。丨變爲火。玉篇訓爲火種。疑上古取火於木。火種者。取火之木。从廾有取義。倫按八篇。倂。送也。从人。弅聲。呂不韋曰。有侁氏以伊尹倂女。是倂送義同。一字耳。送亦弅聲也。本書無弅。而倂賸螣等字皆从之得聲。蓋倉頡及訓纂無弅。故本書亦無也。非失之耳。玉篇。弅。火種也。嚴可均謂弅从火。収聲。尋収古音當如竦。竦音心紐。故遂音亦心紐。

然金文䑼字所从之𤇾。皆作□□□。甲文亦皆作□。魯伯鬲朕字作□。郜造鼎作□。脺侯盤作□。脺侯匜作□。齊侯殷作□。以之互明。而證以朕音之入澄紐。則从収十聲也。㷉則从仌得聲。仌即腁字所从得聲之仌。腁音曉紐。則送从㷉得聲而入心紐者。心曉同爲摩擦次清音也。㚔从十得聲。十音禪紐。故朕音入澄紐。同爲舌面前音。古讀澄禪又同歸於定也。而定之一部分轉入喻四。喻四與心亦同爲摩擦次清音。故送从㚔得聲。而音亦得入心紐。肉部。㑒胄胤肖相爲轉注字。㑒从八得聲。而其轉注異文作腁。㑒音曉紐。而肖音心紐。胤音喻四。胄从由得聲。由音喻四。而胄音則入澄紐。可參證也。爾雅釋詁。朕。揚。予也。予爲送予。朕借爲送。而揚予音皆喻四。从朕得聲之賸。音亦入於喻四。亦可參證也。或曰。甲文有□□。金文亦有之。甲文又有□字。郭沫若釋衡。□□蓋□之異文。从行。□聲。□則舂之省也。送蓋从舂得聲。舂音審紐。故送入心紐。同爲摩擦次清音也。𤇾蓋□之譌。或曰。上古火不易得。故火政最重。火滅不得孰食。故以火相送。𤇾爲送之初字。後造从辵之送。而音猶得於囟。𤇾自有其字。倫謂若然。則□𤇾自有二字。蓋以金甲文證之。□自从十而火字亦無作丨者也。𢍏省者。以本書𢍏弅字而籀文从𢍏得聲。故曰。𢍏省。其實从𤇾得聲也。此蓋校者改之耳。餘詳㬥下。字見急就篇。

□倫按本作籀文送。校者以篆文説解作从俗省。故此亦增不省二字而去送字。【説文解字六書疏證卷四】

◉戴家祥　張政烺曰:「送,假爲朕,先王指王譽。古文字研究第一輯第二四一頁,中山國胤嗣𡠀蚉壺釋文。按説文「送,遣也。从辵,俗省聲。□,籀文不省。」又八篇人部「俗,送也。从人𤇾聲。」古者諸侯取夫人,則同姓二國俗之,謂从嫁之男女也。唐韻俗讀「以證切」,喻母蒸部。送讀「蘇弄切」,心母東部。廣韻䑼讀「直稔切」澄母侵部。蒸、東、侵三韻相近,可以通假。【金文大字典下】

遺　遺

甲一五四〇説文遺縱也从辵𦳬聲此从口與金文大保殷同　甲二二八八　續四·三四·八　粹·一二一九　珠四七　○　後二·三·一〇　後二·一二·四　乙九八·〇或从一　金六九〇　簠人八八　簠文八四或从彳　乙二八八二卜辭用𦳬為遺重見𦳬下　【甲骨文編】

甲1540　珠470　續4·34·8徵4·87　徵4·88　粹1219　【續甲骨文編】

遣 不从辵 小臣謰簋蓋文 瞥字重見 小臣謰簋 器文从辵 从口 大保簋 作册𩲃卣 我鼎

明公尊 遹簋 遣遷 㝬鐘 禹鼎 多友鼎 从走 遣小子簋 城虢遣生簋 㝐鼎

趞弔鼎 趞弔匜 趞卣 趞尊 班簋 孟簋 永盂 从貝 埶馭觥 【金文編】

遣 法五 二例 秦一五九 四例 封一四 【睡虎地秦簡文字編】

天璽紀功碑 詔遣中書郎 【石刻篆文編】

遣 【汗簡】

義雲章 【古文四聲韻】

◉許 慎 遣縱也。从辵。𠳋聲。去衍切。【説文解字卷二】

◉孫詒讓 「」當為「遣」之省。《説文·辵部》：「遣，从辵，𠳋聲。」《𠂤部》：「𠳋，𠳋商，小塊也。从𠂤、从臾。臾，古文蕢字。」金文遣小子敵遣作，又从口。大保敵省作。此又省𠂤，與彼正同。「降遣」，遣當讀為譴。《説文·言部》：「譴，謫問也。」「降譴」謂降譴責，「譴𠬝」謂降譴甚也。詳《釋鬼神篇》。【絜文舉例卷下】

◉羅振玉 説文解字。遣。縱也。从辵。𠳋聲。古金文遣皆从辵从㝐鼎及遣小子敵城虢遣生敵。或省辵作大保敵。與此同。或又省口。【增訂殷虚書契考釋】

◉王 襄 古遣字。太保敵遣作。與此同。文見存疑五𦘦字。文見本編八表字第九。遣之異文。文見本編十四九字第三。【簠室殷契類纂】

◉瞿潤緡 𠳋从臼从𠂤，説文从臾从𠂤，非是，孳乳為遣。【殷契卜辭文編】

◉郭沫若 唯十又一月，遣自𠂤述東，𨸏伐海眉。

遣一器省作𠳋乃人名，乃東征時主將之一，疐鼎班𣪘出處俱詳大系索引等可為互證。疐鼎云「王令趞𢦏東反夷，疐肇從趞征，攻開躍無商敵。」班𣪘云「王令毛伯更虢𩀢公服」，又云「王令毛公㠯邦冢君、土馭徒御域人國人，伐東國痟戎咸。王令吳伯曰㠯乃𠂤左比毛父，王令呂伯曰以乃自右比毛父。趞令曰以乃族從父征。𨒪出䖒，衛父身三年，靜東國。」趞卽虢䖒公，有䖒虢趞生𣪘可證。又有䖒虢仲𣪘出土於鳳翔，鳳翔乃西虢之地漢書地理志云「西虢在雍」，則䖒虢乃西虢也。䖒乃虢地班𣪘言「出䖒」可證，故䖒虢亦可稱虢䖒，猶𢿱攸从𢿱攸从鼎之復稱𢿱從鬲也。散盤𢿱攸均地名，王國維說。細審班𣪘文，可知東征時初以䖒虢趞爲主將之一，後復以毛伯代之，毛伯毛公毛父自係一人，下文復云「不㔻丮朕皇公卽指毛公受京宗懿釐□文王王姒□孫，隮于大服，廣成氒工功。文王孫亡弗褱井，亡克競氒剌烈。」雖畧有一二字不可讀，亦足證毛父乃文王之孫，殆卽所謂王孫牟父，本銘之伯懋父也。【小臣謎𣪘銘考釋　器銘考釋　金文叢考】

◉商承祚　金文㝬鼎作〔字形〕，明公尊作〔字形〕。大保𣪘作〔字形〕。則與甲骨文同。說文遣。「縱也，从辵𡭴聲」。案遣乃會意字，非聲也。【甲骨文字研究下編】

◉馬叙倫　縱也當作送也。縱送以同舌尖前音爲訓。詩大叔于田。抑縱送忌以縱送爲連緜詞可證。或非本訓也。玉篇。遣。送也。此本義。遣選聲同元類轉注字。甲文作〔字形〕作〔字形〕。則易辵爲𠙵。𠙵爲履之初文。詳履字下。金文大保𣪘作〔字形〕。與甲文同。宗周鐘作〔字形〕。與此近。遣小子𣪘作〔字形〕。則易辵爲走。又从𠙵。城虢𣪘作〔字形〕。則从走又从彳。皆以同意字增損之。然金文从走者多。字見急就篇。【說文解字六書疏證卷四】

◉李孝定　說文。「遣。縱也。从辵。𡭴聲。」又「𡭴。𡭴商。小塊也。从𠂤。从臾。」𡭴下段注於从臾下增「臾古文蕢字」五字。按。乃徐鉉語。艸部蕢下出古文作〔字形〕。解云。「古文蕢。象形。論語曰。『有荷臾而過孔氏之門。』」其形與𡭴字所从〔字形〕不類。疑小篆𡭴字所从實爲申部之𦥔。臾下解云。「束縛捽抴爲臾。从申。从乙。」段注臾下增一「曳」字云。「束。縛也。縛。束也。捽。持頭髮也。抴。捈縛而牽引之謂之臾抴。除也。捈。臥引也。𣬉字各本無。今補。束縛而牽引之謂之臾曳。凡史稱瘐死獄中皆當作此字。」據段氏之說。則臾字當从臼。从人。象兩手捽人之髮而臥引之也。許解爲从申。从乙。蓋誤。𡭴既訓小塊。則如甲文金文之从臼持𠂤於義已足。實無取於从臾。小篆从臾者。殆又从臼之譌也。从𠂤从𠂤古文無別。金文遣作〔字形〕小臣謎簋〔字形〕大保簋〔字形〕宗周鐘〔字形〕遹簋〔字形〕小臣謎簋〔字形〕㝬鼎〔字形〕遣小子簋，大保簋一文與契文同。餘或从辵或从走。【甲骨文字集釋第二】

◉嚴一萍　〔字形〕　商釋「寅」，不確。疑爲遣。金文大保簋作〔字形〕，遣𤔲作〔字形〕，明公簋作〔字形〕。【楚繒書新考　中國文字第二十六冊】

◉戴家祥　說文「遣，縱也。从辵，𡭴聲。」按金文遣有三義：一、爲人名。二、調發，小雅采薇叙云：「文王之時，西有昆夷之患，北有玁狁之難，以天子之命命將率遣戍役也。」禹鼎、多友鼎、明公𣪘、宗周鐘遣字即遣戍役之義。三、爲喪禮之專用詞，禮記檀弓下「有若曰晏子一狐裘三十年，遣車一乘，及墓而反。」鄭玄注「人臣賜車馬乃得有遣車。」又雜記「遣車視牢具。」鄭注「言車多少各如所包遣奠牲體之數也。然則遣載所包遣奠而藏之者，與遣奠天子大牢包九個，諸侯亦大牢包七個，大夫亦大牢包五，士少牢包三，大夫以上乃有遣車。」是遣車者，送殉葬品之專用車也。遣亦送也。同聲通假，字亦讀譴，唐韻遣讀「去演切」，溪母真部，譴讀「去戰切」，溪母元部。元真韻近，故遣亦通譴。譴，責也。【金文大字典下】

邐 乙亥鼎 辛巳簋 【金文編】

◉許慎 邐行邐邐也。从辵。麗聲。力紙切。【說文解字卷二】

◉高田忠周 乙亥鼎 此當邐字。銘動鐘麐字作。䰜君簠鹿字作。貉子卣鹿字作。皆與此相似。又說文麗下出古文作丽。出籀文作。而金文亦作。象兩兩相對之形。亦殆無有定形。即知此爲丽異文。此从丽鹿从辵。即爲邐明矣。說文。邐行邐邐也。从辵麗聲。廣雅釋詁。邐過也。是也。然如銘意。當叚借爲釃字。說文釃。下酒也。一曰醨也。从酉麗聲。詩伐木。釃酒有藇。傳以筐曰釃。以藪曰湑。蓋王將招飲。故先令尹釃醨酒。尹當事甚勉。隹各者惟愙也。詩那。執事有恪。即此義也。【古籀篇六十六】

◉馬叙倫 嚴可均曰。釋丘釋文釋丘疏引作行也。無邐邐字。按上文遭下一曰邐行。則今本是。王筠曰。玉篇廣韻皆云邐迆。不言行。翟云升曰。類篇引作行邐迆也。倫按邐邐二字校者加之。乙亥方鼎有字。吳大澂容庚皆以爲還字。倫謂从辵。麓聲。蓋邐之轉注字。麗爲鹿之轉注字也。詳麗字下。亦逯之轉注字。猶彔篆麓也。【說文解字六書疏證卷四】

◉楊樹達 說文二篇下辵部云：「邐，行邐邐也」，與銘文義不相應。余疑字當讀爲婐。說文十二篇下女部云：「婐，婐妮也，一曰：女侍曰婐，从女果聲。」引孟軻曰：「舜爲天子，二女婐。」按今孟子盡心下篇字作果，趙岐注訓果爲侍。然則「尹光邐」謂「尹光侍」也。麗與果古音並在歌部，音相近，故得相通假。婐字廣韻音烏果切，而裸字則即果切，蓋婐字古音與祼同，故銘文以邐爲之也。邐字吳闓生訓侍，是矣，然無説，今爲明之如此。

辛子彝云：「辛子，王酓多亞職亯，京邐」，文例與此銘同，邐亦當讀爲婐。【積微居金文說卷六】

◉周名煇 辵部乙亥方鼎王饗酉。邐隹各。吳書摹作。缺其上半。以爲古還字。誤。按此篆从辵从麓。說文逯篆下云「行謹逯逯也」。林部麓古文从彔作。金文中菉伯星父段作。彔伯𢦏段則祇作彔。竊謂邐隹各。謂敬逯惟恪。與行謹逯逯之義合。是邋當即逯之古文也。強氏定爲逯字古文。今考定爲邐字古文。

名燀案。強氏之説。粗觀之。亦似近理。細宷之。實無一當。尋窓齋集古録第六册三葉載此銘云。乙亥王各格于魯師次。王鄉饗西酒。尹光邐隹惟各格。商賞貝。用乍作父丁彝。云云。魯師次爲地名。王饗酒爲句。尹光乃人名。強氏脱譯一尹字。則器失主名矣。乃光字古文。説見上卷及跋秦始皇二世詔版皇字條。且此篆分明从辵从麗。吳氏脱寫。以爲還字。固非。強氏以爲从麓。然亦非林字。當分别觀之者也。字从二。余疑爲麗儷皮爲禮之麗。象以木架張鹿皮晾曬之形。故説文日部云。曬暴也。从日麗聲。而麗字古文作丽籀文作或即其遺形歟。籀文从二元字。元爲象人形字。殆即儷字之古文本字矣。是此文當爲从辵从麗。而非从辵从麓。亦甚明白。説文辵部云。邐。行邐邐也。【新定説文古籀考卷下】

逮 逮

0802【古璽文編】

李不逮【漢印文字徵】

石碣霝雨 舫舟西逮【石刻篆文編】

逮【汗簡】

碧落文 籀韻【古文四聲韻】

◉許 慎 逮唐逮。及也。从辵。隶聲。臣鉉等曰。或作迨。徒耐切。【説文解字卷二】

◉羅振玉 逮 箋曰。此字鄭釋歸。誤。微論歸字从𠂤非辶。即其半之亦非帚字。古文帚作象帚倒卓之形。鼓文从。象手持尾。即説文之逮。逮同隶。眔及也。篆文帚作。鄭氏遂誤認爲。【石鼓文考釋】

◉強運開 按此篆自薛尚功及阮橅天乙閣甲秀堂諸本誤。橅作。遂致諸家皆釋作歸。蓋本説文籀文歸省作耳。今按安氏十鼓齋藏北宋拓弟一本作。中豎直通至上。是羅氏釋爲逮字之説益信而有徵矣。【石鼓釋文】

◉馬叙倫 鈕樹玉曰。韻會兩引並無唐逮二字。一切經音義一華嚴經音義四十六引及玉篇注並作及也。則唐逮二字蓋後人增。

沈濤曰。一切經音義二引逮。及也。蓋古本無唐逮二字。逮之訓及見於傳注者甚多。而唐逮之語未見他書。疑古本作逮及也。讀若唐棣。後人傳寫誤奪讀若二字。又誤棣爲逮。淺者妄移於及字之上。又徐鍇曰。爾雅。逮及暨與也。又遏遾逮也。又曰。逮。及也。義皆相通。初不詮釋唐逮之義。是小徐本無此二字。今有之者。乃後人據大徐本改耳。段玉裁曰。唐逮雙聲。蓋古語也。孔廣居曰。逮爲隶之遞增字。李富孫曰。此當爲行相及字。爲凡後及前字。倫按及爲隶之異文。及隶皆今言逮捕之逮初文。逮訓及者。以及爲捕人有追及之意。追及即急。此與彶一字。彶下曰。急行也。然彶逮止當訓行。其爲急行之義。由聲可得。語原然也。馬部。駁。馬行相及也。爾雅釋詁。駁。馬馳也。駧馳。馬洞去也。駁从及得聲。而駧音亦定紐。是其語原同也。然則及也者。以語原之字爲訓也。石鼓文作[古文]。字見急就篇。顏師古本。皇象作遝。【說文解字六書疏證卷四】

◉周鳳五　𨗈字上下文意完整者，可以舉199、200簡爲例：

宋客盛公𩈸聘於楚之歲，𤰈𡰪之月乙未之日，石被裳以訓蘢爲左尹𬀦貞，自𤰈𡰪之月以適𤰈𡰪之月盡卒歲躬身尚毋有咎。占之，恆貞吉，少閒有憂，志事少遲得。以其故敓之，罷禱於邵王戠牛，饋之；罷禱文坪夜君、郚公子春、司馬子音、鄵公子冢各戠豢，酒食；罷禱於夫人戠豬；志事𨗈得，皆𨗈賽之。占之，吉，亯月、夏栾有憙。

《包山楚簡》隸定爲「遯」云：

遯，讀爲兼。《説文》：「兼，並也」。《廣雅·釋詁四》：「兼，同也」。

按，此字訓並、訓同，似出於對「志事」的誤解，例如有人主張：

「志」指企望獲得爵位，「事」指侍奉楚王。彭浩《包山二號楚墓卜筮和祭禱竹簡的初步研究》，載《包山楚墓》上册，頁五六一。

以志與事並列，猶如《孟子·告子上》的魚與熊掌並稱，自然要說「兼得」了。但細察上下文意，志事應指「所志之事」，也就是邵𬀦心中的願望。因此，讀𨗈爲兼顯然仍有可商。至於「皆𨗈賽之」一語，以「皆」字總括罷禱的對象，即邵𬀦的祖先：楚昭王、文坪夜君等人，𨗈讀爲兼固無不可。但應該注意這段記録卜筮祭禱的簡文中，所得占辭是「恆貞吉，少閒有憂，且志事少遲得」，似乎並不吉利。貞人石被裳乃隨即爲邵𬀦舉行罷禱來加以禳解，祈求的是「志事𨗈得」，並且許願「皆𨗈賽之」。在這裏𨗈字做爲與「遲」字相對語句的關鍵語詞，毫無疑問應該也是一個表示時間的副詞，而且語意必須與「遲」相反。同樣的例子也見於236簡：

……貞，既腹心有疾，以上氣，不甘食，舊不瘥。尚𨗈瘥，毋有祟。

此外，239、240、242、243、245、247等簡也都有類似的語句。「舊不瘥」即久不瘥，舊與遲語意相近，在簡文中都與𨒅字句處於相對的地位。因此，讀𨒅爲兼，顯然並不妥當。

𨒅不能讀爲兼，除上述理由之外，更有字形結構的考慮，這也是考釋古文字的基礎。「兼」字在古文字資料中不多見，目前所知除詛楚文與秦始皇詔權之外，只有徐王子旃鐘。詛楚文與秦權都是秦器，前者屬戰國晚期，後者更晚至秦統一，二者字形相同，皆从又从秝作□，象以手持二禾形，會意。徐王子旃鐘則作□，右上方所增□形爲「監」之省，乃聲符，字从又从秝，監省聲，爲會意兼形聲字。徐王子旃鐘銘文圖版見馬承源《商周青銅器銘文選》册二，頁三五六。同書册四，頁三八三有釋文及注，但未釋此字右上方之聲符。《金文編》頁五〇七收此字亦遺漏聲符。無論聲符有無，兼字取象於手持二禾，以二禾並列表「並」或「同」是顯而易見不容誤解的。簡文上半所从似艸。下半所从似竹，缺乏禾穗飽滿下垂的基本特徵，釋爲遱實在過於牽強。何況簡文自有从兼之字，見175簡：「妾婦嫌」，字从女，兼聲，作□，爲婦女名，所从之□與上引各器相同，雖「又」形小訛成二，而最重要的禾穗飽滿下垂的基本特徵則絲毫未變。由此可知，釋𨒅爲遱，顯然無法成立。

𨒅字的形構既與兼不同，在簡文中又爲遲、滯的反義詞，考釋時自應循此線索加以推求。按，《說文》所收「及」字古文與此字類似，見《說文》三下又部：

> □，逮也，从又人。□，古文及，秦刻石及如此。□，亦古文及。□，亦古文及。

《汗簡》及字古文作□。黄錫全《汗簡注釋》云：

> 三體石經僖公及字古文作□，此同。及字古本作□（保卣），變作□（𠤳叔匜）、□（說文古文）。此形下部多从□，可能是因戰國文字人旁有作□，而及字有作□或□、□，變作□。

《汗簡》又收逮字古文作□，則與《說文》及字古文雷同，黄錫全亦有解說云：

> 今存碑文作□。此形則與𠤳弔匜之□、《說文》古文□，以及三體石經及字古文□、王庶子碑級字作□類似，今碑誤从艸。

《說文》「及，逮也。」及字見《汗簡注釋》頁一四五；逮字見頁五一〇。

按，《說文》云：「及，逮也」，又云：「逮，及也」，二字互訓，古音同在緝部，古文形體雷同，可見逮爲及的分化，《汗簡》逮字古文作□，黄錫全以爲訛誤，但簡文𨒅字也从艸，可知《汗簡》所收其來有自，非嚮壁虛造者可比。其所从艸形，可能由𠤳叔匜所見□字衍出，而《說文》古文□上端之□形，則又由王庶子碑級字□上端□形演變而來，《說文》段《注》改□爲□，其上端尤與王庶子碑雷同。總之，考察及字之古文各體，其演變分化之跡可謂歷歷在目，斑斑可考。蓋其上端既見於《汗簡》逮字古文，其下端則由獨體之〓，添加飾筆爲〓，復由單而複，爲〓，遂與楚簡「竹」字形似。添加飾筆與變單爲複，皆戰國文字常見的現象，可以不必贅言。至於所从又字簡化爲〓，則前文討論嫌字時已有說明。

〓字，讀爲「急」，以此通讀簡文所見各例無不文從字順，如下：

（一）135簡反：「左尹以王命告湯公：舒慶告謂，苛冒、宣卯殺其兄昫，陰之戟客捕得冒，卯自殺，陰之戟客或執𤿹之兄㞏，而舊不爲斷。君命〓爲之斷」。按，簡文記一樁命案之緝凶審判事。末兩句意謂案子久不判決，楚王下令「急爲之斷」，即迅速判決。

（二）137簡反：「〓爲之斷」。解同上。

（三）200簡：「志事〓得，皆〓賽之」。意謂心願早日達成，對神明都會儘快加以祭祀回報。

（四）219簡：「且爲□纓瑞，〓□之」。文意不盡可知，揣測略謂備妥成串的玉佩飾，儘快祭祀神明。

（五）220簡：「庚、辛有閒，病〓瘥」。意謂庚日和辛日病況好轉，疾病很快痊癒。

（六）236簡：「舊不瘥，尚〓瘥，毋有祟」。意謂疾病久久不癒，希望趕快痊癒，沒有鬼神作祟。

（七）239簡：「尚〓瘥，毋有祟」。解同上。

（八）242簡：同上。

（九）245簡：同上。

（十）247簡：同上。

此外，255簡記隨葬品，有「〓酭一䈪」，《包山楚簡》隸定爲「菽」：菽，讀如蒠，《周禮·天官·醢人》有箈菹，注：「箈萌也」。鄭司農注：「水中魚衣」則借作菭。原引文有誤，逕爲改正。

按，〓當隸定为隶，音徒耐切，與菭、蒠（音徒哀切）可通假。上引考釋可從，但隸定有誤，應予改正。

最後，附帶說明的是，簡文有「返」字，作〓，見122、123簡：

□言謂：場賈既走於前，□弗返，……女返既走於前，□弗返，……不害既走於前，□弗返，……之奴既走於前，□弗返。

《包山楚簡》隸定爲「〓」云：

〓，迈字，借爲鴐。《說文》：「次第馳也。」即前後相隨而馳。按，此即返字，从辵从及，其及字作〓形，从人从又，明確無訛。簡文記緝捕凶犯的過程，其中屢言「弗返」，意指未能趕上，即未能捕獲凶犯。返字的語意可以用《說文》隶字「從後及之也」

來加以説明，而及與逮爲一語之分化亦從而確認無疑。【包山楚簡文字初考 王叔岷先生八十壽辰論文集】

遟

甲3·427 珠104 309 佚85 553 5·71 續3·4410 5·1·3 5·7·9 掇97 徵4·68 10·127 10·132 11·63 11·64 摭65 新2725【續甲骨文編】

遟 説文籀文从屖而篆文从犀犀南徼外牛屖屖遟从屖正合遟義不當从犀五經文字曰今从籀文足證唐人經典用遟不用遲也與徲通 仲㪟父簋 遟伯 伯遟父鼎 元年師旋簋 遟公 曾侯乙鐘 迖則又作屖則古籍作夷則【金文編】

198 200【包山楚簡文字編】

臣遟 遟中翁 遟賜 遟房私印【漢印文字徵】

遟 遟 遟【汗簡】

古尚書 義雲章 字略 籀韻【古文四聲韻】

◉許慎 徐行也。从辵。犀聲。詩曰。行道遲遲。直尼切。遲或从𡰥。籀文遲。从屖。【説文解字卷二】

◉王國維 説文解字辵部。遲。徐行也。从辵。犀聲。詩曰。行道遲遲。遟。籀文遲。从屖。案尸部無屖字。殷虚卜辭有字殷虚書契卷二弟二十三葉。羅參事釋爲辟。曰古文辟从辛人。辟法也。人有辛則加以法也。古金文作。增〇乃璧之本字。許書从口又由〇而譌。卜辭又有字書契卷二弟三十葉。參事説从彳从辟。即避字。説文解字載遲之籀文作。殆誤認避爲遲。案羅説是也。然言部語諿諿之諿亦从屖作。蓋周秦之間已視犀屖爲一字。不自許君始矣。【史籀篇疏證 王國維遺書第六册】

◉高田忠周 金文避父字。與此篆略同。唯彼辟作作。其卩形與此篆之尸作稍異。是似許氏所謂籀文从屖者。姑分别附之。然未知許氏之遟亦元避字。而避與遲通用。古音避遲一聲之轉耳。然則籀文以避爲遲也。【古籀篇六十六】

◉郭沫若 伲即迡字，遟字之異也。三公山碑「愍俗陵迡。」繁陽令楊君碑「徲伲欒志」則正作伲。或作迡。説文「迡遲或从𡰥」，段注云「甘泉賦曰『靈遟迡兮』，說者皆云上音棲，下音遲，迡卽遲字也。然文選作『迟迡』，與漢書異。玉篇汗簡亦皆作迡。集韻引尚書迡任。」泥字羅釋逃，謂「象二人相背而行」，商承祚更謂小篆殆傳寫而誤，大謬。【卜辭通纂】

◉馬叙倫　容庚曰。甲骨文金文皆作遟。五經文字曰。今從籀文。足證當時經典尚作遟。不作遲。則遲殆淺人所竄入也。倫按唐寫本切韻殘卷六脂遲下曰。按說文从辛。又作此迡。是唐本無遲字。五經文字曰。今從籀文。則張時許書已有遲字。遲爲徲之異文。倫疑許書無遲字。本篆及重文皆出呂忱字林。忱據他書增遲字。而見籀篇作遟。故曰。籀文遲也。又或忱所據許書篆已譌也。

迡　鈕樹玉曰。繫傳在籀文下。玉篇作迡。亦在籀文下。漢隸字原。迡。引說文則作迡。乃後人改𡰥爲古文仁。音亦不合。段玉裁曰。此字疑後人因揚雄傳而增也。桂馥曰。或从𡰥者。錢大昭曰。史記張釋之馮唐傳。陵遲而至於二世。漢書作陵夷。平準書。選舉陵遲。漢書亦作夷。司馬相如傳。陵夷衰微。漢書作遲。詩。周道倭遲。韓詩作郁夷。淮南原道訓。馮夷大丙之御。高誘注。夷或作遲。是古夷與遲通。故遲或作迡。从𡰥。𡰥。古文夷字。馥按漢書揚雄傳。徘徊招搖。雲遲迡兮。顔注。遲音栖。迡音文夷反。宋祁曰。張楫字詁曰。迡今遲。徐也。馥謂遲迡卽屖遲。本書屖下曰。屖遲也。宋保曰。說文以𡰥爲古文仁字。玉篇云。𡰥。餘脂切。古文夷字。遲从𡰥作迡。猶周道倭遲。韓詩作郁夷也。倫按本書夷下無古文。錢謂𡰥古文夷字者。蓋據玉篇耳。倫謂𡰥是夷踞之夷本字。作□者之轉注字。从□。二聲。遲音澄紐。古讀歸定。二音日紐。古讀歸泥。定泥同爲舌尖前音。夷音喻四。古讀歸定。然則遲可从𡰥作迡。爲轉注字。古文以𡰥爲仁。仁亦从二得聲也。詳仁字下。故山海經以仁羿爲夷羿。漢書揚雄傳注引古今字詁。迡。今遲。徐也。此蓋呂忱據字詁加之。

遟　段玉裁曰。五經文字曰。今從籀文。謂唐人經典用遟不用遲也。王筠曰。禮記三年問釋文有此字。王國維曰。尸部無屖字。卜辭有□字。羅振玉釋爲辟。卜辭又有□字羅釋爲避。而以此爲許君誤認避爲遲。是也。然辟亦从屖作。蓋周秦閒已視屖屖爲一字矣。倫按本書尸部有屖字。訓遲也。蓋以同聲相訓。屖實从辛从夷踞之夷本字作□者得聲。爲夷三族之夷本字。聲轉爲辟耳。字非一時所造。固不妨遟从屖徲亦从屖也。抑或遟徲一字。徲即避字。籀文借以爲遲。亦或卜辭借遟之異文作徲者爲避也。餘詳辟下。伯遟鼎作□。【說文解字六書疏證卷四】

◉邵友誠　簡文「遲」字作「迡」，《漢無極山碑》「應速不遲」之「遲」字作「迡」(見《隸釋》卷3)，正與此簡結體近似。【居延漢簡札記　考古一九六二年第一期】

◉李孝定　說文。「遲徐行也。从辵。犀聲。詩曰。『行道遲遲』。迡遲或从𡰥。遟籀文遲。从屖。」徐灝段注箋引孔廣居曰。

「古文當从尼。漢三公山碑。『慇俗陵遟』。李翊碑。『棲遟不就』可證。卜辭作上出諸形正从尼。孔説是也。桂馥義證追下云。『𡰥古文仁字。漢銅印有𡰥字。乃古文夷也。』或从𡰥者。錢君大昕曰。『史記張釋之馮唐傳。「陵遲而至於二世」』。漢書作『陵夷』。平準書『選舉陵遲』。漢志亦作『夷』。司馬相如傳『陵夷衰微』。漢書作『遲』。……説文遲或作追。从𡰥。𡰥古文夷字。」按夷古文與尸爲一字。金甲文夷均作。遲夷音近。故陵遲或作陵夷。宣十二年左傳曰。「尸汝於是」即「遲汝遲待也於是」也。尼字篆作。正與上出諸形所從者同。尼遲音近。遲自可從尼得聲也。葉氏釋行之謬郭已言之。葉引卜辭「屰」「屰行」以證其爲一字。所屰者各殊。寧得謂卜辭屰下諸文皆爲一字邪。卜辭遟字當爲人名。辭云「貞遟弗其卒」。拾・九・十四「貞遟獲」。拾・九・十五「貞遟弗其」。「遟得」。前一・五二・一「貞遟不其獲鹿」。前三・三三・一「貞乎遟逐冢獲」。後上・三十・十二「令遟」。「貞弗其獲」。「令遟」。「令遟」。珠三〇四「☐卜㱿貞遟从囮戠亡禍」。佚八五「貞遟☐其有☐」。「貞遟往來亡禍。」佚五七一可證。金文遲从𡱂。與許書籀文同。如仲𫻴父簋伯遟父鼎與卜辭从尼者有別。【甲骨文字集釋第二】

◉黄錫全　遲　《説文》「徲，久也。从彳，𡱂聲，讀若遲」。「遲，徐行也。从辵，𡱂聲」。籀文遲从𡱂作。鄭珍認爲「以徲作遲可也，而改依籀文从𡱂。又更篆从辛部所收《王存乂切韻》辛，則非」。其實，遲字古本作（前7・38・2）、（前5・30・1）、（鬲攸从鼎）、（十三年㾓壺），後从辵作（仲𫻴父𣪘）、（元年師旋𣪘）、（曾侯乙鐘）等。徲、遲古本一字，《説文》歧爲二，又譌𡱂爲𡱂。此形所从之辛，與曾侯乙鐘及三體石經（如𣎴、𢓈）類同。夏韻脂韻録《字略》遲作，即此文。《字略》即《李商隱字略》，此脱注。鄭珍認爲此形是「改依籀文从𡱂」，是鄭氏不知古本有如此作者。【汗簡注釋卷一】

◉商承祚　𡰥、追同字。《説文》古文仁作𡰥，遲作追。《汗簡》卷中尸部引古文《尚書》夷作𡰥。卷上目部眱作。《漢書・樊噲傳》：「與司馬𡰥戰碭東。」顔師古曰：「𡰥，讀與夷同」。《淮南子・原道訓》：「馮夷、大丙之御」。注：「夷，或作遲。」是仁、追、夷三字音近可通假。《説文》：「遲，徐行也」、「夷，平也」、「徲，行平易也」。由是知疾追瘻爲疾病慢慢減退，故言無大咎。【江陵望山一號楚墓竹簡疾病雜事札記考釋　戰國楚竹簡匯編】

◉戴家祥　説文「遲，徐行也。从辵，𡱂聲。詩曰行道遲遲。追，遲或从𡰥；遟，籀文遟从𡱂。」中𫻴父𣪘作，與籀文同。鐘銘作，从𡱂省聲，小雅・四牡「周道倭遲」韓詩作「郁夷」，淮南子・原道訓「馮夷大丙之御也」，高誘注夷或作遲，是遲夷通假之證。古讀夷如尸，兮甲盤「至于南淮夷」，曾伯簠「克狄淮夷」，無㠱𣪘「王征南夷」，競卣「命伐南夷」，宗周鐘「南夷東夷」，都以尸爲夷。天官・凌人「大喪共夷槃冰」，鄭玄注「夷之言尸也，實冰于夷盤中，置之尸牀之下，所以寒尸也，尸之槃曰夷盤，牀曰夷牀，衾曰夷衾，移尸曰夷于堂，皆依尸而言者也。」左傳成公十七年晉厲公云：「一朝而尸三卿，余不忍益也。」韓非子作「吾一朝而夷三卿。」説文八篇屖遲也，从尸辛聲，讀先稽切，心母脂部。夷讀「以脂切」喻母脂部，尸讀「式之切」審母之部。曾侯乙鐘「迖則」即傳統樂律夷則。

㣬此鼎 㣬即遲之省體，辵金文作𢓊，彳金文作𠓜。彳實乃是辵之省。故金文从辵字往往可省作从彳。如追之作𢓜，遹之作僪等，皆屬此例。【金文大字典下】

遳

◉許　慎　遳徐也。从辵。黎聲。郎奚切。【説文解字卷二】

◉馬叙倫　鈕樹玉曰。鍇本聲上有省字。非。席世昌曰。遳與遲通。漢書高帝紀。遲明。圍宛城。文穎曰。遲。未也。史記作遳。倫按遳遲聲同脂類轉注字。史記衛青霍去病傳。遲明。徐廣曰。遲一作黎。黎即遳之省。尉陀傳。犂旦。城中皆降伏。漢書作遲旦。犂又遳之借字也。是遳遲之義一也。文選舞賦注引倉頡。遳。徐也。【説文解字六書疏證卷四】

遰

◉許　慎　遰去也。从辵。帶聲。特計切。【説文解字卷二】

◉馬叙倫　遰爲逝之轉注字。逝音禪紐。古讀歸定。遰音亦定紐也。易大有象傳釋文。晢鄭本作遰。陸本作逝。史記賈生傳。鳳漂漂以高逝兮。漢書逝作遰。夏小正。九月遰鴻雁。傳。遰往也。上文。逝。往也。是其證。當次逝下。或此字出字林。【説文解字六書疏證卷四】

䢽

◉許　慎　䢽行皃。从辵。肙聲。烏玄切。【説文解字卷二】

𨘢

◉許　慎　𨘢不行也。从辵。䮝聲。讀若住。中句切。【説文解字卷二】

◉馬叙倫　鈕樹玉曰。韻會引作馬不行也。集韻引無馬字。桂馥曰。鍇本作馬不行也。宋本小字本玉篇廣韻並無馬字。段玉裁曰。𨘢从䮝聲。非从馬也。小徐作馬不行也。毛刓改依小徐補馬字。非也。讀若住者。當在下文。逗字从辵豆聲之下。豆主同部。惠棟曰説文無住字。𨘢訓不行讀若住。其即今之住字與。葉德輝曰。人部。侸。立也。即住本字。劉秀生曰。𨘢从䮝聲。䮝从垂聲。讀若箠。垂从𠂹聲。𠂹聲古在定紐。住當从主聲。古在端紐。端定並舌音。故𨘢从䮝聲得讀若住。老部。𦒱。从老省。从古文𠂹之作𦒱者省聲。讀若樹。壴部。尌。从壴。从寸。讀若駐。𠂹聲如尌。尌聲如駐。是其證。

倫按本書。尌。从寸。豈聲。讀若駐。侸讀若樹。玉篇作侸。明从人。豈聲。省作侸。變譌爲主。豈音知紐。邁从䲨得聲。䲨从垂得聲。垂音禪紐。同舌面前音也。埵从垂得聲。讀若朵。音入端紐。端知皆清破裂音。故邁得讀若侸。段說亦通。今作住者。傳寫以當時通用字易之。然此讀若住則後人加之也。【說文解字六書疏證卷四】

逗 逗

219【包山楚簡文字編】

◉許　慎　逗止也。从辵。豆聲。田候切。【說文解字卷二】

◉馬叙倫　翟云升曰。後漢書光武紀注引作留止也。高翔麟曰。說文無住字。後漢書光武紀。逗留。李賢曰。逗古住字。古斗有主音。斗與逗通。又方言。傺。逗字也。注。逗即今住。高田忠周曰當作逗。从豆者省耳。倫按逗从辵豈省聲。與侸一字。當音常句切。讀若樹。逗爲邁之轉注字。廣韻引住也。出何承天纂文。李賢引留止也者。當作留也。止也。一訓或字林義。文選長笛賦李注引字林。訂。逗遛也。或校者據玉篇加之。【說文解字六書疏證卷四】

訙 訙

◉許　慎　訙曲行也。从辵。只聲。綺戟切。【說文解字卷二】

◉馬叙倫　段玉裁曰。字林。丘亦反。王筠曰。玉篇曲上有迟字。乚部說亦迟曲連文。倫按廣雅釋詁一。迟。曲也。則此曲行也當作曲也行也二訓。曲也蓋字林訓。迟字義也。亦疑此字出字林。【說文解字六書疏證卷四】

逶 逶

◉許　慎　逶逶迆。衺去之皃。从辵。委聲。於爲切。蟡或从虫爲。【說文解字卷二】

◉馬叙倫　鈕樹玉曰。繫傳韻會迆作迤。俗。韻會無之字。繫傳衺作邪。沈濤曰。文選舞賦注劉孝標廣絶交論注引作逶迆。邪行去也。一切經音義十九引作逶佗。行去也。是古本作邪也去也。玄應所引正與崇賢所據本同。特傳寫脱邪字耳。逶迆作佗。古字通用。依字佗當爲迆。邪當爲衺。王筠曰。選注引者。合并逶迆兩字之說解爲一也。倫按疑本作逶迆也。衺去之皃四字後人加之。或如王說。逶迟轉注字。委音影紐。迟从只得聲。只音照紐。古讀歸端。端影皆清破裂音。

蟡　王念孫曰。舊本繫傳無蟡字。張次立增。王筠曰。玉篇蟡在虫部。於爲切。形似蛇。又音詭。隸辨有逶虵過迆。委爲同聲。作逶即可作過。廣韻有蝼蛇。因蛇从它而加虫作蝼。即可作蟡矣。蟡自以玉篇爲正義。以聲借用。固無不可。

然以逶蝺爲一字。理所難信。雖玄應引此字。吾終以小徐本無蝺字者蓋是古本。廣韻蝺字注詳於玉篇。亦無同逶之説。且委蛇疊韻形容字也。凡形容之詞。例皆借用。無專字。或者説文祇有迆字。後人見迆訓衺行也。遂增逶字而説之曰。逶迆。衺去之皃。以趍趙説解推之。則既詳説於逶下。即下當曰。逶迆也。不須別加説解矣。且衺行則通。衺去則不通。朱駿聲曰。蝺即莊子食之以委蛇字也。亦後製字。倫按唐寫本切韻殘卷五支逶下曰。説文作蝺。蝺蓋蝺譌。則本書有此字。而似長孫據本無逶字。然逶之轉注字自不當从虫也。疑張據切韻補。而長孫訥言誤據他書爲説文也。或所稱乃字林也。或所據本已爲後人加此字。【説文解字六書疏證卷四】

迆 迆

◉許　慎　迆衺行也。从辵。也聲。夏書曰。東迆北會于匯。移爾切。【説文解字卷二】

◉馬叙倫　鈕樹玉曰。韻會引同。繫傳。衺作邪。倫按古書逶迆多連用。則爲同喉音及聲同歌類連緜字。然如尚書東迆。則單用亦可。是逶迆亦同喉音且同歌類轉注字也。引經校者加之。甲文有□字。从止。它聲。它爲蛇之初文。詳虫字下。則蓋即迆字。上文逶下曰。逶迆。玄應一切經音義十九引作逶佗。詩。委蛇委蛇。然則此逶迆即詩委蛇也。蓋字本从它得聲。它篆作□。形與□近。故譌爲也。卜辭言無□。蓋言無禍。借□爲禍。聲同歌類。【説文解字六書疏證卷四】

遹 遹

□ 遹 盂鼎 遹省先王　□ 𤜡盤 遹征四方　□ 遹簋　□ 㝬鐘　□ 克鐘 遹涇東至于京師　□ □ 善夫克鼎 遹正八白之年　□ 翏生盨　□ 翏生盨二 【金文編】

◉許　慎　遹回避也。从辵。矞聲。余律切。【説文解字卷二】

◉劉心源　遹省或釋邁相。非。邁从萬。萬即蠆。説文作□。古刻作□。皆象蝎形。□□象其足尾。不得从□即内。即楷書萬亦从内不从內。何況古文。則不得援尚書勱相二字爲説也。蓋遹从矞。矞从冏即吶。故得从□。其从□者。毛公鼎迺務鰥寡之務。㠯敄爲之。作□。解具於彼。其所从之矛正从□。知此从矛省冏省。又从辵。是遹字也。爾雅釋言。遹。述也。孫注。遹古述字。讀聿。案。詩遹追來孝。禮器作聿追。左昭二十六年傳聿懷多福。注。聿。惟也。是其義。宗周鐘王肇□文武。亦遹省二字。或釋建相。蓋不識所从之矛也。省詳翩比鼎。諫詳克鼎。【奇觚室吉金文述卷二】

◉孫詒讓　□舊釋爲遺，説文無此字。考後盂鼎字作□，此文與彼略同，但增貝形，疑亦遹之異文。【古籒餘論卷二】

避 避

◉孫詒讓　雩我其先王，受民受疆土。案舊釋爲邁相。今審與邁形殊不類，舊釋因字宋以來皆誤釋爲相，而書立政有「勱相國家」之文，故附會爲讀，實非也。此字實當爲遹之省，與前宗周鐘「王肇遹省文武堇疆土」，遹作三之二，正同。此从即矞之省，説文辵部「遹，回辟也。从辵，矞聲。」𠕩部矞，从矛、𠕩。此下作从內，即𠕩之省。上从者，矛之壞字。矛爲直兵，有刺而小篆作，象形。殊不類，古文蓋作，上象刺，中象英飾，下象柲，於形較切。前𨛜公敔「𨛜公敄人」敄作三之一，王宜人甗「無敄」敄作二之二，後毛公鼎「緬敄鰥寡」敄作本卷，偏旁並與此相近。宗周鐘作者，之變。此作者，省矛爲，即上耑刺兵之形。要兩器皆以遹省連文，足相推定也。前卯敔懋作，矛省作。又陽湖費氏所藏冘卣拓本史懋作中矛形亦省作，與此可互證。爾雅釋詁遹，自也。述也。遹語詞，亦作聿。禮記禮器引詩「聿追來孝」。毛詩聿作遹，是也。【古籀餘論卷三】

◉馬叙倫　鈕樹玉曰。韻會引避作辟。倫按回借爲違。避下回也同。書堯典。靖言庸違。論衡恢國作庸回。是其證。此當作回也，避也。故鍇本作迴。善夫克鼎作。宗周鐘作。克鐘作。【説文解字六書疏證卷四】

◉戴家祥　遹，發語詞。用在句首，並與唯同，大雅·文王有聲「遹駿有聲，遹求厥寧，遹觀厥成」。又曰「匪棘其欲，遹追來孝。」義皆爲唯。同聲通假亦寫作越。周書·大誥「越爾庶士御事」，「越予小子考翼」，義亦爲唯，用在句中，可作及解，大盂鼎「雩我其遹眚先王，受命受疆土。」宗周鐘「王肇遹眚文武，勤疆土。」遹，猶及也。

小克鼎　僪乃遹之省體。金文彳、辵不分。如迎之作御、德之作遹等等。

字从辵从𧷸似即遹之繁縟文，説文「遹，回避也，从辵，矞聲。」唐韻「余律切」。喻母至部。【金文大字典下】

摭續141　前5·30·1【續甲骨文編】

9·6王避【古陶文字徵】

避　語六　通僻　去其邪—　語二　語六【睡虎地秦簡文字編】

避【汗簡】

違

古孝經　義雲章　雲臺碑　【古文四聲韻】

◉許　慎　回也。从辵。辟聲。毗義切。【說文解字卷二】

◉羅振玉　从彳从。即辟字。說見上辟字注。人有罪思避法也。說文解字載遲之籀文从屖作。殆誤認避爲遲矣。【增訂殷虛書契考釋】

◉商承祚　金文仲歔父𣪘作。說文避。「回也。从辵辟聲」。案辛罪也。人有罪。思避法也。【甲骨文字研究下編】

◉馬叙倫　鈕樹玉曰。韻會引回作迴。俗。王筠曰。避與人部僻同。僻下曰。避也。即以重文爲説解。倫按避甲文作。从彳。聲。即八篇之屖。屖音心紐。遹音喻四。皆摩擦次清音。屖从辛。尸聲。尸喬聲同脂類。故避遹爲轉注。今杭縣謂人忽離去曰遹開去。即避去也。回也當作違也。此傳寫改之。玄應一切經音義九引倉頡。避。去也。【說文解字六書疏證卷四】

◉李孝定　説文。「避回也。从辵辟聲。」卜辭作上出諸形。不从口。古文衍變。往往增口也。就字形言。似與許書遲之籀文作遲者相同。然卜辭之遲作。與許書遲之或體作迟者正合。已見前。則此不當釋遲。且與篆文之避形亦極近。辭云。「其于之若。」前・五・三十・一言其避於此之當讀爲茲。猶言此也。甚善也。釋避似無可疑。至許書遲之籀文遲究何所本。今無可考。羅氏謂誤認避爲遲。亦覺無據。終覺疑莫能明也。金文編未見避字。果如罗氏之言。則容氏以爲遲字者固當改釋爲避矣。【甲骨文字集釋第二】

◉屈萬里　卜辭有字，羅振玉釋避(殷釋中六六葉)。此字，與字形近，疑亦避字也。【殷虛文字甲編考釋】

違　臣卿鼎　臣卿簋　班簋　【金文編】

3・911獨字　【古陶文字徵】

無逸　民否則用厥心韋怨　今本作違韋違古今字韋字重文　【石刻篆文編】

違　上同　【汗簡】

違 [字形] 竝義雲章 [字形] 下威切 [字形] 汗簡 【古文四聲韻】

◉許 愼 諱離也。从辵。韋聲。羽非切。【説文解字卷二】

◉吳大澂 [字形]即違。【愙齋集古録賸稿】

◉王 襄 [字形],古違字異文。【簠室殷契徵文】

◉高田忠周 説文。諱離也。从辵。韋聲。爾雅釋詁。遠也。詩殷其靁。何斯違斯。傳去也。書酒誥。薄違農父。馬注行也。又廣雅釋詁。違偝也。書堯典。静言用違。禮記大學。而違之俾不通。注猶戾也。此等義。字形固當从口从[字形]作[字形]。[字形]與韋束訓之[字形]别字也。然後世混[字形]韋爲一。遂製从辵韋聲之違。以爲[字形]字用。古今文字之變。往往有如此者矣。【古籀篇六十六】

◉馬叙倫 鈕樹玉曰。韻會引無聲字。桂馥曰。離也者。本書去下曰。人相違也。詩谷風。中心有違。傳曰。違。離也。節南山。惡怒是違。傳曰。違。去也。倫按違離以聲訓。或非本訓。違實迹之疊韻轉注字。公違段作[字形]。公違鼎作[字形]。【説文解字六書疏證卷四】

◉楊樹達 西清續鑑乙編弍卷肆拾叁葉上載周舉鼎一,文曰「[字形]父丁」,第一字,中作方圍,方圍外各有趾形一,在左右者趾皆上向,在上下者趾皆左向,寶蘊樓彝器圖録上册四葉下亦録其器,題曰商父丁鼎。余按龜甲文韋字作[字形]鐵雲藏龜壹陸玖葉叁版,或作[字形]書契前編伍卷肆拾柒葉叁版,銘文形與彼同。異者,甲文趾形或在上下,或在左右,銘文足趾四方皆備具耳。由甲文推之,此即韋字也。蓋韋爲違離之違初字,方圍象城邑之形,即城字也。説詳余釋正韋釋口。足趾皆象由城他去之形,故爲違離之義。銘文之韋,蓋記制器之人名也。余因改題曰韋父丁鼎云。

一九四八年五月,余在廣州,得讀十二家吉金圖録,其書下册十一葉下載衡水孫氏式古齋藏器有弓衛祖己爵,銘文首二字,一作弓形,一作[字形]形。商氏考釋云:「[字形]羅叔蘊師謂衆足繞□,有守衛意,乃衛字,説甚確。」樹達按羅説非也。古文足趾形向背皆有意義,甲文陟作[字形],降作[字形],示足之向上與向下也。正爲征行本字,甲文字作[字形],示足向城行也。此韋字亦見於甲文,或二趾,或四趾,皆象從城他去之形,故知其爲違離之違初字,違乃後起加旁字也。余謂當改名曰弓韋祖己爵始合。【韋父丁鼎跋 積微居金文説卷二】

◉戴家祥 説文「違,離也,从辵,韋聲。」周書・酒誥「圻父薄違」羣經音辨違作韋。馬融云:「韋、違,行也。」禮記雜記上「違諸侯之大夫,不反服。」又表記「子曰:事君三違,而不出竟。」鄭玄並云「違,猶去也。」説文五篇凵部「去,人相違也。」六國古鉨

「去病」「去疾」諸印，去皆加旁从辵。去、違同義，在六書爲轉注，去可作迲，知違亦韋之加旁字也。唐韻違讀「羽非切」，匣母脂部。

衛鼎 偉即違之省體。辵，金文作彳止，彳，金文作彳。彳實乃辵之省。故金文从辵字往往可省作从彳。如追之作𢓊，逾之作徻等，皆屬此例。【金文大字典下】

遴 遴

遴 古史記 【古文四聲韻】

◉許慎 遴行難也。从辵。粦聲。易曰。以往遴。良刃切。僯或从人。【説文解字卷二】

◉馬叙倫 沈濤曰。漢書高惠高后文功臣表序注晉灼引許慎云。遴。難行也。蓋古本如是。惠棟曰。漢書吝字皆作遴。今蒙之初六。以往吝。或遴即吝字。或許所傳師讀異也。席世昌曰。易説卦傳。爲吝嗇。京房本作遴。柳榮宗曰。今易遴作吝。虞翻注曰。吝。小疵也。虞氏世傳孟氏易。説文叙曰。其稱易孟氏。古文也。則遴非古文矣。口部吝下引易曰。以往吝。又彣下曰。古文吝从彣。則正引孟氏易字也。倫按難行也當作難也行也二訓。一訓校者加之。或出字林。難也者。借遴爲吝惜之字。漢書吝惜字皆作遴。可證也。漢書杜欽傳。不可以遴。注。遴。難也。亦其證。遴蓋逡之聲同真類轉注字。又疑難行也爲字林訓。此字亦出字林也。引經校者加之耳。

僯 王念孫曰。舊本繫傳無此字。張次立增。王筠曰。小徐無此字。是也。韻會去聲遴下既引説文矣。又引集韻或作僯。則是僯字不出説文也。【説文解字六書疏證卷四】

逡 逡

◉許慎 逡復也。从辵。夋聲。七倫切。【説文解字卷二】

◉馬叙倫 桂馥曰。復當爲復。徐鍇韻譜。逡。復也。玉篇。逡。退。釋言。逡。退也。錢坫曰。復當作復。形近而誤。爾雅。逡。退也。國語。有司已事而竣。郭璞作逡。倫按逡越一字。爲退之轉注字。退聲脂類。逡聲真類。脂真對轉也。

【説文解字六書疏證卷四】

𨒊

◉許　慎　𨒊怒不進也。从辵。氐聲。都禮切。【說文解字卷二】

◉馬叙倫　鈕樹玉曰。繫傳怒不進也下。有一曰騺也四字。玉篇訓驚不進也。則騺疑驚之誤。段玉裁曰。當依鍇本補一曰騺也四字。惟騺當从馬作騺。馬部。騺。馬重皃。癶部曰。樊。騺不行也。錢坫曰。怒不進也當是怒也不進也。倫按錢說是也。不進也或非本訓。怒也者。呧字義。呧下曰。訶也。訶下曰。大言而怒也。此校語。玉篇作驚不進也者。驚蓋騺或騺之誤。皆借爲馽。本書。馽。絆馬也。重文作縶。是其證。或馽字本爲別義。一本說文誤在不進也上。故玉篇訓如此。一曰馽也者。即借𨒊爲馽。古音皆在端紐也。亦校者加之。𨒊逡轉注。脂真對轉也。【說文解字六書疏證卷四】

達

存二〇一一按說文達之或體从大作达此與之同今定為達字　佚四二九或从彳　京都六二四【甲骨文編】

達　𤗎盤　保子達簋　師寰簋【金文編】

達　日甲六　三例　日乙七　二例【睡虎地秦簡文字編】

3530　與師寰𣪘、保子達𣪘達字同。　1340　0511　2819【古璽文編】

冷達　紀達　已達　宋達　公孫達　達朱姓【漢印文字徵】

泰山刻石　訓經宣達【石刻篆文編】

古老子【古文四聲韻】

◉許　慎　達行不相遇也。从辵。羍聲。詩曰。挑兮達兮。徒葛切。𨑥達或从大。或曰迭。【說文解字卷二】

◉薛尚功　文安國云。是達字。達从辵而此从走。疑古文辵與走通用。是爲達字無疑矣。【歷代鐘鼎彝器款識法帖】

◉孫詒讓　王釋爲遣。阮釋爲遠。案此字𨒪辵𨒪苦𨒪芊。與遣遠二字形聲竝遠。此當爲達字。說文。達𨒪辵。羍聲。羍𨒪芊。大聲。此𨒪苦者。古音苦大同部。苦聲大聲。段玉裁六書音均表同在脂微齊皆灰部。王念孫二十一部古音表同在祭部。儀禮既夕記設依撻焉注。今文撻爲銛。釋文銛音息廉反。卽𨒪金苦聲之銛與劉昌宗音括。𠮷爲銽字者異。故此變大爲苦也。達者撻之省。周官。閶胥各掌其閭之徵令。凡事掌其比觵撻罰之事。鄭注觵撻者。失禮之罰也。無有達女。蓋勞勉之辭。猶言無目失禮見罰耳。

【古籀拾遺】

◉高田忠周　說文。達行不相遇也。从辵羍聲。詩曰。挑兮達兮。𨔶達或从大。或曰迭。謂一説以达爲迭字也。又羍下曰。小羊也。从羊大聲。讀若達。詩生民。先生如達。以達爲羍。羍達音同義亦相涉耳。其子之生也。安易如通達也。又泰字訓滑也。从𠬞水。大聲。泰達亦音義相近矣。其行也。滑泰通過。無所遇也。蓋與遻相反矣。此字後人專用叚借義行焉。本義遂隱耳。朱駿聲云。按達字。惟書顧命。用克達殷集大命。似當訓絶。禮記内則。左右達爲夾室。所以相隔。吳語。寡人其達。王于甬句東。與不相遇義近。愚謂許君云行不相遇者。如爾雅釋宮之九達旁岐。这遣行路者不相遇。大通之道也。【古籀編六十六】

◉馬叙倫　鈕樹玉曰。詩子衿傳。挑達。往來相見貌。此云不相遇。與傳正相反。疑行不二字爲往來之譌。翟云升曰。詩子衿釋文引無行字。張行孚曰。達爲通達。故通下曰。達也。此訓行不相遇也者。謂兩人行而相遇。則定岠而不通。達則不相遇也。倫按張説是也。通達爲轉注字。通音透紐。達音定紐。同爲舌尖前破裂音也。今杭縣紹興謂彼此相訪不遇曰搨出。乃退字義。退後轉注字。謂因後故不遇也。退音透紐。達音定紐。同爲舌尖前音也。然則此蓋挩本訓。所存者校語。校者固以今語義爲釋耳。字見急就篇。師寰𣪘作□。保子達𣪘作□。

𨔶　段玉裁曰。达亦形聲也。或曰。迭者。下脱字字。或曰。此迭字之異體也。任大椿曰。文選洞簫賦注引字林。达。滑也。佗戾切。王筠曰。或曰迭。與迭下一曰达相應。倫按迭達雙聲。迭达字形又近。故或以达爲迭。此三字校語。重文下無此例。达字出字林。其訓滑也者。本在達下。滑也乃泰字義。【説文解字六書疏證卷四】

◉李亞農　還有一個从□之字，作□。所从之□，可隸化爲止、足、走、辵等形，故此字應釋爲達，即到達的達。有時借用爲撻，即「可以撻秦楚之堅甲利兵矣」的撻。其別構作□，甲骨文編把□字收在往來的往字内，是不對的。試看下引諸辭，即可證明。

……□乙巳□。（續・五・三二・一）

貞：□不若□羌。（屯・乙一一五〇）

貞：□羌，小告。（屯・乙四三七四）

□羌敗。（珠・六一三）

王㞢勿□犬。(契・六九五)

貞：□，不其敗。(屯・乙五四四八)

這些都應解爲撻伐的撻，契文中又有□字。如□字應釋達則□字當然應釋撻。

貞：王其㞢□。(屯・乙三二五一)

至於下引諸刻辭內的達字，則應解釋作到達的達。

其𠦪，達自……(屯・乙二二七一)

這是從某地到達的意思。

己卯卜，㱿貞：……𠦪，□𣌭自□，王固曰：其隹丙戈𠦪，㞢□其隹辛。(屯・乙四二九三)

這是從□(地名)到達𣌭(地名)的意思。

□𣌭□自□，𠦪六人，八月。(契・一二四)

這則是從□(地名)來到□𣌭(地名)之意。

刻辭中又有□之繁文作□，和□(步)字的繁文之作□，是一樣的。這是表示行走於道途之上，終於到達目的地的意思。

貞：㞢(侑)于上甲四牢，告我□□。(屯・乙五四〇八)

這是到達了□(地名)的意思。【殷契雜釋 中國考古學報第五册】

◉嚴一萍 □達 字之下半裝裱時掩去。此字屢見。全形必作□無疑，商氏亦隸定作達。金文師寰簋作□，保子達簋作□，其上从□，篆文作□，而繒書則从止。說文：「達，行不相遇也。」商氏說：「亂達，言日月星辰不應達而先達，不應行而先行，故謂之亂。」案這是指未有曆法之前，不知置閏，以致一歲之間四季失常而言。【楚繒書新考 中國文字第二十六册】

◉裘錫圭 達殷畯民「達殷」見于《尚書》。《顧命》：「昔君文王、武王……用克達殷集大命。」近人解釋《尚書》，多讀「達」爲撻伐之「撻」，是正確的。【史墻盤銘解釋 文物一九七八年第三期】

◉趙 誠 從史實和本銘看，「達殷畯民」之達不宜釋爲撻，其實就是通達之達，此用爲動詞。《周禮・天官・冢宰》「達吏」注：「達，通也。通之於上，薦舉之意，謂察勤勞之小吏而薦舉之也。」在這裏則是物色殷代大臣中的賢明者(所謂俊民)予以推薦任用。【牆盤銘文補釋 古文字研究第五輯】

◉戴家祥 說文二篇辵部「達，行不相遇也。从辵，羍聲。詩曰『挑兮達兮』。达，或从大，或曰迭。」周書・顧命「昔君文王武王宣重光，奠麗陳教，則肆肆不違，用克達殷，集大命。」「達殷」，當讀「撻殷」。商頌・殷武「撻彼殷武，奮伐荆楚。」釋文引韓詩「撻，達也。」禮記文王世子「成王有過則撻伯禽，所以成世子之道也。」鄭玄注「撻，擊也。」牆盤銘文通釋 唐韻達讀「唐割切」定母祭部，撻讀「他達切」透母祭部。透定皆舌音。【金文大字典下】

74 130【包山楚簡文字編】

◉許　慎　逯行謹逯逯也。从辵。录聲。盧各切。【説文解字卷二】

◉馬叙倫　翟云升曰。一切經音義引不重逯字。倫按逯蓋趢之異體。方言十二。逯。行也。此説解疑本作行也。行謹逯逯也。行謹逯逯也校語。乙亥方鼎字。強運開謂逯之古文。倫謂轉注字也。【説文解字六書疏證卷四】

 六七：五四　内室類參盟人名【侯馬盟書字表】

0335【古璽文編】

◉許　慎　迵迵迭也。从辵。同聲。徒弄切。【説文解字卷二】

◉馬叙倫　段玉裁曰。迵迭也者。迵爲複舉字之未删者。鈕樹玉曰。廣韻引作迭也。玉篇訓通達也。倫按迵迭雙聲轉注字。迵達疊韻轉注字。通迵同舌尖前破裂音轉注字。【説文解字六書疏證卷四】

◉銀雀山漢墓竹簡整理小組　「迵」原作「廻」，從「廴」與從「辵」同意。「迵」與「通」音義皆近，「迵」、「斷」二字之義正相對。【銀雀山漢墓竹簡［壹］】

◉許　慎　迭更迭也。从辵。失聲。一曰达。徒結切。【説文解字卷二】

◉馬叙倫　段玉裁曰。一曰达下挩字字。一曰此达字之異體也。鈕樹玉曰。韻會引無一曰达。嚴可均曰。一曰达當是校語。倫按更迭也當作更也。小爾雅廣詁。迭。更也。迭字蓋校者加之。或隸書複書字之譌乙於下者。然更也疑亦非本訓。蓋更迭乃代字義。【説文解字六書疏證卷四】

誺

一：五三　宗盟類參盟人名迷散　【侯馬盟書字表】

3046　1435　1539　2184　1945　【古璽文編】

石經無逸　無若殷王受之迷亂　叚麋爲迷左莊十七年多麋何氏公羊解詁云麋之爲言猶迷也　【石刻篆文編】

迷　迷同　【汗簡】

道德經　同上　華嶽碑　王存乂切韻　【古文四聲韻】

◉許　慎　誺或也。从辵。米聲。莫兮切。【説文解字卷二】

◉馬叙倫　或也鍇本作惑也。此借。心部惑下曰。亂也。迷訓惑者。道亂。不知所從也。易坤象辭曰。君子攸行。先迷失道。後順得常。韓非説林。桓公伐孤竹。春往冬返。迷惑失道。列子湯問。禹治水土也。迷而失塗。是迷當訓失道也。今訓惑也者。本義捝失後。校者加之。字見急就篇。【説文解字六書疏證卷四】

◉饒宗頤　「王⿴囗米」一語，常見。「乙丑卜，㱿貞：王⿴囗米隹不……」(鐵一七七・四)「丁卯卜，㱿貞：王⿴囗米……小尸。」(京津二三一二)「戊子卜，㱿貞：王⿴囗米，龍(寵)。」(屯乙七六八)此均㱿卜有關王⿴囗米之辭。⿴囗米从米在口中，乃玉篇口部之「⿴囗米」字，音莫兮切。每用作疾病名。如云：「車不⿴囗米。」(明義士一三三四)王會：「佩之，令人不眯。」西山經郭璞注云：「或曰眯，眯目也。」亦作寐，卽昏迷字。「不⿴囗米」，猶不迷也。他辭言：「王亦冬夕⿴囗米。」(菁華六・一)謂王終夕迷不醒也。又言：「貞：⿰午卩⿴囗米于且乙。」(屯乙六九〇)謂于祖乙禦眯疾，禳以弭災也。【殷代貞卜人物通考卷三】

◉徐中舒　伍仕謙　⿰米見，與迷同，字又作眯。《莊子・天運篇》：「播糠眯目」。【中山三器釋文及宮室圖説明　中國史研究一九七九年第四期】

謰

連　連迂鼎　【金文編】

10　202　【包山楚簡文字編】

連　日甲二六背　【睡虎地秦簡文字編】

0145　1952　【古璽文編】

祈連將軍章　豫章南昌連率　臣連之印　朱連　賈連已　臣連　【漢印文字徵】

開母廟石闕　木連理于芊條　禪國山碑　殊幹連理　【石刻篆文編】

◉許　慎　謰員連也。从辵。从車。力延切。【説文解字卷二】

◉褚德彝　諸家釋作車字似不可通。且在尊字下必是器名。余謂即連字也。説文辵部連。負車也。即古輦字。周禮鄉師輂輦。故書輦作連。説文車部。輦。輓車也。夫部。扶。並行也。輦字从此。輦設輅于車前。用索挽之。故从車夫會意。蓋即古胡槤之槤。説文木部槤。胡槤也。寅古之字爲連。从木从玉。皆因制作而變。漢禮器碑胡輦器用尚用古字。觀此器之。知今日所見之甗即古之槤。連車謂之輦。連器謂之甗。故得相叚。从前經師俱以不見槤之形制爲疑。今得此銘。細加參攷。藉知古人造字之本原。【商王宜人甗　禮器一　夢坡室獲古叢編】

◉鄒　安　禮堂(褚德彝)又釋爲連字。謂即古胡槤之槤。此誤。蓋胡槤即瑚璉。夏曰瑚。商曰璉。周曰簠。簠即一物。胡从古簠字。異文作匿秙畬硈。詳見周金文各簠。知胡簠一也。連取其相連。與簠取其相輔同意。古簠必有二。大小若一。並列之。故亦稱連。是連簠一也。禮堂謂連爲負車。即古輦字。則可。謂此輦即甗字。則不可。蓋字作。祇以聲近。觀甗之爲器並不相連。可以恍然矣。【商王宜人甗　禮器一　夢坡室獲古叢編】

◉馬叙倫　鈕樹玉曰。韻會作从辵車。段玉裁曰。員連當作負車。連即古文輦字也。周禮鄉師。輂輦。故書輦作連。巾車。連車。本亦作輦車。負車者。人輓車而行。車在後如負也。从辵車會意。猶輦从扶車會意也。人與車相屬不絶。故引申爲連屬字耳。桂馥曰。員當作貫。姚文田曰。員連類篇集韻皆引作負連。管子海王篇。行服連軺輂者。舊注服連下曰。輦名。考工記。牝服。鄭司農曰。服讀爲負。服負同類相借。輦。人所挽者。故从辵从車。王筠曰。五音韻譜員作負。朱筠本繫傳同。連俗作摙。玉篇。摙。力剪切。運也。廣韻。摙。擔運物也。詩。我任我輦。任即負輦。即連也。周禮鄉師鄭注。故書輦作連。衆經音義負摙字屢見。其卷十一説曰。力剪反。淮南子。摙載粟米而至。許叔重曰。摙。擔之也。今皆作輦也。莊子秋水篇。五帝之所連。蓋亦荷擔之謂。朱駿聲曰。員連疊韻連語。字次迭迷述退之間。疑紛紜錯亂之意。倫按員連五音韻譜作負連。倫謂員連不可通。段謂當作負車。是也。然負車乃輦字義。古書借連爲輦。許不明連字本義。乃以輦字義說之。負車而从辵。於義迂曲也。或此非本訓。或員字譌。連字則隸書複舉字之誤乙者。連蓋从辵。車聲。車單一字。故連聲入元類。鍇本作从辵車。奪聲字耳。錢坫本作从辵从車聲。不知何據。惜其義今不可證。疑遱之音同來紐轉注字。下文。遱連遱也。言部亦謰謱連文。玄應一切經音義引字林。連縷。不解也。字見急就篇。古鉨作。【說文解字六書疏證卷四】

◉馬叙倫　舊釋爲輿。倫謂此説文之連字。從廾即履之初文。猶甲文遺字從廾作也。亦車之異形。【讀金器刻詞】

逑

3055　2672　1066　【古璽文編】

逑宣　【漢印文字徵】

詛楚文　逑取吾邊城新郢　【石刻篆文編】

◉許　慎　逑斂聚也。从辵。求聲。虞書曰。旁逑孱功。又曰。怨匹曰逑。巨鳩切。【說文解字卷二】

◉馬叙倫　鈕樹玉曰。韻會引作聚斂也。嚴可均曰。又曰當作一曰。左桓二年傳。怨耦曰仇。許本此。王筠曰。斂字句。字林同。又曰。怨匹曰逑。韻會引作一曰怨匹也。此句後人加也。許君引左必曰春秋傳。公羊則以姓別矣。且上引虞書。而此言又曰。屬詞尤不妥。且詩兔罝鄭箋亦作怨耦曰仇。是增此句者直亂道耳。非真左氏本有此作怨匹曰逑者也。朱駿聲曰。逑字从辵。本當訓爲干求之求。許君既以求爲裘之古文。則此字宜訓進取。與迂从辵同。爾雅釋言。干。求也。正謂迂逑也矣。承培元曰。斂聚也當作斂取也。求爲裘之古文。自唐人改經。貪省筆。借求爲逑。求遂據有索取之義。今取改爲聚。義不可通。引書曰旁逑孱功。又曰。怨匹曰逑。亦均妄人增入。夫方鳩僝功古文尚書也。旁逑僝功今文尚書也。人部僝下即引今文。與此引逑孱字又不相合。許書有一曰。而無又曰。且不曰怨耦而曰怨匹。與全書皆相刺繆。此非妄人所竄而何。倫按斂聚也者。勼字義。九篇。勼。聚也。勼逑古音皆在見紐。聲皆幽類。故借逑爲勼。書堯典。方鳩僝功。今文作逑。詩關雎。君子好逑。釋文曰。本亦作仇。韓非外儲說之田鳩。即漢書藝文志之田俅。皆其例證。斂聚也者。字林訓。見爾

雅釋文引。疑此字出字林。故引經且及經説也。秦詛楚文作。【説文解字六書疏證卷四】

◉許　慎　贁也。从辵。貝聲。周書曰。我興受其䢅。薄邁切。【説文解字卷二】

◉馬叙倫　王玉樹曰。引經乃商書微子篇文。非周書也。朱駿聲曰。此疑即䟺之異體。倫按玉篇曰。䢅。壞也。散走也。散走也者。書傳所謂狼狽是也。朱謂䢅即䟺之或體是也。䟺下曰。步行獵跋也。獵跋即今謂狼狽。引申之。凡戰失勝者曰䢅。言其獵跋而行不成行伍也。此語原然也。贁也者。敗字義。三篇。敗。毀也。贁。毀也。䢅次逭上。䢅音並紐。逃音定紐。同爲破裂濁音。是逃之轉注字。蓋散走也是本義。壞也借義。疑壞也乃字林訓。唐人删本訓。甲文作。从初文履字。貝聲。䢅逭同雙脣破裂音轉注字。【説文解字六書疏證卷四】

◉于省吾　卜辭𣅀字作等形。作者係倒文。孫詒讓謂𣅀當爲遺之省。舉例下十五。商承祚云。曰貞貞不𣅀𣅀牛。似于貞祭時。或用貝或不用貝也。福氏攷釋二。吳其昌謂亡𣅀弗𣅀。其詞似與亡𢦏弗每等詞相近。解詁七續五二二。按孫商二説並非。吳説得其意。而仍未識其字。𣅀當即䢅之古文。今通作敗。説文。䢅。贁也。从辵貝聲。周書曰。我興受其䢅。按今書微子作我興受其敗。又敗。毀也。从攴貝。段氏注。王氏句讀。嚴氏校議。均謂貝亦聲。朱氏通訓定聲亦謂貝聲。按从貝聲者是也。䢅同敗。説文岐爲二。經傳通作敗。敗行而𣅀䢅廢矣。𣅀之作䢅。猶絜文曽字金文亦作𢔶也。前一・三五・一。𣅀牛。六・三九・三。甲辰卜。㱿貞。今槽貞。不𣅀。六・四十・五。弔𣅀。七・三六・一。曰吕方其至于夊土。亡𣅀。八・六・三。癸子卜。于槀月又𣅀。八・十五・二。乙酉。子卜。貞。□丁𣅀我。藏十九・二。辛□□。㝴其降𣅀。八七・四。隹帝𣅀西。續五・十四・二。貞。商其𣅀。貞。商不𣅀。六・二五・八。貞。競弗𣅀。福二。冐𠂤般龜。綜上所舉。敗義可徵。敗訓毀壞。乃係通詁。而卜辭用法有二。一。𣅀牛爲殺牲。猶他辭言𢀛言卯矣。𣅀𠂤般龜。謂殺𠂤般之龜也。一。𣅀爲禍災不利之義。降𣅀猶言降災。禮記孔子閒居。四方有敗注。敗謂禍烖也。隹帝𣅀西。言不利於西也。佚七七三。㞢福才西。與此反正可互證。□丁𣅀我。猶言某丁壱我。弔𣅀。辭已殘。或謂某事先敗。或就征伐言。逆之則敗。不𣅀弗𣅀亡𣅀。即不敗弗敗亡敗也。金文余冉鉦係晚周器。有女勿喪勿敱之語。敱爲敗之繁文。其言勿敱。與絜文不𣅀弗𣅀亡𣅀辭例相等。要之。𣅀爲䢅敗之初文。較然明矣。【雙劍誃殷絜駢枝續編】

◉白玉崢　前賢所釋，率以與及字，相淆爲一，校諸卜辭，與及之辭例，顯然有別。如：

（一）㞢。乙四五八四

(二)在。

在勿。乙三三〇五十六七六五

(三)貞：屮往家乎……。金六七五

(四)貞：往自得。金四〇二

(五)貞：勿……。存二·五〇二

(六)貞：令取玉于龠。續五·二二·二

就上舉諸辭觀之，與、各皆爲字，似不得釋爲一字。至之釋，諸說中于氏所論，似頗有理致。【契文舉例校讀　中國文字第八卷第三十四册】

逭

◉許　慎　兆也。从辵。官聲。胡玩切。逭或从雚。从兆。【説文解字卷二】

◉馬叙倫　逃音定紐。逭从官得聲。官从自得聲。詳官字下。𠂤自一字。詳𠂤字下。自音奉紐。古讀歸並。並定皆濁破裂音。故逃逭爲轉注字。逭退亦轉注字。退音並紐也。

段玉裁曰。从逃省。雚聲也。桂馥曰。兆當爲。音兵列切。重八也。八象分别相背。故有逃義。宋保曰。讙官聲同部。王先生曰。爟从兆。雚聲。兆即逃也。王筠曰。玉篇作讙。以爲古文。按从雚聲諧。而从兆則義不諧。似玉篇是。倫按師讙𣪘作。與玉篇同。其又一字作。則兼从初文走字。此作爟者。王念孫以爲兆即逃也。未知王以爲兆即逃字耶。以爲兆即逃之省。義猶逃耶。甲文有諸形。羅振玉釋爲逃。郭沫若釋迡。倫疑即之譌變。汗簡作。沈濤據謂本書古文篆體微誤。汗簡未知何據。然亦可證兆爲之譌變。蓋逃本之異文。而初文蓋止作。會意。此類字當以圖畫性之象形文爲準。今篆失其意矣。爟。从。雚聲。雚音見紐。逭从官得聲。官音亦見紐。聲同元類。故逭轉注爲爟。或謂金文作讙。旁或爲辵之譌。金文从辵之字。每左右或上下參差書之。如齊侯壺字之辵。□侯簋字之辵。齊陳曼簠之辵。其例證也。少省變。遂同字矣。【説文解字六書疏證卷四】

遯 曹遯文遂 【漢印文字徵】

□ 遯 【汗簡】

□ 古尚書 □ 籀韻 □ 古尚書 【古文四聲韻】

◉許　慎　遯逃也。从辵。从豚。徒困切。【説文解字卷二】

◉馬叙倫　王念孫曰。小徐本作从辵豚聲。遯字古音豚。今削去聲字。非是。朱駿聲曰。詩白駒。勉爾遯思。費鳳別碑。白駒以𢓊隉。或以爲逐字。倫按甲文有□□□□□□□諸形。羅振玉釋逐。謂或从豕或从犬或从兔或从鹿从止。象獸走而人追之。故不限何獸。倫謂遯逐實一字。山海經中山經。若山有獸焉。名曰。山膏。其狀如逐。注。逐即豚字。逐音澄紐。古讀歸定。遯音定紐。亦可證也。遁逃字當爲遁。【説文解字六書疏證卷四】

◉于省吾　古鉩有長遂。遂字作□。舊不識。古璽文字徵入於附録。按□字从辵从□。當即遂字。説文地之籀文作墬。古鉩墬字習見。从彖作□。陶文墬字从彖作□。均其證也。遂从辵彖聲。乃遯之古文。書微子。我不顧行遯。敦煌本隸古定尚書遯作遂。詩雲漢。寧俾我遯。釋文。遯本亦作遂。易遯釋文。遯字又作遂。漢鄭烈碑。遂而不悶。遂即遯字。均其證也。【釋遂　雙劍誃古文雜釋】

◉楊樹達　説文二篇下辵部云：「遯，逃也，从辵，豚聲。」按豚爲小豕，性善逃。孟子盡心下篇云：「今之與楊墨辯者，如追放豚」，豚云放者，以其逃也。辵部又云：「遁，逃也。」按遯與遁聲義並同，遁字从盾者，盾與豚古音同也。四篇下肉部云：「腯，牛羊曰肥，豕曰腯，从肉，盾聲。」按字从盾而義屬於豕，亦假盾爲豚也。豕與豚細言則有別，總言則不分矣。

辵部又云：「遂，亡也，从辵，㒸聲。」按亡與逃義同：辵部又云：「逃，亡也」，是也。遂義爲亡而字从㒸者，㒸从豕聲，假㒸爲豕也。遂遯義同，其字之構造亦同矣。

辵部又云：「逐，追也，从辵，从豚省。」徐鍇曰：「豚走而豕逐之。」余謂字當从辵从豕，豕走而人追之，故爲逐也。甲文逐字作□，可以證明余説矣。許君必謂从豚省者，蓋有見於豚之善遯，故云爾；不悟豕豚義大同，不必審别也。段氏改从豚省爲豕省聲，失古人制字之意矣。

十篇上兔部云：「逸，失也，从辵兔，兔謾訑善逃也。」按羊爲羣而犬爲獨，豚善遯而兔善逃，造字者體物之精，可見一斑矣。

或問曰：遯字形義密合，胡爲復假盾爲豚，更造遁字，何其不憚煩也？答曰：制字者非一人，亦非一地，更不必一時。或一字先制，而後乃易之，或甲造此形，乙制彼式，兩文並存，流行不廢，故有此事矣。六篇上木部云：「柄，柯也。」或从秉作棅。按此二字棅爲初字，柄爲後起。知者，秉字从又持禾，有把執之義，柄爲人所把執，故棅字从秉聲，兼取其義也；若柄之从丙，但以與秉同音借用耳。遯从豚聲有義而後復有遁，與棅柄正同也。【釋遯 積微居小學述林卷一】

逋 逋

逋 逋 法一六四 二例 逋 封一四 【睡虎地秦簡文字編】

逋 王存乂切韻 逋 説文 【古文四聲韻】

◉許 慎 逋亡也。从辵。甫聲。博孤切。逋籀文逋。从捕。【説文解字卷二】

◉余永梁 徬書契後編下二十二葉案此从行省。从夫。余義楚鐘字作逋。與此同。疑即逋字也。説文「逋。亡也。从辵甫聲。」夫甫音同古通。麥部麩或从甫作麱。竹部簠字古文作医。陳逆簠簠字作笑从夫。季宮父敦字作[glyph]。其證也。逋較迭爲後起。如士冠禮「伯某甫。叔仲季。惟其所當。」彝器皆作父。無作甫者。是也。此从止在上。可證行之初文爲[glyph]。辵廴並由行省。説文彳亍並無其字。許君以有从彳之字。故部首造彳字。實古从彳之字。亦行之省。象道路之形也。【殷虚文字續考】

◉馬叙倫 亡部。亡。逃也。然亡爲巷之初文。逃也即逋字義。此訓亡也者。許不知亡爲巷之初文故也。尚書武成。爲天下逋逃主。逋逃連文。然則逋逭爲轉注也。逋音封紐。逭从官得聲。官音見紐。見封皆破裂清音也。又官从𠂤得聲。𠂤自一字。自音奉紐。逋从甫得聲。甫音非紐。非奉皆脣齒摩擦音也。籀文作逋。从捕得聲。捕音並紐。逃音定紐。並定同爲破裂音也。

逋从捕校語。析子孫段作逋。【説文解字六書疏證卷四】

◉劉 釗 金文有字作下揭形：

A逋（小臣逋鼎）

B逋 C逋 D逋（逋盂）

从辵从夫从甫，舊隸作「逋」。按字从夫（或省爲大）似累增之聲符。甲骨文貞人名也有此字，形體如下：

見《甲骨文編》附録上一二一。从彳从夫从甫，夫字也或省作大。按「甫」即「甫」字，从彳从辵同，是以甲文「⿰彳⿰夫甫」與金文「⿺辵⿰夫甫」爲一字無疑。金文「⿺辵⿰夫甫」之「彳」旁漸漸譌脱，所从之「大」與「止」結合爲「𡗗」；又譌爲「走」字，遂成爲「⿺走甫」字。上舉D式「⿺走甫」字正體現了這一變化。【甲骨文字考釋　古文字研究第十九輯】

◉戴家祥

一

二

余義鐘　余迖斯于之孫

迖字从辵从夫，字當爲逋。唐韻夫讀「甫無切」，幫母魚部。甫讀「方矩切」，不但同部而且同母。説文五篇「簠，从竹从皿，甫聲。古文作匧，从匚，夫聲。」又麥部「麩，或體作麱，从麥，甫聲。」邶風・谷風「匍匐救之。」禮記・檀弓下作「扶服救之。」大雅・生民「誕實匍匐」，釋文「匍，本作扶。」漢書・天文志「奢爲扶。」顔師古集注「酺扶聲近。」知迖爲逋之聲符更旁字。説文「逋，亡也。从辵，逋聲。⿺辵⿰夫甫，籀文逋从捕。」廣雅・釋言「逋，竄也。」唐韻「博孤切」，幫母魚部。徐同柏釋迹從古堂款識學卷十三第五葉周鄦倪編鐘，非是。

小臣⿺走甫鼎　中易⿺辵⿰夫甫鼎

⿺辵⿰夫甫字从辵⿰夫甫聲爲逋之繁縟字。⊘左傳昭公十三年「奉壺飲水以蒲伏焉。」釋文「蒲又作匍，亦作扶。」漢書・天文志「奢爲扶。」集注引鄭氏曰「酺扶聲近。」是逋之作⿺辵⿰夫甫，屬聲符重複例重文。【金文大字典下】

遺　遺卣　旂作父戊鼎　文考遺寶賚弗敢喪　雁侯鐘　禹鼎　王孫遺者鐘　中山王譽壺　秏德遺惢　【金文編】

18　276【包山楚簡文字編】

遺效二八 二例 法一二九 三例 為四九 秦二一 二例 秦一六九 二例 【睡虎地秦簡文字編】

荆遺 高遺 王遺 臣遺私印 遺登 宋可遺 原遺 李遺 趙遺成 王遺 【漢印文字徵】

泰山刻石 遵奉遺詔 【石刻篆文編】

遺 【汗簡】

古孝經亦郭昭卿字指 雲臺碑 籀韻 古孝經 雲臺碑 【古文四聲韻】

◉許 慎 遺亡也。从辵。貴聲。以追切。【説文解字卷二】

◉劉心源 段簋 ⿺辶食。余向釋饋。未碻。或曰遺字。案史記酈食其讀異基荀悦漢紀正作異基。集韻。食。羊吏切。則讀⿺辶食為遺。是也。遺讀去聲。【畢段敢 奇觚室吉金文存卷四】

◉高田忠周 説文。遺。亡也。从辵。貴聲。即遺亡本義。遺棄轉義。銘意用爲餽送之餽。餽本字作饋。饋遺同聲通用也。【古籀篇六十六】

◉郭沫若 王孫遺者遺字作，余曩誤釋爲遣，今案旂作父戊鼎亦有此字，曰「文考寶賚，弗敢喪」，以文意字形兩推之，正應爲遺字。遺者者，余意當卽容居。檀弓下邾婁考公之喪，徐君使容居來弔含。……曰「容居聞之，事君不敢忘其君，亦不敢遺其祖。昔我先君駒王西討，濟於河」云云。遺容雙聲，者居疊韻，此自稱「王孫」，與祖其先君駒王正相合。【遺者鐘 兩周金文辭大系圖録攷釋】

◉馬叙倫 沈濤曰。一切經音義七及十一引遺與也。蓋古本當有一曰與也四字。倫按遺爲逭之轉注字。逭从官得聲。官音見紐。遺从貴得聲。遺音亦見紐也。玄應引一曰與也。校語。遺與字當爲贈也。字見急就篇。曶鼎作。【説文解字六書疏證卷四】

◉楊樹達　窓齋集古録第肆册拾柒葉下載曶鼎，曶字不合，郭沫若釋㝨，是也，今從之。銘文云：「賞㝨禾十秭，𧶠十秭，爲廿秭。」阮氏積古齋款識釋𧶠爲遺字肆卷叁拾伍葉曶鼎，是也，然未釋其義。余按詩邶風北門云：「政事一埤遺我。」毛傳云：「遺，加也。」左傳成公十二年云：「無亦唯是一矢以相加遺」，加遺連文，遺亦加也。【㝨鼎跋　積微居金文説】

◉黃錫全　遺　㝨鼎遺作𧶠，雁侯鐘作，遺卣作，中山王壺作，所从之「貴」象兩手捧物有所遺棄之形，本从貝，从少，此从土，類似賸字从貝作（魯伯盤）、（鄦子匜），又从土作（曩伯盤）、（邾伯作賸鬲）。《玉篇》遻，古文遺字。也可能由形訛變，少誤似，變从土。何琳儀同志見告，此字可能是从寅，寅屬喻母真部，遺屬喻母微部，二字音近。【汗簡注釋卷一】

◉戴家祥　字或作，似當釋遺，説文「遺，亡也。从辵，貴聲。」集韻上平六脂遺遻遻同字，左傳成公十六年「君惟不遺德刑。」杜注「遺，失也。」亡失義近。又昭公二年「及遺孤姊妹」，杜注「遺，餘也。」唐韻「以追切」，喻母脂部。

㝨鼎　𧶠。即遺之省體。【金文大字典下】

遂　不从辵　師望鼎　不敢不遂不妻　豖字重見　魏三字石經春秋僖公公子遂如晉古文作尚書君奭乃其隧命古文作説文有㒸無隧今本尚書作墜説文新附有之　盂鼎　我聞殷遂命　小臣謎簋　遹盂　命遹事于遂土　史遂簋　魚顛匕　遂王魚顛　中山王嚳壺　遂定君臣之謂　【金文編】

3920【古璽文編】

遂久右尉　趙遂之印　令遂成　陳遂　芒遂　室中遂　樊遂私印　遂久令印　莊遂　蔡遂　趙遂　密遂　瓦閭遂　王遂　高印遂成　蘇遂印　閔遂　遂安　鄧遂之印　左遂成印　臣遂　申遂　程遂　蘇遂　周遂　【漢印文字徵】

開母廟石闕　柏鮌稱遂　石經僖公　公子遂如京師　說文古文作敦煌本尚書微子作逋玉篇古文作迗汗簡作誤以爲迷字

禪國山碑　遂受天下玉璽　【石刻篆文編】

遂　遂　【汗簡】

天台經幢　孫彊集　古尚書　崔希裕纂古　竝崔希裕纂古　籀韻　汗簡　【古文四聲韻】

◉許　慎　亡也。从辵。㒸聲。徐醉切。古文遂。【説文解字卷二】

◉馬叙倫　沈濤曰。一切經音義十引。遂。成也。蓋古本有一曰成也四字。今奪。廣韻遂字注亦有成也一義。蓋本許書。桂馥曰。亡當作作。釋訓。遂遂。作也。郭注。物興作之貌。廣雅。遂。達也。進也。往也。易大壯。不能退不能遂。書仲虺之誥。顯忠遂良。傳曰。良則進之也。朱駿聲曰。遂爲亡者義。不見經傳。按遂。道也。俞樾曰。此字經傳皆借作㒸。從詞也。又借爲術。術。邑中道也。因又變其字爲隧。至遂之本訓。惟見於許書。後人不得其恉。有疑其字誤者。樾謂古遺遂同字。㫃部旞下出重文旜曰。或从遺。是其證也。詩角弓。莫肯下遺。荀子非相篇引作莫肯下隧。隧即遂之變體。亦遺遂同字之證。許書遂篆與遺篆相次。皆訓亡也。疑古本遂即爲遺下重文。遺或作遂。猶旞或作旜也。遂下有重文。曰。古文遂。學者莫知其右旁之爲何字。今按即蕢也。其上从中。其下从肖。乃古文貴字。見女部妻篆説解。其字作而玉篇作。汗簡亦作。或今本説文闕壞也。字从中从。與蕢字从艸貴不異。而作者以中頭連合上。其中筆又引而長之。乃成矣。蕢聲即貴聲也。而今系之遂下。然則遺遂同字從可知矣。倫按爾雅。遂遂作也者。八篇。作。起也。起與達也進也往也皆蕤甤之引申義。遂从㒸聲。㒸从豕聲。蕤甤亦皆从豕聲也。遂道者借爲術字。詩桑柔。大風有隧。禮記曲禮。出入不當門隧。左襄十八年傳。運大車以塞隧。魯語。具車除隧。莊子馬蹄。山無蹊隧。注皆訓道。隧即隊之異體。春秋濱孔圖。使開階立遂。宋均注。遂。道也。則用此字。禮記月令。審端經術。注。術。周禮作遂。左僖卅三年傳。西乞術。春秋文十二年秦伯使術來聘。公羊皆作遂。史記魯世家。東門遂殺適立庶。索隱。作述。此朮遂通借之證。㒸聲朮聲皆在脂類也。遂遺同訓。㒸貴亦聲同脂類。其爲一字轉注無疑。字見急就篇。陳曼簠作。遂啓諆鼎作

述。

遂　鈕樹玉曰。繫傳作遂。段玉裁曰。疑从艸木𠦒孛之𠦒。朱駿聲曰。形似隸書之逋。朱孔彰曰。𠦒即㳫字。㳫遂一聲之轉。商承祚曰。石經古文作述。倫按㳫聲也。遂音邪紐。㳫音清紐。同爲舌尖前音。篆當依鍇本作遂。石經之述乃述字。借爲遂。遂爲遂之轉注字。【說文解字六書疏證卷四】

◉金祥恆　遂於古義者有達也，成也，竟也。【加拿大多倫多大學安達黎奧博物館所藏一片牛胛骨刻辭考釋　中國文字第九卷】

◉裘錫圭　今本《老子》七十五章(王弼本)：

民之饑，以其上食稅之多，是以饑。民之難治，以其上之有為，是以難治。民之輕死，以其上求生之厚，是以輕死。夫唯無以生為者，是賢于貴生。

《老子》作者雖然有不少偏激的話，但是他的立場顯然是完全站在統治階級一邊的。上面所引的可以算《老子》中最有人民性的一章。但是這一章在帛書本裏却有重要的異文：

人之饑也，以其取食逆之多也，是以饑。百姓之不治也，以其上有以為〔也〕，是以不治。民之巠(輕)死，以其求生之厚也，是以巠(輕)死。夫唯無以生為者，是賢貴生。

上面所引的是甲本，乙本文字大體相同。

這段話包含四個句子，一、三兩句的涵義，帛書本和今本有很大的不同。帛書甲本的「逆」字，乙本作「跷」。這是一個从「辵」或「足」，从「兑」聲的字。「兑」字古音與「隧」相近。《禮記·檀弓下》「莊公襲莒于奪」，鄭玄注認為「奪」指《左傳·襄二十三年》的「且于之隧」；「隧、奪聲相近，或為『兑』」。《晏子春秋·內篇問上》有地名「兹于兑」，王念孫《讀書雜誌》也認為就是「且于之隧」。帛書本的「逆」就應該讀為「隧」。《廣雅·釋宮》：「隊(與『隧』通)，道也。」《左傳·文元年》杜注：「隧，徑也。」「逆」字从「辵」或「足」，這兩個偏旁的意義正好跟道路有聯系，「逆」也許就是當道路講的「隧」或「遂」的異體。「取食逆」的意思就是取得食物的途徑。今本說人民餓肚子，是由于統治者剝削得太厲害；人民不把死當作一回事，是由于統治者過分追求好的生活。從帛書本則說人們餓肚子，是由于他們獲取食物的途徑太多；人民不把死當作一回事，是由于他們自己過分追求好的生活。從《老子》的思想和文章風格來看，帛書本應該是可信的。【考古發現的秦漢文字資料對於校讀古籍的重要性　中國社會科學一九八〇年第五期】

◉戴家祥　師望鼎「不㐅不妻」，吳大澂釋家𢈔齋集古録第五册七葉按㐅，古文亥，亦豕之省文，吳説可通。牆盤銘「㐅尹啻彊」，戴家祥讀遂。古家遂通用，玉篇八十七檖，同椓。又仝書一五七椓，同檖，是其證。遂者，因上事生下事之辭，其義爲繼。【金文大字典上】

逃

逃　中山王嚳兆域圖　王命貫爲逃乏逃乏讀作兆法周禮春官小宗伯卜葬兆鄭注兆墓塋域　【金文編】

137反　165　【包山楚簡文字編】

林巳奈夫(1966)釋逃𧊒—(乙2—24)　【長沙子彈庫帛書文字編】

◉許　慎　逃亡也。从辵。兆聲。徒刀切。【説文解字卷二】

◉羅振玉　此於文从彳从。象二人相背而行。殆即逋逃之逃。【增訂殷虚書契考釋】

◉商承祚　書契卷一第五十二葉　龜甲獸骨文字卷一第二十八葉　後編下第二十七葉

卜辭从辵从走从彳之字或作。或作。或作。與文殳攴之無定形同。首一字象二人背逃之形。疑即逃字。許書之殆由傳寫而譌也。【殷虚文字考　國學叢刊一九二五年四期】

◉馬叙倫　鈕樹玉曰。韻會引下有避也二字。玉篇注亦有。倫按甲文逃字作。傳寫譌變爲。又爲卜兆之義所據。加辵成逃矣。【説文解字六書疏證卷四】

◉曾憲通　曑柴𧊒逃　甲二·二四　此字林巳奈夫氏據《汗簡》止部兆字有作者，謂其字从兆，因釋爲逃。中山王兆域圖逃字作而讀爲兆，圖中「逃乏」讀爲「兆法」。選堂先生認爲帛書「𧊒逃」應讀爲「法兆」，相當於兆域圖之「兆法」，但語有正言倒言之異。【長沙楚帛書文字編】

追

甲二四三　追从止　甲九五五　乙二八二四　乙五一五　乙一〇七五　鐵九七·四　前五·二七·一　乙九〇八五反　戩九·八　後二·四〇·七　林一·八·一五　燕五九〇　佚六三七　珠四二

三　京津四三八七　京津四三九一　【甲骨文編】

甲955　3746　2007　5303　珠423　566　佚637　769　續1·48·7　5·4·6　6·19·7　徵12·47　京2·21·4　録510　640　東方884　六清112　六束74　外15　32　352　新4387　乙2824　9085　新4391　【續甲骨文編】

追　矢方彝　矢尊　伯椃簋　五年師旋簋　召尊　召卣　師奎父鼎　仲追父簋　追簋　頌鼎　頌簋　頌壺　兮仲鐘　多友鼎　不𡢁簋　不𡢁簋二　都公匿　盗壺　虘鐘　郜𪙊簋　曾仲大父𧊒簋　幾父壺　買簋　𢐗兒鐘　都公鼎　陳䀂簋　井侯簋　【金文編】

55【包山楚簡文字編】

追　法六六　二例　秦一八五　二例　為四八　三例　【睡虎地秦簡文字編】

王存乂切韻　【古文四聲韻】

◉許　慎　䢜逐也。从辵。𠂤聲。陟隹切。【説文解字卷二】

◉劉心源　即追省。爲省。即辵省。【奇觚室吉金文述卷二】

◉孫詒讓　「貝乎□及」百十六之四。「」疑當爲「追」之省。金文己伯鐘追作，此省彳，故作「𠂤」也。【契文舉例卷下】

◉羅振玉　説文解字。追从辵𠂤聲。此省彳。𠂤即師字。𠂤行以追之也。【增訂殷虚書契考釋】

◉馬叙倫　追爲逐之同舌面前音轉注字。甲文作。省彳。周公𣪘作。則从彳又从履之初文作者。蓋辵亦作也。頌𣪘作。都公鐘作。【説文解字六書疏證卷四】

◉楊樹達　說文二篇上辵部云：「追，逐也，从辵，𠂤聲。」「逐，追也，从辵，从豚省。」余按說文追逐二字互訓，認二字爲同義。余考之卜辭，則二字用法劃然不紊，蓋追必用於人，逐必用於獸也。卜辭云：「癸未，卜，㱿貞，叀禽㞢古往字。追羌？」前編伍卷貳柒葉壹版。此云追羌者也。又云：「貞乎古呼字追寇。及？」藏龜百壹陸葉肆版。及今言趕上，左傳定公四年云：「吳從楚師，楚人爲食，吳人及之。」後漢書吳漢傳云：「及光武於廣阿。」是其義也。此言追寇者也。追羌追寇，皆追人也。卜辭又云：「己未，卜，亙貞，逐豕，隻？」前編叁卷叁叁葉叁版。「辛巳，卜貞王于翌△△㞢逐△豕？」前編陸卷肆肆葉柒版。此言逐豕者也。又云：「△卜，亙貞，逐馬，隻？王固曰：其隻。己酉，王逐，允隻二。」前編柒卷叁肆葉壹版。「逐馬。」前編柒卷肆壹葉壹版。「貞其逐馬，隻？」藏餘叁葉貳版。「貞乎△逐馬？隻？」後編上卷叁拾葉拾壹版。「乙巳，卜，出貞，逐六馬，禽？」後編上卷叁拾葉拾版。此皆言逐馬者也。又云「癸巳，卜，王逐鹿。」前編叁卷叁貳葉叁版。「今夕隻？王其㞢逐鹿。」前編叁卷叁貳葉伍版。「△午，卜，㱿貞，逐鹿于△」藏餘捌葉壹版。「△巳，△逐鹿，隻？」後編下卷拾玖葉拾肆版。「逐鹿，隻？」前編叁卷叁貳葉貳版。此皆言逐鹿者也。又云：「壬寅，卜，逐麋，禽？」佚存伍捌戊。此言逐麋者也。又云：「△子，卜，翌辛丑，王逐兔？」前編陸卷肆玖葉陸版。此言逐兔者也。又云：「癸巳，卜，㱿貞，旬亡囚？王固曰：乃茲亦㞢希，若偁。甲午，王㞢逐兕。」菁華叁葉。此言逐兕者也。豕馬鹿麋兔兕皆獸也，然則逐謂逐獸也。又他辭多言「王田逐」前編貳卷柒葉叁版、拾壹葉伍版、拾壹葉叁版、拾伍葉壹版、肆壹葉壹版、後編上卷叁拾葉玖版。以逐與田連言。其爲逐獸之義，又不待論矣。按追字从𠂤，說文𠂤訓小𠂤，與追逐義無關。甲文𠂤字恆見，羅振玉謂卽師字，其說良是。卜辭云：「△△，卜，貞，王𠂤𢦏？」藏龜肆葉叁版。此貞王師有烖否也。又云：「△亥卜，在□貞：今夕𠂤不䟢？」前編貳卷拾叁葉叁版。說文䟢訓動，此貞今夕師有無震動也。說文官字下云：「𠂤猶衆也」，師字通訓衆，或者許君亦知𠂤師之爲一字也。甲文追字作□，象師在前而人追逐之，蓋追字用於戰陳，見追者必爲人也。逐字說文云从豚省，其實不然，豕性喜奔突，故逐字从之：說詳余釋遯篇。甲文逐字作□，象豕在前而後有逐之者。亦別有从犬从兔與从鹿者，或云與逐爲一字，未知信否。逐字本專用於狩獵，見逐者乃禽獸而非人，故與追爲追人者不同。然則二字用法之殊，由於二字構造之本異。蓋殷商時代較早，故其用字與造文初義密合也。至左傳記周祝聃逐鄭覆兵，隱公九年。鄭子都拔棘逐潁考叔，隱公十一年。見逐者爲人，義當爲追，乃不言追而言逐。孟子言如追放豚，盡心下篇。見追者爲獸，義當言逐，乃不言逐而言追。此緣左傳孟子皆晚周時代之書，其時距造字時已久，用字已分別不嚴，故與初義不能密合也。許君未見甲文，著書立訓，但據經傳互通之文，不瞭初文別白之義，殆事之固然，不足怪矣。【釋追逐　積微居甲文說卷上】

◉李孝定　說文。「追。逐也。从辵。𠂤聲。」此从止。偏旁从止从彳从辵从走每得相通。羅謂𠂤即師字。𠂤行以追之。其說未免附會。舍戰陣外追之不必以師。追字但以𠂤爲聲耳。金文作（字形）矢簋（字形）矢尊（字形）頌鼎（字形）（字形）頌簋（字形）追簋（字形）虘鐘（字形）郘公𨱇（字形）陳肪簋（字形）周公簋。周公簋一文从𠙵。與甲文遣作𠳋。退作𡕝。金文遣或作𧻓正同。【甲骨文字集釋第二】

◉李孝定　金文恆言「追孝」，亦猶追思追念之義。从辵从止得通，或从「𠙵」，與遣或作𠳋、退或作𡕝同。【金文詁林讀後記】

◉戴家祥　羅振玉曰：説文「䢔，逐也，从辵，𠂤聲。」此鐘追字从（字形），乃古師字盂鼎内師字如此作。師，衆也。𠂤辵爲追，乃會意，非形聲，汶長不知𠂤爲古師字，故从𠂤之字多爲曲解永豐鄉人稾丙卷一，第一頁兮仲鐘跋。按唐韻𠂤讀「都回切」，端母脂部。追讀「涉隹切」禪母脂部。集韻上平十五灰追讀「都回切」，不但與𠂤同部，而且同母。知追字从𠂤，爲會意兼諧聲字。

（字形）字从乚从𠂤，字書所無，以聲類推之，或即追之或體。春官司尊彝「凡四時之閒祀，追享朝享祼用虎彝蜼彝，皆有舟。鄭衆云：「追享朝享，謂禘祫也。在四時之閒，故曰閒祀。」追爲祭名，祭器有舟。舟，尊下臺。追之作（字形），亦猶卣之加旁作逌歟？唐韻追讀「陟隹切」知母脂部。

𢓊。即追之省體。

𢓋。即追之異文。「追考」乃金文習語。周公𣪕𢓋正用作追。金文从彳从辵無別。如德之作遮、迎之作御等等。【金文大字典下】

◉姚孝遂　字从「㫃」，从「𨸏」。「𨸏」即古「追」字。屯七七六辭云：「……子貞，王令𠭯……人𠂤旟方」。此疑是「追」之繁構。卜辭所僅見，有待於進一步之證明。【甲骨文字詁林】

◉徐中舒　（字形）南南一・八七　從止從（字形）𠂤，《説文》所無。疑為（字形）追之異文。【甲骨文字典卷二】

（字形）甲六二〇　逐从止　（字形）（字形）甲八八二練習雜契刻　（字形）甲一七〇七　（字形）甲一九八六　（字形）甲二〇七九　（字形）甲二二九九

（字形）（字形）甲二三一八　（字形）甲三三三九　（字形）甲三三四七　（字形）甲三三六二反　（字形）乙三九三　（字形）乙七三三五　（字形）河九二三

（字形）前二・七・三　（字形）前二・二二・三　（字形）前三・三二・二　（字形）前四・四七・二　（字形）（字形）前五・二八・三　（字形）前八・一・三

（字形）後二・三三・一　（字形）林二・一五・一　（字形）戬一七・九　（字形）粹九三一　（字形）粹九三六　（字形）（字形）粹九五七

粹九·五九 福五 佚一二四 明藏二〇一 坊間四·一〇八 佚九七七 或从豕 拾六·八 或
从鹿 前六·四六·三 明五七〇 鐵四·五·三 或从豸 餘五·一 前三·三二·三王逐鹿
前五·二八·四 佚六五八 【甲骨文編】

甲620 882 2299 2726 3339 3362 乙861 1558 1585 3214 3476
4509 6728 7490 7492 7600 8672 珠426 920 佚25 58 124
389 658 904 977 續3·40·3 3·43·4 4·11·3 4·29·2 徵4·59
京2·21·2 2·31·3 凡21·3 古2·8 録792 923 龜卜14 六中111 六束68
續存746 1587 書112·E 摭續125 139 粹931 936 947 948 957
959 980 新1465 4503 誠340 【續甲骨文編】

逐 逐簋 汗簡犬部𨒪釋逐 散𣪘方鼎 逐鼎 【金文編】

秦478 東武豖 此从彳與从辵同 【古陶文字徵】

逐 日甲一九背 二例 日乙一九九 二例 【睡虎地秦簡文字編】

0850 【古璽文編】

漢匈奴惡適尸逐王 臣逐 【漢印文字徵】

逐 【汗簡】

◉許　慎　[illegible]追也。从辵。从豚省。徐鍇曰。豚走而豕追之。會意。直六切。【説文解字卷二】

◉孫詒讓　从「[illegible]」有爲「辵」之省者，如云：「置率□才□[illegible]上半闕」，百六十之三。此殘字上似从象形豕詳後，下从止，疑「逐」之省。【契文舉例卷下】

◉羅振玉　説文解字。逐。追也。从辵。从豚省。此或从豕。或从犬。或从兔。从止。象獸走壙而人追之。故不限何獸。許云从豚省。失之矣。【增訂殷虚書契考釋】

◉林義光　[illegible]逐　説文云。[illegible]追也。从辵从豚省。按从辵豕。【文源卷十】

◉葉玉森　契文逐字。从[illegible]。从[illegible]豕[illegible]犬諸形。有从[illegible]者。羅雪堂謂亦逐字。似塙。按殷虚卜辭第五百七十版有[illegible]字。增行。似爲逐之繁文。散氏盤道亦作[illegible]可證。【説契　學衡第三十一期】

◉商承祚　説文逐。「追也。从辵从豚省」。此或从豕、从犬、从兔、从鹿，而止在其後，象人追之也。許云从豚省。非是。金文逐啟祺鼎作[illegible]。亦从犬。【甲骨文字研究下編】

◉孫海波　[illegible]藏十三·一　[illegible]前三·三三·二　[illegible]五·二八·五　[illegible]　説文云：「追也，从辵从豚省。」此或从豕，或从鹿，而止在其後，象人追之也。【甲骨金文研究】

◉商承祚　逐作[illegible]。異體。【殷契佚存】

◉馬叙倫　段玉裁曰。韻會引鍇本作豕省。正豕省聲之誤也。桂馥曰。从遯省者。當作豕聲。釋詁。逐。病也。逐借爲瘃也。王筠曰。段説按之繫傳文似是。然篆固未省。六書正譌謂當作豕。龔橙曰。豕聲。豕豕古聲通。丁福保曰。慧琳音義十三引作从辵。豕聲。蓋古本如是。二徐本豕聲誤作遯省。韻會一屋引小徐本作豕省。省亦聲之誤。倫按徐承慶曰。徐鍇曰。遯者。走也。逐者追也。豚走而豕追之。則豚省字非誤。倫檢小徐尚有此會意也一句。以鍇本無聲字也。然遯逐一字。甲文作[illegible]。則此當从止从豕从[illegible]。止者人足。豕逃於道而人追之。會意也。當入止部。或曰。許書本作豕聲。慧琳所引是也。豕音審三。逐音澄紐。同爲舌面前音也。後人以爲豕逐聲遠。故改爲遯省豕聲。亦通。豕音知紐。亦舌面前音也。則爲遯之轉注字。字見急就篇。【説文解字六書疏證卷四】

◉楊樹達　説文二篇上辵部云：「追，逐也，从辵，𠂤聲。」「逐，追也，从辵，从豚省。」余按説文追逐二字互訓，認二字爲同義。余考之卜辭，則二字用法劃然不紊，蓋追必用於人，逐必用於獸也。【釋追逐　積微居甲文説】

◉陳夢家　所逐者爲兕、鹿、麑(即麋)、豕等。楊樹達分別卜辭中追逐二字，以爲追是追人而逐是逐獸(甲文説15—16)，是很確實的。

逐當是用獵犬追逐，但有時也有用田車追逐的，如菁1「甲午王往逐兕，小臣甾車馬，硪馭王事」，又如續3.40.2「王獸」用車。【殷墟卜辭綜述】

◉李孝定　說文。「逐。追也。从辵。从豚省。」許書自有从辵豚聲之遯。則逐不當云豚省。段注謂韻會作豖省。乃豖省聲之誤。遂改逐下說解作「豖省聲。」是以此爲形聲字。徐承慶段注匡謬引小徐說駁之曰。「『遯者走也。逐者追也。豚走而豖追之。（此会意也）。』則豚省字非誤。」按小徐以會意解逐字。其意是也。而其說則殊迂曲。遯字分明豚聲。與豚走豖追之義何涉。且寧有爲豚走豖追而造爲專字者乎。是亦猶秃下王育說「倉頡出。見有秃人伏禾下。因以制字」之同爲郢書而燕說之也。羅謂象獸走壙而人追之。其說是也。所跡者非一。故字或从豖。或从犬。或从鹿。或从兔。今从牝牡二字之例。僅收从豖者作逐。从兔者入兔部作逸。从許例也。从犬鹿者入辵部末。而其義則一也。金文作□逐簋□逐啓鼎均从豖。【甲骨文字集釋第二】

◉黄錫全　□逐　古璽有□（璽彙0263）字，《古璽文編》列入附録十三，應依此隸作迖，釋爲逐。【汗簡注釋卷四】

◉戴家祥　□遂彝　高田忠周曰：按此從辵從豖，字形甚晢。古籀補為遂字，非是，今正。但逐姓未聞。疑字係叚借。又或史傳所逸。說文「□追也，从辵从豚省」，朱氏駿聲云：「孟子『如追放豚』。此其誼也。」按字實當从豖聲，亦許君豖篆下所謂今世字誤以豖為彘也。費鳳别碑：「白駒以逺隉。」疑从豙，或从古文豖作布。易睽「喪馬勿逐」。大畜「良馬逐」。此說亦可矣。但如此篆，似从犬者。蓋凡逐畜獸，皆謂之逐。故字从犬，後以豖代犬，初有逐字矣。字或从豖，又或从犬，猶家字或从犬作□也。果然許氏从豚省，未可遽信。或古文有别說而然乎古籀篇六十六第一七葉。按高田氏之說非是。金文□□等字从辵从□，毛公鼎「女汝毋敢□」，趩毁「世孫子毋敢□」，克鐘「克不敢□」，牆盤「史牆夙夜不□」，皆以□為隊，與□□偏旁形近，高田遽定為从豖，此難以取信者一也。唐韻逐讀「直六切」，澄母幽部。逐字从豖，豖讀「丑六切」徹母幽部，徹澄皆舌上聲，為會意兼諧聲字。冢遂皆讀「徐醉切」，邪母脂部，與「逐」聲韻俱遠，此難以取信者二也。器銘作者遂姓。啓諆名。周官地官有遂人遂師遂大夫。遂啓諆疑以官職為姓氏者。若釋為逐，則無義可說矣，此難以取信者三也。今權衡得失，仍从舊說釋遂。古國名亦有遂。春秋經莊公十三年齊人滅遂而戍之。又十七年齊人殲于遂。今山東寧陽縣西北與肥城接界處有遂鄉是其地。【金文大字典下】

迺 迺

義雲章 【古文四聲韻】

◉許慎 迺迫也。从辵。西聲。字秋切。䢋迺或从酋。【説文解字卷二】

◉馬叙倫 徐鍇曰。楚辭曰。迺白露之爲霜。席世昌曰。功臣表迺侯陸彊。師古曰。迺古遒字。子脩反。涿郡之縣。倫按迺。重文作遒。廣雅釋詁三。遒。近也。本部。迫。近也。然則迺亦近也。莊子天地。大小長短脩遠。脩遠與大小長短平列。是脩借爲遒。遒遠即近遠。是其證。迺讀字秋切者。從酋字音也。酉音喻四。古讀歸定。近音羣紐。定羣同爲破裂濁音。故迺近爲轉注字。

䢋 宋保曰。酋聲。倫按酉爲器名。詳酉字下。未造酒字時借爲酒字。酒酋一字。故迺或从酋作遒也。【説文解字六書疏證卷四】

近 近

近 秦二 秦七〇 【睡虎地秦簡文字編】

漢保塞近羣邑長 王近君印 浩□近孺 【漢印文字徵】

泰山刻石 遠近畢理 【石刻篆文編】

近出馬日磾集羣書古文 近 【汗簡】

崔希裕纂古 馬田碑 古文 【古文四聲韻】

◉許慎 近附也。从辵。斤聲。渠遴切。𡰥古文近。【説文解字卷二】

◉商承祚 説文「𡰥。古文近。」案止彳辵走古通用。【説文中之古文考】

◉馬叙倫 桂馥曰。附當爲駙。本書。駙。近也。倫按附也蓋校語或字林訓也。本訓捝矣。字見急就篇。

𡰥 嚴可均曰。此蓋後人所加。【説文解字六書疏證卷四】

粹1555 獸1・29・22 【續甲骨文編】

邋 日乙一九 十例 通獵 田— 日甲八 通鬣 六畜毛— 日甲七四背 日乙二四六 九例 日甲一四四 四例 【睡虎地秦簡文字編】

石碣遊車 鼎邋鼎旃 【石刻篆文編】

◉許 慎 搚也。从辵。巤聲。良涉切。 【說文解字卷二】

◉王國維 馬四匹攸勒金金雁

从止从。孫比部讀爲鬣。余案。即邋字假借爲鬣。鬣馬鬣飾惟胸飾也。攸勒鬣惟皆馬上物。 【毛公鼎銘考釋 王國維遺書第六册】

◉王國維 此疑「邋」字。 【觀堂書札 中國歷史文獻研究集刊第一集】

◉商承祚 說文解字。邋。拹也。从辵。巤聲。石鼓文作。以爲田獵字。衆止所踐殆獵也。訓拹意後說。 【殷虚文字類編第二】

◉強運開 趙古則楊升庵均釋作獵。吳玉搢張德容均釋作邋。運開按。說文。邋。拹也。从辵。巤聲。獵。放獵逐禽也。从犬。巤聲。逐禽亦有拹義。且邋獵同音。古同音俱可通叚。則邋當讀爲獵。以邋邋爲旌旗動搖皃。非是。【石鼓釋文】

◉馬叙倫 嚴可均曰。搚當作拹。說文無搚字。沈濤曰。玉篇引作愶。本書亦無愶。朱駿聲曰。字从辵。當別有本義。疑即躐字。踰越也。翟云升曰。玉篇引作愶也。从手。从心。並與辵義不類。當如廣韻作邁也。邁。遠行也。倫按邋拹以疊韻爲訓。甲文有字。商承祚以石鼓邋字作。爲田獵字。證知此从多止。衆足所踐。蓋即獵字。於此失次。搚字傳寫者以當時通字易之。齒部齺下同。亦或非本訓也。 【說文解字六書疏證卷四】

◉銀雀山漢墓竹簡整理小組 邋，疑當讀爲「躐」。《楚辭・國殤》「凌余陣兮躐余行」，注「踐也」。古書多以「獵」爲「躐」，如《六韜・戰步》：「車騎翼我兩旁，獵我前後。」索陣，陣名。下文之囚逆、雲陣、羸渭、皮傅、錯行等疑亦陣名。 【銀雀山漢墓竹簡〔壹〕】

◉許　慎　詯近也。从辵。白聲。博陌切。【説文解字卷二】

◉馬叙倫　沈濤曰。史記梁孝王世家索隱近作笮。蓋古本如此。竹部。笮。迫也。迫笮互訓。倫按迫亦近之轉注字。迫音封紐。近从斤得聲。斤音見紐。見封皆破裂清音。迫从白得聲。白音並紐。近音羣紐。竝羣皆破裂濁音也。【説文解字六書疏證卷四】

前五・三〇・一　佚九四〇　存下五〇九　或从止　佚二九二　或从彳　存下一九五　或从至【甲骨文編】

前5・30・1　乙3401　6386　6419　7828　佚180　續2・23・9　佚574　續3・37・1　掇432　京1・32・2　六中218　續存1281　佚945續1・13・2　續3・12・6徵3・203　徵3・37　3・63　續存1145　1237　1466　佚387粹196　佚913　録550　新4386　佚940　摭續181　粹15　526　後下29・18　後下31・15　甲1855　後下15・3　前6・24・5　甲524　2602　3652　佚963　續6・20・3　粹243　285　新3977　前6・24・8　前6・24・7　乙2236　佚134新2320　京4・26・3後下14・14　佚971　續3・22・7　徵10・51【續甲骨文編】

◉許　慎　遷近也。从辵。臺聲。人質切。【説文解字卷二】

◉王　襄　古遷字，許説近也。【簠室殷契類纂】

◉馬叙倫　甲文有字。即遷也。臺即至部之臸字。遷近脂真對轉轉注字。【説文解字六書疏證卷四】

◉于省吾　甲骨文第一期有字，第三期作、、等形，第五期作。王襄據第五期之形隸定爲遷(簠類二・八)，商承祚、孫海波因之(類編二・一四，甲骨文編二・二一)。作形者，唐蘭、商承祚釋爲逢(殷記四七，佚考二九二)。作形者，商承祚又釋作逄(佚考九四〇)。董作賓則謂當是地名(佚考一・一三)。按諸家所釋竝誤。王襄雖隸定爲遷，而引説文訓近，也不可據。

說文：「至，鳥飛從高下至地也，从一，一猶地也。」按甲骨文至字作□，或倒作□，乃于矢端著一橫劃，本象矢有所抵，因而引伸爲凡至之義。說文鳥飛至地之說，與至字的初文顯然不符。古文字偏旁中的至字，其矢尾有的變形爲⋀⋀。甲骨文的葡字，即盛箭之箙的本字，作□或□，周器番生簋作□。毛公鼎作□。又商器竚鼎的竚字从矢作□，周器仲殷父簋的室字从至作□或□。以上是从矢之字，其矢尾由∨變作⋀⋀的例證。由此可知，甲骨文第三期的□字，確是从彳从臸。它所从的臸，也有省變作□或□者，其中間加一橫劃，是表示二至之形。

爾雅釋言：「馹、遽，傳也。」郭注：「皆傳車馹馬之名。」釋文：「郭音義云，本或作⿺辶臸，聲類云，亦馹字，同。」說文謂：「馹，驛傳也，从馬日聲。」又：「⿺辶臸，近也，从辵臸聲。」清代說文學家都認爲馹是本字，⿺辶臸是假借字，未免本末倒置。以甲骨文驗之，⿺辶至孳乳爲⿺辶臸，⿺辶至與⿺辶臸爲本字，馹爲後起的代字。至于甲骨文偏旁中从止从彳从辵或□，往往互作無別，都是表示行動之義。廣韻六脂：「⿺辶至，處脂切，走皃。」後世已不知⿺辶至即⿺辶臸字的初文。⿺辶至从至，至是到意。其孳乳从臸至，則表示從此至彼爲遞至。就音符來說，⿺辶至从至聲，臸从至聲。段玉裁說文臸字注，謂「至亦聲」。王筠文字蒙求謂「𩺰𩺰之音，又同余魚」，其例並同。

今將甲骨文有關⿺辶臸傳之貞擇録于下，並加以解釋。

一、己卯貞，⿺辶臸來羌，其用于父丁（金一一八，摹本中的⿺辶臸字誤摹作達）。

二、貞，弓𡿨㞢示鄉□，⿺辶至來歸（續存下一九五）。

三、□衣其⿺辶臸□（佚九四〇）。

四、壬戌卜，狄貞，亞旅其陟，⿺辶臸入（甲三九一三）。

五、丁丑卜，狄貞，王其田，⿺辶臸往（甲三九一九）。

六、□其⿺辶臸至于攸，若。王𡆥曰，大吉（前五・三〇・一）。

以上所舉的⿺辶至來歸、⿺辶臸入、⿺辶臸往，是說乘⿺辶臸傳以歸以入以往。甲骨文還有「傳氏（致）孟伯」（後下七・一三）之貞，傳應讀去聲，指的是傳車。周器洹子孟姜壺有「齊侯命大子乘遷來句宗伯」之語，遷同傳，也指的是傳車。孟伯是孟方的首領，傳致孟伯，是說用傳車將孟伯送來。總之，甲骨文既于⿺辶臸言往來，又于傳言致，可見商代的⿺辶臸傳已相當發達。【釋⿺辶臸　甲骨文字釋林】

◉裘錫圭　「⿺辶臸」字，于省吾先生釋爲馹傳之「馹」的初文（《甲骨文字釋林》277—280頁），恐不可信。卜辭「⿺辶臸」（此字下文均用「△」替代）字的意義跟「遲」相反，這从下引對貞卜辭可以清楚地看出來：

……其△至于攸，若。王繇曰：大吉。

其遲于之，若。前5・30・1

丁丑卜狄貞：王其田，△(此字所从之「至」倒書)往。

丁丑卜狄貞：王遲(此字所从之「辛」倒書)往，……。甲3919

壬戌卜狄貞：……其　△入。

壬戌卜狄貞：其遲入。甲3913

古文字从「彳」从「辵」可通，所以△應該當迅速講，頗疑「△」字即應讀爲「迅」)。金祥恆認爲「△」有「疾行而至」之意(參見《中國文字》16期)，近是。但是此字雖有「疾」意，却不一定有「行而至」之意。「△栨」就是迅速芟殺草木的意思。

卜辭地名凡稱「某田」的，都指農田，如「壬寅卜，王其□……于盂田，有雨，受年」(屯南2254)，「其尋求年……在噩田，有〔雨〕」(合28250)等等。卜辭常説「省某田」、「叀某田」或「省田」、「叀田省」，都是指省視農田而言的。于省吾先生解釋《人文》2070「王叀田省，延于……」一辭説：「這是説王省視農田，延及于沇」(《甲骨文字釋林》138頁)。這是很正確的。「盂田其△栨」就是在盂地農田上迅速芟殺草木的意思。可見這條卜辭裏所説的「栨」確是農業生産上的一項工作。需要栨的盂田，應是盂田中的休耕地或撂荒地。从這條卜辭的全文看，卜問是否速栨，是爲了趕在下雨之前完成這項工作。休耕地、撂荒地的草木芟殺之後，需要「以水火變之」，才能起到肥料的作用。殷人所以要趕在下雨前完成栨的工作，大概與此有關。【甲骨文中所見的商代農業　殷都學刊增刊】

邇 0221【古璽文編】

迩【汗簡】

邇 義雲章　邇 説文【古文四聲韻】

◉許　慎　邇近也。从辵。爾聲。見氏切。迩古文邇。【説文解字卷二】

◉商承祚　説文「迩。古文邇。」案爾从尔得聲。而金文洹子孟姜壺作爾。晉邦盦作爾。古璽作爾。則爾尔皆古文。一緐一省也。【説文中之古文攷】

◉馬叙倫　邇爲邇之雙聲轉注字。亦近之脂真對轉轉注字。

迩原作〔字形〕。依鍇本及毛本正。鈕樹玉曰。玉篇迩同邇。不云古文。韻會作或迩。宋本及五音韻譜集韻類篇引並作邇。蓋因上文而譌。朱士端曰。小徐本古文作迩。額勒布刊本亦作迩。惟孫星衍刻仿宋小字本作〔字形〕。古文邇。蓋誤。然江氏尚書集注音疏云。盤庚于遠邇。隸古定本作邇。又六書故引説文曰。〔字形〕。古文邇。豈刊本相沿有誤耶。王筠曰。五音韻譜作邇。孫本同。然邇已見上文。音而吉反。字書多沿李燾之誤。田吳炤曰。竊以古字少。即用邇爲爾。邇當是後出字。故許於邇字重之曰。邇古文邇。倫按邇邇固一字轉注。豈本書原無邇篆。邇篆即邇之重文。一本傳寫譌爲正文。後人因據玉篇汗簡補迩字耶。【説文解字六書疏證卷四】

◉裘錫圭　下面再討論「鈢」字。

上引(5)的〔字形〕字，《甲骨文編》隸定為「䢵」。其實這個字的左旁的下部明明是「土」字，甲骨文「立」字的下部從來不這樣寫。「土」上的「〔字形〕」應該是「〔字形〕」(木)旁之省。在甲骨文裡，〔字形〕和〔字形〕在用作表意偏旁時可以通用。這是大家都很熟悉的現象。其實〔字形〕旁不但可以寫作〔字形〕，而且有時還可以寫作〔字形〕。例如「莫」字既可以寫作〔字形〕，也可以寫作〔字形〕(《甲骨文編》24頁)；「朝」字既可以寫作〔字形〕，也可以寫作〔字形〕(同上20頁)。甲骨文有〔字形〕字(《佚》292)，就是《説文》「散」字所从的「㪔」。參看于省吾《殷代的交通工具和馹傳制度》，《東北人大人文科學學報》1955年2期。金文「散」字多从〔字形〕(《金文編》223頁)，林也是〔字形〕的簡寫，並非「竹」字。所以「鈢」字没有問題應該釋作「㚝」。《甲》1519有〔字形〕字，《甲骨文編》隸定為「鈦」(408頁)，其實也是「㚝」字。有一條三期殘辭説：

(26)庚午卜鼎(貞)：王其田〔字形〕☐。(合28577)

「田」下一字也應釋作「㚝」。

「㚝」字屢見于西周金文，是一個从「犬」从「𡉉」省聲的字。「𡉉」是「埶」的本來寫法，後來繁化為「蓺」，古書多寫作「藝」。「埶」、「爾」古音相近(《尚書・堯典》「歸格于藝祖」之「藝」，今文作「禰」)，所以克鼎和番生簋都假借「㚝」字為「柔遠能邇」的「邇」。「柔遠能邇」為周代成語，見《尚書》的《文侯之命》、《堯典》和《詩・大雅・民勞》。關於金文「㚝」字假借為「邇」的問題，參看孫詒讓《克鼎釋文》(見《籀廎述林》)、王國維《克鼎考釋》(見《海寧王静安先生遺書・内編・觀堂古金文考釋五種》)、郭沫若《兩周金文辭大系考釋・大克鼎》。上引(1)(2)、(4)(5)兩對卜辭都以「鈢」與「遠」為對文，「鈢」字用法與金文「㚝」字相同，也應讀為「邇」。「遠俚」和「㚝(邇)俚」可能分别指離王都較遠和較近的俚。「王田其遠」和「其㚝(邇)田」，當是占卜王應在遠處還是在近處田獵的對貞之辭。

下面附帶討論一下甲骨文裡的「埶」字以及可能跟「㚝」是一字異體的「㹜」字。弄清它們的各種繁簡不同的寫法，能使我們更加相信「鈢」是「𢦏」的簡寫。

甲骨文有「𡉚」字：

(27)□□〔卜〕㱿鼎(貞)：□□于宮。 (前6·13·2)

(28)□午卜古鼎：□□木。 (鄴二下38·7)

羅振玉認為此字象「兩手持木植于土上」，可能是「樹藝」的「藝」字(《殷虛書契待問編》6·3上)。其說可信。古文字从「𦥑」从「丮」往往無別。金文□(奉)字也可以寫作□「𢪋」字見召伯虎簋。此字當釋「奉」，《金文編》誤收于「對」字下。看楊樹達《小子相卣跋》(《積微居金文説》167頁)及《六年琱生簋跋》(同上269頁)，「對」字異體有作□□等形的，也有作□□等形的(《金文編》119—122頁)，都是例子。金文「埶」字作□見盠方彝、盠尊(郭沫若《文史論集·盠器銘考釋》所附圖版16、19—22)。宋人著録的中諸器銘文「埶」字與此略同。見《歷代鐘鼎彝器款識》卷10南宮中鼎二、三及卷11召公尊□(《金文編》137頁)等形。它們和甲骨文「𡉚」字的關系，跟「弄」和「𢪋」、「𢍏」和「𢦖」的關系是一樣的。從「𡉚」字在卜辭裡的用法來看，把它釋作「埶」也很合適。(28)說「𡉚木」，等于我們現在說「種樹」。《甲骨文編》不取羅氏釋「藝」之説，把這個字隸定為「𡉞」(520頁)，是審慎過了頭。

甲骨文還有□□□等字：

(29)鼎(貞)：王其㞢(有)□，〔生〕。

(30)⊠不其生。 (乙3251)

(31)⊠□⊠ (乙3541)

(32)⊠□，不其生。 (乙3534)

它們顯然都是「𡉚」字的異體。從(29)(30)(32)諸辭的文義來看，把它們釋作種埶之「埶」也是合適的。他辭或以「乎(呼)耤，生」與「不其生」對貞(《丙》233)，文例跟這幾條卜辭相類。

《乙》3622有□字，也有可能是「埶」的異體，可惜此辭已殘，無法核對辭義。

以上所引的「埶」字都見于第一期卜辭。「埶」字的這些異體說明它所从的「𠬞」可以省作「又」，「木」可以省作「□」。

三四期甲骨文裡有寫作□的「埶」字：

(33)其罝(罞)王國維釋甲骨文□字為「罞」(《爾雅·釋器》「麋罟謂之罞」)，《殷虛卜辭綜類》以□、□為一字，皆可信。「矛」、「目」二字古音陰入對轉。「罝」所从的「目」既代表麋鹿一類野獸的頭，又兼作聲旁，于東方□，𡴆(擒)。

(34)于北方□，𢀛。　(屯南2170)

「埶」、「設」二字古音相近古音「埶」屬祭部，「設」屬月部。二字之間存在着嚴格的陰入對轉的關系。「埶」可讀作「勢」。「勢」、「設」聲母相同，可以通用。武威漢墓所出《儀禮》簡多以「埶」為「設」。今本《儀禮》「設」字，武威簡本多作「執」。《武威漢簡》編者校語説：「執今本作設，疑是埶(即藝所从)字。」(《特牲》第7簡校語)今按漢隸「埶」字及「埶」旁作「執」者習見，如老子銘「埶」(勢)字、丁魴碑「蓺」字與北海相景君銘「藝」字所从的「埶」旁等(參看《隸辨》)。武威簡「執」字没有問題就是「埶」字。上引卜辭裡的「埶」字也應該讀為「設」，是設置捕獸之网的意思。

三四期甲骨文裡還有从「罝」从「𢼸」的一個字：

(35)⧄王□罝，𢀛。

(36)先王□罝，𢀛。　(屯南778)

(37)⧄王□，𢀛。　(京津4499)

這應該是「埶罝」之「埶(設)」的專字。(37)此字後無「罝」字，也可以看作「埶(設)罝」二字的合文。

三四期卜辭裡又有一個寫作□　□　□　等形的字見《甲骨文編》407頁。上舉末一形據《合》29332校正。「㚔」字所从的「𡍮」尚有作□者，見《合》29330「㚔」字殘文。郭沫若考釋這個字説：

㚔即金文𤞞字……𤞞實㚔之省，㚔當从犬𡍮聲，𡍮者𢀜之異，从臼與从丮同意，是則㚔若𤞞當是獮之古文矣。(《殷契粹編》991片考釋)

甲骨文有時對从「臼」與从「𠬞」不加區别看于省吾《甲骨文字釋林》232、235、302等頁。郭沫若把「㚔」字所从的「𡍮」釋作「埶」，認為「㚔」和「𤞞」是一個字，大概是可信的。第三期甲骨文有□字(《京津》4885)。依郭説應即「埶」字，可惜辭已殘缺，文義不明。

前面舉過的幾個「㚔」字，上部或作□，所从的「𡉈」省作□，更可證□字確實是「𤞞」的簡寫。

三四期甲骨文裡還有兩個被前人釋作「狂」的字，也有可能是「𤞞」字的異體：

(38)王□田，湄日不冓(遘)大鳳(風)⧄。　(甲615)

(39)王□田，湄日不遘大鳳，亡𢦔。　(後上14・8)

上引這兩條卜辭是為同一件事占卜的同文卜辭。《甲》615和《後》上14・8兩片卜骨上的其他卜辭，内容也彼此相同。所以可以肯定(38)、(39)是同文卜辭。這兩條卜辭裡的「王」下之字，一般都釋作「㞷」(狂)，讀為「往」，實不可信。前面説過，第一期甲骨文裡的□可能是「𡎺」的簡寫，(38)□字的左旁也很可能是「𡍮」的簡寫。所以這個字有可能也是「𤞞」字的異體。(39)跟(38)是同文卜辭，此辭

遏 

「王」下一字跟字無疑是一個字。它的左旁的上部訛變成「止」形。這跟前面講過的「袁」字的情況如出一轍。《人文》2104「𡙡」字所从的「埶」作，下部的寫法跟這個字左旁的下部很相似。(38)(39)說「王𨾴田」，前引(2)說「其鈦田」，「𨾴」、「鈦」二字用法相似。看來「𨾴」是「埶」字異體的可能性是很大的。

「𡙡」字在卜辭裡一般用作地名，如「田𡙡」(《合》29330、29331、29335)、「弜田𡙡」(《合》29335、29336、29339)、「叀𡙡田」(《合》29333、29334、《屯南》2531)、「射𡙡□」此處所缺一字當是獸名(《合》28806、28807)等辭裡的「𡙡」。《合》28376說：「▢逐麋，亡𢦏，𢼂。」頗疑「麋」上一字也是「埶」的異體，在此用為地名，與「𡙡」指同一地。至于卜辭裡的「鈦」、「𨾴」等字，一般都用作「邇」的假借字，只有(26)「王其田鈦」的「鈦」似是地名。但是從(1)「王其田遠」的文例來看，這個「𤯍」字讀為「邇」的可能性，也還是很大的。如果「𡙡」確實就是「𤯍」字的話，當時人可能是有意分用「𤯍」字的繁體和簡體——「𡙡」和「鈦」「𨾴」，來表示不同的意義的。【釋殷虛甲骨文裏的「遠」「𤯍」(邇)及有關諸字　古文字研究第十二期】

◉許　慎　微止也。从辵。曷聲。讀若桑蟲之蝎。烏割切。【說文解字卷二】

◉馬叙倫　鈕樹玉曰。韻會引微作徵。誤。桂馥曰。讀若蝎者。釋言。遏。逮也。方言作蝎。王筠曰。爾雅遏但訓止。詩皇矣。以按徂旅。孟子引按作遏。毛傳趙注皆訓止。許君加微字者。似以微說遏。再以止說微也。爾雅釋詁。蔽。微也。徽按曷遏止也。兩文相連訓微之蔽與遏相類。訓遏之徽郭云未詳。意即微之譌乎。形聲並相近也。倫按爾雅之徽或爲微誤。或爲本字。皆可也。本書徽下曰。从系。微省聲。然皆借爲㡿字。微㡿皆脣音也。本書㡿下曰。蔽也。㡿蔽以雙聲爲訓。古書遮蔽字皆㡿之借。此微止也當作微也止也。微借爲㡿。㡿也及讀若句。皆校者加之。玄應一切經音義引倉頡。遏。遮也。【說文解字六書疏證卷四】

遮 

筍遮多【漢印文字徵】

遮【汗簡】

義雲章【古文四聲韻】

䢋　䢋　　迣　迣

◉許　慎　遮遏也。从辵。庶聲。止車切。【説文解字卷二】

◉馬叙倫　徐灝曰。管子侈靡篇。六畜遮育。五穀遮熟。灝按蕃庶同義。遮育遮熟猶言蕃育蕃熟也。庶聲轉爲遮。倫按遏音影紐。遮音照紐。古讀歸端。端影同爲破裂清音。遏从曷得聲。曷从匃得聲。匃从亾得聲。遮从庶得聲。庶从光得聲。光亾聲同陽類。故遏轉注爲遮。【説文解字六書疏證卷四】

◉高　智　包山楚簡有字作「□」(99)「□」(170)二形，《包山楚簡》釋爲「遟」字。按此字上之所從正與《汗簡》中的「庶」作「□」、「□」等形、《三體石經》中作「□」金文作「□」(《子仲匜》)形同，均爲從「火」(炎)從「石」之形。在古文字中往往「火」訛變成「□」或「□」形，上與《汗簡》中之「遮」作「□」形同，故此字當釋爲「遮」字。【包山楚簡文字考釋十四則　于省吾教授百年誕辰紀念文集】

◉許　慎　䢋遮䢋也。从辵。羡聲。于線切。【説文解字卷二】

◉馬叙倫　段玉裁曰。䢋字疑衍。倫按䢋音喻三。遏从曷得聲。曷音匣紐。匣與喻三皆摩擦次濁音。故遏轉注爲䢋。䢋字乃隸書複舉之誤乙者。【説文解字六書疏證卷四】

迣　為一四　通世　有寵不終—　日甲一二一背　　日甲一二一背　【睡虎地秦簡文字編】

丙迣　　蟜迣之印　【漢印文字徵】

◉許　慎　迣迾也。晉趙曰迣。从辵。世聲。讀若寘。征例切。【説文解字卷二】

◉馬叙倫　段玉裁曰。許書有窴無寘。寘者窴之誤。劉秀生曰。世聲古在定紐。窴即寘之隸省。寘从真聲。亦在定紐。故迣从世聲得讀若窴。目部。瞋。从目。真聲。祕書从戌聲作䀹。步部。歲。从步。戌聲。禮記曲禮。去國三世。釋文。盧王云。世。歲也。世歲亦以聲訓。倫按迣遮音同照三轉注字。迣遏聲同脂類轉注字。晉趙曰迣。校語。讀若亦校者加之。【説文解字六書疏證卷四】

◉睡虎地秦墓竹簡整理小組　迣(音制)，《漢書・禮樂志》注引孟康云：「超踰也。」夸以迣，奢侈超過限度。【睡虎地秦墓竹簡】

迾 迾

◉許　慎　迾遮也。从辵。列聲。良辥切。【說文解字卷二】

◉馬叙倫　世列曷聲同脂類。亦轉注字也。【說文解字六書疏證卷四】

迁 迁

迁　連迁鼎【金文編】

◉許　慎　迁進也。从辵。干聲。讀若干。古寒切。【說文解字卷二】

◉孫詒讓　徔字阮釋爲造。孫釋爲逆。㠯字形宷之當爲迁。說文辵部。迁進也。从辵。干聲。讀若干。卽此字。逆从屰。造从告。古文或省从屮。見本書曶鼎。竝不从干。阮孫釋誤。【古籀拾遺】

◉馬叙倫　今杭縣語迁上前。卽此字。走部之赶當與此一字。然此字疑出字林。【說文解字六書疏證卷四】

◉戴家祥　徔多友鼎字从辵、从口、从干，殆即迁之别構，說文「迁，進也，从辵、干聲，讀若干。」器銘「余肈使女休不逆」，逆當讀干，唐韻干迁俱讀「古寒切」，見母元部。周書·武順解「危言不干德曰正」，國語·晉語「信于名，則上下不干。」韋昭注「干，犯也。」左傳襄公廿三年「干國之紀」杜預注「干，猶犯也」。【金文大字典下】

𨓈 𨓈

◉許　慎　𨓈過也。从辵。侃聲。去虔切。【說文解字卷二】

◉馬叙倫　嚴可均曰。一切經音義五引以爲愆之古文。桂馥曰。過也者。本書。愆。過也。籀文作㥶。薛傳均曰。凡以愆爲逾越義者。皆作𨓈爲正。愆人之過失也。章炳麟曰。干對轉寒爲𨓈。倫按𨓈爲干過之轉注字。亦迁之疊韵兼同舌根破裂音轉注字。故次迁下。倫疑𨓈爲過愆之愆本字。愆則今言抱歉之歉本字。【說文解字六書疏證卷四】

遱 遱

◉許　慎　遱連遱也。从辵。婁聲。洛侯切。【說文解字卷二】

◉馬叙倫　朱駿聲曰。連遱雙聲連語。行步不絶之皃。猶絲曰聯縷。辭曰謰謱也。倫按或本訓連也。遱乃隸書複舉字之譌乙於下者。【說文解字六書疏證卷四】

𨑨 𨑨

◉許 慎 𨑨前頡也。从辵。市聲。賈侍中說。一讀若拾。又若郅。北末切。【說文解字卷二】

◉馬叙倫 鈕樹玉曰。繫傳篆作𨑨。玉篇無。宋本頓作頡。譌。顧廣圻曰。予嘗細考上文行皃之𨑨及此二字。凡有三本不同。一徐鉉小字宋刻。前作𨑨。後作𨑨。而前後並云市聲。一徐鍇繫傳本影宋舊鈔。前作𨑨。後作𨑨。與鉉本小異。而前後並云市聲。與鉉本全同。一五音韵譜本。前作𨑨。宋聲。後作𨑨。𣎵聲。與鉉鍇二本迥然大異。此三者皆有其條理可尋。至汲古閣刻鉉本。乃改前作𨑨。修版又改後作𨑨。而前後之市聲未改。尚有條理可尋也。又至汪某刻鍇本。乃改前作𨑨而作宋聲。改後作𨑨而作宋聲。於是莫可尋其條理矣。予又嘗細考惟此二字。鉉本說文同作市聲。故集韵十三末。迹。說文。前頓也。賈侍中說。北末切。迹。說文。行皃。蒲撥切。筆畫無異。類篇辵部。迹。北末切。說文。前頓也。賈侍中說。又蒲撥切。行皃。且并之爲一字。此條理之可尋者也。逮李燾五音韵譜。則二字正相接連。覺其不可通。故改前從二百十四部首之𣎵。改後從二百六十一部首之𣎵。以作分別。其實前頓也之迹。并不从讀若髕之𣎵。李改殊誤。此又條理之可尋者也。惟此二字鍇本說文同作市聲。故鉉本仍之。若有一爲宋聲。則鉉本既不容不可通。李燾亦不容如此之改。然則今本繫傳後𨑨字。恐是校者肊加一筆。故雖篆失其舊。而市聲尚存。此又條理之可尋者也。段玉裁曰。一字疑衍。苗夔曰。一讀若拾。又若郅。當作讀若郅。拾。又若三字當删。以拾在侵覃部。不得爲支齊部𨑨字之音也。劉秀生曰。𣎵讀若輩。輩从非聲。在灰部。郅从至聲。在屑部。灰屑旁對轉。故迹从𣎵聲。得讀若郅。至聲古在端紐。拾从合聲。古在定紐。端定皆舌音。故迹讀若郅。又讀若拾。倫按上文。𨑨。行皃。此篆相同而訓前頓也。前頓即顛沛之義。亦行皃。蓋二字實一字。一字是許書本有。一字蓋出字林。唐人未删。遂致複出。後人疑其不當同篆。遂改此篆爲𨑨。而忘改市聲耳。抑𣎵實𣎵之譌文。詳𣎵字下。亦許字林篆本作𨑨。故異列也。宋至聲同脂類。故讀若郅。禮記曲禮。拾級聚足。注。拾當爲陟。聲之誤也。方言一。郅。登也。魯衛曰登。蓋郅拾皆陟之借。陟音知紐。郅音照三。拾音禪紐。皆舌面前音也。𨑨讀若郅。聲轉。故又讀若拾。賈侍中以下均呂忱或後人加之。【說文解字六書疏證卷四】

迦 迦

◉許 慎 迦迦互。令不得行也。从辵。枷聲。徐鍇曰。迦互。猶犬牙左右相制也。古牙切。【說文解字卷二】

◉馬叙倫 桂馥曰。迦互當作迦牙。劉貢父云。唐人書互作乐。故乐牙易誤。玉篇徐鍇韵譜並作牙。迦牙疊韵也。漢書劉向傳。宗族盤互。顔注。字或作牙。亦互牙易誤之證。鈕樹玉曰。徐鍇曰。迦互猶犬牙左右相制也。則說文亦當是牙字。段玉裁曰。迦牙古音雙聲。倫按迦牙令不得行也似校語。本訓蓋挩失矣。字亦似失次。豈此字非許本有耶。【說文解字六書

越 越　逞 逞　遼 遼

疏證卷四】

◉許　慎　越踰也。从辵。戉聲。易曰。雜而不越。王伐切。【説文解字卷二】

◉馬叙倫　徐灝曰。越與越跋音義並同。倫按三字中蓋一爲許書本有。其二或出字林也。【説文解字六書疏證卷四】

逞　吳季子之子劍　【金文編】

九二：六　宗盟類參盟人名　【侯馬盟書字表】

王逞　【漢印文字徵】

◉許　慎　逞通也。从辵。呈聲。楚謂疾行爲逞。春秋傳曰。何所不逞欲。丑郢切。【説文解字卷二】

◉高田忠周　説文。逞通也。从辵呈聲。楚謂疾行爲逞。春秋傳曰。何所不逞欲。又彳部徎。徑行也。从彳呈聲。徑者直也。呈者平也。直也。逞徎同字。直行通達義也。从呈兼會意也。【古籀篇六十六】

◉馬叙倫　鈕樹玉曰。玉篇引無欲字。沈濤曰。文選張衡思玄賦注引。逞。極也。蓋古本尚有一曰極也四字。陳奂曰。方言。東齊海岱之閒。疾行曰速。楚曰逞。則通字似速字之誤。一曰極也當在楚謂疾行爲逞下。傅雲龍曰。楚謂疾行爲逞。當爲騁之假借。倫按逞次遠上。通也當爲遠也。逞迥聲同耕類轉注字。楚謂六字校語。引經亦校者加之。一曰極也亦校語。極也猶急也。文選思玄賦注引字林。逞。盡也。吳季子之劍作。【説文解字六書疏證卷四】

遼西太守章　【漢印文字徵】

遼　【汗簡】

◉許　慎　遼遠也。从辵。尞聲。洛蕭切。【説文解字卷二】

◉王國維　艾迷。地名。未詳。艾舊釋若。其字从又。持艸。與説文艸部訓擇菜之若相近。迷字所从之米。殷虛甲骨文以

遠

爲㚚字。則迷殆即遼字與。【毛公鼎銘考釋 王國維遺書第六册】

◉戴家祥 矢人盤字盤銘兩見，一曰「封于芟」，一云「以南封于𢼸道以西」。芟、𢼸皆地名，説文二篇「遼，遠也。」唐韻「洛蕭切」來母宵部，王説近是。阮元釋萊積古齋鐘鼎彝器欵識卷八第六頁，吴子苾據古録三之三第四十頁从之，非是。【金文大字典下】

遠 牆盤 遠猷匔心 㝬簋 宇慕遠猷 克鼎 頣遠能埶 番生簋 【金文編】

56 【包山楚簡文字編】

遠 日甲一二七 七例 秦八七 四例 秦二 二例 日甲一一〇背 日乙二四〇 日乙四三

【睡虎地秦簡文字編】

袁覆遠印 遠代 【漢印文字徵】

泰山刻石 窺輖遠方 石經君奭 弗永遠念天畏 説文古文作汗簡引石經作引説文作 【石刻篆文編】

遠石經 遠立説文 【汗簡】

古老子又古尚書 立崔希裕纂古 説文 崔希裕纂古 古老子 【古文四聲韻】

◉許　慎 䢼遼也。从辵。袁聲。雲阮切。古文遠。【説文解字卷二】

◉高田忠周 遠 克鼎 按此衣上作屮亦中字。銘辭字亦作辪。並作屮可證矣。銘義。遠讀如字。𤔲即始字。與治通。實與理通用。䟽蓋同暬。遠暬猶曰遠邇也。説文。䢼遼也。从辵袁聲。古文遠。按从辵从步从叀省聲也。然爾雅遠遐也。禮記王制。屏之遠方。注九州之外也。中庸。柔遠人注蕃國之諸侯也。樂記。窮高極遠。而測深厚。注高遠三辰也。此爲本義。【古籀篇六十六】

◉馬叙倫 嚴可均曰。汗簡引作。毛本作。从彳。挩二畫耳。遠从辵从步會意。徏古陟字。知歨即步也。王筠曰。

朱筠本繫傳作□。他本作□。下文□放此。朱駿聲曰。遠古文□。逖古文□。並从□。蓋古文辵之省。商承祚曰。金文克鼎作□。與篆文同。此下从止。當是□之譌。石經古文作□。倫按番生𣪘遠字作□。則或从彳。或从辵。魏石經作□。□即□之譌。此从□似辵而非辵。傳寫之譌也。【說文解字六書疏證卷四】

◉裘錫圭　根據「⿰彳㚇」、「鈦」二字的字形，結合上述卜辭文義上的綫索來考慮，可以斷定「⿰彳㚇」應該釋作「遠」，「鈦」應該釋作西周金文借作「邇」字用的「䟫」。

下面先討論「⿰彳㚇」字。

三四期卜辭裡有寫法跟「⿰彳㚇」很相近的□字，簡體作□：

(17)于□亡𡆥。

(18)于虁𡆧(擒)。

(19)于□𡆧。（屯南2061）

按照漢字構造的原則來看，這個字應該是从「彳」「□（□）」聲的一個形聲字。根據西周金文裡的有關資料，可以知道這個字就是「遠」字。

這個字的聲旁跟西周金文「睘」字的聲旁相同。「睘」、「袁」古音極近。小篆「睘」字作□，从「目」「袁」聲。西周金文「睘」字有以下一些寫法（據《金文編》184頁）：

□　□　□

聲旁作□□□等形，跟上舉那個甲骨文的聲旁顯然是一個字。西周前期銅器遽伯簋有如下一字（《金文編》79頁）：

□

舊釋「還」，其實也是从「目」「□」聲的「睘」字。前人把「又」和「衣」的下部合在一起看成趾形，因而誤釋。古文字从「彳」从「辵」通常没有區別，金文「遠」字就有从「彳」的寫法（《金文編》83頁）。所以上舉那個甲骨文没有問題就是「遠」字。

「⿰彳㚇」應該是从「彳」「㚇」聲的形聲字。如果研究一下「㚇」字跟用作「遠」、「睘」二字聲旁的□字的關系，就可以肯定「⿰彳㚇」字也應該釋作「遠」。

「㚇」字見于屬于第一期的甲橋刻辭：

(20)□入五十。（乙7200）

(21)[glyph]〼(乙2650)

還見于下引三四期卜辭：

(22)𢌳(韶)庸才[glyph]，又[glyph](肉？)，其[glyph]。(粹518)

《殷契粹編·考釋》認爲這個字是「裘之異文」，不可信。《甲骨文編》把它隸定爲「衩」，附於「又」部之末。這對於辨認這個字毫無幫助。

在三四期甲骨文裡還有在「㚇」上加「○」而成的一個字：

(23)〼來迺令[glyph]㞷(往)于〼。(合27756)

這個字跟[glyph]無疑是一個字。甲骨文[glyph]或作[glyph]，[glyph]或作[glyph]，與此同例。于省吾先生認爲「○」是「圓」的初文，「袁」字本从「○」聲。其說可信。所以這個寫作[glyph][glyph]等形的字，應該分析爲从「㚇」「○」聲。

在古文字裡，形聲字一般由一個意符(形)和一個音符(聲)組成。凡是形旁包含兩個以上意符，可以當作會意字來看的形聲字，其聲旁絕大多數是追加的。也就是説，這種形聲字的形旁通常就是形聲字的初文。例如：「寶」字本作[glyph](《甲骨文編》317頁，象室中有貝、玉等寶物)，後來加注「缶」聲而作[glyph](《金文編》410—416頁)。「耤」字本作[glyph](《甲骨文編》202—203頁)象人蹠耒而耕，後來加注「昔」聲而作[glyph](《金文編》231頁)。如果不算那些在一般形聲字上追加形旁而成的多形形聲字，如「鍂」(《金文編》270頁)、「險」(同上240頁)之類，這條規律幾乎可以説是毫無例外的。[glyph]([glyph])顯然不是追加形旁而成的多形形聲字，所以「㚇」應該就是它的初文，「○」則是追加的聲旁。由此可證「𢓊」和「[glyph]」是一字的異體，「𢓊」也應釋作「遠」。

這裡附帶討論一下「㚇」字的本義。

三四期甲骨文裡還有一個很象是在「㚇」上加「止」而成的字：

(24)〼[glyph]　(安明1897)

(25)〼[glyph]〼每。　(合31774)

西周金文「遠」字所从的「袁」作[glyph](《金文編》83頁)，「環」字的聲旁有的也不作「瞏」而作[glyph](同上21頁)。這種「袁」字所从的[glyph]，顯然是由上舉那個甲骨文省變而成的。西周金文「袁」字的「袁」旁作[glyph](《金文編》427頁)，小篆「袁」字作[glyph]。這種「袁」字所从的[glyph]([glyph])又是由[glyph]訛變而成的。

䢋 䢋

前面已經説過，按照古代形聲字構造的通例來看，「㚇」和「□」應該是一個字。根據同樣的理由，上舉那個甲骨文跟「袁」字也應該是一個字。「□」和「袁」都可以用作「遠」字和「睘」字的聲旁，二者也應該是一字的異體。所以「㚇」、「□」、「□」、「袁」實際上都是一個字。前二者是「袁」的表意初文，後二者是「袁」字加注聲旁的形式。

「㚇」上加「止」無義可説，□字上部的「止」當是「又」的訛變之形。古文字中「又」、「止」二形往往相亂。例如金文「𨑓」字或作□（《金文編》216頁），下面的「又」寫得像「止」；「復」字或作□□（同上87頁），下面的□（例「止」）訛變爲「又」。甲骨文「毓」（育）字有一個作□的繁體（《前》2·11·3），胡厚宣先生解釋它的字形説：「右旁從兩手持衣……象女人産子接生者持襁褓以待之。」其説可信。在這個「毓」字所从的兩手持衣形裡，上面的那個「又」如果跟「衣」形上端斜出的那一筆結合在一起看，也很象「止」字。這是□字上端的「止」形由「又」形訛變而成的明證。也有可能寫刻這個字的殷史並没有把「又」誤認爲「止」，只不過把「衣」形右上部的那一道斜劃寫得太長了一些，客觀上造成了「又」、「止」相混的後果。不過金文□字的上部則確實已經訛變爲「止」了。【釋殷虚甲骨文裏的「遠」「𤞷」（邇）及有關諸字　古文字研究十二輯】

◉戴家祥　説文「遠，遼也。从辵袁聲。□，古文遠。」上文「遼，遠也。从辵尞聲。」遼遠同義轉注字也。禮記·中庸「柔遠人也，懷諸侯也。」鄭玄注「遠人蕃國之諸侯也。」鼎銘「柔遠能邇」亦同此義，大雅·抑「遠猷辰告」。毛傳「遠猷，遠道也。」左傳成公八年「行父懼晉之不遠猷。」孔穎達正義云「行父今亦懼晉之不能遠圖，而因此以失諸侯。」「遠猷復心」，謂遠道歸心也。【金文大字典下】

□ 逖【汗簡】

□ 古尚書　逷 崔希裕纂古【古文四聲韻】

◉許　慎　䢋遠也。从辵。狄聲。他歷切。□古文逖。【説文解字卷二】

◉商承祚　□　説文「逷。古文逖。」案心部愓。「或作悐。」白虎通。「狄者。易也。」淮南子。「俞兒狄牙。」即易牙。賈誼書亦作狄牙。詩抑。「用逷蠻方。」潛夫論引作逖。漢書古今人表簡逷即簡狄。狄易同部通用也。集韵引説文「詩舍爾介逖。」今本此句寫挩。【説文中之古文攷】

◉馬叙倫　鈕樹玉曰。繫傳作迷也。譌。韵會引同此。

□　鈕樹玉曰。宋本及五音韵譜作□。是也。韵會作□。嚴可均曰。此亦脱二畫。宋本不脱。宋保曰。易聲逖聲同部相近。尚書武成。逖矣西土之人。爾雅郭注引逖作逷。朱孔彰曰。汗簡引尚書有□字。⊘倫按本部古文遂。辵旁仍作□。不作□。彳部往之古文作□。後之古文作□。然則往後或从辵也。此作□者傳寫之譌。上文遠之古文作□。而魏石經古文作□。魏石經古文迪字作□。隧字古文作□。隸釋載石經左傳有□。□旁與此同。蓋此類皆校者以石經補入。而石經則本於金文之辵或作□□也。易音喻四。狄从亦得聲。亦音亦喻四。易狄聲同支類。故逖轉注爲逷。【說文解字六書疏證卷四】

迥

祀三公山碑　神迥在領西　【石刻篆文編】

●許　慎　迥遠也。从辵。同聲。户穎切。【說文解字卷二】

●馬叙倫　鈕樹玉曰。繫傳韵會作□。倫按迥音匣紐。遠音喻三。皆摩擦次濁音。故遠轉注爲迥。【說文解字六書疏證卷四】

逴

□　粹一一六〇　于省吾釋倬引金文卓林父鼎卓作□蔡姞簋𩞁字从卓作□證□即卓字謂倬當即金文趠鼎之□字說文趠遠也此辭云倬人巳即遠人已意謂去人遠已桉說文辵部有逴字與趠音義並同以从辵之字常省从彳例之此當是逴【甲骨文編】

●許　慎　逴遠也。从辵。卓聲。一曰蹇也。讀若棹苕之棹。臣鉉等案。棹苕今無此語。未詳。敕角切。【說文解字卷二】

●馬叙倫　朱士端曰。棹。小徐作掉。方言。逴騷傀蹇也。吳楚偏蹇曰騷。齊楚晉曰逴。此棹苕即逴騷同音通假。亦與一曰義合。王煦曰。棹苕之語不可曉。棹字說文亦不收。明係譌字。蓋掉磬之誤也。鄭氏內則注曰。雖有勤勞。不敢掉磬。陸氏釋文隱義曰。齊人以相絞訐爲掉磬。崔云。北海人謂相激事曰掉磬。是漢時舊有此語。許故取以相況耳。王紹蘭曰。棹苕當爲掉磬。磬。內則注及釋文掉磬之磬亦當爲磬。皆字之譌也。革部。鞀。籀文作磬。从殸召。禮注之磬。因形近譌。其下。說文之苕。因形聲俱近。譌其上耳。倫按一曰蹇也者。𥡴字義也。六篇。𥡴。特止也。特止即獨足。莊子秋水。吾以一足踸踔而行。踔借爲𥡴。方言。自關而西秦晉之間。凡蹇者或謂之逴。逴亦借爲𥡴也。方言又曰。傀。蹇也。齊楚晉曰倬。倬即褘之異文。詳褘字下。此校語。逴逴聲同宵類轉注字。逴逖同破裂次清音轉注字。逖音透紐。逴音徹紐也。逞逴音同徹紐轉字。【説文解字六書疏證卷四】

◉徐中舒　𢓜粹一一六〇　從彳從卓，卓與金文卓卓林父簋形近。甲骨文卓字作𠀒，或以卓為𠀒之譌變，又以古文字中彳止辵走等偏旁每可通用，故釋𢓜為逴，但單文孤例，未能確證。【甲骨文字典卷二】

𣥂于　京津三九五七从止从于説文所無疑古迂字按篆文从辵之字卜辭常从止知止辵二字古文無別　【甲骨文編】

迂　迂　从走　居簋　【金文編】

迂　秦684　右迂　【古陶文字徵】

◉許　慎　迂避也。从辵。于聲。憶俱切。【説文解字卷二】

◉劉心源　迂居簋　赶。从于。非从干。當是迂。【居彝　奇觚室吉金文述卷十七】

◉馬叙倫　朱駿聲曰。避也者。謂僻遠也。書盤庚。迂乃心。傳。僻也。論語。子之迂也。皇疏。遠也。倫按避也非本義。或非本訓。迂次逴下。當亦遠義。迂音影紐。从于得聲。于音喻三。則迂爲遠之轉注字。故今人言迂遠也。居後彝作迂。从走。【説文解字六書疏證卷四】

逮　逮　从聿省　中山王譽兆域圖　逮退讀作進退　【金文編】

◉許　慎　逮目進極也。从辵。聿聲。子僊切。【説文解字卷二】

◉劉心源　逮爲婦名。説文。逮。目進極也。从辵。聿聲。即津進本字。今用津而逮無人識矣。津从聿得聲。从聿者省字也。此亦省又。从𣥂。即辵。彳即彳。止即止。器文从辵。亦辵字。辵即辵。止即止。詳叒癸鼎。【奇觚室吉金文述】

◉馬叙倫　鈕樹玉曰。宋本自作目。譌。桂馥曰。自進極也者。埤蒼。逮。至也。倫按自進極也者。自爲進之爛譌。此校者所注以釋逮字之音者也。一本未譌。後之校者復據以注之。傳寫如今文矣。此臻之轉注字。聲同真類。故訓極也。爾雅釋詁。極。至也。然經記未用此義。【説文解字六書疏證卷四】

◉朱德熙 裘錫圭 兆域圖記王命的一段銘文説：

王命賙爲逃乏闊閡(狭)小大之叫。又(有)事者官𡨦之。逮退迟乏者死亡若(赦)。不行王命者，悉(殃)巡(連)子孫。其一從，其一牆(藏)府(府)。

銘文「退」上一字从「聿」，即「津」字聲旁。「聿」與「進」古音相近，《説文》「璡」下云「讀若津」，可證。銘文「逮」當讀爲「進」。「進退」猶言「損益」「出入」，引申爲「違失」「不遵從」的意思。銀雀山漢簡的一種佚書裏有「欲其吏大夫之毋進退禁令以相爲」之語，「進退」的用法同此。【平山中山王墓銅器銘文的初步研究 文物一九七九年第一期】

邍

邍 从彖今經典通作原惟周禮夏官序官邍師猶存古字从彔傳寫之譌 陳公子甗 單伯鬲 史敖簋 魯邍父簋 魯邍鐘 𩜁邍父鼎 【金文編】

6·207 獨字 古幣文有备字同此張頷以為古邍字省體 【古陶文字徵】

〔三六〕 〔四七〕 〔三七〕 〔一二〕 〔四〕 〔三六〕 〔三九〕 〔三七〕 〔一〕 【先秦貨幣文編】

布方平备 按金文原字有、諸形，此字應爲省體 典八二 布方平备 典八三 仝上 亞四·三三 【古幣文編】

0862 1097 【古璽文編】

石碣鑾車 邍溼陰陽 説文誤彖爲彔 【石刻篆文編】

◉許 慎 邍高平之野。人所登。从辵备彔。闕。愚袁切。 【説文解字卷二】

◉吳大澂 邍即石鼓文字。單伯鬲作。説文。邍。高平之野。人所登。从辵备彔。今經典通作原。惟周禮夏官序官邍師猶存古字也。【丁批愙齋集古録第二册】

◉林義光 説文云。邍高平曰邍。人所登。从辵备彔。闕。按古作陳公子甗。从行省轉注。从止从夂。謂可登降也。陟古作

䧄。降古作䧄。止𠂆皆象足跡形。从田从夊。夊象畜形。謂可佃牧也。省作䢐鄭䢐遵父鼎。作䝼散氏器。【文源卷十】

◉羅振玉 邍 音訓古原字。箋曰。說文。邍。高平之野。人所登。从辵备彔。闕。今案。鼓文下从彖。即象字。非从彔。單白鬲作䢐。亦从彖。許書从彔殆由象而譌。【石鼓文考釋】

◉王國維 䝼即邍字。高平曰䝼。【毛公鼎銘考釋 王國維遺書第六册】

◉商承祚 疑邍之本字。說文从䝼乃寫譌。金文史敖段作䢐。增田。象亦豕也。散氏盤邍作䝼。下从象與此同。【殷契佚考】

◉馬叙倫 嚴可均曰。篆當作䢐。當从辵。从略省。彖聲。备闕皆校語。石鼓文作䢐。知从彖聲。王念孫曰。說解當作从辵夊田彖闕。今本誤以夊田二字合爲备。說文無备字。翟云升曰。韵會引高平之野作高平曰原。繫傳闕下有原字。衍。丁山曰。以金文證之。彔爲彖之譌。春秋說題詞。高平曰大原。原端而有度。廣雅釋地。原。端也。邍从田有平義。从夊。人所登也。田之下蓋从遂。詩。寧俾我遯。周易遯卦其釋文並云。遯。本亦作遂。漢書匈奴傳。遂逃竄伏。顏注曰。遂。古遁字。遂端旁紐雙聲。是邍从田从夊遂聲。當入田部。倫按鍇本闕下有原字。韵會引作高平曰原。知說解傳寫有捝譌。單伯鬲有䢐字。與石鼓文相同。然如春秋說題詞說。亦止是高平之野人所登者。乃校者之詞。附會从辵之義也。且如丁說从𠂆从田遂聲。亦止是行於田中而已。不見高平之野義也。倫謂邍。从辵。䝼聲。此遂之異文。或遂其省文也。高平之野者䝼之義。散盤有䝼字。倫謂即䝼字。从略。象聲。今本書無䝼字耳。餘詳略下。高平之野或高平曰原。皆校語。本訓捝矣。【說文解字六書疏證卷四】

䢐 道

道 从首从行汗簡行部衜釋爲道見于尚書 貉子卣 䣄鼎 曾伯匿 散盤

中山王䜌鼎 蛮壺 【金文編】

5·54 咸𡇒里道 5·3 咸亭右里道器 秦1234 西道 【古陶文字徵】

一五六：一九 二例 委質類遇之行道 又宗盟類九二：二敢不閛其道心孤例疑為腹心寫誤 一七九：一四 七例 一五六：

二一　二例　□　一五六：二四　三例　□　一五六：二〇　二例　□　三：二三　□　一八：一　遒　【侯馬盟書字表】

□88　【包山楚簡文字編】

□　道　法一九六　十例　通導　以教—民　語二　□　為一〇　二例　□　日甲二五背　五例　□　日乙一四五　六例　□　秦一一

九　□　語一　二例　【睡虎地秦簡文字編】

□　故道令印　□　青衣道令　□　禾成見平貳侯道　□　光道私印　□　田道　□　趙道　□　張道　□　乘馬道人　□　行

道吉　□　冬道得　□　徐道君印　□　田道遇　【漢印文字徵】

□　楊震碑領　□　開母廟石闕　興治神道闕　□　王君神道闕　□　泰山刻石　治道運行　□　霍公神道闕陽識　□　蘇君神道闕

□　祀三公山碑　民流道荒　□　謝君神道闕　陽識　□　少室石闕領　□　少室石闕　興治神道闕　□　石碣乍邍　衜追我嗣

□　詛楚文　康回無道　乁疑从彳譌寫　【石刻篆文編】

□　道　□　道　□　道　□　道竝尚書　□　道　□　道　□　道出碧落文　□　道竝出林罕集字　□　道　【汗簡】

□　雲臺碑　□　古孝經　□　□　竝古老子　□　郘昭卿字指　□　古尚書　□　同上　□　華嶽碑　□　碧落文

□　林罕集　□　□　竝雲臺碑　【古文四聲韻】

◉許　慎　䢜所行道也。从辵。从𩠐。一達謂之道。徒皓切。□古文道。从𩠐寸。【説文解字卷二】

◉劉心源　此頁即首加辵爲道。古辵走亦通用也。三家彝追遣小子敵。遣皆从□。説文起之古文从□。竝可證。道字从頁。即所謂古文用頁爲首也。散氏盤衰于原□。詛楚文康回無□。汗簡辵部作□。是古文道。从頁也。道者。謂也。大學道學也。道盛德至。善道得衆。則得國。皆其義。【古文審八卷】

◉劉心源　九道字皆从行从止。合行辵二字爲偏旁也。説文道。古文作□。當从又。與封對射同。即此从□者。省行。汗簡行

部有衟。衟。碧落文。大衟天尊。即此从行者。省止。【奇觚室吉金文述八卷】

◉林義光　說文云。䆃所行道也。从辵首。按首所向也。首亦聲。古作衟貉子尊彝癸。从行首。或作衟散氏器。【文源卷十】

◉商承祚　䆃　據形則是導之古文。然古無導字。左傳隱五年。「請君釋憾於宋。敝邑爲道。」不从寸。桂馥說文義證謂寸部導爲後人所增。其說近似。【說文中之古文攷】

◉馬叙倫　沈濤曰。御覽一百九十五引作一達謂之道路。蓋古本有路字。許本爾雅。爾雅本有路字。不得妄删。桂馥曰。釋名。一達曰道路。道蹈也。路露也。人所踐蹈而露見也。王筠曰。此文似有誤。韓詩章句。行。道也。毛詩傳箋屢云。行。道也。宋保曰首聲。古文作䆃聲。同。徐灝曰。首下捝聲字。淺人删之。倫按所行道也非本訓。蓋本訓行也。校者不知行本是道路之名。故加所行道也以釋之。道从首得聲。周書芮良夫。予小臣良夫稽道。羣書治要引道作首。史記秦始皇紀。追首高明。索隱曰。會稽刻石文首作道。皆其證。鍇本作从辵首。捝聲字。一達五字校語。字當作衜。見貉子卣。此後起字。然已見蒼頡。見一切經音義引。又見急就篇。散盤作衟。貉子卣作衟。曾伯簠作衟。䆃聲。倫檢本部字皆屬動詞。而一達謂之道則名詞也。疑一達謂之道者當爲衜或衟字。道者。徒之轉注字。徒者。今所謂步行也。故論語曰。以吾從大夫之後。不可徒行也。

䆃　鈕樹玉曰。廣韵有。玉篇無。韵會道引說文無古文。桂馥曰。本書。導。導引也。从寸。道聲。馥謂䆃即導字。寸部導後人加之。商承祚曰。據形則是導之古文。倫按寸爲肘之初文。詳寸字下。䆃从寸。首聲。此當爲導之初文。然未見經傳。从首寸後校者加之。【說文解字六書疏證卷四】

◉高鴻縉　道字初意爲引導，从㣥，與从辵同。百聲，百與首與頭，古皆一字一音。今頭與道猶爲雙聲。【散氏盤集釋】

◉嚴一萍　卜辭𢓊𢓊二字，形義顯別，決非一字。其作「𢓊王」者，每在田獵卜辭「亡𢦏」之後。作「王𢓊」者，皆與祭祀有關。就辭義觀之，與「衍王」似有别，故不得謂「衍王」爲「王衍」之倒語也。余謂此𢓊字，當讀如禮學記「道而弗牽」之道。注：「道，示之以道塗也。」正爲卜辭「衍王」的詁。是𢓊即道，爲導之本字也。田獵卜辭每向祖先神祇祈求「亡𢦏」「弗每」，今綴以「道王」成語，乃更進而祈求「示王以道塗」期以多獲。辭十二「衍王」後著二「𡴂」字，其義灼然可見。作「王衍」者，辭義當是「王作前導」，明是王爲主格，與「導王」之王作受格者絶不同。辭二十五上言小臣「眢」，下即不稱「王衍」，而言「衍王」，分別顯明，不容含混也。

石鼓著衜字者，鑾車霝雨兩鼓，辭曰：「眚車𩚵衍」「隹舟以衍。」著導字者，作原與遨水。作原兩字，一者上有缺文，一者上著「盩」字。遨水則曰：「遨導既平。」「遨其周導」，義皆「道路」甚明，而形則从寸之「導」字。汗簡録尚書，道字有衜衟兩體，余謂衍、道、導三者原爲一字，古音道在幽部，石鼓雖以衍叶陽韻，據章氏「次對轉」而言，則幽魚旁轉即成魚陽對轉，不必據陽韻而釋行字也。今試以形證之。

散氏盤有「衜」字，凡六見。曰：「芻衜」「原衜」「周衜」「眉衜」「𠭰逨衜」「根木衜」，皆作「道路」解，與石鼓同。其字則上从首，下从止。

散盤

見此字形方悟以一首一足代替全人，與衜實一字。第時代不同，賦形有異，繁簡雖歧，義仍一貫，且散盤六字之中其第二第六兩字之「止」形譌如又。於是𢿱鼎作衜，曾伯簠作導，皆从又矣。至石鼓則又譌變作从寸矣。貉子卣則从首省止作衜，其演變之迹，固同出一源也。

說文無衜字有道及導。「道，所行道也。从辵从首。䢜古文道，从首寸。」朱駿聲通訓定聲謂：「䢜从寸首，當是導之古文。」乃移䢜字於導字之下。桂馥謂：「此即導引之字，寸部導字後人加之。」段玉裁注則謂：「導爲道之複舉字未删者。經傳多借道爲導，義本通也。」先賢不知道導之本字爲衍，故於毛詩訓行爲道者多不解，許君訓「導」爲「引」，證以甲骨，殆存朔誼。「行道」之訓，則爲後起矣。石鼓衜導並見，蓋雜用古今字，然猶知「衍」有引義。封泥作「衜人」者，端賴地名而存古文也。古文尚書作衜衟蓋亦上有所承。日本內野本尚書亦作「衜」，皆與貉子卣字形同。晉書羊皇后父名衜，龍龕手鑑三彳部有衜衟二字，注曰：「古文道字」，知唐宋猶見此形。觀智院本作「導」，則與甲骨作衜者若有淵源矣。古代文物今日可見者，千不逮一。其間失其連繫而爲吾人所不知者又不知凡幾。觀衜之演變，亦可想像得之焉。因著道字之演變如後：

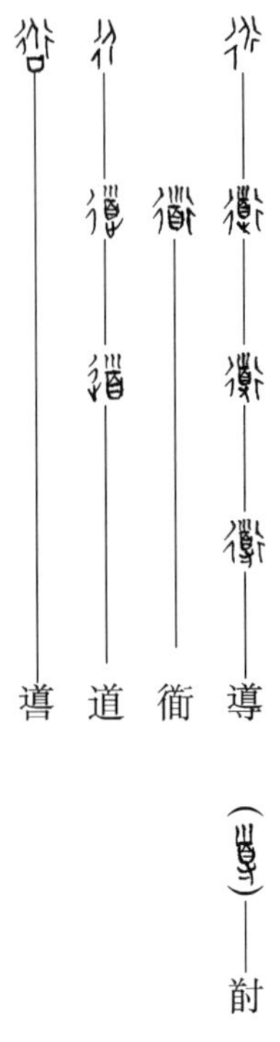

◉嚴一萍　池田末利氏的殷虚書契後編釋文(六)，曾於後下二・十三片釋文中，討論到我的「釋𢓊」一文，真有空谷跫音之感。使我十分高興。雖然，池田氏同意我的𢓊、𢓊、𢓊、𢓊諸形一字的說法，但不同意我釋作「道」字。他贊成羅振玉的釋「行」(户郎切)。因此，他把我所引證的漢封泥「衍人令印」，認爲「也許是周禮的大行人、小行人也未可知」。這是非常錯誤的解釋，對於我國古代的官制，似未嘗措意。須知「行人」自「行人」，「令」自「令」，兩者絶然不同。不知池田氏何以有此疏忽。我們研究甲骨，儘可大膽猜想，但，如果不把它放在中國經典的基礎上，結果必然是很危險的。「道人令」解釋作「行人令」即是一例。由此問題引起，我不能不再作一次補充的釋𢓊(道)。

先說字形。如果一定以𢓊字即彳亍字，不加分別，那末，像

前六・二三・五

前六・二三・七

𢓊　前六・二三・五

𢓊　前六・二三・七

諸字，是不是也可釋爲「行」字？彳亍上可以行人，當然也可以走羊、走牛。然而這兩個字在卜辭中的用法與「彳亍」並不相同。說文有「衜」字，是否也認爲行字呢？真不幸，它不但與行字不同，且大徐讀作「古絢切」，與行之讀户郎切，相去更遠。再看卜辭本身：

辛未卜行貞其乎彳亍行又冓　京津三三二五

貞亡冓

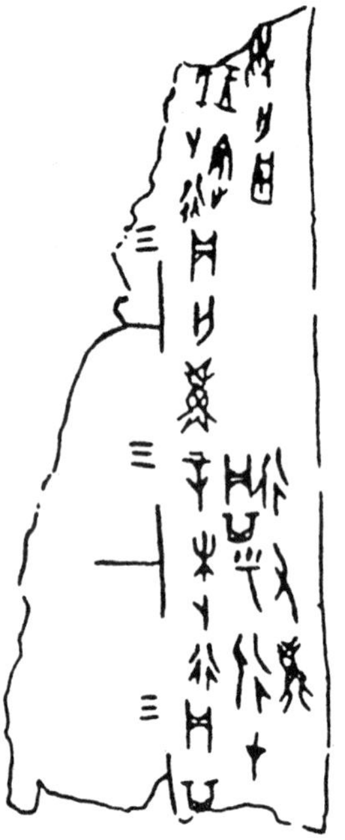

京津三三二五

一句中有兩個衍字，一個簡寫的衍字，如果釋衍爲行，那就是三個行字。「其乎行行」應當如何解釋？說它與行字相同，又何以要在中間加上一個「人」字作區別。甲骨文字在二百七十三年間的演變，有繁省差異很多，而仍爲一字的。也有僅是些微之差而絕然屬於兩字。如果「不看到全體」，從多方面去研究，是不容易決定的。上面這一條卜辭，幾年前曾經就文法上分析，與友人黃六平兄（現在南洋大學執教）討論過，他的覆信說：

> 尊箸「釋衍」，文末論「衍王」之用於田，「王衍」之與祭祀有關，以「衍」在結構中之位置，定其詞類，從而求其訓詁一節，可謂不刊之論。佩仰無既！所示京津三三二五：辛未卜行貞，其乎衍行又冓？貞，亡冓。茲有一疑問，弟不知「衍行」之行字，是否可釋爲出巡，或行獵？如無特殊之意義，似可作如下分析：「其乎衍行又冓？」應讀爲「其乎衍，行又冓？」疑此「行」指行獵（或巡行）。「行」字亦名物化，卽「此行有冓否」之意。「其」爲修飾動詞之副詞，王氏釋詞曰：「其，猶當也。」則「乎」非定爲動詞不可。「乎衍」之衍，乃動詞「乎」之賓語。賓語非名詞，卽爲活用於名詞之其它詞類。弟疑「衍」可釋爲「衍者」（卜辭尚無被飾代詞「者」之用法，先民文字簡單，此「衍」卽「衍者」之意），故此「衍」字在結構中已名物化。「乎衍」卽「乎衍者」也。下文「行又冓」，亦與上文合，卽貞問呼衍者導王出行，此行有所遇或有所獲否。如京津三三二五可定爲田獵卜辭，則弟所釋，或不至大誤。弟於卜辭乃一素人，妄作解人，尚乞指正，是幸。

這樣的解釋，很合情理，所以這衍字仍當釋道。而「衍人令」，更是不折不扣的「道人縣令」。

再就字義講，道王之事，可以印證經典。周禮膳夫：

> 膳夫授祭品嘗食，王乃食。

鄭注：

品者，每物皆嘗之，道尊者也。

孫詒讓正義曰：

膳夫共王食，故掌爲王嘗羞，道王使食之。

王食有膳夫作道，卜辭所見田獵之有道者，當然也可確信。所以卜辭有「叀小臣道」（甲一二六七）「叀小父道」（南北明六三二）的辭句。自證明白如此，似乎不應再有懷疑。質之池田末利先生，以爲如何？【再釋「道」 中國文字第十五冊】

◉許敬參 衛（衜）羅釋衡，王釋違，均未妥。按當是道字。行爲路界，中步乃足跡，别有衜爲繇文，與韋韓中从口者迥異。【鐵釋補正 考古社刊三期】

◉戴家祥 容庚曰：道从首从行。汗簡行部衜釋爲道，見于尚書。金文編第二卷。按容庚所釋可以。（行）象街道形，首表示人。从行从首，表示人所通行的道路。説文二篇「道，所行道也。从辵首。」辵乃彳止合文。（彳）爲行之半，止與首相接，示人行走。衜省止添亍，不改原義。均屬會意。

矢人盤 衜字从衜从止，金文衜即道，衜又从止，表示在路上行走之義，與征字从行从止例同。金文衜用同道，道篆書作䢽，辵即从止从行省，疑道即衜之省形。

秦泰山刻石作䢽與説文同，詛楚文作𩠐，从頁。器銘「亡不𢀜道」，當讀無不訓道，大雅·烝民「古訓是式」，毛傳「訓，道也」。爾雅·釋詁「訓，道也。」訓道同義詞。【金文大字典下】

遽 𨘢

遽 遽仲觶 遽從角 遽從鼎 遽父己尊 遽父己卣 延遽㢑盉 㡚季遽父卣 師遽簋 師遽方彝 从彳 㡚季遽父尊 牆盤 【金文編】

遽 日甲六七背 四例 【睡虎地秦簡文字編】

◉許　慎 𨘢傳也。一曰窘也。从辵。豦聲。其倨切。【説文解字卷二】

◉阮　元 遽古通蘧。爾雅釋草大菊蘧麥。釋文蘧本作遽。蘧伯玉之蘧。淮南泰族作璩。後世有遽氏。又有璩氏。皆蘧之異

文。【遽仲觶 積古齋鐘鼎彝器款識卷五】

◉高田忠周 說文。遽傳也。从辵豦聲。一曰窘也。周禮行夫。掌邦國傳遽之小事。注若今時乘傳騎驛而使者也。左僖三十三年傳。且使遽告于鄭。注傳車。轉義。晉語。公懼遽見之。注疾也。禮記儒行。遽數之。不能終其物。注猶卒也。又轉爲窘迫義也。字亦作懅。後漢書徐登傳。主人見之驚懅。注懅忙也是也。【古籀篇六十六】

◉馬叙倫 一曰窘也。即借遽爲窘。雙聲也。此校語。【說文解字六書疏證卷四】

◉石志廉 [glyph]應爲遽之省文。楚王命傳遽虎節之遽即省作[glyph]。王存乂《切韻》且作[glyph]，上虍作[glyph]。1954年河南洛陽出土戰國錯金鄺鍾戈作[glyph]。金文遽，邵鐘作[glyph]，壬午劍作[glyph]（《金文編》267），兮甲盤虘作[glyph]，沇兒鐘虘作[glyph]，雁節作[glyph]，盧氏涅金和盧氏空首布的盧作[glyph]、[glyph]、[glyph]、[glyph]等，其上部之虍均與[glyph]相近，故[glyph]應爲遽之省文。疑盧氏涅金和洮涅金空首布均爲古代之用來作爲遽馹專用貨幣，呈爲呈之變體，即馹，言涅金者，涅金也，涅爲馹字之或體。

虡和遽都是羣母魚部字。《說文》虡字或體作鐻，鐻遽皆从豦聲。典籍中馹和遽都訓爲傳車之傳。【中國歷史博物館館刊一九八〇年第二期】

◉于省吾 㣫同遽，金文遽字常見，古文从彳與从辵多無別。遽字應讀作競。《左傳》哀二十三年的「使肥與有職競焉」，杜注謂「競，遽也」，《楚辭·大招》的「萬物競只」，王注謂「競猶遽也」。近年來長沙出土的《老子甲本卷後古佚書》引《詩·長發》的「不勮不訹」，今本作「不競不絿」。按勮與遽並从豦聲，勮之通競猶遽之通競。《左傳》昭三年：「司馬竈見晏子曰，又喪子雅矣。晏子曰，惜也，子旗不免，殆哉。姜族弱矣，而嬀將始昌。二惠競爽猶可，又弱一个焉，姜其危哉。」杜注：「子雅、子尾皆齊惠公之孫也。競，彊也，爽，明也。」《爾雅·釋言》也訓競爲彊。競訓彊和彊通強，古籍習見。總之，遽與競雙聲（同屬「羣三」）。競之釋彊爲音訓，競字古屬陽部，「競爽」爲疊韻謰語。銘文的「㣫趬」，乃《左傳》「競爽」的初文。鍾嶸《詩品·總論》：「自王揚枚馬之徒，詞賦競爽，而吟咏靡聞。」其言「競爽」，乃用《左傳》成語。準是，則銘文的「㣫趬」應讀作「競爽」。這是史牆頌揚文考乙公性格的剛強爽明。【牆盤銘文十二解 古文字研究第五輯】

迒 䟘

◉許慎 迒獸迹也。从辵。亢聲。胡郎切。䟘。迒或从足。从更。【說文解字卷二】

◉馬叙倫 桂馥曰。本書叙。見鳥獸蹏迒之迹。釋獸。兔。其迹迒。釋文。迒。諸詮之云。兔道也。阮孝緒云。獸迹也。方言。迒。迹也。字林。迒。兔道也。或借亢字。廣雅。迒。迹也。釋名。鹿兔之道曰亢。行不由正。迒陌山谷草野而過也。

倫按獸迹非本義。或非本訓。校者據爾雅釋獸釋文加之。然爾雅謂兔其迹迒者。迹亦辵之後起字。辵爲行走之走本字。見辵字迹字下。言兔之走迒也。迒爲迦之同舌根音轉注字。迦下曰。過也。過爲跨之轉注字。兔之走爲跨。不循階級也。則雅義與釋名合矣。此字失次。或出字林。今復捝兔道一訓。唐人删之與。

䢚 段玉裁曰。亦形聲。宋保曰。更聲。古音在陽唐部內。故與迒聲同部相近。秔从亢聲。重文作稉。是其例也。倫按更聲。更亢亦雙聲。故迒亦得轉注爲䢚。【説文解字六書疏證卷四】

◉張秉權 𠀠,从丙从止,楷寫爲𠀠,與疋字的或體作𠀠从內从止者不同。𠀠字在此有獲或捕殺之義,疑即迒之或體䢚字,通爲阬(俗作坑),史記項羽本紀:「於是楚軍夜擊,阬秦卒二十餘萬人」,阬有陷殺之義。卜辭言:「弗𠀠兕,隻豕二」者,是説「没有捉到(用阱陷捕)兕,僅捕獲了二頭豕」,這是記事之辭。它辭有曰:

貞:戊弗其𠀠麋?(鐵一三二·三)

貞……勿𠀠豕?(棃二三四)

𠀠字的意義亦與此相同。【殷虛文字丙編考釋】

◉戴家祥

盠方彝

遖。从辵从𠀠。説文不載。以聲符審之,當即迒之別構。説文「迒獸迹也。从辵亢聲。䢚,迒或从足更。」三篇攴部㪅「从攴,丙聲。」金文更作㪅,从𠀠聲。唐韻丙讀「兵永切」幫母陽部。更讀「古孟切」見母陽部。迒讀「胡郎切」匣母陽部。在古代諧聲字中,牙音見溪兩紐,每與喉音曉匣兩紐混淆,如槐从鬼聲,讀「户恢切」,聲在匣母。鬼讀「居偉切」,聲在見母。胡从古聲,讀「户孤切」,聲在匣母。古讀「公户切」,聲在見母。迒之與亢,其例亦猶是也。玉篇一二七迒逕同字,「迹也,長道也。」集韻下平十二庚逕䢚同字。同聲通假字亦讀更,廣雅釋詁三「更,代也。」【金文大字典下】

䢾

䢾 3·305 南隻圖迅【古陶文字徵】

◉許 慎 䢾 至也。从辵。弔聲。都歷切。【説文解字卷二】

◉馬叙倫 段玉裁曰。小雅盤庚。皆作弔。釋詁毛傳皆云。弔。至也。至者。弔中引申之義。加辵乃後人爲之。許盖本無此字。如本有之。不當與䢾道遽迒爲伍矣。倫按段説是也。【説文解字六書疏證卷四】

邊

邊 説文从㒼乃从方之譌 盂鼎 散盤 【金文編】

邊 封四七 二例 秦六二 二例 【睡虎地秦簡文字編】

孫勝邊印 邊徐克印 【漢印文字徵】

詛楚文 㠯偪吾邊境 述取吾邊城 新郢 【石刻篆文編】

籀韻 崔希裕纂古 崔希裕纂古 【古文四聲韻】

◉許 慎 邊 行垂崖也。从辵。臱聲。布賢切。【説文解字卷二】

◉林義光 説文云。邊行垂崖也。从辵。臱聲。臱宀宀不見也。闕。按臱字無考。邊旁也。古作格伯敦。从彳。轉注。从田方丙。方丙皆古旁字。見方丙各條。本从田方。或从田丙。田旁爲邊。誤複之也。或作散氏器。从辵。田以形近譌爲自。或作盂鼎。【文源卷十】

◉高田忠周 説文「邊，行垂崖也，从辵，臱聲。」而臱字説文闕形説，一本「宀宀不見也」，此或寡字之解耳。寡下云：「寡寡不見也」是也，然則臱字，形義未詳者也。然詛楚文下形从方字，漢隸亦往往从方，古文本當如此耳。禮記・玉藻「其在邊邑。」注「九州之外。」吴語「頓顙于邊。」注「邊，邊境也。」蓋本義謂行外境，故字从辵，而轉謂所行之外境亦曰邊也。【古籀篇六十六】

◉丁 山 邊所從臱。臱之初形也。上從自。下從方。儀禮・大射儀。左右曰方。注。方。出旁也。士喪禮注亦云。今文旁爲方。臱之從方。蓋取旁義。王部。皇。大也。從自。自。始也。讀若鼻。鼻邊。對轉臱之從自。蓋取其音。臱者。邊旁之本字也。後世皆假邊爲之。故經典文字曾不見臱。廣雅・釋詁。邊。旁方也。禮記・檀弓，齊衰不邊坐。注。偏倚也。是皆臱之本義。臱之本義爲旁。爲偏。從其聲者。故莫不有偏旁義。目部。矏。目旁薄緻宀宀也。辵部。邊。行垂崖也。莊子。其翼若垂天之雲。釋文引崔注垂猶邊也。釋名・釋宮室。梠。或謂之櫋。櫋。縣也。縣連榱頭使齊平也。方言。屋梠謂之櫺。注。即屋檐也。亦呼爲連縣。是櫋即屋檐。屋檐亦臱也。自邊矏櫋諸字語根言之。臱之爲言匃也。尤碻不可易。古者方與丙形相近。聲相同。用甞無別。儀禮・士昏禮。皆南枋。注。今文枋作柄。又少牢饋食禮。加二勺於二尊覆之南柄。注。古文柄皆爲枋。是古文从方者。有時誤而从丙。臱之从方。取其旁義。若誤而爲㝢。則義不可見矣。作書者乃復增方形于㝢下。故盂鼎邊疾。詛楚文邊競字。其所从臱竝衍丙作臱。漢校官碑。籩豆是𨖱。偏旁作𥃝。盖承盂鼎與詛鼎文之形而誤。若老子銘作邊。劉修碑作邊。其偏旁从旁。蓋又邊之形譌。證之漢碑。可以斷言臱下從方不從丏。其從丏者。惟漢邊虎印與中屠駒翻秦會稽刻石之邊字所从耳。是知説文正篆。多以秦書爲質。非如鄭知同云以古文爲主也。古文臱。从方。自聲。其形甚明。自方譌爲丏。李斯復疊丏爲丏。臱之義非特許君所不解。即李斯亦無以明之。蓋其形義失傳也久矣。今本説文臱下云。宀宀不見。殆妄人據𥃝訓補。非許君之舊。【説文闕義箋】

◉馬叙倫　鈕樹玉曰。韵會引崖作厓。嚴可均曰。韵會一先引作乖崖也。誤。王筠曰。迒當在末。盖迒邊二字校者所補。釋詁。邊。垂也。土部。垂。遠邊也。厂部。厓。山邊也。然則邊者垂厓耳。言行者謂其辵也。倫按此字書多用爲邊垂義。盖以从臱得聲。即借爲臱也。臱爲邊垂本字。詳臱字下。此訓行垂崖。古書無徵。本作行也垂也崖也。垂也崖也校語。邊邊一字。字失次。字見急就篇。則本書自當有之。然亦或急就故書作臱。傳寫以通用字易之。此部末諸文。盖皆出字林也。散盤作邊。其臱字作臱者。臱之異文。方非方字。乃亢央之異文。亢央一字。防備之防本字也。盂鼎作邊。其臱字所从之丏。亦亢字。【説文解字六書疏證卷四】

◉陳獨秀　邊　説文云：臱，宀宀不見也，闕，此依毛本，他本作宮不見也，繫傳作穴宀不見也，徐鍇曰：下盖象重覆也，宀音綿，慎無聞于師故闕之。段玉裁从毛本云：宀宀密緻皃，毛詩曰綿綿，韓詩曰民民，其實一也。上从自下不知其何意，故云闕，謂闕其形也。爾雅釋言：矈，密也，注云：緻密，亦作矊。招魂：遺視矊些，注云：脈也。郭璞江賦：江妃含嚬而矊眇。字林：篡，折竹筤也。説文矏下言宀宀，𥃝下亦言臱臱；按綿綿、矊矊、民民、脈脈、宀宀、𥃝𥃝皆重言形況字，單言之則曰矈、𥃝、矊、脈；説文毛本𥃝作宀宀不見，近是。讀若宀。説文：𩕄，臱聲讀若宀。義爲邊遠不見。玉篇：𥃝，不見也。廣韵：邊，視遠之皃。許云闕者，謂闕音。其形則見於金文盂鼎邊侯之臱，从自从穴从方。散氏盤邊柳之邊从自从方，詛楚文邊競字之偏旁亦作臱，與盂鼎同。漢校官碑籩豆字之偏旁作𥃝，與盂鼎詛楚文並同。老子銘作邊。自之下从穴从方，或自下从旁，或自下从方，大射儀：左右曰方，注云，方亦旁也。自下無从□者，从□作者自秦會稽刻石之□始，説文篆文多襲秦篆之譌，此一證也。徐鍇謂□象重覆，錢大昕謂□爲次之古文□省，皆緣説文篆文之譌形以立説。从自从穴金文从穴之偏旁或作□，徐鍇本作穴宀不見，意亦以爲从穴。玉篇廣韵⿱自丙及从邊之字皆从自从穴从方，或云□爲丙，義不可通。从方或旁者謂人能見遠物而不見其眼下之鼻，鼻穴兩旁益邊遠矣；故由⿱自丙孳乳之字其義率爲邊、旁或邊遠。説文：邊，行垂崖也。爾雅釋詁：邊，垂也。垂即陲。廣雅釋詁四：邊，方也(方即旁)。説文：𡨄，𡨄𡨄不見也；櫋，屋櫋聯也；釋名：梠或謂之櫋櫋，緜也，緜連榱頭使齊平也。榱即椽，櫋爲屋檐邊。矏，目旁薄緻宀宀也；目旁即目四邊。籩，竹豆也。説文籀文作□，□象有籐邊之竹豆，爾雅釋器：竹豆謂之籩，疏云：籩以竹為之，口有籐緣，形制如豆。【小學識字教本】

◉高鴻縉　字作□者乃旁邊字，从□(古旁字)，自(古鼻字)聲，作□者，乃邊遠字。从辵，臱聲。盂鼎作□者，復增丙爲聲符也。今篆譌作□，隸楷變作邊。【散氏盤集釋】

◉黄錫全　甲骨文中有一個尚未取得定論之字□(後2·22·16)。孫海波的《甲骨文編》(一九三四年版)四卷四頁上收此字釋為𡨄，云：「不从□。」一九六五年中華書局出版的《甲骨文編》改釋為⿱自丙，云：「从自从丙，《説文》所無。」陳夢家先生曾指出：「這是卜辭僅見的邊字。」然李孝定將此字列入存疑字，認為「字从自从丙，雖與邊字所从□形近，然未可遽認為一字」。島邦男《綜類》只存原篆，没有隸定。徐中舒先生主編的《漢語古文字字形表》，高明先生的《古文字類編》均未收録。

《説文》有邊字，篆作□，「行垂崖也，从辵𡨄聲」；又有𡨄：「宮不見也，闕。」段玉裁云：「上从自，下不知其何意，故云闕，謂闕其形也。」金文邊字，盂鼎作□，散盤作□，詛楚文邊作□。對其構形，林義光誤以□(格伯毁原)為邊，解釋為从田、方，或从田、丙，田以形近譌為自。高鴻縉以為「字作□者，乃旁邊字，从□(古旁字)、自(古鼻字)聲；作□者，乃邊遠字，从辵、臱聲。盂鼎作□者，復增丙為聲符也」。丁山以為「臱之从自，蓋取其音，……臱之从方，取其旁義，若誤而為⿱自丙，則義不可見矣……」。可見，對于邊字構形的分析，也没有取得一致的意見。

甲骨文□字，上从自，下从丙，隸定作⿱自丙，不誤。我們認爲，⿱自丙是一個从自、丙聲的形聲字，即説文之𡨄，爲邊字古體。自本古鼻字。説文：「自，鼻也，象鼻形。」自有始義。説文皇下云「自，始也。……讀若鼻，今俗以始生子爲鼻子。」方言：「鼻，始也。」始即天地萬物之開端。玉篇：「邊，邊境也。」即邊鄙、邊疆，實國之始。説文邊，「行垂崖也」。段注：「行於垂崖曰邊，因而垂崖謂之邊。」垂崖即崖之盡頭，即山崖之始。冂即丙，乃聲符。邊屬邦母元部，丙屬邦母陽部。二字雙聲，韻部也近。如馬王堆漢墓帛書戰國縱横家書擯作擅，擯屬陽部，擅屬元部，方乃後來疊加之聲符……方丙同屬邦母陽部字。音同字通。……⿱自丙字後來增加彳、辵作□、□。如同後字，甲骨文本作□，金文令𣪘加彳作□，杕氏壺作□；往字，甲骨文本作□(戩八一·五)，吳王光鑑作□，侯馬盟書作□(六七·二九)等。然甲骨文的臱與金文的𩂈、𨘢之間尚缺字形演變的環節。

汗簡彳部保存有邊字古形□(乃𢓜形譌)。古文四聲韻録雲臺碑作□，郭顯卿字指作□，古老子作□，郭、夏均以爲道字。此字所从之□，與甲骨文臱同，𢓜即邊字。……

卜辭云：

叀往臱 (後下二二·六)

戍徝(德)往于來□酒臱□衛又(有)𢦏

陳夢家謂：「辭云往邊，則戍有守邊之責。」

綜括上述，甲骨文中的臱迄無定論，對金文邊字的構形也異説紛紜，今據《汗簡》的𢓜，證明了邊字的演變關系，並指出臱字是从自丙聲的形聲字，後叠加音符方(有時方、丙互作)，增加偏旁彳或辵。从甲骨文的臱到後來的𨘢、𢓜、邊，《汗簡》的𢓜彌補了字形演變的中間環節。【利用汗簡考釋古文字　古文字研究第十五輯】

◉徐　鉉　邂邂逅。不期而遇也。从辵。解聲。胡懈切。【説文解字卷二新附】

□ 128反【包山楚簡文字編】

◉徐　鉉　逅邂逅也。从辵。后聲。胡遘切。【説文解字卷二新附】

◉徐　鉉　遑急也。从辵。皇聲。或从彳。胡光切。【説文解字卷二新附】

□ 逼【汗簡】

□ 古史記　□ 崔希裕纂古【古文四聲韻】

◉徐 鉉 逼近也。从辵。畐聲。彼力切。【説文解字卷二新附】

◉黄錫全 偪逼 《漢書·賈誼傳》、《揚雄傳》之「偪」，師古注「古逼字」，此所本。甲骨文偪作□(摭續149)，詛楚文「目□吾邊競」之偪即逼。鄭珍云：「秦詛楚文見『偪』篆，知先秦已有，非漢代字，《説文》偶未及耳。」【汗簡注釋卷三】

邈

□ 邈【汗簡】

□ 義雲章【古文四聲韻】

◉徐 鉉 邈遠也。从辵。貇聲。莫各切。【説文解字卷二新附】

◉黄錫全 □邈 鄭珍云：「邈，《説文》新附，俗作邈。古止用藐，藐从貇。貇正作皃籀作貌。此省邈从皃非。」《玉篇》逍，古文皃。【汗簡注釋卷二】

遐

□ 遐 □ 遐出郭顯卿字指【汗簡】

□ 古孝經 □ 義雲章 □ 郭昭卿字指【古文四聲韻】

◉徐 鉉 遐遠也。从辵。叚聲。臣鉉等曰。或通用假字。胡加切。【説文解字卷二新附】

◉黄錫全 □遐 鄭珍云：「叚古文作□，此从之，中□譌□。」叚字古本作□(禹鼎)、□(克鐘)，从□，从□，从□，變作□(曾伯匿)、□(周王戈)、□(三體石經瑕)、□(説文古文)，□爲□變，□爲□下二變，□爲□變。【汗簡注釋卷一】

訖

□ 石碣霝雨 流迄滂滂【石刻篆文編】

◉徐 鉉 訖至也。从辵。气聲。許訖切。【説文解字卷二新附】

迸

◉徐鉉　迸散走也。从辵。并聲。北諍切。【說文解字卷二新附】

透

◉徐鉉　透跳也。過也。从辵。秀聲。他候切。【說文解字卷二新附】

邏

◉徐鉉　邏巡也。从辵。羅聲。郎左切。【說文解字卷二新附】

迢

◉徐鉉　迢迢遰也。从辵。召聲。徒聊切。【說文解字卷二新附】

3323　3804　1540【古璽文編】

逍

【汗簡】

◉徐鉉　逍逍遥。猶翶翔也。从辵。肖聲。臣鉉等案。詩只用消搖。此二字字林所加。相邀切。【說文解字卷二新附】

◉黃錫全　趙臣忠恕嘗覽滑州趙氏碑是唐衢題額尚如此作　鄭珍云：「此《說文》新附『逍遥』之『逍』，徐鉉云《詩》止用消搖，此二字《字林》所加。是改消搖别从辵，漢後俗字也。若古趙字有如此作，世不合改『消』與之同。」趙字古作(禺邘王壺)、(侯盟)，又可作(侯盟)、(同上)、勺(馬王堆帛書)。三體石經趙字古文作，此所出。走、辵偏旁可以互作，詳前记字。【汗簡注釋卷二】

遙

石經多士　汗簡遥作此又借爲繇皆同聲通叚繇字重文【石刻篆文編】

遥【汗簡】

義雲章【古文四聲韻】

◉徐鉉　遙逍遥也。又遠也。从辵。䍃聲。余招切。【說文解字卷二新附】

彳

德

◉黄錫全　遥　彔伯𣪘繇作，㪴史鼎作，師寰𣪘作，从言，从獸形（曾憲通説，古研10）。此字所从即、之譌變形。三體石經繇字古文作，此所本。王國維認爲「从辵不从言，殆即遥徑之遥」（魏石經殘石考）。遥、遥音義同。雲夢秦簡䌛作繇。【汗簡注釋卷一】

彳丑亦切　【汗簡】

◉許　慎　小步也。象人脛三屬相連也。凡彳之屬皆从彳。丑亦切。【説文解字卷二】

◉馬叙倫　楊桓曰。彳。道之隘而半於行者。象半行之形。鈕樹玉曰。文選魏都賦注引作亍。步也。疑脱小字。繫傳篆作。通部同。王筠曰。繫傳篆作。朱筠本同。顧本私改爲。而部中字皆从。象人脛。下當依五經文字補形字。倫按行字金甲文作。象四達之道形。詳形字下。彳爲行之省。本部字皆與从行者義無歧别。金甲文从行者或从彳。如衛甲文或作。是其證。彳音徹紐。盖附會辵字爲之耳。象人脛三屬相連也。亦爲校者改之。【説文解字六書疏證卷四】

甲二三〇四　羅振玉釋德云卜辭皆借為得失字　庚辰卜王貞朕德六月　乙三七五　亡德　乙九〇七屮德　河五七九　鐵五五・四　鐵一六三・二　拾五・一　前七・七・四第二字未刻全　後二・二二・一六　戩三九・七　林二・九・三　粹八六四　粹一一四〇　佚五七　佚六四〇　師友二・一五八　燕七二四　燕七五七　鄴初下・二九・四　【甲骨文編】

德　何尊　盂鼎　班簋　嬴霝德鼎　嬴霝德簋　季嬴霝德盉　伯㦵簋　𤔲盤　師𩛥鼎　師朢鼎　弔向簋　㠱𠂤壺　毛公厝鼎　番生簋　井人妄鐘　克鼎　蔡姞簋　德克簋　虢弔鐘　秦公簋　齊陳曼固　省心　德方鼎　德鼎　弔德簋　辛鼎　不从彳

嬴霝德壺　㥁字重見　从辵　弔家父匡　王子午鼎　惠于政德　　王孫鐘　惠于政德又誕永余德　王孫誥鐘

从言　蔡侯䌛鐘　鄂君啟車節　如馬如牛如德∶乃犆之異體禮記少儀大牢爲牛少牢爲羊犆豕∶爲豕故知德爲犆也　【金文編】

秦487　楊氏居貲武德公士契☐　【古陶文字徵】

三∶七　十四例　宗盟委質類被誅討人名兟德　一六∶四　一九八∶九　九八∶六　三∶二　十二例　一五六∶四　九二∶三四　三∶一二　五十九例　直　同宗盟類參盟人名直父　三∶一　四十三例　三∶五　八五∶二　一五二∶五　二例　探八㊁∶一　七九∶三　植　八八∶一四　一五六∶二六　【侯馬盟書字表】

德疾邑丞　復德左尉　建明德子千億保萬年治無極　常延德印　衛德　郭博德印　師奉德印　張德　【漢印文字徵】

泰山刻石　祗頌功德　禪國山碑　夫大德宜報　　石經君奭　罔不秉德　古文不从彳　郎邪臺刻石　御史大夫臣德

詛楚文　幾靈德賜　　品式石經咎繇謨　日宣三德　【石刻篆文編】

德　德　【汗簡】

　竝古孝經　　竝古老子　王庶子碑　同上　雲臺碑　　　竝崔希裕纂古

【古文四聲韻】

◉許　慎　德升也。从彳。㥁聲。多則切。【説文解字卷二】

◉薛尚功　德字从彳。而此器从辵。盖德出於道。从辵亦篆籒之本意。【歷代鐘鼎彝器款識法帖卷十一】

◉徐同柏　德古作悳。説文云。内得於己外得於人也。得作㝵亦作㝵。此僨迺德字也。【周君夫敨　从古堂款識學卷十五】

◉吳大澂　德从彳从𥄉从心。𥄉。古相字。相心爲悳。得於心則形於外也。【說文古籀補】

◉林義光　說文云。悳外得於人內得於口也。从直心。按古作悳陳侯因𬇙敦从直从心。直者循之本字。心之所循為悳也。說文云。德升也。从彳悳聲。按古作德孟鼎。从心循。循即直。則德與悳同字。或作德單伯鐘。从德亦循字。經傳悳皆以德為之。德之韻訓為升。此登蒸韻之雙聲對轉。非其本義。易君子德車剝卦。孟子又從而振德之。此兩德字皆當訓為登。【文源卷十】

◉孫詒讓　說文心部「悳，外得於人，內得於己也。从直心」。古文作悳。又彳部「德，升也。从彳，悳聲」。攷金文陳侯因𬇙敢悳作悳，孟鼎德作德，叔向父敢作德，陳曼簠作德，虢尗鐘作德，辛德氏壺又省作德，並从「直」从「省」从「𥄉」，龜甲文則作德，與壺文同。攷金文𥄉𥄉字恆見，皆當爲省字舊釋爲相誤，如盂鼎「我其遹省先王，受民受彊土」，季娟鼎「令小臣夌先省楚居」，皆是也。說文乚部「直，正見也。从十目乚」。眉部「省，視也。从眉省，从屮」。金文𥄉字从「屮」从「目」，即省視之省，與直从「十」「目」「乚」迥異。若然，古文悳當从「心」从「省」，蓋以省心會意，較直心義尤允協。此小篆改易古文，失其本怡者也。

金文德字變體甚多，如散氏盤德字作德，从小。說文省，古文作𡮴，从「少」「囧」。盤文德上从「小」，即从「少」省也。若如小篆从直，則从小必不可通矣。又史頌鼎敢德作德德兩形，變从心爲从言从又，形並奇詭。而弟一字从省，省與金文通例正合。弟二字从𤯓，則當爲眚字。說文目部眚，从目生聲。金文揚敢、曶鼎「既生霸」生，並作此字，即借眚爲生也。舊亦誤釋爲相。金文「省」「眚」二字互通，如南宮鼎「先眚南國」，宗周鐘「王肈遹眚文武，堇彊土」，與小臣夌鼎、孟鼎文例正同。是敢文雖變从眚，亦可爲德本从省之證。若从直，則與眚相去千里矣，此亦足證小篆之誤也。【名原下卷】

◉羅振玉　說文解字。德升也。从彳。悳聲。此从彳。从𥄉。吳中丞曰。𥄉古相字是也。曆鼎與此同。德。得也。故卜辭中皆借爲得失字。視而有所得也。故从𥄉。【增訂殷虛書契考釋】

◉商承祚　𢓊。亦德字。文曰。貞王德土方。與十二葉之文同。故例而知其未刻全者。【殷虛文字類編二卷】

◉高田忠周　說文。德升也。从彳悳聲。升即登也。易剥䖏本。君子德車。此本字本義之僅存者也。又悳訓外得于人內得于己也。从直从心。又直訓正見也。从十从目从乚。乚者隱也。十目所視乚匿者不能逃也。然卜辭金文。直不从乚。唯从十目作直。會意固足矣。故悳亦作悳。德亦作德又省作徝。而皆無乚。古文實如此耳。又古文多借德爲悳。銘云明德。與禮記大學明德同。又書洪範。六三德。正直剛克柔克也。周禮師氏。以三德教國子。至德敏德孝德也。大戴四代有天德。有地德。有人德。此謂三德。又易文言四德。後漢書班彪傳注五德。周禮大司徒。六德。左宣十二年傳。七德。書皋陶謨。

九德。皆正悳字義也。今德專行而悳字廢矣。【古籀篇六十四】

◉馬叙倫　段玉裁曰。升當作登。登德雙聲。倫按德訓登也。似爲登之轉注字。然周禮太卜。三曰咸陟。鄭注。陟之言得。讀若王德狄人之德。本書。陟。登也。陟登雙聲。則登也是陟字義。登阜爲陟。升車爲登。義别而聲同。語原然也。此則以聲訓。而與直一字。故甲文作。曆鼎作。从彳猶从乚也。登也或非本訓。字見急就篇。史頌𣪘器作。仍从辵。为之變譌。亦直之譌。非相字也。盖文作。言爲之誤。【説文解字六書疏證卷四】

◉郭沫若　德字始見於周文。

班𣪘「公告氒事于上：隹民亡𢓊抽才哉，彝𢘌(昧)天命，故亡。允才哉顯，隹敬德，亡卣攸違」。

此乃成王時器，乃彝銘中德字之最初見者。殷彝無德字，卜辭亦無之，羅振玉殷契考釋以等字爲德，案實㣥字也。

羅謂「曆鼎與此同」，實則曆鼎德字其下仍從心作，特漫漶耳。

於文以省心爲德。

説文道德之德作悳，云「外得於人、内得於己也，从直心」；德訓「升也，从彳悳聲」。金文悳字罕見，凡道德字均作德，今就金文編所收者十五字，迻録之如次：

盂鼎　番生𣪘　叔向𣪘　虢叔旅編鐘　毛公鼎　井尸妄鐘　蔡姞𣪘　師望鼎　德克𣪘　叔家父簠　秦公𣪘　齊陳曼簠　王孫遺者鐘

通觀諸字，蓋寔从㣥若㣥，从心，㣥者巡省之本字也，𢼊甗「師雝父道至于𪒠」，即言師雝父出巡，道至于舒也。古文省相形近，省本不從目，从目作者乃古人之筆誤，説詳「殷周青銅器銘文研究」。是則古人造文寔以省心爲德：省者視也。【傳統思想考　金文叢考】

◉嚴一萍　金文德字形體殊多，如王孫鐘。又加止从辵，弔家父匡，辛鼎省心，蔡侯鐘从言，繒書則與陳侯因資敦作者最近。説文古文作，正始石經尚書作。【楚繒書新考　中國文字第二十六册】

◉高　明　商承祚云：「悳匿，有作『側匿』、『仄慝』、『縮肭』，音同形異」，案義亦相同。悳即德字之省，與側、仄古爲雙聲疊韻，互爲通用。如《尚書・伊訓》：「德惟治，否德亂」；《逸周書・芮良夫》「否則民讎」；《羣書治要》「否則」而作「否德」，足爲德側互用之證。《漢書・五行志》：「晦而月見西方，謂之朓；朔而月見東方，謂之仄慝。」孟康注：「朓者月行疾在日前，故早見；仄慝者月行遲在日後，當没而更見。」朓與德匿皆爲日月亂行之現象。《漢書・孔光傳》云：「時則有日月亂行，謂朓、側慝。」【楚繒書研究　古

文字研究第十二輯】

◉曾憲通 凡戠悳匿 乙五・一三 隹悳匿之戠 乙六・一一 隹孛悳匿 乙七・五 此字僅残存一象徵性形，據上下文義可斷為悳字之残。是胃悳匿乙九・二三 羣神乃悳 乙九・二八

悳古德字。金文德字異體殊多，邑陳侯因資敦作與帛文最近。「悳匿」商先生讀作側匿，古籍又作仄慝、縮朒，形異而音同。《漢書・五行志》：「晦而月見西方謂之朓，朔而月見東方謂之仄慝。」帛書屢見德匿而未見朓，李學勤疑以一名兼指兩者而言。李零認為德匿是個反義的合成詞。德指天之慶賞，匿指天之刑罰，表示上天對人事的報施，亦就是古書常見的德刑或刑德。【長沙楚帛書文字編】

◉徐中舒 人八七六 從彳從，即直字，象目視縣懸錘以取直之形；從彳有行義。故自字形觀之，此字當會循行察視之義，可隸定為徝。徝字《説文》所無，見於《玉篇》：「徝，施也」。甲骨文徝字又應為德之初文。金文德作辛鼎，與甲骨文徝同，後增心作毛公鼎，即為《説文》德字篆文所本。《説文》：「德，升也。」為後起義。【甲骨文字典卷二】

◉戴家祥 説文二篇「德，升也。从彳，悳聲」。按許氏德訓「升也」，乃訓登，非訓德也。古德得同字，釋名・釋言語「德，得也。得事宜也」。唐韻德得俱音「多則切」，端母之部。聲轉爲登，登讀「都騰切」端母蒸部，之蒸陰陽對轉，故德亦同登。公羊傳隱公五年「登來之將何？」何劭公云：「登讀言得來之者，齊人語也。齊人名求得作登來者，其言大而急，口授也」。説文十二篇撜，或體作拼。夏官羊人「割羊牲登其首」，鄭玄注「登，升也。升首報陽也」。左傳隱公五年「鳥獸之肉，不登於俎」，孔穎達疏「登訓爲升」。又僖公廿二年「公及邾師戰於升陘」釋文「升陘，本亦作登陘」，是皆訓登升通叚之證。

經傳德與悳同，周書多士「罔不明德恤祀」，文侯之命「克順明德」，左傳僖公四年「明德惟馨」，襄公二十四年「恕思以明德」，定公四年「選德明德以屏藩周」，禮記大學「大學之道在明德」，墨子・天志中「予懷明德，不大聲以色」，又明鬼下「帝享女明德」，易・小畜「君子以懿德文」，國語・周語「我求懿德」，左傳僖公廿四年「周之有懿德也」，酒誥「經德秉哲」，孟子・盡心下「經德不回」，大誥「正德利用厚生」，君奭「其汝克敬德」，又曰：「王人罔不秉德」，「秉德迪知天威」，大雅・文王「聿脩厥德」，皆以德爲悳，通假字也。

史頌毁 德，疑爲德之異構，从與从、僅簡繁之別。古籍中「德者得也」，集韻「德，行之得也」。羅振玉説：德字「卜辭皆借爲得失字」增訂殷墟書契考釋中第七十二葉。德與得通，故此德字易从心爲从又。

辛鼎 徝即德之省體。金文用法同德，如辛鼎、曆鼎等，或用作人名，如德方鼎、叔德毁等。

六人盤　金文从彳之字往往可以从辵，如後作逡、彶作返、彸作從等，故知遷乃德之異體，王子午鼎「惠于政遷」與盂鼎「今我唯即刑啚于玟王正德」辭例完全相同，是其證也。

史頌鼎　德字蔡侯鐘作譓，从言。此作德，當亦爲德字異體。鼎銘「史頌德穌」，「德者得也」，當訓爲得。【金文大字典上】

古老子【古文四聲韻】

◉許　慎　徑步道也。从彳。巠聲。徐鍇曰。道不容車。故曰步道。居正切。【說文解字卷二】

◉馬叙倫　桂馥曰。一切經音義七引通俗文。邪道曰徯。步道曰徑。釋名。徑。經也。言人所經由也。易說卦。爲徑路。鄭注。田間之道曰徑路。禮記祭義。是故道而不徑。注。徑。步邪趨疾也。老子。大道甚夷而人好徑。論語。行不由徑。鄭注。步道曰徑。周禮遂人。遂上有徑。注。徑容牛馬。倫按步道引申義。或非本訓。【說文解字六書疏證卷四】

鐵一四五・一　卜辭用复為復重見复下【甲骨文編】

复之重文【續甲骨文編】

七九：七　五例　宗盟類而敢有志復趙尼及其子孫于晉邦之地者　委質類或復入之于晉邦之地者　二〇〇：六四　九二：一六例　三：八　八五：八　一五六：一九　三十一例　九二：三一　三例　一五六：八　十九例　一五六：一〇　七例　九八：一二　三例　一五六：三　二例　九二：二〇　一：八一　一：八二　四例　二〇〇：六六　九八：一七　七例　一六：二　七例　一九四：四　六例　二〇〇：一〇　一五六：二　探八㈡：一　三：一七　一五六：一　四十五例　三：六　四例　三：二一　四例　七五：七　二例　九八：

六 三：二〇 二例 一五六：五 二〇三：三 七七：一二 二例 一：六一 二例 九二：一一 八五：五 八五：二 二〇〇：二三 二〇〇：四一 一五六：四 二例 三：二三 二例 三五：二 一：一四 八五：二五 一：一二 腹 一六：一七 八五：三 二〇〇：一四 一：一七 三例 三：九 五例 一六：五 一：三一 四例 三五：三 三例 一九八：二二 一：四一 一：四〇 【侯馬盟書字表】

復 效二五 五例 通複 —結衣 封七三 日甲一六六 四例 效三三 十九例 日乙一〇八 三例 封八五 二例 日甲二五背 二例 【睡虎地秦簡文字編】

0509 0995 與侯馬盟書復字同。 2909 2042 【古璽文編】

魚復長印 復德左尉 馬復之印 闕復 椑復之印 史復私印 李復 【漢印文字徵】

天璽紀功碑 治復有□未解 詛楚文 將欲復其䚕速 石碣而師 汗簡引郭顯卿字指作 石經僖公 曹伯襄復歸于曹 【石刻篆文編】

復出郭顯卿字指 【汗簡】

華嶽碑 古老子 郜昭卿字指 雲臺碑 竝崔希裕纂古 【古文四聲韻】

◉許 慎 𢓭往來也。从彳。夏聲。房六切。【説文解字卷二】

◉林義光 説文云。𢓭往来也。从彳复聲。复行故道也。从夊。畐省聲。按复復義無別。當同字。古作散氏器。从象人形。下象其足見夌夋各條。从彳。畐省聲。畐之韻復幽韻雙聲旁轉。變作曶鼎。【文源卷十一】

◉羅振玉 [glyph] 説文解字。復。往來也。从彳复聲。曶鼎作[glyph]。此从[glyph]。殆[glyph]之省。从夊。象足形。示往而復來。【增訂殷虛書契考釋】

◉馬叙倫 鈕樹玉曰。繫傳篆作[glyph]。況祥麟曰。復爲复重文。任大椿曰。國語補音引字林。復音蝮。王筠曰。朱筠本繫傳篆作[glyph]。复聲。作复聲。非。玄應音義六引有謂往來復重也。盖庾注。倫按復爲复之後起字。复下曰。行故道也。字見急就篇。然疑急就故書作复。傳寫者以通用字易之。此字出字林也。散盤作[glyph]。鬲比簋作[glyph]。曶鼎作[glyph]。【説文解字六書疏證卷四】

◉高鴻縉 復字，原作[glyph]，作[glyph]，見甲文金文，初意爲往來也。从夊[glyph](古壺字)聲。周人加辵爲意符，如本銘[glyph]字。或加彳爲意符，如鬲从簋[glyph]字。構造稍複矣。秦篆省變作[glyph](見嶧山刻石)，隸楷作復。此處復，又也，副詞。【散盤集釋】

◉嚴一萍 [glyph]汗簡引郭顯卿字指作[glyph]，散盤作[glyph]，皆與繒書近，知即復字。【楚繒書新考 中國文字第二十六册】

◉李孝定 [glyph] 按説文「復。往來也。从彳复聲」。此不从彳。复字重文。金文作[glyph]散盤[glyph]鬲比盨[glyph]復公子簋[glyph]小臣遨簋。亦有不从彳以复爲之者。【甲骨文字集釋第二】

◉張日昇 説文云。復。往來也。从彳。复聲。又云。复。行故道也。从夊畗省聲。復复本當爲一字。复从夊。已見行意。更从彳若辵。乃後之增繁。金文从[glyph]。高鴻縉謂古壺字。與許氏謂畗省異。攷諸字形。兩氏之言皆非。攷諸古音。复在幽部b'iok。畗壺分别在之部b'iwək與魚部ɣwâg。故壺聲畗聲之説亦並誤。竊疑[glyph]乃象二皿若豆相合之形。豆實从甲豆傾覆至乙豆。亦可从乙豆傾覆至甲豆。故有往來反覆之意。其用於行則从夊。聞一多謂夊本有聲。畗亦注聲。似未可从。蓋夊在微部。古音作siwəd。與复相去甚遠。陳邦懷謂复是从亯省。甲骨文字集釋頁一八九七引。並以曶鼎復字所从[glyph]與[glyph]形近爲證。李孝定非之。是也。古器皿有作尖底者。不足爲奇。簠字毛公鼎作[glyph]。番生𣪕作[glyph]。此皿之爲尖底器之明證也。李氏謂[glyph]从[glyph]疑象器形甲骨文字集釋頁一八九九。惜未知其爲二器相合之形耳。【金文詁林卷二】

◉戴家祥 張(日昇)釋可備一説。但復仍當由畗得聲。説文五篇「良，善也。从畗省亡聲」。季良父簠「良」字作[glyph]，與復所从同。故復亦由畗構成。畗复古聲同爲重脣音，韻雖非同部，但之幽古音爲通韻。復當从畗得聲無疑。[glyph]並非畗省。故許謂「畗省聲」亦差矣。

[glyph]史牆盤 唐蘭徐中舒裘錫圭並讀腹。戴家祥按：説文復古文作[glyph]，鬲比盨復作复[glyph]是[glyph]之省，通復。漢書董仲舒傳「有火復于王屋，流爲烏」。顔師古注「復，歸也」。此「遠猷[glyph]復心」謂遠道歸心也。【金文大字典上】

徯 徎 往

◉許 慎 復也。从彳。从柔。柔亦聲。人九切。【説文解字卷二】

◉馬叙倫 嚴可均曰。韵會廿六厚引直作柔聲。朱駿聲曰。从彳。柔聲。倫按復音奉紐。古讀奉歸並。徯从柔得聲。柔从矛得聲。矛音明紐。並明同爲雙脣音。聲又同幽類也。故復轉注爲徯。【説文解字六書疏證卷四】

◉許 慎 徑行也。从彳。呈聲。丑郢切。【説文解字卷二】

◉馬叙倫 段玉裁曰。行盖衍文。玉篇徎字在彳之下。德徑之上。云。徑也。或即本之説文。王筠曰。徎與辵部逞同。盖辵从彳。其義本通。故彳部有从辵者三字。辵部有从彳者四字。倫按史記仲尼弟子傳。魯左人郢字行。郢即徎之借字。然則徑行也當作徑也行也。行也校者加之。故玉篇但作徑也。徎爲徑之疊韻轉注字。亦匸之轉注字。匸讀若徯。徯徯同从奚得聲。或古讀徯如豀。音在豀紐。徎音徹紐。豀徹同爲破裂次清音也。匸象衺道之形。徎徑亦轉注字。亦是衺道。故老子謂大道甚夷而民好徑。論語。行不由徑。禮記曰。道而不徑。鄭注謂步衺趨疾也。【説文解字六書疏證卷四】

鐵一・二 卜辭用㞷為往重見㞷下 後一・一四・八 卜辭用䢗為往重見䢗下 【甲骨文編】

㞷之重文 【續甲骨文編】

往 吳王光鑑 不从彳 鄂君啟舟節 自鄂往 【金文編】

3・972 獨字 3・974 同上 説文古文往从辵作 齊魯3・2 【古陶文字徵】

六七：二九 內室類自今以往 六七：二一 六七：三 六七：一 二十九例 六七：三〇 二例 六七：三九 【侯馬盟書字表】

往 日乙一五〇 八例 封七四 【睡虎地秦簡文字編】

0726 鄂君啟節作與璽文相近，以為往字。㞷字重見。 0727 1153 0332 【古璽文編】

䢔 往 【汗簡】

[glyph] 古老子 [glyph] 古尚書 徃 崔希裕纂古 [glyph] 同上 徃 籀韻 【古文四聲韻】

◉許　慎　徃之也。从彳。㞷聲。于兩切。䢔古文从辵。【説文解字卷二】

◉王　襄　㞷㞷　古㞷字。與往爲一字。【簠室殷契類纂】

◉高田忠周　説文。徃之也。从彳㞷聲。古文从辵作䢔。又㞷。艸木妄生也。从㞢在土上。徃字形聲兼會意顯然矣。【古籀篇六十四】

◉商承祚　䢔　説文。䢔。古文往。依例補。从辵。案甲骨文作㞷㞷。不从彳。从止王聲。與㞢部㞷爲一字。【説文中之古文攷】

◉顧廷龍　䢔　往。説文古文从辵。【古匋文孴録】

◉馬叙倫　往爲㞷之後起字。㞷亦作[glyph]。見甲文。从㞢。王聲。形與艸妄生也之㞷近。故此誤爲从㞷。後以爲别於㞷。加彳旁耳。然最初文㞢即㞷也。㞢本足之象形文。原文字未興之前。以圖畫表示意思。如金文有於亞形中作人物之形及所謂析子孫者。皆是也。當此時代。一㞢之形而以其圖畫方向之不同。成許多不同之意義。㞢本足也。足所以走。故即以㞢爲走義。本書。𣥂。蹈也。讀若撻。即今所謂踏也。踏謂足履於地。蓋走之始。㞢先箸地。㞢是足指向上或向前之象。向上則步字从㞢从𣥂。㞢之與𣥂左右足而已。步爲陟之簡文。猶夅亦降之簡文。見步字下。人由坐或卧而起。離其坐或卧之處。足自先向前走故歬先二字皆从㞢。初即以㞢表前行之義。後增舟以足其意。或增人以爲之聲。而作歬或先字。前行乃向對方而走。故爲往義。而㞷所以从㞢也。初亦止以㞢表往之義。後增王聲而爲㞷也。來者由對方向我而來。故來之初文作夂。今麥字从之得聲。而夂即㞢之到文也。後亦增口以足其意。而字作各。見各字下。不前爲退。故夂又爲退。夊部——字下曰引而上行讀若囟。引而下行讀若退。倫謂——字必無此二音。蓋實㞢夂之音也。未審如何譌傳耳。古囟進音同讀若囟即進音也。今五篇部首音楚危切者是也。後起字作復。亦爲後。故後字亦从夂。夅字則从夂。从㐄。夅亦退也。左向其㞢作夂。其義爲追。今五篇部首陟侈切之夂是也。亦作夂。故致字从之。反夂則爲𡕒。即五篇跨也。苦瓦切之𡕒。是也。亦作𡕒。金甲文陵字从之。惟何以左向爲追。右向爲跨。今不能明其理。以甲文跽字作[glyph]从𡕒示反踵。則圖語之夂𡕒亦視其圖而可知其意耳。之也疑非本訓。

[古文]　鈕樹玉曰。繫傳作[古文]。據注則當作[古文]。王筠曰。朱筠本繫傳作[古文]。倫按本作古文往。校者改之。【説文解字六書疏證卷四】

◉屈萬里　[古文]與[古文]當爲一字，羅振玉釋往（殷釋中六四葉），是也。蓋[古文]乃往字之異體耳。卜辭：「壬午卜，㱿□：臣往羌，卒？」甲編三四二七臣往羌者，謂有臣逃亡，往于羌地也。【殷虛文字甲編考釋】

◉于省吾　甲骨文每用㞷（往）與正爲祭名，自來均不得其解。不得其解的原因有兩種可能：一是㞷與正爲商人特有的祀典，後世已不沿用；一是後世用通假字以代替㞷和正，而我們未知其通假爲何字。對此，我是同意後者的。我認爲，往祭即後世之禳祭，禳乃往的借字。就古音言之，往禳疊韻，故通用。禮記祭法的「相近於坎壇」，鄭注謂「相近當爲禳祈，聲之誤也。」然則往之通禳也，猶相之通禳。再就義訓言之，典籍每訓往爲去，又訓禳爲攘除，以爲除凶去殃之祭。然則往和禳不僅音通，義也相涵。周禮女祝的「掌以時招梗禬禳之事」，鄭注：「卻變異曰禳，禳，攘也。」又肆師的「與祝侯禳于畺及郊」，賈疏：「禳者禳去殃氣。」儀禮聘禮的「禳乃入」，鄭注：「禳祭名也，爲行道纍歷不祥，禳之以除災凶。」以上是畧述典籍中禳祭的義訓。現在將甲骨文有關往祭者擇録數條，並畧加解釋。

一、貞，于羌甲卸，克㞷疒。（乙一三九四）

二、丙寅卜，㱿貞，匕庚㞢女，㞷，二牛，翌庚用。（珠三四一）

三、壬戌卜，貞，帚好不㞷匕庚。（粹一二三二）

四、庚申卜，旅貞，㞷匕庚宗，段、激。才十二月。（文録四四七）

五、癸子卜，㞷戞以雨。（南北明四二九）

六、貞，㞷于夒（夒），㞢从雨。（珠一一九）

七、貞，㞷于河，㞢雨。（續存下一七六）

八、……乎□㞷于河，㞢从雨。（乙一四六五）

以上所引八條的㞷均應讀作禳（攘）除或禳祭之禳。第一條的于羌甲卸，克㞷疒，是説于羌甲用禦祭，能夠攘除疾病，攘作動詞用。第二、三、四條是于匕庚用禳祭，以攘除殃災。第五、六兩條是乞雨于戞和夒。第五條的㞷戞以雨，是説因爲乞雨而用㞷祭于戞。後四條都是乞雨于先公而用㞷祭。乞雨而用禳祭，爲的是攘除旱災。由于用㞷祭于先公之下，均用以雨、㞢雨或㞢从雨之辭，其非霪雨爲災以求晴，是顯而易見的。【甲骨文字釋林中卷】

◉于省吾　甲骨文「往來」之「往」作□（往，从彳乃后起字，始見於東周器吴王光鑑），从止□（王）聲。這和甲骨文的「前」字作□，从止凡聲（詳甲骨文字釋林釋寿），都是上形下聲的形聲字。㞷之从止乃表示行動之義。古文字从止（趾）與从止（之）迥然有别。甲骨文第五期的「㞷」字有的作□（前二・二〇・三）。周初器浧伯卣的「浧」字从㞷作□，猶與契文銜接。又周初器媓觚的「媓」字从皇作□，下从王作□，與契文早期王字相仿。值得我們注意的是，周初器□作樂皇考尊的「皇」字作□。此字是由甲骨文晚期的□形遞嬗而來，乃㞷字演化爲皇的枢紐，所謂「中流失船，一壺千金」。周代金文諸皇字的上部變化繁多。總起來説，前引尊銘的皇字，已由契文㞷字開始變作□，再變則作□或□，三變則作□、□或□、□，四變則省作□或□（以上凡未注明器名，均見金文編）。至于皇字的下部作□或□，皆用「王」字作爲聲符。依據上述，由㞷字孳乳爲皇，其上部變動不居，已與㞷字顯然分化。至于秦器的「皇」字皆作□，已爲説文皇字譌作「从自王」的由來。【釋皇　吉林大學學報一九八一年第二期】

◉徐寶貴　□此字見於《古璽彙編》二九五頁，編號爲3141的姓名私璽。

該書將此字當成「㞷止」二字，殊誤。其實，這是一個从「止」、「㞷」聲的「𨑒」字。古文字偏旁「彳」、「止」、「辵」通用，依此理，此字當是「往」字的異構。【戰國璽印文字考釋七篇　考古與文物一九九四年第三期】

◉戴家祥　孫詒讓云「□字以形聲求之，當為从辵匩聲。然匩□两字説文並未收，尋文討義，或為匡之異文，匡从㞷聲，與羊聲同部也。名原下第三十葉。按□从辵，似宜讀為易繫辭「日往則月来」之往。説文「徃，之也。从彳㞷聲。□从辵，古文往从辵」。大徐徃讀于两切喻母陽部，羊讀與章切，不但同部而且同母。國語晉語「吾言既往矣」，韋昭注「徃，行也」。日往天子頵命，謂日行天子之明令也。□□表音符號更旁字也。吴大澂釋臧愙齋集古録第十册十六頁，徐中舒釋將歷史語言研究所集刊第六本一分册三十八葉金文嘏辭釋例，吴闓生釋揚吉金文録卷三第廿四葉，高田忠周釋𨒪古籀篇六十四第七葉，皆偏離字形逞其臆説。

□門徃父庚爵　徃乃迋字省體。金文慣例，从辵字可改為彳。如追之作㣥、還之作𢕍。迋字金文又作□。故徃即迋之省。

【金文大字典下】

◉許　慎　𢖋行皃。从彳。瞿聲。其俱切。【説文解字卷二】

◉馬叙倫　段玉裁曰。此與足部躣音義同。走部又有趯。錢坫曰。廣韻以爲與躣同。倫按走部。趯。走顧皃。足部。躣。行皃。趯躣一字。此訓行皃。即躣趯義。𢖋爲衢之異文。行皃當作行也。上下文皆非狀詞。可知。疑此字出字林。【説文解字六書疏證卷四】

彼 不从彳 郘鐘尹鉦 皮字重見 【金文編】

彼 秦一七四 四例 通皷 —賞 秦一七四 為一一 【睡虎地秦簡文字編】

石碣汧殹丞皮淖淵 古文不从彳皮字重文 開母廟石闕 㻶彼飛雉 魏古篆兩體彼四殘石 【石刻篆文編】

彼 【汗簡】

古老子 同上 裴光遠集綴 【古文四聲韻】

◉許 慎 往有所加也。从彳。皮聲。補委切。【說文解字卷二】

◉高田忠周 石鼓文。丞丞皮淖淵。按經傳彼字也。說文。往有所加也。从彳皮聲。朱氏駿聲云。漢靈臺碑。德彼四表。經傳皆以被爲之。又叚借發聲之詞。呂覽。本味道者止彼在已。注謂他人。然則彼我字似非有深義而爲聲音之叚借者。故鼓文唯以皮爲之。然叚借省形存聲。殆爲古文恆例。彼字假令用本義。亦當以皮爲之也。【古籀篇六十四】

◉馬叙倫 桂馥曰。加當爲如。左隱五年傳。公將如棠觀魚。王筠曰。往字句。加當爲如。鄧廷楨曰。彼加疊韻。倫按經傳無用此義者。朱駿聲曰。靈臺碑。德彼四表。經傳皆以被爲之。倫謂加彼聲同歌類。故得相借。彼之本義亡矣。疑本作加也。以聲訓。故校者釋以往有所加也。而彼實假之轉注字。詩。假樂君子。禮記中庸作嘉樂。此訓加也。往有所加即往有所至也。假音見紐。彼音封紐。同爲清破裂音。假聲魚類。魚歌亦近轉也。【說文解字六書疏證卷四】

徼 法一 八例 日乙三四 三例 【睡虎地秦簡文字編】

林罕集 【古文四聲韻】

◉許 慎 循也。从彳。敫聲。古堯切。【說文解字卷二】

◉馬叙倫 沈濤曰。後漢書董卓傳注引循作巡。蓋古本如此。漢書趙敬肅王彭祖傳。注。徼謂巡察也。後漢書班彪傳注。徼道。徼巡之道。荀子富國篇注。徼。巡也。是古徼巡字作巡。不作循。其作徼循者假借字。倫按漢之游徼即遊巡也。徼从

敫得聲。敫从敫得聲。敫从出得聲。出聲脂類。巡聲真類。脂真對轉。或巡之轉注字耶。字見急就篇。【説文解字六書疏證卷四】

◉睡虎地秦墓竹簡整理小組 徼，邊塞，《漢書・鄧通傳》：「盜出徼外鑄錢。」注：「徼，猶塞也。」【睡虎地秦墓竹簡】

甲2304 2838 乙580 1986 4065 5179 6384 6768 7096 7290 8033 珠1 459 467 佚30 134 381 524 530 815 966 續3・8・5 3・10・1 3・27・1 4・36・5 5・6・4 5・11・4 5・14・4 6・19・5 6・24・8 徵10・2 10・3 10・4 10・6 10・10 10・12 11・93 京4・5・1 4・26・3 凡22・3 27・1 録579 鄴41・6 誠95 龜卜105 續存594 粹864 1128 1140 【续甲骨文編】

循 秦六八 三例 雜四二 二例 法一八七 【睡虎地秦簡文字編】

田循私印 監循之印 賈循私印 袁循之印 冷循 壺循私印 【漢印文字徵】

韓仁銘領【石刻篆文編】

◉許 慎 循行順也。从彳。盾聲。詳遵切。【説文解字卷二】

◉林義光 説文無直字。古作且子齋。即循之古文。从目之省。目之所之為循也。舊釋作相。未知所據。相古作相侯敦。从目木。宗周鐘。王肇遹直文武。盂鼎。粵我其遹直先王。公違彝。乙公違直自東在新邑臣。且子齋。王令且子迨西方于直。直讀為相。皆不可通。今考遹直即率循。爾雅釋詁。遹遵也。釋言遹述也。廣雅釋言率述也。遹率述古並同音。直自東。西方于直。即循自東。循於西方也。循行之循。經傳多以巡以徇為之。甗鼎師雝父循道至于𡚬。循作。从彳。轉注。與篆尤近。

史頌𩰫彝令史頌循徇穌法。循作𢓊。从辵。即徝之變。亦作徝。从言。【文源卷十】

◉葉玉森　林義光氏釋𢿏鼎徝道爲循道（文源）。至塙。他辭云。貞𢀛不其徝。（藏五五・四）□貞多□不其徝伐苦方。（藏一九二・三）貞王徝土□。貞王勿徝。（仍徝字微省筆）土方。（前七・七・四）庚申卜𣪘貞今春王徝土方□之□又。（甲二・九・二）各辭中之徝如釋德似不可通。訓得亦未安。當即循字。禮月令循行國邑。循即巡。左莊二十一年傳。巡者。循也。循巡古通。【殷虚書契前編集釋四卷】

◉馬叙倫　沈濤曰。書泰誓正義一切經音義十三又十七又廿二引皆無順字。然循訓爲順。傳注屢見。循字似不得單訓爲行。以下文急行隱行之例。行順當作順行。王筠曰。行字句。行者。游徼之謂。是循之正義。故書疏玄應皆引作行也。無順字。申之以順者。言其所以名爲順也。循順同音通借。倫按本作行也。順字校者加之。以釋循字之音者也。故古書或借順爲循。循或遁之異文。或遵之聲同真類轉注字。孟子。遵海而南。今北京恆言順到某道而去。順謂遵也。然則循遵之得聲由語原自有順義。玄應一切經音義引倉頡。循。求也。又見急就篇。【説文解字六書疏證卷四】

◉李孝定　「説文：循。行順也。段氏依大誓正義所引刪順字。从彳。盾聲。」契文作徝。羅釋德。然金文德字均从心作。契文徝字無慮數十百見。無一从心者。可證二者實非一字。且釋德於卜辭辭例亦不可通。郭隸定作徝若直謂即直之古文。於字形差近。於卜辭言徝伐訓爲正伐或讀爲撻伐。亦可通讀。惟卜辭云「丁巳卜貞𠂤于□王徝入」甲編一八九「庚辰卜王貞朕徝𢀛六月」甲編二三〇四「□徝今𣓁春□方」甲編二八三八。單言徝。不與伐字連文。如釋直辭意難通。魯君謂叚爲遊陟之陟。按陟許訓登。經傳亦多訓登。訓升。訓上。甲編二八三八於某方言徝。如讀爲陟亦覺不辭。屈君釋省。訓爲巡視。其義是也。惟省从生媘。契文之無一从生媘作徝者。其説亦覺未安。惟葉君釋循於字形辭義均優有可説。按説文：「盾，瞂也。所以扞身蔽目。象形。」小徐繫傳「象形」之下有「厂聲」二字。沈濤古本考亦宗小徐説。若然。則盾字从直象形。契文徝字即从彳直盾聲。或謂厂聲二字乃衍文。則徝字亦可解爲从彳盾省聲也。卜辭言循伐者。言以兵威撫循之。史記項羽本紀「於是梁爲會稽守。籍爲裨將。循下縣。廣陵人召年於是爲陳王徇廣陵。未能下」之徇。集解引「李奇曰『徇。略也。』如淳曰『徇音撫徇之徇，徇其人民。』」，正義「以兵威服之曰下」。正卜辭循伐之意也。單言循或言循某方者。則行巡視之義也。【甲骨文字集釋】

[glyph] 乙五一二三 [glyph] 乙九〇七七 [glyph] 菁一一・一九 【甲骨文編】

[glyph] 乙5123 [glyph] 粹901 [glyph] 1220 [glyph] 新3905 [glyph] 4613 【續甲骨文編】

◉許　慎　彶急行也。从彳。及聲。居立切。【説文解字卷二】

◉馬叙倫　鈕樹玉曰。一切經音義五引作彶彶急行也。倫按音義引複一彶字者。隸書複舉字也。急行也。當作急也。行也。急字蓋本校者注以釋彶字之音者也。彶逮蓋一字異文。猶及之與逮矣。【説文解字六書疏證卷四】

◉郭沫若　弟六行「司余小子弗彶」，當如是斷句，説文「彶，急行也」。此言天降喪亂，如不急起振作則國何可治？【金文叢考】

◉戴家祥　説文二篇「彶，急行也。从彳及聲」。金文用作動詞，意爲到達。如格伯𣪘、不嬰𣪘等。或用作連詞，通及，如曶鼎等。或用作人名，如⿰鬲丮从盨等。或借用作其，如鄭虢仲𣪘「子子孫孫彶永用」，與己厌簋「子子孫其永用」、黄韋俞父盤「子子孫其永用之」、訇伯簋「萬年孫子其永用」等，辭例正同。且其彶同屬牙音，韻亦近，故可通假。【金文大字典上】

◉戴家祥　[glyph]字从辵，右半似及字。鄭虢仲𣪘及作[glyph]，與此形似。説文辵部無⿺辶及字，彳部有彶字，訓「急行也」，或即彶之表義更旁字。器銘「永⿺辶及」當讀永給。説文十三篇「給，相足也。从糸，合聲」。彶給皆讀「居立切」，見母，緝部。同聲必然同義，集韻二十七合⿰舟合⿰舟及同字。⿰革及⿰革合同字。國語晉語「豫而後給」，韋昭注「給，及也」。【金文大字典下】

◉許　慎　⿰彳翌行皃。从彳。翌聲。一曰此與馺同。穌合切。【説文解字卷二】

◉馬叙倫　嚴可均曰。上即彶篆。云。急行也。馬部。馺。馬行相及也。疑此當作讀與馺同。在彶下。倫按嚴説是也。此校語。⿰彳翌蓋翌之後起字。然凡从翌之字可疑。或此字出字林也。【説文解字六書疏證卷四】

[glyph] 微 為五 【睡虎地秦簡文字編】

[glyph] 禪國山碑 大賢司馬微 [glyph] 石碣乍邍 【石刻篆文編】

[glyph] 微 [glyph] 微出碧落文 【汗簡】

道德經　竝古尚書　裴光遠集綴　籀韻【古文四聲韻】

◉許　慎　隱行也。从彳。𢼸聲。春秋傳曰。白公其徒微之。無非切。【說文解字卷二】

◉劉心源　微。紂畿內國名。見尚書孔傳。論語類考云。微。本陝西郿縣地。紂徙于畿內。葢在魯地。春秋莊公二十八年築郿。公羊穀梁俱作微。郿微古字通用。注云。微即微子所食邑。姓觿引姓考云。周武王牧誓。八國有微人。㠯國爲氏。又引千家姓云。東魯族左傳有微虎。此微伯邊亦氏微也。【古文審卷二】

◉強運開　說文。隱行也。从彳。𢼸聲。春秋傳曰。白公其徒微之。段注云。𢼸。訓眇微。从彳。訓隱行。叚借通用微。而𢼸不行。邶風。微我無酒。又叚微爲非。又云。白公其徒微之。左傳哀十六年文。杜注曰。微。匿也。與釋詁匿微也互訓。皆言隱不言行𢼸之叚借字也。運開按。論語。微管仲註無也。又晉語。公子重耳過曹。曹共公聞其駢脅諜其將浴。設微薄而觀之。註。微。蔽也。按此上闕三字。【石鼓釋文】

◉柯昌濟　卜詞字當即微字。與金文公史敦字同。與小篆作相似。石鼓作。【殷墟書契補釋(未刊)】

◉馬叙倫　任大椿曰。一切經音義十四引字林。微。隱行也。倫按漢書成帝紀。上始爲微行出。張晏曰。白衣。組幘。單騎。出入市里。不復警蹕。若微賤之所爲。倫謂微行必非謂若微賤者之所爲。盖猶謂閒道出走也。帝王出入警蹕。從正道。今自側道行。故謂之微行。此訓隱行者。盖本是隱也行也二義。隱借爲乚。乚乂一字。詳乂字乚字下。若故是隱行則謂隱藏之道。如今言小路也。然此字林義。本訓捝矣。微盖㔰之轉注字。㔰音來紐。古讀歸泥。微音微紐。同爲邊音也。書堯典。明明揚側陋。史記五帝紀。悉舉貴戚及疏遠隱匿者。衆皆言於堯曰。有矜在民閒。漢書外戚傳。上乃詔求微時故劍。微時謂被禍以庶人衣食縣官時。正猶舜在民閒也。是微時猶㔰時。史每言微賤。微亦言未達在側㔰也。然則微爲㔰之轉注字無疑。亦匿之轉注字。匿音娘紐。亦邊音。故書言側㔰。史記作隱匿也。白公其徒微之。微之正謂匿之。然此校者所加。石鼓作。【說文解字六書疏證卷四】

◉胡厚宣　甲骨文言「風曰𡵂」,𡵂即微。堯典言「鳥獸希革」,希微義近。【四方風名考證　商史論叢初集二册】

◉饒宗頤　舊釋長,按與實爲一字,四方風名「南方曰」(京津四二八),字亦作(拾掇二·一五八),可證當釋𡵂及𢼸。間或益止旁作𡷫(續編五·一〇·一,簠地三一重,又綴合編一一七)石鼓文「微」作,其中所从與此同。考豈字从𢼸省聲,故卜辭𡵂風即「豈(愷)風。」此𡵂又爲地名,他辭如:「𡵂其㞢囚」(天壤五九)「𡵂不其受年」(乇乙四六五三)。又稱「𡵂人」,「貞:人于𦘔酉。」(金璋五〇七)「貞:甶韋令狩畀𡷫。」(乇甲二二五八)「𡵂……从……令貞:甶雟。」(珠二九三字小)又屢言「㞢」(乇乙六五五·六

徥 徐

五八・七三〇)俱岀爲地名之證。岀即微,微子之命鄭注云:「微,采地名。」在山東泰安,與此之微是否同地,尚難遽定。【殷代貞卜人物通考卷九】

◉黄錫全 此即微字。⊘《説文》正篆作。夏韻微韻作,此寫譌。鄭珍云:「薛本全書同。……今《説文》在人部。《六書故》引唐本敚在岀部。訓『敚見其岀也』。此形正从岀省。」古文字「敚」並不从岀省,鄭説非是。【汗簡注釋卷一】

◉黄錫全 微出碧落文 今存碑文作,鄭珍「按,唐司馬承禎書潘師正碑文微作,與此小異,尋其筆跡,蓋敚字也,以山倒書之,兀从俗隸作冂,攴則以意妄變」。【汗簡注釋卷二】

◉戴家祥 石鼓文作邋,「我嗣」,形近,彼文以「」連文,此殷以「各」連文,義爲行。各格同字,其義爲至。以文義審之,或爲微之别體,集韻上平八微,敚「説文妙也。徐鉉曰:从岀省,岀,物初生之題尚敚也。通作微。」微或从行。古字行辵彳同義,偏旁每多混用。冬官考工記「進而視之,欲其微至也。」鄭玄云:「進,行也。微至,至地者少也。」殷銘「各」猶云微至也。唐韻微讀「無非切」,明母脂部。【金文大字典下】

◉許 慎 徥徥。行皃。从彳。是聲。爾雅曰。徥。則也。是支切。【説文解字卷二】

◉馬叙倫 翟云升曰。繫傳則也上有尾字。衍。倫按爾雅曰。徥。則也者。徐鍇語。徥盖是徐之轉注字。徥音禪紐。徐音邪紐。邪禪皆摩擦次濁音也。徥徥之一字盖隸書複舉字。校者又加一字也。【説文解字六書疏證卷四】

余之重文 【續甲骨文編】

徐 國名嬴姓子爵春秋昭公三十年滅於吴經傳通作徐 銅器銘文从邑作𨛜 沇兒鐘 𨛜字重見 【金文編】

9・7 徐逯

9・17 徐徒得

9・81 徐衆 【古陶文字徵】

徐 日甲一〇二 九例 通除 毋以五—門户 日甲一〇二

日甲七〇背 二例 【睡虎地秦簡文字編】

1940 𨛜經典通作徐 𨛜字重見。

1950

1954

1946

1948

1942

1943

1956

1941【古璽文編】

徐令之印　徐延之印　徐宣　徐義　徐弘之印　徐賢　徐匡私印　徐何　高徐何

徐於陵　徐澤之印　徐倉　徐自為　徐成　徐詘　徐奴之印　徐武之印　徐忠

徐俊私印　徐賢　徐翁伯【漢印文字徵】

徐竝出王存乂切韻【汗簡】

道德經　王存乂切韻【古文四聲韻】

◉許　慎　徐安行也。从彳。余聲。似魚切。【説文解字卷二】

◉吳闓生　徐於金文為郐。亦作鈇⿰甚夫。⿰甚夫即鈇之異文。簠簋之簠或從⿰甚夫作⿷匚⿰甚夫。知⿰甚夫鈇為一音也。徐舒同字。詩荆舒是懲。史記作荆荼。左傳舒州。史記作徐州。阮本有⿱癶夫王作彝。鄒安本有⿱叙皿王之鉥。从余从予。當亦舒之異文。【吉金文録自序】

◉王　襄　古徐字。从辵省。辵、彳二字古相通叚。古與郐通。郐字重文。【簠室殷契類纂正編二卷】

◉孫海波　从止从余。説文所無。古通郐。

佚三八七。疑⿱余止字或體。【甲骨文編】

◉馬叙倫　安行也當作安也行也。安也校者據易馬注加之。徐从行。疑爲徒之轉注字。即今之途字。徒音定紐。徐从余得聲。余音喻四。古讀歸定。聲又同魚類也。甲文之盖行走之義。故从。或爲徐之異文。安也者盖人部俆字義。或曰。安也引申義。徐爲遲之轉注字。遲音澄紐。然从犀得聲。犀从得聲。徐从余得聲。余音皆喻四。古讀澄歸定。喻四古亦在定紐也。字見急就篇。【説文解字六書疏證卷四】

◉徐中舒　徐，金文作郐从邑，今从彳，乃邑字形譌。周禮雍氏注云：「伯禽以王師征徐戎」，劉本徐作郐，音徐，古書徐字不誤者極少，説文謂郐讀若塗，又別爲二字，實誤。又舒豫並从予，予亦邑字形譌。古地名偏旁从邑者，多屬後起的形聲字，如鄭、鄫、郱、⿰奄阝，春秋時金文但作奠、曾、井、奄，尚不从邑，至春秋末期晚出之金文，即不从邑的楚字，也增邑旁作鄬，故徐舒二字，在較早期的文字中，就當只作余舍。【黃河流域穴居遺俗考　中國文化研究彙刊第九册】

𢓊 □

𢕒 □

𢓜 □

◉蔡運章 □上部从余，下部所从之□，當是邑字別體。戰國平首布祁字邑旁作▽▽，陶文郝字邑旁作□□，都與此構形相近。此字从余从邑，當隸定爲郐。金文徐國之徐多作郐，故當是徐字別體。徐喜是工師的姓名，徐是其姓，喜乃其名。【甲骨金文與古史研究】

◉許　愼　□行平易也。从彳。夷聲。以脂切。【說文解字卷二】

◉馬叙倫　鈕樹玉曰。篆當作□。倫按足部踧下亦訓行平易也。引詩踧踧周道。然踧□一字。詩借踧爲𢓊耳。𢓊音喻四。踧从叔得聲。叔音審紐。審與喻四同爲摩擦次清音也。𢓊當訓行平也。行平即道平。老子。大道甚夷而民好徑。夷爲𢓊省也。此訓行平易也者。當作行平也。易也。易也校者加之。爾雅釋詁。夷。易也。【說文解字六書疏證卷四】

◉許　愼　□使也。从彳。䛣聲。普丁切。【說文解字卷二】

◉馬叙倫　段玉裁曰。言部無䛣。當作从彳从言甹聲。倫按从彳。䛣聲。言部無䛣。玉篇。䛣。言也。毛公鼎有㗗朕位。孫詒讓謂㗗即䛣之古文。倫謂甹。聲也。甹。亟詞也。疑䛣㗗爲甹或甹之異文。又疑䛣爲聘問本字。故从言。耳部。聘。訪也。即䛣字義。此訓使也與訪問義同。盖䛣字義。𢕒之本義亡矣。疑此字出字林。【說文解字六書疏證卷四】

□ 後一・一〇・四　地名　□ 後一・一一・一一　□ 菁九・四　□ 續三・三一・九【甲骨文編】

◉許　愼　□使也。从彳。夆聲。讀若螽。敷容切。【說文解字卷二】

◉羅振玉　□　說文解字：「逢，遇也，从辵夆聲。」此从彳，古文从辵者或从彳。許書所載篆文亦然，如退或从彳作徂是矣。【增訂殷墟書契考釋中】

◉馬叙倫　嚴章福曰。本書無螽字。當作蠭。許𢕒𢓜連文。皆訓使。周頌。莫予荓蜂。傳。荓蜂。摩曳也。大雅。荓云。不逮。傳。荓。使也。按蜂即蠭省。說文作𢕒𢓜。經典通用荓蜂。故云。𢓜讀若蠭。朱駿聲曰。爾雅。甹夆。掣曳也。即許書之𢕒𢓜。詩小毖作荓蜂。甹夆雙聲連語。倫按嚴說是也。鍇本作蠭同得夆聲。𢕒音滂紐。𢓜音敷紐。古讀歸滂。𢕒𢓜轉注。其義亡矣。讀若螽校者加之。【說文解字六書疏證卷四】

𢓊

◉戴家祥

㚸螸壺

⿰彳奉，即𢓜之繁。説文二篇「𢓜，使也。从彳夆聲。讀若螽」。𢓜，根據金文構字特點，即逢之省。如追之作𢓃、還之作徻、遝之作徻等等。集韻𢓜又作⿺辶𢓜。⿺辶𢓜則爲逢之繁。㚸螸壺「⿰彳奉鄙亡道」，辭意亦當爲逢字。説文二篇「逢，遇也」。【金文大字典上】

◉許慎 𢓊迹也。从彳。戔聲。慈衍切。【説文解字卷二】

◉羅振玉 説文解字。𢓊。迹也。从彳。戔聲。案𢓊與踐同。踐訓行。儀禮士相見禮注。訓往。吕氏春秋古樂篇注。此从辵。从戈。或省止。與許書之𢓊同。但戈戔殊耳。又許書𢓊衜並訓迹。乃一字。踐雖訓履。然與𢓊亦一字。是一字而析爲三矣。【增訂殷虚書契考釋】

◉馬叙倫 王筠曰。𢓊與行部衜皆云。迹也。足部。踐。履也。蓋同字。小徐本。衜。踐也。蓋以重文爲説解也。倫按𢓊爲衜之異文。甲文作□□。或作□□。从辵。𢓊衜二字必有一非許書原有。【説文解字六書疏證卷四】

徬

□乙5288 □8053 【续甲骨文編】

◉許慎 徬附行也。从彳。旁聲。蒲浪切。【説文解字卷二】

◉羅振玉 □ 説文解字。徬。附行也。从彳。旁聲。案後世彷徨之彷。殆从旁省。與彷同。此从行。方聲。與彷同。【增訂殷虚書契考釋】

◉商承祚 □此从旁省聲。意即彷徨之彷。雖不見于許書。然莊子史記皆有之。【殷虚文字類編第二】

◉余永梁 □書契卷一三葉 □同上卷四三十一葉 □書契後編下二十二葉 案此字从行方聲。殆亦彷徨之彷。古金文有此字。諸家並釋衞。【殷虚文字續考 國學論叢一卷四號】

◉周名煇　行部[glyph]衛父卣蓋[glyph]衛公叔段　吳氏定爲衛字古文。今考定爲彷字古文。

名煇案。段銘云。唯九月初吉庚午。公叔初見于[glyph]。賢從。公命事晦。賢百晦□字不可猝識用作寶彝。是受百晦作器者乃賢也。公叔初見于[glyph]。字从[glyph]从[glyph]从方聲。與衛字从口古文圍字聲者大異。由銘文公叔初見于[glyph]一語推之。可論定者二事。其一。則公叔不稱衛公叔。吳氏題衛公叔段之非也。其二。則[glyph]乃國族名。非衛國。則由賢受百晦知之也。殷虚卜辭有[glyph]字書契後編卷下第二十二葉[glyph]字同上弟二十六葉。羅振玉釋爲徬字。謂説文解字徬。附行也。从彳旁聲。後世彷徨之彷。殆从旁省。與徬同。此从行方聲。與彷同。今案。羅説是也。而卜辭字與此文一也。同爲地名。殆即房歟。房氏原爲周王室婚姻之國。與王室相親。其地望又與東都相近。其後爲楚所滅。此則未滅以前所作器也。謂爲王室婚姻之國者。國語周語云昔昭王娶于房。曰房后。謂其後爲楚所滅者。春秋昭公十三年傳云。楚之滅蔡也。靈王遷許胡沈道房申於荆焉。平王即位。即封陳蔡而皆復之。禮也。房與衛。同从方聲。房爲房室字。故从户。此則房國族名之本字也。其地在今河南遂平縣西。其國名曰衛者。蓋取防衛之意。殷周兩朝。並以荆楚爲患。詩商頌大小雅可見。則其國族地名之制。必在殷高宗以前矣。

【新定説文古籀考卷上】

◉郭沫若　寇伯鼎「唯十月叓使于曾，寇伯于成周休賜小臣金，弗敢[glyph]易，用乍作寶旅鼎」周金文存卷二弟卅九葉。弗敢下一字舊未釋。今案。其字當從四止方聲，止本趾之初字，四止示足跡之四出無定也。當即徬若彷之異文。[glyph]易乃疊韻聯綿字，即徬徨若彷徨莊子·逍遥遊，大宗師，天運，達生矣。此二聯綿語古無定字，或作方羊左氏哀十七年傳，或作仿佯呂氏春秋·行論，楚辭·遠遊，淮南·精神訓，又或作仿洋淮南原道訓彷徉楚辭招魂。國語吳語作仿偟，荀子君道篇及禮論篇作方皇。本器則作[glyph]易耳。【金文餘釋　金文叢考】

◉馬叙倫　[glyph]爲徬之異文。从行。央聲。附行者。行爲道路蓋今所謂人行道也。又疑附行也當作附也行也。附也以聲訓。一訓校者加之。甲文又有作[glyph][glyph]者。則乃从衛省。尢聲。爲央之異文。央爲防衛本字也。詳央字下。或爲衛之異文。[glyph]其省也。【説文解字六書疏證卷四】

◉李孝定　説文。「徬。附行也。从彳旁聲。」契文作彷。即後世彷徨之徬。當爲徬之古文。羅商之説是也。辭云「多射彷」(前五·四二·五)。葉玉森云。「按『多射[glyph]』官名。一作『多射[glyph]』(後下·二六·一)。[glyph]與[glyph]及他辭之[glyph](後下二十二·十六)同字。疑衛爲虎賁之官。从[glyph]象懸刀於架。示守衛意。以[glyph]或[glyph]象足跡巡行。」(前釋卷五弟四十七葉)又云。「貞衎不□寇」乙五二八八。疑並當讀爲防。防之本義爲隄。引申之爲凡備禦之稱也。葉氏以多射彷爲官名。可從。然實非衛字。他辭言多射衛者。同

實而異名也。又乙五二八八辭與「貞勿虫□」對貞。又疑□當讀爲祊。單辭孤證。不能確指也。【甲骨文字集釋第二】

◉何琳儀　□，《概述》隸還。按字从辵从□。□乃□之形譌，很可能是製範者的筆誤。啓卣與啓尊字體雖然典雅峻整，但也時有荒率之處。如夙字，卣器作□，而卣蓋則誤作□（與金文揚字如無上下文意制約，幾不能區別）；又如旅字卣作□，而尊則作□。因此，□爲□之形譌是完全有可能的。旁，姒𩰫簋作□，故□當隸作逬。

古文字从辵與从彳往往無別，如金文後作𨒪、𢔊作𢕢等例不勝枚舉。逬與《説文》訓「附行」之「徬」字本同，典籍多假旁字爲之。《莊子·齊物論》「旁日月」，注「旁，依也」。《漢書·李尋傳》注：「旁，附也。」尊銘「逬山谷」與卣銘「迺山谷」顯然是同例語。逬、迺均从辵，有行動之義。逬（徬）訓依，而迺（速、迹）訓循，依、循義本相因。所謂對文則殊，散文則通。【啓卣啓尊銘文考釋　古文字研究第九輯】

□ 徯

◉許　慎　□待也。从彳。奚聲。胡計切。□徯或从足。【説文解字卷二】

◉馬叙倫　沈濤曰。詩緜正義引。蹊。徑也。盖古本一曰以下之奪文。桂馥曰。本書。匸。衺徯。有所俠藏也。通俗文。邪道曰徯。廣雅。蹊。道也。太玄。孔道夷如蹊路。詩緜。行道兑矣。傳云。兑。成蹊也。正義。説文云。蹊徑也。宣十一年左傳曰。牽牛以蹊人之田。則蹊者先無行道。初爲徑路之名。兑是成蹊之皃。馥謂正義所引。是本書原有徑也一義。今闕。李富孫曰。孟子。山徑之蹊閒。趙注。山嶺有微蹊介然。人用之不止。則蹊成爲路。今相承爲蹊徑字。翟云升曰。徑也別義。倫按待也者。竢字義也。十篇。竢。待也。从立矣聲。矣音喻三。徯音匣紐。同爲摩擦次濁音。故徯得借爲竢。徯者。匸之後起形聲字。十二篇。匸。衺徯。有所俠藏也。讀與徯同。嚴章福謂月令。塞徯徑。孟子。山徑之蹊閒。説文皆作匸。故云讀若徯同。王筠亦謂匸徯一字。倫謂匸者。即通俗文所謂邪道。故説解曰衺徯。其篆當作匸。象衺道形。匸爲衺道。故區匧匽匿皆从匸。釋名釋道。步所用道曰蹊。蹊。傒也。言射疾則用之。故還傒于正道也。左傳。牽牛以蹊人之田。史記陳世家楚世家並作牽牛徑人田。莊子馬蹄。山無蹊隧。詩緜行道兑矣之兑即借爲術。此隧亦術之借。皆可證徯之本義爲道路之名。故字从彳。然則徑也是本訓。待也校者加之。後人習見徯借爲竢。故删徑也一訓。【説文解字六書疏證卷四】

待 待　師獻鼎　【金文編】

待 石碣田車　秀弓寺射　古文不从彳　【石刻篆文編】

◉許　慎　待，竢也。从彳。寺聲。徒在切。　【説文解字卷二】

◉馬叙倫　鈕樹玉曰。繫傳作竢也。譌。倫按止部。峙。蹢也。足部。蹢。峙蹢。不前也。是峙爲竢待本字。待爲峙之重文。待竢聲同之類轉注字。字見急就篇。　【説文解字六書疏證卷四】

◉戴家祥　説文二篇「待，竢也。从彳寺聲」。按許釋是也。旟鼎「易旟田三于待劃」。郭沫若謂「是説將三個田和田中有待收穫的禾稻一并授予」。文物一九七二年第七期二葉關於眉縣大鼎銘辭考釋。此言可備一説。　【金文大字典上】

◉許　慎　㣙，行㣙㣙也。从彳。由聲。徒歷切。　【説文解字卷二】

◉馬叙倫　孟子公孫丑。故由由然與之偕而不自失焉。萬章。由由然不忍去也。由由即㣙㣙之省。以孟子證之。㣙待蓋雙聲轉注字。行㣙㣙也非許原文。玉篇曰。與宙同。後引本書。鈕樹玉謂後人增之。則顧時本書㣙之本訓已失。所存者校語。故不引也。或顧時猶無此校語也。或曰。孟子萬章之由由。韓詩外傳作愉愉。音同喻四。借由爲愉。㣙即迪字。爾雅釋詁。迪。進也。或此字不出許書也。又疑㣙爲訓徑之邎本字。爾雅。猷。道也。借猷爲之。　【説文解字六書疏證卷四】

◉黄錫全　㣙 廸　鄭珍云：「《説文》㣙，行㣙㣙也。迪，道也。二字本不同。迪，經典亦爲履蹈，古或與㣙相通。《碧落文》無此及上字，元注書名脱去。」甲骨文由字作𠙵（甲骨文編附録上13），則𢓊（前6·22·2）當是㣙。三體石經迪字古文作𢕁。㣙、迪並屬定母覺部字，此假㣙爲迪。夏韻錫韻録《崔希裕纂古》迪作㣙（配鈔本），此脱注。「廸」應作「迪」。　【汗簡注釋卷一】

徧 徧將軍印章　【漢印文字徵】

徧 徧 竝籀韻　徧 徧 竝籀韻　【古文四聲韻】

◉許　慎　徧帀也。从彳。扁聲。比薦切。【説文解字卷二】

◉馬叙倫　帀也非本義。亦非本訓。玉篇作周帀也。與易益虞注同。倫謂徧有周帀之義。古書皆同。盖本義爲周行。爾雅釋言。宣。徇。徧也。徧爲徇之轉注字。徇即本書之彴。彴从勺得聲。勺音喻四。徧从扁得聲。扁音非紐。非與喻四同爲摩擦次清音。彴徧聲又同真類也。亦巡之轉注字。聲皆真類。故巡彴皆有徧義。字見急就篇。【説文解字六書疏證卷四】

假

◉許　慎　假至也。从彳。叚聲。古雅切。【説文解字卷二】

◉馬叙倫　方言。假。洛。至也。邠唐冀兖之間曰假。或曰洛。倫謂本書無洛。洛爲假之轉注字。雙聲兼疊韻也。儀禮士冠禮。孝友時格。注。今文格爲嘏。其例證也。書堯典。格于上下。傳。格。至也。格又洛之借假。爲至之轉注字。至音照紐。假音見紐。照見皆破裂清音也。【説文解字六書疏證卷四】

◉李孝定　[glyph]从彳从各。説文所無。郭説是也。許書與此字音義相當之字作假。解云。「至也。从彳叚聲」。段注云。「方言。『假洛至也。邠唐冀兖之間曰假。或曰洛』。按洛古格字。假今本方言作假。非也。集韻四十禡可證。毛詩三頌。假字或訓『大也』。或訓『至也』。訓至則爲『假』之假借。尚書古文作『格』。今文作『假』。如『假于上下』是也。亦假之假借」。按訓至之假經傳多假「假」字為之。乃音義與洛並同。許書彳部無洛有假。或偶失收耳。當於假篆下出重文洛。以為假之古文。【甲骨文字集釋】

復

乙2031　4509　4729　6549　佚195　234　546　續2·2·4　徵12·74　摭續313　粹1388　【續甲骨文編】

復　説文古文从辵作𨓍隸作退　中山王譽壺　而退與者侯齒張於遭同　中山王譽兆域圖　【金文編】

寺雨進—(甲8—6)　【長沙子彈庫帛書文字編】

退　退　退竝尚書　【汗簡】

復古尚書 復義雲章 復石經 衲開元文 復古孝經 退古老子 [辶內] 退 復竝崔希裕纂古 【古文四聲韻】

◉許　慎　復卻也。一曰行遲也。从彳。从日。从夊。他内切。衲復或从內。退古文从辵。【說文解字卷二】

◉林義光　說文云。復卻也。从彳日夊。按㊀所以束。章字東字黃字皆从㊀。見各條。與後同意。行而足有所絆。故退卻。【文源卷八】

◉商承祚　退　說文「退。古文復。依例補。从辵。」案今古隸用古文。易夏爲艮。【說文中之古文攷】

◉郭沫若　𨓍字字書所無，疑是退字之異，說文「復卻也，从彳日夊，一曰行遲。退古文从辵」。此省彳若辵而从𠂤从土，𠂤殆亦聲。【師兑毁　兩周金文辭大系圖録考釋】

◉馬叙倫　鈕樹玉曰。繫傳韻會卻作却。宋保曰。夊亦聲。王先生曰。夊與左傳交綏之意相近。保按左傳曰。出戰交綏。杜注曰。退軍爲綏。禮記檀弓曰。文子其中退然如不勝衣。鄭注。退或爲妥。士相見禮鄭注。古文妥爲綏。妥綏夊聲相近也。章炳麟曰。日聲。古文作衲。古音日內聲近。傳曰。姬姓日也。異姓月也。司馬遷謂安武貴在日月之際。皆以日月爲內外。月字古文作外。韻紐悉同。則古月外同字。倫按章說是也。復爲夊之轉注字。夊當作夂。象足不前進而後退也。故夋夏皆从夂。夂音楚危切。在穿紐。古讀歸透。是夂退音本同也。方言十二。退。綏也。綏爲夂之借字。詩。雄狐綏綏。玉篇夊下引作雄狐夊夊。亦夂退一字之證。然字本作𣅀。形聲。當在夂部。後人加彳。下文後字亦盖本是夋字。後加彳也。卻也者。卻借爲歫。止部。歫。止也。此校語。一曰行遲者。即夂字義。五篇。夂。行遲曳夊夊。盖一本捝本訓。但存校語。後之校者據一本作行遲者注之也。然亦非本訓。本訓盖作夂也。

衲　嚴可均曰。九經字樣韻會引作迺。宋保曰。夊退內同部聲相近。倫按內聲也。內音泥紐。古讀日歸泥。故復从日聲。衲从內聲也。衲爲復之轉注字。

退　倫按篆當作退。或依鍇本作退。从辵校者加之。餘見遠字下矣。古鉨作退。或謂退乃很字。或謂逡字。【說文解字六書疏證卷四】

◉于省吾　契文㞢字作[內止][內止]形。孫詒讓謂似从內从止。疑遹之省文。舉例下四。羅振玉云。說文解字。処止也。从夊。夊得几而止也。此从止在几前。與許正合。或增宀。象几在宀內。或从冂。與几同。增考中六四。葉玉森云。疑契文出作止。止爲足形。凵爲坎形。止出凵。故曰出。㞷與出相反。殆內字。止入∧。故曰內。即納之初文。變作㞷。从內。復增∩形。乃愈繁縟。不若㞷象之簡明也。說契五。按孫謂从內从止是也。而疑逾之省文非是。羅釋処。葉釋內。並不可據。栔文作㞷等形者均从丙。栔文丙作丙。內作內。二字有別。㞷字从內从止。乃迺之初文。亦如追作𠂤逐作𨑒途作余之比。古文从止从彳从辵均示行動之意。每無別。如逆作屰徉徰。遘作冓構覯。此例不備舉。㞷即迺字。亦作衲作退。俗作退。說文。復。卻也。从彳从日从夊。重文作衲。古文作退。按衲㞷並从內聲。玉篇彳部。復之重文作衲。辵部。退之重文作迺。古文四聲韻去聲十八隊引開元文。退作衲。又引義雲章。退作迺。均其證也。詩碩人。大夫夙退。釋文引韓詩。退罷也。呂氏春秋仲夏紀。退嗜慾注。退。止也。說文訓退爲卻。與罷止之義相因。佚五四六。王固曰。今夕㞷雨。余所藏明義士殷虛卜辭墨本。亦有王固曰今夕㞷雨之辭。㞷雨即退雨。謂雨罷雨止也。退與啓霽有別。啓霽言晴。退則未必晴也。後上六・八。乎□夕虎㞷。文殘。未識何義。藏一三二・三。戉弗其㞷。言戉弗其退卻也。要之。㞷字後世作衲迺。乃退之古文。今則退行而衲迺廢。世人不知初文之本作㞷。其湮久矣。【釋㞷　雙劍誃殷栔駢枝三編】

◉李孝定　說文「復。卻也。一曰行遲也。从彳从日从夊。衲復或从內。退古文从辵。」契文从內从止。于說是也。羅釋処而字不从几。葉釋內而字實从內从止。其誤甚明。卜辭㞷字。除于氏所舉數例外。又如「□辰卜貞𠂤㞷弗其受又」乙二〇三一。𠂤㞷似爲人名或方國之名。「壬寅卜㱿貞帚囲娩嘉王固曰其隹申娩吉嘉其隹甲寅娩不吉退隹嘉」「壬寅卜㱿貞帚好娩不其嘉王固曰𠃬不嘉其嘉不吉于㞷若茲迺死」乙六五四九。此貞婦好免乳之期。上言申娩。吉。甲寅。則不吉。下言㞷隹嘉則㞷當訓遲訓緩。申當爲庚申。方言「退。緩也。」言庚申娩乃吉也。「辛丑卜徉㞷方」「今月☐㞷☐𢦏」佚二三四。㞷當爲方國之名。「辛☐貞有獲白木㞷」佚一五九。白木似爲人名。㞷當訓郤。【甲骨文字集釋第二】

◉金祥恆　張秉權先生丙編上輯第一二〇圖版考證云:「㐭从丙从止,楷書寫爲㐭,與㞷字的或體作㞷从內从止者不同。㐭字在此有獲或捕殺之義,疑即迒之或體。迒字通爲阬(俗作坑),史記項羽本紀:「於是楚軍夜擊,阬秦卒二十餘萬人。」阬有陷殺之義。卜辭言「弗㐭兕,隻豕二」者,是說没有捉到(用陷阱捕兕,僅捕獲了二頭豕)。這是記事之辭。它辭有曰:

貞:戉弗其㐭麋　鐵一三二・二

貞:勿㐭豕　契二三四

兩字的意義亦與此相同。」茲檢鐵雲藏龜一三二・二片摹録如後:

張先生將此片之[glyph]字隸定爲麇，恐非。因此字原拓片漫漶模糊，難以辨認，而[glyph]从[glyph]从[glyph]，清晰異常，非亟可斷言。其

卜辭

貞：[glyph]弗其𡧊？□

[glyph]爲人名，弗其𡧊，謂弗退也。小屯乙編二〇三一片：

□辰卜，𡆥貞：甾𡧊弗其受又？

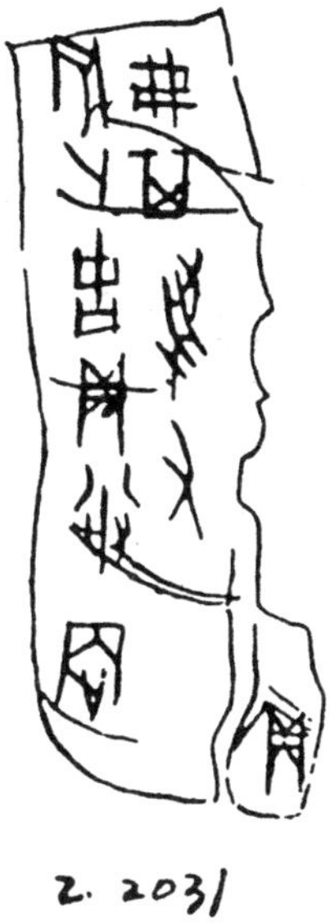

本片雖殘缺，其辭尚可通讀，辰上缺一天干，未知是甲、丙、戊、庚或壬，𡧊下弗上是否有缺字，在未拼挩完整前似難亟斷。張先生卜辭甾𡧊化說（慶祝趙元任先生六十五歲論文集）補一化字，云：「又如在乙編二〇三一版中，甾𡧊化的𡧊字，即作[glyph]形」。此乃張先生推測之辭，完整卜辭之「甾[glyph]化」，其[glyph]字無一作[glyph]者，本片若不補一化字，則讀若「□辰卜，𡆥貞：甾𡧊（退），弗其受又（佑）？」甾爲人名，誠如張先生所舉：

貞：甾亡疾？　乙編八二六〇

□甾亡疾？　庫六五

戊戌卜，㱿貞：甾不死？　前一·四六·三

甾𡧊，猶上例[glyph]弗𡧊也。殷虛書契後編上六·八：

丁巳卜，史貞：乎□□虎宜，十月。

其中乎下二字跡漫漶，究屬何字難言之也。依照文例，乎下之文，當爲人名，「□□虎宜」似亦可通。其他如殷虛書契前編四・二一・五：

己貞豼卿不□

小屯乙編六五四九片：

戊子卜

戊子卜，亘貞：今十月。

□，隹王
王固曰，其隹

乙 6549

因殘損過甚，其辭難讀。然其□爲退字，可無議也。【釋⿱内止　中國文字第十七册】

◉曾憲通　𨑨寺雨進退　乙八·六　此字殘去左上角，退字無疑。【長沙楚帛書文字編】

◉趙　誠　甲骨文的退字寫作□，从止內聲，隸定當寫作⿱内止，用作動詞，有三種意義。

貞，王其⿱豕止（逐）兕，隻（獲），弗⿱内止兕，獲豕二。（合二〇五）

貞，戉弗其⿱内止。（鐵一三二·三）

王占曰，今夕⿱内止雨。（佚五四六）

這兩條辭裏的⿱内止都是後退之義。

「今夕⿱内止雨」，按照現在的詞義觀念來理解應該是「今夜停止下雨」，⿱内止即退，是停止之義。如果按照當時的詞義關係來體察，完全可以作這樣的理解：往前走了又回去是退。雨一直下着，應該是往前走了。然後不下了，从地面上來看，雨没有了，一直往前走的雨哪裏去了。最簡單的理解就是回去了，是退了。這種意義上的退和「往前走了又回去」的退，在意念上的確有關聯，比一般的本義和引申義的關係還要緊密，拋開現代詞義觀念的束縛，純粹從詞義之間可能有的關係細細玩味，應該承認當時人們的詞義觀念是有一定道理的。

壬寅卜，殻貞，帚……冥(娩)，妨(嘉)？王占曰：其隹……申冥，吉妨。其隹甲寅冥，不吉，𡧊隹女。(乙四七二九)

這條辭裏的𡧊(退)，按照現代的詞義觀念來看，應該是「遲了」或「推遲」之義。如果按照當時的詞義關係來考慮，似可這樣理解：小孩出生是往前从母體裏出來，應該有一定的速度，如果走走又不走了，按照前面那條辭的「𡧊雨」來理解，當然是前進前進又退了，出生的時間就會推遲。而按照當時人的觀念，出生推遲得太久就會是女的。爲什麼會推遲太久呢？其根本原因就是在出生過程中退了，所以説「𡧊隹女」。甲骨文另外有一條辭和這一條辭内容相當，可以參證：

甲申……帚好冥，妨？王占曰：其隹丁冥，妨。其隹庚冥，弘吉。三旬又一日甲寅冥，不妨，隹女。(乙七七三一)

這一條辭也是説推遲太久出生會是個女的，雖然没有用𡧊這個詞，但和「𡧊隹女」的用意一樣。當然也可以這樣理解：按照當時人的觀念，在某些日小孩出生是吉利的，而在另一些日子則是不吉利的，生下來的會是女孩。上引兩條辭所提到的「甲寅」日顯然是不吉的。從這一點來考慮，如果小孩从母體裏正常地往前走，就會在那些好日子出生，當然是吉利的。如果小孩走走又不走了，前進前進又退了，就會推遲到不吉利的日子出生。爲什麼會推遲到不吉利的日子出生呢？根本原因還是在出生的行進過程中退了，所以説「𡧊隹女」。不管是哪一理解(當然是後一種理解符合實際)，「𡧊隹女」和「𡧊雨」在意義上都是一脈相承的，只不過層次略有不同。

不難看出，甲骨文𡧊(退)這個動詞的三种意義在當時的詞義關係中屬于同一中心意義的三个層次。這三層意義，後來發展、演化為「後退」、「停止」、「推遲」，詞義關係也因之有了變化，顯然是要科學一些，清晰一些，每個詞義的外延也相應地小了一些。由此再反過來看𡧊(退)這個動詞的詞義，層次是豐富的，外延是寬廣的，但卻要含混得多。【甲骨文行爲動詞探索(一)

殷都學刊一九八七年第三期】

後 小臣單觶 令簋 師鼎 師𩁹鼎 訇簋 師寰簋 說文古文後从辵作逡 㝨鼎

徽兒鐘 林氏壺 曾姬無卹壺 中山王譽鼎 中山王譽壺 【金文編】

3·920 獨字 說文古文後从辵作逡 3·922 獨字 3·921 同上 【古陶文字徵】

二〇三：一一 三例 委質類既質之後 三：二〇 二十一例 一五六：二〇 七九：五 【侯馬盟書字表】

152 227 【包山楚簡文字編】

後 日乙二四三 四十例 法三七 十二例 雜三七 七例 【睡虎地秦簡文字編】

0296 0096 从彳止，與余義鐘、杕氏壺後字同。【古璽文編】

集降尹中後候 後將軍假司馬 番後私印 呂後生印 【漢印文字徵】

石經君奭 在我後嗣子孫 說文古文及汗簡引尚書同 開母廟石闕 昭眡後昆 泰山刻石 陲于後嗣 祀三

公山碑 承饑衰之後 【石刻篆文編】

後 【汗簡】

古孝經 竝古老子 古尚書 崔希裕纂古 【古文四聲韻】

◉許 慎 後遲也。从彳幺夊者。後也。徐鍇曰。幺猶𦃃躓之也。胡口切。逡古文後从辵。【說文解字卷二】

◉劉心源 逡。古文後字。【奇觚室吉金文述卷九】

◉林義光 說文云。後遲也。从彳幺夊。幺夊者後也。按8古玄字。繫也。从行省。轉注。A象足形。見夊字條。足有所繫。故後不得前。古作師望鼎。或作師寰敦。變A爲夂。或作儀兒鐘。从辵。【文源卷八】

◉高田忠周 說文。後遲也。从彳幺夊。幺夊者後也。古文作逡。段氏云。幺者小也。小而行遲後可知矣。但𡗗古文作

夂彳同意。从彳爲複。亦猶复復之例。許氏脱夋字。今姑補出夂部。然則後字本義謂行而遲在人後也。【古籀篇六十四】

◉商承祚　□　説文「逡。古文後。从辵。」案金文余義鐘作□。師鼎作□。古篆文兩體皆有。石經古文作□。【説文中之古文攷】

◉強運開　□薛尚功本亦有此字。釋作復。然以泐痕宷之。又似後字。説文。後。遲也。从彳幺夂。幺夂者。後也。□古文後。此篆似亦从辵。【石鼓文釋文】

◉馬叙倫　幺聲。幺玄一字。詳玄字下。玄音匣紐。故後讀胡口切也。夂者後也校語。後爲退之轉注字。聃𣪘□字。丁佛言釋退。倫謂退逡合文也。後从玄得聲。玄聲真類。退聲脂類。脂真對轉也。餘見復下。字見急就篇。師望鼎作□。師寰𣪘作□□。蓋从彳。幺聲。

□　篆當作□。或依鍇本作□。然此乃呂忱據石經加之。从辵校語。【説文解字六書疏證卷四】

◉于省吾　甲骨文夋字作□或□，甲骨文編附録于夂部，並謂「从幺从夂，説文所無。」按夋即後之初文，从彳作後乃後起字。金文後字屢見，也作逡。説文：「後，遲也，从彳幺夂者後也。逡，古文後从辵。」段注：「幺者小也，小而行遲，後可知矣，故从幺夂，會意。」林義光文源：「□古玄字，繫也，从行省，夂象足形。足有所繫，故後不得前。」按許説既不足據，段注又曲加傅會。林説也誤。夋字的造字本義，還須待考。説文訓夂爲「行遲曳夂夂(楚危切)」，又訓夂爲「從後至」，「讀若黹」。古文字的偏旁中有夂無夂，夂象倒止形。夋字孳乳爲後，比如甲骨文復作复，往作㞷，得作㝵，御作卸，是其例證。甲骨文稱：「來甲申，先于大甲□𢦔」(庫一六四五)，「其夋□𢦔」(庫一一九五)。先與夋相對成文，然則夋之即後，是顯而易見的。甲骨文的「夋束𠂤」(乙八七二八・八八一四)，是説刺殺有先後。以上兩條均就祭祀殺牲言之。【釋八八二三)，應讀爲後刺殺。甲骨文的「先夋束」(乙八七二八・八八一四)，是説刺殺有先後。以上兩條均就祭祀殺牲言之。【釋夋　甲骨文字釋林下卷】

◉徐中舒　□庫二九五從□夂從□，□象繩結之形。文字肇興以前，古人即以結繩紀祖孫世系之先後。金文世作□，從止結繩，止即足趾。《詩・下武》：「繩其祖武」。《詩・抑》：「子孫繩繩」。《詩・螽斯》：「宜爾子孫繩繩兮」。並即結繩以記世系之實録。孫字從系，系亦象繩形。蓋父子相繼爲世，子之世即系於父之足趾之下。甲骨文□先字，從止在人上，□從夂(倒止)系繩下，即表世系在後之意，此即後之本義。是爲文字之初形中所保存古代以結繩紀其世系之遺制。【甲骨文字典卷二】

◉戴家祥　幺後古音雖非同部，而聲均屬匣母。後由玄得聲可以成立。國語・周語「其君必無後」。注：「後，後嗣也」。荀子・正論「聖不在後子，而在三公」。注：「後子，嗣子」。金文「後人」、「之後」等語，均作此用。

器銘後民、後人、後嗣皆謂子孫。左傳宣公四年「子文無後，何以勸善」。又莊公廿三年「孔張君之昆孫，子孔之後也」。國語・周語「其君必無後」。韋昭云「後，嗣也」。義亦同晚，廣雅・釋詁三「後，猶晚也」。唐韻「胡口切」，匣母侯部。【金文大字典上】

徲 

 前五・三〇・一 容庚說从屖通遲說文从犀乃淺人所改  前七・三八・二  林二・二五・一七  粹一二五五  掇二・七八 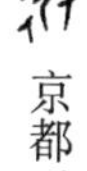 京都二一四二 【甲骨文編】

 遲之重文 【續甲骨文編】

  徲 从屖通遲說文从犀乃淺人所改 仲叡父簋  十三年㾓壺  鬲攸比鼎  伯遅父簋  徲盨  伊簋  此鼎     此簋 【金文編】

◉許　慎　久也。从彳。犀聲。讀若遲。杜兮切。【說文解字卷二】

◉劉心源　徲。阮釋辟。㠯爲闢。案从彳从犀。說文作徲。久也。㠯籀文遲作遟推之。知徲即徲。故廣韻有徲無徲。然徲徲遲遲音義竝通。彳辵本同意也。廣疋釋詁二。遲。久也。仲叡父敔伯阮釋遲是也。阮又云一釋作辟。易歸妹。遲歸有時。釋文引陸注。遲。待也。此云徲太室。謂王待之於太室。左傳。寡君須矣請待子。是其義。文選謝靈運酬從弟惠連詩。傾想遲嘉音。又有南樓中望所遲客詩。皆是待義。注竝㠯思字解之。非也。【鬲比鼎　奇觚室吉金文述卷二】

◉容　庚　遲說文籀文从屖。而篆文从犀。犀。南徼外牛。屖。屖遲。从屖。正合遲義。不當从犀。五經文字曰。今从籀文。足證唐人經典用遲不用遲也。與徲通。【金文編二卷】

◉馬叙倫　段玉裁曰。久疑當作夂。倫按久爲譌。徲遲一字。【說文解字六書疏證卷四】

◉于省吾　唐蘭謂金文中的「康宮裏有邵宮、穆宮、剌宮，是昭王、穆王、厲王的宗廟，徲大室是夷王的宗廟」(見《考古學報》1962年1期《西周銅器斷代中的康宮問題》)。「康宮徲大室」見鬲攸从鼎，害簋作「屖宮」。唐蘭又謂「屖跟徲是一個字，通作夷」，並引「《詩經・四牡》周道倭遲、《韓詩》作威夷」爲證(同上)。吳其昌謂「西周天子王號，明見于金文者，玟、珷、成、邵、穆、龔、懿俱有，雖無康王，然而有康宫、康廟、康𡨦，雖無夷王，然而有𡰥宫(原注：𡰥即尸，尸即夷)、㣇大室，雖無厲王，然而有剌宫(原注：剌即烈，烈即厲)」(見《金文厤朔疏證》卷三28頁)。按唐説和吳説均具有卓識，但不知其寫作時期之先後。關於㣇、夷二字的通借，唐、吳二説的論證還不够充分，今特略爲補苴。㣇、夷疊韻，古音並屬脂部。㣇同遟，古文从彳从辵每無别，《説文》歧㣇、遟(今本譌作「遲」)爲二字，非是。錢大昕《二十二史考異》於《史記·張釋之馮唐列傳》一條中講遟與夷的通借頗詳，今録之於下：

「陵遟而至於二世，《漢書》作陵夷。《平準書》選舉陵遟，《漢志》亦作夷。《司馬相如傳》陵夷衰微，《漢書》作遟。古文夷與遟通，《詩》周道倭遟，《韓詩》作郁夷。《淮南·原道訓》馮夷大丙之御，高誘云，夷或作遟。婁壽碑，㣇徠衡門，即棲遟也。《説文》遟或作迡，从𡰥，𡰥古文夷字。」

按錢氏所列七證，除《詩》周道倭遟一證已見唐文，餘則可補其説之未備。夷王之夷，《左傳》昭二十二年以及《國語·周語》、古本《竹書紀年》均作夷。以金文驗之，則應作「𡰥」或「㣇」。是本字之湮，由來已久。

西周十三王的稱號，除夷、厲、幽三字有善惡兩種含義外，其餘均合乎生稱善名之例。幽王不見於金文，幽字是否假借還須待考。至於夷、厲稱號的具體意義，有進一步加以推考的必要。金文夷王之夷本作「𡰥」或「㣇」，《説文》訓「𡰥」爲「𡰥遟」，段玉裁注謂「𡰥遟即陳風之棲遟」，並引毛傳訓「棲遟」爲「游息」。又《説文》訓「㣇」爲「久」，㣇同遟，《説文》訓「遟」爲「徐行」，「久」與「徐行」均與毛傳「游息」的訓釋一意相貫。𤔲子壺稱「𡰥＝康盄(叔)」，𡰥＝謂閑適安樂，與「游息」之義也相因。因此可知，𡰥或㣇乃生稱的善名。《逸周書·謚法解》祇就借字爲説，以爲「克殺秉政曰夷，安心好静曰夷」，則夷字有善惡兩義，與西周諸王生稱善名之例不盡相符。【讀金文札記五則　考古一九六六年第二期】

◉張日昇　金文辟𡰥兩字。一从。一从。分别清楚。只縣妃𣪘𡰥作。與辟字所从同。乃形近致誤。楊氏之言誠有可商。唐蘭謂㣇大室即夷王太室。郭沫若謂字亦可作動詞解。兩周金文辭大系攷釋頁一二七。説文訓遟爲徐行。彳辵同意。遟㣇音義並通。故㣇大室不必即夷太室也。劉心源解遟爲待。於鼎文文意不合。蓋鼎文所載。乃𧊒攸从告攸衛牧之辭。周王聽訟於大室。當無接待原告之意。【金文詁林卷二】

◉李孝定　㣇字與前0191條所見遟字當是一字，楊氏从阮氏釋辟，非是，金文自有辟字作，其省「○」者則與「𡰥」近，雖曰从尸从卩有别，尸卩在偏旁中例得相通，而此兩字則不混，不知何以説此也。㣇字从「尸」蓋亦聲。【金文詁林讀後記】

很 𢓜

◉許　慎　很不聽从也。一曰行難也。一曰盭也。从彳。艮聲。胡懇切。【說文解字卷二】

◉馬叙倫　鈕樹玉曰。韻會及一切經音義十六華嚴經音義廿三引从作從。段玉裁曰。韻會無一曰盭也四字。張楚曰。一曰行難也乃赾字義。本書。赾。行難也。疑後人以赾很俱在真類。聲近。遂誤以赾義附於很下耳。一曰盭也乃詪字義。弦部。盭。弼戾也。言部。詪。戾也。義同。疑後人以很詪俱从艮得聲。遂誤以詪義附於很下矣。倫按不聽從也非許語。蓋本義已失。校者加之。很爲𢓜之轉注字。猶歱之與跟矣。今杭縣謂相迹曰跟到去。當即此字。不聽從者詪字義。蓋本訓盭也。故校者加此釋之。然盭也正詪字義也。或非本訓。一曰行難也亦校語。即釋不肯從也。疑此字出字林。【說文解字六書疏證卷四】

◉許　慎　𢓜相迹也。从彳。重聲。之隴切。【說文解字卷二】

◉高田忠周　劉氏古文審云。𢓜舊釋作速。文義篆形均失。此从東。乃東之剥文。加辵為速。乃𢓜字。重原从東聲也。虘鐘之鐘作東可證。說文。𢓜相迹也。凡辵彳偏旁同意。故知速即𢓜歱踵。古今字詁。歱。今作踵是也。按此攷是。說文。𢓜下云。相迹也。从彳重聲。即繼承之意。與銘意合。又踵下云追也。从足重聲。一曰往來皃。又歱下曰。跟也。从止重聲。按三字元皆同。初先作歱。變作踵。譌為蹱。又或从辵作⿺辶重。後省作𢓜。跟也。字之本義。踵跟作迹可追迹矣。往來之迹可見也。【古籀篇六十四】

◉馬叙倫　桂馥曰。一切經音義四引本書。踵。相迹也。今踵下闕此義。丁福保曰。慧琳音義九十四引作相繼迹也。蓋古本如是。二徐本並奪。倫按相迹也字林訓。蓋本訓很也。【說文解字六書疏證卷四】

◉戴家祥　⿺辶東叔家父簠　劉心源曰：⿺辶東，舊釋速，非。从東即重字所从以為聲者。又从辵為⿺辶東，即踵奇觚室吉金文述卷十七第三十四葉叔家父匡。按劉説是也。玉篇一二七⿺辶東「徒董切」，定母東部，形聲變换則為徚字。玉篇一一九徚音「德紅切」，不但同部而且同母。徚訓行貌，即𢓜之或作。説文「𢓜，相迹也。从彳，重聲。一曰往來貌」。行貌、往來貌，其義一也。重聲近童玉篇一二零衝同衝，故𢓜徚亦或作徸。玉篇「徸，行貌」，表義更旁，𢓜亦作歱。止象脚趾形與足義相貫也。故字从止表義者，亦或更旁从足説文跟或作⿰止艮。一切經音義十二「古文踵今文歱同」。説文「踵，追也。从足，重聲。一曰往來貌」。毛公鼎「金踵金豰」作金歱金家。唐韻歱𢓜皆讀「之隴切」，照母東部。同聲必然同義，廣雅・釋詁三「歱，迹也」。是𢓜、徸、徚、速、⿺辶東、歱、蹱、踵，本一字之演變也。離騷「及前王之踵武」王逸注「踵，繼也」，孟子・滕文公上「踵門而告文公曰」趙岐注「踵，至也」，與器銘義相適應。【金文

得 𢔶

【大字典下】

前五・二九・四 說文得从見乃貝字之譌 前八・一三・三 後二・二四・一三 掇二・六三 京都二一一三

甲二四一八不从彳 乙一八四 乙五八一反 乙七一二 乙九三〇 鐵二九・一 鐵一一七・二

鐵二〇三・一 前七・四二・二 後二・二九・一四 後二・三六・七 粹二六二 掇一・二三六

菁五・一 戩三六・九 林一・二八・一一 燕八五二 佚三一七 佚五八九 京津二二五二 京津二二五三 京津二二五六 存下二一 甲八〇六 【甲骨文編】

甲806 930 2418 乙686 2220 2816 3776 5166 5279 6962 7094 珠146 295 465 613 佚317 589 續1・14・2 1・29・7 4・11・5 4・36・1 4・36・3 5・35・6 6・23・7 徵11・89 11・90 12・32 録785 天92 續存603 832 1158 粹262 新2354 【續甲骨文編】

得 从手持貝 說文从見乃傳寫之譌 中得觚 得鼎 父乙觚 得罍 亞父庚鼎 㭉馭簋 師旂鼎 曶鼎 儠兒鐘 說文 古文省彳又見部㝵重出 得觚 亞父癸卣 子禾子釜 陳章壺 中山王譽鼎 𧊒壺 宋公得戈 宋昭公名 𤔲盤 師望鼎 克鼎 虢弔鐘 井人妄鐘 【金文編】

3・19 陳㝵三 莫昜 說文㝵古文作㝵 3・21 平陵陳㝵立事歲公 3・25 ☐☐陳㝵 3・510 王鼓欘里㝵

3·560 豆里㝵 3·561 同上 3·563 豆里㝵 3·564 同上 3·567 同上 3·762 □㝵 3·803 宋㝵 3·821 ☐㝵 3·891 獨字 3·894 同上 4·140 㝵□ 3·889 獨字 得或从辵作𢔶古彳辵通用 4·75 匋攻𢔶 5·431 獨字 5·429 同上 5·363 贛榆得 5·221 宮得 5·17 徐徒得 秦243 獨字 【古陶文字徵】

184 198 【包山楚簡文字編】

得 秦六二 八十三例 日乙四五 四十五例 為一 三十一例 秦一一五 效一八 【睡虎地秦簡文字編】

同得 緄紬不—亓棠(甲1—10)、不—亓參職(甲3—10)、不夾—不咸(丙2:3—3)戲衛☐—㠯匿(丙5:1—6)、倉莫(?)—(丙7:目3) 【長沙子彈庫帛書文字編】

0291 从目，與余義鐘得字同。 4338 3593 4335 4336 1074 1212 2242 3933 1290 0512 2834 【古璽文編】

爰得徒丞印 靡得 李得 馮得意印 任得 周始得 公乘史得 馬芒得 馮得 楊得之印 中得之印 解得之印 得昌翁叔 韓得之印 呂得誼印 得昌翁仲 冬道得 杉得 果得 諸葛買得 陳得意印 趙之得印 訢相得印 胡得私印 呂冬得 【漢印文字徵】

得 泰山刻石 者産得宜 㝵 得 石經僖公 楚殺其大夫得臣 古文不从彳説文之古文从見乃貝譌【石刻篆文編】

得竝尚書 㝵 得【汗簡】

得古孝經 得 得竝古老子 㝵華嶽碑 得雲臺碑 㝵 財崔希裕纂古【古文四聲韻】

◉許　慎　得行有所得也。从彳。㝵聲。多則切。㝵古文省彳。【説文解字卷二】

◉孫詒讓　貴舊釋爲貢。於文難通。宷校文義。此與後虢叔旅鐘㝵屯亾敃同。前㝵敢亦作得。〔攗古〕一之一。即此字。但彼㝵字上从貝。下从手。此移手箸貝上。與彼小異耳。【邢人鐘　古籀餘論卷三】

◉孫詒讓　得……㝵字。説文見部㝵，取也。从見寸。寸度之亦手也。又彳部得，古文作得省彳。二字同。此文似从貝。又金文虢叔鐘作㝵，即从手，與彼略同。【契文舉例下】

◉羅振玉　説文解字。得。行有所得也。从彳㝵。古文省彳作㝵。（許書又有㝵字。注取也。从見从寸。復出當删。）此从又持貝。得之意也。或增彳。許書古文从見。殆从貝之譌。【增訂殷虚書契考釋中】

◉王　襄　古得字。象手持貝形。有持而不失之誼。虢叔鐘得作㝵。亦从手持貝。【簠室殷契類纂】

◉高田忠周　得龜版文　取爲㝵。即㝵本字。而此篆从彳。明是得字也。然得字亦極爲古出矣。説文。得行有所㝵也。从彳㝵聲。古文省彳作㝵。又㝵取也。从見寸。从見寸之非。已辨于㝵下。但得字从彳从㝵。聲包義也。而壁經古文唯作㝵。要最古唯以㝵爲得。後凡手取曰㝵。往而有所取曰得。以相分別。所以字乳益多也。易文言。知得而不知喪。正㝵字義也。【古籀篇六十四】

◉高田忠周　得龜版文　从又从貝。字形明晳。是當古文㝵字。説文見部「㝵。取也。从見从寸。寸度之亦手也」。又彳部「得。行有所得也。从彳㝵聲。古文省彳作㝵」。亦同上。此解皆誤。凡採取不必須見識忖度。从見从寸無理。今見此篆。从又从貝。又者。手也。貝者。貨也。其會意之恉顯然。禮記曲禮「臨財毋苟㝵」。春秋定九年「㝵寶玉大弓」。是㝵字之本義也。小篆借貝爲鼎。貝即鼎之省形。説見貝下。貝與見形稍近。故改貝爲見。又又與寸古字通用。亦改又爲寸。始有㝵字。漢人不通古文。傅會爲説。許氏亦沿其誤耳。【古籀篇九十九】

◉强運開　㝵師望鼎。㝵屯亾敃。説文見部云。㝵取也。从見寸。寸度之也。亦手也。又彳部。㝵爲古文得。容庚云。㝵从手持貝。説文从見。乃傳寫之譌。説甚精塙。足訂古書之沿誤。㝵虢叔鐘。貴井人鐘。貴屯用魯。⺮在貝上。⺮即古

文手字也。【説文古籀三補卷八】

◉顧廷龍 □ 从辵亦得字。與彳偏旁相通叚。如往或作迬。後或作逡。是也。周。□周匋攻得。【古匋文舂録卷二】

◉于省吾 孫云得與德通。……按井人妄鐘。克哲氒德。得純用魯。德得在金文多不通用。且上句言德。下句即言德。亦無連用借字之理。蓋得與用爲對文。純與魯爲對文。純美也。魯嘉也。所得者。美所用者嘉。【虢叔旅鐘 雙劍誃吉金文選上卷】

◉商承祚 □ 案甲骨文作□。金文㫚鼎作□。與篆文同。又見部㝵。「取也」。甲骨文作□。金文虢叔鐘作□。字皆从貝。石經古文作□亦然。則得㝵之見。爲貝之寫誤。又得㝵一字。後人以其異形而分訓。如徃㞷德悳之例也。【説文中之古文攷】

◉馬叙倫 段玉裁曰。行有所得之得當作㝵。見部。㝵。取也。翟云升曰。韻會引作取也。盖誤引㝵字訓也。朱駿聲曰。古有㝵無得。小篆加彳。實一字也。倫按得盖德之轉注字。行有所得也依文爲訓。或校者所改也。字見急就篇。餘詳㝵下。甲文作□。𢦏毁作□。

□ 鈕樹玉曰。玉篇廣韻並無。嚴可均曰。見部。㝵。取也。此重出。一切經音義一引衛宏古文官書。㝵得同體。不言説文。則唐本彳部無㝵字。王筠曰。得之古文㝵。玉篇不收。見部㝵字兩書説同。知彳部㝵字後人據衛宏説增也。倫按㫚鼎得字作□。𢦏毁作□。均从彳从又持貝。从又持貝者。即㝵字。甲文作□□。亦㝵字。又有□字。則得字也。無从見者。是从見當作从貝。形近而譌。羅振玉説同。金甲文作导者多。作得者少。知导从寸貝。或从又貝。會有所得意。爲得失字之初文。或曰。从又。貝聲。貝音封紐。导音端紐。皆破裂清音也。㝵得異字。説解本作古文得。校者改之。善夫克鼎作□。師望鼎作□。【説文解字六書疏證卷四】

◉嚴一萍 治説文者見㝵字之分隸兩部，遂有得㝵同文，或㝵得異字之爭論。然就古文字學觀之，則其源流有自，形體演變之迹，亦復燦然明備。試申論之。

傳世有商器得觚，其得字作□形，从又持貝，猶是圖象。商器中此等圖象文字，彦堂先生稱之爲商代的古文字，其造字之際距甲骨文時代尚遠。又有中得觚作□，父乙觚作□，皆加彳，其時代當較省彳之得觚爲晚，然持貝之形，尚類圖象，亦商代早期之古文字也。揆其朔誼，則貝之取得，已在市井交易之時，故加□以明得貝之所。由此可知，以貝爲貨幣，作商業行爲媒介者，遠在先殷之世。

甲骨文中得字之形，不特加彳與省彳並用，且有繁文譌變，爲向所未識者。以武丁卜辭而論，作[glyph]者最多；作[glyph]者較少，其義則一。

又有繁寫作[glyph]形者，爲向所未識，今以上下文義推之，知亦得字。

最奇者，爲第四期文武丁時代之[glyph]竟亦得字也。此字著録於小屯乙編一〇四及三六三凡兩見。字既不識，辭亦難通。迨余將一〇四加四五二綴合以後比較研讀，始知爲得之異構。

唯文武丁時代之[glyph][glyph][glyph]詭變不一，爲前所未見，設非綴合復原，此字終將不識。

金文亦省彳與不省彳並用，如：

[glyph]得罍 [glyph]亞父庚鼎 [glyph]舀鼎 [glyph]師旂鼎

[glyph]㝬馭簋 [glyph]余義鐘

[glyph]善夫克鼎 [glyph]克鼎 [glyph]師望鼎 [glyph]虢弔鐘 【釋得 中國文字第一册】

●徐中舒 金文言得屯者。

肆克智于皇天。□于上下。得屯亡敃。錫釐無疆。大克鼎

不顯皇考寃公。穆穆克盟氒心。悊氒德。用辟于先王。得屯亡敃。師望鼎

不顯皇考惠叔。穆穆秉元明德。御于氒辟。得屯亡敃。虢旅鐘

顆盄文祖皇考克哲氒德。得屯用魯。永冬于吉。井仁妄鐘

得屯之得。或釋爲德。言德純美。案金文德得各别。此所引四器。有三器皆德得並見。絶不相混。得屯者猶言得全也。

【金文嘏辭釋例 歷史語言研究所集刊第六本一分】

●饒宗頤 「不其㝵」(殷綴一〇九)語，可參京津二二五一至二二五九諸片。「得」猶今言成事，易豫九四：「大有得，志大行也，」㝬毁：「南征伐楚荆，又得。」語同。【殷代貞卜人物通考】

●胡厚宣 得，左傳定公九年説，陽虎逃，「追而淂之」，其義爲追而獲得。【甲骨文所見殷代奴隸的反壓迫鬥爭 考古學報一九六六年第一期】

●李孝定 説文。「得行有所得也。从彳㝵聲。[glyph]。古文省彳。」又八下見部。「㝵。取也。从見从寸。寸度之亦手也。」見部之㝵與彳部得之古文全同。其義亦相因。古文偏旁从彳或省彳無別。而許書一爲篆文一爲古文。乃複出之刊落不盡者。羅

徛

以爲當刪。其說是也。古文从又从寸無別。許云寸亦手也。正以明其相同。栔文亦或从彳或否。與金文篆文並同。說文。「㝵取也。从見从寸。寸度之亦手也。」又二卷彳部。「得行有所得也。从彳㝵聲。古文省彳。」彼卷以㝵爲得之古文。而此又重出㝵字訓取。當係艸落未盡者。二者實一字也。篆文从見乃从貝之譌。古者貨貝而寶龜。字从手持貝正取得之義。貝見隸體形似。此字篆體之譌當在隸變之後。蓋後世傳鈔致誤。許君原文當不如此。蓋从見於義無取。且漢世尚小篆與隸體並行。當不致譌貝爲見也。【甲骨文字集釋】

●曾憲通 㝵字从又持貝，㝵(得)字之義。帛文貝省變作目，與望山楚簡同。三體石經古文亦从貝作，《說文》則訛貝為見。【長沙楚帛書文字編】

●唐蘭 㝵本作叚，象手取貝，即得字，商代金文甲骨文均常見。《說文》誤爲从見。西周後期金文从又變爲从手。師望鼎、虢叔旅鐘、克鼎都說「㝵屯亡敃」，邢人妄鐘說：「責屯用魯」，則把手形移在貝上了。得德音同，古書多通用。屯通純。《詩・維天之命》：「文王之德之純」。【略論西周微史家族窖藏銅器羣的重要意義 文物一九七八年三期】

●戴家祥 㝵屯(純，皆也)無(无)諫(怨也)

《大克鼎》、《師望鼎》、《虢叔旅鐘》：「屯亡敃」《井人鐘》：「屯用魯」，阮元釋「㝵屯」，郭沫若釋「責屯」，讀爲「渾沌」(《兩周金文辭大系圖録考釋》81頁)，徐中舒謂「責屯」爲有文飾的絲衣」。按「㝵」从貝从手，即得字。甲骨文「得」作「」，从又持貝，又與手同義。「屯」，當釋「純」，《考工記・玉人》：「諸侯純九，大夫純五」，鄭玄注：「純，猶皆也」。「純」、「肫」聲同，鄭玄注《儀禮・士昏禮》、《儀禮・少牢饋食禮》：「肫，全也」。「諫」讀「刺」。《周禮・秋官司刺》「掌三刺三宥三赦之法，以贊司寇聽獄訟；壹刺曰刺羣臣，再刺曰訊羣吏，三刺曰訊萬民……」。「得屯無諫」，猶《左傳・僖公二十八年》「不失賞刑之謂也」。【牆盤銘文通釋 上海師範大學學報一九七九年第二期】

●徐中舒 一期 乙三九二 一期 乙三九二 一期 合三六七 從又從非朋，《說文》所無。疑為得之異體。【甲骨文字典卷三】

●許慎 徛舉脛有渡也。从彳。奇聲。去奇切。【說文解字卷二】

●馬叙倫 沈濤曰。爾雅釋宮釋文引作舉脚有度也。盖古本作度。不作渡。脛脚義得兩通。翟云升曰。類篇引作舉足以渡也。韻會引作舉脛有度也。當依類篇引。倫按古謂曲脛爲。轉注爲奇。奇爲踦之本字。詳奇字下。凡曲脛者皆謂之奇。舉脛有度則脛曲。故徛从彳。奇聲。跨馬亦曲脛而上。故騎亦从奇得聲。語原同也。然非會意者。奇是跛足。謂足有疾者。度與跨馬轉非跛足所勝也。然舉脛有渡疑非本訓。或此字出字林。【説文解字六書疏證卷四】

㣙

◉許　慎　㣙行示也。从彳。匀聲。司馬法。斬以㣙。詞閏切。【説文解字卷二】

◉馬叙倫　鈕樹玉曰。六書故引唐本旬聲。徐本匀聲不足信。玉篇。㣙。辭峻切。下引説文。下文徇。似閏切。止也。亦同㣙字。沈濤曰。六書故云。唐本旬聲。一切經音義十三十八亦引作徇。是古本作徇不作㣙也。王鳴盛曰。㣙隸變作徇。尚書泰誓疏引説文曰。徇。疾也。循行也。與徐校本不同。五帝本紀。黄帝幼而徇齊。裴駰曰。徇疾。則尚書疏是。倫按㣙巡轉注字。行示也當作行也示也。一訓校語。或字林訓。唐本及書疏引有徇字。盖徇爲㣙之重文。今失耳。書疏引作疾也者。本侚字義。八篇。侚。疾也。書疏以經文合訓疾。故訓疾也。此注釋常例。或㣙下亦有此訓。字林訓不止一也。玄應一切經音義引三倉。㣙。偏也。許亦當然。餘見巡下。司馬法六字校語。【説文解字六書疏證卷四】

◉陳漢平　甲骨文有字作[甲骨文]、[甲骨文]、[甲骨文]、[甲骨文]，舊不識，甲骨文編收入附録，卜辭曰：

[甲骨文]示三屯穷。　續存下五六

行弗其[甲骨文][甲骨文]女。　乙編八三六〇

貞[甲骨文]芻于丝声。　乙編三三三一

[甲骨文]芻于[甲骨文]。　乙編三三三一

壬申卜[甲骨文]貞叀[甲骨文]令䖒[甲骨文]。　前編四·五·一

乙酉貞王令[甲骨文]䖒亞侯又。　鄴初四三·九

按甲骨文旬字作[甲骨文]或[甲骨文]，此字从止从旬，止與彳通用，故此字當釋徇，字舊作㣙。説文：「㣙，行示也。从彳匀聲。司馬法：斬以㣙。」即此字。【古文字釋叢　考古與文物一九八五年第一期】

律

京都二〇三三　地名【甲骨文編】

律　法一六二　八例

語一〇　六例

秦一二四　八十一例

雜二

【睡虎地秦簡文字編】

律 漢匈奴呼律居訾成羣 律 馬律 【漢印文字徵】

◉許　慎　律均布也。从彳。聿聲。呂戌切。【説文解字卷二】

◉王國維　建鼎文作□。諸家皆釋建。然説文建字與廷字俱在廴部。而古金文廷字與石鼓文𨘢字所从之建字均从乚不从廴。則此从廴者。非建字。疑律之或作也。【毛公鼎銘考釋　王國維遺書第六册】

◉馬叙倫　桂馥曰。均布也者當是均也布也。樂記。樂所以立均。周語。律所以立均出度也。釋器。律謂之分。郭注。律管可以分氣。禮運。五聲六律十二管還相爲宮也。鄭注。五聲宮商角徵羽。其管陽曰律。陰曰吕。布在十二辰。倫按字从彳。不得以樂均爲本義。律呂皆借字。若其本字似當作逹而。春秋元命苞。律之爲言率也。率音審紐。律从彳。聿聲。聿音喻四。審與喻四皆摩擦次清音也。逹从率得聲。故得借律爲逹。而爲伉儷之儷初文。亦伴侶之侶本字。旅字从之得聲者也。詳而字旅字下。逹爲先導。而爲同行。律呂之義亦如此。律今音呂戌切者。聿肀一字。詳肀字下。肀音泥紐。故律音入來紐。古讀來歸泥也。律爲建之異文。詳建字下。皆廴之轉注字。聿音喻四。與廴同紐。又爲率之轉注字。詳率字下。均布也當作㚬也布也。布也校語。㚬也者以律爲法律字之義也。㚬。从勻得聲。勻聿脂真對轉。亦皆喻四也。故得借律爲㚬。又法。音非紐。律从聿得聲。聿音喻四。非與喻四皆摩擦次清音。則律亦可借爲法。然法律字本作笵。笵音奉紐。㚬音喻三。同爲摩擦次濁音。則㚬也實笵之義。或均也是㚬下本訓也。傳寫誤入律下。字見急就篇。【説文解字六書疏證卷四】

◉楊樹達　徐鍇説文繫傳曰：「十二律均布節氣，故有六律六均。」按禮記禮運篇曰：「五聲，六律，十二管，還相爲宮也。」鄭注云：「五聲，宮商角徵羽。其管，陽曰律，陰曰呂，布在十二辰。」呂氏春秋仲夏紀云：「黄帝命伶倫作爲律，伶倫自大夏之西，阮隃之陰，取竹於嶰谿之谷，斷兩節閒，長三寸九分而吹之，以爲黄鐘之宮。聽鳴鳳以别十二律，其雄鳴爲六，雌鳴爲六，故曰：黄鐘之宮，律呂之本。」北堂書鈔卷百五十六冬至篇引楊雄太玄經云：「調律者，截竹爲管，蘆莩爲灰，列之九門之内，漠然無動，微風不起，冬至夜半，黄鐘以應。」今太玄文略。又卷百十二律篇引蔡邕月令章句云：「律者。聲之管也。上古聖人始鑄金以爲鐘，以應正月至十二月之聲，乃截竹爲管，謂之律。聲之清濁：以律管長短可制也。」按呂楊蔡三説不同，然謂截竹爲管以爲律，則無異也。律字从聿聲者，説文三篇下聿部云：「聿，所以書也。楚謂之聿，吴謂之不律，燕謂之弗。从聿，一聲。」余律切。又云：「筆，秦謂之筆。从聿，从竹。」鄙密切。按聿筆爲一字，筆加形旁竹耳。許君分爲二字，非也。聿甲文作□，金文作□，説文分聿聿爲二字，云聿从聿，一聲，亦非也。必知聿筆爲一字，律从聿聲之故乃可説。筆从竹者，以竹爲管也。蔡邕筆賦曰：「惟其翰之所生，於季冬之狡兔，削文竹以爲管，加漆糸之纏束。」甲文之□，中直畫即象竹管之形，非秦時始用竹爲管而謂之

筆也。若然，以竹管束毫書事謂之聿，以竹管候氣定聲謂之律，律从聿聲，實兼受聿字之義也。【釋律 積微居小學述林卷二】

◉曹錦炎 ㄐ津塗俗 ㄐ之本義爲糾繚，此處讀爲糾，訓爲正。《周禮・大司馬》：「以糾邦國」。注：「猶正也」。津，器蓋作，肩部作，疑爲律字或體，訓爲約束。涂通塗，塗地得名可能與涂山有關。【紹興坡塘出土徐器銘文及其相關問題 文物一九八四年第一期】

◉戴家祥 玉篇一二七建，分布也，又行貌。廣韻六術讀餘律切，行貌。古讀聿如遹。小雅・楚茨「神保聿歸」，宋書・樂志引作「神保遹歸」。禮記・禮器「聿追來孝」，正義「聿、遹字異義同」。遹亦通述，大雅・文王「聿脩厥德」，毛傳「聿，述也」。漢書・東平王思宇傳引作「述，脩厥德」。爾雅・釋言「律，述也」。孔穎達毛詩正義引爾雅作「聿，述也」。「述」「術」同字，邶風・日月「報我不述」，釋文「述，本亦作術」。是聿、遹、述、術同聲之證。彳⿱夂止義近，古人每有混用，其義爲行，或爲大道。鼎銘文有漫滅，惟「勿雝建」三字清晰不譌，似即左傳・昭公元年「而有所壅塞不行是懼」之意。靜安先生疑「爲律之或作」。唐韻律讀「呂戌切」來母脂部，建讀「余述切」，喻母脂部。同部不同母。【金文大字典下】

御

燕七二 卜辭御从彳从卪 前二・一八・六 前八・一二・一 存一八五八 前六・六・三 或从攴象執朴驅馬 前六・二二・六 或从卸 後二・一六・一〇 後二・一九・二 或从行 甲二一七〇 或不从彳 甲二一二一 乙七四八反 鐵一七九・一 鐵一九九・一 前五・一三・二 前七・三一・三 菁一・一 佚四九二 佚六四〇 佚八五〇 燕五 通別二・六・四 粹四九 甲五六二 甲二〇〇一 佚二三七 佚九〇八 前六・一九・五 後一・五・九 後一・六・四 後一・二六・六 粹二〇 粹七九 粹二三一 戩三三・一七 林一・二二・一九 甲八七八 乙六八 乙四二六 乙六九〇 河一一二 河五七八 粹一九〇 前二二四・一 前二・二六五 前二・二七・五

後一・一五・九 林二・二六・一二 乙三三八〇反朱書 乙六六九〇 【甲骨文編】

甲62 270 562 887 909 1636 1643 2121 2・464 2491 2689

2799 3152 乙982 5328 6344 6425 6687 6690 6732 6733 6879

7142 7144 7360 7379 7432 7487 7488 7683 7746 7809 8028

8672 8816 8887 9000 珠121 371 441 835 佚122 350 503

547 615 889 908 917 續1・10・8 1・16・5 1・19・3 1・22・8 1・

28・2 1・28・8 1・39・4 1・39・5 2・7・5 3・16・1 3・16・10 3・17・4 3・

18・3 3・21・9 3・29・6 4・30・3 5・6・6 5・18・8 5・25・9 5・26・11 6・

24・2 徵2・28 3・80 3・176 3・180 3・189 3・210 3・232 3・237 4・5

4・9 4・11 4・13 4・83 8・113 9・52 10・49 10・70 10・91 10・

126 10・129 京1・32・2 1・37・3 2・26・2 3・5・2 4・11・3 凡9・1 古2・6

録498 鄴三48・10 天45 摭16 63 87 六清1 續存1859 外30 摭續7

16 19 20 91 137 141 粹49 79 100 231 270 484

544 777 887 新2069 4359 【續甲骨文編】

御 不从辵 盂鼎 在雩御事 山御簋 衛簋 大保爵 競簋 古伯尊 麥盉 从彳 牧師父

簋　御簋　通簋　彧鼎　頌鼎　頌簋　頌壺　虢弔鐘　不𡢁簋　不𡢁簋二　弔趯父卣　申鼎　洹子孟姜壺　攻吳王監　尹氏弔緐匜　子禾子釜　郑伯御戎鼎　鄦沚簋　御鬲　彧簋　説文古文御从又从馬　盂鼎　執馭觥　班簋　令鼎　馭八卣　大鼎　師寰簋　咢侯鼎　禹鼎　不𡢁簋　不𡢁簋二　【金文編】

5·384　瓦書「四年周天子使卿大夫……」共一百十八字　【古陶文字徵】

74　【包山楚簡文字編】

御　秦一一五　二例　通禦　弗—　日甲四〇背　秦一九九　雜三　日乙一八一　【睡虎地秦簡文字編】

3127　與頌鼎御字同。　2040　1818　或从馬从攴，與禹鼎御字同。　2082　【古璽文編】

御史大夫　御史大夫章　齊御史夫：　王御　史莫御　【漢印文字徵】

祀三公山碑　□惟三公御語　石碣鑾車　霝雨　𨒥馺孔庶　𨒥馺□□　説文御古文作馭　避車　即遨即時　甲骨文御有作　者與此正同𢓊即　也　【石刻篆文編】

御王先生碑　御立出碧落文　【汗簡】

碧落文　王先生誄　雲臺碑　【古文四聲韻】

◉許　慎　御使馬也。从彳。从卸。徐鍇曰。卸。解車馬也。或彳或卸。皆御者之職。牛據切。馭古文御。从又。从馬。　【説文解字卷二】

◉徐同柏　御字目上文賙字推之。當讀若馭。賙賜也。即八柄所謂予也。用宮御謂目王之八柄馭之也。　【周頌鼎　从古堂款

識學卷六】

◉吴式芬　𩣺即馭。馭與御通。詩徒御不驚。【師寰敦　攈古録金文卷三】

◉劉心源　馭婦名。積古𡧍婦女鼎作□。婦女鬲作□。筠清館婦女鬲作□。阮吴竝釋彝。案古刻馬作□。即此字之左旁。加又則馭也。

馭。从□。古文鞭字。説文鞭。古文作□。即此。蓋鞭从㥯。㥯从叜。□即叜省。古文乃吕叜爲鞭也。大鼎□王呼善夫馭召大。从重□。从攴。實叜字。智鼎。□乃祖考嗣卜事。毛伯彝。□虢城。皆叜字。石鼓文黄帛其□正是鞭从□省者。師嫠敦。既命女□乃祖考嗣。叜字从□。余向釋大鼎馭爲駛。毛伯彝叜爲吏。今改訂於此。【奇觚室吉金文述】

◉吴大澂　説文鞭古文作□，與諆田鼎□字之右旁相似。知御字古文从馬从鞭，□爲御者所執，上象其裹首之帕也。大鼎御字作□，知□即□之異體。師虎敦「命女御乃祖考□官」。御字省作□，師𩛥父敦「既命女御乃祖考嗣」。亦省作□，或不知□之省文，遂誤釋爲吏。詩「以御于家邦」。箋云：「御，治也」。齊侯壺「用御爾事」，與書泰誓「越我御事」同意。説文御字古文作□，則省□爲又，已失執鞭之意。後人變□爲□，又加人旁革旁，字體日緐，而鞭字馭字又象形會意皆不可改矣。【鞭字説　字説】

◉孫詒讓　駿。馭之異文。説文彳部。御。使馬也。古文作馭。从又馬。此从馬夋。説文革部。鞭。驅也。古文作夋。段玉裁謂从夋。近是。後盂鼎从夋。前三之一。諆田鼎从□。並同。又大鼎作𩣺。揚敢作𩣺。則並从鞭省。字例亦同。【不𡢁敦蓋　古籀餘論卷三】

◉羅振玉　説文解字。御。使馬也。从彳。从卸。古文作馭。从又从馬。此从□。从□。□與午字同。形殆象馬策。人持策於道中。是御也。或易人以□而增止。或又易□以人。或省人。殆同一字也。作□者亦見盂鼎。或又从又馬。與許書古文同。或又从象。【增訂殷虚書契考釋】

◉王國維　駿。古御字。説文解字。馭。古文御。此作駿者。从又持支。毆馬亦御之意也。此作駿。下文又作御者。古文本有此二字。故或云駿。或云御也。駿方者。蓋古中國人呼西北外族之名。方者國也。其人善御。故稱御方。【不𡢁敦蓋銘考釋　王國維遺書第六册】

◉王　襄　契文之□見于武丁世之卜辭，自是初文，或作□，均與許書古文□同，象使馬之形。漸作□，从□从□。□爲索，即鞭形，乃古文午，□爲人之跽形，許書□、□字所从出。或作□，从□，□即□之變。盂鼎作□、競卣作□，皆與契文同。作□與許書篆文御近；作□，从辵从□从□，辵即篆文御字偏旁之彳，□即午，特變□為□，□象手執鞭之形，與又同誼。卜辭牧作□、□、□諸形，从牛从攴，或从彳或辵。牧為養牛，御為使馬，事有相同，故字亦類。□由□所从之□嬗變而來，□為鞭形，□象手執鞭形，于形為複。然此類複形之字古文中甚習見，如驅，許書篆文作驅，古文作敺，師寰敦作□，驅卣作□，从□从支从區，亦複形之例兼以區定其聲。耤，許訓：「帝耤千畝也」，契文作□，象人扶耒耕田苗出之形。令鼎作□，亦象人扶耒之形，更从昔聲，與此□字例同，為會意且兼形聲字。至吾之作□，更之作□，正之作□，字皆複形，足資取證。或作□，从□，□是彳辵之省變，若□乃合□、□為一字，亦流變之體，惟□所从之□，象人披髮或戴巾之形，為特異。【古文流變臆説】

◉高田忠周　説文。御使馬也。从彳从卸。蓋卸亦聲也。古文从馬从又作馭。會意也。詩車攻。徒御不驚。周禮大司徒。禮樂射御書數。皆字之本義也。

此叜。即便省。而便亦鞭省。説文。鞭从便聲。便从人更。為會意。然古音更便轉通。便亦當兼形聲。故説文鞭古文以更為之作□。即為聲通也。然則馭字或从鞭省。是為會意。論語執鞭之士。晉語。其左執鞭弭。馭字从鞭固為至當。

【古籀篇六十四】

◉林義光　説文云。馭古文御。从又馬。按古作□諆田鼎。作□大鼎。从□馬。□古鞭字。或省作□趩尊彝。【文源卷十】

◉聞　宥　□□□□□　□孫仲頌讀為紹，非是。羅叔蘊讀為御之省文，而與□□仞為一字，諸家從之（林泰輔抄釋亦然）。宥按羅釋是也，惟其説則未諦。羅之言曰：「□與午字同形，殆象馬策，人持策於道中是御也。」□實不象馬策，□與□體析離，亦無持意。此午實為聲（卸字雖不古，然小徐猶曰午聲，可以為證），□象人跪而迎迓形，□道也（依羅説），迎迓於道是為御，詩「百兩御之」箋曰「御迎也」是也；迎則客止，故又孳乳加止；客止則有飲御之事，故又孳乳訓進訓侍，詩小雅傳箋所出者是也。諦言之，當曰：从行，从人（从父為譌變），从止，午聲，其作□者省文也；其訓迓者為朔誼，其他訓者為後起誼；故前者今猶讀ŋa'，其他則已讀ŋy'；以汪榮寶所考古音證之，適相密合。至馭馬之馭，卜辭作□，二者截然兩文；金文不嬰敦蓋先出□（馭）方㕧允，後出余命女□（御）追于畧，前者以其人善馭，故稱馭方（依王靜安釋，惟王氏未知二字之不可混）。後者以㕧允入寇，故命御而追之于洛，猶今人言迎擊也，二者亦絶不同用；至許氏乃誤合為一，又誤以御之省體為卸（經傳無卸字，明其非古），而以卩釋□，去古誼遠矣（參閲林藥園文源卷一第一葉）。羅氏能不从御説，惜乎仍合馭字為一談也。

凡卜辭所出御字，多言迎尸之事，如御于且（祖）辛御于且（祖）乙御自唐（湯）大甲大丁祖乙是也；積久則為祭之專名，而其字則孳乳爲禦字，猶帝之孳爲禘、果之孳爲祼也。其非言迎尸者，則大抵用如親迎之迎，如簠室殷契徵文典禮第一百一十三版曰：「貝(貞)御帚(歸)好于高」，龜甲獸骨文字卷一第二十二頁曰：「貝(貞)御帚(歸)好于申」，明義士殷虛卜辭第九百二十一版曰：「己酉御女」，第二百七十四版曰：「貝(貞)令御帚(歸)好」皆是也。王静安戩壽堂殷虛文字考釋曰：「御假爲禦字」，蓋亦牽於馭馬之説，遂至本末倒置矣。

此並爲御之或體。第一字从门从御省，客止則御而賓之于内，故字亦从门；第二字从㫃从御省，蓋專用之於軍旅者。古文多任意更易，如遷之常體作，而或刻木爲之則作(鄭井叔簋)；或鑄金爲之則作(叔姞簋)；或以其盛黍稷則又作(史𩵦簋)作(杜伯簋)是也。羅叔藴以第一字爲寓，而曰「从宀，御聲」，不知禹古讀ŋou，均在侯部，與御之讀ŋa相去極遠，烏得相通；而簠室類纂尚從之，蓋二氏之疏於音理若此。【殷虛文字孳乳研究　東方雜誌第二十五卷第三號】

◉葉玉森　羅氏釋御至塙。聞氏説較分明。惟歸好予别有説。御歸好之御仍祭名。非訓親迎之迎也。

按卜辭午作等形。譌變作。如。頗似馬策有節。填實作更肖。郭氏謂御字繁文从者。手持之丨乃象馬策。則卜辭中午作丨者不一見(前三第四五七八十一等葉並見)。似午象馬策矣。惟聞氏説字至精晰。余意从午亦聲固不妨象馬策。卜辭繁文之殆譌變而重複也。【殷虛書契前編集釋卷一】

◉吴其昌　「御」初文，从，从午，「午」爲矢藁，象人執矢藁爲馬策之形，是馭夫也。詳金文名象疏證。而在卜辭中與先公先王連屬者，則誼轉爲祀。戩藏卜辭四·一五「御于且丁」，王先生釋曰「御，蓋假爲禦字。説文：禦，祀也」。按先師之説，碻不可易。「禦」「御」一字古證繁多。詩猗嗟：「以禦亂兮」，儀禮大射儀鄭注引作「以御亂兮。」佘疋釋言：「禦，禁也。」釋文：「禦本作御。」莊公二十四年左氏傳之「御孫」，漢書古今人表乃作「禦孫」。周禮掌蜃：「以蜃御溼」，釋文：「本亦作禦」，皆其驗也。「御」「禦」一字，故知御亦祀也。且：「御，亦養也」。左昭廿九「御龍氏」服虔注。「御，享也」。孟子梁惠王「以御于家邦」趙岐注。「御，進食」也。左襄廿八「御者知之」杜預注。而祭祀之誼，亦本不過進食以享養先人而已」。【殷虛書契解詁　武漢大學文史季刊三卷三號】

◉商承祚　金文遹毁作，不𡢁毁蓋作，山毁作，𢦚馭毁作，盂鼎作。説文御：「使馬也，从彳卸。古文御，从又馬」。甲骨文从乃馬策，人持策道中，御之意也。又或从馬，與説文之古文同。金文將寫誤作，其意乃晦。【甲骨文字研究(下編)】

◉郭沫若　御字从辵从卬，卬古文馭，小篆譌作御，許謂从彳从卸，非是。本銘御字即曲禮上「御食於君」之御，鄭注「勸侑曰御」。【遹

段　兩周金文辭大系圖録考釋】

◉郭沫若　「剌钔」與遹毁之「遹御」同例。钔即御之初文，見大盂鼎，卜辭尤習見。又本銘钔字作□與麥盉□字同。丙午天君鼎午字作□，即此所从。【剌鼎　兩周金文辭大系圖録考釋】

◉郭沫若　衔當是御之異文。【殷契粹編】

◉董作賓　馭即御字，从又牽馬。有加水滴作□者，與牧之作□同意。左从□即馬之省形，首足尾鬣仍略具。騳之馬旁作□，騽之馬旁作□，均相似。从馬从又正是馭字。荀子王霸篇注「馭與御同」，詩小雅六月毛傳「御進也」。【馭嫠説　安陽發掘報告第四期】

◉強運開　□舊釋作䮾。楊升庵作駢。均誤。趙古則鄭漁仲作馭。張德容云。馭。説文古文御。从又从馬。今惟見於周禮。然則此當爲籀文馭字。運開按。吴窓齋韄字説云。説文韄古文作□。⊘其説甚精而塙。此□字。右从□又可識。變□爲□之由來已久也。【丁鼓　石鼓釋文】

◉明義士　□从人執午，所以策也。或从□作□金文遹毁，則御行在途之意，卸御本一字，許氏誤分爲二耳。通作禦。禦説文解字一上三示部四七字「禦祀也」。孟子梁惠王「以御于家邦」，趙注「御享也」，按享亦祀也。藏龜第七十葉三片「貞御于□甲」，前編卷一第二十九葉六片「貞勿于母庚御」，同卷第三十四葉七片「御于高妣已叀二羊牡眔艮□」，御之誼皆爲祀享於先人也。【柏根氏舊藏甲骨文字考釋】

◉馬叙倫　鈕樹玉曰。繫傳韻會作从彳卸。卸下當有聲字。宋保曰。本書卸讀若汝南人寫書之寫。午聲。午御寫古並同聲同部。邵瑛曰。今經典御馭截然兩字。御字之爲用甚多。而馭則專歸使馬義。書。五子之歌。馭六馬。周禮保氏。五馭。大馭馭王路戎僕馭戎車之類。又泛用爲毆馭義。太宰。馭其神馭其官馭羣臣馭萬民之類。⊘倫按詩鵲巢。百兩御之。穀梁成元年傳。使禿者御禿者。御皆謂迎也。字當作卬。或作迎。御爲借字。音同疑紐。聲則魚陽對轉也。史記天官書。迎角而戰者不勝。徐廣曰。迎一作御。楚詞九疑。儐其並迎。迎與故韻。皆可證也。金文齊侯壺之□。頌毁之□。文與此同。然御尊盖作□。遹毁作□。山毁作□。甲文作□□□□□□者。使馬之義也。□□□□□羅以爲象馬策。是也。然□□爲策之初文。本作□。象以竹莖所爲策也。盖字不从馬。故以□□會意。亦以所馭不必是馬也。以御必在道中。金文則作□□。似午字而實非午字。盖午爲杵之初文。本如賢觥作□。象杵之形。效卣作□。則與馬策形之□亂矣。故後增□爲□。變□而从□从□。□爲打之初文。形聲字也。盖後起字。此从彳，从□，从□。又从□則複矣。亦後起字也。或謂御从辵。聲。乃迎之轉注字。則使馬之義本字也。字見急就篇。

商承祚曰。甲文作。金文㹞殷作。从攴。盂鼎作。大鼎作。並从古文鞭。書五子之歌。若朽索之馭六馬。以及周禮之御皆作馭。倫按本作古文御。校者加从又从馬。然馭字見書及周禮。皆古文。玄應一切經音義一。馭今作御。駕馭也。謂指麾使馬也。又引古文官書御馭同。魚據反。則此字呂忱據官書加之。【說文解字六書疏證卷四】

◉楊樹達　命女官𤔲成周紵廿家，監𤔲新造貯，用宮御者，王命頌掌治成周織紵之户廿家，監司新造紵之事，以備宮中之用也。楚辭涉江云：「腥臊並御。」王注云：「御，用也。」荀子大略云：「天子御珽，諸侯御荼，大夫服笏。」楊注云：「御服皆器用之名，尊者謂之御，卑者謂之服」，知御有用義也。【頌鼎跋　積微居金文説】

◉陳夢家　□寅卜賓貞令多馬羌、御方　續5·25·9

壬午卜𠂤貞王執多㽙卸方于□

壬午卜𠂤貞乎卸方于商　綴147

□巳卜王貞于中商乎卸方　綴148

余勿乎卸方　庫595

貞冓于卸方　前5·11·7

除第一例作「御」外，其它皆省彳。逸周書世俘篇「大公望命御方來，丁卯望至，告以馘俘」。此禦方是國(族)名，御方之作禦方，猶卜辭祭祀之「卸」即説文之「禦」。西周金文不其𣪘爲秦人之器，銘曰「白氏曰：不其，馭方厰(玁)允廣伐西俞，王令我羞追于西」。王國維考釋此器銘文，以爲「馭古御字，馭方者蓋古中國人呼西北外族之名，方者國也，其人善御，故稱御方」。我們則讀「御方玁狁」爲御方之玁狁，御方是玁狁族之一支，銘文又曰「汝及戎大敦搏」則又呼之爲戎。試比較下列

不其𣪘　馭方　厰狁　戎

虢季子白盤　䜌方　厰執

小雅出車　朔方　玁狁　西戎

可知玁狁即戎，而御方、䜌方、朔方是其一支。【殷墟卜辭綜述】

◉李孝定　説文。御使馬也。从彳从卸。古文御从又从馬。卜辭作上出諸形。其作者。孫釋紹。引金文紹或作絜謂卜辭省召説非。金文紹作絜从卩爲繁文。省召則非紹字矣。羅釋爲御甚是。聞氏之説尤爲審諦。御之本義當訓迓。其訓進訓

用者均由此誼所孳乳。其用爲祭名者。則假爲禦。卜辭御字以用爲祭名之義爲多。其訓爲使馬之義者字當作馭。與御截然二字。辭云。癸巳卜㱿貞旬亡禍王固曰。乃兹亦有祟若偁。甲午王往逐兕小臣古疑借爲固車馬硪馭王車子旲亦隊。菁一·一此貞田獵逐兕之事。言小臣古此即詩王事靡盬之盬。當訓固。猶言裝備並檢驗車馬之良窳也車馬而以硪爲馭。下言子旲亦隊。則正與上文乃兹亦有祟相應。蓋王車猝有銜橜之變而子旲亦隊。以其言亦。故王車之禍可知。此蓋行文互見之義。自甲午王往逐兕以下蓋繇辭也。又如馭兹□乙一〇五〇。癸卯卜貞㞢猎□我馭𢦏」乙二三三。馭兹邑乙三一六二。文義雖不若菁一·一之顯豁。然皆與使馬之事有關。與他辭言御之用爲祭名或他義例多不具舉者迥然有别。御馭二字之用於先秦文獻中猶有不混者。如詩百兩御之。穀梁成元傳齊使禿者御禿者。左襄六年傳。朱也當御。皆當訓迓。周禮保氏。四曰五馭。管子形勢解。馭者操轡也。荀子。東野子之善馭。此使馬之訓猶用其本字作馭。而經傳中固多已假御爲馭矣。許君沿誤遂以御馭爲今古文。今仍許書之例。收二者爲一字。實則御當入彳部。解云。迓也。从彳从止从卩午聲。馭入馬部。此从駒騎諸字之例。解云。使馬也。从馬从又。御字从彳。或从行。象道。从止或省止。象道行者。从卩則迓之者也。午聲。馭則从又馬會意。此二字實不容混。徒以聲同相假。沿用既久。約定俗成。許君不察。遂混而一之耳。金文□盂鼎□山御簋□御簋□大保爵□牧師父簋□頌鼎□虢弔鐘□虢叔編鐘□攻吴鐘□□齊侯壺□適簋□麥盉□辛巳簋□敔簋□盂鼎□不㝨簋□令鼎□咢侯鼎□馭八卣□大鼎。齊侯壺器二文其一省卩从二止。亦猶契文之省卩从𠂤也。第一二三數文與契文之作□者全同。午亦作□。至午字之是否象轡若策。當於十四卷午下詳之。御之朔誼爲迓。但以午為聲。實無取於象馬策之意。羅郭之説殆猶惑於許君使馬之訓而云然耳。【甲骨文字集釋】

◉裘錫圭　卜辭的卬字，大多數是用作祭名的。這次所示諸骨的卬字，从文例上看也應該是祭名，當讀爲御（繁體爲「禦」）。御是御除災殃的一種祭祀。卜辭或言：

鼎：卬疒身于父乙？乙編六三四四

這是卜問是否御除腹病于父乙。或言：

甲子卜，穷，鼎：□□才疒，不从王古？

鼎：其从王古？

壬午卜，穷，鼎：卬□于丁？

鼎：于帚（婦）卬□？甲編二一二一

丙辰卜，鼎：𢓊告𡗗疒于丁，新𤰔？

戊午卜，鼎：今日至（致）𡗗，卲于丁？

□□卜，〔鼎〕：卲𡗗于帚，三宰？五月。　續編一・四四・六

這是因爲𤰔和𡗗有病而卜問是否爲他們舉行御祭于丁或婦。或言：

甲午卜：王馬𡆧駒（孽？）其𢓊（禦）于父甲亞？　甲骨文録三一二

這是因爲王的馬有災殃而卜問是否舉行御祭于父甲亞（「亞」義近于宗、廟）。或言：

戊子卜，鼎：卲年于囲？五月。　庫方一六八四

這是卜問是否御除農業年成的災害于報甲。

卜辭還有説「衖年」（佚存八六七）「𢓜禾」（殷契拾掇二・一七七）的。衖、𢓜當讀爲防，指防禦災害。防年、防禾當是與禦年同類之事。

周禮天官女祝：「掌以時招、梗、禬、禳之事，以除疾殃」，鄭注：「鄭大夫讀梗爲亢，謂招善而亢惡去之；杜子春讀梗爲更；玄謂梗，御未至也。除災害曰禬，禬猶刮去也。卻變異曰禳，禳，攘也」，孫詒讓正義曰：「説文示部：禦，祀也。疑即所謂梗矣。」今案，殷人于已至之災殃亦禦之，禦祭似可包禬、禳。

這次所出卜辭，或言卲衆，應該是指禦除衆人的災殃；或言卲牧，應該是指禦除牧奴或牧事的災殃；或言卲牧，應該是指禦除家臣的災殃。至於鳶和吳，疑都是人名，卲鳶、卲吳與上引卜辭言卲𤰔、卲𡗗同例。

上引卜辭或言「卲𡗗于帚三宰」，文例與「卲衆于且（祖）丁牛……」等辭相同。他辭或言「卲𢎗（弜，爲第一期常見人名）大乙宰」（前編一・二四・四）「卲帚𡚴匕己二牡」（前編一・三三・七，二牡疑指一牝一牡），文例與「卲臣父乙豚……」等辭相同。「卲且癸豕」「𠃉卲父甲羊」等辭之卲，也應指御祭而言。𠃉，又當指御祭時所采取的用牲方法。他辭或言「□戌卜：㞢龔司，卲子𣎵」（續編五・六・六），蓋謂御子𣎵于龔司而用㞢祭（甲骨文「㞢」「又」通用），可與此參證。

12號一辭言「𠤎𡿧父乙豕……」。第一字是「乍」字，甲骨文編「乍」字下收有與此相似者。第二字疑是禦疾之禦的專文，或禦疒二字之合文，申論之於下。

甲骨文有𡿧字：

乙亥鼎：𢍜弜（否定詞，與「勿」相近）𡿧方☐

弜正(征)方才☒　拾掇一・四一五

又有於此字加注魚字之字：

壬戌卜，犾，鼎：其㞢(有)來方，亞□其□，王受又(有)又(祐)？(末四字轉在另一側)

壬戌卜，鼎：弗受又又？甲編三九一三

這個字象一人抵御另一持杖者的攻擊，疑即御之初文。御、魚古音同聲同部，所以字或加注魚聲，與□加注凡聲而爲□(鳳)、□加注昔聲而爲□(耤)同例。上引卜辭讀爲「弜御方」「其有來方，亞□其御」，文義頗覺妥帖。又前編六・六・三一辭云：

鼎：甶(讀惠，與「唯」相近)帚好乎(呼)□伐？

伐上一字疑即□之變形而加午聲者，□伐即御伐。由此形省去攴旁，就成卜辭中常見的钔字了。這和「[illegible]」字省去「丮」旁而成「耤」字，是十分類似的。午是钔的音符，所以钔可以省作午：

癸未卜：□(午)余于且庚，羊豕艮？

于且戊钔余，羊豕艮？

上引第一辭的午字顯然應該讀爲钔。

12號卜骨的□字，應該看作□與□(疒)的合體字，□當即□的省體。後編下一一・八一辭云：

鼎：帚好不祉□？

末一字爲疒身二字的合體字，可以看作疒身之疒的專字，也可以看作疒身二字的合文。京都大學人文科學研究所藏甲骨文字三〇五三一辭云：

庚寅卜鼎：甶(讀叀，與「唯」相近)丁酉酒□？

末一字爲伐羌二字的合體字，可以看作伐羌之伐的專字，也可以看作伐羌二字的合文。以上二例，情況與□字相類，所以我懷疑這個字是御疾之御的專字或御疾二字的合文。卜辭或言「乍(作)大钔自囲」(後編下六・一二)，或言「个钔，斷(祈)庚不𢦏」(京都九九四)，可證御祭可以言「乍」。【讀安陽新出土的牛胛骨及其刻辭　考古一九七二年第五期】

◉郭沫若　「御」凡十一見，其中單言「御」的是用字義，所謂「御臣」「御廌」「御牧」「御衆」的「御」則是治字義，即是整頓、料理之義。「牧」和「衆」是從事生產的勞動者，都是被統治的奴隸，「衆」主要是農民，「廌」或作豸，是莫須有的一種怪獸——「解廌」的省稱。說文「解廌，獸也。似山牛，一角，古者決訟令觸不直者。」蓋古時奴隸主於判處罪狀時，將牛角去其一，以神乎其事，故後世司法官所載之冠名「解鷹冠」。鷹字音讀如宰，在此即讀爲宰，當是執法小吏。「臣」「鷹」同是管理「牧」「衆」的統治者的爪牙，值得注意的是：「臣」「鷹」合刻在一枚，「牧」「衆」合刻在另一枚，這裏顯明地有階級的劃分，奴隸制度是相當森嚴的。【安陽新出土的牛肩胛骨及其刻辭　考古一九七七年二期】

◉劉彬徽等　迎，御字。

馭，御字。御右，指車右。【包山楚簡】

◉黄錫全　御寫作[glyph]，从女，與从卩義近。如同甲骨文媗(艱)寫作[glyph]，或作[glyph]。此形金文首見。【湖北出土商周文字輯證】

◉湯餘惠　《吉林大學藏古璽印選》4・17著録一鈕朱文私名璽：

左方一字原照未釋。今按此字可隸定爲「迮」，當釋爲「御」。此字所从的[glyph]即辵旁的省譌，周代銅器元年師旋簋退字作[glyph]，召卣追字作[glyph]，辵旁寫法相近。金文御字多作[glyph](洹子孟姜壺)、[glyph](子禾子釜)，此省卩旁而增加止旁；1967年遼寧北票出土的燕王職戈「御司馬」之「御」作[glyph]，除午、止合書外，結構基本相同，當可互證。【古璽文字七釋　第二屆國際中國文字學研討會論文集】

◉戴家祥　金文御作[glyph]遹毁作[glyph]頌鼎又作[glyph]吴王監，字皆从辵卸聲。大保爵、競毁、古伯尊都有[glyph]字，殷虚卜辭作[glyph]或作[glyph]，从彳，均爲祭名。金文亦有作[glyph]貞松堂集古遺文補遺卷上第十三葉禦父己鼎與説文一篇訓爲祀者同。先秦典籍御禦互通：齊風猗嗟「以禦亂兮」，鄭玄儀禮大射儀注引作「以御亂兮」。左傳莊公廿二年「陳人殺其大子御寇」，穀梁傳作「陳人殺其公子禦寇」。左氏春秋經「僖公九年春，王三月丁丑，宋公御説卒」，穀梁傳作「禦説卒」。大盂鼎「在雩[glyph]事」[glyph]事當讀御事。周書・牧誓云：「我友邦冢君御事」，大誥「越爾御事」，酒誥「我西土棐徂邦君御事」，國語・周語「百官御事」，僞孔傳及韋昭注皆訓御爲治。御事者，天子諸侯之執政官也。[glyph]从[glyph]聲，[glyph]古文杵，唐韻「疑古切」，疑母魚部，御讀「牛據切」，不但同部而且同母，説文九篇卩部「卸，舍車解馬也，从卩、止、午，讀若汝南人寫書之寫」。按唐韻寫音「悉也切」，御讀「思夜切」，雖然與御同韻，而聲母則在齒音心紐，許氏隸御於彳部，説成从彳、从卸，不但割裂形聲，且亦於義無據。卸本祭名，加旁从辵，其義爲進。小雅六月「飲御諸友」，周禮・天官・九嬪「各帥其屬而以時御叙於王所」，毛傳鄭注皆云：「御，猶進也」。凡衣服加於身、飲食入於口、妃妾接於寢皆曰御本獨斷説。經傳御馭截然兩字，馭字从又，又，手也。从馬者，使馬也。夏官・馭夫「掌馭貳車、從車、使車，分公馬而駕治之」。此馭字之本義也。管子・形勢篇「馭者，操轡也」。同聲通叚，馭亦通御。荀子・王霸篇「王良造父善服馭者也」，楊倞注「馭與御同」。大雅・崧高「徒嘽嘽」，毛傳「徒行者，御車者，嘽嘽喜樂也」，御當作馭，作御者借字也。説文之爲書也，以形聯義，以義系聲，以形、聲、義明造字之指，若遇字之有悖六經諸子者，則求諸聲音以明之。獨於御字注云「使馬也」，「馭，古文御从又从馬」，乃混淆本義、餘義、引伸義、假借義而一之，故不能解後學之疑。

牧師父毀　御，从彳从卩午聲。即御之異文，省辵爲彳，于字義無礙。吳王夫差鑑「自乍御監鑑」，御又作御。【金文大字典下】

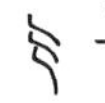 亍

◉許　慎　亍步止也。从反彳。讀若畜。丑玉切。【説文解字卷二】

◉馬叙倫　沈濤曰。文選魏都賦注引。亍。步也。蓋古本如此。魏都賦曰。澤馬亍阜。赭白馬賦。秀騏齊亍。皆無止義。則今本有止字者。誤。玉篇引同今本。乃後人據今本改。林義光曰。亍即行之偏傍。不爲字。倫按篆當依鍇本作乚乚。楊桓曰。乚乚。道亍之小道也。象行之亍半。倫謂乚乚亦行之省。今讀丑玉切。與彳雙聲。周秦之書。偏傍以外無單獨用此二字者。知本無彳亍二字。後人強爲音切。故不能别也。【説文解字六書疏證卷四】

 廴

廴【汗簡】

説文【古文四聲韻】

◉許　慎　廴長行也。从彳引之。凡廴之屬皆从廴。余忍切。【説文解字卷二】

◉馬叙倫　鈕樹玉曰。繫傳篆作。倫按長行謂長道也。篆當作。象形。横道多。則從道長矣。省之爲。金文廴字偏傍多作。與彳行實皆一字。【説文解字六書疏證卷四】

廷

廷 毛公厝鼎 秦公簋 孶乳爲庭 何尊 廷告于天 盂鼎二 元年師旋簋 師艅簋 柳鼎 望簋 師兑簋 散盤 諫簋 頌鼎 頌簋 㝬簋 趞鼎 吳方彝 趞曹鼎 衛簋 大師虘簋 休盤 匄簋 弭伯簋 弭弔簋 楚簋 師酉簋 寰盤 無叀鼎 【金文編】

40 75 【包山楚簡文字編】

廷 秦一九七 十九例 法三八 五例 【睡虎地秦簡文字編】

郤當廷印 鄭廷私印 【漢印文字徵】

祀三公山碑 廷掾郭洪 少室石闕 廷掾趙穆 開母廟石闕 廷掾趙穆 【石刻篆文編】

廷 【汗簡】

林罕集又雲臺碑 【古文四聲韻】

◉許慎 廷朝中也。从廴。壬聲。特丁切。【説文解字卷二】

◉吳大澂 古廷字。从人从土。乚其地也。【説文古籀補】

◉林義光 説文云。廷朝中也。从廴壬聲。按古作利鼎。廷與庭古多通用。疑初皆作廷。乚象庭隅之形。壬聲。象形兼形聲。或作頌敦作頌壺。庭內常灑埽𠥩飾。故从∴。∴飾也。从∴轉注。彡亦∴之省。【文源卷一】

◉王國維 廴部之廷。古文作。建石鼓文作。皆不从廴。説文宜別立乚部。【劉盼遂記説文練習筆記 國學論叢第二卷】

◉高田忠周 説文廷朝中也。从廴壬聲。又廴訓長行也。从彳引之。爲延引之引本字。又𡈼説文。作𡈼爲首文云。善也。从人士。士事也。一曰。象物出地挺生也。下説。與𡈼形合。土即地也。人以爲挺生之物。叚借也。要朱駿聲説。此字从人立土上。會意。挺立也。此爲至當。人直立地上。容形端正。故訓善也。威儀儼格之謂也。凡人在朝中。皆端然直立。又或進退有禮。故从廴从壬。此形聲兼會意之顯然者。此篆。[glyph]即廴。[glyph]即人。壬亦土變勢耳。正與許解相合。唯人土不連形。爲小異也。下文作[glyph]。[glyph]即廴。土與人左右相更。又或作[glyph]。土形雖稍略而亦近正者矣。其他。[glyph][glyph]諸篆。[glyph][glyph]爲[glyph]變勢。作[glyph]亦然。要皆同意耳。朱氏又云。廷與庭別。古外朝治朝燕朝皆不屋。君立於門中。臣立於廷中。故雨霑服失容則廢朝。爾雅。中庭之左右。謂之位。儀禮聘禮。公揖入立於中庭。皆以庭爲之。風俗通。廷者昜也。蒼頡篇。廷直也。左定十四傳。夫差使人立於廷。【古籀篇六十四】

◉高鴻縉 [glyph]。階前曲地也。从乚[glyph]。[glyph]聲。乚。曲本字。[glyph]。即地。故秦公簋作[glyph]者爲正。其他作[glyph]者。省土。作[glyph]者。彡省聲。其餘異體皆循此而變也。【頌器考釋】

◉高鴻縉 廷者。堂下至門不屋之所。中寬兩端後曲之地也。故初字(毛公鼎)从乚(曲)土(地)會意。人聲。休盤作彡聲。彡聲與人聲同也。金文餘字皆由此變。小篆形譌。構造遂不可説。朝中者。朝下中地之謂。古者臣見君。君南面坐於堂上。堂亦稱朝。臣北面立於堂下廷中。故統稱其所曰朝廷。王静安曰。古文但有廷字。後世加广作庭。義則無異。由説文之例。庭字當爲廷下重文。【中國字例五篇】

◉馬叙倫 王筠曰。广部曰。庭。宮中也。廷庭之爲平地無屋同。特朝廷專名。庭院通稱。故庭加广爲別耳。朱駿聲曰。古外朝治朝燕朝皆不屋。君立於門中。臣立於廷中。故雨霑服失容則廢朝。按爾雅釋宮。中庭之左右謂之位。儀禮聘禮。公揖入。立于中庭。皆以庭爲之。倫按廷者。廟中道也。朝廷即廟廷。朝爲廟省。此朝中下奪道字。今觀清宮殿制。自天安門以內。道皆長直。其大典禮御端門或午門。即古治朝外朝之義。君御門。臣皆露立道上。即朱所謂君立於門中。臣立於廷中也。然廟中道非本義。或非本訓。廷本爲正直長道。故風俗通。廷。正也。玄應一切經音義引蒼頡篇。廷。直也。此皆可證廷之爲道也。金文廷字毛公鼎作[glyph]。頌鼎作[glyph]。秦公毁作[glyph]。皆从乚。亦象長道形。廷爲廴之轉注字。廴音喻四。从壬得聲之呈亦喻四。呈从壬得聲。从呈得聲之郢亦喻四。聖在審紐。審與喻四同爲摩擦次清音也。是其證。字見急就篇。【説文解字六書疏證卷四】

◉李孝定 林王二氏謂廷庭一字，是也。頌壺或作[glyph]，盂鼎作[glyph]，不从土而从數小點，乃形譌，林氏以爲廷内常灑掃者，非也。高田氏謂从壬乃形聲兼會意，亦誤，廷从乚，林氏謂象庭隅之形，是也，从壬，但以之爲聲耳。【金文詁林讀後記】

◉戴家祥 金文作[glyph]或作[glyph]，从乚，从[glyph]。説文十二篇乚，有直義，以形聲律之，似即侹之初文。加旁从人，變爲形聲。一切經音義十三引通俗文「平直曰侹」。字亦同頲，表義更旁字也，爾雅釋詁「頲，直也。」𡈼義爲直，一切从𡈼得聲者，義亦訓直。儀禮・士喪禮「脯四脡。」鄭玄云「古文脡爲挺」。公羊傳昭公二十五年「與四脡脯。」何休注「屈曰朐，申曰脡。」申亦直也。禮記・曲禮下「鮮魚曰脡祭。」鄭注「脡，直也。」考工記弓人「故校於挺臂中有柎焉。」鄭注「挺，直也。」左傳襄公五年引逸詩曰「周道挺挺」，杜預亦以挺挺爲正直。禮記・玉藻「天子搢珽。」鄭注「珽之言挺然無所屈也。」隋書禮儀志引許慎五經異義云「天子笏曰珽，挺直無所屈也。」余文屢有「即立中廷」、「入門立中廷」之文，爾雅釋宮「中庭之左右謂之位」，儀禮聘禮云「公揖入立于中庭」，洪範五行傳「於中庭祀四方」。字又作庭。説文九篇「庭，宮中也。」實即廷之加旁字。大雅韓奕「幹不庭方」，毛公鼎「率褱不廷方」，庭作廷。周頌閔予小子「陟降庭止」，漢書匡衡傳作「陟降廷止」。是廷庭同聲同義之證。毛公詩傳並云「庭，直也。」【金文大字典上】

 延  上同【汗簡】

◉許慎　延行也。从廴。正聲。諸盈切。【説文解字卷二】

◉林義光　説文云。延行也。从廴正聲。按古作歸夆敦。作無㠱敦。即彳之變。與征同字。【文源卷十】

◉馬叙倫　廷延聲同耕類轉注字。【説文解字六書疏證卷四】

 建　从辵　建鼎　 蔡侯𨽍鐘　建我邦國　 中山侯悠鉞【金文編】

 5・168　杜建【古陶文字徵】

 建　日乙二六　二例　 日乙二九　十例　 日甲一六　八例　 日甲七六背　二例　 日甲八　 日乙一六【睡虎地秦簡文字編】

 饒宗頤(1968)釋建　—𢀖褱民(甲3—9)【長沙子彈庫帛書文字編】

建成侯印 建鄉 建春門侯 常建德印 任建私印 李建 石建 上官建印 皇建

駒建 弟五建 司鳿建 王建之印 法建成 【漢印文字徵】

泰山刻石 建設長利 天璽紀功碑 令史建忠 【石刻篆文編】

建 【汗簡】

並古老子 古老子 【古文四聲韻】

◉許　慎　立朝律也。从聿。从廴。臣鉉等曰。聿。律省也。居萬切。【說文解字卷二】

◉林義光　說文云。立朝律也。从聿从廴。按石鼓作騝字偏旁。秦繹山碑亦同。建。立也。即廷省。从又持在庭中。有所樹立之形。【文源卷六】

◉馬叙倫　王筠曰。建祇是立而云律者。猶廴从彳引之。建亦从律引之也。由字形得此義。朱駿聲曰。从律省廷省。會意。苗夔曰。廴亦聲。龔橙曰。立朝律非本義。倫按廴爲長行。長行即長道。安得立朝律之義。且律即建之異文。从彳猶从廴也。法律即法。周止言法。後世始言律。律借爲法。同爲摩擦次清音而本字又當作笵。詳灋字下。則此言立朝律者。蓋許不明建字之義。而漫從舊說。或本訓挩失。今存者校者之辭也。抑或本訓律也。以異文相釋。本書自有此例。校者增立朝二字耳。建爲廴之轉注字。亦街之轉注字。廴音喻四。廴乚一字。乚讀若隱。隱音影紐。街建音皆見紐。影見同爲破裂清音。舌根與喉又最近。喻四與影又皆喉音也。今俗名街者率是長道。字見急就篇。石鼓騝字偏傍作。【說文解字六書疏證卷四】

◉黄錫全　建　鄭珍云：「移聿之下一於上。變廴爲乚，見繹山碑，此本之，下廷延亦仿作。」建字古本作([illegible]建鼎)、(毛公鼎)，變廴爲乚作(蔡侯鐘)、(中山侯鉞)。聿之下一横移入上部，與从聿之肇作(長甶盉)、(鑄子鼎)，也作(禾殷)、(齊陳曼匜)類同。泰山刻石建作，繹山碑作，魏建興郡端氏縣水碓昇合村邑子造像作建。夏韻願韻注出《古老子》。【汗簡注釋卷一】

◉曾憲通　建恒褐民　乙九·九　此字微殘，或以爲畫字，然下體不从田，似之殘筆，選堂先生釋建，何琳儀釋畫。【長沙楚

◉孫斌來　銘文第一行第四個字，如果把它釋爲「遷」，那麼第一句的意思就是：周成王最初遷都成周。字面上雖然説得通，但與史不符。西周除周平王遷都于成周外，其他各代周天子均未有過遷都之事。對此馬承源先生已有論述。

爲了説明問題，再作些補充。《尚書·洛誥》：「王曰：『公，予小子其退，卽辟于周，命公後。』」又：「公定，予往已」，「卽辟于周」。成王自己説要在宗周卽君位。由于當時「四方迪亂未定」，政局還不穩定，所以成王要求周公留守洛邑説：「命公後」、「公定」。《洛誥》末尾記：「王命周公後，作册逸誥。」這説明成王時確實是由周公留守成周洛邑的。以上史實足證在周成王時也没有遷都于成周的事。

張政烺先生將第一行第四個字隸定爲「⿱罒⿰卷吕」，并説：「按六書条例定⿱罒⿰卷吕爲从吕，⿱罒卷声。」張先生説至確。

對銘首第四字如何解釋，關係到對全銘所記史實的理解，故重新解釋如下。

先明形符「吕」。

銘首第四字與古「宮」字均从「吕」。《説文解字》與《爾雅》均訓「宮」爲「室」。段玉裁《説文解字注》：「宮，言其外之圍繞。」羅振玉説：「从吕，象有數室之狀」。又説：「口象圜土形。」張先生疑「吕」與建築有關。《史記·周本紀》：「成王在豐，使召公復營洛邑，如武王之意。」《尚書·洛誥》序：「召公既相宅，周公往營成周。」其中「營」是建築的意思。《説文解字》：「營，帀居也。」又：「帀，周也。」段玉裁《説文解字注》：「帀居，謂圍繞而居。」唐蘭先生説：「就是纍土作圓形來作居住地點，……吕，或只从口，就是壅土的形狀。」段玉裁引孫星衍的話説：「營環音近，如『自營曰厶』，今本《韓非子》作『自環』。」

以上从「吕」、「口」的形義關係與「營」、「環」的音義關係等方面均可證明銘首第四字所从的「吕」是表示建築意義的形符。

次説聲符「⿱罒卷」。

此聲符的古音，聲爲清紐，韻在元部；「建」的古音，聲爲見紐，韻也在元部。此聲符與「建」收韻相同，而聲有齒頭音與牙音之别，就一般情況而言，還不能算是同音。如果考慮到古今方國語音流變，同一時代還有方音，情況就不同了。「井」，「子郢反」，是齒頭音，「耕」，「古莖反」，是牙音；「井」、「耕」同收耕韻，聲爲齒頭音與牙音相轉。「僉」，「七廉反」，是齒頭音，「劍」，「居欠反」，是牙音；「僉」、「劍」同收談韻，聲爲齒頭音與牙音相轉。「自」，「疾二反」，是齒頭音，「洎」，「幾利反」，是牙音；「自」、「洎」同收脂韻，聲爲齒頭音與牙音相轉。「告」，「古到反」，是牙音，「造」，「七到反」，是齒頭音；「告」、「造」同收覺韻，聲爲牙音與齒頭音相轉。形聲字的音讀與其聲符的音讀最是相同的，卽「井」與「耕」、「僉」與「劍」、「自」與「洎」、「告」與「造」最初同音。

準此，此聲符與「建」同收元韻，聲爲齒頭音與牙音相轉，在上古也是同音的。

因爲銘首第四字中的「呂」是表示建築意義的形符，標明了其詞義所屬的物類形象，其聲符與「建」上古同音，即標明了該詞的音讀，又從詞的語音形式和詞義內容的對立統一關係方面揭示了銘首第四字的意義，所以我認爲銘首第四字是「建築」之「建」的本字。

「建」字，就目前的文字資料看，最早見于春秋時期的蔡侯鐘上。《說文解字》：「建，立朝律也。」所謂「立朝律」就是在簡冊上書寫朝中的法規條文。《周禮》：「大宰之職，掌建邦之六典。」孫詒讓《周禮正義》：「經例言建者，并謂修立其政法之書，頒而行之。」段玉裁《說文解字注》：「今謂凡豎立爲建，許云『立朝律』，此必古義今未考出。」可見，「建」的本義爲「立朝律」，「建築」、「建設」乃「建」的後起義。「建」本無「建築」之義，從因詞造字方面也可以證明銘首第四字是「建築」之「建」的本字。實則「建」行而銘首第四字廢，故銘首第四字不見于史籍與後世字書。

從文獻史料與本銘交驗互證中也可以證明銘首第四字爲「建築」之「建」的本字。

《逸周書・度邑》：「自洛汭延于伊汭，居易之固，其有夏之居。我南望過于三塗，我北望過于嶽鄙，顧瞻過于有河，宛瞻過于伊洛，無遠天室。」可見，武王滅商之後就有從「洛汭」到「伊汭」營建洛邑的規劃。本銘在誥辭中說：「唯武王既克大邑商，則廷告于天，曰：『余其宅茲中國，自之乂民。』」這就證實了《逸周書・度邑》所載武王克商後就有營建洛邑的規劃是可信的。《史記・封禪書》：「武王克殷二年，天下未寧而崩。」據此可知，當時由于「天下未寧」和武王過早的死去，營建洛邑的規劃在武王時沒有得以實現。

《史記・周本紀》：「成王在豐，使召公復營洛邑，如武王之意。」《尚書・召誥》：「惟二月既望，越六日乙未，王步自周，則至于豐。惟太保周公相宅。越若來三月，惟丙午朏。越三日戊申，太保朝至于洛，卜宅。厥既得卜，則經營。越三日庚戌，太保乃以庶殷攻位于洛汭。越五日甲寅，位成。若翼日乙卯，周公至于洛，則達觀于新邑營。越三日丁巳，用牲于郊，牛二。越翼日戊午，乃社于新邑，牛一、羊一、豕一。越七日甲子，周公乃朝用書，命庶殷、侯、甸、男、邦伯。厥既命殷庶，庶殷丕作。」據《史記・周本紀》和《尚書・召誥》可知，歷史上有成王繼武王之後營建洛邑的事情。本銘首句說：「唯王初建宅于成周，復□武王禮。」這與《史記・周本記》及《尚書・召誥》記載成王營建洛邑的史實是一致的。銘文的叙事之辭說：「在四月丙戌，王誥宗小子于京室。」張先生說：「如果順着《召誥》月日推算，丙戌當是四月十三日。」這個日子恰好在三月五日召公選定營建地點、三月十一日召公命殷之奴隸建成基地、三月二十一日周公命令殷之奴隸大規模動工之後。這樣，銘首說「唯王初建宅于成周」，在

㢟

時間上與《尚書・召誥》的記載也是相符的。《尚書大傳》：「周公攝政，一年救亂，二年伐殷，三年踐奄，四年封衛侯，五年營成周。」王國維在《周開國年表》中說：成王即位，周公攝政之初，亦未嘗改元，《洛誥》曰惟七年，是歲爲武王克商之後七年，成王嗣位，于兹五歲。本銘末記作器于「惟王五祀」，即成王五年。可見，本銘所記成王營建成周洛邑的年分與文獻史料的記載也是相同的。

綜上所述，無論從銘首第四字與「建」的音、義關係方面，還是從本銘與文獻史料記載成王繼武王之後營建成周洛邑的史實交驗互證方面，都足以證明銘首第四字是「建築」之「建」的本字。【何尊銘文補釋　松遼學刊一九八四年第二期】

◉戴家祥　石鼓文「右驂騝騝」，偏旁建从乚。秦泰山刻石「建設長利」，建亦作[glyph]。徐鉉曰：「聿，律省」。朱駿聲通訓定聲云：「按从律省，廷省，會意。」夏官量人「掌建國之法」。鄭玄云：「建，立也。」書洪範「建用皇極」，俞樾羣經平議讀極爲準則之則，引左傳昭公十三年鄭子產責晉人曰「貢之無藝」，又曰「貢獻無極」。服虔讀藝爲極，杜預訓藝爲法制，許書「建，立朝律也」，猶書言「建用皇極」。

[glyph]中山王𠨬鉞　𨻰从阜从土从聿，當爲建之異文，从土从阜，均有建築城邦的意思。鉞銘「天子建邦」，建邦即建國。易比卦象曰「先王以建萬國」，漢人避高祖諱，改相邦爲相國。【金文大字典上】

甲一九三　甲五二八　甲一五一六　甲二一二五　甲二三四九　甲二四七二　甲二四七九　乙一六　乙四四　乙九〇九二　河一五二　河二五四　鐵一〇三・四　鐵一七六・二　拾一・一　前一・四九・五　前二・二八・三　前四・四三・三　前五・四・六　前六・二二・五　前六・六四・五　後一・一一・一五　後二・六・八　林一・七・二　戬三九・八　佚二三九　佚二七六　佚五三五　佚九七一　燕五三　寧滬一・五九　掇一・四一九　明藏三五　乙三二八七　貞人名甲午卜徝貞東土受年　[glyph]河一二見　合文二五　【甲骨文編】

甲193 528 1380 1516 1949 2040 2125 2345 2472 2689 2779
3000 3374 3576 乙194 5192 6263 6751 7310 7998 8712 8806
8816 8854 8881 8889 8893 8896 8949 8997 9092 珠153 269
304 311 343 357 421 622 858 1370 卜195 佚75 132
229 276 374 415 535 878 971 續1·3·2 2·1·1 2·1·7 2·
24·4 2·27·2 2·28·3 3·23·7 4·11·4 4·13·5 4·13·6 4·16·3 4·
16·7 4·35·3 5·6·1 6·13·2 掇419 429 456 徵1·39 1·40 1·41
10·51 11·84 11·85 11·92 11·96 京1·25·7 2·22·4 2·28·2 3·
10·3 凡25·1 25·4 26·4 録112 152 254 309 432 443 500
508 鄴40·3 天84 誠70 摭32 東方107 六中11 254 六清25外294 六
清164外398 六雙1 續存79 1496 1538 2360 外75 粹252 269 439
709 934 952 1003 新415 422 423 424 426 427 3858 4025
4137 4206 【續甲骨文編】

延 子父辛尊 延盤 延角 與延爲一字孳乳爲誕 康侯簋 誕命康侯啚于衛 我鼎 保卣 誕貺六品
德方鼎 盂鼎二 麥鼎 呂鼎 舀鼎 師遽簋 臣諫簋 王孫鐘 蔡侯𨱐鐘

□ 0634 【古璽文編】

◉許　慎　□安步㢟㢟也。从廴。从止。凡㢟之屬皆从㢟。丑連切。【說文解字卷二】

◉孫詒讓　□王厚之釋爲永。阮从之。攷金刻永字。或从止。如芫鼎作□。𨌲鼎作□是也。竝見本書。然無作□形者。此當爲㢟字。說文廴部㢟安步㢟㢟也。从廴从止會意。其字通作延。說文。延从㢟丿聲。朱駿聲說文通訓定聲苗夔說文聲訂竝謂當从丿㢟聲。呂楚辭協均攷之。其說是也。延从㢟聲。故二字通用。本書師遽敢王延正師氏延正作□。【㝉父鼎　古籀拾遺中】

◉羅振玉　說文解字。㢟。安步㢟㢟也。从廴。从止。師遽敢及盂鼎作□。與卜辭同。【增訂殷虛書契考釋】

◉林義光　說文云。□安步㢟㢟也。从廴止。按从廴之字。如廷建古皆从乚。乚象庭隅。見廷字條。□足跡在其上。庭隅可以安步也。【文源卷六】

◉明義士　說文解字二下三六㢟部一字「□安步㢟㢟也。从廴从止」。按□从彳，象通衢形。行字作□，象四通八達之衢，作彳乃省文耳。□止象足形。□象步于通衢之形，故曰安步㢟㢟。引申爲延長之延。藏龜第三十一葉一片「貞今月不征雨」，與本片「乙丑卜王，出三□于父乙三月征雨」同。【柏根氏舊藏甲骨文字考釋】

◉馬叙倫　鈕樹玉曰。玉篇不立㢟部。㢟收廴部。錢坫曰。此字讀如還。徐灝曰。辵部𨒈字與此形義相近。疑本一字。丑連切之音。蓋後人附會延字爲之。羅振玉曰。卜辭作□□□。與師遽毀盂鼎作□者同。董作賓曰。㢟甲文作□。从□在途中。有前進之義。爾雅釋詁。㢟。進也。倫按此或辵之異形耳。安步㢟㢟者。亦由乍止乍行而引申。還㢟亦其引申義也。詳辵字迹字下。其形又與徙之或體作征者相似。錢謂讀如還。則是征字也。如董說則爲先或𦍋之異文。然辵之本義如今所謂走。則即進義。是㢟辵一字。故音同徹紐。當删此部。【說文解字六書疏證卷四】

◉吳其昌　「征」者，亦殷代祭典之一種也。其原始之初形，作下列諸狀：

□　殷文存二·二四·一二　□　□　□　殷文存·一·二〇·九

乃象雙足步于通衢之形，斯即其朔義也。其後乃省二足為一足，而作□狀或□狀，義亦已明，故說文解字云：「㢟，安步㢟㢟也。」于通衢上步，宜其㢟㢟安也。其在卜辭，如云：「丁丑卜貞，其遏旅征𢓊于盂，往來亡巛」商·九七一，足證征義之為步矣。「征」義既為安步，而與「往」「來」「𢓊」「旅」同類，斯亦得與「遘」義同類。其在卜辭，如云：「遘雚」後·二·六·七，亦作「征雚」後·

二・六・八，是相等之證也。又如云：「貞，其征雨。貞，不其征雨」林・二・二七・一四，「貞，今丙午，征雨。今丙午，不征雨」，即他辭之「遘雨」「不遘雨」也。其後義轉而為祭，其在金文，如師遽𣪘云：「王在周，客新宮，王征。」謂客新宮，王祭也。小盂鼎云：「王各廟……賓，征。」謂王格廟，儐鬼神而祭之也。吕鼎云：「吕征于太室。」謂祭于太室也。其在卜辭，如云：「庚子卜史，其征于……」後・二・一〇・一〇。「其征于宗弜。」商・五三五。「……卜王其征□□」後・二・二八・一一。又如云：「征于祊宗。」前・五・八・五。「于祊宗征。」後・二・一三・一七。此「征」義皆為祭名之證也。又如云：「其□貞，余彡、□、征、𢍰」。彡□誼皆為祭，則「征」誼自亦為祭矣。更顯著之證，如云：「丙寅卜貞南壬，……征。」前・一・四五・四。「己巳卜，行貞，翌庚午戠。其征于羲甲爽妣庚。」商・八七八。此「征」字之意義，與他辭之「肜日」「昚日」「翌日」悉相等矣。然則由「安步征征」之義何故而得引伸為祭名之一種耶？以恆情揆之，安步征征，由此以及彼也，故「征」之義亦得引伸為由此以延及彼。此片卜辭云：「示壬翌日，戠，其征于示癸」。是此片本以祭示壬，由此以延及彼，因而祭示癸也。故知征之為祭，乃推延而及之祭也。卜辭又云：「辛亥卜貞，其衣。翌日，其征。𢍰于室。」續・二・一・二。是辛亥日衣祭，推延而及其翌日，又征祭也。此尤為明碻之驗也。且「征」既與「遘」同類，因祭某某從而征及某某，正猶卜辭中因「祭某某」從而「遘某某」矣。此「征」之一字其意義源流變化之曲折也。故此片之義謂壬戌日卜，某人所貞于示壬。戠牲而舉行「翌日」之祭，其明日癸亥，又因而征祭于示癸也。【殷虚書契解詁】

◉郭沫若　征字屢見，説文中與此形近之字凡三。一為辵字，云「乍行乍止也，从彳止，讀若春秋傳曰『辵階而走』。公羊宣二。」一為徙之重文。又一為延字，篆作𢓊从廴，廴謂「从彳引之」，以廷建諸字隷之。然金文廷字多見，廴旁均作乚，石鼓文有𩣡字作□，廴亦作乚。是則「从彳引之」之廴，古實無此字。辵與延是一非二也。延讀丑連，辵讀丑畧，亦聲之轉。徙即金文所習見之圖形文□若□，示人足于街頭徙徛，乃會意字，並非从辵止聲，亦非从辵止，無省作征之理，許蓋出于誤會。此言「不征雨」即不延雨，言雨不連綿也。又每用為虛辭，則是詩書中所常見之誕字。【殷契粹編考釋】

◉楊樹達　説文二篇下辵部云：「徙，迻也，从辵，止聲，或作征」。此銘云「吕征于大室」，征字與説文徙字或體同。然「徙于大室」與此文情事不合，則此非徙字也。愚謂此征字當讀爲侍，謂吕侍王於大室也。侍字从寺聲，寺从㞢聲，古文㞢止不分，二字之音復相同，故金文假征爲侍也。吳闓生釋爲徙，又釋爲造，郭沫若讀爲公羊傳躇階而走之躇，皆非也。【吕鼎跋　積微居金文説】

◉李孝定　説文「延。安步延延也。从廴从止」。又「延。長行也。从延丿聲」。栔文作□。孫釋征。栔文自有征字作□。此

延 𢓊

从止不从正。孫説非是。羅釋延。王謂延延古通。是也。而郭説尤爲審諦。惟郭謂徙字與辵延無涉則未必然。竊疑辵徝徙延延古本一字。及後孳乳寖多。音義各别。而辵許訓「乍行乍止」。徙訓「迻也」。其重文作徝。延訓「安步延延」。延訓「長行」。義猶相因也。絜文之徝釋爲延。讀爲延。於卜辭辭例均可通讀。如「貞今夕不徝雨」藏五三・一。言雨不連綿也。「壬申卜㱿貞王勿徝狩」藏八八・三。謂王勿从獸無厭也。「貞徝攺」藏一〇三・四。言雨霽或有待也。「貞不其徝口風」藏一二〇・二。言風其久不息也。「貞曰師母在茲徝」。前一・九・七。母。葉玉森疑假爲毋。是也。此言王師毋羈遲於此也。楊氏所舉「王疒首勿徝」者。期其早占勿藥也。【甲骨文字集釋第二】

延 不从丿 碧落碑以𢓊爲延 康侯簋 延字重見 【金文編】

延 法一六〇 通涎 箠— 日甲五〇背 日甲五〇背 【睡虎地秦簡文字編】

張延壽 張延壽印 騶延 南延之印 王延年 辛延年 郭延之印 王延壽 田延壽 斬延年印 趙延居 李延年印 張延 臣延 閻延壽 延壽 逢延之印 延王孫 延丙 姚延年 李延壽印 矦延壽印 田延壽印 【漢印文字徵】

延光殘碑 延光元年 延延一字長行之延古作延見金甲文 表敞碑 延平元年 開母廟石闕 延光二年 【石刻篆文編】

延 延 延出李尚隱集字 延 竝出王庶子碑 【汗簡】

竝義雲章 石經 李商隱字略 王庶子碑 義雲章 季札墓文 【古文四聲韻】

◉許　慎　𢓊長行也。从㢟。丿聲。以然切。【説文解字卷二】

◉林義光　説文云。𢓊長行也。从㢟丿聲。按長行與安步義異。延引也。从𠂆延聲。𠂆抴引也。見𠂆字條。【文源卷十一】

◉高田忠周　説文。𢓊長行也。从㢟𠂆聲。段氏云。𠂆部曰。象抴引之形。余制切。虒延曳皆以爲聲。今篆體各異非。𠂆延虒古音同部。故大雅施於條枚。吕氏春秋韓詩皆作延于條枚。延音讀如移也。今音以然切。又苗夔説。當作从㢟从丿。㢟亦聲。未詳孰是。但延字本義。謂步行延長。故轉爲楚辭大招蝮蛇蜒只。字亦作蜒。又爲爾雅釋艸注蔓莚生相被。字亦作莚。【古籀篇六十四】

◉葉玉森　卜辭征伐之征作正。孫氏釋𢓊爲延之或體征未諦。胡氏釋𢓊訓辱讀𢓊風𢓊雨𢓊貝似適。以讀他辭仍未安。王氏謂𢓊延古通。較可信。許訓延爲長行。本誼爲長行。引申則專訓長。方言「延長也」。曰「𢓊風」「𢓊雨」。即風雨延長也。他辭曰。「辛亥卜貞𢓊雨不多雨。」卷三第十八葉。即云雨雖延長而不多也。曰。「囗貞王其後𢓊囗于夫𢓊至盂往來。亡𡿧在七月。」卷二第二〇葉。即云王出後後既長行至夫。地名。更長行至盂地名也。曰。「丙午卜𠤕(訏)雀出于伐𢓊。」藏龜第百七六葉。即云命雀國名人出伐而延期也。曰「其𢓊敹。」卷二第二十八葉。即其延釐也。【殷虛書契前編集釋卷二】

◉馬叙倫　桂馥曰。丿聲。當爲厂聲。非右戾也之丿。孔廣居曰。厂聲者。厂。於小切。厂延皆喉音。故相諧。沈濤曰。文選始安郡還都與張湘州登巴陵城樓詩注引無行字。古本如是。延之訓長見爾雅。若如今本。則與㢟字之訓無別矣。玉篇亦云。長也。朱駿聲曰。从厂。延聲。倫按从㢟。厂聲。詩大雅。施於條枚。呂氏春秋韓詩外傳新序皆作延于條枚。施从也得聲。也音喻四。與厂雙聲。可證也。長行也當作長也。行也長也盖呂忱或校者加之。行謂走也。正㢟字義。或从𢓊厂聲爲迻之音同喻四轉注字。延字出蒼頡篇。見爾雅郭注引。又見急就篇。【説文解字六書疏證卷四】

行

甲三二三　甲五七四　甲七〇三　乙一八四　乙九四七　河三〇貞人名　河三五　河三六　河四〇〇　河四三四　鐵二六五·二　前二·二六·二　前三·三一·一　前四·三〇·一　前四·三八·六　前七·三二·二　後二·二·一二　後二·一三·四　後二·二五·四　林一·二九二　戩八·八　佚二七一　佚四一五　粹二六六　粹一三六〇　粹一三六一　燕五八　粹一五七〇　京都二五四一【甲骨文編】

甲323　574　703　2416　2828　2869　2934　乙184　947　7385

7771 珠714 270 381 498 499 786 858 868 1070 1071
1228 乙79 零3 6 佚1 138 271 395 401 554 871
878 續1·18·5 1·30·1 1·32·3 1·40·1 1·51·3 2·2·7 2·9·2
2·9·7 2·12·6 4·40·12 5·9·1 5·14·7 5·31·3 6·13·11 掇172
徵3·48 11·55 京2·30 凡4·2 28·1 録30 31 32 33 34
35 36 37 38 40 41 54 75 76 94 178 271
275 276 309 320 441 336 338 352 370 396 399 400
408 416 424 433 434 442 454 456 472 476 480
482 484 545 557 559 617 679 690 697 735 820
825 鄴32·2 新3475 鄴32·5 33·8 39·9 42·1 誠9 193 201
208 摭1 4 111 六清168 外394 續存1469 1497 1498 1499
1516 1520 1529 1545 1546 1547 1576 1621 粹175 199 266
275 279 291 300 301 306 309 511 930 1158 1212
1361 新3244 3282 【續甲骨文編】

行 行父辛觶 虢季子白盤 曾伯匿 右走馬嘉壺 盠方尊 史免匿 曩伯盨 公父宅匜

沖子鼎 陳公子甗 𣪕季鼎 爲甫人盨 曾伯文鐳 洜弔鼎 郑季寬車匜 鄎子行盆
薛侯壺 孫弔師父壺 喪叏賓鉼 曾子匿 南疆鉦 蔡侯䜌戈 鄦子蒷夷鼎 郾王詈戈 中山
王譻鼎 蛮壺 中山王譻兆域圖 【金文編】

3·1249 獨字 3·1253 同上 3·1254 同上 3·1252 同上 3·1251 獨字 秦360 同上
3·1250 同上 秦357 咸行 5·150咸行 【古陶文字徵】

〔五〇〕〔二〕〔一八〕〔二〕〔六八〕〔四二〕〔一九〕〔三六〕〔六八〕
〔五八〕〔二〕〔二五〕〔一三〕〔三六〕〔二五〕〔二〕〔二二〕〔一九〕
〔三九〕〔一五〕〔二二〕〔一一〕〔三六〕〔一九〕〔三九〕〔六七〕〔三七〕
〔四七〕〔四二〕〔四二〕〔五六〕〔六八〕〔六八〕〔一九〕【先秦貨幣文編】

布空大 豫伊 刀折背 京朝 仝上 刀大齊厺化背十行 魯掖 仝上 刀大節𦎫之厺化背大行 魯海
刀弧背右行 冀靈 刀弧背 冀靈 刀弧背行〇 冀靈 刀弧背 冀滄 刀弧背一行 冀滄 刀折背 京
朝 刀折背 京朝 仝上 刀弧背 冀靈 刀折背 京朝 布空大 典六四五 刀尖倒書 典一一六〇
刀尖 典一一六二 刀尖 亞五·二三 刀尖倒書 亞五·二三 銅貝 亞二·七九 布空大 典六四四
刀大節𦎫之厺化 背大行 典九八八 仝上 典九八九 刀大節𦎫之厺化 背大行 典九九〇 刀弧背 典一〇七〇
刀折背 典一〇七一 刀折背 典一〇七二 刀尖 典一一六一 刀尖倒書 亞五·二二 刀尖 亞五·二二 【古

幣文編】

一五六：一九　十六例　委質類遇之行道　詛咒類人名中行寅　一五六：二〇　七例　【侯馬盟書】

16　137反　208　【包山楚簡文字編】

行　秦二　一百零七例　秦六六　十六例　日乙二二　雜三九　四十二例　日乙九〇　二例　【睡虎地秦簡文字編】

𨼸遊亓—(甲1—27)、是遊月閏之勿—(甲3—24)、隹邦所☐宎之—(甲5—25)、三寺是—(甲6—9)、不欽敬(?)—(甲11—22)、帝洒繇㠯𨼸遊(?)之—(甲11—34)、帝夋乃爲冃：之—(乙7—4)　【長沙子彈庫帛書文字編】

0165　0214　0300　0130　4537　4770　4768　4763　4766　4784

4765　4366　4370　4371　0173　5200　5199　4791　4790　4788　【古璽文編】

大行丞印　正行里附城　吳行私印　行鳳印信　行羊子　行慶　行吉　行吉　行毋咎

今日利行　行吉　𧻚行　【漢印文字徵】

祀三公山碑　☐莫不行　禪國山碑　行年所值　宜先行禪禮　天璽紀功碑　九江費宇行視　泰山刻石　治道運行　石碣霝雨　隹舟㠯衍　甲骨文作　鑾車　㫃車𩁹衍　【石刻篆文編】

行　【汗簡】

行

行古孝經　行汗簡　【古文四聲韻】

●許　慎　行人之步趨也。从彳。从亍。凡行之屬皆从行。户庚切。【説文解字卷二】

●羅振玉　行象四達之衢。人所行也。石鼓文或增人作衜。其義甚明。由行而變爲行。形已稍失。許書作行。則形義全不可見。於是許君乃釋行爲人之步趨。謂其字从彳从亍。失彌甚矣。古从行之字。或省其右作彳。或省其左作亍。許君誤認爲二字者。蓋由字形傳寫失其初狀使然矣。父辛觶亦作行。與卜辭合。訓宮中道之𡈼字。正从此。許君謂从□。象宮垣道上之形。不知□但象宮垣。而象道路者乃在□内之行字也。作彳與石鼓文同。作彳則媘行之半。義已明矣。【增訂殷虚書契考釋】

●林義光　説文云。行人之步趨也。从彳亍。按彳亍字形義不可據。行本義當爲行列。从八。轉注。八分也。行象人分爲行列相背形。古作行陳公子甗。説文云。彳小步也。象人脛三屬相連也。按彳不象人脛形。古作彳師寰敦後字偏旁。三屬亦不相連。从彳之字。皆以行爲義。彳實即行省。不爲字。説文云。亍步止也。从反彳。按即行之偏旁。不爲字。【文源卷六】

●葉玉森　行王襄氏釋逃類纂第一第八葉。商承祚氏亦謂象二人背逃之形。許書之行由行傳寫而誤也類編第二第十三葉。森桉行疑行之變體。仍當釋行。卜辭彶一作彶。是从彳與从彳同殷契鉤沈。他辭云「貞乎行逐兕獲」後上第三十葉之十一。行仍行之變體。曰乎行。則行爲官名。職司逐獸。疑即周禮天官之獸人。又卜辭云：「□□□卜㱿貞乎行从𢀛𡳿」卷四第十一葉。乎行即乎行可爲塙證。王商二氏釋逃。似官不能名逃也。【殷墟書契前編集釋一卷】

●高田忠周　行字古有二。一爲彳亍合文。行步義也。一爲街衢象形。行路義也。行省作行。與行近似。遂合二字爲一字。殷周已混矣。然則。説文行部字。術街衢衝衕。當屬于行。衡衙衎衒衛衛。當屬于行。而後分別劃然。今分爲二。若論字形行。兩八相對之會意而亦象形。八正形作八。變形作八。故相對爲行形。行路所以分也。故从八爲義。亦爲叚借之作例也。爾雅釋宮。行道也。易復中行獨復。皆行字義也。詩大東。行彼周行。上即行字。下即行字也。後得羅君殷虚書契考釋。論卜辭之行行。⊘與愚見稍近。然謂行行二文同字非是。【古籀篇十九】

●余永梁　王先生云。此乃行字初文。行象道衢。从止。行於道上也。説文口部「𡈼。宮中道。」是行爲道之證。觚文作行形。觶文有行形。尊文有行形。並是行字初文。【殷虚文字續考　國學論叢一卷四期】

●強運開　衜薛趙楊均釋作道。潘云。即道字。見古尚書。錢大昕云。此字兩見。前協邃涇陰陽。後協或陰或陽。當讀户郎切。即古行字。張德容云。錢説是也。鼓文道自作衜。羅振玉云。古文行字作𠁩。象四達之衢。衢中有人行之義。與形昭然矣。商人卜辭亦作𢓜。與鼓文正同。又作𠩄。則衍之省。【石鼓文釋文】

◉商承祚　𠁩乃行字，與𢓜爲一字。【殷契佚考】

◉馬叙倫　楊桓曰。行象古道。兩崖之形。其中空者人所由也。鈕樹玉曰。繫傳作𠁩。通部同。⊘倫按爾雅釋宮。行。道也。此行之本義也。詩小弁。行有死人。謂道有死人也。呂氏春秋下賢。桃李之垂於行者。莫之援也。錐刀之遺於道者。莫之舉也。行與道對文。亦行即道之證。篆當依鍇本作𠁩。象形。石鼓文之𢓜。乃行走之行本字。从人。行聲。父癸鼎之𢓜。疑與𢓜一字。皆非即行也。人之步趨也疑非本訓。或之爲所譌。然亦非本訓。字見急就篇。徐鍇繫傳通論篆作𠁩。虢季子白盤作𠁩。陳公子甗作𠁩。余𠁩鉦作𠁩。【説文解字六書疏證卷四】

◉高淞荃　𠁩爲古行字之本文。象縱横四達之衢也。引申其誼則行列之行。道路之道。均應从𠁩。後乃漸變而从𠁩。説文遂解爲彳亍相合之字。或更增人作𢓜。仍爲行字。或中象足跡作𠁩。遂訛爲首而成衜字。再變而爲䢖字。沿流漸遠。不知其出於𠁩也。壼字下半之亞中。正从𠁩。許氏説爲象宫垣道上之形。□象宫垣。而象道路者即𠁩也。亞字蓋亦从𠁩。許氏説爲醜也。象人局背之形。是由惡字从亞得義。竊以爲不然。蓋亞之本義次也。从𠁩故有次第之誼。今呼人之次第爲行。是古誼之猶存者也。推而言之。𣶒之从𠁩。未必爲水之横形。説文以淵爲回水。而以爲中象水皃。非也。詩書傳註皆訓爲深。殊無以爲回水者。蓋从𠁩。而一以指其中。謂最深之處也。从水乃爲深淵之淵。从聿乃爲肅敬之肅。今棋局猶用𠁩爲標識。蓋棋局之行。古謂之道。是亦傳之自古者與。【説文别釋　古學叢刊第三期】

◉高鴻縉　説文。𠁩人之步趨也。从彳从亍。户庚切。

徐灝曰。行又爲道路之偁。戴氏侗曰。詩云。寘彼周行。曰。嗟行之人。曰。行有死人。是也。

按徐説是行字本意。字原象通衢四達之形。名詞。後通叚以代衍(从人在道路上行走。行亦聲。動詞)。(見甲文及石鼓文。)行乃有行走意。後世既以行(巷)代衍(行走)。久之而衍字廢。而行亦失其本意。乃造衜字(見爾雅)以還其名詞(巷)之原。後人又造䢖以代衖。説文䢖里中道。从𨛜。从共。皆在邑中。所共也。胡絳切。䢼篆文从𨛜省。段玉裁曰。道在邑中人所共由。胡絳切。共亦聲也。九部䢼。隸省作巷。是可見𠁩衖䢖䢼巷皆一字之異形。至説文贅出𨛜字。解曰𨛜。鄰道也。从邑从邑。𨛜應只爲䢖字偏旁。不爲字。當删。【中國字例二篇】

◉屈萬里　卜辭𠁩之原始意義當爲道路。乃名詞。𢓜則象人行於道路。乃動詞也。固行字亦作動詞用。後世衍字遂罕見耳。

廣雅釋詁。行陳也。陳即陣。左氏襄三年傳。亂行於曲梁。杜注亦云。行陳也。此衎王之衎。疑亦列陣之義。衎王乃王衎之倒語。意謂王親布田獵云陣也。【殷虛文字甲編考釋】

◉李孝定　𢓊爲𠃊𠄌所譌變，高田氏以爲二字，大誤。其説行爲分，乃二「八」相向，亦非。【金文詁林讀後記】

◉劉彬徽等　𥛍，行字。【包山楚簡】

◉戴家祥　説文二篇行部有十一字，以通道表義者有術、街、衢、衕、衙五字。六篇䢼部「䢼，里中道，从䢼，从共，皆在邑中所共也。巷，篆文从䢼省。」隸書作巷，音「胡絳切」，匣母冬部。唐韻共讀「九容切」，見母東部。古人見匣混諧，東冬韻近，乃形聲字，許謂會意非也。小雅巷伯孔穎達疏引爾雅釋宮「宮中巷謂之壼」。又引王肅曰：「今後宮稱永巷是宮中巷謂之壼」。巷、行聲同，知巷行古本一字。行本象形，其後形聲相益，析而爲二，同聲假借，讀爲步趨之「行」。引伸爲行陳、行列之「行」，日久遂爲借義所專，學者但知巷之爲䢼，不知巷之本字爲行，乃穿鑿附會，湊合步趨之形義，而不能自圓其説，許書類此者頗多。皖南經學大師，近代治古文字之學者，亦未及一一悉校也。

商承祚曰：征字从行从止，當是行止之止之專字，如武甲骨文作街衞也十二絜七葉逗征鼎。按石鼓文動詞行作𧗁，从人从行，人在路上表示行走之義。此銘从止从行，足在路上，當亦表示行走之義。衎即動詞行之繁文、衎之異體。漢字動詞的形旁更换常常表現爲主動者與主動器官的形符的更换，如説文「牴，觸也」或作觝。牴字从牛表示主動者，觝字从角表示主動器官。此外如嗥或作獋，䮻或作躐，蠉或作翾，皆屬此例。衎與衎當亦是動詞表示主動者與主動器官偏旁的更换。金文衎用作人名。【金文大字典下】

術

術　法一〇一　通怵　—愁之心　爲三七　爲三七【睡虎地秦簡文字編】

陳術　趙術　李術之印　靳術　張術之印　臣術【漢印文字徵】

◉許　慎　術邑中道也。从行。术聲。食聿切。【説文解字卷二】

◉馬叙倫　術爲道之雙聲轉注字。道音定紐。術音牀紐。古讀歸定也。邑中二字疑校者加之。玄應一切經音義引字林。邑中道曰術。則此或字林訓耳。字林則本蒼頡解詁。見玄應一切經音義引。又見急就篇。【説文解字六書疏證卷四】

街

〔字形〕街　封二一【睡虎地秦簡文字編】

〔字形〕樂街令印　〔字形〕街□宰之印【漢印文字徵】

◉許　慎　街四通道也。从行。圭聲。古膎切。【說文解字卷二】

◉高田忠周　街四通道也。从行圭聲。此篆从行从四止相背而向外也。此四通之意也。〔字形〕一省爲〔字形〕。又變爲〔字形〕。又省爲〔字形〕。又〔字形〕圭相似。故後人以圭代〔字形〕。以爲街字。亦象形變爲形聲之一例耳。又三蒼。街交道也。西京賦注。街大道也。皆一義正相合矣。【古籀篇十九】

◉馬叙倫　翟云升曰。文選西都賦注引無道字。非。倫按儿丫象四通道形。音在匣紐。街音見紐。同爲舌根音也。街爲行之轉注字。街衢又雙聲轉注字。高田忠周謂甲文有〔字形〕字。即街字。〔字形〕變爲圭。其說亦通。然〔字形〕似即父癸鼎之〔字形〕。則非名詞矣。四通二字校者加之。玄應一切經音義引三倉。街。交道也。風俗通。街。四出之路。顔注急就篇。四達之道曰街。應顔皆不引本書。正以許止訓道也。字見急就篇。【說文解字六書疏證卷四】

衢

〔字形〕衢階【漢印文字徵】

〔字形〕衢出李彤集字【汗簡】

〔字形〕林罕集【古文四聲韻】

◉許　慎　衢四達謂之衢。从行。瞿聲。其俱切。【說文解字卷二】

◉馬叙倫　爾雅釋宮曰。四達謂之衢。齊魯閒謂四齒杷爲欋。欋杷地則有四處。此道似之也。倫謂古謂四出者爲瞿。故四方謂之矩。亦謂之瞿。莊子達生篇。工倕旋而蓋規矩。釋文。矩。司馬本作瞿。四出矛爲戵。四齒杷爲欋。然則謂四達道爲衢。亦語原然也。衢音羣紐。从瞿得聲。瞿音見紐。故轉注爲街。說解疑奪本訓。四達謂之衢。校者引爾雅證之也。【說文解字六書疏證卷四】

◉楊樹達　瞿聲字有分張旁出之義，故衢以此受名。知者：詩周南芣苢釋文引韓詩云：「直曰車前，瞿曰芣苢。」瞿言其橫生四布，故與直爲對文。蘇頌本草圖經云：「車前春初生，苗葉布地如匙面。」蓋其物生布地，故又有當道之名。廣韻云：「芣苢好生道閒，故名當道」是也。據今目驗，車前實有二種：其直上者葉肥大，韓詩所謂直曰車前者是也；其貼地生四向旁出者較小，卽韓詩所謂瞿曰芣苢者也。陳詩庭讀說文證疑謂韓詩說之瞿卽句字，謂句萌始生者，亡友沈君兼士從其說，謂初生卷曲者爲芣苢（段硯齋雜文不壞芣苢栝棬諸詞義類說），皆以韓詩之瞿與直爲曲直對文，不悟韓詩直謂直上，瞿謂旁出，乃以橫直爲對文，非以曲直爲對文也：此一證也。淮南子說林篇云：「木大者根欋。」欋謂大樹之根廣布歧出也：此二證也。書顧命云：「一人冕執戣，立於東垂；一人冕執瞿，立於西垂。」疏引鄭注云：「戣瞿蓋今三鋒矛。」按顧命之瞿字廣韻作戵，訓爲戟屬，此與顧命僞孔傳云戣瞿皆戟屬者爲說正同。據鄭注，則戵之受名蓋以三鋒爲義也：此三證也。釋名釋道云：「齊魯閒謂四齒杷爲欋。」此明以四齒分張得名也。欋字說文未見，畢沅謂卽木部之𣐺，然𣐺爲苿臿，其用在鋤地，欋之用在杷地，非一物也，此四證也。說文十二上手部云：「攫，爪持也，从手，瞿聲。」按爪持者以手攫物，五指分張，故名爲攫，今通語讀此字入麻韻昔如渠拿切者，乃古音也。此與淮南子之欋字形同，蓋此爲本義而彼爲借字也：此五證也。山海經中山次十一經云：「宣山，其上有桑焉，大五十尺，其枝四衢。」郭注云：「言枝交互四出。」又次七經云：「少室之山，其上有木焉，名曰帝休，其枝五衢。」郭注云：「言樹枝交錯，相重五出，有象衢路也。」按郭注云四出五出者，是也，謂交互，謂交錯相重，則不必然，樹枝旁指，不必交錯，亦不必相重也。此用衢路之字，或爲衢之引申義，或別有本字，借衢字爲之，今無由質言，然其爲分枝旁出之義，則碻然無疑也：此六證也。不惟瞿聲之字爲然也。瞿从䀠聲，䀠聲字亦有分張之義。說文六篇上木部云：「𣐺，苿臿也，从木，人象形，䀠聲。」按木部苿下云「兩刃臿也。」蓋苿臿以兩刃分張，故受𣐺名也：此七證也。以此七證觀之，街衢四達，四向分張，其義顯白，殆無疑矣，而沈君乃謂鷹隼視之瞿，四齒杷之欋，四達道之衢，皆言其屈折旁出而不徑直，夫言旁出，是矣，而又云屈折不徑直，豈其然乎！

說文衢四達之訓，本之爾雅釋宮。然淮南子繆稱篇許注云：「道六通謂之衢。」楚辭天問王注云：「九交道曰衢。」按或曰四達，或云六通，或云九交，學者容以爲疑，然此不必疑也。䀠瞿既爲分張旁出之義，四分可也，六分可也，九分亦可也。兩刃臿爲𣐺，此物之兩出者也；三鋒矛爲戵，其三出者也；四齒杷爲欋，桑枝四衢，其四出者也；帝休之枝五衢，五指攫物爲攫，其五出者也；大樹之根欋，數多不可知者也。文第表分張之義，數之多寡，不必泥也。

問者曰：䀠瞿表分張旁出之義，既聞命矣，其源可得聞乎？曰：說文四篇上䀠部云：「䀠，ナ又視也」，ナ又視者其視分，蓋本於此矣。

段氏注引山海經淮南書爲證，美矣，而云衢欋皆謂这遣岐出，言岐出是也，又云这遣，則承郭璞之誤也。余於一九四六年冬從報上讀沈君之文，因爲説瞿篇以正其誤。繼得沈君手書，自承其誤，而以余説爲是。沈君去歲逝世後，遺文印行，仍持瞿爲屈折之説：蓋未暇改正也。今取説瞿篇改定爲此文，既廣段氏注之未備，亦兼正沈説之誤云爾。【釋衢　積微居小學述林卷二】

衝

 衝　日甲一三四背　五例　 日乙二六　五例　 日甲一背　二例　【睡虎地秦簡文字編】

 折衝衛千人　 衝里　【漢印文字徵】

◉許　慎　衝通道也。从行。童聲。春秋傳曰。及衝以戈擊之。昌容切。【説文解字卷二】

◉馬叙倫　丁福保曰。慧琳音義八引作交道四出也。倫按衝音穿三。術音牀三。同爲舌面前破裂音。故術轉注爲衝。通道也本作通也。交道四出。交道四出校語。或字林訓。引經亦校者所加。【説文解字六書疏證卷四】

衕

 衕　【汗簡】

 貝丘長碑　【古文四聲韻】

◉許　慎　衕通街也。从行。同聲。徒弄切。【説文解字卷二】

◉馬叙倫　衕衝爲疊韵轉注字。通街也當作通也。街也。一訓校者加之。衕爲道之音同定紐轉注字。然疑此字出字林。【説文解字六書疏證卷四】

𧗳

◉許　慎　𧗳迹也。从行。戔聲。才綫切。【説文解字卷二】

◉馬叙倫　王筠曰。𧗳𢓀一字。小徐作踐也。顧本作跡也。按當作𢓀迹也。倫按𧗳音從紐。術音牀紐。同爲破裂摩擦濁音。或轉注字。迹也乃踐字義。踐字盖校者注以釋𧗳之音者也。【説文解字六書疏證卷四】

衙 衙

衙 衙 石經文公 晉侯及秦師戰於彭衙 【石刻篆文編】

◉許 慎 衙行皃。从行。吾聲。魚舉切。又音牙。【説文解字卷二】

◉馬叙倫 沈濤曰。廣韵九魚引作衙衙行皃。盖古本如此。倫按衙音疑紐。亦舌根破裂音。與衢街轉注。行皃當作行也。衙衙二字。一爲隸書複舉字。一爲校者據楚詞加之。因改也爲皃。或衙衙行皃是字林訓。本訓捝矣。【説文解字六書疏證卷四】

衎 衎

◉許 慎 衎行喜皃。从行。干聲。空旱切。【説文解字卷二】

◉馬叙倫 鈕樹玉曰。韵會兩引。皃並作也。王筠曰。行喜皃句詞義不甚連貫。釋詁毛傳皆曰。衎。樂也。倫按疑衎爲衙之同舌根破裂音轉注字。行喜皃當是行也喜也二義。喜皃者。校者據詩爾雅義注之。其實彼是借爲快或愷也。【説文解字六書疏證卷四】

衒 衒

衒 衒 【汗簡】

◉許 慎 衒行且賣也。从行。从言。黄絢切。衒衒或从玄。【説文解字卷二】

◉馬叙倫 鈕樹玉曰。玉篇引同。韵會引作自矜。非。賣當作𧶠。沈濤曰。一切經音義六引有詃也。説文無詃。恐傳寫誤衒。段玉裁曰。言亦聲。倫按以重文作衒从行玄聲例之。从行。言聲也。今北京讀言音正如玄。然行爲道路本部。屬字皆爲道名。此訓行且賣也。則从行之引申義矣。無此例也。且行且賣而止从行。不見賣義。若从言會意。則言乃形聲字。況賣亦不必从言。倫疑从言。行聲。故音入匣紐。此自媒義。所謂誇衒也。當入言部。行且賣也非本訓。或此字出字林也。

衒 宋保曰。玄聲。言玄同部。聲相近。倫按行玄音同匣紐也。故衒轉注爲衒。當从衒省。然此盖後起字。【説文解字六書疏證卷四】

◉戴家祥 説文二篇「衒，行且賣也。从行从言。衒，衒或从玄。」按幺、玄都象絲形，衒或衒之省，郭沫若讀爲率。【金文大字典下】

衛 法一九八 通率 —敖當里典謂毆 法一九八 為二〇 【睡虎地秦簡文字編】

石經僖公 公子遂衛師伐邾 今本作率 詛楚文 衛者矦之兵 【石刻篆文編】

◉許 慎 衛將衛也。从行。率聲。所律切。【説文解字卷二】

◉劉心源 衛見説文。乃帥之本字。叔弓鎛乃敵寮。即此。【奇觚室吉金文述八卷】

◉馬叙倫 桂馥曰。集韵引作將衛。一切經音義廿二字略。衛。將衛也。衛。行也。謂將領行也。嚴可均曰。衛當爲衛。王筠曰。魏三體石經衛字兩見。八分作衛。古文作。篆文作。倫按將衛也者逵字義。此爲率之後起字。率字毛公鼎作。盂鼎作。張之綱謂變行爲。是也。疑此校者依字略加之。餘見率下。【説文解字六書疏證卷四】

◉李孝定 説文。衛將衛各本作衛。依集韵引改也。从行。率聲。段注云。將如鳥將雛之將。古不分平去也。逵。導也。循也。今之率字。率行而逵廢矣。……將帥字古祇作將衛。帥行而衛又廢矣。毛公鼎辭云。衛懷不庭方。正導循之義。字作。从行从辵古得通也。粹一一二五辭云。壬申卜衛旨于𢦏。字與毛公鼎文全同。言導旨。方國名于𢦏也。三體石經衛之古文作。與此及鼎文正同。字从行。从止。正衛逵得通之證。【甲骨文字集釋第二】

◉徐中舒 粹一一二五從行從糸。金文衛作毛公鼎，三體石經衛之古文作，故甲骨文此字可釋衛。《説文》：「衛，將衛也。」《段注》：「衛，導也，循也，今之率字，率行而衛廢矣。」【甲骨文字典卷二】

甲一一六七 甲三五二三 乙七三〇 乙七四九 乙七七五〇反 鐵一三三・二 前四・三一・五 戩四〇・一 後二・二二・一六 後二・二六・一 佚五 佚一三七 佚三八九 佚八六七 燕五九八 燕六二六 粹一九六 粹一一五三 續三・四・二 明七一六 或从彳 前四・三一・六 卜辭用韋為衛 重見韋下 韋𠂤寮即衛師寮 官名 【甲骨文編】

甲436 1167 1636 乙730 749 977 2291 4577 6160 6394

7479 珠682 佚137 佚381 383 387 867 續3・4・2 續5・14・5 徵4・82 續5・15・10 5・23・10 徵4・79 4・80 4・81 8・36 12・71 京4・18・4 鄴32・6 摭續149新4830 粹196 粹1153佚5 鄴三48・6 【續甲骨文編】

衛 觚文 爵文 弓衛且己爵 弓衛父庚爵 子衛爵 國名姬姓侯爵成王誅武庚封康叔于衛至戰國貶號爲君秦二世時廢爲庶人 康侯簋 衛宋豐尊 七字衛簋 廿三字衛簋 五十七字衛簋 裘衛簋 五祀衛鼎 衛盉 班簋 伯衛父盉 衛父卣 衛叜簋蓋 衛始簋 賢簋 衛子匜 穌衛妃鼎 衛夫人鬲 衛自昜甲泡 廿一字衛鼎 衛尊 鬲 攸比鼎 司寇良父簋 司寇良父壺 【金文編】

秦1030 獨字 秦1032 同上 秦1034 同上 【古陶文字徵】

衛 秦一九六 日甲八二背 【睡虎地秦簡文字編】

1339 1340 1338 1337 1336 1335 1334 1341 汗簡衛作與此相似。 【古璽文編】

衛官侯之印 中衛司馬 衛良 衛成 衛反 朱衛客印 衛毋故 衛恭私印 衛子 衛德 衛陽之印 衛護 衛子長印 衛霜 【漢印文字徵】

僖公 衛侯鄭歸于衛 汗簡引石經同 【石刻篆文編】

衛 衛石經【汗簡】

衛 天台經幢 衛 石經 衛 雲臺碑【古文四聲韻】

◉許　慎　衛宿衛也。从韋帀。从行。行。列衛也。于歲切。【説文解字卷二】

◉方濬益　此文中从方與口爲古今字。孜辥氏款識。舉册父癸卣銘有衛字。即衛之古文。辥氏不辨象形。釋爲舉册。又積古齋款識所録彙敢銘字作衛。與前卷鼎文同。亦衛字。釋爲彙。並誤。今按。辥書卣銘爲古文象形最初之字。囲爲方城。其中縱横六道者。爾雅釋宫六達謂之莊是也。外爲四足迹形。足迹爲古文止。象四匊環衛之形也。一變而爲衛。中从田。象城中四達之形。爾雅四達謂之衢是也。兩旁从行。説文部首。行。人之步趨也。从彳从亍。彳亍亦足迹之形變。再變而爲此文之衛。中从方。上下从止。説文部首。夂。行遲曳夊夊。象人兩脛有所躧也。以太保敢降字證之。夊亦足迹之形變也。小篆又變爲衛。从韋。韋亦聲。从帀。見環衛之匊匝。此古文籀文小篆變遷之次第也。【衛父卣　綴遺齋彝器款識考釋】

◉孫詒讓　「戌衛」百廿八之一，此文有闕，字間尚有一小字似「叀」字，亦未詳。「內秫衛人」二百六十六之三。「衛」从行，从舛，《説文》無此字，以字例求之，當爲「衛」之省。《説文。行部》：「衛，宿衛也，从韋帀行，行、列也。」此省帀、又省韋中之口，於聲類亦通。「衛人」當謂衛國之人。《周書·世俘篇》云：「甲申，百弇以虎賁誓命伐衛，告以馘俘。」是殷時有衛國，周初滅之。後康叔所封國奄有三衛或並得其地與。又云：「立貝且乙□弗衛」百七十四之二，則當爲「韋」之借字。「弗衛」，猶云「不舛」詳《釋貞篇》，非國名也。【契文舉例上卷】

◉林義光　説文云。衛宿衛也。从韋帀行。行列也。按古作衛賢彝。从方行。韋省聲。方者旁之古文。衛爲從兵。常旁行也。韋微韻衛泰韻雙聲旁轉。或作衛司寇良父壺。从行韋聲。【文源卷十】

◉羅振玉　説文解字。韋相背也。从舛口。韋。獸皮之韋。可以束。往戾相韋背。故借爲皮韋。古文作韋。又衛。宿衛也。从韋帀从行。行。列衛也。卜辭韋衛一字。从口从韋。象衆足守衛口內之形。獸皮可束枉戾。故由守衛之誼而引申爲皮韋之韋。或从行从止从方。古金文作衛衛父卣。此省韋爲韋。又或增韋爲衛而省方。【增訂殷虚書契考釋卷中】

◉葉玉森　衛从行。象宫路四通。从衛。象足跡環守。方象懸刀於架以表守衛。衛在殷爲官名。【研契枝譚】

◉葉玉森　多衛　羅振玉氏釋衛爲衛。森桉。多衛官名。或曰多射衛。又曰虎衛。疑即周禮夏官之虎賁氏曰多射衛。殆殷代虎衛實兼射人。漢制期門羽林虎賁同隸光禄寺卿。猶合古制。殷人謂羣曰多。尚書中屢見此習語。多君多尹多臣多父多老多寇等亦時見于卜辭。多衛亦其一也。【殷虛書契前編集釋一卷】

●陳槃 衛。古或作鄣。或作韋。衛國于朝歌。本殷舊都。故稱殷地者或以爲衛。或以爲鄣。或以爲韋。其實一也。卜辭有韋。又有衛。商錫永先生曰。韋衛一字。殷虛書契類編韋部。傅師曰。呂氏春秋慎大覽。親鄣如夏。高誘曰。鄣讀如衣。今兖州人謂殷氏皆曰衣。畢沅證之曰。書武成殪戎殷。中庸作壹戎衣。二字聲本相近。然則殷即鄣。鄣韋衛三字。當爲一字之異體。又曰。韋者。一曰豕韋。左傳哀二十四杜注曰。東郡白馬縣東南有韋城。晉白馬縣。當今滑縣東境一帶。其四圍正在古所謂河濟之間。呂氏春秋有始覽又云。河濟之間爲兖州。衛也。此尤明示衛之地望。更由此可知殷之原來所在。夷夏東西説第一章。

衛字形體。卜辭亦或作[illegible]前四・十七。或作[illegible]六・二二。或作[illegible]八・四等。金文則或作[illegible]衛公叔敦。或作[illegible]古鉥衛徃或作[illegible]古鉥衛和。或作[illegible]賢觥。或作[illegible]司寇良父壺等。案衛字从韋得聲。故或省作韋。鄣字从邑。則又後出字矣。【春秋大事年表列國爵姓及存滅表撰異一册】

●吳其昌

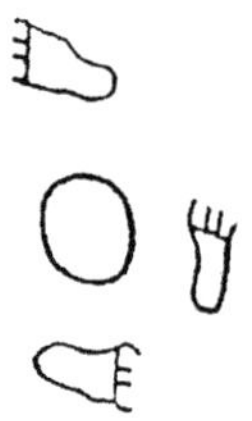

中像有地一方，而四旁足跡迴環繞之(順次左旋)，是有地而守衛之意也，是原始衛字之朔義也。其後或由[illegible]形(前八・四・七)[illegible]形(後二・一一・九)而增[illegible]，則象其所周帀守衛之方。有四達之衢之狀也。其中央所守衛之地或作[illegible]形而字作[illegible]，則如衛司寇良夫壺、司寇良夫殷及鬲攸从鼎……諸「衛」字是也。或从「方」而字作[illegible]，則如穌衛妃鼎、衛父卣、衛公叔兕觥……諸「衛」字是也。此片(指前一・三・四)卜辭其「衛」字已從「方」亦足證甲骨契文「□」形與「方」字之無別矣。【殷虛書契解詁】

●陳夢家 卜辭「多射，衛」似當讀作多射與衛，都是官命。衛字於武丁時作衛，廩辛以後作衛，與西周金文衛國之衛同。以下各辭的衛，亦是官名：

乎衛——勿乎衛。續五·一五·一〇，五·二三·一〇

今射，衛。續三·四七·一

其乎北御史，衛。甲一六三六

廼乎歸衛，射，亞。甲二八二七

戍，衛不雉衆。粹一一五三

邊𠈇衛又𢦏。下二二·一六

才丂遬來告辰，衛其从史，受又。思泊藏器

凡此衛與戍、射、亞、北御史等官名並別，它可能是「侯、甸、男、衛」之衛，乃界於邊域上的小諸侯。【殷墟卜辭綜述】

◉馬叙倫　鈕樹玉曰。六書故曰。唐本从行从韋。顧廣圻曰。九經字樣曰。衞衞。从韋。从帀。从行。上説文。下隸省。唐元度所見並不云从行从韋也。沈濤曰。九經字樣列下無衞字。蓋古本如此。言宿衞之有行列。以釋从行之義。古無稱列衞者。今本之誤顯然。韵會亦無衞字。是小徐本尚不誤。王筠曰。从韋帀从行。當作从行帀韋聲。曹籀曰。父癸卣有〓字。即古文衞。从〓。象城中有栅。从〓。象有人圍繞於城之外也。明衞之制。必有人環城而守。以爲外禦者也。小篆作衞。从行。从舛。从帀。从囗。囗亦聲。丁福保曰。慧琳音義四十一引。衞。宿衞也。从韋。从帀。从行。行列周帀曰衞。蓋古本如此。今本奪四字。羅振玉曰。説文。韋。相背也。衞。宿衞也。卜辭。韋衞一字。从囗。从〓作〓。象衆足守衞囗内之形。或从行从止从方作〓。又或增〓爲〓。而省方。又或作〓。古金文作〓衞父卣。倫按金文中衞字。如賢觥作〓。司寇良父壺作〓。甲文則作〓、〓、〓、〓、〓、〓諸形。無作衞者。倫謂韋爲初文。从二止在囗外。囗者。象墉垣之形。即本書六篇之囗字。爲垣之初文。詳囗字下。異文爲〓。从四止在行中。行者。道也。皆明守衞之義。〓〓則从行。从止。从尢。尢央一字。爲防備防守之防本字。詳尢字下。〓〓乃合尢〓爲一字者。或从衞省。尢聲。爲央之異文。小篆作衞者。由〓加囗爲聲。蓋〓爲守道。道上無垣也。其下〓譌爲〓。左右兩止失其一。而其一又譌在〓上也。〓爲會意。衞爲形聲。轉注字也。行列衞也校語。字見急就篇。【説文解字六書疏證卷四】

◉李孝定　衞字當以〓形爲最古文，其从「方」者，「囗」之今字；从帀者，又「方」之譌變；从「行」則纍增之偏旁。方氏説字形衍變之迹，頗是，而稍失之泥。衞圍古亦當爲同字，自城中者言之謂之衞，自其外者言之謂之圍，其後始孳乳爲二字耳。周氏釋

彷，非是。楊氏謂字从四止，在左右者止皆上下，在上下者止皆左右，有違離之象，乃「違」之初文，說亦未安，字當以圍衛爲本義，違則其引申義之孳乳字耳，張氏駁之是也。下0235文下所引高田說，應列「衛」字條下，其說非是。【金文詁林讀後記】

◉温少峰　袁庭棟　衛王目于匕(妣)己？（《南》坊三·三九）

此辭即前引之(48)辭。「衛」本作「衛」，乃「衛」之異體，今簡化爲卫。《玉篇》訓「護也」。此用爲祭名，當是求神保護之祭。此辭乃殷王患目疾之後，以衛祭告于妣己，以求禳病之辭。【科學技術篇　殷墟卜辭研究】

◉徐中舒　[字形]三期　佚五　[字形]三期　摭續一四九　[字形]四期　鄴三·四八·六　[字形]四期　粹一五　此字字形複雜：(一)從行，從四止二止或從彳人；(二)從行從止從方；(三)從方，從二止，省行；(四)從行，從方，或從一止，或省止；(五)從彳從止從方。如右列字形所示。《說文》：「衛，宿衛也。」就各字形考察，當以[字形]形爲最古，初見於𠂤組卜辭。[字形]象通衢，從四[字形]，象於通衢控守四方之意。後於字中增[字形]、[字形]以表示宿衛之對象，再變爲[字形]若[字形]，從二止從[字形]或口。按[字形]與口皆表同一意義，即先民聚居之城邑。城邑多爲方形，故口表其形，[字形]表其音。[字形]、[字形]等形象拱衛城邑之意。【甲骨文字典卷二】

◉陳松長　「[字形]」　此字在遣策中凡三見，其一是268簡中，與267簡末的「紫」字相連，二是271簡中與「紫」相連，三是273簡中，與鞎、鞅等並列，很顯然，它應是與紡織品或革制品有關的一個字。考釋曰：「㡀，讀如弼，字也作蔽，《爾雅·釋器》：『輿竹後謂之蔽』。《周禮·春官·巾車》：『木車蒲蔽。』鄭注：『車旁御風塵者』。蔽即車後御風塵的圍屏」。按：從字形上看，此字從「十」、從四足。「十」在文字的表意功能中，多可代指東西南北，而其交結處，自可代指中心點，或者說是東西南北的交匯點。現在四方各有一腳，這種會意構形，應該說，與金文中「衛」字構形是完全相同的。因此，竊以爲這四足中的「十」或許就是金文中「衛」字構形中那象征城堡的「口」的簡化和變形，因爲「衛」在其形體演變的過程中，就從[字形]先後演變成[字形](衛簋)[字形](衛父卣)等形體，其中的「□」就或作「[字形]」，或作「[字形]」等，其形並不規範，楚簡中簡化變形爲「十」，似亦無可厚非。如果上述推論不誣的話，竊以爲此字即當徑釋爲「衛」字，在簡中讀作「緌」，衛、緌古音同屬微部，例可通假。《說文·系部》「緌」，系冠纓垂者。段玉裁注云：緌與纓無異材，垂其餘則爲緌，不垂則臿于纓卷間。」依此，我們理解簡文，也大致相通。「紫㡀」即紫色的垂纓矣。【包山楚簡遣策釋文訂補　第二屆國際中國文字學研討會論文集】

◉裘錫圭　卜辭里數見「在某(地名)衛」的稱呼：

(56)□亥貞：才[字形]衛來。（鄴三下四八·六）

(57)丁亥卜：才[字形]衛酒元(？)𩁹冊又奏方剢今龜(秋)王其史□。（合二八〇〇九）

(58)□巳卜：才凸衛⊠。（珠六八二）

(59)其取才𣲙衛凡于□。王弗每。（屯南一〇〇八）

上引諸辭，(56)屬歷組，(58)(59)屬三、四期，(57)的字體介于二者之間。(56)(57)的地名皆不識。(58)的凸也寫作凸，或釋「尋」，(59)的𣲙或釋「演」，都是卜辭屢見的地名。「在某衛」應該是被商王派駐在商都以外某地保衛商王國的武官。

「衛」後來也成爲一種諸侯（指廣義的諸侯，包括所謂附庸，下同）的名稱。尚書的酒誥顧命都有「侯、甸、男、衛」之語。國語鄭語「妘姓鄔、鄶、路、偪陽，曹姓鄒、莒，皆爲采、衛，或在王室，或在夷狄，莫之數也。」

綜述既把衛列爲武官的一種，説衛在卜辭中爲邊地的一種官，又説「它可能是侯、甸、男、衛之衛，乃界于邊域上的小諸侯」。二説似有矛盾。其實，衛應該象田、牧一樣，先是一種職官，後來演變成諸侯，中間經歷了一個發展過程。【甲骨卜辭中所見的「田」、「牧」、「衛」等職官的研究 文史第十九輯】

◉戴家祥 孫詒讓曰：𧗿呂形覈之，當爲衛之省文。説文「衛，从韋帀，从行。」此𧗿，即帀也。阮釋爲韍。似非。古籀拾遺中第二零葉。按説文五篇「韋，相背也。从舛囗聲。」舛象兩趾相背，即含有違義。从辵者，形義加旁字也。説文六篇「帀。周也。从反𡳿而帀也。」文選報任少卿書「出入周衛之中」。李善注「周衛，言宿衛周密也。」周、帀同義，張衡西京賦「列卒周帀」是其證。違衛均韋之加旁字。違易爲衛，猶道之或體爲衜，述之或體爲術，遳之或體爲衛。許云：衛，从韋、帀，从行。行列，衛也。」而不知从帀衛聲。宿衛周密之義已昭昭然。孫説更確。【金文大字典中】

甲二三一九 商承祚釋齒

乙六一一

乙一九〇七 卜𠂤齒

乙二四〇五

乙二五二二

乙二六五五 隹齒屮𠂤

乙三一六四 婦好弗𠂤齒

鐵八〇・三

鐵一八五・一

鐵一九〇・二

拾一〇・四

前一・二五・一

前四・四・二

前六・三二・一

前七・四二・二

後二・五・三

林一・六・二

林一・六・三

粹一五一九

佚四〇五

珠六二〇背

珠一四三〇

珠一四三一

京津一九六二 屮𠂤齒不隹蠱

乙二二〇三　乙五八八三　乙七四八二　乙三三八〇反　朱書　【甲骨文編】

甲2913　乙611　1071　1357　1496　1907　2522　2655　3164　3312
3379　4009　4511　4600　4628　5883　6425　6511　6700　6743　7310
7348　7381　7482　續存8·63　珠152　620　1430　1431　佚405　716
續4·32·3　5·5·4　掇272　徵4·105　10·29　京1·33·2　4·5·4　龜卜24　外35
新927　1962　1964　粹1519　【續甲骨文編】

齒　中山王嚳壺　齒張於適同　【金文編】

3·791　齒　陶文編7·52　說文齒古文作與此同　【古陶文字徵】

齒　爲一七　三例　日乙二五五　【睡虎地秦簡文字編】

2239　2288　0912　3583　2296　5411　【古璽文編】

陳齒之印　呂齒之印　臣齒　趙齒　王齒　鮮于齒印　陽威齒　宋齒之印　【漢印文字徵】

齒　【汗簡】

雲臺碑　汗簡　並崔希裕纂古　【古文四聲韻】

◉許　慎　口齗骨也。象口齒之形。止聲。凡齒之屬皆从齒。昌里切。古文齒字。　【說文解字卷二】

◉王　襄　，疑齒字。　【簠室殷契類纂存疑第二】

◉商承祚　説文「□。古文齒字。」案鍇本作□。象張口見齒。是也。鼠字作□。即从古文齒。【説文中之古文攷】

◉馬叙倫　許瀚曰。齒从口犯切之凵。口張齒乃見也。中一乃上下齒中間之虛縫耳。龔橙曰。漢隸作□。古文當爲□。後加止聲。倫按齒爲次初文□之轉注字。此與其爲□之轉注字同也。从□。止聲。今本書失□字。口斷骨也非本訓。字見急就篇。古鉩作□。

□　鈕樹玉曰。繫傳作□。韵會作□。嚴章福曰。疑校者所加。吳善述曰。本作□。象口中上下齒之形。倫按古文齒从凵。象左右齒之形。甲文有□□□□□□諸形。商承祚釋齒。孫詒讓釋㘥。葉玉森兩是之。倫謂如商釋。則从口象齒形。指事。然倫謂齒自可象形爲文。疑初文作□或□。後以疑於他文。乃增口爲□。篆變爲□。後復以疑於㘥字。乃增止聲。爲齒耳。此自如嚴說。故有字字。【説文解字六書疏證卷四】

◉馬叙倫　齒是□的後造形聲字，□也當依甲文裏寫做□，□裏的□是口字，□是表象牙齒的。齒是一般的牙。畫出來和口字就可以相混，或者造字的人因爲這個原故，所以在口裏畫幾個凵來表它們。但也許原來也有齒的象形字，後來因爲和別的字混了，所以纔造□字。【中國文字之原流與研究方法之新傾向】

◉吳其昌　變態滋繁，凡以像張口露齦，上下編齒，粲然巉列而已。繪形宛肖，不待猶豫。小篆作□，正由此□形衍化而出，亦無可疑。説文解字：「齒，口斷骨也。象口齒之形，止聲。……」然則「止」字乃後加之聲符耳，初文但作□也。上齒不當倒生，則初文實作□也。此非即本字乎。在卜辭中，則齒字之誼，本解以外，又得爲地名。如云：「其㞢來齒。」續・四・三二・三。又云：「允㞢來入齒。」鋘・一八五・一又云：「之齒。」後・二・五・三謂來于齒，入于齒，至于齒也。齒爲邦邑，致爲明決。此名「齒」之地，似又得複名爲「□齒」；故又有所謂「□齒王」者，卜辭有云：「己亥卜敲貞，戈□齒王。」林・一・六・三又云：「貞参曰：戈□齒王。」林・一・六・二「戈」之義，盖猶言「伐」矣。此齒義之爲地名者也。其應作本訓者，如本片云：「貞痛齒。御于父乙。」又云：「貞痛齒，不隹囚乙……」鋘・一九○・二又云：「甲子卜敲貞，王痛齒。隹……」前・四・四・二，又前・六・三二・一，文全同，乃係一片之碎。此皆謂病齒，可證也。又引而申之，物之排列整勅，可以次序者，近取諸身，宜莫如口齒矣。故從口齒之義，轉衍而爲齒列，次序，編次……諸義，此亦在殷時已然。卜辭有云：「丁丑卜，穷貞，□㝵。」王固曰：『其㝵隹庚？其隹丙？』其齒三日庚辰，□允㝵。十二月。」前・七・四二・二于「丁丑卜」而云「其齒三日庚辰」，丁丑後四日適爲庚辰，則卜辭所云「其齒三日」者，猶云「齒列後四日」也，猶云「其次四日」也，此可謂明碻之堅證矣。其在後世經典，則如禮記祭義云：「壹命齒于鄉里。」周禮大司寇云：「三年不齒。」鄭注：「不齒者，不得以年次列於平民。」亦皆謂于鄉里中序年次立，整齊如口齒然也。與

卜辭之義，相密符矣。【殷虛書契解詁】

◉楊樹達 [glyph] 古文齒字。

按：中六畫象齒，本形。凵象口腔，示所在之他形。齒在口中，不作口形，則齒不顯，故必連及之也。【文字形義學】

◉楊樹達 原書(指殷人疾病考)辭一〇四、一〇五並云：「☐[glyph]雨疾。」胡君云：「雨字疑用爲動詞，與降同義。」樹達按：此辭當先明[glyph]字，始可爲釋。甲文有[glyph]字、[glyph]字，商承祚釋爲齒字，是也，此[glyph]亦是齒字。齒雨義不相承，雨當讀爲𤘍。說文二篇下牙部云：「𤘍，齒蠹也，从牙，禹聲。」或作齲。雨禹古音同(說文有䨞字，云雨皃，此與雨之加聲旁字，與周尪同例)，故假雨爲𤘍也。【讀胡厚宣君殷人疾病考 積微居甲文説卷下】

◉許學仁 仰天湖第五號簡文曰：

一簡之中，[glyph][glyph]並見。[glyph]象張口見齒之形，與說文古文合。而[glyph]加止表音，又合於小篆。簡文「一齒㞋囟」、「㞋囟齒」即櫛髮之梳，亦即釋名釋首飾：「梳，言其齒疏也」之「梳」，而上一齒字爲梳比之單位。【楚文字考釋 中國文字第七期】

◉張政烺 「齒張長」按年齒序列，長者居前，禮記·祭義「周人貴親而尚齒。……是故朝廷同爵則尚齒。」左傳·隱公十一年「滕侯薛侯來朝，爭長。……公使羽父請於薛侯曰：『周之宗盟，異姓爲後。寡人若朝于薛，不敢與諸任齒。』乃長滕侯。」中山與燕皆姬姓國，故在會同時有序齒的問題。【中山譽壺及鼎銘考釋 古文字研究第一輯】

◉于省吾 甲骨文齒字作[glyph]、[glyph]、[glyph]、[glyph]、[glyph]、[glyph]等形，象口內齒牙形。晚周鉨文齒字作[glyph]，加止爲音符，遂變成形聲字。甲骨文齒字有三種用法：一、習見的「疒齒」之占，指齒牙有疾言之；二、「取牛不齒」(珠一五二)，指牛的年齒言之；三、齒指差錯或災害言之。關于第三項，自來研契諸家均不得其解。今將有關這類的詞例分條擇録于下，然後加以說明。

一、王𣎆(夢)隹齒。(乙七四八二)

二、丁丑卜，㝵貞，[glyph]得。王固曰，其得隹庚，其隹丙其齒。四日庚辰，[glyph]允得。(前七·四二·二)

三、王固曰，不吉，其氏齒。(綴合二六八)

四、貞，𢎪曰戈氏齒王〇曰戈氏齒王。(林一·六·二)

五、王固曰，吉，亡來齒。（乙三三八〇）

六、今五月亡其來齒。（乙一〇七一）

七、☑嬉，其㞢來齒。（續四・三二・三）

八、癸未卜，爭貞，旬亡囚。王固曰，㞢希，三日乙酉夕𥁕，丙戌允㞢來入齒（庫一五九五，藏一八五・一畧殘）。

説文：「齒，口斷骨也，象口齒之形。」又：「牙，壯齒也，象上下相錯之形。」周禮冥氏賈疏謂：「齒即牙也。」按分别言之，門牙曰齒，在兩側者稱牙。統而言之，則齒牙無别，所謂對文則殊，散文則通。齒爲名詞。就其作用來説，則有相磨相錯之義。王筠説文釋例謂牙作[字形]，「乃象上下相錯之形」，這是對的。甲骨文對于人事的舛牾和禍祟，往往以齒爲言，猶之現在方言所謂「出岔子」。話又説回來，其所以往往以齒爲言，乃是由齒牙相磨相錯之義引伸而來。前文所引第三條，以不吉和其氐（致）齒連言，第五條以吉和亡來齒連言，第七條以嬉（艱）難和其㞢（有）來齒連言，第八條先言㞢希（祟），其驗詞爲允㞢來入齒。因此可知，甲骨文之言齒，其爲發生某種事故或禍祟之義，是顯而易見的。【甲骨文字釋林中卷】

◉于省吾　説文齒「象口齒之形，止聲」，古文作[字形]。按契文作[字形]、[字形]，金文作[字形]，均象口之露齒形。加止爲聲符，乃後起字。漢宋齒印齒作[字形]，不从止，説者以爲印文省便，不知其合于古文也。【論俗書每合于古文　中國語文研究第五期】

◉李孝定　説文。齒。口斷骨也。象口齒之形。止聲。[字形]。古文齒字。契文作上出諸形。商釋齒至碻。字作[字形]或作[字形]正象口齒之形。小篆更增之止以爲聲符。則爲形聲字矣。篆作[字形]。實从口犯切之凵。一齒間隙也。此盖以象上列齒之[字形]位於一上故云然耳。實則篆當作[字形]乃合。今篆作[字形]形偶誤耳。卜辭多言疾齒。如貞疾齒不隹☑。藏一九〇・二貞疾齒御于父乙。前一・二五・一言齒有疾禱于父乙（或祈父乙祐之也）。蓋謂父乙祟之也。甲子卜㱿貞王疾齒隹□易□。前四・四・二。甲子卜□貞王疾齒亡易前六・三二・一。言易疑當解爲更易之易。「帝好弗疾齒」。乙三一六四。「貞有疾齒隹有[字形]」。乙四〇〇九。疑當釋古讀爲故。「貞疾齒。貞疾齒不隹父乙壱」。「貞疾齒唯[字形]喃。人名□。貞疾齒不隹喃圈」。乙四五一一。上言疾齒父。乙祟之乎。下言抑喃祟之乎。「貞疾齒隹父乙壱」「王固曰不吉疑叚爲疾。殆筆誤也齒。」乙四六二八。「母庚御婦好齒勿于母庚御」乙六四二五。此言婦好齒疾是否御于母庚也。「壬戌卜亙貞有疾齒隹有壱。」續五・五・四。「□辰卜□貞疾齒隹☑。」粹一五一九是也。又云☑有祟三日乙酉夕𥁕丙戌允有來入齒。藏一八五・一齒如讀如字。則疑爲來貢象齒之記載。禹貢所謂厥貢唯金三品瑶琨篠蕩齒革羽毛惟木。詩所謂元龜象齒是也。又疑假爲値。則紀諸侯入備宿衛之事。漢書枚乘傳「腐肉之齒利劍。」注云「謂當之也。」未知孰是。「𪗉其有來齒。」續四・三二・三「來齒」。乙一四九六。其義不明。來齒與𪗉連文。疑有來侵之義。藏一八五・

一辭上言有祟下言允有來入齒。似亦有來侵之義。則疑莫能明也。【甲骨文字集釋第二】

◉徐中舒　《說文》古文齒字作□，象張口見齒之形。甲骨文此字作□、□等形，與《說文》古文形近，諸家釋齒無異辭。又甲骨文齒字與𡆥字形近，故每混用。𡆥有災禍之義，故甲骨文齒亦有災禍之義。參見卷四𠕎部𡆥字說解。【甲骨文字典卷二】

◉李　義　趙世超　齒在卜辭中有牙齒之義，如「疒齒」(13694)下辭之齒似可解爲象牙之類，但也不絶對。甲子卜，殸貞。妥以巫。——貞。妥不其以巫。王固曰：不吉，其以齒。(或可斷爲「不吉，其以，齒。」)(《殷墟文字綴合》268)。然齒之義尚不盡此：

丁丑卜，穷貞。爾得。

王固曰：其得惟庚；其惟丙，其齒。

四日庚辰爾允得。(8884)

上辭中的「齒」與「得」導致的結果相對而言，表示「得不到」或其他情況導致的結果。此「齒」之義究竟爲何？再看下例：

辛巳囚，爭貞。其有囷齒。——貞。亡來齒。(《殷墟文字乙編》3379　下簡爲《乙》)

王固曰：吉，亡來齒。(《乙》3380)

癸未卜，爭貞。旬亡囚。

王固曰：有希。

三日乙酉夕□，丙戌允有來入齒。(《甲骨綴合編》143)

……嬉，其有來齒。(《殷墟書契續編》4·32·3)

由上辭可以看到，如果無「來齒」情況出現，結果就吉利；如果有「來齒」出現，就會有災禍。所以，這裏的「齒」絶不會是象牙之類的貢物。齒和希的關係是有齒則有希，希的範圍比齒大，齒爲希之一種，齒又可和嬉並列，其性質可能和嬉相近，屬災禍中的一種。據此，「惟父乙降齒」(《殷墟文字丙編》114)、「取牛，不齒」(8803)之齒亦應有災禍義。上辭之「其惟丙，其齒」應爲「丙日將有齒的災禍」。

齒之災禍義典籍無存，辭書應據卜辭補充之。【甲骨文字補釋四則　考古與文物一九九〇年第三期】

齗 

◉許　慎　齗齒本也。从齒。斤聲。語斤切。【説文解字卷二】

◉馬叙倫　沈濤曰。一切經音義一又九又十五引。齗。齒肉也。篇韵皆作齒根肉也。疑古本作齒本肉也。玄應所引奪一本字。今本奪一肉字耳。倫按文選魯靈光殿賦注引倉頡。齒根也。字見急就篇。【説文解字六書疏證卷四】

◉楊樹達　説文二篇下齒部云：「齗，齒本肉也，从齒，斤聲。」按齗之爲言根也。古艮斤二字同音，故往往通作。説文十三篇下土部云：「垠，地垠也，从土，艮聲。」或从斤作圻。此造文時艮斤通作之證一也。二篇上走部云：「赾，行難也，从走，斤聲。」二篇下彳部云：「很，行難也，从彳，艮聲。」按二字音義皆同，實爲一字，許君析爲二字，非也，二文一从斤，一从艮，此造文時艮斤通作之證二也。本根同義，説文齗訓齒本肉，而倉頡篇訓齒根，則已明著其語源於訓義中矣。【釋齗　積微居小學述林卷二】

齔 

 齓 【汗簡】

 王存乂切韻 【古文四聲韻】

◉許　慎　齔毁齒也。男八月生齒。八歲而齔。女七月生齒。七歲而齔。从齒。从匕。初堇切。【説文解字卷二】

◉馬叙倫　周伯琦曰。从齒从匕。匕古化字。鈕樹玉曰。繫傳作从齒匕聲。韵會引从齒从匕。匕音化。男八月齒生。八歲齔。女七月齒生。七歲齔。一切經音義四引亦作匕聲。則繫傳當不誤。釋名。齔。洗也。毁洗故齒更生新也。是古讀齔近洗。洗與匕聲相近。沈濤曰。左僖五年正義引作男八月齒生。廣韵廿一震引作男八月而齒生。女七月而齒生。段玉裁曰。从齒从匕。匕。變也。今音呼跨切。古音如貨。大戴禮本命曰。陰以陽化。陽以陰變。故男以八月生齒。八歲而毁。女七月生齒。七歲而毁。毁化音義相近。玄應書五。齔。舊音差貴切。然則古讀如未韵之毳。蓋本从匕。匕亦聲。轉入真至韵也。桂馥曰。从匕者。當作匕聲。與牝牡字同。倫按匕聲毁聲同在脂類。是大戴禮以毁代齔者。疊韵通借也。釋名以洗釋齔者。匕洗音皆清紐。以雙聲爲訓也。玄應引舊音差貴切者。脂真對轉。由真轉脂也。然則齔。从齒。匕聲。小徐本不誤。鉉不明音。妄删聲字。改爲从七會意。不可通於男八歲而毁齒矣。男八以下十八字校語。亦疑此字出字林。【説文解字六書疏證卷四】

齻　齻

◉許　慎　齻齒相值也。一曰。齧也。从齒。責聲。春秋傳曰。晳齻。士革切。【説文解字卷二】

◉馬叙倫　沈濤曰。左定五年傳釋文引作齒上下相值也。蓋古本如此。今奪。正義及玉篇引同今本。乃後人據今本改。桂馥曰。一曰齧也者。五音集韵引作静也。未詳。張楚曰。一曰齧也者。齰字義也。本部。齰。齧也。齻聲在支類。齰聲在脂類。脂支古音相通。疑後人以其聲可相通。遂誤以齰義附於齻下耳。倫按張説是也。齻音牀二。齰音照二。皆舌尖後音也。爾雅釋鳥。行扈唶唶。李巡注。唶唶嘖嘖。鳥聲貌也。本書口部。嘖。大呼也。言部。諎。大聲也。皆可爲古昔聲責聲相通之證。此及引經皆校者加之。齒相值也。疑非本訓。【説文解字六書疏證卷四】

齜　齜

◉許　慎　齜齒相齗也。一曰。開口見齒之皃。从齒。柴省聲。讀若柴。仕街切。【説文解字卷二】

◉馬叙倫　段玉裁曰。齗。當依五音韵譜作齘。柴省聲當作此聲。嚴可均曰。齒相齗難通恐齗字誤。一切經音義六引作開口見齒也。此云之皃。非是。柴省聲當作此聲。柴亦此聲。況下文有讀若柴。桂馥曰。廣韵類篇引並作齒相齘也。沈濤曰。一切經音義六引作謂開口見齒也。是古本不作皃。謂字乃玄應所足。張楚曰。一曰開口見齒之皃者。齞字義。本部。齞。口張齒見。齞齜聲同支類。所以致誤耳。倫按齗當作齘。或本作齘也。傳寫增齒相二字。齻齜音同牀二。以音求之。齜爲齻之轉注字。故次齻下。此只聲同支類。楚辭之呰。即本書三篇之只也。是此只聲通之證。則張謂一曰云云爲齞字義。是也。此校語。如沈説則本是庾注語。【説文解字六書疏證卷四】

齘　齘

◉許　慎　齘齒相切也。从齒。介聲。胡介切。【説文解字卷二】

◉馬叙倫　丁福保曰。慧琳音義五十八及七十一七十五引作齒相切也。與二徐本合。七十六引作齒相切怒也。怒字衍。非古本如是。倫按玄應一切經音義引三倉。齘。鳴齒也。方言二。齘。怒也。小怒曰齘。玉篇因作切。齒怒也。慧琳一引作齒相切怒也。或本書原有一曰怒也。慧琳并之耳。然怒也校者加之。走部。趌趨。怒走也。趌齘雙聲。怒也盖趌之義。齜齘轉注。齜从此得聲。此从匕得聲。匕介同爲破裂清音。又此聲支類。介聲脂類。支脂近轉也。或爲⿰齒吉之轉注字。失次。齒相切也非本訓。本書説解中凡言相者皆非本訓。【説文解字六書疏證卷四】

齞 齞

◉許　慎　齞口張齒見。从齒。只聲。研繭切。【説文解字卷二】

◉馬叙倫　鈕樹玉曰。韵會引作張口齒見也。沈濤曰。文選登徒子好色賦注引作張口見齒也。蓋古本如此。韵會引同選注。是小徐本尚不誤。張文虎曰。玉篇引與今本同。未知孰爲元文。徐音研繭切。與只聲不合。篇韵並有齴字。音魚蹇切。釋云。齒露。疑即齞之異文。而彼从彥聲。與研繭切合矣。倫按只音照紐。詩南山有臺。樂只君子。左襄廿四年昭十二年傳。皆作樂旨君子。旨音亦照紐也。然詣从言。旨聲。讀五計切。音轉入疑紐。枳似橘。考工記總目。橘踰淮而北爲枳。後漢書馮衍傳注引晏子。江南爲橘。江北爲枳。橘音見紐。枳音照紐。古讀歸端。端見皆破裂清音。周禮大馭注曰。故書軹爲軒。軒从幵聲。本書有軹無軒。軒即軹之異文。从車。幵聲。幵音亦見紐也。蓋只从气得聲。詳只字下。古音當如稽。在見紐。故齞从只聲音研繭切。異文可作齴也。口張齒見不似許文。【説文解字六書疏證卷四】

⿰齒兼 ⿰齒兼

◉許　慎　⿰齒兼齒差也。从齒。兼聲。五銜切。【説文解字卷二】

◉馬叙倫　段玉裁曰。差當作齹。倫按齒差蓋齹之譌分。【説文解字六書疏證卷四】

齺 齺

◉許　慎　齺齒搚也。一曰齰也。一曰馬口中糜也。从齒。芻聲。側加切。【説文解字卷二】

◉馬叙倫　桂馥曰。糜李燾本及玉篇類篇集韵五音集韵並作縻。莊子馬蹄篇。伯樂曰。我善御馬。前有飾橛而後有鞭策之威。段玉裁曰。説文無搚。當作拹。手部。拹。一曰拉也。齒拉者。謂齒折也。倫按此篆注與上文⿰齒兼篆注。實有互誤。此訓齒拹也當是⿰齒兼字之訓。兼劦疊韵。以疊韵爲訓。許書固多此例。且此下一曰馬口中縻者。明是⿰齒兼下校語。蓋馬口中縻是銜字義。十四篇。銜。馬勒口中。口部。嗛。口有所銜也。嗛銜亦以雙聲疊韵爲訓也。此可爲兩篆説解互譌之證。然本書無搚。此校語。或字林訓。本訓捝矣。齒拹也者。十二篇。拹。摺也。摺。敗也。齒敗亦謂齒齟齬不相值。从兼聲之字。如嵰訓嵰尬行不正也。嫌訓不平於心也。可證⿰齒兼从兼聲爲齒不正也。齒差也者。此字之訓。齒差。即齒參差。齺蓋齹之轉注字。同爲舌尖後摩擦破裂音。齺差亦以雙聲爲訓也。齺齱亦雙聲。古書从芻得聲之字。多與从取得聲之字通借。如顔濁鄒之爲顔濁聚。其例證也。然則齺亦齱之轉注字。齱下曰。齵也。齵下曰。齒不齊也。義亦相符也。管子輕重戊。車轂齺騎連伍而行。言車轂與騎相參差。故曰連伍而行。亦其證。一曰齰也者。齺齰雙聲。即齰字義也。齰下曰。齧也。廣雅釋詁三。齺。齧也。一曰以下十一字皆校語。【説文解字六書疏證卷四】

齵

◉許　愼　齵齒不正也。从齒。禺聲。五婁切。【說文解字卷二】

◉馬叙倫　王筠曰。玄應音義引。齵。齒不正。謂高下不齊平也。謂下盖庾注也。倫按玄應一切經音義引倉頡。齵。齒重生也。【說文解字六書疏證卷四】

齇

◉許　愼　齇齰齒也。从齒。虘聲。側加切。【說文解字卷二】

◉馬叙倫　沈濤曰。一切經音義六引作齒不正也。盖古本如此。玉篇亦云。齒不正也。當本許書。東方朔傳曰。齟者。齒不正也。齟即齇之别體。嚴可均曰。齰也舊本當是齵也。嚴章福曰。一切經音義六引作齒不正也。然大徐齰字必非無本。玄應所引全無根據。齰下曰。齒不相值也。疑齇下説解。許原書齇後當次齰。齇下當云。齇齰。齒不相值也。齰下當云。齇齰也。與大例合。今此齰篆相隔甚遠。未敢輒定。倫按玄應引作齒不正也。是本義。凡𪘾至䶩皆言齒不正。惟齱訓齵也。與大例合。𪘾訓齒搚。齺訓齒差。齵訓齒不正。齹訓齒參差。䶩訓齒差跌。無如此訓之例。況齰訓齒不相值。此但訓齰也足矣。復加齒字。於辭亦費。齰下捝也字。齒下捝不正也三字。齒不正也或校語。或字林訓。或上文齵字説解。傳寫譌衍於此。下。齇齺雙聲轉注。齇齱亦雙聲轉注。然齺齇同音同義。疑齇本是齺之重文。説解作齺或从齒虘聲。傳寫譌在齵下。而此篆地位本是齰字。今亦捝失。而爲校者補列於後。此齰齒也。齰爲齰篆下隸書複舉字。齒下捝不正也三字。【說文解字六書疏證卷四】

齱

◉許　愼　齱齵也。从齒。取聲。側鳩切。【說文解字卷二】

◉馬叙倫　齱齵疊韵轉注字。猶陬隅之轉注矣。【說文解字六書疏證卷四】

齹

王存乂切韻

同上　【古文四聲韻】

◉許　愼　齹齒參差。从齒。差聲。楚宜切。【說文解字卷二】

◉馬叙倫　鈕樹玉曰。一切經音義十九引説文。齒參差也。玉篇作䶫。此何切。齒䶫跌者。又楚宜切。齒參差也。沈濤曰。左昭十六年傳釋文云。䶫。字林才可士知二反。説文作䶩。云。齒差跌也。在河千多二反。是古本有䶩無䶫。字林始有齹

⿱佐齒 ⿱佐齒

字。今本⿰齒差篆當刪。【說文解字六書疏證卷四】

◉許　慎　⿱佐齒齒差跌皃。从齒。佐聲。春秋傳曰。鄭有子⿱佐齒。臣鉉等曰。說文無佐字。此當从⿰亻𢀩。傳寫之誤。昨何切。【說文解字卷二】

◉馬叙倫　徐鉉曰。說文無佐字。此當从⿰亻𢀩。傳寫之誤。鈕樹玉曰。⿱佐齒字當非說文所有。疑後人因陸氏增。左昭十六年傳本作子齹。釋文云。齹。說文作⿱佐齒。齒差跌也。據玉篇訓齒齹跌者。即是齹字。古人一字二三音。不煩改字。如火部。燹。讀若齹也。陸氏往往以他書爲說文。故疑其誤引而後人承之。廣韵云。⿱佐齒。齒⿱佐齒跌。出字統。當不誤。嚴可均曰。春秋傳下曰字當刪。桂馥曰。跌當爲胅。本書。胅。差也。讀與跌同。許瀚曰。戴侗合齹⿱佐齒爲一字。是也。段玉裁謂⿰齒差下音義後人所增。實爲卓識。然謂齹字出字林而逕刪之。則未深考。疑說文以⿱佐齒爲正。字林以齹爲正。故釋文分引。唐人合字林於說文。妄有刪并。乃如今本。不必說文無齹字。王筠曰。段玉裁謂齹⿱佐齒一字。是也。其引左傳釋文證齹字出字林。可也。然謂當刪齹而存⿱佐齒。不以此證⿱佐齒之譌。不可也。⿱佐齒實譌字。衆經音義引說文。⿰齒差。齒參差也。所引與今本同。與陸氏引異。兩人皆在貞觀時。不應所據本大異。盖兩人所說皆不詳悉也。說文說解當曰。齒齹跌皃。謂齒參差也。下句盖庾注也。兩人各引一句。遂不同耳。玉篇曰。此何切。齒齹跌者。盖顧氏據古本說文也。又曰。楚宜切齒參差也。盖孫強據大徐本增也。倫按左昭十六年傳釋文。齹。才何反。字林。才可反。又士知反。說文作⿱佐齒。云。差跌也。在河千多二反。倫謂齹字出字林自無可疑。玄應引說文者。字林而題爲說文也。陸引本書作⿱佐齒。倫謂⿱佐齒實齹之譌字。一本字林傳寫譌齹爲⿱佐齒。而此本則題爲說文者也。此觀之說解鄭有子⿱佐齒而可知也。玄應據本題爲說文。而齹字則未譌。故不復出⿱佐齒字也。或謂使然。何以陸又出說文之音。則以題爲說文。校者別加音切。觀於兩唐本音切之異。知彼時讀者各爲音切也。陸與玄應所引說解不同者。或如王說。一引本文。一引庾注之。捃入本文者也。然齹字以語原求之。實當訓齒參差也。⿰齒差與齟齺齱皆舌尖後音轉注字。【說文解字六書疏證卷四】

齤 齤

◉許　慎　齤缺齒也。一曰曲齒。从齒。𠔉聲。讀若權。巨員切。【說文解字卷二】

◉馬叙倫　鈕樹玉曰。玉篇有齤。胡夾切。齤齒。一曰曲齒。亦作⿰齒卷。適當說文齤字之次。當是顧氏原文。後有齤字。引說文。盖後人增。疑說文本作齤。故繫傳讀下有又字。讀又若者。當與常音殊。廣韵平聲。齤。齒曲。入聲。齤。齒曲。生。

齳 齾 ⿰齒巨

又缺也。段玉裁曰。缺齒者。齾也。曲齒者。上文。齒差跌。今俗云。齒齙也。桂馥曰。本書。觠。曲角也。與齤義同。玉篇初誤作齤。宋人重修。又取本書齤字加之。遂增一从夾之字。廣韵集韵皆沿其誤。張楚曰。一曰。曲齒。乃本義也。本書。觠。曲角也。角曲曰觠。齒曲曰齤。古人造字類皆如此。木末曰標。艸末曰蔈之類。皆其例也。缺齒也即齾字義。齾下曰。缺齒也。疑後人因獻𢍏聲近。遂誤以齾音附於齤下耳。劉秀生曰。𢍏聲見紐寒部。權从雚聲。雚聲亦見紐寒部。故齤从𢍏聲得讀若權。詩齊風。盧令。其人美且鬈。箋。鬈讀當爲權。左莊十九年傳。鬻拳。後漢書孔融傳作鬻權。莊子天運。孰居無事而勸是。釋文。勸。司馬本作倦。木部。權。黃華。手部。捲。气勢也。國語曰。有捲勇。今借權爲捲勇字。尹桐陽曰。權齤疊韵。淮南脩務。啳睽哆嗚。注。啳讀權衡之權。倫按觠。曲角也。卷。厀曲也。桊。牛鼻環也。圈。豢畜之閑也。是古謂凡曲者曰𢍏。則齤以曲齒爲本義。張說是也。齤齾疊韵。古借齤爲齾。故又訓缺齒。然本訓曲齒。傳寫誤以齾字訓爲本訓。而捝失本訓。校者據未誤者加之。【說文解字六書疏證卷四】

◉許　慎　齳無齒也。从齒。軍聲。魚吻切。【說文解字卷二】

◉馬叙倫　桂馥曰。六書故引作老無齒也。韓詩外傳。太公年七十二。齳然而齒墮矣。王筠曰。玉篇作無齒皃。當依改。倫按六書故引盖校語。【說文解字六書疏證卷四】

◉許　慎　齾缺齒也。从齒。獻聲。五鎋切。【說文解字卷二】

◉馬叙倫　莊子齧缺字當作齾。齧齾雙聲通借。【說文解字六書疏證卷四】

◉許　慎　⿰齒巨斷腫也。从齒。巨聲。區主切。【說文解字卷二】

◉馬叙倫　王筠曰。⿰齒巨與牙部𤘫同音。又同是齒病。其病雖異。然可推凡同音者義即相近也。倫按⿰齒巨𤘫雙聲轉注字。然此字疑出字林。或牙部𤘫齲二字皆呂忱加之。【說文解字六書疏證卷四】

齯

◉許　慎　齯老人齒。从齒。兒聲。五雞切。【説文解字卷二】

◉馬叙倫　桂馥曰。爾雅釋詁疏引作老人兒齒也。釋名。齯。大齒落盡更生細者如小兒齒也。倫按詩閟宮釋文曰。兒齒齒落更生細者也。不引本書。爾雅釋文亦不引。疏引蓋有妄增。不可信。或校語也。朱駿聲謂此字後出。或非本書所有。【説文解字六書疏證卷四】

齮

繇齮　【漢印文字徵】

◉許　慎　齮齧也。从齒。奇聲。魚綺切。【説文解字卷二】

◉馬叙倫　沈濤曰。一切經音義十三引。齮。側齧也。蓋古本如此。史記高祖紀。南陽守齮。索隱云。許慎以爲側齒。是唐以前本皆有側字。字从奇聲。有偏側之義。如掎爲偏引。是也。漢書田儋傳注引如淳曰。齮。側齧也。今本爲淺人所删。倫按玄應一切經音義引倉頡。齊人謂齧咋爲齧齮。齮。側齒也。亦齧也。齮齩齧雙聲。似齮爲齩齧之轉注字。然倫以爲齮犄蓋一字。側齧當爲側齒也。古書或借齮爲齧。校者因倉頡篇加齧也一訓。傳寫奪譌如今文。下文齣之説解羨齒字。蓋本此説解中字也。【説文解字六書疏證卷四】

齣

◉許　慎　齣齚齒也。从齒。出聲。仕乙切。【説文解字卷二】

◉馬叙倫　王筠曰。齒字疑衍。又疑齧字之譌。倫按齣音牀二。齰音照二。皆舌尖後摩擦破裂音。爲轉注字。當訓齚也。齒蓋校語中字。或本齚也齧也二訓。齧也據廣雅加之。齣齧聲同脂類。亦轉注字。【説文解字六書疏證卷四】

齰

□齰　□齰　【漢印文字徵】

◉許　慎　齰齧也。从齒。昔聲。側革切。齚齰或从乍。【説文解字卷二】

◉馬叙倫　齚宋保曰。乍聲。乍昔古同部通用。諎从昔聲。讀如笮。此其證矣。倫按齰齚疊韵轉注。【説文解字六書疏證卷四】

⿰齒咸

◉許　慎　⿰齒咸齧也。从齒。咸聲。工咸切。【説文解字卷二】

◉馬叙倫　⿰齒咸與齮齦齕齧皆舌根破裂音轉注字。【説文解字六書疏證卷四】

齦

◉許　慎　齦齧也。从齒。艮聲。康很切。【説文解字卷二】

◉馬叙倫　齦與齕齧脂真對轉轉注字。今杭縣謂齧正曰齦。【説文解字六書疏證卷四】

⿰齒干

◉許　慎　⿰齒干齒見皃。从齒。干聲。五版切。【説文解字卷二】

◉馬叙倫　桂馥曰。集韵類篇引作一齒見皃。戚學標曰。齞。口張齒見。⿰齒干。齒見。本書自是兩字。廣韵。⿰齒干。説文作齞。非。字作⿰齒幵。又⿰齒干之譌。倫按此訓齒見。與齞同義。音又雙聲。廣韵作⿰齒幵。與周禮軹故書作⿰齒幵同。其爲轉注字無疑。而字次失朋。廣韵以爲説文作軹。或陸時本書無⿰齒干字也。豈以字从幵耶。然亦未嘗别出⿰齒干字也。【説文解字六書疏證卷四】

䶩

◉許　慎　䶩齰也。从齒。卒聲。昨没切。【説文解字卷二】

◉馬叙倫　段玉裁曰。䶩字複舉字之未删者。倫按䶩齰聲同脂類。轉注字也。䶩音從紐。齰从昔得聲。昔音心紐。同爲舌尖前音。亦轉注字。【説文解字六書疏證卷四】

⿰齒列

◉許　慎　⿰齒列齒分骨聲。从齒。列聲。讀若剌。盧達切。【説文解字卷二】

◉馬叙倫　劉秀生曰。列聲在來紐曷部。剌聲亦在來紐曷部。故⿰齒列从列得聲。讀若剌。葉德輝曰。列聲同厲。禮記祭法。厲山氏。左昭十九年傳作烈山氏。詩大雅思齊。烈假不瑕。漢唐公房碑作厲蠱不遐。厲轉爲賴。論語子張。未信則以爲厲己也。鄭注。厲讀賴。淮南精神訓。而堯糲粢之飯。高注。糲讀若賴恃之賴。賴亦从剌得聲。葉原作賴剌皆从束得聲。誤也。今改正。又左昭十四年遂城賴公穀並作厲。知列剌亦同聲字也。史記秦本紀。厲龔公。亦作剌龔公。又其明證。倫按齒分骨聲。本作齧也。齧也二字捝譌成齒。校者加分骨聲。⿰齒列齘聲同脂類轉注字。⿰齒列䶩亦聲同脂類轉注字也。【説文解字六書疏證卷四】

齩

◉許　慎　齩齧骨也。从齒。交聲。五巧切。【説文解字卷二】

◉馬叙倫　翟云升曰。一切經音義十一廿三並引作齧也。倫按此即今作咬者之本字。咬不僅於骨。此衍骨字。口部。噍。齧也。齩即噍之轉注字。聲同宵類。噍下不曰齧骨。則此衍骨字明矣。太平御覽三百六十八引字林。齩。齒嚙也。嚙即齧之俗字。齒字則御覽誤衍。然則此字疑出字林。【説文解字六書疏證卷四】

𪘂

◉許　慎　𪘂齒差也。从齒。屑聲。讀若切。千結切。【説文解字卷二】

◉馬叙倫　嚴章福曰。此即衛風切磋正字。經典借切爲之。故云讀若切。前有齹。齒差也。謂參差也。此言齒差。盖即磋字。異義不嫌同名。段玉裁曰。此與齹訓齒差義異。謂齒相摩切也。即今磋磨字也。尹桐陽曰。爾雅釋器。骨謂之切。釋文。切本作𪘂。同。𪘂切疊韻。倫按段説是。上文。齘齒相切也。今杭縣謂齒相切作聲曰割刺割刺。即齘𪘂也。然則𪘂爲齘之轉注字。聲同脂類也。齒差也或非本訓。讀若切者。屑音心紐。切音清紐。同爲舌尖前音。聲亦同脂類也。八篇。屑。動作切切也。亦以聲訓。【説文解字六書疏證卷四】

⿰齒吉

◉許　慎　⿰齒吉齒堅聲。从齒。吉聲。赫鎋切。【説文解字卷二】

◉馬叙倫　玉篇引作齧堅聲。徐灝以爲玉篇蓋傳寫之譌。倫謂既曰堅聲。非齒有動作不發此聲也。然字次𪘂下。𪘂爲齘之轉注字。吉介雙聲。左襄四年傳注。髽。麻髮合髻也。釋文。髻。本作紒。此吉介相通之證。是⿰齒吉亦齘之轉注字也。屑吉聲同脂類。齛⿰齒吉亦爲轉注字。齒堅聲盖非本訓。【説文解字六書疏證卷四】

⿰齒豈

◉許　慎　⿰齒豈𪘂牙也。从齒。豈聲。五來切。【説文解字卷二】

◉馬叙倫　段玉裁曰。刀部。剴。一曰。摩也。皆於豈聲知之。引申爲摩器之名。倫按當作𪘂也。⿰齒豈⿰齒吉同舌根破裂音兼疊韵轉注字。⿰齒豈齘亦然。介爲兵士所被甲。而轉注字則爲鎧。其例證也。牙字盖校語中字。【説文解字六書疏證卷四】

齝

◉許　慎　齝吐而噍也。从齒。台聲。爾雅曰。牛曰齝。丑之切。【説文解字卷二】

◉馬叙倫　當次齛前。吐而噍也非本訓。引爾雅者皆後人加之。齛下不引羊曰齛。校者以説解已訓羊粻也。又疑此字出字林。玄應一切經音義九。經作齥。三倉作⿰齒寺。詩傳作呞。【説文解字六書疏證卷四】

齕

窒孫齕　顔齕　弓齕　譚齕　公孫齕　榮齕之印【漢印文字徵】

◉許　慎　齕齧也。从齒。气聲。户骨切。【説文解字卷二】

◉馬叙倫　章炳麟曰。齧旁轉脂爲齕。齕對轉諄爲齦。倫按字失次。【説文解字六書疏證卷四】

⿱聯齒

◉許　慎　⿱聯齒齒見皃。从齒。聯聲。力延切。【説文解字卷二】

◉馬叙倫　見蓋皃之譌衍。⿱聯齒齞轉注。齞音疑紐。⿱聯齒音來紐。古讀歸泥。泥疑皆鼻音也。失次。【説文解字六書疏證卷四】

齧

齧　法八三　二例【睡虎地秦簡文字編】

齧【汗簡】

義雲章【古文四聲韻】

◉許　慎　齧噬也。从齒。㓞聲。五結切。【説文解字卷二】

◉馬叙倫　齧噬聲同脂類。盖轉注字。故互訓。齧齦則脂真對轉轉注字也。【説文解字六書疏證卷四】

齭

◉許　慎　齭齒傷酢也。从齒。所聲。讀若楚。創舉切。【説文解字卷二】

◉馬叙倫　王筠曰。讀若楚。故字林从楚作齼。葉德輝曰。楚有䵄音。酢亦有苴音。齭酢同聲爲訓也。詩曹風蜉蝣。衣裳楚楚。説文。黹部引作衣裳䵄䵄。吕覽貴生。其土苴以治天下。高誘注。苴音同酢。所楚古音同部。齭即酸楚之楚。酢醋同。醋傷齒。故酸楚。劉秀生曰。所聲古在心紐模部。楚从疋聲。疋聲古亦在心紐模部。故齭从所聲得讀若楚。管子弟子職。

問所何止。疋部引作問疋何止。貝部。貶。从貝。疋聲。讀若所。與此同。其證也。倫按齭當依鍇本作酢。然疑非本訓。

【説文解字六書疏證卷四】

齨 齨

◉許　慎　齨老人齒如臼也。一曰馬八歲齒臼也。从齒。从臼。臼亦聲。其久切。【説文解字卷二】

◉馬叙倫　張楚曰。玉篇作馬八歲曰齨。蓋即馻字義也。馬部。馻。馬八歲也。馻聲脂類。齨聲幽類。脂幽從之轉可通脂。倫按老人齒如臼也者。此字林義。見太平御覽三百六十八引。齯下曰。老人齒。从齒。兒聲。不曰老人齒如兒。而此曰老人齒如臼。如以臼之字形況老人齒耶。則造此字者亦㔶鄙甚矣。如以臼之實器況老人齒耶。則臼中空虛何所況耶。故知呂忱依篆爲説耳。以此益知爾雅疏引齯字説解作老人兒齒。亦妄增兒字。一曰之義亦後人附之。故鍇本無一曰二字。此字出字林。【説文解字六書疏證卷四】

齬 齬

◉許　慎　齬齒不相值也。从齒。吾聲。魚舉切。【説文解字卷二】

◉馬叙倫　考工記輪人。察其菑蚤不齵。荀子君道。天下之變。境內之事。有弛易齵差者矣。參差義字皆作齵。齬字雖已見太玄。金部鋤之或體亦作鋙。似得有齬篆。然字次遠越。不與齵字相朋。終可疑也。御覽引字林。齬。齒不相值也。或此字林中字。【説文解字六書疏證卷四】

齛 齛

◉許　慎　齛羊粻也。从齒。世聲。私列切。【説文解字卷二】

◉馬叙倫　嚴可均曰。粻。當作張。説文無粻字。食部。饊。熬稻粻程也。御覽八百五十三引作張餭也。知許書借張爲之。齸下粻字同。桂馥曰。本書無粻字。餱下引詩。峙乃餱粻。釋言。粻。糧也。倫按爾雅釋獸。牛曰齝。羊曰齥。麋鹿曰齸。郭注。今江東呼齝爲齥。然齥字陸德明本作齛。唐人諱世改齥耳。釋文曰。張揖音世。解曰。羊食已吐而更嚼之。然則齛實齝之轉注字耳。齛从世聲。世卅一字。詳世字下。卅音心紐。今讀世舒制切在審紐。齝从台得聲。台音喻四。皆摩擦次清音。又古讀審歸透。齝音徹紐。透徹亦同摩擦破裂次清音也。又疑齛齸二字均校者依爾雅加之。爾雅釋獸釋文引埤蒼。齛。羊粻也。不引本書。明本書無此字。或出字林而字林本埤蒼。【説文解字六書疏證卷四】

齸

◉許　慎　齸鹿麋粻。从齒。益聲。伊昔切。【説文解字卷二】

◉馬叙倫　齸音影紐。齝从台得聲。台音喻四。影與喻四皆喉音。世聲脂類。益聲支類。支脂近轉。故齝轉注爲齸失次。【説文解字六書疏證卷四】

⿰齒至

◉許　慎　⿰齒至齒堅也。从齒。至聲。陟栗切。【説文解字卷二】

◉馬叙倫　桂馥曰。齒堅也當爲齧堅也。玉篇。⿰齒至。齧堅皃。廣韵。⿰齒至。齧堅聲。别作嗟。云。齧堅。易履卦。履虎尾不咥人。亨。釋文曰。咥。齧也。馬云。齕。馥按九家易曰。雖踐虎不見咥噬也。咥即⿰齒至。集韵。咥或作⿰齒至。倫按⿰齒至从至得聲。至音照紐。齰音亦照紐。又古讀知照皆歸於端。是轉注字也。字次失朋。【説文解字六書疏證卷四】

⿰齒骨

◉許　慎　⿰齒骨齧骨聲。从齒。从骨。骨亦聲。户八切。【説文解字卷二】

◉馬叙倫　桂馥曰。當作骨聲。倫按齧骨聲者。骨字疑後人加之。⿰齒骨⿰齒昏同舌根音兼疊韵轉注字。下文。⿰齒昏。噍聲。盖齧堅皆有聲。不必骨也。下文。⿰齒尃。噍堅也。⿰齒尃亦噍堅之聲。可證也。後人見字从骨。妄加骨字。於説解復增从骨二字。改骨聲爲骨亦聲矣。上文。齘。齒相切也。今俗言咬牙齒。其聲正如此。齒堅相切故齘齘然。凡噍堅者其聲亦然。故齧聲曰⿰齒骨曰⿰齒昏。⿰齒骨⿰齒昏⿰齒骨齘音皆雙聲。莊子至樂。支離伯與滑介叔。支離借爲𪇰𪈿。滑介借爲尳尬也。是其例證。【説文解字六書疏證卷四】

⿰齒昏

◉許　慎　⿰齒昏噍聲。从齒。昏聲。古活切。【説文解字卷二】

◉馬叙倫　⿰齒昏⿰齒吉雙聲轉注。【説文解字六書疏證卷四】

⿰齒尃

◉許　慎　⿰齒尃噍堅也。从齒。博省聲。補莫切。【説文解字卷二】

◉馬叙倫　桂馥曰。口部。嚩。噍皃。从口。尃聲。此亦當作尃聲。王筠曰。嚩⿰齒尃音義並同。倫按⿰齒尃音封紐。⿰齒昏音見紐。皆破裂清音。故⿰齒昏轉注爲⿰齒尃。與齮歌魚近轉轉注字。【説文解字六書疏證卷四】

◉徐　鉉　齡年也。从齒。令聲。臣鉉等案。禮記。夢帝與我九齡。疑通用靈。武王初聞九齡之語不達其義。乃云西方有九國。若當時有此齡字。則武王豈不達也。蓋後人所加。朗丁切。【説文解字卷二新附】

牙　㕏敖簋　子牙父人名　師克盨　爪牙　十三年𤼈壺　魯邍父簋　季姬牙人名　【金文編】

5・365　蘭陵居貲便里不更牙　6・102　亞𪘲　説文古文牙作𪘲與此同　【古陶文字徵】

2503　0412　與説文古文同。【古璽文編】

牙門司馬　牙門將印　牙門將印章　牙門將印　【漢印文字徵】

牙　【汗簡】

汗簡　同上　崔希裕纂古　【古文四聲韻】

◉許　慎　牡齒也。象上下相錯之形。凡牙之屬皆从牙。五加切。古文牙。【説文解字卷二】

◉林義光　説文云。牡齒也。象上下相錯之形。按古作魯大僕敦。【文源卷一】

◉王國維　説文無互字。竹部有从互之⿱竹互。實則互卽牙字之變。六朝唐寫本牙互字作。【劉盼遂記説文練習筆記　國學論叢第二卷第二號】

◉商承祚　説文「。古文牙。」案段本作。此當寫譌。从牙又从齒。於義不可通。緐複無理。殆非古文。金文㕏敖毀作。魯邍父作季姬牙父毀作。象上下牙之相錯。【説文中之古文考】

◉馬叙倫　桂馥曰。牡。九經字樣通志並作壯。段玉裁曰。牡當依石刻九經字樣作壯。壯。大也。壯齒。齒之大者也。急就篇顔注曰。壯齒曰牙。史記。褚先生述東方朔曰。遠方當來歸義。而騶牙先見。其齒前後若一。齊等無牙。故謂之騶牙。謂其齒大小一色。不同人物前小後大。故曰。無牙。此可證前齒後牙。齒小牙大也。王筠曰。當依夢英作。乃象形。翟云升曰。牡字是。沈彤云。中央齒形奇。左右齒形偶。奇則牡。偶則牝。丁福保曰。慧琳音義三十五引作壯齒也。蓋古本如是。隸書爿字偏傍多作牙。故牡即壯之別體。倫按壯字是。然或非本訓。㕏敖毀牙字作。正象形也。魯邍父作季姬牙父𣪘作□。即□之變而整齊之。小篆又□之變也。説解象上下相錯之形。當作象形。觀㕓敦𣪘□乃象壯牙。即今所謂盤牙。亦稱大牙。壯即大也。牙本壯齒之名。非上下相錯謂之牙也。然則象形字而説解言象某某之形者。蓋率爲校者所改矣。字見急就篇。

□ 王筠曰。朱筠本作□。从牙。从古文齒。倫按此从古文齒。蓋牙是近咽之齒。今所謂般牙也。故从古文齒象形。然實後起俗字。篆亦譌。如今篆當爲从𦥑牙聲。【説文解字六書疏證卷四】

◉朱芳圃　牙象兩物互相鉤搭之形。釋名釋兵：「弩，……鉤弦者曰牙」，廣雅釋器：「機謂之牙」，此牙之用於弩機者也。考工記輪人：「牙也者以爲固抱也」，王宗涑曰：「兩輮交合之牡齒曰牙」，此牙之用於車輪者也。

章炳麟曰：「三體石經以□爲虞，尋齒字从□而騶虞或作騶牙，然則□亦古文牙字，石經借爲虞耳。牙、□皆初文相變，□从古文齒，則準初文也。」文始五·六桉章説近是。余謂□，壯齒也。象形。重文作□，从□，牙聲。□與牙，音同而形義俱異，非一字也。【殷周文字釋叢卷中】

◉丁　驌　説文牙□象上下相錯之形。古文牙□之上部即□字，與契文之□相類。前人所以未以此爲釋之故殆因契文別有齒字，如「王疾齒」「允有來齒」，前者指人牙齒，正合説文「上下相錯」之義，於形則不合。後者爲象齒。實狀吾人所謂之臼齒。牙字則義爲大齒，人類無之，而象則特大。別稱之爲牙以示區別，故字形如斯。故疑所謂□乃牙也。

説文上芽从牙从艸，「萌也，古多以牙爲芽」，萌字下又曰：「艸木芽也」。其義本與屯同。契文之芽字作□，正狀草木之芽。

余因疑骨臼甲橋之記事辭所付之物，如非龜甲，當是象牙。殷人祭祀獻珍寶，牙亦珍物之一。貞人支取之，或付以牙工製器，或可祀祭取用，似亦可通，由此進而類推。□字或是已經修治之牙。其字如月，吾人所謂月牙，殆有因焉。如從此説則□當隸爲屯，讀爲牙。□字亦然。□與□雖下劃有別，疑爲字之變而已，猶子二期作□，以後（或以前）亦作□。故劃之直或曲折無關宏旨者也。況□多爲早時之字，□則五期地名也。【釋互屯以與　中國文字新第二期】

◉戴家祥　牙象局部形，□象全體形，古文牙字加□旁，與十二篇臣或作頤，籀作䪼，九篇勿作𣄴例同，都是在表示局部意義的字上添加表示此局部所屬整體的偏旁，金文牙用作人名。【金文大字典中】

齮 齮

5528 【古璽文編】

◉許　慎　齮武牙也。从牙从奇。奇亦聲。去奇切。【説文解字卷二】

◉馬叙倫　鈕樹玉曰。小徐亦作武牙。盖沿唐人諱。玉篇訓虎牙也。嚴章福曰。从奇。奇亦聲。當作奇聲。段玉裁曰。今俗謂門齒外出爲虎牙。古語也。大招云。靨輔奇牙。宜笑嫣只。淮南云。奇牙出。𪘏酺搖。高注。將笑故好齒出也。按奇牙所謂猗也。倫按武牙當作虎牙。虎牙猶馬苺牛藻。言大牙耳。近脣者爲齒。門齒最大。故曰虎牙。从牙。奇聲。疑此字出字林。字亦當从齒爲正也。【説文解字六書疏證卷四】

齲 齲

□乙3661　□鄴35·2　□新1683　【續甲骨文編】

◉許　慎　齲齒蠹也。从牙。禹聲。區禹切。齲齲或从齒。【説文解字卷二】

◉馬叙倫　齒蠹而字从牙。重文則作齲。古書亦多作齲。疑此二字皆呂忱加之。【説文解字六書疏證卷四】

◉楊樹達　殷契書契前編陸卷伍肆葉肆片殘文云：「△卬△□△勿△」，□字从齒中有蟲虫形，于思泊釋爲齲，以篇海訓齲不正之齲字釋之。駢枝肆柒葉。余謂此蓋齲字也。説文二篇下牙部云：「齲，齒蠹也，从牙，禹聲。」或从齒作齲。禹訓蟲，禹聲兼義。齲即今之蟲牙也。

殷人於疾病時往往行禦祭，蓋祭以禳疾也。書契後編下卷拾之叁云：「丁巳，卜，△有疒言，卬。△」庫方二氏貳捌叁云：「△疒身，卬于妣己眔妣庚。」又玖貳云：「貞疒止趾，卬于妣己。」書契前編壹卷廿伍之壹云：「貞，疒齒，卬于父己。」此辭雖殘缺不完，然齲字外有一卬字，蓋與上述諸辭一例，此亦可證齲之必爲病名矣。【釋齲　積微居甲文説卷上】

◉聞一多　□前九·五四·四

右一字殷虛文字類篇入待問篇，甲骨文篇入坿録，于省吾釋齵，云即齵即齲，齲齵謂齒參差，又云蹉跎就足言齲齵就齒言，則似又謂齲齵為失齒，猶蹉跎為失足也。案于説非是。初期文字往往一字數義數讀，後世更於其形體亦各加區別，故古者一字往往當於後世數字。即就□之一形言之，或為虫，或為它，或為蟲，或為蜀，或為蚰，或為蜎，或為禹，其流萬端，其源則一而已爾。學者若狃於近習，一概以虫若它釋之，則拘於墟矣。

金文秦公毁禹字作□，從□從□。□其本形，□即又，象人手執之，與□加□作□同意。□之本形既祇作□，則於此即禹之初文。與同。此从从，當即齲字。說文「𤘈，齒蠹也，」重文作齲。釋名釋疾病「齲，齒朽也，蟲齧之齒缺朽也。」篇海有齵字，云「齒病朽缺也」，丘主切，即齲之異文，從虫從齒與契文合，尤為此字當釋齲之切證。

齲一作齵，亦可證此虫即禹之初文。他辭有卜疾齒之文：

甲辰卜□貞𤼺疾齒，隹…… 粹一五一九

卜齲猶卜疾齒耳。若齒參差或失，齒則焉用貞卜哉？【釋齲 中國文字第四十九期】

足

甲一六四〇 疾足 卜辭足與正字同形從文義上可以別之 乙六九五一 帝其令雨足 前四·四〇·一 己酉卜黍年有足雨 前一·五〇·一 貞帝令雨弗其足年帝令雨足年 摭續二一四 足雨 金三七三 卜禾年出足雨 乙三一八四 足雨

【甲骨文編】

甲2878 乙1187 珠542 佚392 新2750 甲3067 乙647 1715 4509 5756 6410 8422 佚943 續存717 粹173 新628 1648 2416 【續甲骨文編】

足 免簋 令女足周師司歔 師晨鼎 命師晨足師俗司邑人隹小臣 善鼎 昔先王既令女ナ足𠭯侯 㾊鐘 足尹𠭯厗威義 申簋 册命申更乃且考足大祝 師兌簋 余既令足師龢父司左右走馬 元年師兌簋 【金文編】

3·818 𠭯足☒ 6·105 芋足 【古陶文字徵】

129 130 130 155 155 169 266 【包山楚簡文字編】

足 法一一三 十三例 封八八 語二 三例 封四六 日甲七四背 【睡虎地秦簡文字編】

1871 0045 2594 【古璽文編】

足 足 【汗簡】

足古孝經 足汗簡 【古文四聲韻】

◉許　慎　足人之足也。在下。从止口。凡足之屬皆从足。徐鍇曰。口象股脛之形。即玉切。【説文解字卷二】

◉林義光　説文云。足人之足在體下。从口止。按口止無人足義。本義當為屨足之足。足有止義。體下之足亦所止。故謂之足。从足之字皆以借義轉注。古作□史懋壺路字偏旁。同。説文云。疋足也。上象腓腸。下从止。按楚字説文从疋。古作□楚公鐘。从足。足遇韻疋模韻形近。又雙聲對轉。當即同字。【文源卷十】

◉郭沫若　「足某人嗣某事」之例屢見。足字本銘作□，免毁作□，師兑毁作□，善鼎作□，蔡毁作□，走毁作□，舊或釋為正，以正字亦間有如是作者，甚罕，常見之形作□若□若□者，於本例中却未一見。知非正字。余前改釋為世，以伯□毁「世子孫永寶」，世字作□，與此形近也，然常見之□字形亦未一見，知釋世亦非。今依字形定為足，足有足成義，有踵續義，似以用後義者為多。【師晨鼎　兩周金文辭大系攷釋】

◉容　庚　釋名釋形體。足續也。足師龢父司𠂇右走馬。猶師虎簋更乃祖考適官司左右戲。緐荆之更也。【師兑簋　善齋彝器圖録】

◉馬叙倫　徐鍇曰。口象股脛也。戴侗曰。自股脛而下通謂之足。上象厀髁。下象跖也。鈕樹玉曰。玉篇引在下作在體下。王筠曰。説解似有改易。足从止而加脛以象之。況祥麟曰。足蓋作□。象形。高田忠周曰。足之初文作□。後變作足。倫按足即乍之異文。金文乍多作□。象形。乍足疋皆止之異文。用止為此字。復於止上加脛之形為足。以別於止耳。足音精紐。止音照紐。亦同摩擦破裂清音也。説解人之足也在下从止口。疑非許文。蓋本作止也。象形。字見急就篇。免毁作□。師兑毁作□。【説文解字六書疏證卷四】

◉楊樹達　説文二篇下足部云：「足，人之足也，在體下，从口止。」從段氏訂。按許君説此字圂圇不明，故説者紛紛，莫衷一是。段氏説口為口吻之口，不審足字何用从口也。或説○象踝骨，視段説為近理矣，然踝在足旁，不當位於止上也。余謂：肱掌指全部為手，股脛蹠跟全部為足，足从○者，象股脛周圍之形。人體股脛在上，跟蹠在下，依人所視，象股脛之○當在上層，象蹠跟之止當在下層。然文字之象形，但有平面，無立體，故止能以○上止下表之也。疋部云：「□，足也，上象腓腸，下从止。弟子職曰：問疋何止。」余謂足疋二字義同形近，疋之上畫亦象股脛周圍之形，與足字同，腓腸第為脛之後部，不能示足之全，許説偏而不備。又足字象形，許云从口止，誤也。

大徐說此字云：「○象股脛之形」，其說是矣。特立辭太簡，不明說爲象股脛之周圍，故人皆不之信，今故爲申明之云爾。

【釋足 積微居小學述林卷三】

◉李孝定 足疋古本一字，殷周之世，已孳乳爲二，疋字作，則此自以釋足爲長。【金文詁林讀後記】

◉張秉權 「，或作(本版)、、(佚三九二)、(前七·一九·三)等形，均象足形，即足字。說文·二下·足部：「足，人之足也。在下，从止口」。徐鍇繫傳曰：「口象股脛之形」。徐灝說文解字注箋曰：「戴氏侗曰：自股脛而下，通謂之足」。股是大腿。脛是小腿，照徐戴諸氏的說法，足是包括了大腿小腿和脚板的。但王筠的說文釋例却說：「足下曰从止口，此文似有改易。足而从口，豈復成義？小徐以為象股脛之形，是也。然亦不當兼言股，此直象形兼會意耳，止即是足，故足字不能象形，仍从止而加脛以象之。」朱駿聲的說文通訓定聲亦說：「按厀下至跖之總名也。从止即趾字，从口象厀形，非口齒字，舉厀與止以晐脛。」如按照王朱二氏的說法，則足字的意義只指厀蓋以下，或厀下跖上的部分而言的。由於小篆的口形已經失去了原來的形狀，故後世的文字學者對此字的解釋有了種種不同的界說。至於段玉裁們竟以口為口齒之口，對於原來所象之形幾乎風馬牛不相及了。現在，由于這個象形字的發現，我們可以知道：「足」字的原始意義應該包括：止(即現在我們日常口語中所說的脚板)、脛(即小腿)、股(即大腿)三部分，所以徐鍇徐灝和戴侗們的說法是對的。

足字在卜辭中，有作足趾之足者。例如：

丁巳卜。爭貞：疾足钔于父乙？(乙編二六八一)

在本版則為人或部族之名。這樣的例子尚有：

癸酉卜，足于果𩐁？(佚三九二)

〼足疾耳隹出〼？(鐵一三八·二)

癸丑卜，王乎足卒？五月。(前七·一九·三)

□戌卜，穷貞：足隻羌？(乙編八四二二)

〼叀其(戋)足？(粹一二八八)

叀其(令)足？(粹一二八九)

貞：叀足來羌用？(乙編六四一〇)」【殷虛文字丙編考釋】

◉睡虎地秦墓竹簡整理小組　踐，疑即「足」字，與簡文「負」字或作「蹵」同例。【睡虎地秦墓竹簡】

◉戴家祥　足爵　説文二篇「足，人之足也，在體下，从口止」，許説此字，囫圇不明，故説者紛紛，莫衷一是。郭沫若、容庚釋爲足，有續義，陳夢家、白川靜讀爲疋，有輔佐之義，劉心源、楊樹達釋爲世，即繼世、後世之義。按以上三説皆不能完美地解釋銘義，録以備考。【金文大字典下】

蹏

蹏壽私印　蹏褒之印　【漢印文字徵】

◉許慎　蹏足也。从足。虒聲。杜兮切。【説文解字卷二】

◉馬叙倫　蹏爲止之轉注字。止音照紐。古讀歸端。蹏音定紐。同爲舌尖前破裂音。止聲之類。蹏聲脂類。之脂亦通轉也。【説文解字六書疏證卷四】

跟

◉許慎　跟足踵也。从足。皀聲。古痕切。跟或从止。【説文解字卷二】

◉馬叙倫　嚴可均曰。踵當作歱。倫按跟爲歱之轉注字。詳歱下矣。足踵也或非本訓。字見急就篇。【説文解字六書疏證卷四】

踝

李踝　張踝　董踝　【漢印文字徵】

◉許慎　踝足踝也。从足。果聲。胡瓦切。【説文解字卷二】

◉馬叙倫　今杭縣謂踝曰脚後跟。亦曰脚踝骨。踝跟皆舌根音。轉注字也。與跖亦轉注字。魚歌近轉也。足踝也蓋本作踝。足歱也。踝爲隸書複舉字也。傳寫有譌捝耳。字見急就篇。【説文解字六書疏證卷四】

跖

◉許慎　跖足下也。从足。石聲。之石切。【説文解字卷二】

◉馬叙倫　丁福保曰。慧琳音義卅三引足下也。蹋也。蹋也是一曰以下之奪文。倫按呂氏春秋用衆。必食其跖。注。跖鷄足踵。跖踵音同照紐。轉注字也。足下也疑非本訓。慧琳引蹋也。亦校語。【説文解字六書疏證卷四】

踦

臣踦　武踦大　守踦之印　王踦　【漢印文字徵】

◉許　慎　踦一足也。从足。奇聲。去奇切。【説文解字卷二】

◉馬叙倫　方言二。踦。奇也。梁楚之間。凡全物而體不具謂之倚。雍梁之西郊。凡獸支體不具謂之踦。玉篇。椅。一足曰椅也。今爲踦。倫謂踦爲奇之後起字。奇亦大之轉注字也。詳奇字下。一足也乃引申義。非本訓。或此字出字林。非許本有也。詩七月釋文引字林。踦。一足意也。爾雅釋蟲釋文引字林。巨綺切。此删意字耳。【説文解字六書疏證卷四】

跪

◉許　慎　跪拜也。从足。危聲。去委切。【説文解字卷二】

◉馬叙倫　鈕樹玉曰。韵會引無聲字。段玉裁曰。㩎。首至手也。跪與拜二事。不當一之。桂馥曰。拜也者。字林同。倫按此字林訓也。本訓當如聲類作跽也。今捝矣。玄應一切經音義引字林。音邱委反。【説文解字六書疏證卷四】

◉楊樹達　説文九篇下危部云:「危,在高而懼也。从⺈,自卪止之。」魚爲切。樹達按許君因不識卪字,故以卪止爲説,殊覺牽強。余謂危乃跪之初字也。二篇下足部云:「跪,拜也。从足,危聲。」去委切。跪必用厀,故字从卪。跪乃後起之加形旁字,从卪復从足,於義爲複贅矣。今跪拜義爲跪字所據,而危字全屬他義矣。【危跪　積微居小學述林卷五】

跽

前六・二五・一　商承祚釋跽　七W二九　貞人名　存一六七三　【甲骨文編】

續存1673　【續甲骨文編】

◉許　慎　跽長跪也。从足。忌聲。渠几切。【説文解字卷二】

◉商承祚　此从止从己。殆即許書之跽字。後世增心耳。【殷虚文字類編第二】

◉馬叙倫　桂馥曰。本書。㠱。長踞也。踞。玉篇作跪。或作跽。釋名。跽。忌也。見所敬。忌不敢自安也。一切經音義廿四曰。今江南謂屈膝立爲䠋跽。中國人言胡跽。史記范雎傳。秦王跽而請。索隱曰。跽者。長跽。兩膝被地。商承祚曰。卜辭有。殆即跽字。倫按文選月賦注玉篇玄應一切經音義並引聲類。跽跪也。㠱爲長踞。即古之席地而坐。坐音定紐。㠱音羣紐。皆破裂濁音。轉注字。體異耳。其初文爲己。詳己字下。跽又㠱之後起字。長跪也當依㠱下作長居也。跪則拜

踧 踧

躍 躍

踖 踖

跪。直身而兩厀被地爲跪。即所謂屈厀立者也。兩厀被地而反跖臀箸於跖爲跽。正長跪爲長居而跪跽之義自明。然古書亂之久矣。蓋其音近。由語原同也。甲文作□。从□。己聲。【説文解字六書疏證卷四】

◉楊樹達　己象人跽形，許説非是。忌字从己得聲，故己跽二字音同。象形字變爲形聲，其形聲字之聲類即由本象形字所孳乳，此例往往有之。【文字形義學】

◉徐中舒　□從□止從□己，□或作□，同。貞人名。

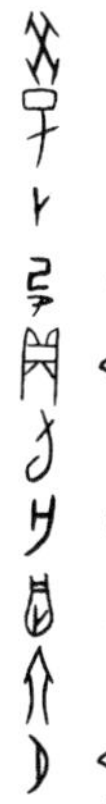
癸巳卜跽貞旬亡禍六月

……□……□……□　……跽……𢍰……飲【甲骨文字典卷二】

◉許　慎　踧行平易也。从足。叔聲。詩曰。踧踧周道。子六切。【説文解字卷二】

◉馬叙倫　彳部。俶。行平易也。謂道路平易也。此从足。本部字無一涉道路者。則此訓非也。俶踧一字。或此字出字林。【説文解字六書疏證卷四】

◉許　慎　躍行皃。从足。瞿聲。其俱切。【説文解字卷二】

◉馬叙倫　徐灝曰。走部趯同。倫按與趯躍皆一字。【説文解字六書疏證卷四】

◉許　慎　踖長脛行也。从足。昔聲。一曰踧踖。資昔切。【説文解字卷二】

◉孫詒讓　曲禮毋踖席。鄭注未釋踖字之義。孔疏云。踖。猶躐也。陸釋文訓同。席既地鋪。當有上下。將就坐。當從下而升。當已位上不發。初從上。從上爲躐席也。引玉藻云。登席不由前爲躐席。孔唯以玉藻擬其義。而於踖字本訓。則未之及。又引庾氏之踖席爲逆席。亦非踖字訓義。今攷説文足部云。踖。長脛行也。與曲禮義亦不相應。竊疑踖當爲蹝之叚借。説文辵部云。辵。乍行乍止也。讀若春秋傳曰辵階而走。今本公羊宣六年傳。辵作蹝。何本注云。蹝猶超遽不暇以次。公食大夫禮鄭注云。不拾級而下曰辵。蓋升降席與升降階同。皆有常次。若不依常次凌躐上下。則同謂之蹝。字借作踖者。形聲並相邇。孔以躐釋踖。義通而字實迥異矣。説文無躐字。當爲辵部邋之異文。【孫仲容先生遺著　國粹學報第五十六期】

◉馬叙倫　鈕樹玉曰。繫傳脛作踁。俗。王筠曰。一曰踧踖。集韻不引此句。蓋或以字林羼入也。衆經音義十二引字林。踧踖。不進也。一曰。行平易也。知字林此説在踧下。今在此。亦非例。其二十三及長笛賦注皆引字林。不進也。倫按禮記曲禮。毋踖席。注。踖。躐也。躐者。歷之雙聲轉注字。故禮記樂記。學不躐等。正義曰。躐。踰越也。爾雅釋言。跋。躐也。李巡注曰。跋。前行曰躐。躐亦歷之借字。躐跋疊韻。故釋言以躐訓跋也。然則長脛行者正謂歷也。莊子應帝王。猶涉海鑿河而使蚉負山也。鑿即踖之借字。史記索隱。晉出公名鑿。六國表作錯。是其例證。踖河謂歷河。歷爲跨之轉注字。歷河即跨河也。踖从昔得聲。昔聲在魚類。跨从夸得聲。亦魚類也。踖爲跨之轉注字。一曰踧踖者。張楚曰。疑即踳字義。踧踖即踽踳之借。本書。踳。小步也。詩。謂地蓋厚。不敢不踳。踖踳聲近通借。淺人不知。以爲別一義。妄加一曰耳。倫謂張説是也。踳爲小步。故字林訓踧踖爲不進。踖踳同舌尖前摩擦破裂音。論語鄉黨。踧踖如也。鄭注。踧踖。恭敬皃。乃踖字義。詳踖字下。精紐雙聲。然此校語。故集韵不引也。【説文解字六書疏證卷四】

踽

◉許　慎　踽疏行皃。从足。禹聲。詩曰。獨行踽踽。區主切。【説文解字卷二】

◉馬叙倫　疏字疑校者注以釋踽字之音者。疏从疋得聲。疋禹聲同魚類。踽爲行皃。正謂獨行。若訓疏行。當作也。不當作皃矣。列子注引字林亦作疏行皃。或此字林訓。或字林同本書也。【説文解字六書疏證卷四】

◉睡虎地秦墓竹簡整理小組　𧾷禹，疑爲踽的異體字。《説文・足部》:「踽，疏行貌。」王筠《句讀》:「獨行則無相比者，故云疏也。」【睡虎地秦墓竹簡】

◉戴家祥　過甗　字當釋踽。足辵義近，故可更旁作瑀，齊侯壺「爾其躋受御」躋作𨘢。禮記緇衣「不可以踖」，釋文踖，本作逭。史記樂書「跐萬里」，漢書禮樂志跐作𨒪，是其證。説文踽訓疏行貌，引詩曰：「獨行踽踽」。辵字从彳从止，訓「乍行乍止也」，「乍行乍止」與疏行義更切近。高田忠周釋䢿古籀篇五十四第二二葉，殊誤。唐韻踽讀驅雨切溪母魚部。【金文大字典下】

蹡

◉許　慎　蹡行皃。从足。將聲。詩曰。管磬蹡蹡。七羊切。【説文解字卷二】

◉馬叙倫　沈濤曰。詩執競。釋文。引作蹡蹡行皃。是古本説解中當複舉蹡字。倫按蹡蹡一字乃隸書之複舉者。一字蓋校者所加也。本書似此者多矣。廣雅釋訓。蹡蹡。走也。則蹡爲趨之雙聲轉注字。玄應一切經音義引三倉。蹡。敬也。容止皃也。【説文解字六書疏證卷四】

躖

◉許　慎　躖踐處也。从足。斷省聲。徒管切。【説文解字卷二】

◉馬叙倫　𢇍聲也。𢇍古文絶字。章炳麟曰。絶泰部對轉寒爲斷。則斷𢇍本一字。此自可从𢇍聲。不必斷省也。躖爲踐之轉注字。聲同元類。説解踐處也者。古書或以躖爲疃。本書疃下曰。禽獸所踐處也。然則此非本訓。蓋本訓踐也。校者加禽獸所踐處也。唐人删之耳。失次。【説文解字六書疏證卷四】

⿰足卜

◉許　慎　⿰足卜趣越皃。从足。卜聲。芳遇切。【説文解字卷二】

◉馬叙倫　⿰足卜爲赴之異文。説解趣越皃疑非本訓。或本作趣也。越也。越也乃下文踰字義。傳寫之譌也。【説文解字六書疏證卷四】

踰

◉許　慎　踰越也。从足。俞聲。羊朱切。【説文解字卷二】

◉馬叙倫　踰爲逾之異文。踰从俞得聲。俞从舍得聲。舍與踖跨聲同魚類。轉注字也。玄應一切經音義慧苑華嚴經音義並引字林。踰。越也。字見急就篇。顔師古本皇象作愈。【説文解字六書疏證卷四】

⿰足戉

◉許　慎　⿰足戉輕也。从足。戉聲。王伐切。【説文解字卷二】

◉馬叙倫　王筠曰。輕足也當作蹩也。此篆後蓋本出蹩篆。既捝之後而此分爲輕足。⿰足戉从足。故小徐猶不删足。倫按本書無蹩字。今杭縣謂輕足行有此音。如杭縣言血。然⿰足戉自當爲⿺辶戉之異文。輕下捝行字。或如王説。蓋此字出字林。【説文解字六書疏證卷四】

蹻

◉許　慎　蹻舉足行高也。从足。喬聲。詩曰。小子蹻蹻。居勺切。【説文解字卷二】

◉馬叙倫　鈕樹玉曰。宋本及繫傳作蹻。沈濤曰。漢書高帝紀注晉灼引許慎曰。蹻。舉足小高也。晉書音義亦云。舉足小高也。蓋古本行字作小。然玉篇及一切經音義十六引亦作行。而五經文字亦云。舉足行高。是梁陳以後之本皆與今本同矣。嚴章福曰。晉灼引作小高。疑涉小子蹻蹻而誤。倫按玄應一切經音義引蒼頡。蹻。舉足行高也。趫下曰。一曰舉足也。即此字義。彼單言舉足。是也。漢書高帝紀。亡可翹足而待。亦謂一舉足閒。今杭縣謂舉足正曰蹻起來。此訓舉足小高也。

蓋小高二字爲喬字之譌。喬乃校者注以釋蹻字之音者。或爲蹻字之譌。乃隸書複舉字也。傳寫又譌乙於下耳。今作舉足行高也者。字林據蒼頡加此訓。唐人删本訓。【説文解字六書疏證卷四】

跾

●許　慎　跾疾也。長也。从足。攸聲。式竹切。【説文解字卷二】

●馬叙倫　疾也當作疾行也。道光象山縣志。急行曰跾。長也上當有一曰二字。此髟字義也。八篇。髟。長髮猋猋也。五經文字音必由反。方言曰。長。陳楚之閒曰脩。是其證。【説文解字六書疏證卷四】

蹌

竝崔希裕纂古【古文四聲韻】

●許　慎　蹌動也。从足。倉聲。七羊切。【説文解字卷二】

●馬叙倫　桂馥曰。動也者。廣韻引詩。巧趨蹌兮。書益稷。鳥獸蹌蹌。傳曰。相率而舞蹌蹌然。正義。禮云。士蹌蹌。是爲行動皃。故爲舞也。倫按蹌爲蹬之雙聲兼疊韻轉注字。蹬下引詩。管磬蹬蹬。今詩作磬管將將。荀子富國引作管磬瑲瑲。是其證。動也非本義本訓。或字林義。或校者據爾雅釋訓加之。【説文解字六書疏證卷四】

踊

古孝經【古文四聲韻】

●許　慎　踊跳也。从足。甬聲。余隴切。【説文解字卷二】

●馬叙倫　跳當作趒。走部。趒。雀行也。踊者。足絶地而起。似雀行也。走部。趯。踊也。踊躍雙聲轉注字。字見急就篇。【説文解字六書疏證卷四】

躋

躋　从辵　洹子孟姜壺　爾其躋受御　𨆷鎛　躋仲之子【金文編】

石碣田車　避㠯躋于遾【石刻篆文編】

□隮 □隮竝尚書 【汗簡】

□古文 □王存乂切韻 【古文四聲韻】

◉許 慎 □登也。从足。齊聲。商書曰。予顛躋。祖雞切。【説文解字卷二】

◉郭沫若 ⿺辶齊即躋字，登也。「躋受御」猶書言「登庸」，即進而爲卿。【齊侯壺釋文 殷周青銅器銘文研究卷二】

◉鮑 鼎 □古籀補入附録。云。疑古躋字。【愙齋集古録校勘記】

◉强運開 □此篆諸家釋作隮。張德容云。按説文。𠫤。禾麥吐穗上平也。象形。又𪗉等也。是齊等之齊。當作𪗉。今多作齊。知𪗉必是籀文。以其字體緐重故無用之者耳。運開按。集韵躋或作陮。即此字之媘。石本左邊之下尚有木字。當是从棲。雖稍剥蝕。木字之形顯然可見。羅振玉作从片。似非隮字。説文所無。足部躋。登也。从足。齊聲。商書曰。予顛隮。是躋隮同字矣。又顧命。由賓階隮。毛詩。朝隮于西。南山朝隮。周禮九曰隮。皆作隮。是古本有隮字。段注謂爲俗作隮。過矣。【石鼓釋文五】

◉馬叙倫 齊侯壺作□。齊鎛作□。皆从辵。阜部。陟。登也。躋聲脂類。陟聲之隲讀若郅。亦脂類。則陟古音或如至。與躋轉注。此字失次。石鼓作□。蓋合隮嶠而一之。【説文解字六書疏證卷四】

◉商承祚 石碣田車：「遊以□于⿺辶𪗉」。《説文》𪗉：「等也」，躋：「登也」，《集韵》躋：「或作陮」，即此□字之省。辭曰「遨以□于⿺辶𪗉」，即登躋字，从阜、从片、𪗉聲。金文齊子仲姜鎛从辵作□。隮躋陮皆爲□⿺辶齊之省變，禮經則作躋或隮。《詩·蒹葭》「道阻且躋」。《書·顧命》「由賓階隮」。《易·震卦》「躋於九陵」，釋文「本又作隮」，《書·微子》「予顛隮」，《説文》引作躋，敦煌本作峚，日本唐寫本作濟，皆借字。阜、足、辵，雖所从不同，示登意則一。【石刻篆文編卷二】

◉饒宗頤 壬申卜，爭貞：父乙屰羌甲。壬申卜：爭貞：父乙弗屰羌甲。父乙屰且乙。〔父乙弗〕屰〔且乙〕。（殷綴一〇三——屯乙七四七十一一九四十二〇〇三）

按此卜躋陟廟主也。屰即「躋」字。揚桓六書統：「𡿧，古躋字」，與此同。集韻十二齊作「𦯬」，上體譌變，而下尚从冂。春秋文二年：「大事于大廟，躋僖公」。詩長發：「聖敬日躋」。又：「至於湯齊」。鄭註讀齊爲躋。公羊傳：「躋者何？升也。」爾雅釋詁：「躋、登，陞也」。此辭即謂升小乙廟主，配享于先王羌甲與祖乙，因而卜其事。【殷代貞卜人物通考】

◉戴家祥 □洹子孟姜壺 ⿺辶齊字从辵从齊，字書所無。陳頌南讀齏兩罍軒彝器圖録卷五第十四頁，方濬益謂即齊之籀文綴遺齋彝器考釋卷十二第廿一頁，孫籀公疑劑之叚字古籀餘論卷三第四十三至四十四頁，按古字以足表義者亦或更旁从辵，以辵表義者亦或更旁从足。禮記玉藻「登席不由前為躐席」，說文足部無躐字，辵部「邋，擠也。从辵，巤聲。」唐韻「良涉切」來母葉部，陸德明禮記釋文躐音「力輒反」，不但同母而且同部。同聲必然同義，其為一字明矣。緇衣「不可以踖」，釋文踖「本亦作逭」。說文辵部「逭，逃也。从辵，官聲。」足部無踖字。集韻上聲九噳遷躔同字。說文「迒獸迹也。从辵，亢聲，䟘，迒或从足从更。」亢更聲同，足辵義近，迒、䟘形聲更旁字也。集韻入聲二十二昔迹、蹟、速、蹟、跡同字，其義亦猶是也。以此例推，遭當釋躋，說文「躋，登也。从足，齊聲，商書曰：予顛躋。」今商書微子作「予顛隮。」同聲通叚，字亦同齊。集韻上平十二齊躋、隮、齊同字。爾雅釋詁下「躋、登，陞也。」

洹子孟姜壺　金文从止與从辵通，如從或作㞔，运或作㚁等。遭即遭字異體。【金文大字典下】

躍 躍

躍 躍【汗簡】

李商隱字略 同上 義雲章【古文四聲韻】

◉許　慎　躍迅也。从足。翟聲。以灼切。【說文解字卷二】

◉馬叙倫　迅也當作卂也。卂飛一字。詳卂字下。飛者足離地而起。左僖廿八年傳。距躍三百。曲踊三百。邵寶曰。躍踊者。皆絶地而起。所謂跳也。然則躍訓卂也。亦謂踊跳。詩旱麓。魚躍于淵。箋曰。魚跳躍于淵中。躍爲趯之異體。【說文解字六書疏證卷四】

跧 跧

◉許　慎　跧蹴也。一曰卑也。絭也。从足。全聲。莊緣切。【說文解字卷二】

◉馬叙倫　桂馥曰。一曰卑也者。廣雅釋言。跧。莊。匍匐也。廣韵。跧。跧伏。絭也者。本書。蹼。纙獸足也。跧蹼音義同。朱駿聲曰。絭當爲卷。倫按蹴音清紐。跧从全得聲。全音從紐。同爲舌尖前摩擦破裂音。故蹴跧轉注。一曰卑也者。卑以旁紐雙聲借爲勹。勹即匍匐之初文。詳勹字下。故廣雅訓匍匐也。九篇。庳。中伏舍。伏爲勹之後起字。十四篇。輇。蕃車下庳輪也。蓋輇字義。一曰絭也者。朱謂絭當爲卷。九篇。卷。厀曲也。蓋借爲卷。一曰卑也六字皆校語。絭也二字爲校語尤明。【說文解字六書疏證卷四】

蹴 蹴

◉許　愼　蹴躡也。从足。就聲。七宿切。【説文解字卷二】

◉馬叙倫　沈濤曰。一切經音義十一引蹴。蹋也。以足逆蹋之曰蹴。蓋古本作蹋。下七字乃注中語。躡蹋義雖相近。觀以足蹋之訓。則自當作蹋。不當作躡。蹴蹋雙聲字。其十二引亦作蹴蹋。廣雅釋詁。蹴。蹋也。正本許書。丁福保曰。慧琳音義五十一引作蹋也。玉篇亦云。蹴。蹋也。韵會引小徐本作躡也。蹋也。逐也。是古本原有三訓。倫按躡蹋聲同談類轉注字也。則作躡與作蹋皆可。蹋者。𡳾之本字。𡳾訓蹈也。躡亦訓蹈也。躡與蹴篆相次。則作躡也當爲原文。史記燕世家。蹴之以足。史記淮陰矦傳。張良陳平躡漢王足。亦可證。以躡訓蹴。未爲譌也。玄應引者蓋字林訓。【説文解字六書疏證卷四】

躡 躡

躡【漢印文字徵】

◉許　愼　躡蹈也。从足。聶聲。尼輒切。【説文解字卷二】

◉馬叙倫　沈濤曰。文選藉田賦注。躡。追也。蓋古本一曰以下之奪文。倫按十篇。馸。馬步疾也。方言十二。躡。急也。是方言借躡爲馸。追與馬步疾義近。疑一曰追也爲馸字義。馸躡雙聲。此校者加之。或字林訓。【説文解字六書疏證卷四】

跨 跨

跨古老子　跨籀韻【古文四聲韻】

◉許　愼　跨渡也。从足。夸聲。苦化切。【説文解字卷二】

◉馬叙倫　段玉裁曰。五經文字云。説文作跨。經典相承作跨。又云。説文。胯。隷省作胯。此實不然。説文無夸字。又無胯胯二字。按蹴蹋躡蹈跡躔踐七字一氣銜接。不當中絶以跨。疑許書本無跨字。鈕樹玉曰。跨無可疑。可疑者乃跨字。五經文字誤引他書耳。嚴章福曰。説文。夸。从亏。夸聲之字亦皆作夸。豈皆後人所改。此上下文一氣銜接。不當雜出跨篆而訓渡也。疑舊本跨爲午重文。校者移此耳。王筠曰。五經文字引跨字作跨。以跨爲經典相承。案午。跨步也。即以重文爲説解。加大爲夸。再加足則爲跨矣。張氏所説與説文例合。集韵四十禡以跨爲跨之或體。倫按王説於理極成。然本書無夸字。而有夸字。無从夸之字。而有从夸之字。豈夸字本作夸。傳寫譌爲夸耶。段以字次疑本書本無跨字。倫謂以渡訓跨。

雖於語原無背。而跨爲㐄之後起字。㐄下訓步而不訓渡。是亦可疑也。惟玄應音義七及十五並引字林。跨。踞也。十五又引説文。渡也。則玄應所見本已然。蓋此字出字林。張參所見字林而題爲説文者字或作跨耳。廣雅釋詁。跨。渡也。詩及爾雅釋詁釋文引倉頡。跨。兩股間也。跨蓋胯傳寫之譌。胯又傳寫者以今字易之。本作夸也。【説文解字六書疏證卷四】

◉郭沫若　㞷字舊多釋失，讀為泆，刻本多竟改變其字形。今三本均作𡳾，與失字不類。石鼓文有一字从此作，奉敕石「趍趍奔馬，射之𤛛𤛛，迂□如虎，獸鹿如□。」字从矢㞷聲，與馬虎為韻，聲當在魚部，舊未能識。今詛文此字與淫字連文，其義必惡。準此聲與義，更參就其形以求之，余以為乃从止𡗜省聲之字，蓋夸之異文，亦即跨之古字。夸从大象形，象兩脚作大步。㞷从止象意，止在古為脚之象形文。㞷既為夸之異，在此當讀為誇。「淫誇甚亂」，意正相適。【詛楚文　郭沫若全集考古編】

蹋 蹋

◉許　慎　蹋踐也。从足。𦐇聲。徒盍切。【説文解字卷二】

◉馬叙倫　蹋躡同爲舌尖前音。亦疊韻也。轉注字。【説文解字六書疏證卷四】

踄 踄

◉許　慎　踄蹈也。从足。步聲。旁各切。又音步。【説文解字卷二】

◉馬叙倫　踄音旁各切。又音步。則步之俗字耳。徐灝謂步踄古今字。是也。不然。則是䟐之後起字。又疑此字出字林。【説文解字六書疏證卷四】

蹈 蹈

蹈 籀韻【古文四聲韻】

◉許　慎　蹈踐也。从足。舀聲。徒到切。【説文解字卷二】

◉馬叙倫　沈濤曰。華嚴經音義十五又六十八引作蹋也。蹋踐義同。一切經音義六引同今本。蓋玄應慧苑所據本不同。【説文解字六書疏證卷四】

◉許　慎　躔踐也。从足。廛聲。直連切。【説文解字卷二】

◉馬叙倫　躔音澄紐。蹋蹈音皆定紐。同爲破裂濁音。轉注字也。【説文解字六書疏證卷四】

踐 封六八 【睡虎地秦簡文字編】

石經僖公　盟于踐土 【石刻篆文編】

踐 踐 踐 【汗簡】

天臺經幢　説文　王庶子碑 【古文四聲韻】

◉許　慎　踐履也。从足。戔聲。慈衍切。【説文解字卷二】

◉馬叙倫　躔踐聲同元類轉注字也。履也疑非本訓。【説文解字六書疏證卷四】

◉嚴一萍　商氏釋戔，讀作過。甲骨有字，與此同，羅振玉釋後，同踐。論語：「不踐迹」，孔注：「踐，循也」。【楚繒書新考　中國文字第二十六册】

◉李　零　四踐，踐與躔音義相通，《説文》：「躔，踐也。」指四時星辰的躔度，即下篇所説「天踐」和「天步」。三時，《國語・周語上》：「三時務農而一時講武。」韋昭注：「三時，春夏秋。」這段話殘缺的字比較多，内容不大清楚，意思可能是説，凡歲若逢上天施德降罰，如行某事，邦國便會有妖異之行，草木的蕃息生長，民人的操持農事，便會違反四時星辰的躔度，致使春、夏、秋三個農事季節出現妖異之祥。【長沙子彈庫戰國楚帛書研究】

◉許　慎　踵追也。从足。重聲。一曰往來皃。之隴切。【説文解字卷二】

◉馬叙倫　沈濤曰。一切經音義四引作相迹也。亦追也。往來之皃也。蓋古本以相迹爲正解。當作一曰追也。一曰往來之皃也。廣雅釋詁亦云。踵。迹也。正本許書。桂馥曰。一曰往來皃者。易咸卦。憧憧往來。亦當作踵字。倫按踵爲歱之異文。亦跟之轉注字。此訓追也者。偅字之義。彳部。偅。相迹也。追者。由後及前。是追與相迹實一義也。一曰往來皃者。張楚謂追逐之際來往無常。即追字之引申義。倫謂今杭縣謂相迹曰跟來跟去。跟來跟去即往來皃。是與相迹義不異也。然此

是校語。此字失次。字見急就篇。【説文解字六書疏證卷四】

踔 踔

踔 籀韻 【古文四聲韻】

◉許　慎　踔踶也。从足。卓聲。知教切。【説文解字卷二】

◉馬叙倫　王筠曰。以下五字似當與趹蹄類聚。倫按踔音知紐。蹛音端紐。同爲破裂清音。轉注字也。踶从是得聲。是音禪紐。知禪同爲舌面前音。故踔踶爲轉注字。文選羽獵賦注引三蒼。踔。踰也。丑孝切。【説文解字六書疏證卷四】

蹛 蹛

◉許　慎　蹛踶也。从足。帶聲。當蓋切。【説文解字卷二】

◉馬叙倫　段玉裁曰。玄應曰。蹛。三蒼音帝。郭訓古文奇字以爲古文逝字。倫按蹛音端紐。踶音定紐。同爲舌尖前破裂音。轉注字也。【説文解字六書疏證卷四】

蹩 蹩

◉許　慎　蹩踶也。从足。敝聲。一曰跛也。蒲結切。【説文解字卷二】

◉馬叙倫　張楚曰。一曰跛也乃壁字義。壁下曰。人不能行也。與跛也意合。倫按張説是也。蹩壁雙聲。此校語。蹛音端紐。蹩从敝得聲。敝音封紐。封端皆破裂清音。又蹩蹛疊韻。故蹛轉注爲蹩。【説文解字六書疏證卷四】

踶 踶

踶 踶忠臣印 【漢印文字徵】

◉許　慎　踶躗也。从足。是聲。特計切。【説文解字卷二】

◉馬叙倫　莊子馬蹄。怒則分背相踶。韓非説林。伯樂教二人相踶馬。一人舉踶馬。其一人從後而循之。三撫其尻。而馬不踶。蓋踶是以足反蹋。故玉篇亦訓蹋也。此今人謂跌球之跌本字。踶从是得聲。是音禪紐。踔音知紐。同爲舌面前音轉注字也。【説文解字六書疏證卷四】

躛 躛

◉許　愼　躛衞也。从足。衞聲。于歲切。【説文解字卷二】

◉馬叙倫　王筠曰。躛爲衛之重文。衛也者。當作踶也。或作衛也。牛部。衛。牛踶衛也。以衛説躛。即以重文爲其訓釋也。倫按躛蹛聲同脂類。轉注字也。【説文解字六書疏證卷四】

𨇨 𨇨

◉許　愼　𨇨𨇨足也。从足。執聲。徒叶切。【説文解字卷二】

◉葉玉森　□□　上一字予釋𨇨。象械其趾。下一字則象縶其首。兩文在一版上未知是同字否。卜辭又有□甲骨文字一第二十八葉之二字。乃□之繁文。【殷虚書契前編集釋卷五】

◉馬叙倫　桂馥曰。𨇨足也當作縶足也。昭二十年穀梁傳。輒者何。兩足不能相過。齊謂之綦。楚謂之踂。衞謂之輒。釋文云。輒音近縶。左氏作縶。劉兆云。縶如見縶絆也。段玉裁曰。𨇨即蹀字。文帝紀。新喋血京師。服虔曰。喋音蹀屣履之蹀。司馬貞引廣雅。蹀。履也。倫按十篇。馽。絆馬也。从馬。○其足。讀若輒縶。馽。或从系。執聲。然則馽縶乃馽字義。此篆次躛下𧿹上。義當相近。倫謂𨇨字是隸書複舉字。足上盖有捝字。如穀梁説。亦爲兩足不能相過而非縶其兩足也。或𨇨即方言楚謂之踂之踂本字。【説文解字六書疏證卷四】

𧿹 𧿹

◉許　愼　𧿹封也。从足。氏聲。承旨切。【説文解字卷二】

◉馬叙倫　章炳麟曰。蹢。逗足也。舒作齒音。變易爲𧿹。倫按見趨下矣。𧿹音禪紐。蹢音澄紐。同爲舌面前音。轉注字。封也非本訓。或此字出字林。【説文解字六書疏證卷四】

蹢 蹢

◉許　愼　蹢住足也。从足。適省聲。或曰蹢躅。賈侍中説。足垢也。直隻切。【説文解字卷二】

◉馬叙倫　沈濤曰。文選別賦古詩十九首注。引作蹢躅。住足也。是古本有躅字。許書之例。以篆文連注讀。淺人删之。又妄增或曰蹢躅四字。王紹蘭曰。稱或曰。重言蹢躅以起賈侍中説也。垢當爲跔。形聲皆近而誤也。跔字解曰。天寒足跔。逸周書。太子晉解。師曠束躅其足。太子曰。太師何舉足驟。師曠曰。天寒足跔。是以數也。曰驟曰數，是束躅其足爲天寒足跔之皃。與蹢躅同意。故賈侍中即本周書説蹢躅爲足跔也。翟云升曰。啻聲。文選陸士衡招隱詩注古詩十九首注並引蹢躅作躑躅。王筠曰。住足也一義。蹢躅又一義。選注引作蹢躅住足也爲一義。非也。丁福保曰。慧琳音義四十引作从足。

商聲。倫按蹢躅非連緜詞。雙聲轉注字也。然古書亦連緜用之。禮記三年問。蹢躅焉。鄭氏無注。釋文。不行也。是蹢躅之本義爲住足。荀子禮論作躑躅。注曰。躑躅。以足擊地也。楊說與周書合。苟以躑躅連緜爲詞而借爲跔。周書則借躅爲跔也。蜀句聲皆侯類。通借。故賈侍中說爲跔足。或曰四字校者注異本也。賈侍中說亦校者加。蓋此明是逵說經中蹢字當訓足跔也。【說文解字六書疏證卷四】

躅　踤

●許　慎　蹢躅也。从足。蜀聲。直録切。【說文解字卷二】

●許　慎　觸也。从足。卒聲。一曰駭也。一曰蒼踤。昨没切。【說文解字卷二】

●馬叙倫　嚴可均曰。六書故卅一引作倉踤。桂馥曰。一曰蒼踤者。本書。趀。倉卒也。朱駿聲曰。一曰駭也者。借爲啐。張楚曰。暴出逐人。即有倉卒義。犬暴出逐人於人爲不意。必致驚駭。故又有駭義。倫按觸也疑即猝下犬從艸中暴出逐人之義。非此本訓。或觸爲躅之譌。躅字涉上文而譌衍。轉捝本訓耳。漢書司馬相如傳注。踤。足蹴也。踤爲蹴跧之同舌尖前破裂音轉注字。一曰駭也。一曰蒼踤。皆校語。【說文解字六書疏證卷四】

蹷

古老子【古文四聲韻】

●許　慎　僵也。从足。厥聲。一曰跳也。亦讀若橜。居月切。蹷或从闕。【說文解字卷二】

●馬叙倫　徐鍇曰。呂氏春秋曰。蹷痿之機。此仆也。又曰。孤猿聞而蹷往遇之。則跳也。倫按呂氏春秋盡數。處足則爲痿爲蹷。素問六節象藏論。凝於足者爲厥。注。厥爲足逆冷也。此即僵義也。左昭廿三年傳。斷其後之木而弗殊。邾師過之。乃推而蹷之。推而蹷之謂推而僵之也。莊子則陽。至齊見辜人焉。推而僵之。正其例也。一曰跳也者。跳當爲趒。走部。趒。雀行也。禮記。子夏蹷然而起。莊子在宥。廣成子蹷然而起。皆趒義也。然字當作趣。走部。趣。蹠也。此下文曰。蹠。楚人謂跳躍曰蹠。方言一曰。踏踊跳。跳也。楚曰蹠。陳鄭之閒曰踊。楚曰蹠。自關而西秦晉之閒曰跳。或曰踏。方言之跳亦當作趒。此下文跳下蹈下之跳。亦當爲趒。皆雀行義。蓋以僵義之蹷。蹠義之趣。同从厥得聲。而跳趒今音與其形皆近。故校者蹷下附此一曰之訓耳。或跳也謂蹷。當訓下文跳蹷也之跳。又此字止一讀若。而說解曰。亦讀若橜。疑羡一字。或一曰跳也本作讀若跳。傳寫誤奪。校者改之耳。然一曰以下校語。

𨇨 宋保曰。闕聲。倫按厥闕皆从欮得聲。【說文解字六書疏證卷四】

跳 𨁈

◉許　慎　𨁈蹶也。从足。兆聲。一曰躍也。徒遼切。【說文解字卷二】

◉馬叙倫　王筠曰。一曰躍也似是校者之語。謂蹷也一本作躍也。跳蹷也承蹷一曰跳也。則與躍非異義。文選注引躍也。不引蹷也。似躍也爲本文。好奇者改爲蹷也。校者兼存之。倫按蹶跳轉注。篆當作𨁈。从足。𠂢聲。𠂢巛形近。因誤爲跳矣。頁部頫字亦从𠂢得聲。今誤从兆聲。與此正同。轉注字必以聲轉。聲轉又先近者。故正轉爲先。旁轉爲次。次旁轉又其次矣。今檢𠂢厥聲同脂類。又同爲破裂清音。是正轉也。走部。趦。僵也。从走。音聲。讀若匐。匐音並紐。則趦亦跳之同破裂濁音轉注字。蹶以雙聲轉注爲僵。人部。僵。偃也。又以同破裂清音轉注爲偃。人部。偃。僵也。跳又以旁紐雙聲轉爲仆。人部。仆。頓也。頁部。頓。下首也。人立則首仰上。偃仆則首下矣。故以頓訓仆也。又轉爲僨。人部。僨。僵也。尚書大傳。禹其跳。其跳者踦也。注曰。踦。步足不能相過也。今杭縣謂足筋轉戾不能步曰別。即此跳字。禹其跳。禹足跳不能相過。故帝王世紀謂世傳禹病偏枯。足不相過。至今巫稱禹步。是也。今杭縣謂人仆曰別的跌倒了。別亦謂跳也。由此轉相證明。知跳當从𠂢。不从巛矣。一曰躍也者。晉書音義引字林。跳。躍也。大幺反。蓋由𨁈誤爲跳。古或因以爲趒字。呂忱加之耳。【說文解字六書疏證卷四】

䟴 𨂐

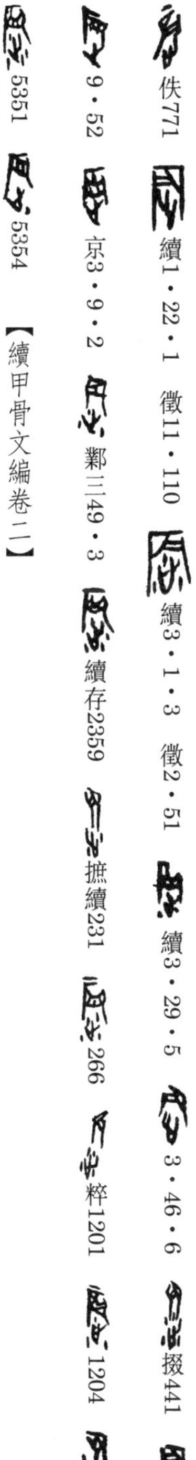

佚771　續1·22·1　徵11·110　續3·1·3　徵2·51　續3·29·5　3·46·6　掇441　徵4·51

9·52　京3·9·2　鄴三49·3　續存2359　摭續231　266　粹1201　1204　新4406

5351　5354【續甲骨文編卷二】

◉許　慎　𨂐動也。从足。辰聲。側鄰切。【說文解字卷二】

◉葉玉森　从止从辰或古䟴字。說文解字足部。䟴。動也。从足辰聲。曰師不䟴即言師不動。曰其䟴即言其動。ㄣ外之小點象塵上形。足動則塵揚也。金文旂鼎之辰作[glyph]。下似从止。辰即古文振字。故叚㫳爲辰。又敦文亦有[glyph]字。與卜辭同。【殷虛

書契前編集釋卷二】

◉馬叙倫　女部。娠。女妊身動也。娠動亦以聲爲訓。此亦然也。踬次跳下。疑其本義亦蹶也。動也非本訓。辰厥聲同脂類。踬音照二。蹠音照三。踬从辰得聲。辰音禪紐。禪與照三同爲舌面前音。則踬蹠爲轉注字也。【説文解字六書疏證卷四】

◉屈萬里　□　按此字釋辱，非是。隸定作㞩，乃沿後世訛變之體，而未合契文之本形。釋作踬者是矣，而就原始字形言之，其不合與隸定作㞩者同（説詳下）。以爲古辰字，可謂偶合而實不如郭氏所説。至訓其義爲行動之動，則與卜辭語意不協。謂讀作震者甚是，惜乎諸家又未暢其説也。

按十二辰之辰字，在第一期卜辭中通作□。郭沫若甲骨文字研究釋支干篇云：「（辰）字於骨文變形頗多……，又其一呈磬折形作□若□。……其作磬折形者，則爲石器。本章綱目言：『南方藤州，墾田以石爲刀』。此事古人習用之，世界各民族之古代均如是。近年於直隸北部，亦有石鋤出土矣。」按郭氏之説甚諦。□爲石字，□象兩手前推，合爲雙手推石之義。字又作□鐵一四五・一形，厥誼尤顯。此當是最早之耨字，而借爲干支字也。其字隸定之應作□形，實即辰字上半之丘。□□同（詳下），而□又隸定作止。以丘加止，應爲㞩形。稍變則成□形（漢碑辰字通作□，辛李君造橋碑作□，□、止殆即止之變），又變遂成辰形。是□實即辰字，在初原非十二丘之丘。旂鼎之□字，乃假辰爲丘，非十二丘之正字也。謂□與□同者，卜辭有習見之人名曰沚戓者，沚字作□前六・二五・六・□前五・二三・二・□前七・一八・四・□戬四五・一二等形，諸家隸定作沚，以小點爲水，當否姑不具論。而其字有省小點但作□者（見殷虛文字乙編三七九五），亦猶土之通體作□，而又作□前・六・六一・五，□後・下・三八・三・□鐵二三六・四等形也。則□下所从之□，隸定作止，自無不可。卜辭以□爲足，則以□爲足字，亦無不可。獨是書作㞩若踬，則猶然之作燃、奉之作捧，皆後世昧其初誼，遂致畫蛇添足耳。惟後世既以辰爲丘，則書□作㞩若踬，勉從流俗，俾不致爲世人所駭怪，亦無不可。本文仍作踬者即爲此故。然溯其古初，則不應不知丘辰之辨耳。

白虎通德論（五行篇）及説文（辰部）並云：「辰，震也」。此雖以訓十二丘之丘，然實亦㠯亡踬之踬之本誼。甲骨文未見震字，踬、震同聲（説文足部：「踬，从足，辰聲」。又雨部：「震，从雨，辰聲」），義固相通。震者，驚也，警也，亦騷動也。詩大雅常武：「震驚徐方，如雷如霆，徐方震驚」。謂徐方因周軍至而驚懼也。魯頌閟宫：「保彼東方，魯邦是常。不虧不崩，不震不騰」。箋云：「震、騰，皆謂僭踰相侵犯」。詩意謂魯邦安燕而無警也。易未濟九四爻辭：「震，用伐鬼方」。言因有鬼方之警，而往伐之也。凡此皆驚懼警動之義。尚書盤庚：「爾謂朕，曷震動萬民以遷！」逸周書作雒篇：「又作師旅，臨衛政（征）殷，殷大震，潰降」。春秋昭公十八年左傳：鄭之未災也，里析告子産曰：「將有大祥，民震動，國幾亡」。凡此皆騷動之義。而騷動之與驚懼警動，義實相因。蓋驚懼者率致騷動也。甲骨文𠂤不踬之踬，當爲警動之義。或讀爲振，釋作振旅，亦非是。蓋振旅一辭，不能但言振。即使能爾，而諸辭以振旅之義説之，亦多不能通。彼「丝邑亡踬」及「叉邑今夕弗踬」諸語，尤爲費解。況卜辭中自有振旅之語，殷虚書契續編卷三第二十三葉第七片辭云：「丁丑，王卜貞，其[glyph][glyph]，征徙於盂，往來亡𡆥？」[glyph][glyph]，即後世所習用之振旅。以此證之，益見𠂤不踬之踬非振旅之義矣。【𠂤不踬解 歷史語言研究所集刊第十三本】

◉姚孝遂 甲骨文[glyph]字或作[glyph]，繁體作[glyph]，隸定作𡉈、遉，即踬、震、振之初形，後以用各有當，遂致分化。

卜辭習見「𠂤不𡉈」或「今夕𠂤不𡉈」，乃占問師旅是否有警，或稱「丝邑亡[glyph]」（續三・一・三合集一七三六〇正）、「丝邑其㞢[glyph]」（拾四・九合集一七三六一）、「邑人[glyph]」（乙三〇九三），乃占問其邑或邑人是否有警。猶書舜典言「震驚朕師」，史記「震」作「振」。

[glyph]形僅一見，簠斿五一、續三・二三・七、佚九七一、合集三六四二六係同片，辭云：「其遉旅」，郭沫若讀爲「振旅」，是正確的。晚期卜辭每增形符爲繁體，由象形或會意轉爲形聲，此古文字發展之必然規律，猶𡉈之或增犭作狴。粹一二〇七「我多臣不𡉈」，郭沫若讀𡉈爲震，原拓本漫漶不清，𡉈下猶存殘畫，似當从止。

要之，字形之發展過程爲[glyph]→[glyph]→[glyph]，卜辭或讀爲震，或讀爲振，而踬、震、振諸字均由此孳乳分化而來。屈萬里釋「𠂤不踬」之義甚當，但謂踬假作震，則未免迂曲。

某些科技文獻以此爲商代有關地震之記載，不可信。【甲骨文字詁林】

◉戴家祥 [glyph]字从止从辰，亦見卜辭，其文每云「其𡉈」「亡𡉈」「𠂤不𡉈」，殆即踬之異文。説文十四篇「辰，震也」。辰爲蜃之初文，字本象形。加旁作蜃，變爲形聲，字亦作蠯，蠯爲大蛤，摩令利之，用爲農具。三月，陽氣動，雷電震，正摩蜃備耕之時，故云辰，震也。古字偏旁从止表義者，亦或更旁从足。説文二篇止部「歫，止也。从止，巨聲」。一切經音義九「距，古文詎歫二形」。漢書・楊雄傳「歫連卷」。顔師古集注「歫，即距字也」。許云：「躄，人不能行也。从止，辟聲」。禮記・王制「瘖、聾、跛、躄」。釋文「躄，兩足不能行也」。更旁从足。集韻入聲二十二昔躄躃同字。許又云：「歱，跟也。从止，重聲。足部『踵，追也。从足，重聲。』」金文毛公鼎作歱，从止，童聲。一切經音義十二「古文踵，今作歱同」。説文足部「跟，足踵也，从足，艮聲。垠，或从止」。是皆止足更旁之證。説文「踬，動也，从足，辰聲」。踬蜃皆辰之表義加旁字。

人類在生産勞動與生活活動有時用手，有時用足，有時手足並用，有時手足交替使用，故文字之創造以足表義者，亦或更旁从手。説文十二篇手部「擘，从手，辟聲」。孝經・喪親章「擗踊哭泣」。釋文「擗，本作躃」。據本从手，豦聲。文選答賓戲「超忽

躇

荒而躆昊蒼也」。李善注「躆，與據同」。論語·子張「其不可者拒之」，漢石經及皇侃論語義疏拒皆作距。以此例推，知䟴振本一語也，作振者，表義更旁字也。禮記·月令孟春之月「蟄蟲始振」。鄭玄云：「振，動也」。廣雅·釋詁一「振，動也」，玉篇六十六手部「振，動也」，音「之仁切」，照母真部，又音「之刃切」，照母文部。七十七足部「䟴，動也」，「之仁切」，又音「之刃切」。不但聲同韻同而且義同，其爲一字蓋昭昭然。

卜辭又有字殷契佚存九七一，从辵，从晨，晨即説文三篇臼部晨字。秋官赤犮氏「以蜃炭攻之」，鄭玄云：「故書蜃爲晨。鄭司農云，晨當爲唇，書亦或爲蜃」。晨蜄聲同。从辵與从足同義，説文迹，古文作遺，或體作蹟，从足。迒，从辵，亢聲，或體作䟘，从足，㪅聲。齊侯壺、齊子仲姜鎛躋作⿺辶齊，更旁从辵。以是知⿰足晨亦䟴之形聲更旁字也。

通觀字書雅故，凡字之以辰注音者，無不訓動。説文十一篇雨部「震，礔歷振物者，从雨，辰聲。春秋傳曰：震夷伯之廟」。事在春秋僖公十五年，言魯大夫展氏之祖廟爲雷電擊中也。凡雷電相擊必有礔歷之聲，被擊者必受震動，此自然之象也。僖公九年公羊傳云「桓公震而矜之，叛者九國。震之者何？猶曰振振然。」又文公九年「九月癸酉，地震。地震者何？動地也。」震義爲動，故字亦同振。尚書·舜典「震驚朕師」，史記·五帝本紀作「振驚朕衆」。夏書·禹貢「震澤底定」，史記·夏本紀作「震澤致定」，司馬貞索隱云「震，一作振」。周頌·時邁「薄言震之」，韓詩作「薄言振之」。漢書敘傳「電擊雷震」，顔師古集注震音「之人反」，照母真部。同聲而又同義，知震即振之表義更旁字也。

古謂婦人胎動亦曰震，大雅·生民「載震載夙，載生載育」。毛傳「震，動」。釋文震音「真慎反」，照母真部。左傳昭公元年「當武王邑姜方震大叔」。杜預云：「震，懷胎也」。釋文「震，本又作娠。之慎反，音申，懷妊也」。又哀公元年「后緡方娠」。釋文「娠音震，又音身。説文十二篇女部「娠，女身動也。从女，辰聲」。震娠不但聲同、韻同，而且義同，知娠即震之表義更旁字也。明乎聲同義同之至理，與夫加旁更旁之義例，庶幾卜辭金文之不能强合于説文者，未始不可以得其確詁也。【金文大字典下】

◉許慎 峙躇不前也。从足。屠聲。直魚切。【説文解字卷二】

◉馬叙倫 鈕樹玉曰。繫傳峙作跱。非。説文無跱。一切經音義廿引。躊躇。猶豫也。誤。説文無躊躇。倫按峙下曰。躇也。則此本訓峙也。峙躇不前也蓋字林義。傳寫轉删本訓。玄應所引亦校語。失次。又疑此字出字林。【説文解字六書疏證卷四】

𨁨 𨁨

蹠 蹠

𨃰 𨃰

䠛 䠛

趿 趿

◉許　慎　𨁨跳也。从足。弗聲。敷勿切。【說文解字卷二】

◉馬叙倫　跳當爲越。然依本書類列及聲類求之。𨁨當爲跳之轉注字。依方言則爲越義。𨁨音敷紐。蹠从庶得聲。庶音審紐。敷審同爲摩擦次清音。轉注字也。【說文解字六書疏證卷四】

◉許　慎　蹠楚人謂跳躍曰蹠。从足。庶聲。之石切。【說文解字卷二】

◉馬叙倫　丁福保曰。慧琳音義七十九引作行也。今二徐本無此訓。慧琳先引楚辭。踐也。廣雅。履也。與行義皆相近。二徐本語見方言。爲別一義。倫按如慧琳引。行也當在楚人謂跳躍曰蹠上。楚人七字校語也。然行上疑仍有奪字。跳當作越。玄應一切經音義引倉頡。蹠。躡也。文選高唐賦注引許淮南注。蹠。蹈也。【說文解字六書疏證卷四】

◉許　慎　𨃰趿也。从足。荅聲。他合切。【說文解字卷二】

◉馬叙倫　鈕樹玉曰。繫傳作馭也。馭疑駁之譌。段玉裁曰。趿當作跳。方言。𨃰。跳也。自關而西秦晉之閒曰跳。或曰𨃰。倫按𨃰趿聲同談類轉注字。【說文解字六書疏證卷四】

◉許　慎　䠛跳也。从足。䍃聲。余招切。【說文解字卷二】

◉馬叙倫　𨁨蹠䠛皆越趯之轉注字。䠛趯音同喻四。𨁨音敷紐。蹠从庶得聲。庶音審紐。敷審喻四皆摩擦次清音也。【說文解字六書疏證卷四】

郭昭卿字指【古文四聲韻】

◉許　慎　趿進足有所擷取也。从足。及聲。爾雅曰。趿謂之擷。穌合切。【說文解字卷二】

◉馬叙倫　爾雅釋器。扱衽謂之襭。此言趿謂之擷不可通。益證凡引爾雅皆校者加之。邵晉涵謂許所見異本。蓋未詳此也。然進足七字亦校語。本訓捝矣。此字或出字林。【說文解字六書疏證卷四】

䟴

◉許　慎　䟴步行獵跋也。从足。貝聲。博蓋切。【説文解字卷二】

◉馬叙倫　桂馥曰。集韵引獵作躐。翟云升曰。一切經音義十五引作步也。倫按𨑓之異文也。然此捝本訓。存校語耳。鍇本獵作躐。本書無躐。尤可證也。或此字出字林。【説文解字六書疏證卷四】

◉馬叙倫　䟴敔　舊作貞敔。

倫按舊釋貞從王伐梁。孚。用作饙敔。孫詒讓釋□爲𨑓。孚爲俘省。倫謂□從二止貝聲。即説文之䟴字。䟴爲癶之轉注字。癶爲今浙江言跁起來之跁本字。説文有䟴有𨑓。實一字也。【讀金器刻詞卷下】

躓

◉許　慎　躓跲也。从足。質聲。詩曰。載躓其尾。陟利切。【説文解字卷二】

◉馬叙倫　沈濤曰。文選謝靈運還舊園作詩注引。躓。跌也。跌即跲字。傳寫之譌。非古本如是。王鳴盛曰。今毛詩。狼跋作載疐其尾。叀部。疐字注。礙不行也。則似與躓近而音亦同。故陸德明云。疐與躓同。迮鶴壽曰。禮記大學注。懥。或作懫。爾雅釋言曰。疐。跲也。則躓與疐似同字同義。許於疐字注又引詩曰。載疐其尾。而跲與礙義亦不相遠。當是一字。倫按躓蓋疐之雙聲轉注字。猶嚔嚏之轉注矣。然字疑出字林。【説文解字六書疏證卷四】

跲

◉許　慎　跲躓也。从足。合聲。居怯切。【説文解字卷二】

◉馬叙倫　陳瑑曰。躓跲蓋轉注字。倫按陳説是也。躓音知紐。跲音見紐。同爲破裂清音。跲跇亦轉注字。聲同談類。【説文解字六書疏證卷四】

跇

蹎見古詩【汗簡】

汗簡【古文四聲韻】

◉許　慎　跇述也。从足。世聲。丑例切。【説文解字卷二】

◉馬叙倫　王筠曰。述當作迷。迷。前頓也。與上跆下蹎同義。倫按跇爲迣之異文。蕭該漢書音義引字林。跇。述也。弋世反。則此字出字林也。迷也者。古借跇爲躓。同舌面前破裂音也。【説文解字六書疏證卷四】

蹎

◉許　慎　蹎跋也。从足。真聲。都年切。【説文解字卷二】

◉馬叙倫　沈濤曰。一切經音義十四引。跋也作蹷也。説文無蹷字。而繫傳有之。訓爲蹎。蹷疑即跋之重文。大徐誤奪。小徐誤分耳。音義廿二引。蹎。走頓也。則係走部趚字之解。倫按趚蹎一字。王筠謂蹎跋即顛沛。蹎音端紐。躓音知紐。跆音見紐。皆破裂清音轉注字。然倫謂此字蓋出字林。【説文解字六書疏證卷四】

跋

◉許　慎　跋蹎跋也。从足。犮聲。北末切。【説文解字卷二】

◉馬叙倫　沈濤曰。詩狼跋正義引無跋字。蓋古本如是。跋。蹎也。蹎。跋也。正許書互訓之例。今本衍跋字。鈕樹玉曰。韵會引作蹷行皃。繫傳此字本作蹷。蹎蹷也。从足。發聲。韵會引亦同。後有跋字在路下蹸上。注同解字。據韵會所引。則繫傳跋注又經後人改。蓋後人習見蹎跋字皆用跋。故去蹷字而移蹷注於跋下耳。王筠曰。蓋大小徐本自不同也。今小徐本路下又出跋篆。恐係校者所補。翟云升曰。蹷跋之異文。後人以爲説文字羼入繫傳。而並以蹎跋蹎蹷别之。誤也。徐灝曰。跋从犮聲。犬部曰。犮。犬走皃。从犬而丿之。曳其足則剌犮也。然則犮跋同義。相承增偏傍。倫按或跋蹷爲一正一重。傳寫捝失一篆。校者互勘。遂成二本耶。又疑跋蹷二字皆非許書原有。皆字林中字。字林附於許書者。即偁説文。故陸德明孔穎達等皆引之也。韵會引與玉篇訓同。而與此絶異。玉篇本字林。則字林固有二訓也。唐人有知其爲字林訓。故一本删跋也一訓。一本删蹷行皃一訓。【説文解字六書疏證卷四】

蹐 蹐

◉許 慎 蹐小步也。从足。脊聲。詩曰。不敢不蹐。資昔切。【説文解字卷二】

◉馬叙倫 鈕樹玉曰。趚下引詩不敢不趚。不應又引作蹐。疑後人因今詩增。詩正月釋文雖引説文。蹐。小步。但止釋蹐字。未必蹐下引詩也。玉篇。趚下引詩。蹐不引詩。沈濤曰。玉篇云。今作蹐。希馮蓋據許書爲説。今作云云者。謂當時毛詩本不作蹐字。則此引乃後人妄加。承培元曰。走部趚下引詩作不敢不趚。三家詩之異文也。陳瑑曰。疒部瘠之重文作𤸁。脊朿音近。可互通也。倫按引經皆先後校者加之。故有異文。此字失次。【説文解字六書疏證卷四】

跌 跌

◉許 慎 跌踼也。从足。失聲。一曰越也。徒結切。【説文解字卷二】

◉馬叙倫 通俗文曰。失躡曰跌。漢書鼂錯傳。跌而不振。服虔曰。蹉跌不可復起。楊雄傳。不知一跌將赤吾之族也。顔師古曰。跌。足失厝也。今杭縣謂失足仆地曰跌一脚。正與通俗文説同。是跌之義爲失足。廣雅。跌踼。行失正也。正或爲足之譌字。然失正亦謂失足也。玄應一切經音義引字林。跌。失蹠也。一曰越也者。校語。張楚曰。疑即軼字義。本書。軼。車相出也。與踰越義合。今猶稱車出軌爲越軌也。【説文解字六書疏證卷四】

踼 踼

◉許 慎 踼跌踼也。从足。昜聲。一曰搶也。徒郎切。【説文解字卷二】

◉馬叙倫 鈕樹玉曰。説文無搶。當是槍。桂馥曰。當作蹌。王筠曰。聲類。踼。跌也。足知二字轉注。又以雙聲而用爲連語。故本字及跌字下各見一義也。倫按踼字衍。踼爲跌之雙聲轉注字。古書言跌。踼即跌也。一曰搶也者。張楚曰。乃掠字義。本書。掠。奪取也。與搶同意。掠踼聲同陽類。本書無搶字。庾闡揚都賦。舟子搶风。是搶有掠奪之意。集韻韻會皆有爭取一義。或即本之説文。今本失搶篆耳。倫謂桂馥謂搶當作蹌。段玉裁謂當作槍。木部。槍。歫也。止部。歫。槍也。踼與堂音近。堂。歫也。亦均可通也。然此校語。玄應一切經音義引倉頡有踼突。又引。踼。馳驅也。亦失跡也。

【説文解字六書疏證卷四】

蹲 蹲

◉許 慎 蹲踞也。从足。尊聲。徂尊切。【説文解字卷二】

◉馬叙倫 王筠曰。踞也當作居也。朱駿聲曰。與竣同字。倫按山海經南山經。箕尾之山。其尾踆于東海。郭注。踆。古蹲字。莊子釋文引字林。踆。古蹲字。禮記曲禮。夔拜。釋文盧本作蹲。徐鼒引公羊僖卅三年傳何注。介胄不拜。爲其拜如蹲。謂夎即蹲之俗字。倫謂夎蓋蓌之譌文。蓌从俊得聲。俊从夋得聲。踆亦从夋得聲。故借蓌爲踆也。本書無踆。十篇之竣訓偓竣也。即蹲字義。詳偓字下。竣即踆之本字。故字林謂踆古蹲字。曲禮之夎或作蹲。蹲音從紐。夋音清紐。同舌尖前摩擦破裂音轉注也。然蹲與屢爲ㄟ之轉注字。ㄟ爲原壤夷俟之夷本字。詳尸字屢字下。蹲爲以足底著地而下其臀。聳其厀。與踞不同。玄應一切經音義六引字林。踞。謂垂足實坐也。蹲猶虛坐也。是也。古文苑王孫賦。踡兔蹲而狗踞。此訓踞也當作居也。蹲訓居者。殆以均爲無禮而通訓之。非蹲居之義一也。然亦疑此字出字林。字林謂踆古蹲字。可知蹲是當時之體。況踞字亦出字林。而此訓踞也。尤明其爲後加矣。【說文解字六書疏證卷四】

踞

◉許　慎　蹲也。从足。居聲。居御切。【說文解字卷二】

◉馬叙倫　鈕樹玉曰。居之重文作踞。不應重出。疑後人增。席世昌曰。後人不識居即今踞字。又不攷尸部尚有重文。而妄於足部竄入此字。朱士端曰。大戴禮。獨處而踞。左襄廿四年傳。皆踞轉而鼓琴。漢書高帝紀。沛公方踞牀。漢書陳餘傳。高祖箕踞罵詈。甚慢之。許次踞於蹲下。轉相注也。尸部。居。蹲也。俗居从足者。蓋古人制字。居字最先。許因漢時踞字已行。故亦列於足部。而於居下踞字云俗从足者。以證居爲本字也。林昌彝曰。尸部居下曰。俗居从足。鍇本作屁。鉉改爲踞。復增於此。倫按玄應一切經音義引字林。踞。記恕反。亦蹲也。亦跨也。則此字出字林也。餘詳尸部居下。【說文解字六書疏證卷四】

⿰足荂

◉許　慎　踞也。从足。荂聲。苦化切。【說文解字卷二】

◉馬叙倫　鈕樹玉曰。玉篇廣韻並無⿰足荂字。一切經音義七引字林。跨。踞也。十五引字林。跨。踞。又引說文。跨。渡也。然則訓踞者。古本通用跨。不應更出⿰足荂字。疑後人增。故玉篇無也。王筠曰。當删此篆及說解。而以上文跨篆移此。蓋自跧至踐凡八字同義。以跨廁其閒則不倫。玄應凡三引字林。跨。踞也。則知跨本訓踞。但踞也之義出字林。而⿰足荂字則後人僞造。字林未嘗作⿰足荂。後人既移跨於前。即於此變體作⿰足荂。倫按玄應引字林。跨。踞也。說文。跨。渡也。則王謂踞也爲字林之義。塙然無疑。又引說文者。明字林附於說文而題爲說文也。而此篆蓋出一本字林。傳寫者誤加艸也。桂馥引玄應音義十五引字林。跨躡也。疑跨本次於此。說解本作踞也。渡也。躡也。後人見有躡也一訓。而移之躡下。傳寫轉删躡也一訓。此則又將一本字林作⿰足荂者并入。本書之傳寫既非一本。而增并者又非止一人。故往往有如此者。或⿰足荂爲字林之重文也。惟段玉裁疑上文跨篆亦本書所無。嚴章福疑跨爲丌重文。重文是後人增入。則本書固本無跨字耶。使其有之固不當次躡踢之閒也。蓋字林跨爲正跨爲重耳。【說文解字六書疏證卷四】

躩 躩

◉許　慎　躩足躩如也。从足。矍聲。丘縛切。【說文解字卷二】

◉馬叙倫　王筠曰。此說解挩說義之詞。但存引經之語。宜以論語苞咸注補之曰。盤辟皃也。論語曰。足躩如也。从足。矍聲。倫按此挩本訓也。然義未詳。走部。趯。大步也。疑躩趯一字。此篆後人加之。【說文解字六書疏證卷四】

踣 踣

◉許　慎　踣僵也。从足。咅聲。春秋傳曰。晉人踣之。蒲北切。【說文解字卷二】

◉褚德彝　䢌疑踣之古文。辵部字與足部字多通用。逌之省口作迊。如桮字湝作杯也。【周慶雲夢坡室獲古叢編】

◉馬叙倫　邵瑛曰。走部。趙。僵也。蓋與踣一字。今經典祇用踣字。倫按此字失次。或出字林也。莊子外物釋文引字林。踣。僵也。【說文解字六書疏證卷四】

跛 跛

跛跛出古周易【汗簡】

跛古周易【古文四聲韻】

◉許　慎　跛行不正也。从足。皮聲。一曰。足排之。讀若彼。布火切。【說文解字卷二】

◉馬叙倫　嚴章福曰。尢部有𡯌。韵會廿哿引說文。跛或作𡯌。則當與𡯌爲重文。然據通釋云。俗作跛。則此跛字當附見於𡯌下。而刪跛篆。小徐有讀若罷。疑疲下移此。左傳成十六年釋文。疲。本亦作罷。此其證。鈕樹玉曰。讀若彼者。後人加。朱駿聲曰。當爲𡯌之或體。王筠曰。玄應引字林。跛。蹇行不正也。不引說文。似段玉裁刪跛篆爲是。一曰足排之讀若彼。疑校者所加也。小徐一曰上有讀若罷。此行不正之音。大徐誤刪之。劉秀生曰。皮聲罷聲古並在並紐歌部。故跛从皮聲得讀若罷。公羊襄三十年。楚子使薳頗來聘。釋文。頗音皮。又音彼。一本作跛者音同。二傳作薳罷。方言四。帬。陳魏之閒謂之帔。自關而東或謂之襬。本書。熊部。羆从熊。罷省聲。古文作㷫。皮聲。並其證。倫按跛爲𡯌之後起或體。此篆出字林。徐鍇通釋曰。俗作跛。若本書有跛篆。鍇不得言俗作。或鍇本原無此篆。一曰足排之。經傳無其義。疑足排之三字乃跸也二字之譌。下文。跸。跀也。跀。斷足也。跛跸皆脣音。古或借跛爲跸。抑或跛亦一足不全者。故亦謂跸爲跛也。然王疑校者所衍。是也。傳寫或又奪譌耳。【説文解字六書疏證卷四】

蹇 蹇

◉許　慎　蹇跛也。从足。寒省聲。臣鉉等案。易。王臣蹇蹇。今俗作謇。非。九輦切。【説文解字卷二】

蹇順【漢印文字徵】

◉馬叙倫　鈕樹玉曰。韵會一引寒作騫。一引仍作寒。翟云升曰。韵會引作騫省聲。非。騫亦寒省聲。沈濤曰。一切經音義十二引。蹇。挂礙也。當是古本之一訓。倫按跛音封紐。蹇音見紐。同爲破裂清音。破聲歌類。對轉元爲蹇。故跛蹇轉注。【説文解字六書疏證卷四】

蹁 蹁

◉許　慎　蹁足不正也。从足。扁聲。一曰。拖後足馬。讀若苹。或曰徧。部田切。【説文解字卷二】

◉馬叙倫　嚴可均曰。拖當作拕。説文無拖字。張楚曰。拖後足亦即足不正也。疑古以拖後足爲蹁。而拖後足馬遂亦呼爲蹁。一意引申。並非別義。劉秀生曰。扁聲古在邦紐。苹从平聲。古在並紐。邦並皆脣音。故蹁从扁聲得讀若苹。書堯典。平秩字。釋文引馬本皆作苹。史記五帝本紀皆作便。詩小雅采菽。平平左右。釋文。韓詩作便便。本書。魚部。鯾。从魚。便聲。或从扁聲作鯿。言部。諞。巧言也。論語曰。友諞佞。今論語作友便佞。扁聲平聲古並如便。是其證。或曰。偏者。或曰讀若偏也。偏亦扁聲。倫按蹁亦跛之旁紐雙聲轉注字。莊子大宗師之跰躃。史記平原君傳之槃散。皆蹁之緩言。其義皆謂跛也。一曰拖後足馬疑騫字義。騫聲轉爲班。班蹁同脣音也。一曰以下皆校語。餘詳騫下。【説文解字六書疏證卷四】

跭 跭

◉許　慎　跭脛肉也。一曰曲脛也。从足。夅聲。讀若逵。渠追切。【説文解字卷二】

◉馬叙倫　桂馥曰。莊子馬蹄。齕草飲水。翹尾而踛。此馬之真性也。馥謂踛即跭。曲一足。錢大昕曰。漢書賈誼傳。病非徒瘇也。又苦跢盭。顔注。跢古蹠字。肊説也。説文無跢。即跭之譌。跭盭謂足脛相反盭。不便行動。段玉裁曰。一曰曲脛也横梗不貫。凡似此者疑皆後人妄增。王筠曰。讀若逵。蓋後增。張楚曰。一曰曲脛乃本義。桂馥引莊子謂踛當作跭。

曲一足。是也。脛肉者乃腓字義。正字通。腓。脛後肉腓腸也。⿰𧾷𢍏讀若逵。與腓聲近。後人遂誤以腓義附於⿰𧾷𢍏下耳。劉秀生曰。逵爲九部馗之或體。爾雅釋草。中馗菌。釋文馗。郭音仇。字則當作頄。舍人本作中鳩。易夬。壯於頄。釋文。頄。鄭作頯。蜀才作仇。此⿰𧾷𢍏讀若逵之例證也。倫按⿰𧾷𢍏爲蹇之轉注字。蹇音見紐。⿰𧾷𢍏音羣紐。古讀歸見也。此校語。傳寫轉譌爲本訓。而捝本訓。一曰曲脛是本訓。校者注異本耳。讀若逵者。⿰𧾷𢍏从𢍏得聲。三篇。𢍏。持弩柎。从廾。肉聲。讀若逵。逵爲十四篇馗之重文。然馗逵實異義。馗是頯之或體。逵是道路之名。詳馗字下。逵。从辵。坴聲。坴。从土。圥聲。圥。从屮。六聲。六肉雙聲兼疊韵也。然此亦校語。【說文解字六書疏證卷四】

踒

◉許　愼　足跌也。从足。委聲。烏過切。【說文解字卷二】

◉馬叙倫　段玉裁曰。跌當爲胅。字之譌也。肉部。胅。骨差也。倫按玄應一切經音義十三引通俗文。足跌傷曰踒。又引倉頡。挫足爲踒。疑此捝傷字。然非本訓。若是本訓。止曰跌也可矣。史記踒人不忘起。本書。起。能立也。踒人不忘起與跛者不忘履同。明踒跛義同。委皮亦聲同歌類。是語原同也。或爲跛之轉注字。【說文解字六書疏證卷四】

跣

◉許　愼　足親地也。从足。先聲。穌典切。【說文解字卷二】

◉馬叙倫　段玉裁曰。親跣疊韵。丁福保曰。慧琳音義四十及七十六又八十一引以足親地也。蓋古本如是。二徐本奪以字。倫按如慧琳引。則似本訓親也。以聲訓。以足親地也乃校注文。此字失次。玄應一切經音義引三倉。徒跣作踱跣。以腳踐土也。【說文解字六書疏證卷四】

跔

◉許　愼　天寒足跔也。从足。句聲。其俱切。【說文解字卷二】

◉馬叙倫　天寒足跔直用周書太子晉解文。且跔不必天寒而然。此蓋校語。本訓捝矣。【說文解字六書疏證卷四】

⿰𧾷困

◉許　愼　瘃足也。从足。困聲。苦本切。【說文解字卷二】

◉馬叙倫　桂馥曰。瘃足當爲足瘃。段玉裁曰。鍇本作⿰𧾷困。从困非。【說文解字六書疏證卷四】

距 距

距 距 末距悍 【金文編】

距 距梁 距 成距之印 距 李距私印 距 少曲右距 距 虞距 【漢印文字徵】

◉許　慎　距雞距也。从足。巨聲。其呂切。【説文解字卷二】

◉馬叙倫　沈濤曰。一切經音義九引作雞足距之也。蓋古本作雞足之距也。玄應書傳寫誤倒。今本尤爲誤奪耳。丁福保曰。慧琳音義四十六引作雞足距也。倫按左昭廿五年傳。季氏介其雞。郈氏爲之金距。服虔曰。以金沓距也。然則距即歫之異文。不應重出。且不當訓雞距也。玄應引作雞足之距也。更不似許文。此篆蓋出字林。距末作歫。急就篇有距虛。疑本作巨或歫。傳寫者易之。【説文解字六書疏證卷四】

躧 躧

◉許　慎　躧舞履也。从足。麗聲。所綺切。⿰革麗或从革。【説文解字卷二】

◉馬叙倫　任大椿曰。文選長門賦注引倉頡篇。躧。徐行皃。翟云升曰。長門賦注引作蹑也。别義。倫按徐行皃者躧字義。若倉頡中以躧爲躧。則躧字不出倉頡矣。蹑也者。則今言跴之本字。此訓見莊子釋文引三蒼解詁。然字次不倫。疑此字出三蒼之滂喜中。蓋唐人每以倉頡概三蒼也。吕忱據聲類。躧或爲蹝。蹝字本書作⿰革徙。故以爲履而加於此。又據古文官書⿰革徙⿰革麗二形而加重文⿰革麗篆。字林每本三蒼聲類官書也。

⿰革麗　周禮鞮鞻氏注曰。鞻讀如履也。鞮屨。四夷舞者所屝也。倫謂鞻从婁得聲。婁麗雙聲。鞻即⿰革麗之轉注字。鞻爲革製。故躧或从革。玄應一切經音義引古文官書。⿰革徙⿰革麗二形同所綺所解二反。【説文解字六書疏證卷四】

⿰足叚 ⿰足叚

◉許　慎　⿰足叚足所履也。从足。叚聲。乎加切。【説文解字卷二】

◉馬叙倫　戴侗曰。⿰足叚即鞋字。錢坫曰。此與⿰韋叚字義同。王筠曰。疑即韋部⿰韋叚字。倫按⿰足叚⿰韋叚一字。與⿰韋奚雙聲轉注。⿰韋叚从叚得聲。叚音見紐。則與屨亦雙聲轉注。足所履也不似許文。此字或出字林。去距躧⿰足叚三字而字次亦貫。【説文解字六書疏證卷四】

䠊　跀

◉許　慎　䠊跀也。从足。非聲。讀若匪。扶味切。【説文解字卷二】

◉許　慎　跀斷足也。从足。月聲。魚厥切。䟘跀或从兀。【説文解字卷二】

秦429　獨字　【古陶文字徵】

◉馬叙倫　錢坫曰。刀部有刖。與此同。倫按非月聲同脂類。故跀轉注爲䠊。

䟘　宋保曰。兀聲。兀月同部聲相近。猶䏖从刖省聲。讀若兀也。倫按月兀雙聲兼疊韵。今吳縣俗謂月猶如兀也。䟘爲跀之轉注。莊子馬蹄。齊之以月題。月題即軏輗。是其例證。玄應一切經音義引古文官書。跀䟘二形同五刮魚厥二切。【説文解字六書疏證卷四】

◉戴家祥　䢅𢦏馭舭蓋字从辵从䠊，字書所無，按説文十四篇𠂤部「𡴎，危高也，从𠂤，中聲，讀若臬。」唐韻𡴎讀「魚㓞切」疑母祭部，貝讀「博蓋切」幫母祭部，以聲類審之，或即跀之别體，唐韻跀讀「魚厥切」，與𡴎同部又同母。説文「跀，斷足也，从足，月聲。䟘，跀或从兀。」玉篇七十六亦作刖。【金文大字典下】

趽

◉許　慎　趽曲脛馬也。从足。方聲。讀與彭同。薄庚切。【説文解字卷二】

◉馬叙倫　錢坫曰。廣雅。趽。踤也。今吳語謂人足病走不正曰彭亨。徐灝曰。廣韵。趽腳脛曲皃。玉篇。踺。足趺也。踺與踤同。灝按趽踤皆曲戾。踤不當訓趺。且廣雅不當用踤爲釋。疑蹐趽踤並爲曲戾之義。倫按賈誼新書。衷理不辟謂之端。反端爲趽。本書。端。直也。然則趽祇是曲義。从足謂足曲也。方音並紐。與蹁雙聲。是蹁之轉注字。趽音並紐。蹐音羣紐。同爲破裂濁音。亦轉注字。馬字疑涉趹下馬行皃而誤衍。字失次。或字出字林也。【説文解字六書疏證卷四】

趹

◉許　慎　趹馬行皃。从足。決省聲。古穴切。【説文解字卷二】

◉馬叙倫　嚴可均曰。當作夬聲。倫按唐寫本切韵作馬疾行也。然从足不見馬疾行義。廣雅。駃。奔也。本書。駃。駃騠。馬父贏子也。然馬部屬字惟驒騱騊駼以連緜詞爲名。而皆爲野馬。且字次在部末。駃騠爲馬父騾母所生。蓋本名騠而俗名駃騠。駃字自有本義。此馬行疾者即駃字義也。趹趃一字。即今快慢之快本字。从足。夬聲。廣雅釋詁。趃。疾也。當訓疾行也。莊子逍遥遊。我決起而飛。齊物論。麋鹿見之決驟。皆借決字。字失次。或出字林。非本書原有也。【説文解字六書疏證卷四】

趼 趼

◉許慎 趼 獸足企也。从足。幵聲。五甸切。【説文解字卷二】

◉馬叙倫 鈕樹玉曰。韵會引無企字。蓋脱。段玉裁曰。釋獸。騉蹏趼。善陞甗。又騉駼枝蹏趼。善陞甗。趼者謂其足企。企。舉踵也。故善登高。桂馥曰。企義未詳。莊子天道篇。百舍重趼。釋文引許慎曰。足指約中斷傷爲趼。倫按莊子重趼。謂行久足底起瘢皺。故朱駿聲以爲趼借爲繭也。本書。繭。皺也。然則彼釋文引許語。顧廣圻以爲乃許慎淮南脩務訓百舍重趼之注。是也。獸足企者。本爾雅文。然爾雅僅爲騉駼蹏趼。不謂凡獸。倫論凡登高者其足踵皆舉而離地。人亦然也。是趼當訓企也。爲企之同舌根音轉注字。獸足企也非本訓。或出字林。字亦失次。或字亦出字林也。【説文解字六書疏證卷四】

路 路

路 路 孳乳爲露 露箙者謂露蓍也見漢書張禹傳 史懋壺 寴令史懋路箙 【金文編】

路 路 日甲五四背 通露 飲以爽|【睡虎地秦簡文字編】

路 路鄉 路 董路人 路 路博士印 路 趙路人 路 張子路 路 路並 路 王路人 路 趙子路 【漢印文字徵】

路 裴光遠集綴 【古文四聲韻】

◉許慎 路 道也。从足。从各。臣鉉等曰。言道路人各有適也。洛故切。【説文解字卷二】

◉郭沫若 路當解爲路寢路車之路。大也。竊意古人言路猶後人言御，凡王者所用之物皆得冠以路字。路筭謂御用之大筭也。【史懋壺 兩周金文辭大系圖録考釋】

◉馬叙倫 鈕樹玉曰。韵會引作道路也。各上無从字。朱士端曰。説文路輅皆以各爲聲。今路下小徐本作各聲。大徐删聲字。作从各。非。倫按道音定紐。路音來紐。古讀歸泥。皆舌尖前音。蓋以聲訓。或借路爲衜也。路爲各之後起字。字見急就篇。史懋壺作路。餘見各下。【説文解字六書疏證卷四】

蹸

◉王讚源　本器路字，讀如略，方言卷六：「略，視也。吳揚曰略。」筭猶言算，二字音同義通，儀禮鄉飲酒禮注：「算，數也。」說文：「咸，悉也。」又：「悉，詳盡也。」故咸引申有完事、訖事之義。如史獸鼎：「咸獻工」，是說獻功之事已完訖。路筭咸，是說監督會計之事已經完訖。【史懋壺　周金文釋例】

◉丁　驌　今之路，大道也，於契文當成□，殆契文「正」「各」二字之合，乃雙行綫，故互爲倒文，合爲一路。契文「𢀛正化」亦寫爲「𢀛各化」，余不解何以時將人各中一字倒寫之故。令知其全字當爲「𢀛路化」。路爲高陽氏孫「玄元」。堯時封於路中，以地爲氏。「玄言」後譌爲「求言」。「路中」變爲「陸終」。赤狄亦有潞氏。冀州有潞浸。使之洛水，亦稱潞水。故「𢀛正化」者，殷世戎狄之裔歟？【讀契記　中國文字新十期】

◉許　慎　蹸轢也。从足。粦聲。良忍切。【說文解字卷二】

◉馬敘倫　桂馥曰。本書。疄。轢田也。後漢書班固傳。蹂蹸其十二三。注曰。蹸。轢也。文選作躪。李善曰。躪與蹸同。錢坫曰。此蹂躪字。倫按蹂之雙聲轉注字。【說文解字六書疏證卷四】

跂

竝說文【古文四聲韻】

◉許　慎　跂足多指也。从足。支聲。巨支切。【說文解字卷二】

◉馬敘倫　席世昌曰。史記高紀。日夜跂而望歸。正義曰。邱賜反。說文。跂。舉踵也。王筠曰。此字蓋後增。凡物之岐出者。惟岐山爲專字。爾雅有軹首蛇。玉篇引作枳首。又有岐旁。史記則曰。軹道。何乃足多指有專名。衛風。跂予望之。是當爲企之重文也。倫按手足皆有枝指。豈以足兼手耶。詩。跂予望之。楚辭九歎章句引作企。是跂亦企之或體。企下曰。从人。止聲。止支音同照紐。是雙聲轉注也。此字疑出字林。故在部末也。【說文解字六書疏證卷四】

躚

◉徐　鉉　躚蹁躚。旋行。从足。䙴聲。穌前切。【說文解字卷二新附】

◉徐　鉉　蹭蹭蹬。失道也。从足。曾聲。七鄧切。【說文解字卷二新附】

◉徐　鉉　蹬蹭蹬也。从足。登聲。徒亘切。【說文解字卷二新附】

◉徐　鉉　蹉蹉跎。失時也。从足。差聲。臣鉉等案。經史通用差池。此亦後人所加。七何切。【說文解字卷二新附】

◉徐　鉉　跎蹉跎也。从足。它聲。徒何切。【說文解字卷二新附】

3·685　跎公氏之禽器　說文新附【古陶文字徵】

◉李亞農　⿱止它字到底是什麼字呢？我們欲釋⿱止它字，必先澈底弄清楚壱字。因爲⿱止它壱二字連用的地方，亦屢見不鮮。

庚寅，隹夒壱禾。(粹·一一)

隹，西方壱我。(粹·一一六六)

郭沫若先生謂壱或作徙，卽迱，義爲患害。今按郭說是對的，但迱實應更進一步隸化爲跎字。因爲契文止字的隸化方式很多，既可隸化爲走，亦可隸化爲辵、足等字。楚辭九懷：「驥垂兩耳兮中坂蹉跎。」注：「蹉跎失足」，就壱所表現的來說，本來是在走路時，脚踏着蛇的意象，卽今人常說的倒楣或背時的意思。郭解作患害，很合適。卜辭中所說「跎禾」、「跎我」，卽「爲害於禾」「爲害於我」也。

貞：疾耳，隹又跎。(珠·二七四)

貞：行㞢(有)跎。(珠·二七〇)

貞：⿻父乂戊不跎。(珠·五二二)

貞：王亡跎。(珠·五二〇)

不隹多疾跎王。(前一·二七·四)

⿱止它跎二字既連用，而⿱止它的意思又是和跎字相同的。如上引：「丙戌卜我乍(作)箕方⿱止它」的「作⿱止它」與下引刻辭的「令跎」都有使人家倒楣的意思。

蹙 踸 疋

癸卯卜,㱿貞:叀甫乎令跎羌方。(前六·六〇·六)

因此,我們可説「𢀛跎」,實即蹉跎也。𢀛字从丰乍聲。説文云:「丰,艸蔡也,象艸生散亂。」唐韵云:「乍音槎,去聲。」又契文中有𢀛的繁文(前六·二三·二),更表現着失足於道途的意思。故我們可以肯定的説,𢀛字一方面被借用爲作(因爲同聲),一方面是古蹉字。【殷契雜釋 中國考古學報第五册】

◉徐鉉 蹴迫也。从足。戚聲。臣鉉等案。李善文選注。通蹴字。子六切。【説文解字卷二新附】

◉徐鉉 踸踸踔。行無常皃。从足。甚聲。五甚切。【説文解字卷二新附】

 4·7 左匋君鑰 疋哭鍴 此即疋字匋文楚字或作所从疋字與此相同【古陶文字徵】

 布方烏疋 邔字省體邔字另見 晉祁  仝上  布方烏疋 晉祁【古幣文編】

 27  36  70  167【包山楚簡文字編】

 弩疋印【漢印文字徵】

 疋【汗簡】

 汗簡【古文四聲韻】

◉許慎 疋足也。上象腓腸。下从止。弟子職曰。問疋何止。古文以爲詩大疋字。亦以爲足字。或曰胥字。一曰疋。記也。凡疋之屬皆从疋。所菹切。【説文解字卷二】

◉王國維 疋與足恐本一字。古文楚亦从足可證。【劉盼遂記説文練習筆記 國學論叢第二卷第二號】

◉馬叙倫 鈕樹玉曰。廣韵引大疋作大雅。沈濤曰。玉篇引同而無或曰胥字四字。蓋古本無此四字。胥爲蟹醢。从疋得聲。而非疋即胥字。今本殆二徐妄竄。桂馥曰。或曰胥字者。袁枚曰。周禮大胥小胥。即詩之大雅小雅。詩曰。籩豆有且。侯氏晏胥。太玄曰。不晏不雅。晏胥猶晏雅也。王聘珍曰。禮記。胥鼓南。周禮大胥小胥皆雅也。段玉裁曰。大疋當作大雅。皆謂古文借疋爲雅也。古音同在五部也。或曰。胥字者。亦謂同音叚借。如府史胥徒之胥。作疋可也。王筠曰。玉篇引疋字說解甚備。而獨無或曰胥字一句。然則此亦校者所加也。謂亦以爲足字句別本作亦以爲胥字也。觀上文兩言以爲。而本句不言以爲而言或曰。亦可知也。徐灝曰。疋乃足之別體。所菹切。亦足之聲轉。許云。上象腓腸。是象足形以製字也。倫按疋足一字。論語。足恭。足讀如沮。今山東言足聲亦如沮。可證也。古文以爲詩大雅字者。張行孚曰。詩有六義。一曰雅。大序曰。雅。正也。然雅本楚烏。無可訓正。劉台拱謂雅之言夏。雅夏古字相通。引孫卿榮辱。越人安越。楚人安楚。君子安夏。及儒效居楚而楚。居越而越。居夏而夏爲證。而荀氏申鑒。左氏三都賦亦有音有夏楚之語。蓋謂音有夏音楚音之別也。然則風雅之本字。當作夏無疑矣。爾雅之本字同。說文曰。夏。中國之人也。所謂中國者。以天下言之。則中原爲中國。以列國言之。則王都爲中國。詩民勞毛傳曰。中國。京師也。四方。諸夏也。是其明證。劉氏所謂王都之音最正。故以雅名。列國之音不盡正。故以風名。是也。春秋。楚鍾儀琴操南音。范文子謂之樂操土風。則詩之名風者。其爲列國之風明矣。周初夏音據西周鎬京而言。鄭君詩譜所謂小雅大雅者。周室居西都豐鎬之時詩。是也。平王東遷。音與地移。不復西都鎬京之舊。所以夏音不作。相傳謂之不能復雅。前此幽厲雖暴而夏音如故。正以王都尚在鎬京也。其後秦得鎬京之地。其詩遂有夏聲。左傳季札觀樂篇。此之謂夏聲。是其證也。倫檢左襄廿八年傳。齊大夫子雅。韓非外儲說右作子夏。此雅夏通借之證。雅夏聲同魚類。雅或讀五下切。音入疑紐。與夏同舌根次濁音。大雅爲大夏之借。而古文復以疋爲大雅字者。聲皆魚類也。亦以爲足字者。疋足本一字也。或曰胥字者。胥。从肉。疋聲。故既以爲大雅字。亦以爲胥字。一曰疋記也者。章炳麟疑書本作疋。倫謂疋借爲史。史疋音同審二。書則史之轉注字。書音審三。後世言音韵者謂不相通。然古臣言事於君曰上書。後世言上疏。即借疏爲書也。故曰。疋。記也。說解上象腓腸。下从止。非許文。若是許文。當曰从止象腓形。且倫謂蓋許本止作象形。弟子以下卅字亦皆校語。【說文解字六書疏證卷四】

◉陳夢家　諸「疋」字，舊釋正，郭沫若初釋「世」，後改釋爲「足」，云有「繼承之義」「有足成義，踵續義，似以用後義者爲多」(大系考釋頁79、115、154)。容庚金文編收入足字下。說文卷二疋部曰「疋，足也。……古文以爲詩大疋字，亦以爲足字，或曰胥字，一曰記也」。是許氏以疋、足、胥爲一字。說文楚從林疋聲而金文楚所從之「疋」與諸器動詞之「疋」同形。疋或胥有輔佐之義，爾雅釋詁曰「胥，相也」而「相」與「左右」「助」同訓，廣雅釋詁二曰「由、胥、輔、佐、佑……助也」；方言六曰「胥、由、輔也」，郭璞注云「胥、相也，由正皆謂輔持也」。茲舉其例並附相關之例如下：

(1)免毁　隹又十二月……令女疋周師司林

(2)免簠　隹三月……令免乍司土，司奠還林眔吳眔牧

(3)師兑毁一　隹元年五月……王乎内史尹册令師兑疋師和父司左右走馬

(4)師兑毁二　隹三年二月……余既令女疋師和父司左右走馬，今余……令女□司走馬

(5)善鼎　昔先王既令女左疋某侯，今余……命女左疋某侯監某師戍

(6)同毁　王命「同左右吳大父司場、林、吳、牧……世孫孫子左右吳大父……」

(7)南季鼎　白俗父右……用左右俗父司寇

由(5)知「左疋」猶左右、輔佐之義。由(3)(4)兩例，知元年五月王命師兑輔佐師和父爲司馬之官，師和父是「走馬」而師兑是其副佐，故稱「左右走馬」；至三年二月則正式命師兑爲走馬，故曰「司走馬」而追述前事爲「左右走馬」。此等輔佐之官，由王任命，任命之時亦錫以命服，故三年再命師兑之時賜金車而不賜命服。(1)(2)之例亦同於(3)(4)，王初命免爲周師乍司林之輔佐，賜以命服；後又命免爲司土又兼司林等職。(6)(7)之「左右」同於(5)之「左疋」，左右某人之某官，即爲某官的副佐，所以南季是司寇白俗父的副佐，賜以命服。由(6)則知此種副佐亦是世襲的。不但官職是世襲的，命服也是世襲的，如(3)曰「易乃且巿、五黄」，(5)曰「易乃且旂」。

由上所説，則疋者與被疋者應是同時之人，故免與周師、善與某侯、師兑與師和父以及師晨鼎「師晨疋師俗」都是同時之人。郭沫若讀足爲續，以爲師兑承繼師和父之官於師和父既死之後。其説與銘文不合。【西周銅器斷代(六)　考古學報一九五六年第六期】

◉李孝定　徐灝段注箋曰。疋乃足之别體。所菹切。亦足之聲轉。是也。惟篆文疋足已分衍爲二。足从口。小徐謂象股脛之形。王筠釋例从之。惟謂不當兼言股。是以○象脛。説云。此直象形兼會意耳。止即是足。故足字不能象形。仍止而加脛以象之。脛在足上。故加諸止上。非謂脛在腳指尖也。誠如王説則○乃象脛之横斷面。古人制字。於象形但畫成其物隨體詰屈。必無取象横斷之理也。實則足所从之○及疋所从之[glyph]並象腓腸之形所譌變也。疋作[glyph]尚略存初形。足作[glyph]則形譌已甚。兹从許書例收此作疋。楊釋[glyph]近之。然蓋未嘗見[glyph][glyph]諸形耳。孫釋曲。所據藏一三八・二拓本右上有殘泐。足之當作[glyph]非作[glyph]也。疋在卜辭當爲人名。如「庚辰卜命疋于成」。前一・四四・三。「癸丑卜王屰疋寇卒方國名。五月」。前七・十九・三。「□辰卜疋〼獲」。甲編三〇六七。「貞疋不其獲羌」。乙四五〇九。「貞叀惟疋來羌用。」乙六四一〇。「□戌卜宎貞疋獲

羌。」乙八四二二。「貞疋□□羌用自□戌大甲大丁大庚。」釋一七三是也。亦有用其本義者。如「貞疾疋囲」。乙一一八七。此與它辭言疾目疾齒疾耳之例正同。隹下當缺「有它」二字。又如「□□卜王貞勿疋在妊虎獲。」佚九四三。疋在此當動詞。其義不明。疑假爲胥。待也。史記廉藺列傳。「奢曰『胥後令』」是也。【甲骨文字集釋第二】

◉白川靜　郭氏釋疋爲足。云：「足，續也。師龢父死于宣王十一年，此命師兌，承繼其職；在元年則是幽王之元年矣。」夫以師龢父之死，在宣之十一年。宣王在位四十六年，至于幽元，乃補命之。如此則走馬之職，闕其人實三十又五年矣。此無其理也。一也。

郭氏以疋爲足，其釋非是。疋有左疋、併疋連文之例。

善鼎　善。昔先王既命女，左疋㝬侯。今余唯肇醽豪先王命，命女左疋㝬侯。

蔡𣪘　蔡。昔先王既命女作宰，司王家。今余隹醽豪乃命，命女眔𦥑，併疋對各，死司王家外內。

左疋者卽左比右比，義與左右同。故二人佐之，謂之併疋。疋者胥之初文。公羊桓三年傳云：「胥命者何？相命也」。穀梁又云：「胥之爲言猶相也」。左疋併疋，皆輔相之意，而非承繼之義，則師龢父此時猶在焉。郭氏謂龢父死于宣世，乃以此器屬於幽世，本實出於誤解銘文，其說非也。二也。【西周彝器斷代小記　歷史語言研究所集刊第三十六上】

◉徐中舒　乙七五四三字形近於疋，疑卽疋字。【甲骨文字典卷二】

𤕟 𤕟

道德經　竝義雲章【古文四聲韻】

◉許　慎　𤕟門户疏窻也。从疋。疋亦聲。囱象𤕟形。讀若疏。所菹切。【説文解字卷二】

◉馬叙倫　嚴可均曰。疋亦聲下當有从字。僅云囱象形。似説文無囱字矣。小徐本作从疋囱。囱象𤕟形。則得之。沈濤曰。一切經音義七又十二引作房屋曰𤕟。𤕟亦囱。蓋古本如是。囱部。在牆曰牖。在屋曰囱。在房室則曰𤕟矣。門户不應有囱。今本之誤顯然。又音義十四引作𤕟。窻也。𤕟从疋。疋。足也。从囱。象其形也。門之窗牖。皆所以引通諸物。故从疋。疋取通行意也。𤕟从疋以下當是演説文語。況祥麟曰。从囱。疋聲。當入囱部。劉秀生曰。朱駿聲亦謂从囱。疋聲。是也。云部云。疏通也。从㐬。从疋。疋亦聲。故𤕟从疋得聲。讀若疏也。倫按𤕟从囱。疋聲。爲囱之同舌尖後音轉注字。囱音穿二。𤕟音審二也。説解挩本訓。門户疏窗也。囱象𤕟形。皆校語。从疋。疋亦聲。本作从疋从囱。亦校者改之。當入囱

𤕟

部。【説文解字六書疏證卷四】

◉楊樹達 説文二篇下疋部云:「𤴔,門户𤴔窗也,从疋,疋亦聲。囱象𤴔形。讀若疏。」又云:「𤕟,通也,从爻,从疋,疋亦聲。」今按二文當爲一字,許君分爲二文,非也。𤕟者,𤴔之或字。𤴔窗有通孔,故引申有通義,許君别以𤕟爲一字,而以𤴔引申義之通爲訓,蓋不免離之則兩傷矣。𤕟字从爻者,象𤴔窗中短木相交之形,蓋説文所謂𦋩也。七篇下网部云:「𦋩,牖中网也。」窗牖對文有别,散文則通。三篇下㸚部爾下云:「从冂,从㸚,㸚其孔。」㸚爲孔,爻爲㸚之半,㸚下云:二爻也。知亦是孔也。七篇下网部网下云:「从冂,下象交文。」下象交文者,謂网下之㐅㐅也。並×之㐅㐅爲交文,知重×之爻亦爲交文也。三篇下爻部云:「爻,交也」,正謂交文也。有交文復有孔者,實者爲交文,虚者爲孔也。网有交文,而以孔爲其目,𤴔窗亦有交文與孔,與网羅之象正同,故𦋩字从网,而其訓爲牖中网也。囱字象形,外象匡當,木部云:槶,匡當也。中夊象网,网與匡當兼具,𤕟字从爻,第有网而無匡當者,七篇上片部云:「牖,穿壁以木爲交窗也。」疑𤕟與穿壁以木爲交文之牖相類,故無匡當也。𤕟字爻象形,疋爲其聲;𤴔則从囱疋聲也。以其爲𤴔窗,故字从囱耳。此字當云从囱,而許云囱象𤴔形,不云从囱;𤕟下當云爻象𤴔形,而許則云从爻,不云象𤴔形;蓋兩失之矣。

長沙呼軒檻或窗牖中之短木爲罔子,横者曰横罔子,直者曰直罔子,音如長沙言向外望之望。余初不知其當作何字,今始悟其爲牖中网之网字也。蓋本謂交錯者爲网,因而移稱其交錯之木亦曰网也。【釋𤴔𤕟 積微居小學述林卷三】

◉許　慎 𤕟通也。从爻。从疋。疋亦聲。所菹切。【説文解字卷二】

◉馬叙倫 孔廣居曰。疑从爻。疋聲。況祥麟曰。从爻。疋聲。倫按當入爻部。𤕟爲㸚之轉注字。爻㸚互一字。詳㸚字下。互疋聲皆魚類也。又希从㸚得聲。而希音入曉紐。𤕟音審二。審曉同爲摩擦次清音也。【説文解字六書疏證卷四】

◉李　零 𢧵,從武與從疋同(古音皆魚部),饒宗頤(1968)讀爲𤕟即疏,甚確。《國語·周語下》:「疏爲川谷,以導其氣。」韋昭注:「疏,通也。」古人認爲「國必依山川」,川原塞,國必亡(見《周語上》),「川,氣之導也,澤,水之鍾也。」(《周語下》)「山陵不𤕟」,所以要開通川谷,以通其氣。【長沙子彈庫戰國楚帛書研究】

◉高　明 𢧵乃𤕟字之别體,《説文·疋部》:「𤕟,通也。」段玉裁注:「此與云部疏音義皆同,《玉篇》引《月令》:『其器𤕟以達』,今《月令》作疏,諸書枎疏字,《太玄》作枎𤕟。」繒書「朕傳山川不𤕟」,猶言朕憂山川固塞不通。【楚繒書研究 古文字研究第十二期】

甲二四一　甲七九六　甲三五八八　乙七五五　乙一七九八　前五・三五二　前五・三五・三　前五・三五・四　後二九・一三　後二・一〇一　戩一・一〇　簠人・八　掇一・四二六　粹四三二　京津四四八〇　金一二四　京都一五六四　京都一八八四　【甲骨文編】

甲241　796　3588　續1・5・8　掇426　徵4・8　粹112　432　新4480　【續甲骨文編】

品　井侯簋　錫臣三品　保卣　征凡六品　尹姞鼎　錫玉五品　【金文編】

12　【包山楚簡文字編】

0305　【古璽文編】

品　【汗簡】

汗簡　【古文四聲韻】

◉許　慎　品衆庶也。从三口。凡品之屬皆从品。丕飲切。【説文解字卷二】

◉阮　元　品説文訓爲衆庶。國語鄭語以品處庶類者也。韋注。品高下之品也。漢書匈奴傳給繒絮食物有品注云。品謂等差也。是品有分別高下等差之義。故此品字从八。八者別也。【品父盤　積古齋鐘鼎彝器款識卷八】

◉薛尚功　品伯彝　

銘曰。品伯作寶尊彝。品作三口而一覆其下。古人作字左右反正拘偏旁之位置耳。品伯不知何人也。【歷代鐘鼎彝器款識法帖卷十二】

◉孫詒讓　有云「品貞」者，如云：「庚辰卜品貝尹牛。」五十六之一，又百五十四之二亦有「品貝」二字。《説文・品部》：「品，衆庶也，从三口」。此「品」皆作「⿱吅口」，上兩口，下一口，與篆文小異。金文盂鼎别器叵，偏旁品亦作⿱吅口，與此相類。龜文凡絫三成字皆以下一承上

二,如「彝」作「犨」十八之一,詳《釋文字篇》,亦其比例。【契文舉例】

◉林義光 說文云。品衆庶也。从三口。按口象物形。古作品 宴友辰尊彝乙。【文源卷六】

◉陳 直 卜辭有品祭,於古無徵。案:禮記郊特牲云:「鼎俎奇而籩豆偶,陰陽之義也。籩豆之實,水土之品也,不敢用褻味而貴多品,所以交於神明之義也。」卜辭品祭疑爲貴也,品所以交於神明也。」又曰:「籩豆之薦,水土之品也。不敢用常褻味而貴多品,所以交於神明之義也。」卜辭品祭疑爲籩豆之祭。【殷契賸義】

◉高田忠周 說文品衆庶也。从三口。書舜典。五品不遜。疏品爲品秩。一家之內。尊卑之差。即父母兄弟子是也。此近本義。然較吅㗊諸字造意。品从三口。疑元衆人之言也。三人相議。等差可分。即有央明之意。故嚴字元从品。爲教命急也之訓也。轉爲品類等差義。書禹貢惟金三品。鄭注銅三色也。周禮膳夫。品嘗食。注每物皆嘗之。禮記檀弓品節斯。疏階格也。又漢書楊雄傳偁述品藻之類是也。【古籀篇五十】

◉葉玉森 卜辭品一作品。殷代祭名。孔繁。罕詳其誼。【殷虛書契前編集釋卷五】

◉陳邦福 品 戩壽堂殷墟文字第四十五頁云「木豆七十品」。邦福按:木豆疑釋木豆,品古品字。爾雅釋器云:「木豆謂之豆」,禮記禮器云:「天子之豆二十有六」,鄭注引周禮「公之豆四十,侯伯之豆三十有二,子男之豆二十有四。」疏引皇氏曰:「天子庶羞百二十品,籩豆各六十。今云二十六者,堂上數也。」然卜辭云:木豆七十品,疑殷代薦七十牛羊犬豕之用。蓋周代用豆實有定制,殷則視禮之降殺爲器之多寡耳。【殷器瑣言】

◉馬叙倫 鐃炯曰。品者。說爲亼議所評也。今人猶云品評。是也。高田忠周曰。疑元衆人之言也。倫按衆庶也蓋本作衆聲也。庶也。皆校語。本訓捝矣。品吅㗊一字。詳㗊字下。甲文品字或作品。周公彝亦作品。品聲侵類。㗊聲幽類。幽侵對轉轉注字也。【說文解字六書疏證卷四】

◉郭沫若 依金文例。玉可言品。穆公鼎錫玉五品是也。氏族可言品。周公段錫臣三品。州人𠂤人章人是也。土田亦可言品。作册友史鼎。省北田四品是也。此則國亦言品。征兄六品者遂亡六國也。【保卣銘釋文 文史論集】

◉朱芳圃 林義光曰:「桉口象物形。」文源六・一一。桉林說是也,惜未能質言其名。余以區从品證之,蓋象甌形。甌,小盆也。三之者,古人以三爲多數,猶星之作晶,示其小而多也。品从三口,例與劦从三力,衆力也;雥从三隹,羣鳥也;芔从三屮,百艸之總名也相同。許君訓爲衆庶,引伸之義也。【殷周文字釋叢卷中】

◉李孝定 㓞文又有晶字。乃星之古文。李旦丘氏釋厽非是。與品之别在於○口之間。从○作晶者象列星之形。較晚者作品。更增生爲聲符。說詳星字下。从𠙵作品若品者爲品。从口之義未詳。段氏謂「人三爲衆故从三口。」持此以解「衆庶」之義固爲近之。然恐非其朔也。古文从𠙵若口之字每無確詁。金文作品反史鼎品穆公鼎品周公簋。字形與卜辭小篆並同。金文中九土田國邑臣僕金玉皆得稱品。於許説爲近。郭説是也。【甲骨文字集釋第二】

◉徐中舒　甲骨文所從之𠙵形偏旁表多種意義，品字所從之𠙵，乃表示器皿。從三𠙵者，象以多種祭物實於皿中以獻神，故有繁庶衆多之義。殷商祭祀，直系先王與旁系先王有別，祭品各有等差，故後世品字引申之遂有等級之義。【甲骨文字典卷二】

◉戴家祥　𠙵象物形是也，但並非甌形，也以區字證之：區字金文作區，象三玉在一系形。故「品」字當爲三塊没有系在一起的玉，小盂鼎「凡區以品」，即區與品連用。穆公鼎「易玉五品」，乃用其本意。衆庶品第等都是引申義。金文品通常作爲量詞用。【金文大字典上】

喦 喦

喦 185【包山楚簡文字編】

◉許　慎　喦多言也。从品相連。春秋傳曰。次于喦北。讀與聶同。尼輒切。【説文解字卷二】

◉林義光　説文云。喦多言也。从品相連。讀與聶同。按从三口相連。【文源卷七】

◉馬叙倫　鈕樹玉曰。韵會作从品山相連。嚴可均曰。僖元年經也。傳字宜删。嚴章福曰。讀與聶同。當在春秋上。倫按多言也者。讋字義也。三篇。讋。失气也。一曰。言不止也。失气者慴字義。詳讋字下。讋慴通借。則喦讀與聶同。可借爲讋也。喦當从品卌聲。後人不明卌聲之理。妄删聲字。改爲山相連。故小徐本猶存山字。大徐則并山字删之。喦爲品之轉注字。品音敷紐。卌金甲文作卌。卌音審紐。審敷皆摩擦次清音也。讀與聶同者。聶卌聲同談類。然引經及讀若句校者所加。字或出字林。【説文解字六書疏證卷四】

◉楊樹達　品从三口，爲基字。喦表三口相連者。口以發言，謂言語連續不斷也。又按此字與从品从山之喦字今體形同，不可混視。【文字形義學】

◉裘錫圭　殷虚甲骨文屬于武丁、祖庚時代的骨面刻辭裏有「喦」字：

（1）〔辛〕丑，气（乞）自喦，廿屯，小臣中示（視）。⿱罒絲。前七·七·二（合五五七四重）

（2）辛丑，气自喦，廿☒。粹一四九三（合九四三三重）

(3)☒自嵒，廿屯，小☒。合九四三五(六・曾十八重)

(4)☒气自嵒，廿☒。合九四三二(簠・地三〇重)

(5)辛丑，气自嵒☒。庫一六三五

骨面刻辭是記載卜骨來源等事項的一種記事刻辭。上揭五條刻辭的内容完全相同，它們是分别刻在同一來源的一批卜骨上的。由於卜骨都已殘破，這些刻辭都不完整。(1)存字最多，只缺記日干支的第一字，釋文已據(2)、(5)兩條補出。

上揭刻辭裏的「嵒」，是卜骨所從徵集的地點的名稱。這個字在(1)至(3)三辭裏寫作[glyph]，在(4)、(5)兩辭裏寫作[glyph]。

説文裏有兩個跟這個字相似的字。一個見于品部：

[glyph]，多言也。從品相連。春秋傳曰：次于嵒北。讀與聶同。

一個見于山部：

[glyph]，山巖也。從山、品(小徐本「品」下有「聲」字)，讀若吟。

這兩個字在隸書裏就很難區别了。

羅振玉在殷虚書契考釋的文字章裏，把甲骨文的「嵒」字收在「品」字之後(增訂版卷中五八頁上)，可見他認爲這個字是「從品相連」的「嵒」字。王襄簠室殷契類纂則據上引第(4)辭的寫法，把這個字釋爲「從山、品」的「嵒」字(正編四二頁上)。甲骨學文字編、甲骨文編等書都承用王説。但是，在甲骨文裏「山」字從來不寫作「[glyph]」，而這個字的下部却以作「[glyph]」爲常，并且在武丁、祖庚時代的甲骨文裏，「山」(多見于偏旁)通常寫作[glyph]，不但作「[glyph]」的「山」尚未出現，就是作「[glyph]」的「山」也很少見。所以，見于這一時代骨面刻辭的「嵒」字決不可能是從「山」的，(4)、(5)兩辭「嵒」字的下部顯然是「[glyph]」的變體。羅氏把這個字釋爲「從品相連」的「嵒」，無疑是正確的。

「嵒」字所從的「品」應該理解爲很多張嘴。徐灝説文解字注箋：「嵒從三口而[glyph]以連之，即絮聒之義。」解釋字比説文明白。説文言部：「讘，多言也。从言，聶聲。」玉篇口部：「囁……囁嚅，多言也。」説文「嵒」字與「讘」同訓，并且「讀與聶同」，彼此的關係十分密切。訓多言的「讘」和「囁」，可以看作「嵒」的後起形聲字。集韻葉韻「讘」小韻以「讘」、「囁」、「嵒」爲一字異體，是正確的。

在武丁、祖庚時代的骨面刻辭裏，還可以看到比「嵒」字多出一個人形的[glyph]字(以下隸定爲「⿱品大」)：

(6)己酉，⿱品大示(視)十屯。犮。續五・二五・七(合一五五一五反重)

(7)已酉，史㖡(下部殘)☐。契一二六背

(8)☐气(乞)廿屯，㖡示。犬。前七・二四・四(合一七五九九反)

(9)☐子(巳?)，㖡☐。合一七六〇一

(10)☐㖡示☐。合一七六〇〇(見・師二・三〇重)

(11)☐㖡示☐。京津三一三(合一六一一〇反重)

這個字象徵一個人有幾張嘴，「多言」的意思表現得極爲明白，無疑就是「喦」字的異體。

在古文字裏，表示人的器官的動作的字，有一些既可以從「人」，也可以不從「人」。例如：甲骨文的聖(聽)字既可以寫作(耵)，也可以寫作(聑)。又如：甲骨文裏有一個字，在人形上加了兩個豎目，是説文訓「舉目驚界然」的「界」字的初文，跟説文訓「左右視」的「䀠」應該是一個字，説文誩部：「誩，競言也。從二言……讀若競」，「競，彊語也……從誩，從二人」。説文解字注箋説：「誩與競音義同，形亦相承，疑本一字。」這些都是「喦」、「㖡」應爲一字的旁證。

「㖡」字説文未收，金文裏也尚未發現。不過，有一個以「㖡」爲偏旁的字，在周代金文裏却是常見的。這個字就是「嚴」。説文吅部：「嚴，教命急也。從吅，厰聲。」從金文看，説文對「嚴」字的分析是錯誤的。金文「嚴」字作以下諸形：

(A) 㝬鐘

(B) 𡚬狄鐘

(C) 番生簋

(D) 虢叔鐘

(E) 秦公簋

這個字顯然應該分析爲「從㖡，敢聲」。(A)所從的「㖡」跟甲骨文最接近。(C)、(D)、(E)所從的「㖡」，譌變得比較厲害。不過，後二者所從的「⺁」，不是「厰」字所從的「厂」，而是「人」的變形，仍然是很明顯的。漢代銅器和印章上的「嚴」字，上部往往作、等形，尚存古意。説文所據篆形已進一步譌變，所以便把它錯析爲「從吅，厰聲」了。

「嚴」既以當「多言」講的「㖡」爲形旁，其本義大概不會是「教命急也」。説文言部：「譀，誕也。從言，敢聲。」「嚴」和「譀」都從「敢」聲。「多言」和「誇誕」的意義也很接近(下文引日者列傳有「多言誇嚴」之語)。對「譀」字來説，如以「㖡」爲形旁，要比以「言」爲形旁更爲切合字義。這樣看來，「嚴」應該是「譀」的初文，「嚴厲」、「莊嚴」等義當是假借或引申義。楊樹達在積微居甲文説・釋鬻篇裏説：「余以甲文之形聲字與篆文相較，同一字也，形旁或聲旁甲文往往與篆文不同……其形旁則甲文必較篆文形旁之義爲剴切。甲文有鬻字，羅振玉釋爲鑊，是也……從鬲，鬲爲釜鬲，示烹煮之器也。篆文變爲從金，則泛而不切矣。」「譀」字的形旁由「㖡」變爲「言」，正合乎楊氏指出的其義「剴切」的形旁爲「泛而不切」的形旁所代替的規律。

史記日者列傳：「世皆言曰：夫卜者多言誇嚴以得人情。」原本玉篇殘卷言部「譀」字下引東觀漢記：「雖誇譀猶令人面熱」（廣韻闞韻「譀」字下引此文脱「面」字）。「誇嚴」就是「誇譀」。這個「嚴」字用的正是本義。「嚴」是疑母談部字，「從品相連」的「喦」是娘母葉部字。以聲言，同爲鼻音。以韻言，有陰入對轉的密切關係。可見這兩個字不但意義相似，字音也很接近。「嚴」很可能是由「喦」孳乳的一個詞。在漢字發展的過程裏，有時人們在表意字所代表的詞孳生出來的一個新詞，例如，在「食」字上加「司」聲，造成「飼」字，來表示由「食」孳乳的「飼」這個詞。「嚴」和「喦」的關係可能跟「飼」和「食」的關係相類。

我們附帶討論一下從「山」的「喦」字。如果像大徐本説文那樣，把這個字分析爲「從山、品」會意，顯然講不通。小徐本「品」下有「聲」字。但是，「品」、「喦」二字聲母遠隔，把「喦」説成從「品」得聲，也不大合理。「喦」字在古書裏與「巖」通用，如「巉巖」、「嶄巖」亦作「巉喦」、「嶄喦」。「巖」從「嚴」聲，這兩個字古代也可以通用。前面已經説過，「嚴」跟「從品相連」的「喦」音義皆近，前者很可能是後者的孳乳字。所以，「巖」跟「從品相連」的「喦」本來大概也可以通用。頗疑古代本無從「山」的「喦」字，但是有時假借「從品相連」的「喦」字爲「巖」。「巖」字從「山」，「喦」字下部恰與「山」字相似。因此，有的人就誤以爲用如「巖」字的「喦」是從「山」的，把它跟一般的「喦」字分了開來。見于説文的篆文「」，大概是在這種誤會産生之後追造出來的。不過，也有可能從「山」的「喦」是由甲骨文中「喦」字作的一體訛變而成的。如果確是這樣，這個字就應該出現得比較早了。

説文又有「碞」字。石部：「碞，磛喦。從石、品（小徐本「品」下有「聲」字）。周書曰：畏于民碞，讀與巖同。」這個「碞」字又應該是從「山」的「喦」字的後起異體。説文引周書語見召誥。從文義推敲，「畏于民碞」的「碞」本應作「從品相連」的「喦」。俞樾羣經平議以爲「畏于民喦」即詩所謂「畏人之多言也」，似可信。大概召誥原文中「從品相連」的「喦」，先被誤認爲從「山」之「喦」，後來又被改成了「碞」。

最後，考查一下見于骨面刻辭的喦的地望。説文品部「喦」字下引春秋經地名「喦北」，今本作「聶北」。春秋僖元年：「齊師、宋師、曹師次于聶北，救邢。」杜注：「聶北，邢地。」春秋傳説匯纂：「今東昌府聊城縣東北有聶城。齊之西界近邢地。」這個「聶」也可以寫作「攝」。左傳昭二十年：「晏子曰：……聊、攝以東，姑、尤以西，其爲人也多矣。」杜注：「聊、攝，齊西界也。平原聊城縣東北有攝城。」江永春秋地理考實以爲「聊攝」之「攝」與「攝北」之「聶」爲一地。其説可信。水經注河水五：「（黄溝）又東北逕攝城北，春秋所謂聊攝以東也。俗稱郭城，非也……京相璠曰：聊城縣東北三十里有故攝城、博平之間。」商代的喦可能就在這裏。

古代宋、鄭之間也有名喦之地。春秋哀十三年：「春，鄭罕達帥師取宋師于喦。」左傳哀十二年：「宋鄭之間有隙地焉，曰：彌作、頃丘、玉暢、喦、戈、錫。」釋文：「喦，五咸反」，盖以爲是從「山」之「喦」。前面已經説過，古代文字裏起初大概只有一個「從品相連」的「喦」字，從「山」的「喦」是後起的。所以，商代的喦也有可能就是宋鄭之間的喦。

見于骨面刻辭的叜，是檢視卜骨的人。在商代，地名與族氏往往相因，族氏與人名也往往無别，「人多不另舉其名，即以其國族名之，如今人之稱姓也」。叜大概就是一個叜族人。上引第（7）辭稱「史叜」，史當是叜的職務。【説「喦」、「嚴」 中華文史論叢增刊語言文字研究專輯】

◉連劭名 甲骨文的□字僅見于記事刻辭，例如：

己酉，□示十屯，□。 續五・二五・六

……廿屯，□示。犬。 前七・二五・二

……□示……。 京津三一三

□示。 南南二・三〇

卜辭中又見有□字，舊釋爲喦，□字應是□字的簡體：

……乞自□廿屯，小臣中示茲。 前七・七・二

辛丑乞自□廿…… 粹一四九三

辛丑乞自□廿…… 唐一六三五

……乞自□廿…… 京津三〇五

……□廿屯小…… 六曾一八

□與□都是人名，依字形分析，此字可釋爲嚴，金文中的嚴字有：

□ 㝬鐘 □ 楚王酓璋戈 □ 虢叔鐘

其字皆从□、从敢。□字的寫法與甲骨文相比，稍有訛變，敢當爲聲符。説文解字：「嚴，从吅，厰聲。」説文解字：「厰，从厂，敢聲。」【甲骨文字考釋 考古與文物一九八八年四期】

◉徐中舒 □續五・二五・七 □前七・七二 從品品下部以↓相連作□，□下或又從□人。《説文》：「喦，多言也，从品相連。《春秋傳》曰：『次于喦北』。讀與聶同。」自甲骨文字形觀之，象一人之言，如三口所出，會多言之意。今本《左傳》僖公元

年㗊作聶。聶北爲邢地，甲骨文㗊爲國族名，疑與聶北之地有關。《説文·言部》有讘字，當是後起之形聲字。卷九山部有㗊，釋㗊，「山巖也」，與、非一字。【甲骨文字典卷二】

喿

喿 弔喿父簋 【金文編】

145 【包山楚簡文字編】

喿 日甲三一背 二例 通譟 鬼來陽灰毄箕以—之 日甲三一背 【睡虎地秦簡文字編】

喿王孫 喿成 【漢印文字徵】

◉許 慎 鳥羣鳴也。从品在木上。穌到切。【説文解字卷二】

◉林義光 説文云。鳥羣鳴也。从品在木上。按象三口在木上。古作叔喿父敦。【文源卷六】

◉高田忠周 説文。鳥羣鳴也。从品在木上。葢作字之意。與雧字同。彼主鳥羣而製。故从雥。此主羣鳴而製。故从品。三隹三口。即多略不過三之例也。今俗作噪。更加一口。甚非。【古籀篇三十】

◉馬叙倫 陳漢章謂喿从三口。不从品得義。其説似是。然倫謂喿非从三口。或从品在木上。乃从品。朳省聲。義當爲衆評。即噪之本字。漢書五行志。厲王使贏而噪之。應劭曰。羣呼曰噪。穀梁定十年傳。齊人鼓噪而起。注。羣呼曰噪。是其證。喿爲囂之同摩擦次清音。又聲同幽類轉注字。喿聲宵類。古讀宵歸幽也。鳥羣鳴也者。説解捝本訓。後校者依字形補之。不悟如爲羣鳥鳴不得从品也。下文龠之説解亦非許文。可證此文説解亦有脱失矣。叔喿父毁作。然疑是䍜字。【説文解字六書疏證卷四】

◉朱芳圃 藏一八五·三 拾六·二 前二·二〇·五 前二·二一·五 前二·四一·三 前四·四七·一 滬三·四三 前七·二八·一 後下三五·一 林二·一八·二〇 戩一〇·五 戩一〇·六 粹九七四 䨏侯毁 䨏侯鼎 師䨏父鼎 弔䨏父毁 弔喿父毁 上揭奇字，羅振玉釋䨏，謂「許書無䨏字而有咢，注『譁訟也。从吅，屰聲。』集韻『蕚或作䨏。』以是例之，知䨏即許書之咢矣。䨏字見於周官，以卜辭諸文考之，知从王者，乃由傳寫而譌。」殷虚書契考釋中七五。葉玉森釋喿，謂「疑从木，从三口或四口，竝爲喿字。説文：『喿，鳥羣鳴也。从品在木上。』卜辭文字凡表衆多之意者，往往較篆增繁，如彝之作彝，嚚之作嚚，是其例也。」殷契鉤沈五。桉羅、葉二説是也。喿與龠實一字，象羣鳥棲於木上，衆口爭鳴之形。古音讀sâu mgâu或sâk mgâk，肖其聒譟之聲也。孳乳爲卒愕，宋玉高唐賦：「卒愕異物，不知所出」，爲錯愕，後漢書寒朗傳：「而二人錯愕不能對」，皆以狀驚慌失聲之容。倒之則爲嚄唶，史記信陵君傳：「晉鄙嚄唶宿將」，正義引聲類云：「嚄，大喚；唶，大呼。」爲啞咋，太玄樂次三：「嘄呱啞咋，號咷倚户。」【殷周文字釋叢卷下】

龠 龠

前五·一九·二 郭沫若釋龠象編管之形从㗊示管頭之空説文云从品侖侖理也非是 前五·一九·三 前五·一九·四 後一·四·三 林二·七·四 戩二·九 粹二二〇 粹二二六 河四七八 零二〇 掇二·一二二 明藏三六二 坊間二·八八 坊間四·三七六 佚三九七 佚八七二 京津三三八四 存下七四 存下六一一 存下六四一 明二九七 明一二四一 明一九九五 安三·二〇 安九·五 庫一三六九 七w一二 庫一八四五 【甲骨文編】

珠276 零20 佚397 871 續1·9·2 5·30·2 録478 書1·6·C 1·6·E 續存1565 粹220 226 新3384 【續甲骨文編】

龠 不从亼 散盤 經典作禴説文作礿夏祭也 臣辰卣 隹王大龠于宗周 臣辰盉 【金文編】

龠 爲九 通鑰 門户關— 【睡虎地秦簡文字編】

龠 龠裴光遠集字 龠以勺切出義雲章 【汗簡】

裴光遠集綴 汗簡 【古文四聲韻】

◉許慎 龠樂之竹管。三孔。以和衆聲也。从品侖。侖。理也。凡龠之屬皆从龠。以灼切。【説文解字卷二】

◉林義光 說文云。龠樂之竹管。三孔。以和衆聲也。从品侖。侖理也。按品侖非義。古龢作□番生敦。象手按龠。則□象管籥相並形。A倒口在上。所以吹之。古作□井人鐘作□虢叔鐘並龢字偏旁。【文源卷六】

◉高田忠周 說文。龠樂之竹管。三孔。以和衆聲也。从品侖。侖理也。然此品轉義而亦叚借也。从二口者爲省文。侖有條理之意。聲有條理故得和衆聲也。經傳借籥爲之。爾雅大籥謂之産。其中謂之仲。小者謂之箹。詩簡兮左手執籥。傳。六孔。然不必三口。从三口者多孔之意。亦多略不過三之例耳。愚竊謂籥龠同字竹管。故从竹以爲形義。又从品侖以會意。固爲至當矣。若夫籥下曰。書僮竹笘也者。叚借託名幖識字。故其義經傳無徵也。【古籀篇五十】

◉王國維 金文恆見□。音讀不可知。然則龠字。殆从亼从冊也。【劉盼遂記説文練習筆記 國學論叢第二卷第二號】

◉商承祚 郭沫若先生云:「龠字説文以爲『从品侖,侖,理也。』然考之金文,如克鼎之『錫女史小臣霝龠鼓鐘』作□,而从龠之龢字,如王孫遺諸鐘、沇兒鐘、子璋鐘、公孫班鐘之作□,𠭯鐘之作□,虢叔鐘之作□,字均不从品侖。諦視之,實乃从A象形。象形者,象編管之形也。金文之作□若□者,實示管頭之空,示此爲編管而非編簡,蓋正與从A冊之侖字有別。龠當爲編管之樂器,其形轉與漢人所稱之簫相類。周禮春官『小師掌教簫管』,鄭注云『簫編小竹管,如今賣飴餳所吹者。』周頌有瞽箋亦同。許君于簫字亦注云『參差管樂,象鳳之翼』。此與笙籟無別矣。惟可異者,漢人之簫與今制不同。今人之簫爲單管。」散盤作□,與此近。疑龠之初體本如此作,从A,又當在後矣。【甲骨文字研究下編】

◉郭沫若 㗊乃古龠字,象編管而管端有空,古龠實編管而非單管。卜辭及金文每叚㗊爲禴,此以「攻㗊」連文,則又叚爲躍,易萃之六二「孚乃利用禴」,釋文「禴蜀才本作躍」。【壼鼎 兩周金文辭大系圖録考釋】

◉馬叙倫 三孔者。周禮笙師禮記少儀明堂位鄭注。風俗通義爾雅釋樂郭注。並同。五篇。籟。三孔龠也。淮南説山訓高注亦曰籟。三孔龠。惟高注吕氏春秋遇合篇作二孔龠。檢散氏盤有□字。以邾公牼鐘□字證之。□即龠字也。僅二孔。金文从龠之字皆作□。甲文□□□□郭沫若釋禴。亦二孔。無作三孔者。疑三孔之説起於篆文既譌之後。或謂詩簡兮傳。龠。六孔。廣雅。籥。七孔。則金文作□。示非一孔而已。然桂馥據本書管六孔。謂詩之龠。傳曰。六孔者管也。朱駿聲謂廣雅。龠謂之笛。有七孔。七孔者。即笛。倫謂龠以和衆聲。不宜無定孔。則據金文宜爲二孔。且竹部籟訓三孔龠。則龠非三孔明矣。蓋説解挩本訓。今所存者校語。或本作樂器也。校者據風俗通加樂之竹管三孔所以和衆聲也。今又有挩耳。惜古龠今尚未發見。無可證。龠字當依甲文及散盤作□□。本象樂器之形。後以掍於□□字。加A爲別。此後起之俗字。蓋象形爲圖成其物。乃原始之文。不能附以他字者。理勢然也。本書舊言象形而某聲者。今皆證其不然矣。蓋龠是樂器。器有形可象。不待加口而其形固自可識爲龠也。若从口而以㗊象形。則爲指事。是以口爲義之所從生。而㗊轉爲附屬之具。即龠不純爲樂器之義矣。惟由圖畫性之象形龠字變爲篆文。而與冊掍。乃加形以別之。雖於理謬。而於情尚可通也。然倫疑从㗊合聲。實㗊之轉注字。甲文有龠。蓋譌變。侖理也明是校語。【説文解字六書疏證卷四】

◉郭沫若　臣辰盉「隹王大龠于宗周，𢓊饔莽京年，在五月」。

龠假爲禴，周禮春官「以禴夏亯先王」，爾雅釋天「夏祭曰礿」，此在五月，與二書合，然王制以礿爲春祭，又彝銘無紀時季之例，有冬夏字，均非時節之名。禴是否即夏祭之專名，尚未敢必。【周彝中之傳統思想考　金文叢考】

◉饒宗頤　壬申卜，大貞：王宓，㗊，叙。亡尤。（存真一集四，文録四七八重）

按㗊卽龠，謂用籥也。佚周書世俘解：「祀于位，用籥于天位。」而記籥人一奏武，王入進萬。春秋宣八年：「辛巳，有事于太廟，仲遂卒于垂。壬午猶繹，萬入，去籥。」知祭時萬舞與奏籥每并行之。觀詩簡兮之「執籥」，賓之初筵之「籥舞」可證。卜辭或言「龠」，或言「羽」，龠爲用籥，羽卽羽舞。【殷代貞卜人物通考】

◉高鴻縉　龠之爲器乃編管爲之。故其形爲龠。甲文金文从二口。小篆从三口。二口三口皆所以象管端之孔。周禮禮記鄭注爾雅郭注並同曰三孔。惟毛傳云六孔。廣雅言七孔。是龠者編多管而成也。不必三管。字本象形。後又加亼（音集）爲聲符。故作龠。後人又加竹爲意符。故作籥。詩簡兮左手執籥。右手秉翟是也。原字卜辭借爲祭名。後人變之爲禴。【中國字例二篇】

◉張日昇　从品从侖之説學者已非之。龠爲管樂器。編竹而成。字本作龠。不从亼。象形。高鴻縉謂亼（集）爲後加聲符。然龠古音在宵部diɑk。亼在緝部tsiəp。高説非是。竊疑亼乃口。龠象以口吹㗊。樂器之名除象樂器外更以演奏動作以足意者。亦猶鼓磬等字之从攴也。亼爲口即欿之所从。許氏分割字形強爲解説。不可信也。【金文詁林】

◉徐中舒　龠乙六〇七三從龠從∨。所會意不明。疑爲龠之異體。【甲骨文字典卷二】

◉戴家祥　龠字从㗊从亼，㗊象樂管之形，三孔以和衆聲也，亼象人口向下張開之形。如金文歙字作歙，易需「君子以飲食宴樂」。虞注：「水流入口爲飲」，所从之亼也爲口，是其證也。龠字象張口吹奏樂管之形。因爲在吹奏時，還要手按樂管的孔竅，故又可从又，番生𣪘作龠。龠爲竹管樂，故又可添加竹旁，寫作籥，如詩簡兮「左手執籥」，籥即樂管，公羊傳宣公八年「籥所吹以節舞也」。籥又可以加上頁旁作顲，説文九篇顲聲讀與籥同。小爾雅廣言「顲，和也」。顲籥聲義皆同，金文龠字，陳夢家疑是龢即和之初文。「大和于宗周」猶書康誥「四方民大和會」之和。見金文論文選七六葉，西周銅器斷代士上盉。【金文大字典下】

龡

◉許　慎　龡籥。音律管壎之樂也。从龠。炊聲。昌垂切。【説文解字卷二】

◉馬叙倫　鈕樹玉曰。繫傳無聲字。韵會有。倫按籥字隸書複寫之未删者也。音律管壎之樂也當作樂器也。蓋有校語糝入。唐寫本切韵殘卷五支引。籥。音理管之樂也。亦有譌。【説文解字六書疏證卷四】

䶵

◉許　慎　䶵管樂也。从龠。虒聲。直离切。篪䶵或从竹。【説文解字卷二】

◉馬叙倫　沈濤曰。一切經音義十八引作管樂也。有七孔。十九引作管有七孔。合兩引互訂。是古本作管樂也。有七孔。田吳炤曰。小徐本管樂也下有七孔二字。桂氏引諸書七孔八孔六孔各不同。而推求皆合。説見義證。是小徐本是。倫按本作樂器也。管有七孔校語。今文唐人所删改也。【説文解字六書疏證卷四】

龢

前二·四五·二　寧滬一·七三　京津四八三二　【甲骨文編】

新4832　前2·45·2　【續甲骨文編】

龢　不从龠經典通作和　邾公釛鐘　禾字重見　龢爵　爤盤　益公鐘　邾公牼鐘　邾公華鐘　師嫠簋　叡鐘　虢弔鐘　𤼈鐘　中義鐘　井人妄鐘　昆疕王鐘　師兑簋　魯邍鐘　秦公鐘　庚兒鼎　子璋鐘　王孫鐘　沇兒鐘　邛君壺　攻敔臧孫鐘

从音从禾　𠑹兒鐘　【金文編】

3092　从音、从禾，與余義鐘龢字同。【古璽文編】

◉許　慎　龢調也。从龠。禾聲。讀與和同。户戈切。【説文解字卷二】

◉林義光　説文云。龢調也。从龠。禾聲。按古作龢番生敦。象手按龠形。亦作龢子璋鐘。【文源卷六】

◉商承祚　龢　説文解字。龢。調也。从龠。禾聲。讀與和同。此从龠省。【殷虚文字類編】

◉高田忠周　説文。龢。調也。从龠。禾聲。讀與和同。一切經音義六引説文音樂和調也。實其義也。字从龠可證也。周語聲相應保曰龢。本字本義。【古籀篇五十】

◉郭沫若　説文和龢異字。和在口部，曰「相譍也，从口禾聲。」龢在龠部，曰「調也，从龠禾聲，讀與和同」。是許以唱和爲和，以調和爲龢。然古經傳中二者實通用無別，今則龢廢而和行，蓋龢和本古今字，許特強爲之別耳。

卜辭有龢字，文曰「貞上甲龢眔唐」前二卷四五葉二片，羅釋龢，謂「从龠省」，是矣。案龠字説文以爲「从品侖，侖，理也」，然考之古金文，如克鼎之「錫女史小臣霝龠鼓鐘」作龠，而从龠之龢字，如王孫遺諸鐘沇兒鐘子璋鐘公孫班鐘之作龢，𪏆鐘之作龢，魯遼鐘之作龢，虢叔鐘之作龢，卬君婦壺之作龢，字均不从品侖。諦視之，實乃从亼象形，象形者象編管之形也。金文之作□若□者實示管頭之空，示此爲編管而非編簡，蓋正與从亼册之侖字有別。許書反以侖理釋之，大悖古意。

龠字既象編管，與漢以後人釋龠之意亦大有別。後人均以爲單獨之樂管似笛，然或以爲三孔，説文解字，鄭玄周禮笙師禮記少儀明堂位注，郭璞爾雅釋樂注。或以爲六孔，毛詩邶風簡兮「左手執籥」傳。或以爲七孔，廣雅。是皆未見古器之實狀而縣擬之耳。形之相悖既如彼，説之差參復如此，故知漢人龠似笛之説全不可信。

爾雅釋樂云「大籥謂之産，其中謂之仲，小者謂之箹」，而説文籟字注云「籟三孔龠也，大者謂之笙，其中謂之籟，小者謂之箹。」是則龠之與籟是一非二。莊子齊物論云「人籟則比竹是矣」，籟爲比竹，與龠之字形正相一致。許知籟龠爲一而不知龠，故以「三孔龠」釋籟，其誤與龠下注云「樂之竹管，三孔」者正同。知龠籟爲比竹，則知其大者自當爲笙，爾雅「産」字蓋形近而訛，不則當因後人不識龠而妄改者也。仲籟之異，其理亦同，蓋後人以籟爲簫，疑中龠名籟與龠不合也。

知此，則詩簡兮之「左手持籥，右手秉翟」而後方可説明。詩之意，殆言萬舞者以樂器自爲節奏，右手秉翟而舞，左手持籥而吹，龠而果似笛，乃或六孔七孔，則隻手不能成節奏，而左手尤不能也。疑三孔之説即爲調和此詩而生，蓋三孔則左手勉強可能也，然説文於笛字注下云「羌笛三孔」，則知中國古無三孔之笛。今知龠本比竹，於詩之義乃豁然貫通，蓋比竹如今之口琴，隻手優能吹之，即左手亦優能吹之也。在狂舞之時舞者自吹此單純之樂器，節奏亦容易構成，迥非笛之比矣。故此詩於此適可爲互證，蓋由龠始得解詩，由詩亦可以知龠也。

知龠則知龢。龢之本義必當爲樂器，由樂聲之諧和始能引出調義，由樂聲之共鳴始能引伸出相譍義，亦猶樂字之本爲琴，羅説「象絃附木上，其加白者乃象調絃之器」，案即琴矣。乃引伸而爲音樂之樂與和樂之樂也。引伸之義行而本義轉廢，後人只知有音樂和樂之樂而不知有琴絃之象，亦僅知有調和譍和之和而不知龢之爲何物矣。然龢固樂器名也。爾雅云「大笙謂之巢，小者謂之和」，説文笙字下亦引此。此即龢之本義矣。當以龢爲正字，和乃後起字。字之从龠，正表示其爲笙，故此亦正可爲互證。蓋由龠可以知龢，由龢亦可以返知龠也。【釋龢言　甲骨文字研究】

◉郭沫若　眘字於本銘中凡兩見，此言「眘燮萬邦」，下文言「眘親百菁」，均有和協之意。秦盄龢鐘亦有此字，曰：「作盄龢〔鐘〕，氒名曰眘邦。」三字略有小異，不知孰是正體，然揆其字均可釋和，疑即龢之別構也。盄龢鐘雖已出龢字，然一字異文同見於一銘者，古器中往往有之，如夨令彝器之𤰈𤰈，夨令彝毛公鼎之事旋，夨令𣪘之揚𠨷，是也。「龢燮萬邦」猶帝典之「協和萬邦」，盄龢鐘之「𩜁(柔)燮百邦」。【晉邦盦韵讀　殷周青銅器銘文研究卷二】

◉吳其昌　其變化之源流統系，瞭然可見如下表：

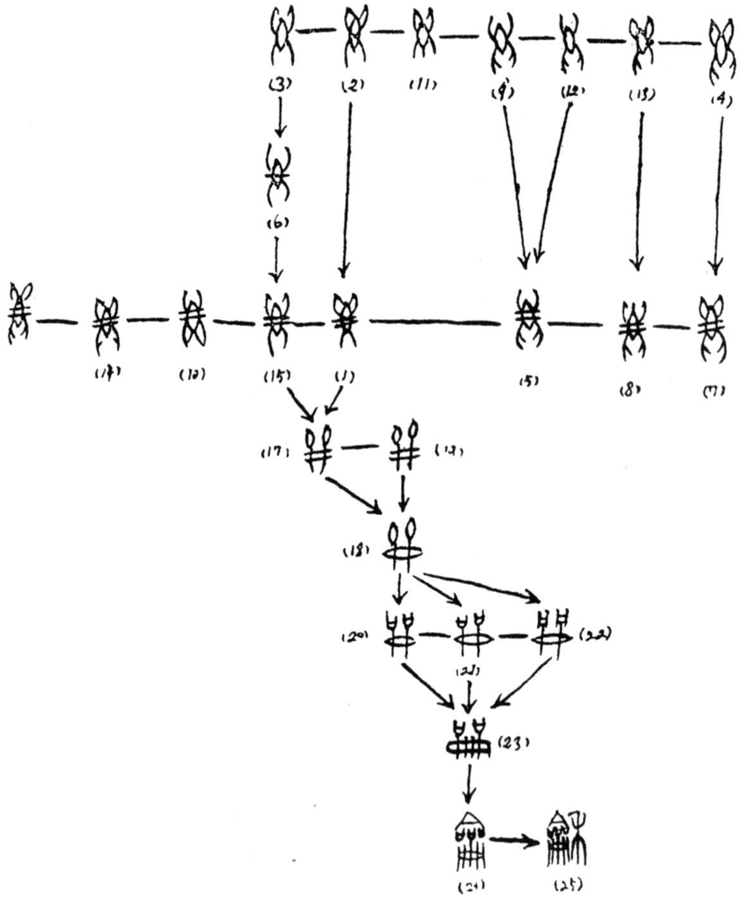

其原始之形，雙翼服脅，大眼突頂，繪一蟬狀，宛然逼肖。蟬鳴嘒嘒，初民所悦；截竹偶吹，聲乃類之；於是踴躍歡抃，大喜過望。乃有賢哲，天性擅樂，遂製爲龠，以效蟬鳴。故即蟬形以爲龠也。説文：「龠，樂之竹管三孔，以龢衆聲也。以灼切。」按「以灼切」者，曼聲呼之，正類蟬鳴，此龠爲竹製模倣蟬鳴之樂器之證也。原始初民，農稼未興，尚無耒耜錢（即泉象鏟形）鎛，故未有金音（金音之樂，起于耒鎛觸石，礌然悦耳。合鑄兩鎛，遂成一鐘，故鐘亦名鎛，正象兩鎛相合之形。此另有考。）其簡陋樂癖，不過擊石拊石，撞缶撫髀；此外引弓射禽，以聽弦振而已。其聲韵最曼而最龢者，莫如吹管以象蟬吟，故引申之義，「禽」爲「龢」也。

山海經海内經「帝俊有子八人，是始爲歌儛。」子不必定爲父子，蓋意謂後人。帝夋，即帝舜也；上古關於音樂之傳説，皆集中於帝夋或帝舜。以帝夋或帝舜爲中心，而上下及其父祖與子孫（詳上龍疏），皆以爲創樂或典樂者。此「龢」之得名，殆即創始發明截竹以象蟬吟之人歟？【卜辭所見先公先王三續考　燕京學報第十四期】

◉葉玉森　羅振玉氏釋龢謂从龠省。書契考釋第七十二葉。郭沫若氏曰。和爲笙。儀禮鄉射記。三笙一和而成聲。鄭注云。三人吹笙一人吹和是也。余謂當與「其鼓彤告于唐」「其壴于唐」同例。蓋彼用鼓以助祭。此用龢以助祭也。甲骨文字研究釋龢言。森桉。郭氏所舉二例。鼓字上竝有其字。下竝有于字。本辭之龢則緊接上甲。辭例不同。設易龢爲笙。而云上甲笙亦不辭。猶易前舉二辭爲唐鼓也。龢字是否訓笙。尚難塙定。【殷虚書契前編集釋卷二】

◉陶北溟　中韓戲揚。韓古龢字。从音。軌聲。軌之讀爲禾。猶韓之讀爲何。若干之讀爲若箇。和夷之讀爲桓夷。皆其證。【舊雲會金文釋略　古學叢刊藝篇】

◉鮑　鼎　□古籀補入附録。云。王懿榮釋作龢。【窓齋集古録校勘記】

◉馬叙倫　鈕樹玉曰。小徐讀下捝與字。沈濤曰。一切經音義六引作音樂和調也。以下文龤注樂和龤也例之。古本蓋作樂和調也。玄應書衍音字。今本奪樂和二字。郭沫若曰。龢和一字。調也非本義。龢爲樂器之名。爾雅。大笙謂之巢。小者謂之和。儀禮鄉射記。三笙一和而成聲。鄭注。三人吹笙。一人吹和。是其證也。倫按本訓樂器也。音義所引者校語。捝本訓矣。金文如叔向毁克鼎叔氏寶林鐘番生毁皆从□作□。吳大澂謂象以手按龠之形。甲文作□。省龠之孔。倫謂龢即龠之轉注字。龠古音蓋如合。禾合音並匣紐也。番生毁叔向毁等作□。从□。蓋从加省聲。加亦从口得聲也。加禾聲同歌類。則與龢非一字。而爲轉注字也。或謂䚘伯毁作□。从兩手也。則或以篆形與□捉而增手爲別也。非初文矣。以龠所以和衆聲。故引申爲調和。口部之咊即龢之省。魯遵鐘作□。卬君壺作□。去象形之□。即咊字也。唱和亦和衆聲之引申義。字當依邾公鐘作□爲正。【説文解字六書疏證卷四】

◉張　頷　張萬鍾「龢」字一鼎作「龢」，一鼎作「龢」，與「沇兒鐘」銘文中「自作龢鐘」之「龢」字意味亦相同。「龢」之一字于鐘習見，如「沇兒鐘」有「自作龢鐘」、「龢會百姓」之句。「王孫遺者鐘」有「闌闌龢鐘」之句。在鼎的銘文中「龢」字少見，特别是「用龢」的句子更爲罕見。此鼎「用龢」之意與鐘銘文「龢」字不同，可通于「盉」，亦「和」字，蓋五味調和之意。詩《商頌》：「亦有和羹」箋：「和羹者五味調，腥熱得節，食之于人性安和……」。【庚兒鼎解　考古一九六三年第五期】

◉馬薇廎　龢字係从龠禾聲，龠聲之調和也。龗字从龠省从霝，霝，善也，龠聲之善也，與龢同意，疑亦龢字。或釋爲霝、錋二字，非是。【彝銘中所加於器名上的形容字　中國文字第四十三册】

◉趙　誠　龢即《周禮·地官·土均》「以和邦國都鄙之政令刑禁」之和。王引之《經義述聞》曰：「和，當讀爲宣。」宣佈德教禁令之意。「初斆龢于政」和《周禮·天官·大宰》的「始和布治于邦國都鄙」相近，説的是周文王初封爲西伯時，宣佈治國大典，協和了邦國。「上帝降懿德大屏」是説上天降給文王以懿美之德以及得力的諸侯作藩屏，意即文王膺受天命將成爲人君而「匍有上下，迨受萬邦」。這就是《尚書·武成篇》所説的「我文考文王，誕膺天命，以撫方夏。」【牆盤銘文補釋　古文字研究第五輯】

◉戴家祥　説文二篇龠部「龢，調也，从龠，禾聲。讀與和同」。按許説非是，龢本小笙之名，爾雅釋樂「大笙謂之巢，小笙謂之和。」郭璞注「大者十九簧」，和「十三簧者」。釋文引孫炎注「和，小笙是也」。許書龠字注云「樂之竹管，三孔以和衆聲也。」龠笙爲吹奏樂器，故小笙之龢，表義从龠。儀禮鄉射記「三笙一和而成聲」，鄭注「三人吹笙，一人吹和，凡四人也。」和應作龢。和爲唱和之和，从口禾聲，調和之和字應作盉，从皿，禾聲。三者各有專字，形義昭然，後世苟趨便捷，任意假借，以和爲龢，以龢爲盉。許氏襲非成是，每以字之假義説字之本義，遂使形義舛誤，捍格難通。【金文大字典下】

龤

◉許　慎　龤樂和龤也。从龠。皆聲。虞書曰。八音克龤。户皆切。【説文解字卷二】

◉馬叙倫　鈕樹玉曰。繫傳龤作諧。非。玉篇引無也字。沈濤曰。一切經音義十二引。龤。樂和也。乃傳寫奪一龤字。倫按龤字乃隸書複舉字之譌入於下者也。本訓龢也。樂和也則校語。龤龢雙聲轉注字。【説文解字六書疏證卷四】

冊

甲七四三　册祝　甲一四八三　甲一五五七　甲一五六〇　甲一六六三　乙一四五　乙二〇七册入

乙一七一二　再册　乙三一九八　横筆未刻　乙四六二九反　作册　鐵一六五·三　前四·三七·六　前

五・一七・三　前七・一二・四　前七・二五・三　前七・三九・一　林一・二二・一四　粹一　叀册用
粹二六五　粹五一九　册祝　粹一〇二七　叀䎽𢦏册用　粹一〇九七　粹一三二五　佚三七　佚八
七二　續三・五・五　京津一七九　册入　京津一八〇　京津七〇五　京津一三八四　存六八三
京都二二六三　前二・四〇・七　或从兩手捧册置於二上疑為典之初文　工𦥑　前三・二八・五　前四・四三・四　後
一・一〇・九　後一・二一・三　後二・二〇・七　𦥑字倒書　簠帝七　續一・五・一　珠二四四　珠四
九五　存下九七三　陳九二　京都一八七六　或从収　河七六〇　掇一・四五〇𤔲伐召方　京津
一三八〇　爯册　京津二五三〇　京津四八五二　前四・三七・五　明二〇九　明七八・九　甲一三七四
或从又持册金文弜父丁觶亦有此字容庚釋典　粹七八四　叀䎽至　粹一・〇二七　佚九三二　京都一八七九　【甲骨文編】

甲237　743　1483　1560　1665　1712　乙3624　6404　6746　7739
7793　7919　8935　珠366　1208　佚537　872　續3・5・5　3・10・2　5・23・1
徵2・54　8・33　9・3　9・36　11・89　12・46　京3・30・2　龜卜4　續存683
685　693　696　摭續141　粹1　265　478　519　1090　1097　1325
新4320　4849　【續甲骨文編】

册　木工鼎　父乙卣　陸父乙角　杠觶　𠦪鼎　般甗　𣪕盉　矢方彝　作册官名

矢尊 令簋 作冊睘卣 作冊大鼎 盠方彝 輔師嫠簋 師嫠簋 睘卣 䵼卣 趩簋 望簋 吳方彝 諫簋 免盤 免簋 元年師旋簋 十三年瘐壺 四年瘐壺 寰盤 無叀鼎 師虎簋 弭弔簋 師酉簋 豆閉簋 師奎父鼎 休盤 舀壺 㲃簋 頌鼎 頌壺 頌簋 克鼎 元年師兑簋 田父丁簋 叡壺 臣辰卣 臣辰盉 木工簋 天工册父己簋 工册合文 臣辰父癸簋 辰册合文 【金文編】

布空大 豫孟 仝上 【古幣文編】

祀三公山碑 將作掾王箭 說文册古文作笧 【石刻篆文編】

册 册見尚書 上同 册出裴光遠集綴 【汗簡】

古尚書 義雲章 裴光遠集綴 汗簡 【古文四聲韻】

◉許　慎　冊符命也。諸侯進受於王也。象其札一長一短。中有二編之形。凡冊之屬皆从冊。楚革切。笧古文冊从竹。【說文解字卷二】

◉阮　元　笧當是冊之異文。古文冊有从竹。或从日者。此以竹指事。以日諧聲。是冊字也【宂彝　積古齋鐘鼎彝器款識】

◉林義光　說文云。冊象其札一長一短中有二編之形。按古作冊無叀鼎作冊師奎父鼎作冊師嫠敦。【文源卷一】

◉孫詒讓　「冊再立□」百六十五之三。《說文·冊部》:「冊,符命也,諸侯進受于王者也。象其札一長一短,中有二編之形」。金文冘敢、吳尊皆作冊,中从四札,此與彼同。【栔文舉例下卷】

◉羅振玉　說文解字。冊象其札一長一短中有二編之形。古文从竹作笧。卜辭中諸字與古金文同。或增廾。象奉冊形。【增訂殷虚書契考釋】

◉王國維　冊其制長者一尺。一尺當係二尺之誤。又云。注冊字五直一長一短。象其意而已。此說非是。冊之一短一長者。惟冊命王侯則然。【劉盼遂記說文練習筆記　國學論叢第二卷第二號】

◉商承祚 甲骨文金文作冊。與篆文同。甲骨文又有从収作冊者。即冊命之意。金文師酉𣪘作冊。象簡與筆相間。則⺮乃卄傳寫之誤。【說文中之古文考】

◉郭沫若 冊乃書寫之意，某冊猶今人録下欵言某人書也。【令𣪘 兩周金文辭大系圖録考釋】

◉郭沫若 「叀冊用」與「叀祝用」爲對貞，祝與冊之別，蓋祝以辭告，冊以策告也。書洛誥「作冊逸祝冊」乃兼用二者，舊解失之。【殷契粹編第一片】

◉馬叙倫 鈕樹玉曰。韵會引王下有者字。沈濤曰。華嚴經音義上引符命也。謂上聖符信教命以授帝位。上聖以下十一字當是注文。文選冊字總題注引王下無也字。中有二編之形作中有二編也。王筠曰。金刻冊字約有冊冊冊冊冊冊諸體。其編皆兩。其札或三或四或五。以見札之多少不等。非止兩札。其長短或齊或不齊。亦似用筆之變。非果有參差也。饒炯曰。古人小事書於方。大事書於冊。蓋竹削不編曰簡。對冊爲文。編之曰冊。古者符命用冊敕臣。意蓋取此。其實冊本簡編通名。倫按冊篆本作冊。或作冊。象編簡之形。簡度齊一。以圖畫之。故當分陰陽遠近。故若有長短。政齊篆形。遂如金文諸體。董作賓以爲最初所象之形。非簡札而爲龜版。版有長短也。然商人卜而棄龜。而冊篆之形自爲編簡。倫目驗漢木簡。其上近耑有孔。所以受編。簡多編而卷之。則如商父乙鼎十二月作冊羽史易賣貝之冊形。然編止一。故雖編而可讀也。今商家有竹千。即竹簡之譌名。其上近耑亦有孔。與漢簡同。亦受編可卷。然則冊當訓編簡也。符命非本義。冊即所謂書之本字。故廣雅釋詁。笧。書也。書爲史之轉注字。史音審二。冊音穿二。同爲舌尖後音。音轉耳。故古率借書爲冊。諸侯進受於王也及慧苑所引上聖十一字。亦校語。蓋本作某也。諸侯進受於王者也。符命也。上聖符信教命以授帝位。今捝本訓。校語復有刪乙矣。望𣪘作冊。吳尊作冊。頌鼎作冊。無叀鼎作冊。木工鼎作冊。師嫠𣪘作冊。甲文作冊。

笧 沈濤曰。據華嚴經音義云。冊字或作笧。則笧乃或字。非古文。商承祚曰。師酉𣪘冊字作冊。象簡與筆相間。則从竹乃卄之譌。爲會意字。倫按玄應一切經音義引古文官書。刻。古文𠜇同。𠜇蓋从刀。冊聲。冊即冊字。𠜇即删字也。冊爲編簡。乃象形字。安得并筆而編之。倫謂此爲冊之譌。乃柵之初文。古文書中借爲冊耳。金文祝冊字當作冊。或借冊爲之。冊非編簡之冊。乃史之異文。从冊从二筆會意。冊音穿二。史音審二。同爲舌尖後音。古讀又歸透也。故得相借。如今篆當爲从竹。冊聲。冊之後起字。左定四年傳釋文。筴。本又作冊。或作笧。則此篆自有。師虎𣪘作冊。【說文解字六書疏證卷四】

◉郭沫若　卌即册之緐冗文，故意作此以取媚也。矢令𣪘銘末有□册二字，器蓋均同作。矢令方彝銘末亦有此二字，蓋文作□册，器文作□。同銘之尊與器文同。同出之作册大鼎三，銘末均作□册。是知册卌無二致。册者書也，題也。臣辰册卽臣辰題，猶今人之落下欵也。【臣辰盉銘考釋　器銘考釋　金文叢考】

◉唐　蘭　「卌」，彝蓋作「册」。凡古器銘末多記官氏。如稱「亞」者，余既别爲文以釋之。按此器末及乍册矢令簋、乍册大鼎並記「雋卌」，乍册翻卣記「□卌」，乍册般甗記「來册」，則知記「卌」或「册」者，作册氏也。其作雋、□、來諸字，乃其本姓氏也。（《薛氏欵識》寋蕽鼎有「□卌」，其銘云：「乍册友史易畫貝」，又臣辰盉、臣辰卣、臣辰壺、臣辰爵殆皆史寅所作，均記臣辰卌先，則皆作册氏也。其他見於《殷文存》、《窓齋集古録》等書者，如「□卌」、「□册」、「木工册」、「□册」、「□册」、「□册」、「册□」、「册□」、「册□」、「册□」、「册□」、「册□」諸稱，殆亦皆作册氏矣。）【作册令尊及作册令彝銘考釋　國學季刊第四卷】

◉李孝定　凡編簡皆得偁册。不獨符命。許叔重弟舉其大者顯者言之耳。「其札一長一短」者必漢制如此。蔡邕獨斷卷上云。「策書策者簡也。禮曰不滿百文不書於策。其制長二尺。短者半之。其次一長一短兩編。」又小徐繫傳引褚少孫讀史記三王世家曰「其册或長或短」。獨斷所云「其次一長一短」者言編簡之次以一長一短相間也。此皆漢人言漢制。必不誤。又甲骨金文册字亦象其札一長一短之形。與小篆同。以文字證制度則漢册之制必本於古。彦堂師謂「一種書一册書中策之長短必同」，恐未必然也。又彦堂師據卜辭「册六」之辭推言龜版編册爲册字取象之所本。考卜辭未見「册一」「册二」之文，則册六之解容有可商。龜卜之推測一二七頁圖四十所引「册六」之文作「册人」。人當釋入。言册所入之龜也。且殷周之際舍甲骨金石之外亦必有以簡策紀事者矣。弟以竹木易腐不傳於今。然則金甲文之册字亦必取象於當時之編簡蓋可斷言也。金文册字多見。如册木工鼎册般甗册矢簋册矢尊册作母甲觶册□鼎册父乙卣册免盤册免簋册𣪕尊册臣辰卣册臣辰盉中册望簋册趩尊册吴尊册陸父乙角册大鼎册頌鼎册頌鼎册頌壺册無叀鼎。舍簡數多寡不一外。大抵皆象其札一長一短貫以二編之形。與栔文小篆並同。卜辭恆言「偁册」。其義當與許訓相近。【甲骨文字集釋第二】

◉董作賓　據上節新獲龜版「册六」之文知此册字最初所象之形非簡非札，實爲龜版。其證有二：第一，自積極方面證之，吾人既知商人貞卜所用之龜其大小長短曾無兩甲以上之相同者，又知其必有裝訂成册之事，則此龜版之一長一短參差不齊又有孔以貫韋編，甚似册字之形狀，而册當然爲其象形字也。第二，自消極方面證之，儀禮聘禮疏引鄭氏論語序云「易詩書春秋禮樂册皆二尺四寸，孝經謙半之，論語八寸。策者，三分居一又謙焉。」是古代簡策雖有長短之異，而其於一種書、一册書中策之長短必同。如六經之册皆二尺四寸，孝經十二寸，論語八寸是也。簡牘與札在一册之中其形制大小長短必相同。而册字之所象，乃一長一短，則非簡非札可斷言也。龜版之可以名册，更可求證於莊子。莊子外物篇云「乃刳龜七十二，鑽而無遺策。」疏云「算計前後鑽之凡經七十二，算計吉凶曾不失中。」是訓遺爲失，訓策爲謀，於義未諦。余謂策本馬箠，以同音而假爲册，同書駢拇篇「則扶策讀書」可證也。釋文「策，竹簡也。」蔡邕獨斷「策者，簡也。其制長二尺，短者半之。」又曰「單執一札謂之爲簡。連編諸簡乃名爲册。」可知策即册也。史記陳涉世家「不如少遺兵」，索隱「遺謂留餘也」，余以爲「無遺策」言比龜版無有餘隙也，蓋經過七十二鑽，雖尺二之大寶龜亦將不能留餘隙矣。【殷代龜卜之推測　安陽發掘報告第一期】

◉白川靜　至於扁字，説文二下云：「扁，署也，从户册，户册者，署門户之文也。」亦即門户栅上交木之意。册字的古義大概就在扁字之中，册當即栅之初文，象扁門的扉形。考卜辭金文中的册字，其直枝有三條至六條的各形，而其長枝上部亦有稍呈圓狀者。至於横的二編，或兩端相連而成圓形，或一端相連一端上下分開，或兩端與長枝平齊……。這些都是編木成扉的形狀，不可能是長短不齊的簡札或龜版。金文之中，有不少兩册字左右相向並排的，據我調查的結果，在含有册字的金文一百三十多例中，含有這種兩册並排之形的，就有五十一器之多。因此我認爲册是編扉的象形，而兩册是雙扉的象形，其本義蓋指牢閑而言。説文二上：「牢，閑也，養牛馬圈也，从牛冬省，取其四周帀。」所謂「从冬省」疑有錯誤。這個牢字當與卜辭之牢、宰同義，册與兩册便是牢閑的闌檻之象形。

那麽，𠕋字的原義究竟如何解釋？𠕋從册從 𠙵，所以最好先從册字加以考察。如上所述，册字有書札之説與結束龜版之説，但我已分别指出其説之不當。説文裡從册者有嗣、扁二字。「嗣，諸侯嗣國也，从册口，司聲。」金文裡只有大盂鼎使用此字：「在武王，嗣文作邦。」「命女盂井乃嗣祖南公。」但一般金文，這個字都作飼或銅。例如伯晨鼎：「飼乃祖考。」因資敦：「侎銅趄文。」又師奎父鼎：「用𤔲乃父官友。」「𤔲乃祖啻官。」此𤔲字當亦含有嗣字之義。通觀嗣、飼、銅諸字的共同偏旁爲司字，與册的字義似乎無多大關係，因此説文的解釋不一定是正確的。

至於册字，很明顯的，是將犧牲納之於牢閑闌檻之形；而𠕋則是將其犧牲祝告神示之意。詳言之𠕋的 𠙵 是納祝告辭之器，𠙵 上的册字則爲闌檻之象，亦即畜養牲獸之意。後來凡是記録牲獸數目的簿書，大概也叫做册了。原始的奉奏神靈的祝詞，無疑都用最素樸的形態，多半只列舉供物的名稱，因而册又衍變爲記載祝詞的簿書之意，至於奉奏祝詞，則另用𠕋字來表示。换言之，册是名詞，𠕋是動詞。如上所述，册的原義不在簡札，也不在龜版，而是起源於牲獸的芻養與侑薦的神聖儀禮。

【作册考　中國文字第三十九册】

◉夏　渌　册、栅、寨本是一字，册象立木爲栅欄，村寨，是籬落一類防護物，金文偏旁中「册」字豎畫上部作分枝形，顯然是編列竹木椏枝爲「柵」的象形字。「册」另一形義來源的旁證，也反映在金文「艦」字从舟，舟上有册(柵欄)、南(欄樓)懸旗的初文和軍門的「和」从册的結構中。金文習見某某册，多可讀某某寨，村寨爲原始氏族居住的區域單位。同姓聚居一寨，故有類似姓氏的含義。【造字形義來源非一説 武漢大學學報一九八七年第二期】

◉楊陞南 我們這裏首先要指出的是，在殷墟甲骨中，从口的「册」字與不从口的「册」字是可以通用的，例如「爯册」之册有口與無口兼用。

沚戠爯册王从 前7·27·1

侯告爯册王膱 庫1373

以上「爯册」之册不从口。

癸巳卜，貞商爯册。 甲2123

貞興爯册。 綴合233

以上是从口之「爯册」。用爲祭祀用牲之册，也是从口與不从口通用；如：

貞钔于父乙𠕋三牛册三十伐三十宰。 佚889

貞福于妣癸册三小宰。 珠366

以上从口。不从口之册亦用于用牲。如：

辛丑卜𠕋三羊，册五十五宰。 佚872

其又(侑)夕歲，叀雀册宰，用。 京人1878

𠕋册兩字在殷墟甲骨中既可通用，所以我們下面討論册字的用法時是包含兩種字體的，在殷墟甲骨文中册(𠕋)字的用法有四種：

(一)用爲國名、族名、人名。在甲骨文中，國、族、人之名往往是相同的。殷墟甲骨中有言「册入」的，如：

册入。 甲237

册入。 京180、181

上兩辭皆是甲尾該辭。胡厚宣先生在《武丁時五種記事刻辭考》中指出：甲尾刻辭「入」上一字是人名。「入」之義在記事刻辭中是貢龜。胡先生此説是對的，甲尾刻辭上有「宋入」(京188)、「宋」甲骨文中又稱「子宋」(京人3014、京2094)、「宋伯」(佚106)，知宋必爲人名、族名或國名。在金文中有册字爲族徽的銅器，如「册父乙卣」(三代⋯16・221・48)，故知甲尾刻辭中「册入」之册非典册之册而是人名(族名或國名)。

(二) 對敵對方國的征伐言册，例如：

沚戠爯册　册𢀛(方)……敦卒王从受㞢又。　前7・25・1

沚戠爯册　册𢀛(方)……其敦卒，王从下上若受㞢又。　續存下293

〔沚〕戠爯册　册土(方)……王从……　粹1098

敦字即征字，征伐用辭。𢀛方、土方都是商的敵對方國，常與其有戰爭。商代甲骨文中對敵對方國的戰爭用辭有征、伐、敦、𢦏、𢀛等，「册」字與敵對方國相連，必另有戰爭動詞相隨，如上舉三條卜辭，其中兩條卜辭在「册某方」後有「敦」的戰爭動詞，《粹》1098因殘不清，以前兩辭例之，當亦有戰爭動詞，某人「册」後，有省去「册」字的，但若是對某方國交戰，都必有戰爭動詞相連，如：

沚戠爯册，王从伐土方。　續3・10・2

戠爯册，王从伐巴。　乙7739

王其从，𡌬爯册，光及伐。𡌬，王弗每，又𢦏。　摭續141

「册」字總是和戰爭動詞相關使用，若只言「爯册」而無具體征伐的方國，則無戰爭用詞，如：

沚戠囗册，王从，六月。　契85

可見册字不是戰爭的直接行動，與戰爭動詞征、伐、敦、𢦏等是有區別的。册字是指文書典册之類物，故殷墟甲骨文中對敵對方國進行戰爭先言册，後言敦言伐，其册當是先以簡册文書告于敵方，以數其罪惡，申征伐加兵之原由，如後世戰前的對敵下的戰書。册字之从口，表示相告之意，即使者宣讀戰書。

(三) 用于祭祀時的獻牲，例如：

丁丑卜，㞢(侑)祖辛宰，册五牛。　續存上264

貞册妣庚十俘卯十宰。　乙751

册和卯相對爲文。《説文通訓定聲》第十一部有一字，从册从曰，朱駿聲釋云：「告也」，从曰當爲从口之誤。此「册」字應是以書册告于祖之義。卜辭中所册的牲品數量有相當大的，如《綴合》301「册千牛千人」，是一次册祭的就達千頭牛、千名奴隸之

多，若釋册字爲砍、殺，則一次砍殺如此之多，是不大可能的。【周原甲骨族考辨　殷都學刊一九八七年第四期】

◉劉信芳　甲金文中有不少與册相關的其它異體，大部分未經隸定。在弄清𠕋、𠭔與册的聯系和區別以後，對于三字的其它異體就比較容易處理了。

例十五、壬子卜，其用兹〼……

例十六、「〼」，《甲骨文編》「坊間二・一七八，『叀內珊用』。」

例十七、……牛，癸丑卜杏叀羊，叀丙〼用。　《殷契粹編》472

按：「叀內珊用」同于本文例八「叀父甲𠕋用。」

例十八、「〼」，《甲骨文編》：「明藏四五五，从子、大，从册，説文所無。『其用舊〼』。」

按：其「〼」从子、册，从止。《説文》所無，「叀丙〼用」辭例同上。

例十九、「〼」，《父辛光册鼎》。《三代吉金文存》二・四八

按：其辭例同于《小屯》1090「□舊〼用」。「〼」从示。

按：上引諸「册」異體，皆从人形，強調的是册祭活動中人所進行的禮儀程序，表現其虔誠恭敬之狀，且與本文所引「𠕋」之用例多相類，故皆可隸定爲「𠕋」。

例二十、「〼入」　《殷契粹編》四九六

按：此例从系从册，《説文》所無。郭沫若曰：「𦀚疑編之古字。」似不妥。古時絲爲供品，《詩・絲衣》毛傳：「絲衣，祭服也。」从絲之册強調的是册祭禮儀，故可隸定爲「𠕋」，《小屯》二七六八片「册入」，與从絲之册辭例同，是其證。

例二十一、〼〼〼

按：此例从絲从册从廌，「廌」爲「薦」字，有進獻意，「〼」即以絲爲祭品之册儀。相同的辭例見《卜辭通纂》七七七片：「弜𠭔亡大雨。」

例二十二、「〼」　《甲骨文編》頁六九：「掇一・四五〇，𣪊伐召方。」

按：其字从册从「〼」，甲金文中又有以小二省去二「〼」的，作「〼」，見《弜父丁觶》（《三代、十四、五一》）。本文例十四有與征伐有關之「𠭔」，與此例類似，因此，可定「𣪊」爲「𠭔」。

例二十三、「〼」，《甲骨文編》：「鐵二五一，从禾从口从册。」

按：此字既強調供品「禾」，又強調祭祀祝禱用口，似以定爲「𣌭」字于義爲長。

例二十四：辛丑卜，奏□从甲辰□小雨……《小屯》4513＋4518

按：「□」从火从册，古時𣌭祭與燒柴祭天聯系在一起，例十三有「王其𣌭茬，尞。」故「□」亦可从該例釋爲𣌭。

以上分析「栅」、「𣌭」之異體計十一形，實際上不止這些。「栅」、「𣌭」未見《金文編》，可見金文中「栅」「𣌭」所用較甲骨爲少。這一方面是不同時代祭祀內容的變化在字形上的反映，另一方面也是文字向整齊劃一的方向發展的歷史趨勢使然。秦時書同文，後世典籍只留一册字，《説文》雖有「𣌭」字，但無用例，亦爲時代所淘汰。

至于本文作爲問題提出來的《衛尊》銘文「□」，从册从口从乚，當隸定爲从口之「𣌭」，古時作爲字符之「曰」有省作「口」之例，《説文》口部：「𠯑」，「古文从甘」，作「□」，是其證。又：該字何以从「乚」？《説文》「乚，匿也，象迟曲隱蔽形。」古人對于簡策是相當珍視的，故从「乚」表示珍藏之意。可見舊釋「□」爲「甚」、爲「嗣」是不妥的。原銘：「公易臣衛宋□貝三朋」，意思是：公頒佈册命，賜衛宋貝三朋。【册、𣌭、栅、𠕋彙釋　考古與文物一九九〇年第二期】

◉戴家祥　方濬益曰，按説文册下解云一長一短中有二編之形，以彝器銘證之，所説與古文正合。許君引蓋古訓也。臨海金誠齋鶚曰：「鄭康成注中庸云『方，版也』『策，簡也。』聘禮注亦云『策，簡也』『方，版也。』蓋以竹爲之曰簡、曰策；以木爲之曰方簡，一曰畢。」爾雅·釋器云：「簡謂之畢。」郭注云：「今簡札也。」簡與策不同，左傳孔疏云：「單執一札謂之簡，連編諸簡乃名爲策。」故於文策本作□，象其編簡之形，是簡與策異然。編簡爲策，則策即是簡。【金文大字典下】

 嗣　盂鼎　 曾姬無卹壺　 中山王譽壺　以憼嗣王　 从廾　盗壺　胤嗣好盗　 戍𤔲鼎　郭沫若釋嗣子二字合文

【金文編】

 司馬嗣印　【漢印文字徵】

 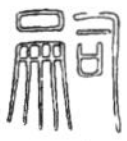 石經君奭　在我後嗣子孫　 詛楚文　有秦嗣王　 石碣而師　嗣王始□　 泰山刻石　陲于後嗣　【石刻篆文編】

 嗣竝尚書　【汗簡】

孠古尚書【古文四聲韻】

◉許　慎　嗣諸侯嗣國也。从冊从口。司聲。徐鍇曰。冊必於廟史讀其冊。故从口。祥吏切。孠古文嗣。从子。【説文解字卷二】

◉林義光　説文云。嗣諸侯嗣國也。从冊口。司聲。按古作嗣盂鼎。作𤔲毛公鼎。皆从冊𤔲省聲。【文源卷十一】

◉高田忠周　説文「嗣諸侯嗣國也。从冊从口，司聲。古文作孠，从子司聲。」此銘上文正嗣國義。而云武王繼文王業，以興邦家，未爲天子，故曰嗣耳。書・洪範「禹乃嗣興。」義與此近。又審此篆形从人口冊，𠃌與口相離矣。蓋古文元當如此。鍇云，冊必於廟，史讀其冊，故从口。此从人，與古文作孠同意，可冊立之人也。後或从司爲聲。此會意字變爲形聲，此例自不爲尠矣。或云，从司聲以兼意，司者臣也，官人也，讀冊之史也。然司元詞字古文，已从口又从司，此爲重複。要从口，又从司者，後出字耳。又或云：此篆从𠃌亦司省，𤔲字省作𤔔，又省作𤔔。司固當省作𠃌也，具參。又按銘下文叚借爲始，始嗣通用，故嗣字有或作𤔔者，合嗣始爲形也。又金文多借𤔲爲理，𤔲籀文辭字，又經傳多借治爲理，理治𤔲三字皆通用。故論語「師摯之始」「關雎之亂」，始與理通，亂即𤔲誤，即𤔲字。然則嗣亦當與始通，嗣且即始祖也。【古籀篇二十七】

◉商承祚　説文「孠。古文嗣。从子。」案鍇本作孠。是也。石經古文作孠。乃借乿古文治爲嗣而寫失。疑當作乿。誤爲孠。此从子司聲。嗣子之義也。【説文中之古文攷】

◉馬叙倫　鈕樹玉曰。韵會口上無从字。段玉裁曰。从口。口。國象也。不从口。倫按符命非冊本義。則諸侯嗣國爲嗣。亦非本義。或非本訓。嗣國爲繼位。乃以音同邪紐借爲續也。盂鼎嗣字作嗣。是嗣从司得聲。司音心紐。故嗣音入邪紐。皆舌尖前摩擦音也。此篆譌。或从冊而省爲冊也。嗣爲扁等之轉注字。扁爲篇編之初文。从房省得聲。等从寺得聲。房音奉紐。寺音亦邪紐。皆摩擦次濁音也。糸部。編。次簡也。竹部。等。齊簡也。齊簡即次簡也。然皆冊之轉注字。冊本象編簡之形。冊轉注爲嗣。猶𥳑轉注爲笥矣。石鼓作嗣。毛公鼎作𤔲。𤔲省聲。

孠　朱孔彰曰。汗簡同。云。見尚書。按張揖上廣雅表。傳于後孠。用古文。倫按此實古文詞字。从古文言。司聲。古文經傳或以詞爲嗣。傳寫譌捝成孠耳。或此字後人以魏石經加之。故有从子二字。由不悟非从子也。【説文解字六書疏證卷四】

◉徐中舒　𤔲克鼎　𤔲當釋嗣。新出土曾姬無卹壺後嗣之嗣作𤔲。尤與此形近。士父鐘。受鐘。叔向父𣪘。均有𤔲于永命語。番生𣪘云。𤔲于大服。大克鼎云。𤔲克王服。凡此言𤔲。其文皆承先祖考言。謂嗣其先祖考也。嗣服又見於書大誥。云。

嗣無疆大歷服。詩下武云。昭哉嗣服。此云康勳。即長嗣之意。【金文嘏辭釋例　歷史語言研究所集刊第六本一分】

◉周名煇　勳字。徐中舒論定為嗣字古文。説見所著金文嘏辭釋例。中央研究院歷史語言研究所集刊第六本第一分三十五版。其言甚善……至嗣字之朔義。亦當為司冊。許君諸侯嗣國之説非其本矣。而从冊从口司聲之解。支離破碎。不成體要。去之益遠。

【新訂説文古籀考卷上】

◉魯實先　卜辭有□□□字，舍□以外無惑施以詮釋者。以愚考之皆嗣之古文。説文冊部云「嗣，諸侯嗣國也，从冊，从口，司聲。古文从子作孠。」天嗣國爲嫡長子，故卜辭作□，乃從冊從大子，子亦聲。作□者乃從冊從𤔲省，𤔲亦省。説文白部云「𤔲識詞也」，良以冊立嗣子必宣讀冊詞，此所以亦從𤔲省而作□，義猶篆文嗣字之从口也。案子止司三聲於古音同屬噫攝，𤔲屬益攝，旁轉相通。是以其字或從子聲作□，或從𤔲聲作□，是皆會意而兼諧聲，較諸篆文之嗣純爲形聲者表義尤切。作□者乃從子止二聲，亦猶古文之孠從司子二聲也。高田忠周謂□當從疑省聲見古籀篇卷二十七第三八葉，夫疑聲於古音雖亦噫攝，然嗣從疑聲無所取義，知其説之未然矣。嗣於卜辭當爲辭之假借字，良以辭詞古音同部故相通假也。如云「辛丑卜王其又勺伐大乙叀舊□用十五人」續存上一七九三，「叀舊□三牢用受又」後編下三四·八。所謂「叀舊□」者，叀乃惠之初文，於此辭蓋假爲語詞之隹，或讀如山海經中山經「五采惠之」之惠郭璞注曰「惠猶飾也」，乃謂備舊日之冊辭以致告，例猶他辭之「叀舊柵用」粹五一七「叀舊𣍘用」遺珠六五五也。其云「叀丙□用」後下三九·一六者，謂於丙日具冊辭用之，例猶他辭之「叀丝柵用」京都一八七五「叀冊用」粹一。是可證□□爲辭義同它辭云柵𣍘與冊，惟就其所編之簡札言則曰柵𣍘或冊，就其所載之文詞言則□或□。名雖不同，義實一物也。其云「叀㪔□用」粹一〇二七者，㪔爲冊之繁文，□隸定爲務冊。務乃同義疊語，謂備冊辭用之也。以務爲從𤔲聲，故字亦作□，如云「其即□冊于⊠彡日丁亩彡又⊠，王受又二，王⊠翌日吉」前五·一七·三者，□即𤔲之古文，𤔲冊與㪔務並爲同義疊語，故可互易言之，皆謂以冊辭致告也。羅振玉釋□爲𤔲增考中七二，高田忠周疑□爲嗣古籀篇卷二十七第三八葉。説並得之，惟皆未識□□爲辭之假借字，是亦未達一間，若夫高田之説未能碻申義證而以臆度幸合，則又異於羅氏之解故矣。【殷契新詮之三　幼獅學報一九六一年十月第四卷一、二期】

◉何琳儀　平安君鼎蓋和鼎腹均有銘文，且分兩次刻寫，其文如下：

廿八年，平安邦司客，財(載)四分齋，一益十釿半釿四分釿之冢。卅三年，單父上官𡨄憙所受平安君者也。(蓋銘)

廿八年，平安邦司客，財四分齋，六益半釿之冢。卅三年，單父上官𡨄憙所受平安君者也。(器銘)

《恆軒所藏吉金録》21也著録一件平安君鼎，現藏上海博物館，其文如下：

卅二年，平安邦司客，𢉩四分齋，五益六釿半釿四分釿之冢。（蓋銘）

卅三年，單父上官□憙所受平安君者也。（器銘）

泌陽秦墓漆盒鍼刻文字爲「平安侯」，并補有「卅七年」的題記。

平安君鼎之所以爲衛國遺物，除了有漆盒「三十七年」和鼎銘「單父」兩條内證之外，還可以從鼎銘中找到另一條内證。

上揭鼎銘中的□、□、□顯然是一個字，舊釋宰，釋孝，或釋「勹宰」合文，或釋「冢子」合文。按，此字形體與「宰」或「孝」判然有別，不宜混同。合文一般要加合文符號「＝」（當然也有不加者）。本銘「之冢」作「□」就加了合文符號。如果把□、□、□釋爲「冢子」合文，那麼在一篇短小的銘文中，「冢」分別作「□」和「□」；而且一加重文符號，一不加重文符號，似乎不大可能。因此，這個字有重新考察的必要。

□與□相較多一豎劃，應是正體。（《古璽匯編》0026司作「□」，可資參證。）□與□相較少一橫劃，應是脱筆。□，《三代》4.20.1和《文物》1972.6.23都非常清晰：「子」脱筆作「□」，與上方横筆不聯。《恆軒》摹本作□，似从辛，殊誤。

□，應是嗣的六國古文。嗣的早期和晚期形體變化較大：

一、殷周：□戍嗣鼎　□盂鼎

二、秦：□石鼓

三、六國：

a、□中山王方壺　□曾姬無卹壺

b、□中山王方壺

c、□令狐君壺　□曾侯乙割洗鐘

c式與《説文系傳》嗣作□形體吻合（《汗簡》引古尚書嗣亦作□）。如果將其形體與平安君鼎的□相比較，也只是省「口」或不省「口」的差別而已。衆所周知，戰國文字增「口」或減「口」往往無別。其實司省「口」作「□」早在西周金文中已經出現。上舉盂鼎嗣右旁作「□」即其一例。西周金文司作「□」亦屢見不鮮。上舉中山王方壺的嗣，其實亦省二「口」。至于六國古璽匯編「司馬」作「□」（《古璽匯編》3782）「司工」作「□」（同上2227），與□的結構位置尤有相近之處。還有一個更直接的證據：魏三體石經《君奭》嗣作「□」，从子从司，與平安君鼎「□」形體密合無間，（石經「□」作「□」形，與齊刀幣文「邦」作「□」形十分相似。兩者的「□」與「卩」均作彎環之筆勢。）因此，釋□爲嗣是毫無疑義的。【平安君鼎國別補證　考古與文物一九八六年第五期】

[古文字形] 扁 秦一三〇　文一百三十四　重一百九十三　【睡虎地秦簡文字編】

[古文字形] 李久扁　[古文字形] 扁翁孺　[古文字形] 扁逆　[古文字形] 扁調　【漢印文字徵】

◉許　慎　扁署也。从户冊。户冊者。署門户之文也。方沔切。【説文解字卷二】

◉馬叙倫　鈕樹玉曰。韵會引作从户冊。冊者。署門户之文也。沈濤曰。文選景福殿賦注引無之文二字。乃李善節刪。田吳炤曰。小徐不重户冊二字。按重之所以説其形。不重則語句不完。倫按疑从冊房省聲。此篇編之初文。署也非本義。或非本訓。户冊者以下非許文。【説文解字六書疏證卷四】

[古文字形] 續存980　[古文字形] 粹878　【續甲骨文編】

[古文字形] 㗊　【汗簡】

[古文字形] 汗簡　【古文四聲韻】

◉許　慎　㗊衆口也。从四口。凡㗊之屬皆从㗊。讀若戢。阻立切。又讀若呶。【説文解字卷三】

◉商承祚　[古文字形] 卷六第五葉

卜辭中从[古文字形]之字間亦作[古文字形]。【殷虚文字類編第三】

◉馬叙倫　桂馥曰。徐鍇曰。呶。讙也。馥按呶乃字義。非字音。不當言讀若。錢坫曰。魯靈光殿賦。芝栭欑羅以戢孴。戢。衆皃。當即此字。王筠曰。又讀若呶。當從小徐作一曰呶。此句説義。不當在凡㗊之屬皆从㗊下。饒炯曰。讀若戢者。當為品之籀文。後人分行其義。不知㗊即品之繁文。如部屬器从㗊。而胡氏千文作[古文字形]。天台經幢作[古文字形]。皆从品。可證。章炳麟曰。㗊讀若戢。孳乳為咠。語多也。咠又變易為詍。多言也。又讀若呶。孳乳為呶。對轉陽為譊。倫按桂王並謂呶是義非聲。是也。衆口也者。捝本訓後。校者所加。一曰呶者。校者據未捝本記之也。故在讀若戢之下。鉉本作又讀若呶。由此字之音本非阻立切。故後校者因以為呶是㗊之聲。以上有讀若戢。故改為又讀若呶也。倫謂吅品㗊直是一字。故嚚字甲文作[古文字形][古文字形][古文字形]諸文。而小篆但从吅。本部囂从㗊。而或作[吅/頁]。亦从吅。且甲文嚚字有作[古文字形]者。明讙呶不止一口而已。吅讀若讙。音在曉紐。而囂為讙之轉注字。音亦曉紐。字亦从㗊。皆可證也。品音敷紐。敷曉同為摩擦次清音。品聲侵類。戢聲談類。侵談近轉。故㗊聲轉入談類。而音阻立切矣。亦可證也。吅也者。吅為嘮之轉注字。亦即今作鬧之本字。嘮音穿二。與㗊音阻立切在照二者。為同舌面前破裂摩擦音。則㗊即嘮之初文。是从多口之義益明矣。【説文解字六書疏證卷五】

嚚

前6·55·3 【續甲骨文編】

嚚見尚書　嚚見尚書 【汗簡】

古尚書　同上　竝王存乂切韻 【古文四聲韻】

◉許　慎　嚚語聲也。从㗊。臣聲。語巾切。古文嚚。【説文解字卷三】

◉商承祚　象衆口之嘵嘵。疑即嚚字。【殷虚文字類編第三】

◉馬叙倫　商承祚曰。卜辭作。倫按此即漢書公孫劉車王楊蔡陳鄭傳。其辭齗齗焉之齗齗。為嚚之借字。臣斤聲皆真類。齗嚚音又同疑紐也。囂从頁得聲。頁音匣紐。臣音禪紐。同為摩擦次濁音。然則嚚囂轉注字。玄應一切經音義引倉頡。嚚惡也。

鈕樹玉曰。宋本作。繫傳作。朱駿聲曰。⿱臣𡈼古文臣。猶臧下籀文臣字作⿱臣𡈼也。許梿曰。兩宋本葉本作嚚。按佩觽古文四聲韻皆从𡈼。恐从土誤。倫按金文从𡈼之字亦从土。蓋𡈼省也。餘詳𡈼下。【説文解字六書疏證卷五】

囂

囂　囂伯盤　中山王譽鼎　毋衆而囂 【金文編】

203 【包山楚簡文字編】

0318　0164　璽文莫囂囂字如此 【古璽文編】

囂成里附城　宋囂之印【漢印文字徵】

崔希裕纂古　買 貲 貲 竝籀韻【古文四聲韻】

◉許　慎　囂聲也。气出頭上。从㗊。从頁。頁。首也。許嬌切。𡇤囂或省。【說文解字卷三】

◉吳大澂　古囂字。从金。邵鐘。玉鐳鼉鼓。【說文古籀補第三】

◉林義光　說文云。囂聲也。气出頭上。从㗊頁。頁亦首也。按象人首周圍衆口之形。非气出頭上也。古作　邵鍾囂字偏旁。【文源卷六】

◉高田忠周　說文。囂聲也。气出頭上。从㗊从頁。頁亦首也。或作𡇤从吅。蓋吅㗊同意也。周禮司虣。禁其鬭囂者。左成十六年傳。在陳而囂。此本義也。【古籀篇五十】

◉馬叙倫　鈕樹玉曰。韻會作从㗊頁。頁亦首也。朱駿聲曰。讙聲也。周禮司虣。禁其鬭囂者。沈乾一曰。从㗊。頁聲。頁古音首。倫按八篇。歊。气上出皃。音與囂同。歊从欠。故訓气上出。此字从㗊。自如沈說。从㗊。頁聲。頁音匣紐。以同為舌根摩擦音轉入曉紐。音許嬌切。為囂之雙聲轉注字。亦㗊之轉注字。吅㗊一字也。囂與敖同為舌根音。左桓十一年傳。楚莫敖。漢書五行志作莫囂。詩十月之交。讒口囂囂。板。聽我囂囂。潛夫論並作敖。二篇。嗷。衆口愁也。漢書董仲舒傳。囂囂苦不足。食貨志。天下嗸嗸。嗸即嗷字。然則囂嗷亦為轉注字。說解聲也上蓋奪語字。气出頭上校語。从㗊。从頁。本作从㗊。頁聲。校者改之。故後加頁亦首也。莊子駢拇釋文引字林。𠾋。聲也。史記司馬相如傳索隱引字林。音火高反。然則聲也者。字林訓。本訓捝矣。或此字出字林。囂伯盤作　。

𡇤　倫按从吅耳。非省也。【說文解字六書疏證卷五】

◉施勇雲　字，見「囂伯盤」，囂作　。囂字，根據殷仲丁的遷地，《竹書紀年》說在囂，《史記·殷本紀》則說在隞，隞為秦漢以後的名，應當作囂，是囂即隞或敖，《穆天子傳》囂氏之遂，也即是《詩經》裏的薄狩于敖，是囂即敖。【江寧陶吳出土銅戈銘文試釋　考古論文選一九八〇年第一期】

◉張守中　讀為傲。大鼎。母衆而丨。【中山王𠸦器文字編】

嘂

嘂 林罕集【古文四聲韻】

◉許　慎　嘂高聲也。一曰大呼也。从吅。丩聲。春秋公羊傳曰。魯昭公叫然而哭。古弔切。【説文解字卷三】

◉朱德熙　匋文有一個从吅从丩从力的字(見顧廷龍氏古匋文孴録附録)，隸定應寫作⿰嘂力，今字所無，其實就是嘂字。説文吅部嘂字注「高聲也，一曰大呼也。从吅丩聲。春秋公羊傳曰魯昭公叫然而哭。」(段玉裁氏改叫為嘂，今本公羊作噭。)

匋文銘辭四字「□□之⿰嘂力」，上二字泐，從句中⿰嘂力字的地位看，應該是器名，爾雅釋樂「大塤謂之嘂」(今本爾雅或作嘂是俗字，應據釋文作嘂)。釋文「本或作叫，字同，居弔反。李云大壎也」。

説文「壎，樂器也，以土為之，六孔。从土熏聲」。爾雅作塤「大塤謂之嘂」，郭注「燒土為之，大如鵝子鋭上平底，形如稱錘，六孔，小者如鷄子」。現在傳世的古塤，大都自名曰塤，形制與郭璞所説的相同，六孔中五孔以配五音，頂上一孔是用來吹的。銘作「□□之⿰嘂力」的一器，已殘破，不知形制如何，但據郭璞所説，應該與塤差不多，只是大小不同罷了。

(原載北平《新生報》副刊《語言與文學》16期，1947年2月3日，為《讀古文字小記》的第二篇。)【釋⿰嘂力　朱德熙古文字論集】

◉馬叙倫　嚴可均曰。韻會十八嘯引作嘂然而哭。此作叫。誤。王筠曰。呼當作嘑。張楚曰。一曰大呼也。乃訓字義。言部。訆。大呼也。倫按高聲與大呼之義無殊。爾雅釋樂。大塤謂之嘂。孫炎曰。聲大如叫呼也。詩北山。或不知叫號。釋文。叫。本又作嘂。然則高聲為訓字義。言部。訆。大呼也。嘂為囂之同舌根音聲同幽類轉注字。疑此字出字林。【説文解字六書疏證卷五】

囂

◉許　慎　囂呼也。从吅。莧聲。讀若讙。呼官切。【説文解字卷三】

◉馬叙倫　王筠曰。呼當作嘑。徐灝曰。囂與吅讙音義亦同。劉秀生曰。莧讀若丸。在匣紐寒部。讙从雚聲。在曉紐寒部。曉匣皆喉音。故囂从莧聲得讀若讙。易夬。九五。莧陸夬夬。虞注。莧讀夫子莧爾而笑之莧。今論語陽貨作夫子莞爾而笑。宀部。寬。从宀。莧聲。完。古文以為寬字。爾雅釋草。莞。苻蘺。釋文。莞。本作萑。莧聲萑聲古並如完。是其證。倫按吅部吅下曰。讀若讙。是吅囂一字。从吅从吅一也。吅轉注為囂。囂以雙聲兼疊韻轉注為讙。呼也。或字林訓。玄應一切經音義引聲類。呼召也。字林每本聲類也。【説文解字六書疏證卷五】

器

器 睘卣 周𡨦鼎 周𡨦簋 建鼎 㝬簋 吕尊 叨孳簋 𩐁鼎 𦬊簋 封簋

翏生盨 翏生盨二 散盤 圅皇父簋 曾子𠤳 鄦子蒷夷鼎 弔姬𠤳 黄韋

俞父盤 趙孟壺 𨟻侯簋 秦公簋 哀成弔鼎 邾公華鐘 陳侯午錞 陳侯因資錞 子弔嬴芮

君𡔽作寶器 仲盤 大𢊾銅牛 【金文編】

2·1 器叟詨𨓚成象王 3·685 跎公氏之𣪘器 5·1 咸亭當柳恚器 5·2 咸亭當柳昌器 5·4 咸□完里

☐器 5.5 咸亭完里丹器 5·7 咸亭䣊里𢁢器 5·9 咸亭☐里禄器 5·10 咸亭涇里忿器 5·13 咸亭陽

安吉器 5·15 咸亭𡶪陽醜器 5·17 咸亭沙里𣝣器 5·12 咸亭沙壽□器 6·19 朱器 6·26 陽城倉器

【古陶文字徵】

25 252 259 266 【包山楚簡文字編】

器 秦一七八 二十六例 秦一八七 二例 秦七七 三例 【睡虎地秦簡文字編】

1069 【古璽文編】

器府 器臨 器助 【漢印文字徵】

天台經幢 【古文四聲韻】

◉許 慎 器皿也。象器之口。犬所以守之。去冀切。【説文解字卷三】

◉林義光 説文云。器皿也。象器之口。犬所以守之。按犬守器。非守器之口。四口象物形。見品字條。以犬守之。古作
周𡨦敦。【文源卷六】

◉高田忠周　説文。器皿也。象器之口。犬所以守之。按此説恐誤。皿下曰。飯食之用器也。象形。葢謂皿者器之形。器者皿之用。故械下曰。凡有所盛曰器。無所盛曰械。其字从㗊。㗊下曰。衆口也。衆口所因以飯食者。器皿也。又从犬。犬者肉也。犬肉即衆口所嗜食。必盛于器皿。故器字。从㗊犬會意。又猒字。訓犬肉也。从犬从肉。會意。又猒字。訓飽也。从甘从肰。甘亦聲。俗作饜。是也。夫周禮有犬人。又禮記月令。食麻與犬。又越語。二壺酒一犬。古者。犬為常食可知也。故器字从㗊从犬。會意之恉。為至順矣。轉為凡器用義。老子。天下神器。王注。器合成也。【古籀篇五十】

◉唐桂馨　器。此字全部象形。中非犬字。乃聯四器而爲一器。形如今食室所用五味架者。是鐘鼎文器器如是。不然。犬守器可也。器之口犬亦守之。豈非滑稽語乎。【説文識小録　古學叢刊二期】

◉馬叙倫　沈濤曰。爾雅釋器釋文引。器。皿也。飲食之器。从犬。从㗊聲也。與今本不同。許書象形者本無其字。㗊乃部首。且有四口。不得云象器之口。蓋古本作从犬所以守之。㗊聲。元朗所引奪所以守之四字。今本又為二徐妄改耳。王筠曰。字隸㗊部。而不从其義。从犬亦不可解。古義失傳。許君亦望文為説而已。吳錦章曰。器豈必有口。口字必非原文。如陸引則當入犬部。即此以觀。各部之字彼此移易。遂併其説解而顛倒脱落。尚不知其幾何。安可奉二徐本為不刊之典哉。強運開曰。犬守之説甚為迂曲。金文器字似皆从豕。豕器古音皆在十五部。疑从豕得聲也。倫按皿也者。凵盧飯器之訓。凵器雙聲。古書多借器為凵耳。器為猋之轉注字。猋聲談類。㗊下曰。讀若戢。戢聲亦談類。則器自从㗊得聲。當入犬部。説解經校者迭改之矣。字見急就篇。散盤作器。秦公𣪘作器。【説文解字六書疏證卷五】

◉朱芳圃　説文㗊部：「器，皿也。象器之口，犬所以守之。」林義光曰：「按犬守器，非守器之口。四口象物形，以犬守之。」文源六・四一。馬叙倫曰：「按皿也者，凵盧飯器之訓，凵器雙聲，古書多借器為凵耳。器為猋之轉注字，猋聲談類，㗊下曰『讀若戢』，戢聲亦談類，則器自从㗊得聲，當入犬部。説解經校者迭改之矣。」六書疏證五・四。按林、馬二説非也。字从犬，从㗊，結構與囂相同。説文㗊部：「囂，聲也。气出頭上。从㗊，从頁，頁，首也。」玉篇㗊部：「囂，喧譁也。」囂从頁㗊，義為人之喧聲，器从犬㗊，即犬之吠聲矣。從聲類求之，當為狺之初文。説文犬部：「狺，犬吠聲也。从犬，斤聲。」古音器讀羣聲微韻，狺讀疑聲文韻。旁紐雙聲，陰陽對轉。稽之字形，核之音義，器為初文，狺為後起字，昭然若揭矣。

狺一作㹞，玉篇犬部：「狺，犬聲。㹞，同上。」孳乳為狠，説文犬部：「狠，犬鬭聲。从犬，艮聲。」旁轉陽，孳乳為狴，犬部：「狴，狴狴，犬吠聲。从犬，皇聲。」今本皇皆誤作星，兹依牟庭説校改。為獷，犬部：「獷，犬獷獷不可附也。从犬，廣聲。」旁轉侵，孳乳為猴，犬部：「猴，犬吠不止也。从犬，兼聲。讀若檻。」旁轉談，孳乳為㺇，犬部：「㺇，小犬吠。从犬，敢聲。」狺又孳

乳為猳，説文豕部：「猳，豕豭也。从豕，㞋聲。」為虒，虎部：「虒，虎聲也。从虎，斤聲。」【殷周文字釋叢卷下】

◉何琳儀　《三晉》圖二·五所載劍銘第四字，作者隸定「器」，黄盛璋《試論三晉兵器的國别和年代及其相關問題》，《考古學報》一九七四年一期，其他劍銘則存原篆。其實根據辭例排比，其他劍銘最後一字也應釋「器」，理由如次：

戰國文字相同的偏旁往往可以省簡，詳第四章第二節。由此類推，「㗊」也可省作「吅」。金文「囂」，小篆作「喪」；《説文》「囂」，或省作「買」，古璽作「□」《璽文》附一·〇八，可資參證。更有直接的證明，戰國燕系文字「器」確有作「哭」者：

哭　《季木》八三·五

左匋（陶）君（尹）鍇疋哭鉩　《香録》附十五

□昜（陽）大哭　《考古》一九八四　八·七六鼎

武坪（平）君子□外哭　《攈古》二·二鐘

單字陶文可以不論，「疋哭」和「大哭」顯然祇能釋「疋器」和「大器」。至于武平鐘銘「冶器」，則可與新出陳𠭯鐘銘「造器」相互印證。

「器」作「哭」，既是形的省簡，也有音的變易。二字均屬溪紐，雙聲分化為二音。

綜上，春平侯劍銘「□」，實乃「哭」（望山簡）之省簡。

《楚辭·天問》：「爭遺伐器，何以行之」，注「伐器，攻伐之器也」。「伐」訓「擊刺」（《書·牧誓》傳），故「伐器」自應是「攻伐之器」。春平侯劍銘「邦左、右伐器」，對照其他春平侯劍銘「邦左（右）庫」，可知是「邦左（右）庫伐器」之省。【戰國文字通論第五章】

◉尹黎雲　器是個頗爲費解的字形。金文器字有的从犬，有的和噩字相同，四個口夾一個似犬非犬的形體。羅振玉等前代學者早已指出，古文喪和噩是一個字。喪和噩甲骨文从口（或从多口），从桑，這個形體與喪亡義不相合。小篆喪字从哭，亡聲，从金文可以看出，喪字所从的哭正是甲骨文喪字的訛舛。我們有理由認爲，古文哭、喪、器是一個字，三字所含的犬形均爲桑形的訛舛。《儀禮·士喪禮》：「鬠笄用桑。」鄭玄注：「桑之言喪也。」《公羊傳·文二年》也説「虞主用桑」。由此可見，古代喪器講究以桑木制作，桑是辦理喪事的象征，故喪由桑得音義，古文喪和桑當同字同詞。喪事必然伴隨着許多人哭泣，甲骨文从口（或从多口）从桑者，應當是哭字，其字是會意而不是形聲。其从多口者，正象衆口號啕之形。由於古文字書寫不嚴格，或把从口（或从多口）从桑者讀作桑聲，於是造成哭和喪共形的現象。喪的本義是指喪事，器从喪指事，表示喪器義。上古社會器字往往和祭祀有關。如鄭玄注《周禮・春官・典瑞》云「禮神曰器」可證。器从喪指事，也是把喪字視爲獨體字。後世以四口爲器，二口爲喪爲哭，那是爲了區別字形。【字源説 中國人民大學學報一九九二年第五期】

◉戴家祥 ⿱器皿□侯戈 ⿱器皿，疑器之繁構。因用在彝器刻銘，故加皿旁。如朕之作塍、無之作橆。【金文大字典下】

舌

乙1418 1419 2288 3299 3811 4550 6258 7122 8052 珠790 福

26 佚98 續5・10・7 6・10・6 六束40 粹50 【續甲骨文編】

4・65 匋攻舌 香録3・1 同上 【古陶文字徵】

舌 封六六 三例 為二九 二例 日甲七四 【睡虎地秦簡文字編】

處羊舌 【漢印文字徵】

舌 舌出義雲章 【汗簡】

義雲章 竝汗簡 崔希裕纂古 【古文四聲韻】

◉許 慎 在口。所以言也。别味也。从干。从口。干亦聲。凡舌之屬皆从舌。徐鍇曰。凡物入口必干於舌。故从干。食列切。

【説文解字卷三】

◉王國維 舌上爲干與否未可知。【劉盼遂記説文練習筆記 國學論叢第二卷第二號】

◉余永梁 書契卷六三十四葉 同上卷一二十九葉 同上卷四十三葉

案此舌字。説文「舌在口。所以言别味者也。从干口，干亦聲。」此亦即干字。从八蓋古有此種繁飾。如異尊戠字作。豆閉敦字作。殷虛古文亦有字。皆其例也。【殷虛文字續考 國學論叢一卷四號】

◉林義光 説文云。从干口。干亦聲。按干口為舌。非義。干亦非聲。凾為舌。象舌形。而中从干。則亦象口上舌形。古作盂鼎𩚀字偏旁。【文源卷二】

◉吳其昌　「□」者，蓋亦殷代祭典之一種，而推源其夙，則當為「䑙」字也。其字或作□（前一·二九·三，鐵九四·四，前六·九·二，續六·一〇·六等），略減消之，則或作□（前六·三四·五），或作□（燕八）。由此□形而減之則或□（後二·一〇·三），則已為小篆从干从口之□（舌）字矣。卜辭云：「㞢痛□！」（後二·一〇·三）又云：「甲辰卜，□貞，痛□，隹㞢壱。」（續五·一七·三）皆與「痛齒」之語絕同，謂病在舌也。此足證□字之碻為「舌」字，亦足證□、□狀雖微異而碻為一字矣。然既加以□或□或□，此□□□諸形，皆所以狀水點，此「舌」字何以什九須增从「水」耶？又「舌」字何以而演為祭名耶？按：此蓋即說文「䑙」字之本字也。說文舌部「□，歠也，从舌，沓聲。」他合切。蓋「□」實即「□」之後增耳。从舌从水，是飲歠之義也。故說文云：「歠也。」酒醴于鬼神，而祈其來歆來歠，是祭也，故卜辭中以□為祭名之一種，固至宜矣。卜辭云：「貞，㐱□□。」（鐵九四·四）又云：「㐱□。」（鐵一〇二·一）又云：「貞㐱□。」（燕八）及本片（指前一·二九·三）之「□母庚。」皆□字碻為祭名之證，亦即□字碻為□字之證也。此字音讀既當為「他合切」，其後之同聲紐、同意義者，如「徒敢切」之「啖」，「徒濫切」之「啗」，似皆从此□字聲變而來，故廣雅釋詁一：「啖，食也。」說文口部：「啗，食也。」（按：二「食也」之「食」並讀為「飼」。）國語晉語二，優施起舞云：「主孟啗我！」謂里克妻宴饗之也。漢書王吉傳：「……吉婦取棗以啖吉」，顏籀注：「啖，謂使食之。」則啗啖之意，皆為使他人食，恭則為獻饗，卑則為施食也。卜辭以□為祭禮，正謂獻饗于祖宗矣。詩云：「神嗜飲食」，又云：「為酒為醴，烝畀祖妣」，其□之謂歟。（此字从舌从水，本當作「活」字。但後來「死活」之活字實从「昏」从「水」，乃水流聲之「涽」字假為之也。大抵漢時人欲使此字與隸寫之「活」字有別，故轉寫从「舌」从「沓」之「䑙」也。）【殷虛書契解詁】

◉馬叙倫　沈濤曰。玉篇引作在口中所以立言者。蓋古本作在口中所以立言别味者也。今本奪中字立字者字。衍也字。玉篇傳寫又奪别味二字耳。鈕樹玉曰。韻會引作别味者也。从干口。桂馥曰。篇海引作舌在口中。王筠曰。當依玉篇韻會引刪補。作在口中所以立言别味者也。徐灝曰。舌之古音蓋讀他念切。與㐁同字同音。故銛栝䀓㹃甛恬皆用為聲。是其明證。聲轉為徒結切。又變為食列切。惟他念切之音與干聲亦有未協。此則周秦以前聲音移轉。未可以後世語言概之矣。火部。炗。直廉切。亦干聲。奚世榦曰。舌字古文當本作□。象形。□兩旁下縮變成□。謝彥華曰。从口。干聲。倫按㐁為嘗味者之名。當音食列切。或神旨切。今南方言知味者之名如食列切。北方則如神旨切。舌當為以㐁取物之名。即銛之本字。炗亦锡之初文。當為他念切。字从口。干聲。干羊一字。羊音日紐。古讀歸泥。泥透同為舌尖前音。他念切音在透紐也。炗亦从干得聲。音直廉切。在澄紐。古讀澄歸定。定透皆舌尖前破裂音也。下文。㐁。讀若三年導服之導。導音亦定紐。一讀若誓。音在禪紐。古讀禪歸定。而禪與牀三皆舌面前音。食列神旨二切。皆牀三也。古讀牀亦歸定也。此音變之迹顯然可知。倫以為古言知味者之名。音當如導。故西从丙得聲讀若陸。導陸聲同幽類也。今音直列切。則與叏同入澄紐。聲則轉入脂類。丙一讀若誓。亦入脂類。食列神旨二切亦當在脂類也。此又古今音變之迹顯然可知也。是丙為知味者之名。古即借丙為以丙取物之名。故今猶有他念切之音。而周伯琦魏校孔廣居陳壽祺所以以丙為銛字也。其實以舌取物。如以象形造字。必畫人吐舌向物。今丙之初形盖本作□。止象舌形。固無以舌取物之象。即如今篆作丙。亦止象吐舌而已。亦無以舌取物之象也。故為以丙取物造字惟有形聲。此舌所以从口干聲也。然則舌為以丙取物之名。故舓訓以舌取物而从舌也。然則如今音則丙舌之音切。當互易之。説解挩本訓。所存者校語。又有譌耳。字見急就篇。【説文解字六書疏證卷五】

◉楊樹達 藏龜九四葉之四云:「貞勿舌河?」又百二葉之一云:「勿舌?」按辭云勿舌,以舌為動字,又云舌河,舌與河義不相承,頗為難解,余熟思之,舌蓋假為涉也。他辭云,「涉河。」藏龜六十葉二版。「其涉河?」佚六九九。「虎方其涉河東□?」前六之六三之六。甲文固屢用本字之涉矣,此復假舌為之者。卜辭往往本字與借字雜用,有蠱或云有古,喪明或云喪𦣻,祭牲之㲋或云矢,皆其比也。

或問曰:詩小雅大東篇以舌揭為韻,大雅抑篇以舌逝為韻,烝民篇以舌外發為韻,故治古韻者皆以舌入月部,而涉則帖部字也。二字古讀不同,子言假舌為涉,於義安乎?曰:甲文固有以同聲相通假者,如般庚恆作凡庚,般凡但聲同,古韻不同部也。然則同聲固可相通,而舌涉之通假,尚非其類也。何者?凡與舌音義相關之字,狧从犬舌而讀如比目魚鰈之鰈,則帖部字也。丙訓舌貌,為添部字,添與帖為平入也。而木部之栝从木舌聲,讀他念切,炎部之銛从炎舌聲,讀以冉切,金部之銛从金舌聲,讀息廉切,皆讀入添部,此皆以帖添平入為聲也。以此知心部之恬,為添部字者,蓋亦从心舌聲,許君謂為从甜省聲者,非也。由此言之,舌字之音本當在帖部,與涉相同,故其音義相關之字,不在本部之帖,即在入聲陽聲之添。然則甲文假舌為涉者,殆以同音相假,非以同聲,詩文舌字與月部諸字為韻者,乃後來之變音,非其初讀也。【舌 卜辭求義月部第五】

◉于省吾 卜辭□字亦作□□□形。孫詒讓疑為香之變體。舉例下十二。前一・二九・三。□母庚。余永梁云。案此舌字。説文。舌在口。所以言別味者也。从干口。干亦聲。國學論叢弟一卷弟四號殷虚文字續考一。葉玉森云。按本辭若讀為舌母庚。似覺不適。予疑古者字。即諸。殆貞諸母庚也。集釋一・九九。按孫説非是。余釋為舌是也。葉疑為古者字誤矣。□字有點。象舓物之殘靡。然上端岐出。何以象舌形。舊均無解。説文以為从干口。干亦聲。易象形為形聲。已失造字本真。山海經海外南經。岐舌國在其東。郭注。其人舌皆岐。或云支舌也。郝氏箋疏云。支舌即岐舌也。爾雅釋地云。枳首蛇。

䑙 舓

即歧首蛇。歧一作枝。枝支古字通也。又支與反字形相近。淮南墬形訓有反舌民。高誘注云。語不可知。而自相曉。又注呂氏春秋功名篇云。一説南方有反舌國。舌本在前。末倒向喉。故曰反舌。是支舌古本作反舌也。按郭説是也。郝氏謂支舌古本作反舌非是。支舌謂舌端岐出。作反舌者。或支譌為反。或以其岐出異常。因而云然。前四·五五·四有[glyph]字。八·四·三作[glyph]。象伸舌於口外之形。菁四有歓字作[glyph]。象人俯首伸舌於酒器之形。此乃歓之初文。稍晚則加今為聲母矣。葉玉森不知其為舌形。謂象戴胄之人。俯首向下形。失之。金文舌字商器舌鼎作[glyph]。舌觚作[glyph]。周器盂鼎𩰫字从舌作[glyph]。小篆作[glyph]。上亦岐出。猶與初文不相違也。續五·十七·三。疒舌。隹㞢它。疒舌與他辭疒齒語例相仿。其餘舌字多為祭名。前一·二九·三。舌母庚。六·三四·五。王㞢舌鼎鼐。後上二四·十。乎舌酌㲈。粹五十。王弓舌㲈。舌祭當於周代何祭。未詳其義。吳其昌謂舌即説文䑙字之本字。解詁六續七五零。亦未塙也。一説舌古亦讀他念切。與禫字通。然與經傳禫祭之意義。迥不相同也。【釋舌 雙劍誃殷絜駢枝續編】

◉徐中舒 [glyph]前六·九·二象木鐸之鐸舌振動之形。[glyph]為倒置之鐸體，[glyph]、[glyph]、[glyph]為鐸舌。卜辭中與[glyph]告、[glyph]言實為一字，參見卷二告部告字説解、本卷言部言字説解。《説文》篆文字形即本此。【甲骨文字典卷三】

◉許慎 䑙歠也。从舌。沓聲。他合切。【説文解字卷三】

◉馬叙倫 段玉裁曰。曲禮曰。毋嚃羹。廣韻。嚃。歠也。則嚃即䑙也。倫按䑙為舓之轉注字。䑙音透紐。然从沓得聲。沓音定紐。舓从易得聲。易音喻四。古讀喻四歸定也。【説文解字六書疏證卷五】

◉許慎 舓以舌取食也。从舌。易聲。神旨切。𦧧舓或从也。【説文解字卷三】

[glyph]舐見史書 [glyph]同上 [glyph]舐見莊子【汗簡】

◉馬叙倫 沈濤曰。玉篇引食作物。蓋古本如是。以舌取物皆謂之舓。不必專言取食也。徐灝曰。舓與㐁音義近。倫按舌為舓之初文。音當他念切。古讀如導。音在定紐。舓从易聲得聲。易音喻四。古讀喻四歸定。故舌从易得聲轉注為舓。音當他念切。餘詳舌下。

𦧧 宋保曰。舓重文作𦧧。猶鬄重文作髢也。爾雅。弛。易也。小雅。我心易也。韓詩作我心施也。知古同聲而通用矣。倫按易也音同喻四。是髮髢與舓䑛皆以雙聲轉注。玄應一切經音義引古文官書。舓䑛二形同食爾反。音義又引古今字詁。舐。古文䑛。同食爾反。謂以舌取食也。則䑛盖䑛之譌。則此字呂忱依官書或字詁加之。【說文解字六書疏證卷五】

干

前二・二七・五　鄴三下・三九・一一　【甲骨文編】

珠1017　佚587　續5・19・1　凡29・3　六清61　續存1263　外251　【續甲骨文編】

干　㲋簋　干戈　干氏弔子盤　孳乳為敦　毛公𢈔鼎　以乃族敦敌王身　師克盨　干害王身　【金文編】

3・1122　獨字　秦1131　干左　【古陶文字徵】

〔四〕　〔二八〕　〔一九〕　〔三六〕　〔二五〕　〔二二〕　〔六七〕　〔六七〕　〔六七〕　〔三七〕　〔二二〕　【先秦貨幣文編】

刀弧背左干　京朝　刀弧(剪首)　魯招　刀弧背左干　冀靈　仝上　刀折背左干　典一一〇二　刀尖　倒書　亞五・三一　【古幣文編】

【包山楚簡文字編】

干　秦一七一　四例　效二七　三例　效三一　八例　【睡虎地秦簡文字編】

3593　【古璽文編】

蘭干右尉　蘭干右尉　龐比干　干牙　干被　段干功子　江比干印　干博印　【漢印文字徵】

□ 干【汗簡】

干 □王存乂切韻 玕 □古尚書【古文四聲韻】

◉許　慎　𢆉犯也。从反入。从一。凡干之屬皆从干。古寒切。【說文解字卷三】

◉林義光　說文云。𢆉。犯也。从一。从反入。按說文幵下有□。象二竿對構。□𦥑从干在臼上。則𢆉實竿之古文。梃也。詩孑孑干旄。禮記寢苫枕干檀弓。干並為本義。象形。古作□毛公鼎。【文源卷一】

◉高田忠周　說文。𢆉。犯也。从反入。从一。一指事。猶上下字所从之一也。又入者下向垂順之意。反之為向上進逆之意。故辛罪字。从二干會意。二古文上字。犯上得罪。即辛也。【古籀篇十六】

◉郭沫若　芉即干字之異。干，金文之較古者作□，乃圓盾之象形，上有羽飾而下有蹲。古文凡圓點作之字大抵演化為一横，故由□而□，更進則為干。然亦有演化為二横者，如朱字本作□，而師酉毁文作□，其它如眉脒鼎上樂床鼎及鼄器之鼄所从朱字亦係二横，故□字可作□也。說文說干字為「从一从反入」，未得其意。又收芉字于干部，謂「掓也，從干，入一為干，入二為芉，讀若飪，言稍甚也。」又以為南字之聲符，然殷周古文南字均不从芉作。許于干既失，于南亦誤，故芉說尤不足信。【楚王酓忎鼎　兩周金文辭大系攷釋】

◉唐　蘭　□字孫詒讓據金文禽作□，謂似即□之省。舉例下四一。羅振玉釋為畢考釋四八，學者均從羅釋。今按羅說非是。說文「畢，田网也，從𠦒。象畢形，微也。或曰：由聲。」金文畢作□□□等形，明不從田聲。羅氏因謂「卜辭諸字正象网形，下有柄，即許書所謂象畢形之𠦒。後人又加田，於是象形遂為會意。漢畫象刻石凡捕兔之畢尚與□形同，是田網之制，漢時尚然也。」羅意蓋謂𠦒象畢形，畢本與𠦒一字，後人加田以為田網之會意字。然金文之畢，實不從田，田網之說，本屬附會。至□字本由□字蛻變而成，象罕之形。詳前二十五片。罕畢雖同類，其字固有殊也。羅氏釋□為畢，而於□下謂□與网同，足證其無定見。若其所據漢畫象之與□形同者，亦不必定是畢也。卜辭□字習見，釋為畢其辭多不可通，而學者不悟，殊可怪異。詩云「畢之羅之」，畢是雉兔之網。而卜辭有「□虎」拾遺六・十三「豕六冢□」後上三十・十「□又鹿」拾遺六・八「□□」前四・四二等辭，豈虎兕麋鹿而可以畢哉？後編下四一・十二云：「丙戌卜，王，□罕，允罕三百又卌八」，□是阱麋之義。允罕三百又卌八者。正是得麋三百四十八也。□即阱麋，又焉用畢，明罕不當讀為畢也。鐵雲藏龜之餘云「王其桒羌方罕」七・一，羌方又豈可以畢者耶？然則罕決不當釋畢，由文義已可定之。余按□即干字。干禽聲近，史記蘇秦傳「禽夫差于干遂」，朱駿聲謂即周語之聆遂。墨子有禽艾，前人傅會為世俘解之「禽艾侯」，殊可笑。禽艾即咸乂，咸古讀如感也。干聆禽感並一聲之轉。然則孫詒讓以𢍏為禽，實較羅為優，惟𢍏當為禽之本字，而非省文，蓋後世音讀差異，遂加今聲耳。𢍏象罕形，其引申之義為禽，狩象犬在罕旁，則為獸字，禽獸通名，其用為動辭，則禽是禽獲，獸是狩獵也。卜辭𢍏字，讀為禽則無不順適。禽虎，逐六豕禽，禽有鹿，禽麋，以及王𨙨禽，允禽三百有四十八，皆極易解。王其桒羌方禽者，王祈於祖宗，冀有禽獲於羌方也。或云：「……獸隻，𢍏鹿五十𡳿六」前四・八・一，貞狩獵有所獲，而其占驗為禽鹿五十有六。或云：「丁卯……獸正……𢍏，隻鹿百六十二，□百四十，豕十，旨一。」後下一・四。本片云：「王獸𡉀，𢍏，允隻□二，兕一，鹿二十，豕二，麑百廿七，□二，豸廿□，□七。」則皆貞有所禽，而紀其占驗稱穫，可見𢍏與隻為一事之異稱，故卜辭得通用也。【天壤閣甲骨文存考釋】

◉馬叙倫　鈕樹玉曰。韻會引作从一。从反入。翟云升曰。六書故引蜀本説文作盾也。所用以扞禦矢刃也。象形。案盾也別義。吳夌雲曰。干从反大。象人倒立形。羅振玉曰。卜辭作屰。為到人形。示人自外入之狀。與逆同字。倫按羅説是也。甲文作屰屰。羅説與逆同字者。圖語時代以止及屰表來。止為足指向我。而屰為面向我也。非到人。犯也以聲訓。六書故引盾也十字。蓋校者所附。象形二字則許文。今為校者所改矣。然於六書為指事。毛公鼎作干。干氏叔子盤作干。字見急就篇。顔師古本玉海皇象本同。【説文解字六書疏證卷五】

◉楊樹達　説文三篇上干部云：「干，犯也，从反入，从一。」按許君説干字恐非朔義。尋金文毛公鼎干字作干，象器分枝可以刺人及有柄之形。詩大雅公劉云：「干戈戚揚」，書牧誓云：「稱爾戈，比爾干」，注家大都訓干爲盾。説文戈部有戟字，訓盾，申注者皆以干爲戟之假字。余謂干當爲古兵器之一，注家之説殆未然。知者：三篇上収部云：「兵，械也，从収持斤，並力之皃。」或作俻，从人収干。按兵字从収持斤，斤，兵也。或體作俻，从人，从収持干，収持干猶収持斤也。斤爲器名，干亦器名明矣。許君訓干爲犯，乃干之引申義，非初義也。近人徐灝及余亡友林君義光致疑許説，是矣，顧皆謂干爲竿之古文，不悟竿爲竹梃，不得爲兵器。如其説，乃與詩書干戈之文不協，非正義也。戟盾主禦，不主犯，謂干爲戟之假，與引申義之犯不合。【釋干　積微居小學述林卷二】

◉郭沫若　干字小篆作干，説文以干犯義説之，云「干，犯也，从一，从反入」。字在金文者與此説有異。

豦毁「甲冑干戈」作干，毛公鼎「干吾敔王身」作干。其从干作之字，如睘卣「王在厈」作厈，庚贏卣「丹一杆」作杆，虢季子白盤「博伐厰𤞷」作𤞷。所从干字雖若从反入，而並不从一。

類似从一作者亦有之，如干氏叔子盤作干，大鼎之攼字作攼，趞尊之「王在厈」作厈，趞卣作厈，散氏盤杅字作杅若杅，毛公鼎有□字作□，子和子釜有桿字作□。此等字雖似从一作，然實前項从圓點作者之所演進也。依古文通例，凡字之肥筆作或从圓點作者後均演化而从一，如十，如土，如古，如朱，如午，如辛，正舉不勝舉，此干字亦正其一例耳。故凡从圓點作之干字必先於从一作之干字，説字之源非採其初字不可也。

就从圓點作者以觀之，余謂古干字乃圓盾之象形也。盾下有蹲，盾上之∨形乃羽飾也。非洲朱盧族之土人所用之盾正作此形，可為本字之證。【釋干鹵　金文餘釋】

◉徐中舒　《説文》：「干，犯也。从反入从一。」按干應爲先民狩獵之工具，其初形為丫，後在其兩端傅以尖鋭之石片而成□形，復於兩歧之下縛重塊而成□、□，遂孳乳為單。甲骨文無獨立之丫形，但□狩字從此，狩又作□，故知丫、□為一字之異形。金文干字作□毛公鼎，應即□形之譌。重見卷二吅部單字。【甲骨文字典卷三】

◉許　慎　𢆉撥也。从干。入一爲干。入二爲𢆉。讀若能。言稍甚也。如審切。【説文解字卷三】

◉林義光　説文云。𢆉撥也。从二。从倒入。入一為干。入二為𢆉。言稍甚也。讀若飪。按二者厚象。見竺字條。丫象從上撥之。古作□散氏器南字偏旁同。【文源卷三】

◉馬叙倫　嚴可均曰。毛本刓補倒字於入一之上。從小徐本也。干下已云反入。此無庸補。説文又無倒字。讀若能。小徐作讀若餌。六書故弟九引作讀若飪。説文有飪無餌。下文言稍甚也。以聲同取義。宋部。南从𢆉聲。又部校語𢆉音飪。則能字非。段玉裁曰。又部燮下云。籀文燮从𢆉。𢆉音飪。許君時未有直音。必後人校語。然因此可知讀若能之誤矣。嚴章福曰。讀若能不誤。盖𢆉訓撥。撥訓刺。刺直傷也。據此知能之正字為𢆉。忍下云。能也。亦借能為𢆉。能下云。能獸堅中。故稱賢能而彊壯稱能傑也。此説假借例。左傳文元年。忍人也。又云。能行大事乎。曰。能。即此𢆉字。故云讀若能。六書故引作讀若飪。盖校者所改。王棻曰。餌即飪之俗字。劉秀生曰。南。从宋。𢆉聲。南能雙聲。並在泥紐。故𢆉為南所從得之聲。得讀若能。小徐作讀若餌者。白虎通五行。南方者。任養之方。萬物懷任也。又。南者。任也。言陽氣尚有任生薺麥也。禮樂。南之為言任也。任養萬物。南任並以聲訓。方言八。鳲鳩。自關而東謂之戴鵀。東齊海岱之間謂之戴南。南猶鵀也。穀梁桓五年。天王使任叔之子來聘。左氏公羊並作仍叔。本書人部。仍。从人。乃聲。王引之曰。能猶乃也。亦聲相近也。史記淮陰侯傳曰。今韓信兵號數萬。其實不過數千。能千里而襲我。亦以罷極。言韓信兵不過數千。乃千里而襲我也。太史公自序佞幸傳曰。非獨色愛。能亦各有所長。言非獨以色見愛。乃亦各有所長也。能與乃同義。故又可以通用。淮南人間篇。此何遽不能為福乎。藝文類聚禮部引能作乃。漢書匈奴傳。東援海岱。南取江淮。然後乃備。漢紀乃作能。是也。羊聲如任。任聲如乃。乃聲如能。是其證。倫按羊屰皆干之異文。知者。干屰音紐雖有見疑之異。而皆為舌根音。犯與不順義亦同貫。金甲文夫字作。而甲文逆字又有作者。其从夫字甚明。則知大夫本是一字。而干羊為一字明矣。字傳寫譌變成。成。因為三字而殊其訓。羊訓撥者。羊音今在日紐。古讀歸泥。撥在知紐。古讀歸端。端泥皆舌尖前音。是則以聲為訓。許書多此例。方言曰。撥。倒也。即借撥為羊。而羊義為倒。與屰之訓不順同矣。泥疑皆鼻音。此屰音之所以變為飪也。則羊屰之為一字明矣。然則干當入於大部。如㞢之在止部。爪之在爪部。而干部可削也。羊讀若能。小徐作飪者。本書作飪。飪音日紐。古讀歸泥。能飪音同泥紐。然此校者所加。旁注於下。傳寫誤入正文也。知者。言稍甚也者。承入一為干入二為羊而言。今中間以讀若能或讀若飪三字。則意義越絶矣。繫傳祛妄篇引本文無讀若飪三字。是小徐本原無讀若飪一句也。校者以大徐本有讀若能。而見燮下有羊音飪。遂改能為飪。而依大徐本增入言稍甚也之上耳。然說解本作从干一。入一以下皆校語。又疑此字非許書原有。本書从羊者僅南燮二字。南固不从羊。燮字亦多疑。而此說解曰撥也。既非本義。从干以下復多校者之詞。或即是字林文。字亦出字林也。或曰。此干之重文。【說文解字六書疏證卷五】

屰

甲二七〇七　貞人名　甲二八〇五　屰貞　甲三九一八　乙六九四八　乙八五〇五　乙八八四四　乙八八九六　乙九〇四三　拾一二・一〇　後二・一一・一五　前六・四〇・五　京津七一　京津三五二四　鄴三下・三四・九　貞徝屰衆人㝵　鄴三下・三八・二　伐屰弗雉王衆　簠游一〇二　地名　輔仁三七　輔仁九四　伐屰　坊間一・一三　存下六八一　存下七二八　明藏四六七　佚六三一　佚九〇九　乙三九三九　乙四二九八　京都一五六四　乙一二〇八　此為屰字初文倒大為屰與倒子為𠫓同例　乙一五五〇　乙一七八六　明二一八一　前八・六・五　【甲骨文編】

乙655 1510 2487 3939 4298 6948 8505 8711 8896 9043 佚

909 外428 【續甲骨文編】

屰 亞屰卣 爵 目父癸爵 父丁爵 【金文編】

〔五二〕【先秦貨幣文編】

布空大 典七五四 【古幣文編】

【包山楚簡文字編】

古尚書 義雲章 王惟恭黃庭經 【古文四聲韻】

◉許　慎　不順也。从干。下屮。屰之也。魚戟切。【說文解字卷三】

◉羅振玉　說文解字。屰。不順也。从干。下凵。屰之也。案為倒人形。示人自外入之狀。與逆同字同意。故卜辭逆字亦如此作。【增訂殷虛書契考釋】

◉商承祚　秦繹山石刻逆字从。尚存古誼。後世小篆移一于中間。形益晦矣。【殷虛文字類編第三】

◉林義光　說文云。不順也。从干。下凵。屰逆之也。按古作𢽄敦𢽄字偏旁。象逆上之形。【文源卷三】

◉馬叙倫　鈕樹玉曰。繫傳不上有屰字。恐非。王筠曰。屮字譌。鍇本作凵。亦後人箋注譌入正文。羅振玉曰。卜辭作。為倒人形。商承祚曰。繹山碑逆字从。尚存古誼。後世小篆移一畫於中間。形益晦矣。倫按此篆應作。繹山刻石逆字从。正合其形。即夫字。𥄉形。實與篆不別。鍇本不順上屰字。乃隸書複舉字。不順也以下。亦疑校者改之。屰之也明是校語也。餘見干下。【說文解字六書疏證卷五】

◉楊樹達　說文三篇上干部云：「屰，不順也，从干下凵，屰之也。」今按許君說干下凵屰之之說意義不明。今以龜甲文考之，知許說誤也。尋屰字鐵雲藏龜拾遺十二葉十版作，書契前編六卷四十葉五版作，又後編下卷十一葉十五版作，皆作大字倒文。大象人形，故以倒人之形表順屰之屰也。其从辵屰聲之逆字，書契前編三見，四卷二十四葉一版，又五十三葉二版，五卷二十六葉五版。

後編五見，上卷十六頁十二版，十七頁三版，下卷十一頁十六版，十二頁一版，又二版。龜甲獸骨文字一見，一卷二十九葉十版。戩壽堂所藏殷虛文字一見，十一葉十三版，以上並據甲骨文編二卷二十葉所記。屰字皆作大字倒文，並可取證。許君不得其受形之由而強說之，宜其不相合矣。

說文十四篇下厶部云：「厶，不順忽出也，从到子。」到大爲屰，到子為厶，皆訓不順，字之取象相同，故義訓亦同也。夫文字之成，形與義未有不密合無間者。若形與義不相密合，必其說有可疑者也。蓋形當矣而義不與之合，則說義有失也；義是矣而形不與之合，則說形有誤也。許說圖从囗啚，形甚諦也，而訓爲畫計難，則義與形舛，今釋爲地圖，則形義密合矣。荆云荆罰，義無可難也，釋爲从井，則形與義乖，今說爲當从甲文㓝字所从之井，則形義相契也。屰字義訓是而形不合，亦荆字之類也。正其形爲大字倒文，則形與義如符券左右之相合矣。然非有甲文爲據，則荆屰二字之說終古不可得也。

羅振玉說此字云：「𡴑爲倒人形，示人自外入之狀，與逆同字同意，故卜辭逆字亦如此作。」樹達按羅云𡴑爲倒人形，是矣，不順之義正是从倒人得之，而又云示人自外入之狀者，誤以屰逆爲一字也。然屰訓不順，逆訓迎，截然二字二義，不容混合。甲文逆字有作屰者，逆字从屰聲，二字音同，故通作也。羅強牽合二字爲一字說之，繳繞甚矣。【釋屰　積微居小學述林卷三】

◉馬叙倫　父癸爵　舊作目父癸爵。見同上。

　倫按舊釋子到文目父癸。倫謂𡴑似說文之屰字。然此實表人自外而至。故首向目。目亦表一人也。甲文逆字有作𢓜𢓜者。與此實同意。【讀金器刻詞卷上】

◉楊樹達　佚存九〇九片甲云：「貞屰于祖辛。」又九〇九片丙云：「屰于祖辛。」樹達按：屰字文不可通，蓋假爲御，甲文御祭恆見。【卜辭求義鐸部第二】

◉趙　誠　逆字寫作𢓜，从𡴑象倒人形，表示從對面過來的人，也就是迎面過來的人；从𠙴从𠂤表示足行於道。整個字所表示的就是人從對面走過來或迎面走過來的人。【甲骨文行爲動詞探索（一）　古文字研究第十七輯】

㕧　㕧

◉許　慎　㕧口上阿也。从口。上象其理。凡㕧之屬皆从㕧。其虐切。㖼㕧或如此。臄或从肉。从豦。【說文解字卷三】

◉林義光　說文云。㕧口上阿也。口之上顎。从口。上象其理。按古作㕧谷呈戈。說文云。𠔅人相違也。从大凵聲。按古作㕧。从口。㕧形近㕧。又與谷同音。當亦同字。或作𠔅。變𠙴為凵。猶谷亦从凵也。說文云。凵凵盧飯器。以柳為

之。象形。【文源卷二】

◉馬叙倫　沈濤曰。廣韻十八藥引又一曰笑皃。蓋古本有一曰笑皃四字。今奪。張文虎曰。上阿即上腭。徐灝曰。合者。口內上曲處。故曰口上阿。阿。曲也。仌象其理。倫按合即腭字也。从口。仌聲。仌音古如凝。故轉注字作凌。亦作凝。凌音來紐。古讀歸泥。凝音疑紐。同為鼻音腭音。亦正疑紐轉羣紐耳。口上阿也。及上象其理。皆非許文。一曰笑皃者。噱字義。二篇。噱。大笑也。此校語。

　宋保曰。卻聲。然卻亦从合聲。倫按此後起字。後人加之。故有如此二字。

　宋保曰。从肉。豦聲。合豦同部聲相近。倫按合豦亦雙聲。故合轉注為臄。詩釋文引通俗文。口上曰臄。此字呂忱據通俗文加之。【說文解字六書疏證卷五】

 甲一〇六六　 甲一一六七　 後二·三六·五　 粹六二二　 掇二·一五一　 明九九二【甲骨文編】

 秦下表4【古陶文字徵】

 籀韻【古文四聲韻】

◉許　慎　㐁舌皃。从合省。象形。他念切。古文㐁。讀若三年導服之導。一曰。竹上皮。讀若沾。一曰。讀若誓。弼字从此。【說文解字卷三】

◉羅振玉　說文解字。席从巾庶省。古文作。从石省。案从石省之說難通。古但象形作耳。卜辭作與同。象席形。詳後謝字注。【增訂殷虛書契考釋中】

◉王國維　古文弼作从。席也。宿古文作。廣雅㐁席也。【劉盼遂記說文練習筆記　國學論叢第二卷第二號】

◉馬叙倫　鈕樹玉曰。宋本無形字。蓋脫。嚴章福曰。篆當作囪。與古文互誤。據說解云。从合省。蓋从合省口。又據囪下曰。弼字从此。按弜部。弻从㐁不从囪。據此。知古文當作㐁。篆文當作囪也。席世昌曰。玉篇引象形下有一曰竹上皮五字。王筠曰。孫鮑二本均少形字。㐁字似當自為一部。不當云从合省。从合省象形者。但當云。象形。一象脣。ㄩ象舌。∧乃舌上之理。合與㐁各自為物。許蓋以㐁字無可坿。而古文有∧∧。與合上體同。故以字形相坿耳。倫按王謂㐁不从合省。當自為一部。是也。許以丙坿谷部。故曰从谷省。象形。鍇本作象形。从谷省聲。皆非是。此今口舌之舌本字。不當訓舌皃。疑非本訓。或此字出字林也。餘詳囟下。

 嚴可均曰。弻字从此蓋校語。惠棟曰。導本古文禫。鄭注儀禮士喪禮云。禫或為導。知導服即禫服也。許所據儀禮古文。段玉裁曰。士虞禮注曰。古文禫或為導。檀弓喪大記注皆曰。禫或作道。是今文禮作禫。古文禮作導。鄭從今文。故見古文於注。許從古文。故此及木部棪下穴部突下皆云。三年導服。而示部無禫。今有者。後人增也。桂馥曰。一曰竹上皮者。廣雅。丙。席也。韓非子十過篇。禹作為祭器。縵帛為茵。蔣席額緣。馥謂茵當作丙。謂竹皮席。本書。席。古文作囟。當作𠩄。一曰讀若誓者。本書茵音直例切。王筠曰。廣雅。席也一條。有茵字。又有笙筕簟籧篨筵蔣。字皆从竹。或因亦竹席也。徐灝曰。讀若以下當在丙下。寫者亂之也。丙即古舌字。導與禫同。沾與添同。皆丙之聲轉。舌有食列切之音。故又轉為誓也。王國維曰。一曰竹上皮者。即席字義。廣雅釋器。丙。席也。丙當如甲文作囟。誤為囟。又省為丙。章炳麟曰。丙囟二形。皆象舌文。不必从谷省也。讀若誓者。變易為舌。倫按此字說解傳寫有譌。嚴言篆文古文當互易。徐言讀若以下當在丙下。倫謂許書蓋本作丙。舌皃。从谷省。象形。讀若三年導服之導。一曰。竹上皮。讀若沾。一曰。讀若誓。弻字从此。囟。古文丙。讀若以下並是校者所加。囟讀若三年導服之導者。已詳上文。舌下一曰竹上皮者。此說義也。五篇。簟。竹席也。書顧命。敷重篾席。本書莧下引作莧席。解言莧席。織蒻席也。讀與蔑同。倫謂織蒻席也非許語。詳莧字下。今杭縣謂竹上青皮曰蔑。段玉裁曰。竹上青皮。書顧命禮記禮器聘義皆謂之筍。今字別作筠。倫謂本書筍訓竹胎。今謂竹初生未出土者曰筍。即竹胎也。以為竹上青皮者。借筍為筤。聲同真類也。五篇。筤。竹膚也。筤音微紐。莧音明紐。古讀微歸明。是筤蔑音同。則莧席即筤席也。筤可為席。故此言竹上皮。或皮字下猶有奪文。蓋囟象形。篆本作。與初文席字作者形音並近。一曰竹上皮。乃席字初文作者之義。二字譌為一字。此義遂入丙下耳。又丙音如導。導音如覃。故可借丙為簟。廣雅釋器。丙。席也。是也。讀若沾者。占覃聲同侵類。二篇。苫。蓋也。左襄十七年傳。寢苫枕凷。釋文。苫。編草也。又昭廿七年傳釋文引李巡曰。編菅茅以覆屋曰苫。蓋編草為席曰苫。或以蓋屋。或以卧薦。而簟則編竹膚為之。其為席同。故簟之音亦如苫也。劉秀生曰。金部。銛。从金。舌聲。讀若棪。木部。棪。从木。炎聲。讀若三年導服之導。目部。睒。从目。炎聲。讀若白葢謂之苫相似。苫沾並从占聲。占聲導聲古並如炎。是其證。一曰讀若誓者。劉秀生曰。誓从折聲。古在定紐。透定皆舌音。儀禮士喪禮。中月而禫。注。古文禫為導。本書。竹部。簟。竹席也。从竹。覃聲。方言五。簟。自關而西謂之簟。或謂之笴。自關而東或謂之篕。掞。道聲如覃。覃聲如折。

是其證。倫謂以方言簟或謂之笄。可證讀若誓為竹上皮之一讀。然丙亦得讀若誓。桂舉茜从丙得聲音直例切為證。是也。誓音禪紐。丙舌一字。舌音牀三。與禪皆舌面前音。古讀皆歸於定也。餘見舌下。【説文解字六書疏證卷五】

◉楊樹達　説文二篇上合部云：「丙，舌貌。从合省，象形。」或作㐁，云：「古文丙。讀若三年導服之導。一曰：竹上皮，讀若沾。一曰：讀若誓。弼字从此。」他念切。按合為口上阿，與舌不相涉，舌貌之字無緣从合，許説字形，殊嫌牽附。王静安釋弼云：「因者，古文席字。説文席之古文作⿸厂因，豐姞敦宿字作，从人在宀下因上。人在席上，其義為宿，是因即席也。廣雅釋器：丙，席也，意謂因席古今字。説文丙一曰竹上皮，蓋席以竹皮為之，因謂竹上皮為丙，亦其引申之一義矣。因象席形，自是席字，由因而譌為㐁，又省為丙，宿弼二字同也。弼與席皆以簟為之，故弼字從因。」觀堂集林七卷十四。樹達按王説意是，謂因為席字，因席音異也。余謂説文五篇上竹部云：「簟，竹席也。从竹，覃聲。」徒念切。丙讀若三年導服之導，導即禫字，簟與禫同从覃聲。丙又讀若沾，簟與沾古韻同覃部字。由此知丙與簟同音，實簟之初文也。今竹席之義為後起之簟字所專，無有知丙之為簟者矣。【丙簟　積微居小學述林卷五】

只【汗簡】

汗簡　同上【古文四聲韻】

◉許　慎　只語已詞也。从口。象气下引之形。凡只之屬皆从只。諸氏切。【説文解字卷三】

◉林義光　説文云。只語已詞也。从口。象气下引之形。按語止气不下引。只為歧之本字。古作鄦虜盤㚤字偏旁。从口轉注。象物形。見品字條。八象分歧形。爾雅中有枳首蛇焉。釋地。莊子駢拇枝指。説文跂足多指也。枝木別生條也。爾雅二達謂之歧。釋宮。枳枝跂歧並與只同音。而由只字孳乳。詩跂彼織女。韓傳云。跂隅貌。亦取只字之形。織女三星。其位恰如八字也。【文源卷三】

◉陳獨秀　只　篆文作只，象豆、豐等一切器及骹之通稱，今語猶謂器一個曰一只。器依骹即足而止於地，故只訓止，又引伸為語已詞。八寸曰咫，周尺也，謂器骹之高不及一尺。四肢或作四胑，謂人之肢如器之骹。【小學識字教本】

◉馬叙倫　鈕樹玉曰。玉篇引詞作辭。之移之爾二切。段玉裁曰。已止也。矣只皆語止之詞。庸風。母也天只。不諒人只。是也。亦借為是字。小雅。樂只君子。箋。只之言是也。王風。其樂只且。箋。其且樂此而已。按以此釋只。與小雅箋同。

宋人詩用只為祇字。但也。今人仍之。讀如隻。桂馥曰。廣雅。只。詞也。詩周頌。有室盈只。婦子寧止。左襄廿七年傳。諸侯歸晉之德只。注。只。辭也。錢坫曰。莊子以卻曲為迟曲。然則只即語詞之卻字矣。王筠曰。廣雅。只。詞也似說文亦當云然。語已詞也。則當是庾氏注語。何者。庸風楚詞之只。皆在句尾。誠為語已之詞。其樂只且猶自相類。若樂只君子。則非語之韻絶矣。只字重八不重口。然气之下引無由見也。故以口定之。八在口之下者。試言只。則脣下侈也。朱駿聲曰。八指事。詩樂只君子之只。借為紫。南山有臺同。左傳皆以旨為之。今俗語用為但詞。借為啻字。曰。从口。象气下引之形。隸變似八。非从八也。林義光曰。語止气不下引。只為歧之本字。郰膚盤炽字偏傍作ㅂ∧。从口。象物形。八象分歧形。爾雅中有枳首蛇。倫按本部⿰甹只字。倫證其字从甹兄聲。不从只。𡕒部迟訓曲行。从只得聲。而音入溪紐。禾部積極為轉注字。則只聲古音蓋在溪紐。莊子人間世。吾行卻曲。釋文。曲或作迟。迟。即迟也。卻迟以雙聲連文。史記韓安國傳。廷尉當恢迟撓當斬。淮南作屈撓。皆可證也。然則只當从口气聲。音轉為諸氏切。説解本訓詞也。校者加語已二字。【説文解字六書疏證卷五】

⿰甹只

◉許　慎　⿰甹只聲也。从只。甹聲。讀若聲。呼形切。【説文解字卷三】

◉林義光　説文云。⿰甹只聲也。从只甹聲。讀若馨。按从只非義。古作⿰甹兄宗婦彝娉字偏旁。从兄。與祝同意。甹聲。兼形聲。【文源卷四】

◉馬叙倫　桂馥曰。小徐本作讀若馨。詩大雅叔于田。抑磬控忌。傳曰。騁馬曰磬。是甹磬音相近。鈕樹玉曰。宋本馨作聲。非。玉篇。呼丁切。錢坫曰。此寧馨字。段玉裁曰。晉宋人多用馨字。若冷如鬼手馨。強來捉人臂。何物老嫗生此寧馨兒。是也。田吳炤曰。大徐作聲。是也。⿰甹只當是从某某聲之聲。此既訓聲也。故又讀若聲。聲義皆同。後叚聲為⿰甹只。遂莫識⿰甹只字矣。只。語已詞也。⿰甹只从只。其義固當為語已詞也。故以讀若聲為是。葉德輝曰。本書。甹。亟詞也。从丂。从由。或曰。甹。俠也。三輔謂輕財者為甹。據此。甹。本詞之亟者。⿰甹只則气急之聲。乃詞之有聲者。故讀若聲。小徐作馨。非也。林義光曰。从只非義。宗婦彝娉字偏傍作⿰甹兄。劉秀生曰。甹聲在青部。馨从磬之籀文殸聲。亦在青部。故⿰甹只从甹聲得讀若馨。血部。⿱血丂。从血。甹省聲。讀若亭。亭部。亭。从高省。丁聲。赤部。赬。从赤。巠聲。或从丁聲作赪。石部。磬。古文从巠聲作硜。甹聲如丁。丁聲如巠。巠聲如殸。是其證。倫按聲也。上蓋有奪字。疑當作語聲也。然倫謂此字篆當作⿰甹兄。从甹。兄聲。兄只形近。譌為只耳。宗婦段有⿰女⿰甹兄字。吳大澂釋嫂。倫謂从女⿰甹只聲。詳嫂字下。⿰甹只蓋甹之轉注字。从甹。

兄聲。甹訓亟詞也。即晉人語寧馨之馨。今吳縣語曰。那亨。馨亨音皆曉紐。亨一音普庚切。則與甹音普丁者近矣。可證也。此訓語聲。亦與甹字義合。甹从由得聲。詳甹字下。由音喻四。喻四與曉同為摩擦次清音。此讀呼形切。音在曉紐。而兄音正在曉紐。是从甹兄聲也。當立甹部而屬之。【説文解字六書疏證卷五】

前一·三六·六　林一·五·一二　續一·二一·二　粹一四六　粹一二三四　摭續二七七　輔仁五
七　庫一七一九　珠三九三或从日【甲骨文編】

珠1087　續1·21·2　徵3·77　摭續277　粹146　234【續甲骨文編】

3·91 繇衢㕯　匋里㕯　陶文編3·15　説文所無集韵吶言難也【古陶文字徵】

2649　1710　2077【古璽文編】

㕯【汗簡】

◉許　慎　㕯言之訥也。从口。从內。凡㕯之屬皆从㕯。女滑切。【説文解字卷三】

◉孫海波　前編卷一弟三十六葉六版「□之于匕辛㕯歲其至風□」，龜甲獸骨文字卷一弟五葉十二版「□匕辛㕯歲至風□」，㕯字从冂从口，疑即許書之㕯。説文「㕯，言之訥也，从口从內」，徐鍇曰「論語云其言㕯然如不出諸其口也。」經典變為吶，檀弓作「其言吶吶」，注「吶吶舒小貌」，正義云「發言舒小」。又穀梁傳釋文引字詁云「訥遲于言也。」卜亂之㕯，殆祭名。【卜辭文字小記　考古社刊第四期】

◉馬叙倫　嚴可均曰。檀弓作吶。朱士端曰。小徐作从口。內聲。大徐刪聲字。言部。訥。言難也。與㕯通。大徐作从言。从內。小徐作从言。內聲。與此同例。㕯訥皆當內聲。倫按㕯即訥之別體。从口。內聲。玄應一切經音義引古文官書。訥吶同奴骨反。或此為商兑之兑之轉注字。兑㕯聲同脂類。言之訥也訥字義。且此明非本訓。甲文有㕯字。【説文解字六書疏證卷五】

◉高　明　「壬子㕯子凶」，㕯字秦篆作㕯，《説文》云：「㕯，言之訥也，从口从內。」通內，「內子」古卿大夫妻。《禮記·曾子問》：「大夫內子有殷事」，鄭玄注：「內子。大夫妻也。」《國語・楚語》：「司馬子期欲以其妾為內子」，韋昭注：「卿之適妻為內子」。【楚繒書研究 古文字研究第十二輯】

◉李學勤 清代以來錢幣譜録所謂博山刀，是先秦鑄幣的珍品，其文字奇詭難識，久成古文字學中的懸疑。近讀本刊汪慶正同志新作汪慶正：《日本銀行及上海博物館所藏博山刀考略》，《中國錢幣》1985年第3期公布新材料並作精闢分析，有鑿破混沌之功；又承上海郭若愚同志寄贈一九八五年十一月「中日貨幣展覽」説明書，收有上海博物館藏品照片，備極明晰。現對汪文略事補充，試提幾點想法，與方家商榷。

博山刀的難點，在於幕文的釋讀。今舉丁福保《古錢大辭典》三枚和汪文附圖五枚為例，試作釋文：

(7)上海博物館藏，汪文封二左圖，幕文為「莒治齊刀」。

(8)同上，汪文第6頁左圖，幕文為「莒治㕯刀」。

(8)在「莒治下加「㕯刀」，極富啟發。「㕯」字从「內」从「口」，見於《説文》，注家均以為即「呐」或「訥」字。其上半的「內」，與鄂君啟節「內」字全同。

齊刀的「」字，自來釋讀紛紜。在戰國文字裏有兩個字與之相近。一個是「去」字，中山王鼎作从「大」从「口」，同出圓壺更增从「止」。古璽的「去」字，也多从「大」从「口」，並从「止」或「辵」。另一個是增从「口」的「大」字，裘錫圭同志曾舉出很多例子裘錫圭：《戰國文字中的「市」》考古學報1980年第3期。這兩個字所从的「大」，有四種寫法(見左圖)：

第一種兩臂下垂；第二種上半作∧而下半另起筆，由之發展成第三種；第四種兩臂平成一筆，其餘仍作∧形。這四種同齊刀那個字的上半俱有區別。後者的特點是中有竪筆，同時加一橫筆，博山刀(8)所从「內」字的中間正是這樣的。

在古文字中「內」、「入」相通，所以从「內」也可从「入」。《古文四聲韻》就以「內」作為「入」的古文。「入」、「內」二字有相應演變，可列表如次：

矞 矞

容易想到，與「內」第四種寫法對應的「入」字寫法是大。把豎筆上加的圓點變成橫筆，在東周文字中習見。

這樣寫的「入」字，有兩件青銅器銘文為證：

一件是前面提過的庚壺，春秋時齊器，銘文有：「齊三軍圍𨙶(萊)，冉子執鼓，庚入門之。」查《春秋》襄五年經云：「十有二月，吳子謁伐楚，門於巢，卒」，《公羊傳》：「『門於巢，卒』者何？入門乎巢而卒也。『入門乎巢而卒』者何？入巢之門而卒也。」可知「入門」為一動詞。壺銘又云：「庚率百乘舟入莒」，「入」字寫法相同。

又一件是安邑下官鍾，戰國時魏器，銘文言：「七年九月，府嗇夫戠，徒吏狄為之，入斛斗一益少半益。」「入」訓為「受」，與其他容器用「受」或「容」意同。

這兩器「入」字舊均釋「大」，現在改釋為「入」，便覺文理通順。因此，齊刀上面那個字其實也是「㕯」字，不過省「內」為「入」而已。「㕯」即是增「口」的「內」字，可讀為「內」。

什麼是「內」？《周禮》有職內，注云：「職內，主入也，若今之泉所入謂之少內。」職內本主貨幣收入，「內」轉為機構之稱，故云「少內」。「少內」見雲夢秦簡，有設於朝廷的，也有設於諸縣的。齊刀面文所記「齊內」、「齊之內」、「即墨內」、「即墨之內」、「安陽之內」等，應即各地的「內」。齊刀為「內」所司掌，所以齊刀也稱為「內刀」，見於博山刀。【論博山刀　中國錢幣一九八六年第三期】

◉許　慎　矞以錐有所穿也。从矛。从㕯。一曰。滿有所出也。余律切。【說文解字卷三】

◉林義光　說文云。矞錐有所穿也。从矛㕯。按古作□克鐘遹字偏旁。从矛內内古納字。變作□克彝遹字偏旁。【文源卷十】

◉馬叙倫　鈕樹玉曰。韻會作从矛。㕯聲。出下無也字。王筠曰。玉篇。出也。廣韻引說文。一曰。滿也。蓋此文本作一曰出也滿也。有所二字緣上有所穿而衍。矞蓋無可隸之部。不得已而入㕯部也。其字从矛而其義為錐。大小不倫。不得入矛部。然又非矛聲。不得不曰从矛。且字在㕯部而不云从㕯从矛者。並非从㕯也。錐之穿豈有言語之意耶。因穿與入同意。

商

㕯从內。內从入。遂展轉而从㕯字遞从之入字耳。總於㕯字無涉。絲部繘之古文作。則即古文矞字。當補於此下。宋保曰。繫傳作从矛。㕯聲。是也。內矞同部聲相近。大徐於古音不能通。因删聲字。莊述祖曰。寶鐘遹字从。从矛。从穴。穴亦聲。韓詩。謀猶迴穴。毛詩作回遹。可證矞之从穴。徐灝曰。以錐穿物曰矞。今惟吾粵俗語有之。周雲青曰。唐寫本玉篇引以錐有所穿也。一曰滿也。廣韻六術引同。蓋古本如是。今作一曰滿有所出也。有所出三字。乃傳鈔者承上文有所穿而衍。張楚曰。一曰。滿有所出。乃潏字義。本書。潏。湧出也。與滿有所出意合。倫按王説是也。盂鼎。遹省先王。字作。善夫克鼎遹字作。克鐘作。遹段作。其形與散盤內字同。穴字即之變。詳穴字下。則矞自从內或从㕯。然穴內聲同脂類。詩回遹。韓詩作回穴者。通借耳。以錐有所穿也者。非本義。亦非本訓。字从矛。安得言錐。且穿亦何必从矛。鍇本作㕯聲。今江蘇之蘇州浙江之杭州縫紉以鍼穿曰納。如納繡納鞋底是。疑有从㕯得聲之字而今失矣。或穿也為窬字義也。七篇。窬。空也。廣雅釋詁。窬。穿也。或鐍字義。十四篇。鐍。穿木鐍也。鐍鑴形近。輾轉而譌耶。矞為㕯之轉注字。㕯音娘紐。矞从矛得聲。矛音明紐。明娘同為鼻音也。方言。涼州西南之間曰膠。自關而西曰譎。膠借為謬。謬从翏得聲。翏音來紐。古讀歸泥。矞从矛得聲。矛音明紐。明泥同為鼻音。故譎謬為轉注字。可證矞从矛得聲也。矞為兑之轉注字。矞音喻四。古讀歸定。兑音定紐也。【説文解字六書疏證卷五】

甲二四一六 晚期商字从口 大邑商 甲三六五九 甲三六九〇 天邑商 前二·二·二 前二·二·六

前二·三·五 前二·三·七 前二·五·三 前三·二七·六 前四·二七·三 前四·三七·五

後一·一八·二 菁一〇·一 林一·二七·八 戩三七·七 粹九〇七 商受年 佚八五三 掇一·二九五

甲七二七 早期商字多不从口 甲一二二五 甲二三二五 甲二三二七 甲二三六五 甲三五七六

乙九八 乙四五一八 于丘商 丘商疑即商丘 河六八七 粹一二九七 粹一四四 商方 粹一二三九

前八·一一·一 中商 佚三四八 于中商乎𠬝方 佚六八七 前八·一〇·三 受中商年 掇一·二

九四 後一・九・一二 此帝辛征人方時卜辭云在商而今日步于亳則此商即商丘之商 【甲骨文編】

甲727 1090 1225 2121 2123 2291 2325 2337 2365 2416 2419

3273 3558 3576 3690 乙98 484 946 1287 1779 2108 3311

3331 3669 4304 4516 4518 4835 4938 5265 5323 5403 5582

5605 5956 6300 6579 6692 6702 7036 7422 7575 7647 7751

7795 7981 8075 8405 8639 8659 8685 8821 9078 珠15 113

114 263 418 603 981 佚348 493 518 687 693 786

853 902 938 續1・28・5 1・28・9 2・28・2 3・13・6 3・14・4 續3・145 佚938

續3・146 3・24・1 3・28・5 5・4・6 5・14・2 5・23・10 6・18・3 6・20・10

掇295 徵2・1 2・2 3・184 4・52 4・94 10・60 11・124 京2・11・2

2・15・1 2・162 3・30・2 鄴二39・2 録686 687 703 858 誠347

349 東方1302 書1・5・E 六束63 續存526 628 739 1385 書1・5・H 摭續153

粹41 744 230 907 1064 1068 1069 1297 1298 1302 新1385

1427 1558 1592 2073 3001 3002 4380 4843 4892 乙47 4605

7134 9020 續5・15・10 掇28 徵4・79 4・80 録718 新4767 【續甲骨文編】

商 商婦甗 盥作父辛卣 利簋 武征商 康侯簋 小臣單觶 商角蓋 何尊 商尊 矢簋 商丘弔匿 曾侯乙鐘 取盧匜 商戲簋 蔡侯䌛盤 姑□句鑃 孳乳為賁 丁未角 婀賁征貝 般甗 銜卣 乙亥鼎 小子射鼎 戍嗣鼎 王賁戍嗣貝廿朋 𢓊方鼎 䟫賁又正𢓊嬰貝 咈衹簋 彥鼎 小子省卣 獻侯鼎 豐鼎 帥鼎 揚鼎 末距悍 龏姛鼎 𥃢尊 秦公鎛 庚壺 【金文編】

5·98 咸商里若 秦1388 咸商里宣 【古陶文字徵】

商 日甲一四五 二例 【睡虎地秦簡文字編】

商長之印 商丘禁印 商賈之 商宗之印 高商 吳商私印 由商之印 鞠商之印 【漢印文字徵】

石經君奭 則商實 說文古文作籀文作汗簡引作 【石刻篆文編】

商見尚書 商 商竝說文 【汗簡】

古尚書 竝說文 竝崔希裕纂古 【古文四聲韻】

◉許 慎 从外知內也。从冏。章省聲。式陽切。古文商。亦古文商。籀文商。【說文解字卷三】

◉吳大澂 乙亥鼎。商貝與賞字同。賜也。今經典通用賞。辛子敦。丁未伐商角。郘䵼匜。古鉢文。【說文古籀補第三】

◉劉心源 商用為賞。古刻通例。癸亥父己鼎□作册豐貝。癸亥敢□貝。執卣□執。易四書二皆商省。與此銘同。己酉彝□貝十朋。延彝□延貝。師睘鼎王□貝十朋。皆从口。古刻亦用賁。詳征人鼎。案商賞通用。古刻㠯外不見。雅訓惟費誓云我商賚汝。僅存古文。後儒不識通叚。乃㠯商度解之。非也。【奇觚室吉金文述卷一】

◉羅振玉 史稱盤庚以後商改稱殷。而徧檢卜辭。既不見殷字。又屢言入商。田游所至曰往。曰出。商獨言入。可知文丁帝乙之世雖居河北。國尚號商。【殷虚書契考釋序】

◉羅振玉 説文解字商从㕯。章省聲。古文作□。亦作□。籀文作□。卜辭與篆文同。惟篆文上从□。此从□耳。乙亥鼎作□。丁未角作□。均與此同。卜辭或又省口。【增訂殷虚書契考釋】

◉王國維 羅説是也。始以地名為國號。繼以為有天下之號。其後雖不常厥居。而王都所在仍稱大邑商。訖于失天下而不改。周書多士云。「肆予敢求爾于天邑商。」是帝辛武庚之居猶稱商也。【説商 觀堂集林卷十二】

◉王國維 □ 説文解字㕯部。商。从外知内也。从㕯。章省聲。□籀文商。案。師田父敦□字从□。與籀文略近。【史籀篇疏證 王國維遺書第六册】

◉高田忠周 説文。□从外知内也。从㕯章省聲。古文作□。亦作□。又帝下云。□古文帝。古文諸上字皆从一。篆文皆从二。二古文上字。示辰龍童音章。皆从古文上。然此商頭作□。與許説合。又□亦古文㕯字。又下文作干。即□譌形。亦辛字。而从□即吅。葢取于商議之意也。然依本形。又推許解。商字本義。非商議之謂。从㕯。㕯即訥字。所謂訥於言敏於行。故从外知内也。章者明也。兼會意。又説文籀文作□。疑从晶省。亦明意也。唯愚謂□實从□省。□即□緐文。□即星字。然此為商星義本字。而與商通用。又小篆作□。从古而不改也。【古籀篇五十一】

◉周慶雲 陳邦福案。□當為商省。辛子敦作□可證。商君者。宋君也。宋為商後。作器者多書祖國之名。與商距末商戴公戈一例。陳邦直案。□即商字。昔儒多謂宋人稱商。然宋公鐘又直稱宋。葢商為楚子西之封邑也。攷路史云。子西為商公。今商洛之地。魏晉時始分隸之。則此矛為子西之商明矣。【周商君矛 夢坡室獲古叢編】

◉葉玉森 □ 孫詒讓氏釋誩之變體。説文誩部。誩。競言也。从二言。龜文簡易。變兩口為□。誼亦得通。譱競皆从彼為形。或其叚借與。契文舉例。氏又釋珡。謂上从□。與从玨䍜同。古文从玉之字或變作□。珡瑟字上半與玨形近。故亦省作□。或原始古文本如是。象絃柱聯繫形。後變而成玨。未可定也。下作□。與□改彝□从□亦相近。名原。王襄氏釋商。類纂。森桉。孫氏釋誩釋珡均未諦。王氏釋商。殆以□□為□商之繁文。宜若可信。惟卜辭云□俘□。則概

作□。云入商。則概作□□。無相通者。似仍非一字。【殷墟書契前編集釋卷一】

◉商承祚　金文商獻毁□，辛巳毁作□，商父鬳作□，商尊作□。説文商「從外知内也。从㕯，章省聲。□□古文商。□籀文商。」此象以架置物其間，是商也。許以為形聲字，非是。【甲骨文字研究下編】

◉馬叙倫　桂馥曰。易兑九四。商兑未寧。惠棟曰。初在内。四在外。變應初。故云商兑。孔昭孔曰。商从言内會意。朱駿聲曰。疑从言省。从内會意。與訥同體不同義。羅振玉曰。卜辭作□□□□□。从□。倫按金文諸商字多同此。惟商婦甗作□。祖生卣作□。合於朱説。从言省。今篆實从言不省。易兑九四。商兑未寧。商兑連文。兑即説省。則商从言無疑。言字从口辛聲。辛口二字本不必連。故口得在冂下。然倫謂从外知内。或依易詞立義。此係校語。本訓挩矣。兑為商兑之兑本字。啇為兑之轉注字。音在喻四。商音審紐。同為摩擦次清音也。故啇轉注為商。當立啇部而屬之。

□　沈濤曰。汗簡一。□商見尚書。□□並見説文。是古本重文篆體作□不作□矣。二徐乃以古尚書之體誤竄於此。王筠曰。鮑本作□。倫按商獻毁作□。與此略同。魏石經古文作□。餘詳□下。

□　李杲曰。疑後人妄加。

□　錢玄同曰。籀文疑為參商之商字。郭沫若曰。傳卣作□。其□與籀文之□均象星形。倫按王筠據鍇本作□。錢説近理。傳卣□字當是□之異文。从貝。商聲。不省。以此證知籀文□為商星本字。从晶。商聲。當入晶部。傳卣□字所从之□。或从㕯□聲。□即本書之𡘙。皆甲文□□之變譌。今之□字亦其變也。【説文解字六書疏證卷五】

◉劉華瑞　「商」字亦貝之象形。□即賣之省。今經典通用賞。籀文商字讀為賞。古文商賞為一字。濰縣陳氏藏丙午鼎賞字書為「□」。尚貝二字相合而成。書作□。是商代以□（貝）為象徵。猶之夏代以□（鳥）為象徵。周代以農田之□（周）為象徵矣。【鬲室舊藏夏商周漢彝器考釋】

◉朱芳圃　説文㕯部：「商，從外知内也。从㕯，章省聲。□，古文商。□，亦古文商。□，籀文商。」按商，星名也。左傳襄公九年：「陶唐氏之火正閼伯居商丘，祀大火而火紀時焉，相土因之，故商主大火。」公羊傳昭公十七年：「大辰者何？大火也。」何注：「大火謂心星。」字象□置□上。□物之安也，亦謂之堤，淮南子詮言訓：「瓶甌有堤」，高注：「堤，瓶甌下安也。」今俗謂之底座。蓋商人祭祀時，設燭薪於□上以象徵大火之星。或增□，象星形，意尤明顯。又增□，附加之形符也。考心宿三星為東方七宿之一，在房宿之東，尾宿之西，中有一等大星，其色極紅，故謂之大火。商人主之。始以名其部族，繼以名其國邑及朝代。【殷周文字釋叢卷上】

◉王玉哲　甲骨文的商字作「〔字形〕」或「〔字形〕」形，上面的「〔字形〕」即鳳凰的鳳字上部之鳥冠，大概「商」字以「〔字形〕」代表他們所崇拜的鳥圖騰，而「冂」，徐中舒先生說似穴居形。所以我們說「商」字似乎是商族用以稱呼自己的族名。後人就把商族居住之地也名之為「商」了。【商族的來源地望試探　歷史研究一九八四年第一期】

◉朱德熙

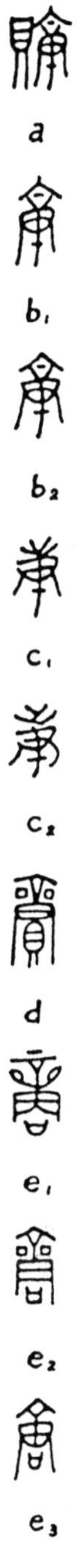

節銘云：

大攻（工）尹脽臺（以）王命命集尹悼「悼」字原文从心从卲。江陵望山一號墓竹簡記楚悼王之「悼」字亦从心从卲，故此處徑將此字釋為「悼」□此字左旁从「米」，右旁不知所从，緘尹逆、緘令阠，為鄂君啟之府a鑄金節。

a右側所从的偏旁b_1就是節銘中多次在地名前出現的b_2。舊釋b_2為「庚」，釋a為「賡」。按古文字「庚」字以及「唐、康」等字所从的「庚」字偏旁，豎筆上端一律歧出，從來没有寫成〔字形〕形的。拿戰國楚文字來說，望山一號墓和天星觀一號墓所出竹簡裡的「庚」字寫法如c_1、c_2，上端也都歧出，與b_1的形體顯然不同。可見b_1決非「庚」字。而且把a釋為「賡」，銘文也難以讀通，舊釋實不可從。

戰國印文裡有一個寫作d的字（古璽138），孫文楷釋為从「貝」从「商」省聲的「𧶠」字。見《稽庵古印箋》卷一，1912。「商」字庚壺作e_1（金文編132）。與e_1相比較，可知見於印璽文字的e_2（古璽530）和e_3（賓虹）也是「商」字。从e_1到e_3是逐步簡化的結果。比較e_2和d，可知孫說之確。e_3上部所从與b_1形體十分接近。b_1不从「口」，所以中間豎筆下曳，這跟「庚」字豎筆下曳（c_1、c_2）而「唐」字因為下端从「口」所以豎筆不下曳情形是一樣的。根據以上的分析，我們懷疑b_1是「商」字所从的偏旁，即省去了「口」的「商」字。因此a應該是「𧶠」字的異體，跟d是一個字。不同的是在d裡，兩個偏旁上下相疊，在a裡則是左右並列。

過去把a釋為「賡」。據《說文》「賡」是「續」字古文，在銘文裡只能屬下讀。現在我們把此字釋為「𧶠」。「𧶠」應讀為商賈之「商」，在銘文裡應屬上讀。《說文》訓「𧶠」為「行賈也」，蓋以「𧶠」為商賈之「商」的本字。《周禮・天官》大府、玉府及《地官》泉府下均設有「賈」。《天官・序官・庖人》鄭玄注：

賈，主市買，知物賈。

孫詒讓《正義》：

知物賈，謂知賈直之貴賤。其字今別為價，古通以賈為之。此賈亦庶人在官者。凡諸官有市賈之事者並有賈。「商」和「賈」二字，對言有別：「行曰商，處曰賈」（《周禮·天官·大宰》鄭注）；散言時意義相通。《國語·晉語四》「工商食官」韋昭注：「商，官賈也。《周禮》府藏皆有賈人，以知物價。」《左傳·僖公十三年》「鄭商人弦高」，《史記·秦本紀》作「賈人弦高」。節銘「府商」二字連文，應是指鄂君府中主市買職守的人，與《周禮》大府、玉府、泉府中的賈相當，他們不是一般的商人。這一點可以從節銘本身看出來。節銘在記述舟、車行經路綫時，開頭都說「自鄂市」。《廣雅·釋詁三》「市，買也」，可見鄂君府商的職守只是採購，不是經商。漢中山王內府銅器多記「郎中（或「中郎」）某市（或「買」）某地」，例如：

中山內府銅鋗一，容二斗，重六斤七兩。第八十三。卅四年四月，郎中定市河東。（《文物》1976年12期89頁圖二）

中山內府銅鈁一，容四斗，重十五斤十兩。第十一。卅四年，中郎柳市雒陽。（《滿城漢墓發掘報告》上，51頁圖三三:3）

中山內府銅盆，容二斗，重六斤六兩。第六。卅四年，中郎柳買雒陽。（同上59頁圖四〇:3）

這些銅器都是中山王派專人去各地成批買回來的，這跟鄂君啟派府商外出採購情形類似。中山王器或言「市」，或言「買」，足見鄂君啟節「市」字也是買的意思。【鄂君啟節考釋　紀念陳寅恪先生誕辰百年學術論文集】

句

前八·四·八【甲骨文編】

前8·4·8　新191【續甲骨文編】

句　鬲比盨　殷句壺　𡨦斧父鼎　三年瘐壺　句陵地名　姑冂句鑃　句它盤　其次句鑃　永盂　宋句地名　越王州句矛　越王州句劍　孳乳為耇　師鄂父鼎　用祈釁壽黃耇吉康　假借作后　鑄客鼎　王句即王后　鑄客匜【金文編】

6·85廌句　9·56☒☒☒句【古陶文字徵】

〔六七〕　〔六八〕【先秦貨幣文編】

 刀弧背　冀滄　【古幣文編】

 67 【包山楚簡文字編】

 句　為五〇　二例　通苟　不取—富　為五〇　 日甲一二九　【睡虎地秦簡文字編】

 4130  0644  1068 【古璽文編】

 句陽令印  呂句　【漢印文字徵】

 句　【汗簡】

 汗簡  汗簡  古老子  汗簡  碧落文　【古文四聲韻】

◉許　慎　曲也。从口。丩聲。凡句之屬皆从句。古侯切。又九遇切。【說文解字卷三】

◉吳大澂　古句字。讀若鉤。姑馮句鑃。句字反文。句鑃。【說文古籀補第三】

◉高田忠周　說文。曲也。从口丩聲。如此與叫嘷字从口丩聲。無分別也。朱駿聲云。句从丩口聲。蓋非是。愚謂。句从口从丩。丩亦聲。會意而兼形聲。字以口為義本。說文瞿下曰。讀若章句之句。詩關雎疏。句者局也。聯字分疆所以局言者也。此當句字本義。即言語之曲折也。轉為凡事物之曲屈。俗或作勾。然則句叫二字。皆均从口丩為形。而造意全異。若不然句叫元同字。叫嘷義以㗊為本字。作叫借句為㗊。㗊下曰高聲也。从㗊丩聲。即高聲號嘷也。故从㗊為義本。又訆下曰大呼也。从言丩聲。凡言部字。古文从口。即知叫訆同字。訆亦句字異文。假借為㗊為大呼也。要元有句㗊無叫訆耳。【古籀篇五十一】

◉商承祚　姑馮句鑃作。此口在中。與此稍異。當亦是句字。【殷虛文字類編第三】

◉葉玉森　祖癸觚之即此字。敦之亦从之。【殷虛書契前編集釋卷八】

◉馬叙倫　錢塘曰。句部文三。拘笱鉤當入手竹金三部。許誤以聲為形也。朱駿聲曰。从丩。口聲。當讀如今言鉤。俗作勾。徐灝曰。依全書通例。拘笱鉤三字當分入手部竹部金部。今立句部者。蓋以上承口下起丩。因形系聯之意耳。其實於通例未畫一。不必曲為之説也。謝彦華曰。丩訓相糾繚。句从丩。故訓曲義由丩而生。非以丩為聲也。當作从丩。口聲。倫按説文非韻書。且大例儼然。安得中有數部突然自異。倫謂此必非許書本然。蓋今之許書。實與字林為一。而呂忱為字林。主義為經。忱弟静作韻集。則主聲為經。此類乃韻集之例。豈由韻集譌入字林以致此耶。句當入丩部。此丩之轉注字。口丩旁紐雙聲。兼疊韻。口聲鬲比簋作□。姑馮句鑃作□。又作□。甲文有□字。商承祚釋句。【説文解字六書疏證卷五】

◉孫海波　□説文云：「曲也」，从口从丩，丩亦聲。引申之為凡曲折之稱。前八·四·八□孳乳為耇，師咢父鼎：「用祈釁壽，黄句吉康。」【甲骨金文研究　中國大學講義(内刊)】

◉朱德熙　鑄客豆之一(《三代》一〇·四六)

鑄客為王句六室為之。

鑄客豆之二(同上一〇·四七)

銘同上。

鑄客豆之三(同上)

銘同上。

鑄客豆之四(同上)

銘同上。

鑄客簠之一(《三代》一〇·三)

銘同上。

鑄客簠之二(同上一〇·四)

銘同上。

鑄客簠之三(同上)

銘同上。

鑄客簠之四(同上)

銘同上。

鑄客簠之五（同上）

銘同上。

鑄客銅器之一（《三代》一八・二五）

銘同上。

鑄客銅器之二（同上）

銘同上。

鑄客罍（《三代》一一・四三）

銘同上。

劉節氏把這十二條銘文中的「句」讀作「鉤」，用為動詞。他又看見酓忎鼎的銘文裡有「室鑄鐈鼎」的話，便說「句六室者，鉤築六室之謂也，在匜曰『為御銍為之』，可見六室非宮室，乃銍盥之法也。」（《楚器圖釋》）「鉤築六室」不知作何解釋，文辭含胡，無法徵信於人。

今案「句」應讀為「后」，句后兩字古聲紐同屬舌根音，古韻同屬侯部，音近通假。《說文解字》卷三言部詬，重文作訽，《莊子・大宗師》：「芒然彷徨乎塵垢之外」，《釋文》引崔注垢作坸，《汗簡》六土部坸下注作垢。此外如耇與垢，呴與咰，㺃與㸆相通的例子極多，不必贅舉。

把王句讀作王后，銘文的意義就很清楚了。壽縣出土楚器中有鑄客鼎（《三代》三・一九），銘曰：

「鑄客為大句脰官為之。」

「句」也應讀作「后」，「大句」就是太后。《十鐘山房印舉》一・三七有一枚古鉩，文曰「肖賹夫句」，揭之如次：

「夫句」就是「大句」，也就是太后。肖讀作趙（古鉩趙姓字都寫作肖），賹是太后之號，這是趙國賹太后的印璽。《史記・始皇本紀》：

「九年（中略）長信侯作亂而覺，矯王御璽及太后璽以發縣卒。」可見戰國時太后確有印璽。

《三代》三・一九有鑄客鼎，銘曰：

「鑄客為王句七𢊍為之。」

𢊍即府字，戰國文字府多寫作𢊍。七府不詳。傳世戰國銅器銘有「大府」(《三代》一〇・一大府簠)、「中府」(同書一八・一九𠭰成侯小器)、「少府」(同書一八・三九少府小器)之名。大概都是掌府庫貨藏的官職名，七府當即此類。漢代尚有「大府」(《北堂書鈔》設官部引漢官儀)、「中府」(同上)、「少府」(同上)。職司容有變易，名稱則猶沿古制。

本篇論到的十三件器，辭例、書法都跟集脰為太子時所鑄各器(「集脰考」4至9各器)相同，顯然也是考烈王在位時所作。各器所稱「王后」當係考烈王之后。【壽縣出土楚器銘文研究　朱德熙古文字論集】

◉于豪亮　《碧葭精舍印存》有「句〻丘關」，其文如下：

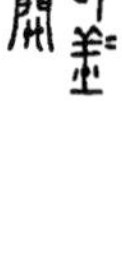

句〻丘關應為句瀆之丘，亦即穀丘也。蓋句〻丘即句句丘，句句可以讀為句瀆。《爾雅・釋畜・牛屬》云：「其子犢」，郭注：「今青州呼犢為㺃。」《漢書・朱家傳》：「乘不過軥牛」，晉灼云：「軥牛，小牛也。」軥即㺃，亦即犢也。瀆與犢从賣得聲，軥與㺃从句得聲，句在侯部，賣為侯部入聲屋部，㺃、軥與犢相通，則句亦得與瀆字相通矣。

《春秋・桓公十二年》：「秋七月丁亥，公會宋公、燕人，盟于穀丘。」《左傳・桓公十二年》：「公欲平宋、鄭。秋，公及宋公盟于句瀆之丘。」杜注：「句瀆之丘即穀丘也。」其地在今山東菏澤北，春秋戰國時為魯地。或因與宋國接壤，邊境有關，故其關亦以句句為名歟？

《春秋》稱之為穀丘，《左傳》名之為句瀆之丘，亦以二者音近相通之故。《詩・行葦》：「敦弓既句」，《釋文》云：「句，《說文》作彀」。此句與彀相通之證。《楚辭・九辯》：「直怐愗以自苦」，怐愗，《玉篇・心部》同，云：「怐愗，愚貌。」《說文・子部》穀字下作穀瞀，《漢書・五行志・中之上》應劭注云：「人君瞉霿鄙吝，則風不順」，作瞉霿。《山海經》郭注則作穀瞀。《廣韻・五十候》作怐愗、瞉瞀，又作㲉瞀。

如上所述，句字與彀字相通，从句得聲之怐字又與彀、瞉、穀、㲉諸字相通，則句字必與穀字相通。不僅如此，句瀆之合音則為穀。此杜氏言「句瀆之丘即穀丘」之故歟？然則璽文「句〻丘」之為穀丘、句瀆之丘無疑矣。【古璽考釋　古文字研究第五

輯】

◉伍 華 「句」的形義應該如何理解？甲骨文「句」作𠤎，似乎不易解釋，但考之以金文，則其意豁然；「句」金文作句（鑄客鼎），上部象釣鈎之形，下部象魚口，本義是鈎魚，會魚口吞鈎之意，鈎從口入，故寄聲於口（口、句都是喉音，上古均屬侯部）。後又用為名詞，即指魚鈎。金文之「句」與甲骨文一脈相承，可知甲骨文之𠃌亦為釣鈎之形。試以實物證之，在西安半坡遺址出土的文物當中，發現製工非常精巧的骨製魚鈎，其形式和今日用鋼絲製成的可以比美。說明遠在新石器時代，我們的祖先已經使用魚鈎捕魚。鈎魚既為漁獵生活的主要內容之一，那麼，以「句」名之順乎情理，這樣，釋「句」為以鈎取魚就有了客觀依據。最初的魚鈎非金屬所製，因此「句」不从金。「鈎」字的出現，大概相當晚，在雲南劍川海門口遺址中，發現了銅製的魚鈎（參閱《雲南各族古代史略》17頁，附圖叁），說明在新石器晚期，我們祖先已經使用銅製魚鈎，但在西周銅器銘文中，鈎字仍不从金。

甲骨文另有「漁」字，「漁」是捕魚的總稱，「句」則為特稱，專指以鈎取魚。【說「句」 中山大學學報1983年第四期】

詛楚文 拘圉其叔父【石刻篆文編】

◉許 慎 拘止也。从句。从手。句亦聲。舉朱切。【說文解字卷三】

◉馬叙倫 翟云升曰。當入手部。丁福保曰。慧琳音義三及廿九引作止也。从手。句聲。八十五引作執也。廣韻引同。今本奪。倫按錢坫謂此拘留字。是也。說解當作執也。从手。句聲。禮記曲禮。凡僕人之禮。必授人綏。若僕者降等。則撫僕之手。不然。則自下拘之。拘之謂執之也。尚書酒誥盡拘執拘。正執拘連文。止也乃引申義。从手。句聲。當入手部。句亦聲校者加之。【說文解字六書疏證卷五】

笱 日甲一五七背【睡虎地秦簡文字編】

笱譚 笱遮多 笱芒私印 笱安樂印 笱安 笱去病【漢印文字徵】

◉許 慎 笱曲竹捕魚笱也。从竹。从句。句亦聲。古厚切。【說文解字卷三】

◉馬叙倫 鈕樹玉曰。韻會引作曲竹捕魚也。沈濤曰。初學記廿二引作笱者曲竹以為之。乃檃括之詞。御覽八百三十四引同今本。當入竹部。倫按句為丩之後起轉注字。義為相糾繚。引申乃有曲義。笱从竹。句聲。語原然也。然曲竹捕魚笱也疑有校語譌入。鍇本作从竹句句亦聲。蓋本作从竹句聲。亦字亦校者加之。或此字出字林。當入竹部。餘詳亯下。【説文解字六書疏證卷五】

鉤 鉤

 鉤　不从金　芮公鐘鉤　【金文編】

◉許　慎　鉤曲也。从金。从句。句亦聲。古矦切。【説文解字卷三】

◉馬叙倫　鈕樹玉曰。韻會引作曲鉤也。翟云升曰。宜屬金部。倫按十二篇。亅。鉤逆者謂之亅。讀若橜。𠄌。鉤識也。从反亅。讀若捕鳥罬。弋下曰。橜也。象折木鋭衺著形。倫謂𠄌是初文鉤字。象形。鉤為𠄌之轉注字。𠄌句音皆見紐。故鉤从金句聲。當入金部。曲下當有捝字。徐鍇繫傳曰。古兵有鉤。或本訓曲兵也。或曲字涉上文笱字説解而譌衍。此脱本訓。韻會引作曲鉤也者。鉤字乃隸書複舉字之譌乙者也。从金句。句亦聲。蓋本作从金句聲。校者加亦字。字見急就篇。【説文解字六書疏證卷五】

◉郭沫若　冓从𧹞有二字，曰「章氏𦣻夫冓从田」，曰「良氏小宫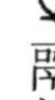冓从田」，字當是動詞，曩所未識。今案此乃鉤之初文，曲鉤之象形也。象鉤頭之孔，象鉤端之芒，與矢同意。蓋古曲鉤之鉤為一字作㔾，鉤帶之鉤又為一字作句，句於金文有姑馮句鑃其乇句鑃諸形，乃象形口聲，若即鉤帶之鉤之象形也。惟㔾句同音，後遂通為一字而作鉤矣。冓从𧹞又有地名曰句商兒，則㔾句字猶未混也。然「鉤冓从田」無義，諦審其全銘，㔾似當讀為購，鉤購古本同音字，例可通用。𧹞銘乃古代社會史之一重要史料，今再通彔其全文如次：

「隹王廿又五年七月既□□在永師田宮，令小臣成友逆□□內史無貶大史旟曰：章氏𦣻夫㔾冓从田，其邑旃𢆶𩥋復夂冓从其田，其邑𠱃言二邑畀冓从。良氏小宫㔾冓从田，其邑彶眔句商兒眔讎，戈載復限余䝴冓从田，其邑競楙甲三邑，州瀘二邑，凡復夂。復夂冓从日十又三邑。氒右冓从善夫克。冓从作朕皇祖丁公，文考惠公𧹞，其子=孫=永寶用。。」

「復夂」二字三見，夂即友字，因防與人名成友字相混，故書作此。初於其義亦有未諦。今案夂當讀為賄，復賄蓋言報償也。冓从以田售人，而購之者以邑報償，此實物交易之一確例也。言邑則當含有人口，以邑易田，猶言以户口易田也。此同時又為人口販買

 丩

之一證據。【釋丂　金文餘釋】

◉劉彬徽等　㝌，讀如拘，牢房。【包山楚簡】

後二・二六・五　乙二八四四　乙三八〇五反　掇一・二七二　人名【甲骨文編】

乙2844　掇272【續甲骨文編】

3・94　繇衢㕣匋里丩　9・67　工丩【古陶文字徵】

刀弧背　冀滄　刀弧背　左丩　亞五・四六【古幣文編】

200【包山楚簡文字編】

丩【汗簡】

汗簡【古文四聲韻】

◉許　慎　丩相糾繚也。一曰瓜瓠結丩起。象形。凡丩之屬皆从丩。居虯切。【説文解字卷三】

◉林義光　説文云。丩相糾繚也。一曰瓜瓠結丩起。象形。按古作（㝌鼎㝌字偏旁。）作（師俞敦耇字偏旁。）【文源卷三】

◉孫海波　後編卷下第二十六葉「□步自果隹余」，字無釋，今審當是丩字，象丩繚之形。説文「丩，相糾繚也，一曰瓜瓠結丩起，象形。」金文句作（高比盨）（姑□句鑃）（其𢦏句鑃）（師䍙父鼎），卜辭作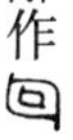（前八・四・八），所從丩字偏旁，並與此同。傳世古帶鉤，其形糾繚，與此近似。意者丩即帶鉤之象形字，引申之凡物之相糾繚者皆曰丩。王筠説文釋例以丩無形可象，以為即指事字，殆不明古者帶鉤之制矣。【卜辭文字小記　考古社刊第四期】

◉馬叙倫　王筠曰。小徐作糾起。張楚曰。一曰瓜瓠結丩起。乃本義也。丩正象瓜瓠結丩起形也。相糾繚也乃糾字義。下文。糾繩三合也。繩三合即有糾繚義。詩。糾糾葛屨。傳云。猶繚繚也。是其證。倫按象瓜瓠結丩起而作丩字。説解當曰糾也。校者注瓜瓠結相糾繚也。一本作瓜瓠結相糾起也。後校者乃注一曰瓜瓠結糾起。傳寫如今文。【説文解字六書疏證】

⿻茻丩　糾

卷五】

●考古所　丩：貞人名。過去的著録中數見，如合二一一、乙三八〇五等片，皆人名。作為貞人出現，尚屬首次。【小屯南地甲骨】

●趙誠　甲骨文的丩，象兩物相互糾結，有纏繞、糾纏之意，卜辭即用此義，為動詞。如「王肘隹有壱」、「乎丩肘」（乙二八四四），意為王的肘有疾，呼用物纏繞其肘。用物纏肘，似為治療。此字金文作丩（丩方鼎），匋文有作丩者，小篆作丩，楷書作丩，糾結之義不顯，於是加糸旁寫作糾。【古文字發展過程中的內部調整　古文字研究第十輯】

●許慎　⿻茻丩艸之相丩者。从茻。从丩。丩亦聲。居虯切。【說文解字卷三】

●吳大澂　⿻茻丩許氏說。⿻茻丩。艸之相丩者。从艸。从丩。散氏盤。⿻茻丩淮。阮相國說借⿻茻丩為糾。⿱⿻茻丩皿或从皿。静敦⿱⿻茻丩皿吕邦周。當讀作糾師。茻伯茻敦。【說文古籀補第三】

●馬叙倫　徐灝曰。丩茻古今字。倫按⿻茻丩為丩之後起字。瓜藤亦艸也。當為丩重文。艸之相丩者校語。本訓捝矣。或此字出字林也。或曰。此秦菿字。从茻。丩聲。當入艸部。或茻部。散盤。⿻茻丩淮。阮元釋⿻茻丩。吳大澂因釋茻伯毁茻字静毁⿱⿻茻丩皿字皆為⿻茻丩。倫謂茻是艿字。⿱⿻茻丩皿是盈字。【說文解字六書疏證卷五】

●許慎　糾繩三合也。从糸丩。居黝切。【說文解字卷三】

糾　糾古論語【汗簡】

●馬叙倫　沈濤曰。文選解嘲注引作三合繩也。蓋古本如此。玉篇亦云。三合繩也。鬥部鬮字注讀若三合繩糾。是許君不作繩三合。鈕樹玉曰。繫傳韻會丩下有聲字。當是从糸丩。丩亦聲。桂馥曰。三合當為二合。本書。徽。三糾繩也。文選鵩鳥賦。何異糾纆。李注引字林。糾。兩合繩。孫楚詩。吉凶如糾纆。李注。糾。兩股索。纆。三股索。長笛賦注引漢書張晏注。二股謂之糾。三股謂之纆。王筠曰。此類往往各書不一。不可以律說文。糸部。紉。繟繩也。徽。三糾繩也。蓋用麻而絞急之謂之紉。以紉而三合之謂之糾。以糾而三合之謂之徽。故曰。三糾。謂糾者三也。與本文相對。翟云升曰。當入糸部。倫按當從鍇本作从糸。丩聲。入糸部。玄應一切經音義引倉頡。繩三合曰糾。疑本訓繩也。繩三合也。字林文。

三為二譌。【説文解字六書疏證卷五】

◉黄錫全 𢇍糾古論語 夏韻黝韻録作𢇍是，此寫誤。鄭珍認為「更篆，从古糸。此今本『公子糾』字，非古本」。【汗簡注釋卷二】

甲一三九四 唐蘭釋古 武丁時貞人 甲一八三九 甲二〇四一反 甲二一二二 甲二一二四 甲二九〇五 乙三四七五 乙三四八一 乙三七七四 乙三八一〇反 河一一八 鐵一二七・二 前四・三五・二 前四・三六・一 前五・四二・六 後二・三三・八 後二・三五・一 戩三四・四 戩四五・三 粹一〇四七 粹一四二三 佚六〇八 佚一四二 佚五三一 珠九八七 珠一一四四 燕一一四 燕一二三 師友一・四二 明藏五三 寧滬三・一一七 乙一二七九 存九五一 甲四七五 古或从申 京都一〇九五【甲骨文編】

甲3337 3349 乙42 487 3168 4536 5444 乙6702 7795 乙7702 珠8 282 佚—續5・31・3 佚15 106 275 833 續1・1・1 3・27・1 續3・28・7徵4・54 續3・43・2徵10・131 續6・22・13 掇95 431 徵4・98 4・99 4・100 4・101 4・102 吉2・8 録622 續存542 龜卜24 六中10 六雙1 摭續316 318 粹1244 新1599 1601 2242 2245 甲2・123 3080 乙152 2307 4555 5689 6235 6798 7422 8816 珠403 882 續1・47・2 5・2・2 續5・28・12

6·20·4　續5·29·13　徵5·24　鄴三49·7　天62　續存712　新1221　2316　【續甲骨文編】

古　古伯尊　設古方尊　史話簋　話古于彝　牆盤　瘐鐘　遇甗　師雍父戍在古自　彔卣　女其以成周師氏戍于古自　彔尊　孚尊　叡從師雍父戍于古自　中山王嚳壺　聞一多讀為居美石也　師旂鼎　白懋父迺罰得系居二百寽　孳乳為故　盂鼎　故天翼臨子　孳乳為姑　皇鼎　專古經典作蒲姑　【金文編】

5·463　獨字　5·464　同上　5·465　同上　【古陶文字徵】

〔一九〕　〔六八〕　〔三六〕　〔六八〕　〔六八〕　〔一九〕　〔五〇〕　〔二〕　〔一九〕　【先秦貨幣文編】

布空大　豫伊　刀弧背𠄌古　冀靈　布空大　豫伊　布空大　豫孟　布空大　豫伊　布空大　典六〇一　布空大　典六三三　布空大　典六〇二　布空大　典六三四　仝上　典六三五　布空大　亞二·一〇七頁　圜　典上編二四二頁　頷按古鈢文沽、固、枯諸字所从之古字均作、、，而吉字亦偶有形者。【古幣文編】

15　227　【包山楚簡文字編】

古　語一　法一九二　三例　【睡虎地秦簡文字編】

古孫克印　牟冬古　董冬古　張冬古　臣冬古　【漢印文字徵】

禪國山碑　希古所覿　石碣而師　古我來□　石經君奭　故字重文　春秋古先左七磬　古先右六磬　【石刻篆文編】

古 古 𠚖古【汗簡】

古古孝經 古汗簡 𠚖說文【古文四聲韻】

◉許 慎 古故也。从十口。識前言者也。凡古之屬皆从古。臣鉉等曰。十口所傳。是前言也。公户切。𠚖古文古。【說文解字卷三】

◉柯昌濟 卜詞曰。午卜古。古字所見甚多。案。此字與金父乙盉古字相似。殆一字。當即古字。古字古从中从口。中。史所持也。象册形。秦官有治中即治書之誼。册典所載而口述之。所以為古也。盉文作肥筆實之。而後訛作古。失其本誼矣。

◉吳大澂 古古文以為故字。盂鼎故字重文。【說文古籀補第三】

【殷虛書契補釋】

◉林義光 說文云。古故也。从十口。識前言者也。按十口於古字意不顯。取彝師雍父戍于𠰻自。遇甗作師雍父戍在古自。是古與𠰻同字。古模韻𠰻吉徵韻亦雙聲旁轉。古作古過甗。作古曾伯簠。作古婦闟尊彝癸姑字偏旁。【文源卷二】

◉高田忠周 說文。古故也。从十口。十口識前言者也。古文作𠚖。故也者。以借字釋本字之例也。詩那。自古在昔。傳先生偁之曰在古。儀禮士冠禮記。大古冠布。注大古。唐虞以上。此皆本義也。十口者。十人之口也。即十世所傳古說也。然則古詁同字。即古今字也。說文詁下曰。訓故言也。从言古聲。後漢書注引作訓古言也為正。毛詩周南關雎詁訓傳疏。詁者古也。古今異言。通之使人知也。此即謂訓說既往十世所傳之事也。實古字轉義耳。古之从口。即言也。已从口又从言。為重複也。詁是後出俗字明矣。【古籀篇五十一】

◉聞 宥 說文：「古，故也；从十口，識前言者也。」从十於義無取，故學者多致疑，注家曲說，亦均未安。今按卜辭有古古字，蓋即古之正文。从口，从午省聲；其不省者作古，則極罕見。凡事物之故舊者，無從目驗，必憑口以述之，故从口；午古又同為舌根音，故從之得聲，猶澆从堯聲，冠从元聲也。金文古字罕見，盂鼎亦省午作古，至許氏誤仞為十，遂解形聲為會意矣。此字商氏類編未收，王氏類纂收一二兩文而仍沿許說，不知卜辭所出十字至多，皆衹作丨，從未有作十◆者，故知其必非從十也。（又今按傳世古文字中，古之从午不省者絶尠，惟金文寶之偏旁多不省：如同敦作寶，頌壺作寶，伯顆父鼎作寶，陳侯作嘉姬敦作寶，皆从玉，从貝，从宀，从古，蓋玉若貝之古者，則覆而寶之，故字从古；後有省横畫作古者，乃漸譌為缶，而許書遂列為形聲矣。其午形尤顯者，如南姬鬲作寶，番君鬲省口作寶，延簋作寶，均非缶聲之説所能通。此與古字牽連相關，故附及之。）

凡卜辭所出古字，大抵皆與牲名連稱，如曰：「丁酉卜即貝（貞）𣪊且（祖）乙古十牛三月」，又曰：「貝（貞）𣪊且（祖）乙古物三月」（均見戩壽堂殷虛文字第三葉），是也。其字實為祜之借，而在經典中則以辜出之。周禮：大宗伯以疈辜祭四方百物，先鄭注：「罷辜，披磔牲以祭」，朱豐芑謂為殆之假借是也；惟周禮用以祭四方百物，而別於宗廟之享，殷人尚質，故不別耳。古或又假為吉字，以古吉皆見母字，形又相近，故得相假，如殷契書契前編卷五第十六葉所出者是也；其弘吉兩字連書者，字每作𠮷，亦即假古字為之。（卜辭又多出古古古三文，孫仲頌契文舉例讀為不紹黽，未安；羅王以下，未得其義。嘉善張鳳疑第二字為吾，从口午聲，午與五通。宥按午聲誠近似，惟卜辭口字皆作ㅂ；如言作古，各作古，唐作古，問作古，名作古，告作古，咸作古，從無作▽者。類纂所收帝字古文之▽，則與之同形；然吴大澂帝字之釋本未安，故其義仍未可强解也。附記於此，以俟達者。）【殷虛文字孳乳研究　東方雜誌第二十五卷第三號】

◉唐　蘭　亞古父己盉的古字（殷文存下册二葉器蓋銘同），就是卜辭裏習見的古字——高宗時一個卜人的名字，前人都不能識，我以為是「古」字的原始型式。盂鼎古字作古，字形還相近，其證一。十即中字（側書作毌）。所以婦闟鼎（殷文存上七）甗（同・十）卣（同・四・二）裏的「文姑」都寫做文姑（庚嬴卣也説「文姑」寫做文姑，可證），其證二。我們由此可知「古」字本是从口十（毌）聲了。【古文字學導論下】

◉唐桂馨　古文∩象神廟。㞢象燔燎之烟焰。古象灶火。鐘鼎文古作古形。即丨火形也。秦篆但取一部分寫作十口。許遂望文生義訓為十口識前言。誤矣。【説文識小録　古學叢刊第二期】

◉馬叙倫　鈕樹玉曰。韻會引無者字。謝彦華曰。从十。口聲。饒炯曰。古之訓故。蓋以本篆叚借字為説解。與揆葵也像象也同例。唐蘭曰。从口。毌聲。卜辭作古。或作古。盂鼎亦作古。十即中字。側書為毌。本象盾形。婦闟鼎甗卣之文姑。庚嬴卣作文姑。即姑字。口非口舌字。乃象凵盧之凵。郭沫若曰。甲文之中中中中中即毌字。許因貫字从此而釋為貫穿之義。毌實即是干。象方盾形。倫按謝説是也。十口為古。義不剴切。古部所屬僅一嘏字。訓大遠也。鈕樹玉桂馥錢坫以為當是大也遠也。爾雅釋詁。嘏。大。遐。遠也。錢桂均謂遐即嘏之俗字。是也。倫謂大訓遠者。大讀如杜。今江蘇之吴縣上海松江浙江之嘉興吴興紹興方音皆然。則聲轉入魚類。淮南子。宋康王世。有雀生鸇。占曰。小而生大。必覇天下。大與下協韻。戰國策大字作巨。則自周末已然。然則大即借為嘏耳。嘏為古之音同見紐聲同魚類轉注字。禮記表記。瑕不謂矣。注。瑕之言胡也。史記十二諸侯年表宋共公瑕。春秋作固。此古叚聲通之證。遠也者。假借為古今之古之義。嘏从阡陌之陌初文作十者。詳十字下。口聲。形聲。甲文作古古。唐郭引甲文作中中中以為即本書部首之田。尋田為貫之初文。从𠕁有以貫之。非象盾形。詳母字下。倫以為申亦十之異文。十本田間道也。田中之十。即其道也。申從田而象其道。或作中者。金甲文亦有作囗者也。詳䎽字下。作申則虛者而實之。猶十亦作十。𠂈亦作𠂈矣。或謂六篇。櫓。大盾也。申蓋櫓之初文。甲文作中申中諸形。甲文又有申字。即戈盾之合文。亦即本書之戟也。詳戟字下。申或為或之異文。古从口櫓聲也。倫謂即然。其義非古今之古也。當為魯之轉注字。蓋古今字必皆假借。以其造字必須形聲。而形聲之字。必有主義之部。古今之義乃屬時間而言。則惟有從日而加以與語言同聲之字。今無𣅀昑字。故知古即从口中聲。當為魯之轉注字。而非古今之古本字也。倫以為古蓋路之轉注字。聲同魚類。又路从各得聲。各古音同見紐也。从十口下捝聲字耳。或為校者所刪而加識前言者也以釋之。字見急就篇。師𩁹父鼎作古。石鼓作古。

䦉 鈕樹玉曰。玉篇廣韻並無。王筠曰。朱筠本作䦉。川譌山。朱孔彰曰。汗簡作䦉。按谿子卣對字作䒑。䦉疑从對从冂。冂。覆也。古事雖重覆。可以口對也。汪榮寶曰。虢叔鐘皇字作皇。則此字从冂。从皇。从十。从口。蓋三皇無文。取其事之十口所傳者而記之。所以為古。倫按鉨文有䦉字。匋文有䦉字。高田忠周釋固。與此形頗近。未能詳也。然諸説皆未安。王筠據鍇本篆與此同。【説文解字六書疏證卷五】

◉陳獨秀 古字十象繩結，漢印故或作𢼸，胡或作𦙶，屮象繩結與惠同意。廿象結繩之繩團，古匋器古作古，古鉨文沽之古旁作古或古，固之中作古或古，胡之古旁作古，均非口。書契之世去結繩之世已遠，乃以此為往古字。加攴作故，謂結繩掛於橫木之上。今秘魯土人結繩法即如此。前言在此，以言語解説之則為詁。説文云：詁，訓古言也，後漢書桓譚傳鄭興傳注引説文皆如此。居象人蹲踞形，初只作古，後加尸作居，後又加足作踞，足着地，聳膝，下臀，如繩團，蹲踞今語曰蹬，湘楚猶曰踞，音如姑。姑从古者，結繩之事，古者視為神秘，解説其義者，屬諸神秘專家，稱其人男曰士亦即覡，女曰姑亦即巫，後以姑為凡女子之尊稱，夫之母曰姑，見説文。父母之姊妹曰姑，見爾雅。舅之母曰外姑，妻之母亦曰外姑，婦謂夫之庶母曰少姑，並見爾雅；又詩邶風泉水：問我諸姑。白虎通曰親如母而非母者，姑也。猶之巫祝之兄稱諸男子之先生者，漢書王莽傳：鄧曄將二萬餘人從閿鄉南山棗街作姑，師古注曰：作姑，邪道之所由也。此即用姑之初誼。今稱施邪術之婦女，猶曰姑，即男子為之亦曰姑，如靈姑。引伸之又為婦女之通稱。尸子：紂棄黎老之言用姑息之語，注云：姑，婦女也，息，小兒也。此亦即姑息姑且義之所起。胡之从古，亦謂牛頷垂如繩團，孳乳為湖，謂大窪澤如牛頷垂。鹽謂鹽池，从古義如湖，沽之从古亦如此。説文：沽水出漁陽塞外，東入海。即今出宣化獨石山之白河，至天津匯合諸大川由大沽入海，謂上游細下游洪大如繩團。酤，一宿酒也，从古猶腊之从昔。沽用為屠沽字，酤用為酤酒字，廣韻訓市稅之估，皆賈或叚之借字。論語：沽之哉。漢石經沽作賈。玉篇引論語作叚。固訓四塞繩團已團結，加口則益固矣。辜磔字漢書地理志左馮翊雲陽縣𦩆鄣祠，孟康注曰：𦩆音辜磔之辜。荀子正論篇作枯磔，楊注引周禮：以疈辜祭四方百物，注謂披磔牲體也。曰：或者枯與疈辜義同歟？又引韓非子：所辜磔甚衆，而民竊金不止；曰：疑辜即枯也。按辜磔或祜磔乃二字同義之疊詞，蓋古之習語。从古者謂磔屍張之於木如結繩之懸掛也。說文辛部之辜，古文从歺作𣧼；歺部訓枯之𣧼，亦即此字，𣦼、歺皆謂屍。周禮春官：以疈辜祭四方百物；夏官小子：凡沈辜侯禳，司農注均謂辜為磔牲以祭。漢書景帝紀：中元二年，改磔曰棄市。應劭曰：先此諸死刑皆磔於市，今改曰棄市，自非妖逆不復磔也。師古曰：磔謂張其屍也。按磔字初形為桀，象張肢體於木上，辜為磔刑，辠亦當為劓刑，說文均訓為犯法，非其初誼。網罟亦結繩為之，亦借為辜。詩小明：畏此罪罟，是也。說文謂古从十口，識前言者也，單就篆文古字解之，義亦可通，徵諸古文及一切从古之字，其說立破。【小學識字教本上篇】

◉楊樹達　甲編三〇八〇片云：「貞：王居舌疒，隹出古？」庫方三五一片云：「△寅，卜，王疒，帚婦出古？」按古假為蠱。藏龜一一三葉之四云：「貞王疒，帚好不隹蠱孽？」此云帚△出古，猶彼云帚好不隹蠱也。古蠱同音字。

銘刻彙考釋啚亩載卜辭云：「戊戌，貞，右牧于片，伊侯古啚。中牧于義，伊侯古啚。」郭沫若云：張丹斧釋古啚為故鄙，至當。義片均地名，屬於伊侯舊領之邊邑也。二十九下。【卜辭求義】

◉楊樹達　原書辭二十二云：「貞王居疒，隹唯出有古故？」胡君云：居者，疑舌之別體。此貞殷王武丁患舌病，其或有故也。按胡君釋古為故，謂其或有故。樹達按下文辭一一〇云：「出有疒，其隹唯蠱？」一一一云：「不隹唯蠱？」古與蠱二字古音同，余疑此文古亦當讀為蠱也。辭五五出古同，不復出。

殷絜卜辭四〇九云：「貞王疒，不隹壴？」按壴為鼓之初文，此亦假壴為蠱，與此文正可互證也。【居疒　出古　積微居甲文說】

◉饒宗頤　癸未〔卜〕，㱿貞：□(古)人……(庫方六二五)

按「古」疑讀為辜，磔牲以祭。周禮大宗伯：「以疈辜祭四方百物。」漢書地理志下：「越巫𧶠鄺祠三所。」字从卯作「𧶠」，錢大昕謂𧶠从卯無義，當是殆之訛。然卜辭用牲，古與卯均見。漢志之𧶠鄺「𧶠」，乃「古」繁形，益卯旁。孟康云：「𧶠音辜磔之辜」是也。【殷代貞卜人物通考卷三】

◉戴家祥　𧻚楚子鼎　𧻚字从走从古，字書不見，疑即古之繁構，古文和金文走旁字可增省。爾雅釋詁「翼，敬也。」翼為鳥翅，訓敬者，字應作趩。左傳襄公二十九年「廣哉熙熙乎」，沇兒鐘「皇皇趩趩」，熙作趩。井人鐘、癲鐘㲃作趩，均可為證。楚子鼎𧻚字作人名。【金文大字典下】

嘏 不从古 克鐘 叚字重見【金文編】

◉許　慎　嘏大遠也。从古。叚聲。古雅切。【説文解字卷三】

◉林義光　説文云。嘏大遠也。从古叚聲。按嘏訓為福。為大。遠古之義經傳無作嘏者。古叚皆聲也。叚古音與古同。【文源卷十二】

◉馬叙倫　丁福保曰。慧琳音義八十九引遠也。今本作大遠也。此二義也。即大也遠也。慧琳止引其弟二義。大也一訓。爾雅方言皆有之。可證。倫按見古下矣。【説文解字六書疏證卷五】

十

丨甲八七〇朱書　丨鐵四二・一　丨前一・五・五　佚七一八　丨燕一一九　佚七四二　十三　見合文一六　前三・二三・六　十五　見合文一六　甲七九二　十人　見合文一八　京津四一三〇　十羌　見合文一八　佚七八　十五伐　見合文一九　乙五二七二　十牛　見合文一九　續一・五一・四　十羊　見合文二〇　粹五八一　十牢　見合文二一　鐵一四一・四　十𠂤　見合文二二　藏一四〇・一　十朋　見合文二二　前二・三七・八　十月　見合文二八　甲一五三　十一月　見合文二八　乙六三二〇　十二月　見合文二八　甲九七九　十三月　見合文二八　前八・一一・三　十四月　見合文二九　甲二一二一　十二示　合文一【甲骨文編】

丨甲397　丨2103　丨乙6408　丨6694　丨6703　丨6738　丨7127　丨7259　丨8024　丨8421　丨8462　丨珠121　丨217　丨佚154　丨180　丨194　丨340　丨350　丨404　丨882　丨910　丨986　丨990　丨續1・5・8　丨1・15・1　丨2・31・7　丨3・24・2　丨3・29・6　丨徵2・10　丨2・28　丨4・28　丨4・30　丨8・38　丨8・86　丨11・20　丨京1・32・4　丨3・20・1　丨古2・6　丨2・9　丨録581

鄴三40・2 續存1785 外106 【續甲骨文編】

十 我鼎 觥尊 𪫑伯簋 䖒簋 小臣遽簋 令簋 史獸鼎 亘尊 昜鼎 遣卣 公貿鼎 庚嬴卣 命簋 卯簋 縣妃簋 師嫠簋 同簋 大鼎 趞曹鼎 五年師旋簋 舀鼎 克鐘 散盤 守簋 虢季子白盤 無㠱簋 不𡢁簋 秦公簋 𢼵鎛 申鼎 郘大弔斧 酓章作曾侯乙鎛 陳侯午錞 者沪鐘 鄂君啟舟節 中山王譽鼎 盗壺 盂鼎 五十合文 矢簋 召卣 辛伯鼎 虢季子白盤 中山王譽兆域圖 𤸫鐘 舍寓以五十頌處 師同鼎 盂鼎二 八十合文 衛盉 中山王譽兆域圖 【金文編】

4・136 六十年在囗坪 5・368 隱成呂氏缶容十斗 5・369 同上 5・371北園呂氏缶容十斗 5・384 瓦書「四年周天子使卿大夫……」共一百十八字 5・502 十二 【古陶文字徵】

〔二〕 〔三六〕 〔二二〕 〔四四〕 〔二〕 〔四〕 〔六八〕 〔五五〕 〔三七〕 【先秦貨幣文編】

布尖武平背 晉高 布方鄒背 晉祁 刀拼背8十 冀靈 布異𣏟𢒼𡧥㧗背十貨 皖宿 布空大豫孟 刀大齊厺化背十廿 魯掖 刀大安昜之厺化背十屮 魯掖 刀大齊厺化背十乃 魯濟 刀弧背 冀滄 刀大齊厺化背十乃 魯濟 刀大齊厺化背十化 典八九二 刀大齊厺化背十白 典九六四 仝上背十乃 典九一〇 仝上背十土 典九二六 仝上背十𠂤 典九二三 刀大齊之厺化背十二 典八七九 【古幣文編】

一六：三　宗盟類序篇十有一月　【侯馬盟書字表】

118　119　269　【包山楚簡文字編】

十　日甲六七　二百二十七例　日甲六二背　九例　【睡虎地秦簡文字編】

隹—又二月(?)(甲6—33)、共攻□步—日四寺(乙7—9)　【長沙子彈庫帛書文字編】

執法直二十二　【漢印文字徵】

天璽紀攻碑　解者十二字　表安碑　十月　石經文公　十有二年　袁敞碑　十年　禪國山碑　者十

博塞　日晷　蘭臺令史殘碑　【石刻篆文編】

十　【汗簡】

古老子　【古文四聲韻】

◉許　慎　十數之具也。一為東西。丨為南北。則四方中央備矣。凡十之屬皆从十。是執切。【說文解字卷三】

◉林義光　說文云。十數之具也。一為東西。丨為南北。則四方中央備矣。按古作櫨伯器乙。不从一丨。十本義為合。象結形。結即合也。經傳多以協以叶以汁為之。叶汁皆與十同音。協則旁轉入葉韻。合有周匝之義。故引伸為具數之名。【文源卷三】

◉商承祚　卜辭中十字至多。不遑備舉。其紀月者則十月作卷二第三十五葉。又作卷一第二葉卷二第二十五葉。十一月作卷七第三十四葉。又作卷一第三十五葉卷一第一葉十二月作卷二第九葉。又作卷四第七葉第十一葉第二十二葉。十三月有閏之年則卜辭有十三月作第七葉。又作卷二第二十五葉。其紀物數者則十一作卷四第四十七葉。十五作卷一第二十九葉。又作卷三第二十三葉。十六作卷二第八葉。【殷虛文字類編第三】

◉郭沫若　中國以一掌為十。故金文十字作。甲骨文作丨。以不易作肥筆而省之。一豎而鼓其腹。亦掌之象形也。此掌與彼掌之

異在拇指之併與不併而已。【釋五十　甲骨文字研究】

◉郭沫若　第一三二八片

「己卯卜王(三)　己卯卜王四　己卯卜王五

己卯卜王六　己卯卜王七　己卯卜王八

己卯卜王九　己卯卜王十。」(右行)

此一事十卜。卜次初沿骨右緣由下而上，抵骨之上端，則復沿骨左緣由上而下。紀卜數字，五至九均横書，因之四則作亖，十則作一，最堪注意。【殷契粹編第一三二八片】

◉馬叙倫　鈕樹玉曰。韻會引備作具。王筠曰。許以十為會意。是也。然恐是从五之古文×正之以會意耳。非四方中央之也。翟云升曰。六書故引一為丨為作横為從為。張文虎曰。一為東西以下不類許書。疑後人所增。郭沫若曰。數生於手。先出右手。倒其拇指為一。次指為二。中指為三。無名指為四。一拳為五。六則申其拇指。輪次以至小指。即以一掌為十。金文十字多作⧫。象掌形。倫按十部亦如一部。誤合形同之二字為一字。今詳所屬諸文。有从數名之十。有从阡陌之本字作十者。說解曰。數之具也。數之具也蓋謂數備於十也。非本訓。此釋數名之十也。一為東西。丨為南北。此釋千十之十。金甲文數名之十多作丨。甲文幾盡作丨。或作十┿⧫。是以一為東西丨為南北說數名之十為不相應。十二篇。田象四口。十。阡陌之制也。則一為東西丨為南北者。正合千十之十。風俗通。南北曰阡。東西曰陌。河東以東西為阡。南北為陌。是其證也。南北為丨。正與數名之十初文或作丨者相同。小篆數名之十與千十之十亦相掍。遂合為一字矣。數名之十。說者多家。然皆不剴切。郭說於理許其成立。且掌从尚得聲。十尚音皆禪紐也。然如郭說。則⧫為圖畫性之掌字。而於形不類。若是省文。或是變形。則具體作之。當為[illegible]。然仍與手不殊。故本書掌訓手中。而字為从手尚聲也。倫謂原始以屈指記數。諭之小兒。往往數至六。則易以他手。及至十一。則復申其一手之拇指。是丨之為字。猶一之象手指形。惟一為屈指。故横之。見一字下。丨為申指。故豎之。此緣俗而作之字。其具體則一為畫手而屈其一指。十為畫拳而直其一指。省之則為一為丨。當其時見横畫一指而識其為一。直畫一指而識其為十也。後變為篆文。或嫌於與同形之丨字相掍。或為表示進位之明析。則注其中為┿。為十。或以〇注其中作ф。見十一年鼎及倗中作畢媿賸鼎賸字所从。變而為┿為⧫。小篆則展長其横畫。遂與千十之十無别矣。或謂今人以手作十數。每豎一手之一指。而以他手之一指横加其中。十字之形。即由於此。然此實由因十字而以手作此形曉人耳。又疑上古結繩以記數。秘魯國土人結繩之法。以一主繩繫有定距離之各繩於各小繩上。

因事之種類而各異其結。其單結表十。雙結表二十。詳自叙下。則我古結繩時代。或以一繩表一。而於一繩之中閒作結以表十。其文即十也。二十作廿表二十。三十四十皆以類推。而十中之・即其結也。其繩亦繫之。故下垂為十。知十為千十之十者。不徒於田字象形可證。博下曰。通也。周禮小司徒注引司馬法。曰井十為通。本書通下曰。達也。莊子則陽。而反在通達之國。盖通達皆道路之詞。博訓通者。其義由千十生矣。亦其證也。陳漢章謂古井田有畛徑道路。無阡陌。阡陌秦制。不悟秦但廢方里而井。任地形而千十之。非始作也。詩。十千惟耦。十千正謂阡陌。是其確證。且畛即千之聲同真類轉注字。亦十之轉注字。畛音之紐。十音禪紐。同為舌面前音也。且畝為十之後起字。則謂之田者。正以其土即有千百故也。田部。畷。兩陌閒道也。甿。趙魏謂陌為甿。高誘淮南注亦曰。常山人謂陌為亢。甿即古之轉注字。魚陽對轉。今甿下曰境也一曰陌也。其實境也是引申義。字皆見於秦前典籍中。故知千十不始於秦。而十為陌之本字致塙矣。象形。説解盖本作數也。从丨。从一。今為校者所改矣。當別立千十之十部。又疑千十之十。與行一字。十為象形。本作𠀅也。十音禪紐。行音匣紐。同為摩擦次清音也。數名十字。盂鼎作十。克鐘作十。號季子白盤作十。秦公毁作十。齊鎛作十。【説文解字六書疏證卷五】

◉黄然偉　「十」字,五期甲骨文皆作「丨」(干支字「甲」亦作「十」);西周金文亦然,但亦有寫作「十」,這是從「丨」的形體加以潤飾而成的。西周以後,「十」字的形體大有改變。我們從歸納新舊出土器物上的文字觀察,知道春秋、戰國兩期,位於秦國以東的國家,「十」字皆寫作「十」。如:齊之𩍐鎛、陳侯午錞;莒之簷大史申鼎;曾之鄫伯鼎;鄭之叔上匜、虢仲毁;晉之嗣子壺、玉片朱書,越之者沪鐘;楚之鄂君啓節等,「十」字皆作「十」。此字形體,是於甲骨文的「丨」字中間處加一圓點,這是上承西周金文所作的「十」字衍變而成的。西周文字中,凡直筆中間呈橢圓形的部份,到後來都聚成一點。此一圓點,以後逐漸向左右横伸,發展成為字體中的一横畫。此現象除見於此「十」字以外,其他如天、土、古、正、午、氏、民、生等字,其中一部份的横畫,在早期的銅器銘文上都作一圓點,到以後才衍為「一」形的。

「十」字從金文「十」的形體脱變作「十」形的,在西漢以前,只見於秦國的器物銘文上。在我們所蒐集的資料中,秦器如新郪虎符、商鞅量、秦公毁、二十六年的詔權,及一九六〇年於陝西臨潼縣出土的秦代銅鼎、銅鍾,字皆作「十」,此字横畫稍短,直畫較長,略異於漢隸所作横直兩筆相若的「十」形。西漢之時,隸書「十」字上承秦體而稍予變化,如孝文廟銅鍾、建昭三年鐙、永始三年乘輿鼎,字皆作「十」,與今楷書形體無別。自是以後,見於東漢彝銘、石刻、簡書的「十」字已無變化,故屬於王莽時代的萊子侯刻石,光武時的東海宮司空槃,一九六四年六月於北平西郊八寶山發現,時代屬於和帝的漢故幽州書佐秦君神道石闕,一九六三年出土於河南省襄城，屬於順帝時代的畫象石墓磚文字，及有年號的東漢簡冊文字，字皆相同，「十」字形體至此完全固定。【故書十・七二字互譌探源　中國文字第27冊】

◉于省吾　十字之演變，甲骨文十字作丨，周代金文作[glyph]、[glyph]、[glyph]、[glyph]等形。十字初形本為直畫，繼而中間加肥，後則加點為飾，又由點孳化為小橫。數至十復反為一，但既已進位，恐其與一混，故直書之。是十與一之初形，只是縱橫之別，但由此可見初民以十進位，至為明顯。又埃及上古文字，從一至九，均按豎畫多少為準，至十則變作∩，亦是以十進位之證。【釋一至十之紀數字　甲骨文字釋林】

◉朱芳圃　説文十部：「十，數之具也。一為東西，丨為南北，則四方中央備矣。」按丨當為梲之初文。説文木部：「梲，大杖也。从木，兑聲。」丨原象大杖之形，自假為數名後，別造梲字，丨之初形本義因之晦矣。從音理言之，古讀定紐雙聲；一屬緝部，一屬術部。聲同韻異，例可通轉。

説文十部：「丈，十尺也。从又持十。」林義光曰：「桉持十無十尺之意，當即杖之古文。十，古作十，象杖形，手持之。」文源六・二九。桉林説是也。説文木部：「杖，手持木也。从木，丈聲。」手所持之木，即梲也。字之結構，與[glyph]象手持[glyph]，[glyph]象手持[glyph]正同。丨為梲之初文，此即其確證矣。古代用杖以量長短，嗣制度固定後，即以其名名之。

于省吾曰：「數至十復反為一，但已進位，恐其與一混，故直書之。是一與十衹橫書直書之別。初民以十進位，至明顯矣。郭沫若謂『初民以四進位，後改為十進位』，未可據也。」殷契駢枝三・三二。桉數名之字，一二三亖皆積畫，五六七八九十皆假借。韻集：「一者數之始」禮記目録孔疏引，方言十二：「聿律，始也」，一即聿律之合音。從字之結構及語源證之，一與十了不相涉，于説失之。【殷周文字釋叢卷中】

◉張秉權　「丨(十)」字，許氏的解説，衹是根據小篆的字體而言，當非初義，自不可信。郭氏認為「以一掌為十，故金文十字作[glyph](甲骨作丨，以不易作肥筆而省之)，一豎而鼓其腹，亦掌之象形也」，但豎掌之形，只有掌背微鼓，掌心是平的，所以不能像金文中的十字那樣，腹的兩邊都鼓起來的。因此，我認為一掌的象形，可能為五，而不是十，「十」字所象的，可能是併指而合豎二掌之形，二掌的手指數目為十，合掌豎立，衹能看到兩邊微鼓的一條直線，甲骨文由於工具的關係，往往將肥筆簡化而為線條，所以衹作「丨」形，而金文中卻仍保持着一豎而鼓其腹的形象，更由此而演化為現在的一橫一直之形的「十」字。【甲骨文中所見的數　歷史語言研究所集刊第四十六本】

◉徐中舒　丨為古代之算籌，豎置一籌表示數量十，以與橫置之算籌一區別。卜辭中十之五倍以上數字皆置倍數於十之下合

書，如五十作，六十作等。【甲骨文字典卷三】

◉戴家祥 説文三篇「十，數之具也。一為東西，丨為南北。則四方中央備矣。」按許慎所釋非也。金文十作，象葉片形狀，或作十者沪鐘，為指事。方言「葉，聚也」，「十」為數之聚。一葉為十，三葉為卅，金文三十正由三葉組成。如鬲攸比鼎毛公鼎均作三葉狀。金文世字結構與三十無本質區別，如宁簋世作，亦由三枚葉組成。秋官大行人「世相朝也」，鄭注：「父死子立曰世」。祖父子孫輩之間通常三十年相隔。世與葉古通。詩商頌長發「昔在中葉」，毛傳：「世也」，文選吳都賦「雖累葉百疊，而富彊相繼」。李善注「葉猶世也」。淮南子修務「稱譽葉語」。注：「葉，世也」。世舒制切，審母三等。劉向新序雜事「葉公子高好龍」。「葉」讀舒合反，亦屬審母字。「十」是執切，禪母三等，聲與「葉」同類，韻同隸緝部。從形聲義三方面看，十初義為葉無疑。【金文大字典上】

丈 丈 日甲三三背 四例 通杖 以桑心為丨 日甲三三背 丈 日甲五三背 五例 丈 法六 簡文丈支混同 【睡虎地秦簡文字編】

丈 開母廟石闕 支字重文 【石刻篆文編】

丈 古老子 【古文四聲韻】

◉許 慎 丈十尺也。从又持十。直兩切。【説文解字卷三】

◉林義光 説文云。丈十尺也。从又持十。按持十無十尺之意。當即杖之古文。十古作。象杖形。手持之。【文源卷六】

◉馬叙倫 鈕樹玉曰。韻會又作手。田吳炤曰。小徐作从手持十。按又。手也。篆从又。自以大徐从又持十為是。章敦彝曰。从又。十聲。奚世榦曰。丈當是杖之本字。从又象持杖形。非九十之十字也。舊説手持十尺為丈。然文是从手持十。持十寸為尺。持十分為寸。孰必其為十尺哉。杖之制無考。陳喬樅禮記鄭讀考曰。喪杖最短。兵杖最長。齒杖酌乎兩者之閒。當必以丈為度。其説最塙。惟丈長十尺。故十尺即曰丈。後又制从木之杖字。而丈字遂為十尺之義所專。其本義晦矣。本書夫下曰。周制。八寸為尺。十尺為丈。人長八尺。故曰丈夫。然則丈之長實當漢之八尺。蓋與人齊也。倫按丈夫之丈借

為大也。大音定紐。丈音澄紐。古讀澄歸定也。丈夫即大夫。亦即大人。丈从又从十得聲。十音禪紐。故丈音入澄紐。皆舌面前音。古讀澄禪皆歸於定。是十丈音同也。本義當為持也。十二篇。據。持也。爾雅釋詁。據。杖也。杖當為丈。據丈為魚陽對轉轉注字。丈音澄紐。䛐音羣紐。澄羣皆破裂濁音。亦轉注字。當入又部。字見急就篇。【說文解字六書疏證卷五】

◉詹鄞鑫 《說文》「丈」下云：「十尺也。」又「夫」下云：「丈夫也。周制八寸為尺，十尺為丈。人長八尺，故曰丈夫。」許氏認為，周制八寸為一尺(見上文「咫」字說)，成年男子身高約八尺(此尺非周尺)，正合周制之十尺即一丈，所以成年男子叫「丈夫」。如果許說不錯，那麼「丈」作為度量單位也來源於成人身高，大致相當於「仞」，其長度起初約為八尺(周制十咫)，後來周尺(即咫)雖淘汰不用，但一丈為十尺(咫)的十進制卻沿襲下來了，一丈的長度便轉化為非周制的十尺了。

許氏的說法也許並没有說到點子上(以人高為丈的說法還没有得到文獻材料的證實)。從字形看，「丈」字篆文「从又持十」，象手持「十」之形。在商周古文字中未見「丈」字，而「十」的寫法或像一條木杖。這樣看來，「丈」的初形當為手持木杖之形，表示用木杖或竹竿之類丈量長度。其長度很可能取一尋之長。《大戴禮記·保傅》云：「燕支地計衆不與齊均也。」句中的「支」，清儒多以為就是「丈」字的隸變之訛。「丈地」就是丈量土地。從語源上看，《漢書·律曆志》：「丈者，張也。」丈之言張，正透露出「丈」源於張臂量度的消息。大約丈量土地起初或用張臂之「尋」，後來為了方便，又截取一尋之杖代替人臂，由此產生「丈」的量度法，並轉化為丈量單位。【近取諸身　遠取諸物——長度單位探源　華東師範大學學報(哲學社會科學版)一九九四年第六期】

甲二九〇七　甲二九二七　甲三一一五　乙二六八四反　鐵一三二·四　前六·四六·五　後一·

三一·六　林一·一一·一三　佚三四　佚三二四　燕一三五　粹四三二　粹一五八六　乙六八八

九反　京津四五　京都二三六九　【甲骨文編】

甲3115　乙5157　6686　佚34　324　438　掇535　京2·28·4　【續甲骨文編】

千　盂鼎　矢簋　散盤　㕁弔多父盤　禹鼎　翏生盨　翏生盨二　百男百女千孫　沙

其鼎 百子千孫 沙其簋 盂鼎二 三千合文 【金文編】

6·205 獨字 秦1508 同上 【古陶文字徵】

〔六七〕 〔六七〕 〔六七〕 〔六七〕 〔六七〕 〔六七〕 〔六七〕 〔六七〕 〔六七〕

〔三六〕 〔三六〕 〔三六〕 〔一九〕 〔一九〕 〔六七〕 〔三六〕 〔六七〕 〔一九〕

〔六七〕 〔六七〕 〔六七〕 【先秦貨幣文編】

刀弧背左千 冀靈 刀弧背 冀滄 古鉨文千字有作諸形者 刀弧背左千 冀靈 仝上 仝上δ千

仝上右δ千 刀弧背 冀滄 刀弧背 冀滄 【古幣文編】

千 秦六四 二十五例 通阡 —佰津橋 為一四 封一五 三例 秦一六五 二例 【睡虎地秦簡文字編】

—又百戠(乙4—31) 【長沙子彈庫帛書文字編】

4426 4816 4743 4744 4796 4798 4801 4799 4457 4919 4921

4735 4464 4461 4467 4466 4465 4469 4439 4436 4740 4480

4479 4474 4476 4800 4802 0349 【古璽文編】

千乘丞印 千乘均監 騎千人印 邪千秋印 千壽 入千日 日入千萬 大潘千萬 桓

千萬 日入千萬 【漢印文字徵】

開母廟石闕 千秋萬祀 【石刻篆文編】

□古孝經 □滕公墓銘【古文四聲韻】

◉許　慎　□十百也。从十。从人。此先切。【説文解字卷三】

◉林義光　説文云。□十百也。从十人聲。按从十則十百之義未顯。十古作□。千古作□多父盤。作□盂鼎。不从十。千身古音近。當即身之省形。□亦象人形。固可省為□也。【文源卷二】

◉羅振玉　卜辭中凡數在千以上者則加數於千字之中間。二千作□。三千作□。又作□。五千作□。博古圖卷二十二載齊侯鎛或徙四千作□。原釋三千。余意是四千也。盂鼎宣城李氏藏者萬三千八十一人。三千亦作□。與卜辭同。【增訂殷虛書契考釋】

◉戴家祥　説文千十百也。从十人聲。按卜辭二千作□殷墟書契後編卷下第四十三葉。三千作□前編卷六第四十三葉作□同上第三十九葉。五千作□前編卷七第十五葉。金文三千作□小盂鼎萬三千八十一人。四千作□博古圖載齊侯鎛。舊釋三千。羅叔言先生正之。其計千之倍數。均就本文□而遞加。與古文百字義同。許氏以為从十。殆失其義。竊謂千之本文當為□。从一□。猶百之从一白也。以一加於□為千。猶以一加於白為百也。千之遞加數。加畫若干。以定千之倍。亦猶百之遞加數。加畫若干。以定百之倍也。古文四聲一先引滕公墓銘千作□。當有所本。然則□字果何義耶。以聲類推之。當為千字之假。本無其字。依聲託事字也。人千通叚必同音。始則叚人為千。嗣乃以一為千係數。作□。沿用已久。成為科律。人但知千為十百。遂失其叚人為千之初誼矣。於是一畫合人乃成千。一人之聲亦並於千。許君以為从十人聲。蓋未知人卽為千之叚也。邃古文字。叚借甚多。往往有聲無義。清代小學大師恆昧此旨。附會穿鑿。必求字字可解。亦足見其無識者矣。淺學之徒。嚮壁虛造。乃以周制一夫百畝。釋十人為千之會意字。殊不知姬周文物。豈能為倉沮取法以制字乎。千之變□為□。不知始於何代。在殷時固未通用。又攷許書言千之聲母為人。則字當讀為人。詩鄘風。定之方中云「靈雨既零。命彼倌人。星言夙駕。説於桑田。匪直也人。秉心塞淵。騋牝三千。」又小雅甫田云「倬彼甫田。歲取十千。我取其陳。食我農人。自古有年。」按千淵人田零年陳協韻。是古音一部字。人千同音通叚。確然無疑。後人但知一與□合而成千。而千之初文為□。竟無人為之攷究者。更求古文从千之字推證之。如秊説文穀熟也。从禾千聲。卜辭作□。金文皆作□。或作□姞氏敔作□敔敦。皆从□不从□。故知古千字皆人之叚。然金文秊字亦有从□不从□者。如公伐郘鼎作□。齊田姜敦作□。鄀公盂作□。鄦侯敦作□。曾伯簠作□。此為增省字，至於从千更增一畫。如齊侯壺作□。邾公釛鐘作□。王孫鐘作□。此又繁縟字也。時代愈久。則字體屢變。由簡而繁。□變為□。殆始於東周。而常用於六國時乎。更从六國文字。以求其變。則千皆作□。甚或人字亦變為千。古匋文蒦南易里人䢼。人字作□。説文古籀補補。説文仁親也。从人二。□古文仁。从千心。古孝經及王存乂切韻並同。古文四聲十八真引。仁人鉥作□。説文古籀補補編引。又何儋也。从人可聲。貧觶作。鐘鼎字源五歌。又信誠也。从人从言會意。詩經多以人信協韻。會意兼形聲字也。辟夫夫信節作。信陵君左軍鈘作說文古籀補補編。左司徒信鈢作。王臧信鈢作。古録信皆从千。不可勝引。是六國時从人之字。皆易為千。此則字體之變遷也。可知千字由變。已盛行於六國時矣。許君作說文。閭里書師但知人千二字。古字偏旁可互通用。而叚人為千之本誼。轉因此而益晦。故許氏依六國古文立說。以為从十人聲。今以殷周古文反覆證明。始破千載迷惑。亦小學家一快事也。【釋千 國學論叢第一卷第四號】

◉馬叙倫 宋保曰。繫傳作从十人聲。千人同部聲相近。倫按千从千十之十。人聲。即阡陌之阡本字也。借以為數名之千百字。今為借義所專有而本義晦矣。管子四時。正千伯。獨存本字本義。然南北曰千東西曰十。或南北曰十東西曰千。義實無殊。倫謂千十轉注字也。十聲在談類。蓋實脂類之短聲。金文以十為七。七聲即入脂類。千聲真類。脂真對轉也。千十今作阡陌。陌當从百得聲。百為一白之合文。或从一。白聲。白自一字。自聲亦在脂類。可證千畛亦聲同真類轉注字。字見急就篇。盂鼎作。散盤作。甲文作。【說文解字六書疏證卷五】

◉唐桂馨 說文十百也。从十。人聲。
按鐘鼎文千作。似是耕田器之形。如犁耙類。古人耕田約以一具可耕田若干。故阡之名出焉。詩云。歲取十千。傳。十千言多也。究未說明千為若干數。則千之本義仍未明也。許但以後起義說之。而从人从十之形竟茫昧至今。可惜也。【說文識小録 古學叢刊第五期】

◉朱芳圃 說文十部：「千，十百也。从十，从人。」徐灝曰：「人壽以百歲為率，故十人為千。」桉徐說非也。余謂千為大數，造字之術窮，故以人代表之。一千作，二千作，三千作，四千作，五千作。數至六千，合書不便，乃析為二字矣。【殷周文字釋叢卷上】

◉于省吾 說文千字作，並謂：「千，十百也，从十人聲。」按甲骨文千作或，金文同。許氏不知古文十作丨，七作十，而割裂千字的下部，誤以為从十百之十。孔廣居說文疑疑：「千當訓从一人聲，十百千皆數之成，故皆从一。」孔氏謂千从人聲是對的，但以數之成為言也誤。千字的造字本義係在人字的中部附加一個橫劃，作為指事字的標志，以別於人，而仍因人字以為聲(人千疊韻)。【釋古文字中附劃因聲指事字的一例 甲骨文字釋林】

◉張秉權 馬薇廎甲骨文原說：「數字起於手勢，以手指自身以表千，於文字則加一於人為一千」。其實加一於人，正象以一指指自身之形。「千」字的本身就是一個人的象形字，所以不一定要說它是「人聲」。從「百」「千」「萬」等紀數字在甲骨文中的字體結構來看,它們應該是「一百」「一千」「一萬」的合文。否則,「二百」「三百」「五百」「二千」「三千」「五千」「三萬」等的合文,就很難解說了。尤其「萬」字,在甲骨文中作紀數字的時候,往往在下半部加一横,而作人名或地名之用時,則没有那表示數目的一横,更可以證明紀數的「萬」字是「一萬」的合文。這大概是由於古人讀「一百」「一千」「一萬」的時候,往往有省去「一」字的習慣,所以到了後來就變成了「百」「千」「萬」等單音綴的單字了。【甲骨文中所見的數　歷史語言研究所集刊第四十六本】

◉徐中舒　伍仕謙　見前好蚉圓壺注,當釋為千。【中山三器釋文及宮圖說明　中國史研究第四期】

肸 

4·49　左宮肸【古陶文字徵】

尚肸【漢印文字徵】

◉許　慎　肸響。布也。从十。从𦘒。臣鉉等曰。𦘒。振𦘒也。義乙切。【説文解字卷三】

◉林義光　説文云。肸肸蠁布也。从十𦘒聲。按从十。周浹之意。見十字條。【文源卷十一】

◉馬叙倫　鈕樹玉曰。韻會作从十𦘒。沈濤曰。文選甘泉上林賦注。皆引作肸蠁布也。蓋古本作蠁不作響。肸蠁二字篆文連注讀。邵瑛曰。經典少見肸字。惟孟子滕文公。使民盻盻然將終歲勤動。孫奭音義。盻。五禮切。恨視也。丁作肸。許乙切。是此字有作肸者。而許以肸為響布。按文選上林賦。肸蠁布寫。李善注引司馬彪曰。肸。過也。芬芳之過。若蠁之布寫也。漢書司馬相如傳。肸蠁布寫。師古注。肸蠁。盛作也。此蠁布之説。謂聲之四布謂之蠁。而蠁之四布謂之肸也。是肸有四方動作不靖之義。農民終歲勤動之象似之。故丁公著盻作肸。而趙氏不以恨視訓盻盻。而以勤苦不休息之貌訓盻盻。恐其所見本亦作肸肸。而今本乃傳寫之譌也。宋保曰。繫傳作从十。𦘒聲。肸𦘒同部聲近。朱駿聲曰。此字本訓。許時已闕。肸蠁者。雙聲連語。倫按本訓已失。今存校語耳。此从肉仐聲。為𦘒之異文。四篇。𦘒。从肉。八聲。是本音在封紐。史記魯世家肸誓。尚書作費誓。本書七篇。粊下。作粊誓。費。从貝。弗聲。弗音非紐。古讀非歸封。粊从比得聲。比音亦封紐。是八弗比音同。故肸誓或作費誓。或作粊誓。論語佛肸亦以雙聲兼疊韻連文。均可證肸之本音為脣音也。仐字不見本書。而魯伯鬲邾造鼎胖矦匜胖矦盤朕字作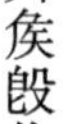。齊矦殷作。其谷皆从仐得聲。仐从十八聲。蓋博之轉注字。肸从仐得聲。故許譌以肸入十部。或此字出字林也。當入肉部。餘見送下。【説文解字六書疏證卷五】

◉許　慎　卙卙。盛也。从十。从甚。汝南名蠶盛曰卙。子入切。【說文解字卷三】

◉馬叙倫　翟云升曰。甚聲。高祥麟曰。吳氏曰。卙今音卙。即是卙字。倫按卙卙盛也當作盛也。卙卙二字校者加之。或一卙字乃隸書複舉字之未删者。校者又重之耳。从甚者鍇本作甚聲。經典不見此字。詩周南。螽斯羽蟄蟄兮。毛傳。蟄蟄。和集也。馬瑞辰謂音義與卙同。陳奐疑三家詩作卙。承培元謂卙即螽斯羽蟄蟄兮之蟄。倫檢淮南原道訓。昆蟲蟄藏。高注。蟄讀什伍之什。吕氏春秋孟春紀。蟄蟲始振。注亦曰。讀如詩文王之什。方言。卙。協。汁也。北燕洌水之間曰卙。自關而東曰協。關西曰汁。什協汁皆从十聲。而毛詩借蟄為卙。方言之卙。盧文弨以為卙之譌字。倫謂甚十音同禪紐。故方言。北燕洌水之閒謂汁為卙。非誤字。乃借音耳。蟄音澄紐。澄禪皆舌面前音。古讀澄禪皆歸於定。故詩借蟄為卙。高誘讀蟄為什伍之什也。甚盛雙聲。故說解以盛為訓。然則从十。甚聲。鍇本作甚聲。是也。甚从匹得聲。匹从八得聲。八音封紐。故从甚得聲之覫入端紐。封端皆破裂清音也。十聲談類。甚聲侵類。侵談近轉。是卙為十之轉注字。今杭縣謂田之千陌曰田城。亦曰田堪。卙其本字也。汝南以下校者所加。然疑此字出字林。【說文解字六書疏證卷五】

博　戜簋　衣博無眈于戜身　師寰簋　【金文編】

5·364　博昌居貲☐里不更余　秦483　博昌去疾　【古陶文字徵】

1837　【古璽文編】

博昌丞印　博昌　楊博　王博印　伍博　王博之印　博昌　郭博德印　張博德　趙博私印　杜博私印　孫博　杜博士私印　路博士印　趙博　【漢印文字徵】

孔彪碑額　【石刻篆文編】

博出義雲切韻　【汗簡】

古孝經　義雲章　同上　【古文四聲韻】

◉許　慎　大通也。从十。从尃。尃。布也。補各切。【説文解字卷三】

◉吳大澂　古文以為⿰干尃字。薄下重文。師寰敦。【説文古籀補第三】

◉劉心源　⿰干尃即博。从干取義。後人省从十。詩用薄為之。【奇觚室吉金文述卷八】

◉林義光　説文云。大通也。从十尃。尃。布也。亦聲。按从十與肸同意。十。周浹也。見十字條。古作師寰敦。【文源卷十一】

◉高田忠周　説文。大通也。从十从尃。尃。布也。會意中包形聲者也。但説文。尃从寸甫聲。甫从用父為形。用从卜中。父从又丨。而鐘鼎古文。凡尃字皆作。與小篆不同。要即。即圃古文。从田父聲。音同形亦近。故轉化耳。【古籀篇十八】

◉強運開　善夫克鼎錫女田于原。吳窓齋釋乍博。説文。博。大也。从十尃。尃。布也。亦聲。按阜亦有大意。故古文从阜。不嬰敢女及戎大臺戟。與宗周鐘之臺伐同義。虢季子白盤⿰干尃伐玁狁。从干。與从戈同意。石鼓鄜□宣博。按博䧗戟⿰干尃均與薄通。【説文古籀三補第三】

◉馬叙倫　戴侗曰。鎛膊搏縛皆从尃聲。蓋尃有鋪音。於博聲為近。桂馥曰。大通也當作大也通也。玉篇。博。廣也。通也。廣雅。博。大也。王煦曰。从十。尃聲。倫按鍇本作从十尃。尃布也。亦聲。尃布也亦四字乃校者不知博之但取尃聲。以尃訓布。於大通之義若有所會。妄增耳。鉉以為尃博聲遠。復删亦聲二字。博从千十之十。尃聲。亦千十之十之轉注字。十音禪紐。博从尃得聲。尃从甫得聲。甫从父得聲。父音奉紐。禪奉皆摩擦次濁音也。甫从父得聲。轉為非紐。尃从甫得聲。而入敷紐。博从尃得聲而入封紐。十博之音遂愈趨而愈遠。然十之今字作陌。从阜。百聲。陌博雙聲。莊子秋水。問道百。即借百為博。實借為溥。溥亦尃聲。古書通以博為溥。是其例證。説解當曰。大也。通也。通也者是本義。大也者溥字義。十一篇。溥。大水也。或大為𪀃之借字。𪀃博亦轉注字。博音封紐。𪀃音見紐。同為破裂清音聲同魚類也。字見急就篇。師寰𣪘作。【説文解字六書疏證卷五】

◉韓自強　左博鉩　戰國銅私印。1966年於蚌埠廢銅倉庫揀選。印體方形，壇座鼻紐。邊長1.7、通高0.9釐米。朱文。

此印之字，在《古文四聲韻》入聲中作，又引《古孝經》作，均為「博」字之古文寫法。

在《漢印文字徵》裏收有趙博、孫博、楊博、伍博等姓名私璽。現在又見到一方戰國時代的左博鉩。博字的這種古文寫法十分罕見，因此，此印為古文研究提供了新材料。【安徽阜陽博物館藏印選介　文物一九八八年第六期】

协

◉許　慎　协材十人也。从十。力聲。盧則切。【説文解字卷三】

◉馬叙倫　协訓材十人。疑非本訓。十三篇。劦。並力也。材十人猶謂力十人。疑协从力十聲。與協一字。協為劦之轉注字。从劦十聲也。章炳麟謂十古音如叶。或如汁。孳乳為劦。劦或作舌音。來紐。故協荔皆从其聲。對轉幽。變易為勠。亦可證协當从十聲也。當入力部。又疑此字非許書本有。【説文解字六書疏證卷五】

廿

甲六六八　甲八五四　甲九六〇　甲二三八二　乙四五三七反　乙四五五六　前一・四五・五　前二・一四・四　前二・一九・一　前四・二八・一　前六・二七・四　前七・七・二　前七・二五・四　後二・三八・七　佚二二五　佚四〇七　粹八二　粹四〇二　明藏四一九　甲二八三三　明藏七一二　廿牛　見合文一九　【甲骨文編】

甲960　2833　乙92　2507　6459　7259　7311　佚103　360　407　884　續2・31・7　徵2・30　鄴41・9　新207　六清286　【續甲骨文編】

廿　宰椃角　盂鼎　商尊　舀鼎　㝬鐘　伊簋　寰盤　善夫克鼎　頌鼎　頌壺　多友鼎　驫羌鐘　大梁鼎　師同鼎　肄簋　隹王廿祀　曾姬無卹壺　鄂君啟車節　中山王嚳兆域圖　東周左師壺　廿七年鈿　【金文編】

4・1　廿一年八月　右匐君　4・5　廿二年八月　倕疾□　4・17　廿三年三月　左匐君　5・384　瓦書「四年周天子使卿大夫……」共一百十八字　5・386　秦詔版殘存「廿六年皇帝盡并兼」八字　5・398　秦詔版「廿六年皇帝盡并兼天下諸侯……」共四十字　秦1605　秦詔版殘存「廿六年□□□兼天下諸」七字　5・503　獨字　5・504　廿三　秦178　獨字　【古陶文字徵】

〔一九〕〔三六〕〔二二〕〔二六〕〔三六〕〔二三〕【先秦貨幣文編】

刀弧背　右廿二　冀靈　刀弧背　右H廿　冀靈　刀弧背　冀滄　刀大　齊夻化背　十廿　魯海　刀弧背　横書　冀滄　布圜莴石背　典五〇一　刀折背　左廿　典一〇八八　刀折背　ㄚ廿　横書　典一〇九〇　刀弧背　右廿ㄉ　典一一一四　刀弧背　ㄅ廿　典一一三六　【古幣文編】

廿　編二八　四十一例　秦一四六　十二例　日乙九五　三例　【睡虎地秦簡文字編】

廿八日騎舍印　【漢印文字徵】

泰山刻石　廿有六年　史記作二十　延光殘碑　六月廿日　禪國山碑　廿有桼　甘泉山題字　天璽紀功碑　桼月廿三日　羣臣上醻題字　詔權　廿六年　日晷　博塞　【石刻篆文編】

◉許　慎　廿二十並也。古文省。人汁切。【説文解字卷三】

◉商承祚　金文宗周鐘作。頌鼎作。頌壺作。戊辰毀作。説文廿「二十並也。古文省多。」【甲骨文字研究下編】

◉馬叙倫　鈕樹玉曰。韻會省下有多字。王煦曰。小徐本省下有多字。鍇云。自古來書二十字。從省。多並為此字也。案當以從省句絶。多字屬下讀。似因省多兩字相連。因於許説誤增多字。倫按鍇本許注及鍇語相銜雙行。故左行鍇語中多字誤入右行古文省下。讀者以他本未誤者校之。傳寫遂如今本矣。金文廿字多作。或作。或作。甲文作作作。從籌數之十。然廿為篆文。又不别出古文。則所謂古文省者何所指耶。倫謂説解本作數名。从二十。下文卅字説解言三十並也。玉篇止作三十也。蓋本許書。則廿下亦當無並字。且二十三十為説字義。若言二十並三十並則説字形。許書大例説義之詞下當有解字之詞。解字之詞上先有説義之詞。今止言二十並也三十並也。捝説義與解字之詞為一。即謂此乃説義非解字。則下仍當有从二十从三十字。倫謂蓋由校者因篆形而各增一並字。後人又改二十也。从二十並為二十並也。三十也从三十並為三十並也。則不知大例者所為矣。古文省者。亦校者見漢魏石經有廿卅字而增之。猶中下之古文以為艸。疋下古文以為大疋也。檢漢石經論語八佾篇凡廿六章。陽貨篇凡廿六章。總結凡廿篇。是二十字皆作廿。與此篆文同。周禮考工記輪人注。故書十與上二合為廿字。言十字與上字二字合之為廿也。是周禮故書二十字作廾。或作廿也。實即廿字之變譌。故鄭言合之為廿。則故書亦本作廿。與此篆同。今見金甲文中亦並作∪ ∪。下皆相連。與此同。而無廾字。惠棟謂古文春秋二十三十皆作廿卅。則廾自有其字。或此下本有重文作廾。說解曰。古文廿。校者改為古文省。以說其形。傳寫捝廾字。而說解誤入篆文廿下。則二十也从二十並之變為二十並也。亦或傳寫所致。然仍疑廾字是漢時分書。非古文。∪从二十三十似為會意。然昔人已證其字當讀二十三十。蓋直是當時俗用簡便之字耳。餘詳卅下。急就二十作廿。然不在本文之數。疑此字出字林。頌鼎作∪。頌壺作∪。伊毁作∪。宗周鐘作∪。戊辰毁作∪。【說文解字六書疏證卷五】

◉張日昇　說文云「廿。二十並也。古文省。」高鴻縉謂此乃兩個十字合文。並非一字。其說誤。金文五十合文作X。八十合文作八。如此類推。二十合文當作二。然金文中未見。許謂二十並者。蓋一新字。非合文也。【金文詁林卷三】

◉喬志敏　趙丙喚　「∨」字陶文三件(圖5)。陰文,刻寫在陶豆盤內底上,此文在仰韶文化的姜寨遺址、龍山文化的浙江良渚遺址、馬廠文化的青海樂都柳灣遺址、龍山文化與商文化之間的河南偃師二里頭遺址、商周文化的江西清江吳城、河南二里崗遺址、陝西周原遺址中均有發現。我們認為這是「廿」字,即二十,為數目字,陶工所編次序號。

5

【新鄭館藏東周陶文簡釋　中原文物一九八八年第四期】

◉徐中舒　∪前四·八·二　並連兩枚豎直之算籌以表示二十之數。【甲骨文字典卷三】

◉許　慎　𠦃詞之𠦃矣。从十。咠聲。秦入切。【說文解字卷三】

◉馬叙倫　沈濤曰。廣韻二十六緝引作詞之集也。蓋古本如是。玉篇亦云。詞之集。正本說文。段先生云。此下當有詩曰辭之𠦃矣六字。然許君稱詩毛氏。今毛詩作輯。不作𠦃。訓和。不訓集。則未必有此六字也。王筠曰。依全書之例。廿篆當在部末。今廿下又有𠦃字。蓋本在廿上而捝之。校者掇拾故在末耳。倫按說解為經記中成語而不稱經。如犕下之犕牛乘馬。蠅下之營營青蠅。甥下之謂我舅者吾謂之甥。如此類者。皆傳寫捝失本訓。校者補之。詞之𠦃矣或三家詩。𠦃从咠得聲。蓋十之轉注字。聲同談類也。或謂卌訓詞之集。即詩鹿鳴之什本字。鹿鳴釋文曰。歌詩之作。非止一人。篇數既多。故以十篇編為一卷。名之為什。彼借什伍之什為卌。卌之从十。即陸所謂以十篇編為一卷。古之言卌。猶後世編文為集。是詞之集是卌字本義也。倫檢龔輔之東原録。不以二五為什之説為然。據魯頌駉之什止四篇。以明詩一篇以上稱什。是也。倫謂大雅蕩之什十一篇。周頌閔予小子之什十一篇。則以十篇為一卷之説。不能諭也。商頌首題那之什詁訓傳弟三。而末曰那五篇。是十篇為什之説又不能諭也。詩之名什。既不止於十篇。亦復一篇以上即可名什。則詞之集非卌本義明矣。況从十从㠯均無詞義。足明詞之集必非本義也。或此字後人羼入。故在廿下。【説文解字六書疏證卷五】

卌

甲四七八　甲六三五　甲七九五　甲九五四　甲九五八　乙二四九一　乙三〇九四　乙四六八八反　河五五三　河五五四　鐵七二・一　鐵九七・二　鐵二一九・二　前一・三五・五　前四・一〇・五　前五・三・一　前六・一六・一　後一・二一・七　後一・二三・一一　佚四六　燕三六八　粹四〇二　粹四三〇　粹五八六　京都二三一八　明藏七一二　卌牛　見合文一九　明藏七〇三　卌羌　見合文一八　乙五三一七　卌人　見合文一八【甲骨文編】

甲635　795　1116　2278　2301　2386　乙861　1053　2491　3527　6882　珠394　401　卜22　佚889　續2・17・1　2・20・6　2・27・3　5・30・2　掇392　京1・36・2　凡11・1　録539　553　東方1702　續存240　摭續38　粹402　430【續甲骨文編】

卌　夨簋　格伯簋　禹攸比鼎　大鼎　曶鼎　伯寛父盨　善夫山鼎

毛公㾓鼎 多友鼎 師同鼎 中山王譽兆域圖 盗壺 𨒍公壺【金文編】

秦184 獨字 秦183 同上【古陶文字徵】

〔三六〕 〔二二〕 〔一八〕 〔六七〕 〔一八〕【先秦貨幣文編】

刀弧背左卅 冀靈 刀弧背𝟊卅 冀靈 布圜閃背卅六 典五一一【古幣文編】

卅 編三〇 十例 編三四 五例【睡虎地秦簡文字編】

禪國山碑 卅有二 石碣乍遵 為卅里 博塞 石經僖公 卅有二年 日晷【石刻篆文編】

卅【汗簡】

◉許　慎　卅三十并也。古文省。凡卅之屬皆从卅。蘇沓切。【說文解字卷三】

◉林義光　說文云。卅三十并也。古文省。按古作卅毛公鼎。省作卅大鼎作卅曶鼎。【文源卷八】

◉高田忠周　說文。卅三十并也。古文省。葢依廿字例。此為古形。即卅之省也。依石鼓文籀文作卅。亦从古文。至秦篆初作卅。繹山刻石卅作卅可證。而許氏作卅者不知其所原。疑元作卅。三十併列轉寫者誤作卅。【古籀篇十八】

◉王國維　石鼓文為卅里。讀卅為三十兩音。　盼遂謹案。秦始皇嶧山刻石皆四字句。中獨二十有六年以五字為句。殊不類。葢合讀二十兩音為廿疾音。與此適相僢也。【劉盼遂記說文練習筆記　國學論叢第二卷第二號】

◉強運開　卅薛尚功楊升庵作世。誤。趙古則作由。讀為三十。是也。運開按。說文卅三十并也。二十并為廿。篆作廿。三十并為卅。篆作卅。與廿為一例。毛公鼎取賦卅寽作卅。曶鼎卅秭作卅。皆可為證。【己鼓　石鼓釋文】

◉馬叙倫　鈕樹玉曰。玉篇作三十也。翟云升曰。廣韵引無并字。倫按二十篆作廿。三十字作卅。益知并字校者所加矣。金文曶鼎作卅。毛公鼎作卅。大鼎作卅。甲文作卅卅。石鼓作卅。三十作卅與二十作廿相近。廿為篆文。則三十篆文當作卅而卅非篆文矣。尋卅字金甲文中今猶未見。惠棟謂古文春秋三十作卅。然漢石經論語三十而立作卅而立。漢石經是分書。分書本篆而省之者也。魏石經離熹平未遠。其古文作卅。篆文作卅。隸書作卅。其古文不知何據。篆文同此。而隸書轉同於金甲文之卅。蓋由卅而變亦分書本篆而省之之證也。然則篆文本當作卅或作卅。而此作卅。魏石經亦作卅。何也。豈魏石經即本於許耶。倫謂此本作卅。後人以魏石經改之。知者。説解三十并也。雖校者增并字。亦由彼所見卅字作卅。與二十作廿同也。漢石經作卅。而其二十字作廿。四十字作卌。則三十字不得特異矣。況金甲文惟六書故引商癸卣有卅字。以為世字。然或模寫之譌者也。此説解言古文省雖是校語。然亦必見其字者所注。若卅是篆文。將有古文作卅耶。將有古文作卅耶。若作卅。則與三十并及古文省者皆不合。且廿為篆。廿為古。而此獨卅為篆卅為古。抑何相戾也。是則由校者以卅嫌與世同而易之耳。若卅為篆卅為古。則與古書及此説解皆無病矣。急就篇作卅。然不在本文之數。字疑出字林。【説文解字六書疏證卷五】

◉高鴻縉　此三個十字合文。應讀為三十。並非一字。秦漢人以為一字並構一音。非是。石鼓文為卅里。讀為為三十里四字句。與全篇四字為句者合調。可資證明。【中國字例四篇】

◉何大定　卅説解曰。三十并也。古文省。凡卅之屬皆从卅。而卅之下所屬僅一世字。以廿入十部。則卅亦當入十部。而不應另建為部首矣。金文编卅作卅(毛公鼎)。世作卅(公伐郘鼎世為周㝨)。容庚謂世與卅為一字(金文編第三第二頁)。馬叙倫曰。古書世字亦當直作卅。今作世者。是由金甲文卅作卅卅。少變其形而致。以卅卅證之。卅與世無殊也(説文解字研究法)。世不過左右曳長之以取其聲。實為一字耳。卅與世既為一字。是卅亦應入十部。不當別立為部首矣。【説文解字部首删正　中山大學語言歷史研究所周刊第五册】

◉喬志敏　趙丙唤　「卅」字陶文一件。陰文，刻寫於陶豆盤内底上，鄭韓故城東城出土。此文應釋為「卅」字。此字有人認為是符號，有人認為是「矛」字，我們則認為是「卅」字，即三十，為數目字，陶工所編次序號。

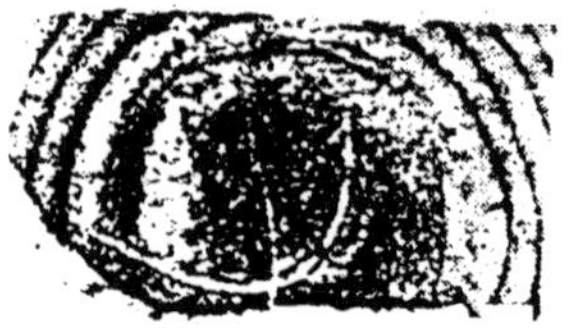

【新鄭館藏東周陶文簡釋　中原文物一九八八年第四期】

世

◉徐中舒 丩并連三枚竪直之算籌以表示三十之數。【甲骨文字典卷三】

世 吳方彝 同簋 恒簋 多友鼎 追博于世 地名 師遽簋 師晨鼎 伯作蔡姬尊 邵鐘 寧簋 徐王鼎 伯𡨦簋 世子孫寶用 或从木 與枼通 䣄伯簋 十世不諲 趩簋 世孫子毋敢家 或从竹 且日庚簋 用世孝享 或从立 十年陳侯午錞 永世毋忘 陳侯午錞 陳侯因資錞 或从歹 中山王嚳鼎 參世亡不若 中山王嚳壺 盗壺 沈兼士先生釋百世合文 師遽方彝 百世孫子永寶 守宮盤 黃尊 【金文編】

4919 4921 璽文「千秋萬世昌」世字如此 【古璽文編】

鴻符世子印 張定世印 李奉世印 亢利世之印 史世之印 段世 湣于安世 地世之印 劉通世 范萬世印 張安世印 秋世之印 張安世 孫世中 蔡克世 張壽世 【漢印文字徵】

禪國山碑 命世殊奇 詛楚文 而兼倍十八世之詛盟 詛楚文 枼萬子孫 【石刻篆文編】

古孝經 同上 竝崔希裕纂古 汗簡 【古文四聲韻】

◉許慎 世 三十年為一世。从卅而曳長之。亦取其聲也。舒制切。【說文解字卷三】

◉薛尚功 上一字作三乂。按。說文世字從三十。故以此為世字。以世為銘者。蓋欲世世傳之子孫。不絕而已。且三乂又意其為五字。从二二而交之。象陰陽交午之義。天數窮於九。地數終於六。九六之數為十五。而天地之數備。三乂者十五也。【世母辛卣 歷代鐘鼎彝器款識法帖卷三】

◉吳大澂　□从十从止。十止為世。彝器有象兩足形者。即世世之義。詩繩其祖武。武亦足迹也。師遽敦曰。世孫子永寶。□或从世。三十世也。邵鐘。世世子孫。□吳尊。世子孫永寶。□師遽方尊。世孫子永寶。从目。與黃尊从目同。□趩尊曰。世孫子毋敢豕永寶。从木。與枼字同意。□黃尊从目。□姜𣏟古鉢文。【說文古籀補第三】

◉劉心源　世从□。古文十字也。龙姬尊作□。其萬年世孫子永寶。師晨鼎作□。世子子孫孫其永寶用。吳彝作□。世子孫永寶用。邵鐘作□。世子孫永吕為寶。伯𠭯敨作□。世子孫孫寶用。皆世字也。【奇觚室吉金文述卷四】

◉方濬益　□。从木。从□。拍盤銘。永世母出。作□。與葉為古通字。詩長發。昔在中葉。傳云。葉。世也。廣雅釋言并同。可證。【趩尊　綴遺齋彝器款識考釋卷十八】

◉柯昌濟　□　世从因。因古席字。象席形。詳羅先生釋殷虛書契謝字。因世亦聲近。古文有兼从二聲之字。此字是也。【師遽方尊　韡華閣集古録跋尾】

◉強運開　□公伐郘鼎。世為周□。或云。古世卅為一字。□叀仲鐘。世世子孫永吕為保。□伯□敨。世子孫永寶。□且日庚敨。用世孝亯。或从竹。□齊矦鎛。枼萬至於辝孫子。舊釋葉世為一字。竊謂金文中枼字皆係古世字。證以𦎫伯敨十世不諟乍□。木字在旁與在下蓋無分也。□黃尊。與師遽方尊之□相同。均从𦣞。沈兼士云。乃百世二字之合文也。【說文古籀三補第三】

◉馬叙倫　桂馥曰。商癸卣□作卅。唐扶頌。垂後㦽兮不知譽。以㦽為世。朱駿聲曰。音讀亦芔之聲轉。吳大澂曰。彝器有象兩足形者。即世世之義。詩。繩其祖武。武亦足迹也。師遽段。□孫子永寶。□从十从□。林義光曰。三十引長非三十年之義。古作□。當為葉之古文。象莖及葉之形。草木之葉重纍百疊。故引申為世代之世。故詩長發。昔在中葉。以葉為世。容庚曰。卅世一字。倫按三十年為一世。說見論語必世而後仁孔安國注。然象形指事會意之法。皆不可以造字。必出於形聲矣。形聲字必有主義之部分。三十年為一世。其字義之主義部分。止有从人从日可通。如吳舉師遽段□字以為从□从十。十□為世。仍不可通。若以□表人而十為聲。庶幾可耳。然止足一字。足固人獸同之也。嚴格言之。亦有缺憾。林以為葉字形已不似。詩借葉為世。以从世得聲也。由此言之。實無世字。古借卅為世耳。故商癸卣直作卅。吳舉金文有象足形者以為即世世之義。然詩。繩其祖武。借武為步。則兩足形為表繩武之意。亦未始不可通。況金器中以圖畫表意思者固有多方面可測度。而不能拘於一隅也。然則卅世一字。卅本作□。或作□。少變則為邵鐘之□。再變則為吳尊之□。又變則為師遽段之□。大鼎之卅。固亦作□。格伯段之卅亦作□也。再變則為趩尊□字所从之□矣。此則□之政齊者也。倫疑此篆本作□。説解蓋以聲訓。今正齊其篆而捝聲訓。校者補此説解。説解曰。从卅而曳長之亦取其聲也。是世卅之異祇在末筆之引長。然从卅而曳長之。何以明三十年為一世之事。亦取其聲則曳長之者為有聲之字。亦世之所从得聲者。段玉裁因謂即十二篇中之乁字。然篆文作□。左右皆曳長之。且亦取其聲者。許書僅於世秃雨字下見之。嚴可均謂秃从儿。禾聲。説解有譌。張文虎亦謂秃下説解非許語。然則世下説解可知。且以豖下皆取其聲語承按字。明是校詞。則此與同例。明非許文矣。當正卅篆為□。而删此篆及説解。并删卅部而以卅屬十部。字見急就篇。【説文解字六書疏證卷五】

◉張守中　□世字異体。大鼎。及參——亡不若。方壺。㢈與虘君並立於——。□右下有重文符。圓壺二例。——母迠。【中山王𠑱器文字編】

◉李孝定　器銘世字，或从木𠭯伯簋，或从□遈簋，或从竹且日庚簋，或从百師遽方彝，或从立陳矦午錞，此蓋東周以後，文字應用日趨混亂，故有此象，从木从竹者，其本義當為器名，用為世代字乃假借；从□乃从木之譌；从百則當讀「百世」合文，沈氏之説是也；从立則當為聲符；要之，甲骨金文中尚少此類現象，不可以常理論之矣。方氏引拍盤銘：「永枼」，實乃葉字，音義與世並通，作「枻」者疑亦「枼」之異構。吴大澂以雙足跡形為「世世」字，大誤，此實作器者之族徽耳。高田氏據守宮盤作□者，説為从肉从世，乃胔字即腜字也，亦誤，□乃□之形譌，仍是「百」字，必以為□非「百」字，則當釋為「㐭」，尚差覺近似，安得釋為「肉」字乎？吴闓生氏釋黄尊「其𠰢孫子永寶」之𠰢為罘，亦非，所引邢侯尊之盟，當為遺字，乃人名，與黄尊銘辭例有別。張氏謂「世」或即葉之本字，亦有佳致，葉字契文作□，與作□之圓點在直畫中者不同，然則「世」字古文恐仍以説為三十并為猶愈也。周氏精通音理，謂世卅相通之説，未必可信，葉世有關，則無可疑；其説固是，然葉世音義相通，亦不能證其必為一字，且三十年為一世之説，自古已然，三十年何以為「世」，未必與「卅」之音讀無關，許君去古未遠，其言必非無故，余不諳古音，姑妄議之如此，以俟高明。【金文詁林讀後記卷三】

◉戴家祥　□陳矦午錍　□陳矦午敦　莹，字書不收，从陳侯午器銘辭例看，「永莹毋忘」，即「永世毋忘」。莹為世之繁構。从立，或有處世立命之意。

□中山王𠑱方壺　張政烺曰：殜，从歺，世聲，世之異體。古文字研究第一輯第二一七葉。按張釋是也。𡚱蚉壺、中山王𠑱壺等器的「殜殜」「三殜」等，殜都用作世。歺，説文四篇云：「𠨘骨之殘也。」含有殘留之意。世加歺旁，蓋加強世系延續的意義。

□書𠂤鈷　褋乃世之繁構。世別體有作枼，此加示旁，以加强世系之義。

言

且庚毀 筁从竹从世。世古文作屮，象樹葉之形詳見十部世字，故从竹。疑筁為世之加旁字，與𪓐伯簋从木作枻例同。

説文三篇「三十年曰一世」。【金文大字典上】

甲四九九 乙七六六 拾八・一 拾一四・一〇 前五・二〇三 林一・四・一 燕八四九 河二二一 京津三五六一 庫一二五〇【甲骨文編】

甲499 929 1143 1544 1895 乙766 4708 4777 續2・1・1 6・22・16 掇335 徵11・65 録22 879 904 六中148 續存1233 1507 粹48 388 新3560 4090【續甲骨文編】

言 伯矩鼎 用言王出入事人 敷卣 孫子用言出入 禹比盨 中山王嚳鼎 中山王嚳壺【金文編】

六七：一 十三例 內室類盟質之言 六七：六 十例 六七：二一 音 六七：二三 二例【侯馬盟書字表】

14 156【包山楚簡文字編】

言 秦一 三十二例 語一一 七例 日乙一五七 三例 法一二 三例 封九一 六例【睡虎地秦簡文字編】

3076 4662 4287 4291 4284 4285 3343【古璽文編】

郭巨言事【漢印文字徵】

言泰山刻石　臣昧死言　　品式石經咎繇謨　朕言惠可底行　咎繇謨　工以內言　天璽紀功碑　上天帝言　【石刻篆文編】

言　言　言　言出碧落文　言　【汗簡】

　　　　竝汗簡　古孝經　古老子　古尚書　裴光遠集綴　王存乂切韻　【古文四聲韻】

◉許　慎　言直言曰言。論難曰語。从口。䇂聲。凡言之屬皆从言。語軒切。【說文解字卷三】

◉林義光　說文云。言直言曰言。論難曰語。从口䇂聲。按䇂與辛同字。見辛字條。辛非聲。言本義當為獄辭。引伸為凡言之稱。與辭字同意。从辛。辛。辠人也。从口。古作言偏旁。同。【文源卷七】

◉高田忠周　說文。言直言曰言。論難曰語。从口䇂聲。左襄廿七年傳。志以發言。莊子外物。言者所以在意。法言問神。言心聲也。然則言者聲之流出乎衍也。䇂下曰讀若愆。愆當衍字。衍言音義相近。䇂字从上干。而古文上字借一為之。亓作爫辰作辰是也。然言作言亦為古文省略。易需。小有言。虞注震為言。書洪範。言曰從。皆為本義。【古籀篇五十二】

◉方濬益　徐鼎臣校定說文。謂言从䇂从口。中畫不當上曲。李斯刻石如此。今以彝器文从言字證之。其中畫類多上曲。此文諆字偏旁與䇂字皆是也。且石鼓文𩜁樸䜌章等字中畫無不上曲。是非始於李丞相刻石可知。鼎臣蓋未嘗攷求彝器文字。乃并石鼓文亦若未經寓目者。是可異也。【綴遺齋彝器款識考釋卷二十六】

◉吳其昌　說文分「辛」「䇂」為二字，於「䇂」字云：「䇂，辠也」，又云「讀若愆」。而以「言」「童」「妾」……諸字為從「䇂」。又於「辛」字則云：「從一從䇂」。而以「辠」「辜」……諸字為從「辛」。橫生分別，繆妄已甚。即以說文攻之，既「䇂」詛為辠，則「辠」「辜」……諸字自當從「䇂」，今反皆從「辛」，然則「䇂」「辛」之別，果何在乎？此其至淺易者。說文以「言」字從「䇂」，然今金文「言」字實無一不從「辛」。其最顯然易見者：如師望鼎「諲」字所從之「言」作言，盂鼎「訟」字所從之「言」作言，令鼎「諆」字所從之「言」作言。克鼎、番生毀「諫」字所從之「言」作言。皆明碻從「辛」，斯亦「䇂」「辛」無別之實據也。必窮究其實而言之，則

「言」即「辛」字也。「辛」「辛」「言」實同形同聲之字也。今請得而畢陳之：

1 2 3 4 5 6 7 8 9 10 11 12 13 14

1 □父辛尊　殷文存卷一頁二十二
2 剌卣　殷文存卷一頁四十
3 賣尊　殷文存卷一頁二十五
4 盩嗣土尊　貞松卷七頁十五
5 蠡中越尊　窓齋册十九頁十六
6 父辛爵　殷文存卷二頁十五
7 匽盤　殷文存卷二頁三十四
8 賣卣　殷文存卷一頁三十二
9 珥鼎　殷文存卷一頁十七
10 服尊　貞松卷七頁十六
11 父辛爵一　夢郼草堂續編頁二十八（羅振玉藏）
12 父辛爵二　窓齋册二十二頁九（潘祖蔭藏）
13 父辛爵三　窓齋册二十三頁十七（吴雲藏）
14 諫毁　周金卷三頁二十五

以上所舉例十四字。自第一字至第十字，為「辛」字。自第十一字至第十三字，既為「辛」字，亦為「言」字。第十四字為「言」字。諫毁之「諫」字「譱」字所從之言「言」旁。第十一至十三字，實為「辛」化為「言」之過渡字。

15　16　17　18

15　𪌕从盨　澂秋卷上頁二十二
16　敕卣　周金卷五頁九十六
17　敕卣　周金卷五頁九十六
18　伯矩鼎　周金卷二頁五十六

自第十五字以下，始為正式獨立之「言」字焉。

古初「言」與「辛」為一字，于此有數證焉。其一，以金文形體考之：第十一第十二第十三等三字，其在爵銘皆曰「父辛」，故此字以其義言之，則碻為「辛」字。而以其形言之，則又碻為「言」字。蓋為原始之「言」字，亦為已變之「辛」字。故知「辛」「言」之為一字，此三字即其最堅之據矣。

其二，以金文文例言之，虛鉤書與填實書既無絲毫別異，故如□□、□□……□□□□……數十百例，既無不可以任意賦形：即以「辛」字言之，其首□□，亦可任意賦形，何獨至于「辛」字之足乃不可以任意賦形乎。是則□□無別，實為當然之事也。即無父辛爵，而亦可決知其必有「辛」字作□者也。況又有父辛爵三器為之作地下實物之證明乎。故「辛」「言」之為一字，乃合乎金文體構上最普遍公例之當然形態也。

其三，以諧聲推之，漢書王莽傳上：「信鄉侯佟上言……」師古曰：「王子侯表清河王綱子豹始封新鄉侯，傳爵，至曾孫佟。王莽篡位，賜姓王，即謂此也。而此傳作信鄉侯，古者『新』『信』同音故耳。」按從「言」得聲而讀若「信」，從「辛」得聲而讀若「新」，而古者「新」「信」同音，則古「言」「辛」之音可概矣。

其四，以義訓推之：詩小雅十月之交，「朔月辛卯」。鄭氏箋：「辛，金也。」後漢書丁鴻傳李賢注同。書洪範：「二曰言」鄭氏注：「言，屬金。」正義引劉向洪範五行傳同。夫以鄭玄一人，而同以「金」訓「辛」「言」二字，則此二字古義之為同母所孳，又可見矣。【金文名象疏證　武漢大學文史季刊五卷三號】

◉郭沫若　爾雅云「大簫謂之言」。案此當為言之本義，爾雅以外於墨子書中僅一見。墨子非樂上篇引古逸書云「舞佯佯，黃言孔章」。「黃」乃簧之省。「黃言」猶言笙簫也。墨子所非者為樂，故舉此以為證。偽孔書竊此以入伊訓而改為「聖謨洋洋，嘉言孔彰」，蓋不解「言」字古義，誤以為言語之言。考言音古本同類字，如許書言从口辛聲，音从言含一。字於古金中每相通用，如王孫鐘之「中𩐨虘𦿝」，沇兒鐘作「中韽虘𦿝」。𩐨韽一字，當與翰通，而一从言作，一从音作。又如免簠之「錫戠衣」、趩尊之「錫趩戠衣」从音，豆閉毀之「錫汝戠衣」則从言。格伯毀亦有此字，曰「書史戠武」，或作戠，或作戠，或作戠，或作戠，或作戠，或作戠，三器器蓋各一字，均从言作。具見周金卷五。卜辭亦有此字作戠若戠，二形同見於一片，前四卷四葉四片。亦从言作。羅振玉謂「从言从音殆通用不別」，是也。觀此所从之言字並不从辛作，此乃言之最古字，字从口象形，與骨文之磬鼓字同意。磬於卜辭作殸，声即磬也，从殳以擊之。鼓作鼓，壴即鼓也，从殳以擊之。言之丫若丫，即簫管也，从口以吹之。又無形之字必藉有形之器以會意，如喜、樂、和、雅，無形之字也。喜之藉為鼓，樂之藉為琴，和之藉為笙，雅之藉為雅。雅，樂器也，見周官笙師。聲音亦無形之物也，故聲之藉為磬，音之藉為言，其意若曰以手擊磬，耳得之而成聲，以口吹簫，舌弄之而成音也。金文戠字於言若音之旁益以八者，殆即表示樂器之音波，如鼓音為彭，彭於骨文竟有作彭諸形者，即以點畫為音符也。後由此乃轉化而為言若言，更於其首加一，遂與从辛之字無別矣。言之本為樂器，此由字形已可得充分之斷定，其轉化為言說之言者蓋引伸之義也。原始人之音樂即原始人之言語，於遠方傳令每藉樂器之音以藏事，故大簫之言亦可轉為言語之言。然由言之字形而言，最古之義必合最古之形，古言字之丫若丫之簫形，實係單管而非編管。【釋龢言　甲骨文字研究卷一】

◉葉玉森　郭氏謂丫丫象簫管。口以吹之。援爾雅大簫謂言作證。予思古有人類。即有語言。先哲造字。似應先造言語之言。釋文本大簫謂之言之言作管。則言其省叚。曰象吹簫。必非朔誼。且口在丫下。何能象吹。觀卜辭龠字作龠。下象編管。上象覆口。吹意自顯。如先哲造言字象吹簫。則口字必倒覆于上作亼亼方合。又桉卜辭貞月諸辭。例如「今月𡧍」。「今月亡戾」。「今月亡囚」。「今月亡來艱」等。今月下必繫吉或凶之習語。殷虛卜辭內屢見「今月[glyph]言」之辭。則[glyph]言二字非吉語即凶繇。是卜辭言字必非大簫之證。因疑卜辭吉字作吉。乃从倒辛从口。言字則从辛从口。說文。辛。辠也。先哲造言字。即主慎言。出諸口即獲愆。乃言字本誼。納諸口即無愆。乃吉字本誼。易繫辭傳云。吉人辭寡。似吉之為象亦主慎言。先哲造字法或以倒辛表示與辛相反之意。猶徐鍇說長之從倒亡。曰倒亡不亡。長久之義也。金文旅鼎之吉。㚔敦之吉。猶象从倒辛形。卜辭譌變愈奇。朔誼益晦。觀董作賓吉之演變繫統表可知矣。【殷虛書契前編集釋卷五】

◉馬叙倫　沈濤曰。藝文類聚十九御覽三百九十引論難皆作論議。蓋古本如此。本部。語。論也。論。議也。議。語也。論議語三字互相為訓。則此文作論議不作論難可知。詩大雅公劉傳。答難曰語。從正義本。周禮大司樂注亦云。答難曰語。答

嚚 嚚

難即反覆辨論之意。今本毛傳作論難。誤。廣韵六語引字林。答難曰語。正本毛傳。禮部韻略引作論難。亦宋後所改。鈕樹玉曰。玉篇引説文下有□字。注云。古文。疑亦本説文。説文偏傍中屢見。倫按咅言皆从口辛聲。盖古直言曰言之音及語相訶歫之音皆如辛。故造字者不得而別。言从辛得聲者。辛即罪孼之孼初文。與言雙聲。或謂辛辛一字。於音不近。不悟辛聲當在脂類。辛聲真類。脂真對轉。故無嫌也。説解疑挩本訓。但存校語。此詩公劉傳文。廣韵引字林。直言曰言。答難曰語。則此字林文。唐人轉删本訓耳。玉篇有古文言。作□。本部詩謀訊信誥訟六字皆有古文。其偏傍皆作□。王筠謂从心从口。口古文作□。誤為□耳。其説可從。盖从口。心聲。猶言从口辛聲矣。言音一字。餘詳音下善下。字見急就篇。伯矩鼎作□。甲文作□。【説文解字六書疏證卷五】

◉于省吾　言與音初本同名，後世以用各有當，遂分化為二。周代古文字言與音之互作常見(詳吴大澂説文古籀補三·三，羅振玉增考中五九，郭沫若甲研釋龢言)。先秦典籍亦有言音通用者，例如：墨子非樂上之「黄言孔章」，即「簧音孔章」。吕覽順説之「而(讀如)言之與響」，即「如音之與響」。又聽言之「其與人穀言也」，莊子齊物論，穀言作鷇音(以上詳諸子新證)。甲骨文之「言其㞢疒」(掇三三五)，「㞢疒言」(後下一〇·三)，二言字應讀作音。音其㞢疒與㞢疒音，指喉音之臨將嘶啞言之。舊讀言如字，失之。又甲骨文稱：「□□卜，子𢦔言多亞。」(後下四一·九)「貞，王㞢言且丁，正。」(乙四七〇八)「貞，𠦪匕辛，其言日彡。」(粹三八八)以上三條言字均應讀作音，音與歆通。音之通歆，猶古文字畲之亦作歓。左傳僖三十一年之「不歆其祀」，杜注謂：「歆猶饗也。」國語周語之「王歆太牢」，韋注謂：「歆，饗也。」再以周代金文證之，弭仲簠之「音王賓」，即歆王賓也。伯矩鼎之「用言王出内(入)使人」，言字亦應讀作音通歆。然則甲骨文言之通音，音字有時亦讀為歆，均脗合無間。【釋言　甲骨文字釋林上卷】

◉徐中舒　□甲一八九五　字形與《説文》篆文略同，但實與□告、□舌為一字之異構。□象木鐸倒置之形，其上之□與□、□均為鐸舌。告、舌、言三字初義相同，後世乃分化為三字。【甲骨文字典卷三】

◉許　慎　嚚聲也。从言。䀠聲。烏莖切。【説文解字卷三】

◉馬叙倫　桂馥曰。廣韻。嚚譻。小聲。倫按此盖音之轉注字。音同影紐。音下亦但訓聲也。【説文解字六書疏證卷五】

謦

◉許　慎　𧦦欬也。从言。殸聲。殸。籀文磬字。去挺切。【說文解字卷三】

◉馬叙倫　嚴可均曰。殸籀文磬字。校語也。小徐無。沈濤曰。一切經音義六引磬亦欬也。今本奪亦字。汪獻玗曰。說文之例多有言亦者。本部。診。視也。後漢書王喬傳注引作診亦視也。凡此之類。不可枚舉。故古本決有亦字。倫按八篇。欬。屰气也。謦欬似為音同谿紐轉注字。从音聲之音。然倫謂欬也即欬字義。古借謦為欬。或連緜用之。謦乃聲音之聲本字。聲乃聞之轉注字也。玄應一切經音義引倉頡。謦。聲也。許當同之。欬也盖字林訓。下文。診。視也。亦字林訓可證。以此可知凡玄應等書引作亦某也者。皆非本訓。【說文解字六書疏證卷五】

◉楊樹達　甲文有𧯎字，字作，从亥，从殸，羅振玉說之云：「說文無𧯎字而有欬，注云：屰气也。又謦下云：欬也。通俗文：利喉謂之謦欬，知𧯎即謦欬之欬矣。」殷虚文字類編捌之玖下。余謂羅氏此說殊誤。說文欬字从欠亥聲，如羅說𧯎亦欬字，字當為从殸亥聲。然殸為磬之古文，欬字何以从殸，說不可通也。按說文言部云：「謦，欬也，从言，殸聲。」余謂甲文之𧯎乃謦之初文，字从亥者，實从欬省，篆文變為从言，義泛而不切。莊子徐无鬼篇曰：「逃空虛者聞人足音跫然而喜，況有人罄欬其側者乎？」通俗文言謦欬，用說文謦字，莊子言罄欬，假罄為謦也。𧯎謦為一字，罄為同音假字，若如羅君之說，將通俗文莊子之文為欬欬連文，又不可通矣。

卜辭云：「卜，貞，王田于𧯎，△△亡𡿧？兹卸，隻狼。」前編貳卷肆肆之叁。又云：「戊申，卜，貞，今日王田殸，不遘雨？」前編貳卷肆叁之伍。二辭記所田之處為一地，字一作殸，一作𧯎，蓋同音通作。然則𧯎字實从殸聲，而非从亥聲，由甲文本身可以證明矣。六書有形聲，形旁示義，聲旁示音，此盡人所知也。余以甲文之形聲字與篆文相校，同一字也，形旁或聲旁甲文往往與篆文不同。聲旁姑不必論，其形旁則甲文必較篆文形旁之義為剴切。姑舉數例言之：甲文有雉字，从隹从至，舊無釋，余疑當為胵字。說文四篇上肉部云：「胵，鳥胃也，从肉，至聲。」義為鳥胃，故字从隹，非鳥莫屬也。篆文變為从肉，則人與禽獸皆可通矣。甲文有𩰫字，羅振玉釋為鑊，是也。說文十四篇上金部云：「鑊，鑴也，从金，蒦聲。」段注云：「少牢饋食禮有羊鑊，有豕鑊。鑊，所以煮也。」甲文字作𩰫，从鬲，鬲為釜鬲，示烹煮之器也。篆文變為从金，則泛而不切矣。甲文有㡿字，舊無釋，余疑為鏑字。說文云：「鏑，矢鏠也，从金，啇聲。」啇字从帝聲，甲文从帝，與篆文从啇同。字義為矢鏠，故甲文字从矢，篆文變為从金，又泛而不切矣。甲文有酙字，舊亦無釋，余疑為枓字。說文六篇上木部云：「枓，勺也，从木，从斗。」按說文勺下云：「所以挹取也。」詩小雅大東云：「維北有斗，不可以挹酒漿。」大雅行葦云：「酒醴維醹，酌以大斗。」詩文皆言斗為挹酒之具，斗即枓也。甲文字从酉，酉為酒之初文，義至切也。篆文變為从木，又泛而不切矣。甲文有臭字，从矢从自，舊亦無釋，余疑為臬字。說文云：「臬，射準的也，从木，自聲。」射臬為矢之所集，故字从矢，猶疾為射疾，字从矢也。篆文變為从木，則又泛而不切矣。甲文已有臬字，此字之變或不始於篆文。許君之説形聲曰：以事為名，取譬相成，甲文雉之从隹，雟之从芮，𥑗之从矢，酙之从酉，臬之从矢，及此䕺字之从敹省，皆確以事類為名。及雉變為从肉，雟䍐變為从金，酙臬變為从木，則不以事類為名，而以物質為名矣。余往讀説文，見一部隸字多者往往至數百文，私謂文字之發展至於形聲，可謂易於辨認矣；然一部隸字之多如此，仍未易辨也。今乃知説文所載形聲字，固非原始之形，其原始形如上舉甲文諸字，固一見可知其屬類也。此字形之嬗變，治文字史者所當知者也。

【釋䕺　積微居甲文説卷上】

語 䚻

 語　𠑭兒鐘　後民是語  中山王礜鼎　語不𡨄哉【金文編】

 語　日甲一四三　二例  語一五  為二　二例【睡虎地秦簡文字編】

 3193  3083  2774  1878 語或从𠄔，與金文余義鐘語字同。  5282【古璽文編】

 語翕私印【漢印文字徵】

 祀三公山碑　□惟三公御語【石刻篆文編】

 語【汗簡】

 汗簡  古孝經  裴光遠集綴【古文四聲韻】

◉許　慎　䚻論也。从言。吾聲。魚舉切。【説文解字卷三】

◉高田忠周　説文。䚻論也。从言。吾聲。又言下曰。直言曰言。論難曰語。語字明有交午啎逆之意。而五古啎字。此从言从五。形聲兼會意。猶詩古文作訨也。又籀文悟字作𢘫。五作𠄔為籀疊可識。而𧬄亦籀文語。又按言部字古文多从口。謀作㖡。謨作𠵮。諆作𠴁。皆其證也。又已从口又从言。此為重複。同詷合詥皆其類也。然則吾古文語字。而䛆亦吾字也。吾从口五聲。五古文作×。陰陽交午之象。論難曰語。故从×聲。以兼會意。吾即語字尤顯矣。説文吾下曰。我自偁也。

此段借為我。亦猶以予以余為我。詳見我字下。後世吾字專為我字義。本義專以語字行矣。【古籀篇五十二】

◉馬叙倫　議下曰。語也。語議音同疑紐。似為轉注字。然論下曰。議也。則論語名書為語語矣。釋名釋言語。語。叙也。叙己所欲説也。倫謂論語名書者。以載仲尼及其弟子所説。并載仲尼與其弟子問對之詞。則論語義有別也。上文言下直言曰言。實即語之本義。從言之借為言語字。下凡從音之本義者出之。從言語之言者不復出。字見急就篇。余義鐘作。【説文解字六書疏證卷五】

◉李孝定　説文以直言論難分釋言、語二字，蓋析言則別，未必是其朔誼，高田氏遂謂語字从五，亦兼會意，未免牽傅。又謂从「言」之字，古文多从「口」，是已；然謂「又已从口，又从言，此為重覆，同詷，合詥，皆其類也」，則為贅辭，詷詥但从同合為聲，非从口又从言也。【金文詁林讀後記卷三】

談　談

 4·41　左宮談　【古陶文字徵】

 1418 【古璽文編】

 談指尉印　 楊談　 員談私印　 談甲　 談市人　【漢印文字徵】

◉許　慎　談語也。从言。炎聲。徒甘切。【説文解字卷三】

◉馬叙倫　上文言下曰。直言曰言。論議曰語。本詩公劉毛傳文。禮記雜記。三年之喪。言而不語。注。言。言己事也。蓋言謂但述己事不與人論議也。似言語墒有分別。然語言之作。明是已有社會生活。雖有單獨叙述己意之時。然三年之喪。正當需人助理。豈有止述己事。不與人論議者。經義止謂孝子哀痛不欲論議他事耳。非必言語有嚴格之分別。詩之于時言言于時語語。乃修詞之關系。猶今人言談談説説也。傳乃分別之耳。倫謂言音一字。談者言語之言本字。未造談字時。借言為談耳。談从炎得聲。炎焱一字。焱音喻四。故談音入定紐。古讀喻四歸定也。炎之轉注為餤銛。音亦皆在喻四。言从辛得聲。辛辛一字。辛音心紐。心與喻四同為摩擦次清音也。故後造之本字从炎得聲為談。莊子齊物論。大言炎炎。實即大言談談也。大言炎炎與小言詹詹對詞。詹炎聲同談類。今言音入疑紐。而詹从产得聲。玉篇产有顏賢魚軌二切。音亦疑紐。以此相明。莊文炎炎詹詹亦皆以聲相聯詹。音亦由談而轉也。此訓語也。是談語義同。而言語音皆疑紐。語又从吾得聲。吾从五得聲。五為枑之初文。枑音匣紐。炎音今在喻三。喻三與匣同為摩擦次濁音。則談語實轉注字。而言語無別明矣。莊子天運。三日不談。則陽。夫子何不談我於王。談正謂言也。字見急就篇。【說文解字六書疏證卷五】

謂

謂 不从言　吉日壬午劍　謂之少虡　胃字重見　【金文編】

3·1111　獨字　秦「羽陽臨渭」瓦當渭字作其所从胃與此同　【古陶文字徵】

謂　法二八　八十三例　語一　二例　【睡虎地秦簡文字編】

石碣遊水　公謂六口　【石刻篆文編】

古孝經　天台經幢　古老子　【古文四聲韻】

◉許　慎　報也。从言。胃聲。于貴切。【說文解字卷三】

◉吳大澂　古謂字。石鼓文。【說文古籀補第三】

◉強運開　說文。謂。報也。从言。胃聲。段注云。卒部曰。報。當罪人也。蓋刑與罪相當謂之報。引伸凡論人論事得其實謂之報。謂者。論人論事得其實也。如論語謂韶。謂武。子謂子賤。子謂仲弓。其斯之謂。與大學此謂身不修不可以齊其家是也。亦有借為曰者。如左傳王謂叔父。即魯頌王曰叔父也。【石鼓釋文】

◉馬叙倫　報下曰。當罪人也。此借報為誥耳。然非本訓。莊子齊物論。今我則已有謂矣。而未知吾所謂之其果有謂乎。其無謂乎。是謂即語也。謂音喻三。談从炎得聲。炎音亦在喻三。是謂為談之轉注字。石鼓作。【說文解字六書疏證卷五】

諒

諒　封一　二例　通掠　治—　封一　【睡虎地秦簡文字編】

諒福　【漢印文字徵】

◉許　慎　諒信也。从言。京聲。力讓切。【說文解字卷三】

◉馬叙倫　方言一。衆信曰諒。周南召南衛之語也。信从人得聲。人音日紐。諒音來紐。來日皆鼻加摩擦次濁音。是轉注字也。字失次。或此字出字林。【說文解字六書疏證卷五】

詵 詵

 3·1180　獨字　 3·1033　同上【古陶文字徵】

 口詵【漢印文字徵】

◉許　慎　詵致言也。从言。从先。先亦聲。詩曰。螽斯羽。詵詵兮。所臻切。【說文解字卷三】

◉馬叙倫　沈濤曰。詩螽斯釋文云。詵詵。說文作𨐨。是元朗所據本多部有𨐨篆。今本奪。淺人強以引詩語竄入詵下。皆非也。玉篇引作致言也。無詩曰八字。可證六朝及唐時本如此。桂馥曰。从言。先聲。倫按桂說是也。詵為請之轉注字。詵从先得聲。先音心紐。與請同為舌尖前音。引經校者加之。釋文引者。或譌以字林為說文。未必許書有𨐨字。毛詩之詵詵本借為生。古書先辛字通。如孟子有莘氏。吕氏春秋作有侁氏。是其證。後人以毛詩訓衆多也。妄造多旁之𨐨字耳。【說文解字六書疏證卷五】

◉徐中舒　伍仕謙　詳，同詵。《詩·周南·螽斯》：「詵詵兮」，《釋文》引《說文》作𨐨。詵詵，言其多也。故字又从多作𨐨。《說文》偏旁从羊之字，如觲、垟，亦从辛作觪、垶。據此，詳亦通詵、或𨐨、或詳。【中山三器釋文及宮室圖說明　中國史研究一九七九年第四期】

請 請

 請　中山王𧊒壺　以請郾疆【金文編】

 180【包山楚簡文字編】

 請　為一三　二例　通情　甲弗告┃　法一六七　 秦一五〇　四例　 法一六七　三例　 雜三二　十一例【睡虎地秦簡文字編】

謁

請郭邑丞 隮請 蘇蔓請 封完請發 【漢印文字徵】

泰山刻石 臣請具刻詔書 【石刻篆文編】

請 【汗簡】

華嶽碑 雲臺碑 【古文四聲韻】

◉許 慎 謁也。从言。青聲。七井切。【説文解字卷三】

◉黄錫全 請 夏韻静韻録《華嶽碑》作，《雲臺碑》作，此形少一點。中山王壺請（借為靖）作，信陽楚簡作，《説文》青字古文作（今本誤作，説詳後青部）。青字作，多从，類似復字或作（中山王墓兆域圖）、後字或作（中山王鼎）、（莊）字或作（趏亥鼎）等。乃由變，説見青字。【汗簡注釋】

謁 秦八七 六例 為一 三例 法一〇二 二例 秦一七四 日乙三九 二例 【睡虎地秦簡文字編】

中宮謁者 齊中謁者 左河堤謁者印 【漢印文字徵】

袁安碑 除給事謁者 【石刻篆文編】

謁 【汗簡】

煙蘿頌 【古文四聲韻】

◉許 慎 白也。从言。曷聲。於歇切。【説文解字卷三】

◉馬叙倫 鈕樹玉曰。韻會作謁。白也。倫按鍇本作謁白也。謁字乃隸書複舉字也。玉篇。告也。白也。疑此本訓告也。白也或字林訓。唐人轉删本訓耳。謁聲脂類。訦聲真類。是謁訦為脂真對轉轉注字。【説文解字六書疏證卷五】

◉黄錫全 謁 中山王墓守臣刻石謁作，此其譌變形。从曷之字古多變从或等，如中山王壺渴作，古璽闞作

許 

（璽彙1206）,《説文》碣之古文作。鄭珍認為「左當作」。夏韻月韻注出《煙蘿頌》。【汗簡注釋】

 許 五祀衛鼎  鬲攸比鼎  鬲比簋  毛公𢉅鼎  中山王嚳鼎  从舌𠆸鼎  召伯簋二 【金文編】

 3·808 許市 【古陶文字徵】

 許 法一七六 十例  秦六一 四例  秦一三六 三例 【睡虎地秦簡文字編】

 許光之印  許蓋之  許光之印  許長君  許信  許初私印  許建  許生之印 【漢印文字徵】

 天璽紀功碑 建業丞許□   石經僖公 諸矦遂圍許 【石刻篆文編】

◉許 慎 聽也。从言。午聲。虚吕切。【説文解字卷三】

◉郭沫若 詁是許字之異,所从午字下加口,與麥盉刺鼎𠂔字所从者同。【𠆸鼎 兩周金文辭大系考釋】

◉楊樹達 説文三篇上言部云:「許,聽也,从言,午聲。」樹達按許君以聽釋許,非朔義也。今謂:許从午聲,午即杵之象形字。字从言从午,謂春者送杵之聲也。七篇上臼部云:「春,擣粟也,从収持杵以臨臼,从杵省。」按春字从午,此午為古文杵之證,許君云从杵省,非也。禮記曲禮上篇曰:「鄰有喪,春不相;里有殯,不巷歌。」按此文以相與歌為對文,知相與歌義近,故鄭注曰:「相謂送杵聲」,是也。荀子有成相篇,其文皆有韻之歌辭,正所謂相也。史記商君傳云:「五羖大夫之卒也,童子不歌謡,春者不相杵」:此古人春粟送杵作聲之證也。淮南子道應篇曰:「今夫舉大木者前呼邪許,後亦應之,此舉重勸力之歌也」。此許為勸力歌聲之證也。舉大木者當勸力,舉杵春粟者亦當勸力矣。即實言之,舉杵勸力有聲,許字之本義也;淮南言舉大木,乃舉杵之類推耳。春者手持物而口有聲,故許字从言从午。口有言而身應之,故許之引申義為聽。許君以引申義為朔義,則失文从午聲之故矣。

説文十四篇上斤部云:「所,伐木聲也,从斤,户聲。詩曰:伐木所所。」按所與許古音同,故毛詩作伐木許許。運斤伐木有聲謂之所,持杵擣粟人有聲謂之許,字音同,故義亦相近矣。【釋許 積微居小學述林卷一】

◉馬叙倫　鈕樹玉曰。韻會引作聽言也。玉篇。進也。聽也。從也。桂馥曰。聽言也當作聽信也。孟子梁惠王。則王許之乎。注。許。信也。倫按許从午得聲。午音疑紐。諸音泥紐。同為鼻音次濁音。又聲同魚類。轉注字。聽信也當作聽也信也。一訓校者加之。然疑聽也亦非本訓。字見急就篇。鬲攸比鼎作□。毛公鼎作□。【説文解字六書疏證卷五】

◉戴家祥　説文「許，聽也。从言，午聲」。按七篇臼部「舂，擣粟也。从廾持杵臨臼上，午，杵省也」。午象杵形，加旁从木，在六書為形聲。許字从言从杵，會意兼形聲，當訓「送杵聲也」。史記商君傳「五羖大夫死，秦國男女流涕，童子不歌謠，舂者不相杵」，集解引鄭玄曰「相，謂送杵聲，以聲音自勸也」。隋李則墓誌「於是相杵停音，鄰歌斷曲」，皆足以補叔重之失。許之本義為送杵聲，其後廣泛用為象人共力之聲。小雅「伐木許許」，説文十四篇斤部引作「伐木所所」，所，伐聲也。又變為「邪許」，淮南子道應訓「今夫舉大木者前呼邪許，後亦應之，此舉重勸力之歌也」。唐韻午讀「疑古切」，疑母魚部，杵讀「昌與切」，穿母魚部，許讀「虛呂切」，曉母魚部，許杵同部諧聲。許亦讀所，所从户聲，讀「疏舉切」，審母魚部，集韻邪又音「詳於切」，邪母魚部，知邪許猶所所也。器銘「迺許」、「能許」、「許之」，皆字之叚義，即叔重所謂「應也」。【金文大字典下】

□ 珠523 【續甲骨文編】

□ 諾　不从言　曶鼎　叒字重見 【金文編】

□ 田擇諾 【漢印文字徵】

□ 古老子　□ 王惟恭黃庭經 【古文四聲韻】

◉許　慎　□譍也。从言。若聲。奴各切。【説文解字卷三】

◉吳大澂　□語辭。从口。𦬠聲。小篆作諾。从言。後人所加。曶鼎。□彔伯戎敦王若曰。古通作□。【説文古籀補第三】

◉劉心源　若即諾之古文。既从口。又从言。於義為贅。知諾為後出字也。【曶鼎　奇觚室吉金文述卷二】

◉馬叙倫　鈕樹玉曰。譍當作應。下放此。説文無譍。王筠曰。當作應也。後人改之。龔橙曰。諾為若俗。詩魯矦是若。若即諾也。倫按諾為若之遞增字。本書無譍字。當作許也。王説亦通。應為唯之假借字。應从雁得聲。雁从斤得聲。斤聲真

譍 譍 雠 讎

類。唯从隹得聲。隹聲脂類。脂真對轉。唯雠一字。譍也或字林文。【說文解字六書疏證卷五】

◉戴家祥 古字表義符號重複者，所在多有，若之為諾，亦猶各之加旁為詻、可之加旁為訶也。惟唐韻若讀「而灼切」，日母宵部，諾讀「奴各切」，泥母魚部，聲韻俱異。魯頌閟宮「莫敢不諾」，鄭箋「諾，應聲也。」論語顏淵子路無宿諾，皇侃疏「諾，猶許也。」史記季布傳「楚諺得黃金百斤，不如季布一諾。」亦謂以言許人曰諾。若訓順訓善，或作疑問詞，未聞與諾通借者。劉說未可遽信，存以待證可也。【金文大字典上】

◉許慎 譍以言對也。从言。雁聲。於證切。【說文解字卷三】

雠 鬲比盨　雠尊 【金文編】

3·301 東蒦圖雠 【古陶文字徵】

雠 秦一九九 二例　日甲四〇 二例　日乙八七 【睡虎地秦簡文字編】

徐之雠印　袁雠私印　戴雠　閻雠　犂雠　諸葛雠　郭雠　雠賜 【漢印文字徵】

讎郭顯卿字指 【汗簡】

郭昭卿字指　古尚書　汗簡　崔希裕纂古 【古文四聲韻】

◉許慎 讎猶譍也。从言。雔聲。市流切。【說文解字卷三】

◉吳大澂 古雠字。从兩隹相背。雠尊蓋。【說文古籀補第三】

◉劉心源 讐。舊釋作雋。㠯為惟字。案。惟無从雔者。當是讐。人名也。中从。本心字。蓋古文言有作二形者。見汗簡。此字作。所謂古文省變往往涉于佗字也。然其時竝無部目體例。如禾作。而休亦从此。馬作。而拜亦从此。形近則通。安知此之必非言字乎。讐尊作日丁。舊云記日是也。【古文審卷八 嘉魚劉氏龍江樓刊卷五】

◉高田忠周 說文。讎猶譍也。从言。雔聲。或省作售。漢以後人多用之。非。三蒼。雠。對也。詩抑。無言不雠。禮記表

諧　諧

記注。讎猶荅也。轉義。左僖五年傳。憂必讎焉。注猶對也。又詩谷風賈用不售。箋如賣物之不售。蓋謂賈與物不相當也。愚竊謂讎誰元同字。而唯為其本字。唯下曰。諾也。唯諾皆應對之言也。廣雅釋詁。唯。譍也。正與許氏讎字訓同。又按其音。讎與仇通。仇與隹通。讎字古音亦當讀若唯耳。代隹以讎。當出於籀緐者。後人以唯為唯諾字。以誰為何誰字。以讎為當讎字。遂分別矣。【古籀篇五十二】

◉強運開　讎禹比盨讎文父卣。舊釋乍惟。竊謂當即讎字。古从言之字往往从心。如信乍㐰誓乍悊之類可證也。【説文古籀三補第三】

◉馬叙倫　桂馥曰。譍當作應。鈕樹玉曰。韻會引作膺也。亦非。段玉裁曰。凡漢人作注云猶者。皆義隔而通之。如公穀皆云。孫猶孫也。謂此子孫字同孫遁之孫也。鄭君高誘等每言猶者皆同此。許造説文不比注經傳。故徑説字義。不言猶。惟𡦹下云。㚔猶齊也。此因㚔之本義極巧視之。於𡦹从㚔義隔。故通之曰猶齊。此以應釋讎甚明。不當曰猶應。蓋淺人但知讎為怨詞。以為不切。故加之耳。高田忠周曰。讎唯同字。唯下曰。諾也。唯諾皆應對之言也。廣雅釋詁。唯。應也。正與此訓同。倫按此應對之對本字。玄應一切經音義引三倉解詁。讎。對也。讎音禪紐。古讀歸定。字又作售。詩抑箋。物善則其售價貴。釋文。售。本作讎。蓋雔隹一字。隹音照三。照三與禪同為舌面前音。古讀歸端。端定又同為舌尖前破裂音也。對音端紐。故古書多借對為讎。今讎為怨耦之義所專。讀者忘其為應對之本字矣。讎唯亦一字。唯即售之異文。唯音喻四。古讀喻四歸定也。音轉入喻四。則與許為轉注字。許音曉紐。同為摩擦次清音也。猶應也蓋校語。上捝本訓耳。禹比簋作讎。讎尊作讎。文父卣讎字強運開謂古从言之字往往从心。如信作㐰誓作悊之類。可證也。此即讎字。倫謂从古文言之變也。【説文解字六書疏證卷五】

◉李孝定　高田氏謂讎誰唯同字，其説未安；隹為一鳥，雔為鳥之雌雄，其義有別，非籀繁也。讎有應對意，亦由雔義引申；仇逑有配偶意，亦與應對意相因也。【金文詁林讀後記卷三】

者　諸　不从言　兮甲盤　者字重見【金文編】

諸　秦1605　秦詔版殘存「廿六年□□□□兼天下諸」七字　諸　5·389　秦詔版殘存「天□諸侯黔首大安」七字　諸　5·398　秦詔版「廿六

年皇帝盡并兼天下諸侯……」共四十字　5·388　秦詔版殘存「帝盡并兼天下諸侯」八字　【古陶文字徵】

諸界邑丞　諸倉　諸誤　諸葛信印　閼縣諸印　諸克　呂因諸　諸中皃　諸不梁

諸方可　諸葛買得　諸葛武　【漢印文字徵】

天璽紀功碑　在諸石上　泰山刻石　者產得宜　諸者古今字者字重文　詔權　皇帝盡并兼天下諸侯　詛楚文

衛者侯之兵　石經僖公　遂會諸侯圍許　隸續與此同汗簡引尚書作敦煌本禹貢作日本唐寫本說命上作玉篇彡部古文諸　【石刻篆文編】

諸　諸　【汗簡】

古孝經　古尚書　雲臺碑　竝籀韻　【古文四聲韻】

◉許　慎　辯也。从言。者聲。章魚切。【說文解字卷三】

◉高田忠周　說文。辯也。从言者聲。朱氏駿聲云。按者亦意辯詞也。蒼頡篇。諸非一也。聲類。諸詞之總也。小爾雅廣訓。諸之乎也。廣雅釋言。諸之也。又於也。釋詁。衆也。葢朱攷是。說文别事詞也。从聲。别事詞。即辯詞也。者諸元為同字也。下曰。詞言之气從鼻出。與口相助也。已从義足焉。又从言作諸為緐複也。古有者無諸。三代金石文字皆以者為諸可證。而秦權量詔版始有諸字。諸出于小篆。蒼頡篇收之耳。者即諸字。【古籀篇五十二】

◉葉玉森　孫詒讓氏疑與金文糾彝字同。又疑弭仲簠黄之省。契文舉例下七。羅振玉氏釋為洗。說文解字。洗。洒足也。从水。先聲。此从即足形。从即水形。置足于水中。是洗也。王襄氏釋沚。徵文考釋。孫氏又釋為戛。契文舉例。林泰輔氏釋臧。甲骨文字一鈔釋。郭沫若氏謂沚戛乃沚國之長名戛者。中國古代社會研究。森桉。弭仲簠諸作。疑即之譌變。卜辭「从」亦作「从」。後下第三十九葉之六。古國字。則與當同釋國。他辭云。「戊午卜賓貞王从伐土方受之祐囗」。「貞王从伐土方。」竝見後上第十七葉之五八六。蓋貞王从諸國伐土方也。又云。「己未卜㱿貞再册」。卷七第十八葉之四。即卜諸國再册也。「貞令歸六月。」甲骨文字二第五葉之六。即令諸國來歸

也。殷契鉤沉。【殷墟書契前編集釋卷一】

◉馬叙倫 高田忠周曰。者諸同字。倫按爾雅釋訓。諸諸便便。辯也。莊子天地。方且為緒使。緒為諸之借字。是諸之本義為辯。實者之遞增字。白部。者。別事詞也。別事之詞即辯也。然此辯也者通義。非争訟之辯也。爾雅釋魚。前弇諸果。後弇諸獵。諸即者也。金文諸侯字亦多作者。者即諸之初文也。玄應一切經音義引倉頡曰。諸。非一也。字見急就篇。

【說文解字六書疏證卷五】

詩

鉏詩私印 段詩 【漢印文字徵】

少室石闕 户曹史張詩 開母廟石闕 户曹史張詩 【石刻篆文編】

詩 詩 詩 【汗簡】

古史記 古孝經 並王存乂切韻 詘 訦 並籀韻 【古文四聲韻】

◉許 慎 詩志也。从言。寺聲。書之切。古文詩省。【說文解字卷三】

◉商承祚 說文。「訨。古文詩省。」案言發于心。此舊說也。故古文从心而曳其聲。汗簡引作。與此異。而誤以為信字。【說文中之古文攷 金陵大學學報四卷二期】

◉楊樹達 說文三篇上言部云：「詩，志也，志發於言。韻會引說文有此字，是也，今本脫。从言，寺聲。」古文作訨，从言，㞢聲。按志字从心㞢聲，志字今本說文挩去，徐段補之，是也。寺字亦从㞢聲，㞢志寺古音無二。古文从言㞢，言㞢即言志也。墨子天之即天志。篆文从言寺，言寺亦言志也。書舜典曰：「詩言志。」禮記樂記曰：「詩言其志也。」左傳襄公二十七年記趙文子之言曰：「詩以言志。」其請鄭七子賦詩之言曰：「請皆賦以卒君貺，武亦以觀七子之志。」又昭公十六年記韓宣子請鄭六卿賦詩之言曰：「二三君子請皆賦，起亦以知鄭志。」禮記孔子閒居記孔子之言曰：「志之所至，詩亦至焉。」荀子儒效篇曰：「詩言是其志也。」蓋詩以言志為古人通義，故造文者之制字也，即以言志為文。其以㞢為志，或以寺為志，音同假借耳。余前謂慈从茲聲，茲實假為子；釋慈篇。䣼从京聲，京實假為羹；釋醇篇。賜鬄皆从易聲，易實假為益；謚从益聲，益實假為易；釋贈篇。旐从兆聲，兆實假為召；釋旐篇。放从方聲，方實假為旁；釋放篇。喝从曷聲，曷實假為害；釋喝篇。滓从宰聲，宰實假為茲；釋滓篇。簓从殿聲，殿實假為屍臀；釋巖篇。鏾从氣聲，氣實假為气；釋鏾篇。覞从見聲，見實假為脛；釋覞篇。獄从犾从言，言實假為辛：釋獄篇。皆此類也。

左傳昭公十六年記鄭六卿為韓宣子賦詩，而六卿所賦皆鄭風，宣子曰：「二三君子以君命貺起，賦不出鄭志。」鄭志即鄭詩也，此經傳以志為詩也。呂氏春秋慎大覽記湯謂伊尹曰：「若告我曠夏盡如詩。」高誘訓詩為志。此以詩為志者也。古詩志二文同用，故許徑以志釋詩。然毛詩序曰：「詩者，志之所之也。在心為志，發言為詩。」詩與志雖無二，究有內外之分，故許復以志發於言為說。既以說義，又以說形，訓詁之精，令人驚絕。而嚴可均王筠輩不了韻會所引為許氏本文，疑其為小徐等羼入，小徐輩識豈能及此耶！嚴王頗以說文名，乃不識古義至此，可謂疏矣！【釋詩　增訂積微居小學金石論叢卷第一】

◉馬叙倫　鈕樹玉曰。韻會引志也下有志發於言四字。恐非。嚴可均曰。說文無志字。倫按此及意下均訓志也。前人以為心部挩志篆。倫檢漢書藝文志。武帝時。司馬相如作凡將篇。無復字。元帝時。黄門令史游作急就篇。成帝時。將作大匠李長作元尚篇。皆蒼頡篇中正字也。又檢急就篇有遠志。則志字許書當有。段玉裁補之。是也。然倫以為志即此古文詩作訨者之爛文。訨或作訨耳。志實即詩字。左昭十六年傳。二三君子請皆賦。起亦以知鄭志。又曰。賦不出鄭志。注。皆鄭風。故曰。不出鄭志。是其證。蓋其字本作訨也。古書則多借志為意。呂氏春秋權勳。若告我曠夏。盡如詩。注。詩。志也。此借詩為意。盡如詩。即盡如意也。借詩為意。猶借志為意。亦其證。知古書多借志為意者。各觀其所指而得之。春秋說題詞。思慮為志。思慮即意。今人言志於某。亦即注意於某也。蓋詩得聲於㞢。音在照紐。古讀歸端。意音影紐。端影同為破裂清音。故得相借也。今意下及此均訓志者。或非本訓。校者以書舜典。詩言志。賈誼道德說。詩者。此之志者也。廣雅釋言。詩。志。意也。因加此訓。釋名釋典藝。詩。之也。志之所之也。不以志訓詩。疑許亦然。或本訓諸也。後人不解諸也之義而改之。詩實諸之轉注字。故次諸下。詩音審三。諸音照三。皆舌面前音。止部。峙。躇也。躇从屠得聲。屠亦得聲於者。是其例證。用為表思之稱者。實假借也。其本字為詞。原詩亦詞耳。古本無詞。與今所謂詩之別。可歌之詩亦詞也。後以欲別於一般之詞。乃假詩字以名之。猶今以長短句別於詩。而轉謂之詞。而意內言外謂之詞者。轉借辭字為之矣。且察文學上諸名詞。無一不各有其本義。則詩之為假借字甚明。蓋今所謂詩。但以可歌而別之。其實所歌者即詞也。至被以文學上之意義而據有特殊之地位。如今之所謂詩者。其名之興晚矣。詩字見急就篇。

訨　沈濤曰。汗簡引說文詩字作訨。是古本古文篆體不作訨也。或古文之一體。今本誤奪。錢坫曰。本書無志。或即此之變譌也。古文言旁似心。宋保曰。古文詩从古文言。之聲。之寺同部聲相近。猶時字古文作旹。从之聲也。鄭珍曰。

許書古文與篆異者。其偏傍或不正載。此字从古文言。據六書故十一言下偁説文曰。辛聲。□。古文。凡戴氏所載古文。俱十四篇之體。非如玉篇廣韻諸書古文或从别采也。則所見鉉本原有。小徐於□下□下並云。□古文言。知繫傳本無。故注明之。倫按疑本有䛐篆。此為古文。傳寫捝譌。本部詩謀訊信誥訟六字皆有古文。其言旁皆作□。不知所从。王筠謂从心从口。口古文作▽。因譌為♀也。鍇本於謀之古文下鍇注曰。□。古文言字也。是鍇本詩下無古文。今本有者。蓋後人依鉉本增。説解本作古文詩。校者加省字。其實从㞢得聲耳。非省也。【説文解字六書疏證卷五】

□ 敦讖里附城【漢印文字徵】

□ 禪國山碑　靈夢啟讖　□ 天璽紀功碑　天讖廣多【石刻篆文編】

◉許　慎　讖驗也。从言。韱聲。楚蔭切。【説文解字卷三】

◉馬叙倫　沈濤曰。文選鵩鳥賦注引。讖。驗也。有徵驗之言。河洛所出書曰讖。魏都賦注亦引河洛所出書曰讖。是今本奪有徵驗以下十二字。一切經音義二引。讖。驗也。謂占後有效驗也。謂占以下當是庾氏注中語。翟云升曰。史記賈生傳索隱引作驗言也。按驗也是。倫按驗也當作譣也。讖从韱得聲。韱音心紐。與譣為雙聲轉注字。此字失次。文選思玄賦引蒼頡篇。讖書。河洛也。玄應一切經音義引三倉。讖。祕密書也。出河洛。然則鵩鳥魏都賦注所引者或庾注。或字林説。皆本三倉解詁文也。【説文解字六書疏證卷五】

□ 諷【汗簡】

□ 林罕集【古文四聲韻】

◉許　慎　諷誦也。从言。風聲。芳奉切。【説文解字卷三】

誦　誦

◉許　慎　誦諷也。从言。甬聲。似用切。【說文解字卷三】

◉馬叙倫　鄧廷楨曰。諷誦疊韻。然諷聲侵類。誦聲東類。非疊韻也。倫謂諷从風得聲。風音敷紐。誦从甬得聲。甬音喻四。敷與喻四皆摩擦次清音也。故諷誦轉注。【說文解字六書疏證卷五】

◉陳漢平　《甲骨文編》附録九二八頁收入□、□、□、□、□、□、□字，字在卜辭為地名或婦名，舊未釋。此字形傍从言或从□（《說文》「□，快也。从言，从中」），聲傍从凡或从用，故此字若非諷字，即爲誦字。《說文》：「諷，誦也。从言，風聲。」「誦，諷也。从言，甬聲。」【釋誦、諷　屠龍絶緒】

讀　讀

□　裴光遠集綴　【古文四聲韻】

◉許　慎　讀誦書也。从言。賣聲。徒谷切。【說文解字卷三】

◉馬叙倫　誦从甬得聲。甬音喻四。讀从賣得聲。賣讀若育。音亦喻四。是讀誦為轉注字也。誦書也非本訓。字見急就篇。【說文解字六書疏證卷五】

◉陳漢平　史頌鼎銘有字作□，其銘曰：「令史頌△穌」。按此字用法及文例與上文價字相同，知爲異字同用，而此字形傍从言，故此字當釋為讀。《說文》：「讀，誦書也。从言，賣聲。」【釋讀　屠龍絶緒】

啻　啻

□ 啻　啻簋　□ 九年衛鼎　□ 牆盤　□ 湋伯簋　□ 孳乳為意為億説文十萬曰意經典作億　命瓜君壺　至于萬億年　【金文編】

◉許　慎　啻快也。从言。从中。於力切。【説文解字卷三】

◉孫詒讓　又有云「啚貝」者，舊釋為「中問」，云「中」字作「啚」。今攷「啚貝」文屢見，而古字書及金文中字並無作此形者，竊疑當為「啻」之省。《説文・言部》：「啻，快也，从言中。」此从中而省言从口，于字例無啎。龜文□字亦省言从口，與此同，詳《釋文字篇》。「啻」疑當為億之叚字，與《論語》：「億則屢中」義略同。【栔文舉例上卷】

◉林義光　説文云。啻快也。从言中。按言中為快。非義。从言。○以示言中之意。當與意同字。古作□啻敦。【文源卷

七】

◉丁佛言 啻啻敔。許氏説从言从中。案即古意字。古文言合心口為之作𠙵。故古从言之字或省从口。是則心口為言。言心為意。此下从口與从心同。古祇作意言。意憶億皆後起。【説文古籀補補第三】

◉高田忠周 説文。啻快也。从言从中。又意滿也。从心啻聲。一曰十萬曰意。又億安也。从人意聲。許氏以萬億義當意字也。然此銘。以啻當之。葢謂啻意同字也。心有滿即有定。而後其言必中。言外而意內之理也。言必有中。即快于心也。快也滿也。一義之轉。已从言中。亦不待从心矣。意字見詛楚文。疑啻籀文作意。而漢人多用萬億字。億即億俗字耳。朱駿聲云。億實亦啻之或體。快滿猶安樂也。昭廿一年左傳。心億則樂。又襄廿五年傳。不可億逞。按億逞猶滿盈也。注訓度失之。又叚借為意。論語。不億不信。又為噫。禮記文王世子注。億可以為之也。釋文本作噫。又託名幖識字。詩假樂。子孫千億。箋十萬曰億。此説極佳也。説文以意為十萬義本字。毛詩以億為之。鼎文以啻為之。此亦當啻意億元皆同字之證也。又以億為意。意亦當用為億字。億意通用。而後兩字混合。億譌為億耳。【古籀篇三十二】

◉強運開 啻東中鐘。𢇁孚黎啻。叚乍億。【説文古籀三補第三】

◉馬叙倫 桂馥曰。快當為訣。本書。訣。早知也。宋保曰。王先生云。周官師氏掌國中失之事以教國子弟。注云。故書中為得。得啻同部。故啻从言中聲。保按中在東部。啻得在之部。如艘讀若莘。从叜得聲。是其例也。倫按快也非本義本訓。中音知紐。啻音影紐。皆為破裂清音。故啻以中為聲。啻字失次。餘詳訣下啻下。啻毁作啻。【説文解字六書疏證卷五】

◉劉 節 童即億字。愙齋有啻毁。釋啻為億。後人皆不信從。西清古鑑有釐鼎。萬億年。字正作啻。汗簡引古文尚書。噫字作𢡊。从戶从章从心。足證意之古文有作章者。今又得此壺為證。知啻童實一字。益知吳説之不謬矣。【旬君□子壺跋 古史攷存】

◉戴家祥 説文「啻」「从言从中」。啻毁作啻，字當讀「億」，數詞之極大者也。史牆盤「兮尹啻（億）疆」謂疆土之廣。衛鼎用作人名，無義可見。【金文大字典下】

訲 193 訲 210 【包山楚簡文字編】

訲 讀為順 大不訲于邦（丙7:2—1）【長沙子彈庫帛書文字編】

任訓 【漢印文字徵】

泰山刻石　訓經宣達　石經無逸　猶胥訓告　【石刻篆文編】

訓　訓出義雲章　【汗簡】

古尚書　義雲章　【古文四聲韻】

◉許　慎　説教也。从言。川聲。許運切。【説文解字卷三】

◉馬叙倫　説教也當作説也教也。玄應一切經音義廿二引作導釋也。亦當作導也釋也。釋也即此説也。爾雅釋詁。訓。道也。詩有毛氏詁訓傳。烝民。古訓是式。毛傳訓道也。抑。四方其訓之。傳訓教。是其證。然本義止是説也。訓為談説之説本字。故此訓説也。以假借字釋本字也。爾雅訓道也。道借為談。説聲脂類。訓聲真類。脂真對轉。故得借説為訓也。教也校者加之。毛公鼎有。丁佛言釋訓。倫謂似訾之異文。字見急就篇顔師古本。【説文解字六書疏證卷五】

◉曾憲通　不訓于邦　丙七·三　此字林巳奈夫釋訢，李零釋訓而讀為順，可從。訓作訟猶乙篇之淟作沢。訟又見于楚簡和古璽文。【長沙楚帛書文字編】

◉徐中舒　伍仕謙　「下不𢖻於人旃」。𢖻應釋為順。訓、順古通。《左傳》隱公三年「石碏諫莊公曰：『賤妨貴，少陵長，遠間親，新間舊，小加大，淫破義，所謂六逆也；君義、臣行、父慈、子孝、兄愛、弟敬，所謂六順也』。」馬王堆帛書《六分篇》：「主不失其位，則國有本；主失位，臣失處，命曰無本。在強國破，在中國亡，在小國滅。……六順六逆，存亡之分也」。這裏所謂順逆，就是指這些原則。【中山三器釋文及宮室圖説明　中國史研究一九七九年第四期】

◉戴家祥　中山王嚳方壺　按𢖻字从心巛聲。中山王嚳方壺有二種用法：「是(寔)有軘(純)悳(德)遺𢖻」，𢖻為訓之更旁字，説文从言之字古文多从心，如誖或作悖等等。説文三篇「訓，説教也。」另一種用法是「則尚(上)逆於天，下不𢖻於人施(也)」、「不顧逆𢖻」，𢖻與逆相對為文，當為順之更旁字。从心者表示心之順，从頁者表示顔色之順，如憔悴或顦顇，是其證也。【金文大字典上】

甲五七三卜辭用每為誨重見每下【甲骨文編】

誨 不从言 曶鼎 每字重見　牆盤　不𡢁簋 女肇誨于戎工 詩江漢作肇敏戎工　與謀為一字說文謀古文作从母从口又作从母从言 王孫鐘 誨猷即謀猷吳大澂曰說命朝夕納誨當讀納謀【金文編】

誨【汗簡】

◉許　慎　誨曉教也。从言。每聲。荒内切。【說文解字卷三】

◉高田忠周　說文謀古文作㖘作䛠。並从母聲。母某古音同部。固可通用。然說文侮㑄同字。又艸部莓。他書作苺。女部娒他書作姆。每从母聲。故每母同用。又古以每為謀。莊子人閒世。無門無每。崔注。每。貪也。又以拇為謀。方言。拇。貪也。貪者有所謀也。即本義之轉也。據此等諸證。㖘䛠元誨字古文。叚借為謀。尤顯然者也。【古籀篇五十二】

◉商承祚　說文㖘。古文謀。䛠。亦古文謀。依例補。案徐鍇本第一文作。而偏旁易位。从母聲是也。玉篇作呣。言口古通用。金文中此例不勝舉。又案謀誨一字。某每同聲。此从母。每省也。故亦為誨。金文王孫鐘誨猷即謀猷。吳大澂說文古籀補曰。說命。朝夕納誨。當讀納謀。【說文中之古文攷】

◉強運開　王孫鐘誨猷即謀猷。古誨謀為一字。說文。謀。古作。从母。从口。又作。从母。从言。【古籀三補卷三】

◉馬叙倫　鈕樹玉曰。華嚴經音義二引作教也。吳大澂曰。說命朝夕納誨。當讀納謀。容庚曰。誨謀一字。謀古文作。从母从口。又作。从母从言。王孫鐘誨猷即謀猷。倫按曉教也當作曉也教也。廣雅釋詁。曉。說也。即借曉為誨。音同曉紐。此訓曉也。亦以聲釋。然非本訓。蓋校者以廣雅加之。誨為訓之音同曉紐轉注字。本義當為訓也。以教釋誨始論語孔注。彼依文為義耳。或此亦非本訓。不𡢁𣪘作。王孫鐘作。【說文解字六書疏證卷五】

◉黃錫全　誨　敦、巖、小、内藤本誨均作⿱每口，薛本同。甲骨文有（珠523）字，《甲骨文編》隸作呣，以為「从口从每，《說文》所無」。口與言意義相近，每可通作。如甲骨文咏即詠，吼即訊，《說文》嘖或作讀，吟或作訡。此⿱每口即《說文》誨字，卜辭讀為悔（詳古研15.142）。鄭珍認為是「仿古文謨从口作」，没有充分證據。古本有⿱每口字，非後人仿造。【汗簡注釋卷一】

◉戴家祥　說文「誨，曉教也，从言，每聲。」吳大澂曰古謀字从言从每，與許書誨字相類。疑古文謀誨為一字。說命「朝夕納誨」，當讀「納謀」說文古籀補卷三第三葉。按誨从每聲。集韻去聲十八隊每讀莫佩切。謀从某聲。某讀莫厚切。說文六篇木部「梅，枏也，可食。从木，每聲。楳，或从某。」唐韻莫栝切，每某不但同母，而且同部，同聲必然同義。王孫鐘「余義誨猷」，小雅小旻「我視謀猶」，逸君陳「爾有嘉猷嘉謀」禮記・坊記引。亦以猷謀連舉，知誨謀為古文重文異體字。吳說精確之至。同聲通假，字亦讀敏。静安先生謂誨，敏之假借字。詩江漢肇敏戎公。傳云「肇、謀、敏、疾、戎、大、公，事也。」案「戎工謂甲兵之事，虢季子白盤亦云「不顯子白，壯武于戎工。」古武敏音相近，則又借武為敏矣不嬰敦蓋考釋第八葉。按說文三篇支部「敏，疾也。从攴，每聲」。小雅甫田「農夫克敏」，與止、喜協韻，止、喜皆之部字。大雅生民「履帝武敏」，歆武敏雙聲聯緜字。王說亦通。【金文大字典下】

譔

◉許　慎　譔專教也。从言。巽聲。此緣切。【說文解字卷三】

◉馬叙倫　鈕樹玉曰。宋本及繫傳篆作譔。王筠曰。譔專疊韻。倫按專字乃校者注以釋譔字之音者也。廣雅釋詁。譔。教也。然蕭該漢書音義引字林已同此。然宋祁筆記引字林。叀教也。音詮。則專為叀之譌。蓋此字林訓。譔从巽得聲。巽音心紐。心曉同為摩擦次清音。是譔為訓誨之轉注字。巽聲當在真類。是亦與訓為同類轉注字也。莊子天下。選則不徧。教則不至。選借為譔。選教對文。明譔非專教或叀教矣。法言。訓諸理。譔孝行。明譔亦訓也。【說文解字六書疏證卷五】

譬

◉許　慎　譬諭也。从言。辟聲。匹至切。【說文解字卷三】

◉馬叙倫　下文。諭。告也。禮記學記。罕譬而喻。墨子小取。辟也者。舉他物而以明之也。潛夫論夢列。夫譬喻也者。生於直告之不明。故假物之然否以彰之。然則譬非諭也。疑諭上有奪字。或本訓挩矣。亦或此字出字林。【說文解字六書疏證卷五】

謜

◉許　慎　謜徐語也。从言。原聲。孟子曰。故謜謜而來。魚怨切。【說文解字卷三】

◉馬叙倫　鈕樹玉曰。玉篇不引孟子。韵會引無故字。今孟子作源。倫按徐語之義。古書無徵。此引孟子謜謜而來。柳榮忠承培元均謂孟子即取徐意。然趙岐注以流水為說。彼本自作源。孟義亦取於源。且許時孟子儕於諸子。許不引用。玉篇亦不引孟子。則此及凡本書所引孟子皆校者所加。亦不足據。疑徐語也當作徐也語也。徐也校語。或徐字為源之譌。乃校者

注以釋謜字之音者也。謜為語之音同疑紐轉注字。今北平謂原一聲。即此謜字。此字或出字林。【説文解字六書疏證卷五】

訣 䛹

◉許　慎　訣早知也。从言。央聲。於亮切。【説文解字卷三】

◉馬叙倫　朱駿聲曰。廣雅釋詁。訣。問也。告也。按今央求字以央為之。此別義。徐灝曰。許云早知。未詳。倫按廣雅釋詁。謜。度也。不知所本。疑度也乃訣字訓。早知也者。校者以啻訓訣也。啻即論語億則屢中之億本字。故加早知以釋度也。今本失本訓。張所見本度也已誤入謜字下。故廣雅以度訓謜矣。然以字次求之。度與早知均非本義。且億則屢中之億本字為意。而非啻也。訣似為央求本字。當訓告也。廣雅訓問者。借為訪字。此訓早知者。意字義。餘詳意下。【説文解字六書疏證卷五】

諭

 2123　貨幣文俞作，與此所从偏旁合。【古璽文編】

 諭輔之印【漢印文字徵】

 説文【古文四聲韻】

◉許　慎　諭告也。从言。俞聲。羊戍切。【説文解字卷三】

◉馬叙倫　沈濤曰。史記朝鮮傳索隱引作諭。曉也。廣雅釋言。諭。曉也。禮記文王世子注。諭猶曉也。周禮掌交注。諭。告曉也。是許本作曉。不作告。下文。諳。告曉之孰也。告曉二字連文。或許本作告曉也。嚴章福曰。告字必非無本。當作告曉也。倫按本作告也曉也。一訓校者加之。諭音喻四。訓誨音同曉紐。曉與喻四同為摩擦次清音。轉注字也。玄應一切經音義引倉頡。喻。譬諫也。本書無喻。蓋即諭字。傳寫者以今字易之。【説文解字六書疏證卷五】

詖

◉許　慎　詖辯論也。古文以為頗字。从言。皮聲。彼義切。【説文解字卷三】

◉馬叙倫　鈕樹玉曰。韻會引辯作辨。譌。倫按此辯之轉注字。詖聲歌類。辯聲元類。歌元對轉也。辯論也當作辯也論也。

論也及古文六字校語。文選和謝監詩注後漢書第五倫傳注引倉頡。佞。諂也。【説文解字六書疏證卷五】

◉戴家祥 曾侯乙鐘 左半从音，右半从攴，有點象皮省，叔皮父段作，亦作，六國古鉩作，或作，中山王鼎作，似能隸定為誶。左半从音，可以和言交換。説文二篇吟或从音作訡，或从言作訡。王孫鐘「眉壽無諆」，以諆為期，从言其聲。郘王子鐘作「眉壽無」，變為从音㫷聲。蔡侯盤假詐為作，从言乍聲，曾侯乙簠「事甬終」，左半从音。如果右半釋皮可以成立的話，那麽，釋誶為詖也就順理成章的了。詖為幫母歌部，變為幫母元部，歌、元陰陽對轉，説文三篇詖訓辯論也。禮記禮運「大夫死，宗廟謂之變。」鄭玄注：「變當為辯，聲之誤也。」【金文大字典下】

諄

◉許 慎 諄告曉之孰也。从言。𦎫聲。讀若庉。章倫切。【説文解字卷三】

◉強運開 古鉩肖。蓋即古諄字。从音。與从言同意。𦍌即𦎫之省。古鉩袁諄。【説文古籀三補】

◉馬叙倫 鈕樹玉曰。繫傳韻會孰作熟。王筠曰。小徐孰作熟。小徐此字多誤。後不更出。葉德輝曰。詩大雅抑。誨爾諄諄。尚書大傳洪範五行傳作誨爾純純。禮記中庸注作誨爾忳忳。本書大部。奄。从大。屯聲。讀若鶉。周禮天官內宰。出其度量淳制。注。故書淳為敦。杜子春讀敦為純。左宣元年傳。渾敦。莊子天地篇史記五帝本紀均作渾沌。呂覽貴公。有鉅子腹䵍居秦。高注。䵍讀車笣之笣。淮南説林訓。錞之與刃。高注。錞。讀頓首之頓。是𦎫屯兩聲古皆通用也。倫按告曉之孰也。乃埤蒼説。見詩釋文引。蓋呂忱據加。許蓋本訓孰也。或此字出字林。庉音定紐。𦎫音禪紐。古讀歸定。故諄从𦎫聲得讀若庉。【説文解字六書疏證卷五】

謘

◉許 慎 謘語諄謘也。从言。屖聲。直离切。【説文解字卷三】

◉馬叙倫 田吴炤曰。大徐謘次諄下。小徐次訑下。按謘語諄謘也。當次諄下。劉秀生曰。小徐屖聲下有讀若行道遲遲。辵部遲下引詩曰。行道遲遲。籀文从屖作遟。此與遟同。从屖聲。故得讀若遟。倫按玉篇引作語諄謘者也。蓋本訓諄也。今存者校語或字林文。莊子列御寇。以其十乘驕穉莊子。驕穉即驕謘。穉本書大徐本作稺。明稺為謘之借字。莊子猶存謘字本義。謘音澄紐。諄音照三。皆舌面前音。故諄轉注為謘。鍇本讀若六字校者加之。或此字出字林。唐寫本切韻殘卷六脂謘下曰。按説文倉卒。疑譌。【説文解字六書疏證卷五】

詻 詻 蚉壺 隹司馬賈訢詻戰忞 【金文編】

◉許 慎 詻論訟也。傳曰。詻詻孔子容。从言。各聲。五陌切。【説文解字卷三】

◉馬叙倫 桂文燦曰。孔子容三字當在誾下和説而静也下。二篆二廁。其為誤文無可疑也。倫按論訟也當作論也訟也。一訓校者加之。廣雅釋訓。詻詻。語也。莊子人閒世。汝雖無詻。言雖無訟也。傳曰五字校者加之。既不見所出。許書亦無僅稱傳曰之例。亦疑此字出字林。王筠謂詻咢同字。【説文解字六書疏證卷五】

◉張政烺 禮記玉藻「言容詻詻」,鄭玄注「教令嚴也」。周禮保氏「乃教之六儀……五曰軍旅之容」,鄭玄謂「軍旅之容,暨暨詻詻。」壺銘訢詻即暨暨詻詻,是軍旅之容。【中山國胤嗣好蚉壺釋文 古文字研究第一輯】

闇 3·41 闇門外陳旱平陵緒廩豆信□倉 闇 5·95 咸闇里晐 【古陶文字徵】

闇 郲印闇 【漢印文字徵】

◉許 慎 闇和説而静也。从言。門聲。語巾切。【説文解字卷三】

◉顧廷龍 闇 闇。説文。和説而静也。周闇門外陳旱平陵緐亯豆信䥇。【古匋文孴録卷三】

◉馬叙倫 鈕樹玉曰。繫傳韻會説作悦。悦即説之近字。一切經音義引作闇闇和悦而争。沈濤曰。玉篇廣韻一切經音義皆云。古文𨶪同。是六朝唐本皆有重文𨶪。倫按下文。訟。争也。争當作静。然則詻闇義同。音同疑紐。是闇詻為轉注字。闇闇和説而争也乃校語。本訓挩矣。或此字出字林。【説文解字六書疏證卷五】

◉黄錫全 闇 闇出華岳碑 古陶有字作闇闇(孴録附33)、闇(孴録3·1),形與此類同,所从之言、言與古璽言字(璽文3·2語)所从之言類似,應隸作闇,釋為闇,因古从言與从音每不别,如謁作謁(中山王墓守丘刻石)、戠作戠(豆閉毁)等。夏韻勘韻録作闇,此少一畫。【汗簡注釋卷五】

謀 謀 古文謀从母从言此从母从心 中山王嚳鼎 毋忌慮𢓊 【金文編】

4·71 匋攻謀【古陶文字徵】

謀 法一二 七例 日乙四六 二例 為三四【睡虎地秦簡文字編】

謀【汗簡】

道德經 古尚書 貝丘長碑【古文四聲韻】

◉許 慎 謀,慮難曰謀。从言。某聲。莫浮切。古文謀。亦古文。【説文解字卷三】

◉吴大澂 古謀字。从言从每。與許書字相類。疑古文謀誨為一字。説命朝夕納誨當讀納謀。王孫鐘謀猷如此。【説文古籀補第三】

◉商承祚 説文「。古文謀。。亦古文謀。」依例補。案徐鍇本第一文作。而偏旁易位。从母聲是也。玉篇作呣。言口古通用。金文中此例不勝舉。

又案謀誨一字。某每同聲。此从母。每省也。故亦為誨。金文王孫鐘誨猷即謀猷。吴大澂説文古籀補曰。「説命。『朝夕納誨。』當讀納謀。」【説文中之古文攷 金陵大學學報卷四二期】

◉強運開 王孫鐘誨猷即謀猷。古誨謀為一字。説文。謀。古乍。从母。从口。又乍。从母。从言。【説文古籀三補第三】

◉馬叙倫 慮難曰謀。當依左襄四年傳作咨難曰謀。此校語也。本訓失矣。廣雅釋詁四。謀。議也。謀謨為轉注字。下文。謨。議也。謀亦議之音同疑紐轉注字。字見急就篇。

王筠曰。顧本繫傳作。朱筠本同。篆蓋本作。而誤連之。从母非从毋也。倫按从口。母聲。謀之轉注字。某母音皆明紐。

徐鍇曰。。古文言字也。鈕樹玉曰。繫傳作。玉篇廣韻並無。宋保曰。古文从母聲。某母古同聲而通用。梅重文作楳。从某聲。是其例也。【説文解字六書疏證卷五】

◉于豪亮 毋(謀)忌(慮)膚(皆)從,克有工智(智)施(也);詒死辠(罪)之有啫(赦)?智(知)為人臣之宜(義)施(也)。

毋即謀之異體字,《古文四聲韻・尤韻》謀字作毋,《汗簡・心部》謀字作,均與此字相近。古从母得聲之字或假作謀,如

謨 謨　訪 訪　諏 諏

《書·洛誥》:「拜手稽首誨言」,誨言即謀言;王孫鐘:「誨猷不飤」,誨猷即謀猷;曶鼎:「曶迺每於𩕳」,每即謀。因此謀字可作悔。【中山三器銘文考釋 于豪亮學術文存】

◉黄錫全 謀 古寫本《尚書》謀字多作悬,薛本同。假悬為謀與雲夢秦簡假某為謀、馬王堆漢墓帛書《經法》假謀為媒類同。《説文》「悬,悬撫也。从心,某聲,讀若侮。」【汗簡注釋卷四】

謨並貝邱長碑　謨 【汗簡】

古尚書　古文　説文　並古史記 【古文四聲韻】

◉許　慎 謨議謀也。从言。莫聲。虞書曰。咎繇謨。莫胡切。古文謨。从口。【説文解字卷三】

◉馬叙倫 翟云升曰。玉篇引謀上無議字。徐灝曰。謀謨一聲之轉。倫按篆當依鍇本。謀謨雙聲轉注字。詩小雅。周爰咨謀。淮南脩務作諮謨。是其證。議謀也當作議也謀也。一訓校者加之。爾雅釋詁。謨。謀也。引經亦校者所加。本書無繇字。錢坫曰。玉篇作謩同上。無暮字。嚴可均曰。口部有嘆字。疑此重出。沈濤曰。廣韻謨之古文正作暮。又云。亦作謩。或魏晉間有謩字耳。商承祚曰。口部嘆與謨為一字。倫按嘆謨非一字。【説文解字六書疏證卷五】

◉許　慎 訪汎謀曰訪。从言。方聲。敷亮切。【説文解字卷三】

◉孫詒讓 當是訪字。左形从者。説文言部。言古文作。此變其形。大致略同。【契文舉例下】

◉馬叙倫 爾雅釋詁。訪。謀也。訪音敷紐。古讀歸滂。是與謀謨為同雙脣音轉注字也。汎謀曰訪校語。今捝本訓矣。【説文解字六書疏證卷五】

◉許　慎 諏聚謀也。从言。取聲。子于切。【説文解字卷三】

◉馬叙倫 爾雅釋詁。諏。謀也。謀音明紐。諏从取聲。取从耳聲。詳取字下。耳音日紐。古讀歸泥。明泥皆鼻音次濁音。故諏亦謀謨之轉注字。聚謀也當作謀也。聚字蓋校者注以釋諏字之音者也。或字林訓。見蕭該漢書音義引。本訓捝矣。【説文解字六書疏證卷五】

論 論

論 論 不从言 中山王譻鼎 侖字重見 【金文編】

論 論 效三五 一百零七例 論 秦一七三 十四例 論 雜三七 三例 論 效二六 十四例 【睡虎地秦簡文字編】

論 長孫論 【漢印文字徵】

論 論義雲章 【汗簡】

論 古老子 [篆] 王庶子碑 [篆] 同上 [篆] 義雲章 [篆] 王庶子碑 【古文四聲韻】

◉許 慎 論議也。从言。侖聲。盧昆切。【說文解字卷三】

◉劉心源 ⿰谷侖不載字書。或云即論。汗簡古文言有作㕣者。此所从之言將㕣倒書之。遂成谷。穆天子傳三有鳥鵒人。郭注鵒當是謣。破篆為隸者誤㠯㕣為谷也。論通綸。有綸氏。古國名。見左傳。【奇觚室吉金文述卷六】

◉柯昌濟 論字从谷。从侖聲。谷字从八从口。非山谷谷字。即古語字也。字象語气从口出形。劉幼丹先生引穆天子傳之鵒字注鵒當是謣為證。是也。漢書地理志。陳留郡有綸氏縣。左傳少康邑諸綸。當即其國之封域矣。【韡華閣集古録跋尾】

◉馬叙倫 桂馥曰。御覽五百九十五引論難也。倫按論難以疊韻為訓。或本書有一曰難也。然校語。故删之矣。論即論難之論本字。論音來紐。古讀歸泥。泥疑皆鼻音。是論議為轉注字。字見急就篇。【說文解字六書疏證卷五】

議 議

議 議 秦三九 議 為二 議 法二九 二例 【睡虎地秦簡文字編】

議 孫議之印 議 臣議 【漢印文字徵】

議 蘭臺令史殘碑 【石刻篆文編】

◉許 慎 議語也。从言。義聲。宜寄切。【說文解字卷三】

◉馬叙倫 鈕樹玉曰。韻會引語也下有一曰謀也。玉篇。謀也。語也。沈濤曰。御覽五百九十五引作議語也。又曰。論難也。

是古本尚有一曰論難也五字。今奪。倫按謀也是本義。御覽論難也蓋校語。語也亦校者加之。【説文解字六書疏證卷五】

◉戴家祥　説文「議，語也。从言義聲。」按唐韻議讀「宜寄切」，疑母歌部。儀讀「魚羈切」，不但同母，而且同部，故議得假為儀。國語・鄭語「伯翳能議百物」，漢書地理志下作「伯益能儀百物」。易繫辭「議之而後動」，釋文「陸姚桓元荀柔之本作儀之」。秋官・司儀「掌九儀之賓客擯相之禮，以詔儀容辭令揖讓之節」。知「行議鉞」即行儀禮賓之儀仗也。【金文大字典下】

訂

◉許　慎　訂平議也。从言。丁聲。他頂切。【説文解字卷三】

◉馬叙倫　鈕樹玉曰。玉篇他丁唐頂二切。桂馥曰。平議也者。一切經音義一引字書同。詩天作釋文引作評議也。本書無評字。晉書音義引字林。訂。評議。廣雅釋詁三。評。訂。平也。四評。訂。議也。分作二義。倫按訂即今之評字也。據詩釋文引則本作評議也。實字林義。蕭該玄應皆不引本書。或本書本無此字。訂為論之轉注字。訂音透紐。論音來紐。古讀歸泥。透泥皆舌尖前音也。玉篇唐頂切。音在定紐。定泥二紐尤近也。【説文解字六書疏證卷五】

詳

◉許　慎　詳審議也。从言。羊聲。似羊切。【説文解字卷三】

◉馬叙倫　審議也當作審也議也。審也校者加之。詳从羊得聲。羊音喻四。與審同為摩擦次清音。故古書多借審為詳。詳為議之異文。議从義得聲。義亦从羊得聲也。餘詳義下。【説文解字六書疏證卷五】

諟

◉許　慎　諟理也。从言。是聲。承旨切。【説文解字卷三】

諦

◉許　慎　諦審也。从言。帝聲。都計切。【説文解字卷三】